August Neilreich

Aufzählung der in Ungarn und Slavonien bisher beobachteten Gefässpflanzen

August Neilreich

Aufzählung der in Ungarn und Slavonien bisher beobachteten Gefässpflanzen

ISBN/EAN: 9783743334724

Hergestellt in Europa, USA, Kanada, Australien, Japan

Cover: Foto ©Andreas Hilbeck / pixelio.de

Manufactured and distributed by brebook publishing software
(www.brebook.com)

August Neilreich

Aufzählung der in Ungarn und Slavonien bisher beobachteten Gefässpflanzen

AUFZÄHLUNG

DER IN

UNGARN UND SLAVONIEN

BISHER BEOBACHTETEN

GEFÄSSPFLANZEN

NEBST EINER

PFLANZENGEOGRAFISCHEN UEBERSICHT

VON

Dr AUGUST NEILREICH

k. k. Oberlandesgerichtsrathe, Mitgliede der k. Leop. Carol. Akademie der Naturforscher, der k. k. zool.-bot. Gesellschaft in Wien, der ungarischen Naturforscher-Gesellschaft in Pest, der k. k. mährisch-schlesischen naturwissenschaftlichen Gesellschaft und des naturforschenden Vereines zu Brünn, des naturwissenschaftlichen Vereines für Steiermark, der k. botan. Gesellschaft zu Regensburg und der Société Imp. des sciences naturelles de Cherbourg, dann Correspondenten der k. k. geologischen Reichsanstalt.

„Wir wollen ja nur das geben, was sich bis jetzt geben lässt, und dabei unseren Nachkommen auch etwas überlassen."

Dorner
(Kaulte Gesch. der ung. Bot. 198.)

WIEN, 1866.

WILHELM BRAUMÜLLER

K. K. HOF- UND UNIVERSITÄTSBUCHHÄNDLER.

Vorrede.

Ungarn nicht nur in botanischer sondern überhaupt in naturgeschichtlicher Beziehung eines der reichsten und merkwürdigsten Länder Europas, besitzt nicht einmal eine brauchbare Aufzählung der bis jetzt daselbst beobachteten Pflanzenarten, geschweige denn eine den Anforderungen der Wissenschaft entsprechende Flora. Es wird auch sobald keine besitzen. Denn die derzeit zu Gebote stehenden Vorarbeiten sind noch zu dürftig, zu lückenhaft, theilweise schon veraltet; sollen sie ihrem Zwecke entsprechen, so müssten sie durch neuerliche Forschungen vervollständigt und berichtigt werden. Dies erfordert aber bei der Weitläufigkeit des Florengebietes Zeit, Thätigkeit und das Zusammenwirken Vieler. Wenn ich, der ich das Land aus eigener Anschauung nicht einmal kenne, desungeachtet es unternommen habe, auf Grundlage der mir zugänglichen Quellen eine Aufzählung der bisher in Ungarn gefundenen Gefässpflanzen zusammenzustellen, so ist damit selbstverständlich nichts anderes als eine einfache möglichst kritische Registrirung des vorhandenen Materiales bezweckt, um wenigstens eine Basis für künftige Arbeiten zu schaffen. Eine solche Aufzählung kann daher auf keinen Fall Anspruch auf Vollständigkeit, ja nicht einmal durchwegs auf Richtigkeit der Angaben machen, da die Verfasser dieser Angaben sich oft selbst im Irrthume befanden.

Die ungarischen Botaniker dehnen das Florengebiet von Ungarn nicht nur über dieses Land, sondern auch über Croatien, Slavonien, Siebenbürgen und selbst Dalmatien aus. Dies ist die Ursache, dass so manche nur in dem einen oder dem anderen dieser vier letztgenannten Länder vorkommende Pflanze „in Hungaria" oder im „südlichen Ungarn" angegeben wird, insbesonders ein bei *Willdenow* und *Schultes* beliebter Ausdruck, welcher schon zu vielen Missverständnissen Veranlassung gab. In diesem Sinne habe ich die Grenzen des ungarischen Florengebietes nicht gezogen, denn hier wird damit nur das eigentliche

*

Königreich Ungarn und die Banater Militärgrenze verstanden. Slavonien habe ich in diese Aufzählung deshalb mitaufgenommen, weil über die Flora dieses Landes bisher fast gar nichts bekannt war und eine Ausscheidung desselben noch überdies aus pflanzengeografischen Gründen nicht passend gewesen wäre. Croatien blieb dagegen ausgeschlossen, weil über dieses Land bereits eine Pflanzenaufzählung von *Schlosser* und *Vukotinović* besteht, welcher ich kaum etwas Neues hätte hinzufügen können, und weil die Vegetationsverhältnisse, wenigstens im südlichen Theile Croatiens, mit jenen Ungarns und Slavoniens wenig übereinstimmen. Das sogenannte ungarische Litorale, ein schmaler am Quarnero des adriatischen Meeres gelegener Küstenstrich (Fiume, Buccari, Novi, Porto-Ré) stand bis 1854 mit Croatien in keinem Comitats-Verbande, sondern hatte ein eigenes unmittelbar den ungarischen Centralstellen untergeordnetes Gubernium (*Nagy* Notit. Hung. II. 120). Dies macht es erklärlich, dass Pflanzen, welche offenbar nur am Seestrande wachsen, in die ungarische Flora selbst von jenen Autoren einbezogen wurden, welche Ungarn im engeren Sinne, d. i. mit Ausschluss von Croatien genommen hatten. Allein, da das Litorale im Jahre 1854 mit Croatien vereinigt wurde und bis jetzt dort verblieben ist, da auch dessen Flora mit jener Ungarns nicht nur in keinem Zusammenhange steht, sondern als eine ganz abnorme Erscheinung sich eher störend ausnehmen würde, so habe ich die am ehemaligen ungarischen Litorale vorkommenden Pflanzen in gegenwärtige Aufzählung nicht einbezogen. Dagegen sind die Murinsel, seit 1854 ein Bestandtheil Croatiens, dann die früher siebenbürgischen Comitate Zaránd, Kraszna, Mittel-Szolnok und der Distrikt Kóvár wieder zu Ungarn gekommen, weshalb auch ihre Flora hier berücksichtiget wurde. Bezüglich der geografischen Eintheilung bin ich der vor dem Jahre 1854 bestandenen und seit 1860 wieder hergestellten Comitats-Begrenzung gefolgt, welche von jener von 1854—60 besonders bei den Comitaten Presburg, Neutra, Komorn, Gran, Heves, Szabolcs, Bihar und den drei slavonischen Comitaten bedeutend abweicht.

Diejenigen Arten, deren Vorkommen in Ungarn und Slavonien keinem Zweifel unterliegen dürfte, sind mit fortlaufenden Zahlen bezeichnet und mit **grösseren fetten Lettern** gedruckt. Jene Arten dagegen, welche mit keiner Zahl versehen und mit **kleineren fetten Lettern** gesetzt sind, halte ich für die Flora von Ungarn für mehr oder minder zweifelhaft, weil entweder ihr angebliches Vorkommen den Gesetzen der Pflanzengeografie widerspricht oder weil der vieldeutige Ausdruck „in Hungaria" es ungewiss lässt, welches Land damit gemeint sei. Pflanzen endlich, ebenfalls mit kleineren fetten Lettern gesetzt, aber mit einem Sternchen bezeichnet, sind zwar beschriebene aber aus der Beschreibung schwer oder gar nicht zu erkennende Arten, meist veraltete von *Kitaibel* theils in den Werken von *Willdenow*, *Schultes* und *Rochel*, theils in seinem von *Kanitz* herausgegebenen handschriftlichen Nachlasse aufgestellte Species, die man ohne *Kitaibel's* Herbar wohl in den wenigsten Fällen wird enträthseln können. Auch Pflanzennamen ohne Diagnose finden sich bei *Kitaibel* vor, von denen man natürlich nicht weiss, was sie sein sollen, ich habe sie gleichwohl aufgenommen und mit zwei Sternchen bezeichnet.

Von Synonymen habe ich in der Regel nur jene angeführt, welche die ungarische Flora betreffen und nicht allgemein bekannt sind; wurden sie in einem über die ungarische Flora handelnden Werke ursprünglich aufgestellt, so habe ich auch das Werk näher bezeichnet. Die in *Townson's* und *Genersich's* Werken vorkommenden meistens aus unrichtigen Bestimmungen entstandenen Synonyme wurden für gewöhnlich weggelassen, da sie längst der Vergessenheit verfallen und bereits von *Wahlenberg* berichtigt worden sind. Auch *Sadler* führt in der ersten Ausgabe seiner Pester Flora mehrere Arten an, welche er in der zweiten Ausgabe einfach weglässt, offenbar verkannte Pflanzen, von denen man nicht sagen kann, was damit gemeint war, da *Sadler* selbst keine Aufklärung gab.

Ohne Zweifel wird man mir den Vorwurf der Inconsequenz machen, dadurch begangen, dass ich Arten, welche als solche von bewährten Botanikern anerkannt sind, doch nur als Varietäten angeführt habe, während ich Pflanzen, deren specifischer Werth so manchen Bedenken unterliegt, dennoch als Arten gelten liess. Dieser Vorwurf ist gegründet, war aber nicht zu vermeiden. Denn einerseits wollte und konnte ich Pflanzen nicht als Arten aufführen, bei denen ich mich längst überzeugt habe, dass sie keine sind, anderseits durfte ich Pflanzen das Artenrecht nicht absprechen, die ich zu beobachten keine Gelegenheit hatte, und von denen, wenn auch aus guten Gründen, nur zu vermuthen ist, dass sie Formen bereits bekannter Arten seien.

Bei jenen Arten, welche ich in allen oder doch in den meisten ungarischen Specialfloren aufgeführt fand und die überhaupt durch ganz Mittel-Europa verbreitet sind, habe ich nur den natürlichen Standort kurz angegeben, bei allen übrigen Arten sind aber die Standorte mit genauer Beziehung auf die Quelle, aus der ich schöpfte, verzeichnet. Obschon dadurch der vielen Citate wegen ein nicht unbeträchtlicher Raum in Anspruch genommen wurde, so halte ich doch diese Citate für unerlässlich, denn in der Angabe der Fundorte liegt der ganze

Schwerpunkt dieser Aufzählung und da, wie bereits erwähnt, die Angaben der Autoren einen sehr verschiedenen Werth haben, so musste
doch Jedermann im Falle eines Zweifels in die Lage gesetzt werden,
die Glaubwürdigkeit der Quelle nach eigenem Ermessen beurtheilen
zu können. In jenen Fällen, wo einem Fundorte ohne Citirung eines
Werkes blos der Name des Entdeckers beigesetzt ist, beruht die Angabe auf einer mir gemachten mündlichen oder schriftlichen Mittheilung.
Die Arten, welche der Pfarrer in Angern, *Alexander Matz* an beiden
Ufern der March gefunden hat, habe ich in seiner Gesellschaft beinahe
alle selbst gesammelt. Bei jenen Pflanzen, die ich auf dem Leitha-
und Rosaliengebirge, dann am Neusiedler See beobachtete, habe ich
ein *N.* beigesetzt, womit aber nicht etwa gesagt sein soll, als wäre
ich auch jedesmal der Entdecker dieser Fundorte, da derlei Angaben
nicht selten in die ältesten Zeiten zurückreichen und sich nur durch
die Tradition der Wiener Botaniker erhalten haben.

Die Manuscripte, welche mir zu Gebote standen, sind in dem
Verzeichnisse der von mir benutzten Werke aufgeführt. Ich bedauere
im hohen Grade, dass ich von den vielen handschriftlichen Quellen
des Pester Museums nur so wenige einsehen konnte, dass mir insbesondere *Sadler's* botanische Reisen und Monografien nicht vorlagen.
Unwillkürlich drängt sich dabei die Frage auf, welche Hindernisse
mich denn eigentlich abgehalten haben, die reichen Schätze des Pester
Museums zu benützen, da in neuerer Zeit sogar die geheimen Staats-
archive wissenschaftlichen Forschungen geöffnet werden. Ohne mich
in ein weiteres Detail über die Natur dieser Hindernisse einzulassen,
will ich nur das gewichtigste von allen hervorheben, dass nämlich die
allseitige Benützung obiger Quellen die Herausgabe des vorliegenden
Werkes auf mehrere Jahre hinausgeschoben hätte, während doch
mein vorgerücktes Alter und noch mehr meine völlig untergrabene
Gesundheit mir dringende Eile geboten. Statt einer reichhaltigern Aufzählung wäre wahrscheinlich gar keine erschienen.

Grössere Sorgfalt, als dies sonst in botanischen Büchern der
Fall ist, glaubte ich auf den topografischen Theil meiner Arbeit ver-
wenden zu sollen. Ich habe daher keinen Standort niedergeschrieben,
welchen ich nicht auf der Landkarte gefunden oder über den ich sonst
nicht im Klaren gewesen wäre. Wenn sich desungeachtet Fehler ein-
geschlichen haben, so möge dies in der Gleichheit vieler Namen, in
der manchmal bis zum Unkenntlichen verstümmelten Schreibart und
in den so oft höchst unbestimmten Angaben der Autoren Entschuldi-
gung finden. Eine Schwierigkeit anderer Art liegt ferner in der Benennung und Rechtschreibung der Ortschaften, Flüsse und Berge, da

diese nicht selten einen deutschen, magyarischen, slavischen oder romanischen Namen führen und die Magyaren alle Namen nach ihrer Orthografie schreiben. Bücher und Karten geben hierüber meist ungenügenden Aufschluss. Am richtigsten wäre es freilich, diejenigen Namen zu wählen, welche bei den Bewohnern einer Gegend die gebräuchlichen sind und sie dann auch in der Orthografie dieser Sprache zu schreiben. Allein abgesehen davon, dass hier wieder ganz eigene ethnografische und linguistische Studien nothwendig wären, dass man manchmal gar nicht weiss, welcher Sprache ein bestimmter Name angehört und dass so viele Orte eine gemischte Bevölkerung haben, würde man zuletzt ob der sprachlichen Genauigkeit für deutsche Leser ziemlich unverständlich werden, da man z. B. nach diesem Grundsatze die wohlbekannten Städte Neu-Sohl, Schemnitz und Eperjes, weil sie slovakischen Comitaten angehören, Banska-Bistrica, Štavnica und Prešov, die magyarischen Städte Stuhlweissenburg, Fünfkirchen und Grosswardein dagegen Székes - Fehérvár, Pécs und Nagy - Várad benennen müsste. Da ich diesen Knoten zu lösen nicht vermag und in deutscher Sprache schreibe, so habe ich alle Orte, Berge und Flüsse so genannt, wie sie uns Deutschen durch Sprachgebrauch, Bücher und Karten mundgerecht sind, dieselben aber, so weit ich es wusste, so geschrieben, wie es die Orthografie der betreffenden Sprache erheischt. Diesem gemäss bin ich bei magyarischen Namen der magyarischen Rechtschreibung, bei slovakischen Namen der Května Slovenska von *Reuss*, bei slavonischen dem Reichsgesetzblatte vom 3. Juni 1854 Nr. 136 über die Eintheilung Slavoniens und bei serbischen der von *Pančić* in der Flora von Serbien (ZBV. VI. 476) beobachteten Schreibart gefolgt. Nur bei den romanischen Namen blieb ich rathlos, da die Romanen, wenn sie nicht mit cyrillischen sondern mit lateinischen Buchstaben schreiben, über die Orthografie ihrer Ortsnamen selbst nicht im Reinen zu sein scheinen. Mir blieb daher nichts übrig, als die romanischen Namen so zu schreiben, wie ich sie in neueren Büchern und auf Karten geschrieben fand. Die Namen der Comitate endlich, da keines eine unvermischte Bevölkerung hat, habe ich in Ermanglung einer deutschen Benennung stets in magyarischer Sprache angeführt, wie dies ohnehin in allen Geografien von jeher Sitte war und noch ist.

Ein grosser Uebelstand liegt darin, dass bei Aufzählung der Fundorte in so vielen Fällen eben nur vereinzelte Fundorte ohne pflanzengeografischen Zusammenhang gegeben werden konnten, allein es ist dies die natürliche Folge der unvollständigen Kenntniss der ungarischen Flora. Nicht minder störend ist es, dass die Specialfloren von Fünfkirchen und Sirmien, dann der Comitate Trencsin, Eisenburg und Arad gar keine Fundorte, sondern nur Namensverzeichnisse der daselbst gefundenen Pflanzen enthalten.

Da der Druck dieses Werkes im December 1864 begonnen hat, so konnte ich später erschienene Aufsätze über die Flora von Ungarn nur nach Mass des vorgeschrittenen Druckes benützen. Schliesslich meinen Dank allen denjenigen, die mich bei Verfassung dieser Aufzählung mit Rath und That unterstützt haben. Nie hätte ich die werthvollen Manuscripte *Kitaibel's* benützen können, wenn Herr Professor Dr. *Fenzl* die Uebersendung derselben nach Wien nicht erwirkt hätte. Der Docent an der Wiener Universität Herr Dr. *Reichardt* hat mir nicht nur verschiedenartige Notizen aus dem Herbar des k. k. botanischen Hofkabinetes mitgetheilt, sondern auch die in slavischer Sprache geschriebene Kvĕtna Slovenska verdeutscht und so dieses Werk mir zugänglich gemacht. Der Vicedirector der k. k. meteorologischen Central-Anstalt Herr *Karl Fritsch* hat mir die dortigen meteorologischen Aufzeichnungen zur Verfügung gestellt, wodurch es allein möglich wurde, die klimatischen Zustände Ungarns zu schildern. Durch herbeigeschafftes wissenschaftliches Material und sonstige Mittheilungen sind mir die Herren Dr. *Alois* von *Alth*, Advokat in Krakau, die Professoren von *Dorner* und *Hazslinszky*, Regimentsarzt Dr. *Herbich*, Lieutenant von *Janka*, die Professoren Dr. *Kerner* und Dr. *Kornhuber*, Custos-Adjunkt Dr. *Kotschy*, Comitats-Fysikus Dr. *Krzisch*, Pfarrer *A. Matz*, Rittmeister *Schneller*, Mediciner *Nikolaus* von *Szontagh*, Reichsgeolog *Stur*, Oekonomie-Beamter *Wilhelm Vuezl* und Andere freundlichst an die Hand gegangen. Vorzugsweise fühle ich mich aber verpflichtet, meinem jugendlichen Freunde *August Kanitz* aus Lugos, Hörer der Rechte in Wien, für die vielen mir geleisteten wichtigen Dienste herzlich zu danken. Der ungarischen und deutschen Sprache gleich mächtig und wohl bewandert in der botanischen Literatur hat er mich von den einschlägigen ungarischen Werken in Kenntniss gesetzt und mich durch Uebersetzung derselben in das Deutsche in die Lage gesetzt, dieselben auch nutzbar zu machen. Durch die Herausgabe eines grossen Theiles des handschriftlichen Nachlasses *Kitaibel's* hat er das Zustandekommen der gegenwärtigen Aufzählung wesentlich gefördert, für diese Veröffentlichung hat ihm aber sein Vaterland in erster Linie zu danken.

Wien, den 10. August 1865.

Dr. August Neilreich.

ERSTER THEIL.

PFLANZENGEOGRAFISCHE UEBERSICHT.

Erster Abschnitt.

Geschichtlicher Ueberblick.

Kanitz Geschichte der Botanik in Ungarn. Hannover 1863. 12., dann dessen Versuch einer Geschichte der ungarischen Botanik. Halle 1865. 8. (Separat-Abdruck aus dem XXXIII. Bande der Linnaea). Hier wird immer das zweite Werk citirt.

I. **Die Vorzeit.** Die Geschichte der Botanik vom XV. Jahrhunderte bis zu *Tournefort's* Zeitalter ist in Europa überall so ziemlich dieselbe. Man begnügte sich die nützlichen, besonders medicinischen oder schädlichen, mitunter auch die vermeintlich wunderwirkenden Kräfte der Pflanzen zu untersuchen oder commentirte *Dioskorides* Werk und mühte sich ab, die von ihm beschriebenen Pflanzen dort zu finden, wo sie nicht zu finden waren. Allerdings gab es einzelne höher begabte Männer, die über ihrem Zeitalter standen und auch die Botanik in einem erhabeneren wissenschaftlichen Sinne auffassten, allein solche bevorzugte Geister waren selten und selbst ihre Leistungen ohne durchgreifende Wirkung, ohne nachhaltige Folgen.

In Ungarn war es nicht anders. Von *Johann Monardi*, dem Leibarzte Königs *Wladislaw II.* († 1536) bis *Winterl*, dem ersten Professor der Botanik in Ungarn (1771) konnte sich diese von ihrer untergeordneten Stellung nicht zur Höhe der Wissenschaft emporschwingen und so allseitig auch die Gelehrsamkeit Einzelner gewesen sein mag, wie des Debreciner Superintendenten *Peter Melius* († 1572), des Breslauer Reisenden *Dr. Friedrich Monau* († 1659), des Jesuiten *Johann Lippay* († 1666), des k. Obersten Grafen *Marsigli* († 1730), des Oedenburger Arztes *Dr. Karl Friedrich Löw* († 1741), des Gymnasialrectors *Christian Johann Deccard*, der eine Flora von Oedenburg schrieb († 1764), und Anderer, welche in ihren Schriften die Vegetationsverhältnisse Ungarns mehr oder weniger berührten, für die Botanik haben sie doch nur Unbedeutendes, für unsere Zeit Werthloses geleistet. Nur *Clusius* macht hiervon eine rühmliche Ausnahme, freilich der grösste Naturforscher seiner Zeit. *Charles de l'Ecluse*, geboren zu Arras 1526, kam 1573 nach Wien und verblieb daselbst bis 1588, im Ganzen 14 Jahre als k. Truchsess am Hofe der beiden Kaiser *Maximilian II.* und *Rudolf II.* Da damals zwei Drittheile von Ungarn türkisch waren, so musste *Clusius* seine Ausflüge in dieses Land auf die Umgebungen von Presburg, Oedenburg, Güssing und Lendva,

die Ufer der Raab und die Murinsel beschränken, am liebsten weilte er
aber im Schlosse des Obertruchsesses von Ungarn *Balthasar* von *Batthyány*
zu Güssing (Neméth-Ujvár). *Clusius* starb zu Leiden 1609.
Er war der
erste, der die Pflanzen als solche, abgesehen von ihren Eigenschaften
und Kräften, zum Gegenstand seiner Beobachtungen machte, sie muster-
haft beschrieb und selbst ihre geografische Verbreitung vor Augen
hatte, aber seine Stellung war nicht von der Art, eine Schule zu gründen
und so sein Werk fortzubilden, im Gegentheil mit ihm erlosch das Licht,
das er im Leben verbreitet, und fast 200 Jahre verflossen, bis sich die
Botanik durch die Gunst der Zeitumstände endlich bleibend in Ungarn
einzubürgern vermochte.

II. **Einführung des Linne'schen Systems.** Erst nach der Mitte des XVIII.
Jahrhunderts begannen die Verhältnisse für die Pflege der Naturwissenschaften wie in Oesterreich überhaupt so auch in Ungarn sich günstiger
zu gestalten. Die den Türkenkriegen gefolgten Wirren hatten sich
gelegt, *Maria Theresia's* beglückende Regierung verbreitete Ruhe und
Wohlstand in ihrem aus früherer Zeit hart mitgenommenen Reiche,
talentvolle strebsame Männer fanden in dem k. Leibarzte und Studien-
director Baron *Van Swieten* einen ebenso wohlwollenden als mächtigen
Gönner. Gleichzeitig hatte *Linné* das Sexualsystem gegründet, die Begriffe von Art und Gattung geläutert und eine ganz neue Benennungsweise der Pflanzen geschaffen. Er hatte das Glück, dass seine neue Lehre
noch bei seinem Leben überall Anklang fand und in kurzer Zeit zu einer
beinahe despotischen Alleinherrschaft gelangte. *Jacquin* brachte sein
System nach Oesterreich, *Winterl* führte es in Ungarn ein. *Josef Jakob
Winterl* (geb. zu Steir 1739, gest. zu Pest 1809) ein Schüler und Freund
des Professors *Crantz* in Wien, wurde 1771 zum Professor der Botanik und
Chemie an der eben erst errichteten Universität zu Tirnau ernannt und
war der erste in Ungarn, der diese Wissenschaften öffentlich vortrug.
Im Jahre 1777 kam die Universität nach Ofen und 1784 nach Pest, auch
wurde daselbst ein botanischer Garten errichtet, dessen Catalog *Winterl*
1788 mit 25 Tafeln herausgab. Auf diesen Tafeln sind mehrere neue
Arten abgebildet, allein *Winterl* unterliess es, sie als solche aufzustellen
und zu benennen, sei es aus Scheu, in die Rechte *Linné's* einzugreifen,
sei es aus einer andern Ursache, so viel ist gewiss, dass diese von *Winterl*
entdeckten Arten gegenwärtig die Namen führen, die ihnen später *Ehrhart* und *Kitaibel* gegeben haben.

Das *Linné'*sche System hatte sich kaum in die verschiedenen Länder
Europa's eingebürgert, so beeilte man sich auch schon, Specialfloren in
dieser Methode zu schreiben, gewiss eine erfreuliche Erscheinung der
damaligen Zeit. Die erste nach dem Sexualsysteme bearbeitete ungarische
Flora war *Horvatovsky* Flora tyrnaviensis 1774, die jedoch unvollendet
blieb und eigentlich *Winterl* zum Verfasser haben soll. Hierauf folgten
des Presburger Arztes *Lumnitzer*, eines Schülers *Scopoli's*, Flora posoniensis 1791, das Beste aus dieser Zeit, und des Leutschauer Arztes
Genersich Elenchus florae scepusiensis 1798 und Catalogus plantarum
rariorum Scepusii 1801. Die beiden Jesuiten und Ofner Professoren *Piller*

und *Mitterpacher* machten 1782 eine wissenschaftliche Reise von Ofen nach Požega (Iter per Posegaiam provinciam susceptum 1783), der Lemberger Professor *Hacquet* durchwanderte durch acht Jahre (1788—95) die nördlichen Karpatenländer und gab die ersten naturgeschichtlichen Nachrichten über die Central-Karpaten (Reisen durch die dacischen und sarmatischen Karpaten 1790—96), der schottische Naturforscher *Robert Townson* bereiste 1793 ganz Ungarn und sein hierüber in London 1797 erschienenes Werk Travels in Hungary galt lange Zeit, besonders im Auslande als das Non plus ultra dieser Art. Aber alle diese Reisenden verfolgten mehr ethnografische und wenn auch naturgeschichtliche, doch nur nebenher botanische Zwecke. Man sieht aus allem diesem, dass die Botanik in Ungarn nicht den raschen Aufschwung genommen hatte, den sie am Ende des XVIII. Jahrhunderts in anderen Ländern, namentlich in dem benachbarten Oesterreich erreichte, wo sie von *Jacquin's* schöpferischem Geiste getragen das goldene Zeitalter der *Linné*'schen Schule feierte. In Ungarn trat erst mit *Kitaibel* eine neue Epoche ein.

III. Das Zeitalter Kitaibel's. Es ist wohl das rühmlichste Zeugniss für das erfolgreiche Wirken eines Mannes, wenn er, sei es auch nur in einem abgegrenzten Gebiete, sein Zeitalter beherrscht und die Leistungen Anderer sich um ihn gruppiren. Unstreitig war dies, insoweit es sich um die Naturkunde Ungarns handelt, bei *Kitaibel* der Fall. *Paul Kitaibel* geboren zu Mattersdorf im Com. Oedenburg 1757, studirte zu Oedenburg, Raab und Ofen und erlangte 1785 die medicinische Doctorswürde. Ein Schüler *Winterl's* war er noch als Doctorand dessen Adjunkt für Botanik und Chemie und übernahm 1794 die Aufsicht über den botanischen Garten zu Pest. Im Jahre 1802 wurde er zum Professor der Botanik und Chemie ernannt, obschon er stets anderweitig beschäftigt, sein Lehramt niemals antrat und nach *Winterl's* Tode vom Professor *Schuster* supplirt wurde. Von 1792 bis 1817 war *Kitaibel* fast beständig auf wissenschaftlichen Reisen, er durchforschte, zum Theil in Gesellschaft des Grafen *Waldstein*, ganz Ungarn, Croatien und Slavonien in botanischer, balneologischer und mineralogischer Richtung und betrat viele Gegenden, die vor und leider auch nach ihm kein Botaniker wieder sah. Nur die Central-Karpaten blieben von ihm unberührt.

Eine auffallende, nicht leicht zu erklärende Erscheinung ist es, dass *Kitaibel* von dem vielen auf seinen Reisen gesammelten wissenschaftlichen Materiale einen so geringen Gebrauch zu machen wusste, denn im Druck erschien nur das von ihm und dem Grafen *Waldstein* herausgegebene (von *Kitaibel* jedoch allein verfasste) Prachtwerk Descriptiones et Icones plantarum rariorum Hungariae 1802—12, das den Ruhm seines Verfassers für alle Zeiten gesichert hat. Gräser nahm *Kitaibel* in dieses Werk nicht auf, er theilte seine diesfälligen Entdeckungen vielmehr *Host* mit, der die selteneren oder neuen Arten in seinem nicht minder berühmten Werke Gramina austriaca beschrieb und abbildete. Von seinen balneologischen Arbeiten veröffentlichte *Kitaibel* gar nichts, denn nicht er, sondern Professor *Schuster* gab nach seinem Tode 1829 die sogenannte Hydrographica Hungariae heraus, aus der man erst ersah, dass *Kitaibel* einen grossen Theil seiner Zeit und seiner Kräfte der Erforschung der Gesundbrunnen Ungarns gewidmet hatte. Die in diesem Buche enthaltenen botanischen Notizen sind von geringem Belange. *Kitaibel* starb den 13. December 1817 zu Pest. Sein wissenschaftlicher vom Palatin Erzherzog *Josef* um 7000 fl. angekaufter Nachlass wurde von diesem dem National-Museum zu Pest geschenkt und so wenigstens seinem Vaterlande erhalten, obschon durch 45 Jahre unbekannt und unbenutzt.

Kitaibel stand mit allen namhaften Botanikern seiner Zeit im wissenschaftlichen Verkehre, vorzugsweise aber mit *Willdenow*, den er 1798 in Berlin besuchte und welchem er alle seine Entdeckungen und Beobachtungen mitgetheilt zu haben scheint, daher auch die meisten von ihm aufgestellten Arten in *Willdenow's* Werken erschienen. Botaniker der damaligen Zeit, welche *Kitaibel's* Forschungen durch Beiträge zur Flora Ungarns unterstützten und in seinen Schriften öfter erwähnt werden, sind: *Árvay* und *Bes:édes* in Presburg, *Buday* in Sirmien, *Festetits* in Dég, *Horky* (eigentlich *Horky*) in Palota, *Kättel* (auch *Kittel*) im Eisenburger Comitate, *Operschal* in Rosenberg, *Pfisterer* in Ofen, *Portenschlag* in Wien, *Rochel* damals in Rovně, *Schwarzmann* in Neu-Sohl, *Szontagh* in der Zips, vor allen aber der evangelische Pfarrer *Mauksch* in Kesmark und der Director des Karlovicer Gymnasiums *Wolny*, von welchen beiden die meisten Angaben über die Flora der Tatra und von Sirmien herstammen.

Man würde sehr einseitig vorgehen, wenn man *Kitaibel's* Verdienste um die Botanik blos nach seinen Plantae rariores beurtheilen wollte, hierüber geben vielmehr seine handschriftlichen Tagebücher und Reiseberichte, dann die Fragmente der Flora von Ungarn den eigentlichen Aufschluss. Diese Manuscripte bezeugen sein vielseitiges Wissen, seinen glücklichen Blick, seine scharfsinnige Beobachtungsgabe, seine unermüdete Thätigkeit, mit der er den angestrebten Zweck verfolgte. Er war Ungarns grösster Naturforscher und hat in dieser Richtung für sein Vaterland mehr geleistet als irgend Jemand vor und nach ihm. Gleichwohl kann er dem Vorwurfe nicht entgehen, dass er seine Kenntnisse zu verwerthen nicht verstand, sein reiches Material nicht zu verarbeiten, ja nicht einmal zu ordnen sich entschliessen konnte und so der Wissenschaft entzog, was er so leicht zum Gemeingut derselben hätte machen können. Vielleicht ein Fehler seines Zeitalters, vielleicht auch eine Folge der Zeitverhältnisse. Nicht minder wäre es wünschenswerth gewesen, wenn *Kitaibel* bei Aufstellung neuer Arten mehr Mass gehalten und sich dabei einer grösseren Sorgfalt und Auswahl beflissen hätte.

Wie bereits erwähnt, kamen *Kitaibel's* Manuscripte und sein Herbar in den Besitz des National-Museums. Dabei hatte es sein Verbleiben. Wohl haben Einzelne die Aufzeichnungen *Kitaibel's* für sich ausgebeutet, aber dieselben zu sichten, zu ordnen und durch Veröffentlichung allgemein zugänglich zu machen, daran dachte durch mehr als 40 Jahre kein Mensch. Es wirft daher eben kein günstiges Licht auf jene, die dies zu thun in der Lage gewesen wären, dass es einem Studirenden von 20 Jahren, *August Kanitz*, vorbehalten blieb, diesen Schleier endlich einmal zu lüften und wenigstens den werthvollsten Theil der Reiseberichte *Kitaibel's* (Reliquiae Kitaibelianae in den Verhandlungen der zool. bot. Gesellschaft 1862—3) und die Fragmente der Flora von Ungarn (Additamenta ad floram hungaricam in der Linnaea 1863) herauszugeben.

Gleichzeitig mit *Kitaibel* und zum Theil unabhängig von ihm haben auch einige andere Männer für die Pflege der Botanik in Ungarn gewirkt. Vor allen steht hier der schwedische Naturforscher *Georg Wahlenberg* oben an. Er bereiste im Jahre 1813 die damals wenig gekannten Central-Karpaten und legte, von *Rochel* und *Mauksch* redlich unterstützt, die Resultate dieser Reise in seiner klassischen Flora Carpatorum principalium 1814 nieder, ein hervorragendes in der damaligen Zeit Epoche machendes Werk und noch jetzt unübertroffen. Auch *Schultes* hat das nicht zu unterschätzende Verdienst, dass er gestützt auf *Rochel's* und *Kitaibel's* Mittheilungen der erste war, welcher in der Flora Oesterreichs 1814 wenigstens ersichtlich machte, welche Arten überhaupt in Ungarn vorkommen, obschon dies Vorkommen so allgemein als möglich gehalten wurde, allem Anscheine nicht seine sondern *Kitaibel's* Schuld, da das absichtliche Verschweigen der Fundorte sowie überhaupt die Geheimnissthuerei zu den Eigenthümlichkeiten dieses Zeitalters gehörte. Ebenso muss *Baumgarten's* Flora von Siebenbürgen erwähnt werden, weil sich sonst nirgends Angaben über die zu Ungarn gekommenen siebenbürgischen Comitate vorfinden, so spärlich diese auch sind. Dieses Werk stand früher in hohem Ansehen, erst in neuester Zeit fing man an, dessen Vortrefflichkeit zu bezweifeln, da man auf so viele Widersprüche und unrichtige Pflanzenbestimmungen gekommen war. Allein, wenn man erwägt, dass dies die erste Flora Siebenbürgens war und dass bis jetzt Niemand noch eine bessere geschrieben hat, und wenn man die Schwierigkeiten in Betrachtung zieht, mit denen die Botaniker bei dieser Flora noch heutzutage zu kämpfen haben, so wird man sich zu einem milderen Urtheile gestimmt fühlen und *Baumgarten's* Namen fortan in Ehren halten.

Verdienste anderer Art erwarben sich *Diószegi* und *Fazekas* in Debrecin durch die Herausgabe einer Flora von Ungarn in ungarischer Sprache. Obschon diese Flora als solche gar keinen Werth hat, da darin einheimische und ausländische Pflanzen ohne irgend einen leitenden Grundsatz bunt durcheinander aufgeführt werden und nicht einmal das Land angegeben ist, in welchem sie vorkommen sollen, so wurde doch eine ungarische Terminologie und damit die Möglichkeit geschaffen, Pflanzen in ungarischer Sprache beschreiben zu können. Den Anforderungen der neueren Terminologie dürfte indessen dies Buch doch nicht genügen.

Graf *Franz Szechényi* legte endlich durch die Schenkung seiner grossartigen Bibliothek im Jahre 1802 den Grund zu dem Pester National-Museum, das aber erst 1843 ins Leben trat. Dieses Institut enthält einen reichen, leider nur sehr wenig benutzten Schatz von botanischen Handschriften und Pflanzensammlungen.

IV. Kitaibel's Nachfolger und ihr Wirken. Nach dem Ableben *Kitaibel's* erhielt 1817 *Karl Haberle* (geb. zu Erfurt 1764) die Lehrkanzel der Botanik an der Pester Universität. Er war der erste in Ungarn, der mit dem *Linné*'schen Systeme zu brechen und dafür das natürliche einzuführen versuchte, indem er letzteres seinen Vorlesungen zu Grunde legte. Allein er fand hierin wenig Beifall. Denn als *Sadler* 1825—26 seine Flora des Pester Comitats herausgab, wurde dennoch das *Linné*'sche System in Anwendung gebracht und ungeachtet im Jahre 1830 *Endlicher's* nach dem natürlichen Systeme geordnete Flora posoniensis erschien, verharrte *Sadler* auch in der zweiten Auflage der Pester Flora 1840 bei *Linné's* Methode. Das waren die einzigen Kundgebungen des in anderen Ländern sehr lebhaft geführten Kampfes zwischen künstlichem und natürlichem Systeme durch nicht weniger als 40 Jahre, bis man endlich in unseren Tagen so weit kam, dass seit *Heuffel's* Enumeratio plantarum Banatus (1858) alle ungarischen Specialfloren nach dem natürlichen Systeme geordnet wurden. Damit waren nun freilich die Classes et Ordines *Linné's* beseitigt, deshalb aber das natürliche System noch nicht zur Geltung gebracht, denn dazu genügt es selbstverständlich nicht, die Arten einer Flora nach natürlichen Familien zu reihen, sondern es muss auch damit das eindringliche Studium jener Disciplinen verbunden werden, auf welchen das natürliche System beruht, nämlich Anatomie, Fysiologie und Morfologie der Pflanzen. Diese Wissenschaften werden aber in Ungarn noch immer wenig oder gar nicht betrieben.

Nach *Haberle's* traurigem Ende (er wurde am 1. Juni 1832 ermordet in seiner Wohnung gefunden) erhielt *Sadler* die Professur der Botanik, die er bis zu seinem 1849 erfolgten Tode fortan bekleidete. Sein Zeitalter kennzeichnet sich durch das Erscheinen einiger guter Specialfloren und vieler meist mittelmässiger botanischer Inaugural-Dissertationen, durch zahlreiche Versendungen getrockneter ungarischer Pflanzen besonders nach Deutschland und durch ein regeres botanisches Leben überhaupt; die Vegetations-Verhältnisse Ungarns fingen an, dem In- und Auslande bekannt zu werden, was früher, wo nur die 280 Pflanzen in *Kitaibel's* kostspieligem Prachtwerke, *Wahlenberg's* Flora der Central-Karpaten und *Schultes* höchst allgemeine Angaben zu Gebote standen, nicht der Fall war und auch nicht sein konnte.

Die hervorragendste Stelle in dieser Periode nahmen *Sadler*, *Rochel* und *Heuffel* ein. *Josef Sadler* (geb. zu Presburg 1791) förderte das Studium der Botanik in Ungarn auf dreifache Weise, durch seine zahlreichen theils gedruckten theils handschriftlich hinterlassenen Werke, durch seine vielen nach allen Richtungen Ungarns unternommenen Reisen und durch Versendung getrockneter Pflanzen in einem grossartigen Massstabe, wodurch er zur Kenntniss der ungarischen Flora wesentlich beitrug und besonders zu *Reichenbach's* Flora excursoria ein reiches Material lieferte. Von seinen gedruckten Werken sind die bereits erwähnte Flora comitatus pestinensis, welche zwei Auflagen erlebte, und die Dissertatio de Filicibus veris Hungariae die vorzüglichsten. Seine im Pester Museum aufbewahrten Manuscripte enthalten zahlreiche botanische Reiseberichte und Monografien über verschiedene Familien und Gattungen (vergl. *Kanitz* Gesch. 158—62), die nach seinem Tode von Niemanden benützt worden zu sein scheinen, doch liegen offenbar den meisten der in dieser Periode erschienenen botanischen Inaugural-Dissertationen solche handschriftliche Abhandlungen *Sadler's* zu Grunde.

Anton Rochel (geb. zu Neunkirchen in Nieder-Oesterreich 1770, gest. zu Graz 1847) war ebenfalls durch Schriften, Reisen und Herausgabe getrockneter Pflanzen für die Förderung der ungarischen Flora thätig und an botanischer Praxis seinem Zeitgenossen *Sadler* vielleicht überlegen. Von 1801—20 lebte er, obschon nur Magister Chirurgiae, als Arzt theils in Rakovec im Com. Neutra, theils in Rovné im Com. Trencsin und machte die Flora dieser Gegenden, sowie jene der westlichen Central-Karpaten zum Gegenstand seiner Forschungen. Im Jahre 1820 wurde er Gartenmeister des botanischen Gartens in Pest, welchem Amte er bis zu seiner 1840 erfolgten Pensionirung mit Erfolg vorstand. Durch seine in den Jahren 1815 und 1835 unternommenen Reisen in den Banat kam er in die Lage, den ersten Aufschluss über die wunderbare bis dahin kaum gekannte Flora dieses merkwürdigen Landes zu geben. Er schrieb Plantae Banatus rariores 1828, sein vorzüglichstes Werk, dann Miscellen über den nordwestlichen Karpat 1821, Reise in das Banat 1838 und in die Central-Karpaten, letztere im Manuscript. Sein reiches Herbar verkaufte er noch bei Lebzeiten an den König von Sachsen.

Adolf Franz Lang (geb. zu Pest 1795) Apotheker zuerst in Pest dann in Neutra, mehr praktischer Botaniker als Schriftsteller, bereiste ebenfalls Ungarn in verschiedenen Richtungen, sammelte viel und erwarb sich dabei eine ausgebreitete Kenntniss der ungarischen Flora Seit 1821 gab er getrocknete Pflanzensammlungen aus, deren Catalog er unter dem freilich weit mehr versprechenden Titel Enumeratio plantarum in Hungaria sponte nascentium 1822 und 1824 ankündigte. Im Sylloge der Regensburger Gesellschaft 1824 und 1828 stellte er einige neue meist unhaltbare Arten auf, auch schrieb er 1846 eine Art Pflanzengeografie von Ungarn, die aber als misslungen bezeichnet werden muss. Er starb 1863 in Neutra, der letzte aus der alten *Linné'*schen Schule.

Stefan Endlicher (geb. zu Presburg 1805, gest. zu Wien 1849) schrieb in einem Alter von 25 Jahren, als er noch Scriptor an der k. k. Hofbibliothek war, 1830 die bereits erwähnte Flora posoniensis, welche obschon sie im Grunde nur eine verbesserte Auflage der Flora *Lumnitzer's* ist, doch in der ganzen Behandlung des Stoffes die Prinzipien einer neuen aufgeklärten Schule nicht verkennen liess. *Endlicher's* nachheriges grossartiges Wirken gehört nicht in Ungarn, überhaupt keinem Lande speciell, sondern der Botanik in ihrer Totalität an, allein da er in Presburg geboren, anderseits sein gewaltiger Geist in Wien sich ausbildete, so können ihn wohl beide Städte als den ihrigen in Anspruch nehmen.

Peter Wierzbicki, zuletzt Werkarzt in Oravica im Com. Krassó, botanisirte früher im Wieselburger Comitate und am Plattensee, später im südlichen Banate, über dessen Flora er auch in der Regensburger botanischen Zeitschrift zwei Aufsätze veröffentlichte. Mit *Reichenbach* stand er im lebhaften Verkehr und lieferte ihm viele Beiträge sowohl zur Iconographia botanica als zur Flora exsiccata, doch haben sich die von ihm als neu aufgestellten Arten in der Folge meistens als unhaltbar herausgestellt. Er starb 1847 erst 53 Jahre alt. Sein schönes Herbar kam in den Besitz des Joanneums, seine handschriftliche Flora des Wieselburger Comitats und die von ihm gemeinschaftlich mit *Szenczy* und *Hutter* verfasste Aufzählung der um Keszthely am Plattensee vorkommenden Pflanzen befinden sich im Pester Museum.

Georg *Rumy*, zuletzt Professor in Gran († 1847) ein vielseitig gebildeter Mann aber kein Botaniker, schrieb 1842 eine Aufzählung der iu Sirmien vorkommenden Arten, eine Arbeit, bei der *Wolny* und der natürliche Pflanzenreichthum Sirmiens mehr Verdienst haben als der Verfasser.

Den Schlussstein dieses Zeitalters und zugleich den Uebergang zur letzten Periode, d. i. zur gegenwärtigen Zeit bildet *Heuffel*, dessen Schriften bereits ein modernes Gepräge an sich tragen. Johann *Heuffel*, geboren zu Modern im Presburger Comitate 1800, studirte zu Presburg, Wien und Pest und wurde 1829 Comitats-Fysikus in Lugos, wo er auch bis zu seinem 1857 erfolgten Tode als praktischer Arzt verblieb. Er botanisirte in verschiedenen Gegenden Ungarns, am meisten aber im Banat, dessen Flora durch ihn erst recht bekannt wurde. *Kotschy*, *Wierzbicki*, *Grossek*, *Weland*, *Galliny*, *Martini* und *Vuchetich* unterstützten ihn hierbei auf das thätigste. *Heuffel* schrieb viele Aufsätze über verschiedene Gattungen und Arten, sein Hauptwerk Enumeratio plantarum Banatus gab aber erst *Janka* 1858 nach seinem Tode heraus. Von allen ungarischen Botanikern, vielleicht selbst *Kitaibel* nicht ausgenommen, stand keiner in einem so ausgebreiteten wissenschaftlichen Verkehre mit dem In- und Auslande wie *Heuffel*. Sein ausgezeichnetes Herbar brachte der damalige Bischof von Siebenbürgen Dr. *Haynald* käuflich an sich.

Schliesslich muss noch der Naturforscher-Versammlungen erwähnt werden, welche von dem Professor *Bene* in Pest nach dem Beispiele Deutschlands 1841 ins Leben gerufen, bis 1848 regelmässig abgehalten und 1863 und 1864 wieder aufgenommen wurden. In botanischer Beziehung haben sie jedoch nichts besonderes geleistet, da die meisten darin enthaltenen Aufsätze (*Dorner's* Cuscuten und *Feichtinger's* Flora von Gran ausgenommen) unverkennbar Spuren flüchtiger Eile an sich tragen.

Von den vielen in diesem Zeitraume erschienenen Inaugural-Dissertationen botanischen Inhalts haben nur die von *Nendtvich* und *Polák* über die Floren von Fünfkirchen (1836) und des Eisenburger Comitates (1839), dann *Grész* Monografie der Gattung Potentilla Anspruch auf Brauchbarkeit, die anderen nehmen nur eine sehr untergeordnete Stellung ein oder sind ganz werthlos.

Wirft man einen prüfenden Blick auf diesen mehr als 30 Jahre langen Zeitabschnitt, so kann man den Nachfolgern *Kitaibel's* die Anerkennung nicht versagen, dass sie sein Werk thätig fortgesetzt und in der Fytografie sowie in der Sammlung der Standorte vieles geleistet haben. Dabei darf nicht übersehen werden, dass vielleicht die Hälfte dessen, was wirklich geleistet wurde, gar nie zur Oeffentlichkeit gelangen konnte, denn bei der Ungunst der damaligen Zeitverhältnisse bezüglich literarischer Zustände wanderte so manche werthvolle Arbeit, die keinen Verlag fand, in das Pester Museum oder kam in Privathände, wo sie unbeachtet liegen blieb oder gar verloren ging.

V. Die gegenwärtige Zeit von 1850 bis jetzt ist an botanischen Leistungen quantitativ am reichsten, denn die inzwischen entstandenen gelehrten Gesellschaften und Zeitschriften machten es möglich, auch kleineren Aufsätzen eine weitere Verbreitung zu gewähren. Es würde zu weit führen, in das einzelne dieser Leistungen einzugehen, daher hier nur diejenigen Botaniker insbesondere hervorgehoben werden, deren Wirken höheres Interesse erweckt.

Josef von *Dorner* (geb. zu Raab 1810), Professor der Naturgeschichte zu Pest, weniger Florist als Pflanzenanatom und Fysiolog, der erste und wohl auch der einzige, „welcher diese Disciplinen durch Wort und That nach Ungarn verpflanzte" (*Kanitz* Gesch. 201, wo auch ein Verzeichniss der von ihm in dieser Richtung verfassten Abhandlungen beigefügt ist). Sein 1846 lebhaft angeregter Plan, im Vereine mit *Sadler* und *Heuffel* eine Flora von Ungarn zu schreiben, kam leider nicht zur Ausführung.

Friedrich Hazslinszky (geb. zu Kesmark 1818), Professor am Collegium zu Eperjes, Botaniker und Geolog, bereiste Ungarn nach verschiedenen Richtungen, besonders aber das karpatische Hochland, zu dessen besserer Kenntniss er wesentlich beitrug. Sein jüngstes Werk hierüber Éjszaki magyarhon viránya 1864 empfiehlt sich besonders in pflanzengeografischer Beziehung. In letzterer Zeit vorzugsweise Kryptogamist kann ihm in diesem Fache wohl Niemand in Ungarn den Vorzug streitig machen.

Dr. Gustav Reuss, Arzt in Gross-Röce im Com. Gömör († 1861), gab 1853 eine in slavischer Sprache geschriebene Flora der slovakischen Comitate Ober-Ungarns (Května Slovenska) heraus. Nach *Stur* bezüglich der slavisch-botanischen Terminologie ein wichtiges Buch (ÖBW. IV. 403). Dem mag so sein, in jeder anderen Rücksicht dagegen wird dies Werk Niemanden genügen, denn es ist höchst unvollständig und viele Angaben sind offenbar unrichtig. Es würde sich vielleicht besser ausnehmen, wenn es den Titel einer Flora der Comitate Gömör und Borsod führen möchte.

Dr. Anton Kerner (geb. zu Mautern in Nieder-Oesterreich 1831) von 1855—60 Professor der Naturgeschichte in Ofen, jetzt in Innsbruck, benützte seinen verhältnissmässig kurzen Aufenthalt in Ungarn zu wahrhaft glänzenden Erfolgen. Seine pflanzengeografischen Schilderungen des Pilis-Vértes Gebirges, des Bakonyer Waldes, der Biharia, die vor ihm noch kein Botaniker betreten, und des ungarischen Tieflandes beurkunden eine ebenso geniale Auffassung als gewandte Ausführung.

Victor von *Janka*, k. k. Kürassier-Lieutenant (geb. zu Wien 1837) botanisirte schon in jugendlichem Alter in Siebenbürgen und im Banat, später in Rumänien und im Biharer Comitate. Bei seiner ausgebreiteten Kenntniss der botanischen Literatur und seinem richtigen Blick in Erkennung der Arten konnte es ihm nicht fehlen, so manche schöne Ent-

deckung zu machen. Er schrieb theils kritische Aufsätze über leicht zu
verwechselnde Pflanzen theils floristische Beiträge in verschiedenen Zeitschriften, seine vorzüglichste Abhandlung erschien in der Linnaea 1859
unter dem Titel Adnotationes in plantas dacicas.

August Kanitz (geb. zu Lugos 1843), Hörer der Rechte in Wien,
hat, wie bereits erwähnt, durch die Herausgabe der Reliquiae Kitaibelianae und der Additamenta *Kitaibel's*, dann des literarischen Nachlasses
Heuffel's so zu sagen das Eis gebrochen, unter dem so viele werthvolle
botanische Manuscripte begraben liegen. Seine genaue Kenntniss der
botanisch-literarischen Zustände Ungarns, die vielleicht kein zweiter
besitzt, machte es ihm möglich, eine Geschichte der Botanik in Ungarn
zu schreiben und darin einen grossen Quellenreichthum für weitere
Forschungen aufzuspeichern. Nebst dem gab er noch verschiedene Recen-
sionen und botanische Aufsätze vermischten Inhaltes in mehreren ungarischen und deutschen Zeitschriften heraus. Die Ergebnisse seiner 1864
unternommenen botanischen Reise in Slavonien und Sirmien dürften in
nächster Zeit veröffentlicht werden.

Ein bedeutender Fortschritt in Erforschung der ungarischen Flora
geschah in neuester Zeit durch die Herausgabe einzelner Comitats- und
Lokalfloren oder durch Beiträge zu bereits bestehenden Floren. So lieferten
der Schuldirector *Bolla*, Professor *Kornhuber*, der Pfarrer *Alexander Matz*
in Angern, Graf *Benzl-Sternau* und *Ludwig Richter* reichliche Nachträge
zur Flora des Presburger Comitates, der ehemalige Comitats-Fysikus in
Tirnau *Dr. Krzisch* beschrieb die Flora des früher bestandenen Comitates
Ober-Neutra und der von ihm durchwanderten Central-Karpaten, der
Pfarrer *Holuby* in Nemes Podhragy machte die Vegetationsverhältnisse
seiner verschiedenen Aufenthaltsorte in den Comitaten Neutra und Trencsin bekannt, der Mediciner *Knapp* schrieb eine vollständige Flora des
Comitates Neutra und Reiseberichte über seine Ausflüge in die Comitate
Bars und Hont, der Apotheker *F. Keller* in Wag-Neustadtl schilderte
die Flora der Umgebungen dieser Stadt, *Dr. Feichtinger* jene des Comi-
tates Gran am linken Donau-Ufer, der Mediciner *Nikolaus* von *Szontagh*
veröffentlichte die vom Pfarrer *Vitkay* zu Oravka († 1842) hinterlassene
Flora arvensis, verband sie mit den von ihm und seinem Vater, dem k.
Rathe *Daniel* von *Szontagh*, gemachten Beobachtungen und stellte das
Ganze zu einer Flora des Comitates Arva zusammen, schrieb auch eine
Flora der Stadt Oedenburg und über jene des oberen Wagthales, die
galizischen Botaniker, Professor *Grzegorczek* in Tarnow und *Felix Berdau*,
damals Adjunkt des Museums in Krakau, dann die beiden Breslauer,
Baron *Üchtritz* und *Karl Haussknecht*, sowie *Dr. Ascherson* in Berlin
gaben sehr wichtige, im Sinne der Neueren geschriebene Beiträge über
die Central-Karpaten, der Regimentsarzt *Dr. Herbich* in Krakau erläu-
terte die Vegetations-Verhältnisse der ungarisch-galizischen Grenzkarpaten vom Dunajec bis in die Marmaros, die Wiener Botaniker
durchforschten das Leithagebirge und die Ufer des Neusiedler Sees,
Professor *Sigmund* in Wien, der 1860 verstorbene botanische Gärtner
Hillebrand in Wien und Professor *Haberlandt* in Ung. Altenburg lieferten

Beiträge zur Flora des Plattensees, der gewesene Eisenbahn-Inspector *Bayer* zu jener von Pest, der Arzt in Boros-Jenő *Dr.* von *Kéry* schilderte die Flora des östlichen Comitates Arad, Director *Dr. Alois Pokorny* besprach die Torfmoore Ungarns und die Vegetationsformen des ungarischen Tieflandes, die deutschen Botaniker *C. Koch* in Berlin, Professor *Grisebach* in Göttingen und *Dr. Andrä*, damals Docent in Halle, bereisten den Banat und veröffentlichten die von ihnen hierüber gemachten Beobachtungen. Lokalfloren schrieben: Der Wiener Geolog *Stur* über den Rozsudec und die Umgebungen von Modern, Professor *Varečka* über Neu-Sohl (unvollendet), Professor *Fábry* über Rima-Szombat im Comitat Gömör, Professor von *Pawlowsky* über Kaschau, der Feldarzt *Steffek* über Grosswardein, der damalige Studirende *Vuezl* über Ung. Altenburg (Manuscript), der Pfarrer *Ebenhöch* über Koroncó im Comitat Raab, Professor *Majer* über Fünfkirchen, Rittmeister *Schneller* über Futak im Comitat Bács und Čerević im Com. Sirmien, Professor *Pančić* in Belgrad über Semlin (Manuscript). Professor *Fenzl* und der verstorbene Director des botanischen Gartens in Schönbrunn *Dr. Schott* besprachen neue in Ungarn entdeckte Arten, der Geolog *Stur* bearbeitete monografisch die in Ungarn vorkommenden Arten der Gattung Draba und der Ministerialrath von *Heufler* jene der Gattung Asplenium, der Hauptmann *Schulzer* von *Müggenburg* in Vinkovce schrieb eine Aufzählung der in Ungarn vorkommenden Schwämme. Durch Versendung getrockneter Pflanzen erwarben sich *Balek* in Fünfkirchen, *Ballay* in Raab, *Kalchbrenner* in Wallendorf, *Kováts* in Pest, *Pavich* in Požega, *Veselský* damals in Eperjes und *Wagner* in Huszt nicht unbedeutende Verdienste. Ich glaube das Verzeichniss der in diesem Zeitraume für die Flora Ungarns thätigen Männer nicht besser schliessen zu können als mit den beiden Gönnern der Botanik und selbst Botanikern, nämlich dem geheimen Rathe und Erzbischofe von Carthago *Dr. Ludwig Haynald*, welcher das reichste Herbarium in ganz Ungarn besitzt, und dem leider im Jahre 1863 dahingeschiedenen Grafen *Johann Zichy* von *Vásonykeő*, an dessen Seite ich so viele frohe Tage auf den Alpen Oesterreichs verlebte.

Sind die Arbeiten der eben angeführten Botaniker auch von sehr verschiedenem Werthe, so stellt sich doch wenigstens die Wahrnehmung heraus, das Jeder bemüht war, das Seinige zu leisten, sowie es ihm seine Fähigkeiten und Verhältnisse gestatteten. Mehr lässt sich über ein Zeitalter nicht sagen, das noch nicht abgeschlossen ist und von dem man daher nicht wissen kann, was es noch bringen wird.

„Expositiones in hoc tractatulo factae clare demonstrant, ante semisaeculum de re botanica ad universitatem hungaricam absolute nihil exstitisse; nunc semisaeculo elapso plura non spernenda imo maxime notabilia creata, procurata et praestita jam esse; sique hoc pro futuro iterum spem praebet, intra semisaeculum alterum futurum (quamvis lente festinando) omnibus hucusque adhuc piis desideriis demum satisfactum iri.“ So *Haberle* in seiner Succinta rei herbariae Hungariae historia, Budae 1830 p. 66.

Zweiter Abschnitt.

Natürliche Beschaffenheit des Landes.

I. Grenzen und Lage.

Hunfalvy A magyar birodalom természeti viszonyainak leirása (Beschreibung der natürlichen Beschaffenheit des ungar. Reiches). Pest 1863—4, 2 Bände. s. *)

Ungarn mit Einschluss Slavoniens liegt zwischen dem 33^0 20' und 42^0 40' östlicher Länge von Ferro und zwischen dem 44^0 35' und 49^0 30' nördlicher Breite; es hat somit nach Osten gleiche Breite mit der nördlichen Wallachei, der Moldau, Bessarabien, den russischen Gouvernements Podolien, Cherson, Taurien und Jekaterinoslaw, dem Lande der donischen Kosaken, Astrachan, der Kirgisensteppe, Kalkas-Mongolei und der mittleren Mandschurei, nach Westen mit dem mittleren und südlichen Deutschland, Ober-Italien, der Schweiz, dem mittleren und nördlichen Frankreich, Canada und dem Nordrande der vereinigten Staaten von Nordamerica. Das eigentliche Königreich Ungarn ist ein auf drei Seiten natürlich begrenztes Binnenland, Slavonien eine 40 Meilen lange, nur 4—12 Meilen breite, von der Drau, Save und Donau gebildete Erdzunge. Der Flächeninhalt beider Länder berechnet sich nach *Hunf.* l. c. I. 107—9 auf folgende Weise:

I. Ungarn.

	Geograf. Quadrat-Meilen.
Kreis jenseits der Donau	784.59
Kreis diesseits der Donau	996.02
Kreis diesseits der Theiss	693.00
Kreis jenseits der Theiss	1214.80
Die drei siebenbürgischen Comitate mit dem Districte Kövár	104.46
Privilegirte Districte	103.43
Banater Militärgrenze (3 Regimenter)	181.87
Titler Bataillons-Bezirk	16.72
	4094.89

*) Leider konnte ich dieses vortreffliche, den Gegenstand nach den gegenwärtig vorhandenen Quellen erschöpfende Werk, da es in ungarischer Sprache geschrieben ist, nicht in dem Masse benutzen, als ich es so sehr gewünscht hatte. Auch ist dasselbe nicht vollendet.

2. Slavonien.

Das ganze Gebiet umfasst sonach 4389.57
und ist daher grösser als sämmtliche deutsch - österreichische Länder
(3604.56 □ Meilen).

II. Beschaffenheit des Bodens in orografischer und geologischer Beziehung.

Hunf. l. c.; Jahrbücher der k. k. geolog. Reichsanstalt, Wien 1850—64, 14 Jahrgänge 8.; Geologische Karte von Ungarn und Slavonien nach der Aufnahme der k. k. geolog. Reichsanstalt.

Ungarn gehört zwei Gebirgssystemen an, am linken Ufer der Donau den Karpaten, am rechten den Alpen. Die Karpaten sind das vorherrschende Gebirge, sie erfüllen ganz Ober-Ungarn und die östlichen Marken und erreichen eine Höhe von mehr als 8000'. Die Alpen sind von untergeordneter Bedeutung, sie ragen nur als niedrige höchstens 3000' hohe Bergzüge und Kuppen aus dem Hügellande empor. Slavonien gehört ganz dem Alpensysteme an. Zwischen den Karpaten, dem Hügellande und der unteren Donau liegt das grosse ungarische Tiefland, das Wassergebiet der Theiss, die Ungarn nennen es Alföld. Die Eintheilung des Gebietes in das karpatische Berg- und Hochland, in das dem Alpensysteme angehörige Hügelland und in das Tiefland ergibt sich hieraus von selbst.

Die Karpaten.

Die Karpaten umgeben Ober-Ungarn in einen weiten Bogen von der Mündung der March in die Donau bis zum Bache Zibo (Cibou), der an der dreifachen Grenze von Ungarn, Siebenbürgen und Bucovina in die Goldene Bistrica fällt. Zwischen den Quellen dieser letzteren und jenen des Baches Visso in der Marmaros setzt sich ein schmaler Bergrücken nach Siebenbürgen fort, theilt sich aber sogleich in zwei Aeste; der eine Ast zieht nach Süden und bildet die Grenze gegen die Moldau, der andere wendet sich anfangs nach Westen, biegt aber dann um die stumpfe nordwestliche Ecke Siebenbürgens ebenfalls nach Süden und verfolgt diese Richtung bis Alt-Orsova am Austritt der Donau, die ungarisch-siebenbürgische Grenze mitunter nur undeutlich bezeichnend. Ungefähr in der Mitte des nördlichen Karpatenzuges dringt die Theissebene längs des Hernád und der Tarca in einer Länge von 12 Meilen bis Eperjes in das Gebirge ein und bildet eine breite tiefe Spalte, welche die nördlichen Karpaten in einen nordwestlichen und nordöstlichen Flügel theilt. Die siebenbürgischen Grenzkarpaten endlich durch den Visso und die obere Theiss von den nordöstlichen Karpaten geschieden, bilden das

dritte Glied in dem karpatischen Gebirgssysteme Ungarns und ver-
mitteln den pflanzengeografischen Zusammenhang der pannonischen und
dacischen Flora.

A. Nordwestliche Karpaten.

Die nordwestlichen Karpaten erstrecken sich von der westlichen
und nördlichen Landesgrenze östlich bis zu der kurz vorher erwähnten
Thalspalte des Hernád und der Tarca, südlich bis an das Presburger
Becken, die Donaulinie Párkány-Waizen und das grosse Tiefland, so
dass sie ein rautenförmiges stumpfwinkeliges Viereck beschreiben. Ihr
Hauptrücken bildet nicht nur die natürliche Grenze gegen Mähren,
Schlesien und Galizien, sondern auch die Wasserscheide des Stromgebietes
der Donau und der Weichsel. Die Länge ihres Zuges beträgt mehr als 100,
die Sehne des Segmentes von Presburg bis zum Austritte des Poprad
aus der Zips 42, die grösste Breite zwischen Waizen und dem Polica
Vrch (dem nördlichsten Punkte Ungarns) 30 Meilen *). Ihre orografische
und geologische Zusammensetzung ist sehr komplicirt. Nur selten bilden
sie fortlaufende Gebirgsketten von bedeutender Länge und noch weniger
geschlossene geologische Zonen, sondern von Flüssen öfter durchbrochen,
überall durch Einsattlungen und Querthäler geschieden, vielfach verzweigt und verästelt, stellen sie nicht selten ein Gewirre von Berggruppen, Hügeln und Thälern dar, so dass man meistens nur nach
Wasserscheiden und Flüssen natürlich begrenzte Gebiete herzustellen
vermag. Der nördliche Theil dieses gesammten Gebirgskomplexes begreift
das ungarische Hochland, der südliche besteht aus Vorgebirgen und
Hügeln, welche sich zuletzt in die anstossenden Ebenen auflösen.

I. Der Zug der nordwestlichen Wasserscheide. Die nordwestlichen Karpaten beginnen eigentlich mit den von der Donau abge-
rissenen Inselbergen bei Hainburg in Nieder-Oesterreich. Zwischen Theben
und Presburg treten sie auf das linke Donau-Ufer über und ziehen unter
dem Namen Kleine Karpaten in nordöstlicher Richtung zwischen der March
und Wag gegen die mährischen Grenzkarpaten, von denen sie durch
eine muldenförmige Vertiefung zwischen Mijava und Alt-Tura geschieden
werden. Sie sind ein niedriges Gebirge, welches nirgends die Höhe von
3000′ erreicht (Thebner Kogel 1651′, Wetterling 2203′, Vysoka 2290′,
Bradlo 2580′). Im südlichen Zuge von Presburg bis zur Linie Kuchel-
Obernussdorf herrscht Granit vor, welchen krystallinische und kalkige
Schiefer, Quarzite und Liaskalke umgeben und theilweise durchsetzen.
Der mittlere Theil (Bĕla Hora, Weisse Karpaten), durch einen breiten
Querzug rother Sandsteine und Melafyre vom südlichen Granitmassiv
getrennt, reicht bis Březova und besteht vorwaltend aus Neocomkalk
und Dolomit, welchen mächtige Schichten von Leithaconglomeraten um-
randen und theilweise überdecken. Das nördliche Ende der Kleinen
Karpaten ist aus eocenem Karpaten-Sandsteine zusammengesetzt und
durch eine Reihe von Klippenkalken gegen den älteren Sandstein des

---

*) Unter Meilen sind immer geografische Meilen, unter Fuss stets Wiener Fuss gemeint.

mährischen Grenzgebirges abgeschlossen. Der Turecko, ein isolirter Fels nördlich von Neustadtl an der Wag besteht aus Dachsteinkalk. (*Stur* Geolog. R. A. XI. 20—5, 53—73; *Fött.* Geolog. R. A. XIII. Verhdl. 50, 61; *Andr.* ebendaselbst 51, 62, 73; *Andr.* und *Paul* Geolog. R. A. XIV. 325).

Von Skalic im Marchthale bis auf die Zeleznica (2880') an der nord-östlichen Ecke des Comitates Arva verfolgt der Hauptrücken der nord-westlichen Karpaten mit geringen Ausnahmen die Grenze der Comitate Neutra, Trencsin und Arva gegen Mähren, Schlesien und Galizien; längs der mährischen Grenze heissen sie **Mährische Grenzkarpaten**, längs der schlesischen und galizischen **Beskiden**. Die mährischen Grenzkarpaten sind nur wenig höher als die Kleinen Karpaten (Javořina bei Wag-Neustadtl 3060', Lopenik 2868', Makitka 2904', Löwenstein 3169'), aber die Beskiden ragen bereits in die Voralpen- und Krummholzregion (Polika Vrch 4326', Pilsko 4914', Babia Góra 5448'). Von der Zeleznica wendet sich die Wasserscheide nach Süden und zieht über die torfige 1800—2500' hohe Hochebene Bory senkrecht auf den Volovec der Central-Karpaten. Sowohl die mährischen Grenzkarpaten als die Beskiden zeigen langgedehnte gerundete Formen und eine einförmige Landschaft. Sie bilden eine geschlossene Zone von älterem, der unteren Kreide angehö-rigen Karpaten-Sandsteine, nur an ihrem südöstlichen Rande kommen die reihenweise auf einander folgenden mahlerischen Felsgruppen des Klippenkalkes, dann stellenweise Fleckenmergel, Neocomkalk und die an beiden Ufern der Wag von Puchov bis Silein reichlich abgelagerten Mergel der oberen Kreide vor [*]) (*Stur* l. c. 25—7, 73—94).

II. Central-Karpaten. Die Central-Karpaten (auch Tatra im weiteren Sinne, Carpati principales bei *Wahlenberg*) lassen sich, wenn auch durch Einsattlungen und Pässe stellenweise unterbrochen, doch als ein zusammengehöriges Gebirge von der Mündung der Arva in die Wag bis zur Wassergrenze des Poprad in der Zips verfolgen. Allein es wäre nicht passend, diesen ganzen mehr als 17 Meilen langen in seinen Höhenverhältnissen höchst ungleichen Gebirgszug mit dem Namen Central-Karpaten zu belegen, daher man hierunter nur die krystallinische 7 Meilen lange 6—8000' hohe Alpenkette versteht, welche vom Quer-thale Bobrovec (Bobróc) im Comitat Liptau bis zum Sattel von Žjar in der Zips reicht. Der ungefähr in der Mitte der Central-Karpaten lie-gende 7200' hohe Beskid oder Svinaskala (nördlich vom Grossen Křivan) theilt dieselben in einen westlichen und östlichen Flügel, an jenen schliesst sich das 4—5000' hohe Arva-Liptauer Kalkgebirge, an diesen die bei 3000' hohe eocene Zipser Magura an.

---

[*]) Um in einem botanischen Buche nicht allzusehr in geologisches Detail einzugehen, muss bemerkt werden, dass die Kalkgebirge der nordwestlichen Karpaten im Allgemeinen aus Neocomkalk und Dolomit, dann den Kalken der oberen Trias bestehen. Die älteren Kalke der Jura (Krinoidenkalk oder Vilser Schichten, Klippenkalk, Stramberger Schichten, Aptychenkalk) und des unteren Lias (Fleckenmergel, Kössener und Adnether Schichten) begleiten zwar fast überall die Neocomkalk-Züge, aber von ihnen meistens überdeckt, treten sie blos sporadisch auf und üben auf die Vegetation keinen merklichen Einfluss, daher sie hier nicht immer speciell aufgeführt werden. Die Kalke der unteren Trias (Gutensteiner Kalk) und des oberen Lias (Dachsteinkalk) kommen nur höchst selten vor.

Der westliche Flügel oder die **Liptauer Central-Karpaten** erstrecken sich vom Beskid längs der galizischen Grenze in breiter gerundeter Wölbung über den Czerwoný Wirch 6558' Tomanowa polska 6840', Pisna 7221', Rackova 6750',[*]) Volovec 6534' und Rohač 6584'[**]) zu dem vorerwähnten Querthale Bobrovec. Ihre südlichen von Giessbächen durchrissenen Voralpen dringen bis an die Wag vor, nördlich stürzen sie gegen die Neumarkter Ebene in Galizien ab und bilden dort die durch ihren Pflanzenreichthum bekannten Thäler von Kościelisko und Zakopana. Jenseits des Bobrovecer Thales beginnt mit der Běla Skala (5005') das **Arva-Liptauer Kalkgebirge**, die westliche Fortsetzung der Central-Karpaten, und zieht über den Prosečno, Sokol, Holica, Choč (5093') und Hrdošin auf den Šip (3699') an der Mündung der Arva in die Wag. Obschon durch diese beiden Flüsse von der Fatra und dem Klein-Křivan-Gebirge geschieden, vermittelt der Šip gleichwohl die Verbindung dieser zwei Gebirge mit den Central-Karpaten.

Der östliche Flügel ist die **Tatra**. Sie zerfällt in die Hohe und in die Oestliche Tatra. Die **Hohe Tatra** reicht vom Beskid bis zum Skopapasse und dem Weisswasserthale. Sie ist eines der wildesten und unwirthlichsten Hochgebirge, der höchste und mächtigste Alpenstock nicht nur in Ungarn, sondern im ganzen östlichen Europa bis zum Ural und Kaukasus, die Wettersäule, an der sich die über die russischen Steppen herbrausenden Winde brechen. Ihr felsiger scharfkantiger Hauptrücken und noch mehr die kurzen oft höheren Querrücken sind vielfach zerrissen und wunderlich gestaltet, bald pyramiden- oder nadelförmige Spitzen und Hörner darstellend, bald in orgelpfeifenartige Thürme gereiht. Die höchsten dieser zahlreichen Spitzen sind von Westen nach Osten: der Grosse Křivan 7884' (noch im Comitat Liptau), der Mönch oder Nadrybim 7300' (an der dreifachen Grenze der Comitate Liptau und Zips gegen Galizien), der Vysokivrch 8022', die Gerlsdorfer Spitze 8374' die höchste von allen[***]), der Polnische Kamm 6889', die Lomnitzer Spitze 8328', Kesmarker Spitze 8036', Eisthaler Spitze 8324', Grüne Seespitze 8012', Rothe Seespitze 7641', Weisse Seespitze 7190', Ratzenberg 6508', (diese alle in der Zips). Aber ungeachtet die Tatra weit über die Schneelinie sich erhebt, so trifft man doch nirgends eigentliche Gletscher an, dafür zahlreiche hochgelegene Alpenseen, von welchen später gehandelt werden wird.

Ueber den nordöstlichen Abfall der Hohen Tatra führt vom Dorfe Javořina an der galizischen Grenze ein häufig benützter Uebergang durch das Kupferschächtenthal, den 5352' hohen Skopapass (Sattel bei *Wahlenberg*) und das Weisswasserthal nach Kesmark. Diese Einsattlung scheidet die Hohe Tatra von der viel niedrigeren aber in botanischer Beziehung weit reichern **Oestlichen** Tatra, von *Wahlenberg* die accessorischen Zipser

---

*) Die Alpe Rackova ist weder auf der Generalstabs-Karte noch auf jener Scheda's angegeben, noch wird derselben in Kořistka's Tatra erwähnt. Nach Wahlenberg's Karte liegt sie südöstlich vom Volovec und aus dem in ihrer südlichen Bucht liegenden Alpensee entspringt der Rackovabach, welcher in die Běla mündet.

**) Nach Wahlb. Carp. p. XLV 6407 Par. F. d. i. 6584 Wien. F., nach Ölsfeld in Hunf. Magy. Bir. I. 401 aber 6858' und nach Kořistka's Tatra p. 36 gar 7040'.

***) Nach Kořistka's trigonometrischer Messung (Tatra p. 36 Note).

Alpen auch Belaer Alpen genannt. Die östliche Tatra zieht vom Javořinkathale in südöstlicher Richtung gegen Roks, nördlich trennt sie der Pass Žjar (3398') von der Zipser Magura. Auf ihrer Südseite, der Hohen Tatra gegenüber, liegen der Murañ 5945', Thörichtergern 6475'*), Durlsberg 5904', das Stösschen 4596'; auf der Nordseite der Hauran 6185', Stirnberg 6061', die vordere Leiten 6039', die hintere Leiten 6468' mit den Alpenthälern Drechselhäuschen 4725' und Schächtengrund, das Eiserne Thor, die Nesselblösse 4492'. Eine niedrige Fortsetzung der östlichen Tatra ist die ungefähr 3000' hohe Zipser Magura, die in ost - und nordöstlicher Richtung gegen die galizische Grenze streicht (Höchste Spitze: Palonica 3765'). Die Pienninen (Höchste Spitze: Skala St. Kunygundy 3482') liegen nördlich von der Magura am linken Ufer des Dunajec in Galizien, nur die niedrigen Vorberge derselben am rechten Ufer gehören theilweise nach Ungarn.

Wie bereits erwähnt, erreicht die europäische Hauptwasserscheide die Central-Karpaten auf dem Volovec und verfolgt sodann den Kamm derselben bis zum Mönch. Von diesem senkt sie sich plötzlich nach Süden und zieht zwischen den Quellen der Weissen Wag und des Poprad auf den sogenannten Hochwald bei Csorba im Comitat Liptau. Dieser Hochwald, obschon von einer Seehöhe von beinahe 2800' ist aber im Verhältniss zu seiner Umgebung weder hoch noch ein Wald, sondern eine wellenförmige Bodenerhebung, nur 300' höher als Csorba. Bei Šunjava, südlich von Csorba ändert die Wasserscheide abermals ihre Richtung, indem sie nach Osten umbiegt und auf einem anfangs kaum merklichen, später aber 2 – 3000' ansteigenden Bergrücken die Zips zwischen Leutschau und Kesmark schief durchschneidet, bis sie bei dem Uebertritte des Poprad nach Galizien unterhalb Palocsa im Comitat Sáros wieder die galizisch - ungarische Grenze erreicht. Der am südlichen Fuss der Hohen Tatra entspringende Poprad mündet aber in den Dunajec und durch diesen in die Weichsel, und so geschieht es, dass während der westliche Flügel der Central-Karpaten im Stromgebiete der Donau liegt, der östliche höhere Theil, d. i. die Tatra so zu sagen naturwidrig jenseits der europäischen Hauptwasserscheide in das Flussgebiet der Weichsel versetzt wird. Ueberhaupt ist die ganze Stellung der Central-Karpaten sehr eigenthümlich. Obschon inmitten des nördlichen Karpatenzuges gelegen, bilden sie gleichwohl keinen Knotenpunkt in dem Sinne, dass sich von demselben Bergfüsse in verschiedenen Richtungen abzweigen würden, im Gegentheil nördlich und südlich durch die Thalebenen der beiden Dunajec, der Wag und des Poprad, westlich und östlich durch die Querthäler Bobrovec und Žjar von den benachbarten Berggruppen geschieden, kann man die ganze Kette der Central-Karpaten, ohne

---

*) Nach Wahlb. Carp. p. LVII Note gibt es in der Tatra zwei Thörichtergern, der eine nördlich vom Skopapasse in der östlichen Tatra, der andere in der Nähe der Weissen Seespitze in der Hohen Tatra. Hier wird sowie bei Wahlenberg immer der Thörichtergern der östlichen Tatra gemeint, auf Kořistka's Karte hingegen wird die Alpe bei der Weissen Seespitze mit diesem Namen belegt. Es wäre übrigens eine vergebliche Mühe die in den verschiedenen Werken angegebenen Namen und Höhen der Tatra in Einklang bringen zu wollen, oft weichen sie in demselben Buche von einander ab oder Text und Karte stimmen nicht überein.

irgendwo bedeutend steigen zu müssen, rings umgehen und so stehen
sie isolirt ein kolossales Inselgebirg da, alle ihre Umgebungen weitaus
überragend.

Der Kamm und das Innere der Liptauer Central-Karpaten sowie
der Hohen Tatra besteht aus einem in Gneiss übergehenden Granit, auf
der Südseite auch aus reinem Gneiss. Nördlich vom Granit folgt ein
schmaler vom Rohač bis in die östliche Tatra sich hinziehender Streifen
von rothen Sandsteinen, welchen mächtige Massen von Triaskalk, Neocomdolomit und Mergelschiefer aufgelagert sind. Vor der Kalkzone liegen
eocenen Karpatensandsteine, welche zuletzt in ältern Sandstein übergehen
und erst in den Ebenen Galiziens ihr Ende erreichen. Diese Kalke und
eocenen Sandsteine setzen auch die östliche Tatra zusammen. Auf der
südlichen Seite der Central-Karpaten kommen weder rothe Sandsteine
noch Kalke von bedeutender Ausdehnung vor, der eocene Sandstein,
zum Theil von tertiärem Schotter und Geröllen überdeckt, schliesst sich
hier unmittelbar an die krystallinischen Gesteine an und reicht bis in
das Thal der Wag, er bildet auch die vorerwähnte Hauptwasserscheide,
die den Poprad begleitenden Höhen und die Zipser Magura, so dass er
die ganze nördliche Zips ausfüllt. Dieser Mangel an Kalken auf der
südlichen oder ungarischen Seite der Central-Karpaten ist auch die Ursache, dass deren Flora von jener der kalkreichen nördlichen oder galizischen Central-Karpaten, sowie der östlichen Tatra weit übertroffen
wird. Das Arva-Liptauer Kalkgebirge ist von der Běla Skala bis zum
Sip aus Neocomdolomit und Neocommergel zusammengesetzt, doch sind
denselben auf beiden Seiten ebenfalls wieder eocene Sandsteine von
grosser Ausdehnung aufgelagert, da sie sich nördlich bis auf die Hochebene Bory, südlich bis an die Wag verbreiten. Diese Sandsteine stehen
mit jenen, welche den nördlichen, östlichen und südlichen Abfällen der
Central-Karpaten aufgesetzt sind, in ununterbrochener Verbindung, so
dass der ganze Stock derselben überall von Sandstein eingeschlossen ist.
Die Pienninen endlich bestehen aus Jura- und Neocomkalk, streifen aber
nur die nördliche Grenze Ungarns. Einzelne Kalkdurchbrüche gleicher
Formation setzen sich über Lublau und Palocsa bis an die Tarca fort
und lassen sich, wenn auch höchst untergeordnet und sehr isolirt, durch
den ganzen nordöstlichen Karpatenzug verfolgen. (*Kořistka* Hohe Tatra
Gotha 1864 mit einer Terrainkarte; Wahlb. Carp. p. XXX — LXVI;
Stur Geolog. R.A. XI. 33, 119—24).

III. Das Ober-Ungarische Hochland. Das Hochland erstreckt
sich im Süden der Central-Karpaten über die Comitate Trencsin, Arva,
Turóc, Liptau, Sohl und Zips, dann über die nördlichen Theile der
Comitate Neutra, Bars, Hont, Neográd, Gömör, Torna und Abauj, und
die westliche Seite des Comitates Sáros, so dass es ungefähr bis zum
48° 20' nördlicher Breite reicht, von da an weiter südlich in tertiäres Hügelland übergehend. Es würde zu weit führen, alle die zahlreichen Bergzüge und Berggruppen aufzuzählen, welche das Hochland zusammen-
setzen und die bald die natürlichen Grenzen einzelner Comitate bilden,

bald dem Laufe der in die Donau mündenden Flüsse folgen; hier möge es genügen, die vorzüglichsten anzugeben.

1. Die **Wag-Karpaten.** Ein beiläufig 26 Meilen langer mit den mährischen Grenzkarpaten paralleler Gebirgszug *), welcher obschon im Passe Strečno von der Wag durchbrochen gleichwohl als ein Ganzes betrachtet werden muss und sich von Ustě im Comitat Arva in südwestlicher Richtung bis Freistadtl im Comitat Neutra erstreckt. Dieser Zug zerfällt von Norden nach Süden in nachstehende vier Gebirgsgruppen:

a. Die **Arvaer Magura**, eine niedrige 2—3000′ hohe Bergkette, welche vom Zusammenfluss der Weissen und Schwarzen Arva bei Ustě bis an die Zazrivanka bei Zazriva reicht. Sie ist aus Neocomdolomit und eocenem Sandsteine mit untergeordneten älteren Kalken zusammengesetzt (*Stur* Geolog. R. A. XI. 33, 117—8). Nur durch das Zazrivanka-Thal von der Magura geschieden erhebt sich Zazriva gegenüber

b. Die **Klein-Křivan Gruppe** (von *Wahlenberg* die **Grosse Fatra** genannt) an der dreifachen Grenze der Comitate Arva, Trencsin und Turóc. Sie hat eine nur geringe Ausdehnung, aber sie ist die bedeutendste Erhebung in dem ganzen langen Bergzuge, denn ihre Spitzen als der Rozsudec oder Rasuca 5047′, Štoch 5011′ und der Kleine oder Turócer Křivan 5274′ ragen bereits in die Alpenregion. Neocomdolomit bildet das vorherrschende Gestein, nur südlich gegen das Comitat Turóc bricht ein bedeutender Granitstock hervor, welchen rothe Sandsteine umranden und vom Kalke scheiden, auch der Gipfel des Kleinen Křivan besteht aus Quarzit. Am nordwestlichen Fusse des Rozsudec gegen Těrbova zu liegt das pflanzenreiche Kalkfelsenthal Vratna. Der Wag-durchbruch im Passe Strečno trennt diese Alpengruppe von den Veterne Hole, die Arva vom Šip, durch den sie mit den Central-Karpaten in Verbindung tritt (*Stur* l. c. 32, 113—17).

c. Die **Veterne Hole** (Windalpen) vom Passe Strečno bis zum tiefen Sattel von Jastrabje, über den die Strasse von Banovce nach Trencsin führt, westlich von der Wag, östlich von der Turóc und der obern Neutra begrenzt, das bedeutendste Gebirge des Comitates Trencsin. Der Uebergang bei Fačkov theilt die Veterne Hole in zwei Hälften, die nördliche höhere mit dem Minčov 4480′, Veterna Hola 4628′, Křižna Hora 4575′, Klak oder Naklate 4248′ und in die südliche oder das Strašov-Gebirge. Niedrige Vorgebirge verzweigen sich vom Hauptrücken gegen das Wagthal, so die Malenica 2749′ bei Bellus und der in landschaftlicher Beziehung berühmte Felsenkessel von Sulov (Szulyó) 2146′ bei Predmir im Comitat Trencsin. Endlich verbindet der vom Klak auslaufende Bergrücken Žjar, welcher die Quellen der Turóc und Neutra scheidet, die Veterne Hole mit dem Neutra - Barser Grenzgebirge (Vergl. n. 2 und n. 4). Auch in den Veterne Hole setzen Neocomkalk und Dolomit, Neocommergel und untergeordnete Partien von Lias - und Jurakalk die Hauptmasse des Gebirges zusammen und bilden zwischen

---

*) In Hunf. Magy. Bir. I. 187 wird dieser Bergzug **Kleine Fatra** genannt, allein dieser Name scheint mir für ein Gebirge von solcher Ansdehnung und theilweise alpiner Höhe nicht passend zu sein.

Trencsin und Várallya im Comitat Turóc eine 8 Meilen lange Kalkzone
(Klak-, Rohatin- und Strašov-Gebirge). Nur das nördliche Ende der
Veterne Hole vom Passe Strečno bis gegen den Klak (Minčov-Gebirge),
sowie am südlichen Ende die Mala Magura westlich von Deutsch-Proben
(Német Próna) im Comitat Neutra bestehen aus Granit und untergeordneten krystallinischen Schiefern, die Ruine Strečno steht jedoch auf
Neocomkalk. Wie fast überall in den nordwestlichen Karpaten so trennen auch hier schmale Streifen von rothem Sandsteine die Urgesteine
von jenen des Kalkes. Im Nordwesten zwischen Silein und Domanis,
dann südlich zwischen Trencsin und dem Neutrathale begrenzen eocene
Karpatensandsteine die ältern Formationen (*Kornh.* Presb. Ver. III.
28--30. *Stur* l. c. 29, 99--111).

d. Das Inovec-Gebirge, von dem 3324' hohen Inovec südlich
von Trencsin so genannt, zieht zwischen der Wag und der breiten Thalebene der Neutra vom Sattel Jastrabje auf Freistadtl an der Wag, wo
es in neogenes Hügelland übergeht. Der Hauptstock dieses Gebirges besteht aus Gneiss, der westliche Rand und die sich zungenförmig ver-
schmälernde südliche Spitze sind aus Neocomkalk und Dolomit und
dazwischen liegenden rothen Sandsteinen gebildet (*Stur* l. c. 28, 94—99).

2. Die Fatra (von *Wahlenberg* die Kleine, von *Hunfalvy* die
Grosse Fatra genannt) ein subalpines mächtig entwickeltes Kalkge-
birge zwischen dem Thalkessel der Turóc und dem tiefen Thal der
Revuca, durch welches die Strasse von Rosenberg über den Pass Šturec
(2340') nach Neu-Sohl führt. Die Fatra erstreckt sich, parallel mit den
Veterne Hole, von der Wag in südlicher Richtung über den Salatin 4056',
Klak 4284', Černikamen 4419', Velka Križna 4974' und Hermanec bis
auf die Suchahora bei Kremnitz. Sie ist eigentlich einerseits nur die
westliche durch das Revucathal geschiedene Fortsetzung der Liptau-
Sohler Alpen (n. 3) sowie sie anderseits blos der breite Thalkessel der
Turóc vom Kalkgebirge der Veterne Hole trennt. Auch die Fatra besteht
vorwaltend aus Neocomkalk und Dolomit, dann Neocommergeln mit
untergeordneten ältern Kalken und rothen Sandsteinen.

Als südwestliche Fortsetzung der Fatra schliesst sich das Neutra-
Barser Grenzgebirge an, welches am linken Ufer der obern Neutra vom
Bergrücken Žjar (Seite 19) über den Ftačnjk oder Klak 4248' und
Tribec 2555' auf den Zobor 1842' bei Neutra zieht und daselbst in
neogenes Hügelland übergeht. Der Žjar ist Granit. Das Ftačnjk-Ge-
birge vom Žjar bis zum Uebergange von Velkopolě (Hochwiesen) nach
Oszlán ist der westliche Rand des Kremnitzer Trachytstockes, wird aber
zum Theil durch eocene und neogene Schichten verdeckt. Das Tribec-
Gebirge von Velkopolě bis zur Einsattlung von Zsére (nordöstlich von
Neutra) besteht aus Gneiss und Granit und ist ringsum von rothen
Sandsteinen eingefasst, zwischen diesen und dem Trachyt des Ftačnjk
ist Neocomdolomit abgesetzt, der sich nördlich von Oszlán auch auf das
am rechten Ufer der Neutra liegende Belanka-Gebirge hinüberzieht und
nur durch eine eocene Einsattlung von der Mala Magura der Veterne
Hole geschieden wird. Zwischen Zsére und Neutra endlich erhebt sich

die aus Granit, rothen Sandsteinen, Jura- und Neocomkalk zusammengesetzte Zobor - Gruppe, mit welcher der an der Wag beginnende 17 Meilen lange Zug sein Ende erreicht (*Stur* l. c. 34, 36, 125—8, 136—8).

3. Die **Liptau-Sohler Alpen**, auch Niedere Tatra (Nižnie Tatra, Kis Tátra) genannt. Ein 12 Meilen langes Hochgebirge, welches sich am Passe Šturec von der Fatra in der Art ablöst, dass es mit den Liptauer Central - Karpaten, welchen es an Höhe wenig nachgibt, in paralleler Richtung steht. Der Kamm desselben erstreckt sich vom Šturec längs der Grenze der Comitate Liptau, Sohl und Gömör über die Prašiva 5378', den Dumbier 6462', den Sattel der Teufelshochzeit 3949', die Orlava 5684' und Kralova Hola 6144' bis zum Vernárder Pass 2428', dem Uebergangspunkte vom Comitate Gömör in die Zips. Die ausgedehnten Vorlagen dieses Hochgebirges reichen nördlich bis an die Wag, südlich bis an die Gran; jenen gehören die Heilquellen von Korytnica, die Höhle Demanova im Demanovka-Thale, die Voralpen Ohniště, Věnec und Smrkovica (nicht zu verwechseln mit der Smrkovica in der Fatra), die 5036' hohe Alpe Miskova und das Thal Bezna unterhalb Boca; diesen die Wasserfälle von Motičko am Fuss des Šturec, dann die in *Kitaibel's* Reisen oft angeführten Voralpen Kunstava und Laistroch bei Jaraba*) an. Die **Kralova Hola** (Királyhegy, Königsalpe) ist die letzte Alpe auf der weiten Strecke bis zur Marmaros, sie verbindet die Liptau-Sohler Alpen mit dem Schemnitzer und Gömörer Erzgebirge und beherrscht durch ihre Lage im Centrum des Quellengebietes aller grossen Flüsse der nordwestlichen Karpaten den Lauf und die Richtung derselben. Denn auf ihrer Nordseite entspringen die Wag und der Hernád, auf ihrer Südseite die Gran, die Rima, der Sajo und die Göllnitz. Die Wag und Gran fliessen nach West-Südwesten und münden unmittelbar in die Donau, der Hernád, die Rima, der Sajo und die Göllnitz richten ihren Lauf nach Ost-Südosten und führen ihre Wasser der Theiss zu. Der niedrige Bergrücken, welcher sich vom Veporgebirge abtrennt und zwischen der Eipel und Rima gegen die Pester Ebene zieht, bildet daher die Wasserscheide des Flussgebietes der obern Donau und der obern Theiss. Der krystallinische Kern der Liptau-Sohler Alpen besteht auf der Nordseite ihres westlichen Flügels (Šturec bis Teufelshochzeit) aus Granit, auf dem östlichen Flügel (Teufelshochzeit bis Kralova Hola) so wie auf der Südseite aus Gneiss und Glimmerschiefer. Mächtig entwickelte von Melafyr durchbrochene rothe Sandsteine umranden und durchsetzen das krystallinische Gebirge und erlangen besonders auf der Nordostseite eine grosse Ausdehnung, da sie von Boca bis Kapsdorf in die Zips streichen. Zwischen Bries und Vernárd reichen die Glimmerschiefer bis in das Thal der Gran und setzen sich auch jenseits derselben noch weit im Schemnitzer Erzgebirge fort, zwischen Bries und Neusohl aber so wie

---

*) Südöstliche Ausläufer des Dumbier. Auf Karten und in Büchern kommen sie nicht vor, nur im Manuscripte von Kitaibel's Arvaer Reise wird ihre Lage angegeben. Auch der von Kitaibel einigemal erwähnte Berg Koncito (Koncituo) kömmt auf keiner Karte vor, er liegt südöstlich von Jaraba zwischen Bacuch im Com. Sohl und Polomka im Com. Gömör.

auf der ganzen Nordseite von der Revuca bis an die eocene Wasserscheide des Hochwaldes sind den rothen Sandsteinen gewaltige Massen von Neocomkalk und Dolomit aufgelagert, welche bis an die Wag und Gran und über dieselben vordringen und in Verbindung mit der Fatra das grösste Kalkgebirge Ungarns bilden. Als untergeordnete Gesteine von grösserer Bedeutung kommen am nordwestlichen Rand des Granitmassives und am südlichen Fuss der Kralova Hola Thonschiefer, dann zwischen Rosenberg und Hradek im Wagthale eocener Sandstein vor (*Stur* l. c. 35, 128—35).

4. Das Kremnitz-Schemnitzer Erzgebirge. Ein unregelmässiges vielfach verschlungenes Bergland ohne bestimmt ausgesprochene Richtung seiner Höhenzüge, welches östlich von der obern Rima und der Fabova Hola 4760', nördlich von der obern Gran bis Neu-Sohl abwärts, nordwestlich von dem von der Suchahora über den Ftačnjk 4248' nach Velkopolě (Hochwiesen) ziehenden Bergrücken des Neutra-Barser Grenzgebirges, westlich von der obern Žitva, südlich (gegen das Hügelland) von einer ungefähr von Aranyos-Marót an der Žitva über Ribnik (Garan-Szöllös), Pukanc (Baka-Bánya), Karpfen und Divény nach Rima-Bánya gezogenen Linie begrenzt wird. Es enthält somit Theile der Comitate Neográd, Gömör, Sohl, Hont, Bars und Neutra. Die grössere westliche Hälfte dieses Gebietes von der Westgrenze bis zur Linie Libethen-Divény wird von einem mächtigen vulkanischen Erhebungskrater, dem 2—3000' hohen Trachytstocke von Schemnitz ausgefüllt, eine kompakte Masse von grauem Trachyt, Grünsteintrachyt mit Erzgängen edler Metalle, Rhyolith, Trachyt-Tuff und Trachyt-Conglomerat, durch welche sich die Gran von Alt-Sohl bis Ribnik Bahn gebrochen und den Trachytstock in zwei Theile gespalten hat. (Höchste Kuppen: Laurin bei Kremnitz 3252', Szitna bei Schemnitz 3258'). Alle übrigen Formationen sind nur von geringer Bedeutung, so die Granit- und Syenit-Insel zwischen Schemnitz, Zarnovic und Königsberg, die Basalte bei Kremnitz, die Hippuritenkalke zwischen Heiligenkreuz und Kremnitz, die Sand-, Löss- und Schotter-Lager in den Becken von Alt-Sohl und Heiligenkreuz. Gegen Süden erlangt der Trachyttuff eine grosse Verbreitung und bildet vorzugsweise das obere Hügelland der Eipel.

Im östlichen Theile des Gebietes kommen nur krystallinische Gesteine vor, welche von der Fabova Hola bei Theissholz ausgehend längs der Grenze der Comitate Sohl, Gömör und Neográd eine ziemlich zusammenhängende nach Südwesten streichende Bergkette, das 3—4000' hohe Vepor-Ostroski Gebirge bilden und sich am rechten Ufer der Slatina über die Polyana 4572' bis Libeten, südlich bis Karpfen verzweigen. Der Kern dieser Gebirgsgruppe, welche von dem Zips-Gömörer Erzgebirge nur durch die Rima, geologisch aber gar nicht geschieden ist, besteht aus Gneiss, welchem nördlich bis an und über die Gran, und südlich gegen das Hügelland der Eipel zu Zonen von Glimmerschiefer vorliegen, doch sind die westlichsten Ausläufer wie die Polyana und der Ostroski bereits von Trachyt überdeckt. Auch greifen die Neocomkalke und rothen Sandsteine der Liptau-Sohler Alpen bei Neu-Sohl, Libeten und Bries über die nördliche, die Triaskalke und der Granitstock des Comitates Gömör über die östliche Grenze des Gebietes herüber. (*Petko* Abhandl. der Geolog. R. A. in 4. II. p. 1, Presb. Verh. I. 19.)

5. Das **Zips-Gömörer Erzgebirge** liegt zwischen der Rima und Tarca, jene scheidet dasselbe von dem Vepor-Ostroski Gebirge, diese von dem nordöstlichen Karpatenzuge. Die Seite 17 bemerkte von Šunjava zum Poprad - Durchbruche ziehende Hauptwasserscheide bildet die nördliche, eine von Rima - Bánya über Gömör, Szendró, Torna und Jászó nach Kaschau gedachte Linie die südliche Grenze gegen das Hügelland. Das Erzgebirge erfüllt somit die südliche Zips, die nördlichen Theile der Comitate Gömör, Torna und Abauj, die nördlichste Spitze des Comitates Borsod (Szendró) und die westliche Seite des Comitates Sáros. Es besteht wie das Schemnitzer Erzgebirge aus einem Complexe vieler, vorzüglich an Spatheisenstein und Kupfererz reicher Berggruppen ohne bestimmt ausgesprochene Richtung und lässt sich daher höchstens nach den vier Hauptflüssen in folgende Gebiete abtheilen:

a. Die **Leutschauer Gruppe** zwischen der Tarca und dem Hernád. Die vorerwähnte Zipser Wasserscheide sendet nur einen Ast von Bedeutung, das Branisko - Gebirge längs der Zips-Sároser Grenze gegen den Hernád aus. Die Strasse von Eperjes nach Leutschau führt bei Široka am Fuss der Vysoka Hola 3647' über dies Gebirge.

b. Das **Kapsdorfer**, **Hégény-** und **Galmus-Gebirge** zwischen dem Hernád und der Göllnitz (Knolla 3948', Bükeshegy 3540').

c. Die **Dobschau-Rosenauer-Gruppe** zwischen der Göllnitz und dem Sajo, südlich bis an das Hügelland, östlich bis Kaschau (Trsnjk 4242', Volovec oder Ökörhegy 4020', Pipitka 3864').

d. Das **Gömörer Hochland** zwischen der Gran, dem Sajo und der Rima südlich bis an das Hügelland (Stolična 4590 höchste Kuppe des ganzen Gebietes, Kohut 4410', Radzim 3027', Trjste 3516').

Die Grenzen der geologischen Formationen stehen mit jenen der eben erwähnten Gebietseintheilung in gar keinem Einklang, sie verfolgen vielmehr ganz andere Richtungen. Granit tritt nur an zwei Stellen in bedeutendem Umfange auf, nämlich im Gömörer Hochlande bei Theissholz und Gross-Röce und am Branisko, dessen Kern er bildet. Die grösste Verbreitung haben die krystallinischen Schiefer (Glimmer- und Thonschiefer, grüne Schiefer), eine geschlossene nur vom Granitstocke von Gross-Röce durchbrochene Zone bildend ziehen sie in einer Länge von 13 Meilen und einer Breite von $2-3\frac{1}{2}$ Meilen quer durch den mittleren Theil des Gebietes von Theissholz bis Kaschau, nur durch den Kalkstock von Murány von den Glimmerschiefern an der Gran im Comitat Sohl geschieden. Ihnen gehören die höchsten Berge des Gebietes an, sie sind es auch, welche die reichen Erzlager führen. An den Rändern der krystallinischen Gesteine sind rothe Sandsteine abgesetzt, am nördlichen Rande in breiten fortlaufenden Zügen und den Granit des Branisko umsäumend, südlich nur stellenweise in schmalen abgebrochenen Streifen. An die rothen Sandsteine und theilweise auch unmittelbar an die krystallinischen Gesteine lehnen sich mächtig entwickelte graue geschichtete

Kalke der obern Trias an; am nördlichen Rand der Schieferzone setzen
sie den grossen Kalkstock von Murány zwischen den Quellen der Rima
und Gran, das Galmusgebirge in der Zips und die Vorlagen des Branisko
zusammen; am südlichen Rande erlangen sie eine noch grössere Ausdehnung und bilden eine ununterbrochene Masse, welche sich einerseits
von Ratkó im Comitate Gömör über Pelsöc und Torna bis Jászó im
Comitat Abauj, andererseits vom Schiefergebirge bis an das tertiäre
Hügelland erstreckt. Die eocenen Karpatensandsteine endlich nehmen
den nördlichen Theil des Gebietes ein, so dass sie die ganze Leutschauer
Gruppe mit einziger Ausnahme des Branisko bilden. Ein dem Tornaer
Kalkgebirge gegen Süden vorgeschobener Posten ist die niedrige aus
Steinkohlen- und Thonschiefer zusammengesetzte Gruppe von Szendrö
im nördlichen Comitat Borsod, die inselförmig aus den neogenen
Schichten sich erhebt. (*Andr.* Geolog. R.A. X. 535 Verhdl. 39).

IV. Die Vorgebirge und das Hügelland. Das oberungarische
Hochland senkt sich allmälich und zwar in west-südwestlicher Richtung gegen
die obere Donau, in ost-südöstlicher Richtung gegen die grosse Theissebene.
Die südlichen Abstufungen gehen fast überall in tertiäreBildungen über,
welche sich zuletzt in die austossenden Ebenen verflachen, nur zwischen
Párkány und Waizen, wo die Donau den Trachytstock von Visegrád durchbrochen hat, reichen sie bis an die Ufer dieses Stromes und trennen dadurch
das Presburger Becken von dem grossen Tieflande. Die Gebietstheile zwischen den Kleinen Karpaten und der Gran, welche den nördlichen Rand des
Presburger Beckens begrenzen, bestehen fast nur aus Löss, sind oft
mehr Ebene als Hügelland. Das eigentliche Hügelland der nordwestlichen Karpaten beginnt daher erst am linken Ufer der Gran, von dem
es sich bis in die Thalebene des Hernád in einer Länge von 23 Meilen
und in einer Breite von 5 — 10 Meilen über den grössten Theil der
Comitate Bars, Hont und Neográd, die südliche Hälfte des Comitates
Gömör, die nördlichen Hälften der Comitate Borsod und Heves, die südwestliche Seite des Comitates Abauj und den Nordrand des Comitates
Pest ausbreitet *) und einen netzförmig verästelten von vielen Thälern
durchzogenen Hügel-Complex von sehr verschiedener Höhe (500—1000')
und meistens ohne bestimmt ausgesprochene Richtung seiner Bergzüge
bildet. Es besteht vorherrschend aus neogenem Sande und Sandsteine,
welchen an unzähligen Stellen mehr oder minder mächtige Tegel- und
Lössschichten eingelagert sind. Südlich vom Schemnitzer Trachytstocke
in den Comitaten Hont und Neográd, dann um die Matra, den Bükhegy
und auch sonst noch an mehreren Orten kommen Trachyt-Tuffe und
Conglomerate von oft grosser Ausdehnung vor, welche den Zusammenhang der karpatischen Trachyte mit jenen am rechten Donau-Ufer bei
Visegrád bezeichnen. Endlich haben auch ältere meist vulkanische Gesteine die neogenen Sedimente durchbrochen, so dass sie theils als Insel-

---

*) Ueber die nördliche und südliche Grenze des Hügellandes sind die bei dem Kremnitz-
Schemnitzer und Zips-Gömörer Erzgebirge, dann bei dem Tieflande angegebenen Grenzlinien
zu vergleichen.

gebirge theils als einzelne Inselberge aus den niedrigeren Schichten emporragen. Diese sind von Westen nach Osten:

1. Der **Trachytstock** von **Nagy Maros, Maria Nostra** und **Börzsöny** im Comitat Hont, der mit seinen Tuffen von der Donau bis Ipoly-Ság reicht. Seine höchste Kuppe ist der Nagy Hideg 2736' östlich von Börzsöny.

2. Der **Cserhát.** Kein zusammenhängender, sondern nur durch eine Reihe zerstreuter Inselberge und Kuppen von Basalt, Trachyt und Kalk angedeuteter Gebirgszug, welcher von Waizen in nordöstlicher Richtung durch das Neográder Com. bis über Fülek hinaus reicht. Die höchsten Punkte des Cserhát sind von Südwesten nach Nordosten der aus Dachsteinkalk gebildete Nagyszál bei Waizen 2058', dann die Basaltberge Szánta 1734', Szilváskő 1974', Karancs 2298' und Medves 1859'. Kleinere Kuppen von Basalt ausserhalb des Cserhát-Zuges streichen bis Kerepes und Hatvan, d. i. bis an den Rand des Tieflandes (*Fött.* Geolog. R. A. IX. Verhdl. 96, 120, X. Verhdl. 57).

3. Die **Matra,** ein 6 Meilen langes aus Trachyt und Trachyt-Tuff zusammengesetztes Inselgebirge zwischen Pásztó und Erlau im Com. Heves, der Grenzstein des Karpatenlandes gegen die Theissebene, von der sie weitaus sichtbar ist. Ihre höchsten Spitzen, als der Kékeshegy 3066', Gályahegy 3049' und Saskőhegy 2910' gruppiren sich um die Mineralquellen von Parád ungefähr in der Mitte des Gebirges.

4. Der **Bükhegy** (Buk, Buchengebirge), ein 5 Meilen langes Inselgebirge zwischen Erlau und Miskolc. Die Grundmasse desselben besteht aus Schiefern und Kalken der Steinkohlenformation, welche aber zu oberst von mächtigen Jurakalk-Schichten bedeckt und an ihrem Fusse von eocenen Sandsteinen und Trachyt-Tuffen überlagert sind. Die höchste Spitze ist der 2995' hohe Balvan (*Wolf* Geolog. RA. X. Verhdl. 70).

Höhenmessungen in den nordwestlichen Karpaten.

Hunf. l. c. I. 145, 181, 198, 221, 245, 266, 298, 319, 397, 425; Kof. l. c. 35—6.

	Wien. Fuss.
Erlau, Stadt	453
Levene (Léva), Markt im Com. Bars	507
Pištjan, Bad im Com. Neutra	529
Losonc, Markt im Com. Neográd	530
Wag-Neustadtl (Vág-Ujhely), Markt im Com. Neutra	609
Rima Szombat, Markt im Com. Gömör	650
Kaschau, Stadt*)	672
Börzsöny, Markt im südl. Com. Hont	677
Parád, Dorf mit Mineralquellen am Fuss der Matra	688
Trencsin, Stadt	697
Neográd, Markt	741
Sz. Benedek, Markt im Com. Bars	776
Alt-Sohl (Zolyom), Stadt	840

---

*) Bei jenen Orten, an welchen meteorologische Beobachtungsstationen bestehen, wurde die von der k. k. Central-Anstalt berechnete Seehöhe der Station als Höhe des Ortes angenommen.

Neilreich, ungar. Pflanzengeografie.   4

4*

B. Nordöstliche Karpaten.

Die nordöstlichen Karpaten reichen, wie bereits erwähnt, von der Tieflinie Hernád-Tarca bis zum Grenzbache Zibo. Ihre Länge beträgt 50, ihre Breite nur 5—10 Meilen. Die orografische und geologische Beschaffenheit derselben ist sehr einfach, denn sie bestehen nur aus einem schmalen vorzugsweise der Sandsteinformation angehörigen Hauptzuge, Karpatisches Waldgebirge genannt, und den trachytischen Vorlagen. Von neogenen Bildungen kömmt nur Sand vor, Löss fehlt gänzlich.

I. Das Karpatische Waldgebirge. Der Kamm der nordöstlichen Karpaten folgt ununterbrochen der ungarisch-galizischen Grenze und scheidet das Wassergebiet der Theiss von jenem des Pruth, welche beide in die Donau münden. Ihre Verzweigungen sind sehr kurz und fallen theils nach Süden, theils nach Südwesten ab, bei Huszt in der Marmaros erreichen sie die Ufer der Theiss und treffen hier mit den gegenüberliegenden nördlichen Ausläufern der siebenbürgischen Grenzkarpaten zusammen. Beide begleiten sodann die Theiss und den Vissobach aufwärts bis zur östlichen Landesgrenze fort. Die nordöstlichen Karpaten erleiden auf der 23 Meilen langen Strecke von der Tarca bis zur Latorca eine sehr auffallende Vertiefung, denn in den Comitaten Sáros und Zemplin beträgt deren mittlere Höhe nur 2000' und ihre höchsten Spitzen erreichen erst die Voralpenregion (Cerhò oder Csergö bei Zeben 3303', Minčol bei Palócsa 3627', Lackova bei Čigelka 3138', alle drei im Comitate Sáros, Hirlava 3456' und Ujaziel 3630' an der galizischen Grenze im Comitate Zemplin). In den Comitaten Ung und Bereg erheben sie sich allmälich zu einer mittleren Höhe von 3000', überschreiten selbst 4000' (Pikuj oder Husla 4422' an der galizischen Grenze im Comitate Bereg, Ostra Hora 4431' und Polonina Rovna 4662' an der Ung-Bereger Grenze), aber erst jenseits der Latorca an der Grenze von Bereg-Marmaros beginnt mit der Bersava, auch Borsova, Polyanina oder Bereger Alpen (Velika Vrch 5037', Stoj 5286') das Hochgebirge der Marmaros, deren höhere Kuppen bis über 6000' reichen. Die Marmaroser Alpen nehmen nach Osten an Höhe beständig zu, so hat die Apecka um Taracko 4759', die Popadje 5491', die Bistra oder Sevula 5732' (beide an der galizischen Grenze), die Blisnica 5904', der Pietros 6379' (beide bei Körösmező an der Schwarzen Theiss). Zwischen dem Pietros und

den Quellen der Weissen Theiss liegt längs der galizischen Grenze die
Černa Hora (Czarna Góra, Pokutische Alpen), der mächtigste Alpenstock der nordöstlichen Karpaten. Sie zieht in südöstlicher Richtung
von der Hovrla oder Ruski 6495' über die Rybra, Berbeniewska, Bombiwski 6262', Dzymbronja, Tomnatik 6378', Pop Iwan 6102' (nicht zu
verwechseln mit dem viel bekannteren krystallinischen Pop Iván in der
südöstlichen Marmaros) und Cibulnik auf den Czernahoryn-Vrch 6348'
und wurde in botanischer Beziehung erst durch *Herbich* bekannt, vor
und nach ihm scheint sie kein Botaniker betreten zu haben (*Herb*. Fl.
Bucov. p. IV—VI und ZBG. XI. 45—46 *).

Dieser ganze lange eben geschilderte Gebirgszug besteht fast
durchaus aus älterem Karpatensandsteine, nur an dessen südlichen Rändern bei Zeben und Eperjes, zwischen Kapi und Szinna, dann im Theiss-
und Vissothale von Huszt bis Borsa kommen eocene Sandsteine vor.
Gegen diese ungeheure Sandsteinmasse sinken die vereinzelten Züge
und Kuppen von Jura- und Liaskalk so wie die Grünstein-Durchbrüche
in der südöstlichen Marmaros zu unbedeutenden Lokalerscheinungen
herab. Bemerkenswerth sind daher nur die 3 Meilen lange Lias-Kalk-
kette südlich von Homona im Comitat Zemplin und die jurassischen
Kalkklippen und Streifen, welche schon in der nördlichen Zips beginnen
(Seite 18) und sich, wenn auch auf weiten Strecken von einander getrennt, doch in einer fortlaufenden nach Südosten gerichteten Linie
durch das ganze karpatische Waldgebirge bis an den Taracko in der
Marmaros verfolgen lassen. Erst im südöstlichen Winkel der Marmaros
erhebt sich zwischen der Weissen Theiss und dem Vissobach eine krystallinische Alpengruppe (Glimmerschiefer mit untergeordneten Quarz-
conglomeraten und rothen Sandsteinen), welche südlich mit den Rodnaer
Alpen in Verbindung steht, östlich bis in die Bucovina streicht. Hier
sind zu erwähnen: Der Pop Iván 6090', der nördlich von ihm liegende
Pietros 5622' und ein zweiter südöstlich liegender Pietros oder Bardiev
5845', beide botanisch unbekannt und von dem aus Sandstein gebildeten
Pietros bei Körösmező verschieden, die Skarisora, der Farkiu 6178', alle
krystallinisch; die derselben Gruppe angehörige Trojaga oder Torojuga
6162' besteht aber aus Diorit und der Opčina 4068' aus eocenem Sandsteine (*Hauer* Geolog. R. A. IX. Verhdl. 97, 115 u. 143, X. 399, Verhdl. 21).

II. Die trachytischen Vorlagen. Die aus Trachyt und Trachyt-
Tuff, theilweise auch aus neogenem Sande gebildeten Vorlagen des
Sandsteingebirges bestehen aus zwei abgesonderten lauggedehnten Zü-
gen und bilden einen Wall, der hier das Hügelland der nordwestlichen
Karpaten vertritt und das Sandsteingebirge gegen das Tiefland ab-
schliesst. Der eine dieser Züge das 14 Meilen lange aber nur 2—4
Meilen breite Eperjes-Tokayer Trachytgebirge erhebt sich bei Eperjes in ein-
zelnen Kuppen aus dem Karpatensandsteine, setzt als geschlossener

---

*) Herbich schrieb mir, dass alle die oben angeführten Kuppen der Černa Hora mit
ihrer Nordost-Seite Galizien, mit ihrer Südwest-Seite der Marmaros angehören, dass daher alle
von ihm auf denselben angegebene Pflanzen ohneweiters in die Flora der Marmaros einzube-
ziehen seien. Nur die beiden Alpenkuppen Spezi und Lyssina liegen ganz in Galizien.

Zug nach Süden fort und löst sich zuletzt wieder in vereinzelte Kuppen auf, deren letzte der Tokayer Berg 1608' ist. Es steht somit senkrecht auf der Sandsteinzone und wird westlich durch die breite tiefeindringende Thalebene des Hernád und der Tarca, östlich durch die Alluvien des Bodrog und der Ondova begrenzt. Nördlich liegen die Salzstöcke von Sóvár und der Šimonka 3426' an der Sáros-Zempliner Grenze, südlich von diesem der Dargo 3119' über dessen Sattel die Strasse von Gálszécs nach Kaschau führt, noch südlicher die Hegyallja. Diese, ein niedriges 1000—1500' hohes Vorgebirge erstreckt sich längs der Grenze der Comitate Abauj und Zemplin von Tálya bis Sátorallya-Ujhely, seine südlichen Gehänge sind mit den edelsten Weinreben bepflanzt.

Der andere Zug, das 15 Meilen lange aber nur 1—4 Meilen breite an Eisenstein reiche Vihorlát-Trachytgebirge bildet mit dem vorigen einen spitzen Winkel und wird durch die breite Alluvial-Bucht von Nagy Mihály von demselben geschieden. Es erstreckt sich von Stara im Comitate Zemplin in südöstlicher Richtung schief durch die Comitate Ung und Bereg bis Huszt an der Theiss, setzt sich aber (geologisch betrachtet) noch jenseits derselben in einer Länge von 15 Meilen längs der Grenze Marmaros-Szatmár und über den Gutin bis auf den Csiblesz in Siebenbürgen fort*). An drei Stellen wird der Vihorlát von den aus dem Sandsteingebirge herabkommenden Flüssen durchbrochen, von der Ung bei Ungvár, von der Latorca bei Munkács und von der Borsova oberhalb Bereg. Seine höhern Kuppen erreichen fast alle 3000' und noch etwas darüber, die höchste die Buzora an der Grenze der Comitate Bereg und Marmaros 3414'. (*Richthof.* Geolog. R. A. X. 436).

Höhenmessungen in den nordöstlichen Karpaten.

Hunf. l. c. I. 466, 512.

Wien. Fuss.

Erdóbénye, Markt im Com. Zemplin	371
Gálszécs, ebenso	403
Huszt, Markt in der westl. Marmaros	412
Homona, Markt im Com. Zemplin	428
Hanusfalva, Markt im Com. Sáros	528
Tálya, Markt im Com. Zemplin	631
Sziget, Markt in der Marmaros	743
Sóvár, Markt im Com. Sáros	758
Eperjes, Stadt	770
Bartfeld, Stadt im Com. Sáros	803
Sátorhegy der Hegyallja bei Tálya	1108
Kobolapolyana, Bad in der nordöstl. Marmaros	1165
Ránk, Sauerbrunnen im Com. Abauj	1177
Ober-Visso, Dorf in der südöstl. Marmaros	1456
Tokayer Berg im Com. Zemplin	1608

*) Die Fortsetzung des Vihorlát am linken Ufer der Theiss (Avas-Gutin und Gutin-Csiblesz Zug) wird von den gegen diesen Fluss abfallenden Ausläufern der siebenbürgischen Grenzkarpaten gebildet, muss daher in orografischer Beziehung diesen zugewiesen werden.

C. Siebenbürgische Grenzkarpaten.

Die siebenbürgischen Grenzkarpaten erstrecken sich von den Quellen der Goldenen Bistrica im äussersten Osten der Marmaros längs der ungarisch - siebenbürgischen Grenzmarken bis Alt-Orsova an der Donau. Nach innen gegen das Becken von Siebenbürgen sind sie weit mächtiger entwickelt, Ungarn berühren sie nur mit ihrem Kamm und ihren nördlichen und westlichen Ausläufern, welche sich in die südliche Marmaros, in den District Kővár, in die Comitate Mittel-Szolnok, Kraszna, Szatmár, Bihar, Zaránd, Arad, Krassó und Temes, dann in die romanisch - und serbisch - banatische Militärgrenze mehr oder minder verzweigen. Ihre Länge beträgt ungefähr 70 Meilen, ihre Breite 3—15 Meilen. Von der Szamos, der Schnellen Körös, der Maros und der Donau durchbrochen, zerfallen sie in folgende Gebirgsgruppen:

I. Die nördlichen Grenzkarpaten vom Ursprunge der Bistrica längs der Grenze des Comitates Marmaros gegen Siebenbürgen über den Csiblesz auf den Gutin und von diesem längs der Grenze der Comitate Marmaros und Szatmár bis Huszt an der Theiss. Man kann sie in folgende drei Züge sondern:

1. Die Rodnaer Alpen von der Bistrica bis auf den Csiblesz. Ein grossartiges Hochgebirge, welches sich südlich nach Siebenbürgen tief

hinabzieht, nördlich nach Ungarn aber nur kurze Ausläufer gegen den Vissobach und die Theiss sendet. Seine Spitzen ragen alle in die Alpenregion, diejenigen, welche auf der Grenzlinie liegen, als der Stol 5081', Galac 5999', Dscameanie (auch Dseminy, Zwillinge, auf der Karte Szeminy),[*]) Negujasa (auch Negujesk, Niegrulilasa), Batrina 5383', Arsul[**]), Csiblesz 5760' gehören mit ihrer Nordseite Ungarn, mit ihrer Südseite Siebenbürgen an. Ein nordöstlicher kurzer Vorsprung der Batrina ist die Petrosa (auch Pietros) 7266' bei Borsa in der Marmaros, die höchste Alpe der siebenbürgischen Grenzkarpaten, insoweit sie in Ungarn liegen und nur von den Spitzen der Tatra überragt. Dagegen liegen die durch ihre reiche Alpenflora bekannten Alpen das Kuhhorn (Ineu) 7218' [***]), Koronjis 6285' und Vurvu Omului 6360' auf nur siebenbürgischem Gebiete. Die östliche Hälfte der Rodnaer Alpen bis über die Batrina hinaus ist aus Glimmerschiefer mit untergeordneten Uebergängen zu Thonschiefer und Gneiss und eingelagertem Urkalke, die westliche niedrigere Hälfte bis zum Csiblesz aus eocenem Sandsteine zusammengesetzt (*Alth* Geogr. Gesellsch. 1858 Abhdl. p. 1, *Hauer* und *Stache* Geologie Siebenbürgens Wien 1863 p. 326 und die dazu gehörige geologische Karte 1861).

2. Der **Csiblesz-Gutin** Zug von der Trachytalpe Csiblesz 5760' bis zu dem ebenfalls trachytischen Gutin 4558' an der dreifachen Grenze von Marmaros, Szatmár und Kővár, ein aus eocenem Sandstein gebildetes 3500 — 4200' hohes Voralpengebirge, dessen Kamm eine Reihe isolirter Trachytkuppen durchbrochen hat (*Hauer* l. c. 355).

3. Der **Gutin-Avas** Zug vom Gutin bis Huszt an der Theiss. Ein 3—4000' hohes, aus Trachyt und Trachyt-Tuff bestehendes Gebirge zwischen der Szamos und Theiss, in geologischer Beziehung nur die Fortsetzung des Vihorlát Zuges (Seite 31), den hier die Theiss durchbrochen hat. Die in *Kitaibel's* Reisen oft erwähnten Berge Sugatag, Rozsály 4119', Piatra lucsi, Dumitru und Feketehegy bei Felső-Bánya im Comitate Szatmár gehören diesem Zuge an.

II. Das nordwestliche Mittelgebirge. Mit dem Csiblesz-Gutin Zuge verlieren die nördlichen Grenzkarpaten ihren alpinen Charakter. Die von diesem Zuge nach Südwesten abfallenden Höhen sinken plötzlich zu einem nur 1000 — 1200' hohen Mittelgebirge herab, das durch die südlichen Theile von Kővár, Mittel-Szolnok und Kraszna an die Schnelle Körös zieht, das Becken von Siebenbürgen gegen Ungarn nur undeutlich abschliessend. Da sich aber jenseits der Körös ein neues Hochgebirge die Biharia erhebt, so erleiden die siebenbürgischen Grenzkarpaten zwischen den Rodnaer und Biharer Alpen eine noch auffallen-

---

*) H u n f. l. c. II. 16, 17. Ich habe diese von B a u m g a r t e n oft angeführte westlich vom Galac auf der Grenzlinie liegende Alpe nur auf dem k. k. milit. geograf. Institute 1863 herausgegebenen Karte von Siebenbürgen in vier Blättern gefunden.

**) Den Arsul, dessen B a u m g a r t e n ebenfalls oft erwähnt, habe ich nur auf der Lipszky'schen Karte gefunden. Er liegt auf der Grenzlinie nordöstlich vom Csiblesz.

***) Die Höhe der Petrosa und des Kuhhorns werden sehr verschieden angegeben, ich bin der vorerwähnten neuesten Karte des Generalstabes gefolgt.

dere Vertiefung als die nordöstlichen Karpaten in Ober-Ungarn. Das eben erwähnte Mittelgebirge ist vorwaltend aus eocenem Karpatensandsteine und untergeordneten Partien von Nummuliten-Kalk und Trachyt-Tuff zusammengesetzt, doch wird es überall von neogenen Sandhügeln umlagert und überdeckt, welche besonders auf der nordwestlichen Seite des Mittelzuges eine grosse Verbreitung erlangen und sich erst in den Schotter- und Lössebenen der Comitate Szatmár, Mittel-Szolnok und Bihar verlieren. Die sedimentären Schichten des Mittelgebirges sind stellenweise von krystallinischen Schiefern, meist Glimmerschiefern mit untergeordnetem Gneiss und Hornblendschiefer durchbrochen, so die Gebirgsinsel von Preluka am Lápos im Distrikt Kövár, der von der Szamos durchbrochene Bergstock von Benedekfalva im Comitat Mittel-Szolnok, das Bükgebirge an der Grenze der Comitate Mittel-Szolnok und Szatmár (Kale-Kucel 1779'), die Inselberge bei Szilágy-Somlyó im Comitate Kraszna (Magura oder Kesei 1855'), endlich im äussersten Süden des Comitates Kraszna das Réz-Meszes Gebirge, das bedeutendste von allen. Mit seinem Rücken, dem Plopisu 2106', an die Körös lehnend, theilt es sich gegen Norden gabelförmig in zwei Aeste; der eine nordwestliche Ast, das Réz-Gebirge (Varatyek 2502'), erstreckt sich längs der Grenze der Comitate Kraszna und Bihar bis Széplak; der andere nordöstliche Ast, das Meszes-Gebirge (Éjszakhegy 2256'), bildet die Grenze gegen Siebenbürgen und reicht bis Zilah (*Hauer* l. c. 375, 400—31).

III. Das Bihar-Gebirge, von dem höchsten Berge desselben dem Bihar so genannt, auf romanisch Biharia, ist ein 4—5000' hohes Gebirge, dessen Kamm von der Schnellen Körös theils längs der siebenbürgischen Grenze, theils auf ungarischem Boden von Norden nach Süden an die Quellen der Weissen Körös zieht. In Siebenbürgen erlangt die Biharia eine weit grössere Ausdehnung als in Ungarn, denn sie setzt dort den mächtigen 7—8 ☐Meilen einnehmenden Trachytstock der Vlegyásza und das gewaltige 6 Meilen lange und ebenso breite Massiv krystallinischer Schiefer- und Massengesteine zusammen, während sie sich auf der westlichen oder ungarischen Seite kurz verzweigt und ziemlich steil gegen das Thal der Schwarzen Körös abfällt und zuletzt in die Sand- und Lösshügel des Comitates Bihar übergeht. Sie nimmt unter den ungarischen Alpen den letzten Rang ein, denn keine ihrer Spitzen erreicht 6000', die Cucurbeta der höchste Gipfel des Bihar bei Rézbánya hat 5840', die Vlegyásza (schon in Siebenbürgen) 5864', der Bohodiej bei Belényes 5229', der Zanoga-Tomnatecu nordöstlich vom Bihar 4871', die Gajna der südliche Schlussstein der Biharia 4644', die Oncesa an den Quellen der Warmen Szamos 4407', die Tataróea bei Petrosz 4080' u. s. w. Der Trachytstock der Vlegyásza und das vorerwähnte krystallinische Gebirgsmassiv überschreiten die ungarische Grenze blos mit ihren westlichsten Rändern, die ungarische Biharia besteht demnach nur aus dem Berge Bihar und den Vorlagen des Hauptstockes und zwar vorherrschend aus Syenit, Thonschiefer, Porfyr, rothem Sandsteine, aus Kalken der Trias, aus Lias-Sandstein und Lias-Kalk, aus Jura- und obern Kreidekalk, doch haben die Kalke besonders auf der nordwest-

lichen Seite der Biharia die grösste Verbreitung (*Peters* Sitz.-Ber. d.
Wien. Akad. XLIII. 385, *Schmidl* Bihargebirge Wien 1863, *Kerner*
Donauländer Innsbruck 1863 p. 105, *Hauer* l. c. 431, 470, *Wolf* Geolog.
R. A. XII. Verhdl. 14, XIII. 265).

IV. Das siebenbürgische Erzgebirge, der Sitz ehemals reicher
Gold führender Erzlager, reicht von der Biharia südlich bis an die
Maros, östlich bis Karlsburg und Thorda in Siebenbürgen, allein nur ein
kleiner Theil desselben, das Zaránder Comitat d. i. das obere Thal der
Weissen Körös mit den sie begleitenden Höhen gehört zu Ungarn. Das
Erzgebirge ist niedrig, denn mit Ausnahme der an der nördlichen
Grenze desselben sich erhebenden Voralpen der Biharia von mehr als
4000' erscheint der 3990' hohe Vulkan an der nordöstlichen Grenze des
Zaránder Comitates als der höchste Berg des ganzen Gebirges. Die
geologische Bildung ist sehr complicirt, Trachyt, eocener Sandstein und
Augitporfyr sind vorwaltend, Diorit, Kreide- und Jurakalk kommen
untergeordnet vor. Die Gebirge, welche im Comitat Zaránd das Thal
der Weissen Körös einschliessen, setzen sich an beiden Ufern der letzteren im Comitat Arad fort. Der südliche Zug, das beiläufig 2000' hohe
aus Glimmerschiefer, Thonschiefer, Syenit, Diorit, Trias- und Kreidekalk, dann Trachyt-Tuff bestehende D r o c s a - H e g y e s G e b i r g e
(höchste Kuppe Drocsa 26.2') bildet die Wasserscheide der Maros,
welche es streckenweise überschreitet, und der Weissen Körös und endet
mit den Rebenhügeln von Ménes, Világos und Pankota. Der nördliche Zug,
eigentlich ein Ausläufer des Bihar und der Gajna, ist das 2—3000' hohe,
aus Thonschiefer, rothem Sandsteine, Porfyr, Lias-Sandstein, Lias- und
Jurakalk zusammengesetzte P l e s s g e b i r g e (höchste Kuppe Pless 3546'),
dasselbe scheidet die Weisse von der Schwarzen Körös und indem es
eine nordwestliche Richtung nimmt, tritt es in das Comitat Bihar über
und verläuft dort in neogene Hügel (*Hauer* l. c. 505).

V. Das Berg- und Hochland des Banats. Der Banat reicht
von der Maros bis zur Donau, von Siebenbürgen bis zur Theiss. Aber
nur seine östliche Hälfte ist gebirgig, seine westliche ist eben und bildet
einen Bestandtheil des Tieflandes. Eine von Arad über Temesvár und
Veršec an die Mündung der Nera in die Donau gedachte Linie bezeichnet ungefähr die Grenze zwischen dem östlichen und westlichen Banat.
Ein Zweig der transsilvanischen Karpaten scheidet zwar den Banat von
Siebenbürgen und der Wallachei, allein der Kamm derselben folgt
keineswegs den politischen Landesgrenzen, sondern biegt bald in das
eine bald in das andere Land. Ungefähr in der Mitte des gebirgigen
Banats liegt der Muntje Semenik, zwar nur 4654' hoch, aber der Haupt-
knoten des banatischen Gebirgsnetzes, von dem fünf Hauptäste nach
allen Richtungen abgehen und den Lauf der Flüsse bestimmen. Der
erste Ast zieht nach Norden bis Karansebes, der zweite nach Süden bis
Saska an der Nera, beide bilden das 3 — 4000' hohe Semenik-Gebirge,
welches das Comitat Krassó von der romanischen Militärgrenze scheidet.
Der dritte Ast geht quer durch den romanischen Regiments-Bezirk auf
den 566ł' hohen Boldoven an der wallachischen Grenze, auf der nörd-

lichen Seite entspringen die Quellbäche der Temes, auf der südlichen
die Nera und Běla Reka, die Strasse von Mehadia nach Karansebes
führt durch den Pass von Teregova über diesen Querrücken. Der vierte
Ast, das 2—3000' hohe Svinjaka-Gebirge, schlägt eine süd-südöstliche
Richtung ein und erstreckt sich bis Svinica an der Donau, die südlichste Spitze von ganz Ungarn, er trennt das beckenförmige Nera-
oder Almas-Thal von jenen der Běla Reka und Černa. Der fünfte Ast
liegt auf der Westseite des Semenik-Gebirges und verzweigt sich
zwischen der Karaš und Berzava gegen das Tiefland. Mit Berücksichtigung dieser Bergzüge und Flüsse lassen sich folgende vier Gebiete
unterscheiden:

1. Das untere Bergland, zwischen der Maros, Temes und Bistra,
westlich bis Arad und Temesvár. Ein grösstentheils niedriges aus neogenem Sand, Löss und Diluvialschotter gebildetes Hügelland, nur gegen
die siebenbürgische Grenze zu, wo ältere Formationen auftreten, steigt
es höher an und bildet das Ruskagebirge (Ruskaberg oder Polyana-
Ruska 4302', Bagyes oder Badjes 4439'). Der Kern dieses westlich gegen
Lugos, östlich bis Vajda-Hunyad in Siebenbürgen streichenden Gebirges
besteht aus Gneiss, Glimmer- und Thonschiefer mit Partien von Urkalk,
Porfyr, Trachyt und Kreidekalk. Zwischen Lugos und Rékas im Comitat
Temes erhebt sich aus dem Diluvialschotter ein basaltischer Inselberg
(*Stur* Geolog. R. A. XIII. 39, 46).

2. Das Alpenland begreift den nördlichen Theil des romanischen
Regiments-Bezirkes von der Bistra bis an die Wasserscheide zwischen
der Temes und Nera. Der gewaltige Alpenstock des 7861' hohen Retyezát
in Siebenbürgen streckt seine Arme nach dem Banat hinüber und häuft
an der dreifachen Grenze des Banats, Siebenbürgens und der Wallachei
einen Complex 5—7000' hoher Alpenkuppen, doch ist die Höhe derselben
nur bei wenigen bekannt und wird selbst bei diesen wenigen sehr verschieden angegeben. Die vorzüglichsten dieser Alpen sind: Muntje Mik
5736', Polyana Nedjei 6006', Vurvu Pietri 6935', Sarko 7131', Baiku,
Branu, Gugu 5646', Muraru mit der Felsenwand Skarisora am Triplex
confinium, Godjan 7100'. Mit Ausnahme der neogenen Thalwege der
Temes und Bistra ist das ganze Alpenland nur aus krystallinischen
Schiefern zusammengesetzt.

3. Das obere Bergland, nördlich vom Alpenlande, östlich vom wallachischen Grenzgebirge, südlich von der Donau, westlich vom Semenik-
Zuge und der untern Nera begrenzt, zerfällt in das Nera- oder Almas-,
Černa- und Donau-Thal. Die Černa kömmt aus der Wallachei und
nimmt unterhalb Mehadia die Běla Reka auf, kurz oberhalb der Vereinigung beider Flüsse liegt der 3554' hohe Domugled*) mit den Herculesbädern. Von der Nera-Mündung bis zum Allion 867' bei Alt-Orsova
windet sich die Donau durch ein enges Felsenbett, da die sie beherrschenden Höhen (500—1500') an beiden Ufern bis hart an das Strom-

---

*) So schreibt Heuffel. Nach C. Koch Wand. im Orient I. 88 heisst er Domoglett
d. i. Blick nach Hause.

bett vordringen und nur einen schmalen Thalweg offen lassen. Von dem aus der Donau emporragenden Felsen Kalnik unterhalb Plaviševica bis Ogradina heisst dies Thal Kazan, zwischen dem Kalnik und Dubova liegt die Veteranische Höhle, Ogradina gegenüber in Serbien die s. g. Trajanstafel, unterhalb Neu-Orsova, also auf serbisch-wallachischem Gebiete der Engpass des Eisernen Thores. Dies Gebiet ist vielleicht die pflanzenreichste Gegend von ganz Ungarn (*Roch.* Reise 4—12).

4. Das Banater Erzgebirge oder das südliche Comitat Krassó von der Temes bis zur unteren Nera, westlich geht es in neogene Sand - und Schotterhügel über. Die Metall- und Steinkohlenbergwerke liegen vorzüglich im südöstlichen Theile bei Steierdorf, Oravica, Csiklova, Slatina.

In diesen zwei letzterwähnten Gebieten, welche sich geologisch nicht trennen lassen, bilden krystallinische Schiefer den Hauptbestandtheil der Gebirge, Massengesteine treten nur inselförmig auf, am meisten Syenit am nördlichen und westlichen Rande des Erzgebirges, Granit südlich vom Semenik, Serpentin an der Donau zwischen Trikule und Plaviševica. Diese krystallinischen Gesteine sind von zwei langen sedimentären Zügen überlagert, der eine westliche Zug reicht von Rešica längs der östlichen Grenze des Comitates Krassó bis unterhalb Moldava an die Donau; der andere östliche Zug erstreckt sich durch die südliche romanische Militärgrenze in südwestlicher Richtung von Teregova ebenfalls bis an die Donau zwischen Bersaska und Trikule, der Domugled und die Herculesbäder gehören diesem Zuge an. In beiden Zügen setzen schieferige und kalkige Gesteine der Steinkohlenformation, rothe Sandsteine und Lias-Sandsteine die unteren Schichten, mergelige Kalkstreifen des oberen Lias, Jurakalk und besonders im westlichen Zuge mächtige Lager von Kreidekalk und Kreidesandstein die oberen Schichten zusammen. Auch das Kazanthal mit dem Kalnik und der Veteranischen Höhle besteht aus Kreidekalk, welchen die Donau bei ihrem Durchbruche von Serbien weggerissen hat. Das neogene Thal der Temes setzt sich endlich aufwärts über den Pass von Teregova bis Mehadia fort, auch das Nerabecken besteht aus neogenem Sande (*Kudern.* Geolog. R. A. VI. 219, Sitz. Ber. d. Wien. Akad. XXIII. 39, *Fött.* Geolog. R. A. XII. Verhdl. 62).

Höhenmessungen in den siebenbürgischen Grenzkarpaten.

Hunf. l. c. II. 27, 219, 233, 309, 366; Wolf Geolog. R. A. XIII. 250—56.

Wien. Fuss.

Alt-Orsova, Markt am Austritt der Donau in der roman. banat.
Milit. Gr. 162
Svinica, Dorf an der Donau in der serbisch-banat. Milit. Gr. . . . 201
Bazias, Kloster an der Donau in der serbisch-banat. Milit. Gr. . . 208
Lugos, Markt im Com. Krassó 405
Mehadia, Markt in der roman. banat. Milit. Gr. 495
Herkulesbad bei Mehadia 513
Karansebes, Markt in der roman. banat. Milit. Gr. 618
Belényes, Markt am Fuss der Bibaria im Com. Bihar 673
Szilágy-Somlyó, Markt im Com. Kraszna 680

Das Berg- und Hügelland am rechten Donau-Ufer.

Dieses beiläufig 1000 □ Meilen umfassende Gebiet begreift mit Ausnahme der dem Tieflande angehörigen nordwestlichen und östlichen Donauniederungen alle am rechten Ufer dieses Stromes liegenden Comitate Ungarns, ganz Slavonien und die slavonische Militärgrenze. Dasselbe besteht aus einem theils flachen, theils wellenförmigen vielfach durchschnittenen Hügellande der jüngeren Tertiär- und der Diluvial-Periode, nur stellenweise treten ältere Gesteine, Trümmer des eingesunkenen äussersten Flügels der östlichen Alpen, in inselförmigen Bergzügen und zerstreuten Kuppen auf. Diese älteren Formationen sind:

I. Die letzten Ausläufer der **norischen Centralalpen.** Sie treten an zwei Stellen aus Steiermark und Nieder-Oesterreich nach Ungarn über, nur mehr niedrige Vorgebirge, welche sich theilweise in einzelne Inselberge auflösen und zuletzt in den Tertiär-Sedimenten der Comitate Eisenburg und Oedenburg verschwinden. Der südliche bedeutendere Zug, das **Günser Gebirge,** überschreitet die Grenze zwischen Pinkafeld und Kirchschlag und erstreckt sich von Westen nach Osten bis Güns. Obschon nur ein vier Meilen langes und zwei Meilen breites Vorgebirge, übertrifft es an Höhe gleichwohl alle übrigen am rechten Ufer der Donau in Ungarn liegenden Bergzüge, denn seine meisten Kuppen ragen über 2000' Fuss hinaus; der Geschriebenstein 2772', der Hirschenstein 2713', die Bernsteiner Höhe 2660', die Rechnitzer Säule 2613' und andere werden von keinem einzigen Berge des langen Kalkzuges von Fünfkirchen bis an die Donau oberhalb Ofen erreicht, da der höchste desselben der Piliser Berg nur 2388' misst. Blos der Papuk in Slavonien 3018' ist noch höher und zugleich das einzige Gebirge des ganzen Gebietes, das in die Voralpenregion reicht. Was die geologische Zusammensetzung betrifft, so sind grüne und graue metamorfische Schiefer vorherrschend, Kalkglimmer- und Thonschiefer untergeordnet, bei Bernstein Serpentinstöcke von grosser Mächtigkeit entwickelt. In botanischer Beziehung scheint dieser ganze Gebirgszug völlig unbekannt zu sein.

Der zweite aus Gneiss, Glimmerschiefer und Partien von Grauwackenkalk bestehende Zug ist das waldige **Rosaliengebirge,** welches vom Plateau von Hochwolkersdorf in Nieder-Oesterreich längs der österreichisch-ungarischen Grenze über die Rosalienkapelle 2356' vom Süden nach Norden zieht und bei Neudörfel an der Leitha endet. Ein ungefähr 1000' hoher zum Theil von Belvedereschotter bedeckter Zweig des Rosaliengebirges, das Brennberger Gebirge, nimmt eine südöstliche Richtung und erstreckt sich bis Oedenburg und Horka.

Als Verbindungsglied des Rosaliengebirges mit den Inselbergen von Hainburg d. i. den Karpaten (Seite 14) kann man das 4 Meilen lange, ebenfalls aus Gneiss, Glimmerschiefer und Partien von Grauwackenkalk gebildete **Leithagebirge** betrachten, welches ·zwischen dem Neusiedler See und der Leitha sich von Hornstein bis Bruck ausdehnt und grösstentheils auf ungarischem Gebiete liegt, seine höchste Spitze ist der Sonnenberg 1445' bei Hornstein. Von dem Leithagebirge blos

durch den Wulkabach geschieden sind die nur bei 600' hohen aus
Gneiss und Granit bestehenden Rusterberge, welche längs des Neusiedler Sees von Oggau bis Oedenburg reichen. Diese sowohl als das
Leithagebirge sind überall mit mächtigen Massen von Leithakalk um-
säumt und überlagert, so dass sie bezüglich ihrer Vegetation mehr den
Charakter eines Kalkgebirges an sich tragen. Der kleine Haglersberg
zwischen Gois und Winden am Neusiedler See ist ein isolirter Hügel
von Glimmerschiefer, dessen nur seines Pflanzenreichthumes wegen hier
erwähnt wird (*Czjž.* Geolog. R. A. III. 4. 35 — 70, V. 465—515, *Stoliczka*
eben daselbst XII. Verhdl. 114, XIII. 1—4).

II. Das Pilis-Vértes Gebirge zieht von der Krümmung, welche
die Donau bei ihrer plötzlichen Wendung nach Süden bildet, in südwestlicher Richtung gegen die Thalfläche von Mór, setzt sich aber schon
jenseits derselben obschon unter einem andern Namen (Bakonyer Wald)
gegen den Plattensee fort. Seine Länge beträgt 10, seine grösste Breite
zwischen Totis und Ofen 8 Meilen. Es hat eine mittlere Erhebung von
1200', denn nur wenige seiner Berge erreichen eine Höhe von etwas
mehr als 2000', es stellt auch keineswegs eine zusammenhängende Ge-
birgskette dar, sondern ist überall von jüngeren Schichten, meist Löss
und neogenem Sand unterbrochen und überdeckt. „Als Inselgruppen,
als Inselchen, als einzelne Felsen ragen die älteren Formationen aus
dem Meere der Neogen- und Diluvial-Ablagerungen hervor" (*Peters*).
Gleichwohl lassen sich folgende drei ziemlich deutlich getrennte Gruppen
unterscheiden:

1. Die **Piliser Gruppe**, ein stumpfes Dreieck im Winkel der Donau,
gegen Süden und Südwesten von einer von Totis über Galla, Bicske
und Vál nach Hansabeg (Érd) gezogenen Linie begrenzt. Den nördlichen
Theil dieser Gruppe füllt eine kompakte Masse von Trachyt und Trachyt-Tuff zwischen Visegrád, Gran und St. Andrä aus, das äusserste
von der Donau abgerissene Stück jenes mächtigen Trachytstockes,
welcher sich, wenn auch stellenweise unter neogenen Schichten ver-
borgen, von Schemnitz in das Bett dieses Stromes herabsenkt. Die
höchste Kuppe dieses dichtbewaldeten Gebirges ist der Dobogókö mit
2197'. Südlich vom Trachytgebirge breiten sich Dachstein-, Nummuliten-
und Cerithien-Kalke inselförmig aus, von denen der Piliser Berg 2388'
und der Gerecsehegy 1991' die höchsten sind. Von den Ofner Bergen
sind der Johannesberg 1650', der Lindenberg 1200', der Schwabenberg
847', der Adlerberg 835' und der Blocksberg (Gerhardsberg, Gellérthegy)
744'*) wegen ihres Pflanzenreichthums die bekanntesten. Das Piliser
Kalkgebirge ist theils bewaldet, theils aus kahlen oder buschigen
Hügeln und steinigen Triften gebildet, theils mit Weinreben der edelsten
Sorten bepflanzt.

2. Die **Vértes Gruppe** ist ein schmaler aber zusammenhängender
aus meist dolomitischen Trias-, Dachstein- und Nummuliten-Kalken zu-
sammengesetzter waldiger Gebirgszug, der vom südlichen Rande der

---

*) Die Höhen dieser Berge werden jedoch sehr verschieden angegeben.

Piliser Gruppe gegen Mór streicht und dessen nördliches und südliches Ende, der Körtvélyeshegy 1518' und Csókahegy 1512' zugleich die höchsten Punkte bilden.

3. Der 2½ Meilen lange und eine Meile breite Granitstock des Meleghegy 1098' nordöstlich von Stuhlweissenburg und nördlich vom Velencer See, eine fremdartige Erscheinung, da sich Granit in solcher Ausdehnung im ganzen Hügellande am rechten Donau-Ufer nicht wieder findet. Weiter südlich ragt noch ein isolirter Hügel von Urkalk, der 714' hohe Szárhegy, aus den Lössschichten heraus (*Kern*. ZBV. VII. 257, *Peters* Geolog. R. A. VIII. 308, X. 483, *Hauer* ebendaselbst XIII. Verhdl. 76. 164).

III. **Der Bakonyer Wald** und der von ihm schwer zu trennende **Plattenseezug** bilden ein 13 Meilen langes und 3 — 6 Meilen breites Inselgebirge, das von der Thalfläche von Mór längs des Plattensees in südwestlicher Richtung bis Keszthely reicht. Auf der südöstlichen Seite setzt er seinen felsigen Fuss in die Wasser des Plattensees, die nordwestlichen Abfälle verflachen sich aber allmälich gegen die Ebene der Raab und ihrer Nebenflüsse. Der Bakonyer Wald zeigt nicht die schroffen Formen der Kalkbildung, welcher er angehört, er ist vielmehr ein sanft gewölbtes, theils hügliges, theils plateauförmiges Gebirge von 1000—1500' mittlerer Höhe, dessen höchste Spitzen nicht 2500' erreichen (Köröshegy 2238', Somhegy 2110', Feketehegy 2053'). Nur seine Mitte ist mit ausgedehnten Buchen- und Eichenwäldern bedeckt, seine Abfälle sind theilweise in Ackerland mitunter auch in Weingärten umgewandelt. Kalk und tertiäre Formationen bilden seine geologische Zusammensetzung, doch haben diese Kalke ein höchst verschiedenes Alter, so dass beinahe alle geologische Perioden vertreten sind. Die grösste Verbreitung und zwar theilweise in geschlossenen Zonen haben nördlich der Dachsteinkalk des Lias, südlich der obere Trias- und der Gutensteiner Kalk, letzterer mit den ihn meistens begleitenden rothen Sandsteinen, alle drei Kalke oft dolomitisch. Minder mächtig und manchmal nur partienweise umlagern Jura-, Kaprotinen-, Hippuriten-, Nummuliten-, Cerithien-, Leitha- und Süsswasser-Kalke die vorerwähnten älteren Gesteine. Nur der Neocomkalk, welcher in den nordwestlichen Karpaten eine so grosse Verbreitung hat, fehlt.

Eine hervorragende und den Bakonyer Wald höchst bezeichnende Stellung nehmen die in dessen südwestlichen Theilen vorkommenden zahlreichen Basaltdurchbrüche ein, welche durch ihre eigenthümlichen Formen der Plattenseegegend ihren so oft gerühmten landschaftlichen Reiz verleihen. Die bekanntesten dieser Basaltberge sind der durch seine Weinreben berühmte Somlyóhegy 1362' und der über eine Quadratmeile grosse Kabhegy 1896', beide im Comitate Veszprim, der Tátika 1278' und der Badacson am Plattensee 1734' im Comitate Zala, der völlig isolirte aus dem Löss hervorragende Sághegy 751' bei Klein-Zell im Comitate Eisenburg. Seltsamer Weise fehlen die Basalte im Pilis-Vértes Gebirge, wie die Trachyte im Bakonyer Walde, erst jenseits der Donau im karpatischen Hügellande tauchen die Basalte wieder auf und als äusserste westliche Vorposten freilich sehr unbedeutend die zerstreuten Basalt-Tuffe bei Miske, Güssing, Neuhaus und Ober-Limbach im Comitate Eisenburg. Neogener Sand und Löss umgeben die nördlichen und westlichen Abfälle des Bakonyer Waldes und füllen seine tieferen Stellen aus (*Kern.* ZBV. VI. 373, *Kornh.* PV. IV. SB. 51, Geolog. R. A. XII. Verhdl. 83—4, 145, 164, 205, 210, 226, XIII. 20).

IV. Die Inselgebirge von **Fünfkirchen** und **Siklos.** Das über 5 Meilen lange und 1 — 2 Meilen breite Inselgebirge von Fünfkirchen (Jakobsberg 1874', Mecsek 1938', Zengőhegy 2118') erstreckt sich von Nagy Váty über Fünfkirchen, Hoszuhetény und Pécsvár bis Várallya bei Bonyhád. Der westliche Theil desselben besteht aus rothem Sandsteine und Gutensteiner Kalke, im östlichen Theile, der Lagerstätte reicher Steinkohlenflötze, herrschen dagegen Kohlenschiefer, Lias-Sandsteine, Grestner Schichten, Fleckenmergel und Jurakalke mit untergeordneten Partien von Melafyr und Trachyt vor. Oestlich hiervon zwischen Kékesd und Báttaszék sind die ungeheuern Löss-Schichten, welche das Fünfkirchner Gebirge umgeben, von niedrigen Granithügeln durchbrochen.

Das bei 4 Meilen lange, aber kaum $\frac{1}{2}$ Meile breite Inselgebirge nördlich von Siklos im Comitate Baranya (Harsányhegy 1380') schliesst die bisher besprochenen Berggruppen gegen die Alluvien des Drauthales ab, es ist aus Jurakalk und Grestner Schichten zusammengesetzt.

V. Die Slavonischen Gebirge sind die östlichsten Ausläufer der Karavanken-Alpen, obschon nur ihre höchsten Kuppen einen subalpinen Charakter an sich tragen*). Der Hauptzug ist das bewaldete über 9 Meilen lange und bei 2000' hohe Orljava- oder Papuk-Gebirge, zugleich die Wasserscheide der Drau und Save. Dasselbe beginnt an der croatischen Grenze in einer Breite von 5 Meilen und zieht sich in zungenförmig verschmälerter Gestalt längs der Grenze der Comitate Verovitic und Požega über den Papuk 3018' und die Krudja, auch Krndja, (die höchsten Erhebungen des Landes) nach Osten fort, bis es sich bei Granica kaum mehr eine halbe Meile breit in das neogene Hügelland von Djakovár verliert. Granit und Gneiss bilden den Kern dieses Gebirges, rethe Sandsteine und theilweise dolomitische Trias-Kalke sind demselben aufgelagert und erlangen bei Daruvár, dann auf dem Papuk zwischen Velika, Kutjevo und Orahovica eine grössere Verbreitung. Doch sind diese Gesteine häufig von älteren Tertiär-Bildungen, als Sand, Leithakalk und Mergel umrandet und an den tieferen Stellen ausgefüllt, bei Vučin lehnt sich ein mächtiger Trachytstock an das Granitmassiv.

Südlich vom Orljava-Gebirge und nur durch den Thalweg des Flusses gleichen Namens von demselben schwach geschieden, erhebt sich zwischen Opatovac (nördlich von Neu-Gradiska) und Pleternica die nur 4 Meilen lange aus groben Conglomeraten, Felsitporfyr und den vorerwähnten älteren Tertiärschichten zusammengesetzte **Požeganer Berggruppe** (Maksimov Hrast 1938'), an deren nordwestlichem Rande die Stadt

---

*) Ueber die Höhe der slavonischen Berge scheinen keine anderen Messungen veröffentlicht zu sein, als jene, welche auf der Scheda'schen Karte vorkommen.

Požega liegt. Als eine östliche Fortsetzung obiger Berggruppe erscheint das niedrige aus älterem tertiären Sand und Mergel, dann etwas Leithakalk gebildete **Broder Gebirge** (Lipovica 1320'), welches sich von Pleternica bis Majar (westlich von Djakovár) in einer Länge von 5 Meilen erstreckt (*Stur* Geolog. R. A. XII. 285, Verhdl. 115, 200).

Völlig getrennt von dem slavonischen Berglande ist das 4 Meilen lange und bei 1000' hohe **Vrdnik Gebirge** zwischen Illok und Peterwardein in Sirmien (höchste Spitze 1698'). Urthonschiefer (Fyllite), grauwakenartige Sandsteine und Schieler, krystallinischer Kalk und Serpentin bilden die Grundmasse dieses Gebirges, Leithakalk, tertiärer Sandstein und Tegel umgeben den Rand desselben (*Wolf* Geolog. R. A. XII. Verhdl. 158).

Alle übrigen weiten Landstrecken dieses Gebietes bilden das Hügelland am rechten Donau-Ufer. Die Höhenlage desselben ist sehr verschieden. Gegen die österreichisch-steierische Grenze beträgt die mittlere Höhe 500—1000', im östlichen und südöstlichen Gebiete 4—800', im Drau- und Save-Thale kaum 300'. In geologischer Beziehung hat der Löss bei weitem die grösste Verbreitung, denn er bildet beinahe ausschliessend den Untergrund der Comitate Raab, Komorn, Stuhlweissenburg, Tolna, Somogy, Baranya und Sirmien, umlagert alle älteren Formationen, verdeckt sie theilweise und kömmt auch sonst in kleineren Partien überall vor, so dass er zwei Drittel des ganzen Gebietes einnimmt. Von den jüngeren Tertiärformationen sind Belvedere-Schotter und neogener Sand in den Comitaten Oedenburg, Eisenburg und Zala vorherrschend, jener ist mehr in den nördlichen, dieser mehr in den südlichen Gegenden, besonders aber in den slavonischen Comitaten Verovitic und Požega abgelagert. Tegel findet sich nur streifen- und nesterartig in den tieferen Thaleinschnitten vor. Der Diluvial-Schotter, welcher im Tieflande eine so ungeheure Ausdehnung erlangt, fehlt im Hügellande zwischen der Donau und Drau, dagegen sind die Thalebenen der Drau und Save in Slavonien nur aus diesem Schotter und aus Alluvien gebildet (*Stoliczka* Geolog. R. A. XIII. 5—19).

Höhenmessungen im Berg- und Hügellande am rechten Donau-Ufer.

Hunf. l. c. II. 389, 436, 494, 531, 637.

	Wien. Fuss.
Semlin, Stadt	197
Peterwardein, Stadt	240
Karlovic, Stadt	254
Mitrovic, Markt in der Peterwardeiner Milit. Gr.	254
Alt-Banovce, Dorf in derselben Milit. Gr.	262
Slankamen, Markt in derselben Milit. Gr.	263
Čerević, Markt im Com. Sirmien	263
Essek, Stadt	276
Vukovár, Markt im Com. Sirmien	279
Djakovár, Markt im Com. Verovitic	290
Brod, Markt in der Broder Milit. Gr.	291
Alt-Gradiska, Markt in der Gradiskaner Milit. Gr.	298

6 *

Das Tiefland.

Pokorny Vegetationsformen des ungar. Tieflandes in der Bonplandia 1860 p. 151, 182, 192.

Das Tiefland wird durch das Pilis-Vértes Gebirge und die zwischen Párkány und Waizen bis hart an das linke Donau-Ufer vordringenden Karpaten in zwei sehr ungleiche Theile getheilt, in das Presburger Becken und in die grosse Theissebene.

I. Das Presburger Becken, auch kleine ungarische Ebene genannt, ist eine von den Vorhügeln der nordwestlichen Karpaten, des Pilis-Vértes Gebirges, des Bakonyer Waldes und der norischen Alpen eingeschlossene Niederung, deren Ränder ungefähr von den Ortschaften Presburg 460′, Tirnau, Freistadtl 533′, Neutra 719′, Komját, Párkány 350′, Totis 365′, Pápa, Güns 864′, Oedenburg 678′ und dem Neusiedler See begrenzt werden, doch schiebt sich diese Ebene längs der Wag und Neutra tief in das Gebirge ein. Der Flächeninhalt des ganzen Beckens beträgt beiläufig 300 □ Meilen, die mittlere Höhe 400′. Die Donau durchströmt es von Westen nach Osten und bildet zahlreiche Inseln, von denen die Grosse und Kleine Schütt die bedeutendsten sind. Die geologische Zusammensetzung ist sehr einfach, die westlichen Ränder sind aus Belvedere- und Diluvial-Schotter, alle übrigen aus Löss gebildet, der bei Tirnau eine grosse Mächtigkeit erreicht, am östlichen Ufer des Neusiedler

Sees ist ein ausgedehntes Tegel - Lager abgesetzt. Die Ebene selbst besteht durchaus aus Alluvien.

Die 10 Meilen lange und 1 — 3 Meilen breite, grösstentheils aus Diluvial-Sand und Schotter gebildete Thalebene am linken Ufer der March ist zwar ein Theil des Wien-Olmützer Beckens und wird durch die bis in das Bett der Donau reichenden Kleinen Karpaten vom Presburger Becken völlig geschieden, allein seiner natürlichen Beschaffenheit und seinen Vegetationsverhältnissen nach ist es von letzterem nicht verschieden.

Höhenmessungen im Presburger Becken und im Marchthale.

Hunf. I. c. I. 142, 179; II. 389, 436, 624.

II. Die grosse Theissebene oder, obschon nicht ganz passend, das Pester Becken genannt, das eigentliche Tiefland (Alföld) erstreckt sich über einen Flächenraum von mehr als 1700 □ Meilen, so dass sie, das Presburger Becken mitgerechnet, fast die Hälfte von ganz Ungarn einnimmt. Ihre Länge beträgt 35—70, ihre Breite 15—40 Meilen, die mittlere Höhe in den unteren Gegenden 250—300′, in den oberen 3—400′, an den Rändern 5—600′, der höchste Punkt ist der Hügel Bajtemetés 945′ bei Pécel östlich von Pest. Die Theissebene wird gegen Norden und Osten von den Vorhügeln der Karpaten, gegen Süden und Westen von der Donau eingeschlossen, greift aber im Westen auch über dieselbe auf das rechte Ufer hinüber und berührt fast die Nordostseite des Plattensees. Die Grenzen derselben lassen sich daher nur im Allgemeinen durch Endpunkte und dazwischen gedachte Linien angeben. Diese Punkte sind: Im Nordwesten Waizen 354′, Gödöllő 661′, Hatvan 366′, Gyöngyös 534′, Mezö-Keresztes 336′, Miskolc 493′, Tokay 283′, Sárospatak 290′, Zemplin, Nagy Mihály 364′; im Nordosten Ungvár 354′, Munkács 386′, Nagy Szöllős 433′; im Osten Szinyér-Várallja, Erdőd, Tasnád, Székelyhid 386′, Grosswardein 394′, Boros-Jenő 480′, Világos, Vinga, Temesvár 270′, Denta, Veršec 385′, Weisskirchen 395′, Neu-Palanka bei der Nera-Mündung 211′; im Süden die Donau und ein Theil der Drau von Neu-Palanka bis Dárda (gegenüber von Essek); im Westen Dárda, Mohács 286′, Szekszárd 345′, Simontornya, Kalóz, Stuhlweissenburg 451′, Velencer See und Mártonvásár 362′ am rechten Ufer der Donau, Soroksár 459′, Pest 330′ und Dunakesz 399′ am linken Ufer derselben. In den Thälern des Hernád, der Ondova und Laborca buchtet sich die Theissebene tief in die Karpaten ein, so dass ihr nördlicher Rand mit den Liptau-Sohler Alpen fast in gleicher Breite liegt und von der galizischen Grenze nur mehr 5—7 Meilen entfernt ist. Auch zieht sich die Ebene längs den Ufern der Drau und der Save bis nach Croatien fort, allein diese Uferniederungen haben bezüglich ihrer Vegetations-Verhältnisse einen anderen Charakter und müssen von diesem Standpunkte aus vielmehr dem Hügellande des rechten Donau-Ufers zugewiesen werden.

Die hügligen Ränder der Theissebene sind vorwaltend aus Löss, minder häufig aus neogenem Sande gebildet, nur die Trachyte der nordöstlichen Karpaten setzen ihren Fuss unmittelbar in die Alluvien des Tieflandes. Das Ueberschwemmungsgebiet der Donau und der Theiss, die dem Tieflande angehörigen Theile der Comitate Ung, Bereg, Ugócs und Szatmár, das Moorbecken des Berettyó und der drei Körös-Flüsse, die südliche Bačka und der westliche Banat bestehen fast nur aus Alluvien, alle übrigen Bestandtheile der Theissebene, insbesondere die Fläche zwischen der Donau und Theiss, sind aus feinem Diluvial-Schotter gebildet.

Das Tiefland ist eine unübersehbare stein- und baumlose Ebene, ein abgerissenes Stück der südrussischen Steppen. Nur an den Rändern desselben kommen niedrige Sandhügel und kleine Gehölze, in der Nähe der Gebirge und an der Donau auch Wälder vor. *Pokorny* theilt das Tiefland folgendermassen ein:

I. Region des trockenen Bodens: 1. Sandsteppen (Grassteppen und Flugsand). 2. Salzboden. 3. Fruchtbare Erde (Hutweiden, die nicht gemäht werden, Wiesen, die gemäht werden, Aecker und Gärten). II. Region des bleibend nassen oder nur zeitweise überschwemmten Bodens: 1. Hydrofyten-Moore. 2. Rohrwälder. 3. Rohrwiesen. 4. Wiesenmoore oder Flachtorfmoore. 5. Moorwiesen. 6. Erlensümpfe. 7. Zsombék-Moore, eine eigenthümliche aus den Rasen der Carex stricta gebildete Sumpfform (*Kerner* ZBG. VIII. 315, DL. 62).

Obschon nun ein grosser Theil des Tieflandes in fruchtbaren Ackerboden umgewandelt und die Ueberschwemmungen der Theiss durch Wasserbauten vermindert wurden, so gibt es des trockenen und nassen Bodens der eben geschilderten Art noch mehr als genug. So kommen ausgedehnte Sandsteppen zwischen Pest und Kecskemét, bei Debrecin und in der westlichen Banater Militärgrenze, zwischen der Römerschanze und der Karaš daselbst weite mit offenem Flugsande bedeckte Strecken vor, Salzboden und Salzlachen findet man vorzüglich am östlichen Ufer des Neusiedler Sees, dann in den Comitaten Stuhlweissenburg, Bács, Torontál, Csongrád, Bihar und Szabolcs. Von den Morästen wird später in dem Kapitel Bewässerung gehandelt werden.

Nirgends in Ungarn ist dessen eigenthümlicher Charakter entschiedener ausgedrückt, als in seinem Tieflande und nirgends im ganzen westlichen Europa wiederholt sich eine ähnliche Vegetationsform. Obschon nur Reste einer ehemals noch grossartigeren Steppennatur gehen auch diese allmälich ihrem Untergange entgegen. Denn immer weiter streckt die Kultur ihren mächtigen Arm aus und entreisst dem alten Boden Ungarns ein Stück Landes nach dem anderen.

Höhenmessungen der Theissebene.

Hunf. 1. c. II. 630—651.

	Wien. Fuss.
Neu-Palanka, Dorf in der serbisch-banat. Milit. Gr.	211
Pančova, Markt in der deutsch-banat. Milit. Gr.	216
Neusatz (Újvidék), Stadt an der Donau im Com. Bács	225
Gross Bečkerek, Markt im Com. Torontál	233
Alibunar, Dorf in der serbisch-banat. Milit. Gr.	236
Makó, Markt im Com. Csanád	240
Titel, Markt an der Theissmündung	240
Mező Tur, Markt am Berettyó im Com. Heves	248
Jász-Berény, Markt in Jazygien	248
Csanád, Markt im Com. Torontál	256
Csaba, Dorf im Com. Békés	258
Zentha, Markt an der Theiss im Com. Bács	263
Palanka, Markt an der Donau im Com. Bács	264
Csongrád, Markt	264
Szegedin, Stadt im Com. Csongrád	267
Temesvár, Stadt	270
Békés, Markt	277

III. Bewässerung.

1. Flüsse.

Der Hauptstrom ist die **Donau.** Sie überschreitet die ungarische Grenze bei Theben und verlässt sie unterhalb Alt-Orsova, ihre Länge beträgt 140 Meilen. Dreimal hat sie die ihrem Laufe entgegengestandenen Gebirge durchbrochen und zwar die Kleinen Karpaten zwischen Hainburg und Presburg, das Trachytgebirge zwischen Párkány und Waizen, die Banater Karpaten auf der 18 Meilen langen Strecke von der Nera-Mündung bis zum Eisernen Thor in der Wallachei, wo sie auch die der Schifffahrt hinderlichen Stromschnellen bildet. Sonst fliesst sie überall durch ebenes theilweise sumpfiges Land und bildet unzählige grössere und kleinere Inseln, von denen die Grosse und Kleine Schütt (Csallóköz und Szigetköz) zwischen Presburg und Komorn, die Insel St. Andreas bei Waizen, Csepel oder Ráckeve unterhalb Pest, Mohács im Com. Baranya die bedeutendsten sind. Die Breite des Stromes ist höchst ungleich, im Engpasse bei Ogradina im Banat nur 480', bei Presburg 900', bei Vének im Com. Raab 1440', von hier abwärts bis 4000', an der unteren Donau bis 6000'. Nicht minder abweichend ist die Tiefe, welche zwischen 20' und 60' abwechselt, im Felsenthale von Ogradina aber 132' betragen soll. Der Wasserspiegel der Donau liegt bei Theben 440', bei Presburg 416', bei Komorn 329', bei Waizen 314', bei Pest 305', bei Tolna 272', bei der Draumündung 247', bei der Theissmündung 219', bei Pančova 211', bei Svinica 153', bei Alt-Orsova 137' über dem Meere (*Wallandt* Nivellirungskarte von Ungarn, Pest 1863).

Ihre vorzüglichsten Nebenflüsse sind und zwar am rechten Ufer:

1. Die **Leitha** entsteht aus dem Zusammenfluss der Alpenbäche Schwarza und Pitten in Nieder-Oesterreich, bildet theilweise die Landesgrenze und ergiesst sich bei Ungarisch-Altenburg in den Wieselburger Arm der Donau.

2. Die **Raab** entspringt in Ober-Steiermark, betritt oberhalb St. Gotthard die ungarische Grenze und mündet bei der Stadt Raab eben-

falls in den Wieselburger Donauarm. Nebenflüsse sind die Pinka, Güns
(Gyöngyös), Rabnitz und Marcal.

3. Die 25 Meilen lange versumpfte Sárvíz, auch Sár entspringt
oberhalb Veszprim im Bakonyer Walde, fliesst von Stuhlweissenburg bis
Hare gröstentheils in einem künstlichen Abzugskanal, nimmt bei Kölesd
die in ihrem unteren Laufe ebenfalls in einen Kanal geleitete Kapos
auf und fällt bei Báta im Com. Tolna in die Donau. Die bei Sió-Fok
aus dem Plattensee kommende verschlammte Sió mündet oberhalb Simontornya in die Kapos und verbindet dadurch den Plattensee mit der Donau.

4. Die Drau kömmt aus Steiermark, scheidet Ungarn von Croatien
und Slavonien und ergiesst sich unterhalb Essek in die Donau. Ihre
niedrigen waldigen Ufer sind besonders in ihrem unteren Laufe beständigen Ueberschwemmungen ausgesetzt und daher sehr sumpfig. Bei Légrád
nimmt sie die ebenfalls aus Steiermark kommende Mur auf und bildet
mit dieser die sogenannte Murinsel (richtiger eine Halbinsel), auch Murau,
Muraköz, Pannonia interamnis bei *Clusius*, welche zu verschiedenen Zeiten
bald zu Ungarn bald zu Croatien gehört hat, gegenwärtig aber dem
Comitate Zala einverleibt ist.

5. Die Save berührt Slavonien als Grenzfluss gegen die Türkei nur
mit ihrem sumpfigen linken Ufer und mündet bei Semlin in die Donau,
wo sie die von *Kitaibel* öfter erwähnte aus *Eugens* Zeiten so genannte
Kriegsinsel bildet. Ihr vorzüglichster Nebenfluss in Slavonien ist die
Orljava, die am Papuk entspringt, bei Pleternica die Lonja (Lonča)
aufnimmt und in der Gradiskauer Militärgrenze in die Save fällt. Der bei
Županje aus der Save abgeleitete Bossut mündet westlich von Mitrovic
wieder in die Save und bildet daher mit diesem Flusse in der Broder
und Peterwardeiner Militärgrenze eine grosse Insel.

Am linken Ufer fliessen der Donau zu:

6. Die March kömmt aus Mähren, bildet von Skalic an die Grenze
zwischen Ungarn und Nieder-Oesterreich und ergiesst sich bei Theben
(Dévény) in die Donau.

7. Die Wag, nach der Theiss der grösste Nebenfluss der Donau am
linken Ufer, entsteht aus der Vereinigung der Weissen und Schwarzen
Wag. Erstere hat ihre Quellen am südlichen Fuss des Grossen Křivan,
letztere auf der Nordseite der Kralova Hola. Von der Béla, Boca,
Revuca und anderen Alpenbächen verstärkt durchfliesst sie das Hoch-
thal der Liptau von Osten nach Westen, nimmt rechts bei Kralovan die
Arva, links bei Ruttka die Turóc auf, durchbricht im Passe Strečno
den Granitstock der Veterne Hole und biegt dann nach Süd-Südwesten
um. Von den Verzweigungen der mährischen Karpaten, der Veterne Hole
und des Inovec-Gebirges eingeengt durchzieht sie sofort die Comitate
Trencsin und Neutra, bis sie bei Szered die Ebene des Presburger Beckens
betritt und, nachdem sie sich bei Gutta mit dem Neuhäusler Donau-Arm
vereinigt hat, unter dem Namen Vág-Duna nach einem Laufe von
40 Meilen bei Komorn in die grosse Donau fällt. Der bedeutendste ihrer
Zuflüsse ist die Arva, welche aus dem Zusammenfluss der Weissen
und Schwarzen Arva bei Ustě gebildet wird, das Magura-Gebirge

bogenförmig umgeht und durch viele Giessbäche (Studena Voda, Zazrivanka) verstärkt am Fuss des Šip bei Kralovan in die Wag mündet.

8. Die 24 Meilen lange Neutra entspringt am südlichen Abhang
der Veterne Hole, fliesst fast parallel mit der unteren Wag, scheidet
das Inovec- von dem Neutra-Barser Gebirge und ergiesst sich oberhalb
Komorn in die Vág-Duna. Unterhalb Neuhäusel nimmt sie die von Hochwiesen (Velkopole) aus dem Neutra-Barser Gebirge herabkommende
Žitva auf, welche die Grenze gegen das Kremnitzer Erzgebirge bildet.

9. Die Gran (Garam, Hrona) entspringt auf der Südseite der Kralova Hola im Gömörer Hochlande, fliesst anfangs durch das Comitat Sohl
von Osten nach Westen, wendet sich aber dann nach Süd-Südwesten,
nimmt bei Alt-Sohl die Slatina auf, durchbricht den mächtigen Trachytstock von Schemnitz auf der langen Strecke von Alt-Sohl bis Königsberg (Uj-Bánya) und mündet nach einem 35 Meilen langen Laufe unterhalb Párkány in die Donau.

10. Die Eipel (Ipoly) hat ihren Ursprung auf dem südlichen Abhange
des Vepor-Gebirges im Comitate Neográd, krümmt sich in ihrem Laufe
nach verschiedenen Richtungen und fliesst oberhalb Szobb in die Donau.
Sie ist bis zur Theissmündung, d. i auf einer Strecke von 55 Meilen der
letzte Nebenfluss der Donau am linken Ufer, ja nicht einmal ein bedeutender Bach ergiesst sich mehr in dieselbe, nur der Franzens-Kanal im
Bácser Comitate verbindet die Donau mit der Theiss.

11. Die Theiss, der zweite Hauptfluss Ungarns, entsteht aus der
Vereinigung der Weissen und Schwarzen Theiss in der Marmaros.
Beide entspringen an der galizischen Grenze, jene am Berge Okola, diese
am Fuss der Černa Hora. Bis Huszt fliesst sie in einem engen Thale
von zahllosen Alpenbächen gespeist, darunter der von den Rodnaer
Alpen herabkommende Visso- mit dem Borsa- und Wasserbache.
Nachdem sie bei Huszt die Trachytmassen des Vihorlát-Gutin Zuges
durchbrochen hat, tritt sie in das grosse ungarische Tiefland, über welches
sie ihr reiches Wassernetz ausbreitet, bis sie unterhalb Titel in die
Donau fällt. Ihr Flussgebiet umfasst nicht weniger als 2660 □ Meilen,
ihre Länge beträgt der unzähligen Krümmungen wegen 180 Meilen, ihre
Breite bei niedrigstem Wasserstande von Tisza-Ujlak im Comitate Ugocs
bis Szolnok 270—430′, von da abwärts bis 700′, ihre Tiefe aber nur 7—19′.
Ihr Wasserspiegel liegt bei Huszt 502′, bei Tisza-Ujlak 360′, bei Námény
322′, bei Tokay 283′, bei Szolnok 249′, bei Szegedin 233′, bei Titel 219′
über dem Meere. Ihr Gefäll ist gering, ihr Lauf träge, die Ueberschwemmungen, die sie verursacht, verheerend, ihr flaches Ufer meist
versumpft. Ihre vorzüglichsten mitunter sehr bedeutenden Nebenflüsse
sind und zwar am rechten Ufer:

a. Die Borsova hat ihren Ursprung am Velika Vrch in der Marmaros und fliesst bei Vári im Comitat Bereg in die Theiss.

b. Der Bodrog entsteht durch den Zusammenfluss der Ondova,
Laborca, Ung und Latorca, welche alle hart an der galizischen
Grenze entspringen und sich zwischen Zemplin und Butka vereinigen.
Der Bodrog selbst hat nur einen kurzen Lauf und mündet bei Tokay in

die Theiss, aber sein Wassergebiet ist wie bei den meisten Nebenflüssen der Theiss sehr gross und erstreckt sich vom östlichen Comitate Sáros bis zum westlichen Comitate Bereg.

c. Der Sajo, der Hauptfluss des Gömörer Erzgebirges, entspringt am Trsujk nahe bei den Quellen der Gran, nimmt unterhalb Rima-Szécs die Rima, bei St. Peter die Bodva und bei Onod den Hernád auf und ergiesst sich kurz nach der Vereinigung mit diesem letzteren in die Theiss. Der Hernád, welcher eigentlich einen längeren Lauf als der Sajo hat, entspringt auf der Südseite der oft erwähnten Hauptwasserscheide bei Šunjava in der Zips, nur durch diese von den Quellbächen des Poprad und der Schwarzen Wag geschieden. In einen weiten Bogen den Sajo umgehend nimmt er rechts die Göllnitz, links die Tarca auf, tritt bei Kaschau in die tiefe Einbuchtung, welche die nordwestlichen und nordöstlichen Karpaten trennt, spaltet sich sodann in zwei parallele Arme den Grossen und Kleinen Hernád oder Bársonios und führt beide bei und unterhalb Onod dem Sajo zu.

d. Die Zagyva hat ihren Ursprung am Nagy Sálgo im östlichen Comitat Neográd und fällt nach kurzem Laufe bei Szolnok in die Theiss. Von hier weiter abwärts hat die Theiss, wie die Donau, auf ihrem rechten Ufer keinen bedeutenden Zufluss mehr, daher die ganze lange Ebene zwischen der Donau und der unteren Theiss sehr wasserarm ist. Am linken Ufer fliessen in die Theiss:

e. Die Szamos. Sie entsteht durch Vereinigung der Grossen und Kleinen Szamos bei Dées in Siebenbürgen. Die Grosse Szamos entspringt in den Rodnaer Alpen, die Kleine Szamos hat aber zwei Quellbäche, die Kalte und Warme Szamos, beide haben ihren Ursprung in der Biharia, letztere auf ungarischem Gebiete. Die vereinigte Szamos nimmt rechts die Lápos, links den Szilágy und die Kraszna auf und mündet oberhalb Vásáros-Náméuy in die Theiss.

f. Die Körös wird durch den Zusammenfluss der Schnellen, Schwarzen und Weissen Körös (Sebes, Fekete und Fehér Körös) gebildet. Die erste entspringt oberhalb Báuffi-Hunyad in Siebenbürgen und durchbricht das Réz-Gebirge, die zweite entspringt auf der Westseite der Biharia bei Rézbánya, die dritte auf der Südseite der Biharia im Zaránder Comitate. Im Békéser Comitate vereinigen sie sich alle drei, zuerst die Weisse mit der Schwarzen, weiter abwärts mit der Schnellen Körös. Unterhalb Mezö-Tur nimmt die vereinigte Körös den aus dem Réz-Gebirge kommenden verschlammten und stellenweise in Sumpf verschwindenden Berettyó auf und ergiesst sich unterhalb Csongrád in die Theiss.

g. Die Maros, der Hauptfluss Siebenbürgens, entspringt tief im Széklerlande und berührt Ungarn nur als nördlicher Grenzfluss des Banats. Sie mündet Szegedin gegenüber in die Theiss.

h. Die Bega entspringt auf der Nordseite des Ruska-Berges im Com. Krassó, ist zwischen Temesvár und Gross-Beckerek in einen Schifffahrtskanal abgeleitet und fällt Titel gegenüber in die Theiss.

12. Die **Temes** hat ihren Ursprung auf der nordöstlichen Seite des Muntje Semenik, durchfliesst den Banat in einen halbkreisförmigen Bogen, nimmt unterhalb Karansebes die aus dem Eisernenthor-Passe in Siebenbürgen kommende Bistra und bei Botos die im Banater Erzgebirge entspringende zum Theil in einen Kanal abgeleitetete Berzava auf und ergiesst sich bei Pančova in die Donau.

Die von Pančova abwärts in die Donau fallenden Flüsse, als: die Karaš, die Nera oder Almás und die Cerna mit ihrem Nebenflusse Běla Reka sind unbedeutend, sie entspringen in den Banater Alpen und haben nur einen kurzen Lauf.

Alle hier angeführten Flüsse gehören nicht nur dem Wassergebiete der Donau an, sondern sie münden auch sämmtlich unmittelbar in Ungarn in diesen Strom, keiner verlässt das Land. Nur drei machen hiervon eine Ausnahme, nämlich die Goldene Bistrica, der Poprad und die Bialka. Die Bistrica entspringt im südöstlichsten Winkel der Marmaros auf der Ostseite des Bergrückens, der die nordöstlichen Karpaten mit jenen Siebenbürgens verbindet (Seite 13). Nach dem kurzen Laufe von 3 Meilen verlässt sie Ungarn und fliesst dem Sereth in der Moldau zu, welcher später in die Donau fällt. Bei ihrem Austritte nimmt sie noch den Zibo (Cibou) den Grenzbach der Marmaros gegen die Bucovina auf. Der Poprad dagegen gehört gar nicht in das Stromgebiet der Donau, sondern sammt allen Bächen der nördlichen Zips, welche jenseits der europäischen Hauptwasserscheide liegen, in jenes der Weichsel (Seite 17). Er entspringt auf der Südseite der Hohen Tatra, die ihm ihre zahllosen Giessbäche (Völkwasser, Kohlbach, Steinbach, Weisswasser, Schwarzwasser) zuführt und fliesst dann in nordöstlicher Richtung über Kesmark, Lublau und Palocsa, die Grenzkarpaten durchbrechend, nach Galizien, wo er unterhalb Alt-Sandec in den Dunajec fällt. Der Alpenbach Bialka kömmt aus dem Grossen Fischsee der nördlichen Tatra, bildet die westliche Grenze der Zips gegen Galizien und ergiesst sich noch an der Grenze in den Dunajec. Der Dunajec, welcher aus der Vereinigung des Schwarzen und Weissen Dunajec bei Neumarkt im Sandecer Kreise entsteht und sich Opatowiec gegenüber in die Weichsel ergiesst, berührt die Nordgrenze der Zips auf einer nur 3 Meilen langen Strecke.

2. Seen.

Ungarn besitzt nur zwei grosse Seen. Der Neusiedler See (Fertö, Peiso) ist 5 Meilen lang und 1 — 2 Meilen breit, aber nur 3 — 13' tief, sein nach dem Wasserstande sehr veränderlicher Flächeninhalt wird auf 6 — 8 ☐ Meilen geschätzt, doch treten seine Wasser in neuester Zeit immer mehr von ihren Ufern zurück. Diese sind besonders auf der Ostseite flach und sumpfig, an vielen Stellen salzauswitternd oder mit Rohrwäldern bedeckt, zwischen Oggau, Rust und Oedenburg dringen die dortigen Rebenhügel fast bis an den Rand des Sees vor. Der Neusiedler See liegt sehr tief, nur 367' über dem Meeresspiegel, somit um 49' tiefer als die Donau bei Presburg (416). Ausser dem kleinen vom Rosaliengebirge kommenden Pulkabache hat er keine bemerkenswerthen Zuflüsse. Sein Wasser ist salzig.

Der Plattensee (Balaton) ist 8 Meilen lang, $\frac{1}{4}$—$1\frac{1}{2}$ Meilen breit und 6 — 18', bei Tihany 27 — 36' tief, sein Flächeninhalt beträgt (die Moräste abgerechnet) 16—17 ☐ Meilen. Mittelst des Sió steht er mit der Donau in Verbindung, auch fliessen ihm 40 kleine Bäche und Quellen zu. Seine nördlichen Ufer sind von bewaldeten Höhen und Rebenhügeln begrenzt, sein südliches Ufer, an dem die Stuhlweissenburger Eisenbahn h nzieht, ist aber flach, an der äussersten Südwestspitze bei Keszthely und Kéthely sehr sumpfig. Sein Wasser ist nicht salzig.

Eine eigenthümliche Erscheinung sind die zahlreichen hochgelegenen Alpenseen der Tatra, von den Anwohnern Meeraugen (Morské oko, Staw) genannt, von denen jedoch viele so klein sind, dass sie den Namen eines Sees gar nicht verdienen. Kořistka zählt von den bedeutenderen 38 auf der südlichen und 24 auf der nördlichen Seite der Tatra auf, schätzt aber den Flächeninhalt aller dieser Seen zusammen nur auf 0.04 ☐ Meilen. Die obersten liegen nahe an 7000' hoch und sind den grössten Theil des Jahres zugefroren, über ihre Tiefe weiss man nichts gewisses. Die vorzüglichsten, insoweit sie Ungarn angehören, sind: Der Surečino See auf der Nordseite des Křivan, 5096' hoch gelegen, so wie der folgende einer der grössten; der Csorba See (Strbsko pleso) am südlichen Fuss des Křivan, der am niedrigsten gelegene (4290'); der Lange See (5880') und der Völk- oder Felka-See (5066') zwischen der Gerlsdorfer und Schlagendorfer Spitze, die sogenannten Fünf Seen am Fuss der Lomnitzer Spitze (die zwei unteren 6300'), der durch Townson zuerst bekannt gewordene Grüne See (Zeleno pleso) nördlich von der Kesmarker Spitze (4930'), der Weisse See am Skopa-Passe (5100), endlich der Grosse Fischsee in der nördlichen Tatra, der grösste von allen (4500'), die Grenze der Zips gegen Galizien durchschneidet ihn der Länge nach und setzt sich längs der aus seinem nördlichen Ende abfliessenden Bialka fort, nur seine östlichen Ufer gehören zu Ungarn. Um 500' höher liegt südöstlich von ihm, also in der Zips, der Schwarze See (Czarni staw). Ein anderer Schwarzer See in der galizischen Tatra und die Fünf polnischen Seen sind mit den hier angeführten Seen nicht zu verwechseln (Kor. l. c. 17—22). Sehr selten kommen solche Seen auf den Liptauer Central-Karpaten vor. In Wahlb. Carp. p. XLV—VI werden deren nur folgende erwähnt: Der Rackova See in der südlichen Bucht dieser Alpe (5295'), dann ein kleiner See auf dem Volovec und drei kleine Seen in der Krummholzregion des Rohač, aus welchen die Studena Voda im Comitate Arva entspringt.

3. Moräste.

Pokorny Torfmoore Ungarns in den Sitz Ber. der k. Akademie der Wissenschaften XLIII. 57 —122.

Ungeachtet der besonders in neuester Zeit vorgenommenen grossartigen Entwässerungs-Operate besitzt Ungarn in seinem Tieflande noch immer zahlreiche und ausgedehnte Moorgründe und versumpfte beständigen Ueberschwemmungen ausgesetzte Ufergegenden, aber auch die grössten dieser Sumpfgebiete haben nach *Pokorny's* neuesten Beobachtungen nur eine mittlere Tiefe von 4—6' und selbst an den tiefsten Stellen von nur 8—10', daher die früheren Angaben von der Unergründlichkeit einiger dieser Moräste als unrichtig bezeichnet werden müssen. Fast alle Moore enthalten mehr oder minder reiche Torfbildungen, jedoch nur Wiesen- oder Flachmoore, welche einen Brennstoff von blos mittlerer Qualität geben. Die vorzüglichsten Moore und zwar im unmittelbaren Flussgebiete der Donau sind:

1. Der **Schur** bei St. Georgen im Presburger Comitate, ein waldiger zwar kleiner aber in botanischer Beziehung wichtiger Moor.

2. Die Sümpfe an der Vág-Duna und Neutra-Mündung nördlich von Komorn, die sich westlich bis auf die Grosse Schütt, östlich bis Marcalháza erstrecken.

3. Der **Hanság**, ein sehr torfreicher Wiesenmoor und auch der einzige, auf dem im Grossen Torf gestochen wird, reicht vom südöstlichen Ufer des Neusiedler Sees längs der Grenze der Comitate Wieselburg und Oedenburg in einer Länge von 6½ Meilen bis an die Raaber Bahn. Ehemals viel grösser und mit dem Neusiedler See in unmittelbarer Verbindung, nun aber theilweise trockengelegt und in zwei abgesonderte Moorbecken getrennt, beträgt sein Flächeninhalt kaum mehr 6 □ Meilen.

4. Die **Torfmoore des Plattensees** bestehen, abgesehen von kleinen Ufermooren, aus zwei getrennten Becken am südlichen Ende des Sees, von denen das eine südlich von Keszthely im Comitat Zala, das andere nordöstlich von Kéthely im Comitat Somogy liegt. Das Becken von Keszthely ist eigentlich nur eine Fortsetzung des Plattensees, mit dem es durch einen schmalen Arm, über welchen die Brücke von Fenék führt, in Verbindung steht. Obschon theilweise trocken gelegt zeigt es noch immer einen seeartigen Wasserspiegel, in dem sich die sumpfige aus dem Eisenburger Comitate kommende Zala ergiesst. Das Becken von Kéthely ist grösser, aber minder wasserreich als jenes von Keszthely und wird von demselben durch den Bergrücken des Bárihegy, vom Plattensee durch eine schmale Bodenanschwellung geschieden, über welche die Stuhlweissenburger Eisenbahn zieht.

5. Der **Sárrét** zwischen Palota und Stuhlweissenburg, südlich in die sumpfigen Ufer der Sárvíz verlaufend, ist durch angelegte Kanäle völlig entwässert. Der hiervon östlich liegende grösstentheils aus Rohrinseln bestehende **Velencer See** ist ebenfalls stellenweise trockengelegt.

6. Die **Drausümpfe** bei Babocsa, Séllye und Dárda am linken Ufer in Ungarn. Die ehemals weitläufigen Sümpfe bei Essek am rechten Ufer in Slavonien, welche auf den Karten die Namen Dombe, Kologyvár und Palacsa führen, wurden in neuester Zeit trockengelegt (*Kanitz*).

7. Die langgedehnten, im Ueberschwemmungsgebiete der Donau liegenden Sümpfe in den Comitaten Tolna und Baranya am rechten Ufer, besonders bei Mohács und an der Draumündung, dann im Comitate Pest am linken Ufer von Ocsa bis Baja. Die Torflager am Rákosbache bei Pest sind jetzt sehr unbedeutend.

Weit zahlreicher und grossartig stellen sich die Sümpfe im Theiss-
gebiete dar, von denen hier nur die vorzüglichsten aufgeführt werden:

8. Der **Hosszúrét** zwischen dem Bodrog und der Theiss im sogenannten
Bodrogköz des Zempliner Comitates und ihm gegenüber am linken Theissufer zwischen Kis Várda und Keresztút im Comitate Szabolcs ein gleich
grosser Moor, beide in Folge der Theissregulirung grösstentheils entwässert.

9. Der **Szernye-Moor** südlich von Munkács und die nordwestlich von
diesem liegenden Sümpfe zwischen den Flüssen Szernye und Latorca im
Comitate Bereg.

10. Der beinahe 4 □ Meilen grosse und bei höherem Wasserstande
schwer zugängliche **Ecsédi-Láp** nördlich von Nagy Károly im Comitate
Szatmár, den die Kraszna durchschneidet.

11. Das aus den Ueberschwemmungen der Schnellen Körös, des
Berettyó und des in den Morästen sich verlierenden Hortobágy gebildete
Sumpfgebiet von Füzes-Gyarmat an der Grenze von Gross-Kumanien und der
Comitate Szabolcs, Bihar und Békés. Es ist das grösste von allen und
wird ungefähr von den Ortschaften Kis-Ujszállás, Karcag, Püspök-Ladány,
Berettyó-Ujfalu, Böszörmény, Cséfa, Sarkad, Békés, Gyoma und Mező-
Tur begrenzt. Durch den von Bakonyszeg nach Szeghalom geführten
Abzugskanal, die Theissregulirung, die Debreciner und Grosswardeiner
Eisenbahnen und die Eindämmung des Berettyó ist zwar ein grosser
Theil des Moorbodens trockengelegt, desungeachtet umfasst der ganze
Complex dieser in vier abgesonderte Becken (Hortobágy-, Berettyó-,
Sebes Körös- und Békéser Sárrét) zerfallenden Moräste noch immer einen
Flächenraum von 30 □ Meilen und bietet mit seinen undurchdringlichen
Rohrwäldern, schwimmenden Rohrdecken (Láp) und offenen Wasser-
spiegeln eine stellenweise unzugängliche Sumpfwüste dar.

12. Das Ueberschwemmungsgebiet der Theiss erstreckt sich längs
dieses Flusses von Tokay bis zu seiner Mündung, wird aber in neuester
Zeit durch Eindämmungen auf immer engere Grenzen beschränkt.

13. Im Banat befinden sich die meisten Sümpfe an der Bega von
Temesvár abwärts, an der Temesmündung und an der Donau zwischen
Pančova und Palanka. Der ehemals sehr bedeutende Morast Alibunar
an der Grenze der Comitate Temes, Torontál und der serbisch-banatischen
Militärgrenze ist halbausgetrocknet.

Hochmoore sind in Ungarn selten. Die grössten und mächtigsten
liegen auf der Hochebene Bory in der östlichen Arva, über welche die
hier fast unmerkliche Wasserscheide der Donau und der Weichsel zieht.
Die 1800--2500' hohe Bory hat einen Flächeninhalt von 5--6 □ Meilen,
sie reicht östlich über die Landesgrenze hinaus bis zum Schwarzen Dunajec in Galizien, nördlich und westlich wird sie von den Ausläufern
der Beskiden, südlich von jenen der Liptauer Central-Karpaten begrenzt.
Die ausgedehntesten von dem Wassernetze der Schwarzen Arva gespeisten
Torflager kommen an der galizischen Grenze zwischen den Ortschaften
Pekelnik, Jablonka, Chižne, Hladovka und Suchahora vor, die Anwohner
nennen sie die Schwarzen Sümpfe (Czarný bahno), andere kleinere
Hochmoore liegen an dem westlichen Rande der Bory bei Slanica und

Ustě. Alle übrigen Hochmoore der Karpaten sind nur sporadisch. Die meisten befinden sich am südlichen Fuss der Central-Karpaten, sind aber bisher noch nicht hinlänglich bekannt. Der Vegetation nach zu schliessen kommen sie vorzüglich am Csorba-See im Comitate Liptau, bei Mengsdorf, Neu-Walddorf, Roks, im Langen und Grossenwalde bei Kesmark, am Rand der Tatra-Seen in der Zips vor. Auch auf der Südwestseite des trachytischen Avas-Gutin Zuges im Comitate Szatmár lassen die dort beobachteten Pflanzen auf Hochmoore schliessen. Auf der Biharia im Quellengebiete der Warmen Szamos hat man in neuester Zeit ebenfalls Hochmoore von jedoch nur geringer Ausdehnung gefunden. In *Rochel* Ban. p. 20 werden mehrere hochgelegene Sümpfe der Banater Alpen angeführt, welche Hochmoore zu sein scheinen, da sie *Heuffel* Sphagneta nennt.

IV. Klima.

Die klimatischen Verhältnisse von Ungarn und Slavonien sind bisher nur unvollständig bekannt. Von wissenschaftlichen Instituten hat vor dem Jahre 1853 bloss die Sternwarte zu Ofen*) meteorologische Beobachtungen aufgezeichnet, von denen wenigstens Bruchstücke, nämlich die in den Jahren 1782—86 und 1788—89 über Temperatur, Luftdruck, Regenmenge und Winde angestellten Beobachtungen in den *Ephemerides societatis meteorologicae palatinae* (Manheimiae 1784—93 in 4.) erschienen sind. Einzelne Privatpersonen haben zwar zeitweise die Witterungsverhältnisse ihres Aufenthaltortes beobachtet, allein nicht alle dieser Aufzeichnungen mögen bekannt geworden sein. So verfloss über ein halbes Jahrhundert ohne irgend eine namhafte Leistung, nur *Dorner's* klimatische Verhältnisse von Ofen und *Berde's* Meteorologie 1847 ausgenommen. (Letzteres Werk konnte ich leider nicht einsehen). Erst als die im Jahre 1851 gegründete k. k. Centralanstalt für Meteorologie und Erdmagnetismus die meteorologische Erforschung des ganzen Kaiserstaates nach einem gleichförmig bestimmten Plane in die Hand nahm, begann auf diesem Felde ein neues Leben. Im Verlaufe der Jahre 1853—62 wurden nach und nach 31 Beobachtungsstationen in Ungarn und Slavonien errichtet und die Aufzeichnungen derselben in den *Uebersichten der Witterung in Oesterreich in den Jahren 1853—62* (Wien 1858—64 in 4.) veröffentlicht. Da jedoch diese Beobachtungen nicht von hierzu ständig bestellten Personen, sondern meistens nur von freiwilligen Theilnehmern und Naturfreunden besorgt werden, so unterliegen sie leider einem oftmaligen Wechsel und allerlei Störungen, wie es die persönlichen Verhältnisse der Beobachter eben mit sich bringen. Viele Stationen sind daher nach kürzerer oder längerer Dauer wieder eingegangen, so dass im Jahre 1862 nur mehr 13 Stationen in Thätigkeit waren. Von diesen haben bloss die 4 Stationen Debrecin, Leutschau, Kesmark und Presburg ihre Beobachtungen durch volle 10 Jahre durchgeführt und selbst diese

*) Die Ofner Sternwarte wurde 1848 zerstört und seitdem nicht wieder aufgebaut.

nicht ohne einzelne monatliche Lücken. Die Beobachtungen zu Schemnitz und Szegedin wurden durch 9 Jahre, jene zu Gran, Neu-Sohl, Oedenburg und Ofen durch 7—8 Jahre, die zu Fünfkirchen, Kaschau, Martinsberg (im Comitate Raab), Pančova, Rosenau (im Comitate Gömör) und Semlin gar nur durch 3—5 Jahre, mitunter sehr mangelhaft angestellt, so dass in manchem Jahre 3—6 Monate oder noch mehr fehlen. Ein weiterer Uebelstand liegt ferner darin, dass die Beobachtungen vieler Stationen in die erste, andere in die zweite Hälfte der Periode 1853—62 fallen, so dass sich entsprechende Vergleichungen der Witterungsverhältnisse nicht gut anstellen lassen. Von allen übrigen Stationen erfreuen sich nur jene zu Komorn, Neutra, Ober-Schützen und Tirnau einer 4—6jährigen Dauer, sie wurden aber hier nicht berücksichtigt, da sie von den Stationen Presburg und Gran zu wenig entfernt sind, um erhebliche Unterschiede zu bieten. Den noch verbleibenden 11 Stationen liegen nur 1—2jährige oder noch kürzere Beobachtungen zu Grunde, daher ihre Aufzeichnungen nicht benutzt werden konnten, so wünschenswerth dieses auch bei einigen derselben gewesen wäre, wie bei Alt-Gradiska, Alt-Orsova, Eperjes, Veszprim.

Nebst diesen eben besprochenen Beobachtungen erschienen auch in dem Werke *Klein* die Herkulesbäder bei Mehadia (Wien, 1858 p. 49) eine Schilderung der dortigen Temperatur-Verhältnisse in den Jahren 1855—57, dann in den Arbeiten der zu Pest 1863 versammelten Naturforscher Seite 84—100 sehr genaue von Dr. *Weselovsky* verfasste Angaben über die Witterung von Árva-Várallya, einem Dorfe bei Unter-Kubin im Comitate Arva, welche den 13jährigen Zeitraum von 1850—62 umfassen. Endlich erhielt ich von *Kanitz* die nach den handschriftlichen Aufzeichnungen des Dr. *Blauhorn*, Fysikus in Essek, berechneten Temperatur-Verhältnisse dieser Stadt, sowie sie in den Jahren 1857—63 beobachtet wurden.

Aus dieser Darstellung ergibt sich von selbst, dass keiner einzigen Beobachtung ein so langer Zeitabschnitt zu Grunde liegt, dass man sichere Mittelzahlen ableiten könnte, ja dass sogar die meisten auf ungenügend kurzen Zeiträumen beruhen.

1. Mittlerer Luftdruck in Pariser

	Kesmark	Schemnitz	Leutschau	Neu-Sohl	Rosenau	Martinsberg	Kaschau
Seehöhe der Station	1963'	1886'	1677'	1110'	1158'	931'	672'
Jänner	313.15	315.96	319.74	323.06	325.55	327.77	331.39
Februar	312.27	313.89	319.73	323.33	325.71	328.00	329.20
März	312.10	313.71	320.80	322.67	324.90	325.95	328.02
April	312.27	313.60	319.75	322.12	324.20	325.20	327.93
Mai	312.51	313.62	320.15	322.19	324.36	324.78	328.33
Juni	313.18	314.18	322.65	323.03	324.97	326.30	328.67
Juli	313.68	314.62	323.44	322.91	325.48	326.45	328.69
August	313.45	314.81	321.60	323.68	325.25	323.93	327.88
September	314.20	315.39	321.52	323.81	325.97	327.00	330.12
October	314.49	315.20	321.59	324.53	326.52	327.44	326.21
November	314.02	314.74	320.34	323.19	326.17	327.13	330.86
December	312.57	315.51	319.23	322.90	326.49	326.98	329.75
Jahr	313.15	314.60	320.88	323.12	325.46	326.41	329.07

Mittlerer Luftdruck für das ganze

Linien bei 0⁰ Temperatur.

Oedenburg	Árva-Váralja	Fünfkirchen	Presburg	Debrecin	Gran	Ofen	Semlin	Szegedin	Pančova
678'	1555'	573'	460'	402'	317'	333'	197'	267'	216'
330.18	331.38	331.91	332.15	333.36	335.02	334.54	335.02	335.27	336.36
330.38	331.06	330.40	332.22	333.42	334.83	334.37	335.27	336.28	336.47
328.39	330.82	331.07	331.38	331.89	330.40	334.02	334.67	334.11	333.39
328.50	330.31	331.42	331.08	331.47	332.12	332.56	333.41	333.02	335.22
328.21	330.25	330.17	330.65	331.28	332.33	332.32	329.73	332.62	334.85
328.04	330.54	331.11	331.21	331.84	332.49	332.59	334.28	333.63	334.28
328.96	330.61	331.17	331.45	332.01	332.93	332.84	334.79	333.58	334.87
328.86	330.55	331.43	331.92	332.03	333.01	332.85	334.35	333.89	335.25
329.56	331.00	332.09	332.37	332.78	334.29	333.62	335.25	334.80	335.62
329.99	331.29	332.15	331.64	333.15	333.89	334.45	335.03	334.86	336.05
329.63	330.92	332.08	332.19	333.33	334.62	333.36	333.74	334.87	335.34
330.43	330.83	332.46	332.52	333.16	335.08	334.93	335.80	334.88	336.02
329.26	330.80	331.45	331.73	332.97	333.42	333.53	334.28	334.32	335.31

Gebiet 328.22 Linien Pariser Mass.

2. Mittlere Temperatur in

	Árva-Váralja	Kesmark	Leutschau	Schemnitz	Rosenau	Neu-Sohl	Martinsberg	Kaschau
Jänner	−4.25	−4.63	−2.89	−2.35	−3.02	−3 02	−1.12	−3.06
Februar	−3.79	−3.32	−1.62	−2.03	−3.13	−0.58	−1.24	−1.79
März	−0.61	−0.24	1.27	0.91	1.21	2.50	2.86	2.10
April	3.94	4.64	5.55	5.60	7.26	7.67	8.53	8.01
Mai	8.71	9.67	10.00	10.14	11.40	11.53	12.25	12.60
Juni	12.09	12.83	13.18	13.20	13.75	15.30	15.85	15.31
Juli	12.89	13.54	14.20	13.99	15.32	15.49	16.21	16.80
August	12.63	13.16	13.60	13.59	14.22	15.53	14.79	16.19
September	9.05	9.55	10.31	9.99	10.84	11.32	12.53	12.45
October	6.32	6.79	7.75	7.65	8.25	7.51	9.69	9.84
November	0.41	−0.23	0.99	0.94	0.83	−0.40	1.49	1.23
December	−3.39	−4.09	−2.84	−2.07	−0.69	−2.94	−0.55	−1.05
Jahr	4.56	4.81	5.79	5.80	6.35	6.65	7.61	7.72

Mittlere Jahres-

In Nord-Ungarn (Stationen Árva - Várallja, Kesmark. Leutschau,

In Mittel-Ungarn (Stationen Martinsberg, Oedenburg. Presburg. Gran,

In Süd-Ungarn und Slavonien (Stationen Fünfkirchen. Essek, Szegedin.

Im ganzen Gebiete

Graden nach Réaumur.

Oedenburg	Presburg	Gran	Debrecin	Fünfkirchen	Ofen	Essek	Szegedin	Mehadia	Semlin	Pančova
−0.90	−1.19	−1.16	−1.52	−0.04	−0.68	−0.87	−0.34	−0.76	−0.50	−1.03
−0.01	−0.05	−0.72	−0.40	0.02	−0.31	0.12	0.72	1.56	−0.24	2.73
3.28	3.31	2.91	3.41	3.49	3.87	4.51	3.74	3.66	3.61	5.98
8.16	8.04	8.17	8.35	8.86	9.13	8.87	9.47	11.00	9.88	10.15
11.61	12.68	13.33	13.44	13.20	13.37	14.65	14.47	13.00	14.54	13.97
15.39	15.93	16.26	16.67	16.55	17.07	16.77	15.72	16.80	17.66	17.16
16.52	16.93	17.63	17.88	17.37	18.33	17.77	18.33	17.06	18.85	18.53
16.33	16.62	16.85	17.57	17.18	18.03	17.17	17.69	18.43	18.99	18.88
12.98	12.99	12.91	13.72	13.45	14.15	14.60	13.78	13.83	14.25	15.22
9.76	9.63	10.51	10.36	11.26	10.70	10.31	10.87	10.86	12.34	10.64
1.72	2.53	2.59	3.30	3.62	3.09	3.65	3.18	2.83	4.47	4.80
−0.09	−1.02	−1.09	−1.16	0.37	−0.39	−0.33	0.18	2.00	−0.71	−0.70
7.90	8.03	8.18	8.47	8.78	8.89	8.93	8.98	9.19	9.43	9.70

t e m p e r a t u r.

Schemnitz, Rosenau, Neusohl und Kaschau) 5.95 Grade nach Réaumur.

Debrecin und Ofen) 8.18 Grade nach Réaumur.

Mehadia, Semlin, Pančova) 9.17 Grade nach Réaumur.

7.77 Grade nach Réaumur.

3. Mittlere Menge der Nieder-

	Kaschau	Ofen	Martinsberg	Presburg	Szegedin	Fünfkirchen
Jänner	5.72	14.20	16.13	7.38	24.20	15.61
Februar	6.30	7.90	1.79	12.13	4.48	14.77
März	6.98	19.60	9.89	8.08	13.41	12.74
April	1.04	13.70	21.37	9.87	12.12	16.86
Mai	5.50	15.40	21.78	26.02	25.49	34.21
Juni	27.13	15.80	9.11	23.17	23.19	20.64
Juli	35.32	16.30	20.48	23.42	15.79	18.46
August	25.88	18.40	20.99	19.23	29.05	24.72
September	8.22	16.60	12.58	17.00	14.14	10.16
October	12.72	18.80	28.60	14.35	9.21	26.15
November	6.54	21.20	23.58	26.82	21.03	18.01
December	11.50	14.60	11.57	19.18	23.00	15.55
Jahr in Zollen	12.74	16.04	16.49	17.05	17.93	18.05

(In der linken Spalte senkrecht: „in Linien")

Mittlere Menge der jähr-

In Nord-Ungarn (Stationen Kaschau, Rosenau, Kesmark, Leut-

In Mittel-Ungarn (Stationen Ofen, Martinsberg, Presburg, Gran,

In Süd-Ungarn und Slavonien (Stationen Szegedin, Fünfkirchen,

Im ganzen Gebiete

schläge in Pariser Mass.

Semlin	Gran	Rosenau	Kesmark	Debrecin	Leutschau	Pančova	Schemnitz	Neu-Sohl
17.43	15.09	19.63	12.74	27.58	17.02	22.46	28.31	30.83
8.27	9.71	3.44	12.12	13.02	15.41	23.94	27.22	14.54
23.86	8.79	12.42	13.63	24.64	16.25	16.32	28.58	22.96
8.66	14.85	7.80	18.04	22.93	15.89	20.70	21.22	35.32
20.63	32.05	27.94	31.71	29.99	29.79	24.12	35.85	36.43
25.50	28.52	36.21	40.64	41.54	44.51	23.55	39.45	39.36
8.66	27.53	41.36	52.02	40.71	46.54	57.24	31.87	55.72
16.49	24.11	38.40	35.60	30.08	33.29	16.39	38.04	23.58
19.04	16.75	9.48	20.46	20.70	20.93	28.95	10.72	29.56
14.73	21.60	19.90	10.97	19.93	15.25	18.75	25.52	34.61
42.26	19.71	9.10	9.88	15.91	13.14	30.42	21.79	29.70
14.66	16.94	20.69	12.49	20.30	14.42	16.68	28.86	34.99
18.35	19.64	20.53	20.65	24.13	24.66	24.96	28.55	32.32

lichen Niederschläge.

schau, Schemnitz, Neu-Sohl) 23.24 Zoll Pariser Mass.

Debrecin) 18.67 Zoll Pariser Mass.

Semlin, Pančova) 19.82 Zoll Pariser Mass.

20.58 Zoll Pariser Mass.

	Zahl der Tage mit Niederschlägen überhaupt					Zahl der Tage mit Schneefall					Zahl der Tage mit Gewitter					Zahl der Tage mit Hagel			
	Kesmark	Leutschau	Schemnitz	Ofen	Fünfkirchen	Kesmark	Leutschau	Schemnitz	Pest	Fünfkirchen	Kesmark	Leutschau	Schemnitz	Ofen	Fünfkirchen	Leutschau	Schemnitz	Presburg	Ofen
Jänner	9.0	9.5	10.5	9.2	7.8	8.0	8.0	6.5	2.0	4.9	0	0	0	0	0	0	0	0	0
Februar . . .	11.0	14.0	17.0	9.9	5.9	8.5	15.0	13.5	7.0	2.8	0	0	0.5	0	0.2	0	0	0	0
März	6.5	11.5	8.5	11.3	8.6	7.0	10.0	9.0	3.0	1.8	0	0	0.5	0.3	0.2	0	0	0	0.48
April	6.0	6.5	10.0	9.8	8.9	7.5	7.5	2.0	3.0	0.7	0	0	0.5	2.0	0.7	0.50	0.50	0	0.27
Mai	10.0	12.0	8.5	8.9	9.9	0	0	0	0	0	1.5	3.0	0	4.6	2.9	0	0	0	0.18
Juni	12.0	20.5	11.5	10.1	11.4	0	0	0	0	0	0	5.0	5.5	7.2	4.1	0.50	0	0	0.55
Juli	13.0	18.5	8.0	8.5	7.5	0	0	0	0	0	1.0	5.5	3.5	6.6	3.4	0	0	0	0.18
August . . .	10.5	17.0	5.0	7.8	6.7	0	0	0	0	0	0	5.0	5.0	5.1	2.9	0.50	0	0	0
September . .	5.5	7.0	4.5	7.7	6.2	0	0.5	0	0	0	0.5	0	2.5	2.0	0.8	0	0	0	0.48
October . . .	6.5	7.5	9.5	9.4	6.2	0	0.5	0	0	0.2	0	0	0.5	0.2	0.5	0	0	0	0
November . .	5.5	7.0	7.0	9.2	7.4	5.5	6.5	7.0	1.0	1.4	0	0	1.5	0.1	0.3	0	0	0	0
December. . .	7.0	11.0	8.5	9.9	8.6	11.0	13.5	8.0	6.0	3.4	0	0	0	0	0.1	0	0	0	0
Jahr	121.0	158.0	108.5	111.7	95.1	47.5	61.5	46.0	22.0	14.9	3.0	18.5	19.0	28.0	15.0	1.50	0.50	0	1.54

1. Extreme des Luftdruckes in Pariser Linien.

Geringster Luftdruck			Grösster Luftdruck		
Kesmark . .	im März 1858 . .	301.86	Szegedin . .	im Jänner 1859 .	344.32
Schemnitz .	„ „ „ . .	303.59	Gran . . .	„ „ „ .	343.39
Leutschau .	im December 1862	306.68	Pančova . .	im December 1862	343.55
Neu-Sohl .	„ „ 1856	312.78	Semlin . . .	im Jänner 1856 .	343.43
Rosenau .	im März 1858 . .	313.47	Debrecin . .	im Februar 1859 .	342.33
Martinsberg	im Jänner 1858 .	315.49	Ofen	im Jänner 1859 .	342.20
Kaschau . .	im Februar 1858 .	317.34	Presburg . .	„ „ „ .	341.49
Oedenburg	im December 1856	317.62	Árva-Várallja	„ „ 1850 .	340.78
Árva-Várallja	im Februar 1852 .	317.72	Fünfkirchen	im December 1857	340.11
Presburg . .	im December 1856	320.43	Oedenburg .	im Jänner 1859 .	338.77
Debrecin . .	im März 1858 . .	320.75	Kaschau . .	„ „ „ .	338.01
Fünfkirchen	im Februar 1855 .	321.06	Martinsberg	„ „ „ .	335.71
Gran . . .	im März 1858 . .	322.17	Neu-Sohl . .	„ „ 1856 .	334.62
Ofen . . .	im December 1856	323.57	Rosenau . .	im Februar 1857 .	333.62
Szegedin . .	im Februar 1855 .	324.15	Leutschau .	im März 1854 . .	332.13
Semlin . . .	„ „ „ .	325.00	Schemnitz .	im Februar 1857 .	321.84
Pančova . .	im December 1862	327.11	Kesmark . .	im December 1857	320.46

2. Extreme der Temperatur in Graden nach Réaumur.

Niederste Temperatur			Höchste Temperatur		
Árva-Várallja	im December 1855	—27.0	Pančova . .	im August 1861 .	32.0
Kesmark . .	„ „ „	—24.0	Essek . . .	„ „ 1863 .	31.0
Neu-Sohl . .	„ „ „	—20.4	Semlin . . .	im Juli 1855 . . .	30.5
Leutschau .	„ „ „	—20.0	Ofen	„ „ 1841 . . .	30.0
Ofen	im Jänner 1850 .	—20.0	Szegedin . .	„ „ 1858 . . .	29.4
Szegedin . .	„ „ 1855 .	—18.0	Mehadia .	im August . . . . ? .	29.0
Oedenburg .	im Februar 1858 .	—18.0	Debrecin . .	im Juli 1859 . . .	29.0
Pančova . .	im Jänner 1861 .	—17.0	Presburg . .	im Juni 1862 . .	28.8
Gran . . .	im Februar 1861 .	—16.6	Gran . . .	im Juli 1857 . .	28.7
Debrecin .	im Jänner 1855 .	—16.4	Fünfkirchen	im Juli u. August	
Semlin . . .	„ „ 1858 .	—16.4		1857	28.0
Essek . . .	„ „ 1861 .	—16.0	Martinsberg	im Juli 1859 . . .	27.0
Rosenau . .	im Februar 1858 .	—15.0	Rosenau . .	„ „ 1862 . . .	26.3
Presburg . .	im December 1855	—15.0	Oedenburg .	„ „ 1859 . . .	26.0
Schemnitz .	„ „ 1853 .	—14.4	Árva-Várallja	„ „ 1861 . . .	26.0
Fünfkirchen	„ „ 1855 .	—14.3	Neu-Sohl . .	„ „ 1859 . . .	26.0
Kaschau . .	im Jänner 1859 .	—14.0	Leutschau .	„ „ „ . . .	25.3
Martinsberg	im Februar 1858 .	—10.4	Kesmark . .	im August 1853 .	25.2
Mehadia . .	im Jänner . . . . ? .	—10.0	Schemnitz .	im Juli 1862 . . .	25.0
			Kaschau . .	„ „ 1857 . . .	24.8

9*

3. Grösste monatliche Menge der Niederschläge in Pariser Linien.

Pančova . .	im Juli 1860 . . .	142.50	Gran . . .	im December 1854	68.16
Schemnitz .	im Juni 1853 . . .	99.49	Rosenau . .	im August 1858 .	66.52
Leutschau .	im Juli 1860 . . .	96.69	Debrecin . .	im Jänner 1856 .	65.48
Neu-Sohl . .	„ „ „ . . .	93.58	Kaschau . .	im Juli 1860 . . .	64.60
Ofen	im Mai 1858 . . .	83.70	Fünfkirchen	im Mai 1858 . . .	62.68
Szegedin . .	im August 1853 .	74.56	Semlin . . .	im Juni 1857 . . .	55.70
Kesmark . .	im Juli 1853 . . .	71.52	Martinsberg	im December 1859	47.99
Presburg . .	im Juni 1853 . . .	68.84			

1. Luftdruck. Man sieht aus vorstehender Tabelle (Seite 60 u. 61), dass der höchste Barometerstand in den hochliegenden Kesmark und Schemnitz noch immer um 4—6''' niederer ist, als der niederste in den tiefliegenden Semlin und Pančova. Dagegen ist es schwer zu begreifen, wie es komme, dass der mittlere Barometerstand in Árva-Várallja, welches höher liegt als Rosenau, Neu-Sohl, Martinsberg, Oedenburg und Kaschau statt niederer vielmehr höher als in den eben angeführten 5 Stationen erscheint. Auch bei den Stationen Neu-Sohl und Rosenau, Kaschau und Oedenburg, Gran und Ofen, Semlin und Szegedin stimmt der Barometerstand mit der Seehöhe nicht ganz überein. Ueber Essek und Mehadia liegen keine Beobachtungen über den monatlichen Luftdruck vor.

2. Temperatur. Die Angaben über die mittlere Temperatur dürften von allen meteorologischen Beobachtungen die verlässlichsten sein, dagegen zeigen die Extreme Anomalien, welche sich nur aus der Kürze der Zeit und aus der Ungleichheit der Jahre, in welchen beobachtet wurde, erklären lassen. So gehören z. B. die Monate Jänner und December des Jahres 1855 zu den kältesten der 10jährigen Beobachtungsperiode und die Extreme der niedersten Temperatur fallen bei 8 Stationen in eben diese Monate, alle Stationen aber, welche erst nach dem Jahre 1855 errichtet wurden, hätten höchst wahrscheinlich andere Resultate gegeben, wenn man dort schon im Jahre 1855 Beobachtungen angestellt haben würde. Ebenso kann es nur ein Zufall sein, dass die niederste Temperatur in Kaschau mit nur — 14°, in Martinsberg mit nur — 10° angegeben ist, während sie in Essek, Semlin, Pančova und Szegedin ungeachtet ihrer südlichen und niedrigen Lage — 16 bis 18° beträgt. Am auffallendsten aber und nicht leicht zu erklären ist es, dass *Dorner's* Schilderung des Ofner Klimas *) ungeachtet der genauen durch 10 Jahre (1836 — 45) angestellten Beobachtungen der Sternwarte zu Ofen mit den Aufzeichnungen der k. k. Central-Anstalt so sehr im Widerspruche steht. Denn

---

*) Buda vidékének égalyviszonyai in den Jahrbüchern der k. ungarischen Gesellschaft für Naturwissenschaften zu Pest 1845—50 p. 153—76.

während nach diesen die mittlere Jahres-Temperatur von Ofen in den Jahren 1826—62 zwischen 8 und 9° schwankt und sich im Mittel mit 8.89° herausstellt, zeigen *Dorner's* Monatsmittel einen durchschnittlich um 2° niedereren Thermometerstand und die Jahrestemperatur beträgt nach ihm nur 7.40°, wäre also niederer als in Wien (8.08°), Presburg, Grau, Oedenburg und Kaschau, was doch unmöglich richtig sein kann. So ungenügend aber auch bisher die Angaben über die Extreme der Temperatur sind, so stellt sich aus denselben doch der kontinentale Charakter des ungarischen Klimas und die auffallendsten Contraste von Hitze und Kälte in selbst südlich gelegenen Gegenden sehr deutlich heraus.

3. Niederschläge. Die zwei Tabellen über die Niederschläge (Seite 64 — 66) sind aus *Sonklar's* ausgezeichneter Hyetografie des österreichischen Kaiserstaates in den Mittheilungen der k. k. geografischen Gesellschaft in Wien 1860 p. 207—38 entnommen und reichen daher nur bis zum Jahre 1860. Die Regenmenge der Station Neu-Sohl, welche dort nur lückenhaft, und der Station Pančova, welche dort gar nicht vorkömmt, wurde nach den Aufzeichnungen der k. k. Central-Anstalt in den Jahren 1860 — 62 berechnet. Auch die Extreme der monatlichen Niederschläge, welche im *Sonklar's* Aufsatze nicht berücksichtigt sind, beruhen auf den Angaben derselben Anstalt. Ueber die Menge der Niederschläge bei den Stationen Oedenburg, Essek, Mehadia und Árva-Várallja liegen keine Aufzeichnungen vor. Da sich die Berechnungen *Sonklar's* auf nur 2—6jährige und blos bei der Station Ofen auf 11jährige Beobachtungen gründen und da auch von den Stationen der Central-Anstalt keine einen längeren Zeitraum umfassende und meistens unvollständige Angaben über die Regenmenge eingesendet haben, so folgt von selbst, dass alle hier angeführten Mittelwerthe eine nur geringe Genauigkeit beanspruchen können, und doch wäre gerade bei den Niederschlägen eine sehr lange Beobachtungszeit erforderlich, um das Richtige zu treffen. So zeigt z. B. Pančova, nur 2 Meilen von Semlin entfernt und unter gleichen Verhältnissen wie dieses gelegen, eine mittlere jährliche Regenmenge von 24''.96, also um 6''.61 mehr als Semlin und rangirt sich unter die an Niederschlägen reichsten Stationen der nördlichen Karpaten blos deshalb, weil unter den nur vier Beobachtungsjahren das Jahr 1860 zufällig ein sehr nasses war und im Juli allein eine Regenmenge von 142''.50 sich ergab, die höchste Zahl, die bisher in einem Monate im ganzen Gebiete beobachtet wurde. Auch die grosse Regenmenge in Neu-Sohl (32''.32) auf nur 4jährige lückenhaft aufgenommene Beobachtungen gestützt, scheint eine blos zufällige zu sein.

Sonklar theilt Ungarn nach den Abstufungen der mittleren jährlichen Regenmenge in der seinem Aufsatze beigegebenen Regenkarte in folgende fünf Gebiete ein:

I. Gebiet mit einer jährlichen Regenmenge von 12—15'': Das Presburger Becken, die Tieflinie des Hernád zwischen Kaschau und Tokay, die Hegyallja.

II. Gebiet mit einer jährlichen Regenmenge von 15—20'': Die grosse Theissebene (Alföld), der östliche und nordwestliche Theil des Hügel-

landes am rechten Donau-Ufer und das nördliche Slavonien, somit die
Hälfte von ganz Ungarn.

III. Gebiet mit einer jährlichen Regenmenge von 20—25″: Die
südlichen Vorlagen der nordwestlichen und nordöstlichen Karpaten, die
westlichen Vorlagen der siebenbürgischen Grenzkarpaten, das Pilis-Vértes
Gebirge, die Comitate Zala und Somogy, das südliche Slavonien.

IV. Gebiet mit einer jährlichen Regenmenge von 25—30″: Die
mährischen Grenzkarpaten, die Fatra, die Liptau-Sohler Alpen, das
Kremnitz-Schemnitzer Erzgebirge, die Hochebene der Zips, der Hauptzug der nordöstlichen Karpaten, die Rodnaer Alpen, die Biharia, der
Bakonyer Wald, die südlichste slavonische Militärgrenze von Brod bis
nach Croatien.

V. Gebiet mit einer jährlichen Regenmenge von 30—35″: Die Beskiden, die Hochebene Bory, die Central-Karpaten, die Banater Alpen.

4. Winde. Bis zum Jahre 1862 wurde in den Witterungs-Ueber-
sichten der k. k. Central-Anstalt nur die in jedem Monate und Jahre
vorherrschende Richtung der Winde im Allgemeinen angegeben. Die
Aufzeichnungen der meisten Stationen sind jedoch in dieser Beziehung
so mangelhaft, dass eine tabellarische Zusammenstellung derselben ein
höchst ungenügendes Bild der Luftströmungen geben würde, aus dem
sich nichts weiteres folgen liesse.

Dritter Abschnitt.

Einfluss der natürlichen Beschaffenheit des Landes auf die Vertheilung der Gewächse.

Die Schwierigkeiten, welche einer pflanzengeografischen Schilderung Ungarns entgegenstehen sind sehr gross, ja so gross, dass ich leider gleich in vorhinein bekennen muss, sie nicht bewältigen zu können. Denn zu einer solchen Schilderung sind drei Erfordernisse unerlässlich: Erstens Kenntniss des Landes in orografischer, geologischer, hydrografischer und klimatischer Beziehung; zweitens eine doch ziemlich vollständige Kenntniss der Flora dieses Landes und seiner Nachbarländer; drittens die aus mehrjährigen Beobachtungen gewonnene Erfahrung über den Einfluss der natürlichen Beschaffenheit auf die Vegetation. Die orografischen und hydrografischen Verhältnisse Ungarns kennt man allerdings, auch den geologischen Aufbau, obschon mit Sicherheit erst seit wenigen Jahren, dagegen sind Klima und Flora unvollständig bekannt, Beobachtungen der vorerwähnten Art so viel wie keine gemacht oder doch nur auf einzelne Lokalitäten beschränkt. Hieraus folgt von selbst, dass man den geologischen und klimatischen Einfluss auf die Vertheilung der Gewächse in Ungarn bisher nicht kennen lernen konnte und sobald auch nicht kennen lernen wird. Nachstehende pflanzengeografische Skizzen dienen daher nicht, um bereits erlangte Resultate vorzulegen, sondern sie haben nur den Zweck, aus allgemeinen Sätzen die verschiedenartigen Wünsche abzuleiten, deren Erfüllung eine künftige Pflanzengeografie Ungarns ermöglichen soll.

I. Einfluss der geografischen Lage auf die Vegetation.

Ungarn gehört der mitteleuropäischen Binnen-Flora an, allein bei einem Lande von so grossem Umfange muss sich mit dem Unterschiede der Breitengrade auch der Vegetations-Charakter ändern und zwar um so mehr als zufällig im nördlichen Theile auch seine höchsten und ausgedehntesten Gebirge liegen, im südlichen Theile hingegen (mit Ausnahme des östlichen Banats) nur Ebenen und niedrige Berge vorkommen. Die Flora von Nord-Ungarn zeigt daher einen nördlichen, jene von Süd-Ungarn einen entschieden südlichen Typus. Noch auffallendere Unterschiede bietet die östliche und westliche Lage des Landes dar und zwar ganz unabhängig von seiner natürlichen Beschaffenheit. Die Ursache liegt vielmehr darin, dass die west- und osteuropäische Flora im mittleren Donaubecken, d. i. in Ungarn zusammentreffen, in einander übergehen und sich noch überdiess mit der aus der Balkan-Halbinsel vordringenden südlichen Flora vermischen. Dadurch wird eine ganz eigenthümliche Vegetation gebildet, die in ihrer Aehnlichkeit und Unähnlichkeit mit verwandten Floren dem Botaniker in Beurtheilung der Arten oft kaum zu lösende Probleme bietet. Die Flora der nordwestlichen Karpaten hat mit jener der norischen und rhätischen Alpen grosse Aehnlichkeit, sie ist noch ganz westeuropäisch, wogegen auf den nordöstlichen und noch mehr auf den siebenbürgisch-banatischen Grenzkarpaten die osteuropäische Flora vorherrscht und in der Menge der ihr eigenthümlichen Arten jene der nordwestlichen Karpaten bedeutend übertrifft. Doch darf in dieser Beziehung nicht verschwiegen werden, dass das Artenrecht vieler ostungarischer Pflanzen sehr zweifelhafter Natur ist. Im ungarischen Tieflande, auf den Bergzügen und Hügeln am rechten Donau-Ufer und in Slavonien schreitet der theils östliche, theils südliche Pflanzentypus weit mehr nach Westen vor als auf den Karpaten, er überschreitet selbst die ungarische Grenze und macht sich noch im östlichen Weichbilde von Wien bemerkbar. Erst im Wien-Olmützer Becken endet die pannonische Flora.

Folgende Arten wurden bisher nur auf den nordwestlichen Karpaten gefunden, allein da diese Flora besser bekannt ist als jene der östlichen Karpaten, so dürfte bei vorgeschrittener Kenntniss der letzteren aus nachstehendem Verzeichnisse noch so manche Art wegfallen:

Asplenium fontanum.	Crocus vernus.	Hieracium glanduliferum.
Woodsia hyperborea	Corallorrhiza innata.	Phyteuma pauciflorum.
Botrychium matricariae-	Nigritella angustifolia.	Campanula rhomboidalis.
folium.	Listera cordata.	Gentiana frigida.
rutaefolium.	Potamogeton rufescens.	tenella.
Lycopodium alpinum.	Calla palustris.	Ajuga pyramidalis.
Sesleria coerulea.	Betula nana.	Globularia cordifolia.
Poa caesia.	Ostrya carpinifolia.	Cerinthe alpina.
Festuca carpatica.	Salix hastata.	Echinospermum defle-
Carex lagopina.	myrtilloides.	xum.
vitilis.	Valeriana saxatilis.	Rochelia stellulata.
Buxbaumii.	Petasites niveus.	Polemonium coeruleum.
pediformis.	Erigeron uniflorus.	Scrofularia vernalis.
frigida.	Buphthalmum salicifo-	Veronica saxatilis.
firma.	lium.	Pedicularis silvatica.
tenuis.	Tanacetum Gmelini.	versicolor.
Eriophorum gracile.	Senecio umbrosus.	Sceptrum Carolinum.
Luzula flavescens.	Saussurea pygmaea.	Androsace villosa.
Juncus Jacquini.	Leontodon Taraxaci.	obtusifolia.
sqarrosus.	Crepis alpestris.	lactea.
Tofieldia calyculata.	Crepis sibirica.	Primula integrifolia.

Primula glutinosa.
Cortusa Matthioli.
Lysimachia thyrsiflora.
Erica carnea.
Tetralix.
Ledum palustre.
Pyrola chlorantha.
minor.
umbellata.
Hacquetia Epipactis.
Astrantia alpina.
Bupleurumranunculoides.
Conioselinum Fischeri.
Laserpitium Siler.
Anthriscus alpestris.
Myrrhis odorata.
Sempervivum sobolife-
rum.
Saxifraga mutata.

Saxifraga caesia.
retusa.
oppositifolia.
perdurans.
Ranunculus glacialis.
alpestris.
Thora.
pygmaeus.
Cimicifuga foetida.
Papaver alpinum.
Corydalis pumila.
Cardamine trifolia.
Draba pyrenaica.
aizoides.
tomentosa.
Thlaspi montanum.
Lepidium latifolium.
Drosera longifolia.
Sagina nodosa.

Stellaria Frieseana.
Dianthus nitidus.
Silene acaulis.
Hypericum elegans.
Epilobium virgatum.
Sorbus Chamaemespilus.
Aronia rotundifolia.
Rubus saxatilis.
Comarum palustre.
Potentilla patula.
norvegica.
Alchemilla pubescens.
Geum reptans.
Trifolium spadiceum.
Phaca frigida.
Oxytropis Halleri.
Astragalus alpinus.
oroboides.
hypoglottis.

Folgende Arten wurden bisher nur in den n o r d ö s t l i c h e n und s i e b e n b ü r g i s c h - b a n a t i s c h e n Grenzkarpaten gefunden:

Asplenium fissum.
Lycopodium inundatum.
Lasiogrostis Calamagro-
stis.
CalamagrostisHalleriana.
Avena Besseri.
Sesleria filifolia.
rigida.
Poa pannonica.
Lamarckia aurea.
Festuca rupicola.
pilosa.
Carex pyrenaica.
curvula.
dacica.
limosa.
trachiantha.
depauperata.
brevicollis.
Elyna spicata.
Scirpus carniolicus.
Luzula Forsteri.
Gagea succedania.
Fritillaria tenella.
Lilium albanicum.

Iris Reichenbachii.
Crocus banaticus.
moesiacus.
iridiflorus.
Narcissus radiiflorus.
Orchis papilionacea.
Gymnadenia Frivaldsz-
kyana.
Potamogeton Grisebachii.
Pinus Laricio.
Alnus viridis.
Corylus Colurna.
Celtis australis.
Polygonum alpinum.
Plantago gentianoides.
Valeriana elongata.
Cephalaria centauroides.
Knautia longifolia.
Scabiosa banatica.
Telekia speciosa.
Anthemis macrantha.
carpatica.
montana.
tenuifolia.
Achillea lingulata.

Achillea macrophylla.
compacta.
Artemisia tanacetifolia.
Aronicum scorpioides.
DoronicumPardalianches.
cordifolium.
Centaurea nervosa.
atropurpurea.
Kotschyana.
Cirsium pauciflorum.
Jurinea macrocalathia.
Leontodon pyrenaicus.
Scorzonera rosea.
Pterotheca nemausensis.
Crepis viscidula.
Hieracium pleiophyllum.
Phyteuma haemisphaeri-
cum.
Halleri.
Campanula crassipes.
Steveni.
Welandii.
transsilvanica.
divergens.
Grossekii.

Campanula barbata.
Edraianthus Kitaibelii.
Symphyandra Wanneri.
Galium purpureum.
capillipes.
Asperula ciliata.
capitata.
Lonicera coerulea.
Syringa vulgaris.
Gentiana lutea.
prostrata.
pyrenaica.
Swertia punctata.
Satureja montana.
Calamintha Pulegium.
rotundifolia.
Scutellaria albida.
Lamium inflatum.
Teucrium pannonicum.
Pulmonaria saccharata.
rubra.
Symphytum ottomannum.
Verbascum bombycife-
rum.
banaticum.
macrophyllum.
Wierzbickii.
leiocaulon.
Scrofularia grandifolia.
laciniata.
Veronica Baumgartenii.
Bachofenii.
Pedicularis rostrata.
asplenifolia.
recutita.
limnogena.
Soldanella pusilla.
Bruckenthalia spiculi-
folia.
Azalea procumbens.
Rhododendron myrtifo-
lium.
Sison Amomum.
Bupleurum diversifolium.
Seseli rigidum.
gracile.
montanum.

Trochiscanthes nodiflorus.
Athamanta Matthioli.
Ferulago silvatica.
monticola.
Ferula Heuffelii.
Peucedanum longifolium.
Rochelianum.
rablense.
Ostruthium.
Heracleum alpinum.
palmatum.
Laserpitium alpinum.
Torilis microcarpa.
Sedum reflexum.
Sempervivum assimile.
Heuffelii.
Saxifraga luteoviridis.
Burseriana.
Rocheliana.
biflora.
cuneifolia.
pedemontana.
fonticola.
Chrysosplenium oppositi-
folium.
Anemone baldensis.
Ranunculus crenatus.
Thomasii.
Steveni.
carpaticus.
Aquilegia glandulosa.
Delphinium hybridum.
Corydalis claviculata.
Fumaria Kralikii.
Petteri.
Arabis procurrens.
pumila.
Cardamine graeca.
Syrenia cuspidata.
Vesicaria utriculata.
Alyssum argenteum.
Wulfenianum.
Wierzbickii.
Lunaria annua.
Peltaria alliacea.
Draba carinthiaca.
Kotschyi.

Roripa prolifera.
Thlaspi Kovatsii.
dacicum.
Viola declinata.
Scleranthus neglectus.
Sagina ciliata.
Arenaria biflora.
Möhringia pendula.
Cerastium repens.
grandiflorum.
Dianthus Balbisii.
petraeus.
Saponaria glutinosa.
Silene Gallinyi.
transsilvanica.
Saxifraga.
dinarica.
Melandrium Zawadzkii.
nemorale.
Lychnis nivalis.
alpina.
Hypericum Richeri.
Acer monspessulanum.
Polygala alpestris.
hospita.
Rhamnus rupestris.
Euphorbia lingulata.
myrsinites.
Ruta patavina.
Geranium macrorrhizon.
Linum hologynum.
Potentilla heptaphylla.
Alchemilla alpina.
Genista triangularis.
Cytisus leiocarpus.
radiatus.
Trifolium incarnatum.
alpinum.
pallescens.
Astragalus Rochelianus.
monspessulanus.
Vicia truncatula.
Lathyrus setifolius.
Orobus luteus.

Folgende Arten des Tief- und Hügellandes dringen über das Wien-Olmützer Becken nicht weiter mehr nach Westen vor oder überschreiten diese Grenze doch nur ausnahmsweise auf kurzen Strecken:

Milium holciforme.
Avena compressa.
Sesleria Heufleriana.
Melica altissima.
Triticum cristatum.
Secale fragile.
Lepturus pannonicus.
Carex banatica.
Cyperus pannonicus.
calidus.
Colchicum arenarium.
Ornithogalum comosum.
Allium ammophilum.
Iris variegata.
lepida.
arenaria.
Orchis glaucophylla.
Ophrys cornuta.
Arum orientale.
Camphorosma ovata.
Kochia sedoides.
Salsola Soda.
Corispermum orientale.
nitidum.
canescens.
Polycnemum verrucosum.
Heuffelii.
Polygonum graminifolium.
arenarium.
Thesium elegans.
ramosum.
Plantago maxima.
sibirica.
tenuiflora.
Statice Gmelini.
Knautia drymeia.
dumetorum.
panuonica.
Aster canus.
Linosyris villosa.
Inula Oculus Christi.
Achillea cartilaginea.
crithmifolia.

Achillea pectinata.
leptophylla.
Tanacetum serotinum.
achilleaefolium.
Artemisia austriaca.
annua.
Doronicum caucasicum.
hungaricum.
Echinops banaticus.
Centaurea arenaria.
iberica.
Cirsium ciliatum.
brachycephalum.
Tragopogon floccosus.
Scorzonera parviflora.
Taraxacum serotinum.
crispum.
Crepis rigida.
Hieracium virosum.
Phyteuma canescens.
Campanula multiflora.
Galium ochroleucum.
Crucianella molluginoides.
Vinca herbacea.
Salvia austriaca.
nutans.
Scutellaria altissima.
Stachys lanata.
Phlomis tuberosa.
Ajuga Laxmanni.
Onosma arenarium.
Echium rubrum.
Anchusa ochroleuca.
Symphytum uliginosum.
angustifolium.
Mattia umbellata.
Digitalis lanata.
Melampyrum barbatum.
Trinia Kitaibelii.
Oenanthe banatica.
media.
Seseli leucospermum.
varium.

Silaus virescens.
Ferula Sadleriana.
Peucedanum arenarium.
Sedum Hillebrandii.
Ranunculus polyphyllus.
pedatus.
Delphinium orientale.
Paeonia tenuifolia.
Hesperis tristis.
Sisymbrium junceum.
Syrenia angustifolia.
Brassica elongata.
Alyssum tortuosum.
minimum.
Draba lasiocarpa.
Euclidium syriacum.
Bunias orientalis.
Lepidium perfoliatum.
crassifolium.
Crambe Tataria.
Nymphaea thermalis.
Nuphar sericeum.
Alsine glomerata.
Arenaria graminifolia.
Gypsophila paniculata.
Dianthus polymorphus.
trifasciculatus.
Silene dichotoma.
multiflora.
longiflora.
flavescens.
Althaea pallida.
Tilia argentea.
Acer tataricum.
Euphorbia virgata.
salicifolia.
Linum nervosum.
Crataegus pentagyna.
nigra.
Waldsteinia geoides.
Amygdalus nana.
Trifolium expansum.
reclinatum.
diffusum.

Glycyrrhiza glandulifera. Astragalus asper. | Vicia pannonica.
Astragalus sulcatus. galegiformis. | hungarica.
virgatus. dasyanthus. | Orobus ochroleucus.
contortuplicatus. Pisum elatius.

Folgende dem südlichen oder südöstlichen Europa angehörigen Arten des Tief- und Hügellandes dringen über die Karpaten nicht weiter mehr nach Norden vor:

Grammitis Ceterach.
Crypsis aculeata.
schoenoides.
alopecuroides.
Beckmannia erucaeformis.
Milium paradoxum.
multiflorum.
Tragus racemosus.
Avena capillaris.
sterilis.
Danthonia provincialis.
Glyceria festucaeformis.
Briza minor.
maxima.
Molinia serotina.
Dactylis litoralis.
Cynosurus echinatus.
Triticum villosum.
Elymus crinitus.
Aegilops caudata.
Andropogon Gryllus.
Sorghum halepense.
Carex Halleriana.
nitida.
hordeistichos.
nutans.
Cyperus Monti.
glomeratus.
patulus.
longus.
Bulbocodium vernum.
Erythronium Dens canis.
Ornithogalum narbonense.
pyrenaicum.
sulphureum.
refractum.
Allium nigrum.

Allium roseum.
moschatum.
suaveolens.
Asphodelus albus.
Hemerocallis flava.
Asparagus tenuifolius.
Convallaria latifolia.
Ruscus Hypoglossum.
aculeatus.
Vallisneria spiralis.
Iris pumila.
Crocus reticulatus.
Sternbergia colchiciflora.
Orchis Simia.
Ephedra vulgaris.
Carpinus duinensis.
Quercus conferta.
Corispermum hyssopifolium.
Marschallii.
Polygonum Bellardi.
Rumex pulcher.
Thesium humile.
Daphne Laureola.
Aristolochia pallida.
Plantago argentea.
Cynops.
Valerianella pumila.
Cephalaria transsilvanica.
Scabiosa australis.
ucranica.
Aster acris.
Micropus erectus.
Inula squarrosa.
Chamaemelum uniglandulosum.
Artemisia camphorata.
Carpesium cernuum.
abrotanoides.

Senecio Doria.
Echinops Ritro.
commutatus.
Xeranthemum cylindraceum.
Carlina acanthifolia.
Crupina vulgaris.
Carthamus lanatus.
Carduus collinus.
Cirsium bulbosum.
Serratula radiata.
heterophylla.
Leontodon crispus.
Scorzonera austriaca.
Taraxacum tenuifolium.
Campanula lingulata.
Galium pedemontanum.
erectum.
aristatum.
Asperula taurina.
Lonicera Caprifolium.
Fraxinus Ornus.
Salvia Aethiopis.
Sclarea.
Melissa officinalis.
Scutellaria Columnae.
Lamium Orvala.
Sideritis montana.
Verbena supina.
Heliotropium supinum.
Onosma echioides.
stellulatum.
Echium italicum.
Anchusa italica.
Barrelieri.
Alkanna tinctoria.
Omphalodes verna.
Cynoglossum pictum.
Convolvulus silvaticus.

Convolvulus Cantabrica.
althaeoides.
Linaria italica.
Digitalis ferruginea.
Veronica austriaca.
Acanthus longifolius.
Bupleurum Gerardi.
junceum.
Oenanthe pimpinelloides.
Ligusticum Seguieri.
Peucedanum Schottii.
verticillare.
Pastinaca opaca.
Laserpitium marginatum.
Physoscaulos nodosus.
Physospermum aquilegi-
folium.
Smyrnium perfoliatum.
Bifora radians.
Sedum Cepaea.
Thalictrum elatum.
Paeonia peregrina.
Malcolmia africana.
Conringia austriaca.
Bunias Erucago.
Reseda Phyteuma.
inodora.

Echallion Elaterium.
Herniaria incana.
Paronychia capitata.
Moenchia mantica.
Silene viridiflora.
Althaea cannabina.
Abutilon Avicennae.
Hypericum barbatum.
Acer obtusatum.
Paliurus aculeatus.
Euphorbia Chamaesyce.
caruiolica.
nicaeensis.
Rhus Cotinus.
Peganum Hormala.
Tribulus terrestris.
Erodium ciconium.
Linum gallicum.
Potentilla micrantha.
Aremonia agrimonoides.
Ononis Columnae.
Natrix.
Genista ovata.
procumbens.
Cytisus Laburnum.
Medicago prostrata.
scutellata.

Medicago orbicularis.
Gerardi.
arabica.
Trigonella monspeliaca.
Trifolium pallidum.
angustifolium.
subterraneum.
vesiculosum.
strictum.
suffocatum.
angulatum.
patens.
Dorycnium   Pentaphyl-
lum.
Lotus angustissimus.
Glycyrrhiza glabra.
echinata.
Astragalus vesicarius.
Vicia onobrychioides.
serratifolia.
grandiflora.
Lathyrus sphaericus.
setifolius.
latifolius.
Orobus canescens.

Folgende Arten wurden in Slavonien aber nicht in Ungarn gefunden:

Notochlaena Marantae.
Beta trigyna.
Onopordon tauricum.
Clematis Flammula.

Thalictrum medium.
Eranthis hiemalis.
Epimedium alpinum.
Dentaria trifolia.

Kitaibelia vitifolia.
Medicago denticulata.
Trifolium resupinatum.
Orobus alpestris.

Ein Verzeichniss derjenigen Arten, welche in Ungarn ihre südliche und östliche Grenze erreichen, vermag ich nicht zu geben, um dies ausführen zu können, müssten die Floren von Bosnien, Serbien, Siebenbürgen, der Wallachei und Moldau besser bekannt sein, als dies der Fall ist.

II. Einfluss der geologischen Formation auf die Vegetation.

Die Geologie von Ungarn ist erst durch die Aufnahme der geologischen Reichsanstalt in den letzt verflossenen Jahren mit Verlässlichkeit bekannt geworden. Allein da weder eine das ganze Land umfassende geologische Beschreibung, noch eine dem öffentlichen Verkehre übergebene geologische Karte bestehen, so konnte die geologische Kenntniss von Ungarn bisher keine allgemeine Verbreitung finden und ist daher nur sehr wenigen Botanikern geläufig. Dazu kömmt noch die grosse Schwierigkeit, dass in Ungarn nur selten geschlossene geologische Zonen vorkommen, sondern dass vielmehr die verschiedenartigsten Formationen durch einander geworfen sind, ja manchmal eine einzige Alpe aus 3—4 mitunter sehr entgegengesetzten Gesteinen besteht, so dass der Botaniker, wenn er nicht selbst Geolog ist, gar nicht weiss, auf welchem Untergrunde er eine Pflanze gefunden hat.

Von den älteren ungarischen Botanikern hat schon *Kitaibel* den geologischen Einfluss auf die Vegetation im Principe aufgefasst, allein er hat diesen Einfluss nicht praktisch durchgeführt, auch liessen sich seine meistens in den handschriftlichen Reiseberichten enthaltenen geologischen Ansichten mit jenen der gegenwärtigen Zeit nicht in Einklang bringen. *Wahlenberg* ging schon weiter, indem er wenigstens den Unterschied, welchen Kalk und Granit auf die Vegetation ausüben, scharf hervorhob, und in der Flora der Central-Karpaten auch ersichtlich machte (Fl. Carp. p. XL.--VI). Von den neuern Botanikern haben nur *Hazslinszky, Kerner* und *Stur* in ihren verschiedenen Aufsätzen auf die geologische Einwirkung Rücksicht genommen und zwar, weil sie selbst geologische Kenntnisse besitzen, schon zu einer Zeit, wo die Aufnahmen der geologischen Reichsanstalt noch nicht bekannt waren. Man sieht hieraus, wie ungenügend und lokal die Vorarbeiten in der hier beschriebenen Richtung sind, so dass ich nur nachstehende höchst allgemeine Bemerkungen geben kann.

Im Grossen und Allgemeinen sind es nur vier Formationen, welche einen entscheidenden schon in der Fysiognomie der Vegetation erkennbaren Einfluss auf die Vertheilung der Gewächse ausüben, nämlich krystallinisches Gestein, Kalk, Karpatensandstein und Eruptivbildungen.

Die **krystallinischen Gesteine,** ob massig oder schiefrig gilt gleich, bringen nur dann eine schöne üppige und mannigfaltige Vegetation hervor, wenn sie in die höhere Alpenregion reichen, auf Voralpen haben sie blos eine gewöhnliche, in der Berg- und Hügelregion sogar eine arme oder doch sehr einförmige Flora aufzuweisen. Obschon nun die krystallinischen Gesteine durch ganz Ungarn verbreitet sind, so erheben sich doch nur die Central-Karpaten, die Liptau-Sohler Alpen, die Karpaten der südöstlichen Marmaros und des Banats, dann einige wenige Kuppen der Biharia zu einer 5000' überschreitenden Höhe, selbst auf dem mächtigen Urgebirge, das sich vom Schemnitzer Trachytstocke bis zur Tarca-Linie ausdehnt, erreicht kein einziger Berg die Höhe von 5000'. Auch die Tatra-Spitzen, obschon über 8000' hoch, haben lange nicht die Flora, welche sie ihrer Höhe nach haben könnten, sie sind zu schroff, zu steinig, zu unwirthlich, ohne Gletscherbildung. Die Flora der Liptau-Sohler Alpen und der südöstlichen Marmaros ist nur wenig bekannt, die der Banater Alpen dagegen reicher als irgendwo in Ungarn. Im Ganzen wird jedoch die Vegetation der krystallinischen Gesteine in Ungarn von jener Siebenbürgens und noch weit mehr der deutschen Alpen an Fülle und Mannigfaltigkeit übertroffen.

Die **Kalke** verändern das Bild der Vegetation, sowie der Landschaft am meisten, überall, wo sie vorkommen, seien sie hoch oder niederig, mögen sie eine grosse oder geringe Ausdehnung haben, ja nur als einzelne Felsklippen hervorragen, überall haben sie eine ausnehmend schöne und eigenthümliche Flora in ihrem Gefolge. Das geologische Alter der Kalke hat nach meiner Ansicht auf die Vegetation keinen Einfluss. Die Kalke haben in den nordwestlichen Karpaten, im Hügellande am rechten Donau-Ufer, auf der Biharia und im östlichen Banat eine grosse Verbreitung, dagegen fehlen sie in den nordöstlichen Karpaten beinahe ganz, auch erreichen nur die Spitzen der Klein-Křivan Gruppe, des Arva-Liptauer Kalkgebirges und der östlichen Tatra die Alpenhöhe. Die höchste Entwicklung der ungarischen Kalkflora muss daher mehr in der Berg- und Hügelregion gesucht werden, dort hat sie aber auch einen hohen Grad der Vollkommenheit erlangt.

Die älteren und eocenen **Karpatensandsteine** sind zwar auf die nordwestlichen und nordöstlichen Karpaten beschränkt, dort aber haben sie eine ungeheure Ausdehnung und bilden das Hauptgebirge. Sie reichen an vielen Stellen in die subalpine, auf der Babia Góra, der Bersava und in der Marmaros auch in die alpine Region und steigen selbst höher als der Kalk. Ihre Flora ist durch schattige Wälder und feuchte Wiesen gekennzeichnet, sie ist reich, auch üppig, aber überall dieselbe ohne irgend eine Eigenthümlichkeit. Welche Veränderungen sie erleidet, wenn sie in die Alpenregion steigt, ist aus dem Wenigen, was hierüber bekannt geworden, mit Sicherheit nicht zu entnehmen, denn die meisten Sandsteinalpen und zwar alle der westlichen Marmaros scheinen von keinem Botaniker noch betreten worden zu sein. Im Allgemeinen dürfte die Flora derselben eher mit jener des Urgebirges als des Kalkes verwandt sein.

Von den Eruptivgesteinen haben nur die **Trachyte** eine grosse Verbreitung, sie setzen das Schemnitzer Erzgebirge, die Vorlagen der nordöstlichen Karpaten und theilweise auch der siebenbürgischen Grenzkarpaten, die Matra und das nördliche Piliser Gebirge zusammen, die Basalte kommen nur einzeln, am häufigsten im Neograder Comitate und im Plattensee Zuge vor. Die Trachyte bilden bald dunkel bewaldete steile Gehänge, wie auf dem Vihorlát und dem Piliser Gebirge, bald sonnige buschige mit den edelsten Weinreben bepflanzte Hügel, wie auf der Matra und Hegyallja. Sie bilden in der Regel nur niedrige, selten über 3000' hohe Gebirge, blos einzelne Kuppen und der den siebenbürgischen Grenzkarpaten angehörige Trachytzug erhebt sich in die Voralpen- der Csiblesz selbst in die Alpenregion. Die Hügelflora der Matra und Hegyallja hat mit der Kalkflora am Plattensee grosse Aehnlichkeit, die Wälder scheinen dagegen vegetationsarm zu sein, ich sage „scheinen", weil man von den meisten derselben sehr wenig weiss. Auch hier wäre es wichtig zu erfahren, wie sich die Trachytflora in der Alpenregion gestaltet. Auffallend ist es hierbei, dass der nur 4558' hohe Gutin eine beinahe alpine Flora aufzuweisen hat, ungeachtet doch kein höherer Berg in seiner Nähe liegt.

Der Einfluss aller übrigen untergeordneten Gesteine verschwindet in der Masse der eben geschilderten weit mächtigeren Formationen und wenn selbst die eine oder die andere dieser Gesteinarten eine eigenthümliche Flora zu schaffen geeignet wäre, was möglich ist, so sind sie doch meistens vom Felsenschutte der sie beherrschenden benachbarten Formationen mehr oder minder überdeckt und dadurch fremdartige Elemente aufzunehmen genöthigt. Eine Ausnahme hiervon dürften nur die meistens zwischen Kalk und Urfels abgelagerten rothen Sandsteine, dann die Porfyre in dem Falle machen, wenn sie in geschlossenen Zonen auftreten, allein über die Beschaffenheit ihrer Flora ist nichts näheres bekannt. Eine reiche Vegetation scheinen sie nicht hervorzubringen.

Unter solchen Umständen lässt sich ein nur einigermassen richtiges Verzeichniss der Pflanzen, welche vorherrschend auf der einen oder der anderen der vorerwähnten 4 Hauptformationen vorkommen, nicht geben.

III. Einfluss der Höhenabstufung auf die Vegetation (Pflanzenregionen).

Die Gruppirung der Pflanzen innerhalb zweier Höhengrenzen wird vorzugsweise durch klimatische Einflüsse bewirkt, aber durch diese nicht allein, der geologische Untergrund, Exposition, die Nachbarschaft höherer Berge und andere oft lokale Ursachen haben hierbei auch ihren Antheil und modificiren mehr oder weniger die Einwirkung des Klimas. Eben deshalb lassen sich bei einem Lande von der Grösse Ungarns, bei einem so verschiedenen Klima und einer so mannigfaltigen geologischen Formation keine für das ganze Gebiet passenden Pflanzenregionen aufstellen, denn anders müssen ihre Grenzlinien in dem rauhen stürmischen Klima der Tatra, anders in dem wärmeren Klima des Banats fallen, und so manche Pflanze, welche auf Kalk in einer Höhe von z. B. 5000′ gedeiht, bedarf auf krystallinischem Gesteine einer Höhe von 6000′ und noch mehr, das Krummholz steigt oft bis 3000′ herab, oft bis 6000′ hinauf. Der Einfluss des Klimas zeigt sich überhaupt erst in den höheren Regionen, in den unteren beschränkt er sich beinahe nur auf die Kulturgewächse. Die Höhenunterschiede sind in Ungarn sehr bedeutend, da der niedrigste Punkt, der Austritt der Donau unterhalb Alt-Orsova 137′, der höchste, die Gerlsdorfer Spitze der Tatra, 8374′ über dem Spiegel des Meeres liegen. Ungarn bietet sonach alle erdenklichen Höhenabstufungen einer mitteleuropäischen Flora dar.

Bisher haben es nur *Wahlenberg* und *Rochel* versucht, Pflanzenregionen für einzelne Gebiete Ungarns aufzustellen. In *Wahlb.* Fl. Carpat. p. LXVI—LXXIV werden mit Zuhilfenahme der Karte folgende Regionen der Central-Karpaten angenommen:

I. Region der Thalebenen oder der Feldwirthschaft (Korn und Gerste) und des Obstbaues (Planities frugifera et pomifera) von 1235′ [*]), d. i. der Mündung der Arva in die Wag, bis 2200′. Weinkultur fehlt ganz.

II. Bergregion (Regio montana) 2200—3935′ (Grenze der Rothbuche). Laubholz vorherrschend.

III. Voralpenregion (Regio subalpina) 3935—4600′ (Grenze der Rothtanne). Nadelholz vorherrschend.

*) Pariser Mass. Ein Wiener Fuss = 0,973 Pariser Fuss.

IV. Krummholz- oder untere Alpenregion (Regio alpina inferior seu Mughi) 4600—5600'.

V. Obere Alpenregion (Regio alpina superior). Alle Höhen über 5600', doch nimmt die fanerogame Vegetation in einer Höhe von 7000' schon sehr ab und verschwindet auf den Tatraspitzen beinahe ganz. Wie wenig diese Regionen-Eintheilung auf andere Gegenden Ungarns passt, ist aus dem einzigen Umstande schon ersichtlich, dass die Thalebenen der Central - Karpaten höher liegen als die meisten Gipfel der Kleinen Karpaten.

Rochel theilt die nordwestlichen Karpaten (worunter er die Comitate Presburg, Neutra, Trencsin, Turóc und Liptau versteht) in den Miscellen p. 51—64 in folgende Regionen:

I. Region des ebenen Landes (Regio plana).

II. Region des erhabenen Landes (Regio collina).

III. Vorgebirgsregion (Regio submontana). Diese drei Regionen reichen von 306' bis 1800' Pariser Mass, werden aber unter einander nicht ziffermässig geschieden.

IV. Hochgebirgsregion (Regio montana) 1800—3600'.

V. Alpenregion (Regio alpina) 3600—6000'.

VI. Hochalpenregion (Regio altalpina) alle Höhen über 6000'.

Diese sonderbare Abgrenzungs- und Benennungsweise, bei welcher die Voralpen- und Krummholzregion unter andere Regionen vertheilt werden, überträgt *Rochel* auch auf den Banat (Pl. Ban. 8), was mir nicht richtig zu sein scheint. Ueberhaupt liesse sich über die Pflanzenregionen gar vieles sagen, allein da man mit Ausnahme der der Ebene und der Alpenregion eigenthümlichen Arten, doch nur von sehr wenigen Pflanzen ihre verticale Verbreitung in Ungarn kennt, so würde jede weitere Erörterung über diesen Gegenstand zu nichts führen. Welche Arten aber der Ebene und der Alpenregion eigenthümlich sind, ist aus der nächstfolgenden Darstellung der Vegetationsformen leicht zu entnehmen.

IV. Einfluss des Standortes auf die Vegetation (Vegetationsformen).

Von allen Einflüssen auf die Vertheilung der Gewächse tritt jener des Standortes am schärfsten hervor, lässt sich auch am leichtesten durch die ganze Flora eines Landes durchführen. Die an einen gewissen Standort, wie den Wald, die Wiese, den Sumpf, den Acker u. s. w. gebundenen Pflanzen kommen in der Regel dort vor, mag der Untergrund oder die Höhenlage auch sehr verschieden sein. Die ungarische Flora hat keinen vorherrschenden Grundtypus, sie ist nicht vorzugsweise Bergflora wie jene von Siebenbürgen, sie ist auch nicht vorwaltend Flora der Ebene wie jene des südlichen Russlands, sie vereinigt vielmehr alle Vegetationsformen von der Schneeregion der Alpen bis zu dem härtesten Salzboden und dem beweglichen Flugsande der Ebene. Nur die Flora des Seestrandes fehlt ihr. Nirgend im ganzen Gebiete kommen aber sämmtliche Vegetationsformen ohne Ausnahme in so reichlichem Masse vor wie im Banate, er ist

Ungarn im Kleinen. Nachstehende den Arbeiten der zu Pest 1863 versammelten Naturforscher p. 120 — 1 entnommene Darstellung (wobei jedoch Slavonien und die Militärgrenze nicht berücksichtigt sind) zeigt die Vertheilung der Bodenfläche nach Procenten:

Aecker	35.85
Wälder	22.66
Weiden	15.02
Unproduktiver Boden	12.34
Wiesen	10.65
Weingärten	1.63
Rohrsümpfe	1.04
Obst- und Ziergärten	0.81
	100.00

1. Vegetationsform der Alpen. Hierunter sind alle strauchigen und krautigen Gewächse begriffen, welche in der Krummholzregion und über derselben ihren Wohnsitz haben, wenn sie auch ausnahmsweise mit dem Felsenschutte und den Alpenbächen in subalpine Thäler herabsteigen. Als Standorte sind ihnen vorzugsweise steinige Triften und grasige Matten (Alpenwiesen), dann Felsenspalten und Felsenschutt, das Buschwerk des Krummholzes und die Ränder schmelzender Schneefelder oder die Ufer der Alpenseen und Giessbäche angewiesen. Zahlreiche Uebergänge verbinden diese Vegetationsform mit jener der Voralpenwälder.

Aspidium Lonchitis.	Carex lagopina.	Gymnadenia Frivaldsz-
alpestre.	vitilis.	kyana.
Lycopodium Selago.	dacica.	Chamorchis alpina.
alpinum.	atrata.	Juniperus communis
Selaginella spinulosa.	capillaris.	β. alpina.
Phleum Michelii.	fuliginosa.	Pinus Mughus.
alpinum.	frigida.	Salix hastata.
Agrostis alpina.	firma.	arbuscula.
rupestris.	sempervirens.	myrsinites.
Calamagrostis Halleriana.	Elyna spicata.	retusa.
Avena versicolor.	Eriophorum alpinum.	reticulata.
Sesleria disticha.	Scheuchzeri.	herbacea.
Poa laxa.	Luzula spadicea.	Polygonum viviparum.
alpina.	spicata.	alpinum.
cenisia.	Juncus Jacquini.	Oxyria digyna.
Festuca ovina β.	triglumis.	Rumex alpinus.
alpina *).	trifidus.	Plantago montana.
varia.	Lloydia serotina.	gentianoides.
pilosa	Lilium albanicum.	Valeriana elongata.
carpatica.	Allium Schoenoprasum	Knautia longifolia.
Carex pyrenaica.	β. alpinum.	Adenostyles alpina.
curvula.	Gymnadenia albida.	Homogyne alpina.

---

*) Die Namen der Varietäten sind mit Cursivschrift gesetzt.

Aster alpinus.
Erigeron alpinus.
uniflorus.
atticus.
Anthemis carpatica.
tenuifolia.
Achillea lingulata.
Clavenae.
atrata.
Tanacetum alpinum.
Artemisia spicata.
tanacetifolia.
Gnaphalium supinum.
Leontopodium.
carpaticum.
Aronicum Clusii.
scorpioides.
Senecio crispus *α. alpinus.*
abrotanifolius.
incanus.
Doronicum.
Saussurea pygmaea.
alpina.
discolor.
Centaurea nervosa.
Kotschyana.
Jurinea macrocalathia.
Hypochoeris uniflora.
Leontodon Taraxaci.
pyrenaicus.
Scorzonera rosea.
Taraxacum officinale
γ. alpinum.
Crepis aurea.
grandiflora.
viscidula.
blattarioides.
Jacquini.
Hieracium villosum.
glanduliferum.
alpinum.
Phyteuma pauciflorum.
hemisphaericum.
Halleri.
Campanula transsilva-
nica.
alpina.

Campanula barbata.
Symphyandra Wanneri.
Galium pusillum
γ. alpinum.
δ. ochroleucum.
Gentiana lutea.
punctata.
frigida.
prostrata.
pyrenaica.
nivalis.
tenella.
Swertia punctata.
Ajuga pyramidalis.
Cerinthe alpina.
Linaria alpina.
Veronica Baumgartenii.
aphylla.
bellidioides.
saxatilis.
alpina.
Bartsia alpina.
Pedicularis rostrata.
asplenifolia.
comosa.
exaltata.
recutita.
limnogena.
versicolor.
verticillata.
Rhinanthus alpinus.
Tozzia alpina.
Pinguicula alpina.
Androsace villosa.
Chamaejasme.
obtusifolia.
lactea.
Primula integrifolia.
glutinosa.
minima.
Soldanella alpina.
pusilla.
Azalea procumbens.
Rhododendron myrtifo-
lium.
Meum athamanticum.
Mutellina.

Pachypleurum simplex.
Conioselinum Fischeri.
Heracleum alpinum.
Laserpitium alpinum.
Sedum roseum.
atratum.
annuum.
repens.
Sempervivum montanum.
Saxifraga mutata.
luteo-viridis.
Burseriana.
caesia.
retusa.
oppositifolia.
biflora.
bryoides.
aizoides.
stellaris.
perdurans.
pedemontana.
muscoides.
androsacea.
adscendens.
petraea.
carpatica.
cernua.
fonticola.
hieracifolia.
Chrysosplenium oppositi-
folium.
Anemone vernalis.
narcissiflora.
alpina.
baldensis.
Ranunculus rutaefolius.
glacialis.
crenatus.
alpestris.
montanus.
Thora.
Thomasii.
pygmaeus.
Papaver alpinum.
Arabis alpina.
ciliata.
pumila.

11*

Cardamine resedifolia.
Alyssum Wulfenianum.
Draba pyrenaica.
  tomentosa.
  carinthiaca.
  Kotschyi.
Cochlearia officinalis.
Thlaspi dacicum.
Lepidium latifolium.
Hutchinsia alpina.
Helianthemum oelandi-
  cum β. viride.
Viola lutea.
  declinata.
  alpina.
Scleranthus neglectus.
Sagina saxatilis.
Alsine Cherleri.
  verna *β.* alpina.
Arenaria ciliata.
Cerastium trigynum.

Cerastium repens.
  alpinum.
  latifolium.
Gypsophila repens.
Dianthus barbatus
  β. alpinus.
  nitidus.
  glacialis.
Silene quadrifida.
  dinarica.
  acaulis.
Melandrium Zawadzkii.
Lychnis nivalis.
  alpina.
Hypericum Richeri
  β. alpinum.
Empetrum nigrum.
Linum alpinum.
Epilobium alsinefolium.
  alpinum.
Sorbus Chamaemespilus.

Potentilla aurea.
  verna γ. alpina.
Alchemilla pubescens.
  alpina.
Geum montanum.
  reptans.
Dryas octopetala.
Trifolium alpinum.
  pallescens.
  badium.
Phaca frigida.
  alpina.
Oxytropis Halleri.
  campestris.
  carpatica.
Astragalus australis.
  alpinus.
  oroboides.
  monspessulanus.
Hedysarum obscurum.

2. **Vegetationsform des Waldes.** Die Wälder nehmen der mass-
losen Waldausrottungen ungeachtet noch immer 22 Procent des ganzen
Areals ein. Die meisten Wälder findet man in den Comitaten Marmaros,
Bihar, Bereg, Sáros, Ung, Gömör, Verovitic, Krassó, Zips, Liptau, Sohl
und Neográd, die wenigsten in den Comitaten Torontál, Szabolcs, Pest,
Csongrád, Bács, Csanád und Békés. Zu dieser Vegetationsform gehören
nicht nur die reinen und gemischten Bestände (Oberholz), sondern auch
die Waldgebüsche (Unterholz), dann die im Schatten der Bäume, an lichten
Waldstellen und in Holzschlägen wachsenden krautigen Gewächse (untergeordnete Waldvegetation). Es bringen zwar Berg- und Voralpenwälder,
Vorhölzer, Auen (Begleiter der Flüsse) und lichte Haine (Baumgruppen
auf Wiesengrund) eine verschiedenartige Vegetation hervor, allein anderseits haben sie wieder so viele einander gemeinschaftliche Arten, dass eine
getrennte Aufzählung derselben nicht leicht ausführbar wäre. Die Vegetationsform des Waldes geht in jene des Krummholzes, der buschigen
Hügel und der Wiesen über, nimmt auch die Vegetationsform des Sumpfes
vielfach auf.

Ober- und Unterholz.

Pinus silvestris.
Laricio.
Cembra.
Abies alba.
Picea.
Larix.

Juniperus communis.
  Sabina.
Taxus baccata.
Betula alba.
Alnus glutinosa.
  incana.

Alnus viridis.
Carpinus Betulus.
  duinensis.
Ostrya carpinifolia.
Corylus Avellana.
  Colurna.

Quercus sessiliflora.
pedunculata.
pubescens.
conferta.
Cerris.
Fagus silvatica.
Ulmus campestris.
effusa.
Celtis australis.
Humulus Lupulus.
Salix pentandra.
fragilis.
alba.
amygdalina.
daphnoides.
purpurea.
viminalis.
incana.
cinerea.
silesiaca.
Caprea.
aurita.
nigricans.
Populus alba.
tremula.
nigra.
Lonicera Caprifolium.
Xylosteum.
nigra.
coerulea.
Viburnum Lantana.
Opulus.

Sambucus nigra.
racemosa.
Ligustrum vulgare.
Fraxinus excelsior.
Ornus.
Cornus mas.
sanguinea.
Ribes Grossularia.
alpinum.
rubrum.
petraeum.
nigrum.
Clematis Vitalba.
Berberis vulgaris.
Tilia grandifolia.
parvifolia.
argentea.
Acer Pseudoplatanus.
platanoides.
campestre.
monspessulanum.
tataricum.
obtusatum.
Staphylea pinnata.
Evonymus europaeus.
verrucosus.
latifolius.
Rhamnus cathartica.
saxatilis.
rupestris.
Frangula.
Pyrus communis.

Pyrus Malus.
Sorbus aucuparia.
domestica.
Aria.
torminalis.
Aronia rotundifolia.
Cotoneaster vulgaris.
tomentosa.
Crataegus Oxyacantha.
nigra.
Rosa alpina.
rubrifolia.
canina.
rubiginosa.
tomentosa.
arvensis.
Rubus saxatilis.
idaeus.
fruticosus.
caesius.
Spiraea salicifolia.
chamaedryfolia.
ulmifolia.
crenata.
Prunus spinosa.
avium.
Padus.
Sarothamnus vulgaris.
Cytisus Laburnum.
Colutea arborescens.
Coronilla Emerus.

Untergeordnete Waldflora.

Equisetum Telmateja.
silvaticum.
pratense.
hiemale.
Polypodium vulgare.
Phegopteris.
Dryopteris.
robertianum.
Pteris aquilina.
Blechnum Spicant.
Struthiopteris germanica.
Scolopendrium officina-
rum.

Aspidium aculeatum.
spinulosum.
Oreopteris.
Filix mas.
Filix femina.
Cystopteris sudetica.
montana.
Lycopodium annotinum.
complanatum.
clavatum.
Holcus mollis.
Hierochloa australis.
Milium effusum.

Milium paradoxum.
Calamagrostis montana.
silvatica.
Avena flexuosa.
caryophyllea.
tenuis.
planiculmis.
Danthonia decumbens.
Poa nemoralis.
sudetica.
Melica nutans.
uniflora.
Festuca heterophylla.

Festuca silvatica.
drymeia.
gigantea.
Bromus asper.
Elymus europaeus.
Carex muricata var. β et γ.
brizoides.
remota.
pilulifera.
umbrosa.
digitata.
ornithopoda.
alba.
pilosa.
pendula.
strigosa.
pallescens.
depauperata.
silvatica.
Luzula pilosa.
Forsteri.
flavescens.
silvatica.
albida.
campestris.
Veratrum nigrum.
Bulbocodium vernum.
Lilium Martagon.
Gagea spathacea.
minima.
lutea.
Scilla bifolia.
Ornithogalum sulphu-
reum.
Allium Victorialis.
Asphodelus albus.
Asparagus tenuifolius.
Paris quadrifolia.
Streptopus amplexifolius.
Convallaria multiflora.
latifolia.
verticillata.
Majanthemum bifolium.
Ruscus Hypoglossum.
aculeatus.
Tamus communis.
Crocus banaticus.

Crocus iridiflorus.
Galanthus nivalis.
Leucojum vernum.
Corallorrhiza innata.
Orchis pallens.
Epipogum aphyllum.
Listera cordata.
Neottia vulgaris.
Epipactis latifolia.
microphylla.
Goodyera repens.
Limodorum abortivum.
Cephalanthera pallens.
ensifolia.
rubra.
Arum maculatum.
orientale.
Rumex nemorosus.
Daphne Mezereum.
Laureola.
Asarum europaeum.
Dipsacus pilosus.
Knautia silvatica.
drymeia.
Eupatorium cannabinum
Adenostyles alpina β.
albifrons.
Bellidiastrum Michelii.
Solidago Virga aurea.
Telekia speciosa.
Anthemis macrantha.
Achillea macrophylla.
tanacetifolia.
Tanacetum vulgare.
Waldsteinii.
Parthenium.
corymbosum.
macrophyllum.
Gnaphalium silvaticum.
luteo-album.
dioicum.
Filago germanica.
montana.
Carpesium cernuum.
abrotanoides.
Doronicum Pardalianches.
austriacum.

Doronicum caucasicum.
cordifolium.
Senecio crispus β.
rivularis.
viscosus.
silvaticus.
alpinus.
nemorensis.
umbrosus.
Carduus crispus.
Personata.
arctioides.
defloratus.
Cirsium eriophorum.
pauciflorum.
Erisithales.
Serratula tinctoria.
Aposeris foetida.
Hypochoeris radicata.
Prenanthes purpurea.
Lactuca muralis.
Crepis paludosa.
sibirica.
Hieracium murorum var.
α et γ.
pleiophyllum.
prenanthoides.
sabaudum.
Mulgedium alpinum.
Phyteuma spicatum.
Campanula rhomboidalis.
Trachelium.
latifolia.
Steveni.
persicifolia.
Cervicaria.
Galium rotundifolium.
silvaticum.
aristatum.
capillipes.
Asperula taurina.
odorata.
Vinca minor.
Gentiana cruciata.
asclepiadea.
Erythraea Centaurium.
Salvia glutinosa.

Prunella vulgaris.
Scutellaria Columnae.
albida.
Glechoma hederacea.
Dracocephalum Ruyschiana.
Melittis Melissophyllum.
Galeobdolon luteum.
Galeopsis pubescens.
versicolor.
Stachys lanata.
alpina.
silvatica.
Pulmonaria officinalis.
saccharata.
rubra.
Myosotis silvatica.
sparsiflora.
Symphytum tuberosum.
angustifolium.
cordatum.
Omphalodes scorpioides.
Cynoglossum germanicum.
Echinospermum deflexum.
Convolvulus sepium.
silvaticus.
Scopolia carniolica.
Physalis Alkekengi.
Atropa Belladonna.
Verbascum nigrum.
leiocaulon.
Scrofularia nodosa.
Scopolii.
vernalis.
Digitalis ambigua.
lutea.
lanata.
Veronica montana.
officinalis.
verna.
Melampyrum nemorosum.
pratense.
silvaticum.
Primula vulgaris.
Cortusa Matthioli.

Cyclamen europaeum.
Lysimachia nemorum.
Calluna vulgaris.
Vaccinium Myrtillus.
Vitis idaea.
Pyrola rotundifolia.
chlorantha.
media.
minor.
secunda.
uniflora.
umbellata.
Monotropa Hypopitys.
Sanicula europaea.
Hacquetia Epipactis.
Astrantia major.
alpina.
Pimpinella magna.
Bupleurum longifolium.
Selinum Carvifolia.
Angelica silvestris.
Peucedanum Chabraei.
Ostruthium.
Heracleum palmatum.
Laserpitium prutenicum.
Archangelica.
Anthriscus alpestris.
Chaerophyllum aureum.
hirsutum.
Villarsii.
aromaticum.
Myrrhis odorata.
Adoxa Moschatellina.
Hedera Helix.
Loranthus europaeus.
Sedum Cepaea.
Saxifraga rotundifolia.
Chrysosplenium alternifolium.
Thalictrum aquilegifolium.
Anemone Hepatica.
nemorosa.
ranunculoides.
Ranunculus aconitifolius.
auricomus.
lanuginosus.

Ranunculus carpaticus.
Isopyrum thalictroides.
Helleborus viridis.
Aquilegia vulgaris.
Delphinium elatum.
Aconitum Lycoctonum.
Napellus.
variegatum.
Actaea spicata.
Cimicifuga foetida.
Paeonia peregrina.
Epimedium alpinum.
Corydalis cava.
solida.
pumila.
fabacea.
claviculata.
Arabis Halleri.
Cardamine impatiens.
hirsuta.
trifolia.
Dentaria enneaphylla.
glandulosa.
bulbifera.
trifolia.
Lunaria rediviva.
Viola odorata.
silvestris.
mirabilis.
biflora.
Stellaria nemorum.
Cerastium silvaticum.
Dianthus Armeria.
superbus.
Saponaria glutinosa.
Silene italica.
nutans.
viridiflora.
Melandrium nemorale.
Lychnis Viscaria.
Malva moschata.
Hypericum quadrangulum.
pulchrum.
montanum.
hirsutum.
Polygala Chamaebuxus.

Euphorbia dulcis.	Fragaria elatior.	Vicia pisiformis.
angulata.	Potentilla Fragariastrum.	silvatica.
carniolica.	micrantha.	cassubica.
amygdaloides.	Tormentilla.	dumetorum.
Geranium phaeum.	verna β. viridis.	sepium.
silvaticum.	δ. opaca.	truncatula.
bohemicum.	Aremonia agrimonoides.	Lathyrus Nissolia.
Oxalis Acetosella.	Waldsteinia geoides.	silvestris.
Impatiens Nolitangere.	Geum urbanum.	Orobus vernus.
Epilobium angustifolium.	rivale.	alpestris.
montanum.	Spiraea Aruncus.	canescens.
tetragonum.	Genista procumbens.	luteus.
trigonum.	Cytisus hirsutus.	ochroleucus.
Circaea lutetiana.	leiocarpus.	niger.
alpina.	Dorycnium herbaceum.	
Fragaria vesca.	Astragalus glycyphyllos.	

In Auen, Grasgärten und lichten Gehölzen kommen vorzugweise vor:

Brachypodium silvaticum.	Stenactis bellidiflora.	Viscum album.
Triticum caninum.	Rudbeckia laciniata.	Ranunculus Ficaria.
Tulipa silvestris.	Senecio sarracenicus.	Eranthis hiemalis.
Muscari botryoides.	Cirsium arvense.	Alliaria officinalis.
Scilla amoena.	Lapsana communis.	Erysimum cheiranthoides.
Ornithogalum nutans.	Galium Aparine var. α.	strictum.
Allium Scorodoprasum.	Lamium maculatum.	Moehringia trinervia.
ursinum.	Lithospermum officinale.	Saponaria officinalis.
Narcissus poëticus.	Omphalodes verna.	Cucubalus baccifer.
Pseudonarcissus.	Lathraea Squamaria.	Mercurialis perennis.
Parietaria officinalis.	Aegopodium Podagraria.	Melilotus alba.
	Chaerophyllum temulum.	

3. **Vegetationsform sonniger buschiger Stellen.** Sie hat vorzugsweise ihren Sitz auf tertiären Hügeln, dann auf niedrigen Kalk- und Trachytbergen, meistens in der Nähe der Weingärten. Man findet sie an den südlichen Rändern der nordwestlichen und nordöstlichen Karpaten, auf den westlichen Verzweigungen der siebenbürgischen Grenzkarpaten, im östlichen Donauthale der banatischen Militärgrenze, überall im Hügellande am rechten Donau-Ufer und auf dem slavonischen Mittelgebirge; sie bildet einen Hauptbestandtheil und eine Hauptzierde der ungarischen Flora, deren südlicher Typus hier am stärksten ausgeprägt ist. Sie vermittelt die Vegetationsform des Waldes mit jener der Wiese, geht aber auch häufig in die Flora der Felsen und noch mehr der Grassteppe über. Alle Waldgebüsche, die subalpinen ausgenommen, kommen hier ebenfalls vor und bilden das Niederholz und Buschwerk der Hügel.

Lasiogrostis Calamagrostis.	Stipa capillata.	Poa sterilis.
Stipa pennata.	Avena capillaris.	Briza maxima.
	Poa alpina β. collina.	Melica ciliata.

Melica altissima.
Molinia serotina.
Koeleria cristata.
Lamarckia aurea.
Festuca myuros.
Brachypodium pinnatum.
Triticum repens.
juuceum.
Aegilops caudata.
Andropogon strictus.
Carex muricata var. α.
trachyantha.
humilis.
Halleriana.
pediformis.
nitida.
Michelii.
brevicollis.
Scilla autumnalis.
Ornithogalum comosum.
Allium rotundum.
sphaerocephalum.
oleraceum.
flavum.
Anthericum ramosum.
Liliago.
Convallaria Polygonatum.
majalis.
Iris germanica.
squalens.
bohemica.
variegata.
pumila.
Reichenbachii.
graminea.
Crocus reticulatus.
moesiacus.
Sternbergia colchiciflora.
Orchis fusca.
Simia.
glaucophylla.
Himantoglossum hirci-
num.
Herminium Monorchis.
Ophrys myodes.
aranifera.
arachnites.

Ophrys apifera.
cornuta.
Cypripedium Calceolus.
Ephedra vulgaris.
Chenopodium Botrys.
Polygonum Bellardi.
dumetorum.
Thesium Linophyllum.
divaricatum.
ramosum.
Daphne Cneorum.
Aristolochia Clematitis.
pallida.
Plantago argentea.
Cynops.
Valerianella pumila.
coronata.
Cephalaria centauroides.
Knautia dumetorum.
pannonica.
Scabiosa lucida.
banatica.
ucranica.
Aster Amellus.
acris.
Linosyris vulgaris.
Inula germanica.
ensifolia.
salicina.
squarrosa.
hirta.
Conyza.
Oculus Christi.
Buphthalmum salicifo-
lium.
Anthemis tinctoria.
Achillea nobilis.
crithmifolia.
pectinata.
compacta.
leptophylla.
Tanacetum achilleaefo-
lium.
Artemisia Absinthium.
camphorata.
pontica.
austriaca.

Artemisia vulgaris.
Doronicum hungaricum.
Senecio nebrodensis.
erucifolius.
Echinops sphaerocepha-
lus.
commutatus.
Ritro.
banaticus.
Xeranthemum cylindra-
ceum.
Carlina vulgaris.
acanthifolia.
Crupina vulgaris.
Centaurea nigra.
phrygia.
montana.
paniculata.
Carthamus lanatus.
Carduus collinus.
Cirsium eriophorum.
Serratula radiata.
heterophylla.
Jurinea mollis.
Leontodon incanus.
crispus.
Scorzonera hispanica.
purpurea.
Picris hieracioides.
Lactuca perennis.
quercina.
viminea.
Pterotheca nemausensis.
Crepis pulchra.
rigida.
succisaefolia.
Hieracium praealtum.
murorum β. glauces-
cens.
virosum.
umbellatum.
Phyteuma canescens.
Campanula bononiensis.
rapunculoides.
Welandii.
Rapunculus.
glomerata.

Campanula sibirica.
Grossekii.
lingulata.
Galium Cruciata.
pedemontanum.
Crucianella molluginoides.
Asperula ciliata.
tinctoria.
cynanchica.
galioides.
Sambucus Ebulus.
Vinca herbacea.
Vincetoxicum officinale.
Salvia Sclarea.
Origanum vulgare.
Satureja montana.
Calamintha Pulegium.
officinalis.
Clinopodium.
Melissa officinalis.
Prunella vulgaris.
grandiflora.
Scutellaria altissima.
Nepeta nuda.
Dracocephalum austriacum.
Lamium Orvala.
Stachys recta.
Sideritis montana.
Phlomis tuberosa.
Teucrium Botrys.
Chamaedrys.
montanum.
pannonicum.
Ajuga genevensis.
Globularia vulgaris.
cordifolia.
Onosma echioides.
stellulatum.
Lithospermum purpureocoeruleum.
Anchusa Barrelieri.
Myosotis hispida.
stricta.
Symphytum ottomanum.
Cynoglossum pictum.

Rochelia stellulata.
Convolvulus Cantabrica.
althaeoides.
Cuscuta europaea.
lupuliformis.
Lycium barbarum.
Verbascum Thapsus.
speciosum.
pulverulentum.
Lychnitis.
banaticum.
macrophyllum.
orientale.
phoeniceum.
Scrofularia grandifolia.
Linaria genistifolia.
italica.
Digitalis ferruginea.
Veronica Chamaedrys.
urticifolia.
latifolia.
dentata.
austriaca.
spuria.
Bachofenii.
spicata.
Euphrasia lutea.
Melampyrum cristatum.
Acanthus longifolius.
Orobanche cruenta.
rubens.
Epithymum.
Galii.
coerulescens.
coerulea.
Androsace septentrionalis.
Sison Amomum.
Bupleurum Gerardi.
junceum.
falcatum.
Seseli Hippomarathrum.
glaucum.
varium.
annuum.
Libanotis montana.
Trochiscanthes nodiflorus.

Ligusticum Seguieri.
Silaus virescens.
Ferulago silvatica.
monticola.
Peucedanum Schottii.
Rochelianum.
Cervaria.
Oreoselinum.
alsaticum.
austriacum.
verticillare.
Tordylium maximum.
Siler trilobum.
Laserpitium latifolium.
Siler.
Orlaya grandiflora.
Torilis Anthriscus.
helvetica.
nodosa.
Anthriscus Cerefolium.
Physoscaulos nodosus.
Chaerophyllum bulbosum.
Conium maculatum.
Pleurospermum austriacum.
Physospermum aquilegifolium.
Smyrnium perfoliatum.
Sedum Telephium.
hispanicum.
acre.
sexangulare.
Clematis recta.
Flammula.
Thalictrum collinum.
Anemone pratensis.
Pulsatilla.
patens.
silvestris.
Adonis vernalis.
Ranunculus polyanthemos.
Helleborus viridis.
Delphinium hybridum.
Aconitum Anthora.
Papaver Argemone.

Papaver hybridum.
dubium.
Turritis glabra.
Arabis brassicaeformis.
auriculata.
Thaliana.
Hesperis matronalis.
Sisymbrium austriacum.
strictissimum.
Erysimum virgatum.
odoratum.
crepidifolium.
Syrenia cuspidata.
Conringia austriaca.
Brassica elongata.
Lunaria annua.
Peltaria alliacea.
Draba muralis.
nemorosa.
Thlaspi alpestre.
Biscutella laevigata.
Isatis tinctoria.
Rapistrum perenne.
Reseda inodora.
Helianthemum Fumana
oelandicum α. canum.
vulgare.
Bryonia alba.
dioica.
Herniaria incana.
Paronychia capitata.
Alsine verna α. collina.
falcata.
glomerata.
Arenaria graminifolia.
Stellaria Holostea.
Cerastium brachypeta-
lum.
arvense.
Dianthus barbatus.
Balbisii.
Seguieri.
trifasciculatus.
Silene dichotoma.
Gallinyi.
inflata.
Armeria.

Silene flavescens.
Lychnis Coronaria.
Kitaibelia vitifolia.
Lavatera thuringiaca.
Althaea cannabina.
hirsuta.
Malva Alcea.
Hypericum perforatum.
Richeri.
elegans.
Polygala major.
amara α. grandiflora.
alpestris.
hospita.
Paliurus aculeatus.
Euphorbia epithymoides.
lingulata.
virgata.
Mercurialis ovata.
Rhus Cotinus.
Dictamnus albus.
Peganum Harmala.
Erodium ciconium.
Geranium sanguineum.
pyrenaicum.
rotundifolium.
molle.
divaricatum.
robertianum.
Linum flavum.
hirsutum.
tenuifolium.
Cydonia vulgaris.
Crataegus pentagyna.
Rosa pimpinellifolia.
gallica.
Fragaria collina.
Potentilla verna α. cinerea.
collina.
argentea.
patula.
inclinata.
recta.
Agrimonia Eupatoria.
Amygdalus nana.
Prunus Cerasus.
Chamaecerasus.

Prunus Mahaleb.
Ononis Columnae.
Genista germanica.
tinctoria.
sagittalis.
pilosa.
triangularis.
ovata.
Cytisus nigricans.
austriacus.
supinus.
Anthyllis Vulneraria.
Medicago prostrata.
orbicularis.
minima.
Trigonella monspeliaca.
Melilotus coerulea.
Trifolium medium.
alpestre.
sarosiense.
rubens.
ochroleucum.
Dorycnium suffruticosum.
Lotus corniculatus.
Oxytropis pilosa.
Glycyrrhiza glabra.
glandulifera.
Astragalus austriacus.
vesicarius.
Cicer.
Vicia hirsuta.
tetrasperma.
cassubica.
Cracca.
pannonica.
grandiflora.
hungarica.
angustifolia.
lathyroides.
Lathyrus sphaericus.
setifolius.
hirsutus.
pratensis.
latifolius.
Coronilla coronata.
vaginalis.
Hippocrepis comosa.

12*

4. Vegetationsform der Felsen und steinigen Plätze. Diese Vegetationsform umfasst jene Pflanzen, welche auf Felsen, im Steinschutte, Flussgerölle und in Schottergruben vorkommen, aber nicht ihren ausschliessenden Sitz in der Alpenregion haben, da dort die Felsflora eine ganz andere eigenthümliche Gestalt annimmt. Sie steht zwischen der Vegetationsform buschiger Hügel und wüster Plätze in der Mitte und geht in beide vielfach über, überschreitet aber auch die Grenze des Krummholzes. Auf Felsen und im Steinschutte kommen vor:

Grammitis Ceterach.	Valeriana tripteris.	Bupleurum diversifolium.
Notochlaena Marantae.	montana.	Seseli rigidum.
Asplenium Trichomanes.	Anthemis montana.	leucospermum.
viride.	Tanacetum Gmelini.	gracile.
septentrionale.	Centaurea atropurpurea.	montanum.
germanicum.	Scabiosa δ. fuliginosa.	Athamanta Matthioli.
Ruta muraria.	Scorzonera austriaca.	Ferula Sadleriana.
Adiantum nigrum.	Crepis alpestris.	Heuffellii.
Asplenium fontanum.	Hieracium rhodopeum.	Peucedanum longifolium.
fissum.	saxatile.	rablense.
Cystopteris fragilis.	humile.	Torilis microcarpa.
Woodsia ilvensis.	Campanula crassipes.	Crassula rubens.
hyperborea.	caespitosa.	Sedum Fabaria.
Selaginella helvetica.	carpatica.	album.
Milium holciforme.	divergens.	reflexum.
Avena compressa.	Edraianthus Kitaibelii.	Sempervivum tectorum.
flavescens var.	Galium purpureum.	assimile.
alpestris et carpatica.	erectum.	hirtum.
Besseri.	ochroleucum.	Heuffelii.
Sesleria filifolia.	Asperula capitata.	soboliferum.
rigida.	Lonicera alpigena.	Saxifraga Aizoon.
marginata.	Syringa vulgaris.	Rocheliana.
Heuffeliana.	Calamintha rotundifolia.	cuneifolia.
coerulea.	alpina.	tridactylites.
Poa caesia.	Lamium inflatum.	Atragene alpina.
pannonica.	Verbascum bombycife-	Thalictrum foetidum.
Festuca ovina δ. glauca.	rum.	minus.
rupicola.	Wierzbickii.	Corydalis capnoides.
Carex ferruginea.	Scrofularia laciniata.	Fumaria Kralikii.
tenuis.	Euphrasia salisburgensis.	Petteri.
Tofieldia calyculata.	Primula longiflora.	Arabis procurrens.
Allium acutangulum	Auricula.	Turrita.
β. petraeum.	Erica carnea.	arenosa.
ochroleucum.	Bruckenthalia spiculifo-	petraea.
carinatum β. capsuli-	lia.	Cardamine graeca.
ferum.	Arctostaphylos officina-	Erysimum Cheiranthus.
Rumex scutatus.	lis.	Vesicaria utriculata.
Thesium alpinum.	Bupleurum ranunculoi-	Alyssum petraeum.
Valeriana saxatilis.	des.	saxatile.

Alyssum argenteum. | Alsine setacea. | Euphorbia saxatilis.
montanum. | fasciculata. | myrsinites.
Wierzbickii. | Moehringia muscosa. | Ruta patavina.
Draba aizoides. | pendula. | Geranium macrorrhizon.
lasiocarpa. | Cerastium grandiflorum. | sibiricum.
Kernera saxatilis. | Dianthus plumarius | lucidum.
Thlaspi montanum. | *α. saxatilis.* | Potentilla caulescens.
Kovatsii. | petraeus. | heptaphylla.
Hutchinsia petraea. | Silene transsilvanica. | Cytisus radiatus.
Aethionema saxatile. | Saxifraga. | Astragalus Rochelianus.
Alsine laricifolia. | Ilex Aquifolium. | Pisum elatius.

Im Gerölle der Flüsse und Bäche, dann in Schottergruben kommen vor:

Poa pilosa. | Erigeron acris. | Dianthus saxifragus.
Chenopodium Botrys. | Hieracium staticefolium. | Saponaria officinalis.
Corispermum orientale. | Verbascum phlomoides. | Hypericum perforatum.
Polygonum lapathifolium. | Barbarea vulgaris. | Myricaria germanica.
graminifolium. | Erucastrum Pollichii. | Euphorbia Chamaesyce.
Hippophaë rhamnoides. | Thlaspi campestre. | Epilobium Dodonaei.
Dipsacus silvestris. | Herniaria glabra. | Oenothera biennis.
laciniatus. | hirsuta. |

5. Vegetationsform der Grassteppe (Puszta). Diese für das ungarische Tiefland charakteristische Vegetationsform bewohnt jene ausgedehnten begrasten Sandflächen und Sandhügel, welche man gewöhnlich, obschon nicht ganz richtig, Puszten nennt und die nach dem Ackerlande und den Wäldern den grössten Raum in ganz Ungarn einnehmen (15 Procent). Sie stellen in ihrer einförmigen einem trockenen Meere ähnlichen Fysiognomie, in dem Mangel aller holzartigen und aller immergrünen Gewächse und in der durch Trockenheit und Hitze abgekürzten Dauer ihres Pflanzenlebens ein ganz eigenthümliches Bild dar, das sich nur mit den südrussischen Steppen vergleichen lässt, von diesen aber an monotoner Grossartigkeit noch übertroffen wird. Mit den Heiden des nördlichen und westlichen Europa hat die ungarische Grassteppe keine Aehnlichkeit. Eine auffallende Erscheinung ist es übrigens, dass so viele Arten, welche die steinigen buschigen Stellen der Kalk- und Trachytberge bewohnen, sich auf der Grassteppe wieder vorfinden. Von dieser Vegetationsform schwer zu trennen ist die Flora des Flugsandes, weil sie kaum eine Art aufzuweisen hat, welche auf der berasten Sandfläche nicht auch vorkäme. Etwas schärfer geschieden ist die Vegetationsform des Salzbodens. Sie tritt auf der Grassteppe nur sporadisch in meist insel- oder bandförmiger Gestalt auf und erlangt selten eine grössere Ausdehnung. In Einer Eigenschaft stimmen aber Flugsand und Salzboden überein, dass sie nämlich manchmal aller Vegetation entblösst sind (Vergl. *Kerner* Flora der ungar. Sandheiden in der Flora 1857 I. 49 und dessen Donauländer 17—102).

Auf berasten Sandflächen, Sandhügeln, Hutweiden und im Flugsande kommen vor:

Alopecurus agrestis.
Phleum Boehmeri.
Hierochloa borealis.
Milium multiflorum.
Panicum sanguinale
   β. *ciliare.*
Tragus racemosus.
Stipa capillata.
   pennata.
Cynodon Dactylon.
Corynephorus canescens.
Avena pratensis.
Poa Eragrostis.
   dura.
   bulbosa.
Koeleria cristata.
   glauca.
Festuca ovina
   α. *vulgaris.*
   δ. *glauca.*
   ε. *amethystina.*
   ζ. *vaginata.*
Bromus mollis.
   arvensis.
   squarrosus.
   tectorum.
Triticum villosum.
   rigidum.
   cristatum.
Secale fragile.
Elymus crinitus.
   arenarius.
Hordeum maritimum.
Andropogon Ischaemum.
   Gryllus.
Carex stenophylla.
   divisa.
   supina.
   ericetorum.
   nitida.
   hirta.
Colchicum arenarium.
Gagea bohemica.
   pusilla.
Allium sphaerocephalum.
   ammophilum.
Iris pumila.

Iris lepida.
   arenaria.
Juniperus communis.
Ephedra vulgaris.
Kochia arenaria.
   prostrata.
Salsola Kali.
Corispermum hyssopifo-
   lium.
   nitidum.
   Marschallii.
   canescens.
Polycnemum arvense.
   verrucosum.
   Heuffelii.
Polygonum arenarium.
Thesium elegans.
Plantago arenaria.
Statice elongata.
Linosyris vulgaris.
Micropus erectus.
Inula Oculus Christi.
Achillea Millefolium
   var. *setacea.*
   nobilis.
   pectinata.
Artemisia scoparia.
   austriaca.
Gnaphalium arenarium.
   luteo-album.
Filago germanica.
Xeranthemum annuum.
Centaurea paniculata
   arenaria.
   Calcitrapa.
Jurinea mollis.
Tragopogon floccosus.
Scorzonera austriaca.
Taraxacum officinale
   β. *corniculatum.*
   serotinum.
   crispum.
Chondrilla juncea.
Hieracium echioides.
Campanula sibirica.
Galium pedemontanum.
   verum.

Asperula cynanchica.
   galioides.
Salvia Aethiopis.
   austriaca.
   nutans.
Thymus Serpyllum.
Dracocephalum austri-
   acum.
Marrubium peregrinum.
Sideritis montana.
Ajuga Laxmanni.
Globularia vulgaris.
Heliotropium supinum.
Onosma arenarium.
Echium rubrum.
Anchusa ochroleuca.
Alkanna tinctoria.
Myosotis hispida.
   stricta.
Mattia umbellata.
Verbascum phoeniceum.
Linaria genistifolia.
Veronica prostrata.
   spicata.
   verna.
   praecox.
Euphrasia lutea.
Melampyrum cristatum.
Orobanche Echinopis.
   arenaria.
Eryngium campestre.
   planum.
Trinia vulgaris.
Seseli Hippomarathrum.
   glaucum.
   annuum
Peucedanum arenarium.
Sedum Hillebrandii.
Saxifraga tridactylites.
Anemone pratensis.
Ranunculus illyricus.
   pedatus.
Paeonia tenuifolia.
Hesperis tristis.
Sisymbrium pannonicum.
Malcolmia africana.
Erysimum canescens.

Syrenia angustifolia.
Alyssum tortuosum.
  montanum.
  minimum.
Draba verna.
Euclidium syriacum.
Crambe Tataria.
Helianthemum Fumana.
Viola arenaria.
Herniaria incana.
Paronychia capitata.
Spergularia rubra.
Scleranthus perennis.
Sagina apetala.
Alsine verna α. collina.
  setacea.
  fasciculata.
  glomerata.
Arenaria serpyllifolia.
Holosteum umbellatum.
Cerastium anomalum.
  semidecandrum.
  arvense.
Gypsophila fastigiata.

Gypsophila paniculata.
Dianthus prolifer.
  polymorphus.
  plumarius β. arena-rius.
Silene viscosa.
  Otites.
  longiflora.
  conica.
Althaea pallida.
Malva Alcea.
Hypericum humifusum.
Euphorbia Gerardiana.
  Cyparissias.
  salicifolia.
  nicaeensis.
Tribulus terrestris.
Linum hirsutum.
Potentilla verna α.
  cinerea.
Amygdalus nana.
Ononis spinosa.
  repens.
  hircina.

Cytisus austriacus.
  supinus.
Anthyllis Vulneraria.
Medicago minima.
Trigonella monspeliaca.
Trifolium diffusum.
  striatum.
  vesiculosum.
  suffocatum.
  repens.
  minus.
Lotus angustissimus.
Oxytropis pilosa.
Astragalus Onobrychis.
  austriacus.
  virgatus.
  contortuplicatus.
  exscapus.
  dasianthus.
Ornithopus perpusillus.
Hippocrepis comosa.
Onobrychis sativa var.
  arenaria.

Auf Salzboden kommen vor:

Crypsis aculeata.
  schoenoides.
  alopecuroides.
Glyceria distans.
  festucaeformis.
Dactylis litoralis.
Lepturus pannonicus.
Cyperus pannonicus.
Triglochin maritimum.
Salicornia herbacea.
Atriplex litoralis.
  hastata.
Camphorosma ovata.
Kochia sedoides.
Suaeda maritima.

Salsola Soda.
Plantago sibirica.
  tenuiflora.
  maritima.
Statice Gmelini.
Aster Tripolium.
  acris.
  canus.
Linosyris villosa.
Matricaria Chamomilla.
Artemisia maritima.
Taraxacum officinale
  ε. leptocephalum.
Glaux maritima.
Apium graveolens.

Bupleurum tenuissimum.
Sisymbrium junceum.
Lepidium perfoliatum.
  graminifolium.
  crassifolium.
Spergularia marina.
Medicago Gerardi.
Melilotus coerulea β. laxiflora.
Trifolium parviflorum.
  angulatum.
Lotus corniculatus var. tenuifolius.

6. **Vegetationsform der Wiesen.** Hierunter werden nur jene Wiesen verstanden, welche gemäht und mehr oder minder in Kultur genommen werden, wodurch sie sich zugleich von der Grassteppe unterscheiden. Ist die Unterlage einer solchen Wiese aus Torf gebildet, so entsteht der Wiesenmoor, dessen Flora den Uebergang zur Vegetationsform des Sumpfes vermittelt und durch das Vorherrschen hygrofiler Pflanzen

gekennzeichnet wird. Der Umstand, ob eine Wiese hoch oder niedrig gelegen, ob sie trocken, feucht oder nass sei, übt allerdings einen Einfluss auf die Vegetation aus, allein dieser Einfluss macht sich nur in einzelnen Arten geltend, so dass eine auf diese Eigenschaften gegründete Trennung der Wiesenflora nicht ausführbar wäre.

Auf Kulturwiesen kommen folgende Arten vor, und zwar die mit einem Sternchen bezeichneten nur auf Berg- und Voralpenwiesen:

Equisetum arvense.	Carex distans.	Rumex Acetosa.
Ophioglossum vulgatum.	Juncus compressus.	Thesium Linophyllum.
* Botrychium Lunaria.	Colchicum autumnale.	Plantago media.
* matricariaefolium.	Erythronium Dens canis.	lanceolata.
* rutaefolium.	* Fritillaria tenella.	Valeriana officinalis.
Alopecurus pratensis.	* Lilium bulbiferum.	Knautia arvensis.
Phleum asperum.	* Martagon.	Scabiosa Succisa.
pratense.	Muscari racemosum.	australis.
Holcus lanatus.	Ornithogalum pyrenai-	columbaria.
Anthoxanthum odoratum.	cum.	Bellis perennis.
Agrostis vulgaris.	umbellatum.	Inula Helenium.
stolonifera.	nutans.	Achillea Ptarmica.
canina.	* Allium Victorialis.	cartilaginea.
Avena caespitosa.	moschatum.	Millefolium.
flavescens.	* Ampeloprasum.	Tanacetum Leucanthe-
pubescens.	Asparagus officinalis.	mum.
Arrhenatherum elatius.	* Crocus vernus.	* Arnica montana.
* Danthonia provincialis.	Narcissus radiiflorus.	* Senecio alpestris.
Poa pratensis.	Orchis militaris.	campestris.
trivialis.	variegata.	Jacobaea.
Briza media.	ustulata.	Doria.
minor.	coriophora.	Carlina grandiflora.
Cynosurus cristatus.	* globosa.	Centaurea Jacea.
echinatus.	Morio.	Scabiosa.
Dactylis glomerata.	* papilionacea.	Cirsium pannonicum.
Festuca ovina γ. durius-	* mascula.	canum.
cula.	* sambucina.	bulbosum.
rubra.	latifolia.	* heterophyllum.
elatior.	maculata.	* Hypochoeris maculata.
arundinacea.	Anacamptis pyramidalis.	Thrincia hirta.
Bromus erectus.	Gymnadenia conopsea.	Leontodon autumnalis.
Lolium perenne.	* Nigritella angustifolia.	hastilis.
italicum.	Platanthera bifolia.	Tragopogon pratensis.
Hordeum secalinum.	* Coeloglossum viride.	Scorzonera humilis.
Nardus stricta.	Listera ovata.	hispanica.
Carex Schreberi.	Spiranthes aestivalis.	purpurea.
leporina.	autumnalis.	Podospermum Jacquini-
tomentosa.	* Polygonum Bistorta.	anum.
* montana.	Rumex crispus.	Taraxacum officinale α.
praecox.	obtusifolius.	pratense.

Crepis biennis.
nicaeensis.
virens.
* praemorsa.
Hieracium Pilosella.
Auricula.
cymosum.
* aurantiacum.
Jasione montana.
Phyteuma orbiculare.
Campanula rotundifolia.
patula.
multiflora.
sibirica.
Galium vernum.
boreale.
rubioides.
verum.
Mollugo.
pusillum.
* Gentiana cruciata.
* acaulis.
* verna
* Amarella.
germanica.
* campestris.
* ciliata.
Chlora serotina.
Salvia austriaca.
pratensis.
silvestris.
* amplexicaulis.
verticillata.
Thymus Serpyllum.
Stachys germanica.
Betonica officinalis.
Ajuga reptans.
Pulmonaria augustifolia.
Myosotis versicolor.
Cuscuta Epithymum.
Veronica prostrata.
serpyllifolia.
arvensis.
Euphrasia officinalis.
Rhinanthus Crista galli
 var. α. et β.
* Primula elatior.

Primula officinalis.
Trinia vulgaris.
Kitaibelii.
Carum Carvi.
Pimpinella Saxifraga.
Silaus pratensis.
* Archangelica officinalis.
Peucedanum officinale.
Pastinaca sativa.
opaca.
Heracleum Sphondylium.
Daucus Carota.
Anthriscus silvestris.
Saxifraga granulata.
bulbifera.
Thalictrum medium.
elatius.
galioides.
flavum.
Ranunculus auricomus.
acris.
Steveni.
bulbosus.
Trollius europaeus.
* Aquilegia glandulosa.
Arabis hirsuta.
Cardamine pratensis.
Roripa pyrenaica.
Lepidium perfoliatum.
Viola hirta.
ambigua.
arenaria.
* canina.
* tricolor β. macrantha.
Stellaria graminea.
Cerastium glomeratum.
triviale.
Moenchia mantica.
Dianthus Carthusiano-
 rum.
* deltoides.
Silene viscosa.
multiflora.
inflata.
* Melandrium diurnum.
Lychnis Flos cuculi.
Hypericum barbatum.

Polygala vulgaris.
 amara β. parviflora.
Euphorbia verrucosa.
Geranium pratense.
 palustre.
Linum viscosum.
* hologynum.
nervosum.
perenne.
austriacum.
catharticum.
* Potentilla alba.
Tormentilla.
* rupestris.
* Alchemilla vulgaris.
Sanguisorba officinalis.
Spiraea Filipendula.
Genista tinctoria.
Medicago sativa.
falcata.
Trifolium pallidum.
pratense.
expansum.
pannonicum.
reclinatum.
* incarnatum.
angustifolium.
subterraneum.
resupinatum.
montanum.
strictum.
hybridum.
agrarium.
Dorycnium herbaceum.
diffusum.
Lotus corniculatus.
Tetragonolobus siliquo-
 sus.
* Astragalus hypoglottis.
sulcatus.
asper.
* galegiformis.
Lathyrus pratensis.
latifolius.
Orobus pannonicus.
Coronilla varia.
Onobrychis sativa.

Für Wiesenmoore sind bezeichnend:

Aspidium Thelypteris.	Allium carinatum.	Veronica longifolia.
Carex Davalliana.	Iris sibirica.	Pedicularis palustris.
dioica.	spuria.	Pinguicula vulgaris.
teretiuscula.	Gladiolus palustris.	Primula farinosa.
paradoxa.	imbricatus.	Samolus Valerandi.
stellulata.	Sturmia Loeselii.	Oenanthe silaifolia.
stricta.	Orchis laxiflora.	pimpinelloides.
banatica.	Gymnadenia odoratis-	Angelica silvestris.
vulgaris.	sima.	Peucedanum palustre.
panicea.	Epipactis palustris.	Clematis integrifolia.
fulva.	Thesium ebracteatum.	Ranunculus Flammula.
Rynchospora alba.	Aster Tripolium.	Cardamine parviflora.
Schoenus nigricans.	Achillea Millefolium	Parnassia palustris.
ferrugineus.	var. *crustata*.	Stellaria palustris.
Juncus atratus.	Cirsium brachycephalum.	uliginosa.
Veratrum album.	Scorzonera parviflora.	Dianthus superbus.
Fritillaria Meleagris.	Adenophora lilifolia.	Althaea officinalis.
Allium acutangulum	Gentiana Pneumonanthe.	Euphorbia pilosa.
α. *pratense*.	Swertia perennis.	lucida.
suaveolens.	Erythraea linarifolia.	Lathyrus palustris.

7. Vegetationsform der Sümpfe und Wasser.

Diese Vegetationsform ist zwar vorzugsweise im Tieflande entwickelt, sie findet sich aber auch in gebirgigen Gegenden bis in die Alpenregion vor. Sie tritt theils selbstständig in stehenden und fliessenden Wassern, auf Hochmooren und im Ueberschwemmungsgebiete der Flüsse, theils untergeordnet in Wäldern, an Ufern und versumpften Wiesenstellen, oft nur sehr beschränkt in Gräben, Tümpeln, Lachen, feuchten Gruben und in nassen Gebüschen auf.

Im Wasser untergetaucht oder schwimmend kommen vor:

Salvinia natans.	Ceratophyllum demer-	Ranunculus aquatilis.
Marsilea quadrifolia.	sum.	fluitans.
Pilularia globulifera.	submersum.	divaricatus.
Vallisneria spiralis.	Callitriche verna.	Nymphaea alba.
Stratiotes aloides.	stagnalis.	thermalis.
Hydrocharis Morsus	autumnalis.	Nuphar luteum.
ranae.	Polygonum amphibium.	sericeum.
Najas major.	Limnanthemum nym-	Aldrovanda vesiculosa.
minor.	phoides.	Myriophyllum verticilla-
Zanichellia palustris.	Utricularia vulgaris.	tum.
Alle Potamogetonen.	intermedia.	spicatum.
Alle Arten Lemna.	minor.	Trapa natans.
Sparganium natans.	Hottonia palustris.	

Nur mit der Basis im Wasser und mit dem grösseren Theile des Stengels aufgetaucht sind:

Equisetum limosum.
Oryza clandestina.
Phalaris arundinacea.
Alopecurus geniculatus.
Phragmites communis.
Glyceria spectabilis.
  fluitans.
Carex vulpina.
  paniculata.
  acuta.
Pseudo-Cyperus.
vesicaria.
ampullacea.
riparia.
filiformis.
Cladium Mariscus.
Scirpus lacustris.

Scirpus maritimus.
Cyperus longus.
Scheuchzeria palustris.
Alisma Plautago.
  parnassifolium.
Sagittaria sagittaefolia.
Butomus umbellatus.
Juncus obtusiflorus.
Jris Pseudacorus.
Acorus Calamus.
Typha latifolia.
  angustifolia.
Sparganium simplex.
  ramosum.
Rumex Hydrolapathum.
  aquaticus.
Senecio paludosus.

Menyanthes trifoliata.
Scrofularia aquatica.
Gratiola officinalis.
Veronica Anagallis.
Cicuta virosa.
Sium latifolium.
  angustifolium.
Oenanthe fistulosa.
  Phellandrium.
Ranunculus Lingua.
Cardamine amara.
Nasturtium officinale.
Roripa amphibia.
Montia fontana.
Elatine Alsinastrum.
Isnardia palustris.
Hippuris vulgaris.

Der eigentlichen überall vorkommenden Sumpfvegetation gehören an:

Equisetum palustre.
elongatum.
variegatum.
Beckmannia crucaeformis.
Calamagrostis lanceolata.
  litorea.
Epigejos.
Avena Wibeliana.
Poa fertilis.
  trivialis.
Glyceria aquatica.
Molinia coerulea.
Carex pulicaris.
  cyperoides.
  disticha.
  leporina.
  glauca.
  hordeistichos.
  flava.
  Oederi.
  paludosa.
  nutans.
  hirta.
Scirpus palustris.
  multicaulis.
  ovatus.
  carniolicus.

Scirpus acicularis.
  caespitosus.
  pauciflorus.
  setaceus.
  supinus.
  triqueter.
  pungens.
Holoschoenus.
  silvaticus.
  radicans.
Michelianus.
compressus.
Eriophorum angustifolium.
  latifolium.
Cyperus flavescens.
  fuscus.
  glomeratus.
  patulus.
Triglochin palustre.
Alisma ranunculoides.
Juncus communis.
  glaucus.
  lampocarpus.
  silvaticus.
  supinus.
  bufonius.
  sphaerocarpus.

Hemerocallis flava.
Leucojum aestivum.
Malaxis paludosa.
  monophyllos.
Typha minima.
Salix cinerea.
  nigricans.
  myrtilloides.
  repens.
Polygonum lapathifolium.
Persicaria.
  minus.
Hydropiper.
Rumex maritimus.
  palustris.
Plantago maxima.
Valeriana officinalis.
  dioica.
Petasites officinalis.
  albus.
  niveus.
Tussilago Farfara.
Pulicaria vulgaris.
  dysenterica.
Bidens tripartita.
  cernua.
Achillea Ptarmica.
Tanacetum serotinum.

13 *

Gnaphalium uliginosum.
Senecio cacaliaefolius.
  palustris.
  sarracenicus.
Cirsium palustre.
  rivulare.
  oleraceum.
Sonchus palustris.
Taraxacum officinale
  δ. palustre.
  tenuifolium.
Crepis paludosa.
Galium uliginosum.
  palustre.
Asperula Aparine.
Erythraea pulchella.
Chlora perfoliata.
Mentha silvestris.
  aquatica.
  arvensis.
  Pulegium.
Lycopus europaeus.
  exaltatus.
Scutellaria galericulata.
  hastifolia.
Leonurus Marrubiastrum.
Stachys palustris.
Teucrium Scordium.
Verbena supina.
Myosotis palustris
Symphytum officinale.

Symphytum uliginosum.
Polemonium coeruleum.
Solanum Dulcamara.
Verbascum Blattaria.
Lindernia pyxidaria.
Limosella aquatica.
Veronica scutellata.
  Beccabunga.
Euphrasia Odontites.
Lysimachia vulgaris.
  punctata.
  Nummularia.
Centunculus minimus.
Helosciadium repens.
  nodiflorum.
Oenanthe banatica.
  media.
Cnidium venosum.
Myosurus minimus.
Ranunculus nodiflorus.
  polyphyllus.
  repens.
  sardous.
  sceleratus.
Caltha palustris.
Arabis bellidifolia.
Roripa austriaca.
  palustris.
  silvestris.
  prolifera.
Senebiera Coronopus.

Viola persicifolia.
Spergularia rubra.
Sagina procumbens.
  ciliata.
  nodosa.
Malachium aquaticum.
Gypsophila muralis.
Hypericum tetrapterum.
Elatine Hydropiper.
  triandra.
  hexandra.
Euphorbia palustris.
Epilobium hirsutum.
  parviflorum.
  tetragonum.
  roseum.
Peplis Portula.
Lythrum Salicaria.
  virgatum.
  Hyssopifolia.
Potentilla reptans.
  norvegica.
  supina.
Spiraea Ulmaria.
Melilotus dentata.
  macrorrhiza.
Trifolium fragiferum.
Glycyrrhiza echinata.
Galega officinalis.
Vicia serratifolia.

Vorzugsweise auf Hochmooren kommen vor:

Aspidium cristatum.
Lycopodium inundatum.
Nardus stricta.
Carex pauciflora.
  canescens.
  elongata.
  Buxbaumii.
  limosa.
Eriophorum vaginatum.
  gracile.
Juncus filiformis.

Juncus squarrosus.
Narthecium ossifragum.
Calla palustris.
Betula pubescens.
  nana.
Pedicularis silvatica.
  Sceptrum Carolinum.
Lysimachia thyrsiflora.
Trientalis europaea.
Calluna vulgaris.
Erica Tetralix.

Andromeda polifolia.
Vaccinium uliginosum.
  Oxycoccos.
Ledum palustre.
Drosera rotundifolia.
  longifolia.
Viola palustris.
Epilobium palustre.
  virgatum.
Comarum palustre.
Trifolium spadiceum.

8. Vegetationsform des bebauten Landes. Diese Vegetationsform wird von den sogenannten Unkräutern gebildet, welche sich auf

bebautem Boden unter die theils auf freiem Felde im Grossen, theils in Gärten gezogenen Pflanzen einfinden und trotz aller menschlichen Bemühungen nicht zu beseitigen sind. Am zahlreichsten findet man sie unter dem Getreide, noch mehr aber auf Brachäckern, wo sie oft massenhaft auftreten. Mit fremden Samen werden übrigens öfter neue Unkräuter eingeführt, während andere wieder verschwinden.

Panicum sanguinale.	Anthemis arvensis.	Myosotis intermedia.
glabrum.	Chrysanthemum segetum.	Convolvulus arvensis.
Setaria verticillata.	Gnaphalium luteo-album.	Linaria Elatine.
viridis.	Filago arvensis.	spuria.
glauca.	montana.	arvensis.
Agrostis Spica venti.	Senecio vulgaris.	Antirrhinum Orontium.
Avena fatua.	Calendula arvensis.	Veronica acinifolia.
sterilis.	Centaurea Cyanus.	triphyllos.
Poa Eragrostis.	iberica.	praecox.
pilosa.	Arnoseris pusilla.	agrestis.
annua.	Hypochoeris glabra.	Buxbaumii.
Bromus secalinus.	Helminthia echioides.	hederifolia.
Lolium temulentum.	Sonchus oleraceus.	Rhinanthus Crista.
Gagea stenopetala.	asper.	galli var. γ.
arvensis.	arvensis.	Melampyrum arvense.
Muscari comosum.	Crepis foetida.	barbatum.
Ornithogalum narbo-	setosa.	Androsace maxima.
nense.	tectorum.	elongata.
refractum.	virens.	Anagallis arvensis.
Allium nigrum.	Specularia Speculum.	Ammi majus.
roseum.	Galium saccharatum.	Falcaria Rivini.
vineale.	tricorne.	Bupleurum rotundifolium.
Urtica urens.	Aparine var. β et γ.	Aethusa Cynapium.
Chenopodium polysper-	parisiense.	Orlaya grandiflora.
mum.	Asperula arvensis.	Caucalis daucoides.
Amarantus Blitum.	Sherardia arvensis.	leptophylla.
viridis.	Calamintha Acinos.	Turgenia latifolia.
deflexus.	Lamium amplexicaule.	Torilis helvetica.
Polygonum Convolvulus.	incisum.	Scandix Pecten Veneris.
Rumex Acetosella.	purpureum.	Bifora radians.
Thesium ramosum.	Galeopsis Ladanum.	Adonis aestivalis.
humile.	Tetrahit.	flammea.
Passerina annua.	ochroleuca.	autumnalis.
Valerianella olitoria.	Stachys arvensis.	Ranunculus arvensis.
carinata.	annua.	Nigella arvensis.
dentata.	Sideritis montana.	Delphinium Consolida.
Auricula.	Ajuga Chamaepitys.	Papaver Rhoeas.
Cephalaria transsilva-	Heliotropium europaeum.	Fumaria officinalis.
nica.	Lithospermum arvense.	prehensilis.
Anthemis austriaca.	Nonea pulla.	parviflora.
ruthenica.	Anchusa arvensis.	Arabis Thaliana.

Erysimum repandum.
Conringia orientalis.
Sinapis arvensis.
   alba.
   nigra.
Camelina sativa.
Neslia paniculata.
Myagrum perfoliatum.
Calepina Corvini.
Bunias orientalis.
   Erucago.
Thlaspi arvense.
   perfoliatum.
   alliaceum.
Teesdalia nudicaulis.
Rapistrum rugosum.
Raphanus Raphanistrum.
Reseda Phyteuma.
Violor tricolor α. micran-
   tha.
Portulaca oleracea.
Polycarpon tetraphyllum.

Spergula arvensis.
   pentandra.
Scleranthus annuus.
Alsine tenuifolia.
Holosteum umbellatum.
Stellaria media.
Saponaria Vaccaria.
Silene gallica.
Melandrium noctiflorum.
Agrostemma Githago.
Althaea hirsuta.
Hibiscus Trionum.
Euphorbia helioscopia.
   segetalis.
   Peplus.
   falcata.
   exigua.
Mercurialis annua.
Erodium cicutarium.
   moschatum.
Geranium pusillum.
   dissectum.

Geranium columbinum.
Linum gallicum.
Oxalis stricta.
   corniculata.
Alchemilla arvensis.
Medicago lupulina.
   scutellata.
   arabica.
   denticulata.
Trifolium arvense.
   scabrum.
   procumbens.
Vicia hirsuta.
   tetrasperma.
   gracilis.
   villosa.
   onobrychioides.
   pannonica.
   lutea.
Lathyrus Aphaca.
   tuberosus.

Vorzugsweise auf Leinfeldern wachsen :

Lolium linicolum.
Cuscuta Epilinum.
Camelina dentata.

Auf Reisfeldern :

Oryza clandestina.
Cyperus Monti.

Auf Tabak- und Hanffeldern :

Orobanche ramosa.

9. Vegetationsform des wüsten Landes. Diese siedelt sich an Wegen, Rainen, in Strassengräben, auf Schutt, Dämmen, Mauern, in der Nähe der Dörfer, auf öden Plätzen an, und folgt meistens dem Fusse des Menschen (Ruderale oder anthropofile Pflanzen). Viele derselben gehören auch der vorausgegangenen Vegetationsform an und umgekehrt.

Panicum Crus galli.
Poa compressa.
Festuca myuros.
   bromoides.
Bromus inermis.
   arvensis.
   squarrosus.

Bromus tectorum.
   sterilis.
Triticum repens.
Hordeum murinum.
Sorghum halepense.
Urtica major.
Parietaria diffusa.

Atriplex nitens.
   hastata.
   patula.
   laciniata.
   rosea.
Blitum virgatum.
Beta trigyna.

Chenopodium Bonus Hen-
ricus.
rubrum.
urbicum.
hybridum.
murale.
album.
ficifolium.
opulifolium.
glaucum.
Vulvaria.
Salsola Kali.
Amarantus retroflexus.
Polygonum aviculare.
Rumex conglomeratus.
pulcher.
obtusifolius.
crispus.
Plantago major.
maritima.
Erigeron canadensis.
Inula Britanica.
Pulicaria vulgaris.
Xanthium Strumarium.
spinosum.
Galinsoga parviflora.
Anthemis Cotula.
Matricaria Chamomilla.
Chamaemelum inodorum.
uniglandulosum.
Artemisia campestris.
annua.
Senecio vernalis.
Xeranthemum annuum.
Centaurea paniculata.
solstitialis.
Calcitrapa.
Onopordon Acanthium.
tauricum.
Carduus nutans.
acanthoides.
Carthamus lanatus.
Cirsium lanceolatum.

Cirsium ciliatum.
acaule.
arvense.
Lappa communis.
Lapsana communis.
Cichorium Intybus.
Tragopogon major.
Podospermum Jacquinia-
num.
laciniatum.
Lactuca Scariola.
virosa.
saligna.
Chondrilla juncea.
Salvia Aethiopis.
Nepeta Cataria.
Lamium album.
Leonurus Cardiaca.
Marrubium vulgare.
peregrinum.
Ballota nigra.
Verbena officinalis.
Ceriuthe minor.
Echium vulgare.
Anchusa officinalis.
italica.
Cynoglossum officinale.
Asperugo procumbens.
Echinospermum Lappula.
Datura Stramonium.
Hyoscyamus niger.
Nicandra physaloides.
Solanum nigrum.
Linaria Cymbalaria.
minor.
vulgaris.
Veronica peregrina.
Anthriscus vulgaris.
Conium maculatum.
Sedum acre.
sexangulare.
album.
Ceratocephalus falcatus.

Ceratocephalus ortho-
ceras.
Chelidonium majus.
Glaucium flavum.
corniculatum.
Sisymbrium officinale.
Loeselii.
Irio.
Columnae.
pannonicum.
Sophia.
Diplotaxis muralis.
tenuifolia.
Alyssum calycinum.
incanum.
Euclidium syriacum.
Thlaspi campestre.
Lepidium Draba.
ruderale.
Capsella Bursa pastoris.
Rapistrum perenne.
Reseda lutea.
luteola.
Ecballion Elaterium.
Sicyos angulatus.
Cerastium arvense.
Melandrium vespertinum.
Malva silvestris.
rotundifolia.
borealis.
Abutilon Avicennae.
Euphorbia platyphyllos.
Esula.
Lathyris.
Geranium robertianum.
Potentilla Anserina.
Poterium Sanguisorba.
polygamum.
Geum urbanum.
Ononis Natrix.
Melilotus officinalis.
alba.

10. Kulturpflanzen. An diesen ist Ungarn nicht minder reich. Es erzeugt alle Cerealien in grösster Menge und besonders Weizen in vorzüglichster Güte, es ist nach Frankreich das reichste Weinland und seine Weine gehören zu den edelsten Europa's, Tabak-, Hanf- und Repsbau haben im südlichen Ungarn eine grosse Verbreitung, die Pflaumengärten in Slavonien und im Banat, so wie die Wassermelonen des Tieflandes sind ganz eigenthümliche Erscheinungen. Nachstehend folgt der Ausweis über die Erträgnisse der Landwirthschaft im Jahre 1859 nach den von der k. k. Direction der administrativen Statistik im Jahre 1862 herausgegebenen Tafeln. Ein späterer Ausweis ist seitdem nicht mehr erschienen.

Erträgnisse der Landwirtschaft im Jahre 1859

	Ungarn	Serbische Wojwodschaft und Temeser Banat	Croatien und Slavonien	Militärgrenze	
				Serbisch-Banatische	Croatisch-Slavonische
Weizen in nieder-österr. Metzen . . .	15,134.000	9,312.000	783.000	297.000	331.000
Roggen „ „ „ . . .	21,876.000	920.000	1,506.000	996.000	449.000
Mais „ „ „ . . .	17,353.000	9,062.000	3,576.000	1,281.000	579.000
Halbfrucht „ „ „ . . .	8,316.000	5,569.000	653.000	—	—
Gerste „ „ „ . . .	13,783.000	3,201.000	856.000	451.000	276.000
Hafer „ „ „ . . .	20,590.000	8,980.000	1,262.000	923.000	373.000
Anderes Getreide in nieder-österr. Metzen .	695.000	11.000	654.000	64.000	319.000
Hülsenfrüchte „ „ „ .	1,322.000	307.000	108.000	39.000	97.000
Kartoffeln „ „ „ .	16,163.000	199.000	289.000	275.000	600.000
Rüben „ „ „ .	12,716.000	1,700.000	640.000	118.000	117.000
Kraut in Schilling	17,715.000	1,900.000	815.000	383.000	716.000
Kastanien in nieder-österr. Metzen . . .	27.000	5.000	4.000		
Obst „ „ „ . . .	2,300.000	516.000	214.000	159.000	33.000
Wein in nieder-österr. Eimern	12,946.000	1,257.000	1,784.000	387.000	270.000
Heu, Grumet, Klee in nieder-österr. Centnern .	113,250.000	18,043.000	9,814.000	8,819.000	6,115.000
Stroh in nieder-österr. Centnern	141,102.000	61,000.000	12,605.000	7,265.000	5,203.000
Tabak „ „ „	715.000	146.000	24.000	1.900	1.100
Flachs „ „ „	237.000	26.000	15.000	3.000	17.000
Hanf „ „ „	229.000	341.000	79.000	18.900	22.390
Flachs- und Hanfsamen in nieder-österr. Centnern .	216.000	379.000	99.000	32.000	57.000
Repsöl (Angabe der Samenmenge fehlt) in n. ö. Ctrn.	117.000	17.000	4.900	—	500.000
Holz in nieder-österr. Klaftern	6,110.000	484.000	1,063.000	500.000	1,000.000

Diese statistischen Ausweise geben jedoch insofern kein richtiges
Bild, als denselben eine andere Landeseintheilung zu Grunde liegt, als
gegenwärtig besteht. Sollten sie auf letztere passen, so müsste man die
Erträgnisse der zu Ungarn gekommenen siebenbürgischen Landestheile
und der früher croatischen Murinsel hinzufügen, jene von Civil- und Militär-
Croatien abziehen, was nach der Einrichtung der Tabellen nicht möglich
ist. Ueber die Erträgnisse von Reis, Hopfen, Mohn und Färbepflanzen ist
in den statistischen Ausweisen nichts enthalten, sie müssen also unbedeutend sein.

Auf Aeckern werden im Grossen gebaut:

Oryza sativa.	Beta vulgaris.	Cucumis sativus.
Zea Mays.	Polygonum Fagopyrum.	Cucurbita Pepo.
Panicum miliaceum.	Carthamus tinctorius.	Melopepo.
Setaria italica.	Rubia tinctorum.	Lagenaria.
Avena sativa.	Nicotiana rustica.	Linum usitatissimum.
orientalis.	Tabacum.	Medicago sativa.
Triticum vulgare.	Capsicum annuum.	Trifolium sativum.
Secale cereale.	Solanum tuberosum.	Pisum sativum.
Hordeum vulgare. -	Papaver somniferum.	Ervum Lens.
distichon.	Brassica oleracea.	Vicia Faba.
Sorghum saccharatum.	Napus.	sativa.
vulgare.	Rapa.	Lathyrus sativus.
Humulus Lupulus.	Isatis tinctoria.	Onobrychis sativa.
Cannabis sativa.	Cucumis Citrullus.	

In Haus- und Weingärten, seltener auf freiem Felde werden zum
Küchengebrauche, zu ökonomischen und technischen Zwecken folgende
Arten kultivirt, von denen die mit einem Sternchen bezeichneten auch
verwildert vorkommen oder wirklich wild geworden sind:

* Phalaris canariensis.	Cichorium Endivia.	* Anethum graveolens.
Allium sativum.	Lactuca sativa.	Daucus Carota.
Ophioscorodon.	* Asclepias Cornuti.	* Coriandrum sativum.
Porrum.	Ocimum Basilicum.	Nigella sativa.
Schoenoprasum.	Lavandula vera.	* Roripa rusticana.
ascalonicum.	Mentha piperita.	* Lepidium sativum.
Cepa.	Salvia officinalis.	* Raphanus sativus.
fistulosum.	Origanum Majorana.	Cucumis Melo.
Crocus sativus.	Thymus vulgaris.	* Phytolacca decandra.
* Atriplex hortensis.	Satureja hortensis.	* Malva crispa.
* Spinacia oleracea.	* Borrago officinalis.	* Ruta graveolens.
* Kochia scoparia.	* Lycopersicum esculen-	* Cicer arietinum.
* Chenopodium ambrosi-	tum.	* Vicia monantha.
oides.	* Petroselinum sativum.	* Ervilia.
* Rumex Patientia.	* Apium graveolens.	Phaseolus vulgaris.
* Dipsacus Fullonum.	Sium Sisarum.	coccineus.
* Helianthus annuus.	* Foeniculum officinale.	
tuberosus.	Levisticum officinale.	

In Obst- und Weingärten werden kultivirt und kommen auch verwildert und selbst wild vor:

Castanea sativa.	Ribes nigrum.	Rubus idaeus.
Corylus Avellana.	Juglans regia.	Amygdalus communis.
tubulosa.	Mespilus germanica.	Persica vulgaris.
Morus alba.	Pyrus communis.	Prunus Armeniaca.
nigra.	Malus.	domestica.
Ficus Carica.	Cydonia vulgaris.	insititia.
Ribes Grossularia.	Sorbus domestica.	avium.
rubrum.	torminalis.	Cerasus.

In Alleen und Dörfern werden gepflanzt:

Populus pyramidalis.	Tilia parviflora.	Robinia Pseudacacia.
monilifera.	Aesculus Hippocastanum.	
Tilia grandiflora.	Sorbus aucuparia.	

Verwilderte Flüchtlinge der Ziergärten sind:

Calendula officinalis.	Ampelopsis quinquefolia.	Rosa cinnamomea.
Hyssopus officinalis.	Buxus sempervirens.	
Antirrhinum majus.	Philadelphus coronarius.	

V. Die Flora von Ungarn in numerischer Beziehung verglichen mit jenen der deutsch-österreichischen und südrussischen Länder.

Zu den deutsch-österreichischen Ländern werden hier Böhmen, Schlesien, Mähren, Ober- und Nieder-Oesterreich, Salzburg, Tirol, Kärnten, Steiermark, Krain und das Küstenland (Görz, Triest, Istrien, und die Inseln des Quarnero) zusammen 3604.56 ☐ Meilen gezählt, was mit den zum deutschen Bundesstaate gehörigen Ländern des Kaiserthumes Oesterreich so ziemlich dasselbe ist. Unter Südrussland sind alle Länder zwischen dem Pruth und dem Don nördlich bis zum 50. Breitengrade, also die südlichen Theile der Gouvernements Kiew, Poltawa und Charkow, die ganzen Gouvernements Podolien, Cherson, Taurien und Jekaterinoslaw, die Provinz Bessarabien und das Land der Donischen Kosaken, ungefähr 9600 ☐ Meilen, verstanden. *Ledebour* begreift unter Südrussland in pflanzengeografischer Beziehung auch die Länder vom Don bis zum Kaspischen Meere und bis zum Uralflusse, d. i. das Gouvernement Astrachan, das südliche Gouvernement Saratow und das nördliche Gouvernement Kaukasien, allein diese sind hier ausgeschlossen, weil sie von Ungarn schon zu entfernt liegen und weil ihre Flora weit mehr Aehnlichkeit mit jener des Kaukasus als des südwestlichen Russlands hat. Bei Aufzählung der in Deutsch-Oesterreich vorkommenden Pflanzen wurde *Koch's* Synopsis mit Berücksichtigung der später gemachten Entdeckungen, bei jener Südrusslands *Ledebour's* Flora rossica zur Richtschnur genommen, doch mussten der Gleichförmigkeit wegen in beiden Floren derselbe Artenbegriff durchgeführt werden, welcher bei der Flora von Ungarn massgebend war. Hybride Bildungen sind in nachstehende Aufzählung nicht aufgenommen.

14 *

Vergleichende Uebersicht.

Name der Ordnung	Zahl der Arten		
	Ungarn	Deutsch-Oesterreich	Süd-Russland
1 Equisetaceae	9	9	8
2 Polypodiaceae	32	40	16
3 Osmundaceae	—	1	—
4 Ophioglosseae	3	5	3
5 Salviniaceae	1	1	1
6 Marsileaceae	2	2	—
7 Isoëteae	—	1	—
8 Lycopodiaceae	8	8	3
9 Cytineae	—	1	—
10 Gramineae	184	228	164
11 Cyperaceae	114	127	59
12 Alismaceae	7	7	6
13 Butomaceae	1	1	1
14 Juncaceae	23	33	10
15 Melanthaceae	6	6	5
16 Liliaceae	59	66	61
17 Smilaceae	10	11	9
18 Dioscoreae	1	1	—
19 Hydrocharideae	3	3	2
20 Irideae	20	17	18
21 Amaryllideae	7	10	4
22 Orchideae	51	55	40
23 Najadeae	21	24	13
24 Aroideae	4	4	3
25 Typhaceae	6	6	5
26 Coniferae	10	15	6
27 Ceratophylleae	2	2	2
28 Callitrichineae	3	3	3
29 Betulaceae	6	7	4
30 Cupuliferae	13	14	8
31 Ulmaceae	2	2	2
32 Celtideae	1	1	1
33 Moreae	3	3	3
34 Urticaceae	4	4	6
35 Cannabineae	2	2	2
36 Salicineae	26	33	12
37 Salsolaceae	39	36	58
38 Amarantaceae	7	5	6
39 Polygoneae	31	29	29
Fürtrag	721	823	563

Name der Ordnung		Zahl der Arten		
		Ungarn	Deutsch-Oesterreich	süd-Russland
	Uebertrag	721	823	563
40	Laurineae	—	1	1
41	Santalaceae	7	9	3
42	Daphnoideae	4	9	2
43	Elaeagneae	1	1	—
44	Aristolochieae	3	4	2
45	Plantagineae	12	17	7
46	Plumbagineae	2	7	11
47	Valerianeae	12	17	16
48	Dipsaceae	19	20	15
49	Compositae	281	327	261
50	Campanulaceae	34	41	20
51	Rubiaceae	33	34	33
52	Lonicereae	10	14	7
53	Jasmineae	—	1	1
54	Oleaceae	4	6	5
55	Apocyneae	2	5	3
56	Asclepiadeae	2	3	3
57	Gentianaceae	25	33	12
58	Labiatae	85	95	94
59	Verbenaceae	2	2	2
60	Globularieae	2	3	2
61	Asperifoliae	48	43	48
62	Convolvulaceae	9	10	9
63	Polemoniaceae	1	1	1
64	Solanaceae	14	14	10
65	Scrofularinae	93	111	75
66	Acanthaceae	1	2	—
67	Orobancheae	22	20	13
68	Utricularieae	5	6	3
69	Primulaceae	31	47	15
70	Ebenaceae	—	—	1
71	Ericaceae	21	24	12
72	Umbelliferae	121	145	120
73	Araliaceae	2	2	2
74	Corneae	2	2	2
75	Loranthaceae	2	3	2
76	Crassulaceae	20	28	11
77	Saxifragaceae	29	43	5
78	Ribesiaceae	5	5	4
	Fürtrag	1687	1958	1396

Name der Ordnung	Zahl der Arten		
	Ungarn	Deutsch-Oesterreich	Süd-Russland
Uebertrag	1687	1958	1396
79 Ranunculaceae	81	88	71
80 Berberideae	2	2	2
81 Papaveraceae	19	22	18
82 Cruciferae	131	144	130
83 Capparideae	—	2	2
84 Resedaceae	4	3	4
85 Nymphaeaceae	4	3	2
86 Cistineae	3	8	6
87 Droseraceae	4	4	4
88 Violaceae	14	19	9
89 Frankeniaceae	—	—	3
90 Cucurbitaceae	12	7	14
91 Cacteae	—	1	—
92 Portulaceae	2	2	2
93 Caryophylleae	106	123	102
94 Phytolaccaceae	1	1	1
95 Malvaceae	14	13	13
96 Tiliaceae	3	2	4
97 Hypericineae	10	10	9
98 Elatineae	4	4	—
99 Reaumuriaceae	—	—	1
100 Tamariscineae	1	3	3
101 Acerineae	6	4	4
102 Hypocastaneae	1	1	1
103 Polygaleae	6	5	6
104 Staphyleaceae	1	1	1
105 Celastrineae	3	3	3
106 Ampelideae	2	2	1
107 Ilicineae	1	1	—
108 Rhamneae	5	10	4
109 Empetreae	1	1	1
110 Euphorbiaceae	30	36	32
111 Juglandeae	1	1	1
112 Anacardiaceae	1	3	3
113 Diosmeae	1	1	1
114 Rutaceae	3	4	3
115 Zygophylleae	1	1	2
116 Geraniaceae	20	22	16
117 Lineae	11	16	12
Fürtrag	2196	2551	1887

Name der Ordnung	Ungarn	Deutsch-Oesterreich	Süd-Russland
Uebertrag	2196	2551	1887
118 Oxalideae	3	3	1
119 Balsamineae	1	1	1
120 Philadelpheae	1	1	1
121 Oenothereae	16	19	12
122 Halorageae	4	3	3
123 Lythrarieae	4	4	6
124 Myrtaceae	—	1	—
125 Granateae	—	1	1
126 Pomaceae	15	16	16
127 Rosaceae	57	72	52
128 Amygdaleae	12	12	12
129 Papilionaceae	163	223	178
Summe	2472	2907	2170

Man sieht hieraus, dass Ungarn ungeachtet seines grösseren Areals an Pflanzenarten ärmer ist als Deutsch-Oesterreich, was der minderen Durchforschung des Landes und dem Mangel einer Litoralflora zuzuschreiben ist, dagegen übertrifft es, obschon um mehr als die Hälfte kleiner als Südrussland, dieses doch an Artenreichthum, weil letzterem Lande hohe Gebirge so wie ausgedehnte Bergwälder fehlen.

Nach der Zahl der Arten reihen sich die Ordnungen der ungarischen Flora folgendermassen:

Osmundaceae 0	Acanthaceae 1	Apocyneae 2
Isoëteae 0	Phytolaccaceae 1	Asclepiadeae 2
Cytineae 0	Tamariscineae 1	Verbenaceae 2
Laurineae 0	Hypocastaneae 1	Globularieae 2
Jasmineae 0	Staphyleaceae 1	Araliaceae 2
Ebenaceae 0	Ilicineae 1	Corneae 2
Capparideae 0	Empetreae 1	Loranthaceae 2
Frankeniaceae 0	Juglandeae 1	Berberideae 2
Cacteae 0	Anacardiaceae 1	Portulacaceae 2
Reaumuriaceae 0	Diosmeae 1	Ampelideae 2
Myrtaceae 0	Zygophyllene 1	Ophioglosseae 3
Granateae 0	Balsamineae 1	Hydrocharideae ... 3
Salviniaceae 1	Philadelpheae 1	Callitrichineae ... 3
Butomaceae 1	Marsileaceae 2	Moreae 3
Dioscoreae 1	Ceratophylleae ... 2	Aristolochieae 3
Celtideae 1	Ulmaceae 2	Cistineae 3
Elaeagneae 1	Cannabineae 2	Tiliaceae 3
Polemoniaceae 1	Plumbagineae ... 2	Celastrineae 3

VI. Schlussbemerkung.

Aus der eben gegebenen Darstellung erhellt, dass Ungarn eine der schönsten und reichsten Floren Europa's besitzt. Nur Ein Vorwurf trifft diese Flora und zwar ein bedeutender, allein er kann, und wir wollen es hoffen, er wird auch im Laufe der Zeiten beseitigt werden. Die Flora von Ungarn ist nämlich, wie schon mehrmal bemerkt wurde, nur unvollständig bekannt. Es handelt sich hier nicht um einzelne Gegenden und Länderstrecken, auch nicht um einige, sondern um viele Comitate, welche in botanischer Beziehung so gut wie gar nicht durchforscht sind. Nachfolgende Auseinandersetzung wird dies deutlicher zeigen.

In botanischer Beziehung am besten bekannt sind: Die Comitate Presburg, Neutra, Arva und Liptau, die Central-Karpaten, das Comitat Sáros, die Umgebung von Kaschau, die Matra und Hegyallja, das Comitat Wieselburg, die Ufer des Neusiedler- und Plattensees, der Bakonyer Wald, das Pilis-Vértes Gebirge, die Umgebungen von Oedenburg, Fünfkirchen und Futak, die nördliche Hälfte des Pester Comitates, Sirmien, die südliche Spitze des Comitates Temes, das Comitat Krassó, die serbisch- und romanisch-banatische Militärgrenze, obschon hier überall noch vieles zu wünschen übrig bleibt.

Wenig oder gar nicht bekannt sind: Das Comitat Neográd, die nördlichen Theile der Comitate Zemplin und Ung, die westliche Marmaros, die

Comitate Ugocs, Mittel-Szolnok, Kraszna, Zaránd und der District Kóvár, das Sumpfgebiet des Berettyó, die Comitate Békés, Csongrád, Csanád, Bács und Torontál, das Comitat Temes mit Ausnahme der südlichsten Spitze, die Gradiskaner Militärgrenze und der Csaikisten-Distrikt, von dem sich auch nicht Ein Standort aufgezeichnet vorfindet.

Alle übrigen Comitate sind mehr oder minder oft nur streckenweise bekannt, doch immerhin soweit, dass sie ein Bild der Vegetation geben oder sich wechselseitig ergänzen. Insbesondere wurden die botanischen Kenntnisse der südöstlichen Comitate am rechten Donau-Ufer und von Slavonien durch *Kitaibel's* zum Theil ungedruckte Reiseberichte wesentlich gefördert, so dass dieses Gebiet, welches eher zu den unbekanntesten gehörte, jetzt zu den bekannteren gezählt werden muss.

Aber auch bei den botanisch bekannten Gegenden dürfen zwei gewichtige Bedenken nicht mit Stillschweigen übergangen werden. Mehr als die Hälfte der verzeichneten Standorte beruht auf den Angaben älterer Botaniker, insbesondere auf *Kitaibel's* Reiseberichten, welche in die Jahre 1796 bis 1817 fallen und selbst so manchen in neuester Zeit erschienenen ungarischen Specialfloren liegen nur die Aufzeichnungen längst verstorbener Botaniker zu Grunde. Zwischen damals und jetzt liegt aber ein Zeitraum von 30 bis 50 Jahren, in welchem sich vieles in der freien Natur vorzüglich durch Entwässerung geändert hat, z. B. in den Theissgegenden, im Hanság, in den slavonischen Sümpfen; viele der älteren Standorte dürften also gegenwärtig gar nicht mehr existiren. Noch grössere Veränderungen sind aber in den Ansichten der Botaniker und in den Doctrinen der modernen Wissenschaft eingetreten, gar manches, damals gut und brauchbar oder doch verständlich, passt nicht mehr auf die jetzigen Begriffe und lässt sich nur schwer in das Gewand der Gegenwart kleiden. Auch das Studium der hybriden Bildungen wurde bisher so viel wie gar nicht berücksichtiget.

Das zweite Bedenken liegt darin, dass die über die ungarischen Pflanzenstandorte vorhandenen Schriften von Botanikern herrühren, deren Kenntnisse und Beobachtungsgabe bei einer nicht geringen Zahl derselben eben nicht hoch angeschlagen werden darf, und dass man es in früherer Zeit mit den Bestimmen der Pflanzen noch weniger genau nahm als jetzt, so dass in vielen Pflanzen-Aufzählungen ohne allen Zweifel eine Menge unrichtiger Angaben aufgenommen wurde, welche, wenn sie den pflanzengeografischen Gesetzen nicht geradezu widersprechen, gar nicht erkennbar sind. Ein schlagendes Beispiel dieser Art hat *Kerner's* Berichtigung der Fünfkirchner Flora von *Nendtvich* gegeben. Die Flora von Ungarn leidet daher nicht minder an Unrichtigkeit als an Unvollständigkeit der Angaben.

Dies alles gilt überdies nur von den Gefässpflanzen, die Kryptogamenflora ist mit Ausnahme einiger Familien und einiger Districte ganz und gar unbekannt, so dass man in dieser Beziehung nicht einmal über die ersten Anfänge hinausgekommen ist. Gross ist also die Aufgabe, die noch zu lösen ist und im günstigsten Falle kann sie vor Ablauf eines Menschenalters nicht gelöst werden.

ZWEITER THEIL.

FAMILIEN, GATTUNGEN UND ARTEN

DER

FLORA VON UNGARN UND SLAVONIEN.

Aufzählung

der

In Ungarn und Slavonien bisher beobachteten wild wachsenden oder im Grossen gebauten Gefässpflanzen nach Endlicher's Systeme.

Verzeichniss der hierbei benutzten Schriften und Erklärung der Abkürzungen *).

Gedruckte Werke:

Baumg. — *Baumgarten* Enumeratio stirpium in magno principatu Transsilvaniae praeprimis indigenarum. Tomus I—III. Vindobonae 1816, tomus IV. Cibinii 1846. 8. — Ist für die Flora der Rodnaer Alpen und der 1860 zu Ungarn gekommenen siebenbürgischen Comitate fast die einzige Quelle, nur schade, dass man oft nicht weiss, welche Pflanze der Verfasser unter einem wenn auch bekannten Namen meint.

Bot. Zeit. (mit Vorsetzung des jedesmaligen Autors). — Botanische Zeitung, herausgegeben von *Mohl* und *Schlechtendal*. Berlin, Jahrgänge 1843—64. 4. — Die wenigen Aufsätze, welche theilweise die Flora von Ungarn berühren, sind:

Andrä Beiträge zur Flora des Banats und Siebenbürgens 1853 p. 409, 1875 p. 289, 1856 p. 49.

Ball Adnotatio in speciem novam generis Saxifraga 1846 p. 401.

Janka Zur Kenntniss einiger Sesleria und Avena Arten 1859 p. 73, 172, 1860 p. 23.

Kanitz Botanische Notizen 1862 p. 190, Enumeratio Urticarum imperii regis hungarici 1863 p. 54, zur Kenntniss der Verbreitung einiger Pflanzen Pannoniens 1863 p. 44.

Kunze Ueber Crocus speciosus 1845 p. 209.

Schott Eine neue Saxifraga 1851 p. 65.

Brandenb. Ver. — Verhandlungen des botanischen Vereines für die Provinz Brandenburg, redigirt von *Ascherson*. Berlin, Heft I—VI. 1859—65. 8. Enthält 2 kritische Aufsätze *Ascherson's*, welche auf die Flora von Ungarn Bezug nehmen, als: Ueber einige Fumaria-Arten. V. 214 und über Chaerophyllum nitidum. VI. 151.

---

*) Um Raum zu ersparen, musste ich die Citate auf die möglichste Weise abkürzen.

Clus. Pan. — *Clusius* Rariorum aliquot stirpium per Pannoniam, Austriam et vicinas quasdam provincias observatarum historia. Antverpiae 1583. 8.

Clus. Hist. — *Clusius* Rariorum plantarum historia. Antverpiae 1601. Folio. — Die von *Clusius* angegebenen Standorte sind nun schon 300 Jahre alt, allein da man in den Umgebungen Wiens, wo doch seit jener Zeit so ungeheure Veränderungen stattfanden, die meisten Pflanzen noch heutzutage an den Stellen findet, an denen sie *Clusius* beobachtete, so wird dies auch bezüglich Ungarns der Fall sein.

Czompo — *Czompo* Dissertatio inauguralis de Euphorbiaceis Hungariae. Pestini 1837. 8. — Von sehr untergeordnetem Werthe.

Doll. Aust. — *Dolliner* Enumeratio plantarum in Austria inferiori crescentium. Vindobonae 1842. 8. — Enthält einige Standorte vom Neusiedler See.

Dorn. Pest. — *Dorner* Pestmegye viránya összehasonlítva Alsó-Ausztria virányával (Die Flora des Pester Com. verglichen mit jener von Nied. Oesterr.) im Programme des evangel. Gymnasiums zu Pest 1861 — 2 — Enthält einige neue Standorte der Pester Flora.

Dorn. Cusc. — *Dorner* A magyar virány Cuscutái (Die Cuscuten der ungar. Flora) in Magyar orvosok és természetvizsgálók Pesten tartott IX. nagygyülésének munkálatai. Pest 1864 p. 290 4. (Arbeiten der zu Pest versammelten Naturforscher). — Eine Beschreibung der in Ungarn vorkommenden Arten der Gattung Cuscuta mit einer anatomisch-morfologischen Einleitung.

Endl. — *Endlicher* Flora posoniensis. Posonii 1830. 8. — Ist wohl nur eine verbesserte und mit einigen neuen Standorten vermehrte Ausgabe der Flora *Lumnitzer's.*

Fábry — *Fábry* Rima-Szombat viránya (Flora von Rima-Szombat) I. (Ranunculaceae — Loranthaceae) im Programm des Gymnasiums zu Rima-Szombat 1858, II. Caprifoliaceae — Gramineae) in jenem von 1859. 4. — Die Pflanzen sind seltsamer Weise nur mit ihren ungarischen Namen angeführt, allein da der Verfasser der Nomenclatur von *Diószegi's* Flora von Ungarn folgt, so lässt sich hieraus der lateinische Name entnehmen (*Kanitz* war so gütig, diese Namensübertragung zu besorgen). Uebrigens enthält dieses Verzeichniss sehr viele Arten, deren Vorkommen im Gebiete von Rima-Szombat schwer zu begreifen ist oder geradezu als unrichtig bezeichnet werden muss, so dass alle Angaben wenig Glauben verdienen. Offenbar unrichtige Standorte habe ich in der Regel mit Stillschweigen übergangen.

Feicht. Ad. — *Feichtinger* Adatok Esztergommegye flórájából (Beiträge zur Flora von Gran) in Magyar orvosok és természetvizsgálók Pesten tartott IX. nagygyülésének munkálatai. Pest 1864 p. 264. 4. (Arbeiten der zu Pest versammelten Naturforscher). — Eine Aufzählung der am linken Donau-Ufer im Comitate Gran vorkommenden Pflanzen. Zeichnet sich vor ähnlichen Arbeiten sehr vortheilhaft aus.

Feueregg. — *Feueregger* Dissertatio inauguralis de Valerianeis Hungariae. Pestini 1837. 8. — Enthält wenig Brauchbares.

Flora (mit Vorsetzung des jedesmaligen Autors). — Flora oder
botanische Zeitung. Regensburg, Jahrgänge 1818—64. 8. — Enthält nur
wenige Aufsätze über die Flora von Ungarn. Die vorzüglichsten sind:
Herbich Ausflug in die galizischen Grenzkarpaten 1834 II. 561.
Heuffel Verzeichniss der in *Endlicher's* Flora posoniensis nicht
erwähnten Pflanzen 1831 I. 404; Plantarum Hungariae novarum aut
non rite cognitarum decas prima 1833 I. 353, decas secunda 1835 I.
240; Caricineae in regnis Hungariae, Croatiae, Slavoniae magnoque
Transsilvaniae principatu sponte nascentes 1844 II. 527 (ist auch in
den Arbeiten der 1844 zu Temesvár versammelten Naturforscher
abgedruckt, enthält aber keine näheren Angaben, so dass man nicht
einmal weis, in welchem Lande die Pflanze wächst); Sertum plantarum
novarum aut minus cognitarum 1853 I. 616; über einige verwech-
selte Arten der Flora Ungarn's 1854 I. 289; die in Ungarn vorkommenden Arten der Gattung Knautia 1856 I. 49; über Galium
aristatum, capillipes et papillosum 1857 II. 560.
  Hoppe Ueber die von *Heuffel* eingesendeten Pflanzen des Banats
1834 I. 382.
  Kerner Flora der ungar. Sandheiden 1857 I. 49.
  Rochel Nachtrag zu dem Verzeichnisse der Pflanzen des Banats
1831 I. 298.
  Wierzbicki Bericht über botan. Excursionen im Banat 1842 I.
257, Verzeichniss jener Pflanzen, welche im Banat seit *Rochel* vor-
gefunden wurden 1845 I. 321.

  Geners. — *Genersich* Florae scepusiensis elenchus. Leutschoviae 1798.
8. — Veraltet und durch *Wahlenberg's* Flora entbehrlich.

  Grész — *Grész* Dissertatio inauguralis de Potentillis Hungariae.
Pestini 1837. 8. — Von den Inaug. Dissertationen dieses Zeitalters die beste.

  Gris. It. — *Grisebach* et *Schenk* Iter hungaricum anno 1852 susceptum, in *Wiegmann's* Archiv für Naturgeschichte. Berlin 1852. 8. —
Enthält wichtige Beiträge zur Flora des Banats.

  Hacq. — *Hacquet* Neueste Reisen durch die dacischen und sarmatischen Karpaten. Nürnberg 1790—96. 8. Vier Bände. Enthält bezüglich
Ungarns nur wenige Angaben und oft unrichtige Pflanzenbestimmungen.

  Hazsl. ÉM. — *Hazslinszky* Éjszaki magyarhon virànya. Kassán
1864. 12. (Flora des nördl. Ungarns). — Eine von den wenigen ungar.
Floren, die auf neuen eigenen Beobachtungen beruht und in pflanzen-
geografischem Sinne aufgefasst ist.

  Hazsl. Sár. — *Hazslinszky* Sáros vármegyében 1846. év aug. köze-
péig talált növények névsora (Verzeichniss der im Comitate Sáros bis
August 1846 gefundenen Pflanzen) in Magyar orvosok és természetvizsgálók Kassa-Eperjessen tartott VII. nagygyülésének munkálatai.
Pesten 1846 p. 218. 4. (Arbeiten der zu Kaschau und Eperjes versammelten Naturforscher). — Vor dem Erscheinen des vorstehenden Werkes
die einzige Quelle über das Comitat Sáros.

  Herb. Add. — *Herbich* Additamentum ad floram Galiciae. Leopoli
1831. 8. — Enthält Standorte aus den galiz. Central-Karpaten und den
Pienninen, welche theilweise auch die Flora von Ungarn berühren.

  Herb. Bucov. — *Herbich* Flora der Bucovina. Leipzig 1859. 8. —
Enthält Seite IV—VI eine Aufzählung der auf den Grenzkarpaten der
Marmaros gefundenen Pflanzen.

Herb. Select. — *Herbich* Selectus plantarum rariorum Galiciae et Bucovinae. Czernovicii 1836. 4. — Enthält Standorte aus den galiz. Central-Karpaten und den Pienninen.

Heuff., auch *Heuff.* Ban. — *Heuffel* Enumeratio plantarum in Banatu sponte crescentium et frequentius cultarum. Vindobonae 1858. 8. Separat-Abdruck aus den Verhandl. der zool. bot. Gesellschaft 1858. — Das wichtigste Quellenwerk über die reiche Flora des Banats. Die Gefässkryptogamen sind leider nicht aufgenommen.

Heuff. Pest. — *Heuffel* Dissertatio de distributione plantarum geographica per comitatum pestiensem. Pestini 1827. 8. — Enthält Nachträge zur ersten Ausgabe der Pester Flora von *Sadler*, welche in der zweiten Ausgabe berücksichtigt wurden.

Hoff. Lyc. — *Hoffer* Dissertatio inauguralis sistens Lycopodineas Hungariae. Budae 1839. 8. — Eine matte Arbeit.

Horv. — *Horvátovszky* Flora Tyrnaviensis indigena. Tyrnaviae 1774. 8. — Enthält nur die ersten 11 Klassen Linné's. Für seine Zeit ein gutes Buch. In dem dem Presburger Vereine gehörigen Exemplare finden sich Bemerkungen von *Rochel's* Hand vor, die ich bei einigen offenbar unrichtig bestimmten Arten benützt habe.

Host Syn. — *Host* Synopsis plantarum in Austria provinciisque adjacentibus sponte crescentium. Vindobonae 1797. 8. — Konnte bei dem damaligen Stande der Botanik in Ungarn dieses Land nur im Allgemeinen berücksichtigen.

Host Gram. — *Host* Icones et descriptiones graminum austriacorum. Vindobonae 1801—9, volumina quatuor. Folio. — Die ungarischen Standorte rühren von *Kitaibel* her und verleihen diesem bisher unübertroffenen Prachtwerke dadurch für Ungarn einen höhern Werth.

Host Aust. — *Host* Flora austriaca. Viennae 1827—31, volumina duo. 8. — Enthält nur wenig neue Angaben.

Kern. Dl. — *Kerner* Das Pflanzenleben der Donauländer. Innsbruck 1863. 8. Eine tief in die Entwicklungsgeschichte der ungar. Vegetation eingreifende Arbeit, in der die Pflanzengeografie des Tieflandes und der Biharia in meisterhaften Zügen geschildert wird.

Kéry — *Kéry* Honunk legkeletiebb Arad vármegyéhez tartozó hegyes vidékének leirása (Beschreibung des östlichsten gebirgigen Theiles des Comitates Arad) in Magyar akademiai értesítő math. és term. tud. oszt. Pest 1859. 8. (Abhandl. der ungar. Akademie mathem. naturhist. Klasse). — Dieses Pflanzenverzeichniss erweckt seiner ganzen Fassung nach wenig Vertrauen, so dass alle Angaben nur mit Vorsicht aufzunehmen sind.

Kikó — *Kikó* Brevis adumbratio comitatus Trenchinensis cum enumeratione plantarum hic sponte crescentium. Pestini 1845. 8. — Eine unvollständige unkritische mit Druckfehlern überfüllte Inaugural-Dissertation. Manche Namen sind gar nicht zu enträthseln z. B. Enodium coeruleum, Lepidium Loeselii, Ophrys echioides etc. Fundorte sind nicht angegeben. Gleichwohl verdient diese Schrift, da ihr augenscheinlich *Rochel's* Angaben zu Grunde liegen, mehr Glauben, als man derselben ihrer äussern Ausstattung nach zumuthen sollte.

Kit. Add. — *Kitaibelii* Additamenta ad florem hungaricam, edidit *Kanitz*. Halis Saxonum 1864. 8. Seperatabdruck aus der Linnaea XXXII. p. 305—642. — Fragmente einer Flora von Ungarn, bei deren Beurtheilung man nie vergessen darf, dass denselben Aufzeichnungen zu Grunde liegen, welche von *Kitaibel* noch nicht zum Drucke bestimmt waren. An Standorten minder reich als die Reliquiae Kitaibelianae wird dieses Werk für jeden ungar. Floristen unentbehrlich bleiben. Die darin vorkommenden neuen Arten haben nach meiner Ansicht nur geringen Werth.

Kit. Hydr. — *Kitaibel* Hydrographica Hungariae, edidit *Schuster*. Pestini 1829, volumina duo. 8. — Enthält im I. Bande p. 253 und im II. Bande p. 159—61 und 316—20 eine Aufzählung einiger bei Lublau, auf der Matra und bei den Herculesbädern vorkommenden Pflanzen. (Der botanische Theil ist in *Kanitz* Gesch. d. ung. Bot. 117—123 wörtlich abgedruckt).

Kornh. Progr. — *Kornhuber* Gefässpflanzen der Flora von Presburg im X. Programm der Presburger Ober-Realschule. Presburg 1860. 4. — Ist leider unvollendet und enthält nur die Gefässkryptogamen, Coniferen und Gramineen.

Kornh. Umb. — *Kornhuber* Umbelliferen des Vegetationsgebietes von Presburg im IV. Programm der Presburger Realschule. Presburg 1854. 4. -- Enthält einige neue Standorte.

Kram. Ran. — *Kramer* Dissertatio inauguralis enumerans species hungaricas Ranunculi. Pestini 1844. 8. — Von geringer Bedeutung.

Kub. — *Kubinyi* Kirándulás Pohorellárol a Királyhegyre Julius 28-án 1842 (Eine Excursion von Pohorella auf die Kralova Hola) in Magyar orvosok és természetvizsgálók Beszterczebányán tartott III. nagygyülésének munkálatai. Pesten 1843 p. 97. 4. (Arbeiten der zu Neu-Sohl versammelten Naturforscher). In deutscher etwas abweichender Bearbeitung in *Zipser's* Versammlungen ungar. Naturforscher p. 198 (Vergl. d. A.) — Enthält eine Aufzählung von nur 36 auf der Kralova Hola vorkommenden Pflanzen.

Lang En. — Enumeratio plantarum in Hungaria sponte nascentium, quas in usum botanicorum legit *A. F. Lang*. Pestini 1824. 4. — Da keine Standorte angegeben sind und das Verzeichniss sehr unvollständig ist, so kann dieser Aufzählung nur der Werth eines Kataloges verkäuflicher Pflanzen beigelegt werden, in dem sich der Verfasser gefällt, statt der allgemein bekannten häufig veraltete oder ungangbare Artennamen zu gebrauchen. In *Pritzel* Thesaur. p. 148 wird einer Auflage vom J. 1822 in 8. erwähnt, welche wahrscheinlich mit der in der Flora 1823 II. Beilage p. 19 enthaltenen Aufzählung identisch ist.

Lang Phys. — *Lang* Rövid physiognomiája a növényországnak Magyarhonban (Kurze Fysiognomie der Flora Ungarns) in Magyar orvosok és természetvizsgálók Pécsett tartott VI nagygyülésének munkálatai. Pécsett 1846 p. 312. 4. (Arbeiten der zu Fünfkirchen versammelten Naturforscher). — Eine Art Pflanzengeografie, aber sehr flüchtig gearbeitet und in der Angabe der Standorte öfter entschieden unrichtig.

Lang Syll. — *Lang* Specierum novarum et varietatum notabiliorum in Hungaria detectarum descriptio in Sylloge plantarum a societate botanica ratisbonensi edita. Ratisbonae I. 1824 p. 179, II. 1828 p. 218. 8. — Enthält meist unhaltbare neue Arten.

Linn. (mit Vorsetzung des jedesmaligen Autors). — *Linnaea* ein Journal für die Botanik, herausgegeben von *Schlechtendal.* Berlin und Halle, Jahrgänge 1826—64. 8. — Enthält folgende die Flora von Ungarn berührende Aufsätze:

Heuffel Fragmenta monographiae Caricum Hungariae, edidit *Kanitz* 1862 p. 659 (mehr der Standorte als der Beschreibungen wegen von Wichtigkeit), dann Junci et Luzulae generum species, edidit *Kanitz* 1863 p. 189 (enthält wenig neues).

Janka Adnotationes in plantas dacicas 1859 p. 549. — Eine kritische sehr werthvolle Arbeit.

Kitaibel Acrobrya protophyta Hungariae, edidit *Kanitz* 1863 p. 263. — Obschon diesem vom Verfasser nicht für die Oeffentlichkeit bestimmten Aufsatze die letzte Feile fehlt, so ist er doch ein schätzbarer Beitrag für die Kryptogamenflora Ungarns.

C. Koch Beiträge zu einer Flora des Orientes in den Jahrgängen 1848—51, enthält einige für den Banat neue Arten, welche von *Janka* in den Verhandl. des zool. bot. Ver. VII. SB. 122 zusammengestellt sind.

Rochel Beiträge zur Gattung Mentha 1838 p. 577. — Veraltet.

Lumn. — *Lumnitzer* Flora posoniensis. Lipsiae 1791. — Für die damalige Zeit gewiss vortrefflich, gegenwärtig durch *Endlicher's* verbesserte Bearbeitung von untergeordnetem Belange.

Maj. — (*Majer*) Die Flora des Fünfkirchner Pflanzengebietes im Programm des dortigen Gymnasiums 1858—59. 4. — Eine Aufzählung der um Fünfkirchen wild und in Ziergärten vorkommenden Arten ohne Standorte und ohne Kritik mit vielen offenbar unrichtigen Bestimmungen.

Maly — *Maly* Enumeratio plantarum phanerogamicarum imperii austriaci. Vindobonae 1848. 8. — Enthält eigentlich die einzige bisher erschienene Aufzählung der in Ungarn vorkommenden Arten, natürlich aber vermischt mit den in den übrigen Ländern beobachteten Pflanzen und nach dem Plane des Werkes ohne specielle Standorte.

Neilr. Nachtr. — *Neilreich* Nachträge zu Maly's Enumeratio plantarum imperii austriaci. Wien 1861. 8.

Neilr. N. Ö. — *Neilreich* Flora von Nieder-Oesterreich. Wien 1859. 8. — Enthält einen Theil der Flora des Leitha- und Rosaliengebirges, des Neusiedler Sees und des Marchthales.

Nendtv. — *Nendtvich* Dissertatio inauguralis exhibens enumerationem plantarum in territorio Quinqueecclesiensi sponte crescentium. Budac 1836. 8. — Ohne Angabe der Standorte und wenig kritisch, wurde von *Kerner* in den Verhandl. der zool. bot. Gesellsch. XIII. 561 ergänzt und verbessert.

NS. — *Varečka* Fanerogamen-Flora der Umgebung von Neu-Sohl im V. Programme des kathol. Gymnasiums zu Neu-Sohl. Neu-Sohl 1857. 4. — Eine nach der Blüthezeit geordnete zwar werthvolle aber unvollendete Pflanzenaufzählung, welche schon mit dem Monate Mai schliesst.

ÖBW. und ÖBZ. (mit Vorsetzung des jedesmaligen Autors). — Oesterreichisches botanisches Wochenblatt, redigirt von *Skofitz*. Wien, Jahrgänge 1851—57. 8. (I.—VII. Band). Fortgesetzt als österreichische botanische Zeitschrift. Wien, Jahrgänge 1858—64. 8. (VIII—XIV. Band) und die erste Hälfte des J. 1865. Grössere Aufsätze, welche zum Theil sehr wichtige Beiträge zur Flora von Ungarn liefern, sind :

Bayer Beiträge zur Flora von Ungarn XIII. 46.
Berdau Skizze des Tatra-Gebirges V. 297.
Brancsik Der Thebner Kogel, der Rozsudee XII. 148, 322.
Grzegorcek Ausflug in die Tatra III. 257, V. 81.
Haberlandt Von Keszthely nach Tihany XI. 10.
Haussknecht Ueber die Flora der Central-Karpaten XIV. 205.
Heuffel Mittheilungen aus der Flora des Banats VII. 118, VIII. 25.
Hillebrand Beitrag zur Flora von Ungarn VIII. 297.
Janka Floristische Notizen VII. 328, VIII. 330, XIV. 133, XV. 198, zur Flora von Ungarn VIII. 135, 261, XII. 280, XIII. 113, Genista Mayeri IX. 41; eine neue Pflanze XIII. 314.
Keller Zur Flora des Neutraer Comitats XIV. 283, XV. 48.
Kerner Der Nagyszál VII. 390, Descriptiones plantarum novarum florae hungaricae XIII. 90, XIV. 9, 84, 101.
Knapp Ausflug in das Bars-Honter Comitat XIV. 104, Correspondenz-Artikel XIV. 221, XV. 58, zur Flora von Ober-Ungarn XIV. 241, zur Flora des Presburger Comitates XIV. 304, zwei Tage im Trencsiner Comitate XIV. 342.
Krzisch Excursion in die Central-Karpaten X. 143.
Niessl Ausflug in die Gegend des Neusiedler Sees VI. 377.
Schiller Die Ufer der Neutra XIII. 401, XIV. 51.
Steffek Uebersicht der Fanerogamen bei Grosswardein XIV. 169.
Stur Der Rozsudee IX. 16, die Gattung Draba in den Karpaten XI. 137.
Szontagh Excursion auf den Rohač XII. 287, das Wagthal der Central-Karpaten XIV. 269.
Üchtritz Excursion in die Central-Karpaten VII. 342, Oxytropis carpatica und Correspondenz-Artikel XIV. 218, 223, 385, XV. 120.

PM. It. — *Piller* et *Mitterpacher* Iter per Poseganam Sclavoniae provinciam susceptum. Budae 1783. 4. — Mehr ethnografisch als botanisch, gleichwohl noch immer brauchbar.

Pok. Torfm. — *Pokorny* Untersuchungen über die Torfmoore Ungarns, in den Sitzungsberichten der mathem. naturwiss. Klasse der kais. Akademie der Wissenschaften. Wien. XLIII. 57. 8. — Eine in topografischer Beziehung ausgezeichnete Abhandlung, enthält auch einige Pflanzenstandorte.

Pol. — *Polák* Recensio plantarum phanerogamarum in com. Castriferrei hucusque inventarum. Specimen inaugurale. Budae 1839. 8. — Eine alfabetische Aufzählung ohne Standorte, welche vieles zu wünschen übrig lässt.

PV. (mit Vorsetzung des jedesmaligen Autors) — Verhandlungen des Vereins für Naturkunde zu Presburg. Presburg, Jahrgänge 1856—61 in 5 Bänden. 8. Fortgesetzt als Correspondenzblatt des Vereins für Naturkunde zu Presburg. Presburg, Jahrgänge 1862—63 in 2 Bänden. 8. Wird als VI. und VII. Band der Verhandlungen des Presburger Vereins citirt.

Grössere Aufsätze, welche ein reiches Material für die Flora Ungarns enthalten, sind:

Benzl-Sternau Zur Flora von Presburg III. 1. SB. (Sitzungsberichte) 53.

Bolla Beiträge zur Flora von Presburg I. 6.

Ebenhöch Die fanerogamen Pflanzen von Koroncó V. 45.

Hazslinszky Excursion im nordöstl. Ungarn III. 1. SB. 6.

Holuby Beiträge zur Presburger Flora I. 15, Ausflug auf die Javorina I. 69, Ergänzung der Flora des Comitates Ober-Neutra III. 1. 58, Bemerkungen aus der Flora des Comitates Unter-Neutra IV. 67, Botanische Notizen aus Skalic VII. 81.

Horky Flora Bakonyensis IV. SB. 84.

Knapp Flora der Stadt Neutra VII. 117.

Kornhuber Der Schur bei St. Georgen III. 2. 29, zur Flora des Bakonyer Waldes IV. SB. 87.

Krzisch Flora des Comitates Ober-Neutra II. 1. 19, III. 2. SB. 21, Beobachtungen auf einer Bereisung der Tatra und Liptauer Alpen V. 104.

Pawlowski Beiträge zur Flora Ober-Ungarns I. 25, II. 1. SB. 17.

Richter Beiträge zur Flora von Presburg VII. 97.

Rowland Reise in das nördl. Comitat Trencsin III. 1. SB. 19.

Schneller Beitrag zur Flora von Futak III. 1. 1, IV. 79.

Reichb. Germ. — *Reichenbach* Flora germanica excursoria. Lipsiae 1830—32. 8.

Reichb. Ic. — *Reichenbach* Iconographia botanica. Series prima Lipsiae 1823—32 centuriae X, series secunda Lipsiae 1834—64 centuriae XXI vel volumina XXXI totius operis. 4. — Beide Werke enthalten zwar viele Standorte ungarischer Pflanzen nach den Mittheilungon von *Rochel*, *Sadler*, *Heuffel*, *Rössler*, *Lang*, *Wierzbicki*, *Gerenday* und Andern, allein in den spätern Werken der drei ersten dieser Botaniker werden die meisten dieser Standorte viel näher bezeichnet.

RK. — *Reliquiae Kitaibelianae* c manuscriptis musei nationalis hungarici publicatae *Augusto Kanitz*. Vindobonae 1862—63. 8. Seperatabdruck aus den Verhandl. der zool. bot. Gesellschaft XII. 589, XIII. 56, 505. — Das reichste und wichtigste Quellenwerk für die Flora von Ungarn und dem früher völlig unbekanuten Slavonien.

Reuss — *Reuss* Května slovenska čili opis všech jevnosnubných na Slovensku divorostaucích a mnohých zahradních zrostlin. Stávnici 1853. 8. (Flora der Slovakei oder Beschreibung aller dort wild wachsenden oder in Gärten gezogenen Pflanzen). — Eine sehr fragmentarische unkritische Schilderung der dortigen Flora mit nur wenigen meist aus andern Werken entnommenen Standorten, so dass die Hälfte der slovakischen Comitate leer ausgeht. *)

Roch. Ban. — *Rochel* Plantae Banatus rariores. Pestini 1828. Folio. — Ein anerkannt vortreffliches Werk.

*) Kalchbrenner meint zwar in Ak. közl. III. 112, ich hätte in meinen Nachträgen zu Maly's Enumeratio die von Reuss vorgebrachten unrichtigen Augaben im Interesse der Wissenschaft entweder ganz ignoriren oder doch berichtigen sollen. Ich weiss nicht, wie die Wissenschaft durch Ignoriren etwas gewinnen kann, rein unbegreiflich ist es mir aber, wie ich unrichtige Pflanzenbestimmungen hätte berichtigen sollen, wenn ich diese Pflanzen nicht gesehen habe.

Roch. Misc. — *Rochel* Naturhistorische Miscellen über den nordwestlichen Karpat. Pest 1821. 8. — Behandelt nur die Bäume und
strauchartigen Gewächse, dann die Kulturpflanzen, gleichwohl sehr
brauchbar.

Roch. Reise — *Rochel* Botanische Reise in das Banat im J. 1835.
Pest. 1838. 8. — Eine Ergänzung des erstgenannten Werkes, in topografischer Beziehung wichtig.

R. Sch. Syst. — *Roemer* et *Schultes* Systema vegetabilium. Stuttgardiae 1817—30, volumina VII. Mantissae in vol. I—III. Stuttgardiae
1822—27, volumina III. 8. — Enthält einige von *Kitaibel* aufgestellte
Arten, aber gewöhnlich ohne Angabe des Standortes.

RM. Mähr. — *Rohrer* und *Mayer* Vorarbeiten zu einer Flora des
mährisch. Gouvernements. Brünn 1835. 8. — Enthält Standorte aus den
mährisch. und schlesisch. Grenzkarpaten, welche meistens von Dr. *Carl*
herrühren, aber wenig verlässlich sind.

Rumy — *Rumy* Szerém éghajlata Szlavoniában (das Klima des
slavonischen Sirmiens) in Magyar orvosok és természetvizsgálók Pesten
tartott II. nagygyülésének munkálatai. Pesten 1842 p. 50. 4. (Arbeiten
der zu Pest versammelten Naturforscher). In deutscher Bearbeitung in
Zipser's Versammlungen ungar. Naturforscher p. 48 (Vergl. d. A.) —
Enthält eine alfabetische wahrscheinlich *Wolny's* handschriftlichen Aufzeichnungen entnommene Aufzählung der in Sirmien besonders um Karlovic vorkommenden Pflanzen ohne Standorte, an und für sich zwar ein
sehr wichtiger Beitrag, aber schleuderisch und unkritisch zusammengestellt.

Sadl. Epiph. — *Sadler J.* Dissertatio inauguralis sistens descriptio-
nem plantarum epiphyllospermarum Hungariae indigenarum. Pestini 1820. 8.

Sadl. Fil. — *Sadler J.* De Filicibus veris Hungariae. Budae 1830. 8.
— Beide Werke bilden die Hauptquelle für die ungar. Farne.

Sadl. Verz. — *Sadler J.* Verzeichniss der um Pest und Ofen wild
wachsenden Gewächse. Pest 1818. 8.

Sadl., auch *Sadl.* Pest. — *Sadler J.* Flora comitatus pestiensis.
Pestini. 1825—26, partes duae. 8. Editio II. Pestini 1840 in uno volumine.
8. — Wenn nicht die erste Ausgabe ausdrücklich citirt wird, ist immer
die zweite gemeint. Das Beste über die Pester Flora, obschon eine nähere
Ausführung der Standorte wünschenswerth gewesen wäre. In der ersten
Ausgabe wurden bei jeder Gattung anmerkungsweise die ausserhalb der
Pester Flora noch sonst in Ungarn vorkommenden Arten jedoch ohne
Standort aufgezählt. Da aber Pflanzen angeführt werden, welche nur an
den Ufern des adriatischen Meeres vorkommen, so folgt, dass unter
Ungarn jedenfalls auch das ehemals ungarische nun croatische Litorale,
vielleicht auch Croatien gemeint sei, daher dies Verzeichniss für eine
Flora von Ungarn in der hier angenommenen Begrenzung nicht benützt
werden konnte.

Sadl. Fünem. — *Sadler J.* Magyarországi fünemüek családja s
földrajzi elterjedése (Die Familie der ungar. Gräser und ihre geografische
Verbreitung) im I. Bande der Magyar k. természettudományi társulat

b*

évkönyvei Pesten 1841—45 p. 141. 8. (Jahrbücher der k. ungar. Gesellschaft für Naturwissenschaften). — Eine Aufzählung der in Ungarn vorkommenden Gräser, wohl nach Ländern georduct, aber ohne Angabe der Standorte.

Sadl. Kosb. — *Sadler J.* A Kosbornemüek földrajzi elterjedéséről Magyarhonban (Geografische Verbreitung der Orchideen in Ungarn) in Magyar orvosok és természetvizsgálók Pécsett tartott VI. naggyülésének munkálatai. Pécsett 1846 p. 296. 4. (Arbeiten der zu Fünfkirchen versammelten Naturforscher). — Eine Aufzählung der in Ungarn vorkommenden Orchideen, aber ohne Angabe der Standorte.

Sadl. Magy. — *Sadler J.* Magyarázat a' magyar plánták száritott gyüjteményéhez. Pesten 1824—36. 8. (Erklärung zu der Sammlung getrockneter ungar. Pflanzen). Acht Hefte, die folgenden Hefte vermochte ich nicht aufzufinden. Bezüglich der Standorte sehr brauchbar.

M. Sadl. Sal. — *Sadler Mich.* Specimen inaugurale sistens synopsin Salicum Hugariae. Pestini 1831. 8. — Von geringer Bedeutung.

Schloss. — *Schlosser* Anleitung die im mährisch. Gouvernement wachsenden Pflanzen zu bestimmen. Brünn 1843. 8. — Gilt das bei *RM.* Mähr. Gesagte.

Schult. — *Schultes* Oesterreichs Flora II. Auflage. Wien 1814, 2 Bände. 8. — Die in Ungarn aufgeführten Arten beruhen fast ausschliessend auf *Kitaibel's* Angaben, allein diese Angaben sind sowohl bezüglich der vielen neu aufgestellten Arten als der Standorte höchst allgemein gehalten.

Sigm. *Sigmund* Füred's Mineralquellen und der Plattensee. Pest 1837. 8. — Enthält p. 45—8 eine kleine aber sehr werthvolle und kritisch ausgesuchte Flora der westl. Ufer des Plattensees, welche dem im Pester Museum befindlichen Manuscripte über die Flora von Keszthely von *Wierzbicki, Szenczy* und *Hutter* entnommen und von *Sadler* zusammengestellt zu sein scheint.

Slob. Lot. — *Sloboda* Zur Flora des Neutraer Comitates in der Zeitschrift Lotos. Prag 1861. 8. — Enthält nur wenige Standorte.

Stur — *Stur* Verzeichniss der auf meinen Reisen durch Oesterreich, Ungarn, Salzburg (u. s. w.) gesammelten Pflanzen, in den Sitzungsberichten der math. naturw. Klasse der k. Akademie der Wissenschaften Wien XX. 113. 8. — Enthält nur Standorte bei Tirnau, Modern und am Neusiedler See.

Syll. cr. — *Schlosser* et *Vukotinović* Syllabus florae croaticae. Zagrabiae 1857. 12. — Zur Aufklärung zweifelhafter Angaben für die Flora Ungarns unentbehrlich.

Towns. — *Townson* Travels in Hungary. London 1797. 4. — Ist veraltet und enthält nur wenige Standorte, die meisten vom Grünen See der Tatra.

Wacht. Zeitschr. (mit Vorsetzung des jedesmaligen Autors). — *Wachtel* Zeitschrift für Natur- und Heilkunde in Ungarn. Pest und Oedenburg, Jahrgänge 1850—55. 4. Enthält:

Heuffel Beiträge zur Kenntniss der in Ungarn vorkommenden Arten der Gattung Quercus I. 97. (Ist in *Kanitz* Geschichte der ung. Bot. 170—80 wörtlich abgedruckt).

Nagy Aufzählung der auf dem Zobor bei Neutra vorkommenden selteneren Pflanzen V. 315.

Wahlb. — *Wahlenberg* Flora Carpatorum principalium. Göttingae 1814. 8. — Ein klassisches Werk für alle Zeiten.

WK. Ic. — *Waldstein* et *Kitaibel* descriptiones et icones plantarum rariorum Hungariae. Viennae 1802—12. Volumina tria. Folio. — Ein Werk, dessen hoher Werth längst entschieden ist.

Willd. Spec. — *Willdenow* Species plantarum. Berolini 1797—1810. Tomi quinque. 8.

Willd. Berol. — *Willdenow* Enumeratio plantarum horti botanici berolinensis. Berolini 1809 cum supplemento 1813. Tomi duo. 8. — Beide Werke enthalten mehrere von *Kitaibel* aufgestellte Arten, bezüglich ihres Vorkommens wird sich aber meistens des wenig bezeichnenden Ausdruckes „in Hungaria" bedient.

Wimm. — *Wimmer* Flora von Schlesien. Breslau 1857 III. Bearbeitung. 8. (Wenn eine frühere Ausgabe gemeint ist, wird dies ausdrücklich bemerkt). — Enthält Standorte von den Grenzkarpaten und von der Babia Góra, übrigens an und für sich für jede mitteleuropäische Flora sehr empfehlenswerth.

Wint. — (*Winterl*) Index horti botanici universitatis hungaricae quae Pestini est. (Pestini) 1788. 8. — Hat nur einen geschichtlichen Werth, da die in diesem Buche vorkommenden neuen Arten ohne Namen und ohne Standort abgebildet sind.

Zips. — *Zipser* Die Versammlungen der ungar. Naturforscher mit besonderer Beziehung auf die zu Neu-Sohl abgehaltene III. Versammlung Neu-Sohl 1846. 8. — Enthält in etwas abweichender und verbesserter Bearbeitung *Kubinyi's* und *Rumy's* Aufzählungen der auf der Kralova Hola und in Sirmien vorkommenden Arten.

ZBV. und ZBG. (mit Vorsetzung des jedesmaligen Autors). — Verhandlungen des zoologisch-botanischen Vereins in Wien. Wien, Jahrgänge 1851—57. 8. (I—VII. Band). Fortgesetzt als Verhandlungen der k. k. zoologisch-botanischen Gesellschaft in Wien. Wien, Jahrgänge 1858—64. 8. (VIII—XIV. Band) und die erste Hälfte des Jahres 1865. Grössere Aufsätze, fast durchgehends sehr werthvolle Beiträge für die Flora Ungarns, sind folgende:

Fenzl Sedum Hillebrandii VI. 449.
Hazslinszky Beiträge zur Flora der Karpaten I. 200; II. 1. SB. (Sitzungsberichte) 109; III. 141.
Herbich Spicilegium florae Galiciae X. 607, über die Verbreitung der in Galizien wild wachsenden Pflanzen XI. 33 (Insoweit die Flora der Grenzkarpaten behandelt wird, hierher gehörig).
Heufler Asplenii species VI. 235, IX. 309.
Hillebrand Beitrag zur Flora Ungarns VII. 39.
Hückel Ausflüge in die galiz. Karpaten XV. 49.
Juratzka Beitrag zur Kenntniss der Cirsien VII. 91, 121, über Echinops exaltatus und banaticus VIII. 15,
Kanitz Sertum florae Nagy-Kőrösiensis XII. 201.

Kerner Bakonyer Wald VI. 373, das Pilis - Vértes Gebirge VII. 257, über einige Arten in der Biharia IX. SB. 109, Nachtrag zu *Nendtvich's* Enumeratio plantarum territorii Quinqueecclesiensis XIII. 561.

Knapp Prodromus florae comitatus Nitriensis XV. 89.

Mauer Ausflug nach Szegediu VI. 175.

Müller Verzeichniss der in der Marmaros gesammelten Pflanzen XIII. 555.

Pančić Verzeichniss der in Serbien wild wachsenden Fanerogamen VI. 475 (Enthält Standorte aus der Flora von Semlin).

Pokorny Beitrag zur Flora des ungar. Tieflandes X. 283.

Szontagh Enumeratio plantarum comitatus Arvensis XIII. 1045, Enumeratio plantarum territorii Soproniensis XIV. 463.

(*Diószegi és Fazekas*) Magyar füvészkönyv melly a két magyar hazában található növényeknek megesmerésére vezet a Linné alkotmánya szerént (Ungarisches floristisches Buch, welches zur Erkennung der in beiden Ungarn vorkommenden Pflanzen nach dem Linné'schen Systeme führt) Debrecin 1807 konnte hier nicht benützt werden, da dieses Werk die Flora von Ungarn, Croatien, Slavonien, Dalmatien und Siebenbürgen umfasst und dennoch bei keiner Art das Land, in welchem sie wachsen soll, angegeben ist, auch Garten- und andere offenbar ausländische Pflanzen mit den inländischen vermischt angeführt werden.

Mehrere kleinere Werke und Inaugural-Dissertationen z. B. *Mészáros* de Coniferis, *Zsigray* Enumeratio Centaurearum wurden nicht angeführt, da sie nichts enthalten, was hätte benützt werden können.

Manuscripte.

Von dem im National-Museum zu Pest aufbewahrten handschriftlichen Nachlasse *Kitaibel's* kam über Einschreiten des Professors *Fenzl* ein Theil zur zeitweisen Benützung nach Wien. Auf Grundlage dieser Manuscripte hat *Kanitz*, welcher sie schon früher in Pest einsah, die Reliquiae Kitaibelianae (*RK*.) verfasst, *Kitaibel's* Additamenta und Gefäss-Kryptogamen herausgegeben. Diejenigen, welche ich zu benützen Gelegenheit hatte, sind folgende:

Kit. Arv. — Nebst der in den *RK*. 54—69 herausgegebenen Aufzählung der von *Kitaibel* auf seiner Arvaer Reise gefundenen Pflanzen besteht noch eine von ihm verfasste Relatio super itinere per provinciam Hontensem, Zoliensem, Liptoviensem, Arvensem, Turociensem et Barsiensem transacto, in welcher mehrere in den *RK*. nicht enthaltene Standorte vorkommen. Diese sind in gegenwärtigem Werke mit *Kit.* Arv. bezeichnet.

Kit. Bar. — Ausser der von *Kitaibel* verfassten und in den *RK*. 2—10 enthaltenen Zusammenstellung der auf der Baranyaer Reise beobachteten Pflanzen, findet sich auch das Reisetagebuch vor, in welchem eine Menge in obiger Zusammenstellung nicht vorkommender Standorte verzeichnet ist. Diesen ist *Kit. Bar.* beigesetzt.

Kit. Ber. — Ebenso befinden sich nebst der in den *RK.* 10—18 abgedruckten Relatio de itinere beregiensi im Verlaufe dieses Reiseberichtes noch viele zerstreute Notizen über Arten und Standorte, welche sich auf die ganze Reiseroute beziehen, die aber in der von *Kitaibel* gegebenen Aufzählung fehlen, weil in dieser nur die „Rariores et notatu digniores plantae" aufgenommen wurden. Diese Standorte sind mit *Kit. Ber.* bezeichnet.

Kit. Slav. — Das werthvollste Manuscript. Dasselbe enthält *Kitaibel's* Tagebuch über die Reise von Ofen nach Slavonien und eine naturgeschichtliche Schilderung dieses Landes. Letztere ist in *Kanitz* Gesch. der ung. Bot. 89—111 wörtlich abgedruckt und der darin vorkommende Aufsatz „Status florae in regno Slavoniae" liegt der Pflanzen-Aufzählung in den *RK.* 69—80 zu Grunde. Allein im Tagebuche sind nicht nur viele im obigen Aufsatze fehlende slavonische Standorte sondern auch die in den Comitaten Stuhlweissenburg, Tolna, Baranya, Somogy und Zala gefundenen Pflanzen aufgeführt. Alle diese nicht gedruckten Angaben sind mit *Kit. Slav.* bezeichnet.

Kit. Sopr. — *Kitaibelii* diarium itineris Soproniensis 1806 (Manuscrp. Sec. XIX. 102 oct. germ. Mus. nat. hung.) Da *Kitaibel* diese Reise am 19. Juni 1806 von Pest antrat, aber vom 3. Juli bis Ende September an einem Nervenfieber darniederlag, so beschränken sich die Ergebnisse dieser Reise blos auf die Strecke von Ofen bis Oedenburg. Ueber den Neusiedler See findet sich keine Aufzeichnung vor.

Pest. Mus. — Unter den Manuscripten *Kitaibel's* befindet sich auch ein Fascikel mit der Aufschrift Botanica geographica hungarica (Mus. nat. hung. 598 4. lat.), welcher aber keine Pflanzengeografie, sondern verschiedene theils von *Kitaibel* selbst theils von *Árvay, Beszédes, Festetits, Haberle, Küttel, Portenschlay* und *Rochel* herrührende Pflanzenverzeichnisse aus verschiedenen Gegenden Ungarns, insbesondere die von *Rochel* bei Rovně fm Comitate Trencsin gesammelten Arten enthält. Sie sind hier unter Vorsetzung des Verfassers solcher Verzeichnisse mit *Pest. Mus.* angeführt, z. B. *Árv.* Pest. Mus.

Wierzb. Mos. — *Wierzbicki* Flora mosoniensis 1820 (Mus. nat. hung. Folio 3025 et 3096, ein zweites Exemplar befindet sich im Besitz seiner Witwe). Enthält zwar eine vollständige Flora des Comitates Wieselburg östlich vom Neusiedler See, aber auch viele offenbar auf unrichtigen Bestimmungen beruhende Angaben. Diese habe ich nicht aufgenommen. Auch wird in neuerer Zeit so mancher Standort durch Entwässerung des Hanság verloren gegangen sein.

Nebst diesen im Pester Museum befindlichen Manuscripten benutzte ich noch nachstehende schriftliche Aufzeichnungen:

Kan. Slav. — *Kanitz* Verzeichniss der im Jahre 1864 im östlichen Slavonien (von Essek bis Semlin) beobachteten Pflanzen. Vom Verfasser mir mitgetheilt.

Kotschy — *Kotschy* Verzeichniss der auf dem Csiblesz der Rodnaer Alpen gefundenen Pflanzen. Vom Verfasser mir mitgetheilt.

Mauksch — Mauksch, evangelischer Pfarrer in Kesmark, in dessen Gesellschaft *Wahlenberg* die Tatra durchforschte und dessen Herbar er vielfach benützte, hinterliess im Manuscripte ein naturgeschichtliches Werk über die Zips. Mit *Rumy's* Bibliothek gelangte es in den Besitz der ungar. Akademie. *Kanitz* theilte mir aus demselben jene Standorte mit, die in *Wahlenberg's* Flora Carpatorum nicht enthalten sind. Es sind deren nur wenige.

Panč. Sirm. — *Pančić* Verzeichniss der in Sirmien, vorzugsweise um Semlin vorkommenden Fanerogamen. Eine sehr schätzbare der neuesten Zeit angehörige Arbeit, die *Rumy's* Aufzählung ergänzt, wurde mir von *Kanitz* mitgetheilt.

Roch. MS. — Im k. k. botanischen Cabinete in Wien befindet sich ein Manuscript von *Rochel* in zwei dicken paginirten Quartbänden. In dem einen Bande (hier mit I. bezeichnet) sind die acht Reisen *Rochel's* in die Central-Karpaten und in die Liptau-Sohler Alpen in den Jahren 1801—20, in dem anderen Bande (mit II. bezeichnet) sind die Floren der Comitate Presburg, Neutra und Trencsin, aber leider meistens ohne Fundorte, dann jene des Banats enthalten. Die im I. Bande vorkommenden Angaben wurden von *Wahlenberg*, die des II. Bandes von *Kikó* benützt. Jedenfalls eine höchst wichtige Quelle für die Flora der nordwestlichen Karpaten.

Vuezl — Vuezl Verzeichniss der um Ung. Altenburg vorkommenden Pflanzen. Vom Verfasser mir mitgetheilt.

I. ACROBRYA PROTOPHYTA.*)

Kitaibel Gefässkryptogamen, nach dem Tode des Verfassers herausgegeben von Kanitz in der Linnaea 1863 p. 263 — 82 (Kit. Krypt.). Wurde von Sadler bei Verfassung seiner Filices im Manuscripte benutzt.

I. EQUISETACEAE.

1. EQUISETUM L.

1. E. arvense *L.* Auf Aeckern, sandigen Wiesen, an feuchten Stellen. Häufig nur im nördlichen Ungarn, sonst selten, im Tieflande sogar sehr selten (*Kit.* Krypt. 263). β. **nemorosum** *A. Br.* In Erlenbrüchen bei Lipóc im Com. Sáros (*Hazsl.* ZBV. III. 149).

2. E. Telmateja *Ehrh.* E. fluviatile *Lumn.* 460, *Kit.* Krypt. 264 und überhaupt der ältern Aut., nicht *L.* An feuchten waldigen Stellen, in Sümpfen niedriger und gebirgiger Gegenden. In den Com. Presburg (*Kornh.* Progr. 7), Arva, Sáros und Zemplin stellenweise (*Hazsl.* ÉM. 352), auf den Donau-Inseln des Com. Wieselburg (*Wierzb.* Mos.), bei Pest, Gödöllő und Tó Almás im Pester Com. (*Kit.* Krypt. l. c.) und wohl noch an vielen Orten.

3. E. silvaticum *L.* In Berg- und Voralpenwäldern, auch auf den Donau-Inseln bei Presburg (*Endl.* 95) und wiewohl sehr selten auf der Pester Ebene (*Kit.* Krypt. 264).

4. E. pratense *Ehrh.* E. umbrosum *Meyer.* Mit Sicherheit nur in Wäldern bei Eperjes am Fuss der dortigen Trachytberge (*Veselský* Exs.). An der Grenze gegen Steiermark (*Kit.* Krypt. 266)? Ob unter E. palustre var. pratense *Ehrh.* bei Fünfkirchen (*Maj.* 19) die echte Pflanze *Ehrhart's* oder irgend eine Form des E. palustre gemeint sei, vermag ich zwar nicht zu entscheiden, doch kömmt mir das letztere weit wahrscheinlicher vor.

5. E. limosum *L.* die einfache Form. E. fluviatile *L.* die quirlig-ästige Form. An Ufern, in Wassergräben, Sümpfen niedriger und gebir-giger Gegenden. Im karpat. Hochland bis an den Fuss der Central-Karpaten (*Hazsl.* ÉM. 352, ZBV. III. 148, *Vitk.* ZBG. XIII. 1050), dann an der March (*N.*), in den Donausümpfen von Presburg (*Endl.* 94) und Ung. Altenburg (*Vuezl*), im Schur bei St. Georgen, an der Leitha, am Neusiedler See (*Kornh.* Progr. 7), im Hanság (*Wierzb.* Mos.), zwischen Pest und Keresztur

---

*) Ueber die Standorte und die Vorbreitung der Gefäss-Kryptogamen finden sich bei den ungarischen Autoren nur spärliche Angaben vor, so dass hier noch Vieles nachzuholen ist. Besonders empfindlich ist dieser Mangel im Banat.

(*Kit.* Krypt. 264), bei Fünfkirchen (*Maj.* 19) und ohne Zweifel noch an vielen Stellen des Tieflandes.

E. **arvensi-limosum** *Milde.* E. **litorale** *Kühlw.* E. **inundatum** *Lasch.* In der Marchau bei Magyarfalva im Com. Presburg (*N.*)

6. E. palustre *L.* In Sümpfen, auf feuchten Wiesen niedriger und gebirgiger Gegenden.

7. E. hiemale *L.* In sumpfigen Gebüschen, an feuchten sandigen Stellen niedriger und gebirgiger Gegenden. Stellenweise im Com. Presburg (*Kornh.* Progr. 7), bei Usté im Com. Arva (*Vitk.* ZBG. XIII. 1050), in den Thälern der Central-Karpaten hin und wieder (*Wahlb.* 333), bei Sovár im Com. Sáros´ *Hazsl.* Sár. 226), bei Borsa in der Marmaros (*Kit.* Krypt. 266); ferner zwischen Kovácsi und Ofen und in den Umgebungen von Pest (*Kit.* l. c.), bei Fünfkirchen (*Maj.* 19), bei Futak im Com. Bács (*Schnell.* PV. IV. 83), im östl. Com. Arad (*Kéry* 18).

8. E. elongatum *Willd.* Spec. V. 8. E. **pannonicum** *WK.* in *Willd.* l. c. 6. E. **ramosum** *Schleich.* zum Theil nach *Milde* ZBG. XIV. 545. E. **arenarium** *Kit.* Krypt. 265 der Beschreibung nach. An sandigen oder feuchten Stellen niedriger Gegenden. An der Eisenbahn im Marchthale (*N.*), am rechten Donau-Ufer im Com. Komorn (*Hillebr.* ÖBZ. VIII. 297), bei Hetény im Com. Baranya (*Nendtv.* ZBG. XIII. 573), in den Umgebungen von Pest und Debrecin, bei Téglás im Com. Szabolcs (*Kit.* l. c.) und sicher noch an vielen Orten. E. **albomarginatum** *Kit.* l. c. bei Izsák im Com. Pest und E. **hungaricum** *Sánd.* ZBG. XIII. 574 bei Fünfkirchen gehören allem Anscheine nach hierher.

9. E. variegatum *Schleich.* An Ufern, feuchten sandigen Stellen, in Sümpfen besonders gebirgiger und subalpiner Gegenden. Stellenweise im Com. Arva und bei Eperjes (*Hazsl.* ÉM. 352), häufig an der oberen Bialka in der Zips (*Üchtr.* ÖBW. VII. 352), bei Sió-Fok am Plattensee im Com. Veszprim (*Kit.* Krypt. 265).

II. POLYPODIACEAE.

1. GRAMMITIS Sw.

1. G. Ceterach *Sw.* Auf Felsen, besonders von Kalk. Bei Kovácsi nächst Ofen (*Sadl.* Fil. 15), bei Csóka im Com. Stuhlweissenburg (*Hillebr.* ZBV. VII. 40), auf den Basaltfelsen des Plattensee-Zuges im Com. Zala, auf dem Harsányhegy und dem Mecsek im Com. Baranya, auf den Festungsmauern von Peterwardein, zwischen Weisskirchen und Moldava, bei der Veteranischen Höhle und den Herculesbädern der Banat. Milit. Gr. (*Sadl.* l. c., *Nendtv.* ZBG. XIII. 574).

2. NOTOCHLAENA R. Br.

1. N. Marantae *R. Br.* Bisher nur auf Felsen des Berges Veliki Gradac bei dem Kloster Rakovac im Com. Sirmien (*Sadl.* Fil. 16).

3. POLYPODIUM L.

1. P. vulgare *L.* In steinigen Berg- und Voralpenwäldern. Die Var. mit gesägten Blattzipfeln auf dem Feketehegy im Com. Ugocs (*Sadl.* Fil. 17).

2. P. Phegopteris *L.* In Berg- und Voralpenwäldern der nördlichen Karpaten vom Presburger Com. bis in die Marmaros, dann im Com. Eisenburg (*Sadl.* Fil. 18, *Wahlb.* 327, *Hazsl.* ÉM. 351, *Vitk.* ZBG. XIII. 1050).

3. P. Dryopteris *L.* In Berg- und Voralpenwäldern (*Sadl.* Fil. 19).

4. P. robertianum *Hoffm.* P. calcareum *Sm.* An waldigen felsigen Stellen bis in die Voralpenregion. Im Wagthale der Com. Turóc und Liptau (*Üchtr.* ÖBW. VII. 376 — 7), fast auf allen Kalk-Vorlagen der Central-Karpaten (*Hazsl.* ZBV. III. 149), bei Lipóc im Com. Sáros (*Veselský* Exs.), auf dem Pietros bei Kőrösmező in der Marmaros (*Müll.* ZBG. XIII. 555), auf der Matra, dem Piliser Berge bei Gran (*Sadl.* Fil. 19), bei Fünfkirchen (*Maj* 19) und wohl auf den meisten höheren Kalkbergen. Von P. Dryopteris wenig verschieden.

Cheilanthes ramentacea *Wahlb.* 331 auf feuchten Triften bei Schlagendorf in der Zips existirt nicht, denn dieser vermeintlichen Art lagen Blätter der Pedicularis palustris zu Grunde (*Sadl.* Fil. 44).

Adiantum Capillus Veneris *L.* Auf Felsen zwischen Erlau und Miskolc (*Sadl.* in *Kit.* Krypt. 282), eine irrige Angabe, da in *Sadl.* Fil. 44 dieses Standortes nicht erwähnt wird.

4. PTERIS L.

1. P. aquilina *L.* In Berg- und Voralpenwäldern (*Sadl.* Fil. 24), in den Comitaten am rechten Ufer der Donau und in Slavonien auch in hügligen Gegenden, dann in den sumpfigen Wäldern an der Raab (*Wierzb.* Mos.), Mur, Drau und Save (*Kit.* Bar. et Slav.), zwischen Lugos und Nyír Béltek im Com. Szabolcs sogar im Flugsande (*Pok.* Bonpl. 1860 p. 193.) Auf dem Vihorlát-Trachytzug der nordöstl. Karpaten kommen 6' hohe Exemplare vor (*Hazsl.* ÉM. 345).

* **P. lobulata** *Kit.* Krypt. 281. In nassen Gebüschen der Zips.

5. BLECHNUM L.

1. B. Spicant *Roth.* An felsigen Stellen in Berg- und Voralpenwäldern. Bei Sulov im Com. Trencsin (*Szont.* ÖBZ. XIV. 276), auf der Babia Góra (*Hazsl.* ZBV. III. 149), auf der Siroka im Com. Sáros (*Hazsl.* Sár. 227), in den Com. Szatmár, Marmaros und Bihar (*Sadl.* Fil. 20, *RK.* 20). Scheint auf den Central-Karpaten zu fehlen. Die Standorte Rosenau und Mór (*Sadl.* in *Kit.* Krypt. 282) sind in *Sadl.* Fil. l. c. weggelassen, müssen also unrichtig sein.

6. STRUTHIOPTERIS Willd.

1. S. germanica *Willd.* In feuchten Gebüschen bei Osadnica am Fuss der Beskiden im Com. Trencsin (*Uechtr.* ÖBW. VII. 377) und am

Vihorlát - Trachytzug im Com. Ung (*Lojka* in *Hazsl.* ÉM. p. V et 345).
Wahrscheinlich auch in den Urgebirgsschluchten des nördl. Com. Eisenburg,
da sie an dem nach Ungarn abfliessenden Zöbarnbach in Nieder-Oesterreich
häufig vorkömmt.

7. ASPLENIUM L.

1. A. Trichomanes *Huds.* A. Adiantum nigrum *Lumn.* 463,
nicht *L.* Auf Felsen, Mauern, an moosigen steinigen Stellen (*Sadl.* Fil. 25).
2. A. viride *Huds.* Auf Felsen der Berg- und Voralpenregion, besonders auf Kalk. Auf dem ganzen nördl. Karpatenzuge, dann bei Ruskberg
der roman. banat. Milit. Gr. (*Hazsl.* ÉM. 346, *Heufl.* ZBV. VI. 266).
3. A. septentrionale *Hoffm.* Auf Felsen, besonders an waldigen
Orten gemein (*Sadl.* Fil. 24).
4. A. germanicum *Weis.* A. Breynii *Retz.* Auf Felsen bei Bernstein im Eisenburger Com. (*Heufl.* ZBV. VI. 296), bei Presburg und St.
Georgen (*Kornh.* Progr. 5), auf höheren Bergen in den Com. Hont und Marmaros (*Sadl.* Fil. 26).
5. A. Ruta muraria *L.* Auf Mauern, Felsen bis in die Voralpenregion.
6. A. Adiantum nigrum *Pollini.* A. Trichomanoides *Lumn.* 462.
A. acutum *Bory.* A. obtusum *Kit.* in *Willd.* Spec. V. 341. A. novum et
Forsteri *Sadl.* Epiph. 29. A. Serpentini *Tausch.* Auf Felsen und an
steinigen waldigen Orten gebirgiger Gegenden, besonders auf Kalk und
Trachyt. Am Fuss des Thebner Kogels (*Bolla* Exs.) und der Kleinen Karpaten zwischen Presburg und Modern (*Kornh.* Progr. 6), auf der Hegyallja
(*Hazsl.* ÉM. 347): ferner bei Bernstein im Com. Eisenburg, auf dem Piliser
Berge, bei Kovácsi und Hidegkut nächst Ofen (*Heufl.* ZBV. VI. 323), im
Sümeger Walde im östl. Com. Zala (*RK.* 2), im Thale Mélyvölgy, auf dem
Jakobsberge und im Stadtwalde bei Fünfkirchen (*Nendtv.* ZBG. XIII. 573),
bei Vučin, Orahovica und Gazje im Com. Verovitic, bei Karlovic der Peterward. Milit. Gr. (*Kit.* Slav.), bei Oravica und Csiklova im Com. Krassó, bei
Ruskberg und Mehadia der roman. banat. Milit. Gr. (*Heufl.* l. c. 322).
Kitaibel will diese Art auch in den Com. Heves und Borsod, und *Sadler* soll
sie nach ihm in den Com. Gömör und Ugocs gefunden haben (*Kit.* Krypt.
280), allein in *Sadl.* Fil. 30 — 3 wird von allen diesen Standorten nichts
erwähnt.

A. lanceolatum *Huds.* In Ungarn (*Spr.* Syst. IV. 1. 88)? A. lanceolatum am Fuss des Thebner Kogels (*Bolla* in *Kornh.* Progr. 6 Note) ist
zufolge eingesehenen Original-Exemplars A. Adiantum nigrum.

7. A. fontanum *Bernh.* A. Halleri *DC.* Auf feuchten Felsen bei
dem Bade von Bösing im Com. Presburg (*Endl.* 92). Auf dem Dargó im
Com. Zemplin (*Sadl.* Fil. 27) wurde es in neuester Zeit vergeblich gesucht
(*Hazsl.* ÉM. 347). In Wäldern zwischen Erlau und Miskolc (*Kit.* Krypt.
272)? in *Sadl.* Fil. l. c. ist jedoch dieser Standort nicht aufgenommen.

8. A. fissum *Kit.* in *Willd.* Spec. V. 348. Auf Kalkfelsen im Banat *) ohne nähere Bezeichnung (*Heufl.* ZBG. IX. 311).

* **A. zolleuse** *Kit.* Krypt. 278. Auf Kalkfelsen an den Wasserfällen bei Motičko im Com. Sohl.

8. SCOLOPENDRIUM Sm.

1. S. officinarum *Sw.* An felsigen waldigen Stellen gebirgiger und subalpiner Gegenden durch das ganze Gebiet. Die Var. d a e d a l e a in Sirmien (*Sadl.* Fil. 23).**)

9. ASPIDIUM Sw.

1. A. Lonchitis *Sw.* An felsigen Stellen der Alpen- und Voralpenregion durch die ganze nördl. Karpatenkette bis in die Marmaros (*Sadl.* Fil. 34).

2. A. aculeatum *Döll.* Aendert ab:

α. **vulgare.** (A. a c u l e a t u m der meisten Aut. A. l o b a t u m *Sw.*) In Berg- und Voralpenwäldern (*Sadl.* Fil. 37).

β. **Braunii** (A. a n g u l a r e *Kit.* in *Willd.* Spec. V. 257). In Wäldern bei Mokrágy im Com. Arva, bei Akna-Rahó und Borsa in der Marmaros (*Sadl.* Fil. 40), auch auf dem Kleinen Czantory in Schlesien an der Grenze gegen das Com. Trencsin (*Wimm.* 16).

A. Intermedium *Sadl.* Epiph. 16 oder A. muuitum *Sadl.* Fil. 34 nicht *Kaulf.* ist eine Mittelform zwischen A. Lonchitis und A. a c u l e a t u m. An feuchten waldigen Stellen bei Mokrágy im Com. Arva, bei Bries im Com. Sohl und bei Fünfkirchen (*Pok.* ZBG. IX. SB. 125).

3. A. cristatum *Sw.* In Sümpfen des Grossenwaldes bei Kesmark (*Wahlb.* 328) und auf der Piatra Lucsi im Com. Szatmár (*RK.* 20), wenn letzterer Standort sich nicht etwa auf A. s p i n u l o s u m bezieht.

4. A. spinulosum *Sw.* A. d i l a t a t u m *Sw.* A. c r i s t a t u m der älteren Aut. In Berg- und Voralpenwäldern (*Sadl.* Fil. 38).

5. A. Oreopteris *Sw.* Bisher nur in höheren Wäldern der Com. Eisenburg und Marmaros (*Sadl.* Fil. 35), dann auf den Beskiden wenigstens auf der schlesischen Seite (*Wimm.* 18).

6. A. Filix mas *Sw.* In Berg- und Voralpenwäldern (*Sadl.* Fil. 38).

β. **Veselskyi** *Hazsl.* ÉM. 349. Bei Palócsa im Com. Sáros.

7. A. Filix femina *Sw.* Mit der vorigen Art (*Sadl.* Fil. 28).

---

*) Unter Banat im Allgemeinen sind die drei Com. Torontál, Temes und Krasso, dann die drei Regimentsbezirke der deutsch-, serbisch- und romanisch-banatischen Militär-Greuze verstanden.

**) Sirmien in weiterer Bedeutung begreift sowohl das Comitat Sirmien als auch die Peterwardeiner Militär-Grenze, d. i. den östlichen vorzugsweise von Serben bewohnten Theil Slavoniens. In diesem Sinne haben Kitaibel, Schultes, Rumy und Heuffel das Wort Sirmien gebraucht. Auch hier wird Sirmien. wenn es ohne Beisatz vorkömmt. stets in der weiteren Bedeutung genommen. bei Sirmien im engeren Sinne (wo also die Peterwardeiner Militär-Grenze ausgeschlossen ist) wird sich dagegen des Ausdruckes Comitat Sirmien bedient.

8. !A. alpestre *Hoppe.* (Vergl. *Neilr.* Nachtr. 329.) An felsigen buschigen Stellen der Voralpen. Im oberen Thale des Schwarzen Dunajec der galiz. Central-Karpaten (*Üchtr.* ÖBW. VII. 343—4) und wahrscheinlich auch auf der ungarischen Seite, im Demanovka-Thale der südl. Liptau (*Hausskn.* ÖBZ. XIV. 217), im Weisswasser-Thale bei Kesmark, auf den Trachytbergen des östl. Com. Sáros (*Hazsl.* ZBV. III. 149) und wohl noch an vielen Orten. Scheint die subalpine Form des A. Filix femina zu sein.

9. A. Thelypteris *Sw.* Polypodium cristatum *Lumn.* 464, nicht *L.* In Waldsümpfen durch die ganze Karpatenkette, dann an Bächen, in Moorbrüchen und an nassen Stellen des Tieflandes zwischen der Donau und Theiss, hier der einzige Farn (*Sadl.* Fil. 36), ferner auf der Niederung zwischen dem Neusiedler See und Wieselburg (*Vuezl*), bei Békásmegyer nächst Ofen, bei Káloz im Com. Stuhlweissenburg, bei Sümeg im Com. Zala (*Kit.* Krypt. 270), an der Rinya gegen Babocsa zu (*RK.* 2) und auf der Puszta Kápolna bei Selye im Com. Somogy (*Nendtv.* ZBG. XIII. 573), in den slavon. Wäldern (*Kit.* l. c.) und wohl auf allen Wiesenmooren der Ebene.

* **A. approximatum** *Kit.* Krypt. 270. In Wäldern der Marmaros, z. B. bei Akna-Rahó und Borsa. Mit A. Thelypteris am nächsten verwandt.

10. CYSTOPTERIS Bernh.

1. C. fragilis *Bernh.* Aspidium regium *Sw.* A. Pontederae et rhaeticum *Kit.* Krypt. 272—3 nach *Sadl.* Fil. 40. Auf Felsen und in steinigen Bergwäldern bis in die Alpenregion (*Sadl.* 42).

C. alpina *Link.* „Ab alpibus Hungariae specimen habeo" *Kit.* Kript. 276, aber der nähere Standort ist unbekannt (*Sadl.* Fil. 42). Nach *Mauksch* soll sie im Alpenthale Drechselhäuschen der östl. Tatra vorkommen.

2. C. sudetica *A. Br.* et *Milde.* C. Braunii *Milde.* An felsigen waldigen Stellen der Voralpen. Mit Sicherheit bisher nur oberhalb Javořina der nördl. Tatra in der Zips (*Milde* Acad. CLC. XXVI. 2. 557) und auf der Biharia, wo sie gemein ist (*Kern.* ZBG. IX. SB. 110).

3. C. montana *Link.* An felsigen waldigen Stellen der Voralpen. Mit Sicherheit bisher nur im Demanovka-Thale des südl. Com. Liptau (*Hausskn.* ÖBZ. XIV. 217).

Ob die auf dem Salatin der Fatra (*Wahlb.* 329), dem Choč, Dumbier (*Sadl.* Fil. 43), dem Eisernen Thore der östl. Tatra (*Hazsl.* ZBV. III. 149) und der Negujasa der Rodnaer Alpen (*Baumg.* IV. 35) angegebene C. montana die echte Art dieses Namens oder C. sudetica sei, wäre erst auszumitteln. In den Thälern der galiz. Central-Karpaten zwischen Kościelisko und Zakopana kommen beide vor (*Üchtr.* ÖBW. VII. 343, *Hausskn.* ÖBZ. XIV. 214).

11. WOODSIA R. Br.

1. W. ilvensis *R. Br.* Auf Felsen gebirgiger und subalpiner Gegenden. Auf Kalkfelsen an der Wag im Com. Turóc zwischen Rutka und dem Pass Strečno (*Üchtr.* ÖBW. VII. 376) und bei Kralovan an der Mündung der Arva (*Wahlb.* 327), auf den nördl. Melafyr-Vorlagen der Liptau-Sohler

Alpen bis Lučivna in der Zips, auf der Szitna bei Schemnitz, auf den Tra-
chytzügen Eperjes–Tokay und Vihorlát in den Com. Ung und Ugocs stellenweise häufig (*Hazsl.* ÉM. 350, *Sadl.* Fil. 46), dann am Fuss des Papuk bei
Velika im Com. Požega (*P.M.* It. 82).

2. W. hyperborea *R. Br.* W. i l v e n s i s *Hazsl.* PV. III. 1. SB. 8.
Bisher nur auf der Neu-Walddorfer Granitwand im Kohlbachthal der südl.
Tatra (*Hazsl.* l. c., dann ÉM. 350). Nach *Koch* Syn. 975 nur Var. der vorigen.

III. OPHIOGLOSSEAE.

1. OPHIOGLOSSUM *Sw.*

1.§O. vulgatum *L.* Auf Wiesen niedriger und gebirgiger Gegenden·
Bei Ung. Altenburg (*Vuezl*) und Schwarzwald auf der Kleinen Schütt
(*Wierzb.* Mos.), in der Mühlau bei Presburg (*Endl.* 89), auf der Javořina im
Com. Neutra (*Hol.* PV. I. 72), in der Arva (*Vitk.* ZBG. XIII. 1051), auf den
höheren Bergen des Com. Sáros (*Hazsl.* ÉM. 344) und wahrscheinlich noch
an vielen Orten, doch bemerkt *Kit.* Krypt. 267, dass er diese Art auf den
Ebenen Ungarns nirgends gefunden habe.

2. BOTRYCHIUM Sw.

1. B. Lunaria *Sw.* Auf Felsen, Berg- und Voralpenwiesen. Von den
Hügeln bei Blumenau und Kaltenbrunn nächst Presburg (*Endl.* 90) und der
Javořina im Com. Neutra (*Hol.* PV. I. 72) durch die Com. Turóc (*Üchtr.*
ÖBW. VII. 377), *Arva* (*Szont.* ZBG. XIII. 1051), Hont, Sohl, Liptau, Zips
(*Wahlb.* 331, *RK.* 54, *Kit.* Krypt. 268), Sáros (*Hazsl.* Sár. 226) und Bereg
(*Kit.* Ber.) bis in die Marmaros (*RK.* 20), dann auf den Kalkbergen bei
Mór im Com. Stuhlweissenburg (*Kit.* l. c. 268).

2. B. matricariaefolium *A. Br.* B. r u t a c e u m *Sw.* Auf Wald-
wiesen bei Bisternitz im Com. Presburg (*Kornh.* Prog. 3), dann auf der
Javořina im Com. Neutra (*Hol.* PV. I. 72). Nach *Wimm.* 21 nur Var. des B.
Lunaria.

3. B. rutaefolium *A. Br.* B. m a t r i c a r i o i d e s *Willd.* Auf den
Bergen nordwestl. von Kaschau (*Hazsl.* ÉM. 345) und auf dem Čerho im Com.
Sáros (*Hazsl.* Exs.), auch auf der Lissa Hora in Schlesien an der Grenze
gegen das Com. Trencsin (*Wimm.* 22).

IV. SALVINIACEAE.

1. SALVINIA Mich.

1. S. natans *Hoffm.* In stehenden und langsam fliessenden Wassern.
In den Donausümpfen bei Adony im Com. Stuhlweissenburg (*Kit.* Krypt. 282)
und bei Paks im Com. Tolna (*Kit.* Bar.), in den an der Theiss liegenden
Comitaten stellenweise sehr häufig, insbesonders alle Wasser in den Ebenen
des Com. Bereg bedeckend (*Hazsl.* ÉM. 344, *Pok.* ZBG. X. 290, *Kit.* Krypt.

282), in den Sümpfen der Com. Baranya und Verovitic (*RK*. 2, 69, *Kit*. Slav., *Nendtv*. ZBG. XIII. 574), in den Armen der Temes massenhaft (*Kit*. Krypt. 282).

VI. MARSILEACEAE.

1. MARSILEA L.

1. M. quadrifolia *L*. In stehenden und langsam fliessenden Wassern. In den Sümpfen bei Szenna im Com. Ung (*Hazsl*. ZBV. III. 149), im Ueberschwemmungsgebiete der Theiss (*Kern* DL. 70), auf der Murinsel im Com. Zala (*RK*. 2), im Com. Baranya (*Nendtv*. ZBG. XIII. 574), bei Boros Jenö im Com. Arad (*Heuff*. Bot. Zeit. 1863 p. 45), in Slavonien, im Banat (*Kit*. Krypt. 282), massenhaft im Bossut bei Vinkovce der Broder Milit. Gr. (*Kan*. Slav.)

2. PILULARIA L.

1. P. globulifera *L*. In stehenden Wassern jenseits der Theiss im nördl. Ungarn (*Hazsl*. ZBV. III. 149).

VI. LYCOPODIACEAE.

1. LYCOPODIUM L.

1. L. Selago *L*. L. recurvum *Kit*. in *Willd*. Spec. V. 50. Auf Felsen der Alpen- und Voralpenregion durch die ganze nördliche Karpatenkette (*Hoff*. Lyc. 7, *Hazsl*. ÉM. 342).

2. L. inundatum *L*. In Sümpfen am Fuss des Gutin gegen Budfalva zu, dann zwischen Borsa und Strimtura in der Marmaros (*Kit*. Krypt. 267).

3. L. annotinum *L*. In Berg- und Voralpenwäldern spärlich (*Hoff*. Lyc. 8). Im Bur-Walde bei Malacka und auf den Kleinen Karpaten bei Modern (*Kornh*. Progr. 7), bei Zazriva und Hrustin im Com. Arva (*Vitk*. ZBG. XIII. 1051), auf den Vorlagen der Central-Karpaten (*Wahlb*. 332, *Hazsl*. PV. III. SB. 8), bei Kaschau (*Pawl*. PV. I. 26), auf der Kunstava im Com. Sohl, der Petrosa in der Marmaros, im Banat (*Kit*. Krypt. 266 — 7).

4. L. complanatum *L*. In Berg- und Voralpenwäldern. Bei der Ruine Weissenstein nächst St. Georgen im Com. Presburg (*Kornh*. Progr. 8), auf der Gerava südlich von Kapsdorf in der Zips (*Kit*. Krypt. 266) und auf dem Čerho im Com. Sáros (*Hazsl*. Exs.). Die auf den Zebener Bergen im Com. Sáros, auf der Polonina Rovna im Com. Ung (*Hazsl*. ÉM. 343) und der Biharia (*Kern*. Exs.) vorkommenden Formen bilden Uebergänge zu L. alpinum *L*. Bei Fünfkirchen (*Nendtv*. ZBG. XIII. 574)?

5. L. alpinum *L*. Auf felsigen Alpentriften. Auf der Babia Góra (*Vitk*. ZBG. XIII. 1051), unter der Lomnitzer Spitze gegen das Kleine Kohlbachthal, am Rothen und am Steinbach-See der Hohen Tatra (*Hazsl*. ZBV. III. 150, ÉM. 343). Nach *Sadl*. in *Kit*. Krypt. 266 soll es jedoch auf den Spitzen der Zipser Alpen häufig vorkommen.

6. L. clavatum *L*. In Berg- und Voralpenwäldern (*Hoff*. Lyc. 8).

2. SELAGINELLA Spring.

1. S. spinulosa *A. Br.* An felsigen buschigen Stellen der Alpen und Voralpen in den Com. Turóc, Arva, Liptau, Sohl, Zips, Sáros, Zemplin, Ung (*Kit.* Krypt. 267, *Hazsl.* ÉM. 343) und Marmaros (*RK.* 20, *Müll.* ZBG. XIII. 555).

2. S. helvetica *Link.* Auf den Alluvien der Donau bei Presburg, namentlich auf der Insel Habern (*Kornh.* Progr. 8), dann auf Felsen der Berg- und Voralpenregion, als bei Alt-Ruzin im südl. Com. Sáros (*Hazsl.* ÉM. 343), auf dem Choč, bei den Herculesbädern und auf den Banat. Alpen (*Kit.* Krypt. 267). L. denticulata auf dem Stol und Galac der Rodnaer Alpen (*Baumg.* IV. 15) gehört wahrscheinlich hierher, da die echte Pflanze dieses Namens die Uferländer des Mittelmeeres bewohnt.

II. AMPHIBRYA.

VII. GRAMINEAE.

1. ORYZA L.

1. O. sativa *L.* Wird im Com. Temes und zwar auf dem Gute Topolya nächst Čakova (*Heuff.* 189) und bei Denta (*Kanitz*), dann, wenigstens zu *Rochel's* Zeiten, bei Lippa an der Maros im Grossen gebaut (*Roch.* Ban. 10, 25). *Kitaibel's* Standort bei Gutenbrunn (Pest. Mus.) ist mit jenem bei Lippa wahrscheinlich derselbe.

2. O. clandestina *A. Br.* Brandenb. Ver. 1860 p. 195. Leersia oryzoides *Sw.* In Sümpfen, Wassergräben, besonders niedriger Gegenden. Im Marchthale (*Krz.* PV. II. 1. 105), in den Com. Gran (*Feicht.* Ad. 267), Neutra (*Bolla* PV. I. 7, *Kn.* PV. VII. 188), Trencsin (*Kikó* 18), Turóc (*RK.* 54), Bars (*Kn.* ÖBZ. XIV. 116), Gömör, Borsod (*Reuss* 460, *Fábry* II. 7, *RK.* 109), Heves (*Kit.* Hydr. II. 161), Pest (*Sadl.* 36), Ugocs und Marmaros stellenweise (*RK.* 20); ferner an der Leitha, im Hanság (*Wierzb.* Mos.), bei Koroncó im Com. Raab (*Ebenh.* PV. V. 68), am Plattensee (*Sigm.* 48) und an der Mur im Com. Zala, bei Patosfa im Com. Somogy, bei Péterd, Abaliget (*Kit.* Bar.) und Fünfkirchen im Com. Baranya (*PM.* It. 142), häufig im Com. Požega (*RK.* 69), in Sirmien (*Rumy* 53), im Banat (*Heuff.* 189).

2. ZEA L.

1. Z. Mays *L.* Wird im Grossen gebaut.

3. CRYPSIS Ait.

1. C. aculeata *Ait.* An feuchten salzigen Stellen und Salzlachen niedriger Gegenden. Häufig am Neusiedler See (*N.*) bei Ung. Altenburg (*Vuezl*), auf den Donau-Inseln bei Presburg (*Endl.* 106), auf den Ebenen der Com. Gran (*Feicht.* Ad. 267), Neutra (*Kn.* PV. VII. 187), Heves, Zemplin, Szabolcs, Bihar, Pest, Stuhlweissenburg, Bács, Sirmien und des Banats (*Sadl.* 36, *Lang* Phys. 318, *RK.* 10, 21, *Kit.* Add. 1 et Pest Mus., *Janka* ÖBZ. XIV. 354, *Rumy* 52, *Heuff.* 188).

2. C. schoenoides *Lam.* An feuchten besonders salzigen Stellen niedriger Gegenden. Bei Magyarfalva an der March (*Matz*), bei Üzbég im Com. Neutra (*Schill.* ÖBZ. XIV. 51), auf den Ebenen der Com. Gran (*Feicht.* Ad. 267), Zemplin, Szabolcs und Bihar (*RK.* 10, *Lang* Phys. 318); ferner am Neusiedler See (*N.*), bei Ung. Altenburg (*Vuezl*), Tihany am Plattensee (*Haberl.* ÖBZ. XI. 16), Kápolna im Com. Tolna (*Sadl.* Exs.), am Fuss des Harsányhegy und an der Drau im Com. Baranya (*Kit.* Bar.), in Sirmien (*Rumy* 53), auf den Niederungen der Com. Stuhlweissenburg (*Kit.* Pest. Mus.) und Pest (*Sadl.* 37), im westl. Banat (*Heuff.* 188). Phleum schoenoides zwischen Tokay und Keresztút (*RK.* 21) scheint wegen des Citates *PM.* It. p. 147 t. 16 zu C. alopecuroides zu gehören. Phleum schoenoides bei Mező-Kövesd im Com. Borsod ist in *RK.* 21 mit ? angeführt.

3. C. alopecuroides *Schrad.* In Gruben, an feuchten besonders salzigen Stellen niedriger Gegenden. Im Marchthal des Com. Presburg (*Matz*), an der Neutra bei der Stadt Neutra (*Schill.* ÖBZ. XIV. 51), in den Com. Heves, Borsod, Zemplin, Szabolcs (*RK.* 10, 21, *Kit.* Ber.), Bihar und in Gross-Kumanien stellenweise (*Janka* ÖBZ. XIII. 113); ferner am Neusiedler See (*N.*), bei Zurndorf im Com. Wieselburg (*Kornh.* Progr. 13), stellenweise in den Com. Gran (*Feicht.* Ad. 267), Stuhlweissenburg (*PM.* It. 147, *Kit.* Bar.), Pest (*Sadl.* 37), Somogy, Baranya, Verovitic und Sirmien bis in die Broder Milit. Gr. (*RK.* 69, *Kit.* Bar. et Slav., *Rumy* 52), bei Futak im Com. Bács (*Schnell* PV. III. 1. 22), bei Szegedin (*Mayr* ZBV. VI. 176), gemein im Banat (*Heuff.* 188).

4. ALOPECURUS L.

1. A. pratensis *L.* Auf feuchten Wiesen.

2. A. agrestis *L.* Auf Aeckern, Grasplätzen, an Rainen niedriger und gebirgiger Gegenden. Bei Ratzersdorf nächst Presburg (*Endl.* 107), Tirnau (*Horv.* 13), auf dem Hauran bei Holič (*Krz.* PV. II. 1. 105), im mittleren und südlichen Gebiete des nördl. Karpatenzuges (*Hazsl.* ÉM. 341)*), bei Grosswardein (*Steff.* ÖBZ. XIV. 173); ferner bei St. Johann (*Wierzb.* Mos.) und Ung. Altenburg im Com. Wieselburg (*Vuezl*), im Pester Com. (*Sadl.* 32), in Sirmien (*Rumy* 52).

3. A. geniculatus *L.* A. fulvus *Sm.* In Lachen, Sümpfen, stehenden Wassern.

A. brachystachys *MB.* (A. laguriformis *Schur*) kömmt auf dem Koronjis der Rodnaer Alpen (*Schur* Siebenb. Ver. 1859 p. 150), also hart an

---

*) Hazslinszky's Gebiet erstreckt sich über die Com. Arva, Turóc, Liptau, Zips Sáros, Zemplin, Ung, Gömör, Abauj und Torna, dann das nördl. Com. Borsod (Seite IV.) Im Verlaufe des Werkes werden Pflanzen häufig im nördlichen, mittleren oder südlichen Theile dieses Gebietes angegeben, wie sich aber diese Untergebiete wechselseitig abgrenzen, wird nirgends gesagt.

der ungarischen Grenze vor, aber auf ungarischem Gebiete wurde er bisher nicht gefunden.

5. BECKMANNIA Host.

1. B. erucaeformis *Host* Gram. III. t. 6. In Wassergräben, an überschwemmten salzigen Stellen des Tieflandes. Häufig in den Com. Pest und Heves, besonders an der Theiss (*Sadl.* 44, *Kit.* in *Host* l. c. 6 et Add. l, *RK.* 21), bei Jász-Apáti in Jazygien, Harsány im Com. Borsod, Egyek im Com. Szabolcs (*RK.* 21, 109), Kis-Ujszállás in Gross-Kumanien, Konyár, Diószeg und Grosswardein im Com. Bihar (*Janka* ÖBZ. XIII. 113, 256, XIV. 354, *Steff.* ÖBZ. XIV. 173), bei Bereg-Sász im Com. Bereg (*Portschl.* Exs.), im westl. Banat (*Heuff.* 189).

6. PHLEUM L.

1. Ph. Michelii *All.* Ph. cuspidatum *Willd.* Phalaris alpina *Hänke.* Auf Triften der Alpen und Voralpen. Auf der Fatra, dem Kleinen Křivan, Štoch, der östl. Tatra (*Wahlb.* 16, *Vitk.* ZBG. XIII. 1054), auf den Banat. Karpaten, hier auch auf niedrigen Bergen (*Heuff.* 189, *Roch.* Reise 5, 25).

Ph. arenarium *L.* Im Banat (*Sadl.* Fünem. 158)? Weder *Rochel* noch *Heuffel* erwähnen dieser Art. Bei Rima-Szombat (*Fábry* II. 7) noch weniger.

2. Ph. Boehmeri *Wib.* Phalaris phleoides *L.* Auf Wiesen, Triften, Hügeln.

3. Ph. asperum *Vill.* Auf steinigen Bergen bei Ofen, besonders auf dem Blocksberg (*Sadl.* 33), auf der Puszta Kér im Com. Tolna (*Hillebr.* ZBV. VII. 41), bei Fünfkirchen (*Nendtv.* ZBG. XIII. 567), auf Wiesen bei Pece Sz. Márton (*Steff.* ÖBZ. XIV. 173) und im Thal der Schwarzen Körös bei Belényes im Com. Bihar (*Kern.* ÖBZ. XIV. 85).

4. Ph. pratense *L.* Ph. nodosum *L.* Auf Wiesen, in Vorhölzern.

5. Ph. alpinum *L.* Ph. Gerardi der ält. Aut. nicht *All.* Auf alpinen und subalpinen Triften. Von den mähr. schles. Grenzkarpaten (*RM.* Mähr. 17) durch die Com. Trencsin, Turóc, Arva, Liptau, Sohl, Zips, Sáros, Gömör (*Hazsl.* ÉM. 341, *Vitk.* ZBG. XIII. 1054, *Wahlb.* 17, *RK.* 54, *Roch.* MS. l. 65), Bereg und Szatmár bis in die Marmaros (*RK.* 10, 21, *Müll.* ZBG. XIII. 555), dann auf den Banat. Alpen (*Heuff.* 189).

Ph. tenue *Schrad.* In Ungarn (*Mály* 25)? Fehlt in *Sadl.* Fünem. sowie in dessen Anmerkungen zur Flora pest. ed. I. 1. 60, kömmt jedoch am croat-Litorale vor (Syll. cr. 11).

7. PHALARIS L.

1. Ph. arundinacea *L.* Arundo colorata *Ait.* An Ufern, in Wassergräben, Sümpfen.

2. Ph. canariensis *L.* Wird gebaut und kömmt auch verwildert vor, doch finde ich sie nur bei Presburg (*Kornh.* Progr. 14) und Fünfkirchen angegeben (*Nendtv.* ZBG. XIII. 567).

8. HOLCUS L.

1. H. lanatus *L.* Auf Wiesen, an feuchten Stellen niedriger und hügliger Gegenden.

2. H. mollis *L.* Auf Wiesen, in Wäldern, unter dem Getreide niedriger und gebirgiger Gegenden. Im Gebiete der nordwestl. Karpaten stellenweise häufig (*Hazsl.* ÉM. 340, *Roch* MS. II. 41) z. B. bei Presburg (*Endl.* 125) und Schemnitz (*Kn.* ÖBZ. XIV. 114), dann bei Szakoly im Com. Szabolcs, bei Vallay und Erdöd im Com. Szatmár (*RK.* 22), in den Auen der Schnellen Körös bei Grosswardein (*Steff.* ÖBZ. XIV. 172); ferner bei Ung. Altenburg (*Vuezl*), Wieselburg (*Wierzb.* Mos.), Fünfkirchen (*Maj.* 18), Vučin und Drenovac im Com. Verovitic (*Kit.* Slav.), auf dem Čerevićer Gebirge im Com. Sirmien (*Schnell.* PV. III. 1. 22), im östl. Com. Arad (*Kéry* 18), im Banat (*Heuff.* 192).

9. HIEROCHLOA Gmel.

1. H. borealis *RSch.* H. odorata *Wahlb.* Holcus repens *Host* Gram. III. t. 3. Auf Wiesen, an sandigen Stellen, in Weingärten oft massenhaft. Im nördl. Ungarn nur bei Kuchel im Com. Presburg (*Bolla* PV. I. 7) und bei Bököny und Szakoly im Com. Szabolcs (*RK.* 22); ferner bei Ung. Altenburg (*Vuezl*), Sz. Iván im Com. Raab (*Kit.* Sopr.), im südl. Com. Komorn (*Hillebr.* ÖBZ. VIII. 297), bei Dég im Com. Veszprim (*RK.* 109), Szabolcs im Com. Stuhlweissenburg (*Kit.* Slav.), in den Com. Pest, Bács und in Kumanien (*Kit.* in *Host* Gram. III. 3 et Add. 1), in Sirmien ein verderbliches Unkraut (*Roch.* Reise 24). H. orientalis *Fries* et *Heuff.* ÖBZ. VIII. 28, Ban. 188 auf sandigen Aeckern der deutsch- und serbisch-banat. Milit. Gr. ist nach *Janka* Linn. 1859 p. 614 von H. borealis nicht verschieden.

2. H. australis *RSch.* In steinigen Wäldern, wie es scheint, sehr selten. Bisher nur bei Bököny im Com. Szabolcs (*RK.* 22), um Presburg (*Endl.* 126), auf dem Leithagebirge (*N.*), bei Sümeg im Com. Zala (*Kit.* Add. 1), bei Fünfkirchen (*Maj.* 18), bei Ruskberg in der roman. und bei Grebenac in der serbisch.-banat. Milit. Gr. (*Heuff.* 188, *Wierzb.* Flora 1842 I. 264).

10. ANTHOXANTHUM L.

1. A. odoratum *L.* Auf Wiesen bis in die Alpenregion (*Wahlb.* 11).

11. MILIUM L.

1. M. effusum *L.* M. confertum *Mill.* In Berg- und Voralpenwäldern.

2. M. paradoxum *L.* In Vorhölzern, Bergwäldern. Im Heil. Kreuzer Walde auf dem Leithagebirge (*N.*), bei dem Praedium Pét nächst Palota im Com. Veszprim (*Horky* PV. IV. SB. 85), bei Tihany (*Kit.* Bar.), Füred und Arács am Plattensee im Com. Zala, bei Csákvár im Com. Stuhlweissenburg (*RK.* 2, 109), auf den Kalkbergen von Gran (*Feicht.* Exs.), Ofen, St. Andrä und Sz. Kereszt (*Sadl.* 33), im Banat (*Heuff.* 191).

3. M. holciforme *Spr.* Piptatherum coerulescens *Roch.* Reise 5 und wahrscheinlich auch *PB.* Auf Kalkfelsen an der Donau in der Banat. Milit. Gr., besonders im Thale Kazan (*Heuff.* 191).

4. M. multiflorum *Cav.* Agrostis miliacea *L.* Auf der Puszta Kák im Com. Somogy (*RK.* 3). Bei Tirnau nur zufällig und vorübergehend (*Horv.* 8, 14).

12. PANICUM L.

1. P. sanguinale *L.* An wüsten und bebauten Stellen. Das im südl. Ungarn (*Kit.* in *Schult.* I. 169) und im Banat (*Heuff.* 187) angegebene P. aegyptiacum *Retz* ist nach *Trin.* Mém. de l'acad. de St. Petersb. VI. sér. II. 201 nur eine Form des P. sanguinale mit dickeren Aehren.

β. ciliare. Auf sandigen Aeckern, im Flugsand. Auf den Donau-Inseln des Com. Wieselburg (*Wierzb.* Mos.), im Marchthale (*Kornh.* Progr. 13) und im östl. Com. Presburg (*Bolla* PV. I. 7, *Krz.* PV. II. 1. 104), bei Neutra (*Kn.* PV. VII. 187), bei Karva und Csenke im Com. Gran (*Feicht.* Ad. 267), im Pester Com. (*Sadl.* 38), bei Fünfkirchen (*Maj.* 18), in Sirmien (*Rumy* 52), in der westl. Banat. Milit. Gr. (*Heuff.* 187) und im Tiefland wohl noch an vielen Stellen.

2. P. glabrum *Gaud.* Auf Aeckern, Sandfeldern niedriger Gegenden.

3. P. Crus galli *L* P. Crus corvi *Lumn.* 28. P. stagninum *Host* Gram. III. t. 51. In Gräben, Pfützen, wüsten und bebauten Stellen.

4. P. miliaceum *L.* Wird im Grossen gebaut.

P. capillare *L.* Stammt aus Nordamerica und soll an wüsten und bebauten Stellen um Presburg (*Endl.* 112) und in Sirmien (*Rumy* 53) verwildert vorkommen. Allein da P. capillare *Lumn.* Poson. 29 zufolge der eigenen Verbesserung *Lumnitzer's* in seinem Herbar Milium effusum *L.* ist (*Árv.* Pest. Mus.), so scheinen mir obige Standorte, besonders jener bei Presburg zweifelhaft zu sein.

13. SETARIA L.

1. S. verticillata *PB.* An wüsten und bebauten Stellen.

2. S. viridis *PB.* Auf Aeckern, in Weingärten.

3. S. glauca *PB.* In Weingärten, an wüsten, besonders feuchten Stellen.

4. S. italica *PB.* S. germanica *PB.* (Mohar). Wird sehr häufig, besonders im südl. Ungarn, im Banat und in Sirmien gebaut und kömmt dort beinahe wild vor (*Roch.* Misc. 100, *Sadl.* Pest. ed. I. 1. 79, *Heuff.* 187, *Rumy* 53, 54).

14. TRAGUS Desf.

1. T. racemosus *Desf.* An sandigen Stellen und im Flugsande der Ebene. Im Marchthale bei Magyarfalva (*Matz*), Laab und Malacka, auf der Grossen Schütt (*Kornh.* Progr. 12), bei Neutra (*Kn.* PV. VII. 187), in den Com. Raab (*Kornh.* l. c., *Ebenh.* PV. V. 68), Komorn (*Hillebr.* ÖBZ. VIII. 297), Gran (*Feicht.* Ad. 267) und Pest bis an die Zagyva und Matra (*Sadl.*

37, *Reuss* 454); ferner am Plattensee im Com. Zala (*Haberl.* ÖBZ. XI. 17), bei Paks, Duna Sz. György (*Kit.* Bar.) und an der Sárvíz im Com. Tolna (*PM.* It. 145), auf dem Mecsek bei Fünfkirchen (*Nendtv.* ZBG. XIII. 571), in Sirmien (*Rumy* 54), in der westl. Banat. Milit. Gr. (*Heuff.* 187).

15. LASIOGROSTIS Link.

1. L. Calamagrostis *Link.* Calamagrostis speciosa *Host.* Auf dem Arsul der Rodnaer Alpen (*Baumg.* III. 213), an felsigen Stellen bei den Herculesbädern nächst Mehadia (*Heuff.* 191).

16. STIPA L.

1. S. capillata *L.* S. juncea der älteren Aut., nicht *L.* Auf Hügeln, Sandplätzen, Puszten.

2. S. pennata *L.* Ebenso und noch häufiger, für die Grassteppe charakteristisch.

17. AGROSTIS L.

1. A. vulgaris *With.* A. pumila *L.* Auf Weiden, Wiesen, trocknen Waldplätzen.

2. A. stolonifera *L.* A. palustris *Huds.* A. capillaris der ält. Aut. A. alba *Schrad.* A. decumbens et silvatica *Host* Gram. IV. t. 54, 58. A. hispida *RK.* 2, 21, 54 nach *Kit.* Add. 2, nicht *Willd.*, dessen Pflanze von den Autoren zu A. vulgaris gezogen wird. Auf Wiesen, an feuchten Stellen.

A. verticillata *Vill.* Bei Fünfkirchen (*Nendtv.* ZBG. XIII. 566), schwerlich. (Vergl. *Koch* Syn. 902, *Gr.* et *Godr.* Fr. III. 482.)

3. A. canina *L.* Auf feuchten Wiesen.

4. A. alpina *Scop.* A. rupestris *Host* Gram. III. t. 50, *Wahlb.* 18 „arista subbasilari" nicht *All.* Auf Alpentriften, entweder wirklich sehr selten oder nur von den Autoren von der folgenden nicht immer unterschieden. Auf dem Rozsudec (*Stur* ÖBZ. IX. 24), der Rackova (*Wahlb.* l. c.) und Pisna der Liptauer Central-Karpaten, dann auf dem Skopa-Passe der östl. Tatra (*Üchtr.* ÖBW. VII. 351, 360). Ob A. alpina auf dem Štoch und Choč (*Vitk.* ZBG. XIII. 1054), dann bei Dragomirfalva in der Marmaros (*RK.* 22) hierher oder zur folgenden gehöre, lässt sich bei der beständigen Namensverwechslung dieser zwei Arten bis auf *Koch's* Zeiten nicht entscheiden.

5. A. rupestris *All.* A. alpina *Host* Gram. III. t. 49, *Wahlb.* 18 „arista dorsali" nicht *Scop.* Auf felsigen Triften der Alpen und Voralpen, besonders in der Krummholzregion. Auf den Beskiden, durch die ganze höhere Karpatenkette vom Kleinen Křivan bis auf die östl. Tatra, auf dem Dumbier, dem Branisko im Com. Sáros (*Wahlb.* l. c., *Hazsl.* ÉM. 338, *Koch.* MS. l. 205), auf den Banat. Alpen (*Heuff.* 190).

6. A. Spica venti *L.* A. interrupta *L.* Unter dem Getreide, an Rainen, wüsten Stellen.

* **A. Kitaibelii** *Schult.* I. 178. Auf Wiesen im Banat (*Kit.* in *Schult.* l. c.).

* **A. neglecta** *Schult.* I. 179. In Wäldern in Ungarn (*Kit.* in *Schult.* l. c.).

❖ **A. gracilis** *Kit.* in *Schult.* I. 180. In Wäldern in Ungarn.

* **A. parvula** *Schult.* I. 182. In Wäldern in Ungarn (*Kit.* in *Schult.* l. c.).

❖ **A. Schultesii** *Kunth.* Trichodium neglectum *Schult.* I. 166. Auf trockenen Grasplätzen in Ungarn (*Kit.* in *Schult.* l. c.).

❖ **A. affinis** *Kunth.* Trichodium Kitaibelii *Schult.* I. 165—6. Auf sonnigen Voralpen in Ungarn (*Kit.* in *Schult.* l. c.).

❖❖ **A. reputata** *Kit.* Hydr. II. 161. Auf der Matra.

❖❖ **A. vinealis** *Kit.* Hydr. II. 319. Zwischen Gebüsch bei den Herculesbädern.

* **A. trichotoma** *Kit.* Add. 2. In den slavonischen Wäldern.

18. CALAMAGROSTIS Roth.

1. C. lanceolata *Roth.* Arundo Calamagrostis *L.* In feuchten Voralpenwäldern der Com. Arva (*Vitk.* ZBG. XIII. 1054), Liptau und Zips (*Wahlb.* 35), im Ecsédi Láp. im Com. Szatmár (*RK.* 21 mit ?), an der Gran und Donau im Com. Gran (*Feicht.* Ad. 267), zwischen Schilf und Ufergebüsch des Pester Com. (*Sadl.* 34), in den Drau–Sümpfen bei Babocsa im Com. Somogy (*Kit.* Bar.), in Sirmien (*Rumy* 52).

2. C. litorea *DC.* C. laxa *Host* Gram. IV. t. 49. Arundo arenaria *Lumn.* 49 (nicht *L.*) und diesem gemäss auch Ammophila arenaria *Reuss* 462 (nicht *Link*). An Ufern und zwischen Weidengebüsch in den Com. Arva (*Vitk.* ZBG. XIII. 1054), Turóc, Liptau und Zips (*Wahlb.* 35, *Üchtr.* ÖBW. VII. 376), an der Donau in den Com. Presburg (*Endl.* 109), Wieselburg (*Wierzb.* Mos.) und Gran (*Feicht.* Ad. 267), auf der Insel Csepel und landeinwärts an Wassergräben überall im Pester Com. (*Sadl.* 34, *Bayer* ÖBZ. XIII. 46), in Sirmien (*Rumy* 52), im Banat (*Heuff.* 190). Ob Arundo alpestris *Kit.* Add. 3 (mit dem Citate A. Pseudophragmites *Hall.* fil.) auf dem Rozsály, Gutin und der Trojaga in der Marmaros hierher oder vielleicht richtiger zu C. Halleriana *DC.* (Arundo Pseudophragmites *Schrad.*) gehöre, vermag ich nicht zu entscheiden.

3. C. Epigeios *Roth.* Auf buschigen Hügeln, in Holzschlägen, an Ufern.

4. C. Halleriana *DC.* Auf der Alpenkuppe Dzymbronja der Černa Hora in der Marmaros (*Herb.* Bucov. p. V).

5. C. montana *DC.* C. silvatica *Host* Gram. IV. t. 48, nicht *DC.* Arundo varia *Schrad.* In Berg- und Voralpenwäldern der Com. Presburg (*Kornh.* Progr. 16), Arva, Liptau und Zips (*Wahlb.* 35, *Vitk.* ZBG. XIII. 1054), auf der Biharia (*Kern.* DL. 138, 141, 341), im östl. Banat (*Heuff.* 190). C. montana *Host* Gram. IV. t. 46 ist eine Uebergangsform der C. montana *DC.* zur C. silvatica *DC.*, doch verstehen fast alle Autoren damit die gegenwärtige Art, wenn sie auch *Host's* C. montana citiren.

6. C. silvatica *DC.* C. pyramidalis *Host* Gram. IV. t. 49. Agrostis arundinacea *L.* In Bergwäldern, seltener in Auen der Ebene.

C. tenella *Host* Gram. IV. t. 50. **C. alpina** *Host* l. c. t. 51. Auf den pannonischen Alpen (*Host* l. c. p. 29—30), doch kömmt sie in keiner ungar. Specialflora vor, auch rührt diese Angabe, wie es in *Host* Gram. sonst der Fall ist, nicht von *Kitaibel* her. Im Thale der 5 polnischen Seen der galizischen Central-Karpaten (*Grzeg.* ÖBW. III. 259)?

* **Arundo sabuli** *Kit.* Add. 2. Im feuchten Kies der Flüsse. **Arundo Donax** *L.* In Ungarn (*Maly* 20), wahrscheinlich nach *Sadl.* Pest. ed. I. 1. 102 Note, wo ohne Zweifel das ehemals ungar. nun croat. Litorale gemeint ist.

Psamma arenaria *RSch.* Im Walde Pagony bei Koroncó im Com. Raab (*Ebenh.* PV. V. 68)? Im Čerevićer Gebirge im Com. Sirmien (*Schnell.* PV. IV. 83)?

19. PHRAGMITES Trin.

1. Ph. communis *Trin.* In Sümpfen und an Ufern, besonders des Tieflandes, oft in unübersehbarer Menge (*Pok.* ZBG. X. 287—9). **Arundo aggerum** *Kit.* Add. 3 in den Weingärten des Blocks- und Adlerberges bei Ofen scheint nur eine kleine Form zu sein, auch wird in *Sadl.* Pest. 59 Ph. communis ausdrücklich in den Weingärten bei Ofen angegeben.

20. CYNODON Rich.

1. C. Dactylon *Pers.* An Wegen, auf Weiden niedriger und hügliger Gegenden.

21. CORYNEPHORUS PB.

1. C. canescens *PB.* Aira canescens *L.* In den Auen der March im Com. Neutra (*Krz.* PV. II. 1. 106), auf trockenen Wiesen und auf den Donau-Inseln bei Presburg (*Endl.* 125) und Wieselburg (*Wierzb.* Mos.), auf den Kalkbergen nordwestl. von Ofen (*Sadl.* 40), um Fünfkirchen (*Nendtv.* 16). Was unter A. canescens *Roch.* MS. I. 77 oder Aira canescens *β. Wahlb.* 20 mit dem Citate A. articulata *Desf.* auf dem Grossen Křivan gemeint sei, ist mir nicht klar, da A. articulata eine Pflanze der Mittelmeerflora ist.

22. AVENA Tourn.

1. A. caespitosa *Griess.* Aira caespitosa *L.* Auf Wiesen niedriger und gebirgiger Gegenden bis in die Alpenregion, wo sie als Aira alpina der Aut. erscheint.

2. A. (Aira) **Wibeliana** *Sond.* Bisher nur an den Ufern der Tarca (Torisza) bei Eperjes und auch hier selten (*Hazsl.* ÉM. 336). Die von *Hazsl.* ZBV. III. 148 im Gebiete der Central-Karpaten angeführte, aber in ÉM. l. c. mit Stillschweigen übergangene Aira uliginosa ist wohl dieselbe Pflanze.

3. A. flexuosa *MK.* Aira flexuosa et montana *L.* In Wäldern, Holzschlägen, an sandigen Stellen hügliger und gebirgiger Gegenden bis in die Alpenregion.

4. A. caryophyllea *Wigg.* In trockenen Wäldern, auf sandigen Triften. Im Karpatenlande bisher nur auf dem Gemsenberge bei Presburg (*Endl.* 124) und auf dem Weingebirge bei Neutra (*Kn.* PV. VII. 188), häufiger im Hügellande am rechten Donau-Ufer, bei Kaiser-Steinbruch am Leithagebirge (*Wierzb.* Mos.), auf dem Rosaliengebirge bei Forchtenstein (*Kováts*), im Com. Eisenburg (*Pol.* 6), bei Köveskálla, Kékut und auf der Murinsel im Com. Zala (*Kit.* Bar.), bei Budakész nächst Ofen (*Sadl.* 39), bei Jánosi im Com. Baranya (*Nendtv.* ZBG. XIII. 569), bei Verovitic, Unter-Pistana und Orahovica im Com. Verovitic, bei Bačindol im Com. Požega (*Kit.* Slav.), in Sirmien (*Rumy* 52), in Eichenwäldern des Banats (*Heuff.* 193).

5. A. capillaris *MK.* Auf dem Adlerberg (*Mak.* ÖBW. V. 210) und auf dem Schwabenberg bei Ofen, oft weite Strecken überziehend (*Bayer* ÖBZ. XIII. 46). Wohl nur die südl. Form der A. caryophyllea und nach *Vis.* Dalm. I. 68 von derselben als Art nicht verschieden.

A. **praecox** *PB.* In Ungarn (*Sadl.* Fünem. 143, 158—9) ohne nähere Angabe.

6. A. tenuis *Mönch.* Auf Triften, Hügeln, in trockenen Wäldern. An der Eisenbahn zwischen Weinern und St. Georgen im Com. Presburg (*Bolla* PV. l. 7), bei Maria Nostra (*Kit.* Arv.) und Szalatna im Com. Hont, Nagy-Röce im Com. Gömör, bei Parád und auf der Matra im Com. Heves, auf dem Bükhegy, bei Kis-Győr und Harsány im Com. Borsod, Mád im Com. Zemplin, Grosswardein und Sz. Jobb im Com. Bihar (*Reuss* 467, *RK.* 10, 55, 82, 120); ferner bei Márot (*Kit.* Sopr.) und Sz. Lélek im Com. Gran (*Feicht.* Exs.), auf dem Pilis-Vértes-Gebirge (*Kern.* ZBV. VII. 260. 267) und auf den Sandhügeln östlich von Waizen und Pest (*Sadl.* 49), bei Füred am Plattensee (*Sigm.* 47), bei Város-Löd und Rátót im Com. Veszprim, auf der Murinsel, bei Csurgó, Sz. László und Mesztegnyő im Com. Somogy, Kárász und Fünfkirchen im Com. Baranya, bei Verovitic (*Kit.* Bar. et Slav.), in Sirmien (*Rumy* 54), im östl. Com. Arad (*Kéry* 17), im Banat (*Heuff.* 193).

7. A. compressa *Heuff.* Flora 1835 I. 244, Ban. 193. Im Steinschutte der Weinberge bei Veršec im Com. Temes.

8. A. flavescens *L.* Auf Wiesen niedriger und gebirgiger Gegenden. Im Banat nur auf Alpentriften (*Heuff.* 193), sollte damit vielleicht A. alpestris *Host* gemeint sein? Subalpine Varietäten sind nach meiner Ansicht:

a. **A. alpestris** *Host* Gram. III. t. 39. A. sesquitertia *Host* Syn. 60. Auf Felsen der Voralpen. Auf dem Rozsudec und bei Parnica im Com. Arva (*Szont.* ZBG. XIII. 1053), auf dem Choč, der Fatra, den Kalkvorlagen der Liptau-Sohler Alpen, im Wagthal bei Hradek, oberhalb des Grossen Fischsees, auf der östl. Tatra (*Wahlb.* 33, *Hazsl.* ZBV. III. 148 und ÉM. 335, *Herb.* ZBG. X. 609, *Roch.* MS. I. 155, 179, 212), bei Herrengrund im Com. Sohl, auf der Szitna bei Schemnitz (*RK.* 55), auf dem Torna-Gömörer Kalkgebirge (*Hazsl.* ÉM. l. c.), auf der Bersava im Com. Bereg (*Kit.* Ber.), auf der Dseamcanie der Rodnaer Alpen (*Baumg.* III. 264), auf der Biharia (*Kern.* DL. 296).

b. **A carpatica** *Host* Gram. IV. t. 31. A. fusca *Kit.* in *Schult.* l. 268. A. ciliaris *Kit.* Add. 6 nach *Schult.* l. c. Auf Felsen der Voralpen bis in die Krummholzregion. Auf dem Štoch, Rozsudec (*Vitk.* ZBG. XIII. 1053), den Central-Karpaten von der Rackova bis auf die östl. Tatra stellenweise (*Wahlb.* 33), auf dem Branisko im Com. Sáros (*Hazsl.* ÉM. 335), den Banat-Alpen (*Heuff.* 193).

9. A. planiculmis *Schrad.* A. latifolia *Host* Gram. IV. t. 32. In Wäldern und auf Wiesen der Voralpen. Auf dem Štoch (*Vitk.* ZBG. XIII. 1053), Rozsudec (*Hazsl.* ÉM. 334), Choč (*Krz.* ÖBZ. X. 156), Klak der Fatra (*Wahlb.* 32), Smrkovica bei Malužina im Com. Liptau (*Roch* MS. I. 56), in der Zips (*Mauksch*), bei Lipóc am Branisko im Com. Sáros (*Hazsl.* l. c.), in den Com. Sohl, Szatmár und Marmaros (*Kit.* in *Host* l. c. 19), auf dem Csiblesz und Arsul der Rodnaer Alpen (*Baumg.* III. 262), im östl. Banat bis in die Krummholzregion (*Heuff.* 193).

10. A. pubescens *Huds.* Auf Wiesen und grasigen Hügeln.

11. A. pratensis *L.* Auf Wiesen, Triften, Grassteppen niedriger und gebirgiger Gegenden.

12. A. versicolor *Vill.* A. Schenchzeri *All.* Auf felsigen Triften der Alpen. Auf den Beskiden, wenigstens auf der galiz. Seite (*Herb.* ZBG. XI. 66), auf den Central-Karpaten vom Rohač bis auf die östl. Tatra und auf den nördl. Abfällen der Liptau-Sohler Alpen bis in das Wagthal herabsteigend (*Wahlb.* 31, *RK.* 55, *Herb.* Add. 14), auf dem Dzymbronja der Černa Hora (*Herb.* Bucov. p. V), überall auf den Banat. Alpen (*Heuff.* 193). Bei Fünfkirchen (*Maj.* 18) gewiss nicht.

13. A. Besseri *Gris.* in *Ledeb.* Ross. IV. 415. Auf Kalkfelsen der Biharia (*Kern.* DL. 296).

14. A. fatua *L.* Unter dem Getreide, an wüsten Stellen.

15. A. sterilis *L.* Unter dem Getreide, z. B. bei Presburg (*Kornh.* Progr. 18), Semlin (*Panč.* Sirm.), im Banat (*Heuff.* 193). Scheint Varietät der vorigen zu sein.

16—19. A. sativa *L.* und deren Var. A. orientalis *Schreb.* werden überall, **A. strigosa** *Schreb.*, **A. brevis** *Roth* und **A. nuda** *L.* dagegen seltener im Grossen gebaut.

* A. paradensis *RK.* 119. Bei Parád im Com. Heves.

* A. scabra *Kit.* Add. 5. Auf den Alpen und Voralpen des Com. Liptau. Alpenvarietät der A. pratensis?

* Aira semluentra *WK.* in *Willd.* Berol. I. 100. Auf Wiesen in Ungarn.

* Aira tenera *Kit.* in *Schult.* l. 199, Add. 4. An trockenen und feuchten Stellen in Slavonien (*Schult.* l. c.), im Banat (*Roch.* Ban. 26). Scheint eine Glyceria zu sein, wenigstens vergleicht sie *Kitaibel* mit G. aquatica.

* Aira pallescens *Kit.* in *R. Sch.* Syst. II. 685. Im Banat (*Roch.* Ban. 26).

** Aira aristata *RK.* 22. Bei Kóka im Com. Pest, bei Ujváros und Téglás im Com. Szabolcs.

23. ARRHENATHERUM PB.

1. A. elatius *Presl.* Avena bulbosa *Willd.* Auf Wiesen, Triften.

24. **DANTHONIA** DC.

1. D. provincialis *DC.* Auf Bergwiesen, in Wäldern. Häufig zwischen Miskolc und Kis-Györ im Com. Borsod (*Reuss* 469), bei Köllnik und Oravica im südl. Com. Krassó (*Heuff.* 193).

2. D. decumbens *DC.* Triodia decumbens *PB.* Auf Triften, Heiden, in Wäldern der Berg- und Voralpenregion. Durch die ganze Kette der nordwestl. Karpaten von Presburg (*Endl.* 117) bis in das Com. Sáros (*Hazsl.* ÉM. 333, *Schloss.* 390), dann auf dem Dumitru und Gutin im Com. Szatmár (*Kit.* Pest. Mus.), im südl. Com. Krassó (*Heuff.* 193).

25. **SESLERIA** Scop.

1. S. filifolia *Hoppe* Flora 1834 I. 384. S. tenuifolia *Roch.* Ban. 2, 3, Reise 1, 5, 79 und wohl auch *Schrad.* S. interrupta *Roch.* Reise 79? Auf Kalkfelsen im südlichsten Com. Krassó und im Thale Kazan an der Donau (*Heuff.* 192, *Roch.* l. c.).

2. S. rigida *Heuff.* in *Reichb.* Germ. 140³. S. juncifolia *Roch.* Reise 12 insoweit die Pflanze des Domugled gemeint ist. Auf Kalkfelsen der Biharia (*Kern.* DL. 296) und auf dem Gipfel des Domugled (*Heuff.* 191).

3. S. marginata *Gris.* S. juncifolia *Roch.* Reise 25 insoweit die alpine Pflanze gemeint ist. S. coerulans *Friv.* S. Bielzii *Schur.* S. rigida β. Bielzii *Heuff.* Ban. 191. Auf dem Skopapass der östl. Tatra (*Üchtr.* ÖBZ. XIV. 223) und auf Felsen der Banater Alpen (*Heuff.* l. c.)

4. S. Heufleriana *Schur.* S. coerulea *Sadl.* Pest. 48. Auf Kalkfelsen am Plattensee und bei Ofen (*Janka* Linn. 1859 p. 617, ÖBZ. XIII. 113).

5. S. coerulea *Ard.* Auf Kalkfelsen der Berg- und Voralpenregion in den nordwestl. Karpaten vom Com. Trencsin (*Roch.* Pest. Mus.) bis in das Com. Sáros (*Hazsl.* ÉM. 332, Sár. 226), dann auf nassen Wiesen bei Ung. Altenburg (*Vuezl*), Oedenburg (*Szont.* ZBG. XIV. 471) und Palota im Com. Veszprim (*Horky* PV. IV. SB. 85). Im Banat (*Roch.* Reise 79) wächst sie nicht.

6. S. disticha *Pers.* Poa disticha *Wulf.* Auf den höchsten Spitzen der Central-Karpaten vom Rohač bis auf die östl. Tatra sehr häufig, auf dem Dumbier (*Wahlb.* 25) und der Kunstava der Liptau-Sohler Alpen (*Kit.* Arv.), auf allen über 6000' hohen Kuppen der Černa Hora (*Herb.* ZBG. XI. 46), auf der Petrosa (*Kit.* Pest. Mus.) und Trojaga der Marmaros (*Müll.* ZBG. XIII. 555), auf den Banater Alpen (*Heuff.* 192). Bei dem Sauerbrunnen Szalatna im Com. Hont (*RK.* 55) kann sie unmöglich vorkommen, wahrscheinlich ein Schreibfehler.

S. elongata *Host.* In Ungarn (*Maly* 15). Wahrscheinlich aus *Sadl.* Pest. ed. I. 1. p. 86 Note entnommen, wo Croatien gemeint sein dürfte. Auf dem Velebit (Syll. cr. 12).

* S. albicans *Kit.* in *Schult.* I. 216. Auf Felsen der Karpaten und zwar nach *Kit.* Pest. Mus. auf der Babia Góra und den Liptauer Alpen, nach *Roch.* Ban. 6, 27 und Reise 79 auch im Banat.

** S. interrupta *RK.* 54, nicht *Visiani.* Bei Neu-Sohl.

3*

26. POA L

1. P. Eragrostis *L.* P. megastachya *Koel.* Auf Aeckern, an Wegen, sandigen Stellen.

2. P. pilosa *L.* An feuchten sandigen Stellen, auf Aeckern niedriger Gegenden. An der March bei Magyarfalva (*Matz*) und an der Donau bei Presburg (*Bolla* PV. I. 7), in den Com. Gran (*Feicht.* Ad. 266), Neográd, Pest, Jazygien, Heves, Gömör, Borsod und Zemplin, besonders gegen die Theiss zu (*Sadl.* 51, *RK.* 10, 22, 120, *Kit.* Ber.), bei Grosswardein sehr häufig (*Janka* Linn. 1859 p. 621); ferner in den Com. Eisenburg (*Pol.* 15), Zala, Somogy, Stuhlweissenburg, Tolna und Baranya, durch ganz Slavonien bis in die Milit. Gr. (*Rumy* 53, *RK.* 69, *Kit.* Bar. et Slav.), im östl. Com. Arad (*Kéry* 20), im Banat (*Heuff.* 194).

3. P. dura *Scop.* Auf Weiden, Wegen, ausgetrockneten Plätzen niedriger und hügliger Gegenden.

4. P. annua *L.* P. supina *Schrad.* An wüsten und bebauten Stellen bis in die Alpenregion.

5. P. laxa *Hänke.* Auf den höchsten Kuppen der Karpaten, aber auch in subalpine Thäler herabsteigend. Auf dem Pilsko, der Babia Góra (*Hazsl.* ZBV. III. 147 — 8) und dem Štoch im Com. Arva (*Vitk.* ZBG. XIII. 1053), auf allen Central-Karpaten vom Rohač bis auf die Hohe Tatra mit Sesleria disticha die steilsten Spitzen hinansteigend (*Wahlb.* 22, *Krz.* ÖBZ. X. 156), auf dem Dumbier *Roch.* MS. I. 206), dem Dzymbronja der Černa Hora (*Herb.* Bucov. p. V), auf dem Pop Ivan der Marmaros (*Kit.* Pest. Mus.), auf den Banater Alpen (*Heuff.* 194).

6. P. bulbosa *L.* Auf Triften, Hügeln, Sandplätzen, mit Stipa pennata das häufigste Gras der Sandsteppe.

7. P. alpina *L.* Auf Felsen und Triften der Alpen und Voralpen, sowohl der nördlichen Karpaten vom Com. Trencsin (*Roch.* Pest. Mus.) bis in die Marmaros als jener des Banats (*Wahlb.* 21, *Hazsl.* ZBV. III. 148, *Herb.* ZBG. XI. 66, *RK.* 22, *Müll.* ZBG. XIII. 555, *Heuff.* 194).

β. collina (P. badensis *Hänk*, P. collina *Host*). Auf Felsen und Hügeln niedriger Kalkberge. Auf der Hradska Hora bei Hradek (*Wahlb.* 21), auf dem Thebner Kogel (*Heuff.* Flora 1831 I. 405), bei Oedenburg (*Szont.* ZBG. XIV. 472), Palota im Com. Veszprim, Sz. György, Csákvár (*Kit.* Bar.), Gant (*Hillebr.* ZBV. VII. 40) und Inota im Com. Stuhlweissenburg (*Horky* PV. IV. SB. 85), auf dem Pilis-Vértes-Gebirge (*Kern.* ZBV. VII. 261), im Banat (*Heuff.* 194). Auf dem Štoch, Rozsudec und Havransko bei Zazriva im Com. Arva (*Vitk.* ZBG. XIII. 1053)?

8. P. nemoralis *L.* In Wäldern der Berg- und Voralpenregion. P. depauperata *Kit.* in *Spr.* Pug. I. 7, *Schult.* I. 228 (P. Kitaibelii *Kunth* En. I. 364) auf dem Sarko im Banat (*Wierzb.* Flora 1845 I. 323) ist nach *Gris.* It. 360 hiervon nicht verschieden.

9. P. caesia *Sm.* P. glauca *Wahlb.* 23 nach seinem eigenen Citate und jenem der Flora suec. I. 58. Auf Felsen der Voralpen. Auf der Babia Góra (*Wimm.* 50) und dem Minčol im Com. Arva (*Vitk.* ZBG. XIII. 1053), auf der Pisna der Liptauer Central-Karpaten (*Grzey.* ÖBW. III. 258) und der Hradska Hora bei Hradek (*Wahlb.* 23), im Alpenthale Drechselhäuschen der östl. Tatra (*Üchtr.* ÖBW. VII. 369). Im Com. Sáros (*Hazsl.* Sár. 226) kömmt sie wahrscheinlich nicht vor, da in *Hazsl.* ÉM. 331 hiervon nichts erwähnt wird. Nach *Wimm.* Schles. II. Ausg. 427 und III. Ausg. 50 nur die Felsenform der P. nemoralis *L.* und von P. nemoralis δ. glauca *Koch* nicht verschieden.

10. P. sterilis *MB.* P. scabra *Kit.* Add. 7 nach *Kern.* ÖBZ. XIV. 85 Note. An sonnigen Stellen auf der Matra (*Kern.* l. c.) Von P. nemoralis und P. caesia wenig verschieden.

11. P. fertilis *Host.* P. serotina *Ehrh.* P. palustris *Roth.* P. angustifolia *Reichb.* Germ. 47. P. aspera *Kit.* in *Schult.* I. 229 (nicht *Gaud.*) nach *Reuss* 472. Auf nassen Wiesen, an überschwemmten Stellen, in Sümpfen.

P. effusa *Kit.* in *Schult.* I. 227 ist nach *Heuff.* Ban. 195 Var. der P. fertilis und P. millacea *Kit.* in *Schult.* l. c. (P. Schultesii *Kunth* En. I. 365) soll nach *Reuss* 472 Var. der P. nemoralis sein. Allein nach *Kit.* Add. 6 sind P. effusa, miliacea und nutans Synonyme Einer Art, welche *Kitaibel* P. firma nennnt und in Wäldern bei Herlein und Ránk im Com. Abauj angibt. Sie scheint der Beschreibung nach zu P. fertilis zu gehören.

12. P. trivialis *L.* Auf Wiesen, an feuchten Stellen. P. Kitaibelii *Schult.* I. 225 (nicht *Kunth*) in Sirmien scheint hierher zu gehören.

13. P. pratensis *L.* Auf Wiesen, Grasplätzen.

14. P. pannonica *Kern.* ÖBZ. XVI. 84. Auf Kalkfelsen des Berges Bontoskő bei Belényes im Com. Bihar.

15. P. cenisia *All.* P. flexuosa *Wahlb.* 22, nicht *Sm.* P. distichophylla *Gaud.* Im Felsenschutt der Alpen. Auf der Babia Góra (*Hazsl.* ÉM. 330), der Kunstava im Com. Sohl, dem Grossen Křivan (*RK.* 55), dem Sarko im Banat (*Heuff.* 195).

16. P. sudetica *Hänke.* P. silvatica *Vill.* P. hybrida *Gaud.* In Berg- und Voralpenwäldern bis in die Krummholzregion. Auf der Babia Góra (*Wimm.* 54), auf der Fatra und allen Vorlagen der Central-Karpaten (*Wahlb.* 24), auf der Kunstava im Com. Sohl, den Bereger Alpen (*RK.* 10, 55), den höheren Bergen des Com. Sáros (*Hazsl.* ÉM. 332), dem Gutin, Rozsály und Pop Ivan der Marmaros (*Kit.* Pest. Mus.), auf der Biharia (*Kern.* DL. 138), im Thale Kuthuluj bei Borlova in der nördl. roman. banat. Milit. Gr. (*Heuff.* 195). Bei dem Felixbad von Grosswardein (*Steff.* ÖBZ. XIV. 172)?

17. P. compressa *L.* Auf Mauern, steinigen Plätzen, in Wäldern.
* P. cadura *Kit.* in *Roch.* Ban. 26 et Add. 7. Im Banat. Scheint eine Glyceria zu sein.
** P. hydrophila *Kit.* in *Sadl.* Fünem. 148—9, 155. Im Banat.
** P. angulosa u. P. intermedia *Kit.* in *Sadl* Fün. 148—9, 155. In Ungarn.
** P. banatica *Kit.* Add. 7. Im Banat.
** P. lata *Sadl.* Fünem. 156. In Ungarn. Wohl ein Druckfehler anstatt P. laxa.
* P. scepusiaca *Geners.* 73, 75. Auf den Karpaten der Zips.
** P. obtusa *WK.* in *Rumy* 53. In Sirmien.

27. GLYCERIA RBr.

1. **G. spectabilis** *MK.* P. aquatica *L.* In stehenden und fliessenden Wassern des Tieflandes.

2. **G. fluitans** *RBr.* G. plicata *Fries.* Festuca fluitans *L.* In Lachen, Wassergräben, Sümpfen.

3. **G. distans** *Wahlb.* Poa distans *L.* An wüsten feuchten besonders salzigen Stellen.

4. **G. festucaeformis** *Heynh.* Auf salzigen Wiesen bei Gois am Neusiedler See (*Reich.* ZBG. XI. 372), auf der Puszta Rétszilás im Com. Stuhlweissenburg (*Hillebr.* ZBV. VII. 42).

5. **G. aquatica** *Presl.* Aira aquatica *L.* An Ufern, überschwemmten Stellen, auf Wiesenmooren.

28. BRIZA L.

1. **B. media** *L.* Auf Wiesen, an Rainen.

2. **B. minor** *L.* Auf Wiesen um Fünfkirchen (*Schult.* I. 232). Bei Rima-Szombat im Com. Gömör (*Fábry* II. 7)? B. viridis *Pall.*, die in *Lang.* En. 1 aufgeführt wird, ist nach *Ledeb.* Ross. IV. 366 von B. minor nicht verschieden.

3. **B. maxima** *L.* Bei Fünfkirchen (*Nendtv.* ZBG. XIII. 566). Das Vorkommen dieser und der vorigen Art in Ungarn scheint mir zweifelhaft zu sein.

29. MELICA L.

1. **M. ciliata** *L.* An steinigen buschigen Stellen hügliger und gebirgiger Gegenden.

2. **M. nutans** *L.* In Hainen, Wäldern, Holzschlägen.

3. **M. uniflora** *Retz.* In Bergwäldern.

4. **M. altissima** *L.* An steinigen waldigen Stellen und Weingartenrändern, besonders auf Kalk und Trachyt. Auf dem Drevenyk bei Wallendorf in der Zips (*Hazsl.* ZBV. II. SB. 110), auf den Trachytbergen bei Szántó im Com. Abauj (*Pawl.* PV. I. 28), Tálya (*Hazsl.* Exs.), Szerencs und Sátorallya-Ujhely im Com. Zemplin, bei Miskolc und Kápolna im Com. Borsod (*RK.* 10, 109), auf der Matra (*Reuss* 470), auf den Ofner Kalkbergen bei Budaörs und Tétény (*Sadl.* 41), auf den sandigen Ebenen 'des Com. Pest (*Kit.* in *Host* Gram. II. 8, *RK.* 22), bei Grosswardein (*Janka* ÖBZ. XIII. 113), bei Fünfkirchen (*PM.* It. 142) und Püspök-Lak im Com. Baranya (*Kit.* Bar.), auf den Weinbergen bei Cerević im Com. Sirmien und Veršec im Com. Temes, auf dem Kalkzuge an der Donau in der Banat. Milit. Gr. (*Kit.* in *Host* Gram. l. c., *Heuff.* 194).

30. MOLINIA Schrank.

1. **M. coerulea** *Mönch.* M. litoralis *Host.* Auf nassen Wiesen, an sumpfigen Waldstellen.

2. **M. serotina** *MK.* Melica nodosa *PM.* It. t. 14. An steinigen buschigen Stellen, an Weingartenrändern, besonders auf Kalk und Trachyt. Auf dem Haglersberg am Neusiedler See (*N.*), auf Felsen bei Gran (*Feicht.*

Exs.), auf der Halbinsel Tihany am Plattensee (*Haberl.* ÖBZ. XI. 17), auf dem Pilis-Vértes-Gebirge (*Kern.* ZBV. VII. 262), auf der Matra (*Kit.* Hydr. II. 161), Hegyallja und dem Tokayer Berg (*RK.* 10), auf dem Mecsek bei Fünfkirchen (*P.M.* It. 143), in Sirmien (*Rumy* 52), auf dem Kalkzuge an der Donau in der Banat. Milit. Gr. (*Heuff.* 195).

31. KOELERIA Pers.

1. **K. cristata** *Pers.* Auf Hügeln, Puszten, trockenen Grasplätzen.
2. **K. glauca** *DC.* Aira glauca *Schrad.* A. dactyloides *Koch.* Ban. p. 32 t. 1. K. cristata b. dactyloides *Roch.* Reise 60. Auf sandigen Triften und im Flugsande des Tieflandes zwischen der Donau und Theiss (*Kit.* Add. 3), dann bei Hegyköz-Újlak nächst Grosswardein (*Steff.* ÖBZ. XIV. 172), in der westl. Banat. Milit. Grenze (*Heuff.* 192). Auf der Javoŕina im Com. Neutra (*Krz.* PV. III. 2. SB. 24)?
K. phleoides *Pers.* In Ungarn (*Maly* 11), bei Fünfkirchen (*Maj.* 18, *Nendtv.* ZBG. XIII. 567). Eine Pflanze des adriat. Litorale, namentlich bei Fiume (*Koch* Syn. 913), welche aber weder in *Sadl.* Fünem. noch in dessen Anmerkungen zur Fl. pest. ed. I. 1. 71 vorkömmt.
** K. glabra *Janka* nach *Steff.* ÖBZ. XIV. 172. An buschigen Stellen bei dem Felixbade nächst Grosswardein.

32. DACTYLIS L.

1. **D. glomerata** *L.* Auf Wiesen, in Wäldern. D. polygama *Horv·* 7, 15 bei Tirnau, dann in der Bruckau bei Presburg (*Lumn.* 39) ist eine unbedeutende Form der D. glomerata (*Árv.* Pest. Mus.).
2. **D. litoralis** *Willd.* Poa litoralis *Gouan.* Am Neusiedler See (*Schiffer* Exs. im k. k. bot. Cab.), wahrscheinlich an salzigen Stellen, sonst eine Litoralpflanze.

33. CYNOSURUS L.

1. **C. cristatus** *L.* Auf Wiesen niedriger und gebirgiger Gegenden.
2. **C. echinatus** *L.* Auf Wiesen, an Wegen. In Sirmien (*Rumy* 52), bei den Herculesbädern und im Donauthale der Banat. Milit. Gr. (*Heuff.* 196).

34. LAMARCKIA Mönch.

1. **L. aurea** *Mönch.* An kalkigen Stellen im Banat (*C. Koch* Linn. 1848 p. 393).

35. FESTUCA L.

1. **F. myuros** *Ehrh.* Auf Hügeln, an Wegen, in Weingärten. Zwischen Zuckersdorf und St. Georgen im Com. Presburg (*Bolla* PV. 1. 7), bei Felső-Tur im Com. Hont, zwischen Erdöd und Szinfalu im Com. Szatmár, bei Sz. Márton nächst Grosswardein (*RK.* 23, 55, 83); häufiger im südl. Gebiete, bei Kékut und auf der Murinsel im Com. Zala, überall in den Com. Somogy, Baranya und Verovitie (*Kit.* Bar. et Slav.), in Sirmien (*Rumy* 52), im Banat (*Heuff.* 196).

2. F. bromoides *L.* Auf trockenen Grasplätzen in Ungarn (*Sadl.* Fünem. 156), namentlich bei Tirnau (*Horv.* 16) und im östl. Com. Arad (*Kéry* 18). Ob diesen Angaben richtige Bestimmungen zu Grunde liegen, bleibt dahingestellt. F. bromoides *Nendtv.* 22 bei Fünfkirchen scheint F. myuros zu sein (*Kern.* ZBG. XIII. 565).

F. rigida *Kunth.* Poa rigida *L.* Im südl. Ungarn (*Schult.* I. 219). Bei Tirnau (*Horv.* 15), nach *Rochel's* handschriftlicher Bemerkung = Poa dura *Scop.* Bei Rima-Szombat im Com. Gömör (*Fábry* II. 7), gewiss nicht. Auf dem Choč (*Szont.* ZBG. XIII. 1052 mit Berufung auf *Krz.* ÖBZ. X. 156, aber *Krzisch* erwähnt weder dort noch sonst wo einer F. rigida). Nach *Sadl.* Fünem. 157 nur in Croatien.

F. geniculata *Willd.* Bei Fünfkirchen (*Nendtv.* ZBG. XIII. 567). Schwerlich, eine Pflanze der Mittelmeer-Flora (*Parlat.* Ital. I. 428).

3. F. ovina *L.* Aendert ab:

α. **vulgaris** (F. tenuifolia *Sibth.* F. compressa *Kit.* Add. 7? nicht *DC*). Auf Weiden, Grassteppen, Sandflächen.

β. **alpina** (F. alpina et violacea *Gaud.*). Im Krummholz und auf Alpentriften (*Wahlb.* 26, *Heuff.* 196).

γ. **duriuscula** (F. hirsuta, stricta et dura *Host* Gram. II. t. 85—7. F. valesiaca *Schleich.* F. muralis *Kit.* in *Roch.* Ban. 26 nach *Kit.* Add. 8). Auf Wiesen, an Rainen, grasigen Stellen.

δ. **glauca** (F. glauca *Lam.* F. pallens et pannonica *Host* Gram. II. t. 88, IV. t. 62. F. pungens *Kit.* in *Schult.* I. 237). Auf Felsen und sonnigen Hügeln der Kalkgebirge, dann auf Sandfeldern der Ebene. Auf den Vorlagen und in den Thälern der Central-Karpaten (*Wahlb.* 26), auf den Kleinen Karpaten bei Neudorf und Theben (*Kornh.* Progr. 22), bei Csenke im Com. Gran (*Feicht.* Add. 266), auf den Ofner Bergen und der Pester Ebene (*Sadl.* Pest. ed. I. 1. 96), bei Vajta im Com. Stuhlweissenburg (*Hillebr.* ZBV. VII. 41), im Com. Eisenburg (*Pol.* 11), um Fünfkirchen (*Nendtv.* 22), auf den Kalkbergen des Banats (*Heuff.* 196). F. involuta *Mönch* ist nach *Steud.* Nomencl. I. 630 synonym mit F. glauca, ob aber F. involuta auf Wiesen bei Sz. Márton nächst Grosswardein (*RK.* 83) auch hieher gehöre, ist zweifelhaft.

ε. **amethystina** (F. amethystina *Host* Gram. II. t. 89). Auf sandigen Aeckern, sonnigen Hügeln und selbst auf Voralpen. Im Marchthale (*N.*), auf dem Salatin der Fatra (*Wahlb.* 27), der Běla Skala (*Krz.* ÖBZ. X. 156) und bei Hradek im Com. Liptau (*Kit.* Arv.); ferner bei Ung. Altenburg (*Vuezl*), im südl. Com. Komorn (*Hillebr.* ÖBZ. VIII. 297), bei Csertô im Com. Somogy (*Kit* Bar.). Scheint im östl. Ungarn durch die ihr sehr ähnliche folgende Var. vertreten zu sein.

ζ. **vaginata** (F. vaginata *WK.* in *Willd.* Berol. I. 116. F. guestfalica *Sadl.* 56. F. amethystina *Roch.* Ban. 2, nicht *Host*). Auf sandigen Puszten und Hügeln und selbst im Flugsande. Bei Csenke im Com. Gran (*Feicht.* Ad. 266), gemein auf den Ebenen des Pester Com. (*Sadl.* 55 —6) und der westl. Banat. Milit. Gr., besonders auf der Römerschanze (*Roch.* Reise 2, 53, *Heuff.* 197).

Den Standorten der drei letzten Varietäten scheinen nicht immer richtige Bestimmungen zu Grunde zu liegen und unter demselben Namen oft verschiedene Formen verstanden zu werden.

4. F. rupicola *Heuff.* ÖBZ. VIII. 29, Ban. 197. An felsigen schattigen Stellen des Domugled. Scheint Var. der F. ovina zu sein.

5. F. rubra *L.* F. dumetorum *L.* Auf Grasplätzen, an Rainen, sandigen Stellen. Fehlt in der Flora von Pest.

6. F. heterophylla *Lam.* In Berg- und Voralpenwäldern, selten oder übersehen. In den nordwestl. Karpaten stellenweise (*Hazsl.* ÉM. 327), dann auf den Bergen von Visegrád (*Kern.* Exs.) und Ofen (*Sadl.* 56), bei Fünfkirchen (*Maj.* 18).

β. **alpina** (F. nigrescens *Lam.*). Auf Felsen der Babia Góra (*Kolb.* ZBG. XIII. 1192) und der Pisna, oberhalb des Grossen Fischsees (*Uchtr.* ÖBW. VII. 352, 353), auf dem Thörichtergern und im Drechselhäuschen der Tatra (*Hausskn.* ÖBZ. XIV. 215), auf den Banat. Alpen (*Heuff.* 197).

7. F. varia *Hänke.* Auf Felsen der Alpen und Voralpen. Auf der Babia Góra, dem Rozsudec, Klak der Fatra, dem Dumbier und der Kunstava der Liptau-Sohler Alpen, auf dem Roináč, Rackova, Grossen Křivan und der östl. Tatra (*Wahlb.* 27, *RK.* 55, *Vitk.* ZBG. XIII. 1052). Die Var. F. flavescens *Bell.* auf Felsen bei den Herculesbädern (*Heuff.* 197). Die Hochalpenform F. pumila *Vill.* auf der Dseameanie der Rodnaer Alpen (*Baumg.* III. 245), aber schwerlich auf dem Semenik im Com. Krassó (*Roch.* Ban. 3), denn der Semenik reicht nur in die Voralpenregion und in *Roch.* Reise 53 sowie in *Heuff.* Ban. 197 kömmt sie nicht vor, auf den Central-Karpaten wurde sie ebenfalls nicht beobachtet (*Wahlb.* 27).

8. F. pilosa *Hall.* F. rhaetica *Sut.* F. poaeformis *Host* Gram. II. t. 81. Auf Felsen der Alpen. Auf der Bersava im Com. Bereg (*RK.* 11), auf dem Pop Ivan (*Kit.* in *Host* Gram. II. p. 58) und der Trojaga in der Marmaros (*Kit.* Pest. Mus.).

F. spadicea *L.* In Ungarn (*WK.* Ic. I. p. XXX). Im Banat (*Sadl.* Fünem. 157), doch erwähnen ihrer weder *Rochel* noch *Heuffel.* F. spadicea *Geners.* ist nach *Wahlb.* 27 = F. varia *Hänke.* Nach *Baumg.* III. 249 auf den Rodnaer Alpen in Siebenbürgen.

9. F. silvatica *Vill.* F. calamaria *Host* Gram. IV. t. 60. F. latifolia *Host* Aust. I. 152. In schattigen Wäldern. Unter Weidengebüsch auf den Donau-Inseln bei Presburg (*Bolla* PV. I. 7), auf dem Bükhegy (*Reuss* 476), im Com. Sáros (*Haszl.* Sár. 226), fehlt jedoch in *Hazsl.* ÉM., im Banat (*Heuff.* 197). In Voralpenwäldern der galiz. Central-Karpaten (*Uchtr.* ÖBW. VII. 343, 351).

10. F. drymeia *MK.* F. silvatica *Host* Gram. II. t. 78. In Bergwäldern, Holzschlägen. Am Fuss des Minčol und bei Zazriva im Com. Arva (*Szont.* ZBG. XIII. 1052), an der Eisenbahn zwischen Cjfer und Tirnau (*Krz.* PV. III. 2. SB. 24), auf dem Pilis-Vértes Gebirge (*Kern.* ZBV. VII. 269), dem Bükhegy (*Reuss* 476), dem Magoshegy bei Sátorallya-Ujhely im Com. Zemplin, auf den Bereger und Banater Karpaten (*RK.* 11, *Heuff.* 198). F. silvatica *RK.* 55, 70 auf dem Končito im Com. Gömör, bei Jaraba im Com. Sohl, auf dem Papuk, bei der Glashütte Jankovac nächst Drenovac, zwischen Slatinik und Drenje im Com. Verovitic gehört allem Anscheine nach hierher und nicht zu F. silvatica *Vill.*, weil *Kitaibel* auch in der früheren Bereger Reise (*RK.* 11) unter F. silvatica ausdrücklich die *Host'*sche Pflanze d. i. F. drymeia verstand.

11. F. carpatica *Dietr.* Gärtn. Lex. nach *R. Sch.* Syst. mant. II. 390. F. nutans *Wahlb.* 28, *Schlechtd.* Linn. 1850 p. 202 et 1859 p. 619—21 Note, nicht *Host.* F. Scheuchzeri *Sadl.* Fünem. 155, nicht *Gaud.* Bisher blos auf Felsen im Alpenthale Drechselhäuschen der östl. Tatra (*Wahlb.* l. c.).

12. F. gigantea *Vill.* In Wäldern niedriger und gebirgiger Gegenden.

13. F. elatior *L.* F. pratensis *Huds.* Auf Wiesen, Grasplätzen.

14. F. arundinacea *Schreb.* F. elatior *Huds.* Poa Phoenix *Lumn.* 38. F. membranacea *Kit.* in *Roch.* Ban. 26 nach *Kit.* Add. 9? Auf feuchten Wiesen, an sumpfigen Stellen.

15. F. loliacea *Huds.* In Sirmien (*Rumy* 52), wenn anders die echte Pflanze gemeint ist. Ist wohl ein Bastard von F. elatior *L.* und Lolium perenne *L.*

* F. pubescens *Willd.* Berol. suppl. 6. F. Kitaibeliana *Schult.* mant. II. 398. Im Banat (*Sadl.* Fünem. 157).

* F. picta *Kit.* in *Schult.* Östr. I. 236. Auf Alpenwiesen in Ungarn.

** F. umbrosa *Kit.* in *Roch.* Ban. 26, Add. 10. In Wäldern des Banats.

** F. dubia *Sadl.* Fünem. 146, 155. In Ungarn.

** F. obovata *Kit.* Add. 9. In Slavonien.

* F. Rochelii *Kit.* Add. 9. Wahrscheinlich im Banat.

36. BROMUS L.

1. B. asper *Murr.* B. versicolor *Lumn.* 43. In Wäldern, zwischen Gebüsch gebirgiger Gegenden.

2. B. erectus *Huds.* Festuca montana *Savi.* Auf Wiesen, Hügeln, an Rainen.

3. B. inermis *Leyss.* An sandigen grasigen Stellen, an Wegen, Dämmen.

4. B. secalinus *L.* B. velutinus *Schrad.* Unter dem Getreide, auf Brachen.

5. B. mollis *L.* Auf Wiesen, Triften, an Rainen.

6. B. arvensis *L.* B. racemosus *L.* B. patulns *MK.* B. commutatus der Aut. Auf Wiesen, Grasplätzen, an Rainen.

7. B. squarrosus *L.* B. villosus *Gmel.* Auf Grasplätzen, sandigen Triften. Stellenweise in den Com. Presburg, Neutra, Trencsin (*Endl.* 118, *Roch.* MS. II. 34), Hont (*Kit.* Arv.), Heves und Szaboles, bei Garadna im Com. Borsod, Námény im Com. Bereg, bei Tokay und Debrecin (*RK.* 11, 23, 109); ferner bei Ödenburg (*Szont.* ZBG. XIV. 472), in den Com. Wieselburg (*N.*, *Vuezl*), Raab, Gran (*Kit.* Sopr., *Ebenh.* PV. V. 68, *Feicht.* Ad. 266), Pest (*Sadl.* 59, *RK.* 55), Stuhlweissenburg, Zala, Somogy und Tolna (*Kit.* Bar. et Slav., *Hillebr.* ZBV. VII. 41), bei Fünfkirchen (*Nendtv.* 18), Skenderovce im Com. Požega, in Sirmien (*RK.* 70, *Rumy* 52), im Banat (*Heuff.* 198).

B. brachystachys *Horn.* Nach *Hazsl.* ÉM. 324 im südl. Theile seines Gebietes und nach *Wierzb.* Flora 1845 I. 323 an Wegen bei Bazias im Banat. Offenbar eine Verwechslung, da diese in Cilicien einheimische Art nur einmal bei Aschersleben im Reg. Bez. Magdeburg zufällig vorkam, seitdem aber längst wieder verschwunden ist (Bot. Zeit. 1861 p. 126, 208)·
B. confertus *MB.* d. i. nach der Ansicht der neueren Aut. B. scoparius *L.* Nach *Hazsl.* ÉM. 325 im südl. Theile seines Gebietes? bei Neutra (*Kn.* PV. VII. 190)? Eine Pflanze der Mittelmeerflora und des Kaukasus (*Parl.* Ital. I. 401).

8. B. tectorum *L.* Auf Mauern, Grasplätzen, an wüsten Stellen.

9. B. sterilis *L.* An Rainen, buschigen Stellen, auf Sandfeldern.

** **B. pannonicus** *Kumm.* und *Sendtn.* Flora 1849 II. 757 mit dem Citate B. asper *Lang.* Exs. Bei Ofen.

** **B. longipilus** *Kumm.* und *Sendtn.* l. c. In Ungarn.

37. BRACHYPODIUM PB.

1. B. pinnatum *PB.* An buschigen steinigen Stellen, auf sonnigen Hügeln.

2. B. silvaticum *R. Sch.* Festuca gracilis *Weig.* In Auen, Bergwäldern, Gebüschen.

B. distachyum *R. Sch.* Triticum ciliatum *DC.* Im Banat (*Roch.* Ban. 28, Reise 53), fehlt jedoch bei *Heuffel.* Kömmt auch als Bromus polystachyos *Lam.* in *Lang.* En. 1 vor. Eine Litoralpflanze, welche wohl in Croatien (Syll. cr. 7), aber schwerlich in Ungarn wächst.

38. LOLIUM L.

1. L. perenne *L.* Auf Wiesen, Triften, an Wegen.

2. L. italicum *ABr.* Auf Wiesen bei Holič im Com. Neutra (*Krz.* PV. II. 1. 108), wahrscheinlich ursprünglich kultivirt.

3. L. linicolum *ABr.* L. arvense der Aut. nicht *With.* L. complanatum *Schrad.* Unter dem Lein und Getreide.

4. L. temulentum *L.* L. speciosum *Stev.* Unter dem Getreide, an wüsten Stellen.

39. TRITICUM L.

1—7. T. vulgare *Vill.* Wird im Grossen gebaut und ist besonders im Com. Bács und im Banate von vorzüglicher Güte. Nachstehende Arten: **T. turgidum** *L.*, **T. durum** *Desf.* (T. villosum *Host* Gram. IV. t. 6, nicht *MB.*), **T. polonicum** *L.*, **T. Spelta** *L.*, **T. dicoccum** *Schrank* und **T. monococcum** *L.* werden seltener kultivirt.

8. T. villosum *MB.* nicht *Host.* Secale villosum *Host* Gram. II. t. 47. An Wegen, auf steinigen oder sandigen Plätzen. Ausserhalb des Waizner Dammes bei Pest (*Sadl.* 45), bei Čerević (*Schnell.* PV. III. 1. 22) und Kamenic im Com. Sirmien, bei Peterwardein (*RK.* 70), Karlovic (*Kit.* Slav.) und Semlin in der Peterward. Milit. Gr. (*Panč.* Sirm.), auf dem Donau-Bergzuge der Banat. Milit. Gr. (*Heuff.* 199). Der Standort bei Pres-

burg in *Reuss* 480 ist unrichtig und beruht auf *Lumn.* 51, der dafür irrig
T. intermedium *Host* nahm (*Endl.* 103).

9. T. junceum *L.* Auf Hügeln, an Wegen, sandigen Stellen. Bei
Tirnau (*Horv.* 18), im Com. Arva (*Vitk.* ZBG. XIII. 1051), auf dem Galgen-
berg bei Kesmark (*Wahlb.* 37), im Com. Sáros (*Hazsl.* Sár. 226), fehlt
jedoch in *Hazsl.* ÉM. 322, bei Vasvári im Com. Szatmár (*RK.* 23), auf der
Halbinsel Tihany am Plattensee, auf dem Mecsek bei Fünfkirchen (*Kit.*
Bar.), in Sirmien (*Rumy* 54), im östl. Com. Arad (*Kéry* 21), im Banat
(*Rorh.* Reise 34) fehlt jedoch bei *Heuffel.*. Eine Pflanze des Seestrandes, die
meisten obiger Standorte kommen mir daher unrichtig vor.

T. acutum *DC.* Auf der Ebene von Székelyhid im Com. Bihar (*Janka*
ÖBZ. XIII. 113 mit?) Nach einem mitgetheilten Original-Exemplar scheint
es eine Form des T. repens zu sein, T. acutum ist es nicht.

10. T. rigidum *Schrad.* An sandigen Stellen. An der Eisenbahn bei
Schenkwitz im Com. Presburg (*Stur* 113), bei Fünfkirchen (*Nendtv.* 33),
Grosswardein (*Steff.* ÖBZ. XIV. 172), im östl. Com. Arad (*Kéry* 21), im Flugsand der westl. Banat. Milit. Gr. (*Heuff.* 199). Auf dem Galgenberg bei
Kesmark (*Hausskn.* ÖBZ. XIV. 207)? diese Angabe scheint auf einer Verwechslung mit dem von *Wahlenberg* auf dem Galgenberg angegebenen T.
junceum zu beruhen.

11. T. repens *L.* T. junceum et villosum *Lumn.* 51. T. junceum
Nendtv. 33 nach *Kern.* ZBG. XIII. 565. T. glaucum *Desf.* T. intermedium *Host.* An Rain u, Wegen, grasigen Stellen.

12. T. caninum *L.* Spec. ed. I. 86. Elymus caninus *L.* Spec. ed.
II. 124. In Wäldern niedriger und gebirgiger Gegenden.

13. T. cristatum *Schreb.* T. imbricatum *MB.* An Wegen, auf
sandigen Grasplätzen. Am Neusiedler See (*Leithner*), bei Ung. Altenburg
(*Vuczl*), im südl. Com. Komorn (*Hillebr.* ÖBZ. VIII. 297), bei Helemba an
der Donau im Com. Hont (*Grundl* Exs.), bei Palota im Com. Veszprim
(*Horky* PV. IV. SB. 85), häufiger in den Com. Gran (*Feicht.* Ad. 266), Stuhl-
weissenburg, Pest, Heves, Borsod, Zemplin, Szabolcs, Jazygien und Bihar
(*Kit.* in *Host* Gram. II. 19, *Sadl.* 46, *RK.* 11, 23), in Sirmien (*Rumy* 52,
RK. 70), in der Banat. Milit. Gr. (*Heuff.* 199).

40. SECALE L.

1. S. cereale *L.* Im Grossen gebaut.
2. S. fragile *MB.* S. silvestre *Host* Gram. IV. t. 11. S. campestre *Kit.* in *Schult.* I. 197. Auf Puszten, an Wegen, im Flugsand. In
den Umgebungen von Pest, bei Cegléd und Kecskemét im Com. Pest, Kis
Telek und Szegedin im Com. Csongrád (*Sadl.* 44, *Kit.* in *Host* Gram. l. c.
p. 7 et Add. 11), um Fünfkirchen (*Nendtv.* 31).

41. ELYMUS L.

1. E. europaeus *L.* In Berg- und Voralpenwäldern.
2. E. crinitus *Schreb.* E. Caput Medusae *Willd.* Berol. I. 132,
soweit die ungar. Pflanze gemeint ist, nicht *L.* Auf trockenen Triften, Sand-

feldern. Auf den Bergen von St. Andrä nördl. von Ofen und längs der Donau bei Soroksár und Takson südl. von Pest (*Sadl.* 47), dann im Banat (*Heuff.* 199).

3. E. arenarius *L.* Im Flugsand der Insel St. Andrä bei Waizen (*Sadl.* 47). Auf Sandhügeln bei Grebenac in der serb. banat. Milit. Gr. (*Wierzb.* Flora 1845 I. 323), fehlt jedoch bei *Heuffel.*

42. HORDEUM L.

1—4. H. vulgare *L.* und **H. distichum** *L.* werden überall, **H. hexastichon** *L.* und **H. Zeocriton** *L.* nur selten im Grossen gebaut.

5. H. murinum *L.* Auf Grasplätzen, an Wegen, wüsten Stellen.

6. H. maritimum *With.* An sandigen besonders salzigen Stellen und im Flugsande des Tieflandes sehr häufig (*Schult.* I. 197), vorzüglich in den Com. Pest (*Sadl.* 38), Heves, Borsod, Jazygien, Bihar (*RK.* 11, 23, 83, 120) und im Banat (*Heuff.* 200).

7. H. secalinum *Schreb.* Auf Wiesen bei Fünfkirchen (*Balck* ÖBW. III. 131), bei Rusevo (nicht Kussevo) im Com. Pozega an der Strasse von Djakovár nach Pleternica (*RK.* 70, *Kit.* Slav.)

43. AEGILOPS L.

1. Ae. caudata *L.* Ae. cylindrica *Host* Gram. II. t. 7. An Rainen, in Weingärten, auf Sandplätzen. Bei Füred und Arács im Com. Zala (*RK.* 109), Palota im Com. Veszprim (*Horky* PV. IV. SB. 85), auf dem Pilis-Vértes Gebirge und der Pester Ebene (*Kern.* ZBV. VII. 261, *Sadl.* 47), bei Gyöngyös im Com. Heves, Szihalom im Com. Borsod (*Kit.* Ber.), Tokay (*RK.* 11), Szarvas im Com. Békés, Versec im Com. Temes (*Kit.* in *Host* Gram. l. c. p. 6), bei Surdok, Banovce und Semlin in der Peterwardeiner, dann überall in der Banater Milit. Gr. (*RK.* 70, *Heuff.* 200).

Ae. ovata *L.* In Ungarn und im Banat (*Sadl.* Fünem. 156)?

44. NARDUS L.

1. N. stricta *L.* Auf Triften, mageren Wiesen, Hochmooren, besonders gebirgiger und subalpiner Gegenden.

45. LEPTURUS RBr.

1. L. pannonicus *Kunth.* Rottboellia biflora *Roth.* R. pannonica *Host* Gram. I. t. 24. R. salina *RK.* 3, 83. Pholiurus pannonicus *Trin.* An sumpfigen salzigen Stellen. Im Hanság (*Wierzb.* Mos.), zwischen Kóhid-Gyarmat und Nána im Com. Gran. (*Feicht.* Ad. 265), bei Sió-Fok im Com. Veszprim (*RK.* 3), Rétszilas im Com. Stuhlweissenburg (*Hillebr.* ZBV. VII. 41), auf der Ebene des Pester Com. (*Sadl.* 42), häufig an der Theiss im Com. Heves (*RK.* 11, 23), bei Karcag und Kis-Ujszállás in Gross-Kumanien, Szalonta und Székelyhid im Com. Bihar, Püspök-Ladány im

Com. Szabolcs (*Janka* ÖBZ. XIII. 113, *RK.* 83), am Morast Alibuuar im Com. Torontál und bei Pančova in der deutsch-banat. Milit. Gr. (*Heuff.* 200). L. Incurvatus *Trin.* In Ungarn (*Maly* 1). Offenbar aus *Sadl.* Pest. ed. I. 1. 77 Note entnommen, wo das damals ungar. jetzt croat. Litorale gemeint sein wird (Syll. cr. 6). Erianthus Ravennae *PB.* In Ungarn (*Maly* 29). Damit ist ohne Zweifel das ehemals ungar. Litorale gemeint, wo diese Art auch richtig vorkömmt (Syll. cr. 12).

46. ANDROPOGON L.

1. A. Ischaemum *L.* A n g u s t i f o l i u s *Sm.* Auf Wiesen, Weiden, trockenen Grasplätzen.

2. A. strictus *Host* Gram. II. t. 2. E r i a n t h u s s t r i c t u s *Bluff.* E. Hostii *Gris.* In Weingärten, auf grasigen Hügeln. Auf der Murinsel, bei Essek, bei Vinkovce in der Broder Milit. Gr. (*Kan.* Slav.), im Thalwege der Donau sowohl am linken Ufer im Com. Bács (*Heuff.* Ban. 186) als am rechten Ufer von Vukovár bis Semlin in Sirmien (*Host* l. c. p. 2, *Schnell.* PV. III. 1. 22, *RK.* 69, *Kit.* Slav.)

3. A. Gryllus *L.* Auf sandigen Wiesen, steinigen Hügeln niedriger und gebirgiger Gegenden. Am südl. Rand der Karpatenkette stellenweise, als auf dem Thebnerkogel (*Endl.* 128) und dem Kalvarienberge bei Presburg (*Richt.* PV. VII. 98), auf dem Marienberge bei Neutra (*Kn.* PV. VII. 187) und bei Udvornok im Com. Neutra (*Hol.* PV. IV. 78), bei Zebegény im Com. Hont (*Kit.* Arv.), bei Miskolc (*Reuss* 454); gemein im Hügellande am rechten Donau-Ufer vom Neusiedler See (*N.*) bis auf das Pilis-Vértes Gebirge (*Kern.* ZBV. VII. 261, 264), südlich bis nach Slavonien (*Kit.* Bar. et Slav., *RK.* 69, 109, *Hillebr.* ÖBZ. VIII. 297, *Szont.* ZBG. XIV. 471, *Panč.* Sirm.); dann auf den Ebenen der Com. Gran (*Feicht.* Ad. 267), Pest (*Sadl.* 42), Heves, Szabolcs, Zemplin, Bereg, Szatmár und Bihar (*Kit.* Ber., *RK.* 20), auf Bergtriften des Banats (*Heuff.* 186).

47. SORGHUM Pers.

1. S. halepense *Pers.* A n d r o p o g o n a r u n d i n a c e u s *Scop.* Auf Maisfeldern im nördl. Ungarn kultivirt, z. B. bei Neutra (*Kn.* PV. VII. 187), Komorn, Miskolc (*Reuss* 454), häufiger auf Aeckern, in Weingärten, an Gräben und Wegen der südl. Com. Pest, Csongrád, Bács, Sirmien, dann der westl. Banat. Milit. Gr. (*Sadl.* Pest. ed. I. 1. 75, *Rumy* 54, *Bayer* ÖBZ. X. 8, *Heuff.* 186).

2. S. saccharatum *Pers.* Stammt wie die beiden folgenden aus Ostindien und wird vorzüglich im südl. Ungarn und in Slavonien im Grossen gebaut (*Schult.* I. 209, *Heuff.* 186, *PM.* It. 29).

3. S. vulgare *Pers.* H o l c u s S o r g h u m *L.* Vorzüglich im südl. Ungarn und in Sirmien im Grossen gebaut (*Schult.* I. 209, *Heuff.* 186, *Schnell.* PV. III. 1. 22).

4. S. cernuum *Willd.* Im südl. Ungarn gebaut (*Schult.* I. 209).

VIII. CYPERACEAE.

1. CAREX L.

Heuffel Fragmenta Monographiae Caricum regni Hungariae, nach dem Tode des Verfassers herausgegeben von Kanitz in der Linnaea 1861—2 p. 659—728 (Heuff. Fragm.), dann Heuffel Caricineae regni Hungariae in der Flora 1844 II. 527—36 (Heuff. Caric.). Dieser letzte, obschon früher veröffentlichte ist der später geschriebene und daher auch massgebendere Aufsatz, doch enthält er keine Fundorte.

1. C. dioica *L.* C. Metteniana *Lehm.* Auf Torfmooren, an sumpfigen Waldstellen. Im Hanság (*Wierzb.* Mos.), in Wäldern bei Kaltenbrunn nächst Presburg (*Csád.* PV. I. SB. 45), am Bache Visolaj bei Bellus, im Com. Trencsin (*Roch.* MS. II. 35), in Voralpenwäldern der nördl. Central-Karpaten zwischen Kościelisko und Javořina (*Üchtr.* ÖBW. VII. 352.), aber allem Anscheine nach auf galizischem Gebiete, im Ecsédi-Láp im Com. Szatmár (*RK.* 24). Auf Sumpfwiesen bei Fünfkirchen (*Schult.* I. 124)? Im Sumpf- und Rasenlande der Central-Karpaten (*Hazsl.* ZBV. III. 147), eine Angabe, welche durch Weglassen dieser Art in *Hazsl.* ÉM. 310 stillschweigend widerrufen ist.

2. C. Davalliana *Sm.* Auf Sumpfwiesen niedriger und gebirgiger Gegenden.

3. C. pulicaris *L.* An sumpfigen Stellen bei Andau und Schwarzwald im Com. Wieselburg (*Wierzb.* Mos.). Auf nassen Wiesen der Slovakei*) sehr selten (*Reuss* 441). Warum gibt *Reuss* in diesem und ähnlichen Fällen die Fundorte seiner seltenen Pflanzen nicht an? offenbar weiss er sie selbst nicht. Bei Rima Szombat im Com. Gömör (*Fábry* II. 7), möglich, allein die Carex-Arten scheinen von *Fábry* durchgehends unrichtig bestimmt zu sein. C. obtusata *Lilj.* Auf Sumpfwiesen im Banat (*Heuff.* in *Maly* 30). Wohl ein Irrthum, da diese Art in *Heuff.* Ban. nicht vorkömmt. C. rupestris *All.* Auf den Karpaten gegen Schlesien zu (*Reuss* 445)? In *Wimm.* 92 wird sie nur im Gesenke aber nicht auf den schlesischen Karpaten angegeben.

4. C. pyrenaica *Wahlb.* An feuchten felsigen Stellen im Alpenthale Gropa Bistri am Sarko und auf dem Godjan der roman. banat. Milit. Gr. Häufiger auf dem benachbarten Retyezát in Siebenbürgen (*Heuff.* 181).

5. C. pauciflora *Liythf.* Am östl. Ufer des Grossen Fischsees in der Zips (*Üchtr.* ÖBW. VII. 354), auf Torfmooren des Semenik in der roman. banat. Milit. Gr. (*Heuff.* 181).

6. C. cyperoides *L.* An ausgetrockneten Sumpfstellen am Neusiedler See und im Hanság (*Wierzb.* Mos.), im Sumpfe Jošava bei Djakovár

---

*) Unter Slovakei versteht Reuss das ganze nordwestl. Ungarn, gegen W. und N. von den Karpaten, gegen O. von der oberen Theiss bis Tokay herab, gegen S. von der Donau bis Waizen abwärts und von da von einer über Erlau und Miskolc bis Tokay gezogenen Linie begrenzt (Kv. Slov. p. V). Diese Begrenzung ist insofern unrichtig, als mehrere auf diese Weise zur Slovakei gezählten Comitate eine überwiegend magyarische Bevölkerung haben. Die Slovaken haben in ihrer Petition vom 6. December 1861 nur die 15 Com.: Presburg, Neutra, Bars, Trencsin, Hont, Sohl, Turóc, Arva, Liptau, Neográd, Gömör, Zips, Sáros, Abauj und Torna als slovakische Comitate in Anspruch genommen.

im Com. Veroviiie (*Kit.* Slav.). Bei Mannersdorf an der March in Nieder-Oesterreich (*Matz*) und somit wahrscheinlich auch am linken Ufer im Com. Presburg.

7. C. curvula *All.* Auf den höchsten Kuppen der Černa Hora (*Herb.* ZBG. X. 609, XI. 46) und der Banater Alpen (*Heuff.* 181).

C. incurva *Ligthf.* Auf Alluvial-Schutt bei Modern im Com. Presburg (*Stur* 114). Offenbar unrichtig, da diese Art die höchsten Alpen bewohnt (*Koch* Syn. 864).

C. chordorrhiza *Ehrh.* In Torfsümpfen bei Homsu nach *Kitaibel*, ein in Ungarn nicht aufzufindender Ort (*Heuff.* Fragm. 667).

8. C. stenophylla *Wahlb.* C. arenaria *Lumn.* 415, nicht *L.* nach *Heuff.* Fragm. 671. C. glomerata *Host* Gram. I. t. 44. Auf Grassteppen, sandigen Plätzen, trockenen Wiesen niedriger und hügliger Gegenden (*Heuff.* l. c.).

9. C. divisa *Huds.* C. schoenoides *Host.* C. arenaria *Sadl.* Pest. ed. I. 2. 325, nicht *L.* nach *Heuff.* Fragm. 669, 671. An feuchten sandigen oder salzigen Stellen besonders niedriger Gegenden. Auf dem Gemsenberg bei Presburg (*Endl.* 134), zwischen Podersdorf und Apetlan am östl. Ufer des Neusiedler Sees (*N.*), auf den Ebenen des Com. Gran (*Feicht.* Ad. 268), bei Stuhlweissenburg (*Heuff.* l. c. 671), auf allen Ebenen und den Sand-hügeln des Pester Com. (*Sadl.* 438), bei Miskolc (*Reuss* 442) und Semlin (*Panč.* Sirm.). C. rivularis *Willd.* am See Fertő (d. i. Neusiedler See) und am Rákos bei Pest (*Reichb.* Germ. p. 140' n. 398) ist nach *Reichb.* und *Heuff.* l. c. 670 nur eine Form der C. divisa.

10. C. disticha *Huds.* C. intermedia *Good.* In Sümpfen, an über-schwemmten Stellen, besonders niedriger Gegenden (*Heuff.* Fragm. 668).

C. arenaria *L.* Bei Komorn und am Fuss der Matra (*Reuss* 442), beide Angaben ohne Zweifel unrichtig (*Heuff.* Fragm. 669). C. arenaria *Lumn.* gehört zu C. stenophylla und C. arenaria *Sadl.* zu C. divisa. C. are-naria *Koch.* Reise 42 scheint C. Schreberi zu sein.

11. C. vulpina *L.* C. nemorosa *Rebent.* Ncom. 21. C. aristata *Kit.* Herb. et Add. 21 nach *Heuff.* Caric. 529. An Ufern, in Wassergräben, Sümpfen.

12. C. muricata *L.* Aendert ab:

α. **contigua.** (C. muricata der Aut. C. contigua *Hoppe.* C. stellu-lata *Sadl.* Pest. ed. I. 2. 230, nicht *Good.* C. convexa *Kit.* Add. 13?) Auf grasigen buschigen Plätzen, an Wegen, Waldrändern.

β. **interrupta.** (C. virens *Lam.* C. nemorosa *Host* Gram. IV. t. 81 und der neueren Aut., nicht *Lumn.*, nicht *Rebent.* C. cuprina *Nendtv.* ZBG. XIII. 566 allem Anscheine nach mit Rücksicht auf *Heuff.* Fragm. 662.) In Hainen, Vorhölzern, Bergwäldern.

γ. **subramosa.** (C. divulsa *Good.* C. nemorosa *Lumn.* 418 nach *Heuff.* Caric. 529. C. subramosa *Kit.* Add. 13). Auf nassen Wiesen bei Presburg (*Endl.* 134), in Wäldern bei Rovně im Com. Trencsin (*Roch.* Pest. Mus.), im Theiss- und Donauthale der Slovakei ohne nähere Angabe (*Reuss* 443), im Pester Com. (*Sadl.* 439), bei Fünfkirchen (*Nendtv.* ZBG. XIII. 566), im Banat (*Heuff.* 182).

13. C. teretiuscula *Good.* Auf Torfmooren, nassen Wiesen, an Bächen niedriger und gebirgiger Gegenden. Bei Malacka im Com. Presburg (*Bolla* PV. I. 8), gemein in den nördl. Karpaten (*Hazsl.* ÉM. 310), allein speciell finde ich sie nur bei Lučky im Com. Liptau, bei Mengsdorf und im Grossenwald bei Kesmark in der Zips angegeben (*Heuff.* Fragm. 677 – 8), dann auf den Ebenen des Com. Pest (*Sadl.* 440).

14. C. paradoxa *Willd.* C. canescens *Host*, nicht *L.* Auf Torfmooren, nassen Wiesen, in Sümpfen besonders niedriger Gegenden. Auf dem Strašov im Com. Trencsin (*Roch.* Exs.), bei Eperjes und am Fuss des Branisko (*Hazsl.* Exs. et ÉM. 311), an der Theiss in der Slovakei ohne nähere Angabe (*Reuss* 443); ferner im Hansåg (*Wierzb.* Mos.), am Neusiedler- und Plattensee (*Heuff.* Fragm. 675), bei Muzsla im Com. Gran (*Feicht.* Ad. 268), häufig im Pester Com. (*Sadl.* 440), bei Fünfkirchen (*Nendtv.* ZBG. XIII. 566), im westl. Banat (*Heuff.* 182).

15. C. paniculata *L.* In Sümpfen, Wassergräben, an Ufern niedriger und gebirgiger Gegenden (*Heuff.* Fragm. 676).

16. C. Schreberi *Schrank.* C. praecox *Lumn.* 415, nicht *Jacq.* Auf Wiesen, Triften, Hügeln der Ebene und der Bergregion (*Heuff.* Fragm. 681). Die Var. C. curvata *Knaf* Flora 1847 I. 184 an feuchten Stellen bei Eperjes (*Hazsl.* ÉM. 311).

17. C. brizoides *L.* In schattigen Wäldern und an Bergbächen fast durch ganz Ungarn, besonders im Banat höchst gemein (*Heuff.* Fragm. 680). Gleichwohl finde ich diese Art ausser dem Banat nur angegeben: Bei Schwarzwald auf der Kleinen Schütt (*Wierzb.* Mos.), am Weidritzbache bei Presburg (*Endl.* 315), im Com. Arva (*Vitk.* ZBG. XIII. 1054), an der Schnellen Körös bei Grosswardein (*Steff.* ÖBZ. XIV. 173) und bei Semlin (*Friedr.* Exs.). Die Angabe, dass C. brizoides im Sumpf- und Rasenlande der Central-Karpaten vorkomme (*Hazsl.* ZBV. III. 147), muss irrig sein, da sie in *Hazsl.* ÉM. 311 einfach weggelassen ist.

18. C. leporina *L.* C. ovalis *Good.* C. brizoides *Geners.* 68, nicht *L.* Auf Wiesen und feuchten Triften niedriger und gebirgiger Gegenden bis in die Krummholzregion (*Heuff.* Fragm. 682).

19. C. lagopina *Wahlb.* Auf Hochmooren in der Nähe der Tatra-Seen. Bisher nur am Schwarzen See oberhalb des Grossen Fischsees (*Üchtr.* ÖBW. VII. 353) und am Grünen See der Hohen Tatra (*Heuff.* Fragm. 683).

20. C. stellulata *Good.* C. Leersii *Willd.* Auf nassen Wiesen und in Sümpfen durch die ganze Kette der nordwestl. Karpaten bis in die Krummholzregion (*Endl.* 135, *Kikó* 17, *Roch.* MS. I. 16, 58, II. 36, *Wahlb.* 295, *Hazsl.* ÉM. 312), dann an sumpfigen Stellen bei Gödöllő im Pester Com. (*Sadl.* 441). Die Var. C. grypus *Schk.* auf Hochmooren der Banat. Alpen (*Heuff.* 182).

21. C. remota *L.* In Wäldern, Holzschlägen besonders gebirgiger Gegenden.
C. remoto-muricata *Ritschl* in *Wimm.* Schles. 85 – 6. C. axillaris *Good.* Im Com. Arva ohne nähere Angabe (*Vitk.* ZBG. XIII. 1055), wenn anders die Bestimmung richtig ist.

22. C. canescens *L.* C. curta *Good.* Auf nassen Wiesen und Torf-mooren der Berg- und Voralpenregion. In den Com. Trencsin (*Roch.* Pest. Mus.) und Arva (*Vitk.* ZBG. XIII. 1055), auf den Central-Karpaten und Liptau-Sohler Alpen stellenweise (*Wahlb.* 296, *Krz.* ÖBZ. X. 160), auf den Banat. Alpen (*Heuff.* 182). Auf feuchten Wiesen bei Grosswardein (*Steff.* ÖBZ. XIV. 173)? In *Hazsl.* ÉM. 311—12 fehlt die ganze Art.

β.**brunnescens** *Koch* (C. Persoonii *Sieb.*). Am Schwarzen See oberhalb des Grossen Fischsees in der nördl. Tatra (*Hausskn.* ÖBZ. XIV. 211).

* **C. leptophylla** *Heuff.* Fragm. p. 727—8 t. V f. 5, wahrscheinlich aus dem Banat, scheint zu C. canescens oder stellulata zu gehören, jeden-falls eine von *Heuffel* selbst aufgegebene Art, da ihrer weder in dem spätern Aufsatze in der Flora 1844 über die Caricineen noch in der Fl. Ban. erwähnt wird.

23. C. elongata *L.* In Sümpfen, auf Torfmooren niedriger und gebirgiger Gegenden. Bei Andau am Hanság und bei Gols am Neusiedler See (*Wierzb.* Mos.), auf den Donau-Inseln bei Presburg (*Endl.* 136), auf dem Schur bei St. Georgen (*Kornh.* PV. III. 2. 33), im Com. Arva (*Vitk.* ZBG. XIII. 1055), bei Mengsdorf und im Grossenwald bei Kesmark in der Zips, auf der Matra (*Heuff.* Fragm. 679), bei Eperjes (*Hazsl.* Exs.), an der Theiss in der Slovakei ohne nähere Angabe (*Reuss* 445). Nach *Hazsl.* ÉM. 311 überhaupt im mittleren und nördlichen Theile seines Gebietes bis an den Fuss der Central-Karpaten.

24. C. vitilis *Fries.* Am Schwarzen See der nördl. Tatra in der Zips mit C. lagopina (*Üchtr.* ÖBW. VII. 353).

C. loliacea *L.* Auf der Petrosa in der Marmaros (*RK.* 24)?

25. C. stricta *Good.* C. varia *Lumn.* 426 nach *Heuff.* Caric. 536. Auf nassen Wiesen und in Sümpfen besonders niedriger Gegenden, ein Haupt-bestandtheil der Wiesen-Torfmoore (Zsombék-Formation). Auf eine gross-artige Weise ist diese Formation längs des Eszterházy-Dammes im Hanság und zwischen Ocsa und Baja im Pester Com. entwickelt (*Pok.* Bonpl. 1860 p. 183, Torfm. 104).

26. C. banatica *Heuff.* Ban. 186. Auf Sumpfwiesen und in Gräben des Banats.

27. C. vulgaris *Fries.* C. caespitosa der ält. Aut., nicht *L.* Auf nassen Wiesen besonders gebirgiger Gegenden bis in die Voralpenregion, fehlt jedoch im Banat, wo C. dacica deren Stelle vertritt. Die alpine Var. (C. saxatilis *Kit.* in *Schult.* I. 146, nicht *Willd.*) auf dem Dumbier, dem Grossen Křivan, am Grünen See der Hohen Tatra (*Heuff.* Fragm. 725—6).

28. C. dacica *Heuff.* Flora 1835 I. 247, Ban. 185, Fragm. t. IV. f. 1. C. saxatilis *Baumg.* III. 296 nach *Heuff.* Caric. 536, nicht *Willd.* In Sümpfen und an Bächen der Banat. Alpen gegen die siebenbürg. Grenze (*Heuff.* l. c.), dann auf der Dscameanie der Rodnaer Alpen (*Baumg.* l. c.). Nach *Gris.* It. 360 wäre C. dacica = D. pacifica *Drej.* d. i. C. caespi-tosa *L.*, was jedoch *Heuffel* bestreitet.

C. caespitosa *L.* nach *Fries* Nov. mant. III. 156. An sumpfigen Stellen im mittleren und südlichen Gebiete des nördl. Karpatenzuges, buschförmige Rasen bildend (*Hazsl.* ÉM. 312). Da jedoch diese Art dem höheren Norden angehört und da in *Hazsl.* ÉM. l. c. die gemeine C. stricta, welche ebenfalls buschförmige Rasen bildet und in *Hazslinszky's* Gebiete, besonders an der Theiss nicht selten sein kann, auf *Wahlenberg's* Autorität gestützt nur bei Lučky im Com. Liptau angegeben wird, so halte ich das Vorkommen der C. caespitosa *L.* in Ungarn für zweifelhaft.

C. maritima *Vahl.* Bei Mogyoród und Szántó im Pester Com. (*RK.* 55). Wohl irrig.

29. C. acuta *L.* In Sümpfen, an Ufern, in Wassergräben niedriger und gebirgiger Gegenden.

30. C. Buxbaumii *Wahlb.* In Bergsümpfen. Bei Gross-Schlagendorf (*Mauksch*) und im Grossenwald bei Kesmark (*Wahlb.* 304). Auf den mährischen Grenzkarpaten (*Reuss* 446), was möglich ist, da diese Art auch bei Ung. Brod in Mähren angegeben wird (*Schloss.* 364). Nach *Hazsl.* ÉM. 313 überhaupt im nördlichen und mittleren Theile seines Gebietes.

31. C. atrata *L.* C. aterrima *Hoppe.* Auf felsigen Triften der Alpen und Voralpen. Auf den Beskiden, wenigstens auf der galiz. Seite (*Herb.* ZBG. XI. 66), auf dem Kleinen Křivan, Rozsudec, Choč, allen Central-Karpaten vom Rohač bis auf die östl. Tatra, dem Dumbier, der Kunstava (*Wahlb.* 302, *RK.* 55, *Vitk.* ZBG. XIII. 1055) und Miskova bei Boca der Liptau-Sohler Alpen (*Roch.* MS. I. 65), auf dem Dzymbronja der Černa Hora (*Herb.* Bucov. p. V) und der Petrosa in der Marmaros (*RK.* 24), auf den Banat. Alpen (*Heuff.* 183).

32. C. limosa *L.* Bisher nur auf torfigen Stellen am Flusse Szekcsó bei Eperjes (*Hazsl.* ÉM. 313). Wird auch in *Towns.* 493 aber ohne nähere Angabe angeführt.

33. C. supina *Wahlb.* C. campestris *Host.* C. pusilla *Kit.* Herb. et Add. 15 nach *Heuff.* Caric. 533. Auf Grasplätzen und sandigen Triften. Im Marchthale bei Egbell im Com. Neutra (*Krz.* PV. II. 1. 103), bei Ballenstein und Stampfen im Com. Presburg (*Hol.* PV. VII. 98), bei Frauenkirchen (*Heuff.* Flora 1831 l. 405) und Ung. Altenburg im Com. Wieselburg (*Vuezl*), zwischen Csenke und Muzsla im Com. Grau (*Feicht.* Ad. 268), bei Vajta im Com. Stuhlweissenburg (*Hillebr.* ZBV. VII. 41), überall im Pester Com. (*Sadl.* 443), in der westl. Banat. Milit. Gr. (*Heuff.* 183) und wohl noch an vielen Orten.

34. C. tomentosa *L.* C. filiformis *Lumn.* 421 und C. angustifolia *Kit.* Herb. 'et Add. 17 nach *Heuff.* Caric. 534, ob auch *Heuff.* Fragm. t. V. f. 3? Auf Wiesen, in Gräben, an nassen Stellen niedriger und gebirgiger Gegenden.

35. C. trachyantha *Dorn.* in *Heuff.* Caric. 534, Ban. 183. Auf Triften des Domugled bei Mehadia.

36. C. montana *L.* C. collina *Willd.* Spec. IV. 260. C. emarginata *Willd.* l. c. 262 und wohl auch *Kit.* Add. 14, dann C. coarctata *Kit.* Herb. et Add. 15, beide nach *Heuff.* Caric. 533—4. Auf Bergwiesen, in Holzschlägen.

37. C. pilulifera *L.* Auf dem Leithagebirge (*Wierzb.* Mos.), in Hainen bei Ofen sehr selten (*Sadl.* 443), bei Wallendorf in der südl. Zips (*Hazsl.* Exs.) und nach *Hazsl.* ÉM. 313 überhaupt im mittleren und süd-

lichen Theile seines Gebietes an trockenen Stellen, im östlichen Com. Arad (*Kéry* 18).

38. C. ericetorum *Poll.* C. ciliata *Willd.* Auf Alluvialschutt bei Modern im Com. Presburg (*Stur* 114), die in *Lumn.* 420 und *Endl.* 136 bei Blumenau und Kaltenbrunn in demselben Com. angegebene C. ericetorum ist jedoch C. praecox *Jacq.* (*Heuff.* Car. 534), an grasigen sandigen Stellen hinter dem Stadtwäldchen bei Pest sehr selten (*Sadl.* 444), auf dem Somlyó bei Grosswardein (*Steff.* ÖBZ. XIV. 173). C. ciliata *Roch.* Reise 42 im Banat scheint C. montana *L.* zu sein, fehlt auch bei *Heuffel.*

39. C. praecox *Jacq.* C. pilulifera *Geners.* 68, nicht *L.* C. ericetorum *Lumn.* 420, nicht *Poll.* C. truncatula *Kit.* Herb. et Add. 13 nach *Heuff.* Caric. 534. Auf Wiesen niedriger und gebirgiger Gegenden bis in die Voralpenregion.

40. C. umbrosa *Host* Gram. I. t. 69. C. longifolia *Host* Gram. IV. t. 85, nicht *R. Br.*, zwei von einander wenig abweichende Formen derselben Art. C. polyrrhiza *Wallr.* C. praecox *β.* longifolia *Wahlb.* 300. C. praecox *β.* umbrosa *Heuff.* 183. In Vorhölzern, Bergwäldern. Am Bache Visolaj bei Bellus (*Roch.* MS. II. 35) und bei Rovně im Com. Trencsin (*Roch.* Pest. Mus.), in den Thälern der Central-Karpaten (*Wahlb.* l. c.), bei Sóvár im Com. Sáros (*Hazsl.* ÉM. 314), im östl. Banat (*Heuff.* l. c.). Ob *Wahlenberg* und *Heuffel* die echte Pflanze *Host's* meinen, kömmt mir zweifelhaft vor, da sie sie beide als Var. der C. praecox betrachten, was bei der dichtrasigen schopfigen Wurzel, den langen Blättern und der ganz anderen Tracht der C. umbrosa nicht recht erklärlich ist.

41. C. humilis *Leys.* C. clandestina *Good.* Auf sonnigen Hügeln und niedrigen Bergen besonders auf Kalk. Bei Neudorf, Theben (*Hol.* PV. VII. 98) und Thomasbrunn nächst Presburg (*Endl.* 137), auf Hügeln und dem Marienberge bei Neutra (*Kn.* PV. VII. 186), in den Thälern der Com. Trencsin (*Roch.* Pest. Mus.), Arva (*Vitk.* ZBG. XIII. 1055), Liptau und Zips stellenweise (*Hausskn.* ÖBZ. XIV. 208); ferner bei Parndorf im Com. Wieselburg (*Wierzb.* Mos.), auf dem Pilis–Vértes Gebirge und dem Nagyszál bei Waizen (*Kern.* ZBV. VII. 260, ÖBW. VII. 400), auf der Biharia (*Kern.* DL. 296), in der banat. roman. Milit. Gr. von den Herculesbädern bis an die Donau (*Heuff.* 183).

42. C. Halleriana *Asso.* A. alpestris *All.* C. gynobasis *Vill.* Auf mageren Bergwiesen durch das ganze Gebiet stellenweise (*Heuff.* Fragm. 688). Ich finde sie indessen nur auf dem Pilis–Vértes Gebirge (*Kern.* ZBV. VII. 260, 269) dann an felsigen Stellen bei Toplec und an der Donau in der Banat. Milit. Gr. angegeben (*Heuff.* 183), fehlt auch in *Hazsl.* ÉM. 314—15.

43. C. digitata *L.* In Vorhölzern, Bergwäldern.

44. C. ornithopoda *Willd.* C. pedata *All.* nicht *L.* An felsigen waldigen Orten der Berg- und Voralpenregion. Durch die nördliche Karpatenkette von den mähr. Grenzkarpaten (*RM.* Mähr. 204) bis auf die Bereger Alpen (*Hazsl.* ÉM. 314, *RK.* 11), dann bei dem Studentenbrunnen nächst Ödenburg. (*Szont.* ZBG. XIV. 473) und im östl. Banat (*Heuff.* 183), auf der Insel Habern bei Presburg (*Bolla* PV. I. 8) wohl nur zufällig angeschwemmt.

45. C. pediformis *Meyer.* Auf dem Kalkberg Drevenyk bei Wallendorf in der Zips mit C. digitata und ornithopoda ziemlich häufig (*Hazsl.* ZBV. II. SB. 109, *Kalchbr.* ZBV. III. SB. 434—5). Ueber die Unterschiede dieser Art von den verwandten vergl. *Čelak.* ÖBZ. XIII. 241.

46. C. alba *Scop.* In Wäldern besonders gebirgiger Gegenden bis in die Voralpenregion. Durch die ganze nordwestl. Karpatenkette vom Com. Presburg (*Heuff.* Flora 1831 I. 405) bis in das Com. Sáros (*Roch.* MS. II. 35, *Hazsl.* EM. 315, Sár. 226): ferner in den Donau-Auen bei Wolfsthal (*Bolla* PV. I. 8) und Ung. Altenburg im Com. Wieselburg (*Vuez l*), auf dem Pilis-Gebirge bei Ofen (*Sadl.* 445, *Kern.* ZBV. VII. 268), auf dem Vulkan an der Grenze des Com. Zaránd gegen Siebenbürgen (*Baumg.* III. 304). Im Banat (*Roch.* Reise 42), fehlt jedoch bei *Heuffel.*

47. C. nitida *Host* Gram. I. t. 71. C. conglobata *Kit.* in *Willd.* Spec. IV. 281 et Add. 16. C. semicylindrica *Kit.* Herb. et Add. 15 nach *Heuff.* Caric. 533. C. verna *Host* Gram. IV. t. 86? Auf Puszten, Hügeln, an sonnigen Stellen niedriger Berge. Auf dem Thebner Kogel (*Heuff.* Flora 1831 I. 405), der Matra und dem Bükhegy (*Reuss* 448); ferner auf dem Leithagebirge gegen Gois zu (*N.*), auf dem Pilis-Vértes Gebirge (*Kern.* ZBV. VII. 260, 269), auf den Ebenen der Com. Gran (*RK.* 55, *Feicht.* Ad. 268), Pest (*Sadl.* 445) und Baranya, bei Lunkaszprie im Com. Bihar (*RK.* 4, 83), auf Sandhügeln der westl. Banat. Milit. Gr. (*Heuff.* 183).

48. C. pilosa *Scop.* In schattigen Bergwäldern.

49. C. panicea *L.* In Sümpfen, auf nassen Wiesen niedriger und gebirgiger Gegenden.

50. C. glauca *Scop.* C. recurva *Huds.* C. flacca *Schreb.* C. acuminata *Willd.* Auf Wiesen und in Sümpfen niedriger und gebirgiger Gegenden bis in die Krummholzregion (*Heuff.* Fragm. 722).

51. C. pendula *Huds.* C. maxima *Scop.* In Wäldern und an Bergbächen gemein (*Heuff.* Fragm. 710). Gleichwohl finde ich nur folgende Standorte: Im Weidritzthale bei Presburg (*Endl.* 138), bei Neutra (*Schill.* ÖBZ. XIV. 294), auf Wiesen bei Levenc im Com. Bars und bei Szántó im Com. Hont (*Kn.* ÖBZ. XIV. 242, 243); dann in den Auen bei Ung. Altenburg (*Vuezl*), bei dem Studentenbrunnen nächst Ödenburg (*Szont.* ZBG. XIV. 473), an Waldbächen der Berge nördlich von Ofen (*Kern.* ZBV. VII. 268), bei Fünfkirchen (*Maj.* 17), Verovitic (*Kit.* Slav.), bei der Glashütte Jankovac nächst Drenovac im Com. Verovitic, auf dem Muncel bei Rézbánya im Com. Bihar (*RK.* 70, 83), im östl. Banat (*Heuff.* 183).

52. C. strigosa *Huds.* C. leptostachys *Ehrh.* C. patula *Lumn.* 428 nach *Heuff.* Caric. 533. In den Auen und auf den Inseln der Donau in den Com. Wieselburg und Presburg z. B. bei Ragendorf (*Heuff.* Fragm. 707), dann in feuchten Bergwäldern hinter dem Eisenbrünnlein im Weidritzthale, bei Blumenau und Limbach im Com. Presburg (*Lumn.* l. c., *Bolla* PV. I. 8, *Csád.* PV. I. SB. 45), in den Thälern der Matra (*Heuff.* l. c. 707), in Wäldern des Banats, z. B. bei Balincz im nördl. Com. Krassó (*Heuff.* Ban. 184). Ob C. patula bei Vittenc im Com. Neutra (*Roch.* MS. II. 35) ebenfalls hierher gehöre, ist nicht zu ersehen.

53. C. pallescens *L.* In Bergwäldern, Holzschlägen bis in die Voralpeuregion.

54. C. capillaris *L.* Auf Felsen und steinigen Triften der Alpen und Voralpen besonders auf Kalk. Auf dem Choč (*Szont.* ÖBZ. XIV. 277), auf der Miskova bei Boca, dem Grossen Křivan (*Roch.* MS. I. 65, 78), dem Durlsberg und im Drechselhäuschen der östl. Tatra (*Wahlb.* 297) sowie auf deren südl. Vorlagen gegen Kesmark und Bela zu (*Hazsl.* ÉM. 315), dann auf den Rodnaer und Banater Alpen (*Baumg.* III. 305, *Heuff.* 184).

55. C. fuliginosa *Schk.* C. frigida *Host* Gram. IV. t. 90, *Wahlb.* 299, *Krz.* ÖBZ. X. 154, 160, *Üchtr.* ÖBW. VII. 352, 353, 360, 370, 375, XIV. 386, nicht *All.* Auf Abstürzen und felsigen Triften der Alpen. Auf den Beskiden, wenigstens auf der galiz. Seite (*Herb.* ZBG. XI. 66), auf den Central-Karpaten vom Volovec bis auf den Durlsberg der östl. Tatra (*Wahlb.* l. c., *Krz.* l. c., *Üchtr.* l. c.), auf dem Bombiwski der Černa Hora (*Herb.* Bukov. p. V.), auf den Rodnaer Alpen vom Csiblesz bis auf den Stol (*Baumg.* III. 309), auf dem Sarko des Banats (*Heuff.* 184).

56. C. frigida *All.* C. fuliginosa et C. geniculata *Host* Gram. IV. t. 93—4. Auf den Central-Karpaten nebst C. fuliginosa *Schk.* ohne nähere Angabe (*Hazsl.* ZBV. III. 147), auch iu *Hazsl.* ÉM. 316 ist sie aufgeführt, aber der Standort scheint durch ein Versehen weggeblieben zu sein. Im Banat ebenfalls nebst C. fuliginosa (*Roch.* Reise 42), fehlt jedoch bei *Heuffel.* Das Vorkommen der C. frigida iu Ungarn kommt mir überhaupt zweifelhaft vor.

57. C. firma *Host.* C. pygmaea *Kit.* Herb. et Add. 20 nach *Heuff.* Caric. 532. Auf Felsen und Triften der Alpen und Voralpen, besonders auf Kalk. Auf dem Rozsudec (*Brancs.* ÖBZ. XII. 326), Choč, allen Central-Karpaten und den Liptau-Sohler Alpen (*Wahlb.* 298, *Krz.* ÖBZ. X. 160, *Hausskn.* ÖBZ. XIV. 217). Im Banat (*Roch.* Reise 25, 42), fehlt jedoch bei *Heuffel.*

58. C. sempervirens *Vill.* C. varia *Host* Gram. I. t. 80. C. ferruginea *Schk.* nicht *Scop.* C. laevis *Kit.* in *Willd.* Spec. IV. 292 nach *Kunth* En. II. 464, ob auch *Heuff.* Fragm. t. V. f. 4? C. firma *β.* subalpina *Wahlb.* 298. C. pubescens vel carpatica *Kit.* Herb. et Add. 19 nach *Heuff.* Caric. 532. Auf Felsen und Triften der Alpen, besonders auf Kalk. Auf dem Choč (*Szont.* ÖBZ. XIV. 277), auf den Central-Karpaten vom Grossen Křivan bis auf den Stirnberg der östl. Tatra (*Hazsl.* ÉM. 316), im Demanovka-Thal der südl. Liptau (*Hausskn.* ÖBZ. XIV. 217), auf den Banat. Alpen (*Heuff.* 184). Scheint auf der Alpengruppe des Klein-Křivan Gebirges und auf der ungar. Seite der Liptauer Central-Karpaten zu fehlen, auf der galiz. Seite kömmt sie vor (*Üchtr.* ÖBW. VII. 343—4).

59. C. ferruginea *Scop.* C. Mielichhoferi *Schk.* An feuchten felsigen Stellen der Voralpen. Auf dem Rozsudec (*Brancs.* ÖBZ. XII. 324, 326), Choč (*Szont.* ZBG. XIII. 1055), auf allen Kalkvorlagen der Central-Karpaten (*Hazsl.* ÉM. 316), auf der Petrosa in der Marmaros (*Müll.* ZBG. XIII. 556). Letzter Standort bezieht sich vielleicht auf C. tristis *MB.*, welche *Janka* auf den Alpen der Marmaros und des Banats angibt (*Linn.* 1859 p. 613), die sich aber von C. ferruginea *Scop.* als Art kaum unter-

scheidet (*Ledeb.* Ross. IV. 294). C. ferruginea kömmt nach *Heuff.* Ban.
184 nicht im Banat, sondern nur im benachbarten Siebenbürgen vor.
60. C. tenuis *Host.* C. brachystachys *Schrank.* C. compressa
Kit. in *Willd.* Spec. IV. 276. Auf Felsen der Voralpen. Auf dem Choč
(*Wahlb.* 298), dann auf den Kalkvorlagen der Liptau-Sohler Alpen und
des Branisko (*Hazsl.* ÉM. 318). Auf den Central-Karpaten wurde sie bisher
nur auf der galiz. Seite beobachtet (*Üchtr.* ÖBW. VII. 343—4).
61. C. depauperata *Good.* Häufig in Bergwäldern im südlichsten
Com. Krassó und in der roman. banat. Milit. Gr. besonders gegen die Donau
zu (*Heuff.* 184).
62. C. Michelii *Host.* Auf buschigen Hügeln und niedrigen Bergen
(*Heuff.* Fragm. 703).
63. C. brevicollis *DC.* C. rhynchocarpa *Heuff.* Flora 1833 I. 364.
C. tetanica *Roch.* Reise 12, 43. C. vaginata *Maly* 36 insoweit die Banater
Pflanze gemeint ist. An schattigen felsigen Stellen hinter dem Schlosse
Veršec im Com. Temes, auf dem Simion bei Csiklova und der Skofajna bei
Majdan im südl. Com. Krassó, auf dem Domugled (*Heuff.* 184).
64. C. hordeistichos *Vill.* C. secalina *Wahlb.* An feuchten san-
digen Stellen, in Sümpfen, an Ufern besonders niedriger Gegenden. Bei
Skalic (*Hol.* PV. VII. 90) und Köröskény im Com. Neutra (*Schill.* ÖBZ. XIII.
402), bei Levenc im Com. Bars (*Kn.* ÖBZ. XIV. 242), auf dem Strašov im
Com. Trencsin, bei dem Bade Szliács nächst Alt-Sohl (*Heuff.* Fragm. 718),
auf den Thalebenen der Wag im Com. Liptau und des Poprad im Com. Zips
stellenweise (*Hausskn.* ÖBZ. XIV. 208), auf den Ebenen der Com. Pest
(*Sadl.* 447), Heves, Szabolcs und Szatmár (*Kit.* Ber., *RK.* 24); ferner bei
Bruck a. d. Leitha, am Neusiedler See (*N.*), bei Almás im Com. Komorn
(*Kit.* Sopr.), bei Köhid-Gyarmat im Com. Gran (*Feichl.* Ad. 268), im Walde
Bakony (*Horky* PV. IV. SB. 87), bei Maradik im Com. Sirmien, Banovce in
der Peterward. Milit. Gr. (*RK.* 70), bei Kakova im Com. Krassó (*Heuff.* 184).
65. C. flava *L.* Auf nassen Wiesen und in Sümpfen niedriger und
gebirgiger Gegenden bis in die Voralpenregion (*Heuff.* Fragm. 691).
66. C. Oederi *Ehrh.* In Sümpfen und auf feuchten Triften des Tieflandes vom Neusiedler See bis in den Banat (*Heuff.* Fragm. 689), auch in
der Slovakei (*Reuss* 449) und am Fuss der Biharia (*RK.* 83).
67. C. fulva *Good.* C. Hornschuchiana *Hoppe.* C. Hostiana *DC.*
C. flavescens *Host* Gram. IV. t. 96. Auf nassen Wiesen niedriger und
gebirgiger Gegenden. Im Marchthale bei Holič (*Krz.* PV. II. 1. 103), am
Bache Visolaj bei Bellus im Com. Trencsin (*Roch.* MS. II. 35), in den Com.
Arva (*Vitk.* ZBG. XIII. 1035), Liptau (*Üchtr.* ÖBW. VII. 376) und Zips
stellenweise (*Wahlb.* 296); ferner bei Zanek im Com. Wieselburg (*Wierzb.*
Mos.), Köhid-Gyarmat im Com. Gran (*Feichl.* Ad. 268), Vajta und Rétszilás
im Com. Stuhlweissenburg (*Hillebr.* ZBV. VII. 41, 42), auf der Pester Ebene
(*Sadl.* 448), in Sirmien (*Rumy* 52), an der Schnellen Körös bei Grosswardein
(*Steff.* ÖBZ. XIV. 173), im westl. Banat (*Heuff.* 184) und wohl noch an vielen
Stellen auf Wiesenmooren des Tieflandes.
68. C. distans *L.* Auf nassen Wiesen niedriger und gebirgiger
Gegenden. C. halophila *Heuff.* in *Roch.* Reise 42, Fragm. 695 auf dem

Moraste Alibunar im Com. Torontál sowie die durch ganz Ungarn gemeine
C. neglecta *Heuff.* 1. c. 697 (aber schwerlich *Desgl.*, vergl. *Gr.* et *Godr.*
Franc. III. 432) sind nach *Heuff.* Caric. 532 nur Formen der C. distans, in
der Flora des Banats aber ganz weggelassen.

C. binervis *Sm.* in *Heuff.* Caric. in den Arbeiten der zu Temesvár versammelten Naturforscher p. 118 ohne Standort aufgeführt, ist in dem gleich-
zeitigen und sonst gleichlautenden Aufsatze über die Caricineen in der
Flora 1844 weggelassen. Nach *Heuffel* in *Roch.* MS. II. 18 soll sie in Sümpfen
bei Roks in der Zips vorkommen?

C. extensa *Good.* In Ungarn (*Maly* 38). Ist eine Litoralpflanze, welche
auch in *Sadl.* Anmerkungen zur Fl. pest. ed. 1. 2. 351 und im Syll. er. 19—
20 fehlt.

69. C. silvatica *Huds.* C. drymeia *Ehrh.* C. psilostachya *Kit.*
in *Willd.* Spec. IV. 289. In Wäldern niedriger, gebirgiger und subalpiner
Gegenden, selbst unter Krummholz auf dem Choč (*Heuff.* Fragm. 706).

70. C. Pseudocyperus *L.* In Sümpfen, Wassergräben, an Ufern.
Auf den Donau-Inseln bei Presburg (*Endl.* 139), auf dem Schur bei St.
Georgen (*Kornh.* PV. III. 2. 33), im Com. Arva (*Vitk.* ZBG. XIII. 1055), im
Schlossgraben von Kesmark (*Wahlb.* 303), an der Topla im Com. Zemplin
(*Hazsl.* ÉM. 318), an der oberen Theiss (*Reuss* 431); ferner im Hanság
(*Wierzb.* Mos.), am Plattensee (*Heuff.* Fragm. 708), am Velencer See im
Com. Stuhlweissenburg (*Kern.* Exs.), bei Fünfkirchen (*Nendtv.* ZBG. XIII.
566), im Banat (*Heuff.* 185). Im Pester Com. (*Sadl.* in *Heuff.* Fragm. 1. c.)
kömmt sie nicht vor, da *Sadler* in der II. Ausgabe der Fl. pest. dieser Art
gar nicht erwähnt.

71. C. vesicaria *L.* In Sümpfen niedriger und gebirgiger Gegenden
(*Heuff.* Fragm. 715).

72. C. ampullacea *Good.* In Sümpfen, Wassergräben, an Ufern.
Auf den Donau-Inseln bei Wieselburg (*Wierzb.* Mos.) und Presburg (*Endl.*
139), auf dem Schur bei St. Georgen (*Kornh.* PV. III. 2. 33), im Adamover
Walde bei Holič (*Krz.* PV. II. 1. 103), durch die nördl. Karpatenkette vom
Com. Turóc (*RK.* 55) bis in das Com. Ung (*Hazsl.* ÉM. 319), dann auf den
Ebenen des Pester Com. (*Sadl.* 449) und wahrscheinlich auch im Tiefland
der Theiss.

73. C. paludosa *Good.* In Sümpfen, an Bächen niedriger und gebirgiger Gegenden (*Heuff.* Fragm. 744).

74. C. riparia *Curt.* C. crassa *Ehrh.* An Ufern, in Wassergräben
und Sümpfen der Ebene (*Heuff.* Fragm. 714) bis in die Thäler der nördl.
Karpatenkette (*Hazsl.* ÉM. 319).

75. C. nutans *Host.* In Sümpfen, an Ufern, auf nassen Wiesen der
Ebene. Im Marchthale bei Holič (*Krz.* PV. II. 1. 103), bei Presburg und an
der Presburg-Tirnauer Eisenbahn (*Bolla* PV. I. 8), an der Strasse von
Komorn nach Ó-Gyalla (*Kn.* ÖBZ. XIV. 221), sehr häufig bei Nána im Com.
Gran (*Feicht.* Ad. 268); dann an der Leitha bei Kaiser-Steinbruch (*N.*) und
bei Gols im Com. Wieselburg (*Heuff.* Fragm. 711), bei der Teichmühle nächst
Ödenburg (*Szont.* ZBG. XIV. 473), bei Ofen (*Sadl.* 450), St. Andrä und
Pest (*Reichb.* Germ. 140[10]). gemein im Banat (*Heuff.* 185).

76. C. filiformis *L.* In Sümpfen, Moorbrüchen, Wassergräben der Ebene. An der Raab (*Wierzb.* Mos.), bei Káloz im Com. Stuhlweissenburg (*RK.* 4), überall in den Niederungen des Pester Com. (*Sadl.* 451) und des Banats (*Heuff.* 185). Häufig an der Donau, Wag, Neutra und Theiss (*Reuss* 451)? auf feuchten Wiesen bei Schemnitz (*Kn.* ÖBZ. XIV. 114)?

77. C. hirta *L.* An feuchten sandigen Stellen. Die kahle Var. hirtaeformis *Pers.* im Pester Com. (*Bayer* ÖBZ. XIII. 46) und wohl noch an vielen Orten.

2. ELYNA Schrad.

1. E. spicata *Schrad.* An der Grenzstation der Alpe Skarisora der roman. banat. Milit. Gr. (*Heuff.* 180).

3. RHYNCHOSPORA Vahl.

1. Rh. alba *Vahl.* Auf Torfmooren. Im Hanság (*Wierzb.* Mos.), bei dem Meierhofe Rákos nächst Búr Sz. Péter im Com. Presburg und bei Borovce (Bori) nächst Pištjan im Com. Neutra (*Krz.* PV. III. 2. SB. 24 und V. p. LXXXVII).

Rh. fusca *R. Sch.* Bei Rima-Szombat im Com. Gömör (*Fábry* II. 7). Offenbar unrichtig.

4. SCHOENUS L.

1. Sch. nigricans *L.* Auf nassen Wiesen, in Sümpfen. Bei Ratzersdorf und St. Georgen im Com. Presburg (*Endl.* 129), im Com. Neutra ohne nähere Angabe (*Roch.* MS. II. 50), im Hanság (*Wierzb.* Mos.), bei Komorn (*Reuss* 437), bei Keszthely am Plattensee (*Kit.* Bar.), in den Thälern des Pilis-Vértes Gebirges (*Kern.* ZBV. VII. 266) und auf den Ebenen des Pester Com. (*Sadl.* 27), im westl. Banat (*Heuff.* 179). Die nördlichen Standorte im Com. Trencsin (*Tkó* 19), in der südl. Zips (*Geners.* 73) und bei Rima-Szombat im Com. Gömör (*Fábry* II. 7) halte ich für zweifelhaft, da in *Hazsl.* ÉM. diese Art gar nicht aufgenommen ist, dagegen dürfte sie auf Wiesenmooren des Tieflandes wohl noch an vielen Stellen vorkommen.

2. Sch. ferrugineus *L.* Auf Sumpfwiesen am westl. Ufer des Plattensees (*Sigm.* 48). Bei Presburg an der Grenze (*Reuss* 437) ?

5. CLADIUM P. Br.

1. C. Mariscus *R. Br.* Auf Torfmooren, an Ufern, in Sümpfen. Bei dem Gasthause Žabinjec nächst Zaskal und bei Osadka im Com. Arva, bei Stankovan und Lučky im Com. Liptau (*Szont.* ZBG. XIII. 1056, *Wahlb.* 13), an der Donau, Wag, Neutra und Theiss (*Reuss* 437); ferner am Neusiedler See (*Host* Syn. 28), bei Ung. Altenburg (*Vuezl*), häufig am Plattensee bei Szigliget (*Sigm.* 47) und Keszthely im Com. Zala und Kéthely im Com. Somogy (*Kit.* Bar. et Slav.), im Sárrét (*Pok.* Torfm. 107) und bei Káloz im Com. Stuhlweissenburg (*RK.* 4), häufig im Com. Pest (*Sadl.* 12), in Sirmien (*Rumy* 53), im westl. Banat (*Heuff.* 179).

6. SCIRPUS L.

1. S. palustris L. In Sümpfen, Wassergräben. S. uniglumis *Link* an mehreren Stellen der nördl. Karpaten (*Hazsl.* EM. 309) und im Banat (*Heuff.* 179) ist nach meiner Ansicht als Art nicht verschieden.

2. S. multicaulis *Sm.* In Sümpfen des Banats (*Heuff.* 179).

3. S. ovatus *Roth.* An Ufern, überschwemmten Stellen. In den kälteren Gegenden der Slovakei ohne nähere Angabe (*Reuss* 438), auf dem Temetvény- und Inovec-Gebirge im nördl. Com. Neutra (*Kell.* ÖBZ. XIV. 284)? an der Wag bei Rovně im Com. Trencsin (*Roch.* MS. II. 50), nach *Hazsl.* ÉM. 309 im südlichen Theile seines Gebietes.

4. S. carniolicus *Roch.* In Sümpfen, an überschwemmten Stellen. Bei Eperjes (*Hazsl.* Exs.), auf der Biharia(*Kern.* Exs.), bei Kurtya im nördl. Com. Krassó und bei Karansebes (*Heuff.* 179).

5. S. acicularis L. An Ufern, überschwemmten Stellen, besonders niedriger Gegenden.

6. S. caespitosus L. In subalpinen Sümpfen der Slovakei selten (*Reuss* 438) wie gewöhnlich ohne nähere Angabe, auf nassen Wiesen in der Zips (*Genex.* 73), bei Rima-Szombat im Com. Gömör (*Fábry* II. 7), am Bache Rákos bei Pest (*Kit.* in *Sadl.* 28); wahrscheinlich kein einziger dieser Standorte richtig. S. caespitosus *Nendtv.* 31 bei Fünfkirchen ist S. palustris (*Kern.* ZBG. XIII. 565).

7. S. pauciflorus *Lightf.* S. Baeothryon *Ehrh.* Limnochloa multicaulis *Stur* 115, nicht *Reichb.*, zufolge eingesehenen Orig. Exemplars. In Sümpfen, an überschwemmten Stellen. Bei Rovně im Com. Trencsin (*Roch.* Pest. Mus.), an der Zazrivanka im Com. Arva (*Szont.* ZBG. XIII. 1056), zwischen Lubochňa und Stankovan im Com. Liptau (*Wahlb.* 13), stellenweise in der Zips (*Hazsl.* ÉM. 308); ferner auf den Donau-Inseln des Com. Wieselburg (*Wierzb.* Mos.), am Neusiedler-See bei Gois (*Stur* l. c.), am Plattensee bei Szigliget (*Sigm.* 47), häufig auf den Ebenen des Com. Pest (*Sadl.* 28), an der Theiss (*Reuss* 438), bei Semlin (*Panč.* Sirm.), im Banat (*Heuff.* 180).

8. S. setaceus L. In Sümpfen, an überschwemmten Stellen niedriger und gebirgiger Gegenden in den Com. Presburg (*Endl.* 130), Wieselburg (*Wierzb.* Mos.) und Pest (*Sadl.* 28).

9. S. supinus L. An sumpfigen Stellen zwischen Csenke und Muzsla, dann am Kengel-Teiche im Com. Gran (*Feicht.* Ad. 268), in Gemüsegärten am Waizner Damm bei Pest (*Sadl.* 28), wohl nur zufällig, an überschwemmten Stellen in Sirmien (*Rumy* 53) und im Banat (*Heuff.* 180). Bei Bruck an der Leitha (*Host.* Gram. III. 43) wurde diese Art in neuerer Zeit nicht mehr gefunden.

10. S. lacustris L. S. Tabernaemontani *Gmel.* In stehenden und langsam fliessenden Wassern.

11. S. triqueter L. S. mucronatus *Lumn.* 24 und wahrscheinlich auch *WK.* Ic. l. p. XXIX, *Roch.* Ban. 28, Reise 78, nicht L. In Sümpfen, an Ufern, überschwemmten Stellen des Tieflandes. An der Donau bei Presburg (*Endl.* 131), Ung. Altenburg (*Vuez.l*) und Párkány (*Feicht.* Ad. 268), auf dem Schur bei St. Georgen (*Kornh.* PV. III. 2. 33), bei Cjfr, an der Wag im

Com. Neutra (*Krz.* PV. II. 1. 102), am Sajo (*Reuss* 439), an der Theiss (*Sadl.* 30), bei Rima Szombat im Com. Gömör (*Fábry* II. 7), bei Fünfkirchen (*Maj.* 17)? in der westl. Banat. Milit. Gr. (*Heuff.* 180) und wahrscheinlich noch an vielen Orten.

S. D u v a l i i *Hoppe*, wahrscheinlich ein Bastard **S. lacustri-triqueter.** Am Neusiedler-See (*Dollin.* Austr. 136).

12. S. pungens *Vahl.* S. Rothii *Hoppe.* In allen Sümpfen der Ebene des Pester Com. (*Sadl.* 29).

13. S. Holoschoenus *L.* In Sümpfen, auf nassen Wiesen, besonders niedriger Gegenden.

14. S. maritimus *L.* An Ufern, in Gräben, Sümpfen.

15. S. silvaticus *L.* In Sümpfen, an Bächen besonders gebirgiger Gegenden bis in die Voralpenregion (*Wahlb.* 14).

16. S. radicans *Schk.* In Sümpfen, an überschwemmten Stellen. Auf den Donau-Inseln bei Presburg (*Endl.* 132), in den Com. Eisenburg (*Pol.* 17) und Pest (*Sadl.* 30), auf der Puszta Dávod bei Böhönye im Com. Somogy (*Kit.* Bar.), bei Szenna im Com. Ung (*Haszl.* ÉM. 308), bei Semlin (*Panc.* Sirm.).

17. S. Michelianus *L.* An Ufern, überschwemmten Stellen der Ebene. An der March bei Skalic (*Hol.* PV. VII. 90) und Magyarfalva (*Matz*), bei Párkány im Com. Gran (*Feicht.* Ad. 268), bei Szigliget am Plattensee (*Sigm.* 47), an der Donau, Drau, Maros (*Kit.* in *Schult.* I. 121) und Theiss (*Sadl.* 31), bei Fünfkirchen (*Nendtv.* ZBG. XIII. 568), in Sirmien (*Rumy* 53), im Banat (*Heuff.* 180).

18. S. compressus *Pers.* Auf nassen Wiesen, in Sümpfen. In den Thälern der nördl. Karpaten vom Com. Trencsin (*Roch.* Pest. Mus.) bis in das Com. Ung (*Haszl.* ÉM. 309), dann bei Karlsdorf nächst Presburg (*Bolla* PV. I. 8), bei Frauendorf im Com. Wieselburg (*Wierzb.* Mos.), bei Muzsla im Com. Gran (*Feicht.* Ad. 268), überall im Com. Pest (*Sadl.* 27), bei Szöllös nächst Grosswardein (*Steff.* ÖBZ. XIV. 173), im Banat (*Heuff.* 180).

* S. aristatus *Presl* Delic. 144. In Ungarn. Nach *Reichb.* Ic. XVIII. 40 völlig unbekannt.

7. ERIOPHORUM L.

1. E. alpinum *L.* Auf Torfmooren. Auf dem Rohač am Grünen See im Com. Arva (*Szont.* ÖBZ. XII. 290), auf dem Grossen Křivan (*Hacq.* IV. 173), auf der Piat a Lucsi im Com. Szatmár (*RK.* 24), auf der Dseameanie der Rodnaer Alpen (*Baumg.* III. 324), dann im Hanság am Neusiedler See, ein abnormer Standort (*Pok.* ZBG. X. 289).

2. E. vaginatum *L.* Auf Torfmooren, in Bergsümpfen. Auf der Bory bei Ustě und Slanica im Com. Arva (*Szont.* ZBG. XIII. 1055), an den Ufern der Alpenseen (*Wah'b.* 14) und in den höhern Thälern der Tatra (*Mauksch*), auf dem Dumitru bei Nagy Bánya im Com. Szatmár, auf dem Pop-Ivan und der Petrosa in der Marmaros (*Kit.* Pest. Mus., *RK.* 24), auf der Oncesa in der Biharia (*Pok.* Torfm. 61), auf den Banat. Alpen (*Heuff.* 180). Auf feuchten Wiesen bei Grosswardein (*Steff.* ÖBZ. XIV. 173)?

3. E. Scheuchzeri *Hoppe.* E. capitatum *Host.* An sumpfigen Stellen im s. g. Blumengarten am Fuss des Polnischen Kammes der Hohen

Tatra (*Szont*. ÖBZ. XIV. 282), dann zwischen Krummholz auf dem Dzymbronja, Pop-Ivan und Zibulnik der Černa Hora, auch auf der galizischen
Tatra (*Herb*. ZBG. X. 609, XI. 66).

4. E. latifolium *Hoppe*. Auf Sumpfwiesen niedriger und gebirgiger
Gegenden.

5. E. angustifolium *Roth*. Wie die vorige Art.

6. E. gracile *Koch*. Auf Hochmooren. Im Sumpfe Borek bei Zazriva
und auf der Bory im Com. Arva (*Szont*. ZBG. XIII. 1056).

8. CYPERUS *L.*

1. C. flavescens *L.* In Sümpfen, an überschwemmten Stellen, besonders niedriger Gegenden.

2. C. fuscus *L.* Wie die vorige Art.

3. C. pannonicus *Jacq.* An salzigen oder sandigen Stellen niedriger
Gegenden. Am Neusiedler See (*N.*), auf der Grossen Schütt, besonders bei
Böös (*Endl.* 132), zwischen Bács und Karva im Com. Gran (*Feicht.* Ad. 269),
in den Com. Pest (*Sadl.* 31), Heves, Csanád und in Kumanien, bei Szegedin
(*Kit.* in *Host* Gram. III. 47 et Add. 21), bei Nyíregyháza im Com. Szabolcs
(*Hazsl.* Exs.), an der Theiss zwischen Huszt und Bocskó in der Marmaros
(*Müll.* ZBG. XIII. 556) und wahrscheinlich auch weiter abwärts (*Hazsl.*
ÉM. 306), dann in Sirmien (*Rumy* 52) und im Banat (*Heuff.* 179). An der
Wag, Neutra und Gran (*Lang* Phys. 313—44)? J u n c u s   p a n n o n i c u s
Lang l. c. 318 auf den Soda-Pusztten des Com. Bihar ist wahrscheinlich ein
Schreibfehler und soll wohl C y p e r u s   p a n n o n i c u s heissen.

4. C. glomeratus *L.* C. a u s t r a l i s *Schrad.* An Ufern, überschwemm-
ten Stellen. Auf der Insel Schütt (*Csád.* PV. I. SB. 46), bei Fünfkirchen
(*Nendtv.* ZBG. XIII. 567), im Kies der Drau (*RK.* 70), an der Donau im Com.
Bács und in Sirmien, an der Maros in den Com. Csongrád, Arad und Temes
(*Kit.* in *Host* Gram. III. 48, *Mayr* ZBV. VI. 176, *Schnell* PV. III. 21), im
Banat (*Heuff.* 179). An der Save bei Belgrad in Serbien (*Panč.* ZBV. VI.
587) und wahrscheinlich auch am linken Ufer der Peterward. Milit. Gr.

5. C. calidus *Kern.* ÖBZ. XIV. 84. In dem von den Abflüssen des
Kaiser- und Lukasbades zu Ofen gebildeten Sumpfe mit N y m p h a e a
t h e r m a l i s.

6. C. Monti *L.* fil. Auf Reisfeldern bei Gutenbrunn (*Kit.* Pest. Mus.)
und bei Tapolya nächst Čakova im Com. Temes (*Heuff.* 179). Bei Fünfkirchen (*Nendtv.* ZBG. XIII. 567)? C. p a l l i d u s *RK.* 81 auf Reisfeldern
im Banat?

7. C. patulus *Kit.* in *Host* Gram. III. t. 74. In Gräben, an Ufern. Bei
Illok im Com. Sirmien (*Panč.* Exs.), auf den Donau-Inseln und im Sand der
Flüsse des Banats (*Host* l. c. 50, *Heuff.* 179). Ist nach *Parlat.* Ital. II. 29
von C. g l a b e r *L.* nicht verschieden und wurde von *Kitaibel* an *Willdenow*
auch unter dem Namen C. b a n a t i c u s verschickt.

8. C. longus *L.* Am Neusiedler See (*Schiffer* Exs. im k. k. bot. Cab.).

** C. austriacus *Rumy* 52. In Sirmien.

IX. ALISMACEAE.

1. TRIGLOCHIN L.

1. T. palustre L. Auf nassen Wiesen, in Sümpfen niedriger und gebirgiger Gegenden.

2. T. maritimum L. An feuchten sandigen oder salzigen Stellen des Tieflandes bis in die nördl. Karpatenthäler (*Schult.* l. 575, *Kit.* Add. 21, *Hazsl.* ÉM. 305, *Heuff.* Bau. 164).

2. SCHEUCHZERIA L.

1. Sch. palustris L. Auf Torf-, besonders Hochmooren. Im Hanság (*Wierzb.* Mos.), auf dem Minčol bei Zaskal im Com. Arva (*Szont.* ZBG. XIII. 1056), bei Jelenie nächst Herrengrund im Com. Sohl (*RK.* 56), am Fuss der Tatra bei Gross-Schlagendorf in der Zips (*Hazsl.* ÉM. 305), auf dem Dumitru bei Nagy Bánya im Com. Szatmár (*RK.* 24), auf der Oncesa in der Biharia (*Pok.* Torfm. 61).

3. ALISMA L.

1. A. Plantago L. In Sümpfen, Gräben, Lachen. A. ranunculoides *Lumn.* 155 und somit auch *Reuss* 394 (nicht *L.*) ist nach *Endl.* 168 die Var. β. lanceolatum *Koch* Syn. 772. Die Var. γ. graminifolium bei Nána im Com. Gran (*Feicht.* Ad. 270) und wohl noch an vielen Orten.

2. A. parnassifolium L. In stehendem Wasser. Im Hanság (*Wierzb.* Mos.), im Sumpfe bei Kologyvár nächst Essek (*RK.* 70). Durch Trockenlegung der Sümpfe sind wahrscheinlich beide Standorte verloren gegangen.

3. A. ranunculoides L. Auf sandigen salzigen Wiesen und an überschwemmten Stellen zwischen Karva und Muzsla im Com. Gran (*Feicht.* Ad. 270). Bei Wolfs am Neusiedler See im Com. Ödenburg (*Decc.* ZBG. XIV. 474)? eine veraltete Angabe.

4. SAGITTARIA L.

1. S. sagittaefolia L. In stehenden und langsam fliessenden Wassern besonders niedriger Gegenden.

X. BUTOMACEAE.

1. BUTOMUS L.

1. B. umbellatus L. In stehenden und langsam fliessenden Wassern.

XI. JUNCACEAE.

1. LUZULA DC.

1. L. pilosa *Willd.* In Berg- und Voralpenwäldern.

2. L. Forsteri *DC.* In Bergwäldern bei den Herculesbädern und an der Donau in der Banat. Milit. Gr. (*Heuff.* 178).

3. L. silvatica *Gaud.* L. maxima *DC.* In höheren Berg- und Voralpenwäldern. Durch die ganze nördl. Karpatenkette von den Beskiden bis
auf die Černa Hora der Marmaros (*Herb.* ZBG. XI. 66, *Kit.* Ber., *Heuff.*
Linn. 1863 p. 198, *Hazsl.* ÉM. 304), dann auf dem Csiblcsz der Rodnaer
Alpen (*Kotschy*), auf der Biharia (*RK.* 84) und den Banat. Alpen (*Heuff.*
178). Bei Fünfkirchen (*Maj.* 17) sicher nicht.

4. L. spadicea *DC.* An felsigen Stellen der Alpen, besonders in der
Krummholzregion. Auf der Babia Góra (*Wimm.* 105), auf allen Central-
Karpaten von der Rackova bis auf den Skopa-Pass der östl. Tatra, auf dem
Dumbier (*Wahlb.* 102) und der Kunstava der Liptau-Sohler Alpen (*Kit.*
Add. 23), auf der Černa Hora (*Herb.* ZBG. X. 610), auf dem Pop-Ivan in
der südöstl. Marmaros, der Petrosa (*Kit.* Add. l. c.), Dscameanie und dem
Galac der Rodnaer Alpen (*Baumg.* III. 329), auf den Banat. Alpen (*Heuff.*
178). L. spadicea *Nendtv.* 26 bei Fünfkirchen ist Juncus lampocarpus
Ehrh. (*Kern.* ZBG. XIII. 565).

β. **glabrata** *Wahlb.* l. c. (L. glabrata *Hoppe.* Juncus intermedius
Host). Auf den Kalkalpen der Com. Liptau und Zips (*Heuff.* Linn. 1863 p.
199). L. spadicea auf dem Rozsudec (*Vitk.* ZBG. XIII. 1056) gehört der
Kalkunterlage wegen höchst wahrscheinlich hierher.

* **L. carpatica** *Kit.* Add. 23. In dem Kleinen Kohlbachthale am Fuss
der Lomnitzer Spitze. Steht der L. spadicea am nächsten.

5. L. albida *DC.* Juncus niveus der ält. Aut., nicht L. Die Var.
cuprina *Roch.* Ban. 3 et 27 eine unbedeutende Abänderung. In Berg- und
Voralpenwäldern bis in die Alpenregion.

6. L. campestris *DC.* L. multiflora *Lej.* L. nigricans *Desv.* L.
sudetica *DC.* Auf Wiesen, in Wäldern, Holzschlägen niedriger und gebirgiger Gegenden bis in die Alpenregion.

7. L. spicata *DC.* Auf hohen Alpengipfeln. Auf den Central-Karpaten vom Rohač bis auf die Leiten der östl. Tatra (*Wahlb.* 103, *Berd.* ÖBW.
V. 316), auf der Bersava im Com. Bereg (*RK.* 11), auf dem Galac der Rodnaer Alpen (*Baumg.* III. 332—3), gemein auf den Banat. Alpen (*Heuff.* 178).
Auf Bergwiesen bei Zazriva im Com. Arva (*Vitk.* ZBG. XIII. 1056)? vielleicht L. sudetica.

2. JUNCUS L.

1. J. Jacquini L. Auf der Rackova oberhalb des Alpensees (*Wahlb.*
101) und auf dem Grossen Křivan der Central-Karpaten (*Roch.* MS. I. 80).

2. J. communis *Meyer.* J. conglomeratus et effusus L. In
Sümpfen, Lachen, auf Torfmooren.

3. J. glaucus *Ehrh.* Auf feuchten Weiden, in Sümpfen.

J. acutus L. In Ungarn (*Maly* 44)? Nach *Heuff.* Monogr. Junc. Hung.
in der Linn. 1863 p. 192 nur am croat. Litorale.

4. J. filiformis L. In Alpensümpfen der Com. Arva und Zips sehr
selten (*Kit.* Add. 26), namentlich auf dem Minčol bei Zaskal in Arva (*Szont.*
ZBG. XIII. 1056), dann zwischen dem Grünen See und dem Ratzenberg der
Hohen Tatra (*Wahlb.* 99), häufiger dagegen an Bächen und auf Hoch-

mooren der Banat. Alpen (*Heuff.* 177). J. filiformis *Nendtv.* 25 bei Fünfkirchen ist J. glaucus *Ehrh.* (*Kern.* ZBG. XIII. 565).

5. J. triglumis *L.* An sumpfigen Stellen und am schmelzenden¦Schnee
der Alpen. Auf der Leiten der östl. Tatra (*Heuff.* Linn. 1863 p. 197) und auf
der Černa Hora in der Krummholzregion (*Herb.* Bucov. p. V, ZBG. X. 610).
Auf den die Wag, Neutra und Grau begleitenden Höhen (*Lany* Phys.
313—4), was offenbar unrichtig ist.

J. stygius *L.* Auf den die Wag, Neutra und Gran begleitenden Höhen
(*Lany* Phys. 313—4), offenbar unrichtig.

6. J. trifidus *L.* J. monanthos *Jacq.*, die Kalkform. Auf felsigen
Triften der Alpen. Auf den Beskiden, wenigstens auf der galiz. Seite (*Herb.*
ZBG. XI. 66), auf allen Central-Karpaten vom Rohač bis auf die östl. Tatra,
auf dem Dumbier (*Wahlb.* 99) und der Kunstava der Liptau-Sohler Alpen
(*RK.* 56), auf der Černa Hora (*Herb.* Bucov. p. V), der Petrosa der Rodnaer
Alpen (*RK.* 25), auf den Banat. Alpen (*Heuff.* 177).

J. capitatus *Weig.* An nassen Stellen bei Rima-Szombat im Com. Gömör
(*Fábry* II. 7)?

7. J. obtusiflorus *Ehrh.* J. obtusatus *Kit.* in *Schult.* I. 566, Add.
27. In Sümpfen, stehenden Wassern niedriger und gebirgiger Gegenden
(*Heuff.* Linn. 1863 p. 194), aber nicht im karpat. Hochland.

8. J. lampocarpus *Ehrh.* J. adscendens *Host.* J. aquaticus
Roth. Auf nassen Wiesen, an sumpfigen Stellen.

9. J. silvaticus *Reich.* J. acutiflorus *Ehrh.* J. Rochelianus
R. Sch. Syst. VII. 1658. An sumpfigen besonders waldigen Stellen niedriger
und gebirgiger Gegenden bis in die Voralpenregion. Durch die ganze nördl.
Karpatenkette von Presburg (*Endl.* 145) bis in das Com. Szatmár (*Hazsl.*
ÉM. 302, *Kit.* Add. 27), dann auf den Ebenen des Com. Gran (*Feicht.* Ad.
269), am östl. Ufer des Plattensees im Com. Veszprim (*RK.* 4), auf den Ofner
Bergen und der Pester Ebene (*Sadl.* Pest. ed. I. 1. 266, ed. II. 158), im
Banat (*Heuff.* 177).

10. J. atratus *Krock.* Auf Sumpfwiesen. Im Marchthale bei Jakobsdorf im Com. Presburg (*Matz*) und im Adamover Walde bei Holič (*Krz.* PV.
II. 1. 101), dann bei Bartfeld im Com. Sáros (*Hazsl.* ÉM. 302).

11. J. supinus *Mönch.* J. uliginosus *Roth.* J. subverticillatus
Wulf. In Sümpfen, an feuchten Stellen. Bisher nur im Com. Arva (*Vitk.*
ZBG. XIII. 1057), am Plattensee (*Kit.* Add. 27—8) und im Banat (*Heuff.*
177). Nach *Roch.* MS. II. 42 in den Com. Presburg, Neutra und Trencsin,
was unrichtig sein dürfte.

12. J. squarrosus *L.* Auf Hochmooren bei Zuberec (*Wahlb.* 100)
und Hladovka im Com. Arva (*Szont.* ÖBZ. XII. 292, 326). Gemein bei Grosswardein (*Steff.* ÖBZ. XIV. 173), was wohl unrichtig ist.

13. J. compressus *Jacq.* J. Gerardi *Lois.* In Sümpfen, auf nassen
Wiesen, an salzigen Stellen niedriger und gebirgiger Gegenden.

* **J. bracteosus** vel parviflorus *Kit.* Add. 28. „E. rivo Solymosiensi." Da
es in Ungarn viele Solymos gibt, so vermag ich diesen Standort nicht aufzuklären. Scheint mit J. compressus am nächsten verwandt zu sein.

14. J. bufonius *L.* An feuchten Stellen.

15. J. sphaerocarpus *Nees.* An sumpfigen Stellen, auf feuchten Äckern. Bisher nur gegen die östr. Grenze zu, bei Kaiser-Steinbruch (*Stur* 115), zwischen dem Leithagebirge und dem Neusiedler See (*N.*) und bei Ung. Altenburg im Com. Wieselburg (*Vuezl*), dann wahrscheinlich im Marchthale, da er bei Marcheck in Nied. Österreich häufig vorkömmt. J. Tenageia bei Skalic (*Hol.* PV. VII. 90), im Sand der Neutra (*Schill.* ÖBZ. XIV. 51) und bei Szalaknúz im Com. Neutra, dann bei Szántó im Com. Hont (*Kn.* PV. VII. 185, ÖBZ. XIV. 108) scheinen mir richtiger hierher zu gehören. Uebrigens halte ich J. sphaerocarpus und J. Tenageia als Arten für nicht verschieden.

3. NARTHECIUM Möhr.

1. N. ossifragum *Huds.* An torfigen Stellen der Karpatenthäler in Ungarn (*Kit.* in *Host* Aust. I. 438), doch finde ich diese Angabe in keiner ungar. Specialflora bestätigt, nur in *Herb.* Add. 25 wird des Standortes Kościelisko im Thale des Schwarzen Dunajec an der Grenze gegen das Com. Arva erwähnt.

XII. MELANTHACEAE.

1. TOFIELDIA Huds.

1. T. calyculata *Wahlb.* Helonias borealis *WK.* Ic. I. p. XXX und *RK.* 56 nach *Kit.* Add. 29, nicht *Willd.* An felsigen grasigen Stellen der Berg- und Voralpenregion durch die Com. Trencsin (*Roch.* Pest. Mus.), Arva (*Szont.* ZBG. XIII. 1057), Sohl (*Kit.* Arv.), Liptau und Zips (*Wahlb.* 106, *Kit.* Add. l. c., *Reuss* 431, *Roch.* MS. I. 27, 68).

2. VERATRUM L.

1. V. nigrum *L.* In Bergwäldern. Im Karpatengebiete nur im östl. Com. Szatmár bei Szinfalú, Kányaháza und Vámfalú (*RK.* 25), häufiger im Hügellande am rechten Donau-Ufer als auf dem Leithagebirge (*Wierzb.* Mos.), am Plattensee (*Sigm.* 48), im Walde Bakony (*Kit.* Bar.), auf dem Pilis-Vértes Gebirge (*Sadl.* 472, *Hillebr.* ZBV. VII. 39), häufig in den Com. Eisenburg (*Pol.* 19), Zala, Somogy und Baranya, bei Orahovica im Com. Verovitic (*Kit.* Bar. et Slav.), auf dem Papuk (*PM.* It. 111), in Eichenwäldern des Com. Krassó (*Heuff.* 177).

2. V. album *L.* V. Lobelianum *Bernh.* Auf nassen Wiesen niedriger und gebirgiger Gegenden bis in die Krummholzregion.

3. BULBOCODIUM L.

1. B. vernum *L.* In Wäldern um Debrecin (*Kit.* in *Schult.* I. 541), auf Wiesen bei Bereg-Böszörmény im Com. Bihar (*Hein* ÖBZ. XIV. 187), auf der Biharia (*Kern.* Dl. 122, 325).

4. COLCHICUM L.

1. **C. autumnale** *L.* C. pannonicum *Gris.* It. 359. Auf feuchten Wiesen. Die Frühlingsform (C. vernale *Hoffm.*) bei Tajova im Com. Sohl (*NS.* 15).

2. **C. arenarium** *WK.* Ic. II. t. 179. Auf sandigen Puszten und Hügeln der Com. Komorn, Neográd, Heves (*Reuss* 430), Pest und Szaboles (*WK.* l. c. 196, *RK.* 11), bei Debrecin (*Janka* ÖBZ. XIV. 320), in der deutsch- und serbisch-banat. Milit. Gr. (*Heuff.* 177).

C. caucasicum *Spr.* (d. i. Bulbocodium trigynum *Adam*). Bei den Herculesbädern (*Roch.* Reise 12, 46), was ohne Zweifel unrichtig ist.

* **C. Haynaldi** *Heuff.* Ban. 177, *Janka* ÖBZ. VIII. 135. Auf felsigen Plätzen an der Donau in der Banat. Milit. Gr.

XIII. LILIACEAE.

1. ERYTHRONIUM L.

1. **E. Dens canis** *L.* Auf Bergwiesen und waldigen Hügeln, nur im östl. und südl. Gebiete. Bei Kapnik im Distr. Kővár (*RK.* 25), in den Com. Marmaros und Szatmár (*Kit.* Add. 30), bei Hegyköz-Ujlak nächst Grosswardein (*Steff.* ÖBZ. XIV. 174), auf der Biharia (*Kern.* DL. 142), im Banat (*Heuff.* 173), dann im Com. Somogy (*Kit.* l. c.) und bei Požega (*Pav.* ÖBW. l. 124). Kömmt auch mit weissen Blumen vor.

2. TULIPA L.

1. **T. silvestris** *L.* In Obstgärten, Hainen, Gebüschen hin und wieder. Bei Presburg (*Bolla* PV. I. 8), Tirnau (*Krz.* PV. II. 1. 99), Oravica nächst Turdošin im Com. Arva (*Szont.* ZBG. XIII. 1057), Eperjes und Tarca im Com. Sáros (*Hazsl.* É. M. 300), dann bei Fünfkirchen (*Maj.* 17) und auf Bergwiesen an der Donau in der Banat. Milit. Gr. (*Heuff.* 172 nach *Rochel*). T. Gesneriana im Thale Kazan (*Roch.* Reise 85), wenn nicht T. silvestris, jedenfalls nur zufällig.

3. GAGEA Salisb.

1. **G. stenopetala** *Reichb.* G. Schreberi *Reichb.* G. pratensis *Koch.* Auf Aeckern, an Rainen, buschigen Stellen niedriger und gebirgiger Gegenden.

2. **G. arvensis** *Schult.* Ornithogalum minimum *Linn.* 139 und nach ihm *Reuss* 423, nicht *L.* Auf Aeckern, bebautem Lande, an Rainen.

3. **G. bohemica** *Schult.* An sandigen Stellen bei Magyarfalva im Com. Presburg (*Matz*) und bei Neutra (*Schill.* ÖBZ. XIV. 294).

4. **G. spathacea** *Schult.* In feuchten Hainen bei Szilha nächst Lugos im Com. Krassó (*Heuff.* 174).

5. **G. minima** *Schult.* Ornithogalum minimum *L.* O. callosum *Kit.* in *Schult.* I. 557 nach *Heuff.* in *Reichb.* Germ. 140[16]. O. villosum vel carpaticum etiam callosum *Kit.* Add. 32. In Wäldern und auf Wald-

wiesen der nördl. Karpaten bis in die Voralpenregion (*Kit.* in *Schult.* l. c.. *Hazsl.* ÉM. 300), dann an grasigen steinigen Stellen der Matra und auf Bergwiesen bei Ofen (*Sadl.* Pest. ed. I. 1. 260, ed. II. 154), in höheren Buchenwäldern des Banats (*Heuff.* 174).

6. G. lutea *Schult.* In Auen, Wäldern niedriger und gebirgiger Gegenden bis in die Voralpenregion.

7. G. pusilla *Schult.* Auf Weiden, Puszten, sandigen Hügeln. Im Marchthal (*Matz*), bei Theben, Presburg (*Bolla* PV. I. 8), Modern (*Stur* 116), Neutra (*Kn.* PV. VII. 184), auf den Ebenen des Com. Gran (*Feicht.* Ad. 269), in der südl. Zips (*Hazsl.* ZBV. III. 146), bei Miskolc, auf dem Bükhegy, der Matra (*Reuss* 423); ferner bei Ödenburg (*Szont.* ZBG. XIV. 474), zwischen Güssing und Szölnök im Com. Eisenburg (*Clus.* Pan. 191), auf dem Pilis-Vértes Gebirge (*Kern.* ZBV. VII. 269) und den Ebenen des Pester Com. (*Sadl.* 154), bei Slankamen in der Peterward. Milit. Gr. (*Panč.* Sirm.), auf Grassteppen der deutsch- und serbisch - banat. Milit. Gr. (*Heuff.* 174).

8. G. succedanea *Gris.* It. 358. An schattigen Stellen im Thale Prolaz bei den Herculesbädern.

4. LLOYDIA Salisb.

1. L. serotina *Salisb.* Auf Triften der Alpen oberhalb der Krummholzregion. Auf dem Rohač, der Rackova, Pisna, dem Grossen Křivan (*Wahlb.* 97, *Üchtr.* ÖBW. VII. 352), Mönch (*Herb.* ZBG. XI. 49), im Kleinen Kohlbachthale unter der Lomnitzer Spitze (*Kit.* Add. 41), auf der Eisthaler Spitze (*Grzeg.* ÖBW. V. 87), auf den Banat. Alpen (*Heuff.* 173).

5. FRITILLARIA L.

1. F. tenella *MB.* F. montana *Hoppe.* F. Meleagris var. serotina *Roch.* Ban. 7. F. involucrata *Reichb.* Germ. p. 140[15] n. 691 b. insoweit die ungar. Pflanze gemeint ist, nicht *All.* F. pyrenaica *Roch.* Reise 53, nicht *L.* Auf dem Berge Chokra im Com. Arad (*Heuff.* in *Reichb.* l. c. n. 691) soll offenbar Mokra bei Boros-Jenő heissen, auf Bergwiesen im südl. Com. Krassó und auf dem Domugled (*Heuff.* 172).

2. F. Meleagris *L.* In Sümpfen, auf feuchten Wiesen. Im nördl. Gebiete nur bei Töke-Terebes im Com. Zemplin (*Hazsl.* ÉM. 299) und am Fuss der Matra bei Vécs (*Kit.* Add. 30); ferner bei Selye im Com. Somogy, Villány im Com. Baranya (*Nendtv.* ZBG. XIII. 570) und bei Essek (*Kit.* l. c.), im östl. Com. Arad (*Kéry* 18), in feuchten Hainen bei Szilha und Nevrincsa im nördl. Com. Krassó (*Heuff.* 172).

6. LILIUM L.

1. L. bulbiferum *L.* Auf Bergwiesen. Auf dem Žalostina bei Vrbovce im Com. Neutra (*Hol.* PV. III. 1. 65), auf dem Choč (*Szont.* ZBG. XIII. 1057), bei Lučky und Schwarzwag im Com. Liptau (*Wahlb.* 95), bei Leutschau (*Geners.* 23), Eperjes (*Hazsl.* ÉM. 299), im östl. Com. Arad (*Kéry* 19). Im

Banat (*Roch. Reise* 62)? fehlt bei *Heuffel.* Bei Fünfkirchen nur verwildert (*Maj.* 3).

2. L. Martagon *L.* Auf Wiesen, in Wäldern gebirgiger und subalpiner Gegenden.

3. L. albanicum *Gris.* In der Krummholzregion der Biharia (*Kern.* DL. 138) und der Alpe Branu der roman. banat. Milit. Gr. (*Heuff.* 173). **L. chalcedonicum** *Kit.* in *Schult.* I. 564 in Ungarn. Wahrscheinlich ist damit das in Croatien vorkommende L. carniolicum *Bernh.* gemeint. Bei Fünfkirchen (*Maj.* 17), vielleicht die echte Pflanze, aber dann kultivirt in Ziergärten.

✻ **L. alpinum** *Kit.* Add. 31. Auf den Alpen der Zips unter Krummholz.
✻ **L. pubescens** *Kit.* Add. 31, nicht *Bernh.* Im Com. Arva.

7. MUSCARI Tourn.

1. M. comosum *Mill.* Auf Aeckern, buschigen Hügeln.
β. **Pinardi** *C. Koch.* Linn. 1849 p. 253. Im Cernathale und auf dem Domugled im Banat.
2. M. racemosum *DC.* Auf Wiesen, Grasplätzen.
3. M. botryoides *DC.* In Grasgärten, Hainen, feuchten Gebüschen. Bei Neu-Sohl (*NS.* 12), Palócsa im Com. Sáros (*Hazsl.* ÉM. 299), Bustyaháza in der Marmaros (*Wagn.* Exs.), Oláh-Apáti (*Steff.* ÖBZ. XIV. 173) und Székelyhid im Com. Bihar (*Janka* ÖBZ. XIII. 113); ferner bei Keszthely am Plattensee (*Árv.* Pest. Mus.), bei Pest, besonders auf den Donau-Inseln (*Sadl.* 150), bei Fünfkirchen (*Nendtv.* 27), in Sirmien (*Rumy* 53), im östl, Com. Arad (*Kéry* 19), bei Versec im Com. Temes (*Wierzb.* Flora 1842 I. 265). zwischen Lugos und Herengyest im Com. Krassó (*Heuff.* 176.

8. SCILLA L.

1. S. bifolia *L.* In Hainen, Wäldern niedriger und gebirgiger Gegenden. S. praecox, wenigstens die von *Wagner* als solche ausgegebene bei Marmaros-Sziget vorkommende Pflanze ist von S. bifolia nicht verschieden
2. S. amoena *L.* Verwildert in Obstgärten und Hainen der Insel Mühlau bei Presburg (*Endl.* 151), der Kleinen Schütt im Com. Wieselburg (*Wierzb.* Mos.) und der Insel Csepel bei Pest (*Sadl.* 156); in Buchenwäldern der Biharia (*Kern.* DL. 126, 342) wohl wirklich wild.
3. S. autumnalis *L.* Auf Kalkhügeln bei Füred im Com. Zala, Palota im Com. Veszprim, Inota im Com. Stuhlweissenburg (*Reichb.* Germ. 140 [16] n. 717, *Kit.* Add. 32).

9. ORNITHOGALUM L.

1. O. narbonense *L.* O. brevistylum *Wolfn.* ÖBW. VII. 230. Unter dem Getreide, auf Kleefeldern. Häufig im Com. Wieselburg (*Hillebr.*, *Vuezl*), dann erst wieder bei-Semlin (*Panč.* Sirm.), bei Szemlak im Com. Arad (*Wolfn.* l. c.) und bei Oravica im Com. Krassó (*Wierzb.* Flora 1845 I. 324), aber auch O. pyrenaicum *Heuff.* 173 auf Wiesen und Aeckern des Banats scheint mir der „Folia synanthia" wegen hierher zu gehören; nach

7*

Hazsl. ÉM. 298 im südl. Theile seines Gebietes. Scheint erst in neuerer Zeit mit fremden Getreidesamen eingewandert zu sein. Was unter O. stachyoides *Fábry* II. 7 bei Rima-Szombat gemeint sei, weiss ich nicht.

2. O. pyrenaicum *L.* Auf Wiesen, Aeckern, in Weingärten. Stellenweise in den Com. Presburg (*Heuff.* Flora 1831 I. 405, *Krz.* PV. III. 2. SB. 24), Hont (*Kit.* Arv.), Heves (*RK.* 25) und Borsod (*Reuss* 423), bei Grosswardein (*Steff.* ÖBZ. XIV. 174); ferner bei Ung. Altenburg (*Vuezl*), Güssing im Com. Eisenburg (*Clus.* Hist. 187, 189), Arács und Tihany am Plattensee, Csór im Com. Stuhlweissenburg (*Kit.* Bar.), häufig in den Com. Pest (*Sadl.* 155) und Békés (*Dorner*), bei Fünfkirchen (*Nendtv.* 28), Futak (*Schnell.* PV. III. 1. 21) und Verovitic (*Kit.* Slav.), in Sirmien (*Rumy* 53), namentlich bei Semlin (*Panč.* Sirm.).

3. O. sulphureum *Schult.* Anthericum sulphureum *WK.* Ic. I. t. 95. Auf dem Badacson und bei Szigliget am Plattensee im Com. Zala (*Sigm.* 46), in Bergwäldern des südl. Com. Krassó und bei den Herculesbädern (*Heuff.* 173). Wohl nur Var. des vorigen.

4. O. comosum *L.* Auf Hügeln, Triften, besonders auf Kalk. Auf dem Haglersberg am Neusiedler See (*N.*), bei Frauenkirchen im Com. Wieselburg (*Heuff.* Flora 1831 I. 405), bei der Teichmühle nächst Ödenburg (*Szont.* ZBG. XIV. 474), auf dem Pilis-Vértes Gebirge (*Sadl.* 155, *Kern.* ZBV. VII. 261), bei Miskolc (*Reuss* 422), Rima-Szombat im Com. Gömör (*Fábry* II. 7), im östl. Com. Arad (*Kéry* 20), im Banat (*Heuff.* 173).

5. O. umbellatum *L.* Kömmt wie in Nieder-Oesterreich in Obstgärten und Hainen in einer grossen üppigen Form (O. umbellatum der Aut.), weit häufiger aber auf Wiesen, Hügeln und in Auen in einer kleineren schmächtigeren Form (O. tenuifolium *Reichb.* Ic. XX. p. 15 f. 1020) vor (*Janka* ÖBZ. XIII. 113).

6. O. refractum *Kit.* in *Willd.* Berol. suppl. 18, *Kit.* Add. 33). In Hainen, Gärten, auf Aeckern der Umgebungen von Ofen und Pest (*Sadl.* ed. I. 1. 262, ed. II. 155), dann bei Semlin (*Panč.* Sirm.).

7. O. nutans *L.* In Hainen, auf Wiesen, Aeckern sehr zerstreut. Bei Presburg (*Endl.* 150), Tirnau (*Krz.* PV. III. 2. SB. 24), Neutra, Üzbég und Köröskeny im Com. Neutra (*Kn.* PV. VII. 184), Kóhid-Gyarmat im Com. Gran (*Feicht.* Ad. 269), Schemnitz (*Kn.* ÖBZ. XIV. 114), Neu-Sohl (*NS.* 14), bei Rima Szombat (*Fábry* II. 7) und am Sajo im Com. Gömör (*Reuss* 422), bei Eperjes (*Hazsl.* ÉM. 298) und Grosswardein (*Steff.* ÖBZ. XIV. 174); ferner bei Gois am Neusiedler See (*N.*), bei Ödenburg (*Szont.* ZBG. XIV. 474), Koroncó im Com. Raab (*Ebenh.* PV. V. 67), Vajta im Com. Stuhlweissenburg (*Hillebr.* ZBV. VII. 40), im Pester Com. (*Sadl.* 155), bei Fünfkirchen (*Maj.* 17), im Banat (*Heuff.* 173). O. chloranthum *Saut.* bei Presburg (*Reicht.* PV. VII. 98) und Szemlak im Com. Arad (*Wolfn.* ÖBW. VII. 226) halte ich als Art für nicht verschieden.

0. praetextum *Stev.* Auf einer Grassteppe bei Székelyhid im Com. Nord-Bihar, aber noch nicht hinlänglich beobachtet (*Janka* ÖBZ. XIII. 113—4).

** 0. tenue *Kit.* Add. 33. Bei Baracska. Mehrere Orte in Ungarn führen diesen Namen, welchen aber *Kitaibel* meint, ist nicht ersichtlich.

10. ALLIUM L.

1. A. Victorialis *L.* An felsigen Stellen der Berg- und Voralpen-region. Im Com. Trencsin (*Kikó* 17), auf dem Hermanec im Com. Turóc (*RK.* 56), auf der Babia Góra (*Wimm.* 119), auf der nördl. Tatra, wenigstens in Galizien (*Herb.* ZBG, XI. 66), bei Leibitz (*Wahlb.* 93) und Igló in der Zips (*Kalchbr.* Exs.), im Com. Sáros (*Hazsl.* ÉM. 295), auf den Bereger und Banater Alpen (*Kit.* Add. 34, *Heuff.* 174). In Sirmien (*Rumy* 52)?

2. A. ursinum *L.* An Bächen, in Auen, schattigen Wäldern beson-ders gebirgiger Gegenden.

3. A. nigrum *L.* aber nur die purpurblütige Var. oder A. atropur-pureum *WK.* Ic. I. t. 17. Unter der Saat, auf Wiesen, an Wegen, zwischen Gebüsch. Bei Ung. Altenburg (*Vaezl.* Exs.), bei Füred am Plattensee (*Sigm.* 47), in Sirmien, bei Kovácsi und Szöllös im Com. Bihar (*WK.* 1. c. 17, *Janka* ÖBZ. XIII. 256), zwischen Kossova und Kurtya im nördl. Com. Krassó (*Heuff.* 174).

4. A. roseum *L.* Auf Aeckern bei Čerević im Com. Sirmien (*Schnell.* PV. III. 1. 21). Bei Keszthely am Plattensee (*Arv.* in *Kit.* Bar.)?
A. **Moly** *L.* In Ungarn (*Willd.* Spec. II. 81). Wild sicher nicht. Wird bei Lukovistye im Com. Gömör kultivirt (*Reuss* 426).

5. A. acutangulum *Schrad.* A. angulosum und senescens der ält. Aut. Aendert ab:

α. pratense (A. uliginosum *Kit.* Add. 35). Auf nassen Wiesen beson-ders niedriger Gegenden.

β. petraeum (A. fallax *R. Sch.*). Auf Felsen und an steinigen Plätzen der Kalkgebirge bis in die Voralpenregion.

6. A. moschatum *L.* A. setaceum *WK.* Ic. I. t. 68. Auf trockenen sonnigen Wiesen der Ofner Kalkberge (*Sadl.* 152) und bei Semlin (*Panč.* Sirm.). Im nordöstl. Theile Ungarns (*Lang* Phys. 315)? Im Banat (*Roch.* Reise 35)? fehlt bei *Heuffel.*
A. **globosum** *MB.* In der Gegend von Pest (*Wdw.* in *Reichb.* Germ. 140[17]), scheint in neuerer Zeit nicht wieder gefunden worden zu sein.

7. A. suaveolens *Jacq.* Auf nassen Wiesen der Ebene. Bei Bruck an der Leitha (*N.*) und Wüst-Sommerein im Com. Wieselburg (*Wierzb.* Mos.), bei Pét im Com. Veszprim (*Horka* PV. IV. SB. 86) und bei Pest (*Sadl.* 150). Sonderbar, dass diese in der südl. Niederung des Wiener Beckens häufig vorkommende Art in Ungarn so selten sein soll. Nach *Pok.* Boupl. 1860 p. 183 dagegen eine charakteristische Pflanze der ungar. Wiesenmoore.

8. A. ochroleucum *WK.* Ic. II. t. 186. A. xanthicum *Gris.* It. 358. Auf Felsen der Berg- und Voralpenregion. Auf der Malenica im Com. Trencsin, der Fatra (*Roch.* MS. I. 36—7), dem Tlsta im Com. Turóc, an den Wasserfällen von Motičko im Com. Sohl (*Kit.* Add. 36), auf den Thalebenen der Wag im Com. Liptau und des Poprad in der nördl. Zips stellenweise (*Hausskn.* ÖBZ. XIV. 208), im Hernádthale von Wallendorf in der südl. Zips bis Kaschau (*Hazsl.* ZBV. III. 146, *ÉM.* 297), auf dem Galac und Stol der Rodnaer Alpen (*Baumg.* I. 291—2), auf der Biharia (*Kern.* Exs.). Soll nach *Ambr.* Tir. merid. 1. 566—68 und *Hausm.* in Facch. Süd.-Tir. 135 nur die Felsenform des *A.* suaveolens *Jacq.* sein.

9. A. amophilum *Heuff.* Flora 1835 I. 241, Ban. 175. Auf sandigen Puszten bei Grebenac in der serb. banat. Milit. Gr. Von *A.* flavescens *Bess.* schwerlich als Art verschieden.

10—12. A. sativum *L.*, **A. Ophioscorodon** *Don* und **A. Porrum** *L.* werden in Haus- und Weingärten kultivirt.

13. A. Ampeloprasum *L.* Auf trockenen Bergtriften bei Svinica in der serb. banat. Milit. Gr. (*Heuff.* 175).

14. A. rotundum *L.* A. Ampeloprasum *WK.* Ic. I. t. 82, nicht *L.* Auf Aeckern, in Weingärten, auf buschigen Hügeln im mittleren und südlichen Gebiete.

15. A. sphaerocephalum *L.* A. descendens *Kikó* 17? Auf Felsen, Kalkhügeln, auch auf Aeckern und sandigen Puszten. A. macrocephalum vel cornutum *Kit.* Add. 36 in Weingärten bei Kis Toronya im Com. Zemplin scheint eine sehr üppige Form des A. sphaerocephalum zu sein.

16. A. vineale *L.* A. compactum *Thuill.* Unter dem Getreide, an Rainen, sandigen Stellen. Im Marchthal bei Magyarfalva (*N.*), im Com. Trencsin (*Kikó* 17) und nach *Hazsl.* ÉM. 296 im südl. Theile seines Gebietes; ferner bei Gois (*N.*) und Ung. Altenburg (*Vuezl*), bei Koroncó im Com. Raab (*Ebenh.* PV. V. 67). Futak im Com. Bács (*Schnell.* PV. III. 1. 21), in Sirmien (*Rump* 52), im Com. Krassó (*Heuff.* 175) und wohl noch an vielen Orten.

17. A. Scorodoprasum *L.* A. arenarium *Sm.* Auf Wiesen, Aeckern, in Vorhölzern.

18. A. oleraceum *L.* Aendert ab:

α. bulbilliferum (A. carinatum *Lumn.* 136, *RK.* 120 und vieler Aut., nicht *L.*). In Weingärten, an steinigen buschigen Stellen.

β. capsuliferum (A. pallens der meisten Aut. A. longispathum *Red.* Lil. VI. t. 316. A. fuscum *WK.* Ic. III. t. 241. A. paniculatum *Gris.* It. 357). In Wäldern bei Perjamos im Com. Torontál (*Wolfn.* ÖBZ. VIII. 355), dann auf Kalkfelsen im südl. Com. Krassó und längs der Donau in der östl. Banat. Milit. Gr. bis zu den Herculesbädern (*Heuff.* 176). A. pallens *Kit.* Add. 35 auf der Mokra im Com. Arad und bei Oravica im Com. Krassó gehört wahrscheinlich hierher, die übrigen dort angegebenen Standorte aber bei Pest. auf der Matra und in der Zips beziehen sich ohne Zweifel auf eine andere Pflanze.

19. A. carinatum *L.* Aendert ab:

α. bulbilliferum (A. flexum *WK.* Ic. III. t. 278. A. denticulatum vel flexuosum *Kit.* Add. 38). Auf Wiesen, in Vorhölzern, an buschigen Stellen.

β. capsuliferum (A. pulchellum *Don*). Auf Felsen bei Tomestj im nördl. Com. Krassó (*Heuff.* 175).

20. A. flavum *L.* Auf Felsen und sonnigen Hügeln, besonders auf Kalk und Trachyt.

21. A. Schoenoprasum *L.* Aendert ab:

α. **sativnm**. Wird in Haus- und Weingärten gebaut.

β. **alpinum** (A. sibiricum *Willd.*). Auf alpinen Wiesen. In den Thälern der Tatra, z. B. im Drechselhäuschen (*Wahlb.* 95) und im Grossen Kohlbachthal (*Mauksch*), auf dem Pop-Ivan der Černa Hora (*Herb.* Bucov. p. V), im Alpenthale Steje zwischen der Petrosa und Negujasa (*Kit.* Add. 40), dann auf der Dseameanie, dem Galac und Stol der Rodnaer Alpen (*Baumg.* I. 292).

22—4. A. ascalonicum *L.*, **A. Cepa** *L.* und **A. fistulosum** *L.* werden in Haus- und Weingärten kultivirt.

11. ASPHODELUS L.

1. A. albus *Mill.* A. ramosus *WK.* Ic. I. p. XXIX, *Schult.* I. 655, nicht *L.* In Wäldern, an sandigen Stellen hügliger Gegenden. Bei Martinsberg im Com. Raab (*Ball.* Exs.), sehr häufig im Com. Eisenburg (*Wierzb.* Mos.), im Bakonyer Walde (*Kern.* ZBV. VI. 382) und auf dessen nordwestl. und südl. Abfällen bei Dáka, Tapolcafő, Salamon. Bogdány und Város-Löd im Com. Veszprim, dann bei Sümeg, Rezy und Keszthely im Com. Zala, überall im Com. Somogy selbst in den Niederungen von Szigetvár und Dráva-Tamási (*Kit.* Bar. et Slav.). Im östl. Com. Arad (*Kéry* 17)?

12. HEMEROCALLIS L.

1. H. flava *L.* An sumpfigen waldigen Orten. Bei Güssing im Com. Eisenburg sehr häufig (*Clus.* Pan. 143—4), bei Város-Löd am Fuss des Bakonyer Waldes im Com. Veszprim, im Com. Somogy (*Kit.* Add. 41), bei Abrudbánya in Siebenbürgen hart an der Grenze des Com. Zaránd (*Baumg.* I. 304). Bei Presburg (*Schult.* I. 551) ein zufälliger Gartenflüchtling.

II. fulva *L.* In der Marchau bei Skalic im Com. Neutra (*Hol.* PV. VII. 90), wohl nur zufällig.

13. ANTHERICUM L.

1. A. ramosum *L.* Auf Wiesen, Hügeln, in Vorhölzern.

2. A. Liliago *L.* Auf Bergwiesen, buschigen Hügeln, an steinigen waldigen Orten. Bei Velkaves (Nagyfalu) im Com. Arva (*Hazsl.* ÉM. 295), auf der Rackova der Central-Karpaten (*Kit.* Add. 41) wohl nur am Fuss derselben, bei Kaschau (*Pawl.* PV. I. 26), Pokorágy im Com. Gömör (*Fábry* II. 7), auf dem Bükhegy (*Reuss* 422), dem Pilis-Vértes Gebirge (*Kern.* ZBV. VII. 261), dem Donau-Bergzuge der Banat. Milit. Gr. (*Heuff.* 173).

14. ASPARAGUS L.

1. A. officinalis *L.* Auf Wiesen, Hügeln, in Auen. Wird auch im Grossen kultivirt, besonders im Com. Baranya und in Jazygien.

2. A. tenuifolius *Lam.* A. silvaticus *WK.* Ic. III. t. 201. In Bergwäldern, an buschigen Stellen. In Sirmien, im Donauthale der banat. Milit.

Gr. von Pancova bis Alt-Orsova, dann bei Mehadia und den Herculesbädern (*Kit.* Add. 41, *Heuff.* 171).

** A. umbricula *RK.* 121. Bei Parád im Com. Heves.

XIV. SMILACEAE.

1. PARIS L.

1. P. quadrifolia *L.* In Wäldern niedriger und gebirgiger Gegenden bis in die Voralpenregion.

2. STREPTOPUS Mich.

1. S. amplexifolius *DC.* In sumpfigen Voralpenwäldern. Auf der Babia Góra (*Wimm.* 125), am Fuss des Mincol, bei Zazriva, Dubova und an der Studena Voda im Com. Arva (*Szont.* ZBG. XIII. 1058), auf den Vorlagen des Grossen Křivan (*Roch.* MS. I. 259), am Schwarzen See oberhalb des Grossen Fischsees in der nördl. Tatra (*Uchtr.* ÖBW. VII. 353), im Kohlbach- und Weisswasserthale bei Kesmark, am Fuss des Branisko bei Lipóc im Com. Sáros (*Hazsl.* ÉM. 294), auf der Okola und Trojaga im Com. Marmaros (*Müll.* ZBG. XIII. 556).

3. CONVALLARIA L.

1. C. Polygonatum *L.* Auf steinigen buschigen Hügeln.

2. C. multiflora *L.* In Wäldern besonders gebirgiger Gegenden. C. glabra *Kit.* Add. 43 in der Zips scheint die Var. β. latifolia *DC.* Fl. franç. V. 309 zu sein.

3. C. latifolia *Jacq.* In Hainen, Vorhölzern, Bergwäldern. In der Altau bei Presburg (*Endl.* 172), bei Darázs im Com. Neutra (*Schill.* ÖBZ. XIII. 402), bei Neu-Sohl (*NS.* 16), in den Com. Trencsin (*Kikó* 18, *Roch.* MS. II. 37), Arva (*Vitk.* ZBG. XIII. 1058), Gömör und Borsod (*Reuss* 419), auf der Matra (*RK.* 121), bei Grosswardein (*Steff.* ÖBZ. XIV. 174); ferner auf dem Leithagebirge (*N.*), bei Ung. Altenburg (*Vuezl*), zwischen Krois- bach und Ödenburg (*Szont.* ZBG. XIV. 475), im Eisenburger Com. (*Kit.* Add. 43), im Walde Bakony, auf dem Pilis-Vértes Gebirge (*Kern.* ZBV. VI. 378, VII. 269), bei Fünfkirchen (*Nendtv.* 28), bei Cerevic im Com. Sir- mien (*Schnell.* PV. III. 1. 21), im östl. Banat (*Heuff.* 172).

4. C. verticillata *L.* In Berg- und Voralpenwäldern. Am Thebner Steig im Com. Presburg (*Richt.* PV. VII. 99), durch die ganze nördl. Kar- patenkette von der Javořina im Com. Neutra (*Hol.* PV. I. 72) bis in die Marmaros (*Roch.* MS. II. 37, *NS.* 18, *Hazsl.* ÉM. 294, *Kit.* Ber., *RK.* 25), südlich bis auf die Matra (*RK.* 121) und bis Száldobagy bei Grosswardein (*Steff.* ÖBZ. XIV. 174), dann im östl. Banat (*Heuff.* 172). Bei Fünfkirchen (*Maj.* 17) schwerlich.

5. C. majalis *L.* In Vorhölzern, an steinigen buschigen Stellen.

4. MAJANTHEMUM Wigg.

1. M. bifolium *DC.* In Berg- und Voralpenwäldern. Durch die ganze nördl. Karpatenkette von Presburg bis in die Marmaros, auch auf der Matra (*Endl.* 171, *Krz.* PV. II. 1. 99, *Kn.* PV. VII. 184, *Roch.* MS. II. 37, *NS.* 16, *Hazsl.* ÉM. 293, *Kit.* Add. 43); ferner in den Auen bei Ung. Altenburg (*Vuez.l*), auf dem Rosaliengebirge (*N.*), bei Ödenburg (*Szont.* ZBG. XIV. 475), im Com. Eisenburg (*Pol.* 9), im Walde Bakony (*Kern.* ZBV. VI. 380), im Marocser Walde bei Fünfkirchen (*Nendtv.* ZBG. XIII. 570), im östl. Com. Arad (*Kéry* 18), im Banat (*Heuff.* 172).

5. RUSCUS L.

1. R. Hypoglossum *L.* In Wäldern hügliger und gebirgiger Gegenden. Bei St. Georgen, Bösing, Modern und Losonc im Com. Presburg (*Endl.* 170, *Stur* 116, *Krz.* PV. II. 1. 99), bei Gálosfa und Sz. László im Com. Somogy (*Kit.* Slav. et Bar.), im Stadtwalde von Fünfkirchen (*Nendtv.* ZBG. XIII. 572), bei der Glashütte Jankovac nächst Drenovac im Com. Verovitic, bei Kutjevo im Com. Požega (*RK.* 70), in Sirmien (*Rumy* 53, *Schnell.* PV. IV. 83), bei Szaldobágy nächst Grosswardein (*Steff.* ÖBZ. XIV. 174), bei Oravica und Csiklova im Banat (*Heuff.* 172).

2. R. aculeatus *L.* In Wäldern, an buschigen Stellen. Bei Keszthely am Plattensee, bei Gálosfa, Sz. László und Dobsza im Com. Somogy, auf dem Harsányhegy (*Kit.* Bar. et Slav.) und im Stadtwalde bei Fünfkirchen (*Nendtv.* ZBG. XIII. 572), bei Orahovica, Feričance, Gazje, Našice und Essek im Com. Verovitic, bei Karlovic und in den sirmischen Wäldern (*RK.* 70. *Kit.* Slav., *Schnell.* PV. IV. 83), sehr häufig bei Grosswardein und Székelyhid im Com. Bihar (*Janka* ÖBZ. VIII. 365, XI. 167, XIII. 114), im Banat (*Heuff.* 172).

XV. DIOSCOREAE.

1. TAMUS L.

1. T. communis *L.* In Wäldern, zwischen Gebüsch. Bei Lókut im Com. Veszprim (*RK.* 4), Várasd im Com. Tolna (*Kit.* Slav.), Baja im Com. Bács (*Sadl.* 468), überall in den Com. Zala, Somogy, Baranya, Verovitic, Požega und in Sirmien, dann in der Broder Milit. Gr. (*Kit.* Bar. et Slav., *Kan.* Slav.), auf dem Somlyó (*Steff.* ÖBZ. XIV. 174) und bei Sz. Márton nächst Grosswardein (*RK.* 84), auf der Biharia (*Kern.* DL. 122, 126), im Banat (*Heuff.* 172). Die Var. **cretica** (T. creticus *L.*) auf Kalkbergen bei Csiklova im Com. Krassó und an der Donau in der östl. Banat. Milit. Gr. (*Heuff.* l. c.).

XVI. HYDROCHARIDEAE.

1. VALLISNERIA L.

1. V. spiralis *L.* In stehenden Wassern des Banats (*Kit.* in *Roch.* Ban. 26, *Heuff.* 163). *Rochel* sah im Jahre 1808 die lebende Pflanze, welche

Kitaibel soeben aus dem Banate gebracht hatte (*Roch.* Reise 85), doch ist weder der nähere Standort bekannt, noch wurde sie in späterer Zeit wieder gefunden.

2. STRATIOTES L.

1. S. aloides *L.* In stehenden und langsam fliessenden Wassern der Ebene, besonders im Ueberschwemmungsgebiete grösserer Flüsse und in den Lachen der Torfmoore, fehlt aber selbst in den Thälern des Karpatengebirges.

3. HYDROCHARIS L.

1. H. Morsus ranae *L.* An gleichen Orten wie die vorige Art und meistens mit derselben vermischt.

XVII. IRIDEAE.

1. IRIS L.

1. I. germanica *L.* In Weingärten, auf Felsen, steinigen Plätzen; zweifelhaften Ursprungs und wahrscheinlich nur verwildert, daher sehr zerstreut. Bei Leutschau (*Geners.* 73), Namesto im Com. Arva (*Virk.* ZBG. XIII. 1058), bei Kroisbach, Ödenburg und auf dem Steinriegel (*Szont.* ZBG. XIV. 475), häufig an den steinigen Ufern der Donau gegenüber von Komorn (*Hillebr.* ÖBZ. VIII. 297), bei Fünfkirchen (*Nendtv.* ZBG. XIII. 571), in Sirmien (*Rumy* 53, *Schnell.* PV. III. 1. 20), im östl. Com. Arad (*Kéry* 19).

2. I. squalens *L.* An steinigen Stellen bei Káloz im Com. Stuhlweissenburg (*RK.* 4).

3. I. bohemica *Schm.* I. hungarica *WK.* Ic. III. t. 226. I. bisflorens *Host* Aust. I. 46. Auf Kalk- und Trachytfelsen, an sandigen Stellen. Im Hernádthale bei Malaveska und bei Kapi nächst Eperjes im Com. Sáros, am Fuss der Hegyallja bei Szántó, Tálya und Tokay, auf der Puszta Csere bei Debrecin (*Hazsl.* ÉM. 293), auf der Biharia (*Kern.* DL. 296). In der Umgebung von Pest (*Host* l. c.)?

4. I. variegata *L.* Auf steinigen buschigen Hügeln und in sandigen Wäldern der Ebene. Auf den südlichen Vorlagen der Karpatenkette bis an den Rand der Theissebene und noch häufiger im Hügellande am rechten Donau-Ufer bis nach Slavonien, dann im Banat.

l. leurographa *Kern.* ÖBZ. XIII. 313. An sandigen Stellen bei Rákos nächst Pest mit I. variegata und I. arenaria höchst selten; vielleicht hybrid zwischen beiden, jedenfalls mit I. variegata am nächsten verwandt.

5. I. pumila *L.* 1. lutescens *Red.* nicht *Lam.* Auf Kalk- und Trachytfelsen, sonnigen Hügeln, sandigen Ebenen. Auf dem Thebner Kogel (*Brancs.* ÖBZ. XII. 150), bei Bösing und Stampfen im Com. Presburg (*Endl.* 155), auf dem Zobor und Marienberg bei Neutra (*Kn.* PV. VII. 183), bei Miskolc (*Reuss* 414), auf der Hegyallja bei Sátorallya-Ujhely (*Hazsl.* ÉM. 292), bei Szaldobágy nächst Grosswardein (*Steff.* ÖBZ. XIV. 174); ferner auf dem Leithagebirge, am östl. Ufer des Neusiedler Sees (*N.*), bei

Parndorf im Com. Wieselburg (*Wierzb.* Mos.), Koroncó im Com. Raab (*Ebenh.*
PV. V. 66), im Kreisnerwalde bei Ödenburg (*Szont.* ZBG. XIV. 475), auf
dem Plattenseezuge und von hier über Palota (*Kit.* Bar.) und das Pilis-Vértes
Gebirge auf den Nagyszál bei Waizen (*Kern.* ZBV. VII. 261, 263, ÖB.V.
VII. 392) und die Pester Ebene (*Sadl.* 25), auf Sandsteppen bei Vajta im
Com. Stuhlweissenburg und Kér im Com. Tolna (*Hillebr.* ZBV. VII. 40, 41),
bei Semlin (*Panč.* Sirm.), im Hügellande und auf den Ebenen des Banats
(*Heuff.* 170).

6. I. Reichenbachii *Heuff.* ÖBZ. VIII. 28, Ban. 170. I. tristis
Reichb. Ic. XIX. 3. dem Standorte im Banat nicht der Abbildung nach. An
felsigen Stellen bei den Herculesbädern und an der Donau in der Banat.
Milit. Gr.

7. I. lepida *Heuff.* Flora 1853 II. 621, Ban. 170. I. lurida *Reichb.*
Ic. XIX. 5 dem Standorte nicht der Abbildung nach. Auf sandigen buschigen
Hügeln der deutsch- und serbisch-banat. Milit. Gr.

8. I. arenaria *WK.* Ic. I. t. 27. I. nova *Wint.* f. 27. Auf sandigen
Hügeln, in Wäldern, auf Puszten. Von Koroncó im Com. Raab. (*Ebenh.* PV.
V. 66) durch die Com. Komorn, Gran, Stuhlweissenburg, Zala, Tolna, Pest,
Heves und Kumanien bis an die Matra und an die Theiss (*Hillebr.* ZBV. VII.
40, 41 und ÖBZ. VIII. 297, *Feicht.* Ad. 269, *Sigm.* 48, *W. K.* l. c. 58, *Sadl.* 25,
RK. 11, 121, *Reuss* 415). In *Roch.* Ban. 27 und Reise 59 scheint sie mit einer
andern Art (I. lepida?) verwechselt worden zu sein.

9. I. Pseudacorus *L.* I. lutea *Lam.* In Sümpfen, Wassergräben
besonders niedriger Gegenden.

10. I. sibirica *L.* Auf nassen Wiesen niedriger und gebirgiger
Gegenden. Auf dem Gemsenberg bei Presburg (*Endl.* 155), im Marchthal
bei Holič (*Krz.* PV. II. 1. 98), bei Turdosiu und Bobro im Com. Arva (*Vitk.*
ZBG. XIII. 1058), am Fuss der südl. Tatra in der Zips, bei Eperjes (*Hazsl.*
ZBV. III. 145), Kaschau (*Pawl.* PV. I. 26), Rima-Szombat im Com. Gömör
(*Fábry* II. 7), am Sajo im Com. Borsod (*Reuss* 416); ferner in den Com.
Wieselburg (*Wierzb.* Mos.), Eisenburg (*Pol.* 12) und Pest (*Sadl.* 26), bei
Eresiu im Com. Stuhlweissenburg (*RK.* 110), Selye im Com. Somogy (*Nendtv.*
ZBG. XIII. 571), auf der Muriusel und bei Lendva im Com. Zala (*Clus.* Pan.
255), im Banat (*Heuff.* 171).

11. I. spuria *L.* I. spathulata *Lam.* Auf Sumpfwiesen. Im nördl.
Gebiete nur bei Stampfen im Com. Presburg (*Endl.* 154) und im Com.
Trencsin (*Kit.* Add. 44), häufiger im mittleren und südlichen Gebiete, bei
Gois am Neusiedler See (*N.*), im Hanság (*Wierzb.* Mos.), bei Palota im Com.
Veszprim (*Horky* PV. IV. SB. 85), Lendva im Com. Zala (*Clus.* Hist. 228),
Csurgó im Com. Somogy (*Kit.* Bar.), Fünfkirchen (*Maj.* 16), überall im
Pester Com. (*Sadl.* 26), im westl. Banat (*Heuff.* 171).

12. I. graminea *L.* Auf Hügeln, buschigen Wiesen. Bei Wartberg
im Com. Presburg (*Bolla* PV. I. 8), im Com. Trencsin (*Roch.* MS. II. 41, *Kikó*
18), auf der Szitna bei Schemnitz (*RK.* 56), am Medokyš bei Neu-Sohl
(*NS.* 17), am Flusse Szekcsó bei Eperjes (*Hazsl.* ÉM. 293), bei Miskolc
(*Reuss* 416), Hegyköz-Újlak nächst Grosswardein (*Steff.* ÖBZ. XIV. 174);
ferner im Kreisnerwald bei Ödenburg (*Szont.* ZBG. XIV. 475), im Com.

Eisenburg (*Pol.* 12), bei Palota (*Kit.* Bar.) und Hajmáskér im Com. Veszprim (*RK.* 110), bei Ofen (*Sadl.* 25), Fünfkirchen (*Nendtv.* 24), in den Com. Verovitic und Požega (*RK.* 71, *Kit.* Slav.), in Sirmien (*Rumy* 52), auf der Biharia (*Kern.* DL. 296), im Banat (*Heuff.* 170).

I. foetidissima *L.* An Gräben in Ungarn (*Kit.* in *Schult.* I. 105), nicht selten bei Tirnau (*Horv.* 11)? Vielleicht verwildert oder, was wahrscheinlicher, verkannt. Bei Majdanpek im nordöstl. Serbien kömmt sie wild vor (*Panč.* ZBV. VI. 577).

2. GLADIOLUS L.

1. **G. imbricatus** *L.* G. tenuis *MB.* G. communis *Wahlb.* 12 und vieler Aut., nicht *L.*, nicht *Sadl.*, nicht *Wimm.* Auf Wiesen gebirgiger und subalpiner Gegenden der Com. Trencsin (*Roch.* MS. II. 40, *Kikó* 18), Arva (*Krz.* Exs., *Szont.* ÖBZ. XII. 289 und ZBG. XIII. 1058), Liptau, Zips (*Wahlb.* l. c., *Roch.* MS. I. 197, *Uchtr.* ÖBW. VII. 352, 360, 361), Sáros und Gömör (*Hazsl.* Sár. 225, *Reuss* 414), bei Parád im Com. Heves, Alsó-Homorod im Com. Szatmár (*RK.* 25, 121), auf der Trojaga in der Marmaros (*Müll.* ZBG. XIII. 556), auf dem Csiblesz der Rodnaer Alpen (*Kotschy*), auf der Biharia (*Kern.* DL. 142), im östl. Com. Arad (*Kéry* 18), gemein im Banat (*Heuff.* 170).

2. **G. palustris** *Gaud.* G. communis *Sadl.* Pest. 24, *Wimm.* Schles. I. Ausg. 1841 p. 368 nach der III. Ausg. 131, *Hol.* PV. I. 72. Auf nassen Wiesen niedriger und gebirgiger Gegenden. Im Adamover Walde bei Holič (*Krz.* PV. II. 1. 98), auf der Javořina im Com. Neutra (*Hol.* l. c.), bei Bries im Com. Sohl (*Kornh.* PV. I. 72 Note), bei Rákos nächst Pest und über dem Wolfsthal bei Ofen (*Sadl.* l. c.). Ob diesen Angaben durchaus richtige Bestimmungen zu Grunde liegen, möchte ich nicht verbürgen, vielleicht bezieht sich der eine oder der andere dieser Standorte auf G. imbricatus. Dagegen scheint mir G. imbricatus *Endl.* 154 (G. communis *Lumn.* 17) auf den Marchwiesen des Com. Presburg und auf Hügeln bei Stampfen dem Standorte nach eher zu G. palustris als zu G. imbricatus *L.* zu gehören. Was unter G. communis bei Fünfkirchen (*Nendtv.* 23), bei dem Felixbad nächst Grosswardein (*Steff.* ÖBZ. XIV. 174) und im östl. Com. Arad (*Kéry* 18 nebst G. imbricatus) gemeint sei, weiss ich nicht.

3. CROCUS L.

1. **C. vernus** *Wulf.* in *Jacq.* Aust. app. 1778 t. 36. Auf Berg- und Voralpenwiesen der Com. Trencsin (*Kikó* 18), Turóc (*Kit.* Arv.), Arva (*Szont.* ZBG. XIII. 1058), Liptau, Zips (*Wahlb.* 12), Sohl (*RK.* 56, *NS.* 10), Gömör (*Reuss* 413) und Sáros (*Hazsl.* Sár. 225); dann auf dem Bernsteiner Gebirge im Com. Eisenburg (*Rothe* PV. VI. 43). C. discolor *Reuss* 413 auf dem Kohut im Com. Gömör ist nach *Hazsl.* ÉM. 292 nur eine Var. des C. vernus.

2. **C. banaticus** *Heuff.* Flora 1835 I. 132. B. Heuffelii *Körn.* Flora 1856 II. 476. In Wäldern, Hainen, Gebüschen. Bei Szaldobágy (*Steff.* ÖBZ. XIV. 174) und dem Bischofsbade nächst Grosswardein (*Janka* ÖBZ. XIII.

114), auf der Biharia (*Kern.* DL. 140, 341), überall im Banat (*Heuff.* 170). C. vernus bei Sziget im Com. Marmaros und bei Kapnik im Distr. Kővár (*RK.* 25), dann auf den Rodnaer Alpen (*Baumg.* I. 60) gehören muthmasslich hieher.

3. C. reticulatus *Stev.* in *Web.* und *Mohr.* Beitr. I. 1805 p. 45. C. variegatus *Hoppe* Tageb. 1818 p. 187. In Wäldern des Com. Tolna (*Host* Aust. I. 43, *Maly* Hortul. Exs. 1863), auf sandigen Triften bei Pest (*Sadl.* 24), zwischen Gebüsch bei Székelyhid, Pecze Sz. Márton und Apáti im Com. Bihar (*Janka* ÖBZ. XI. 167, *Steff.* ÖBZ. XIV. 174), bei Slankamen in der Peterward. Milit. Gr. (*Panč.* Sirm.), an kalkigen Stellen im südl. Com. Krassó (*Heuff.* 170). Auf dem ungar. siebenbürg. Grenzgebirge (*Lang* Phys. 315)?

4. C. moesiacus *Ker.* C. aureus *Sibth.* C. luteus *Roch.* Reise 12, 47, nicht *Lam.* Auf dem Berge Strassuz bei Mehadia (*Heuff.* 170).

5. C. iridiflorus *Heuff.* Exs. C. nudiflorus *Kit.* in *Schult.* I. 101, nicht *Sm.* C. speciosus *Roch.* Ban. 5, nicht *MB.* In Berg- und Voralpenwäldern bis in die Alpenregion der Com. Bereg, Ugocs, Marmaros (*Sadl.* in *Host* Aust. I. 43, *Wagn.* ÖBW. I. 347, *Müll.* ZBG. XIII. 556), Bihar (*Schult.* l. c., *Janka* ÖBZ. XIII. 114, *Kern.* DL. 142) und des Banats (*Heuff.* 170). Bei Szalatnya (*Kit.* Add. 44), ob im Com. Hont, Sohl oder Neográd ist nicht ersichtlich, auch würde keiner dieser drei Standorte auf vorliegende Pflanze passen.

6. C. sativus *All.* Wird hin und wieder im Grossen gebaut, z. B. in den Com. Trencsin (*Reuss* 41), Temes (*Hornyánsky* Geogr. Lex. 373) und in Sirmien (*Panč.* Sirm.).

XVIII. AMARYLLIDEAE.

1. GALANTHUS L.

1. G. nivalis *L.* In Auen, Hainen, Bergwäldern.

2. LEUCOJUM L.

1. L. vernum *L.* Auf Wiesen, in Auen, Wäldern niedriger und gebirgiger Gegenden bis in die Voralpenregion. Bei Szölnök im Com. Eisenburg (*Clus.* Hist. 169), Dávod im Com. Somogy (*Kit.* Bar.), Fünfkirchen (*Maj.* 16), Ungvár, Terebes im Com. Ugocs (*Hazsl.* ÉM. 291), auf den Rodnaer Alpen, wenigstens auf der siebenbürg. Seite (*Janka* Linn. 1859 p. 608), auf der Biharia (*Kern.* DL. 124, 336, *Kit.* Add. 46), bei Mehadia und an der Donau in der Banat. Milit. Gr. (*Heuff.* 171) bis Belgrad aufwärts (*Panč.* ZBV. VI. 578).

2. L. aestivum *L.* Auf nassen Wiesen, in Sümpfen. Im Com. Trencsin (*Kikó* 18), bei Neutra (*Schill.* ÖBZ. XIII. 402, XIV. 25), im Marchthale bei Sassin (*Krz.* PV. III. 2. SB. 24) und Magyarfalva (*Matz*), in der Altau bei Presburg (*Endl.* 153), auf der Kleinen Schütt (*Wierzb.* Mos.), bei Ung. Altenburg (*Vuezl*), bei Koroncó im Com. Raab (*Ebenh.* PV. V. 67), bei Komorn (*Hillebr.* ÖBZ. VIII. 297), am linken Donau-Ufer im Com. Gran (*Feicht.* Ad. 269), überall im Com. Pest, besonders auf den Donau-Iuseln (*Sadl.* 148), auf der Murinsel (*Clus.* Hist. 170), bei Fünfkirchen (*Nendtv.* 25), Essek (*Kit.* Slav.), Futak im Com. Bacs (*Schnell.* PV. III. 1. 20), in Sirmien (*Rumy* 53), gemein im Banat (*Heuff.* 171), nach *Hazsl.* ÉM. 291 auch im südl. Theile seines Gebietes.

3. STERNBERGIA WK.

1. S. colchiciflora *WK.* Ic. II. t. 159. An grasigen Stellen niedriger Kalkberge. Von der Halbinsel Tihany am Plattensee (*Sigm.* 46) über Füred, Palota und Inota auf das Pilis-Vértes Gebirge (*Kit.* Add. 46, *Sadl.* 148, *Kern.* ZBV. VII. 262), dann bei Semlin (*Panč.* Exs.).

4. NARCISSUS L.

1. N. poëticus *L.* Vollkommen wild in Ungarn (*Schult.* I. 540), was unrichtig ist, da diese Art nur auf Wiesen, in Hainen, in Obst- und Weingärten verwildert vorkömmt, z. B. bei Ödenburg (*Szont.* ZBG. XIV. 475), Presburg (*Hol.* PV. I. 18), im Com. Arva (*Szont.* ZBG. XIII. 1058), bei Neu-Sohl (*NS.* 15), Grosswardein (*Steff.* ÖBZ. XIV. 174); im Banat nur in Ziergärten (*Heuff.* 171). N. poëticus auf dem Feketehegy bei Felsö-Bánya im Com. Szatmár (*RK.* 26) gehört vielleicht zu N. radiiflorus, da diese Art auch auf den benachbarten Rodnaer Voralpen in Siebenbürgen beobachtet wurde (*Janka* Linn. 1859 p. 608).

2. N. radiiflorus *Salisb.* Auf Wiesen und waldigen Hügeln im östl. Banat sehr häufig (*Heuff.* 171). Vergl. auch N. poëticus.

3. N. Pseudonarcissus *L.* Verwildert in Obst- und Weingärten, an kultivirten Orten, z. B. im Com. Arva (*Szont.* ZBG. XIII. 1058), bei Neu-Sohl (*NS.* 11), Presburg (*Richt.* PV. VII. 98), Ödenburg (*Szont.* ZBG. XIV. 475), auf Wiesen zwischen Fünfkirchen und Arpád (*Nendtv.* ZBG. XIII. 571), im östl. Com. Arad (*Kéry* 19).

N. bicolor *L.* Im Com. Trencsin (*Roch.* in *Kit.* Add. 46), offenbar nur zufällig verwildert. In *Roch.* MS. II. 44 kömmt hierüber nichts vor.

XIX. ORCHIDEAE.

1. MALAXIS Sw.

1. M. paludosa *Sw.* Im Hanság (*Wierzb.* Mos.), in Sümpfen der Karpaten in Ungarn ohne nähere Angabe (*Host* Aust. II. 547). Bei Eperjes (*Hazsl.* Sár. 225) scheint sie nicht vorzukommen, da diese Art in *Hazsl.* ÉM. 290 gar nicht aufgenommen ist.

2. M. monophyllos *Sw.* Auf Sumpfwiesen, bemoosten Felsen gebirgiger und subalpiner Gegenden. Im Com. Neutra ohne nähere Angabe, auf dem Löwenstein und der Babka der mähr. Grenzkarpaten im Com. Trencsin, auf den Beskiden wenigstens auf der schles. Seite, in der Folvarka bei Zazriva im Com. Arva, bei Poruba (nicht Pomka) im Com. Liptau (*Reichb.* Ic. XXIII. 164, *Vitk.* ZBG. XIII. 1059); ferner im Pilis-Gebirge bei St. Andrä

(*Sadl.* 424), bei Fünfkirchen (*Reichb.* l. c.), auf dem Domugled bei den Herculesbädern (*Heuff.* 169).

2. CORALLORRHIZA R. Br.

1. C. innata *R. Br.* In Berg- und Voralpenwäldern. Auf der Kotusa im Löwensteingebirge des Com. Trencsin, im Thal der Boca im Com. Liptau (*Roch.* MS. I. 64, II. 37), auf dem Choč (*Szont.* ZBG. XIII. 1059), am Fuss des Grossen Křivan (*Wahlb.* 290), im Leibitzer Walde und auf dem Goldberg bei Kesmark, im Kalkgrund der östl. Tatra (*Mauksch*), oberhalb Javořina in der nördl. Tatra (*Hauszkn.* ÖBZ. XIV. 214), auf dem Schlossberg von Murány im Com. Gömör (*Reuss* 411).

3. STURMIA Reichb.

1. S. Loeselii *Reichb.* Auf nassen Wiesen, Torfmooren, in Sümpfen. Bei Neusiedel am See (*Reich.* Exs.), im Thale Vratna bei Těrhova im Com. Trencsin (*Rowl.* PV. III. 1. SB. 23), am Flusse Szekcsó bei Eperjes (*Hazsl.* ÉM. 290), im Stadtwäldchen bei Pest (*Sadl.* 424).

4. ORCHIS L.

1. O. fusca *Jacq.* In Vorhölzern, auf buschigen Hügeln. Stellenweise in den Com. Presburg (*Heuff.* Flora 1831 I. 405, *Bolla* PV. I. 9), Neutra (*Krz.* PV. II. 1. 64), Trencsin (*Roch.* Pest. Mus.), Sohl (*NS.* 18), Liptau, Gömör, Borsod und Sáros (*Reuss* 402, *Hazsl.* Sár. 225, *Fábry* II. 7); ferner auf dem Leithagebirge (*N.*) und den Ödenburger Kalkbergen am Neusiedler See (*Szont.* ZBG. XIV. 475), im Donauthale bei Ung. Altenburg (*Vuczl*), Schwarzwald (*Wierzb.* Mos.) und Kisbarát im Com. Raab (*Ebenh.* PV. V. 66), im Eisenburger Com. (*Pol.* 14), von Keszthely am Plattensee (*Kit.* Bar.) durch den Bakonyer Wald auf das Pilis-Vértes Gebirge (*Kern.* ZBV. VI. 381, VII. 264), in der Ebene bei Vajta im Com. Stuhlweissenburg (*Hillebr.* ZBV. VII. 40), bei Csertö im Com. Somogy (*Kit.* Bar.) und Futak im Com. Bács (*Schnell.* PV. III. 1. 20), bei Fünfkirchen (*Nendtv.* 27), in Sirmien (*Rumy* 53), im östl. Banat (*Heuff.* 166).

2. O. militaris *L.* Auf Wiesen niedriger und gebirgiger Gegenden.

3. O. variegata *All.* Auf Wiesen, buschigen Hügeln. Auf der Kleinen Schütt (*Wierzb.* Mos.), auf der Insel Bruckau bei Presburg (*Endl.* 161), bei Skalic im Marchthale (*Hol.* PV. VII. 89), auf dem Szarkahegy bei Neutra (*Kn.* PV. VII. 182), bei Neu-Sohl (*N. S.* 14), Miskolc, Bistra im Com. Sáros? (*Reuss* 402); ferner bei Martinsberg im Com. Raab (*Ball.* Exs.), Keszthely am Plattensee (*Reichb.* Ic. XXIII. 25), Csókakö im Com. Stuhlweissenburg (*Hillebr.* ZBV. VII. 39), auf dem Pilis-Vértes Gebirge (*Kern.* ZBV. VII. 264), bei Fünfkirchen (*Nendtv.* 28), Čerević im Com. Sirmien (*Schnell.* PV. III. 1. 20), im östl. Banat (*Heuff.* 166).

4. O. Simia *Lam.* O. tephrosanthos *Vill.* Auf Hügeln bei Fünfkirchen (*Nendtv.* 28).

5. O. ustulata *L.* Auf Wiesen niedriger und gebirgiger Gegenden.

6. O. coriophora *L.* Auf nassen Wiesen niedriger und gebirgiger
Gegenden.

7. O. globosa *L.* O. pyramidalis *Genev.* 66, nicht *L.* Auf Berg-
und Voralpenwiesen durch die ganze nördl. Karpatenkette von der mährischen Grenze (*RM.* Mähr. 192, *Hol.* PV. I. 64) bis in die Marmaros (*Hazsl.*
ÉM. 289, *NS.* 16, *RK.* 56, *Herb.* Bucov. p. V, *Müll.* ZBG. XIII. 556), im
Banat nur auf der Alpe Baiku (*Heuff.* 166). In Sirmien (*Rumy* 53)?

8. O. Morio *L.* Auf Wiesen niedriger und gebirgiger Gegenden.

9. O. papilionacea *L.* O. rubra *Jacq.* Auf Wiesen des Domugled
(*Wierzb.* in *Reichb.* Ic. XXIII. 16) und auf dem Bergzuge an der Donau in
der östl. Banat. Milit. Gr. (*Heuff.* 166) bis auf den Allion bei Alt-Orsova
(*Köchel* Exs.). Bei Hadház im Com. Szabolcs (*Diosz.* in *Kit.* Add. 46)? Bei
Grosswardein (*Janka* ÖBW. IV. 188) kömmt sie nicht mehr vor (*Janka* in lit.).

10. O. pallens *L.* Auf Wiesen, in Vorhölzern, an buschigen Stellen
hügliger und gebirgiger Gegenden. Auf dem Thebner Kogel (*Endl.* 160),
bei Presburg (*Richt.* PV. VII. 99), Modern (*Reichb.* Ic. XXIII. 44), Wag-
Neustadtl im Com. Neutra (*Hol.* PV. III. 1. 64), Rovně im Com. Trencsin
(*Roch.* Pest. Mus.), am Fuss des Štoch und des Rozsudec, im Thale Kozinska
bei Zazriva im Com. Árva (*Vitk.* ZBG. XIII. 1058), zwischen Neu-Sohl, dem
Hermanec und Šturec an vielen Stellen (*NS.* 11); ferner auf dem Leithagebirge (*Wierzb.* Mos.), im Walde Bakony, auf dem Pilis-Vértes Gebirge
und dem Nagyszál bei Waizen (*Kern.* ZBV. VI. 381, VII. 263, ÖBW. VII.
392), in Sirmien (*Rumy* 53), auf dem Simion bei Oravica im Com. Krassó
(*Heuff.* 166).

11. O. mascula *L.* O. speciosa *Host.* Auf Berg- und Voralpenwiesen. Durch die ganze Kette der nordwestl. Karpaten (*Endl.* 160, *Krz.*
PV. II. 1. 97, *Roch.* MS. II. 45, *NS.* 12, *Hazsl.* ÉM. 290), auf dem Stol und
Galac der Rodnaer Alpen (*Baumg.* III. 160), auf dem Somlyó bei Grosswardein (*RK.* 84); ferner auf dem Pilis-Vértes Gebirge (*Kern.* ZBV. VII.
264), im Stadtwalde bei Fünfkirchen (*Nendtv.* ZBG. XIII. 571), bei Čerević
im Com. Sirmien (*Schnell.* PV. III. 1. 20), im östl. Com. Arad (*Kéry* 20), im
östl. Banat (*Heuff.* 166).

12. O. glaucophylla *Kern.* ÖBZ. XIV. 101. An steinigen Stellen
bei Visegrád im Pester Com. und bei Réz-Bánya im Biharer Com.

13. O. laxiflora *Lam.* O. palustris *Jacq.* O. elegans *Heuff.* Flora
1835 I. 250 nach *Reichb.* Ic. XXIII. 48. Auf nassen Wiesen und in Sümpfen
niedriger Gegenden. Im Marchthal bei Neudorf (*Hol.* PV. I. 18) und Holič
(*Krz.* PV. II. 1. 97), bei Ratzersdorf nächst Presburg (*Endl.* 160), bei Mičina
im Com. Sohl (*NS.* 17), im Wagthal bei Hradek und Poruba im Com. Liptau
(*Roch.* MS. I. 50, 97), dann nach *Hazsl.* ÉM. 289 im südl. Theile seines Gebietes; häufig im Com. Wieselburg besonders am Neusiedler See und im
Hanság (*Wierzb.* Mos.), bei Csanák (*Widersp.* Exs.) und Koroncó im Com.
Raab (*Ebenh.* PV. V. 66), bei Keszthely am Plattensee (*Kit.* Bar.), Simon-
tornya im Com. Tolna (*Beszéd.* Pest. Mus.), Fünfkirchen (*Nendtv.* 27), in
Sirmien (*Rumy* 53), auf den Ebenen der Com. Stuhlweissenburg (*Kit.* Slav.,
Hillebr. ZBV. VII. 41) und Pest (*Sadl.* 417) bis an die Theiss (*Reichb.* l. c.),
zwischen Gyula und Varsánd im Com. Békés (*RK.* 84), im Banat (*Heuff.* 166).

14. O. sambucina *L.* O. incarnata *Willd.* und der ält. Aut., nicht *L.* O. pallens *Nendtv.* 28 nach *Kern.* ZBG. XIII. 565, nicht *L.* Auf Berg- und Voralpenwiesen. Durch die ganze Kette der nordwestl. Karpaten vom Gemsenberg bei Presburg (*Endl.* 161) bis Kaschau (*Kn.* ÖBZ. XIV. 114 und PV. VII. 183, *Kell.* ÖBZ. XIV. 284, *NS.* 11, *Hazsl.* ÉM. 288, *Pawl.* PV. I. 26); ferner bei der Teichmühle nächst Ödenburg (*Szont.* ZBG. XIV. 475), auf dem Pilis-Vértes Gebirge (*Kern.* ZBV. VII. 264), bei Fünfkirchen (*Nendtv.* l. c.), im östl. Banat (*Heuff.* 167).

15. O. latifolia *L.* Aendert ab:

α. **majalis** (O. majalis *Reichb.*). Auf nassen Wiesen, in Sümpfen niedriger und gebirgiger Gegenden.

β. **incarnata** (O. incarnata *L.* und der neuern Aut. O. angustifolia *Wimm.* et *Grab.*). Auf Sumpfwiesen niedriger und gebirgiger Gegenden. Bisher zwar nur auf dem Temetvény- und Inovec-Gebirge im Com. Neutra (*Kell.* ÖBZ. XIV. 284) und bei der Teichmühle nächst Ödenburg (*Szont.* ZBG. XIV. 476), aber sicher noch an vielen Orten und nur übersehen oder mit der Var. α oder β zusammengefasst.

γ. **Traunsteineri** (O. Traunsteineri *Saut.* O. angustifolia *Reichb.* Ic. IX. f. 1140, nicht *Lois.*). Bei Kaltenbrunn nächst Presburg (*Richt.* PV. VII. 99), am Bache Rákos bei Pest (*Bayer* ÖBZ. XIII. 46), häufig in Voralpenwäldern der Fatra, auch auf der Tatra (*Reuss* 405). Eine sehr seltene Pflanze nasser Torfmoore, die meisten Standorte dürften sich daher auf die Var. β. beziehen.

δ. **subsambucina** *Reichb.* fil. Ic. XXIII. 60 (O. cruenta *Roch.* Ban. p. 31 t. 1, nicht *Retz.* O. cordigera *Fries*). Auf Hochmooren und an Bächen der Banater Alpen (*Heuff.* 167).

16. O. maculata *L.* O. comosa *Schm.* O. tetragona *Kit.* Hydr. II. 320, *Heuff.* Flora 1833 I. 363. Auf Wiesen und in Wäldern besonders gebirgiger Gegenden. O. saccifera *Brogn.* oder O. laucibracteata *C. Koch* Linn. 1849 p. 284 in höhern Bergwäldern des Banats (*Heuff.* 167) ist nach *Reichb.* Ic. XXIII. 67—8 nur Var. der O. maculata.

5. ANACAMPTIS Rich.

1. A. pyramidalis *Rich.* Auf Berg- und Waldwiesen, an Weingartenrändern. Bei Karlsdorf und Theben nächst Presburg (*Bolla* PV. I. 8), auf dem Nedzo bei Wag-Neustadtl im Com. Neutra (*Hol.* PV. III. 1. 64), bei Hadház im Com. Szabolcs (*Kit.* Add. p. 46 n. 189); ferner auf dem Leithagebirge, an der Raab (*Wierzb.* Mos.), auf dem Pilis-Vértes Gebirge (*Kern.* ZBV. VII. 263), auf dem Somlyó im Com. Veszprim, bei Gálosfa im Com. Somogy, Budanice im Com. Verovitic (*Kit.* Bar. et Slav.), Fünfkirchen (*Nendtv.* 28), im östl. Banat (*Heuff.* 167). Zwischen den Bächen Rákos und Fót bei Pest (*RK.* 56)?

6. GYMNADENIA R. Br.

1. G. conopsea *R. Br.* Auf Wiesen, buschigen Hügeln bis in die Voralpenregion.

2. G. odoratissima *Rich.* Auf Wiesen und an felsigen buschigen Stellen niedriger und gebirgiger Gegenden bis in die Voralpenregion. Auf den höheren Karpaten der Com. Arva, Liptau und Zips, besonders auf Kalk stellenweise (*Hazsl.* ÉM. 288, *Stur* ÖBZ. IX. 24, *Krz.* ÖBZ. X. 160, *Wahlb.* 288, *Üchtr.* ÖBW. VII. 354), dann auf der Simonka im Com. Sáros (*Hazsl.* Sár. 225) und auf sonnigen Abhängen bei Kaschau (*Pawl.* PV. I. 26); häufig auf den Ebenen des Pester Com. (*Sadl.* ed. I. 2. 302, ed. II. 418), bei Fünfkirchen (*Nendtv.* 27), bei Čerević im Com. Sirmien (*Schnell.* PV. II. 1. 20), auf höheren Kalkbergen des Banats (*Heuff.* 167).

3. G. albida *Rich.* Auf Triften der Alpen und Voralpen. Auf den mähr. Grenzkarpaten gegen das Com. Trencsin (*RM.* Mähr. 194), auf der Babia Góra (*Kolb.* ZBG. XII. 1192), dem Rozsudec, Štoch (*Vitk.* ZBG. XIII. 1059), Choč (*Roch.* MS. I. 169), Dumbier, den Vorlagen der Central-Karpaten vom Rohač bis auf den Goldberg bei Kesmark (*Wahlb.* 289, *Szont.* ÖBZ, XII. 289), auf der Bersava im Com. Bereg (*RK.* 11), der Dscameanie der Rodnaer Alpen (*Baumg.* III. 168), den höheren Bergen des Banats (*Heuff.* 167).

4. G. Frivaldszkyana *Hampe.* G. Frivaldii *Hampe.* Im Alpenthale Gropa Bistri am Sarko im Banat (*Heuff.* 167).

7. NIGRITELLA Rich.

1. N. angustifolia *Rich.* Satyrium nigrum *L.* Bisher nur auf dem Šturec der Liptau-Sohler Alpen (*RK.* 56). Auf dem Temetvény- und Inovec-Gebirge im nördl. Com. Neutra (*Kell.* ÖBZ. XIV. 284)?

8. HIMANTOGLOSSUM Spr.

1. H. hircinum *Spr.* Auf steinigen buschigen Hügeln, besonders in der Nähe von Weingärten. Bei St. Georgen im Com. Presburg, auf dem Winterberg bei Skalic (*Hol.* PV. VII. 89), auf dem Zobor (*Reichb.* Ic. XXIII. 6), Urbanko und Marienberg bei Neutra (*Kn.* PV. VII. 183), dann bei Rakovic im Com. Neutra (*Roch.* Pest. Mus.), bei Erlau (*Reichb.* l. c.); ferner auf dem Leithagebirge (*N.*), in den Donau-Auen des Com. Wieselburg (*Wierzb.* Mos.), auf dem Pilis-Vértes Gebirge (*Kern.* ZBV. VII. 261), bei Fünfkirchen (*Nendtv.* 27), in Sirmien (*Rumy* 53), im östlichen Banat (*Heuff.* 168).

Aceras anthropophora *R. Br.* Auf nassen Waldwiesen in Ungarn (*Kit.* in *Schult.* I. 56), namentlich bei Erdőd im Com. Szatmár (*Kit.* Add. 46)? Kömmt nach *Sadl.* Kosb. 300 im Gebiete der ungarischen Flora nur in Dalmatien vor.

9. PLATANTHERA Rich.

1. P. bifolia *Reichb.* Auf Wiesen und in Wäldern gebirgiger und subalpiner Gegenden. P. chlorantha *Cust.* (P. bifolia *Rich.*) wird zwar in keiner ungar. Special-Flora aufgeführt, allein unbezweifelt kömmt sie im Gebiete vor und scheint unter dem allgemeinen Namen P. bifolia mitbegriffen zu sein.

10. COELOGLOSSUM Hartm.

1. C. viride *Hartm.* Auf Berg- und Voralpenwiesen.

11. HERMINIUM R. Br.

1. H. Monorchis *R. Br.* Auf Wiesen, an Waldrändern, buschigen Stellen niedriger und gebirgiger Gegenden bis in die Voralpenregion. Auf dem Leithagebirge, im Hanság, in den Auen der Raab (*Wierzb.* Mos.), dann auf dem Inovec (*Kn.* ÖBZ. XIV. 346), der Babka im Löwenstein-gebirge (*Roch.* MS. II. 45) und bei Těrhova im Com. Trencsin, am Fuss der Rovnahora bei Zazriva und im Thale von Parnica im Com. Arva (*Vitk.* ZBG. XIII. 1059), auf der Olmiště der Liptau-Sohler Alpen (*Roch.* MS. I. 177), bei Eperjes (*Hazsl.* Sár. 225), bei Kaschau (*Pawl.* PV. I. 26), auf dem Ruska-Berg im Banat (*Heuff.* 168).

12. CHAMAEORCHIS Rich.

1. Ch. alpina *Rich.* Im Krummholz auf der Leiten (*Mauksch*) und dem Durlsberg der östl. Tatra (*Wahlb.* 289), auf den Arader Karpaten (*Kéry* 20).

Seraplas Lingua *L.* In Ungarn (*WK.* Ic. I. p. XXX, *Kit.* in *Schult.* I. 57)? Kömmt nach *Sadl.* Kosb. 300 im Gebiete der ungarischen Flora nur in Dalmatien vor.

13. OPHRYS L.

1. O. myodes *Jacq.* Auf feuchten Wiesen bei Teplic in der Zips (*Hazsl.* ÉM. 287), in Nadelwäldern bei Zeherje im Com. Gömör (*Fábry* II 7), auf der Radova bei Kaschau (*Pawl.* PV. I. 26), bei Ödenburg (*Szont.* ZBG. XIV. 476), Fünfkirchen (*Maj.* 3).

2. O. aranifera *Huds.* O. arachnites *Sadl.* Pest. ed. I. 2. 303. An sumpfigen Stellen bei Szigliget am Plattensee (*Sigm.* 47), auf dem Pilis-Vértes Gebirge (*Kern.* ZBV. VII. 264), auf sandigen Wiesen der Pester Ebene (*Sadl.* 420), bei Constantinova (Constantia bei Hatzfeld im Com. Torontál?) und bei Dubovac der serbisch-banat. Milit. Gr. (*Reichb.* Ic. XXIII. 90).

3. O. arachnites *Murr.* Auf Wiesen, an buschigen Stellen. Auf dem Temetvény-Gebirge im Com. Neutra (*Roch.* MS. II. 45), bei Loretto am Leithagebirge (*Stur* 117), Gols am Neusiedler See (*Heuff.* Flora 1831 I. 407), Keszthely am Plattensee (*Kit.* Bar.), Pest (*Reichb.* Ic. XXIII. 87), Fünf-kirchen (*Nendtv.* 27), in Sirmien (*Rumy* 53), in der deutsch- und serbisch-banat. Milit. Gr. (*Heuff.* 168). Bei Okay (*Roch.* in *Reichb.* l. c.)? wahrschein-lich Okau am Neusiedler See oder Tokay? Bei Bartfeld im Com. Sáros (*Reuss* 407)?

4. O. apifera *Huds.* Bei Presburg (*Sadl.* Kosb. 300).

Ohne Zweifel kommen obige 4 Ophrys-Arten in Ungarn häufiger vor, als hier angegeben ist, man scheint sie nur bisher oft übersehen zu haben.

5. O. cornuta *Stev.* O. bicornis *Sadl.* in *Nendtv.* Diss. 27 et 35 t. 1 nach *Reichb.* Ic. XXIII. 99. Auf dem Mecsek bei Fünfkirchen (*Nendtv.* l. c.), bei Veszprim (*Sadl.* Kosb. 300), Oravica im Com. Krassó (*Wierzb.* in *Reichb.* Ic. l. c. 101).

O. tenthredinifera *Willd.* In Sirmien (*Rumy* 53). Sicher unrichtig. Eine Pflanze der Mittelmeerflora, welche nicht einmal in Dalmatien vorkömmt, fehlt auch in *Sadl.* Kosb.

14. EPIPOGUM Gmel.

1. E. aphyllum *Sw.* In Berg- und Voralpenwäldern. Auf dem Roz-sudec (*Brancs.* ÖBZ. XII. 324, 326), Choč, bei Parnica im Com. Arva (*Hazsl.* ZBV. III. 145), auf dem Rohač (*Szont.* ÖBZ. XII. 291), dem Grossen Křivan (*Hacq.* IV. 175), den Vorlagen der Tatra in der Zips (*Hazsl.* ÉM. 286), dem Kohut im Com. Gömör (*Reuss* 408), dem Bagyes im Com. Krassó (*Heuff.* 168).

15. LISTERA R. Br.

1. L. ovata *R. Br.* Auf Wiesen, in Wäldern niedriger und gebir-giger Gegenden bis in die Voralpenregion.

2. L. cordata *R. Br.* In moosigen Berg- und Voralpenwäldern selten. Auf der Babia Góra, am Fuss des Rohač und des Grossen Křivan, oberhalb des Kesmarker Kosár (*Hazsl.* ZBV. III 145, *Roch.* MS. I. 250), im Thal des Grossen Fischsees (*Üchtr.* ÖBW. VII. 352), auf den Liptau-Sohler Alpen (*Hazsl.* ÉM. 285). Häufiger auf den nördl. Abfällen der Lip-tauer Central-Karpaten in Galizien (*Üchtr.* l. c. 343, 344, 352).

16. NEOTTIA L.

1. N. vulgaris *Kolb.* ZBG. XII. 1198. N. Nidus avis *Rich.*, der Gattungs- und Arten-Name drücken dasselbe aus, nämlich ein Vogelnest, deshalb die Namensänderung. In Bergwäldern.

17. EPIPACTIS Rich.

1. E. latifolia *All.* E. atrorubens *Schult.* E. viridiflora *Hoffm.* E. purpurata *Sm.* In Auen, Vorhölzern, Bergwäldern.

2. E. microphylla *Ehrh.* In Bergwäldern. Auf der Vysoka im Com. Presburg (*Heuff.* Flora 1831 I. 405), auf den Ofner Bergen (*Sadl.* 422), bei Waizen (*Reichb.* Ic. XXIII. 143), Fünfkirchen (*Nendtv.* ZBG. XIII. 567), in Slavonien (*WK.* Ic. III. 300), bei Oravica im Com. Krassó und bei den Herculesbädern (*Heuff.* 169).

3. E. palustris *Cr.* In Sümpfen, auf nassen Wiesen niedriger und gebirgiger Gegenden. Bei Csáry im Marchthal, bei Tirnau, am Fuss der Javořina im Com. Neutra (*Krz.* PV. II. 1. 98, *Hol.* PV. I. 71), im Com. Trencsin (*Kikó* 18, *Roch.* MS. II. 38), bei Zazriva (*Virk.* ZBG. XIII. 1059) und auf der Bory im Com. Arva (*Hazsl.* ÉM. 286), bei den Bädern von Lučky (*Roch.* MS. I. 156), am Fuss des Grossen Křivan (*Szont.* ÖBZ. XIV. 279), bei Wallendorf in der Zips und bei Lipóc im Com. Sáros (*Hazsl.* l. c.); ferner am Neusiedler See (*N.*), in den Donau-Auen bei Presburg (*Endl.* 165) und Wieselburg (*Wierzb.* Mos.), bei Koroncó im Com. Raab (*Ebenh.* PV. V. 66), Gyepes im Com. Veszprim (*RK.* 4), auf den Ebenen des Pester Com. (*Sadl.* 422), bei Fünfkirchen (*Nendtv.* ZBG. XIII. 567), an der Drau im Com. Baranya (*Kit.* Slav.), bei Futak im Com. Bács (*Schnell.* PV. III. 1. 83), überall im Banat (*Heuff.* 169).

18. SPIRANTHES Rich.

1. S. aestivalis *Rich.* Auf Wiesen im Wolfswalde zwischen Grosswardein und dem Bischofsbade (*Haslg.* ÖBZ. XIII. 114).

2. S. autumnalis *Rich.* Auf Wiesen, Hügeln, sandigen Triften. Auf den Beskiden wenigstens auf der schlesisch. Seite (*Wimm.* 153), bei St. Georgen im Com. Presburg (*Bolla* PV. I. 9), bei Wolfs am Neusiedler See (*Szont.* ZBG. XIV. 476), bei Gödöllő im Com. Pest und gegen die Theiss zu (*Sadl.* 423), bei Jánosi im Com. Baranya (*Nendtv.* ZBG. XIII. 571), in Sirmien (*Rumy* 53), im Banat (*Heuff.* 169).

19. GOODYERA R. Br.

1. G. repens *R. Br.* In moosigen Berg- und Voralpenwäldern. Auf dem Rozsudec (*Brancs.* ÖBZ. XII. 323), am Grossen Křivan, auf der Hradska Hora an der Wag, zwischen Hradek und Sz. Iván und auf der Smrkovica bei Malužina im Com. Liptau (*Wah'b.* 290, *RK.* 57), auf der östl. Tatra (*Mauksch*), im Langenwalde bei Kesmark (*Aschers.* Brandenb. Ver. VI. 156). Auf den Rodnaer Alpen bisher nur in Siebenbürgen (*Baumg.* III. 171). Im Banat (*Sadl.* Kosh. 301)? fehlt bei *Heuffel.*

20. LIMODORUM Tourn.

1. L. abortivum *Sw.* An Waldrändern, buschigen Stellen hügliger und gebirgiger Gegenden. Hinter dem Gemsenberg (*Endl.* 163), bei Ottenthal und auf dem Wetterling im Com. Presburg (*Krz.* PV. III. 2. SB. 23), auf dem Zobor bei Neutra (*Kn.* PV. VII. 183), im Com. Trencsin (*Kikó* 19), auf der Hegyallja (*Reuss* 409); ferner auf dem Leithagebirge (*Mayrh.* Orch. 41), bei Parndorf im Com. Wieselburg (*Wierzb.* Mos., in *Reichb.* Ic. XXIII. 139 irrig Bohneudorf), auf dem Badacson und bei Szigliget am Plattensee (*Sigm.* 46), bei Város-Lőd im Bakonyer Walde (*Kit.* Bar.), auf dem Nagyszál bei Waizen (*RK.* 57), bei Fünfkirchen (*Nendtv.* ZBG. XIII. 571), Cerević im Com. Sirmien (*Schnell.* PV. IV. 83), bei den Herculesbädern (*Heuff.* 168). Aus den Umgebungen von Ofen ist es verschwunden (*Dorn.* Pest. 5).

21. CEPHALANTHERA Rich.

1. C. pallens *Rich.* In Hainen, Bergwäldern.

2. C. ensifolia *Rich.* In Bergwäldern, an buschigen Stellen.

3. C. rubra *Rich.* In Berg- und Voralpenwäldern.

22. CYPRIPEDIUM L.

1. C. Calceolus *L.* Auf buschigen Hügeln, an waldigen Orten gebirgiger Gegenden.

XX. NAJADEAE.

1. NAJAS L.

1. N. major *Roth.* N. marina var. α *L.* In stehenden und langsam fliessenden Wassern. In der March bei Magyarfalva im Com. Presburg (*Matz*), im Com. Trencsin (*Kikó* 19), in den Sümpfen der Theiss (*Sadl.* 436), in der Pece bei Grosswardein (*RK.* 84); ferner bei Szigliget am Plattensee (*Sigm.* 47), im Bossut bei Vinkovce der Broder Milit. Gr. (*Kan.* Exs.), bei Lugos im Com. Krassó (*Heuff.* 165).

2. N. minor *All.* N. marina *Lumn.* 440. In stehenden und langsam fliessenden Wassern. In der March bei Magyarfalva (*Matz*), auf der Insel Pötschen (*Endl.* 97) und auf dem Schur bei St. Georgen im Com. Presburg (*Kornh.* PV. III. 2. 33), in den Sümpfen der Theiss (*Sadl.* 436), in den Morästen der südl. Com. Zemplin und Ung (*Hazsl.* ÉM. 283), in der Pece bei Grosswardein (*RK.* 84); ferner bei Szigliget am Plattensee (*Sigm.* 47), bei Futak im Com. Bács (*Schnell.* PV. IV. 83), im Bossut bei Vinkovce der Broder Milit. Gr. (*Kan.* Exs.), bei Semlin (*Panč.* Sirm.), bei Lugos im Com. Krassó (*Heuff.* 165).

2. ZANICHELLIA L.

1. Z. palustris *L.* In stehenden und fliessenden Wassern niedriger und gebirgiger Gegenden.

3. POTAMOGETON L.

1. P. natans *L.* In stehenden und fliessenden Wassern niedriger und gebirgiger Gegenden bis an den Fuss der Central-Karpaten. Die Var. P. fluitans *Roth* bei Lublau in der Zips (*Hazsl.* ÉM. 284).

2. P. rufescens *Schrad.* Im Grossen Fischsee der nördl. Tatra (*Herb*, ZBG. XI 50).

3. P. coloratus *Horn.* Im Bache Rákos bei Pest (*Kern.* Exs.).

4. P. gramineus *L.* P. heterophyllus *Schreb.* P. lucens *Geners.* 12, nicht *L.* In stehenden und langsam fliessenden Wassern. In der Wag bei Szered im Com. Presburg, in Sümpfen bei Neutra (*Kn.* PV. VII. 182), im Bache Bobrovec oberhalb Usté im Com. Arva (*Vitk.* ZBG. XIII. 1060), spärlich im Gebiete der Central-Karpaten (*Wahlb.* 46), häufig dagegen auf den Ebenen des Pester Com. (*Sadl.* 75) und des Banats (*Heuff.* 164). Im Com. Sáros (*Hazsl.* Sár. 224)? denn in *Hazsl.* ÉM. 284 wird sich nur auf *Wahlenberg* berufen, dessen Gebiet das Com. Sáros nicht begreift.

5. P. lucens *L.* In stehenden und fliessenden Wassern. Auf den Donau-Inseln bei Presburg (*Endl.* 98), bei Tirnau (*Horv.* 21), zwischen Neutra und Emöke (*Kn.* PV. VII. 182), im Völkwassser in der nördl. Zips (*Mauksch*); ferner im Com. Wieselburg (*Wierzb.* Mos.), im Marcal-Fluss im Com. Raab (*Ebenh.* PV. V. 66), im Com. Pest (*Sadl.* 76), bei Futak im Com. Bács (*Schnell.* PV. III. 1. 20), im Banat (*Heuff.* 164) und wohl noch an vielen Orten des Tieflandes.

6. P. perfoliatus *L.* In stehenden und fliessenden Wassern bei Presburg (*Endl.* 98), Ung. Altenburg (*Vuezl*), im Plattensee (*Haberl.* ÖBW. XI. 19, *RK.* 4), bei Futak im Com. Bács (*Schnell.* III. 1. 20). Scheint im nördl. und östl. Ungarn zu fehlen.

7. P. crispus *L.* In stehenden und fliessenden Wassern niedriger und gebirgiger Gegenden.

8. P. acutifolius *Link.* In den Marchsümpfen bei Magyarfalva im Com. Presburg (*Matz*), in Lachen des Pötschner Donau-Armes bei Presburg (*Richt.* PV. VII. 97), in stehenden und fliessenden Wassern des Banats (*Heuff.* 164). P. zosteraefolius *Schum.* In Ungarn (*Maly* 72), wahrscheinlich nach *Sadl.* Pest. ed. I. 1. 131 Note. Ob unter P. compressus *Hazsl.* ÉM. 284 in den nördl. Karpaten P. zosteraefolius oder P. acutifolius *Link* gemeint sei, vermag ich nicht zu entscheiden, da die Diagnose, nur im Gegensatze zu P. pusillus *L.* gehalten, auf beide obige Arten passt und der Name P. compressus von den Autoren sehr verschiedenartig angewendet wird. Soviel ist gewiss, dass P. zosteraefolius (wenigstens unter diesem Namen) in keiner ungar. Specialflora vorkömmt.

9. P. obtusifolius *MK.* In stehenden Wassern des Banats (*Heuff.* 164).

10. P. pusillus *L.* Reichb. Ic. XVII. f. 38 die gewöhnliche, f. 39 die feinste Form, P. Berchtoldi *Fieb.*, *Reichb.* l. c. f. 37 eine mittelgrosse Form. P. compressus der meisten besonders ältern Aut., auch *Reichb.* l. c. f. 42, eine grosse üppige Form. In stehenden und fliessenden Wassern niedriger und gebirgiger Gegenden.

11. P. trichoides *Cham.* In stehenden Wassern bei Pest (*Reichb.* Ic. XVII. 13).

12. P. Grisebachii *Heuff.* Ban. 164. Iu Bergbächen bei Rumunyest im nördl. Com. Krassó.

13. P. pectinatus *L.* In stehenden und fliessenden Wassern niedriger und gebirgiger Gegenden. P. marinus *RK.* 4 (P. interruptus *Kit.* in *Schult.* 1. 328) im Plattensee und in Salzlachen des Com. Szabolcs ist nach *Reichb.* Ic. XVII. p. 12 f. 31 nur eine grosse üppige Form des P. pectinatus. P. marinus im Plattensee (*Haberl.* ÖBZ. XI. 19) und P. interruptus in Lachen bei Apetlan am Neusiedler See (*Wierzb.* Mos.) gehören wohl ohne Zweifel hierher.

14. P. densus *L.* In stehenden und fliessenden Wassern. Bisher nur auf der Insel Pötschen bei Presburg (*Endl.* 98) und bei Altofen (*Sadl.* 76). Die ungar. Autoren scheinen den Potamogeton-Arten bisher nur eine geringe Aufmerksamkeit geschenkt zu haben, da sie so wenige Fundorte anzuführen wissen, während Ungarn bei seinem Wasserreichthume deren doch sehr viele besitzen muss.

4. LEMNA L.

1. L. trisulca *L.* In stehenden Wassern.

2. L. gibba *L.* Ebenso.

3. L. minor *L.* Ebenso.

4. L. polyrrhiza L. L. banatica *WK.* in *Kunth*. En. III. 7. Ebenso. L. orbicularis *Kit.* in *Schult.* I. 64 im Com. Bács (*Lang* in *Reichb.* Ic. XVII. 9) und an der Drau (*RK.* 71) ist als Art hiervon nicht verschieden.

XXI. AROIDEAE.

1. ARUM L.

1. A. maculatum L. In Hainen, Wäldern niedriger und gebirgiger Gegenden.

2. A. orientale *MB.* In Wäldern bei Székelyhid im Com. Bihar (*Janka* ÖBZ. XIII. 114), in der Fasanerie bei Grosswardein (*Steff.* ÖBZ. XIV. 174). Von der vorigen wenig verschieden.

2. CALLA L.

1. C. palustris L. Mit Sicherheit nur auf den Torfmooren der Hochebene Bory und an deren Rändern bei Turdošin, Bobro und Jablonka im Com. Arva (*Szont.* ZBG. XIII. 1060). Am Sajo bei Miskolc nur einmal (*Reuss* 401). Bei Fünfkirchen (*Maj.* 17), gewiss nicht. Bei Varsány nächst Aszód im Com. Pest, wo sie nach *Sadl.* Pest. ed. I. 1. 276 und *Reuss* l. c. vorgekommen sein soll, muss sie wieder verschwunden sein, da sie *Sadler* in der II. Ausgabe ganz übergeht.

3. ACORUS L.

1. A. Calamus L. An Ufern, in Sümpfen niedriger und gebirgiger Gegenden; fremden Ursprungs, aber längst eingebürgert. Auf der Insel Pötschen und bei Thomasbrunn nächst Presburg (*Endl.* 143), bei Magyarfalva (*Matz*) und Kutti im Marchthale, bei Bobrovce (Bori) im Com. Neutra (*Krz.* PV. II. I. 97 und V. p. LXXXVII), an der Wag (*Reuss* 401), bei Párkány im Com. Gran (*Feicht.* Ad. 270), in den Thälern der Com. Arva (*Vitk.* ZBG. XIII. 1060) und Zips (*Geners.* 24), an der Rima im Com. Gömör (*Fábry* II. 7), am Hernád im Com. Abauj (*Paul.* PV. I. 27), auf der Niederung zwischen der Zagyva und Theiss (*Sadl.* 159), im Bodrogköz im Com. Zemplin (*Hazsl.* EM. 282), im Schlossgraben von Munkács (*Kit.* Ber.); ferner an der Leitha (*N.*), am Neusiedler See, im Hanság (*Wierzb.* Mos.), längs der Drau, besonders zwischen Babocsa und Essek (*Kit.* Bar.), bei Fünfkirchen (*Nendtv.* 16), Našice im Com. Verovitic (*Kit.* Slav.), in Sirmien (*Rumy* 52), im östl. Com. Arad (*Kéry* 17), im Banat (*Heuff.* 165).

XXII. TYPHACEAE.

1. TYPHA L.

1. T. latifolia L. An Ufern, in Sümpfen, Teichen niedriger und gebirgiger Gegenden.

2. T. angustifolia *L.* Ebenso, aber seltener.

3. T. minima *Hoppe.* Bisher nur am Karlburger Donau-Arm im Com. Wieselburg (*Schnell.* PV. I. 8). Im Banat (*Roch.* Reise 85)? fehlt bei *Heuffel.*

2. SPARGANIUM L.

1. S. simplex *Huds.* In stehenden und fliessenden Wassern.

2. S. ramosum *Huds.* Ebenso.

3. S. natans *L.* In stehenden und fliessenden Wassern. Im Hanság (*Wierzb.* Mos.), in einem Teiche bei Hausbrunn im Com. Presburg (*Bolla* PV. I. 8), im Sumpfe Borek bei Zazriva (*Vitk.* ZBG. XIII. 1060) und auf der Bory im Com. Arva (*Hazsl.* ZBV. III. 144), im untersten See bei Stola im Poprad-Thale (*Hazsl.* ÉM. 281) und in Torfsümpfen bei Neu-Walddorf in der Zips (*Hazsl.* PV. III. 1. SB. 8), im Bache Rákos bei Pest (*Sadl.* 452), in den Drausümpfen bei Kopács im Com. Baranya (*Kit.* Slav.). Im Banat (*Roch.* Reise 82)? fehlt bei *Heuffel.*

III. ACRAMPHIBRYA.

I. GYMNOSPERMAE.

XXIII. CONIFERAE.

1. JUNIPERUS L.

1. J. communis *L.* Aendert ab:

α. **montana.** Auf Hügeln, Triften, offenen Waldstellen bis in die untere Alpenregion, wo sie in die Var. β. übergeht (*Roch.* Misc. 60, *Hazsl.* ZBV. III. 143). Das einzige Nadelholz im ungar. Tieflande (*Kern.* DL. 38).

β. **alpina** (J. nana *Willd.*). An felsigen Stellen der Alpen, besonders in der Krummholzregion. Auf dem Pilsko und der Babia Góra der Beskiden (*Hazsl.* l. c.), überall auf den Central-Karpaten (*Wahlb.* 322), auf der Miskova der Liptau-Sohler Alpen (*Roch.* MS. I. 64), bei Bartfeld im Com. Sáros (*Hazsl.* Sár. 225), auf dem Pikuj im Com. Bereg (*Hück.* ZBG. XV. 55), auf allen höhern Kuppen der Marmaros (*Müll.* ZBG. XIII. 356), auf der Biharia (*Kern.* DL. 138), auf den Banat. Alpen (*Heuff.* 162).

2. J. Sabina *L.* Wirklich wild nur auf Felsen des Domugled bei Mehadia (*Heuff.* 162), dann auf Kalkfelsen der Pieuninen bei Króscyenko und Szczawnice in Galizien hart an der Zipser Grenze (*Herb.* ZBG. X. 611). In Bauerngärten häufig kultivirt. Der in *Hazsl.* ÉM. 281 auf *Rochel's* Autorität angeführte Standort Klasterska Chworka existirt nicht, denn Klasterska Chworka ist die slovakische Benennung der J. Sabina (*Roch.* Misc. 98).

2. PINUS L.

1. P. silvestris *L.* In Bergwäldern, steigt jedoch nicht über 4000′, dann auf Hügeln und Thalebenen. In der Marchniederung zwischen Lozorn und Senic bildet sie einen 5 Meilen langen Waldbestand. Auf den Central-

Karpaten, im Bakonyer Walde, in Slavonien, im Banat und im ganzen Tieflande fehlt sie dagegen (*Wahlb.* 310, *Kern.* ZBV. VI. 381 und DL. 38—9,
Heuff. 162—3), auf dem Pilis-Vértes Gebirge (*Kern.* ZBV. VII. 274) und an
vielen andern Orten kömmt sie nur cultivirt vor.

2. P. Laricio *Poir.* P. Pinaster *Roch.* Ban. p. 79 t. 39, nicht *Ait.*
P. nigricans *Host.* Auf felsigen Bergen bei den Herculesbädern und um
Svinica an der Donau in der serbisch-banat. Milit. Gr. (*Heuff.* 163). Cultivirt
um Presburg (*Kornh.* Progr. 9) und auf dem Pilis-Vértes Gebirge (*Kern.*
ZBV. VII. 274).

3. P. Mughus *Scop.* P. Pumilio *Hänke.* Auf allen Alpen, welche
sich über die Tannenregion erheben, und dieselben mit einem breiten Gürtel
umgebend, steigt bis 6000′, geht aber auch bis 3000′ herab. Auf den höhern
Kuppen der Beskiden, den Hochmooren der Bory, dem Klein-Křivan Ge-
birge, durch die ganze Kette der Central-Karpaten, auf den Liptau-Sohler
Alpen, dem Branisko und der Prehiba im Com. Sáros, auf allen Alpen der
Marmaros (*WK.* Ic. II. 160, *Wahlb.* 311, *Kub.* 199, *Hazsl.* ZBV. III. 143,
ÉM. 279, *Herb.* ZBG. X. 360), dann auf der Biharia (*Kern.* DL. 137), im
Banat schon selten, weil an vielen Orten ausgerottet (*Heuff.* 162). P. ob-
liqua *Saut.* in *Reichb.* Germ. 159, Ic. XXI. f. 1128 d. i. die Baumform der
P. Mughus auf einem Hügel im Mühlthale bei Presburg (*Bolla* PV. I. 9)
kann dort unmöglich wild vorkommen (Vergl. auch *Kornh.* Progr. 9 Note).

4. P. Cembra *L.* In den höhern Voralpenthälern der Central-Kar-
paten von der Arva (*Vitk.* ZBG. XIII. 1060) bis in die östl. Tatra, aber nur
einzeln oder gruppenweise, keine Bestände bildend, einstens viel häufiger
(*Wahlb.* 309, *Hazsl.* ZBV. III. 143), dann auf der Trojaga und Petrosa der
Marmaros (*Müll.* ZBG. XIII. 556), im Banat nur am Fuss der Alpe Baiku
(*Heuff.* 163).

3. ABIES Tourn.

1. A. alba *Mill.* P. Picea *L.* P. Abies *Dur.* In Berg- und Voralpenwäldern durch die ganze Karpatenkette bis in den Banat, dann auf
den höhern Bergen in Slavonien, hier nebst Juniperus communis das
einzige Nadelholz (*Kit.* Slav.). Im Bakonyer Walde kömmt sie gar nicht,
auf dem Pilis-Vértes Gebirge nur kultivirt vor; beides gilt auch von den
2 folgenden Arten (*Kern.* ZBV. VI. 381, VII. 274).

2. A. Picea *Mill.* P. Abies *L.* P. Picea *Dur.* Bildet in der Berg-
und Voralpenregion die ausgedehntesten Bestände, steigt auch bis 4700′
von allen Bäumen am höchsten (*Wahlb.* 312). In Slavonien fehlt sie
(*Kit.* Slav.).

3. A. Larix *Lam.* In der Berg- und Voralpenregion der nördl. Karpaten, aber keine grössern Bestände bildend und an manchen Orten nur
angepflanzt (*Wahlb.* 313, *Roch.* Misc. 70). Einzeln im Banat (*Roch.* Ban. 24),
fehlt jedoch bei *Heuffel.*

4. TAXUS L.

1. T. baccata *L.* Bildete einst in der Tatra und an der obern Theiss
ausgedehnte Bestände, ist aber gegenwärtig fast ausgerottet und kömmt

nur mehr einzeln vor. So in den Com. Trencsin (*Roch.* Pest. Mus.), Turóc, Arva, Liptau, Zips, Borsod (*Geners.* 72, *Wahlb.* 323, *Roch.* Misc. 70—1, *Hazsl.* ZBV. III. 143), Sáros (*Hazsl.* Sár 225), Sohl (*RK.* 57, *NS.* 10), Gömör, Zemplin, Bereg, Marmaros (*Reuss* 391, *Müll.* ZBG. XIII. 556), Bihar (*Kit.* Pest. Mus.), Arad (*Kéry* 21), Krassó (*Wierzb.* Flora 1842 I. 277, *Heuff.* 162) und im Černa-Thale bei Mehadia (*Roch.* Ban. 4, 24). Bei Ödenburg (*Szont.* ZBG. XIV. 476) und Fünfkirchen (*Maj.* 16) wohl nur kultivirt.

5. EPHEDRA L.

1. E. vulgaris *Rich.* E. monostachya L. E. minor *Host* Aust. II. 671. Auf den Kalkbergen bei Ofen und den Sandhügeln bei Pest (*Sadl.* 470).

II. APETALAE.

XXIV. CERATOPHYLLEAE.

1. CERATOPHYLLUM L.

1. C. demersum L. In stehenden und langsam fliessenden Wassern.

2. C. submersum L. In stehenden und langsam fliessenden Wassern mit dem vorigen aber seltener (*Kit.* in *Schult.* II. 7). Bei Gois am Neusiedler See (*Reich.* ZBG. XI. 339), im Hanság (*Wierzb.* Mos.), bei der Teichmühle nächst Ödenburg (*Szont* ZBG. XIV. 476), im Bossut bei Vinkovce der Broder Milit. Gr. (*Kan.* Exs.), bei Semlin (*Panč.* Sirm.), im Banat (*Heuf.* 70), nach *Hazsl.* ÉM. 278 im südl. Theile seines Gebietes, womit wahrscheinlich die Theisssümpfe des Com. Zemplin gemeint sein werden.

XXV. CALLITRICHINEAE.

1. CALLITRICHE L.

1. C. verna *L.* C. autumnalis vieler besonders älterer Aut. nicht *L.* In stehenden und langsam fliessenden Wassern. C. hamulata *Kütz.* in der Slovakei ohne nähere Angabe (*Reuss* 154) ist nur schwach verschieden.

2. C. stagnalis *Scop.* In stehenden und langsam fliessenden Wassern. Bei Kesmark und Wallendorf in der Zips (*Hazsl.* ÉM. 278), im Com. Borsod (*Reuss* 154), bei Hegyköz-Újlak nächst Grosswardein (*Steff.* ÖBZ. XIV. 174), im Banat (*Heuff.* 70). Die davon wenig verschiedene C. platycarpa *Kütz.* ebenfalls im Com. Borsod (*Reuss* l. c.) und im Banat (*Heuff.* l. c.).

3. C. autumnalis *L.* In stehenden und langsam fliessenden Wassern. Am Fuss der Beskiden bei Polhora im Com. Arva (*Hazsl.* ÉM. 278), im Banat (*Heuff.* 70), obschon sonst eine nördl. Pflanze.

XXVI. BETULACEAE.

1. BETULA L.

1. B. alba *L.* B. oycoviensis *Roch.* Misc. 73. In Wäldern niedriger und gebirgiger Gegenden, seltener auf Voralpen, fehlt auch auf dem Pili-

Vértes Gebirge (*Kern.* ZBV. VII. 278). B. lobulata *Kit.* Add. 47 scheint hiervon nicht verschieden zu sein.

2. B. pubescens *Ehrh.* B. carpatica *Willd.* Spec. IV. 464. Auf Torfmooren und an felsigen Stellen der Berg- und Voralpenregion. Durch die ganze nördl. Karpatenkette von Trencsin (*Szont.* ÖBZ. XIV. 273) bis in die Marmaros (*Roch.* Misc. 73 und MS. I. 141, *Wahlb.* 306, *Szont.* ZBG. XIII. 1061, *Herb.* ZBG. XI. 66), auf dem Ecsédi Láp im Com. Szatmár (*Kit.* Add. 48), ferner im Walde Bakony (*Kern.* ZBV. VI. 380) und auf den Voralpen des Banats (*Heuff.* 162). Bei Fünfkirchen (*Maj.* 16)? Nach *Reyel* Betul. 21 et 24 nur Var. der B. alba, aber von B. pubescens *Koch* (B. tortuosa *Ledeb.*) verschieden.

3. B. nana *L.* Auf den Hochmooren der Bory im Com. Arva (*Szont.* ZBG. XIII. 1061). Auf den mährisch-schlesischen Karpaten (*Reuss* 390) kömmt sie nach *Schloss.* Mähr. 320 und *Wimm.* Schles. 173 nicht vor.

B. humilis *Schrank.* B. fruticosa *Willd.* nicht *Pall.* Auf den Alpen der Zips (*Roch.* Misc. 73), aber weder *Mauksch*, noch *Wahlenberg*, noch *Hazslinszky* erwähnen derselben.

2. ALNUS Tourn.

1. A. glutinosa *Gärtn.* In Auen, an Ufern, auf Torfmooren niedriger und gebirgiger Gegenden, seltener auf Voralpen.

2. A. incana *DC.* In Auen, an Ufern niedriger und gebirgiger Gegenden bis in die Alpenregion z. B. auf dem Gipfel des Pietros in der Marmaros (*Müll.* ZBG. XIII. 556).

3. A. viridis *DC.* An felsigen Stellen der Voralpen bis in die Krummholzregion. Häufig auf den nordöstl. Karpaten in den Com. Ung, Bereg und Marmaros (*Hazsl.* EM. 277, *Kit.* Add. 49, *RK.* 26, *Roe.* PV. V. 17, *Herb.* Bucov. p. V), dann auf der Biharia (*Kern.* DL. 137, 328) und den Banat. Alpen (*Heuff.* 162). Auf den nordwestl. Karpaten muss sie sehr selten sein, denn ausser *Reuss* 390 finde ich sie in keiner der vielen einschlägigen Specialfloren.

XXVII. CUPULIFERAE.

1. CARPINUS L.

1. C. Betulus *L.* C. edentula *Kit.* in *Roch.* Ban. 26. C. Carpinizza *Host* Aust. II. 626. C. intermedia *Wierzb.* in *Reichb.* Ic. XXII. 4. Carpin der Romanen (*Heuff.* 161). In Wäldern, auf Hügeln und niedrigen Bergen, auch auf den Donau-Inseln (*Endl.* 179).

2. C. duinensis *Scop.* C. orientalis *Lam.* Carpinizza der Romanen, nicht *Host* (*Kit.* Hydr. II. 316—7, *Heuff.* 160). Auf buschigen Hügeln und niedrigen Bergen. Auf den Trachytbergen bei Maria Nostra (*Kit.* Arv.) und Nagy Maros im Com. Hont. (*RK.* 57), dann erst wieder bei Sarengrad, Illok und Karlovic in Sirmien (*Kit.* Slav.), im südl. Com. Krassó, auf dem Donau-Bergzuge in der östl. Banat. Milit. Gr. bis zu den Herculesbädern (*Heuff.* l. c.).

2. OSTRYA Mich.

1. O. carpinifolia *Scop.* In Wäldern bei Visegrád nach *Kit.*, aber in neuerer Zeit nicht mehr beobachtet (*Sadl.* 458), im Felsenthale Szadellő bei Torna (*Pawl.* PV. I. 28), in *Hazsl.* ÉM. ist sie jedoch nicht aufgenommen.

3. CORYLUS L.

1. C. Avellana *L.* Auf Hügeln, in Wäldern niedriger und gebirgiger Gegenden bis in die Voralpenregion.

2. C. tubulosa *Willd.* Wird kultivirt und kömmt an Zäunen und Hecken verwildert vor (*Sadl.* Pest. 458).

3. C. Colurna *L.* Auf dem Domugled und an der Donau in der östl. Banat. Milit. Grenze ganze Wälder bildend, dann in Sirmien (*Kit.* in *Schult.* I. 606, *Heuff.* 160). Wird auch in Park-Anlagen kultivirt.

4. QUERCUS L.

1. Q. sessiliflora *Sm.* Auf Hügeln und niedrigen Bergen, oft ausgedehnte Wälder bildend, seltener auf Voralpen z. B. auf der Fatra (*Roch.* Misc. 83) oder in der Ebene, wie auf den Donau-Inseln des Com. Bács (*Roch.* Ban. 2). Formen sind: Q. sublobata *Kit.* in *Schult.* I. 619 et Add. 51 bei Keszthely und Kis-Récse im Com. Zala, Q. Robur β. Welandii *Heuff.* in *Wacht.* Zeitschr. I. 97, Ban. 159 im nördl. Com. Krassó und Q. aurea *Wierzb.* in *Reichb.* Ic. XXII. p. 8 t. 645, *Heuff.* Ban. l. c. bei Oravica im südl. Com. Krassó.

2. Q. pubescens *Willd.* Q. Robur b. lanuginosa *Roch.* Ban. p. 78 t. 38. Q. undulata *RK.* 110, *Kit.* Add. 50. Uebergangsformen zu Q. sessiliflora sind: Q. Streimii *Heuff.* in *Wacht.* Zeitschr. I. 97 (Q. pubescens β. Streimii *Heuff.* Ban. 159) und Q. pallida *Heuff.* ÖBZ. VIII. 28, Ban. 159 (Q. pubescens β. glabrata *Heuff.* in *Wacht.* Zeitschr. I. 98). Formen mit gestielten Früchten sind: Q. Budayana *Haberle* Hort. pest. in *Wacht.* Zeitschr. I. 98, *Heuff.* Ban. 159 und Q. ambigua *Kit.* Add. 50. Auf Hügeln und niedrigen Bergen, oft strauchig, Q. Budayana nur bei dem Kloster Krušedol im Com. Sirmien.

3. Q. pedunculata *Ehrh.* In Wäldern der Ebene und niedriger Berge, im ungarischen Tieflande und in Slavonien der vorherrschende Baum (*Kern.* Dl. 119, *Kit.* Slav.). Q. pendulina *Kit.* in *Schult.* I. 620 et Add. 49 bei der Schönen Schäferin nächst Ofen und Q. hungarica *Kit.* Add. 49 scheinen Uebergangsformen zur Q. pubescens und Q. sessiliflora zu sein.

Vorstehende 3 Arten sind nach *DC.* Prodr. XVI. 2. p. 4—11 nur Unterarten der Q. Robur *L.*

4. Q. conferta *Kit.* in *Schult.* I. 619 et Add. 50. Q. hungarica *Hubeny* Flora 1842 I. 268. Q. Esculus *Heuff.* 160. Q. Farnetto β. conferta *DC.* Prodr. XVI. 2. 11. Quercus fructu, quoniam dulcedinem saporemque Castaneae imitatur, praecipua *PM.* It. 48—9 (Kittnjak, Zigeunerholz). Auf Hügeln und niedrigen Bergen in Slavonien besonders im Com. Požega (*Kit.* Slav.), in Sirmien (*Rumy* 53), im Banat (*Heuff.* l. c.), bei Ménes im Com. Arad (Flora l. c. 273). In Serbien die gemeinste Eiche, die Früchte aber nur im Nothfalle essbar (*Panč.* ZBV. VI. 570). Die Var. intermedia *Heuff.* in *Wacht.* Zeitschr. I. 98 bei den Weingärten von Lugos ist nach *Heuffel's* Vermuthung hybrid = Q. conferto-pedunculata, allein in neuester Zeit wurden alle Eichen bei Lugos umgehauen (*Kanitz*).

5. Q. Cerris *L.* Q. austriaca *Willd.* In Wäldern der Ebene und niedriger Berge, auch auf den Donau-Inseln (*Endl.* 180).

** Q. strigosa *Wierzb.* in *Roch.* Reise 73. Im Banat.

** Q. fructipendula *RK.* 85. Bei Sz. Márton nächst Grosswardein.

** Q. meneslensis *Kit.* Add. 49. Bei Ménes im Com. Arad, vielleicht Q. conferta.

** Q. spicata, **Q. verteslensis und *Q. cuneata *Kit.* Add. 50, 51 alle 3 auf dem Lindenberg bei Ofen.

5. FAGUS L.

1. F. silvatica *L.* In Bergwäldern, steigt 3900′ (*Wahlb.* 308).

6. CASTANEA Tourn.

1. C. sativa *Mill.* In Weingärten und in geschlossenen Beständen cultivirt, in solchen Gegenden auch verwildert; dringt bis in die nördl. Karpatenthäler z. B. bei Eperjes (*Roch.* Misc. 95, *Hazsl.* Sár. 225). Auffallend ist es dagegen, dass sie im Banat nur in Gärten gedeiht, ungeachtet sie in Slavonien ausgedehnte Wälder bildet und beinahe wild geworden ist (*Roch.* Ban. 25, *Heuff.* 159, *Kit.* Slav.).

XXVIII. ULMACEAE.

1. ULMUS L.

1. U. campestris *L.* Zerstreut und in Beständen niedriger und gebirgiger Gegenden.

2. U. effusa *Willd.* In Auen, Vorhölzern, meist nur eingesprengt.

* U. alba *Kit.* in *Willd.* Baumz. 518. Iu Wäldern bei Rakovic und Veszele im Com. Neutra (*Roch.* MS. II. 53), bei Gálosfa im Com. Somogy (*Kit.* Slav.), in Sirmien (*Rumy* 54), im östl. Com. Arad (*Kéry* 21).

XXIX. CELTIDEAE.

1. CELTIS L.

1. C. australis *L.* In Vorhölzern und Bergwäldern der südlichsten Banat. Milit. Gr. geschlossene Bestände bildend (*Roch.* Reise 3, *Heuff.* 158).

XXX. MOREAE.

1. MORUS L.

1. M. alba *L.* Wird vorzüglich im Banat im Grossen kultivirt, gedeiht aber auch im nördl. Gebiete. Verwildert leicht.

2. M. nigra *L.* Wird nur in Obst- und Weingärten gezogen.

2. FICUS L.

1. F. Carica *L.* Wird in Obst- und Weingärten kultivirt, kömmt aber auch verwildert vor und bringt in diesem Zustande zwar kleine aber süsse Früchte. So auf dem Blocks- und Schwabenberge bei Ofen (*Sadl.* 477), in den Weingärten von Fünfkirchen fast ohne Kultur (*Maj.* 3), auf Felsen bei den Herculesbädern und im Donauthale der östl. Banat. Milit. Gr. (*Heuff.* 159).

XXXI. URTICACEAE.

1. URTICA L.

1. U. urens *L.* An wüsten und bebauten Stellen.

2. U. major *Kan.* ZBG. XII. 212, Bot. Zeit. 1862 p. 190 und 1863 p. 54. U. dioica *Wedd.* Urt. 77, aber die Pflanze kömmt auch einhäusig vor, desshalb die Namensänderung. Var. sind:

α. **vulgaris** *Wedd.* l. c. (U. dioica *L.*) An wüsten und bebauten Stellen, in Auen, Wäldern bis in die Voralpenregion (*Wahlb.* 307).

β. **parvifolia** *Wierzb.* in *Heuff.* 157 (U. dioica β. angustifolia *Heuff.* l. c. nicht *Ledeb.*, eine ganz andere Pflanze. *Kanitz* in mündl. Mittheil.) An Hecken und Zäunen im Banat.

γ. **galeopsifolia** *Kan.* l. c. 190 (U. galeopsifolia *Wierzb.* in *Opiz* Nat. Tausch. 107). Zwischen Schilf am Neusiedler- und Plattensee, im Ecsédi-Láp im Com. Szatmár und sonst noch häufig (*Pok.* ZBG. X. 289).

δ. **kioviensis** *Wedd.* l. c. 78 (U. kioviensis *Rogov.* Bull. Mosc. 1843 p. 324, U. radicans *Bolla* PV. I. 9, SB. 24). Massenhaft auf dem Schur bei St. Georgen im Com. Presburg (*Kornh.* PV. III. 2. 34).

U. pilulifera *L.* Im östl. Com. Arad (*Kéry* 21)? Cultivirt in Gärten in Koroncó im Com. Raab (*Ebenh.* PV. V. 64). Eine Pflanze des Südens, welche in Mittel-Europa nur zufällig verwildert vorkömmt (*Reichb.* Germ. 181).

2. PARIETARIA L.

1. P. officinalis *L.* An wüsten Stellen, in Wäldern niedriger und gebirgiger Gegenden, im karpat. Hochlande jedoch nur stellenweise und nicht in jedem Jahre (*Hazsl.* EM. 274).

2. P. diffusa *MK.* Auf Mauern, an wüsten Stellen. In Sirmien ohne nähere Angabe (Herbarium *Wolny* nach *Panč.* Sirm.).

XXXII. CANNABINEAE.

1. CANNABIS L.

1. C. sativa *L.* Wird im Grossen gebaut, kömmt aber auch überall verwildert, in Sirmien massenhaft beinahe wild vor (*Roch.* Reise 21).

2. HUMULUS L.

1. H. Lupulus *L.* An Zäunen, Weingartenrändern, in Auen, Bergwäldern. Wird auch im Grossen gebaut.

XXXIII. SALICINEAE.

1. SALIX L.

1. S. pentandra *L.* Auf Sumpfwiesen und an waldigen Orten der Berg- und Voralpenregion. Häufig im Gebiete der Céntral-Karpaten (*Wahlb.* 313, *Roch.* Misc. 86), an den Quellen der Schwarzen Wag (*Roch.* MS. I. 111) und in subalpinen Thälern des Banats (*Heuff.* 160), scheint auch im Com. Trenesin vorzukommen (*Roch.* MS. II. 49). Bei Pest (*Kit.* in *Sadl.* Pest. 464)?

2. S. fragilis *L.* In Auen, an Ufern, auf Weiden.

3. S. alba *L.* S. vitellina *L.* Mit der vorigen.

4. S.amygdalina *L.* S. triandra *L.* In Auen, an Ufern, sumpfigen Stellen niedriger und gebirgiger Gegenden.

5. S. daphnoīdēs *Vill.* S. praecox *Hoppe.* Auf den Donau-Inseln bei Presburg (*Bolla* PV. I. 9), in Auen und an Bächen der nordwestl. Karpaten (*Roch.* Misc. 86), an gleichen Orten in den Com. Pest, Heves, Borsod (*M. Sadl.* Sal. 14) und Arad (*Kéry* 21), bei Grosswardein (*Steff.* ÖBZ. XIV. 175).

6. S. purpurea *L.* An Ufern, in Auen, auf sumpfigen Plätzen bis in die Voralpenregion.

7. S. viminalis *L.* An Ufern, Wassergräben (*M. Sadl.* Sal. 18).

8. S. incana *Schrank.* S. riparia *Willd.* S. rosmarinifolia der ält. Aut. An Bächen gebirgiger und subalpiner Gegenden durch die nördliche Karpatenkette von Presburg bis in die Marmaros (*Roch.* Misc. 87, *Wahlb.* 314, *RK.* 27), dann im östl. Banat (*Heuff.* 161), auch auf den Donau-Inseln (*M. Sadl.* Sal. 19) und im Hanság (*Wierzb.* Mos.).

9. S. cinerea *L.* S. aquatica *Sm.* S. acuminata der ält. Aut. Auf nassen Wiesen, an Bächen, in Sümpfen niedriger und gebirgiger Gegenden.

10. S. silesiaca *Willd.* S. fagifolia *WK.* in *Willd.* Spec. IV. 704. S. stylaris *Roch.* Misc. 87 zum Theil, nicht *Ser.* Auf Felsen, an Ufern, buschigen Stellen gebirgiger und subalpiner Gegenden bis in die Krummholzregion. Durch die ganze nördl. Karpatenkette von den Beskiden bis auf die Černa Hora der Marmaros (*Roch.* l. c., *Hazsl.* ÉM. 272, *Jierb.* ZBG. X. 363), dann auf der Biharia (*Kern.* Exs.).

11. S. Caprea *L.* S. tomentosa *Ser.* In Bergwäldern, Holzschlägen.

12. S. aurita *L.* In Bergwäldern, Sümpfen, auf Torfmooren bis in die Voralpenregion (*M. Sadl.* Sal. 22).

13. S. nigricans *Sm.* S. Amaniana *Willd.* S. phylicifolia *Wahlb.* 318. S. stylaris *Ser.* und zum Theil auch *Roch.* Misc. 87. Auf Felsen, an Waldrändern, sumpfigen Stellen gebirgiger und subalpiner Gegenden bis in die Krummholzregion. Auf den nördlichen Karpaten vom Com. Trenesin bis in-das Com. Bereg (*Roch.* l. c., *Wahlb.* l. c., *M. Sadl.* Sal. 24, *Hück.* ZBG. XV. 56), dann im östl. Banat (*Heuff.* 161).

14. S. hastata *L.* S. myrtilloides *Geners.* 71, nicht *L.* Auf Triften der Alpen und Voralpen. Im Com. Arva (*Vitk.* ZBG. XIII. 1062), am Grossen

Fischsee der nördl. Tatra (*Hausskn.* ÖBZ. XIV. 209), auf der Leiten und den benachbarten Jochen der östl. Tatra häufig (*Wahlb.* 318).

15. S. myrtilloides *L.* In Bergsümpfen der obern Arva (*Vuk.* ZBG. XIII. 1062) und auf Moorgründen hinter Roks in der Zips (*Wahlb.* 317).

16. S. repens *L.* S. arenaria et rosmarinifolia *L.* S. angustifolia *Wulf.* S. fusca et argentea *Sm.* S. incubacea *Willd.* Auf nassen Wiesen, Torfmooren, in Sümpfen, Gräben niedriger und gebirgiger Gegenden.

17. S. arbuscula *L.* S. Waldsteiniana *Willd.* S. laurifolia *Lang* Phys. 316? An felsigen Stellen der Alpen besonders in der Krummholzregion. Im Com. Arva ohne nähere Angabe (*Vitk.* ZBG. XIII. 1062), in den Alpenthälern Koprova (*Wahlb.* 316) und Belansko am Fuss des Grossen Křivan (*Szont.* ÖBZ. XIV. 279), auf dem Gutin (*M. Sadl.* Sal. 29), dem Stol und Galae der Rodnaer Alpen (*Baumg.* I. 45).

S. Lappounm *L.* S. limosa *Wahlb.* Lapp. 265. Auf den mährischen Karpaten (*Koch* Syn. 757, *Reuss* 386), aber sowohl in *RM.* Mähr. 214 als in *Schloss.* Mähr. 319 und *Wimm.* Schles. 188 wird sie nur im Gesenke und nicht auf den Karpaten angegeben.

18. S. myrsinites *L.* var. Jacquiniana *Koch.* S. alpina *Scop.* S. fusca *Jacq.* Auf Felsen der Alpen. Auf dem Rozsudee (*Hazsl.* ZBV. III. 142), Czerwony Wirch der Liptauer Central-Karpaten, Grossen Křivan (*Hacq.* IV. 154, 175), unter der Eisthaler Spitze (*Berd.* ÖBW. V. 316), auf dem Thörichtergern, dem Stirnberg und der Leiten der östl. Tatra (*Wahlb.* 316), auf der Dseameanie der Rodnaer Alpen (*Baumg.* I. 47).

19. S. retusa *L.* S. Kitaibeliana *Willd.* Spec. IV. 683. Auf Felsen der höhern Alpenregion. Auf dem Rozsudee (*Brancs.* ÖBZ. XII. 326), Dumbier, allen Central-Karpaten vom Rohač bis auf die östl. Tatra (*Wahlb.* 314), der Černa Hora (*Herb.* ZBG. X. 612), auf den Banat. Alpen (*Heuf.* 161).

20. S. reticulata *L.* Auf Felsen der Alpen. Im Com. Arva ohne nähere Angabe (*Vitk.* ZBG. XIII. 1062), auf der Pisna der Liptauer Central-Karpaten (*Üchtr.* ÖBW. VII. 352), dem Grossen Křivan (*Koch.* MS. I. 81), unter der Eisthaler Spitze (*Berd.* ÖBW. V. 316), überall auf der östl. Tatra (*Wahlb.* 315), auf der Černa Hora (*Herb.* ZBG. X. 612).

21. S. herbacea *L.* Auf Felsen der höhern Alpenregion. Auf dem Dumbier, den Central-Karpaten vom Rohač bis auf die Eisthaler und Lomnitzer Spitze (*Wahlb.* 315, *Berd.* ÖBW. V. 322, *Üchtr.* ÖBW. VII. 352, 375), auf der Černa Hora (*Herb.* ZBG. X. 612) und der Petrosa in der Marmaros (*RK.* 27), auf den Banat. Alpen (*Heuf.* 161).

° S. holosericea *Willd.* Spec. IV. 708. An der Donau bei Moháes im Com. Baranya (*M. Sadl.* Sal. 20), in Sirmien (*Rumy* 53), bei Rima Szombat im Com. Gömör (*Fábry* II. 6). Eine den neuern Botanikern unbekannte Weide (*Wimm.* Schlesisch. Gesellsch. 1861 p. 132) und wahrscheinlich ein Bastard, daher selbstverständlich keiner der oben angeführten Autoren *Willdenow's* echte Pflanze gefunden hat.

* S. exstipulata *Kit.* Add. 52 auf den Donau-Inseln sowie

* S. oppositifolia *Kit.* l. c. an einem Sumpfe im Orczy'schen Garten in Pest scheinen beide Bastarde zu sein.

Neilreich, ung. Pfl. Aufzählung. 11

82 SALIX.

* **S. Schnelleriana, S. obtusa** und **S. brevistyla** *Richt.* PV. VII. 194—6,
alle 3 bei Pest. Wohl hybride Formen, denn dass wirklich gleich 3 neue
Arten bei Pest vorkommen sollten, ist sehr unwahrscheinlich.

Salices hybridae.

Die ungarischen Weidenbastarde sind soviel wie gar nicht bekannt.
Das Wenige, was ich vorfand, beschränkt sich auf Folgendes, wobei die
Angaben der ältern Autoren noch überdiess gegründeten Zweifeln unterliegen.

S. amygdalino-fragilis *Wimm.* Die der S. fragilis näher stehende,
Form (S. subtriandra *Kern.* ZBG. X. 189) auf Weiden bei Mattersdorf im
Com. Ödenburg (*N.*), im Stadtwäldchen bei Pest, auf der Insel Csepel (*Kern.*
ÖBZ. XIV. 10); die Mittelform (S. alopecuroides *Tausch*) bei Oravica im
Com. Krassó (*Wierzb.* in *Reichb.* Ic. XXI. 27).

S. amygdalino-alba *Wimm.* Fl. v. Schles. 208. S. undulata *Ehrh.* Auf
der Kriegsinsel bei Semlin (*Pand.* Sirm.).

S. amygdalino-viminalis *Wimm.* S. mollissima *Ehrh.* Im Com. Arva
(*Vitk.* ZBG. XIII. 1061), auf den Donau-Inseln bei Pest und an den Ufern
der Theiss (*M. Sadl.* Sal. 17).

S. daphnoidi-Caprea (S. hungarica) *Kern.* ÖBZ. XIV. 9. In Ungarn.
doch ist der nähere Standort dem Entdecker nicht mehr erinnerlich.

S. purpureo-viminalis *Wimm.* S. rubra *Huds.* S. fissa *Hoffm.* S. mollissima *Wahlb.* 317, nicht *Ehrh.* nach *Wimm.* Schles. Gesellsch. 1861 p. 132,
An Ufern. Auf den Donau-Inseln bei Presburg (*Endl.* 185), im Com. Arva
(*Vitk.* ZBG. XIII. 1061), häufig in den Thälern der Zips (*Wahlb.* 316, 317),
was insofern auffällt, als *Wahlenberg* weder eine S. purpurea noch eine
S. viminalis aufführt, doch kommen nach *Mauksch* beide in der Zips vor,
bei Grosswardein (*Steff.* ÖBZ. XIV. 175), im Banat (*Heuff.* 161).

S. viminali-repens *Wimm.* Bei Rákos nächst Pest (*Kern.* Exs.).

S. aurito-silesiaca *Wimm.* Auf den Karpaten der Zips (*Wimm.*
Denkschr. 164).

2. POPULUS L.

1. **P. alba** *L.* An Ufern, in Wäldern der Ebene und niedriger Berge.

2. **P. tremula** *L.* In Wäldern niedriger und gebirgiger Gegenden.

P. albo-tremula *Krause.* P. canescens *Sm.* In Auen, Wäldern. Auf
den Donau-Inseln bei Presburg (*Endl.* 182), im Marchthale (*Krz.* PV. II. 1.
95), bei Wag-Neustadtl im Com. Neutra (*Kell.* ÖBZ. XV. 49), bei Rima-
Szombat im Com. Gömör (*Fábry* II. 6), bei Kaschau (*Pawl.* PV. I. 26); ferne
bei Ung. Altenburg (*Vuczl*), Koroncó im Com. Raab (*Ebenh.* PV. V. 65), im
Pester Com. (*Sadl.* 469), bei Fünfkirchen (*Nendtv.* ZBG. XIII. 568), in
Sirmien (*Rumy* 53), im Banat (*Heuff.* 161). P. villosa *Lang* Syll. I. 185 bei
Presburg (*Richt.* PV. VII. 100), Ofen (*Lang* l. c.), Fünfkirchen (*Nendtv.* 29)
und im östl. Com. Arad (*Kéry* 20) sowie die inzwischen gefällte P. Bachofenii *Wierzb.* in *Roch.* Reise 71 bei Bazias im Banat (*Bayer* ÖBZ. X. 6)
scheinen mir ebenfalls hierher zu gehören.

3. **P. nigra** *L.* An Ufern, auf Weiden, in Dörfern.

4. P. pyramidalis *Roz.* Als Alleebaum gepflanzt. P. pannonica *Kit.* in *Bess.* Volh. 38 scheint hiervon nicht verschieden zu sein, kömmt aber nicht in Ungarn sondern in Russland vor (*Bess.* Flora 1832 II. Beibl. 14, vergl. auch *Neilr.* Nachtr. 76).

5. P. monilifera *Ait.* Canadische Pappel. Wird in Park-Anlagen und zur Bindung des Flugsandes gepflanzt, z. B. bei Presburg (*Richt.* PV. VII. 100), Almás im Com. Komorn (*Kit.* Sopr.), Fenyőfő im Com. Veszprim (*Kit.* Bar.), im Com. Pest (*RK.* 28, *Kan.* ZBG. XII. 203) und auf den Sandsteppen der westl. Banat. Milit. Gr. (*Wierzb.* Flora 1842 I. 262).

XXXIV. SALSOLACEAE.

1. SALICORNIA L.

1. S. herbacea *L.* An feuchten salzigen Stellen der Ebene. Am Neu-siedler See (*N.*), im Com. Komorn (*Feicht.* Exs., *Reuss* 360), bei Fok-Szabadi im Com. Veszprim, bei Aba und Sz. Iván im Com. Stuhlweissenburg (*Kit.* Add. 53), im Com. Pest besonders gegen die Theiss und Zagyva zu (*Sadl.* 2), im Com. Bács (*Heuff.* 150).

Diotis ceratoides *Willd.* Auf trockenen Wiesen, unter Sträuchern in Ungarn (*Schult.* I. 318). Diese Angabe finde ich in keiner ungar. Special-flora bestätigt.

2. ATRIPLEX L.

1. A. hortensis *L.* Wird in Gärten gebaut und kömmt an wüsten Stellen, an Wegen und Zäunen oft verwildert vor.

2. A. nitens *Schk.* A. acuminata *WK.* Ic. II. t. 103. An Zäunen, wüsten und bebauten Stellen in den Com. Presburg, Neutra (*Bolla* PV. I. 12, *Krz.* PV. II. 1. 89, *Kn.* PV. VII. 170), Trencsin (*Kikó* 17), Bars, Hont (*Kit.* Arv., *Kn.* ÖBZ. XIV. 105, 107, 113), Zips (*Uchtr.* ÖBW. VII. 369), Abauj, Borsod (*Reuss* 364, *RK.* 12), Szabolcs (*RK.* 28) und Bihar stellen-weise (*Lang* Phys. 318, *Steff.* ÖBZ. XIV. 175); ferner in den Com. Wiesel-burg (*N.*), Eisenburg (*Pol.* 7), Raab (*Ball.* Exs.), Gran (*Feicht.* Ad. 271), Zala (*Sigm.* 47) und Pest (*Sadl.* 474), bei Fünfkirchen (*Nendtv.* 18), Futak im Com. Bács (*Schnell.* PV. III. 1. 18), bei Semlin (*Panč.* Sirm.), im Banat *Heuff.* 152).

3. A. hastata *L.* A. latifolia *Wahlb.* A. microsperma *WK.* Ic. III. t. 250. An Wegen, wüsten und bebauten besonders salzigen Stellen.

4. A. patula *L.* A. tatarica *L.* A. angustifolia *Sm.* A. oblongi-folia *WK.* Ic. III. p. 278 t. 221. Wie die Vorige.

5. A. litoralis *L.* An salzigen Stellen. Am Neusiedler See (*N.*), bei Tác im Com. Stuhlweissenburg (*Kit.* Bar.), auf den Ebenen der Com. Komorn, Gran, Neográd, Heves (*Reuss* 365, *Feicht.* Ad. 271), Pest (*Sadl.* 476) und Zemplin (*Hazsl.* ÉM. 268, *RK.* 28), im westl. Banat (*Heuff.* 153). Von A. patula kaum verschieden. A. sulcata *Schrad.* Hort. gott. und wahr-scheinlich auch *Kit.* Add. 54 zwischen Abony und Cegléd im Pester Com. ist nach *MK.* Deutschl. Fl. II. 317 nur eine Var. der A. litoralis.

11 *

6. A. laciniata *L.* An Wegen, Häusern, wüsten Stellen.

7. A. rosea *L.* A. Besseriana *R. Sch.* A. cana vel incana *Kit.*
Add. 55. Wie die Vorige.

* **A. botryoides** *Kit.* Add. 53. An salzigen Stellen in Ungarn.

3. SPINACIA L.

1. S. oleracea *L.* Wird in Gemüsegärten und auf Aeckern gebaut,
verwildert jedoch seltener.

4. CAMPHOROSMA L.

1. C. ovata *WK.* Ic. I. t. 63. Auf salzigem harten Boden, oft auf den
sterilsten Plätzen der Com. Wieselburg (*Wierzb.* Mos.), Gran (*Feicht.* Ad.
271), Stuhlweissenburg (*Kit.* Bar. et Slav.), Pest (*Sadl.* 74), Heves, Zemplin,
Szabolcs, Bereg, Bihar (*RK.* 12, 28, *Hazsl.* ÉM. 269, *Janka* ÖBZ. XIII. 114,
XIV. 320, 354), Torontál und Bács (*Heuff.* 152). Von C. annua *Pallas* kaum
verschieden (*Ledeb.* Ross. III. 744, *Janka* l. c.), eine Ansicht, welche auch
Kitaibel in seiner Baranyaer Reise ausspricht.

5. BLITUM L.

1. B. virgatum *L.* An wüsten und bebauten Stellen, wahrscheinlich
nur verwildert, da diese Art selbst in Sirmien nur in Gärten vorkömmt
(*Rumy* 52), in Galizien wächst sie indessen wirklich wild (*Herb.* ZBG. XII.
1183). Wird angegeben: Bei Presburg (*Endl.* 209), Ung. Altenburg (*Vuczl*),
Komorn (*Reuss* 363), in den Com. Bihar (*Lang* Phys. 318) und Arad (*Kéry* 17).

B. capitatum *L.* Bei Fünfkirchen (*Maj.* 8), wohl nur in Gärten oder
zufällig verwildert.

6. BETA L.

1. B. vulgaris *L.* Wird als Zuckerrübe und als Viehfutter im
Grossen gebaut.

2. B. trigyna *WK.* Ic. I. t. 35. An Zäunen und an den Ufern der
Donau bei Peterwardein, Alt-Banovce, Neu-Pazua (*RK.* 71) und Semlin
der Peterward. Milit. Gr. (*Panč.* Sirm.), bei Fünfkirchen (*Maj.* 8) ?

7. KOCHIA Roth.

1. K. Scoparia *Schrad.* Häufig gebaut; an Rainen, wüsten und
salzigen Stellen beinahe wild.

2. K. arenaria *Roth.* Salsola arenaria *WK.* Ic. I. t. 78. An sandigen Stellen, auf Weiden, Puszten und selbst im Flugsande gemein (*WK.*
l. c. 81).

3. K. prostrata *Schrad.* An sandigen besonders salzigen Stellen,
auf sonnigen Abhängen. Bei Bekees (*Kit.* Ber.), Tarcal, Szerencs und Tokay
im Com. Zemplin (*Hazsl.* ÉM. 268), Egyek im Com. Szabolcs, Szalonta im
Com. Bihar (*RK.* 28, 85); ferner am Hanság zwischen Tadten und Wallern
(*Wierzb.* Mos.), am Plattensee zwischen Sió-Fok und Kajár im Com.

Veszprim (*Kit.* Bar.), bei Kölesd im Com. Tolna (*PM.* lt. 145), überall in den Com. Pest (*Sadl.* 138) und Bács, auf den Festungswerken von Peterwardein (*Ileuff.* 151), bei Semlin (*Roch.* Ban. 2, *Panč.* Sirm.).

4. K. sedoides *Schrad.* Salsola cinerea *WK.* Ic. II. t. 106. An Wegen, Weinbergen, sandigen salzigen Stellen. Um Gran (*Ilost* Aust. I. 326), bei Fok-Szabadi im Com. Veszprim (*RK.* 5, *Kit.* Bar.), auf den Ofner-Kalkbergen und auf Sandfeldern der Pester Ebene (*Sadl.* 139), im Com. Bács, am Morast Alibunar im Com. Torontál (*Ileuff.* 151), im Com. Bihar (*Lany* Phys. 318), zwischen Szántó und Vilmány im Com. Abauj (*RK.* 12)·

K. hyssopifolia *Roth.* Auf Sandplätzen in Ungarn (*Kit.* in *Schult.* l. 452). Kömmt in keiner ungar. Specialflora vor.

8. CHENOPODIUM L.

1. Ch. Bonus Henricus *L.* An wüsten und bebauten Stellen, in Dörfern.

2. Ch. rubrum *L.* Ch. crassifolium *Schrad.* An wüsten und bebauten besonders feuchten salzigen Stellen.

3. Ch. urbicum *L.* Ch. rhombifolium *Mühlb.* An Wegen, Häusern, wüsten Stellen.

4. Ch. hybridum *L.* An wüsten und bebauten Stellen.

5. Ch. murale *L.* Ebenso.

6. Ch. album *L.* Ch. viride *L.* Ebenso.

7. Ch. ficifolium *Sm.* Ch. serotinum der ält. Aut. Ebenso.

8. Ch. opulifolium *Schrad.* Ebenso.

9. Ch. glaucum *L.* Ebenso.

10. Ch. Vulvaria *L.* Ebenso.

11. Ch. polyspermum *L.* Ch. acutifolium *Kit.* in *Schult.* I. 458. An wüsten und bebauten Stellen, in Gräben, feuchten Gruben.

12. Ch. Botrys *L.* In Geröllen, auf sandigen Hügeln, an Weingartenrändern. Stellenweise in den Com. Presburg, Neutra (*Endl.* 207, *Krz.* PV. II. 1. 89, *Kn.* PV. VII. 169, *Kell.* ÖBZ. XV. 50), Trencsin (*Szont.* ÖBZ. XIV. 273, 342, *Roch.* MS. II. 36), Komorn (*Hillebr.* ÖBZ. VIII. 298), Gran (*Feicht.* Ad. 271) und Pest (*Sadl.* 136), dann bei Gross-Kalna im Com. Bars (*Kn.* ÖBZ. XIV. 105), Rima Szombat im Com. Gömör (*Fábry* II. 6), bei Miskolc (*Reuss* 362), am Hernád im Com. Abauj (*Pawl.* PV. I. 27), bei Téglás im Com. Szabolcs (*RK.* 12), bei Grosswardein (*Steff.* ÖBZ. XIV. 175); ferner bei Ung. Altenburg (*Vuezl*), Ödenburg (*Szont.* ZBG. XIV. 478) und Fünfkirchen (*Nendtv.* 20), in Sirmien (*Kit.* in *Schult.* I. 456, *Panč.* Sirm.), im östl. Com. Arad (*Kéry* 18), im Banat besonders an der Almas (*Ileuff.* 152).

13. Ch. ambrosioides *L.* Stammt aus America, kömmt aber an Wegen, wüsten und bebauten Stellen selbst in nördlichen Gegenden verwildert vor z. B. bei Tokay, Szöllös im Com. Ugocs, Saplonca und Técsö im Com. Marmaros (*RK.* 12, 28); im südlichen Gebiete beinahe wild, so auf der Murinsel, in den Com. Somogy und Baranya (*Kit.* Bar.), durch ganz Slavonien (*RK.* 71, *Kit.* Slav.) und Sirmien (*Rumy* 52), im östl. Com. Arad (*Kéry* 18), gemein im Banat (*Ileuff.* 151).

9. SUAEDA Forsk.

1. S. maritima *Dum.* Chenopodium maritimum *L.* An salzigen feuchten Stellen des Tieflandes. Am Neusiedler See (*N.*), im Hanság, bei Wüst-Sommerein (*Wierzb.* Mos.) und Ung. Altenburg (*Vuezl*), Sövényháza im Com. Raab (*Host* Syn. 129), Fok-Szabadi im Com. Veszprim (*Kit.* Bar.), Sz. Iván im Com. Stuhlweissenburg (*RK.* 5), gemein im Pester Com. (*Sadl.* 137) und wohl noch an vielen Stellen der Theissebene. Folgende mir zweifelhafte Arten gehören vielleicht hierher:

a. **Schoberia salsa** *Lang* in *Reichb.* Germ. 582, nicht *Meyer*, an der Theiss (Vergl. *DC.* Prodr. XIII. 2. p. 161 var. *β.*).

b. **Salsola fruticosa** *RK.* 71 an der Donau bei Slankamen, Surdok, Banovce und Semlin in der Peterward. Milit. Gr. Die echte S. fruticosa *L.* bewohnt die Küsten des Mittelmeeres (*DC.* I. c. 156).

S. altissima *Pall.* Chenopodium altissimum *L.* An feuchten salzigen Stellen in Ungarn (*Kit.* in *Schult.* I. 458), auch nach *Moq.* in *DC.* Prodr. XIII. 2. 157 in Ungarn. Kömmt jedoch in keiner ungar. Specialflora vor und wurde in früherer Zeit oft verwechselt.

10. SALSOLA I.

1. S. Kali *L.* S. Tragus *L.* Auf Puszten, an wüsten sandigen oder salzigen Stellen.

2. S. Soda *L.* An salzigen Stellen und Lachen der Com. Pest, Bács und Bihar (*Sadl.* 138, *Lang* Phys. 318, *Schnell.* PV. III. 1. 18, *Kan.* ZBG. XII. 211, *Heuff.* 150).

S. sativa *L.* In Ungarn (*WK.* Ic. I. p. XXXI mit ?). S. sativae affinis sed foliis duplo minoribus *RK.* 5 an salzigen Stellen bei Sz. Iván im Com. Stuhlweissenburg (Vergl. auch *Schult.* I. 450). Was damit sowie mit S. sativa im Com. Bihar (*Lang* Phys. 318) gemeint sei, ist nicht zu enträthseln, denn unter S. sativa wird allerlei verstanden (*DC.* Prodr. XIII. 2. 193).

11. CORISPERMUM L.

1. C. orientale *Lam.* In den grossen Sandgruben an der Eisenbahn bei Pest mit C. hyssopifolium *L.* und C. canescens *Kit.* (*Bayer* ÖBZ. XIII. 47[*]). C. hyssopifolium *Reichb.* Germ. 584 nach *Bayer's* Vermuthung.

2. C. hyssopifolium *L.* Im Flugsande der Com. Pest und Szabolcs (*RK.* 12), namentlich sehr häufig in den grossen Sandgruben an der Eisenbahn bei Pest (*Bayer* ÖBZ. XIII. 47). C. intermedium *Reichb.* Germ. 584, wenigstens die ungar. Pflanze, nach *Bayer's* Vermuthung.

3. C. nitidum *Kit.* in *Schult.* I. 7 et Add. 55. C. purpurascens et microspermum *Host* Aust. I. 318, 319. Auch in *Wint.* f. 48 aber ohne

---

[*] „Steven hat meine bei Pest gesammelten Corispermen gesehen und meine Bestimmungen zum Theil berichtigt." (Bayer l. c.) Ich bin ihm daher gefolgt, obschon seine Anschauung von jener Fenzl's in Ledeh. Ross. III. 758—64 besonders in der Synonymie nicht unbedeutend abweicht. Mir scheinen die von Bayer angeführten fünf Arten von einander wenig verschieden zu sein und sie dürften sich leicht auf zwei bis drei Arten reduciren lassen

Namen abgebildet. Auf Puszten, an sandigen Stellen, im Flugsande der Com. Wieselburg (*Wierzb.* Mos.), Raab (*Ebenh.* PV. V. 63), Komorn (*Reuss* 360, *Hillebr.* ÖBZ. VIII. 298), Gran (*Kit.* Sopr., *Feicht.* Ad. 271), Pest (*Sadl.* 2), Tolna (*Hillebr.* ZBV. VII. 41), Bács, Csanád und in Klein-Kumanien (*Kit.* Add. 55), in der deutsch- und serbisch-banat. Milit. Gr. (*Heuff.* 151).

4. C. Marschallii *Stev.* Im Flugsande der deutsch- und serbisch-banat. Milit. Gr. (*Heuff.* 150).

5. C. canescens *Kit.* in *Schult.* I. 7 et Add. 57. C. elatum *Host* Aust. I. 319. C. bracteatum *Reichb.* Germ. 584. Auf Puszten, im Flugsande. Bei Trencsin (*Szont.* ÖBZ. XIV. 273), St. Andrä und Wallern im Com. Wieselburg (*Wierzb.* Mos.), im südl. Com. Komorn (*Hillebr.* ÖBZ. VIII. 298), bei Csenke im Com. Gran (*Feicht.* Ad. 271), im Pester Com. (*Sadl.* 2, *Bayer* ÖBZ. XIII. 47), zwischen Gyöngyös und Füzes-Abony im Com. Heves (*RK.* 28), in der deutsch- und serbisch-banat. Milit. Gr. (*Heuff.* 150).

XXXV. AMARANTACEAE.

1. POLYCNEMUM L.

1. P. arvense *L.* P. majus *A. Br.* An sandigen Stellen, auf wüstem und bebautem Boden.

2. P. verrucosum *Lang* Syll. I. 179. Auf Feldern, an sandigen Stellen. Auf dem Haglersberg am Neusiedler See (*N.*), an der Eisenbahn bei Báhon im Com. Presburg (*Stur* 140), bei Muzsla im Com. Gran (*Feicht.* Ad. 271), häufig im Pester Com., in Jazygien und Kumanien (*Lang* l. c.), bei Szöllös nächst Grosswardein (*Steff.* ÖBZ. XIV. 175). Geht in P. arvense über.

3. P. Heuffelii *Lang* Syll. II. 219. Auf Felsen bei Nemes-Podhragy im Com. Trencsin (*Kn.* ÖBZ. XIV. 343), in sandigen Wäldern bei Veresegyháza und Gyömrö im Com. Pest (*Lang* l. c.), bei Fünfkirchen (*Balek* ÖBW. II. 14), im Banat (*Schur* ÖBZ. XIII. 81). Geht durch die Kultur in P. arvense über (*Ledeb.* Ross. III. 860).

2. AMARANTUS L.

1. A. retroflexus *L.* A. spicatus *Lam.* A. hypochondriacus *Lumn.* 210, nicht *L.* R. hybridus *RK.* 28, 71, 110, 122, nicht *L.*, nicht *Jacq.* Auf wüsten und bebauten Plätzen.

2. A. Blitum *L.* A. silvestris *Desf.* In Weingärten, an wüsten Stellen. Bei Modern im Com. Presburg (*Stur* 140) und bei Levenc im Com. Bars (*Kn.* ÖBZ. XV. 58), dann auf dem Rosalien- und Leithagebirge (*N.*), bei Koroncó im Com. Raab (*Ebenh.* PV. V. 63), auf den Ofner Bergen (*Bayer* ÖBZ. XIII. 47), bei Fünfkirchen (*Maj.* 7), im Banat (*Heuff.* 150) und wohl noch an vielen Orten im Gebiete der Weingebirge.

3. A. deflexus *L.* A. prostratus *Balb.* nach *DC.* Prodr. XIII. 275. Auf dem Weingebirge bei Lapás-Gyarmat im Com. Neutra (*Kn.* PV. VII. 169), im Com. Trencsin (*Kikó* 17), an der Donau, Theiss, bei Miskolc (*Reuss* 358); im Eisenburger Com. (*Pol.* 6), bei Muzsla im Com. Gran (*Feicht.* Ad.

272), häufig auf sandigen besonders feuchten salzigen Triften des Pester Com. (*Sadl.* 454), bei Fünfkirchen (*Nendtv.* 17), im östl. Com. Arad (*Kéry* 17). Hier scheint allerlei vermengt zu sein und die meisten obiger Angaben kommen mir verdächtig vor, da A. d e f l e x u s eine Pflanze südl. Zonen ist (*D C.* l. c.).

4. A. viridis *L.* A. B l i t u m der meisten Aut. nicht *L.* An wüsten und bebauten Stellen.

A. **hypochondriacus** *L.* Bei Fünfkirchen (*Nendtv.* ZBG. XIII. 366)? Verkannt oder, wenn echt, ein verwilderter Gartenflüchtling.

XXXVI. P O L Y G O N E A E.

1. POLYGONUM L.

1. P. Bistorta *L.* Auf feuchten Wiesen gebirgiger und subalpiner Gegenden bis in die Krummholzregion. Bei Gross-Schützen im Com. Presburg (*Bolla* PV. I. 12), auf den mähr. Grenzkarpaten wenigstens auf der mähr. Seite (*Schloss.* 300), auf dem Strašov im Com. Trencsin (*Roch.* MS. II. 46), auf der Babia Góra (*RK.* 58) und den Hochmooren der Arva (*Vitk.* ZBG. XIII. 1062), auf den Vorlagen und in den Thälern der Central-Karpaten (*Wahlb.* 111) sowie der Liptau-Sohler Alpen (*Reuss* 368), auf dem Čerho im Com. Sáros (*Hazsl.* Sár. 224), der Trojaga (*Alth* Exs.) und Petrosa in der Marmaros (*Kit.* Add. 58), bei Nagy-Bánya im Com. Szatmár (*Árv.* Pest. Mus.), im östl. Com. Arad (*Kéry* 20), im östl. Banat (*Heuff.* 153) und selbst im Hügellande des Com. Somogy (*Kit.* l. c.).

2. P. viviparum *L.* Auf Triften der Alpen und Voralpen durch die Com. Arva, Liptau, Sohl und Zips (*Kit.* Add. 58, *Wahlb.* 112, *RK.* 48, *Szont.* ZBG. XIII. 1063), dann bei Murány im Com. Gömör und Lipóc im Com. Sáros (*Reuss* 368), auf der Černa-Hora (*Herb.* ZBG. XI. 66), dem Stol der Rodnaer Alpen (*Baumg.* I. 340), auf den Arader und Banater Alpen (*Kéry* 20, *Heuff.* 153).

3. P. amphibium *L.* In stehenden und fliessenden Wassern, als Landform an Ufern, in Gräben.

4. P. lapathifolium *L.* P. p u n c t a t u m *Kit.* Add. 59? Auf wüsten und bebauten Plätzen, an Ufern, in Sümpfen.

5. P. Persicaria *L.* P. m i t e *Schrank.* P. l a x i f l o r u m *Weihe.* An gleichen Stellen wie die vorige Art.

6. P. minus *Huds.* An feuchten Stellen, in Sümpfen. Auf dem Schur bei St. Georgen (*Kornh.* PV. III. 2. 33), an der Neutra (*Kn.* PV. VII. 171), in den Thälern der Central-Karpaten (*Hazsl.* ZBV. III. 142), bei Bartfeld im Com. Sáros, Parád im Com. Heves (*RK.* 111, 122), Szürt im Com. Ung (*Hazsl.* Exs.), auf dem Eesédi-Láp im Com. Szatmár (*Kit.* Add. 59); ferner am Neusiedler See bei Rust, im Hanság (*Wierzb.* Mos.), in den Com. Eisenburg (*Pol.* 15), Gran (*Feicht.* Ad. 272) und Pest (*Sadl.* 168), bei Csáktornya auf der Murinsel (*RK.* 5), im Ueberschwemmungsgebiete der Drau (*RK.* 72), besonders bei Darda im Com. Baranya und bei Essek (*Kit.* Slav.), bei Fünfkirchen (*Kit.* Add. 59), Semlin (*Panč.* Sirm.), im Banat (*Heuff.* 154). Wohl nur Var. des P. Persicaria, auch hat *Kitaibel*, da er in den Add. von breitlanzettlichen Blättern spricht, unter P. minus offenbar auch andere Formen des P. Persicaria mitbegriffen.

7. P. Hydropiper *L.* An Ufern, feuchten Waldstellen, in Sümpfen.

8. P. aviculare *L.* An wüsten und bebauten Stellen, auf hartem Boden.

9. P. graminifolium *Wierzb.* Flora 1842 I. 280, 1845 I. 321. In den Geröllen der Donau bei Bazias, Moldava und Sviuica in der serbisch-banat. Milit. Gr. (*Heuff.* 154).

10. P. arenarium *WK.* Ic. I. t. 67. Auf Puszten und im Flugsand durch das ganze Tiefland (*WK.* l. c. 69) von der Insel Schütt (*Endl.* 201) bis in die Banat. Milit. Gr. (*Heuff.* 154).

11. P. Bellardi *All.* P. Kitaibelianum *Sadl.* Pest. ed. I. 1. 287. An Wegen, bebauten Stellen, in Weingärten. Bei Arács am Plattensee (*RK.* 110), auf den Ofner Bergen und bei Üllö der Pester Ebene (*Sadl.* 169, *Reichb.* Germ. 573), bei Fünfkirchen (*Nendtv.* ZBG. XIII. 568), in Sirmien (*RK.* 72), auf dem Donau-Bergzuge im östl. Banat (*Heuff.* 154). Bei Theben im Presburger Com. (*Richt.* PV. VII. 101)? P. patulum *MB.* ist eine Var. von P. Bellardi (*DC.* Prod. XIV. 99), was aber das von *Nendtvich* nebst P. Bellardi bei Fünfkirchen angeführte P. patulum *Hort. pest.* in ZBG. XIII. 572 sein soll, weiss ich nicht.

12. P. Convolvulus *L.* Auf Aeckern, in Weingärten.

13. P. dumetorum *L.* An Hecken, Ufergebüsch.

14. P. alpinum *All.* Auf Felsen der Skarisora in der roman. banat. Milit. Gr. (*Heuff.* 154).

15. P. Fagopyrum *L.* Wird im Grossen gebaut, kömmt aber auch verwildert und in südl. Gegenden beinahe wild vor (*Kit.* Slav.)

16. P. tataricum *L.* Scheint nur selten gebaut zu werden. Bei Ung. Altenburg (*Vuezl*), Grosswardein (*Steff.* ÖBZ. XIV. 175), im östl. Com. Arad (*Kéry* 20).

* P. intermedium *Kit.* in *Roch.* Ban. 26. P. ciliare *Kit.* Add. 59. In Slavonien, Sirmien und im Banat.

* P. pusillum *Kit.* Add. 60. „In monte Grusiensi" Grusium liegt im Eisenburger Com. (*Kit.* Add. 246), ich vermag aber weder einen Ort, noch einen Berg, noch einen Fluss dieses Namens zu finden.

2. OXYRIA Hill.

1. O. digyna *Camp.* An felsigen Stellen der Alpen. Auf den Central-Karpaten vom Rohač bis auf die Hohe Tatra (*Wahlb.* 114, *Üchtr.* ÖBW. VII. 352, 353, *Kit.* Add. 63), auf den Rodnaer Alpen wenigstens auf der siebenbürg. Seite (*Baumg.* I. 312), auf den Banat. Alpen (*Heuff.* 153).

3. RUMEX L.

1. R. maritimus *L.* R. aegyptiacus *Lumn.* 151, nicht *L.* In Sümpfen und Lachen der Ebene. Im Marchthale (*N.*), auf der Grossen Schütt (*Endl.* 205), auf dem Schur (*Kornh.* PV. III. 2. 33), bei Szered,

Farkashida und Apaj im Com. Presburg (*Krz.* PV. II. 1. 89), bei Levene im Com. Bars (*Kn.* ÖBZ. XIV. 106), Natafalva (*Hazsl.* Exs.) und Tokay im Com. Zemplin, bei Csap im Com. Ung (*Hazsl.* ÉM. 260), sehr häufig im Com. Szaboles (*Kit.* Add. 62); ferner am Neusiedler See (*N.*), im Hanság, an der Leitha (*Wierzb.* Mos.), bei Koroncó im Com. Raab (*Ebenh.* PV. V. 63), bei Ebed im Com. Gran (*Feicht.* Add. 272), am Sió im Com. Veszprim (*Kit.* Slav.), bei Siklos im Com. Baranya (*Kit.* Bar.), gemein im Pester Com. (*Sadl.* 161), bei Semlin (*Panč.* Sirm.), im westl. Banat (*Heuff.* 153).

2. R. palustris *Sm.* R. persicarioides *Lumn.* 151, nicht *L.* In Sümpfen und Wassergräben der Ebene. Bei Ratzersdorf und St. Georgen im Com. Presburg (*Endl.* 205), bei Wag-Neustadtl im Com. Neutra (*Kell.* ÖBZ. XV. 50), bei Bruck a. d. Leitha, am Neusiedler See (*N.*), bei St. Johann, Ung. Altenburg und Wieselburg (*Wierzb.* Mos.), am Plattensee (*RK.* 111), bei Futak im Com. Bács (*Schnell.* PV. III. 1. 18), bei Semlin (*Panč.* Sirm.), Grosswardein (*Steff.* ÖBZ. XIV. 175), im Banat (*Kit.* Add. 62) fehlt jedoch bei *Heuffel.* Nach *Hazsl.* ÉM. 260 gemein im südl. Theile seines Gebietes und wohl noch an vielen Orten. Nach der Ansicht mehrerer Autoren nur Var. des Vorigen.

3. R. conglomeratus *Murr.* R. acutus und R. Nemolapathum vieler Aut. An Bächen, Wegen, wüsten Stellen.

4. R. nemorosus *Schrad.* R. sanguineus und R. Nemolapathum vieler Aut. R. Hydrolapathum *Lumn.* 152, nicht *Huds.* R. condylodes *MB.* R. oravicensis *Wierzb.* in *Roch.* Reise 75. R. exsanguis *Kit.* Add. 61. In Hainen, Wäldern niedriger und gebirgiger Gegenden.

5. R. pulcher *L.* Auf Grasplätzen, an Wegen. Vereinzelt bei Csöppöny und Szerdahely nächst Szered im Com. Presburg, ehemals auch bei Tirnau (*Krz.* PV. II. 1. 90). Mit Sicherheit nur in südlichen Gegenden. Bei Fünfkirchen (*Maj.* Exs.), im Markte Futak im Com. Bács, bei Višić im Com. Sirmien (*Schnell.* PV. III. 1. 18), bei Karlovic (*Roch.* Ban. 2), Semlin (*Panč.* Sirm.), im Banat (*Heuff.* 153).

6. R. obtusifolius *L.* R. pratensis *MK.* R. silvestris *Wallr.* Auf Wiesen, an Häusern, wüsten und bebauten Stellen.

7. R. crispus *L.* Mit dem vorigen.

8. R. Patientia *L.* Wird als Küchengewächs gebaut und kömmt in der Nähe von Dörfern an wüsten und bebauten Stellen verwildert, manchmal beinahe wild vor.

9. R. Hydrolapathum *Huds.* R. aquaticus *Nendtv.* 30 nach *Kern.* ZBG. XIII. 565, nicht *L.* An Ufern, in Sümpfen, Wassergräben. Bei Farkashida im Com. Presburg, bei Holič, Leopoldstadt (*Krz.* PV. II. 1. 90) und Emöke im Com. Neutra (*Kn.* PV. VII. 170), in den Thälern des Com. Arva (*Vitk.* ZBG. XIII. 1063) und der Central-Karpaten (*Wahlb.* 104), an der Rima im Com. Gömör (*Fábry* II. 6); ferner an der Leitha (*N.*), Rabnitz und Donau im Com. Wieselburg (*Wierzb.* Mos.), bei Koroncó im Com. Raab (*Ebenh.* PV. V. 63), am Sió im Com. Veszprim, bei Babocsa im Com. Somogy (*Kit.* Slav.), bei Fünfkirchen (*Nendtv.* l. c.), Semlin (*Panč.* Sirm.), überall in den Com. Gran (*Feicht.* Ad. 272) und Pest (*Sadl.* 161), bei Grosswardein (*Steff.* ÖBZ. XIV. 175), im Banat (*Heuff.* 153).

10. R. aquaticus *L.* An Ufern, in Sümpfen. Am Fuss der Kleinen Karpaten im östl. Com. Presburg (*Endl.* 204), durch alle Thäler der nördl. Karpaten vom Com. Turóc (*Uchtr.* OBW. VII. 376) bis auf den Ecsédi-Láp im Com. Szatmár (*RK.* 28, *Hazsl.* ÉM. 261); ferner im Hanság, auf der Kleinen Schütt (*Wierzb.* Mos.), häufig im Com. Pest (*Sadl.* 461). in Sirmien (*Romy* 53), an der Schnellen Körös bei Grosswardein (*Steff.* ÖBZ. XIV. 175), im östl. Com. Arad (*Kéry* 20). Fehlt im Banat. Uebrigens scheint es, dass die älteren Aut. R. Hydrolapathum und R. aquaticus nicht immer richtig unterschieden haben.

11. R. alpinus *L.* Auf alpinen und subalpinen Triften der Com. Arva (*Vitk.* ZBG. XIII. 1063), Sohl (*RK.* 38), Liptau, Zips, Bereg und Marmaros (*Kit.* Add. 63, *RK.* 12, 28, *Herb.* ZBG. X. 612), dann auf der Biharia (*Kern.* DL. 136), den Arader und Banater Alpen (*Kéry* 20, *Heuff.* 153).

12. R. scutatus *L.* Im Felsenschutt der Voralpen und im Gerölle der Alpenbäche. Auf dem Rozsudec (*Stur* ÖBZ. IX. 25), auf den Vorlagen und in den Thälern der Central-Karpaten (*Wahlb.* 105), auf dem Sarko (*Heuff.* 153). Wird auch in Küchengärten kultivirt und verwildert in deren Nähe.

13. R. Acetosa *L.* Auf Wiesen niedriger und gebirgiger Gegenden bis in die Alpenregion, wo er in R. arifolius *All.* übergeht.

14. R. Acetosella *L.* Auf Aeckern, sandigen oder steinigen Stellen bis in die untere Alpenregion (*Wahlb.* 105).

XXXVII. SANTALACEAE.

1. THESIUM L.

1. Th. elegans *Roch.* in *Reichb.* Ic. bot. exot. I. 14, Ban. p. 36 t. 4. Auf sandigen Hügeln bei Grebenac der serbisch-banat. Milit. Gr. (*Heuff.* 155).

2. Th. Linophyllum *L.* Th. alpinum *Lumn.* 96, nicht *L.* Auf Bergwiesen, buschigen Hügeln.

β. montanum (Th. montanum *Ehrh.*). An gleichen Orten. Auf dem Hohenei im Com. Presburg (*Richt.* PV. VII. 101), dem Hauran und der Javořina im Com. Neutra (*Kr:.* PV. II. 1. 91), dem Galgenberg bei Kesmark (*Wahlb.* 69), häufig auf trockenen Wiesen des Pester Com. (*Sadl.* 115) und im Banat (*Heuff.* 155).

3. Th. divaricatum *Jan.* Auf den Bergen oberhalb der Weingärten von Veršec im Com. Temes (*Heuff.* 155). Auf dem Hohenei im Com. Presburg (*Richt.* PV. VII. 101)?

4. Th. ramosum *Hayne.* Auf Aeckern, sandigen Triften, buschigen Hügeln. Auf dem Temetvény- und Inovec-Gebirge, bei Čachtice (*Krll.* ÖBZ. XIV. 284, XV. 50) und Veszele, dann auf dem Zobor im Com. Neutra (*Roch.* Pest. Mus., MS. II. 53), bei Sátorallya-Ujhely und Tálya im Com. Zemplin (*Hazsl.* ÉM. 260); ferner bei Ödenburg (*Szont.* ZBG. XIV. 479), Ung. Altenburg (*Vuczl*), im südl. Com. Komorn (*Hillebr.* ÖBZ. VIII. 298), bei Csenke im Com. Gran (*Feicht.* Ad. 272), Vajta und Rétszilas im Com.

Stuhlweissenburg (*Hillebr.* ZBV. VII. 41, 42), häufig im Com. Pest (*Sadl.* 115), bei Fünfkirchen (*Balek* ÖBW. II. 14), Semlin (*Pand.* Sirm.), in der westl. Banat. Milit. Gr. (*Heuff.* 155).

5. Th. humile *Vahl.* Auf Aeckern bei Udvornok, Bojnicky und Család südl. von Freistadtl im Com. Neutra (*Hol.* PV. IV. 77), auf Sand-feldern bei Vajta im Com. Stuhlweissenburg (*Hillebr.* ZBV. VII. 41). Von dem Vorigen wenig verschieden.

6. Th. alpinum *L.* Auf Felsen und an buschigen Stellen gebirgiger und subalpiner Gegenden. Auf dem Leithagebirge (*Wierzb.* Mos.), auf dem Thebner Kogel (*Endl.* 199), auf den Karpaten der Com. Trencsin (*Kikó* 19), Arva (*Herb.* ZBG. XI. 67, *Vitk.* ZBG. XIII. 1063), Sohl, Liptau, Zips (*Wahlb.* 68, *RK.* 58), Gömör (*Reuss* 372), Bereg, Szatmár (*RK.* 12, 29) und Marmaros (*Müll.* ZBG. XIII. 556), dann im Banat (*Heuff.* 155). Fehlt auf dem Pilis-Vértes Gebirge (*Kern.* ZBV. VII. 278).

7. Th. ebracteatum *Hayne.* Auf Sumpfwiesen bei Kis-Bodok und Puszta Sziget auf der Kleinen Schütt im Com. Wieselburg (*Wierzb.* Mos.).

* **Th.** serratum *Kit.* in *Schult.* I. 437. Auf Bergen im Com. Turóc.

XXXVIII. DAPHNOIDEAE.

1. DAPHNE L.

1. D. Mezereum *L.* In Bergwäldern bis in die Krummholzregion (*Wahlb.* 110). Fehlt im Pilis-Vértes Gebirge (*Kern.* ZBV. VII. 277.)

2. D. Laureola *L.* In Bergwäldern. Bisher nur bei Rovně im Com. Trencsin (*Roch.* Pest. Mus.), auf dem Leithagebirge bei Bruck (*Wierzb.* Mos.) und bei dem Kloster Kalugjeri nächst Orahovica im Com. Verovitic (*RK.* 72, *Kit.* Slav.). Bei Gesztes im Com. Gömör (*Kit.* Add. 64 mit ?).

3. D. Cneorum *L.* Auf sonnigen Hügeln, lichten Waldplätzen, Sandfeldern. Bei Hausbrunn im Com. Presburg (*Bolla* PV. I. 9), auf den Liptau-Sohler Karpaten, bei Murány im Com. Gömör (*Reuss* 371), auf der Babahora (Smolnik) bei Teplic in der Zips (*Wahlb.* 111), bei Sz. Mártoni (*RK.* 29) und Ecsed im Com. Szatmár, bei Nyir-Bátor im Com. Szabolcs (*Kit.* Add. 64); ferner auf dem Leithagebirge (*Stur* 119), in Wäldern jenseits der Raab (*Clus.* Pan. 56), bei Keszthely am Plattensee (*Árv.* Pest. Mus.), Sz. László am Bakonyer Walde im Com. Veszprim, auf dem Pilis-Vértes Gebirge von Palota bis Ofen (*Kern.* ZBV. VII. 261, *Kit.* Add. l. c.). Der in *Szont.* ZBG. XIII. 1063 angegebene Standort auf der Babia Góra in Arva ist unrichtig und beruht auf einer Verwechslung mit der Babahora zwischen Teplic und Lučivna in der Zips.

D. striata *Tratt.* Auf den Alpen Ungarns ohne nähere Angabe (*Reichb.* Ic. XXI. 14). Var. der vorigen mit kahlem Perigon.

2. PASSERINA L.

1. P. annua *Wickstr.* Auf Aeckern, bebauten Plätzen besonders niedriger Gegenden.

XXXIX. ELAEAGNEAE.

1. HIPPOPHAË L.

1. H. rhamnoides *L.* Im Ufersand der Drau (*RK*. 98), soll auch auf dem Leithagebirge bei Bruck (*Schult*. I. 320)? dann in den Com. Ödenburg und Sohl wild vorkommen (*Roch*. Misc. 97), an andern Orten z. B. in den Com. Presburg und Neutra ist dieser Strauch nur ein Flüchtling der Gärten (*Krz*. PV. II. 1. 91). Nach *Hazsl*. ZBV. III. 141 „am Zluti-Zob bei Bodlak in Zólyom (Sohler Com.)." Allein dies ist irrig, denn Žlutj-Zob und Bodlak bezeichnen weder einen Fluss, noch einen Berg, noch eine Ortschaft, sondern sind die slovakischen Benennungen der H. r h a m n o i d e s (*Roch*. l. c.).

Elaeagnus angustifolia *L.* Kömmt nur kultivirt vor (*Roch*. Misc. 96, Ban. 10).

XL. ARISTOLOCHIEAE.

1. ASARUM L.

1. A. europaeum *L.* In Auen, Bergwäldern, bis in die Voralpenregion.

2. ARISTOLOCHIA L.

1. A. Clematitis *L.* In Auen, Weingärten, an Rainen.

2. A. pallida *Willd.* Zwischen Gebüsch an der Lonja und bei Pleternica im Com. Požega (*RK*. 72), auf steinigen Bergen bei Ruskberg, bei den Herculesbädern und auf dem Allion bei Alt-Orsova in der roman. banat Milit. Gr. (*Heuff*. 155).

A. longa *L.* In Ungarn (*Sadl*. in *Reichb*. Germ. 182)? Eine Pflanze der Mittelmeerflora (*DC*. Prodr. XV. 1. 486), welche weder am croat. Litorale noch in Dalmatien vorkömmt.

A. rotunda *L.* Auf Löss bei Cjfer im Com. Presburg (*Stur* 119), wohl nur zufällig. An Zäunen in Ungarn (*Reichb*. Germ. 183), womit wahrscheinlich das ehemals ungarische Litorale gemeint ist, da diese Art dort wächst (Syll. cr. 38).

III. GAMOPETALAE.

XLI. PLANTAGINEAE.

1. PLANTAGO L.

1. P. major *L.* An Wegen, feuchten Stellen. P. limosa *Kit*. in *Schult*. I. 294—5 in Ungarn gehört nach *Schultes* hieher, nach *Koch* Syn. 686 zu P. Cornuti *Gouan*, einer Pflanze des Seestrandes.

2. P. maxima *Ait.* An sumpfigen Stellen bei dem Praedium Rákos nächst Pest (*Sadl*. 65), bei Tolna (*Kit*. Bar.) und bei Kis-Ujszállás in Gross-Kumanien (*Janka* ÖBZ. XIII. 114).

3. P. media *L.* Auf Wiesen, an Wegen.

4. P. lanceolata *L.* (*DC.* Prodr. XIII. 1. 714—5). Auf Wiesen, Triften.

β. **altissima** (P. altissima der Aut.). In Sümpfen, Wassergräben.

γ. **lanuginosa** (P. hungarica *WK.* Ic. III. t. 203. P. lanata *Host* Aust. I. 210). An sandigen trockenen Stellen. *Kitaibel's* Original Standort ist an den Schwefelquellen bei Magyaród im Com. Hont (*Schult.* I. 297).

5. P. sibirica *Poir.* (*Janka* ÖBZ. X. 185). An feuchten salzigen Stellen bei Püspök-Ladány im Com. Szabolcs (*Steff.* ÖBZ. XIII. 199).

6. P. tenuiflora *WK.* Ic. I. t. 39. P. Weldenii *Bayer* ÖBZ. XIII. 46, nicht *Reichb.* An sandigen salzigen Stellen des Tieflandes. Bei Ilmitz am Neusiedler See (*Wierzb.* Mos.), bei Kőhid-Gyarmat im Com. Gran (*Feicht.* Ad. 272), häufiger in den Com. Stuhlweissenburg, Pest, Heves, Szabolcs, Bihar, Békés und in Klein-Kumanien (*WK.* l. c. 38, *RK.* 12, 29, *Janka* ÖBZ. XIV. 355), dann im Com. Torontál (*Heuff.* 149).

P. Weldenii *Reichb.* Germ. 396, Ic. IX. p. 2 f. 1088—9, XXVII. p. 56 t. 84, *Vis.* Dalm. II. 3—4, eine Pflanze der Mittelmeer-Flora, hat fransiggewimperte Deckblätter und Kelchzipfel, behaarte Blumenkronröhren und zweisamige Kapseln. Die Pflanze aber, welche *Bayer* bei Abony im Com. Pest fand, hat, obschon in der Tracht *Reichenbach's* Abbildung höchst ähnlich, wimperlose Deckblätter und Kelchzipfel, kahle Blumenkronröhren und achtsamige Kapseln wie P. tenuiflora. (Geflügelt sind die Samen bei beiden, bei P. tenuiflora nur schwächer). Ich halte daher die *Bayer'sche* Pflanze für eine feine zarte Form der P. tenuiflora. Wie *Decaisne* in *DC.* Prodr. XIII. 1. 729—30 die jährige feinwurzlige P. Weldenii *Reichb.* zu P. maritima ziehen kann, begreife ich nicht.

7. P. gentianoides *Sm.* P. uliginosa *Baumg.* I. 89. An Bächen, Schneegruben, auf Torfmooren der Alpen- und Voralpenregion im Banat (*Heuff.* 149), auch auf der Dscameanie der Rodnaer Alpen (*Baumg.* l. c.)

8. P. argentea *Chaix.* P. Victorialis *Poir.* P. sericea *WK.* Ic. II. t. 151. Auf sonnigen Kalkbergen bei Palota im Com. Veszprim, Inota im Com. Stuhlweissenburg, Arács, Füred und Tapolca im Com. Zala, Harsány im Com. Baranya (*WK.* l. c. 163, *Kit.* Bar.), an salzigen Stellen bei dem Praedium Epres im Com. Pest (*Sadl.* 66). Auf Sumpfwiesen bei Moravica im Com. Temes (*Wierzb.* Flora 1845 I. 323)? *Heuffel* gibt sie nur in Siebenbürgen an (Ban. 149).

9. P. montana *Lam.* P. alpina *Roch.* Ban. p. 32 t. 1, nicht *L.* P. lanceolata β. alpestris *Wahlb.* 44. Auf Voralpen der Central-Karpaten (*Wahlb.* l. c.) namentlich auf dem Skopa-Pass der östl. Tatra (*Uchtr.* ÖBW. VII. 360), dann auf Alpentriften des Banats (*Heuff.* 149).

10. P. maritima *L.* P. graminea *Lam.* P. Wulfeni *Willd.* Auf Grasplätzen, an Rainen, wüsten oder salzigen Stellen.

P. subulata *WK.* Ic. I. p. XXXI. in Ungarn. Entweder eine starre Felsenform der P. maritima oder die am ehemals ungar. Litorale vorkommende P. subulata *Wulf.* (P. serpentina *Lam.*)

11. P. arenaria *WK.* Ic. I. t. 51. P. Psyllium *Lumn.* 63, nicht *L.* Auf Aeckern, an sandigen Stellen gemein (*WK.* l. c. 51). Was P. Psyllium

Ebenh. PV. V. 63 bei Koroncó im Com. Raab nebst P. arenaria sein soll, weiss ich nicht, da P. Psyllium *L.* eine Pflanze der Mittelmeerflora ist.

12. P. Cynops *L.* An der Tarca bei Eperjes (*Hazsl.* ÉM. 256). Eine südliche Pflanze, daher ein abnormer Standort.

XLII. PLUMBAGINEAE.

1. STATICE L.

1. S. elongata *Hoffm.* Armeria vulgaris *Willd.* Auf Weiden, sandigen Grasplätzen. Bei Frauenkirchen im Com. Wieselburg (*Wierzb.* Mos.), bei Thomasbrunn und Patzenhäusel nächst Presburg (*Endl.* 213), im Marchthal von Adamov (*Krz.* PV. II. 1. 87) bis Skalic im Com. Neutra (*Roch.* MS. II. 33), dann erst wieder bei Grosswardein gegen Bonikút zu (*Steff.* ÖBZ. XIV. 176). Bei Fünfkirchen (*Maj.* 15)?
2. S. Gmelini *Willd.* Spec. I. 1524. S. scoparia *Pall.* in *Willd.* l. c. Var. der S. Limonium *L.* nach der Ansicht vieler Aut. Auf Weiden und an feuchten salzigen Stellen des Tieflandes in den Com. Gran (*Feicht.* Ad. 272), Stuhlweissenburg (*Hillebr.* ZBV. VII. 41, *Kit.* Slav.), Pest (*Sadl.* 142), Jazygien, Heves, Zemplin, Szabolcs, Bihar und Békés (*Reuss* 355, *RK.* 29. 85, *Kit.* Ber., *Arv.* et *Portschl.* Pest. Mus., *Hazsl.* ÉM. 256, *Janka* ÖBZ. XIV. 355), dann im westl. Banat (*Heuff.* 148).

XLIII. VALERIANEAE.

1. VALERIANELLA Poll.

1. V. olitoria *Poll.* An Rainen, bebauten Stellen.
2. V. carinata *Lois.* Mit der Vorigen.
V. echinata *DC.* In Sirmien (*Rumy* 54)? Eine Pflanze der Mittelmeer-Flora (*DC.* Prodr. IV. 626), am croat. Litorale kömmt sie vor (Syll. cr. 40).
V. erlorarpa *Desv.* Im Banat (*Roch.* Reise 53 mit ?), fehlt bei *Heuffel.* Dagegen soll Fedia dentata *Nendtv.* 22 bei Fünfkirchen nach *Sándor* ZBG. XIII. 565 V. eriocarpa sein.
3. V. dentata *Poll.* V. Morisonii *DC.* Fedia dasycarpa *Stev.* Unter dem Getreide, auf Brachäckern.
4. V. Auricula *DC.* Auf Brachen, an grasigen Stellen. Im mittleren Gebiete des Karpatenlandes (*Hazsl.* ÉM. 255), bei Ung. Altenburg (*Vuezl*), häufig in den Com. Gran (*Feicht.* Ad. 272) und Pest (*Sadl.* 22), bei Semlin (*Panc.* Sirm.), im Banat (*Heuff.* 89) und wahrscheinlich noch an vielen Orten.
5. V. pumila *DC.* V. membranacea *Lois.* Auf steinigen Bergen bei Ofen, besonders auf dem Blocksberg (*Sadl.* 23), an gleichen Orten an der Donau in der Banat. Milit. Gr. (*Heuff.* 90).
6. V. coronata *DC.* Fl. franç. IV. 241, nicht Prodr. V. hamata *Bast.* (Vergl. *Gr.* et *Godr.* Franc. II. 65). Auf Bergtriften. Häufig bei Ofen (*Sadl.* 23), bei Keszthely am Plattensee (*Arv.* in *Kit.* Bar.), in Sirmien (*Rumy* 54), bei Veršec und an der Donau im Banat (*Heuff.* 90).
* V. laslocephala *Betke* in *Sadl.* 24. Auf den Ofner Bergen.

2. **VALERIANA** L.

1. V. officinalis L. V. angustifolia *Tausch.* V. exaltata et sambucifolia *Mik.* Auf Hügeln, Wiesen, in Sümpfen niedriger und gebirgiger Gegenden bis in die Voralpenregion.

2. V. dioica *L.* V. montana *Geners.* 3, nicht *L.* V. silvestris *Gray.* Auf nassen Wiesen, in Sümpfen. Die Var. simplicifolia *Reichb.* Ic. I. f. 120 im Langenwalde bei Kesmark (*Aschers.* Brandenb. Ver. VI. 111, 155).

3. V. saxatilis L. Bisher nur auf Felsen im Thale Vratna bei Těrhova im nördl. Com. Trencsin (*Brancs.* ÖBZ. XII. 323). Auf den mähr. Grenzkarpaten, aber bisher blos auf der westlichen Abdachung in Mähren (*Schloss.* 191).

4. V. tripteris L. V. elongata *Geners.* 3, nicht *Jacq.* V. heterophylla *Baumg.* Auf Felsen gebirgiger Gegenden bis in die Krummholzregion. Durch die ganze nordwestl. Karpatenkette von der Vysoka im Com. Presburg (*Bolla* PV. I. 9) bis Kaschau (*Feueregg.* 21, *Hazsl.* EM. 255, *Pawl.* PV. I. 28), dann auf dem Pikuj des Com. Bereg (*Hück.* ZBG. XV. 55), auf dem Pilis-Vértes Gebirge (*Kern.* ZBV. VII. 286), auf dem Papuk in Slavonien, auf der Biharia (*RK.* 72, 85), auf den Banat. Alpen (*Heuff.* 89).

5. V. montana L. Mit der Vorigen, aber viel seltener. Auf den Beskiden, wenigstens auf der schlesichen Seite (*Kolb.* ZBG. XII. 1201), auf der Fatra (*Reuss* 207), bei Cigelka an der galiz. Grenze im Com. Sáros (*Hazsl.* EM. 255), im Felsenthale Szadellö bei Torna (*Pawl.* PV. I. 28), auf der Trojaga in der Marmaros (*Müll.* ZBG. XIII. 557). Im Banat (*Roch.* Reise 85)? fehlt bei *Heuffel.*

6. V. elongata *Jacq.* Auf Felsen der Alpen. Bisher blos auf der Dscameanic der Rodnaer Alpen (*Baumg.* I. 58).

V. Phu L. Im Com. Trencsin (*Kikó* 19), auf den südl. Bergen des Com. Liptau (*Flittn.* nach *Hazsl.* ZBV. II. 5). Wohl nur kultivirt, höchstens zufällig verwildert.

XLIV. DIPSACEAE.

1. **DIPSACUS** L.

1. D. Fullonum *Mill.* Wird gebaut z. B. bei Presburg (*Endl.* 320) und bei Hertnek im Com. Sáros (*Reuss* 208), kömmt auch verwildert vor, wie an Weingartenrändern bei Agendorf und Horka im Com. Ödenburg (*Szont.* ZBV. XIV. 479), bei dem Bischofsbad nächst Grosswardein (*Steff.* ÖBZ. XIV. 176).

2. D. silvestris *Huds.* An Wegen, Ufern.

3. D. laciniatus L. Mit dem vorigen.

D. Gmellni *MB.* Bei Grosswardein (*Janka* ÖBZ. VIII. 365), aber nur zufällig und vorübergehend, derzeit wieder verschwunden (*Janka* in lit.)

4. D. pilosus L. Cephalaria pilosa *Gr.* et *Godr.* In Wäldern, an Ufern niedriger und gebirgiger Gegenden. Stellenweise in den Com.

Presburg (*Endl.* 321), Neutra (*Hol.* PV. I. 72, *Krz.* PV. II. 1. 61), Trencsin (*Kitk* 18), Sohl (*Kit.* Arv.), Liptau, Gömör (*RK.* 58), Sáros (*Hazsl.* Sár. 224), Borsod, Szatmár und Marmaros (*RK.* 30, 122); ferner in den Auen der Leitha (*N.*) und der Donau im Com. Wieselburg (*Wierzb.* Mos.), bei Gran (*Feicht.* Exs.), Sümeg im Com. Zala, Berzence im Com. Somogy (*Kit.* Bar.), an Giessbächen des Pilis-Gebirges (*Sadl.* 63), bei Fünfkirchen (*Maj.* 15), in den Com. Eisenburg (*Pol.* 10), Verovitic und Požega (*RK.* 72), auf der Biharia (*Kern.* Dl. 122, 334), im Banat (*Heuff.* 90).

2. CEPHALARIA Schrad.

1. C. transsilvanica *Schrad.* Scabiosa tatarica *Horv.* 19 und *Lumn.* 55, nicht *L.* nach *Heuff.* Flora 1831 I. 406 und *Krz.* ÖBW. VI. 113, auch S. tatarica *Kit.* Add. 65 bei Diószegi im Com. Bihar dürfte hierher gehören. S. ciliata *Schult.* I. 290 und *Engl.* 322 sowie Knautia montana *Mály* 106, insoweit die bei Tirnau und Lanschütz vorkommende Pflanze gemeint ist. Auf Aeckern, an Wegen, in Weingärten, sowohl der nördl. Com. Presburg (*Endl.* l. c., *Krz.* PV. II. 1. 61), Neutra (*Hol.* PV. IV. 74, *Kn.* PV. VII. 150), Bars, Hont (*Kit.* Arv., *Kn.* ÖBZ. XIV. 105—8, 117. 242, 243), Abauj (*Pawl.* PV. I. 29, *RK.* 59), Zemplin, Borsod, Heves, Szabolcs und Szatmár (*Reuss* 209, *RK.* 12, 30), als der südl. Com. Eisenburg (*Pol.* 17), Zala (*Haberl.* ÖBZ. X. 16, *RK.* 111), Gran (*Feicht.* Exs.), Pest (*Sadl.* 64), Tolna, Somogy, Baranya (*Kit.* Bar. et Slav.), Bács (*Schnell.* PV. III. 1. 11), Sirmien, Verovitic und Požega, bei Sibin (nicht Silni) in der Broder, bei Beška und Semlin in der Peterwardeiner Milit. Gr. (*RK.* 30, *Ramy* 52, *Kit.* Slav.), bei Grosswardein (*Steff.* ZBG. XIV. 176), im Banat (*Heuff.* 90).

2. C. centauroides *Coult.* Aendert ab:

α. **pubescens** (Scabiosa corniculata *WK.* Ic. I. t. 13. S. uralensis *Host* Aust. I. 188). Auf steinigen Bergen im Banat (*WK.* l. c. 11), aber in neuerer Zeit nicht mehr gefunden (*Heuff.* 90).

β. **laevigata** (Scabiosa laevigata *WK.* Ic. III. t. 230. S. centauroides *Host* Aust. I. 188). Auf Felsen und steinigen Bergen bei Csiklova im Com. Krassó, bei den Herculesbädern und auf dem Donau-Bergzuge in der Banat. Milit. Gr. (*Heuff.* 90). Zu welcher Var. Scabiosa centauroides *RK.* 30 bei Szakoly im Com. Szabolcs gehört, ist nicht ersichtlich. C. leurantha *Schrad.* Im südlichsten Ungarn (*Schult.* I. 286 mit ?). Bei Fünfkirchen (*Aendtv.* ZBG. XIII. 568). Eine Pflanze am Südabhange der Alpen, in Croatien kömmt sie vor (Syll. cr. 40).

3. KNAUTIA Coult.

Heuffel die in Ungarn vorkommenden Arten der Gattung Knautia in der Flora 1856 I. 49 - 56 (Heuff. Knaut.).

1. K. longifolia *Koch.* Scabiosa longifolia *WK.* Ic. I. t. 5. Auf Felsen der Alpen und Voralpen. Auf der Trojaga (*Müll.* ZBG. XIII. 557) und dem Pop-Ivan der südöstl. Marmaros, auf der Petrosa (*WK.* l. c. 5), dem Arsul und Csiblesz der Rodnaer Alpen (*Baumg.* I. 74), auf den Banat. Alpen (*Roch.* Ban. 6, 28, *Heuff.* Knaut. 51). Wohl nur Var. der K. arvensis.

2. K. arvensis *Coult.* Auf Wiesen, an Rainen. Die weissblühende Var. (K. carpatica *Heuff.* Knaut. 50) auf Hügeln und Felsen der Com. Presburg, Arva, Liptau und Zips (*Wahlb.* 39), einzeln wohl überall unter der Stammart.

3. K. silvatica *Duby.* Scabiosa dipsacifolia *Host.* S. lancifolia *Heuff.* Exs. In Berg- und Voralpen-Wäldern (*Heuff.* Knaut. 54). Var. der K. arvensis.

4. K. drymeia *Heuff.* Knaut. 53, *Ban.* 91 mit dem Citate „Scabiosa ciliata *Reichb.* Ic. XXII. f. 1351, nicht *Spr.*" In Laubwäldern des Banats (*Heuff.* l. c.), bei Fünfkirchen (*Sadl.* in *Reichb.* l. c. 17). Von S. silvatica wenig verschieden.

5. K. dumetorum *Heuff.* Knaut. 51, Ban. 91. An Hecken und Rainen im Banat.

6. K. pannonica *Heuff.* Knaut. 52. Auf Bergen am Plattensee, besonders bei Büdöskut im Com. Zala. Diese und die vorige Art scheinen den jetzigen Botanikern unbekannt zu sein.

Scabiosa integrifolia *Kit.* in *Schult.* I. 287 auf Aeckern im Banat wird in *Heuff.* Ban. 91 ohneweiters für Knautia hybrida *Coult.* β. integrifolia erklärt, ungeachtet das, was *Schultes* l. c. sagt, hierzu nicht den mindesten Anhaltspunkt bietet. Die echte K. hybrida ist eine Litoralpflanze, die nach *Heuff.* Knaut. 49 in neuerer Zeit nirgends in Ungarn gefunden wurde. Allem Anscheine nach hat daher *Kitaibel* unter S. integrifolia irgend eine Form der K. arvensis verstanden. Eine gleiche Bewandtniss dürfte es mit S. integrifolia *PM.* It. 140 und *RK.* 5 bei Cepin im Com. Verovitic und auf der Murinsel haben.

Ob Scabiosa pubescens *WK.* in *Willd.* Berol. I. 146 bei Kesmark und bei Herrengrund im Com. Sohl (*Kit.* Add. 66) und S. pubescens *Wahlb.* 38 bei Hradek im Com. Liptau und auf dem Rozsudec (*Stur* ÖBZ. IX. 22) dieselbe oder verschiedene Pflanzen darstellen, dann ob sie Arten oder Varietäten oder Synonyme einer der *Heuffel*'schen Arten seien, vermochte ich nicht herauszubringen. Nach *R. Sch.* Syst. III. 57 8 wäre S. pubescens *Wahlb.* synonym mit S. ciliata *Spr.*, einer nicht minder zweifelhaften Pflanze, welche *Stur* 119 bei Schenkwitz im Com. Presburg gefunden haben will. (Vergl. auch *Neilr.* Nachtr. 93).

4. SCABIOSA Coult.

1. S. Succisa *L.* Auf Wiesen, in Wäldern, Holzschlägen niedriger und gebirgiger Gegenden.

2. S. australis *Wulf.* Auf Wiesen. In den kälteren Karpatengegenden (*Host* Aust. I. 189), bei Ungvár und Csap im Com. Ung (*Hazsl.* EM. 252, PV. III. 1. SB. 7), bei Tisza-Ujlak im Com. Ugocs (*RK.* 30); ferner im Com. Eisenburg (*Pol.* 17), bei Fünfkirchen (*Maj.* 15), in der Theissniederung bei Téglás im Com. Csongrád (*Hazsl.* Exs.), im Thale der Schwarzen Körös gegen die Biharia zu (*Kern.* Exs.), gemein in der Hügel- und Bergregion des Banats (*Heuff.* 91). S. spathulata *Kit.* Add. 65 auf feuchten Wiesen bei Raab ist der Beschreibung nach hiervon nicht verschieden.

3. S. Columbaria *L.* S. ochroleuca *L.* S. agrestis *WK.* Ic. III. t. 204. S. Scopolii *Link.* Auf Wiesen, buschigen Hügeln. S. pallida *Lang* En. 3 ist zufolge eines im k. k. bot. Cabinete befindlichen Originalexemplars von S. ochroleuca nicht verschieden.

4. S. lucida *Vill.* S. norica *Vest.* An felsigen buschigen Stellen gebirgiger Gegenden bis in die Krummholzregion. Auf den Kleinen Karpaten (*Krz.* PV. II. 1. 62), auf dem Rozsudec (*Star* ÖBZ. IX. 24), Choč (*Krz.* ÖBZ. X. 156), auf allen Vorlagen der Central-Karpaten und der Liptau-Sohler Alpen (*Wahlb.* 39, *Hazsl.* ÉM. 252), auf dem Pikuj im Com. Bereg (*Hück.* ZBG. XV. 55), auf den Karpaten des Banats (*Heuff.* 92). Von S. Columbaria als Art wohl nicht verschieden.

5. S. suaveolens *Desf.* S. canescens *WK.* Ic. I. t. 53. S. incana *Kit.* Ber. et Arv. Auf buschigen Hügeln und Sandfeldern der Ebene gemein (*WK.* l. c. 53, *Sadl.* 64), fehlt jedoch im Banat.

6. S. banatica *WK.* Ic. I. t. 12. An schattigen felsigen Stellen im südl. Com. Krassó, bei den Herculesbädern und auf dem Donau Bergzuge der Banat. Milit. Gr. (*Heuff.* 92).

7. S. ucranica *L.* Auf Hügeln der Weinberge bei Futak im Com. Bács (*Schnell.* PV. IV. 81), bei Semlin (*Panč.* Sirm.), auf Bergwiesen an der Donau in der östl. Banat. Milit. Gr. (*Heuff.* 92).

S. graminifolia *L.* Auf der Petrosa in der Marmaros (*RK.* 30)? Diese Angabe rührt von *Kitaibel's* erster Reise in die Marmaros (1796) her, in dem späteren Werke *WK.* Ic. II. 207 (1805) wird als einziger Standort der S. graminifolia die Alpe Badany in Croatien angegeben. In Siebenbürgen kömmt sie ebenfalls nicht vor.

XLV. COMPOSITAE.

I. CORYMBIFERAE.

1. EUPATORIUM L.

1. E. cannabinum *L.* An Ufern, feuchten Waldstellen besonders gebirgiger Gegenden.

E. parviflorum *Schnell.* PV. III. 1. 11 bei Futak. Ist ein Schreibfehler und soll Epilobium parviflorum heissen. (*Schnell.* schriftl. Mittheil.)

2. ADENOSTYLES Cass.

1. A. alpina *Döll.* An schattigen Stellen der Voralpen (Cacalia albifrons *L.* fil.) bis in die Krummholzregion der Alpen (C. alpina *Jacq.*). Durch die ganze nördliche Karpatenkette vom Com. Trencsin bis in die Marmaros (*Kikó* 17, *Vitk.* ZBG. XIII. 1064, *Wahlb.* 256, *RK.* 12, 58, *Herb.* ZBG. X. 612, *Müll.* ZBG. XIII. 557), dann auf den Banat. Karpaten (*Heuff.* 92).

13*

3. HOMOGYNE Cass.

1. H. alpina *Cass.* Auf Triften der Alpen und Voralpen. Im Walde zwischen Kaltenbrunn und Neudorf nächst Presburg (*Richt.* PV. VII. 103) ein abnormer Standort, durch die ganze nördl. Karpatenkette vom Com. Arva bis in die Marmaros (*Hazsl.* ÉM. 251, *RK.* 12, 30, *Herb.* ZBG. X. 612, *Müll.* ZBG. XIII. 557), auf den Rodnaer Alpen (*Kotschy*), auf der Biharia (*Kern.* Dl. 140, 324). auf den Banat. Alpen (*Heuff.* 92).

II. discolor *Cass.* Auf den höchsten Alpen der Tatra (*Reuss* 213)? auch nach *Reichb.* Ic. XXVI. 5 soll sie in Ungarn vorkommen. Ist damit vielleicht Tussilago discolor *Geners.* 62 in der Zips gemeint? welche aber nicht die echte Art dieses Namens, sondern H. alpina ist (*Wahlb.* 263).

4. PETASITES Gärtn.

1. P. officinalis *Mönch.* An Ufern, zwischen Weidengebüsch niedriger und gebirgiger Gegenden.

2. P. albus *Gärtn.* An Bergbächen und sumpfigen Waldstellen bis in die Voralpenregion. Durch die ganze nördliche Karpatenkette von der Javorina im Com. Neutra (*Krz.* PV. II. 1. 62) bis in die Marmaros (*Hazsl.* ÉM. 251, *Kit.* Add. 68), dann bei Oedenburg (*Szont.* ZBG. XIV. 480), Gross-wardein (*Steff.* ÖBZ. XIV. 176) und Rézbánya im Com. Bihar (*RK.* 85), im östl. Banat (*Heuff.* 92).

3. P. niveus *Baumg.* An Bächen der Voralpen. Bisher nur bei Rovně im Com. Trencsin (*Roch.* Pest. Mus.) und im Schächtengrunde unter-halb des Drechselhäuschens der östl. Tatra (*Hausskn.* ÖBZ. XIV. 214).

5. TUSSILAGO L.

1. T. Farfara *L.* An Ufern, feuchten lehmigen Stellen.

T. cordifolia *WK.* Ic. I. p. XXXI. Auf den Alpen Ungarns. Wahr-scheinlich eine Homogyne.

6. BELLIDIASTRUM Cass.

1. B. Michelii *Cass.* An felsigen Stellen der Voralpen bis in die Krummholzregion, besonders auf Kalk. Durch die nordwestl. Karpatenkette vom Com. Trencsin (*Roch.* Pest. Mus,, *Brancs.* ÖBZ. XII. 323, 325) bis in das Com. Sáros (*Szont.* ZBG. XIII. 1065, *NS.* 13, *Wahlb.* 274, *Reuss* 216—7, *Hazsl.* ÉM. 249 et Sár. 224), dann auf der Dscamcanie der Rodnaer Alpen (*Baumg.* III. 136).

7. ASTER L.

1. A. alpinus *L.* Auf felsigen Triften der Alpen und Voralpen. Auf den mähr. Grenzkarpaten wenigstens auf der westl. Seite (*RM.* Mähr. 177), auf dem Rozsudec (*Stur* ÖBZ. IX. 25), der Rackova, Tomanova polska, dem Grossen Křivan, der östl. Tatra (*Wahlb.* 268, *Herb.* Add. 44, *Roch.* MS. I. 78), dann auf dem Gutin, Csiblesz und Arsul der Rodnaer Alpen (*Baumg.* III. 127, *Herb.* Bucov. p. V), auf den Banat. Alpen, z. B. auf dem Baiku

(*Heuff.* 93). Auf den Pienninen in Galizien hart an der Zipser Grenze kömmt eine Var. glabrata vor (*Herb.* Add. 44, Flora 1834 II. 575, ZBG. XI. 38, 50).

2. A. Amellus *L.* A. bessarabicus *Bess.* A. scepusiensis *Kit.* Add. 69. Auf steinigen Triften, buschigen Hügeln.

3. A. Tripolium *L.* A. pannonicus *Jacq.* A. acris *Lumn.* 377, nicht *L.* A. depressus *Kit.* Add. 69. In Sümpfen, zwischen Schilf, auf nassen besonders salzigen Wiesen des Tieflandes.

4. A. acris *L.* A. punctatus *WK.* Ic. II. t. 109. An feuchten salzigen Stellen des Tieflandes, aber auch am Rande der Weingärten und an buschigen trockenen Stellen, mit Sicherheit nur im östl. Gebiete. Im südl. Com. Zemplin besonders am Fuss der Hegyallja (*RK.* 12, *Pawl.* PV. I. 29, *Hazsl.* ÉM. 249), auf den Ebenen der Com. Pest (*Sadl.* 395), Heves, Szabolcs (*RK.* 12, 123), Borsod (*Kit.* Ber.); Bihar (*Lang* Phys. 318, *Janka* Linn. 1859 p. 576) und Csongrád (*WK.* l. c. 113), bei Tót-Komlos im Com. Békés (*Kit.* Add. 68), bei Boros-Jenő im Com. Arad (*Heuff.* Bot. Zeit. 1863 p. 45), im westl. Banat (*Heuff.* Ban. 93). In Gebüschen bei Koroncó im Com. Raab (*Ebenh.* PV. V. 57) schwerlich. Galatella punctata bei Köhid-Gyarmat im Com. Gran (*Feicht.* Ad. 273) gehört vielleicht zu A. canus. Linosyris glabrata *Lindl.* bei Tokay (*Janka* l. c.) ist nach *Ledeb.* Ross. II. 480 eine Var. des A. acris mit strahllosen Köpfchen.

* A. hyssopifolius *Kit.* Add. 68, nicht *L.* An salzigen Stellen bei Szegedin. Mit A. acris *L.* verwandt.

5. A. canus *WK.* Ic. I. t. 30. Auf Wiesen, zwischen Gebüsch, an salzigen Stellen. Im Marchthale in Nieder-Oesterreich und daher wahrscheinlich auch am linken Ufer in Ungarn, bei Wolfs im Com. Ödenburg (*Kundt*), bei Karcag in Gross-Kumanien, bei Grosswardein (*Janka* ÖBZ. XIII. 114 und Linn. 1859 p. 576), im Com. Békés, im westl. Banat (*Kit.* Add. 69, *Heuff.* 93), bei Semlin (*Panč.* Sirm.). Von A. acris *L.* wenig verschieden, bei Sáros-Patak im Com. Zemplin scheinen Uebergangsformen vorzukommen (*Hazsl.* ÉM. 249).

6. A. salignus *Willd.* Auf Wiesen, zwischen Ufergebüsch. An der Gran bei Lipče im Com. Sohl, bei Presburg (*Reuss* 216), an der Leithamündung (*Vnezl*), an der Marcal im Com. Raab (*Ebenh.* PV. V. 57), im Com. Pest gegen die Theiss zu (*Sadl.* 394), bei Futak im Com. Bács (*Schnell.* PV. III. 1. 11). Die ganze Art scheint als solche gar nicht zu bestehen, sondern dürften derselben verschiedene verwilderte americanische Astern zu Grunde liegen.

* A. pestiensis *DC.* In Auen bei Pest (*Sadl.* 395). Ohne Zweifel irgend ein verwilderter americanischer Aster.

8. ERIGERON L.

1. E. canadensis *L.* An wüsten und bebauten Stellen.

2. E. acris *L.* E. serotinus *Weihe.* An sandigen Stellen, in Geröllen. Die mehr kahle Var. oder E. droebachensis *Müll.* auf dem Rosaliengebirge (*N.*), im Demanovka-Thale des südl. Com. Liptau (*Hausskn.* ÖBZ. XIV. 217) und wohl auch noch an anderen Orten.

3. E. alpinus *L.* Auf felsigen Triften der Alpen und Voralpen. Auf den Central-Karpaten vom Rohač bis auf die östl. Tatra (*Wahlb.* 262) und zwar die kahle Var. (E. glabratus *Hoppe*) ebenso häufig als die behaarte (*Hazsl.* ZBV. II. 6), dann auf dem Pop-Ivan und der Petrosa in der Marmaros (*Kit.* Add. 70), im Banat nur auf der Alpe Branu (*Heuff.* 95).

4. E. uniflorus *L.* Auf felsigen Triften der Alpen. Am Alpensee der Rackova (*Roch.* Exs.), auf dem Czerwony Wirch (*Grzeg.* ÖBW. III. 258), dem Grossen Křivan, unter der Lomnitzer Spitze bei den fünf Seen und im Kleinen Kohlbachthale (*Wahlb.* 262, *Krz.* PV. V. 115). Wohl nur Hochalpenform der vorigen.

5. E. atticus *Vill.* E. Villarsii *Bell.* E. carpaticus *Gris.* It. 336. Auf grasigen Abhängen der Voralpen. Am Langensee im Völkgrund der Hohen Tatra (*Hazsl.* Exs.) und im Alpenthale Drechselhäuschen der östl. Tatra (*Wahlb.* 265), dann auf den Rodnaer Alpen, wenigstens auf der siebenbürgischen Seite (*Janka* Linn. 1859 p. 576) und im Kirlibaba-Thale in der Bucovina hart an der Grenze gegen die Marmaros (*Herb.* Bucov. 144).

9. STENACTIS Cass.

1. S. bellidiflora *A. Br.* Aster annuus *L.* Auf Wiesen, in Auen, an feuchten Stellen. Von Presburg bis Fünfkirchen (*Schult.* II. 533), ich finde sie aber nur im Donauthale auf den Donau-Inseln bei Presburg (*Endl.* 314) und Ung. Altenburg (*Vuczl*), dann bei Karva und Csenke im Com. Gran (*Feicht.* Add. 273) angegeben; häufiger im südl. Gebiete bei Daruvár im Com. Požega, bei Verovitic (*RK.* 72), Brogyance, Čepin und Essek im Com. Verovitic (*Kan.* Exs.), bei Futak im Com. Bács (*Schnell.* PV. III. 1. 11), bei Semlin (*Panč.* Sirm.), im östl. Com. Arad (*Kéry* 17). Stammt aus Nordamerica, ist aber im Lauf der Zeiten wild geworden.

10. BELLIS L.

1. B. perennis *L.* Auf Wiesen, Triften niedriger und gebirgiger Gegenden bis in die Krummholzregion (*Wahlb.* 274).

11. SOLIDAGO L.

1. S. Virga aurea *L.* S. arenaria *Kit.* in *Horn.* Hort. hafn. suppl. 99 et *Kit.* Add. 71. S. minuta *Towns.* 492, sowie S. alpestris *WK.* le. III. t. 208 und S. carpatica *Schrad.* in *Reichb.* Germ. 852 sind Alpenformen. In Berg- und Voralpenwäldern bis in die Alpenregion.

S. canadensis *L.* An der Gran bei Nána (*Feicht.* Ad. 273), ein zufälliger Gartenflüchtling.

12. LINOSYRIS DC.

1. L. vulgaris *DC.* Auf buschigen Hügeln und Grassteppen des Tieflandes.

2. **L. villosa** *DC.* Chrysocoma villosa *WK.* lc. l. t. 58. Auf
trockenen besonders salzigen Triften. Auf dem Tokayer Berge (*WK.* l. c.
59), bei Tápió-Szele und Rékás an der östl. Grenze des Com. Pest, bei
Szolnok (*Sadl.* 386), im Com. Bács und bei Margita im Com. Torontál
(*Heuff.* 93).

13. MICROPUS L.

1. **M. erectus** *L.* M. discolor *Lang* En. 3 nach Orig.-Exemplaren,
nicht *Pers.* Auf Weiden, Aeckern, Hügeln. Häufig am Plattensee in den
Com. Zala und Veszprim nördlich bis Palota, dann bei Inota und Csákvár
im Com. Stuhlweissenburg (*Hillebr.* ZBV. VII. 40, *Haberl.* ÖBZ. XI. 13. 17,
RK. 5, 111, *Kit.* Bar.), auf den Kalkhügeln des Graner Com. (*Feicht.* et
Kern. Exs.), auf den Ofner Bergen (*Sadl.* 411), auf dem Nagyszál bei
Waizen (*Kern.* ÖBW. VII. 400), bei Fünfkirchen (*Nendtv.* ZBG. XIII. 567)
und Semlin (*Panč.* Sirm.).

14. INULA L.

1. **I. Helenium** *L.* Auf feuchten Wiesen, an Zäunen, in Gräben,
zwischen Ufergebüsch, wirklich wild wohl nur im südl. und östl. Gebiete.
Häufig in den Com. Pest (*Sadl.* 396), Tolna, Somogy, Verovitie, Požega und
Sirmien (*Kit.* Bar. et Slav., *Rumy* 53, *Schnell.* PV. IV. 82, *PM.* lt. 65), ferner
bei Vasvári und Also-Homorod im Com. Szatmár, bei Rahó, am Fuss der
Petrosa (*RK.* 31) und am Ursprung der Schwarzen Theiss in der Marmaros
(*Müll.* ZBG. XIII. 557), an der Pece bei Grosswardein (*RK.* 85, *Steff.* ÖBZ.
XIV. 176), im östl. Com. Arad (*Kéry* 19), gemein im Banat (*Heuff.* 94). Im
nordwestl. Karpatenlande zwar überall, aber nur in Hausgärten und ver-
wildert (*Hazsl.* ÉM. 246), auch in den Thälern der Com. Neutra (*Krz.* PV.
II. 1. 63, *Hol.* PV. IV. 75) und Borsod (*Reuss* 221), sowie bei Agendorf im
Com. Ödenburg (*Szont.* ZBG. XIV. 480) schwerlich wirklich wild.

2. **I. germanica** *L.* Auf buschigen Hügeln, an Weingartenrändern.
Bei Presburg (*Endl.* 308) und Farkashida (*Krz.* PV. III. 2. SB. 23), auf dem
Zobor (*Roch.* MS. II 41), bei Veszele (*Roch.* Pest. Mus.), Neutra und Emöke
im Com. Neutra, Königsberg im Com. Bars (*Kn.* PV. VII. 151, ÖBZ. XIV.
116), N. Röce im Com. Gömör, Miskolc (*Reuss* 221), Jász-Apáti in Jazygien,
Kömlő im Com. Heves, Tokay, Egyek im Com. Szaboles, Majtény und
Erdőd im Com. Szatmár (*RK.* 31), an der Schnellen Körös bei Grosswardein
(*Steff.* ÖBZ. XIV. 176); ferner auf dem Haglersberg am Neusiedler See (*N.*),
auf dem Plattenseezuge zwischen Tapolca und Füred (*Kit.* Bar. et Slav.),
bei Dég im Com. Veszprim (*RK.* 111), auf dem Pilis-Vértes Gebirge (*Kern.*
ZBV. VII. 262, 271), auf dem Makár bei Fünfkirchen (*Nendtv.* ZBG. XIII.
571), in Slavonien (*Kit.* Add. 73), in Sirmien (*Rumy* 53), von Gyula im Com.
Békés bis in das Com.Arad (*RK.* 85, *Kéy* 19), im östl. Banat (*Heuff.* 94).

3. **I. ensifolia** *L.* Auf buschigen steinigen Hügeln und niedrigen
Bergen.

I. germanico-ensifolia *Neilr.* 1. hybrida *Koch.* Häufig bei Miskolc
(*Reuss* 221), auf dem Tokayer Berge (*Hazsl.* ÉM. 246), bei Fünfkirchen
(*Balek* ÖBW. II. 14).

4. I. salicina *L.* Auf feuchten Wiesen der Ebene und an buschigen Stellen niedriger Berge.

5. 1. squarrosa *L.* I. Bubonium *Jacq.* I. cordata *Boiss.* In Weingärten bei Fünfkirchen und auf dem Harsányhegy bei Siklos im Com. Baranya (*Kit.* Add. 73), auf Hügeln bei dem Felixbad nächst Grosswardein (*Steff.* ÖBZ. XIV. 176), auf Wiesen und buschigen Bergen an der Donau in der Banat. Milit. Gr. (*Heuff.* 94). Die Standorte auf dem Zobor bei Neutra (*Kn.* PV. VII. 151) und bei Koroncó im Com. Raab (*Ebenh.* PV. V. 57) scheinen mir unrichtig zu sein. Die ganze Art übrigens von I. salicina wenig verschieden.

6. I. hirta *L.* Auf Wiesen und buschigen Stellen niedriger Berge.

7. I. Conyza *DC.* Conyza squarrosa *L.* An Weingartenrändern, buschigen Stellen.

I. bifrons *L.* Unter Büschen in Ungarn (*WK.* l. c. I. p. XXX, *Kit.* in *Schult.* II. 510 et Add. 74), im Banat (*Kit.* in *Roch.* Reise 59 mit?). Wurde im Gebiete der pannonischen Flora mit Sicherheit nur in Siebenbürgen gefunden, obschon auch diese Pflanze (Conyza alata *Baumg.*, Inula glabra *Bess.*) von der französischen und italienischen I. bifrons verschieden sein soll.

8. I. Oculus Christi *L.* Auf Bergwiesen, buschigen Stellen, sandigen Puszten. Auf dem Thebner Kogel (*Endl.* 308), dem Kalvarienberg bei Presburg (*Richt.* PV. VII. 103) und der Ostseite der Kleinen Karpaten (*Krz.* PV. II. 1. 63), auf dem Marienberg bei Neutra (*Kn.* PV. VII. 152); ferner vom Leithagebirge bis an das östl. Ufer des Neusiedler Sees (*N.*), bei Koroncó im Com. Raab (*Ebenh.* PV. V. 57), auf dem Plattenseezuge (*Haberl.* ÖBZ. XI. 17, *RK.* 111, *Kit.* Bar.) und von hier durch den Bakonyer Wald (*Horky* PV. IV. SB. 87) auf das Pilis-Vértes Gebirge und die Pester Ebene (*Kern.* ZBV. VII. 262. *Sadl.* 398), bei Fünfkirchen (*Nendtv.* 24), im östl. Banat (*Heuff.* 95). Die Standorte im Com. Trencsin (*Kikó* 18), bei Rima-Szombat im Com. Gömör (*Fábry* II. 3) uud im Com. Sáros (*Reuss* 222) halte ich für zweifelhaft, da in *Hazsl.* EM. 246 der ganzen Art gar nicht erwähnt wird.

I. montana *L.* Im östl. Com. Arad (*Kéry* 19) schwerlich. I. montana *Baumg.* ist nach *Gris.* It. 337 = I. hirta *L.*

9. I. Britanica *L.* An Rainen, Wegen.

I. thapsoides *Spr.* Auf sonnigen Höhen in Ungarn (*Kit.* in *Schult.* II. 488). Nach *Kit.* Add. 72 soll sie *Wolny* (also wahrscheinlich in Sirmien) gefunden haben. Allein nach *DC.* Prodr. V. 464 und *Ledeb.* Ross. II. 502 kömmt sie nur am Caucasus vor.

15. PULICARIA Gärtn.

1. P. vulgaris *Gärtn.* Auf feuchten Triften, in Dörfern, an sumpfigen Stellen besonders niedriger Gegenden.

2. P. dysenterica *Gärtn.* An Bächen, sumpfigen Waldstellen besonders gebirgiger Gegenden.

P. odora *Reichb.* Auf salzigen Weiden im südl. Ungarn (*Kit.* in *Schult.* II. 505)? Kömmt am croat. Litorale vor (*Syll.* cr. 52).

16. BUPHTHALMUM L.

1. B. salicifolium L. In Wäldern, auf buschigen Hügeln, aber nur im westl. und südl. Gebiete. In den Com. Presburg, Neutra (*Endl.* 308, *Krz.* PV. II. 1. 63), Trencsin (*Kikó* 17), Arva, Liptau, Bars, Sohl (*Kit.* Add. 74, *RK.* 58, *Wahlb.* 279, *Vrk.* ZBG. XIII. 1065) und Gömör, stellenweise (*Fábry* II. 3); ferner auf dem Leitha- und Rosaliengebirge (*N.*) bis in das Ödenburger Hügelland (*Kit.* Sopr.), auf der Murinsel (*Kit.* Bar.), häufig in den Com. Verovitic und Požega (*PM.* It. 65, *Kit.* Slav.), im Banat (*Kit.* Add. l. c.) fehlt jedoch bei *Heuffel*.

B. aquaticum L. Asteriscus aquaticus *Less.* An Wassern in Ungarn (*WK.* lc. I. p. XXX, *Kit.* in *Schult.* II. 544). Ohne Zweifel ist damit das ehemals ungar. Litorale gemeint, wo diese Art auch vorkömmt (Syll. cr. 51).

17. TELEKIA Baumg.

1. T. speciosa *Baumg.* Buphthalmum speciosum *Schreb.* B. cordifolium *WK.* lc. II. t. 113. In Wäldern, Holzschlägen, Schluchten gebirgiger und subalpiner Gegenden. Bei Zamutó im nördl. Com. Zemplin (*Hazsl.* ÉM. 246), Hluboka im Com. Ung. (*RK.* 13), Szerednye im Com. Bereg (*Kit.* Add. 74) *), sehr häufig in der Marmaros (*Müll.* ZBG. XIII. 557), auf der Biharia (*Kern.* DL. 122, 126), im östl. Banat, hier selbst in Obstgärten (*Heuff.* 94).

18. XANTHIUM L.

1. X. strumarium L. An wüsten Stellen.

2. X. spinosum L. Diese Art wurde zu Ende des vorigen Jahrhunderts von *Wolny* in Sirmien zuerst beobachtet, im Jahre 1808 hatte sie sich schon über ganz Slavonien verbreitet (*RK.* 73), aber im Banat war sie im Jahre 1815 noch nicht zu sehen, 20 Jahre darnach bereits in grosser Menge (*Roch.* Reise 21). Gegenwärtig kömmt sie überall an Wegen, Häusern und wüsten Stellen vor, auf Weiden oft ein verderbliches Unkraut, und zwar nicht blos im südlichen und mittleren Gebiete, sondern auch im nördl. Ungarn (*Hazsl.* ÉM. 245).

19. RUDBECKIA L.

1. R. laciniata L. Stammt aus Nordamerica, hat sich aber schon in mehreren Gegenden Europa's eingebürgert. So häufig in den Wäldern des Leithagebirges bei Eisenstadt (*Niessl* ZBG. VIII. SB. 118) und an der Wag im Com. Neutra (*Krzisch*).

20. HELIANTHUS L.

1. H. annuus L. Wird auf Aeckern und in Hausgärten gebaut und kömmt manchmal auch verwildert vor.

---

*) So sagt Kitaibel. Allein der Markt Szerednye liegt im Com. Ung nahe bei Hluboka, vielleicht ist aber auch das Dorf Szernye im Com. Bereg gemeint.

2. H. tuberosus *L.* Wird mehr in Gärten und seltener als die vorige kultivirt.

21. BIDENS L.

1. B. tripartita *L.* In Sümpfen, an Bächen, überschwemmten Stellen.
2. B. cernua *L.* An gleichen Orten.

22. GALINSOGA Ruiz et Pav.

1. G. parviflora *Cav.* Stammt aus Peru und wurde erst in neuester Zeit nach Europa eingeführt, wo sie sich von Westen nach Osten zu verbreiten scheint. Bisher blos in Küchen- und Weingärten bei Presburg, Malacka (*Bolla* PV. I. 10) und Fünfkirchen (*Maj.* 13).

23. ANTHEMIS L.

1. A. tinctoria *L.* Auf buschigen steinigen Hügeln.
β. **Triumfetti** *L.* Spec. 896 (A. Triumfetti *All.*). An der Schnellen Körös bei Grosswardein (*Janka* Exs.), auf dem Vulkan an der Grenze des Zaránder Com. gegen Siebenbürgen (*Baumg.* III. 147). Auch *Pančić* erwähnt dieser Var. in Serbien (ZBV. VI. 552).
2. A. macrantha *Heuff.* Flora 1833 I. 362. Ban. 99. Auf Wiesen und in Wäldern der Voralpen. Auf der Biharia (*Kern.* Exs.), im östl. Banat, z. B. auf dem Mik der roman. banat. Milit. Gr. (*Heuff.* l. c.).
3. A. austriaca *Jacq.* Unter dem Getreide, auf Aeckern, an Rainen niedriger und hügliger Gegenden. Ob A. auriculata *Gris.* It. 339 oder A. austriaca β. divaricata *Wierzb.* Flora 1842 I. 278 bei Palanka in der serbisch-banat. Milit. Gr. hierher oder zu A. ruthenica gehöre oder eine von beiden verschiedene Art sei, vermag ich nicht zu entscheiden. *Heuffel* erwähnt ihrer gar nicht.
4. A. ruthenica *Koch*, ob *MB.* ist zweifelhaft. Auf Aeckern, Sandflächen und selbst im Flugsande, oft massenhaft. Im Marchthale des Com. Presburg (*N.*), im südl. Com. Komorn (*Hillebr.* ÖBZ. VIII. 298), auf dem Pilis-Vértes Gebirge (*Kern.* ZBV. VII. 271) und der Pester Ebene (*Gris.* It. 339), bei dem Felixbade nächst Grosswardein (*Steff.* ÖBZ. XIV. 176), überall im Banat (*Heuff.* 99) und sicher noch an vielen Orten des Tieflandes, aber bisher übersehen.
A. Cota *Wierzb.* Flora 1845 I. 323 bei Oravica im Com. Krassó. Was damit gemeint sei, weiss ich nicht. A. Cota *L.* ist eine Litoral-Pflanze.
5. A. arvensis *L.* Auf Aeckern, sandigen Stellen.
6. A. Cotula *L.* A. foetida *Lam.* An wüsten und bebauten Stellen.
7. A. carpatica *WK.* in *Willd.* Spec. III. 2179. A. styriaca *Vest.* A. grandiflora *Host* Austr. II. 506. A. Kitaibelii *DC.* Prodr. VI. 7. A. montana *Koch* Syn. 415, *RK.* 31, nicht *L.* An felsigen Stellen der Alpen, aber nur in den östl. Karpaten. Auf dem Pop-Ivan (*Kit.* Add. 76) und der Petrosa der Marmaros (*Wajn.* Exs.), dann auf der Skarisora der roman. banat. Milit. Gr. (*Heuff.* 100).

8. A. montana *L.* A. saxatilis *DC.* An felsigen Stellen des Berges Világos im Com. Arad (*Kit.* Add. 75), an der Donau unterhalb Svinica der roman. banat. Milit. Gr. (*Heuff.* 100).

9. A. tenuifolia *Schur.* A. alpina *Baumg.* III. 145. Sehr häufig auf dem Arsul und Csiblesz der Rodnaer Alpen (*Baumg.* I. c.). A. alpina *RK.* 34 auf dem Pop-Ivan der Marmaros ist allem Anscheine nach dieselbe Pflanze. Von A. alpina *L.* übrigens wenig verschieden. (Vergleiche *Neilr.* Nachtr. 100).

A. alpina *L.* Auf dem Grossen Křivan der Central-Karpaten (*Hacq.* IV. 175). Nach *Wahlb.* 277 n. 893 Observ. kömmt sie daselbst nicht vor.

* A. Tatrae *Kit.* in *Schult.* II. 534 et Add. 76. Auf dem Rohač unter Krummholz.

** A. pusilla *Kitó* 17. Im Com. Trenesin.

24. ACHILLEA *L.*

1. A. Ptarmica *L.* Auf Wiesen, in feuchten Gebüschen, selten. Bei Neu-Sohl (*RK.* 59), bei Murány (*Haszl.* ÉM. 243) und in der Papharaszt bei Rima Szombat im Com. Gömör (*Fábry* II. 3), in Bergwäldern des Com. Bereg, bei Erdöd, Szinfalu, Válaszut und Avas-Újfalú im Com. Szatmár und jenseits des Avasgebirges bei Tecső in der Marmaros (*RK.* 31, *Kit.* Add. 77), häufig im Distr. Kővár, zwischen Sibo und Karika im Com. Mittel-Szolnok (*Baumg.* III. 140), bei Fünfkirchen (*Maj.* 14), auf Wiesen in Slavonien (*Kit.* Add. l. c.) namentlich bei Verovitie (*RK.* 72).

2. A. cartilaginea *Ledeb.* Auf Wiesen, an Gräben, zwischen Gebüsch bei Lugos und Faget im Com. Krassó (*Heuff.* 97). Mit der vorigen nahe verwandt.

A. cristata *RK.* 31. Auf Wiesen im Com. Szabolcs. Was damit gemeint sei, weiss ich nicht, da A. cristata *Retz* eine zweifelhafte in Italien angegebene Art ist (*DC.* Prodr. VI. 22).

3. A. lingulata *WK.* Ic. I. t. 2. Auf Alpenkuppen der östl. Karpaten. Auf dem Rozsály und Gutin im Com. Szatmár, dem Pop-Ivan, der Trojaga und dem Opčina in der südöstl. Marmaros (*WK.* I. c. 2, *RK.* 31 *), *Müll.* ZBG. XIII. 557), auf dem ganzen Zuge der Rodnaer Alpen vom Csiblesz bis auf dem Stol (*Baumg.* III. 139), auf der Skarisora der roman. banat. Milit. Gr. (*Heuff.* 97).

4. A. Clavenae *L.* Auf Felsen der Alpen. Auf der Dscameanie der Rodnaer Alpen (*Baumg.* III. 140). Auf den Karpaten der Slovakei (*Reuss* 229) und am Fuss des Grossen Křivan (*Hacq.* IV. 167); zwei zweifelhafte Angaben.

5. A. macrophylla *L.* In Wäldern bei Vinna im Com. Ung (*Haszl.* ÉM. 243), wahrscheinlich auf den dortigen Trachytbergen.

6. A. atrata *L.* und zwar die Var. angustisecta (A. atrata *Jacq.* A. Clusiana *Tausch*). An feuchten felsigen Stellen der Alpen. Auf der

---

*) Die von Kitaibel ebenfalls angeführte Alpe Ino (Iniou) ist das bekannte Kuhhorn in Siebenbürgen.

Dseameanie und dem Stol der Rodnaer Alpen (*Baumg.* III. 141). Die Var.
latisecta (A. atrata *Tausch*) wird zwar im Kohlbachthale der Hohen Tatra
angegeben (*Reuss* 229), allein diese Angabe dürfte irrig sein. Welche Var.
unter A. atrata auf den Alpen von Ungarn (*WK.* Ic. I. p. XXXI) und am
Fuss des Grossen Křivan (*Hacq.* IV. 167) gemeint sein soll, ist nicht zu
entnehmen, wahrscheinlich kömmt dort weder die eine noch die andere vor.
A. **alpina** *L.* Im Banat (*Lang* Phys. 316)? Was A. alpina *Schur* im
Völkgrund der Hohen Tatra (*Szont.* ÖBZ. XIV. 281) sein soll, weiss ich
nicht, denn ausser der in *Schur* Sert. 39 vorkommenden A. alpina *Linné*
mit ? habe ich hierüber nichts gefunden.

A. **moschata** *Wulf.* Bei Rima Szombat im Com. Gömör (*Fábry* II. 3).
Offenbar unrichtig.

7. A. Millefolium *L.* A. lanata *Spr.* A. pannonica *Scheele* Linn.
1844 p. 471. Auf Wiesen, an Wegen, Rainen, bis in die Alpenregion (*Wahlb.*
278). Die Var. b. crustata *Roch.* Ban. p. 71 t. 31 (A. scabra *Host* Austr.
II. 512, A. rosea *Kit.* Add. 78?) auf Sumpfwiesen. Die Var. A. setacea
WK. Ic. I. t. 80 auf sandigen Triften am Neusiedler See (*N.*), in den Com.
Presburg (*Stur* 122 als A. odorata), Trencsin (*Roch.* Pest. Mus.), Komorn
(*Hillebr.* ÖBZ. VIII. 298), Gran (*Feicht.* Ad. 274), Pest und Szabolcs (*RK.*
13), bei Fünfkirchen (*Nendtv.* 16), im Banat (*Heuff.* 98). Die Var. alpestris
Koch (A. Haenkeana *Tausch*) auf Voralpen.

8. A. tanacetifolia *All.* A. magna der Aut. A. nova *Wint.* f. 16.
A. distans *WK.* in *Willd.* Spec. III. 2207. A. dentifera *DC.* A. pseudo-
tanacetifolia *Wierzb.* in *Reichb.* Ic. XXVI. p. 69, eine Uebergangsform.
An waldigen felsigen Stellen gebirgiger und subalpiner Gegenden. Durch
die ganze nördliche Karpatenkette vom Com. Trencsin (*Roch.* Pest Mus.)
bis in die Marmaros (*Hazsl.* ÉM. 243, *Wahlb.* 278, *RK.* 31, 59, *Kit.* Add.
77, *Müll.* ZBG. XIII. 557, *Baumg.* III. 142), auf dem Plattenseezuge (*Sigm.*
47), dem Pilis-Vértes Gebirge, dem Nagyszál und in sandigen Wäldern des
nördl. Pester Hügellandes (*Sadl.* 405, *Kern.* ZBV. VII. 267, 269 und ÖBW.
VII. 399), bei Sz. Kút nächst Fünfkirchen (*Nendtv.* ZBG. XIII. 569), in
Sirmien (*Rumy* 52), auf den Arader und Banater Karpaten (*Kéry* 17, *Heuff.*
98). Wohl nur Var. der A. Millefolium.

9. A. nobilis *L.* A. crithmifolia *Nendtv.* 16, nicht *WK.* nach
Kern. ZBG. XIII. 565. Auf Wiesen, Puszten, Aeckern, buschigen Stellen
niedriger und gebirgiger Gegenden durch das ganze Berg- und Hügelland
am südl. Rand der Karpaten, in allen Com. am rechten Donau-Ufer bis
Slavonien, auf der Ebene zwischen der Donau und Theiss, in der westl.
Banat. Milit. Gr.

A. **ligustica** *All.* An sandigen Stellen bei Ecser und Sz. Marton Káta
im Com. Pest (*RK.* 31). Gewiss nicht (*DC.* Prodr. VI. 26). Wahrscheinlich
eine Verwechslung mit A. nobilis.

A. **odorata** *L.* In Ungarn (*WK.* Ic. I. p. XXX). Auf Thalwiesen bei
Presburg (*Bolla* PV. I. 10)? auf dem Čerevićer Kalkgebirge (*Schnell.* PV.
III. 1. 12)? Ist eine Pflanze des Seestrandes, kömmt auch im croat. Litorale
vor (Syll. cr. 49). A. odorata *Stur* 122 ist A. Millefolium var. setacea·

10. A. crithmifolia *WK.* Ic. I. t. 66. A. nobilis *Roch.* Ban. p. 71 t.
32, nicht *L.* A. banatica *Kit.* in *DC.* Prodr. VI. 29. A. versecensis *RK.*
82 nach *Kit.* Hydr. II. 319. An Weingartenrändern, steinigen Stellen, im
Kies der Bäche. Bei Gran (*Feicht.* Exs.), auf dem Nagyszál bei Waizen
(*Sadl.* 404), bei Veršec im Com. Temes (*WK.* l. c. 68), bei Mehadia und auf
dem Donau-Bergzuge der Banat. Milit. Gr. (*Heuff.* 99).

11. A. pectinata *Willd.* A. nova *Wint.* f. 19. A. ochroleuca *WK.*
Ic. I. t. 34. Auf Hügeln, sandigen Plätzen, im Flugsande, besonders niedri-
ger Gegenden. Im Donauthale der Com. Raab, Komorn, Gran und Hont
(*Kit.* Sopr. et Arv., *Reuss* 229, *Feicht.* Ad. 273), im südl. Com. Neutra
(*Roch.* Bau. p. 1); ferner im Com. Eisenburg (*Pol.* 6), auf der Halbinsel
Tihany am Plattensee (*Haberl.* ÖBZ. XI. 16), auf dem Pilis-Vértes Gebirge
(*Kern.* ZBV. VII. 261), auf den Ebenen der Com. Stuhlweissenburg, Tolna
und Pest (*WK.* l. c. 33, *RK.* 31, 59, *Hillebr.* ZBV. VII. 41, *Sadl.* 404), auf
dem Somlyó bei Grosswardein (*RK.* 86), in der westl. Banat. Milit. Gr.
(*Heuff.* 99).

12. A. compacta *Willd.* A. sericea *Janka* Linn. 1859 p. 579. Im
Donauthal zwischen Bersaska und Plaviševiça (*Heuff.* 98), dann an Waldrändern bei Alt-Orsova in der Banat Milit. Gr. (*Janka* l. c.).

13. A. leptophylla *MB.* An kalkigen Stellen im Banat (*C. Koch*
Linn. 1851 p. 326).

* A. oravicensis *RK.* 82. Unter Gebüsch bei Oravica im Com. Krassó.

25. MATRICARIA L.

1. M. Chamomilla *L.* M. suaveolens *Lamn.* 385. An wüsten und
bebauten Stellen, auf Salzboden, in Dörfern. Chamaemelum praecox
Janka Linn. 1859 p. 580 (nicht *Vis.*) oder M. Bayeri *Kan.* in Magy. Tud.
értek. 1862 p. 321—3, welche *Bayer* auf Puszten bei Abony im Com. Pest
fand, ist nach Original-Exemplaren und wie *Kanitz* später selbst angibt
(Bot. Zeit. 1862 p. 191) nur eine zarte Form der M. Chamomilla.

26. CHAMAEMELUM Vis.

1. Ch. inodorum *Vis.* Chrysanthemum inodorum *L.* Auf
Aeckern, an Wegen, wüsten Stellen.

2. Ch. uniglandulosum *Vis.* Dalm. II. 85. An kräuterreichen
Stellen bei Semlin und Mehadia (*C. Koch* Linn. 1851 p. 333).

27. CHRYSANTHEMUM DC.

1. Ch. segetum *L.* Auf Aeckern, unter dem Getreide; eine Wanderpflanze, zu *Clusius* Zeiten im westlichen Ungarn gemein (Hist. 334), jetzt
immer seltener. Auf der Insel Schütt (*Endl.* 314), bei Koroncó im Com.
Raab (*Ebenh.* PV. V. 57), bei Rima Szombat (*Fábry* II. 3), Fünfkirchen
(*Maj.* 14).

* **Ch. tenuifolium** *Kit.* in *Schult.* II. 498 et Add. 80, nicht *Ten.* Unter dem Getreide im Com. Somogy und in Slavonien. Im Sinne der Neueren selbst der Gattung nach unbekannt.
** **Ch. annuum** *Kikó* 17. Im Com. Trencsin.

28. TANACETUM Schultz Bip.

1. T. vulgare *L.* An Flüssen und gebirgigen waldigen Stellen.

2. T. Leucanthemum *Schultz* Bip. Chrysanthemum montanum *Lumn.* 383 und vieler Aut. Ch. variabile *Roch.* Ban. in indice und Reise 45. Auf Wiesen, Grasplätzen, an Rainen niedriger und gebirgiger Gegenden bis in die Krummholzregion, wo es in Ch. atratum der Aut. übergeht.

3. T. Gmelini *Schultz* Bip. Tanac. 35. Chrysanthemum Zawadzkii *Herb.* Add. 1831 p. 43 t. 1. Leucanthemum sibiricum *DC.* Prodr. VI. 1837 p. 46. Auf Kalkfelsen der Bergregion. Bisher nur auf dem Grenzberge Gacza (Kacza) am rechten Ufer des Dunajec zwischen Szczawnice in Galizien und Lesnic in der Zips (*Herb.* Flora 1834 II. 574, ZBG. XI. 38).

4. T. Waldsteinii *Schultz* Bip. Chrysanthemum rotundifolium *WK.* Ic. III. t. 236. Ch. montanum *Geners.* 64, nicht *L.* In schattigen Wäldern der Voralpen und an feuchten felsigen Stellen der Alpen. Auf dem Minčol und an der Studena Voda im Com. Arva, auf dem Rozsudec (*Vitk.* ZBG. XIII. 1066), auf der Ohniště und dem Věnec der Liptau-Sohler Alpen (*Roch.* MS. I. 99, 178), den Central-Karpaten vom Rohač bis in die östl. Tatra (*Wahlb.* 276, *Szont.* ÖBZ. XII. 289), auf der Polonina Rovna im Com. Ung (*Hazsl.* ÉM. 243), auf den Karpaten der Com. Bereg, Marmaros und Szatmár (*WK.* I. c. 263, *Hück.* ZBG. XV. 57), auf der Biharia (*Kern.* Exs.), im östl. Banat (*Heuff.* 100). In Sirmien (*Rumy* 52)?

5. T. alpinum *Schultz* Bip. Chrysanthemum alpinum *L.* An felsigen Stellen der Alpen, die höchsten Spitzen derselben hinansteigend. Auf allen Central-Karpaten vom Rohač bis auf die östl. Tatra, auf dem Dumbier (*Wahlb.* 275), auf der Trojaga in der Marmaros (*Müll.* ZBG. XIII. 557), auf den Rodnaer Alpen wenigstens auf der siebenb. Seite (*Baumg.* III. 108—9), auf den Arader und Banater Alpen (*Kéry* 20, *Heuff.* 100).

6. T. Parthenium *Schultz* Bip. In Bergwäldern. Auf den Kleinen Karpaten von Bibersburg bis Wag-Neustadtl (*Krz.* PV. II. 1. 65), bei Srnje, auf dem Lopenik (*Kn.* ÖBZ. XIV. 342, 343) und bei Rovně im Com. Trencsin (*Roch.* Pest. Mus.), bei Herrengrund im Com. Sohl (*RK.* 59), längs der Wag, Neutra und Donau (*Reuss* 233), dann bei Wandorf im Com. Odenburg (*Szont.* ZBG. XIV. 480) und bei Grosswardein (*Janka* ÖBZ. XIII. 114). Kömmt übrigens an wüsten Stellen und auf Gartenauswürfen an vielen Orten verwildert vor, auch im Banat nur ein Flüchtling der Gärten (*Heuff.* 100).

7. T. corymbosum *Schultz* Bip. Chrysanthemum lanuginosum *Geners.* 64, 75. Auf Wiesen und in Wäldern besonders gebirgiger Gegenden bis in die Voralpenregion.

8. T serotinum *Schultz* Bip. Chrysanthemum serotinum *L.*, *WK.* Ic. I. p. XXXII. Pyrethrum uliginosum *WK.* in *Willd.* Spec. III. 2152. Zwischen Schilf und Ufergebüsch, an überschwemmten Stellen, in Sümpfen.

Auf dem Schur bei St. Georgen (*Bolla* PV. I. 10), bei Neu-Walddorf in der Zips (*Hazsl.* PV. III. 1. SB. 8), am Fuss des Feketehegy bei Felső Bánya im Com. Szatmár (*RK.* 32), in den Theissgegenden der Com. Ung (*Hazsl.* l. c. 7), Szabolcs (*DC.* Prodr. VI. 57), Heves, Csongrád (*Kit.* Add. 79) und Pest (*Sadl.* 399), in den Drau-Sümpfen bei Selye im Com. Somogy (*Nendtv.* ZBG. XIII. 572), Bellye und Darda im Com. Baranya und bei Essek (*Kit.* l. c.), auf der Donau-Insel bei Futak im Com. Bács (*Schnell.* PV. III. 1. 12), bei Semlin und auf den Save-Inseln bei Belgrad (*Panč.* Sirm. und ZBV. VI. 551), im Banat (*Heuff.* 101).

9. T. macrophyllum *Schultz* Bip. Achillea macrophylla *PM.* It. p. 111 t. 11. Chrysanthemum macrophyllum *WK.* Ic. I. t. 94. In Holzschlägen, Thälern und Pflaumengärten des Banats (*Heuff.* 101), auch auf dem Papuk in Slavonien (*PM.* l. c.) und bei der Ruine Kologyvár nächst Essek im Com. Verovitie (*Kan.* Exs.), dann hart an der Greuze des Com. Zaránd bei Abrudbánya in Siebenbürgen (*Baumg.* III. 109--10).

10. T. achilleaefolium *Schultz.* Bip. Pyrethrum achilleae-folium *MB.* An kalkigen Stellen im Banat (*C.* Koch Linn. 1851 p. 340). Achillea pubescens *L.* wird in *DC.* Prodr. VI. 34, 58—9 hierher gezo-gen, ob aber A. pubescens *Rumy* 52 in Sirmien richtig bestimmt sei, möchte ich bezweifeln.

29. ARTEMISIA L

1. A. Absinthium *L.* An wüsten oder steinigen buschigen Stellen, in Holzschlägen niedriger und gebirgiger Gegenden.

2. A. camphorata *Vill.* A. rupestris *PM.* It. t. 12. A. saxatilis *WK.* in *Willd.* Spec. III. 1830. An steinigen oder sandigen buschigen Stellen hügliger Gegenden. Auf dem Haglersberg am Neusiedler See (*N.*), bei Füred und Tihany im Com. Zala, bei Palota im Com. Veszprim, bei Inota, Sz. György, Vajta und auf dem Csókahegy im Com. Stuhlweissenburg (*RK.* 5, 111, *Hillebr.* ZBV. VII. 41, *Haberl.* OBZ. XI. 16), auf dem Harsányhegy und dem Mecsek im Com. Baranya (*Kit.* Add. 82 et Bar.), in Sirmien (*Rumy* 52), bei Csiklova im Com. Krassó (*Heuff.* 96). Im Com. Neutra gar nicht selten (*M. Čchtr.* Flora 1821 II. 574)?

3. A. spicata *Wulf.* A. Baumgartenii *Bess.* Absinthium petrosum et spicatum *Baumg.* III. 90, nach *DC.* Prodr. VI. 118. Auf Felsen der Alpen. Auf dem Rohač (*Szont.* OBZ. XII. 290, 291), Rackova, Stirnberg und der Leiten der östl. Tatra (*Wahlb.* 257), auf der Dscameanie der Rodnaer Alpen (*Baumg.* l. c.), dem Sarko der Banater Alpen (*Heuff.* 96).

4. A. tanacetifolia *All.* Auf hohen Alpengipfeln. Auf der Dscam-eanie, dem Stol und Galac der Rodnaer Alpen (*Baumg.* III. 88).

A. Abrotanum *L.* In Weingärten bei Grosswardein (*Steff.* OBZ. XIV. 176), aber selbst im Banat nur in Gärten gezogen (*Heuff.* 96).

5. A. pontica *L.* An Rainen, Hecken, auf buschigen Hügeln.

6. A. austriaca *Jacq.* Auf buschigen Hügeln, sandigen Puszten. Auf dem Leithagebirge, am Neusiedler See (*N.*), bei Ung. Altenburg (*Vuczl*), Koroncó im Com. Raab (*Ebenh.* PV. V. 57), Csenke im Com. Gran

(*Feicht.* Ad. 273), auf der Halbinsel Tihany am Plattensee (*Hillebr.* ZBV. VII. 40), bei Palota im Com. Veszprim (*Kit.* Bar.), Sukoró am Velencer See (*RK.* 111), auf dem Pilis-Vértes Gebirge und den Ebenen des Pester Com. (*Sadl.* 387, *Kern.* ZBV. VII. 262), auf der Matra (*Reuss* 228), auf Sandhügeln in den Com. Heves und Szabolcs (*Kit.* Ber.), bei Fünfkirchen (*Maj.* 14), Palanka der serbisch-banat. Milit. Gr. (*Wierzb.* Flora 1842 I. 279, *Heuff.* 96).

7. A. campestris *L.* A. lednicensis *Roch.* in *Lang* En. 1 nach *Roch.* MS. II. 33. A. racemosa *Kit.* Add. 82? An Wegen, wüsten oder sandigen Stellen.

8. A. scoparia *WK.* Ic. I. t. 65. Auf Puszten, Sandsteppen, steinigen Aeckern gemein (*WK.* l. c. 67).

9. A. annua *L.* In Obstgärten, an Hecken, wüsten Stellen bei Essek (*Vukot.* Exs.), Semlin (*Panc.* Exs.) und Vukovár in Sirmien, dann zwischen Divič und Požežena in der serbisch-banat. Milit. Gr. (*Heuff.* 97).

10. A. vulgaris *L.* An Hecken, Rainen, Ufern.

11. A. maritima *L.* A. salina *Willd.* A. monogyna *WK.* Ic. I. t. 75. Auf Weiden, sandigen salzigen Stellen niedriger Gegenden. Am Neusiedler See, besonders am östl. Ufer (*N.*), im Hanság (*Wierzb.* Mos.), in den Com. und Distr. Gran (*Feicht.* Ad. 273), Stuhlweissenburg, Pest, Jazygien, Kumanien, Heves, Borsod, Zemplin, Bereg, Szabolcs, Szatmár, Bihar, Békés und Arad (*WK.* l. c. 73, *Kit.* Add. 82, *RK.* 32, *Sadl.* 389, *Janka* OBZ. XIV. 354), im westl. Banat (*Heuff.* 97), fast überall die Var. monogyna.

A. Santonicum *L.* In Ungarn (*WK.* Ic. I. p. XXXI). Eine zweifelhafte Pflanze (*DC.* Prodr. VI. 100—1 var. α, 103—4, *Ledeb.* Ross. II. 573). Wahrscheinlich meinte *Kitaibel* eine Form der A. maritima.

Absinthium congestum, glaciale et laxum *Lam.* (d. i. Artemisia glacialis *L.* und Artemisia Mutellina *Vill.*) im Banat (*Lang* Phys. 316). Ohne Zweifel unrichtig.

30. GNAPHALIUM L.

1. G. silvaticum *L.* G. mutabile *Roch.* Ban. 5 et in indice, Reise 56.
α. montanum (G. rectum *Sm.*). In Bergwäldern, Holzschlägen.

β. subalpinum (G. norvegicum *Gunn.* G. silvaticum *Sm.*). An felsigen waldigen Orten der Voralpen bis in die Krummholzregion. Auf den Beskiden, wenigstens auf der galiz. Seite (*Herb.* ZBG. XI. 67), auf dem Štoch (*Vitk.* ZBG. XIII. 1065), Choč (*Kit.* Arv.), den Central-Karpaten stellenweise (*Wahlb.* 261), den Liptau-Sohler Alpen (*Kit.* Add. 83), dem Pikuj (*Hück.* ZBG. XV. 56) und der Bersava im Com. Bereg (*RK.* 13), der Černa Hora (*Herb.* l. c.), dem Pietros bei Körösmezö in der Marmaros (*Müll.* ZBG. XIII. 557), der Petrosa (*RK.* 32), Dseameanie, dem Arsul und Csiblesz der Rodnaer Alpen, dem Gutin (*Baumg.* III. 96), den Banater Alpen (*Heuff.* 96).

γ. alpinum (G. Hoppeanum *Koch*). Auf Triften der Alpen. Auf der Pisna der Liptauer Central-Karpaten (*Üchtr.* ÖBW. VII. 352) und ohne Zweifel noch an vielen Stellen, aber von den Autoren unter der Var. β. mitbegriffen oder mit G. supinum verwechselt.

2. G. supinum *L.* G. pusillum *Hänke.* Auf felsigen Triften der Alpen, besonders in der Krummholzregion. Auf der Babia Góra (*Wimm.* 264), dem Choč (*Krz.* ÖBZ. X. 160), auf allen Central-Karpaten vom Rohač bis auf die Leiten der östl. Tatra, auf dem Dumbier (*Wahlb.* 261) und der Kralova Hola der Liptau-Sohler Alpen (*Roch.* MS. I. 113), auf den Bereger Alpen (*Kit.* Add. 83), der Černa Hora (*Herb.* Bucov. p. V und ZBG. X. 613), dem Pop-Ivan (*Kit.* l. c.) und dem Pietros bei Körösmező in der Marmaros (*Müll.* ZBG. XIII. 557), auf der Petrosa (*RK.* 32), Dscameanie, dem Galac und Stol der Rodnaer Alpen (*Baumg.* III. 97), auf den Banater Alpen (*Heuff.* 96).

3. G. uliginosum *L.* An überschwemmten Stellen, in Gruben, Sümpfen.

β. glabrum (G. nudum *Hoffm.*). Mit der Stammart bei Magyarfalva an der March im Com. Presburg (*Matz*).

4. G. luteo-album *L.* Auf Aeckern, Weiden, in Vorhölzern. Im Sassiner Föhrenwalde im Marchthale (*Krz.* PV. II. 1. 64), bei Szerdahely (*Schill.* ÖBZ. XIV. 386) und St. Georgen im Com. Presburg (*Bolla* PV. I. 10), zwischen der Grossen und Kleinen Neutra (*Kn.* PV. VII. 152), bei Podhragy im Com. Trencsin (*Hol.* ÖBZ. XV. 10), auf der Matra (*Reuss* 225) und nach *Hazsl.* ÉM. 239 im südl. Theile seines Gebietes; ferner auf dem Rosaliengebirge (*N.*), bei Koroncó im Com. Raab (*Ebenh.* PV. V. 57), bei Csenke und Muzsla im Com. Gran (*Feicht.* Ad. 273), auf dem Pilis-Vértes-Gebirge und der Pester Ebene (*Sadl.* 391, *Kern.* ZBV. VII. 271), bei Semlin (*Panč.* Sirm.), im Banat (*Heuff.* 96).

5. G. Leontopodium *L.* Auf Felsen und Triften der Alpen, in subalpine Thäler herabsteigend. Auf dem Kleinen Křivan, dem Sokol der Arva-Liptauer Karpaten, dem Rohač (*Szont.* ÖBZ. XII. 289, XIV. 278, ZBG. XIII. 1065) und der Rackova der Liptauer Central-Karpaten, auf der Nesselblösse und im Drechselhäuschen der östl. Tatra, im Wagthale zwischen Hradek und Sz. Iván, auf der Smrkovica und dem Dumbier der Liptau-Sohler Alpen (*Wahlb.* 260, *RK.* 59), der Dscameanie der Rodnaer Alpen (*Baumg.* III. 98), der Biharia (*Kern.* DL. 296).

6. G. dioicum *L.* Auf Grasplätzen, offenen Waldstellen hügliger und gebirgiger Gegenden bis in die Voralpenregion.

7. G. carpaticnm *Wahlb.* 259. G. alpinum *Towns.* 491 und der älteren Aut., nicht *L.* An felsigen Stellen der Hochalpen. Auf dem Rohač, der Rackova, Pisna, dem Grossen Křivan, unter der Lomnitzer und Eisthaler Spitze, auf dem Thörichtergern der östl. Tatra (*Wahlb.* l. c., *Berd.* ÖBW. V. 316, *Üchtr.* ÖBW. VII. 352), dann auf dem Gutin (*Kit.* Add. 83) und der Petrosa in der Marmaros (*Müll.* ZBG. XIII. 557).

8. G. arenarium *L.* Auf sandigen Hügeln und Grassteppen niedriger Gegenden in den Com. Presburg (*Endl.* 306), Neutra (*Krz.* PV. II. 1. 64, *Hol.* PV. IV. 75 und VII. 87, *Kn.* PV. VII. 152 und ÖBZ. XIV. 305), Trencsin (*Kikó* 18), Arva (*Vitk.* ZBG. XIII. 1065), Heves (*Reuss* 226), Szabolcs (*RK.* 32) und Bihar (*Janka* ÖBZ. XIV. 320), nach *Hazsl.* ÉM. 239 überhaupt im südl. Theile seines Gebietes; ferner in den Com. Wieselburg (*Wierzb.* Mos.), Raab (*Ebenh.* PV. V. 57), Komorn (*Hillebr.* ÖBZ. VIII. 298,

299), Gran (*Feicht.* Ad. 273), Pest (*Sadl.* 392), Veszprim, Zala, Somogy, Tolna und Baranya (*Kit.* Bar., *PM.* It. 145, *Nendtv.* 23, *Horky* PV. IV. SB. 86, *Hillebr.* ZBV. VII. 41), in der westl. Banat. Milit. Gr. (*Heuff.* 96).

31. FILAGO L.

1. F. germanica *L.* In Wäldern und Holzschlägen gebirgiger Gegenden und noch häufiger auf Aeckern und Weiden der Ebene. Kommt in einer grün- und grauwolligen Form vor, zu jener scheint F. pyramidata *Wahlb.* 281, zu dieser dessen F. germanica zu gehören.

2. F. arvensis *L.* Gnaphalium montanum *Nendtv.* 23 nach *Kern.* ZBG. XIII. 565, nicht *L.* Auf Aeckern, Brachen.

3. F. montana *L.* F. minima *Fries.* Auf Aeckern, in Holzschlägen, an waldigen Stellen. In Weingärten bei Presburg (*Bolla* PV. I. 9), im unteren Marchthale (*N.*), im Com. Neutra stellenweise (*Hol.* PV. III. 1. 62, *Kn.* PV. VII 152, *Kell.* ÖBZ. XIV. 284, XV. 50), bei Györöd und Levenc im Com. Bars, bei Nemes-Podhragy (*Kn.* ÖBZ. XIV. 105, 243, 345) und Rovně im Com. Trencsin (*Roch.* Pest. Mus.), häufig in den Com. Neográd und Gömör (*Kit.* Add. 84), bei Bartfeld im Com. Sáros, Ronaszég in der Marmaros (*RK.* 32, 111), gemein in den Com. Oedenburg, Veszprim, Zala, Somogy und Baranya (*Kit.* Bar. et Slav., et Add. 84), auf dem Pilis-Vértes Gebirge (*Kern.* ZBV. VII. 269), im östl. Com. Arad (*Kéry* 18), im Banat (*Heuff.* 95).

32. CARPESIUM L.

1. C. cernuum *L.* In feuchten Wäldern niedriger und gebirgiger Gegenden. Auf dem Zobor bei Neutra (*Roch.* MS. II. 36), im Com. Trencsin (*Kikó* 17), zwischen Domaháza und Arló im Com. Borsod (*Reuss* 223), bei Grosswardein (*Janka* Linn. 1859 p. 581); ferner in den Donau-Auen bei Ragendorf (*Heuff.* Flora 1831 I. 406), Ung. Altenburg (*Hayne* Exs.) und Wieselburg (*Wierzb.* Mos.), auf dem Badacson, bei Szigliget und Sümeg im Com. Zala (*RK.* 5, *Sigm.* 46), häufig in den Com. Baranya, Verovitie, Požega und Sirmien, besonders längs der Drau (*RK.* 73, *Kit.* Pest. Mus., Slav. et Bar., *PM.* It. 92), bei Futak im Com. Bács (*Schnell.* PV. III. 1. 12), im Banat (*Heuff.* 95).

2. C. abrotanoides *L.* An schattigen Stellen längs der Drau in den Com. Baranya und Verovitie (*Kit.* in *Schult.* II. 487 et Slav., *Nendtv.* ZBG. XIII. 570). Im Com. Neutra (*M.* Üchtr. Flora 1821 II. 574)?

Senecillis glauca *Gärtn.* (S. carpatica *Schott* Anal. 5) wächst auf der Südseite des Stol gegen den Koronjis zu, also in Siebenbürgen, aber hart an der Grenze der Marmaros (*Reck.* Siebenb. Ver. 1855 p. 19) und könnte daher auch auf der ungar. Seite vorkommen.

33. ARNICA L.

1. A. montana *L.* Auf Berg- und Voralpenwiesen. In den nordwestlichen Karpaten bisher nur auf der Javořina im Com. Neutra (*Krz.*

PV. II. 1. 66) und auf der Kralova Hola (*Reuss* 236), was jedoch nach *Herb.* ZBG. X. 613 nicht wahrscheinlich ist; häufig dagegen in den nordöstlichen Karpaten von der Polonina Rovna im Com. Ung. (*Hazsl.* ÉM. 237) durch die Com. Bereg, Szatmár und Marmaros auf die Rodnaer Alpen (*RK.* 13, 32, *Hück.* ZBG. XV. 51, 56, *Müll.* ZBG. XIII. 557, *Baumg.* III. 134), dann auf der Biharia (*Kern.* DL. 142); auch im Eisenburger Com. (*Pol.* 7), wahrscheinlich auf den Ausläufern der norischen Schieferalpen.

34. ARONICUM Neck.

1. A. Clusii *Koch.* Arnica Doronicum *Jacq.* A. scorpioides *Geners.* 63, nicht *L.* Auf felsigen Triften der Alpen. Auf den Central-Karpaten vom Rohač bis auf die Hintere Leiten der Tatra, auf dem Dumbier (*Wahlb.* 273), der Černa Hora (*Herb.* ZBG. X. 613), auf der Skarisora bei Unter-Visso in der Marmaros (*RK.* 33), auf der Petrosa (*Alth* Exs.) und Dseameanie der Rodnaer Alpen (*Baumg.* III. 135).

2. A. scorpioides *Koch.* Auf hohen Alpentriften. Bisher nur auf der Petrosa (*RK.* 32), dem Arsul und Csiblesz der Rodnaer Alpen (*Baumg.* III. 135). Auf den Central-Karpaten kömmt sie nicht vor (*Wahlb.* 273).

35. DORONICUM L.

1. D. Pardalianches *L.* An felsigen schattigen Stellen der Berg- und Voralpenregion. Auf der Okola am Ursprung der Schwarzen Theiss in der Marmaros (*Müll.* ZBG. XIII. 557), bei Lunkászprie und auf dem Muncel bei Rézbánya im Com. Bihar (*RK.* 86), auf den Karpaten des Banats (*Heuff.* 101). Auch auf den galizischen Karpaten hart an der Grenze des Com. Bereg (*Hück.* ZBG. XV. 51, 58, 59, 60).

2. D. austriacum *Jacq.* D. Pardalianches *Geners.* 64 (nicht *L.*) und wohl auch *Hacq.* IV. 174. In subalpinen Wäldern bis in die Krummholzregion. Auf der Babia Góra (*RK.* 59) und in den Voralpenthälern der Arva (*Vitk.* ZBG. XIII. 1066), auf dem Choč (*Krz.* ÖBZ. X. 160), der Fatra, den Central-Karpaten, der Zipser Magura, den Liptau-Sohler Alpen (*Wahlb.* 274, *Kit.* Add. 87), auf den Bereger Alpen, dem Pop-Ivan in der Marmaros (*RK.* 13, 33), auf dem Csiblesz (*Kotschy*) und der Dseameanie der Rodnaer Alpen (*Baumg.* III. 138), bei Lunkászprie und auf dem Muncel bei Rézbánya im Com. Bihar (*RK.* 86), in Bergwäldern des Banats (*Heuff.* 101), bei der Glashütte Jankovac nächst Drenovac im Com. Verovitic (*RK.* 72).

3. D. caucasicum *MB.* D. Nendtvichii *Sadl.* in *Nendtv.* 24 et 35, dann im ÖBW. III. 180, V. 14 nach *Schultz* Bip. ÖBW. IV. 410. Im Stadtwalde von Fünfkirchen, hinter Dümürkapia (Dömörkapu) und auf dem Mecsek (*Nendtv.* l. c. und ZBG. XIII. 570).

4. D. cordifolium *Sternb.* D. Columnae *Ten.* D. caucasicum *Koch.* Ban. p. 70 t. 31, nicht *MB.* In Voralpenwäldern der Biharia (*Kern.* Exs.) und auf den Banater Alpen (*Heuff.* 101).

15*

5. D. hungaricum *Reichb.* fil. Ic. XXVI. 34. D. plantagineum *Kit.* in *Schult.* II. 502, nicht *L.* D. longifolium *Gris.* It. 341, nicht *Reichb.* In Wäldern, auf Wiesen, trockenen Hügeln. Auf dem Zobor bei Neutra (*Nagy* in *Wacht.* Zeitschr. V. 346), im Heveser Walde (*Kit.* Bar.), bei Miskolc (*Reuss* 235), Grosswardein (*RK.* 86, *Steff.* ÖBZ. XIV. 177); ferner auf dem Pilis-Vértes Gebirge (*Kern.* ZBV. VII. 265, 267, 269), bei Csákvár (*Kit.* Bar.) uud Vajta im Com. Stuhlweissenburg, Kér und Ozora im Com. Tolna (*Hillebr.* ZBV. VII. 40, *RK.* 111), bei Fünfkirchen (*Nendtv.* 21), Neusatz (*Kit.* Add. 87) und Futak im Com. Bács (*Schnell.* PV. IV. 82), in Sirmien (*Rumy* 52, *RK.* 72), im Banat (*Heuff.* 101).

D. scorpioides *Wlld.* Auf den Karpaten der Slovakei (*Reuss* 235), bei Zeherje im Com. Gömör (*Fábry* II. 3). Eine den jetzigen Botanikern unbekannte Pflanze. (Vergl. *Neilr.* Nachtr. 107).

36. SENECIO DC.

1. S. cacaliaefolius *Schultz* Bip. Flora 1845 I. 50. Cineraria sibirica *L.* Ligularia sibirica *Cass.* Auf Sumpfwiesen gebirgiger und subalpiner Gegenden. Auf der Nordseite der Kralova Hola bei Vernárd im Com. Gömör (*Mauksch*), in Erlenbrüchen am Fuss des Branisko bei Lipóc im Com. Sáros (*Hazsl.* ZBV. III. 149, ÉM. 237), auf den südl. Abfällen des Marmaros-Szatmárer Trachytzuges am Gutin, Dumitru, Rozsály und Sugatag (DK. Ic. I. 16, *RK.* 33, *Kit.* Add. 84), im Kirlibaba-Thale der Bucovina hart an der Grenze gegen die Marmaros (*Herb.* Bucov. 162).

2. S. palustris *DC.* Cineraria palustris *L.* In Sümpfen niedriger Gegenden. Bei Farkashida und Apaj im Com. Presburg (*Krz.* PV. II. 1. 66), am Neusiedler See, im Hanság (*Wierzb.* Mos.), bei Aba im Com. Stuhlweissenburg (*Kit.* Slav.), im östl. Com. Arad (*Kéry* 18).

3. S. crispus *Kittel.* Aendert ab:

α. alpinus (Cineraria crispa *Jacq.*). In der Krummholzregion, in subalpinen Thälern. Auf der Babia Góra (*Wimm.* 271), auf den Central-Karpaten (*Wahlb.* 270), auf der Dseameanie der Rodnaer Alpen (*Baumg.* III. 125).

β. rivularis (Cineraria rivularis *WK.* Ic. III. t. 239, C. matrensis *Kit.* Slav.) An Bächen, in Berg- und Voralpenwäldern. Auf dem Dumbier (*Krz.* ÖBZ. X. 160), an den Quellbächen der Schwarzen Wag im Com. Liptau (*Wahlb.* 270), auf dem Bükhegy (*Reuss* 236), der Matra (*WK.* l. c. 266), dann in den slavon. Wäldern bei Orahovica im Com. Verovitic, auf dem Papuk, bei Kutjevo im Com. Požega (*RK.* 73).

4. S. alpestris *Neilr.* Nied. Oestr. 371 (Fruchtknoten kahl). Cineraria longifolia *Jacq.* C. alpestris et pratensis *Hoppe.* C. Clusiana *Host.* C. papposa *Wierzb.* Flora 1842 I. 276. C. campestris (insofern die Pflanze auf den Bereger Alpen gemeint ist), C. integrifolia et C. alpina *Kit.* Add. 84—5 den Standorten nach. Senecio Heuffelii *Hoppe* Flora 1834 I. 383. Auf Wiesen und an felsigen waldigen Orten der Berg- und Voralpenregion in den Com. Sohl, Liptau, Zips, Bereg und Marmaros, dann auf der Matra (*Kit.* Add. l. c., *Hazsl.* ÉM. 237—8, *Baumg.*

III. 125), bei Tomestj und Csiklova im Com. Krassó (*Wierzb.* l. c.), an der Bistra am Fuss des Sarko und auf dem Domugled der roman. banat. Milit. Gr. (*Heuff.* 101—2). Haltbare Grenzen zwischen dieser und der folgenden Art wird man vergebens suchen.

5. S. campestris *Neilr.* Nied. Oestr. 372 (Fruchtknoten behaart). Aendert ab:

α. **aureus** (Cineraria campestris *Retz.* C. spathulaefolia *Gmel.*). Auf Wiesen, buschigen Hügeln niedriger und gebirgiger Gegenden. Auf den Donau-Inseln bei Presburg (*Endl.* 310), auf dem Hauran im Com. Neutra (*Krz.* PV. II. 1. 66), auf dem Galgenberg bei Kesmark (*Üchtr.* ÖBW. VII. 361), bei Rima Szombat im Com. Gömör (*Fábry* II. 3), bei Poroszló im Com. Heves (*RK.* 33); ferner auf dem Leithagebirge (*N.*) und den Ebenen des Com. Wieselburg (*Wierzb.* Mos.), bei Szarkavár im Com. Raab (*Ebenh.* PV. V. 58), Ödenburg (*Szont.* ZBG. XIV. 481), Güssing im Com. Eisenburg (*Clus.* Pan. 574), Kér im Com. Tolna (*Hillebr.* ZBV. VII. 41), auf dem Pilis-Vértes Gebirge (*Kern.* ZBV. VII. 264, 269) und den Ebenen des Pester Com. (*Sadl.* 404), im Banat (*Heuff.* 102).

β. **croceus** (S. aurantiacus *DC.* Cineraria aurantiaca et capitata *Wahlb.* 271). Auf Wiesen und an waldigen Stellen gebirgiger Gegenden bis in die Alpenregion. Auf dem Czerwoný Wirch der Liptauer Central-Karpaten (*Grzeg.* ÖBW. III. 258), am Fuss des Grossen Křivan (*Roch.* Pest. Mus.) und der Eisthaler Spitze (*Berd.* ÖBW. V. 316), auf dem Thörichtergern, der Leiten und im Drechselhäuschen der östl. Tatra, im Leibitzer Wald bei Kesmark (*Wahlb.* l. c.) und auf der Gerava bei Igló in der Zips (*Kit.* Add. 84), im Com. Sáros (*Hazsl.* Sár. 224), in der Papharaszt bei Rima Szombat in Com. Gömör (*Fábry* II. 3), auf der Skarisora bei Unter Visso in der Marmaros (*RK.* 33); dann bei dem Pötschinger Sauerbrunnen im Com. Ödenburg (*Host* Aust. II. 483). C. aurantiaca *RK.* 59 im Com. Sohl ist ein Schreibfehler und soll C. auriculata heissen.

6. S. vulgaris *L.* Auf wüstem und bebautem Boden.

7. S. viscosus *L.* In Bergwäldern, Holzschlägen.

8. S. silvaticus *L.* An gleichen Orten, fehlt jedoch auf dem Pilis-Vértes Gebirge (*Kern.* ZBV. VII. 278).

9. S. vernalis *WK.* Ic. 1. t. 24. Auf bebautem Lande, an Rainen, Wegen. Gemein in Sirmien und im Banat (*WK.* l. c. 23, *RK.* 73, *Heuff.* 102), dann bei Sikula im Com. Arad (*Heuff.* Bot. Zeit. 1863 p. 45) und bei Nagy Körös im Com. Pest (*Kan.* ZBG. XII. 208).

10. S. nebrodensis *L.* S. rupestris *WK.* Ic. II. t. 128. S. montanus *Kit.* in *Schult.* II. 520. An felsigen buschigen Stellen gebirgiger Gegenden. Bei Tokay, auf dem Kányabegy bei Telkibánya im Com. Abauj (*RK.* 13, 33), auf der Matra, bei Rézbánya im Com. Bihar (*Kit.* Add. 88), bei den Herculesbädern (*Heuff.* 102).

S. squalidus *L.* In Sirmien (*Wolny* in *Schult.* II. 521)?

11. S. abrotanifolius *L.* Auf Felsen und steinigen Triften der Alpen, fast immer einköpfig = S. carpaticus *Herb.* Addit. 44. Auf allen Central-Karpaten vom Rohač bis auf die Hintere Leiten (*Wahlb.* 266),

auf dem Dumbier, der Kunstava und im Thale Besna der Liptau-Sohler
Alpen (*RK.* 59), auf der Černa Hora (*Herb.* ZBG. X. 613—4), auf den
Banater Alpen (*Heuff.* 102). Bei Fünfkirchen (*Maj.* 14) gewiss nicht.

12. S. erucifolius *L.* S. tenuifolius *Jacq.* S. delphinifolius
Reichb. Ic. IV. f. 517, nicht *Vahl* (später in der Ic. V. p. 37—8 S. antho-
raefolius genannt) oder S. arenarius *Lang* En. 3 ist eine üppige
höhere Form. Auf Wiesen, an buschigen Stellen, an Wald- und Weingartenrändern durch das ganze Berg- und Hügelland, sowohl auf den
südl. Abfällen der Karpatenkette von Presburg bis Grosswardein, als in
den Com. am rechten Donau-Ufer bis Slavonien, auch im Banat.

13. S. Jacobaea *L.* Auf Wiesen, Hügeln, an Rainen.
β. paludosus (S. aquaticus *Huds.*, S. erraticus *Bert.*) Auf nassen
Wiesen, in Sümpfen, Wäldern.
S. lyratifolius *Reichb.* Ic. II. f. 258, XXVI. t. 76 auf dem Kleinen
Křivan (soll wohl Rozsudec heissen) nach *Brancs.* ÖBZ. XII. 323 scheint
mir eine Voralpenform des S. Jacobaea zu sein, wenn anders die echte
Pflanze *Reichenbach*'s gemeint ist. Auch bei Wag-Neustadtl im Com. Neutra
wird ein S. lyratifolius augegeben (*Kell.* ÖBZ. XV. 50).

14. S. alpinus *Koch* Flora 1823 II. 524. S. cordatus et subalpinus *Koch* Flora 1834 II. 614. Cineraria cordifolia et alpina der
ält. Aut. C. difformis *Koch.* Ban. in indice. Auf Wiesen und an waldigen Stellen der Voralpen bis in die Krummholzregion. Auf der Babia
Góra (*Koch* Syn. 429), bei Zazriva im Com. Arva (*Vitk.* ZBG. XIII. 1066),
auf dem Choč, der Fatra, den Vorlagen der Central-Karpaten und der
Liptau-Sohler Alpen (*Wahlb.* 269—70, *Reuss* 241, *Krz.* ÖBZ. X. 160, *RK.*
59 u. 151 durch einen Schreibfehler C. aurantiaca statt auriculata),
auf dem Dzymbronja der Černa Hora (*Herb.* Bucov. p. V), auf der Trojaga in der Marmaros (*Müll.* ZBG. XIII. 557), auf dem Gutin, den Rodnaer Alpen (*RK.* 33, *Baumg.* III. 125—6), der Biharia (*Kern.* DL. 136),
an Alpenbächen des Banats (*Heuff.* 102). Häufig bei Szölnök im Com.
Eisenburg (*Clus.* Pan. 576) wohl irrig.

15. S. incanus *L.* und zwar die kahle Var. = S. carniolicus
Willd. Auf den höchsten Alpengipfeln. Auf dem Rohač (*Vitk.* ZBG. XIII.
1066), der Rackova, Pisna, dem Mönch, Grossen Křivan, der Lomnitzer
Spitze (*Wahlb.* 265, *Uchtr.* ÖBW. VII. 352, *Herb.* ZBG. X. 614), dem
Polnischen Kamm (*Szont.* ÖBZ. XIV. 282) und der Eisthaler Spitze der
Hohen Tatra (*Berd.* ÖBW. V. 316), dann auf der Petrosa (*Alth* Exs.),
der Dseamcanie, dem Arsul, Galac und Stol der Rodnaer Alpen (*Baumg.*
III. 114), auf dem Sarko der Banat. Alpen (*Heuff.* 102). Im östl. Com.
Arad (*Kéry* 20)?

16. S. nemorensis *L.* S. ovatus *Willd.* S. octoglossus *DC.*
S. Doronicum *Geners.* 63, nicht *L.* S. Fuchsii *Gmel.* eine schmalblätterige mehr kahle Var. In Wäldern und Holzschlägen gebirgiger und
subalpiner Gegenden, fehlt jedoch auf dem Pilis-Vértes Gegirge (*Kern.*
ZBV. VII. 278). S. sarracenicus auf der Javořina im Com. Neutra (*Hol.*
PV. I. 71), auf der Fatra und Hrubahora im Com. Liptau (*Wahlb.* 267)
und auf dem Pop-Ivan in der Marmaros (*RK.* 33), sowie bei Wandorf

und Agendorf am Fuss der Ödenburger Schieferberge (*Szont.* ZBG. XIV.
481) scheinen mir den Standorten nach zu der vorerwähnten schmal-
blätterigen Var. (S. Fuchsii) und nicht zum nächstfolgenden S. sarracenicus *Jacq.* zu gehören, denn auch *Linné* verstand unter S. sarracenicus den S. Fuchsii und den S. sarracenicus *Jacq.* Aust. II. t.
186 und der neueren Autoren.

17. S. sarracenicus *Jacq.* An Flüssen, zwischen Ufergebüsch. In
den Auen und auf den Inseln der Donau der Com. Presburg (*Bolla* PV.
1. 10), Pest (*Sadl.* 403) und des Banats (*Heuff.* 103) und wahrscheinlich
aller dazwischen liegender Comitate, ferner an den Ufern der March,
Wag und Theiss (*Krz.* PV. II. 1. 66, *Reuss* 239), im Eisenburger Com.
(*Pol.* 17), vermuthlich an der Raab. Um Fünfkirchen (*Maj.* 14)? vielleicht
an der Drau.

18. S. Doria *L.* Auf Wiesen niedriger und hügliger Gegenden.
Auf den Donau-Inseln bei Presburg (*Endl.* 310) und Wieselburg (*Wierzb.*
Mos.), im Wagthale der Com. Presburg und Neutra (*Krz.* PV. II. 1. 66,
Hol. PV. IV. 75), bei Miskolc und Diósgyör im Com. Borsod (*Reuss* 238),
auf der Hegyallja, in den oberen Theissgegenden (*Hazsl.* ZBV. III. 7),
bei Jászberény in Jazygien (*RK.* 33); ferner bei Ödenburg (*Szont.* ZBG.
XIV. 481), bei Koroncó im Com. Raab (*Ebenh.* PV. V. 58), im südl. Com.
Komorn (*Hillebr.* ÖBZ. VIII. 298), bei Csenke im Com. Gran (*Feicht.*
Ad. 274), bei Lang (*Hillebr.* ZBV. VII. 41) und Szabolcs im Com. Stuhl-
weissenburg (*Kit.* Slav.), in den Thälern des Pilis-Vértes Gebirges und
auf den Ebenen des Pester Com. (*Kern.* ZBV. VII. 265, *Sadl.* 403), bei
Ozora (*Portschl.* Pest. Mus.) und Tamási im Com. Tolna, zwischen Tapolca
und Siklos (*Kit.* Slav.) und bei Fünfkirchen im Com. Baranya (*Nendtv.*
ZBG. XIII. 568), bei Nedelic auf der Murinsel (*Kit.* Bar.), in Sirmien
(*Kit.* Add. 89), im Banat (*Heuff.* 103).

19. S. umbrosus *WK.* Ic. III. t. 210. Auf Waldboden in den Thälern
der Voralpen. Am Fuss des Kleinen Křivan, bei Kralovan, Parnica und
Schloss Arva im Com. Arva, auf der Südseite der Béla Skala und des
Choč bei den Bädern von Lučky, im Wagthale zwischen Rosenberg und
Sučan, dann im Passe Strečno, auf der Fatra, im Thale Zsichlarma im
Com. Turóc (ich konnte dieses Thal nicht finden), im Com. Sohl (*Wahlb.*
267, *Kit.* Add. 89, *Üchtr.* ÖBW. VII. 376, *Krz.* ÖBZ. X. 160 und PV. V.
116). Bei Fünfkirchen (*Maj.* 14), sehr unwahrscheinlich.

20. S. paludosus *L.* S. riparius *Wallr.* S. Sadleri *Lang* in
Reichb. Germ. 245. S. tomentosus *Host* Aust. II. 476. In Sümpfen, an
Ufern, zwischen Schilf, besonders niedriger Gegenden. Auf der Insel
Altau (*Endl.* 310), auf dem Schur (*Kornh.* PV. III. 2. 33) und bei Far-
kashida im Com. Presburg (*Horv.* 4), an der March (*N.*), an der Wag
(*Reuss* 238), auf der Javořina im Com. Neutra (*Hol.* PV. I. 71), häufig
in den Bergsümpfen der Arva (*Vitk.* ZBG. XIII. 1067), bei dem Bade
Lučky in der Liptau, bei Roks in der Zips (*Wahlb.* 267); ferner von der
Leitha (*N.*) durch die Com. Wieselburg (*Wierzb.* Mos.), Raab (*Ebenh.*
PV. V. 58), Gran (*Feicht.* Ad. 274), Stuhlweissenburg, Pest, Jazygien,
Heves, Bihar und Szatmár, sowie in den Com. Somogy, Baranya, Tolna,

Csongrád und Békés, dann bei Keszthely am Plattensee (*Kit.* Add. 89 et Bar.), bei Čepin im Com. Verovitic (*P.M.* It. 17, 140), in Sirmien (*Rumy* 53), im Banat (*Heuff.* 103).

21. S. Doronicum *L.* Auf dem Grossen Křivan (*Roch.* MS. I. 83) und auf subalpinen Wiesen zwischen Javořina und dem Kupferschächtenthal der nördl. Tatra (*Grzeg.* ÖBW. III. 270, *Berd.* ÖBW. V. 315).

β. glaberrimus *Roch.* Ban. t. 34. An felsigen Stellen der Banat. Alpen (*Heuff.* 103), namentlich zwischen dem Godjan und Muraru (*Roch.* l. c. 74). S. Doronicum auf der Petrosa (*RK.* 33), Dscameanie, dem Arsul und Csiblesz der Rodnaer Alpen (*Baumg.* III. 118) gehört der Beschreibung nach hierher.

II. CYNAROCEPHALAE.

37. CALENDULA L.

1. C. arvensis *L.* In Weingärten und auf Aeckern verwildert. Im Com. Arva (*Szont.* ZBG. XIII. 1067), bei Rovné im Com. Trencsin (*Roch* Pest. Mus.), bei Koroncó (*Ebenh.* PV. V. 58) und der Stadt Raab (*Wierzb.* Mos.), bei Fünfkirchen (*Maj.* 14), in Sirmien (*Panč.* Sirm.).

2. C. officinalis *L.* Ueberall in Hausgärten und auf Friedhöfen gebaut und leicht verwildernd.

38. ECHINOPS L.

1. E. sphaerocephalus *L.* E. paniculatus *Jacq.* fil. Eclog. I. p. 72 t. 49. E. viscosus *Wierzb.* in *Gris.* It. 345. An steinigen buschigen Stellen, an Rainen, auf Hügeln.

2. E. commutatus *Juratzka* ZBG. VIII. 17. E. exaltatus *Koch* Syn. 452, *Reichb.* Ic. XXV. p. 2 t. 4 und der ung. Aut., nicht *Schrader*, nach *Juratzka* l. c. An Waldrändern bei Grosswardein (*Janka* Linn. 1859 p. 582), dann zwischen Gebüsch und an Ufern im Banat (*Heuff.* 103), namentlich bei Oravica, Bogondinc und Potok im südl. Com. Krassó (*Wierzb.* in *Reichb.* Ic. l. c.). E. exaltatus bei Ofen (*Lang* in *Reichb.* Germ. 292) scheint zu E. Ritro zu gehören.

3. E. Ritro *L.* Auf sonnigen Kalkbergen und sandigen Hügeln. Auf dem Thebner Kogel (*Endl.* 319), dem Plattenseezuge (*Sigm.* 48), den Ofner Bergen (*Sadl.* 411), besonders zwischen dem Blocks- und Adlerberg (*Mok.* ÖBW. V. 210), bei Pest (*Schiff.* Exs.), in der deutsch- und serbisch-banat. Milit. Gr. (*Heuff.* 103). Im Com. Trencsin (*Kikó* 18)? E. ruthenicus *Gris.* It. 345 und *Heuff.* 103 mit E. Ritro in der banat. Milit. Gr. ist eine Var. mit minder getheilten Blättern, E. ruthenicus *MB.* dagegen eine Var. mit feiner getheilten Blättern und daher von der Banater Pflanze verschieden.

4. E. banaticus *Roch.* in *Schrad.* Blumenb. 1827 p. 48. E. ruthenicus *Roch.* Ban. p. 77 t. 37, nicht *MB.* E. humilis *Reichb.* Germ. 292, nicht *MB.* E. Rochelianus *Gris.* Rumel. II. 229. An felsigen Stellen gebirgiger Gegenden. Zwischen Karlovic und Indja in Sirmien (*Kan.*

Exs.), bei Oravica (*Reichb.* Ic. XXV. p. 1) und Csiklova im Com. Krassó, von den Herculesbädern bis auf den Donau-Bergzug der roman. banat. Milit. Gr. (*Roch.* l. c., *Heuff.* 103).

39. XERANTHEMUM L.

1. X. annuum *L.* Auf trockenen Wiesen, Aeckern, an Rainen, sandigen Stellen niedriger und hügliger Gegenden. Fehlt in dem höheren Karpatenzuge.

2. X. cylindraceum *Sm.* X. cylindricum *Spr.* X. inapertum *WK.* Ic. I. p. XXX und der ungar. Aut., nicht *Willd.* Auf Aeckern, Grasplätzen, an Wegen. Bei St. Andrä nächst Ofen und auf den Ebenen des Pester Com. (*Sadl.* 392), von Waizen über Hatvan auf die Matra und bis Miskole (*Reuss* 255, *Reichb.* Ic. VII. 19), an der Schnellen Körös bei Grosswardein (*Steff.* ÖBZ. XIV. 177); ferner bei Fünfkirchen (*Nendtv.* 34), sehr häufig in den Com. Verovitie und Požega (*RK.* 73, *Kit.* Slav.), in Sirmien (*Rumy* 54, *Kit.* Add. 89), bei Deszna im Com. Arad (*Kern.* Exs.), gemein im Banat (*Heuff.* 109).

40. SAUSSUREA DC.

1. S. pygmaea *Spr.* Auf hohen Alpengipfeln. Auf der Rackova (*RK.* 60), dem Grossen Křivan, unter der Lomnitzer Spitze (*Wahlb.* 248), dem Polnischen Kamm (*Szont.* ÖBZ. XIV. 281) und der Eisthaler Spitze (*Berd.* ÖBW. V. 316), am Grünen See der Hohen Tatra (*Towns.* 349). Die Standorte bei T. Ujlak, N. Szöllös und auf dem Feketehegy im Com. Ugocs, dann bei Barlafalú im Com. Szatmár (*RK.* 34) sind offenbar unrichtig.

2. S. alpina *DC.* An felsigen Stellen der Alpen. Auf dem Czerwoný Wirch der Liptauer Central-Karpaten (*Grzeg.* ÖBW. V. 86), am Langen See (*Hazsl.* ÉM. 232), unter der Eisthaler Spitze (*Berd.* ÖBW. V. 316), auf der Hinterleiten der Tatra (*Wahlb.* 248), auf der Dscameanie und dem Stol der Rodnaer Alpen (*Baumg.* III. 54).

3. S. discolor *DC.* An felsigen Stellen der Alpen. Auf dem Stirnberg der östl. Tatra sehr selten (*Hazsl.* ÉM. 232—3), im Alpenthale Gropa Bistri am Sarko im Banat (*Heuff.* 106). Auf Felsen im Kirlibaba-Thale hart an der Grenze gegen die Marmaros (*Herb.* Bucov. 177).

41. CARLINA L.

1. C. grandiflora *Mönch.* Aendert ab:

α. acaulis (C. acaulis *L.*). Auf Wiesen besonders gebirgiger Gegenden, fehlt jedoch auf dem Pilis-Vértes Gebirge (*Kern.* ZBV. VII. 278).

β. caulescens (C. aggregata *Willd.* C. simplex *WK.* Ic. II. t. 152). Mit der vorigen vorzüglich auf Voralpen. Bei den Opalgruben von Červenica (Vörösvágás) im Com. Sáros, auf den Karpaten der Com. Bereg (nicht Borsod) und Marmaros (*WK.* l. c. 165, *RK.* 13), im Banat (*Heuff.* 106) und einzeln wohl noch an vielen Stellen.

2. C. vulgaris *L.* An steinigen buschigen Stellen.
C. longifolia *Reichb.* Ic. VIII. p. 25 f. 1008, XXV. p. 7 t. 11 (C. nebrodensis *Guss.*, der jüngere Name) ist eine Alpen- und Voralpenpflanze, die nach *Reichb.* l. c. in einer Höhe von 4—5000' vorkömmt. Die in Weingärten bei Presburg, St. Georgen (*Bolla* PV. I. 10) und bei Čerević im Com. Sirmien (*Schnell.* PV. IV. 82), dann in der Umgebung von Mehadia (*Andrä* Bot. Zeit. 1855 p. 313) angegebene C. longifolia scheint mir daher nicht die echte Pflanze zu sein oder die ganze Art ist nichts als eine lang- und schmalblättrige Var. der C. vulgaris, was ich für das richtigere halte. (Vergl. auch *Reichb.* l. c. 7 und *Bertol.* Ital. IX. 55.)
3. C. acanthifolia *All.* Auf steinigen grasigen Plätzen in Sirmien (*Panč.* Sirm.), auf Bergwiesen bei Steierdorf im Com. Krassó, dann im Almas-Thale, bei den Herculesbädern und auf dem Donau-Bergzuge der östl. Banat. Milit. Gr. (*Heuff.* 106).

42. CRUPINA Pers.

1. C. vulgaris *Pers.* Auf Kalkhügeln, an Weingartenrändern, buschigen Stellen. Bei Levene im Com. Bars (*Ka.* ÖBZ. XIV. 106, 242), am Fuss der Matra bei Gyöngyös (*Árv.* Pest. Mus.), auf dem Pilis-Vértes Gebirge (*Kern.* ZBV. VII. 261), bei Palota (*Kit.* Bar.) und Tés im Com. Veszprim (*Horky* PV. IV. SB. 87), Füred am Plattensee (*RK.* 5), Ozora im Com. Tolna (*Portsch.* Pest. Mus.), Fünfkirchen (*Nendtv.* 19), Čerević (*Schnell.* PV. IV. 82), Karlovic (*RK.* 73) und Semlin in Sirmien (*Panč.* Sirm.), bei dem Bischofsbade nächst Grosswardein (*Janka* ÖBZ. XIII 114), an der Donau in der östl. Banat. Milit. Gr. (*Heuff.* 109).

43. CENTAUREA L.

1. C. Jacea *L.* C. decipiens *Thuill.* C. nigrescens *Schult.* II. 549, nicht *Willd.* Auf Wiesen, Hügeln, an Rainen bis in die Alpenregion. C. amara *L.* in Sirmien (*Panč.* Sirm.) und in der deutsch- und serbischbanat. Milit. Gr. (*Heuff.* 106) ist nur eine südl. Form der C. Jacea; C. amara in Nord-Ungarn (*Lumn.* 392, *Fábry* II. 4, *Hol.* PV. III. 1. 62) dagegen kann von C. Jacea gar nicht verschieden sein.
2. C. nigra *L.* Auf Wiesen und an buschigen Stellen hügliger und gebirgiger Gegenden bis in die Voralpenregion. Auf dem Choč (*Krz.* ÖBZ. X. 160) und auf den Vorlagen der Central-Karpaten (*Wahlb.* 280), dann bei Lendva (*Portsch.* Pest. Mus.) und Csáktornya im Com. Zala und im Thale Kantovár bei Fünfkirchen (*Kit.* Bar.). Eine zweifelhafte überall in die weit gemeinere C. phrygia *L.* übergehende Art (*Wahlb.* l. c., *Wimm.* 273). C. conglomerata *Meyer* Beitr. zur Pfl. Kunde Russl. V. 44, welche nach *Janka* ÖBW. VII. 329 bei Mehadia vorkömmt, scheint eine solche Mittelform zu sein. Anderseits gibt es auch Uebergänge zu C. Jacea L., zu diesen dürfte C. pratensis *Schult.* II. 548 und vieler Autoren gehören.
3. C. phrygia *L.* C. austriaca *Willd.* C. nigra var. β. *Wahlb.* 280. C. cirrhata *Reichb.* C. pectinata *Schult.* II. 547? Auf Wiesen, in

Wäldern, an buschigen Stellen hügliger und gebirgiger Gegenden. Durch die ganze nördl. Karpatenkette von Presburg bis in die Marmaros (*Endl.* 318, *Krz.* PV. II. 1. 68, *Wahlb.* l. c., *Haszl.* ÉM. 231, *RK.* 33, 123), dann auf dem Rosalien- und Leithagebirge (*N.*), dem Pilis-Vértes Gebirge (*Kern.* ZBV. VII. 264, 269), im Hügellande der Com. Wieselburg (*Wierzb.* Mos.), Raab (*Ebenh.* PV. V. 58), Ödenburg (*Szont.* ZBG. XIV. 480), Eisenburg (*Pol.* 8), Zala, Somogy und Baranya, auf dem Papuk im Com. Požega (*Kit.* Bar. et Slav.), bei Brogyance im Com. Verovitie, bei Vukovár im Com. Sirmien (*Kit.* Exs.), bei Semlin (*Panč.* Sirm.), im Banat (*Roch.* Reise 44, *Heuff.* 107).

4. C. nervosa *Willd.* C. austriaca *Roch.* Ban. p. 76 t. 36, nicht *Willd.* C. uniflora *Wierzb.* Flora 1845 I. 321, nicht *L.* Cyanus phrygius *α.* pumilus *Baumg.* III. 72. Auf Alpentriften. Auf dem Csiblesz der Rodnaer Alpen (*Baumg.* l. c.), auf allen Banat. Alpen (*Heuff.* 107). Wohl nur die einköpfige Alpenform der vorigen.

5. C. montana *L.* Aendert ab:

α. major (C. montana der meisten Aut. C. mollis *WK.* Ic. III. t. 219. C. bicolor *Roch.* in *Kit.* Add. 90). In Wäldern und an buschigen felsigen Stellen der Berg- und Voralpenregion. Durch die ganze nördl. Karpatenkette vom Presburger Com. bis in die Marmaros (*Krz.* PV. II. 1. 68, III. 2. SB. 21, *Kn.* ÖBZ. XIV. 112, *WK.* l. c. 244, *Wahlb.* 279. *Haszl.* ÉM. 231, *Baumg.* III. 74), dann auf höheren Bergen des Pilis-Gebirges (*Sadl.* 408) und des Eisenburger Com. (*Pol.* 8). Die Standorte auf dem Kisbarát im Raaber Com. (*Ebenh.* PV. V. 58), bei Füred (*Hillebr.* ZBV. VII. 40) und Fünfkirchen (*Nendtv.* 19) dürften sich eher auf die Var. *β* beziehen.

β. minor (C. carpatica *Geners.* 65, 67, C. axillaris *Willd.*, C. stricta *WK.* Ic. II. t. 178). An steinigen buschigen Stellen hügliger und gebirgiger Gegenden. Die schmalblätterige Var. (C. seusana *Vill.*) soll nach *Lang* En. 1 ebenfalls in Ungarn vorkommen.

6. C. Cyanus *L.* Unter dem Getreide, auf Brachen.

7. C. Scabiosa *L.* Aendert ab:

α. scabra. Auf Wiesen, Hügeln, an Rainen.

β. coriacea (C. coriacea *WK.* Ic. II. t. 195). In Wäldern der Com. Wieselburg (*Wierzb.* Mos.), Neutra, Turóc (*WK.* l. c. 214) und Arva (*Roch* MS. I. 248), in Sirmien (*Rumy* 52) und wahrscheinlich überall, wo Kalkfelsen vorkommen.

γ. spinulosa (C. spinulosa *Roch.* in *Spr.* Provent. 1819 p. 8, Ban. p. 76 t. 36. C. stereophylla *Gris.* It. 346 nach *Heuff.* 107, nicht *Bess.*). Auf Wiesen, an Wegen und Hecken im Banat.

δ. fuliginosa (C. alpestris *Heer.* C. fuliginosa *Dollin.* Austr. 74. C. Kotschyana *Koch* Syn. 473, nicht *Heuff.*). Bisher nur im Alpenthale Drechselhäuschen der östl. Tatra (*Uchtr.* ÖBW. VII. 369, XIV. 386, *Haszl.* ÉM. 231) und auf dem Prislop oberhalb Žjar der Zipser Magura (*Haussku.* ÖBZ. XIV. 211).

C. stereophylla bei Klein-Schützen im Com. Presburg (*Benzl-Stern.* PV. III. 1. SB. 54) ist ohne Zweifel irgend eine Form der C. Scabiosa *L.* Aber auch die echte C. stereophylla *Bess.* ist nichts anderes als eine Var. der C. Scabiosa.

8. C. atropurpurea *WK.* Ic. II. t. 116. Auf Felsen gebirgiger Gegenden. Auf den Bereger Alpen (*RK.* 13), auf dem Galac der Rodnaer Alpen (*Baumg.* III. 78), im südl. Com. Krassó und auf dem Donau-Bergzuge der östl. Banat. Milit. Grenze bis zu den Herculesbädern (*Heuff.* 108). Auf Wiesen bei Csáktornya auf der Murinsel (*R.K.* 6)?

9. C. Kotschyana *Heuff.* Flora 1835 I. 245, Ban. 107, nicht *Koch.* C. Heuffelii *Reichb.* fil. Ic. XXV. p. 27. An den Wasserfällen der Bistra am Sarko der roman. banat. Milit. Gr., dann auf dem Koronjis der Rodnaer Alpen in Siebenbürgen (*Schur* Siebenb. Ver. 1859 p. 148) also sehr nahe der ungar. Grenze. Wohl nur eine Alpenvarietät der C. atropurpurea, zu der sie sich wie C. nervosa zu C. phrygia verhält.

10. C. paniculata *Jacq.* C. maculosa *Lam.* C. Biebersteinii *DC.* Auf trockenen Triften. Sandfeldern, Hügeln, an Wegen. C. triniaefolia *Heuff.* ÖBZ. VIII. 27, Ban. 108 auf steinigen Bergen im östlichen Banat ist, nach dem Citate „*Reichb.* Ic. XXV. t. 48 f. 1" zu schliessen, von C. paniculata gar nicht verschieden.

11. C. arenaria *MB.* Auf Sandhügeln der deutsch- und serbisch-banat. Milit. Gr. (*Heuff.* 108).

12. C. solstitialis *L.* C. Adami *Willd.*, jedenfalls *Sadl.* Pest. ed. I. 2. 291. Auf Feldern, Grasplätzen, an wüsten Stellen niedriger und hügliger Gegenden, aber nicht im karpat. Hochlande.

C. solstitiali-paniculata *Schiede.* C. hybrida *All.* Auf Abhängen bei den Donaumühlen nächst Presburg (*Bolla* PV. I. 9).

13. C. Calcitrapa *L.* Auf Weiden, an Wegen, wüsten Stellen niedriger und hügliger Gegenden, aber nicht im karpat. Hochlande.

14. C. iberica *Trev.* Auf Feldern bei Alt-Orsova der roman. banat. Milit. Gr. (*Heuff.* 108).

* C. Genersichii *Geners.* 65 et 76. An sonnigen Stellen in der Zips.

44. CARTHAMUS L.

1. C. tinctorius *L.* Wird im Grossen gebaut, z. B. bei Miskolc (*Reuss* 252), Gyöngyös im Com. Heves (*Rowl.* PV. II. 2. SB. 22), Köhid-Gyarmat und Párkány im Com. Gran (*Feicht.* Ad. 274), in Sirmien (*Rumy* 52), im Banat (*Roch.* Ban. 10), auch in Weingärten bei Grosswardein (*Steff.* ÖBZ. XIV. 177).

2. C. lanatus *L.* Kentrophyllum lanatum *DC.* An Wegen, Rainen, buschigen Stellen niedriger und hügliger Gegenden. Bei Diószeg im Com. Presburg (*Bolla* PV. I. 9), Sz. Benedek im Com. Bars, Varsány, Csank (*Kn.* ÖBZ. XIV. 241, 243) und Maria Nostra im Com. Hont (*RK.* 59), auf den Ebenen der Com. Pest (*Sadl.* 379), Heves und Jazygien (*RK.* 33), bei Miskolc (*Reuss* 252), zwischen Gesztely und Legyes-Bénye im südl. Com. Zemplin (*Kit.* Ber.), bei Grosswardein (*Kit.* Add. 90), am

Fuss der Biharia (*RK.* 86); ferner bei Veres-Berény im Com. Veszprim (*RK.* 111), auf dem Pilis-Vértes Gebirge (*Kern.* ZBV. VII. 271, 272), gemein in den Com. Stuhlweissenburg, Zala, Tolna und Baranya (*Kit. Bar.* et *Slav.*), bei Futak im Com. Bács, Čerević (*Schnell.* PV. III. 1. 12), Nuštar (*Kit.* Pest. Mus.) und Krušedol im Com. Sirmien, in der Gradiskaner Milit. Gr., z. B. bei Okučani (*RK.* 73), bei Semlin (*Panč.* Sirm.), im Banat (*Heuff.* 106).

Silybum marianum *Gärtn.* wird häufig in Bauerngärten gepflanzt und verwildert leicht.

45. ONOPORDUM L.

1. O. Acanthium *L.* An Ufern, Wegen, wüsten Stellen.
2. O. tauricum *Willd.* An wüsten Stellen bei Illok im Com. Sirmien und bei Semlin (*Panč.* Sirm.). In Serbien führt *Pančić* diese Art jedoch nicht auf (ZBV. VI. 556).

46. CARDUUS L.

1. C. nutans *L.* Auf Weiden, wüsten Stellen.
2. C. acanthoides *L.* Auf Triften, wüsten Plätzen, an Wegen. Die Var. C. hamulosus *Ehrh.*, *WK.* lc. III. t. 233 an gleichen Orten in den Com. Presburg, Neutra (*Krz.* PV. II. 1. 67), Zips (*Wahlb.* 250), Zemplin, Szabolcs, Borsod, Heves, Pest, Bihar, Szatmár, Marmaros und Temes (*RK.* 13, 34, 123, *Kit.* Add. 90, *Reichb.* Icon. XXV. 92), bei Fünfkirchen (*Nendtv.* 19), Semlin (*Panč.* Sirm.), in der westl. Banat. Milit. Gr. (*Heuff.* 105).
C. pycnocephalus *Jacq.* Am Wege von Grosswardein zur Fasanerie (*Steff.* ÖBZ. XIV. 177)? Eine Pflanze des adriatischen Litorale (*Koch* Syn. 459, Syll. cr. 67).
3. C. crispus *L.* In Wäldern, an Ufern niedriger und gebirgiger Gegenden bis in die Voralpenregion (*Wahlb.* 250).
4. C. Personata *Jacq.* C. arctioides *Roch.* Ban. 27, Reise 42, nicht *Willd.* In Berg- und Voralpenwäldern. Auf den mährischen Grenzkarpaten (*Schloss.* 204) und den Beskiden (*Herb.* ZBG. XI. 67, *Vitk.* ZBG. XIII. 1067), auf den Vorlagen der Central-Karpaten und der Liptau-Sohler Alpen (*Wahlb.* 251, *Hazsl.* ÉM. 230, *RK.* 59, *Roch.* MS. I. 55, 58, 78), auf dem Končito bei Polomka im Com. Gömör (*Kit.* Arv.), bei Lipóc und auf dem Čerho im Com. Sáros (*Hazsl.* Sár. 224), auf der Bersava im Com. Bereg (*Kit.* Ber.), bei Körösmezö, Kabolapolyana und im Wasserthal der Marmaros (*Müll.* ZBG. XIII. 557), auf der Biharia bei Rézbánya (*RK.* 86), im östl. Banat (*Heuff.* 105), endlich an Giessbächen bei Waizen und Visegrád sehr selten (*Sadl.* 383).
5. C. collinus *WK.* lc. III. t. 232. An Weingartenrändern und auf buschigen Hügeln der Com. Hont, Neográd, Heves, Borsod, Abauj und Zemplin (*WK.* l. c. 258, *Pawl.* PV. l. 28), auf dem Pilis-Gebirge bis Gran und auf Hügeln bei Gödöllö im Pester Com. (*Sadl.* 383, *Kit.* Sopr.).

bei Palota im Com. Veszprim (*Horky* PV. IV. SB. 86), bei Fünfkirchen
(*Nendtv.* ZBG. XIII. 566). C. candicans *WK.* I. t. 83 bei Veršec im
Com. Temes, bei den Herculesbädern und auf den Donau-Bergzug der
östl. Banat. Milit. Gr. (*Heuff.* 105) ist eine nur unbedeutende Var.

6. C. arctioides *Willd.* In Berg- und Voralpenwäldern. Am Fuss
des Grossen Křivan (*Wahlb.* 251), dann in den Pienninen und zwar auf
dem Grenzberge Gacza (Kacza) zwischen Szczawnice in Galizien und
Lesnic in der Zips am rechten Ufer des Dunajec, sowie auf dessen linken
Ufer bei der Ruine Czorstin schon in Galizien, auch hart an der Grenze
gegen die Marmaros bei Kirlibaba in der Bucovina (*Herb.* Flora 1834 II.
574, ZBG. X. 614, Bucov. 173). C. alpestris *WK.* Ic. III. t. 267 auf Felsen
der Alpe Baiku der roman. banat. Milit. Gr. (*Heuff.* 105) wird von den
Autoren bald hierher bald zur folgenden Art gezogen.

7. C. defloratus *L.* C. seminudus *Kit.* in *Schult.* II. 473. C.
glaucus *Kit.* Add. 92. An felsigen waldigen Stellen gebirgiger und sub-
alpiner Gegenden. Auf den höheren Karpaten der Com. Presburg, Neutra
(*Krz.* PV. II. 1. 67), Trencsin (*Kikó* 17, *Roch.* MS. II. 35), Arva, Liptau,
Sohl, Zips (*Wahlb.* 252, *RK.* 59, *Kit.* Add. 92, *Szont.* ZBG. XIII. 1067,
Roch. MS. I. 52, 58, 78, 169) und Sáros (*Hazsl.* Sár. 224); ferner bei
Güssing im Com. Eisenburg (*Clus.* Pan. 660), auf den Trachytbergen bei
Visegrád (*Sadl.* 384), auf dem Nagyszál bei Waizen (*Kern.* ÖBW. VII.
399), auf der Biharia (*Kern.* DL. 296), im östl. Banat (*Heuff.* 105).

47. CIRSIUM Tourn.

1. C. lanceolatum *Scop.* An Wegen, wüsten Stellen.

2. C. eriophorum *Scop.* C. spathulatum *Gaud.* Auf Weiden, an
Ufern, an waldigen Stellen hügliger und gebirgiger Gegenden bis in die
Voralpenregion. Auf dem ganzen nordwestl. Karpatenzuge von Presburg
bis in das Com. Sáros, gemein im Hügellande am rechten Donau-Ufer
und selbst an den Rändern der Tiefebene in den Com. Gran (*Feicht.* Ad.
274), Pest (*Sadl.* 380), Heves, Szabolcs und Jazygien (*RK.* 34), auch in
Sirmien (*Rumy* 52) und im Banat (*Heuff.* 104).

3. C. ciliatum *MB.* C. furiens *Gris.* It. 348. Cnicus Boujarti
PM. It. p. 143 t. 13. Auf Weiden, an Wegen, wüsten Plätzen. Sehr
häufig auf der Ebene von Fünfkirchen (*PM.* l. c.), dann bei Karcag
in Gross-Kumanien, Székelyhid im Com. Bihar (*Janka* ÖBZ. XI. 168, XIII.
114), Szőllős nächst Grosswardein (*Steff.* ÖBZ. XIV. 177), zwischen Mehadia und Koruja sehr selten (*Heuff.* 104).

4. C. palustre *Scop.* Auf sumpfigen Wiesen und quelligen Waldstellen niedriger und gebirgiger Gegenden. Ch. Chailleti *Gaud.* (nicht
Koch) ist die Forma putata des C. palustre.

5. C. brachycephalum *Juratzka* ZBV. VII. 91—9 t. 1. C. Chailleti *Koch* Syn. ed. I. 393, nicht *Gaud.* C. polyanthemos *Lumn.* 357,
allem Anscheine nach. Auf Wiesenmooren, in Sümpfen, oft massenhaft.
Auf dem Schur bei St. Georgen (*Janka* Exs.), am Neusiedler See (*N.*),
im Hanság, bei Bruck an der Leitha (*Juratzka* l. c.), am Platten- und

Velencer See (*Pok.* ZBG. X. 290), bei Csenke im Com. Gran (*Feicht.* Ad. 274), auf der Ebene von Pest, an der Eisenbahn zwischen Monor und Szolnok, in Kumanien (*Bauer* ZBV. VII. SB. 22, Abhdl. 93), in Sirmien (*Panč.* Sirm.) und wohl noch an vielen Orten des Tieflandes.

6. C. pannonicum *Gaud.* Carduus serratuloides der ält. Aut. Auf Wiesen, in Vorhölzern niedriger und gebirgiger Gegenden.

7. C. canum *MB.* Carduus tuberosus der ält. Aut. Auf Wiesen niedriger und gebirgiger Gegenden.

8. C. pauciflorum *Spr.* Cnicus pauciflorus *WK.* Ic. II. t. 161. In sumpfigen Wäldern. Auf dem Ecsédi-Láp im Com. Szatmár. in Nadelwäldern bei Borsa am Fuss der Petrosa (*Kit.* Add. 93), auf dem Opčina (*RK.* 34) und der Trojaga bei Borsabánya in der Marmaros (*Müll.* ZBG. XIII. 557). Auf der nördl. Seite der Černa Hora, also in Galizien (*Herb.* ZBG. X. 614) und im Kirlibaba-Thale hart an der Grenze gegen die Marmaros (*Herb.* Bucov. 171).

9. C. rivulare *Link.* Auf Sumpfwiesen niedriger und gebirgiger Gegenden. Durch die ganze nordwestl. Karpatenkette von Presburg bis in das Com. Sáros und auf allen Ebenen der Comitate am rechten Donau-Ufer; scheint aber im östl. Gebiete zu fehlen und kömmt auch im Banat nicht vor.

10. C. bulbosum *DC.* Auf fruchtbaren Wiesen der Ebenen des Banats (*Heuff.* 104).

11. C. heterophyllum *All.* Carduus helenioides *L.* Auf subalpinen Wiesen. Bei Bobro und Turdošin im Com. Arva (*Vuk.* ZBG. XIII. 1067), am Fuss des Choč (*Kit.* Arv.), bei Lučky, Malužina, Hradek, Kokava bis auf dem Grossen Křivan im Com. Liptau, an der Weissenwand der östl. Tatra und bei Žjar in der Zips (*Wahlb.* 253, *Roch.* MS. I. 25, 59, 70, 78), im östl. Banat (*Heuff.* 104).

12. C. acaule *All.* An Ackerrändern der Grossen Schütt im Presburger Com. nicht häufig (*Endl.* 300). Auf trockenen Weiden im südl. Ungarn (*Schult.* II. 465). In *Kit.* Add. 94 heisst es nur „In siccis Croatiae."

13. C. oleraceum *Scop.* Cnicus Erisithales *PM.* It. 88—9, nicht *L.* Auf nassen Wiesen, in Sümpfen niedriger und gebirgiger Gegenden.

14. C. Erisithales *Scop.* C. ochroleucum *Roch.* Reise 467 Cnicus spinosissimus *Geners.* 60, nicht *L.* An felsigen waldigen Orten der Berg- und Voralpenregion. Auf Kalk durch die ganze nordwestl. Karpatenkette vom Com. Trencsin (*Roch.* Pest. Mus.) bis in das Com. Sáros (*Hazsl.* ÉM. 228, Sár. 224), auf dem Roszály im Com. Szatmár auch auf Trachyt (*Kit.* Add. 94), dann auf dem Bükhegy (*Reuss* 246), der Biharia (*Kern.* DL. 127), im östl. Banat (*Heuff.* 104).

15. C. arvense *Scop.* Auf Aeckern, Sandfeldern, in Wäldern.

C. cano-palustre *Wimm.* Auf nassen Wiesen bei B. Hidvég am Plattensee im Com. Zala (*Pok.* ZBG. X. 289).

C. cano-oleraceum *Reichb.* C. tataricum *Wimm.* et *Grab.* Cnicus flavescens *Kit.* Add. 93? In Sümpfen von Ungarn (*Host* Aust. II. 446). Ohne Zweifel überall mit den Stammeltern.

C. Erisithali-heterophyllum *Näg.* Auf Alpenwiesen in Ungarn (*Maly* 130).

48. LAPPA Tourn.

1. L. communis *Coss.* et *Germ.* L. major *Gärtn.* L. minor *DC.*
L. tomentosa *Lam.* An Wegen, Zäunen, wüsten Stellen.

49. SERRATULA L.

1. S. tinctoria *L.* S. pinnata *Kit.* in *Schult.* II. 454 et Add. 95
nach *Sadl.* Pest. ed. I. 2. 253. S. pinnatifida *Lang* Phys. 316, nicht
Poir. Auf Wiesen, in Wäldern niedriger und gebirgiger Gegenden.
2. S. radiata *MB.* Carduus novus *Wint.* f. 9. C. radiatus *WK.*
Ic. I. t. 11. Auf Wiesen und sonnigen Kalkbergen bei Ofen, Inota im
Com. Stuhlweissenburg, Palota und Dég im Com. Veszprim, auf dem
Mecsek und Harsányhegy im Com. Baranya (*WK.* l. c. 10, *RK.* 111,
Kit. Bar.).
3. S. heterophylla *Desf.* Carduus nitidus *WK.* Ic. I. t. 52. Auf
Hügeln bei Egbell und Adamov im Marchthale (*Krz.* PV. II. 1. 68), auf
den Weinbergen bei Gross-Lapás im Com. Neutra (*Kn.* PV. VII. 154),
auf Kalkbergen bei Palota im Com. Veszprim und Inota im Com. Stuhl-
weissenburg (*WK.* l. c. 53).
* S. sonchifolia *Bess.* Im Banat (*Roch.* Ban. 28). Ich finde keine von
Besser so benannte Pflanze.

50. JURINEA Cass.

1. J. mollis *Reichb.* Serratula blanda *MB.* Auf steinigen oder
sandigen Hügeln, sonnigen Kalkbergen. Auf dem Thebner Kogel (*Bolla*
PV. II. 68), dem Hauran (*Kr.* PV. II. 1. 68) und bei Čachtice im Com.
Neutra (*Kell.* ÖBZ. XV. 50), bei Turdošin, Ustě und Bobro im Com. Arva
(*Vuk.* ZBG. XIII. 1067), im Hernád-Thale in der Zips, bei Tehány im
Com. Sáros (*Hazsl.* ZBV. II. 7, Sár. 224), auf der Radova bei Kaschau
(*Pawl.* PV. I. 26), bei Tokay, Erlau (*Kit.* Add. 92), auf Sandhügeln des
Pester Com. (*Sadl.* 378); ferner auf dem Leithagebirge (*N.*), bei Gols
(*Heuff.* Flora 1831 I. 406) und Ung. Altenburg im Com. Wieselburg (*Vuezl*),
im südl. Com. Komorn (*Hillebr.* ÖBZ. VIII. 298), bei Tihany, Füred und
Arács am Plattensee, Palota im Com. Veszprim (*RK.* 111, *Kit.* Bar.), auf
dem Pilis-Vértes Gebirge (*Kern.* ZBV. VII. 261), bei Kér im Com. Tolna
(*Hillebr.* ZBV. VII. 41), bei Fünfkirchen (*Nendtv.* 31), in Sirmien (*Rauy*
52), im östl. Com. Arad (*Kéry* 18), an der Donau in der östl. Banat.
Milit. Gr. (*Heuff.* 104).
2. J. macrocalathia *C. Koch* Linn. 1851 p. 445. Auf Alpenwiesen
des Banats.

III. CICHORIEAE.

51. LAPSANA L.

1. L. communis *L.* An wüsten und bebauten Stellen, zwischen Gebüsch.

52. ARNOSERIS Gärtn.

1. A. pusilla *Gärtn.* Auf Aeckern hinter dem Presburger Schloss (*Endl.* 294), bei Ödenburg, Agendorf (*Szont.* ZBG. XIV. 482).

53. APOSERIS Neck.

1. A. foetida *Less.* Auf buschigen Hügeln, in Berg- und Voralpenwäldern. Auf den Sároser Karpaten (*Reuss* 256), namentlich bei Eperjes (*Hazsl.* Exs.). auf der Bersava im Com. Bereg, bei Nagy Szöllös im Com. Ugocs (*RK.* 13, 34), auf der Biharia (*Kern.* Dl. 125, 332), im Banat (*Heuff.* 109), auf dem Papuk in Slavonien sowohl nördl. gegen Orahovica als südl. gegen Kutjevo (*RK.* 73).

54. CICHORIUM L.

1. C. Intybus *L.* An Wegen, Rainen.
2. C. Endivia *L.* Wird in Gemüsegärten gebaut.

55. HYPOCHOERIS L.

1. H. glabra *L.* H. minima *Schult* II. 401, nicht *Balb.* II. Balbisii *Reuss.* 261, nicht *Lois.* Auf Aeckern, sandigen Triften. Bei Holič im Marchthale (*Krz.* PV. II. 1. 69), Rovně im Com. Trencsin (*Roch.* Pest. Mus.), Ustě und Pekelnik im Com. Arva (*Vitk.* ZBG. XIII. 1068), Kokava im Com. Liptau (*Roch.* MS. I. 69), Rima Szombat im Com. Gömör (*Fábry* II. 4), Parád im Com. Heves, Gergelak und Bartfeld im Com. Sáros, Nagy Károly im Com. Szatmár (*RK.* 34, 112, 123); ferner bei Wandorf im Com. Ödenburg (*Szont.* ZBG. XIV. 482), Fünfkirchen (*Kit.* Bar.), Darnvár im Com. Požega (*Kit.* Slav.), im Banat (*Heuff.* 111).
2. H. radicata *L.* In Wäldern, auf Wiesen. H. neapolitana *Gris.* It. 349 in Holzschlägen bei Zsarest (Žurestj) im Com. Krassó und auf sonnigen Bergen an der Donau in der Banat. Milit. Gr. (*Heuff.* 114) ist allem Anscheine nach eine Var. der H. radicata und von der echten H. neapolitana *DC.* Prodr. VII. 91 verschieden.
3. H. maculata *L.* Auf Bergwiesen.
4. H. uniflora *Vill.* H. helvetica *Wulf.* Hieracium montanum *Geners.* 58? Auf alpinen und subalpinen Triften, bis in die Buchenregion herabsteigend. Auf der Babia Góra (*Vitk.* ZBG. XIII. 1068), auf den Central-Karpaten von der Rackova bis auf den Stirnberg der östl. Tatra, auf dem Dumbier, der Kunstava, in den Thälern von Boca und Malužina der Liptau-Sohler Alpen (*Wahlb.* 247, *RK.* 60), auf dem Čerho im Com.

Sáros (*Hazsl.* Sár. 224), sehr häufig auf den Bereger Alpen nud jenen der Marmaros sowohl gegen Galizien als Siebenbürgen zu (*RK.* 13, 35, *Herb.* ZBG. XI. 67, *Baumg.* III. 47, *Müll.* ZBG. XIII. 557), auf den Banat. Alpen (*Heuff.* 111).

56. THRINCIA Roth.

1. Th. hirta *Roth.* Auf Wiesen, an sandigen Stellen. Auf der Kleinen Schütt (*Wierzb.* Mos.), am Fuss des Badacson und auf der Halbinsel Tihany am Plattensee (*Haberl.* ÖBZ. XI. 12, 17), bei Fünfkirchen (*Schult.* II. 411). Leontodon hirtum *Lumn.* 344 bei Wartberg im Com. Presburg ist nach *Lumnitzer's* Herbar Taraxacum serotinum (*Árv.* Pest. Mus.).

57. LEONTODON L.

1. L. autumnalis *L.* Auf Wiesen niedriger und gebirgiger Gegenden bis in die Alpenregion (*Wahlb.* 235).

2. L. Taraxaci *Lois.* L. montanum *Lam.* L. pyrenaeus *Üchtr.* ÖBW. VII. 353, 354, 369, 370, XIV. 386, aber nicht L. pyrenaicus *Gouan.* Apargia Taraxaci *Wahlb.* 235. Auf felsigen Triften der Alpen. Auf dem Volovec und der Rackova der Liptaner Central-Karpaten, um die Alpenseen der Hohen Tatra, auf der Leiten und im Drechselhäuschen der östl. Tatra (*Wahlb.* l. c., *Üchtr.* l. c.), auf der Kralova Hola (*Kub.* 98), auch auf den galiz. Central-Karpaten (*Zaw.* Gal. 92, *Herb.* ZBG. XI. 50). Nach *Reichb.* Germ. p. 232 et 853 n. 1643 wäre A. Taraxaci *Wahlb.* eine eigene von A. crocea *Poll.* Veron. II. p. 365 t. 4 nicht verschiedene Art, die in *Reichb.* l. c. L. Pollinii *Welw.* genannt, in *Bisch.* Beitr. 55 aber zur orangeblütigen Var. des L. pyrenaicus gezogen wird. Diese in *Gris.* It. 349 wieder aufgenommene Ansicht *Reichenbach's* scheint indessen unrichtig zu sein, da in neuerer Zeit kein L. pyrenaicus auf den Central-Karpaten gefunden wurde.

3. L. pyrenaicus *Gouan.* Apargia aurantiaca *WK.* in *Willd.* Spec. III. 1547, *Kit.* Add. 98. Auf felsigen Triften in der Alpenregion der östl. Karpaten. Auf der Černa Hora (*Herb.* ZBG. X. 615), auf den Rodnaer Alpen vom Csiblesz bis auf den Stol (*Baumg.* III. 16), auf den Banat. Alpen (*Heuff.* 109).

4. L. hastilis *Koch.* L. hispidum et hastile *L.* L. Hedypnois *Lumn.* 343. Apargia dubia *Willd.* Spec. III. 1549. A. media *Kit.* Add. 99. Auf Wiesen, buschigen Hügeln, an Rainen niedriger und gebirgiger Gegenden bis in die Alpenregion, wo sie als L. alpinum *Jacq.* Aust. I. t. 93 erscheint. Auch Apargia alpina *Kit.* Add. 99 auf den Alpen der Com. Sohl, Liptau und Zips scheint richtiger hierher als zu A. alpina *Willd.* Spec. III. 1547 d. i. L. pyrenaicus *Gouan* zu gehören.

5. L. incanus *Schrank.* Auf Felsen und sonnigen Hügeln gebirgiger und subalpiner Gegenden. Auf Kalk durch die ganze nördl. Karpatenkette von Presburg bis in die Marmaros (*Endl.* 288, *Roch.* MS. I. 36, 55, 77, II. 33, *Kit.* Add. 101, *Hazsl.* ÉM. 224, *RK.* 34), ferner im Com. Eisenburg (*Pol.* 6), bei Füred am Plattensee, Eszény im Com. Stuhlweissenburg (*Kit.* l. c.), auf dem Pilis-Vértes Gebirge und auf sandigen Wiesen der Pester Ebene (*Sadl.* 372, *Kern.* ZBV. VII. 261), bei Fünfkirchen (*Nendtv.* 25), im östl. Com. Arad (*Kérg* 19), an der Donau iu der östl. Banat. Milit. Gr. (*Heuff.* 109).

6. L. crispus *Vill.* L.. asper *Reichb.* Germ. 252. Apargia aspera *WK.* Ic. II. t. 110, vielleicht nach einem kultivirten Exemplare mit ästigem mehrköpfigen Stengel (Vergl. auch *Neilr.* Nachtr. 125). An felsigen buschigen Stellen. Bei Fünfkirchen (*Nendtv.* 25), auf dem Cereviéer Gebirge im Com. Sirmien (*Schnell.* PV. III. 1. 13), bei Csiklova im Com. Krassó, bei den Herculesbädern und an der Donau in der östl. Banat. Milit. Gr. (*Heuff.* 110).

58. TRAGOPOGON L.

1. T. major *Jacq.* An Rainen, wüsten Stellen niedriger und hügliger Gegenden.

2. T. pratensis *L.* Die Form mit den längsten Randblumen ist T. orientalis *L.*, jene mit den kürzesten T. minor *Fries.* Andere Formen sind: T. dubius *Lumn.* 335, T. undulatus der ungar. Aut. nicht *Jacq.*, T. leiocarpos *Saut.* Flora 1857 I. 178. Auf Wiesen niedriger und gebirgiger Gegenden bis in die untere Alpenregion (*Wahlb.* 234). T. orientalis scheint am meisten verbreitet zu sein. T. minor wird nur im Banat angegeben (*Heuff.* 110). T. arvense *RK.* 123 auf der Matra ist wahrscheinlich ein Schreibfehler statt T. pratense.

3. T. floccosus *WK.* Ic. II. t. 112. T. canus *Willd.* Auf sandigen Hügeln und im Flugsande. Bei Soroksár, Izsák und auf der Insel Csepel im Pester Com. (*Sadl.* 373, *Kit.* Add. 104), auf den Ebenen der deutsch- und serbisch-banat. Milit. Gr. (*Heuff.* 110).

* T. pubescens *Kit.* in *Schult.* II. 403 et Add. 103. In der Zips.

** T. foliosus *Lang* En. 3. In Ungarn.

** T. angustifolius *Kit.* Add. 104 zwischen Csaba im Com. Pest und Dorog im Com. Gran. Ob damit die Pflanze *Bellardi's* in *Willd.* Spec. III. 1494 oder eine eigene Art gemeint sei, ist nicht ersichtlich.

59. SCORZONERA L.

1. S. austriaca *Willd.* S. humilis *Jacq.* nicht *L.* S. angustifolia *Reichb.* Auf Kalk- und Trachytfelsen und auf Sandsteppen der Ebene. Auf dem Thebner Kogel (*Bolla* PV. I. 10) und am Fuss der Kleinen Karpaten bei Sz. Miklos im Com. Presburg (*Roch.* MS. II. 50), bei der Ruine Čachtice im Com. Neutra (*Hol.* PV. III. 1. 63), auf dem Marienberge und dem Zorardfelsen bei Neutra (*Kn.* PV. VII. 155), in den Thälern des Poprad und Hernád in der Zips (*Hazsl.* ZBV. II. 8), bei Malaveska im Com. Sáros (*Hazsl.* Sár. 223), auf der Hegyallja und dem Tokayer Berge (*Kit.* Ber.); ferner auf Hügeln bei Ödenburg (*Szont.* ZBG. XIV. 482), vom Plattenseezuge über Palota und Sz. György

(*RK.* 112, *Kit.* Add. 104 et Bar.) auf das Pilis-Vértes Gebirge und die Pester Ebene (*Sadl.* 374, *Kern.* ZBV. VII. 263), bei Fünfkirchen (*Maj.* 14), im südl. Com. Krassó und an der Donau in der östl. Banat. Milit. Gr. (*Heuff.* 110).

2. S. humilis *L.* S. graminifolia et lanata *Geners.* 57. S. plantaginea *Reichb.* Auf nassen Wiesen niedriger und gebirgiger Gegenden.

3. S. hispanica *L.* S. graminifolia *Lumn.* 337. S. denticulata *Lam.* S. dentata *Kit.* Add. 105? Auf Wiesen der Ebene und an buschigen Stellen gebirgiger Gegenden. Auf Hügeln bei Presburg (*Hol.* PV. I. 17), bei Rovně im Com. Trencsin (*Roch.* Exs.), Rima Szombat im Com. Gömör (*Fábry* II. 4), Abós im Com. Sáros, jedoch nur einmal (*Hazsl.* ÉM. 222), bei Miskolc (*Reuss* 259), Tokay (*RK.* 34); ferner am Neusiedler See (*N.*), bei Ung. Altenburg (*Vuezl*), häufig auf Wiesen der Com. Veszprim, Stuhlweissenburg, Zala, Somogy (*Kit.* Add. 105) und Baranya (*Kit.* Bar.), auf dem Pilis-Vértes Gebirge und der Pester Ebene (*Sadl.* 375. *Kern.* ZBV. VII. 261, 264), auf dem Nagyszál bei Waizen (*Kern.* ÖBW. VII. 392), im östl. Com. Arad (*Kéry* 21). Im Banat scheint sie nicht vorzukommen (*Heuff.* 110). Wird auch in Gemüsegärten kultivirt.

4. S. parviflora *Jacq.* Auf Wiesenmooren, an sumpfigen besonders salzigen Stellen der Ebene. Bei Adamov (*Krz.* PV. II. 1. 69) und Skalic im Marchthale (*Hol.* PV. VII. 88), auf dem Schur bei St. Georgen (*Bolla* PV. I. 10), bei Bori (*Kn.* ÖBZ. XV. 59) und Szalatna im Com. Hont (*RK.* 60), Wallendorf in der Zips (*Hazsl.* Exs.), Bodzonád und Zsadány im Com. Heves (*RK.* 13); ferner am Neusiedler See (*N.*), im Hanság (*Wierzb.* Mos.), bei Ung. Altenburg (*Vuezl*), am Plattensee, in den Com. Somogy, Stuhlweissenburg, Gran (*Kit.* Add. 105) und Pest (*Sadl.* 375), bei Fünfkirchen (*Nendtv.* ZBG. XIII. 568).

5. S. purpurea *L.* Auf sonnigen Bergen, trockenen Wiesen, in sandigen Wäldern. Bei Theben, Presburg (*Richt.* PV. VII. 103), Stampfen im Com. Presburg (*Endl.* 286), im Marchthale im Com. Neutra (*Krz.* PV. II. 1. 69), in den Thälern des Poprad und Hernád in der Zips (*Hazsl.* ZBV. II. 8), auf der Radova bei Kaschau (*Pawl.* PV. I. 26), auf der Matra, dem Tokayer Berge, in den Com. Szabolcs (*Kit.* Ber.), Szatmár und Marmaros (*RK.* 34); ferner im Donauthale der Com. Wieselburg (*Vuezl*), Raab (*Ebenh.* PV. V. 58), Komorn (*Hillebr.* ÖBZ. VIII. 298) und Pest (*Sadl.* 376), im Kreisnerwalde bei Ödenburg (*Szont.* ZBG. XIV. 482), im Walde Bakony (*Horkg* PV. IV. SB. 86), auf dem Pilis-Vértes Gebirge (*Kern.* ZBV. VII. 261), in den Com. Veszprim, Stuhlweissenburg, Tolna und Somogy (*Kit.* Add. 106 et Bar), im östl. Com. Arad (*Kéry* 21), in der westl. Banat. Milit. Gr. (*Heuff.* 110).

6. S. rosea *WK.* Ic. II. t. 121. Auf alpinen und subalpinen Wiesen der Com. Bereg, Szatmár und Marmaros, besonders auf den Rodnaer Alpen (*WK.* l. c. 128, *RK.* 13, 34, *Baumg.* III. 11), auf der Biharia (*Kern.* Exs.), den Banat. Alpen (*Heuff.* 111). Wohl nur Alpenvarietät der vorigen.

60. PODOSPERMUM DC.

1. **P. Jacquinianum** *Koch.* Scorzonera laciniata der ält. Aut., nicht *L.* Auf Wiesen, an Rainen, Wegen, salzigen Stellen niedriger und hügliger Gegenden.

2. **P. laciniatum** *DC.* Scorzonera laciniata *L.* Auf Hügeln, an Rainen, Wegen. Auf dem Kisbarát im Com. Raab (*Ebenh.* PV. V. 58), bei Fünfkirchen (*Maj.* 14), bei Čerević im Com. Sirmien (*Schnell.* PV. III. 1. 13), im Banat (*Heuff.* 111), wenn anders die Bestimmung überall richtig ist, da P. Jacquinianum *β.* simplex *Bisch.* Beitr. 130 dem P. laciniatum höchst ähnlich sieht und sich nur durch die längeren Randblumen unterscheidet. Galasia villosa *Cass.* oder Scorzonera angustifolia *WK.* Ic. II. t. 122 soll nach *Schult.* II. 414 auf trockenen Wiesen in Oesterreich, Ungarn und Croatien vorkommen, was bezüglich Oesterreichs gewiss unrichtig ist. In *WK.* l. c. 129 wird nur Croatien angegeben.

61. PICRIS L.

1. **P. hieracioides** *L.* Auf buschigen Hügeln, an Wegen.

62. HELMINTHIA Juss.

1. **H. echioides** *Gärtn.* Im Eisenburger Com. (*Pol.* 15), bei Kapos-Füred im Com. Somogy (*Kit.* Slav.). Wahrscheinlich noch an vielen Orten auf Brachen und Kleefeldern mit fremden Samen eingeführt.

63. SONCHUS L.

1. **S. oleraceus** *L.* Auf wüstem und bebautem Boden.

2. **S. asper** *Vill.* Mit dem vorigen.

3. **S. arvensis** *L.* S. uliginosus *MB.* Auf Aeckern, in Weingärten, auch an sumpfigen Stellen und in Wassergräben.

4. **S. palustris** *L.* In Sümpfen, Wassergräben, an Ufern. Auf der Insel Pötschen bei Presburg, auf dem Schur bei St. Georgen (*Endl.* 297), bei Szerdahely auf der Grossen Schütt (*Schill.* ÖBZ. XIV. 386), im Marchthale bei Holič (*Krz.* Exs.), bei Neutra und Lapás-Gyarmat (*Kn.* PV. VII. 156), am Poprad und Hernád in der Zips (*Geners.* 57, *Hazsl.* ZBV. II. 8), bei Lipóc im Com. Sáros (*Hazsl.* Sár. 223), im Eesédi-Láp und bei Vallay im Com. Szatmár (*RK.* 35), an der Schnellen Körös bei Grosswardein (*Steff.* ÖBZ. XIV. 177); ferner bei Bajót im Com. Gran (*Feicht.* Exs.), bei Ödenburg (*Szont.* ZBG. XIV. 482), Keszthely am Plattensee (*Arv.* in *Kit.* Bar.), überall im Pester Com. (*Sadl.* 367), bei Fünfkirchen (*Nendtv.* 32), Čerević im Com. Sirmien (*Schnell.* PV. IV. 82), im östl. Com. Arad (*Kéry* 21), im Banat (*Heuff.* 113).

** **S. rigidus** *Nendtv.* ZBG. XIII. 568. Bei Fünfkirchen.

64. PRENANTHES L.

1. **P. purpurea** *L.* In Bergwäldern.

65. LACTUCA Tourn.

1. L. perennis *L.* Auf Felsen, an buschigen Stellen gebirgiger Gegenden. Auf den Kleinen Karpaten bei Blasenstein, Breitenbrunn (*Bolla* PV. I. 10) und Smolenic im Com. Presburg (*Krz.* PV. II. 1. 70), auf dem Temetvény- und Inovec-Gebirge im Com. Neutra (*Kell.* ÖBZ. XIV. 284), auf dem Rozsudec (*Stur* ÖBZ. IX. 25), bei Hradek und Kralova Lehota im Com. Liptau (*Üchtr.* ÖBW. VII. 376, *Reuss* 264), auf der Kralova Hola (*Kub.* 98), bei Murány und Plesivec (Pelsöc) im Com. Gömör, Kapsdorf in der Zips (*Reuss* 264), Malaveska im Com. Sáros (*Hazsl.* Sár. 223), auf der Hegyallja (*Kit.* Ber.); ferner im Eisenburger Com. (*Pol.* 12), auf dem Badacson am Plattensee (*Kit.* Bar.), dem Pilis-Vértes Gebirge (*Kern.* ZBV. VII. 261), den Trachytbergen bei Nagy Maros im Com. Hont und dem Nagyszál bei Waizen (*RK.* 60), auf Kalk-felsen im Banat (*Heuff.* 113).

2. L. muralis *Gärtn.* In Berg- und Voralpenwäldern, seltener in Auen der Ebene.

3. L. quercina *L.* Aendert ab:

α. **integrifolia** (L. sagittata *WK.* Ic. I. t. 1). An Weingarten-rändern, in Vorhölzern, zwischen Gebüsch niedriger und gebirgiger Gegenden. Im Marchthale bei Magyarfalva (*Matz*) und Holič (*Krz.* PV. II. 1. 70), bei Čachtice im Com. Neutra (*Kell.* ÖBZ. XV. 50), bei Levene im Com. Bars (*Kn.* ÖBZ. XV. 58), zwischen Deviče und Rakovce im Com. Hont (*Kit.* Arv.), in Holzschlägen bei Gödöllő im Com. Pest (*Sadl.* 367), am Fuss der Matra (*Reuss* 263), bei Pokorágy im Com. Gömör (*Fábry* II. 4), auf der südl. Abdachung der Hegyallja, bei Beregszász im Com. Bereg, Téglás im Com. Szabolcs, Vallay und Nagy Károly im Com. Szatmár (*RK.* 13, 35, *WK.* l. c. 1), bei dem Bischofsbad nächst Grosswardein (*Steff.* ÖBZ. XIV. 177); ferner am Plattensee (*RK.* 112), bei Vajta im Com. Stuhlweissenburg, Kér im Com. Tolna (*Hillebr.* ZBV. VII. 40), Futak im Com. Bács (*Schnell.* PV. III. 1. 13), Fünfkirchen (*Nendtv.* 25), in Sirmien (*Rumy* 53, *RK.* 73), im östl. Com. Arad (*Kéry* 19), im südl. Banat (*Heuff.* 113).

β. **pinnatifida** (L. stricta *WK.* Ic. I. t. 48). An gleichen Orten wie die vorige und öfter mit derselben vermischt. Auf den Kleinen Kar-paten und im Marchthale der Com. Presburg und Neutra (*Krz.* PV. II. 1. 70), bei Udvornok (*Hol.* PV. IV. 75), Neutra (*Kn.* PV. VII. 156), auf der Matra, bei Erlau, Heves (*WK.* l. c. 48, *RK.* 14, 123), auf dem Bük-hegy (*Reuss* 264) und bei Kápolna im Com. Borsod, bei Monok und Kis-Toronya im Com. Zemplin, bei Téglás im Com. Szabolcs (*RK.* 14, 35, 112), bei dem Felixbad nächst Grosswardein (*Steff.* ÖBZ. XIV. 177); ferner auf dem Spitlberg bei Bruck an der Leitha (*N.*), bei Ung. Altenburg (*Vuezl*), Vörös-Berény, Nagy-Szöllős und auf dem Somlyó im Com. Veszprim, bei Salföld und Badacson-Tomaj im Com. Zala, Csakvár im Com. Stuhlweissenburg (*WK.* l. c., *RK.* 112, *Kit.* Bar.), auf dem Pilis-Gebirge zwischen Ofen und Gran (*Sadl.* 368, *Feicht.* Exs.), auf dem

Nagyszál (*Reuss* l. c.) und bei Sz. Márton-Káta im Com. Pest (*RK.* 35), in Sirmien (*Kit.* Add. 109), in Eichenwäldern des Banats (*Heuff.* 113).

4. L. Scariola *L.* An Weingartenrändern, Wegen, wüsten Stellen. β. **integrifolia** (*L.* virosa *Sadl.* Pest. ed. I. 2. 240 nach der II. Ausg. 368, *Krz.* PV. II. 1. 70 nach seinem Herbar, nicht *L.*) Mit der vorigen aber viel seltener und meistens einzeln.

5. L. virosa *L.* Häufig an Dämmen in der Nähe des Morastes Kologyvár bei Essek im Com. Verovitie (*RK.* 73). Vielleicht der einzige echte Standort und selbst dieser nicht ohne allen Zweifel, denn L. virosa ist eine dem westl. und südl. Europa angehörige oft verkannte Pflanze (*Bisch.* Beitr. 184, „Specimina rossica nondum vidi" *Ledeb.* Ross. II. 805) L. virosa bei Presburg (*Endl.* 296), auf dem Zobor bei Neutra (*Nagy* in *Wacht.* Zeitschr. V. 346), bei Rima-Szombat im Com. Gömör (*Fábry* II. 4), bei Miskolc (*Reuss* 264), Tokay (*RK.* 35), im Com. Eisenburg (*Pol.* 12), bei Fünfkirchen (*Nendtv.* 25) und im östl. Com. Arad (*Kéry* 19) dürfte daher richtiger zur Var. β der L. Scariola oder zu verwilderten Exemplaren der L. sativa zu ziehen sein.

6. L. sativa *L.* Wird in Gemüsegärten und auf Aeckern gebaut. Verwilderte Exemplare gehen in die Var. β der L. Scariola über, aus welchem L. sativa durch Cultur entstanden ist (*Bisch.* Beitr. 190).

7. L. saligna *L.* An Rainen, Dämmen, wüsten oder sumpfigen Stellen niedriger und hügliger Gegenden.

8. L. viminea *Presl* Cech. 1819 p. 160*). Auf steinigen buschigen Hügeln, an Weingartenrändern. Bei Presburg (*Endl.* 295), Modern (*Stur* 124), Holič (*Krz.* PV. II. 1. 70), Neutra, Levenc im Com. Bars (*Kn.* PV. VII. 156, ÖBZ. XIV. 242), auf dem Turecko (*Kell.* ÖBZ. XV. 50) und bei Rovně im Com. Trencsin (*Roch.* Pest. Mus.), auf der Matra, bei Miskolc (*Reuss* 263), Pokorágy im Com. Gömör (*Fábry* II. 4), und bei Tokay (*RK.* 34); ferner auf dem Haglersberg (*N.*) und an der Donau im Com. Wieselburg (*Wierzb.* Mos.), am Plattensee im Com. Zala, bei Palota im Com. Veszprim (*Haberl.* ÖBZ. XI. 13, 17, *Kit.* Add. 108), bei Csóka im Com. Stuhlweissenburg (*Hillebr.* ZBV. VII. 40), auf dem Pilis-Vértes Gebirge (*Kern.* ZBV. VII. 262), auf den Trachytbergen von Nagy Maros im Com. Hont (*RK.* 60), bei Hoszúbetény, auf dem Mecsek und Harsányhegy im Com. Baranya (*Kit.* Bar.), in Sirmien (*Rumy* 53), an der Donau in der östl. Banat. Milit. Gr. (*Heuff.* 113).

66. CHONDRILLA L.

1. Ch. juncea *L.* Auf Sandplätzen, an Rainen, Wegen.

67. TARAXACUM Juss.

1. T. officinale *Wigg.*, *Bisch.* Beitr. 151. Aendert ab:
α. **pratense** (Leontodon Taraxacum *L.*). Auf Wiesen, Triften. an Rainen.

---

*) Ueberall findet man Schultz Bip. in Koch. Syn. 495 als Autor citirt, ungeachtet Presl unstreitig die Priorität für sich hat.

β. **corniculatum** (L. corniculatus *Kit.* in *Schult.* II. 406 et Add. 96,
L. glaucescens *MB.*). Auf Weiden, Sandplätzen, in Hohlwegen.

γ. **alpinum** (L. alpinus *Hoppe* in *Sturm* II. 41, L. caucasicus *Stev.*,
L. nigricans *Kit.* in *Schult.* II. 405 et Add. 95, wenn die äussern Hüllschuppen eiförmig und abstehend sind; T. Hoppeanum *Gris.* It. 349,
Heuff. Ban. 112 und T. laevigatum *Heuff.* l. c. 111, wenn die äussern
Hüllschuppen eiförmig und angedrückt sind; L. taraxacoides *Hoppe*
in *Sturm* II. 41, wenn die äussern Hüllschuppen eiförmig und angedrückt
und die inneren zugleich wie bei der Var. β unter der Spitze gehörnt
sind). Auf alpinen und subalpinen Triften, auch in niedrigere Gegenden
herabsteigend, z. B. auf Kalkfelsen bei den Herculesbädern (*Heuff.* 112),
im Thale von Parnica im Com. Arva (*Vitk.* ZBG. XIII. 1068).

δ. **palustre** (L. palustris *Sm.* L. lividus *WK.* Ic. II. t. 115.
T. Scorzonera *Reichb.* Germ. 270). In Sümpfen, auf Torfmooren, an
überschwemmten Stellen. Auf Hügeln (?) bei Blumenau nächst Presburg
(*Endl.* 293), in den Sümpfen der Com. Arva (*Vitk.* ZBG. XIII. 1068) und
Zips (*Wahlb.* 238), am Fuss der Matra (*Reuss* 262); häufiger im Tief-
lande, am Neusiedler See (*N.*), im Hanság (*Wierzb.* Mos.), überall im
Pester Com. besonders an der Zagyva und Theiss (*Sadl.* 371, *Reuss* l. c.),
im Banat (*Heuff.* 112) und wohl noch an vielen Orten der Ebene.

ε. **leptocephalum** (T. leptocephalum *Reichb.*) Auf salzigen Triften
am Neusiedler See (*N.*) und wahrscheinlich auch im Marchthale, da sie
am rechten Ufer dieses Flusses in Nieder-Österreich gar nicht selten ist.

2. **T. tenuifolium** *Hoppe.* An sumpfigen Stellen bei Legyes-Bénye
im Com. Zemplin (*Hazsl.* ÉM. 218), wurde jedoch sonst nur bei den
Salinen von Zaule nächst Triest beobachtet (*Bisch.* Beitr. 158).

3. **T. serotinum** *Sadl.* Pest ed. I. 2. 243. Leontodon serotinum
WK. Ic. II. t. 114. Auf Weiden, Hügeln, an sandigen Stellen durch alle
Ebenen Ungarns (*WK.* l. c. 119) bis nach Sirmien (*Panč.* Sirm.) und
den Banat (*Heuff.* 112).

4. **T. crispum** *Heuff.* in *Wacht.* Zeitschr. 1854 p. 178, Ban. 112.
Auf Sandhügeln bei Grebenac und Alibunar der serbisch-banat. Milit. Gr.

Willemetia apargioides *Cass.* Bei Fünfkirchen (*Maj.* 15). Entschieden
unrichtig.

68. PTEROTHECA Cass.

1. **P. nemausensis** *Cass.* var. aptera. P. bifida *Fisch.* Crepis
nudicaulis *Koch.* Reise 47, nicht *Sieb.* Im Donauthale der östl. Banat.
Milit. Gr. (*Heuff.* 113).

69. CREPIS L.

1. **C. foetida** L. C. rhoeadifolia *MB.* Auf Aeckern, Sandplätzen, an Rainen.

2. **C. setosa** *Hall.* fil. C. nova *Wint.* t. 3. C. hispida *WK.* Ic.
I. t. 43. Auf Aeckern, Wiesen, Grasplätzen, durch alle Ebenen von
Ungarn und Slavonien (*WK.* l. c. 43).

3. C. biennis *L.* C. lodomeriensis *Bess.* C. Gmelini *Schult.*
II. 419. Auf Wiesen, an Rainen.

4. C. nicaeensis *Balb.* Auf den Marchwiesen zwischen Egbell
und Holič (*Krz.* PV. II. 1. 71). Im Com. Trencsin (*Kikó* 18)? Auf Aeckern
im südl. Com. Krassó (*Wierzb.* Flora 1845 I. 324)? fehlt bei *Heuffel*
Wahrscheinlich noch an manchen Orten auf Luzernerklee - Feldern mit
fremden Samen eingeführt.

5. C. tectorum *L.* C. Dioscoridis der ält. ung. Aut., nicht *L.*.
Auf Aeckern, Sandplätzen, an Rainen.

6. C. virens *L.* C. pinnatifida *Willd.* C. agrestis *WK.* Ic. III.
t. 220. Auf Aeckern, Wiesen, an Rainen. In den Com. Presburg, Neutra
(*Krz.* PV. II. 1. 71), Trencsin (*Kikó* 18) und Neográd stellenweise (*RK.*
14), viel häufiger in den Com. Wieselburg (*N.*), Veszprim, Zala, Stuhl-
weissenburg, Tolna, Somogy, Baranya, Verovitic, Požega und Sirmien
(*WK.* 1. c. 245, *RK.* 73, *Kit.* Bar. et Slav.). Fehlt auf dem höheren
Karpatenzuge (*Hazsl.* ÉM. 216—18) und dem Pilis-Vértes Gebirge (*Kern.*
ZBV. VII. 278), scheint auch weiter östlich nicht mehr vorzukommen,
obschon sie im siebenbürg. Hügellande gemein ist (*Baumg.* III. 36—7).
Die Standorte auf der Babia Góra (*Reuss* 267), im östl. Com. Arad
(*Kéry* 18) und im Banat (*Roch.* Reise 47. fehlt bei *Heuff.*) sind mindestens
zweifelhaft.

7. C. pulchra *L.* Prenanthes hieracifolia *Willd.* An steinigen
buschigen Stellen hügliger und gebirgiger Gegenden. Bei Szemeréd und
in Weingärten gegen die Eipel zu im Com. Hont (*RK.* 60, *Kit.* Add. 111),
auf den Ofner Bergen, besonders auf dem Blocksberge (*Sadl.* 366), bei
Sz. Kút nächst Magyar-Ürög im Com. Baranya (*RK.* 6, *Kit.* Bar.), bei
Karlovic (*RK.* 73), Semlin (*Panč.* Sirm.), im Donauthale der östlichen
Banat. Milit. Gr. (*Heuff.* 114).

8. C. rigida *WK.* Ic. I. t. 19. C. nova *Wint.* f. 3. Auf sonnigen
Bergen, in sandigen Wäldern. Bei Inota, Csakvár (*RK.* 6) und Vajta im
Com. Stuhlweissenburg, bei Kér im Com. Tolna (*Hillebr.* ZBV. VII. 40),
auf dem Pilis-Gebirge zwischen Gran (*Feicht.* Exs.) und Ofen (*Sadl.* 365),
auf der Matra, bei Erlau. Teplic (Tapolca) nächst Miskolc, auf der Hegyallja (*Reuss* 267), bei Tokay (*WK.* 1. c. 18).

9. C. praemorsa *Tausch.* Auf Bergwiesen, in Holzschlägen, an
Waldrändern.

10. C. aurea *Cass.* Leontodon aureum *L.* Auf Triften der
Alpen und Voralpen. Auf dem Kalkfelsen Fleischbank am Grünen See
der Hohen Tatra (*Towns.* 348—9) und auf dem Kohut im Com. Gömör
(*Reuss* 266), wenn nicht eine Verwechslung mit Leontodon Taraxaci
Lois. stattfand, da weder *Wahlenberg* noch *Hazslinszky* die C. aurea
anführen. Auf den Rodnaer Alpen, aber bisher nur auf der siebenbürg.
Seite (*Baumg.* III. 16—7).

11. C. alpestris *Tausch.* Auf Felsen und sonnigen Kalkbergen.
Auf der Hradska Hora bei Hradek (*Wahlb.* 239) und im Demanovka-
Thale des südl. Com. Liptau (*Hausskn.* ÖBZ. XIV. 217), dann bei

Teplic im Poprad-Tale (*Kit.* Add. 112) und bei Wallendorf in der Zips (*Hazsl.* Exs.).

12. C. succisaefolia *Tausch.* C. hieracioides *WK.* Ic. I. t. 70. Hieracium molle *Jacq.* H. croaticum *WK.* Ic. III. t. 248. In Wäldern und an buschigen Stellen der Berg- und Voralpenregion. Auf dem Choč (*Krz.* ÖBZ. X. 159), zwischen Hradek und Sz. Iván (*Kit.* Arv.), auf dem Klak der Fatra, im Leibitzer und Langen Walde bei Kesmark, im Drechselhäuschen der östl. Tatra (*Wahlb.* 243), auf dem Čerho im Com. Sáros (*Hazsl.* Sár. 224); dann im Walde Bakony zwischen Városlód und Nagy Vásony (*WK.* l. c. 72). Hieracium molle bei Fünfkirchen (*Nendtv.* 24) ist H. sabaudum (*Kern.* ZBG. XIII. 565).

13. C. paludosa *Mönch.* Auf Sumpfwiesen und in Wäldern niedriger und gebirgiger Gegenden bis in die Voralpenregion. Durch die nordwestl. Karpatenkette vom Com. Presburg bis Eperjes (*Krz.* PV. II. 1. 71, *Hazsl.* Exs. und ÉM. 217), dann auf dem Schur bei St. Georgen (*Bolla* PV. I. 10), im Hanság, bei Wieselburg (*Wierzb.* Mos.), Komorn (*Reuss* 268), Fünfkirchen (*Maj.* 15), Mitrovac und Velika im Com. Požega (*RK.* 73, *Kit.* Slav.), im Banat (*Heuff.* 114).

14. C. grandiflora *Tausch.* Hieracium grandiflorum *All.* Auf alpinen und subalpinen Triften. Auf den Central-Karpaten und deren Vorlagen bis in die Thalebenen der Wag und des Poprad herabsteigend (*Wahlb.* 244, *Üchtr.* ÖBW. VII. 361), auf den Liptau-Sohler Alpen (*Kit.* Add. 121, *Hazsl.* ÉM. 218, *RK.* 60), dem Pikuj (*Hück.* ZBG. XV. 55) und der Bersava im Com. Bereg (*RK.* 14), auf dem Pietros bei Körösmező (*Müll.* ZBG. XIII. 557), dem Pop-Iván, Gutin und der Petrosa in der Marmaros (*WK.* Ic. I. 103), auf den Banat. Alpen (*Heuff.* 114). In Sirmien (*Rumy* 53)?

15. C. viscidula *Fröl.* in *DC.* Prodr. VII. 166. Hieracium pyrenaicum *Roch.* Ban. p. 69 t. 29. An Alpenbächen des Banats (*Heuff.* 114), namentlich am Fuss des Godjan (*Roch.* l. c.).

16. C. blattarioides *Vill.* Hieracium pyrenaicum *L.* Auf felsigen Alpentriften. Häufig auf den Rodnaer Alpen vom Stol bis auf den Csiblesz (*Baumg.* III. 29), etwa C. viscidula *Fröl.*? Nach *Reuss* 267 auch auf den Karpaten der Slovakei?

17. C. Jacquini *Tausch.* Hieracium chondrilloides *L.* Auf Kalkfelsen und steinigen Triften der Alpen- und Voralpenregion. Bei Rovně (*Roch.* Pest. Mus.) und auf dem Strašov im Com. Trencsin (*Kit.* Add. 117), bei den Wasserfällen von Motičko im Com. Sohl (*RK.* 60), auf der Smrkovica bei Malužina im Com. Liptau (*Kit.* Arv.), auf dem Rozsudec (*Stur* ÖBZ. IX. 25), Choč, zwischen Hradek und Sz. Iván, auf der östl. Tatra (*Wahlb.* 240, *RK.* 60), bei Lučivna und Teplic in der Zips (*Mauksch*), auf dem Csiblesz, Arsul und Galac der Rodnaer Alpen (*Baumg.* III. 25).

18. C. sibirica *L.* In Bergwäldern. Bei Zazriva im Com. Arva (*Vitk.* ZBG. XIII. 1068), am Fuss des Choč, im Leibitzer Walde bei Kesmark (*Wahlb.* 242), im Com. Sohl ohne nähere Angabe (*Kit.* Add. 121). Ehemals auf der Malenica im Com. Trencsin (*Roch.* Reise 22).

* **C. ramosissima** *Kit.* in *Roch.* Ban. 26 et Add. 110. In Sirmien namentlich bei Semlin, bei Murány im Com. Temes.

* **C. hastata** *Kit.* Add. 110. Auf feuchten Wiesen bei Poroszló im Com. Heves.

* **C. srepusiensis** *Kit.* Add. 109 ohne Standort.

70, HIERACIUM L.

1. H. Pilosella *L.* H. Pseudopilosella *Ten.* nach *Fries* Symb. 3. Auf Triften, Hügeln, an Rainen niedriger und gebirgiger Gegenden, im Banat auch auf Alpen (*Heuff.* 114).

2. H. Auricula *L.* H. dubium der ält. Aut. Auf Wiesen, Triften hügliger und gebirgiger Gegenden.

3. H. praealtum *Vill.* H. Auricula der ält. Aut. nicht *L.* H. florentinum *All.* H. piloselloides *Vill.* H. Bauhini *Schult.* Auf Hügeln, Triften, an Rainen, buschigen Stellen. H. Pavichii *Heuff.* Flora 1853 H. 618 bei Požega ist selbst nach *Fries* Epicr. 30 nur eine zarte Form des H. florentinum.

H. auriculoides *Lang* Syll. I. 183 auf Kalkbergen bei Ofen und Waizen ist nach *Sadl.* Pest 362 eine vielköpfige Var. des H. Auricula, nach *Fries* Symb. 26 eine stark behaarte, nach *Reichb.* Ic. XXIX. p. 63 t. 121 eine fast kahle Form des H. praealtum.

H. praealto-Pilosella *Wimm.* H. bifurcum vieler Aut. H. brachiatum *Bert.* H. obscurum *Lang* Syll. I. 184. Auf Hügeln, Triften, an Rainen. Um Presburg (*Endl.* 290), in den Com. Wieselburg (*Wierzb.* Mos.) und Pest (*Sadl.* 361), auf dem Bükhegy (*Reuss* 269), in der Zips (*Hazsl.* ZBV. II. 8), bei Grosswardein (*Steff.* OBZ. XIV. 177), im Banat (*Heuff.* 112) und wohl überall, wo beide Stammeltern vorkommen.

4. H. echioides *Lumn.* 348 H. setigerum *Tausch.* Auf trockenen Wiesen, Sandsteppen, Grasplätzen niedriger und hügliger Gegenden. In den Com. Presburg (*Endl.* 291), Neutra (*Krz.* PV. II. 1. 71, *Hol.* PV. IV. 75), Trencsin (*Roch.* MS. II. 41), Zips (*Üchtr.* ÖBW. VII. 361), Zemplin, Szabolcs, Bihar, Borsod, Heves, Pest, Csongrád und Bács (*WK.* Ic. I. 88, *Sadl.* 362, *Reuss* 270, *RK.* 14, 35); ferner bei Hedervár im Com. Raab (*Wierzb.* Mos.), bei Csenke im Com. Gran (*Fricht.* Ad. 275), auf der Halbinsel Tihany am Plattensee (*RK.* 6), bei Kékút im Com. Zala (*Kit.* Bar.), Csóka im Com. Stuhlweissenburg (*Hillebr.* ZBV. VII. 40), Fünfkirchen (*Nendtv.* ZBG. XIII. 567), in Sirmien (*Kit.* Add. 120), im Banat (*Heuff.* 115).

5. H. rhodopeum *Gris.* H. petraeum *Friv.*, nicht *Hoppe.* H. oreades *Heuff.* Flora 1853 H. 616, *Reichb.* Ic. XXIX. p. 58 t. 119, nicht *Fries.* Auf Kalkfelsen bei Csiklova im Com. Krassó und bei den Herculesbädern (*Heuff.* 114). Etwa H. praealto-echioides?

6. H. cymosum *Näg.* H. sabinum *Seb.* et *Maur.* H. Nestleri *Vill.* H. pratense *Tausch.* Auf Wiesen, buschigen Plätzen besonders gebirgiger Gegenden. Am Fuss der Karpaten in den Com. Presburg, Neutra und Trencsin (*Endl.* 291, *Krz.* PV. II. 1. 71, *Hol.* PV. III. 1. 63

und ÖBZ. XV. 9), in den Thälern des Poprad und Hernád in der Zips (*Hazsl.* ZBV. II. 8), bei Rima Szombat (*Fábry* II. 7) und Murány im Com. Gömör, bei Eperjes (*Reuss* 270—1 n. 5, 6, 9), Pece Sz. Márton (*Steff.* ÖBZ. XIV. 178) und Székelyhid im Com. Bihar (*Janka* Exs.); ferner bei Ung. Altenburg (*Vuezl*), auf der Kleinen Schütt (*Wierzb.* Mos.), bei Wandorf nächst Ödenburg (*Szont.* ZBG. XIV. 482), Szalabér im Com. Zala (*Kit.* Add. 115), auf den Ofner Bergen, dem Nagyszál und der Pester Ebene (*Sadl.* 362, *Kern.* ÖBW. VII. 392), auf dem Lapis bei Fünfkirchen (*Nendtv.* ZBG. XIII. 571), in Slavonien (*Kit.* Add. 115), im Banat (*Heuff.* 115); vorausgesetzt, dass alle diese Autoren dieselbe Pflanze meinen, was ich sehr bezweifle.

7. H. aurantiacum *L.* Auf Wiesen und felsigen Triften der Voralpen in den Com. Turóc (*Kit.* Add. 115), Arva, Liptau, Sohl, Zips (*Wahlb.* 240, *RK.* 60, *Vitk.* ZBG. XIII. 1069), Gömör (*Reuss* 270, *Fábry* II. 4), Bereg (*RK.* 14, *Hück.* ZBG. XV. 55), Marmaros und Szatmár (*Herb.* ZBG. XI. 67, *RK.* 35, *Müll.* ZBG. XIII. 557), auf der Biharia (*Kern.* DL. 140), auf den Banat. Alpen (*Heuff.* 115).

H. Pilosella-aurantiacum *Heer.* Im Kupferschächtenthale der östl. Tatra in der Zips, dann auf den galiz. Central-Karpaten bei Kościelisko (*Üchtr.* ÖBW. VII. 343, 360), auf der Biharia (*Kern.* Exs.). H. stoloniflorum *WK.* Ic. III. p. 304 t. 273 oder H. discolor *Kit.* Add. 113 aus Croatien scheint mir der orangefarbenen Blumen wegen hieher zu gehören. H. stoloniflorum auf lehmigen Hügeln im Banat (*Heuff.* 114) und bei Fünfkirchen (*Nendtv.* ZBG. XIII. 571) kann dem Standorte nach kein Bastard mit H. aurantiacum sein und dürfte sowie H. stoloniferum *Hazsl.* ÉM. 212 zu H. praealto-Pilosella zu ziehen sein.

H. aurantiaco-alpinum oder H. bihariense *Kern.* ÖBZ. XIII. 246. Auf Alpenwiesen der Biharia.

8. H. staticefolium *Vill.* Am Habernarm der Donau bei Presburg (*Richt.* PV. VII. 103), ehemals auch auf der Insel Bruckau daselbst (*Endl.* 392), kömmt also nur zufällig angeschwemmt und vorübergehend vor. Auf sonnigen Hügeln in Ungarn (*Schult.* II. 433)?

9. H. saxatile *Jacq.* H. glaucum *All.* H. glabrum *Kit.* Add. 119? Auf Felsen der Berg- und Voralpenregion besonders auf Kalk. Auf der Malenica und bei Sulov im Com. Trencsin (*Roch.* MS. II. 41), auf dem Rozsudec, bei Parnica (*Vitk.* ZBG. XIII. 1069) und bei den Katzenlöchern nächst Zuberec im Com. Arva, auf dem Choč, der Holica und im Wagthale bei Hradek im Com. Liptau, auf dem Šturec und bei Motičko im Com. Sohl (*Kit.* Add. 118, *RK.* 60), bei Lučivna (*Mauksch*) und Kapsdorf in der Zips, auf dem Schlossberg von Murány im Com. Gömör (*Reuss* 272), auf dem Rozsály und Gutin im Com. Szatmár (*Kit.* Add. 118), dann bei Keszthely am Plattensee (*Árv.* in *Kit.* Bar.). Fehlt im Banat. H. denudatum *Roch.* in *Schult.* II. 437 auf Felsen bei Lednic im Com. Trencsin und auf den Pienninen an beiden Ufern des Dunajec (*Herb.* Select. 17) sowie H. polyphyllum b. denudatum *Roch.* MS. I. 138, 155, II. 18 bei Hradek und auf dem Choč sind nach *Gris.* Hierac. 69 und *Herb.* ZBG. XI. 50 nur Var. des H. saxatile. Auch

II. speciosum *Fries* Symb. 54 mit dem Citate II. polyphyllum *Roch.*
Exs. kann, insoweit die ungar. Pflanze gemeint ist, nur hierher gehören.
H. porrifolium *L.* Auf Felsen der Voralpen in Ungarn (*Kit.* in
Schult. II. 436). Mit Sicherheit nur in Croatien (*Kit.* Add. 117), denn die
weiters dort vorkommende Angabe, dass *Wahlenberg* das II. porrifolium
auf dem Klak der Fatra gefunden habe, ist unrichtig. Das Hieracium,
welches in *Wahlb.* Carp. 211 auf dem Klak und der Nesselblösse der
östl. Tatra angegeben wird, heisst bei *Wahlenberg* **II. glaucum** und wird
von ihm von dem echten feinblätterigen H. porrifolium *L.* durch
breitere Wurzelblätter ausdrücklich unterschieden. Nach *Koch* Syn. 518
wäre dieses II. glaucum *Wahlb.* synonym mit II. bupleuroides *Gmel.*,
nach *Gris.* Hierac. 73 ist es eine selbstständige Art und wird H. Tatrae
genannt und nach *Hausskn.* und *Üchtr.* ÖBZ. XIV. 208, 211, 217 und 386
kommen sowohl II. bupleuroides als II. Tatrae in den Central-
Karpaten vor und zwar das erste im Wag- und Demanovka-Thale des
Com. Liptau, das zweite im Thale von Kościelisko in Galizien und auf
dem Prislop der Zipser Magura. Ich kann in allen diesen Arten nur
Formen des H. saxatile *Jacq.* erkennen.

10. H. villosum *Jacq.* H. glabratum *Hoppe.* H. Schraderi
Schleich. H. Csereianum *Baumg.* III. 20. Andryala lanata *Towns.*
491, nicht *L.* Auf Felsen und Triften der Alpen und Voralpen besonders
in der Krummholzregion. Auf der Babka im Löwensteingebirge und auf
dem Strašov im Com. Trencsin (*Roch.* MS. II. 41), auf dem Rozsudec
(*Stur* ÖBZ. IX. 25), Kleinen Křivan, Choč, allen Central-Karpaten, dem
Dumbier (*Wahlb.* 242, *Krz.* ÖBZ. X. 159) und der Kralova Hola der
Liptau-Sohler Alpen, auf dem Kohut im Com. Gömör (*Reuss* 270—1),
dem Csiblesz und Arsul der Rodnaer Alpen (*Baumg.* l. c.), im östl. Com.
Arad (*Kéry* 19), auf dem Domugled (*Heuff.* 115). H. dentatum *Hoppe*
auf Felsen des Kupferschächtenthales der östl. Tatra (*Fritze* ÖBZ. XIV.
223) halte ich nur für eine Var. des H. villosum.

11. H. glanduliferum *Hoppe.* Auf den Kuppen der Hohen Tatra
(*Hazsl.* ÉM. 214), namentlich auf der südöstl. Seite des Grossen Křivan
und am Weissen See (*Hausskn.* ÖBZ. XIV. 211, 216).

12. H. murorum *L.* Eine vielgestaltete Art, welche nach meiner
Ansicht in folgende 3 Formengruppen zerfällt (Fl. v. Nied.-Öst. 439—41):

α. **silvaticum.** Stengel blattlos oder einblättrig, grundständige Blätter
vorherrschend herzförmig. H. murorum der meisten Aut. H. rotundatum *Kit.* in *Schult.* II. 439. H. cordifolium *Kit.* Add. 116.
II. pellucidum *Wahlb.* Succ. II. 494 var. a. In Berg- und Voralpenwäldern.

β. **glaucescens.** Stengel blattlos oder einblättrig, grundständige
Blätter vorherrschend in den Blattstiel verlaufend. H. bifidum *Kit.* in
Hornem. Hafn. II. 761 et Add. 115. II. Schmidtii *Tausch.* H. caesium
et rupicolum *Fries.* H. lasiophyllum *Hillebr.* ÖBZ. VIII. 299 zufolge
seines Herbars, nicht *Koch.* An felsigen buschigen Stellen hügliger und
gebirgiger Gegenden. (Geht entweder in II. saxatile *Jacq.* über oder
bildet mit demselben schwer zu unterscheidende Bastarde. H. porphy-

riticum *Kern.* ÖBZ. XIII. 247 auf der Biharia scheint mir eine solche Mittelform zu sein.

γ. **polyphyllum.** Stengel 3—vielblätterig. H. vulgatum *Fries.* H. pallescens *WK.* lc. III. t. 217, eine Uebergangsform. In Bergwäldern. H. ramosum *WK.* lc. III. t. 216 bei Schmölnitz und Kesmark in der Zips (*WK.* l. c. 241, *Wahlb.* 245), dann auf dem Csiblesz und Arsul der Rodnaer Alpen (*Baumg.* III. 29) hat zwar eine auffallende Tracht, scheint mir aber doch nur eine Form dieser Var. zu sein.

13. H. pleiophyllum *Schur* Siebenb. Ver. 1851 p. 171. H. transsilvanicum *Heuff.* ÖBZ. VIII. 27. Crepis Fussii *Kov.* Exs. In Berg- und Voralpenwäldern der Biharia (*Kern.* Exs.) und des Banats gegen die siebenbürg. Grenze (*Heuff.* 116), dann auf den siebenbürg. Rodnaer Alpen (*Janka* Linn. 1859 p. 588) und vermuthlich auch auf der ungar. Seite. Hat mit H. lasiophyllum *Koch* Syn. 522, *Reichb.* lc. XXIX. p. 91 t. 189 grosse Aehnlichkeit.

14. H. humile *Jacq.* Hort. vindob. III. p. 2. H. Jacquini *Vill.* Auf Felsen der Voralpen in den Com. Arva, Liptau und Zips (*Hazsl.* EM. 215), dann auf dem Arsul, Galac und Stol der Rodnaer Alpen (*Baumg.* III. 25—6).

H. lanatum *Vill.* wird zwar in *Baumg.* III. 30—1 auf den Rodnaer Alpen als sehr häufig angegeben, allein ein specieller Standort aus der Marmaros ist bisher nicht bekannt.

H. cerinthoides *Vill.* Auf Hügeln im südl. Ungarn (*Kit.* in *Schult.* II. 442), auf den Bergen zwischen Hradek und Sz. Iván im Com. Liptau (*Kit.* Add. 121). Eine westeuropäische Art (*Fries* Symb. 75).

15. H. alpinum *L.* H. pumilum *Hoppe.* Auf felsigen Triften der Alpen und Voralpen. Auf dem Strašov im Com. Trencsin (*Roch.* MS. II. 1), auf der Babia Góra, dem Choč, der Pisna, dem Grossen Křivan (*RK.* 60, *Ühtr.* ÖBW. VII. 351), der Hohen Tatra (*Wahlb.* 238, *Krz.* PV. V. 115), der Prašiva, Kunstava (*RK.* 60) und Kralova Hola der Liptau-Sohler Alpen (*Kub.* 98), auf dem Pikuj im Com. Bereg (*Hück.* ZBG. XV. 35), auf dem Tomnatik der Cerna Hora (*Herb.* Bucov. p. V), dem Pop-Ivan, der Petrosa, bei Dragomirfalva und Visso in der Marmaros (*RK.* 35), auf der Biharia (*Kern.* DL. 140), auf den Banat. Alpen (*Heuff.* 116). H. alpinum kömmt sonst auf Kalk nicht vor, die Standorte auf dem Strašov und Choč sind daher verdächtig; vielleicht eine Verwechslung mit H. Schraderi einer Var. des H. villosum. — H. Halleri *Vill.* und H. nigrescens *Willd.* (H. murorum b. simplex *Roch.* Ban. p. 68 t. 29) auf der Babia Góra (*Wimm.* 310) und den Banat. Alpen (*Heuff.* 116) halte ich für hybride Bildungen = **H. alpino-murorum.** Auch H. angustifolium *Herb.* ZBG. X. 615, nicht *Hoppe,* unter der Eisthaler Spitze der Hohen Tatra ist ein Bastard mit vorherrschendem Typus des H. alpinum.

H. carpaticum *Bess.* (H. cidoniaefolium *Tausch*) und H. sudeticum *Sternb.* zwei zweifelhafte Pflanzen, wahrscheinlich hybrid zwischen H. alpinum und H. prenanthoides (*Wimm.* 307, 313), nach *Hazsl.* EM. 214 Var. des H. alpinum. In der Berg- und Voralpenregion der nordwestl. Karpaten (*Hazsl.* l. c.), nach *Gris.* Hierac. 31 auch auf der Tatra.

16. H. virosum *Pallas.* H. foliosum *WK.* Ic. II. p. 156 t. 145. An Weingartenrändern bei Illok Slankamen und an anderen Orten in Sirmien.

17. H. prenanthoides *Vill.* In Wäldern und auf felsigen Triften gebirgiger und subalpiner Gegenden bis in die Alpenregion. Bei Schemnitz (*Kn.* ÖBZ. XIV. 112), in der Folvarka bei Zazriva und auf dem Štoch im Com. Arva (*Vitk.* ZBG. XIII. 1069), auf dem Choč, Grossen Křivan, der Ohništĕ (*Roch.* MS. I. 80, 140, 166) und im Demanovka-Thale der Liptau-Sohler Alpen (*Hausskn.* ÖBZ. XIV. 217), auf der östl. Tatra (*Wahlb.* 244, *Hazsl.* ÉM. 216), der Černa Hora (*Herb.* ZBG. XI. 68), den Rodnaer Alpen vom Csiblesz bis auf den Stol (*Baumg.* III. 32).

18. H. sabaudum *L.* H. silvaticum *Wahlb.* H. racemosum *WK.* Ic. II. t. 193. H. boreale *Fries.* H. rigidum *Hartm.* H. barbatum *Tausch.* H. lactucaceum *Fröl.* In Bergwäldern, Holzschlägen.

19. H. umbellatum *L.* In Wäldern, auf buschigen Hügeln, an Rainen.

H. lanceolatum *Vill.* In Hainen der Zips und auf dem Berge zwischen Hradek und Sz. Iván im Com. Liptau (*Kit.* in *Schult.* II. 449—50 et Add. 119). Eine zweifelhafte Art, da unter diesem Namen fast jeder Autor etwas anderes versteht (*Fries* Symb. 181, *Gren.* et *Godr.* Franc. II. 380).

* H. corymbosum *Kit.* in *Roch.* Ban. 26 et Add. 119. Auf den Bereger Alpen und im Banat.

* H. pubescens *Kit.* Add. 117. Auf dem Tlsta im Com. Turóc.

* H. rohacsense *Kit.* Add. 118. Auf dem Rohač.

* H. unciuatum *Kit.* Add. 120. In den Thälern um Nagy-Bánya im Com. Szatmár. „Pappus albus" Scheint also eine Crepis zu sein.

71. MULGEDIUM Cass.

1. M. alpinum *Less.* In Wäldern und Holzschlägen der Voralpen- und höhern Bergregion. Durch die ganze Karpatenkette von der Javořina im Com. Neutra (*Hol.* PV. I. 72) bis in die Marmaros (*Hazsl.* ÉM. 221, *Wahlb.* 237, *RK.* 14, 35, *Müll.* ZBG. XIII. 557, *Herb.* ZBG. X. 615, Bucov. p. V), auch auf der Biharia (*Kern.* DL. 138, 337) und im östl. Banat (*Heuff.* 113).

XLVI. CAMPANULACEAE.

1. JASIONE L.

1. J. montana *L.* Auf Wiesen, buschigen Hügeln, in sandigen Wäldern, mit Ausnahme des karpatischen Hochlandes durch ganz Ungarn und Slavonien gemein, am häufigsten aber in den Comitaten am rechten Donau-Ufer.

2. **PHYTEUMA** L.

1. Ph. pauciflorum L. Auf hohen Alpengipfeln. Unter der Lomnitzer Spitze (*Kit.* Add. 124). In Buchenwäldern bei Dragomirfalva in der Marmaros (*RK.* 36)? sehr unwahrscheinlich. Das von *Herbich* auf den Pienninen angegebene Ph. pauciflorum (Flora 1834 II. 575, Select. 10) ist offenbar sein nachheriges Ph. inaequatum (ZBG. XI. 35, 50), ob auch *Kitaibel*'s Pflanze ist zweifelhaft (Vergl. Ph. orbiculare).

2. Ph. hemisphaericum L. Auf allen Alpentriften des Banats (*Heuff.* 117).

3. Ph. orbiculare L. Ph. hemisphaericum *Gencrs.* 16, nicht L. Auf Wiesen und an buschigen Stellen gebirgiger Gegenden bis in die Krummholzregion. Durch die ganze nördl. Karpatenkette von der Babia Góra (*Wimm.* 323) bis in die Marmaros (*Wahlb.* 63, *NS.* 18, *Hazsl.* ÉM. 211, *Häck.* ZBG. XV. 55, *RK.* 36); ferner auf dem Leithagebirge (*Wierzb.* Mos.), im Eisenburger Com. (*Pol.* 15), im Hügellande am Plattensee (*Kit.* Bar.), auf dem Pilis-Vértes Gebirge (*Kern.* ZBV. VII. 264). Fehlt im Banat. Ph. inaequatum *Kit.* in *Schult.* I. 398 et Add. 122 im Com. Arva ist nach *Reuss* 276 nur Var. des Ph. orbiculare, nach *DC.* Prodr. VII. 456 eine nicht hinlänglich bekannte Pflanze.

4. Ph. spicatum L. In Berg- und Voralpenwäldern, fehlt jedoch im Banat.

β. **nigrum** *Pohl* Tent. I. 210. (Ph. nigrum *Schm.*). Auf der Polonina Rovna im Com. Ung (*Hazsl.* ÉM. 211), auf der Petrosa im Com. Marmaros (*Alth* Exs.).

5. Ph. Halleri *All.* Ph. ovatum *Schm.* Auf steinigen Triften der Alpen und Voralpen, mit Sicherheit nur auf den siebenbürg. Grenzkarpaten. Auf dem Csiblesz (*Kotschy*), Galac und Stol der Rodnaer Alpen (*Baumg.* I. 158), dann auf den Banat. Alpen (*Heuff.* 117). Ph. Halleri oberhalb des Grossen Fischsees ist nur eine Form des Ph. spicatum (*Üchtr.* ÖBW. VII. 354, XIV. 386) und Ph. ovatum auf dem Grossen Křivan und im Maluzina-Thale bei Hradek (*Roch.* MS. I. 60, 81) wird wohl auch dahin gehören.

6. Ph. canescens *WK.* Ic. I. t. 14. Auf sonnigen Bergwiesen, buschigen Hügeln. Auf der südl. Abdachung der Hegyallja bei Szántó, Tálya und Tolcsva bis Tokay, bei Miskolc (*Pawl.* PV. I. 28, *Hazsl.* ÉM. 212), auf dem Sárihegy bei Gyöngyös im Com. Heves (*RK.* 14), auf dem Pilis-Vértes Gebirge bei Visegrád, Altofen, Ofen, Budaörs und Csákvár, auf dem Harsányhegy im Com. Baranya (*WK.* I. c. 13). Ph. salicifolium *Kit.* in *Schult.* I. 400 et Add. 122 bei den Herculesbädern ist nach *Heuff.* 117 die kahle Var. und Ph. foliosum *Kit.* Add. 122 auf der Matra scheint die Mittelform zu sein.

3. **CAMPANULA** L.

1. C. rotundifolia L. Auf Wiesen, Felsen, an Rainen niedriger und gebirgiger Gegenden bis in die Krummholzregion, wo sie in C. pusilla

Hänke und C. Scheuchzeri *Vill.* (C. linifolia *Lam.*) übergeht. C. Hostii *Baumg.* III. 342 ist eine hohe reichblütige Waldform. Ebenso sind C. uniflora *Kit.* in *Schult.* I. 400 (nicht *L.*) auf Alpen in Ungarn und C. microphylla *Kit.* l. c. et Add. 122 (C. Kitaibeliana *R. Sch* Syst. V. 90) auf den Turóc-Liptauer Alpen nach *Reuss* 278 nur Var. der C. rotundifolia. Die nach *Lang* En. 1 in Ungarn vorkommende C. tenuifolia *Hoffm.* (nicht *WK.*) ist eine Missbildung (*Koch* Syn. 538).

C. pulla *L.* Auf Alpen und Voralpen in Ungarn (*Reichb.* Germ. 299) und nach ihm wahrscheinlich *Reuss* 278. Diese Angabe finde ich in keiner Specialflora bestätigt.

C. excisa *Schleich.* Auf dem Domugled (*C. Koch* Linn. 1850 p. 643 mit ?) Sehr unwahrscheinlich.

2. C. crassipes *Heuff.* ÖBZ. VIII. 27,1 Ban. 118. Auf Kalkfelsen an der Donau der östl. Banat. Milit. Gr.

3. C. caespitosa *Scop.* C. pusilla *Wahlb.* 59 der Beschreibung und dem Citate nach. Auf Kalkfelsen und im Felsenschutte der Voralpen. Auf den Beskiden wenigstens auf der galiz. Seite (*Herb.* ZBG. XI. 68), im Felsenthale Sulov im Com. Trencsin (*Roch.* MS. II. 35), auf dem Rozsudec (*Stur* ÖBZ. IX. 25), Sokol (*Szont.* ÖBZ. XIV. 278), Choč (*Roch.* MS. I. 155), auf den Vorlagen der Central-Karpaten (*Wahlb.* l. c., *Uchtr.* ÖBW. VII. 254, *Szont.* l. c. 280), der Kralova Hola (*Kub.* 98), Černa Hora (*Herb.* l. c.). Im Banat (*Roch.* Ban. 6), fehlt jedoch bei *Heuffel.*

4. C. rhomboidalis *L.* var. angustifolia *Benth.* C. rhomboidea var. *β. Wahlb.* 60. C. lanceolata *Lap.* Adenophora suaveolens forma subalpina *Hazsl.* ZBV. II. 5 dem Standorte nach. An waldigen Orten der Voralpen bis in die Krummholzregion. Auf dem Rozsudec (*Stur* ÖBZ. IX. 20) bis Zazriva herab (*Vitk.* ZBG. XIII. 1070), auf dem Šip, Prislopec, Parač und Choč der Arva (*Hazsl.* ÉM. 210), auf der Futra, häufig z. B. im Thale Bistrov bei Lubochňa im Com. Liptau (*Wahlb.* l. c.), auf dem Grossen Křivan (*Hausskn.* ÖBZ. XIV. 211, 216)· Auf den Banat. Voralpen (*Roch.* Ban. 6)? fehlt bei *Heuffel.*

C. Waldsteiniana *R. Sch.* C. flexuosa *WK.* Ic. II. t. 136. „Badany Hungariae" (*Reichb.* Ic. XXIX. p. 117), aber die Alpe Badany liegt in Croatien.

5. C. bononiensis *L.* C. ruthenica *MB.* C. simplex *DC.* An trockenen buschigen Stellen hügliger und gebirgiger Gegenden. Auf allen Vorlagen der nördlichen Karpaten bis an die Ränder des Tieflandes, im Hügellande am rechten Donau-Ufer, in Slavonien und im Banat.

6. C. rapunculoides *L.* C. nutans *Lam.* Auf Hügeln, an Rainen, zwischen Gebüsch.

7. C. Trachelium *L.* C. urticifolia *Schm.* In Bergwäldern, auf buschigen Hügeln.

8. C. latifolia *L.* Auf Wiesen und in Wäldern der Berg- und Voralpenregion. Auf der Vysoka im Com. Presburg (*Bolla* PV. I. 10), dem Salatin der Fatra (*Roch.* MS. I. 215), auf niedrigen Bergen in der Liptau und Zips (*Wahlb.* 62), in Nadelwäldern bei Borsa in der

Marmaros (*Kit.* Add. 124), auf dem Csiblesz der Rodnaer Alpen (*Kotschy*), im östl. Banat (*Heuff.* 119).

9. C. patula *L.* Auf Wiesen niedriger und gebirgiger Gegenden.

10. C. Steveni *MB.* C. abietina *Gris.* It. 333. C. patula b. pauciflora *Roch.* Ban. p. 42 t. 6. In Voralpenwäldern des Banats (*Heuff.* 118). Nach den von *Janka* mir mitgetheilten Exemplaren treibt diese Pflanze fädliche im Moose kriechende Ausläufer wie bei Epilobium palustre, ich halte sie daher für eine gute Art.

11. C. Welandii *Heuff.* ÖBW. VII. 118, Ban. 118. An steinigen Stellen bei den Herculesbädern und im Donauthale der östl. Banat. Milit. Gr. Nach *Heuffel's* früherer Ansicht Var. hirta der C. patula.

12. C. Rapunculus *L.* Auf Bergwiesen, buschigen Hügeln, in sandigen Wäldern. Auf der südöstl. Abdachung der Kleinen Karpaten im Com. Presburg (*Bolla* PV. I. 10, *Krz.* PV. II. 1. 72), bei Neutra, Zsére, Bajmóc und Privic im Com. Neutra (*Kn.* ZBG. XV. 131), bei Kis-Györ und Miskolc im Com. Borsod (*Reuss* 279), bei Parád im Com. Heves, bei Debrecin, zwischen Bököny und Nyíregyháza im Com. Szabolcs, bei Vasvári und Sz. Mártoni erdö im Com. Szatmár (*RK.* 36, 124); ferner auf dem Haglersberg (*N.*) und bei Wolfs am Neusiedler See (*Szont.* ZBG. XIV. 483), bei Keszthely am Plattensee (*Kit.* Bar.), Káloz im Com. Stuhlweissenburg (*Kit.* Add. 124), auf den Ofner Bergen (*Sadl.* 107), bei Ecser und Sz. Márton Káta der Pester Ebene (*RK.* 36), bei Fünfkirchen (*Maj.* 13), Čerević im Com. Sirmien (*Schnell.* PV. IV. 82), bei Semlin (*Panč.* Sirm.), im östl. Banat (*Heuff.* 118).

13. C. persicifolia *L.* C. dasycarpa *Kit.* in *Schult.* I. 404 et Add. 124. In Bergwäldern.

14. C. carpatica *Jacq.* Hort. vindob. I. t. 57. C. turbinata *Schott* Anal. 14 nach *Janka* Linn. 1859 p. 589. Auf Kalkfelsen und im Felsenschutt der nördl. Karpatenthäler. Auf dem Révan nördl. von Deutsch-Proben im Com. Neutra (*Kn.* ZBG. XV. 131), an der Wag zwischen Rutka und dem Passe Strečno im Com. Turóc (*Üchtr.* ÖBW. VII. 377), auf dem Choč, häufig in den südl. Theilen der Com. Liptau, Zips und Gömör (*Wahlb.* 58, *Hazsl.* ZBV. II. 5, *Reuss* 279, *RK.* 60, *Krz.* PV. V. 112), bei den Wasserfällen von Motičko im Com. Sohl (*Kit.* Add. 123), bei Lipóc im Com. Sáros, bei Lonka (*Reichb.* Ic. XXIX. 119) und am Fuss der Petrosa in der Marmaros (*Müll.* ZBG. XIII. 557), massenhaft bei Kirlibaba in der Bucovina hart an der Grenze gegen die Marmaros (*Herb.* ZBG. XI. 64).

C. pyramidalis *L.* Im südl. Ungarn bei Medak (*Kit.* in *Schult.* I. 405 et Add. 124), allein Medak liegt südöstlich von Gospič in Croatien. Bei Pokorágy im Com. Gömör (*Fábry* II. 4) gewiss nicht.

15. C. Cervicaria *L.* C. spicata *Geners.* 16, nicht *L.* Auf Wiesen und in Wäldern niedriger und gebirgiger Gegenden. Durch die ganze nördl. Karpatenkette von Presburg bis auf die Ebene von Debrecin (*Endl.* 283, *Krz.* PV. II. 1. 72, *Hol.* PV. III. 1. 63, IV. 76, VII. 88, *Kn.* PV. VII. 157, *Kell.* ÖBZ. XIV. 284, XV. 50, *Hazsl.* EM. 211, *RK.* 36, 86), auf dem Bükhegy und der Matra (*Reuss* 277); ferner auf dem Rosaliengebirge (*N.*), bei Ödenburg (*Szont.* ZBG. XIV. 483), in den Com. Wieselburg (*Vwezl.*), Gran (*Feicht.* Ad. 275), Veszprim, Somogy und Baranya (*RK.* 6. *Kit.* Bar.), auf dem Pilis-Vértes Gebirge und der Pester Ebene (*Kern.* ZBV. VII. 264, *Sadl.* 109), in Sirmien (*Rumy* 52), im Banat (*Heuff.* 119).

16. C. multiflora *WK.* lc. III. t. 263. C. macrostachya *Kit.* Add. 125 n. 566. Auf trockenen Wiesen. Bei St. Andrä nächst Ofen (*Sadl.* 109), bei Semlin (*Panč.* Sirm.), im östl. und südl. Banat, am häufigsten auf dem Allion bei Alt-Orsova (*Heuff.* 119). Auf dem Berge Tabor (soll wohl Zobor heissen) bei Neutra (*Roch.* in *Reichb.* Germ. 302), allein in *Roch.* MS. II. 35 über die Flora des Com. Neutra ist diese Art gar nicht aufgenommen, wogegen die ähnliche C. Cervicaria *L.* auf dem Zobor vorkömmt (*Kn.* PV. VII. 157). Wohl nur Var. der C. Cervicaria.

17. C. glomerata *L.* C. petraea *All.* nicht *L.* C. elliptica *Kit.* in *Schult.* I. 410 et Add. 125, eine Alpenform. Auf Hügeln, buschigen Plätzen, an Rainen, Waldrändern.

18. C. transsilvanica *Schur* Sert. 47. C. thyrsoidea *Baumg.* I. 152, *Roch.* Reise 41, nicht *L.* Auf alpinen Triften. Auf der Dscameanie der Rodnaer Alpen (*Baumg.* l. c.), auf der Skarisora der roman. banat. Milit. Gr. (*Heuff.* 119).

C. spicata *L.* Im Banat (*Roch.* Reise 41)?

19. C. alpina *Jacq.* Auf felsigen Triften der Alpen. Auf der Babia Góra, dem Choč, allen Central-Karpaten vom Rohač bis auf die Leiten der Tatra, auf den Liptau-Sohler Alpen bis auf die Kralova Hola (*Wahlb.* 63, *RK.* 60, *Kub.* 98). auf der Cerna Hora (*Herb.* ZBG. X. 615), dem Pietros, Pop Ivan und der Trojaga in der Marmaros, auf der Petrosa und Negujasa der Rodnaer Alpen (*RK.* 36, *Müll.* ZBG. XIII. 558, *Baumg.* I. 154), auf den Banat. Alpen (*Heuff.* 119).

* C. Haynaldi *Szont.* ZBG. XIII. 1070. Auf dem Rohač.

20. C. sibirica *L.* Auf Hügeln und an buschigen Stellen niedriger Berge sowie auf Wiesen und Grassteppen der Ebene.

21. C. divergens *Willd.* C. spathulata *WK.* lc. III. t. 258. Auf Kalkfelsen im südl. Com. Krassó, bei den Herculesbädern, auf dem Donau-Bergzuge der östl. Banat. Milit. Gr. (*Heuff.* 119). Wohl nur eine üppige Var. der C. sibirica *L.*

22. C. Grossekii *Heuff.* Flora 1833 I. 353, Ban. 119. Auf steinigen Bergen bei Veršec im Com. Temes, bei den Herculesbädern und an der Donau in der östl. Banat. Milit. Gr.

23. C. lingulata *WK.* lc. I. t. 64. In Bergwäldern, an buschigen Stellen, Weingartenrändern. Bei Kaposvár im Com. Somogy (*Portschl.* Pest. Mus.), Vukovár (*Kan.* Slav.), Čerević und Karlovic in Sirmien (*Schnell.* PV. IV. 82, *WK.* l. c. 82), bei den Herculesbädern und an der Donau der östl. Banat. Milit. Gr. (*Heuff.* 120).

24. C. barbata *L.* Auf Triften der Alpen und Voralpen. Bisher nur auf dem Pietros südöstl. von Körösmező in der Marmaros, hier auch mit weissen Blumen (*Müll.* ZBG. XIII. 558) und auf den Rodnaer Alpen (*Baumg.* I. 153).

** **C. csiklovensis et sirmiensis** *Kit.* Hydr. II. 320. An steinigen Stellen bei den Herculesbädern.

4. EDRAIANTHUS Alph. DC.

1. E. Kitaibelii *Alph. DC.* Campanula graminifolia *WK.* Ic. II. t. 154, nicht *L.* Auf Kalkfelsen der Biharia (*Kern.* Exs.) und bei den Herculesbädern (*Heuff.* 120).

E. tenuifolius *Alph. DC.* Campanula tenuifolia *WK.* Ic. II. p. 168 t. 155. In Ungarn (*Maly* 158). Wohl nur in Croatien und am Litorale des adriatischen Meeres.

5. SPECULARIA Heist.

1. S. Speculum *Alph. DC.* Unter der Saat, auf Brachen. Auf den Donau-Inseln bei Presburg (*Endl.* 282), bei Bojničky nächst Freistadtl und bei Leopoldstadt im Com. Neutra (*Hol.* PV. IV. 76, ZBG. XV. 131), Rovně im Com. Trencsin (*Roch.* Pest. Mus.), Komorn, Nagy Röce im Com. Gömör (*Reuss* 280), Jakobsdorf im Com. Liptau (*RK.* 60), Árpád bei Fünfkirchen (*Nendtv.* ZBG. XIII. 569) und wohl noch an vielen Orten, aber eine vorübergehende Wanderpflanze.

6. ADENOPHORA Fisch.

1. A. lilifolia *Bess.* Auf Wiesen, in Wäldern niedriger und gebirgiger Gegenden bis in die Voralpenregion. Auf dem Rozsudec (*Stur* ÖBZ. IX. 25), Choč (*RK.* 60), überall am Fuss der Central-Karpaten bis in das Wag- und Popradthal (*Wahlb.* 61, *Hazsl.* ZBV. II. 5), bei Telkibánya im Com. Abauj (*Kit.* Add. 124) und Bustyaháza in der Marmaros (*Wagn.* in *Reichb.* Ic. XXIX. 122); ferner in den Donau-Auen bei Ragendorf im Com. Wieselburg (*Heuff.* Flora 1831 I. 406), bei Dávod im Com. Somogy (*Kit.* Add. 124), bei Kravica nächst Essek im Com. Verovitic (*Kan.* Slav.), in Holzschlägen bei Lugos (*Heuff.* 120). Bei Fünfkirchen (*Maj.* 13)?

7. SYMPHYANDRA Alph. DC.

1. S. Wanneri *Heuff.* Ban. 120. Campanula heterophylla *Baumg.* III. 342, nicht *L.* C. Wanneri *Roch.* Ban. p. 41 t. 5. Auf Felsen der Alpen. An den Quellen der Bistra-Rose am Fuss der Alpe Soymu und im Alpenthale Gropa-Bistri auf dem Sarko der roman. banat. Milit. Gr. (*Roch.* l. c., *Heuff.* l. c.).

XLVII. RUBIACEAE.

1. GALIUM L.

1. G. Cruciata *Scop.* Valantia chersonensis *Willd.* Auf Grasplätzen, an Hecken, zwischen Gebüsch.

2. G. vernum *Scop.* Valantia glabra *L.* In Wäldern, auf Wiesen, an Rainen hügliger und gebirgiger Gegenden, im Banat auch auf Alpen (*Heuff.* 87).

3. G. pedemontanum *All.* Valantia hispida *Lumn.* 454, nicht *L.* An Waldrändern, zwischen Gebüsch, auf Grassteppen niedriger und hügliger Gegenden. In den Donau-Auen der Com. Wieselburg (*Wierzb.* Mos.) und Presburg und ober Thomasbrunn (*Endl.* 327), im Com. Neutra stellenweise (*Kn.* ZBG. XV. 131), bei Domanik im Com. Hont, zwischen Hradek und Sz. Iván im Com. Liptau (*RK.* 61), bei Kis-Györ im Com. Borsod (*Reuss* 203), auf der Matra (*RK.* 14) und der Hegyallja (*Hazsl.* ÉM. 208); ferner bei Ödenburg (*Szont.* ZBG. XIV. 483), bei Csólnok im Com. Gran (*Feicht.* Exs.), im Waldo Bakony (*Kornh.* PV. IV. SB. 87), auf dem Pilis-Vértes Gebirge, dem Nagyszál und der Pester Ebene (*Sadl.* 67, *Kern.* ZBV. VII. 261, ÖBW. VII. 392), bei Fünfkirchen (*Nendtw.* 23), bei Semlin (*Panč.* Sirm.) und Kerčedin in der Peterward. Milit. Gr. (*RK.* 72), im Banat (*Heuff.* 87).

4. G. saccharatum *All.* Unter der Saat und auf Aeckern des Pester Com. (*Kit.* in *Sadl.* 70), dann bei Füred und Arács am Plattensee (*RK.* 112), jedoch nur zufällig und vorübergehend.

5. G. tricorne *With.* Auf Brachen, unter dem Getreide. Am Fuss der mährischen Grenzkarpaten bei Nemes Podhragy im Com. Trencsin und zwischen Bzince und Stara Tura im westl. Com. Neutra, dann zwischen Könnyök und Lapás-Gyarmat im östl. Com. Neutra (*Hol.* PV. III. 1. 62, *Kn.* ÖBZ. XIV. 343 und ZBG. XV. 131), bei Theben im Com. Presburg (*Bolla* PV. I. 9), stellenweise in den Com. Wieselburg (*N.*), Gran (*Feicht.* Ad. 275) und Pest (*Sadl.* 70), bei Dég im Com. Veszprim (*RK.* 112), bei Čerević im Com. Sirmien (*Schnell.* PV. III. 1. 11). Scheint im östl. Gebiete zu fehlen.

6. G. Aparine *L.* G. spurium *L.* G. infestum *WK.* Ic. III. t. 202. In Hainen, Auen, an Zäunen, auf Aeckern.

7. G. uliginosum *L.* G. tinctorium *Lumn.* 59, nicht *L.* Auf Torfmooren, nassen Wiesen, an sumpfigen Stellen niedriger und gebirgiger Gegenden. Im Hanság, an der Leitha, in den Auen und auf den Inseln der Donau in den Com. Wieselburg und Presburg (*Wierzb.* Mos., *Endl.* 326), im Marchthale bei Csary (*Krz.* PV. II. 1. 60), auf dem Schur bei St. Georgen (*Kornh.* PV. III. 2. 33), gemein in den Thälern der nordwestl. Karpaten (*Kn.* ZBG. XV. 132, *Hazsl.* ÉM. 207, *Wahlb.* 41), im Ecsédi-Láp im Com. Szatmár (*RK.* 36); ferner an der Eisenbahn zwischen Sz. Miklós und Raab (*Kn.* ÖBZ. XIV. 221), überall im Pester Com. (*Sadl.* 68), bei Fünfkirchen (*Maj.* 10), Futak im Com. Bács (*Schnell.* PV. IV. 81), in Sirmien (*Rumy* 53), im Banat (*Heuff.* 87).

8. G. parisiense *L.* G. divaricatum *Lam.* oder doch *Sadl.*
Pest. ed. I. 1. 120. Auf Aeckern bei St. Andrä nächst Ofen (*Sadl.* Pest.
ed II. 71), dann auf Hügeln und im Gerölle ausgetrockneter Bäche im
Banat (*Roch.* Ban. 46, *Heuff.* 87). Nach *Ledeb.* Ross. II. 418 gehört das
ungar. G. parisiense zu G. tenuissimum *MB.*, was richtig sein
wird, da *Sadler* und *Rochel* die Blüten langgestielt beschreiben, allein
da G. tenuissimum von G. parisiense sich nur durch längere
Blütenstielchen unterscheidet, so scheint es wie G. divaricatum nur
eine Var. desselben zu sein. (Vergl. auch *DC.* Prodr. IV. 607, *Kitt.*
Taschb. II. 675).

9. G. palustre *L.* In Sümpfen, Gräben, an überschwemmten
Stellen.

10. G. rotundifolium *L.* In Bergwäldern. Auf dem Rosaliengebirge (*N.*), bei Badin im Com. Sohl (*RK.* 61), am Fuss der Beskiden
bei Podolk und am Fuss der Central-Karpaten bei Zuberec im Com.
Arva (*Szontagh*), in höheren Buchenwäldern des Banats (*Heuff.* 87).
Unter Asperula laevigata *Roch.* in *Schult.* I. 313 auf den Karpaten
ist offenbar G. rotundifolium gemeint. Dasselbe dürfte von A. laevigata *Vitk.* ZBG. XIII. 1071 auf dem Rozsudec gelten, denn *Linné's*
echte Pflanze gehört dem südl. Europa an.

11. G. boreale *L.* G. hyssopifolium *Hoffm.* G. diffusum *Schrad.*
Auf Wiesen, in Holzschlägen, Wäldern niedriger und gebirgiger Gegenden.

12. G. rubioides *L.* Auf feuchten Wiesen. Bei Königsberg und
Levene im Com. Bars, Szántó und Csank im Com. Hont, (*Kn.* OBZ. XIV.
108, 116, 242, 243), häufig im Com. Borsod (*Reuss* 203), am Fuss der
Hegyallja bei Tálya (*Kit.* Ber.), auf dem Vihorlát Trachytzug im Com.
Ung (*Hazsl.* ÉM. 207), zwischen Nyiregyháza und Rác-Fejértö im Com.
Szaboles (*Kit.* Ber.); ferner im südl. Com. Komorn (*Hillebr.* OBZ. VIII.
298), im nördl. Com. Gran (*Feicht.* Ad. 275), bei Eresin im Com. Stuhlweissenburg (*RK.* 112), auf dem Pilis-Vértes Gebirge und der Pester
Ebene (*Sadl.* 68, *Kern.* ZBV. VII. 265), bei Paks (*RK.* 6) und Szekszárd
im Com. Tolna (*Kit.* Bar.), in Sirmien (*Rumy* 53), im Banat (*Heuff.* 88).
Auf der Insel Pötschen bei Presburg (*Lumn.* 58) kömmt es nicht mehr
vor (*Schnell.* OBW. III. 333) oder kam vielleicht niemals vor. Scheint
überhaupt oft mit G. boreale verwechselt zu werden.

13. G. verum *L.* Auf Wiesen, Triften, an Wegen.

14. G. purpureum *L.* Auf Felsen des östl. und südl. Banats,
besonders auf Kalk (*Heuff.* 88).

15. G. silvaticum *L.* G. intermedium *Schult.* Obs. 22. In Berg-
und Voralpenwäldern.

16. G. Mollugo *L.* Auf Wiesen, an buschigen Stellen.

17. G. erectum *Huds.* G. lucidum *All.* G. pubescens *Schrad.*
in *Schult.* mant. III. 171. G. hirsutum *Kit.* in *Sadl.* 70. Auf Kalkfelsen
und an steinigen buschigen Stellen. Auf dem Zobor bei Neutra (*Kn.* ZBG.
XV. 132), auf den Ofner Bergen (*Sadl.* l. c.), bei Fünfkirchen (*Nendtv.* 23),
in Sirmien (*Rumy* 53), auf der Biharia (*Kern.* DL. 296), im östl. Com.
Arad (*Kéry* 18), im Banat (*Heuff.* 89).

18. G. ochroleucum *Kit.*, in *Schult.* l. 305. An steinigen Stellen und auf Felsen gebirgiger Gegenden. Auf Hügeln bei Grosswardein (*Steff.* ÖBZ. XIV. 178), auf den Weinbergen von Ménes im Com. Arad (*Kit.* l. c.), bei Mehadia und auf dem Donau-Bergzuge in der östl. Banat. *Milit.* Gr. (*Heuff.* 89), auch in Sirmien (*Rumy* 53).

19. G. aristatum *L.* G. laevigatum *L.* In Eichenwäldern des Banats z. B. bei Varadia im Com. Temes (*Heuff.* 88), im östl. Com. Arad (*Kéry* 18). G. papillosum *Heuff.* Flora 1857 II. 563, Ban. 88 an felsigen waldigen Stellen der östl. Banat. Milit. Gr. scheint eine Var. mit oberseits rauhen Blättern zu sein.

20. G. capillipes *Reichb.* Germ. 847. G. linifolium *Roch.* Ban. 4, 26, Reise 54 allem Anscheine nach. In steinigen Berg- und Voralpenwäldern des Banats (*Heuff.* 88). G. nitidum *Kit.* in *Willd.* Reliq. oder G. Kitaibelianum *Schult.* maut. III. 163 scheint nach *Gris.* It. 332 dasselbe zu sein.

Die unter n. 16—20 angeführten Arten sehen sich alle sehr ähnlich, so dass man sichere Unterscheidungs-Merkmale vergebens suchen wird.

G. vero-Mollugo *Schiede.* Auf Wiesen bei Ung. Altenburg (*Vuezl*) und wohl überall unter den Stammeltern, in Nied.-Öst. wenigstens ein häufig vorkommender Bastard.

G. rubrum *L.* Auf trockenen Hügeln im südl. Ungarn (*Schult.* l. 305—6)? Ich finde es nur bei Abrudbánya und Verespatak in Siebenbürgen an der Grenze gegen das Zaránder Com. angegeben (*Baumg.* l. 84—5).

21. G. pusillum *L.* Aendert ab:

α. **silvestre** (G. silvestre *Poll.*, G. scabrum *Jacq.*). Auf Wiesen, an grasigen buschigen Stellen niedriger und gebirgiger Gegenden.

β. **nitidum** (G. austriacum *Jacq.*, G. argenteum *Vill.*). Auf Felsen und sonnigen Kalkbergen.

γ. **alpinum** (G. Boccone *All.*, G. sudeticum *Tausch*, G. tenue *Gris.* It. 333, G. saxatile der meisten Aut., nicht *L.*). Auf steinigen Triften der Alpen und Voralpen.

δ. **ochroleucum** (G. helveticum *Weig.*). Auf den Banat. Alpen (*Heuff.* 89).

** **G. aculeatissimum** *RK.* 124. Auf der Matra.

Valantia muralis *L.* An Mauern in Ungarn (*Kit.* in *Schult.* l. 309)? Wahrscheinlich ist das croat. Litorale gemeint (*Syll.* cr. 43).

2. RUBIA L.

1. R. tinctorum *L.* Wird besonders im südl. Gebiete im Grossen gebaut und kömmt dann an Zäunen, Hecken, Rainen auch verwildert vor. So bei Skalic im Com. Neutra (*Hol.* ZBG. XV. 131), in den Umgebungen von Ofen (*Sadl.* 73), bei Siklós im Com. Baranya (*Nendtv.* ZBG. XIII. 572), Pozega (*Pav.* Exs.), Maradik im Com. Sirmien (*RK.* 73), im Banat (*Heuff.* 87).

3. CRUCIANELLA L.

1. C. mulluginoides *MB.* Auf den Weinbergen von Ménes im Com. Arad (*Kit.* in *Heuff.* 87).

4. ASPERULA L.

1. A. arvensis *L.* Auf Aeckern, unter dem Getreide. Stellenweise in den Com. Presburg (*Endl.* 325, *Krz.* PV. III. 2. SB. 23), Neutra (*Hol.* PV. I. 70, *Krz.* PV. II. 4. 60), Trencsin (*Kikó* 17, *Kn.* ÖBZ. XIV. 343) und Arva (*Vitk.* ZBG. XIII. 1071), häufig bei Neu-Sohl (*NS.* 18), bei Ráhó in der Marmaros (*RK.* 36); ferner in den Com. Eisenburg (*Pol.* 7), Ödenburg (*Szont.* ZBG. XIV. 483), Wieselburg (*N.*, *Vuezl*), Raab (*Ebenh.* PV. V. 56), Gran (*Feicht.* Exs.), Pest (*Sadl.* 72) und Tolna (*Kit.* Slav.), in Sirmien (*Rumy* 52), im Banat (*Heuff.* 86).

2. A. taurina *L.* In Wäldern, an buschigen Stellen. Im Stadtwalde und auf dem Lapis bei Fünfkirchen (*Nendtv.* ZBG. XIII. 569), bei Erdőd im Com. Verovitic (*Roch.* Ban. p. 1), auf dem Papuk, bei Daruvár im Com. Požega, in Sirmien (*RK.* 73, *Rumy* 52), im östl. Banat (*Heuff.* 86).

3. A. ciliata *Roch.* Ban. p. 46 t. 9. An felsigen Stellen des Banats, besonders bei den Herculesbädern (*Heuff.* 86).

4. A. tinctoria *L.* A. arvensis *Gmcrs.* 10, nicht *L.* An buschigen Stellen hügliger und gebirgiger Gegenden in den Com Neutra (*Krz.* PV. II. 4. 60, *Kell.* ÖBZ. XIV. 285), Trencsin (*Kikó* 17), Arva (*Vitk.* ZBG. XIII. 1071), Liptau, Zips (*Wahlb.* 41, *Hausskn.* ÖBZ. XIV. 208) und Gömör (*Fábry* II. 3); ferner auf dem Leithagebirge (*N.*), auf der Kleinen Schütt (*Wierzb.* Mos.), bei Palota im Com. Veszprim (*Kit.* Bar.), Csákvár im Com. Stuhlweissenburg (*RK.* 6), auf den Ofner Bergen (*Sadl.* ed. I. 1. 124, ed. II. 72), bei Fünfkirchen (*Maj.* 10) und Geresd im Com. Baranya (*Kit.* Bar.), im nördl. Com. Krassó (*Heuff.* 86).

5. A. capitata *Kit.* in *Schult.* I. 312. A. hexaphylla *Schult.* l. c. nicht *All.* Auf Kalkfelsen der Biharia (*Kern.* Exs.) und des Domugled (*Heuff.* 86).

6. A. cynanchica *L.* An Wegen, grasigen sandigen Stellen, auf steinigen Plätzen. Die Var. A. montana *WK.* in *Willd.* Berol. l. 151 in den Com. Veszprim, Stuhlweissenburg und Baranya (*Kit.* Bar.). Die croat. A. longiflora *WK.* Ic. II. t. 150 bei Rima Szombat (*Fábry* II. 3), was gewiss unrichtig ist.

7. A. odorata *L.* In Wäldern besonders gebirgiger Gegenden.

8. A. Aparine *Schott.* An Ufern und in feuchten Gebüschen gebirgiger Gegenden. Bei Skalic, Borovce (*Hol.* ZBG. XV. 132), Wag-Neustadtl und auf dem Temetvény-Gebirge im Com. Neutra (*Kell.* ÖBZ. XIV. 285, XV. 50), im oberen Wagthale im Com. Liptau von Sz. Miklos aufwärts, am Poprad zwischen Georgenberg und Kesmark in der Zips (*Üchtr.* ÖBW. VII. 368, 376), bei Lugos ziemlich häufig (*Heuff.* 37).

9. A. galioides *MB.* A. foetida *Wierzb.* in *Roch.* Reise 38. G. glaucum *L.* An steinigen buschigen Stellen, in Holzschlägen, auf

Sandsteppen. Gemein im nordwestl. Karpatenlande von Presburg bis in das Com. Sáros (*Endl.* 325, *Krz.* PV. II. 1. 60, *Kn.* ZBG. XV. 132, *Kïkó* 17, *Roch.* MS. II. 34, *Hazsl.* ÉM. 206 et Sár. 222); ferner auf dem Leithagebirge (*N.*), zwischen Walpersdorf und Ödenburg (*Kit.* Sopr.), bei Ung. Altenburg (*Vaczl*), bei Csenke im Com. Grau (*Feicht.* Ad. 275), auf den Ofner Bergen, dem Nagyszál und der Pester Ebene (*Sadl.* 72, *Kern.* ÖBW. VII. 391), bei Szaboles im Com. Stuhlweissenburg (*Kit.* Slav.), bei Dég im Com. Veszprim (*RK.* 112), bei Fünfkirchen (*Nendtv.* 18), in Sirmien (*Rumy* 53), im Banat (*Heuff.* 87).

* A. tenuissima *C. Koch* Linn. 1851 p. 462. Auf dem Domngled.

5. SHERARDIA L.

1. S. arvensis *L.* Unter dem Getreide, auf Brachen.

XLVIII. LONICEREAE.

1. LONICERA L.

1. L. Caprifolium *L.* An Waldrändern, in Hecken, auf buschigen Hügeln. Auf dem südöstl. Abhange der Kleinen Karpaten in den Com. Presburg und Nentra (*Endl.* 330, *Krz.* PV. II. 1. 60, *Roch.* Misc. 79), weiter nördlich nur kultivirt, höchstens verwildert (*Hazsl.* ÉM. 205, *Hol.* PV. VII. 87); häufiger im südl. Gebiete bei Ödenburg (*Szont.* ZBG. XIV. 483), auf der Murinsel, in den Com. Verovitic, Baranya und Tolna (*Kit.* Add. 126, Bar. et Slav.), bei Futak im Com. Bács (*Schnell.* PV. III. 1. 10), in Sirmien (*Rumy* 53), bei Grosswardein (*Steff.* ÖBZ. XIV. 178), im östl. Com. Arad (*Kéry* 19), auf den Donau-Inseln der Banat. Milit. Gr. (*Heuff.* 85).

L. Perlclymenum *L.* Im südl. Ungarn (*Schult.* I. 415). Bei Fünf-kirchen (*Nendtv.* 25). Scheint nur als verwilderter Flüchtling der Gärten vorzukommen.

2. L. Xylosteum *L.* In Wäldern, an buschigen Stellen.

3. L. nigra *L.* L. alpigena *Geners.* 16, nicht *L.* L. pyrenaica et carpatica *Kit.* Add. 126. In Berg- und Voralpenwäldern. Auf der Babia Góra (*Kit.* l. c.) und bei Zazriva im Com. Arva (*Vitk.* ZBG. XIII. 1071), auf dem Choč (*Krz.* ÖBZ. X. 157), bei Schemnitz (*Kn.* ÖBZ. XIV. 112), am Fuss der Liptau-Sohler Alpen bei Boca und Teplic im Com. Liptau (*Roch.* MS. I. 62, 111) und bei Jaraba im Com. Sohl sowie auf dem Končito im Com. Gömör (*RK.* 61), auf den Vorlagen der Central-Karpaten bis in das Wagthal (*Wahlb.* 64, *RK.* 64), bei Lublau in der Zips (*Kit.* Hydr. I. 253), Bartfeld und Sóvár im Com. Sáros (*Reuss* 200), bei Kaschau (*Pawl.* PV. I. 25), auf der Okola, Trojaga (*Müll.* ZBG. XIII 558) und der Petrosa in der Marmaros (*RK.* 36), auf den Voralpen des Banats (*Heuff.* 86).

4. L. coerulea *L.* In Voralpenwäldern des Banats z. B. am Fuss des Branu (*Heuff.* 86).

5. L. alpigena *L.* An felsigen buschigen Stellen subalpiner Gegenden. Bei Zazriva im Com. Arva (*Vitk.* ZBG. XIII. 1071), auf dem Pietros bei Körösmezö in der Marmaros (*Müll.* ZBG. XIII. 558), auf dem Papuk in Slavonien (*RK.* 74).

2. VIBURNUM L.

1. V. Lantana *L.* Auf buschigen Hügeln, an Hecken, Rainen.
2. V. Opulus *L.* An Bächen, in Auen.

3. SAMBUCUS L.

1. S. Ebulus *L.* An Weingartenrändern, buschigen Stellen.
2. S. nigra *L.* An Bächen, Waldrändern, in Dörfern.
3. S. racemosa *L.* In Berg- und Voralpenwäldern. Durch die ganze nördl. Karpatenkette von Presburg bis in die Marmaros (*Endl.* 331, *Roch.* Misc. 88, *Hazsl.* ÉM. 205, *RK.* 37, *Rox.* PV. V. 17), auch auf der Matra (*Kit.* Add. 127); ferner auf dem Leithagebirge (*Wierzb.* Mos.), auf dem Rosaliengebirge (*N.*) und überhaupt auf den Schieferbergen der Com. Ödenburg (*Szont.* ZBG. XIV. 484) und Eisenburg (*Pol.* 17), bei Fünfkirchen (*Maj.* 10), bei Drenovac im Com. Verovitie (*Kit.* Slav.), bei Grosswardein (*Steff.* ÖBZ. XIV. 178), im östl. Com. Arad (*Kéry* 21), im östl. Banat (*Heuff.* 85).

XLIX. OLEACEAE.

1. LIGUSTRUM L.

1. L. vulgare *L.* Auf buschigen Hügeln, in Hecken.
L. austriacum *RK.* 124 bei Parád scheint verschrieben zu sein und soll vielleicht Lythrum austriacum *Jacq.* (L. virgatum *L.*) oder Ligusticum austriacum *L.* (Pleurospermum austriacum *Hoffm.*) heissen.

2. FRAXINUS L.

1. F. excelsior *L.* In Auen, an Ufern, in Wäldern sowohl niedriger als gebirgiger Gegenden, im Banat auch auf Voralpen (*Heuff.* 122), in Slavonien an den sumpfigen Ufern der Drau und der Save mit Quercus pedunculata ausgedehnte Wälder bildend (*Kit.* Slav.).
2. F. Ornus *L.* F. rotundifolia *Kit.* in *Schult.* I. 81. In Mischwäldern und an buschigen Stellen hügliger und gebirgiger Gegenden. Am südlichsten Rand der Karpatenkette, als bei Nagy Maros im Com. Hont (*RK.* 61), auf dem Nagyszál (*Kern.* ÖBW. VII. 392, 399) und bei Gödöllö im Pester Com., auf der Matra, bei Tokay (*RK.* 37, 124, *Kit.* Hydr. II. 160) und bei Telki-Bánya im Com. Abauj (*Kit.* Ber.); viel häufiger im Hügellande am rechten Donau-Ufer in den Com. Veszprim,

Zala, Somogy, Tolna, Baranya, Verovitic, Požega und Sirmien (*RK.* 74, 112, *Roch.* Ban. 44, *Rumy* 52, *Kit.* Bar. et Slav.), dann auf dem Pilis-Vértes Gebirge (*Kern.* ZBV. VII. 268), auf der Biharia (*Kern.* Dl. 124), im östl. Com. Arad (*Kéry* 20), im östl. Banat (*Heuff.* 122). Bei Presburg (*Reuss* 286) nur gepflanzt (*Richt.* PV. VII. 102).

F. **oxyphylla** *MB.* Zwischen Kenese und Máma im Com. Veszprim (*RK.* 112)?

3. SYRINGA L.

1. **S. vulgaris** *L.* Auf Kalkfelsen im südl. Com. Krassó, im Donau-thale und bei den Herculesbädern, sehr häufig und wirklich wild (*Heuff.* 122) oder doch im Laufe der Zeit wild geworden. Wird auch als Jagd-gebüsch und in Hecken an vielen Orten gepflanzt und verwildert leicht. S. **Josikaea** *Jacq.* fil. fand *Janka* auf Felsen bei N. Sebes in Sieben-bürgen zwischen Feketetó und Bánffi-Hunyad also hart an der Grenze des Com. Bihar (ÖBW. IV. 188), aber auf ungar. Boden wurde sie bisher nicht beobachtet.

L. APOCYNACEAE.

1. VINCA L.

1. **V. minor** *L.* In steinigen Vorhölzern, in Bergwäldern. Fehlt im Gebiete der Centralkarpaten.
2. **V. herbacea** *WK.* Ic. I. t. 9, schon in *Wmt.* f. 21 ohne Namen abgebildet. Auf buschigen Hügeln, Sandsteppen, in lichten Gehölzen. Am Thebner Kogel (*Richt.* PV. VII. 102) und bei Nussdorf (Diós) im Com. Presburg (*Bolla* PV. I. 11), am Fuss der Hegyallja bei Tálya, Szerencs und Tokay im Com. Zemplin (*RK.* 14, *Kit.* Ber.); ferner vom Platten-seezuge durch die Com. Veszprim und Stuhlweissenburg (*RK.* 112, *Kit.* Bar.) auf das Pilis-Vértes Gebirge, den Nagyszál und die Sandhügel des Pester Com. (*Sadl.* 104, *Kern.* ZBV. VII. 261 und ÖBW. VII. 392), bei Kér im Com. Tolna (*Hillebr.* ZBV. VII. 40), bei Fünfkirchen (*Nendtv.* 34) und auf dem Harsányhegy im Com. Baranya (*Kit.* Bar.), bei Semlin (*Panč.* Sirm.), auf den Kalkbergen des Com. Bihar (*WK.* I. c. 8), in der Banat. Milit. Gr. sowohl in der Ebene als auf den Bergzügen an der Donau (*Heuff.* 122).

LI. ASCLEPIADEAE.

1. VINCETOXICUM Mönch.

1. **V. officinale** *Mönch.* Auf steinigen buschigen Hügeln.
β. **laxum** (Cynanchum laxum *Bartl.*). An gleichen Orten im südl. Com. Komorn (*Hillebr.* ÖBZ. VIII. 298), auf den südöstl. Abhängen der Kleinen Karpaten im Com. Presburg (*Krz.* PV. II. 1. 74), bei Skalic

im Com. Neutra (*Hol.* PV. VII. 88), bei Ober Domonya im Com. Ung (*Hazsl.* ÉM. 203).

V. luteum *Hoffmg.* (V. medium *Decaisne* in *DC.* Prodr. VIII. 523—4). Im Banat und auf den Ebenen Ungarns (*Roch.* Ban. 27)? fehlt in seiner Banat. Reise und bei *Heuffel.* Im Com. Trencsin (*Kitó* 19)? wahrscheinlich nach *Roch.* MS. II. 57, der es früher verkannt haben muss.

2. ASCLEPIAS L.

1. A. Cornuti *Decaisne* in *DC.* Prodr. VIII. 564. A. syriaca *L.* Stammt aus Nordamerica, nicht aus Syrien, daher die Namensänderung (*DC.* Géogr. bot. II. 730), verwildert leicht. So im Walde Pagony im Raaber Com. (*Ebenh.* PV. V. 59) und bei Vinkovce in der Broder Milit. Grenze (*Kan.* Exs.).

LII. GENTIANACEAE.

1. GENTIANA L.

1. G. lutea *L.* In der Krummholzregion der östl. Karpaten. Auf der Bersava im Com. Bereg, auf dem Pop-Ivan in der Marmaros (*RK.* 14, 37), sehr häufig auf der Dscameanie der Rodnaer Alpen (*Baum.t.* I. 191), auf der Biharia (*Kern.* DL. 138, 328).

2. G. punctata *L.* Auf felsigen Triften der Krummholz- und höheren Alpenregion. Gemein auf den Central-Karpaten vom Rohač bis auf die Leiten der östl. Tatra, auf den Liptau-Sohler Alpen vom Dumbier bis auf die Kralova Hola (*Wahlb.* 72, *RK.* 61, *Hazsl.* ÉM. 203), auf der Černa Hora (*Herb.* ZBG. X. 616), auf der Petrosa (*Alth* Exs.), der Dscameanie und dem Galac der Rodnaer Alpen (*Baumg.* I. 192), auf den Arader und Banater Alpen (*Kéry* 18, *Heuff.* 123).

G. purpurea *L.* Auf den Alpen von Ungarn (*Maly* 167), wahrscheinlich aus *Sadl.* Pest. ed. I. 1. 200 Note entnommen. Ich finde sie nur auf den südl. Alpen Siebenbürgens angegeben (*Baumg.* I. 191).

G. pannonica *Scop.* Auf den Alpen von Ungarn (*WK.* Ic. I. p. XXX), insbesondere auf jenen des Banats (*Roch.* Ban. 6, Reise 55), fehlt jedoch bei *Heuffel.*

3. G. cruciata *L.* Auf Waldwiesen, an buschigen Stellen gebirgiger Gegenden.

4. G. asclepiadea *L.* In Wäldern und an buschigen Stellen gebirgiger und subalpiner Gegenden bis in die Krummholzregion. Gemein durch die höhere Karpatenkette vom Com. Trencsin bis in die Marmaros (*Rowl.* PV. III. 1. SB. 23, *Wahlb.* 73, *Hazsl.* ÉM. 203, *Kit.* Ber., *RK.* 37, *Uhl.* ZBG. XIII. 558), dann auf dem Papuk in Slavonien (*RK.* 73), auf der Biharia (*Kern.* DL. 127), im östl. Banat (*Heuff.* 123).

5. G. Pneumonanthe *L.* Auf feuchten Wiesen niedriger und gebirgiger Gegenden. Auf dem Gemsenberg bei Presburg (*Endl.* 270), im Marchthale (*Krz.* PV. II. 1. 74), durch die nördl. Karpatenkette vom

Com. Trencsin bis in die Marmaros stellenweise (*Kikó* 18, *Hazsl.* ÉM. 202, *Müll.* ZBG. XIII. 558); ferner in den Com. Wieselburg (*Wierzb.* Mos.), Raab (*i.benh.* PV. V. 59), Eisenburg (*Pol.* 11), Somogy, Baranya (*Kit.* Slav.) und Pest (*Sadl.* 115), bei Velika im Com. Požega (*Kit.* l. c.), Futak im Com. Bács (*Schnell.* PV. III. l. 14), in Sirmien (*Rumy* 53), bei Grosswardein (*Steff.* ÖBZ. XIV. 178), im Banat (*Heuff.* 123) und wohl auf den meisten Wiesenmooren des Tieflandes.

6. G. frigida *Hänke.* G. algida *Host* Syn. 132. Auf den höchsten Gipfeln der Central-Karpaten vom Rohač bis auf die Rothensee-Spitze der Hohen Tatra (*Wahlb.* 73), auch auf dem Choč (*RK.* 61).

7. G. acaulis *L.* G. angustifolia *Vill.* G. excisa *Heuf.* 123 der citirten Abbildung nach in *Reichb.* Ic. XXVII. t. 12, nicht *Presl.* Auf Wiesen und felsigen Triften der Voralpen bis in die Krummholzregion. In den Thälern von Sulov (*Roch.* Exs.) und Vratna im Com. Trencsin (*Rovl.* PV. III. 1. SB. 23), am Fuss des Ťlsta im Com. Turóc (*RK.* 61), auf dem Kleinen Křivan, Štoch, Rozsudec und Choč, auf dem Salatin, Sturec, der Velka Križna und dem Baranovo der Fatra (*Wahlb.* 74, *Szont.* ZBG. XIII. 1072, *NS.* 17), im Demanovka-Thale des südl. Com. Liptau (*Hausskn.* ÖBZ. XIV. 212, 217), auf dem Grossen Křivan (*Szont.* ÖBZ. XIV. 280), anf der Nesselblösse (*Wahlb.* l. c.) und im Drechselhäuschen der östl. Tatra (*Uechtr.* ÖBW. VII. 369), auf dem Pop-Ivan der Marmaros (*RK.* 37), auf den Rodnaer Alpen vom Csiblesz bis auf den Stol (*Baumg.* 1. 194, *Müll.* ZBG. XIII. 558), auf der Biharia (*Kern.* DL. 296), auf den Banat. Alpen (*Heuff.* 1. c.). Auf der Javořina im Com. Neutra (*Krz.* PV. II. l. 74) scheint sie nicht vorzukommen (*Kn.* ZBG. XV. 133).

8. G. verna *L.* G. angulosa *MB.* Auf Berg- und Voralpenwiesen bis in die Alpenregion. Bei Modern im Com. Presburg (*Endl.* 270), bei Zazriva, auf dem Kleinen Křivan, Štoch, Rozsudec, auf der Fatra, Rackova und östl. Tatra bis in die Ebenen der Zips (*Wahlb.* 74, *Krz.* PV. V. 112. *Vitk.* ZBG. XIII. 1072, *Hazsl.* ÉM. 202), auf dem Branisko im Com. Sáros (*Hazsl.* Exs.), bei Eperjes (*Reuss* 290), auf den Banater Alpen, jedoch nur die Var. G. angulosa (*Heuff.* 123)."

G. pumila *Jacq.* Auf den Alpen von Ungarn (*WK.* Ic. 1. p. XXX)?

9. G. prostrata *Hänke.* Auf den höchsten Jochen der Cerna Hora als dem Tomnatik, Bombiwski, Rybra (*Herb.* ZBG. X. 616, Bucov. p. VI).

10 G. pyrenaica *L.* Auf alpinen Triften der nordöstl. Karpaten. Auf der Bersava im Com. Bereg (*WK.* Ic. III. 230) und der Blisnica bei Körösmezö in der Marmaros (*Wagn.* Exs.)

G. utriculosa *L.* In Ungarn (*Mály* 169), wahrscheinlich aus *Sadl.* Pest. ed. 1. 4. 200 Note entnommen. In Croatien kömmt sie vor (Syll. cr. 101).

11. G. nivalis *L.* G. humilis vel uniflora b. simplicicaulis *Roch.* Ban. p. 61 t. 22. Auf Triften der Alpen und Voralpen, am häufigsten in der Krummholzregion. Auf der Hruva Bučina der Beskiden im Com. Arva (*Szont.* ZBG. XIII. p. 1072 et XXI), auf den Liptau-Sohler Alpen (*Hazsl.* ÉM. 202), dem Czerwoný Wirch der Liptauer Central-

Karpaten (*Griey.* ÖBW. V. 86), oberhalb des Grossen Fischsees (*Herb.*
Add. 23) und am Weissen See der Hohen Tatra, auf der Hinteren Leiten
und im Drechselhäuschen der östl. Tatra (*Wahlb.* 75, *Üchtr.* ÖBW. VII.
369, 370), der Vysoka Hola des Branisko (*Hazsl.* Exs.), auf den Banat.
Alpen (*Heuff.* 123).

12. G. Amarella *L.* G. campestris *Geners.* 19, nicht *L.* G. pratensis *Fröl.* G. axillaris et uliginosa *Reichb.* G. obtusifolia *Fries*,
nicht *Willd.* (*DC.* Prodr. IX. 95). Auf Wiesen und feuchten Triften
gebirgiger Gegenden. Bei Wag-Neustadtl (*Krz.* PV. II. 1. 74) und Gajdel
im Com. Neutra (*Kn.* ZBG. XV. 133), bei Strečno, Bičic und im Thale
Vratna des nördl. Com. Trencsin (*Üchtr.* ÖBW. VII. 377, *Rowl.* PV. III.
1. SB. 23), auf dem Rozsudec, Choč (*Szont.* ZBG. XIII. 1072), sehr häufig
im Gebiete der Central-Karpaten sowohl auf deren Vorbergen als in der
subalpinen und alpinen Region (*Wahlb.* 76), desgleichen auf den Liptau-
Sohler Alpen (*RK.* 61, *Kit.* Arv., *Roch.* MS. I. 110), in den Com. Sáros
(*Hazsl.* Sár. 222, ÉM. 201) und Marmaros (*RK.* 37, *Müll.* ZBG. XIII. 558),
im östl. Banat (*Heuff.* 123).

13. G. germanica *Willd.* G. Amarella vieler ält. Aut., nicht *L.*
G. obtusifolia *Willd.* G. spathulata *Bartl.* G. Amarella γ. ger-
manica *Wahlb.* 76, nach meiner Ansicht das richtige. Auf Wiesen niedriger
und gebirgiger Gegenden bis in die Voralpenregion. In den Com. Presburg
(*Endl.* 271) und Trencsin, auf dem Salatin der Fatra (*Roch.* Pest. Mus.),
und dem Rozsudec (*Stur* ÖBZ. IX. 25), auf den Thalebenen und den
Vorbergen der Central-Karpaten (*Wahlb.* l. c.), bei Rima Szombat im
Com. Gömör (*Fábry* II. 4), auf dem Pilis-Vértes Gebirge (*Kern.* ZBV.
VII. 264), im östl. Banat (*Heuff.* 123); auf dem Skopa-Passe der östl.
Tatra mit gelben Blumen (*Hausskn.* ÖBZ. XIV. 211). Ob G. Amarella *L.*
und G. germanica *Willd.* von allen der hier angeführten Autoren stets
richtig unterschieden wurden, scheint noch manchem Zweifel zu unterliegen.

14. G. campestris *L.* Bei Motičko im Com. Sohl (*Schwarzm.* in
RK. 61), wenn anders die Bestimmung dieser von den älteren Botanikern
gewöhnlich mit G. germanica verwechselten Pflanze richtig ist.

15. G. tenella *Rottb.* G. glacialis *Vill.* An feuchten Stellen der
Alpenregion. Auf den Grenzalpen des Grossen Fischsees (*Herb.* ZBG. X.
616) und am Weissen See der Hohen Tatra (*Üchtr.* ÖBW. VII. 370), auf
dem Thörichtergern, Durlsberg, Stirnberg, der Leiten in der östl. Tatra
(*Wahlb.* 76). Bei Eperjes (*Reuss* 291) kann sie unmöglich vorkommen.

16. G. ciliata *L.* Auf Bergwiesen und waldigen Triften bis in die
Voralpenregion. Durch die ganze Karpatenkette von Presburg bis in die
Marmaros (*Bolla* PV. I. 11, *Krz.* PV. II. 1. 74, *Kikó* 18, *Hazsl.* ÉM. 202,
Müll. ZBG. XIII. 559), dann auf dem Pilis-Vértes Gebirge (*Kern.* ZBV.
VII. 262, 264) und im östl. Banat (*Heuff.* 123).

* G. carpatica *Kit.* in *Schult.* I. 443. Auf den Karpaten.

2. SWERTIA L.

1. S. perennis *L.* Auf sumpfigen Wiesen und an quelligen Stellen der Voralpen bis in die Krummholzregion. Im Thale Vratna bei Těrhova im Com. Trencsin (*Rowl.* PV. III. 1. SB. 23), auf dem Rozsudec (*Stur* ÖBZ. IX. 25), dem Choč, der Rackova, dem Czerwoný Wirch, dem Grossen Křivan und im Völkgrund der Hohen Tatra, auf dem Skopa-Pass, der Leiten, Nesselblösse und im Drechselhäuschen der östl. Tatra, auf der Ohniště und dem Dumbier der Liptau-Sohler Alpen (*Wahlb.* 72, *Grzey.* ÖBW. III. 258, *RK.* 61, *Szont.* ÖBZ. XIV. 277, 279, 281, *Roch.* MS. I. 99, 139), auf der Dscameanie, dem Galac und Stol der Rodnaer Alpen (*Baumy.* I. 190).

2. S. punctata *Baumy.* I. 190. An feuchten felsigen Stellen der Alpen. Auf der Dscameanie der Rodnaer Alpen (*Baumy.* I. c.), auf der Biharia (*Kern.* Exs.), der Gropa Bistri am Sarko des Banats (*Heuff.* 123).

3. ERYTHRAEA Rich.

1. E. Centaurium *Pers.* Auf Wiesen, in Holzschlägen, offenen Waldstellen hügliger und gebirgiger Gegenden.

2. E. linarifolia *Pers.* E. compressa *Sadl.* Pest. ed. I. 1. 168. Chironia uliginosa *WK.* lc. III. t. 259. In Sümpfen, Gruben, auf feuchten Triften niedriger Gegenden. Im Marchthale (*Krz.* PV. II. 1. 74), am Neusiedler See (*N.*), im südl. Com. Komorn (*Hillebr.* ÖBZ. VIII. 298), im nördl. Com. Gran (*Feicht.* Ad. 275), gemein im Pester Com. (*Sadl.* 98), im Banat (*Heuff.* 123) und wohl auf den meisten Wiesenmooren des Tieflandes. An der Donau und auf Salzboden der Slovakei (*Reuss* 292)? fehlt in *Hazsl.* ÉM. 200.

8. E. pulchella *Fries.* E. albiflora *Kit.* Add. 127 dem Citate E. inaperta nach (*DC.* Prodr. IX. 57)? An überschwemmten Stellen, in Gruben, auf feuchten Triften. Die Var. E. emarginata *WK.* lc. III. t. 275 im Hanság (*Wierzb.* Mos.), in den Com. Pest und Csongrád, in Kumanien, im Banat (*WK.* l. c. 305).

4. CHLORA L.

1. Ch. perfoliata *L.* Durch ganz Ungarn (*Schult.* I. 597), allein ich finde sie nur bei Szerdahely auf der Grossen Schütt (*Schill.* ÖBZ. XIV. 386) und an sumpfigen Stellen zwischen Csenke und Muzsla, dann in Gräben der Eisenbahn bei Nána im Com. Gran angegeben (*Feicht.* Ad. 276). Am Neusiedler See (*Doll.* Aust. 87) habe ich sie oft, aber vergeblich gesucht.

2. Ch. serotina *Koch.* Ch. acuminata *Koch* et *Ziz.* Ch. perfoliata *Sadl.* 166, nicht *L.* Var. der Ch. perfoliata *L.* nach *Gris.* in *DC.* Prodr. IX. 69, wohl das richtige. Auf feuchten Wiesen. Auf der Kapitelwiese gegenüber von Presburg (*Bolla* PV. I. 11), bei Hécse (*Ebenk.* PV. V. 59) und Sz. Iván im Com. Raab (*Widersp.* Exs.), am Rákos zwischen Pest und Palota (*Reichb.* Germ. 421 et 865, *Bayer* ÖBZ. XIII. 46).

5. **MENYANTHES** L.

1. M. trifoliata *L.* In Sümpfen, Wassergräben niedriger und gebirgiger Gegenden. In den Com. Presburg (*Endl.* 271, *Korah.* PV. III. 2. 33, *Horv.* 25), Neutra (*Krz.* PV. II. 1. 74, *Lol.* PV. IV. 76, *Schill.* ÖBZ. XIV. 51), Bars (*Kn.* ÖBZ. XIV. 115), Sohl (*NS.* 13), Turóc (*Roch.* MS. I. 255), Trencsin (*Kikó* 19, *Kn.* ÖBZ. XIV. 344), Arva (*Vitk.* ZBG. XIII. 1072, *Hazsl.* ÉM. 200), Liptau, Zips, Abauj (*Kit.* Add. 127, *Walth.* 56), Gömör (*Reuss* 287) und Sáros (*Hazsl.* Sár. 222); ferner im Hanság (*Wierzb.* Mos.), am Plattensee (*Sigm.* 47), in den Com. Stuhlweissenburg (*PM.* It. 11), Pest (*Sadl.* 99), Somogy und Baranya (*Kit.* Bar.), in Sirmien (*Rumy* 53), im Banat (*Heuff.* 122).

6. **LIMNANTHEMUM** Gmel.

1. L. nymphoides *Link.* Villarsia nymphoides *Vent.* In stehenden und langsam fliessenden Wassern. In der March bei Magyarfalva im Com. Presburg (*Matz*), häufig im nördl. Com. Gran (*Feicht.* Ad. 276) und auf den Ebenen der Com. Pest (*Sadl.* 99) und Heves, bei Jász-Berény in Jazygien, bei Miskolc, Debrecin (*RK.* 37, 113, *Kit.* Ber.) und Mező-Keresztes im Com. Bihar (*Janka* ÖBZ. XIV. 320), bei Szenna im Com. Ung (*Hazsl.* Exs.); ferner im Hanság (*Wierzb.* Mos.), bei Patona im Com. Raab (*Ebenh.* PV. V. 59), im südl. Com. Komorn (*Hiller.* ÖBZ. VIII. 298), am Plattensee bei Szigliget im Com. Zala (*Sigm.* 47) und bei Berény im Com. Somogy, auf der Murinsel, in den Drausümpfen des Com. Baranya, bei Paks im Com. Tolna (*Kit.* Bar. et Slav.), bei Vukovár im Com. Sirmien (*Kan.* Slav.), Futak im Com. Bács (*Schnell.* PV. III. 1. 14), bei Peterwardein, auf der Kriegsinsel bei Semlin (*RK.* 74), bei Boros-Jenö im Com. Arad (*Heuff.* Bot. Zeit. 1863 p. 45), im Banat (*Heuff.* 122).

LIII. LABIATAE.

1. OCIMUM L.

1. O. Basilicum *L.* Wird nur in Hausgärten, besonders von den Romanen im Banat gebaut (*Heuff.* 137).

2. LAVANDULA L.

1. L. vera *DC.* Wird in Haus- und Weingärten gebaut.

3. MENTHA L.

1. M. silvestris *L.* M. velutina *Lej.* In Gräben, Sümpfen, an Ufern. M. viridis der Aut. scheint nur deren kahle Gartenform zu sein, kömmt aber manchmal verwildert vor.

2. M. piperita *L.* und deren Var. M. érispa *L.* werden in Haus- und Weingärten gezogen, kommen auch verwildert vor. Unter M. piperita *Heuff.* 138 in Gräben und an feuchten Stellen des Com. Krassó ist vielleicht **M. aquatico-silvestris** *Meyer* mitbegriffen. *Reuss* gibt diesen Bastard auch in der Slovakei an (Slov. 326).

3. M. aquatica *L.* M. hirsuta *L.* In Sümpfen, Gräben, an Ufern.

4. M. arvensis *Benth.* M. sativa der Aut. M. austriaca *Jacq.* M. gracilis, reversa et pilosa *Roch.* Linn. 1838 p. 587—90. Auf feuchten Aeckern, an Ufern, sumpfigen Stellen. Eine kahle Var. (M. gentilis vieler Aut.) wird in Hausgärten kultivirt.

M. silvestri-arvensis (M. Skofitziana) *Kern.* ÖBZ. XIII. 385. An sumpfigen Stellen des Berges Chiciora bei Butyin im Com. Arad.

5. M. Pulegium *L.* In Sümpfen, Gruben, an überschwemmten Stellen.

4. LYCOPUS L.

1. L. europaeus *L.* An Ufern, in Gräben, Sümpfen.

2. L. exaltatus *L.* fil. An Zäunen, in Gräben, Sümpfen. Zerstreut im nördl. Gebiete bei Presburg (*Bolla* PV. I. 11), im Com. Neutra stellenweise, bei Schemnitz (*Kn.* ZBG. XV. 134, ÖBZ. XIV. 115), Miskolc und Teplic im Com. Borsod (*Reuss* 328), Csap im Com. Ung (*Hazsl.* PV. III. 1. SB. 7), Egyek im Com. Szabolcs (*RK.* 37), Erdöd und Nagy-Bánya im Com. Szatmár (*Kit.* Pest. Mus.); weit mehr verbreitet im mittleren und südlichen Gebiete in den Com. Wieselburg (*N.*), Eisenburg (*Pol.* 13), Gran (*Feicht.* Ad. 276), Pest (*Sadl.* 10), Zala, Somogy, Baranya, Sirmien (*RK.* 113, *Kit.* Bar.), Verovitic, Požega und in der Broder Milit. Gr. (*RK.* 74), bei Csaba im Com. Békés (*RK.* 87), im Banat häufiger als L. europaeus (*Heuff.* 138).

5. SALVIA L.

1. S. officinalis *L.* Wird in Haus- und Weingärten kultivirt und kömmt manchmal verwildert vor.

2. S. glutinosa *L.* In Berg- und Voralpenwäldern. ·

S. Uorminum *L.* In Sirmien (*Rumy* 53)?

3. S. Aethiopis *L.* S. patula *Hillebr.* ZBV. VII. 40, nicht *Desf.* nach den von *Maly* Hortul. am Originalstandorte gemachten Beobachtungen. Auf Sandplätzen, an Rainen, wüsten Stellen. Bei Presburg (*Endl.* 235), im Com. Trencsin (*Kikó* 19), auf der Matra (*Reuss* 329), häufiger in den Com. Wieselburg (*N.*), Raab (*Kn.* ÖBZ. XIV. 241), Komorn, Gran (*Kit.* Sopr., *Feicht.* Ad. 276), Veszprim, Zala, Tolna und Stuhlweissenburg (*Hillebr.* ZBV. VII. 40, 41, *RK.* 113, *Kit.* Bar. et Slav.), auf dem Pilis-Vértes Gebirge und den Ebenen des Pester Com. (*Sadl.* 11, *Kern.* ZBV. VII. 271), bei Fünfkirchen (*Nendtv.* ZBG. XIII. 568), in Sirmien (*Rumy* 53, *RK.* 74), in der westl. Banat. Milit. Gr. (*Heuff.* 138).

4. S. Sclarea *L.* Auf Wiesen bei Szemere im Com. Raab (*Ebenh.* PV. V. 62), im Stadtwäldchen bei Pest (*Bayer* ÖBZ. XIII. 46), bei Magyar

Üreg nächst Fünfkirchen, auf dem Schlossberg von Vučin im Com. Verovitic (*RK.* 6, 74). Ob überall wirklich wild, möchte ich bezweifeln. Vergl. auch *Reichb.* Ic. XXVIII. 28.

5. S. austriaca *Jacq.* Auf Wiesen, Grassteppen, an buschigen Stellen niedriger und hügliger Gegenden, aber nicht im karpat. Hochlande.

6. S. nutans *L.* Auf Weiden zwischen Abony, Kecskemét und Csongrád (*Sadl.* 11, *RK.* 87), auf Wiesen der Com. Békés und Bács (*WK.* Ic. I. 64).

7. S. pratensis *L.* Auf Wiesen, an Rainen, selten in Slavonien (*Kit.* Slav.). S. variegata *WK.* in *Willd.* Berol. I. 36 im Com. Bács (*Schult.* I. 37) ist eine Form mit bunten Blumen.

8. S. silvestris *L.* S. nemorosa *L.* S. elata *Host* Austr. I. 24. Auf Wiesen, buschigen Plätzen.

9. S. amplexicaulis *Reichb.* Germ. 860 (ob auch *Lam.?*) Auf Wiesen bei den Herculesbädern (*Heuf.* 139). Nach *Gris.* It. 328 Var. der vorigen. S. clandestina *L.* Bei Wolfs am Neusiedler See (*Szont.* ZBG. XIV. 484 nach *Deccard*). Gewiss nicht, eine Pflanze der Mittelmeerflora.

10. S. verticillata *L.* Auf Grasplätzen, Aeckern, an Rainen.

6. ORIGANUM L.

1. O. vulgare *L.* O. heracleoticum *Host.* An buschigen Stellen hügliger und gebirgiger Gegenden bis in die Voralpenregion.

2. O. Majorana *L.* Wird in Gärten und auf Feldern gebaut, z. B. bei Neusiedel am See (*N.*).

7. THYMUS L.

1. Th. vulgaris *L.* Wird gebaut und kömmt im südl. Gebiete beinahe verwildert vor.

2. Th. Serpyllum *L.* Th. lanuginosus *Mill.* Th. pannonicus *All.* Th. angustifolius *Pers.* Th. nummularius *MB.* Th. Marschallianus *Willd.* Th. glabrescens *Willd.* Baumz. 507. Th. montanus *WK.* Ic. I. t. 71. Th. pulegioides et rigidus *Reichb.* in *Lang* En. 3, Germ. p. 313 n. 2120. Th. comosus *Heuff.* in *Gris.* It. 328. Th. hirsutissimus *RK.* 113. Th. recurvatus *Kit.* Add. 127? Vergebens wird man sich bemühen, nur einigermassen haltbare Unterschiede zwischen diesen sogenannten Arten aufzufinden, selbst Th. acicularis *WK.* Ic. II. t. 147 auf dem Domugled scheint mir nur eine sehr schmalblätterige Var. zu sein. Auf Hügeln, Grasplätzen, an Rainen niedriger und gebirgiger Gegenden bis in die untere Alpenregion.

8. SATUREJA L.

1. S. hortensis *L.* Wird gebaut und kömmt im südl. Gebiete beinahe verwildert vor.

2. S. montana *L.* S. Kitaibelii *Wierzb.* in *Reichb.* Exs. n. 2514. An felsigen Stellen bei Saska im südlichsten Com. Krassó und auf dem Bergzug an der Donau in der banat. Milit. Gr. (*Heuff.* 155). Bei Szemere im Com. Raab (*Ebenh.* PV. V. 62) ebenso wenig als bei Pokorágy im Com. Gömör (*Fábry* II. 5). S. rupestris *Wulf.* (Calamintha thymifolia *Reichb.*). Am Fuss des Grossen Křivan der Centralkarpaten (*Hacq.* IV. 168), offenbar irrig. Auf Kalkfelsen im südl. Ungarn (*WK.* I. p. XXIX., *Kit.* in *Schult.* II. 160)? In Croatien kömmt sie allerdings vor (Syll. cr. 80), im Banat wird sie zwar von *Rochel* auf *Kitaibel*'s Autorität angegeben (Ban. 26, Reise 77 mit ?), allein *Heuffel* erwähnt ihrer nicht. Die croat. Melissa alba *WK.* Ic. III. t. 205 ist von S. rupestris *Wulf.* nicht verschieden, allein die in *Roch.* Ban. 26 und Reise 64 aufgeführte Var. der Melissa alba gehört zu Calamintha Pulegium *Reichb.* (*Roch.* Ban. p. 62 n. LII am Schluss).

9. HYSSOPUS L.

1. H. officinalis *L.* Wird in Bauerngärten und auf Friedhöfen kultivirt und kömmt im Kies der Bäche und an steinigen buschigen Stellen nicht selten verwildert vor.

10. CALAMINTHA Mönch.

1. C. Pulegium *Reichb.* fil. Ic. XXVII. p. 45. C. origanifolia *Host* Aust. II. 130. Melissa subnuda *WK.* Ic. III. t. 262. M. Pulegium *Roch.* Ban. p. 62 t. 22. Micromeria Pulegium *Benth.* An steinigen Stellen bei Toplec und den Herculesbädern der roman. banat. Milit. Gr. (*Roch.* l. c.)

2. C. officinalis *Hausm.* Tir. 680. C. Nepeta *Clairv.* C. silvatica *Bromf.* In Wäldern, an Weingartenrändern, an buschigen Stellen. Auf dem Leithagebirge bei Eisenstadt (*Niessl* ÖBW. VI. 394), häufig in den Com. Zala, Somogy und Baranya (*Kit.* Bar. et Slav.), auf dem Pilis-Vértes Gebirge und dem Nagyszál (*Kern.* ZBV. VII. 269, ÖBW. VII. 399), nördlich von Parád im Com. Heves (*RK.* 125) durch das Com. Borsod (*Reuss* 332) bis Szikszó und Forró im Com. Abauj (*Hazsl.* ÉM. 197), dann bei Bačindol im Com. Požega (*Kit.* Slav.), in Sirmien (*Rumy* 53), im Banat (*Heuff.* 141). Auf dem Ostřiž bei Březova im Com. Neutra (*Slob.* Lot. 1861 p. 251)? im Com. Arva (*Szont.* ZBG. XIII. 1073)?

C. grandiflora *Mönch.* In Alpenthälern von Ungarn (*Reichb.* Germ. 329). Wahrscheinlich ist damit Croatien gemeint, wo diese Art auch vorkömmt (Syll. cr. 81).

3. C. Acinos *Clairv.* Acinos villosus *Pers.* Auf Aeckern, buschigen Hügeln. A. aestivalis *Kit.* Add. 128 auf dem Blocksberg bei Ofen scheint hiervon als Art nicht verschieden zu sein.

4. C. rotundifolia *Benth.*, nicht *Host.* C. patavina *Host* Austr. II. 133, wenigstens was die ungar. Pflanze betrifft. Thymus patavinus

21 *

Roch. Ban. 3, 27, Reise 83. Th. rotundifolius *Roch.* Reise 3, 83. Acinos rotundifolius *Pers.* Auf Kalkfelsen bei Rovně im Com. Trencsin (*Roch.* in *Reichb.* Germ. 327)? im Thale der Schwarzen Körös bei Belényes im Com. Bihar (*Kern.* ÖBZ. XIII. 384), bei den Herculesbädern und auf den Bergzügen au der Donau in der Banat. Milit. Gr. (*Heuff.* 141). Eine Art von zweifelhaftem Werthe.

5. C. alpina *Lam.* Auf Kalkfelsen und im Kalkschutt der Berg- und Voralpenregion in den Com. Neutra (*Kn.* ZBG. XV. 135), Trencsin (*Roch.* Pest. Mus., *Üchtr.* ÖBW. VII. 377), Turóc, Arva, Liptau, Sohl, Gömör und Zips (*Wahlb.* 183, *Reuss* 332, *RK.* 62, *Szont.* ZBG. XIII. 1073, *Kit.* Arv., *NS.* 15), dann auf den Arader und Banater Alpen (*Kéry* 21, *Heuff.* 141). Bei Ödenburg (*Szont.* ZBG. XIV. 184 nach *Deccard*)?

6. C. Clinopodium *Spenn.* An buschigen Stellen, an Rainen, Waldrändern bis in die Voralpenregion (*Wahlb.* 181).

C. graveoleus *Benth.* (Thymus graveolens *MB.*) wächst nach *Baumg.* II. 183 auf dem Vulkan im unteren Weissenburger Com. in Siebenbürgen. Allein da der Vulkan auch an der nordöstlichen Grenze des ungar. Com. Zaránd liegt, so kömmt diese Art wahrscheinlich auf der ungar. Seite dieses Berges ebenfalls vor.

11. MELISSA L.

1. M. officinalis *L.* An steinigen, waldigen oder buschigen Stellen hügliger Gegenden. In den Com. Baranya, Verovitie, Požega (*Kit.* Bar. et Slav.), Sirmien (*Schnell.* PV. III. 1. 16, *Panč.* Sirm.) und im Banat (*Heuff.* 142) häufig und vielleicht wirklich wild, in den nördlichen Com. nur verwildert, bei Zazriva im Com. Arva (*Szont.* ZBG. XIII. 1073) wohl der nördlichste Standort. In Hausgärten wird sie überall, bei Sassin im Com. Neutra im Grossen gebaut (*Krz.* PV. II. 1. 83).

12. PRUNELLA L.

1. P. vulgaris *L.* P. laciniata *L.* P. alba *Pall.* Auf Wiesen, in Wäldern, an buschigen Stellen.

2. P. grandiflora *Jacq.* Auf Wiesen, Hügeln.

13. SCUTELLARIA L.

1. S. galericulata *L.* In Auen, feuchten Gebüschen.

2. S. hastifolia *L.* In Gräben, auf nassen Wiesen, an sumpfigen Stellen.

S. minor *L.* In Sümpfen der Donau-Inseln Mühlau und Pötschen (*Endl.* 239), im östl. Com. Arad (*Kéry* 21), auch in *Baumg.* II. 189 wird sie an der Maros in Siebenbürgen angegeben. Eine oft verkannte Pflanze.

3. S. altissima *L.* S. peregrina *WK.* Ic. II. t. 125, nicht *L.* S. commutata *Guss.* In Wäldern, Vorhölzern, auf buschigen Hügeln. Auf dem Királyhegy bei Mád im Com. Zemplin (*Kit.* Ber.), auf der

Matra, bei Erlau, Waizen (*Reuss* 343), Ofen, Kovácsi (*Sadl.* 258), auf dem Papod bei Ratót im Com. Veszprim (*Kit.* Bar.), Fünfkirchen (*Nendtv.* 31), Peterwardein (*WK.* l. c. 133), Velika im Com. Požega (*PM.* It. 82), im östl. Com. Arad (*Kéry* 21), bei den Herculesbädern, im Almasthale und auf dem Bergzuge an der Donau in der östl. Banat. Milit. Gr. (*Heuff.* 145). Im Com. Eisenburg (*Pol.* 17)?

4. S. Columnae *All.* S. hirsuta *Kit.* in Catal. hort. pest. In Bergwäldern, Vorhölzern. Häufig auf den Ofner Bergen, besonders auf dem Lindenberge (*Sadl.* 258), bei Csákvár im Com. Stuhlweissenburg (*RK.* 6), Čerević im Com. Sirmien (*Schnell.* PV. IV. 82), an der Donau in der östl. Banat. Milit. Gr. (*Heuff.* 145). Mit S. altissima *L.* seltener (*Reuss* 343)?

5. S. albida *L.* S. pallida *MB.* In Bergwäldern bei Alt-Orsova der roman. banat. Milit. Gr. (*Haynald* ZBV. VII. SB. 123, *Heuff.* Ban. 145). S. pallida *Kit.* Add. 128 auf dem Lindenberg bei Ofen ist eine andere nach der Beschreibung nicht auszumittelnde Pflanze.

** S. latifolia *RK.* 6. Auf dem Zengőhegy bei Pécsvár im Com. Baranya.

** S. simplex *Nendtv.* ZBG. XIII. 568. Bei Fünfkirchen.

14. NEPETA L.

1. N. Cataria *L.* An wüsten Stellen, Zäunen, Häusern, Rainen, schwerlich wirklich wild, doch kommt sie nach *Hazsl.* ÉM. 196 auf der über 3000′ hohen Kuppe der Šimonka im Com. Sáros vor.

2. N. nuda *L.* N. pannonica *Jacq.* N. violacea der ält. Aut. N. ucranica *Wierzb.* Flora 1845 I. 322, nicht *L.* An Waldrändern, buschigen Stellen, in Vorhölzern durch das ganze Berg- und Hügelland sowohl auf den südl. Abfällen der Karpatenkette als in den Com. am rechten Donau-Ufer bis nach Slavonien und in den Banat.

N. Nepetella *L.* Am Wege von Ung. Altenburg nach St. Peter im Com. Wieselburg (*Hitschm.* ÖBZ. VIII. 222). Entweder zufällig oder verkannt.

15. GLECHOMA L.

1. G. hederacea *L.* G. hirsuta *WK.* Ic. II. t. 119. G. major *Krz.* PV. II. 1. 83 d. i. G. hederacea β. major *Gaud.* Helv. IV. 46. G. lobulatum *Kit.* Add. 130. In Hainen, Wäldern, auf Grasplätzen.

16. DRACOCEPHALUM L.

1. D. austriacum *L.* Auf sandigen grasigen Hügeln. Auf dem Drevenyk bei Wallendorf in der Zips (*Hazsl.* ZBV. II. SB. 110), auf den die Gran, Neutra und Wag begleitenden Hügeln (*Lang* Phys. 313—14)? um Pest gegen Palota und Fót zu (*Sadl.* 257, der in der I. Ausg. 2. 78

angeführte Standort bei Waizen fehlt in der II.), bei Csákvár im Com.
Stuhlweissenburg (*Kit.* Bar.), bei Füred am Plattensee (*Sigm.* 47), bei
Tápé im Com. Tolna (*Hillebr.* ZBV. VII. 40), im östl. Com. Arad (*Kéry* 18).
  2. D. Ruyschiana *L.* An waldigen Stellen im Com. Somogy (*Kit.*
in *Host* Austr. II. 126).

17. MELITTIS L.

  1. M. Melissophyllum *L.* Auf buschigen Hügeln, in Wäldern,
Holzschlägen bis in die Voralpenregion.

18. LAMIUM L.

  1. L. Orvala *L.* Selten zwischen Gebüsch und in Wäldern in dem
an Croatien grenzenden Theile Ungarns (*WK.* Ic. II. 140), also in den
südl. Com. Zala und Somogy, dann bei Székelyhid im Com. Bihar (*Janka*
ÖBZ. XIV. 187).
  2. L. amplexicaule *L.* Auf Aeckern, bebautem Lande.
  3. L. incisum *Willd.* In Weingärten bei Fünfkirchen (*Schult.* I.
149), wenn anders die echte Pflanze gemeint ist.
  4. L. purpureum *L.* An wüsten und bebauten Stellen.
  5. L. maculatum *L.* In Auen, Hainen, an Ufern.
  6. L. inflatum *Heuff.* in *Roch.* Reise 60. *L.* garganicum *Roch.*
Reise 5, 60, nicht *L.* Auf Kalkfelsen bei Krassova und an der Donau im
Banat (*Heuff.* 143).
  7. L. album *L.* An Wegen, Häusern, wüsten Stellen, sehr selten
im Com. Pest (*Sadl.* 251).

19. GALEOBDOLON Huds.

  1. G. luteum *Huds.* In Wäldern, Gebüschen, an Bergbächen bis
in die Voralpenregion.

20. LEONURUS L.

  1. L. Cardiaca *L.* An Häusern, Wegen, wüsten Stellen.
  2. L. Marrubiastrum *L.* Chaiturus Marrubiastrum *Reichb.*
In Sümpfen, an Zäunen, wüsten Stellen.

21. GALEOPSIS L.

  1. G. Ladanum *L.* G. angustifolia *Ehrh.* G. latifolia *Hoffm.*
G. intermedia *Vill.* Auf Aeckern, buschigen Hügeln.
  2. G. ochroleuca *Lam.* G. grandiflora *Roth.* Unter dem Getreide, zwischen Gebüsch, an Zäunen, wüsten Stellen. In der Slovakei
(*Reuss* 338), wo? bei Wag-Neustadtl im Com. Neutra (*Kell.* ÖBZ. XV. 51),
in den Com. Trencsin (*Kikó* 18), Eisenburg (*Pol.* 11) und Pest (*Sadl.* 252),

auf der Apeca in der Marmaros (*Müll.* ZBG. XIII. 558), bei Fünfkirchen (*Nendtv.* ZBG. XIII. 567), im Banat (*Roch.* Reise 54), fehlt jedoch bei *Heuffel.* Die meisten vielleicht aller dieser Standorte dürften unrichtig sein, da G. ochroleuca mehr das westl. und nördl. Europa bewohnt und oft verkannt wird.

3. G. Tetrahit *L.* G. bifida *Bönningh.* Auf Aeckern, in Auen, Vorhölzern.

4. G. pubescens *Bess.* In Dörfern, Vorhölzern, an Rainen.

5. G. versicolor *Curt.* In Wäldern, Holzschlägen.

** G. saligna et G. tuberosa *RK.* 38. Im Walde bei Sz. Mártoni erdő im Com. Szatmár.

22. STACHYS L.

1. S. germanica *L.* S. polystachya *Ten.* S. pannonica *Lang* En. 3 nach *Reichb.* Germ. 319. Auf Wiesen, an buschigen Stellen.

2. S. lanata *Jacq.* In sandigen Wäldern bei Vjata im Com. Stuhlweissenburg und bei Kér im Com. Tolna (*Hillebr.* ZBV. VII. 40). Nach *Kit.* in *Schult.* II. 157 in Ungarn wirklich wild, was mir gleichwohl zweifelhaft zu sein scheint (*DC.* Prodr. XII. 464, *Reichb.* Ic. XXVIII. 6). Bei Theissholz im Com. Gömör (*Reuss* 338)? S. lanata *Nendtv.* 32 bei Fünfkirchen ist S. germanica (*Kern.* ZBG. XIII. 565).

3. S. alpina *L.* In Wäldern der Berg- und Voralpenregion. Durch die ganze nördliche Karpatenkette von Presburg bis in die Marmaros (*Bolla* PV. I. 11, *Krz.* PV. II. 1. 84 und III. 2. SB. 21, *Hazsl.* ÉM. 192, *RK.* 14, 38, *Müll.* ZBG. XIII. 555), dann bei Fünfkirchen (*Nendtv.* 32), auf dem Papuk und den Weinbergen bei Verovitic (*RK.* 74), auf den höheren Bergen des Banats (*Heuff.* 143).

4. S. silvatica *L.* In Hainen, Wäldern, Holzschlägen.

5. S. palustris *L.* In Sümpfen, an feuchten Stellen.

S. palustri-silvatica *Schiede.* S. ambigua *Sm.* Bei Trencsin (*Szont.* ÖBZ. XIV. 274).

6. S. arvensis *L.* Häufig im Com. Arva (*Szont.* ZBG. XIII. 1073), auf Aeckern bei Presburg (*Endl.* 229), Koroncó im Com. Raab (*Ebenh.* PV. V. 62), Fünfkirchen (*Maj.* 12), Grosswardein (*Steff.* ÖBZ. XIV. 179), im Banat (*Kit.* in *Host* Austr. II. 170), fehlt jedoch bei *Rochel* und *Heuffel.* Ueberhaupt kömmt mir das Vorkommen dieser Art in Ungarn sehr zweifelhaft vor.

7. S. annua *L.* Auf Aeckern, bebauten Stellen.

8. S. recta *L.* S. ramosissima *Roch.* Ban. 3. 26. Auf buschigen Hügeln.

S. subcrenata *Vis.* Auf Felsen in Ungarn (*Maly* 180). Wohl nur in der Voraussetzung, dass S. ramosissima *Roch.* synonym mit S. subcrenata sei, was jedoch nicht der Fall ist, da die Pflanze *Rochel*'s Var. der S. recta ist (*Vis.* Dalm. II. 208, *Gris.* It. 330, *Reichb.* Ic. XXVIII. 8).

S. heraclea *All.* „Angeblich in Ungarn" (*Reichb.* Germ. 319)?

23. BETONICA L.

1. B. officinalis *L.* B. Alopecurus *Geners.* 44, nicht *L.*
B. stricta *Ait.* B. nutans *Kit.* in *Schult.* II. 146 et Add. 130. Auf
Wiesen und buschigen Hügeln niedriger und gebirgiger Gegenden, im
Banat auch auf Alpen (*Heuff.* 144).
B. hirsuta *L.* Auf Voralpen in Ungarn (*Lang* in *DC.* Prodr. XII.
460)? Sehr unwahrscheinlich.
B. Alopecurus *L.* Am Fuss des Grossen Křivan (*Hacq.* IV. 168).
Selten auf der Tatra (*Reuss* 340). Beide Angaben ohne Zweifel unrichtig.

24. SIDERITIS L.

1. S. montana *L.* Auf Aeckern, Grassteppen, an steinigen
buschigen Stellen niedriger und hügliger Gegenden, besonders auf Kalk.
Fehlt im karpat. Hochlande.

25. MARRUBIUM L.

1. M. vulgare *L.* Auf Weiden, an Wegen, wüsten Stellen.
2. M. peregrinum *L.* Wie die vorige Art und viel häufiger als diese.
M. peregrino-vulgare *Reichardt* ZBG. XI. 342. M. paniculatum
Desr. M. remotum *Kit.* in *Schult.* II. 161. M. deficiens vel intermedium *RK.* 114. Auf Weiden, an wüsten Stellen. Auf den Schloss-
bergen von Presburg (*Endl.* 226) und Neutra, bei Pereszlény im Com.
Neutra (*M. Üchtr.* Flora 1821 I. 41), im nördl. Com. Gran (*Feicht.* Ad. 276),
zwischen Ujváros und Téglás im Com. Szabolcs (*RK.* 39), zwischen
Grosswardein und Püspöki (*Janka* Exs.); ferner in den Com. Eisenburg
(*Pol.* 14) und Pest (*Sadl.* 242), bei Arács (*RK.* 114), Tapolca und Sümeg
im Com. Zala, bei Gomba im Com. Somogy (*Kit.* Slav.), bei Fünfkirchen
(*Schult.* l. c.), in Sirmien (*Rumy* 54), im Banat (*Heuff.* 144) und zufällig
wohl überall unter den Stammeltern, doch kann es auch leicht mit breit-
blätterigen Formen des M. peregrinum verwechselt werden.

26. BALLOTA L.

1. B. nigra *L.* B. alba *L.* An Zäunen, Wegen, wüsten Stellen.

27. PHLOMIS L.

1. Ph. tuberosa *L.* Auf Weiden, unter dem Getreide, an buschigen
Stellen in den Com. Presburg (*Endl.* 228, *Krz.* PV. II. 1. 85), Neutra
(*Kn.* ZBG. XV. 136), Bars, Hont, Heves, Borsod, Zemplin, Szabolcs und
Szatmár (*RK.* 14, 39, 62, *Reuss* 342, *Kn.* ÖBZ. XIV. 243, XV. 59), bei
Grosswardein (*Steff.* ÖBZ. XIV. 179); ferner in den Com. Wieselburg
(*Host* Syn. 331), Komorn (*Reuss* l. c.) und Gran (*Feicht.* Exs.), auf dem
Pilis-Vértes Gebirge und der Pester Ebene (*Sadl.* 253, *Kern.* ZBV. VII.
265, 271), bei Fünfkirchen (*Maj.* 12). Im Banat (*Roch.* Reise 69), fehlt
jedoch bei *Heuffel*.

28. TEUCRIUM L.

1. T. Botrys *L.* Auf Aeckern, sandigen Flächen, steinigen buschigen Hügeln. Auf den Donau-Inseln bei Presburg (*Endl.* 223), in den Com. Neutra (*Kn.* ZBG. XV. 137) und Trencsin (*Kikó* 19), bei Rima Szombat im Com. Gömör (*Fábry* II. 5); ferner bei Karlburg im Com. Wieselburg (*Wierzb.* Mos.), zwischen Bettelsdorf und Rohrbach im Com. Ödenburg (*Kit.* Sopr.), bei Arács am Plattensee (*RK.* 114), auf dem Pilis-Vértes Gebirge und der Pester Ebene (*Sadl.* 247, *Kern.* ZBV. VII. 362), auf dem Zengöhegy bei Pécsvár im Com. Baranya *RK.* 6), bei Vučin im Com. Verovitic (*Kit.* Slav.), bei Semlin (*Panč.* Sirm.), im östl. Com. Arad (*Kéry* 21), im Banat (*Heuff.* 146 nach *Roch.*).

2. T. Scordium *L.* Scordium lanuginosum *Horv.* 6? Auf nassen Wiesen, in Sümpfen, Gräben niedriger und gebirgiger Gegenden.

3. T. Chamaedrys *L.* An Rainen, steinigen buschigen Stellen.

4. T. montanum *L.* T. supinum *Jacq.* An steinigen Stellen und auf Felsen gebirgiger Gegenden besonders auf Kalk und auf Sandplätzen der Ebene. Durch die ganze nordwestl. Karpatenkette (*Endl.* 224, *Krz.* PV. II. 1. 86, *Kn.* ZBG. XV. 137, *Hazsl.* ÉM. 191); ferner auf dem Leithagebirge (*N.*), bei Ödenburg (*Szont.* ZBG. XIV. 486), Koroncó im Com. Raab (*Ebenh.* PV. V. 62), im südl. Com. Komorn (*Hillebr.* ÖBZ. VIII. 298), in den Com. Pest (*Sadl.* 248), Zala (*Haberl.* ÖBZ. XI. 11, 17, *RK.* 114), Sirmien (*Schnell.* PV. III. 1. 17, *Panč.* Sirm.) und Arad (*Kéry* 21), auf der Biharia (*Kern.* DL. 296), im Banat (*Heuff.* 146). Im Felsenthale Sulov im Com. Trencsin kömmt eine kahle Var. vor (*Szont.* ÖBZ. XIV. 276).

5. T. pannonicum *Kern.* ÖBZ. XIII. 384. An steinigen Stellen im Thale der Schwarzen Körös bei Belényes im Com. Bihar.

T. Scorodonia *L.* In Hainen in Ungarn (*Host* Aust. II. 123)?

29. AJUGA L.

1. A. reptans *L.* Auf Wiesen, an feuchten Stellen.

2. A. genevensis *L.* A. alpina *L.* A. pyramidalis vieler Aut., nicht *L.* A. foliosa *Tratt.* A. rugosa *Host.* Auf Wiesen, in Wäldern, auf buschigen Plätzen.

3. A. pyramidalis *L.* Auf Triften höherer und subalpiner Berge bis in die untere Alpenregion. Mit Sicherheit nur auf den nordwestl. Karpaten in den Com. Trencsin (*Kikó* 17), Arva (*Vitk.* ZBG. XIII. 1074), Sohl (*NS.* 11), Liptau, Zips (*Wahlb.* 175) und Sáros (*Hazsl.* Sár. 223, ÉM. 190). Im Eisenburger Com. (*Pol.* 6)? Alle Standorte niedriger Gegenden wie bei Rima Szombat (*Fábry* II. 5), Neudorf an der March (*Richt.* PV. VII. 101), Koroncó im Com. Raab (*Ebenh.* PV. V. 62), Fünfkirchen (*Nendtv.* 16), in Sirmien (*Rumy* 52) und bei Sz. Márton nächst Grosswardein (*RK.* 87) können sich dagegen nur auf Formen der A. genevensis beziehen.

4. A. Chamaepitys *Schreb.* Auf Aeckern.

5. A. Laxmanni *Benth.* Teucrium Laxmanni *L.* Auf Wiesen, Triften, Hügeln der Com. Pest, Stuhlweissenburg, Veszprim, Zala, Baranya, Tolna, Bács und Sirmien (*WK.* Ic. I. 71, *Hillebr.* ZBV. VII. 40, *RK.* 6, 114, *Nendtv.* ZBG. XIII. 572, *Kit.* Bar. et Slav.), bei Kis-Ujszállás in Gross-Kumanien selten (*Janka* ÖBZ. XIII. 115), auf den Ebenen des Banats, besonders bei Temesvár (*Kanitz*) und Pančova (*Heuff.* 146).

LIV. VERBENACEAE.

1. VERBENA L.

1. V. officinalis *L.* An Wegen, wüsten Stellen.

2. V. supina *L.* An überschwemmten Stellen des Tieflandes. Bei Tokay (*Roch.* in *Host* Aust. II. 180), bei Kis-Ujszállás in Gross-Kumanien (*Janka* ÖBZ. XIII. 115), häufig in den unteren Theissgegenden an beiden Ufern dieses Flusses bis in den Banat, besonders bei Szolnok (*Sadl.* 269, *Heuff.* 147), dann bei Bazias an der Donau (*Heuff.* Exs.).

LV. GLOBULARIEAE.

1. GLOBULARIA L.

1. G. vulgaris *L.* Auf Wiesen, an Rainen, buschigen Stellen hügliger und gebirgiger Gegenden und auf Grassteppen des Tieflandes, aber nicht im karpatischen Hochlande.

2. G. cordifolia *L.* Auf sonnigen Hügeln, Kalkfelsen. Auf dem Geissberg des Leithagebirges bei Bruck (*Prant.* in *Wierzb.* Mos.), im Com. Trencsin (*Kikó* 18), bei Altgebirg und auf dem Šturec im Com. Sohl (*NS.* 17). Auch *Clusius* sagt: „Nascitur in omnibus Pannoniae et Austriae montibus glabris et asperis" (Stirp. Pann. 541, Hist. p. V), worunter er nur die ungar. Grenzcomitate verstehen konnte, da er nicht weiter kam. Allein in den Specialfloren von Neutra, Presburg und Eisenburg kömmt sie nicht vor und auf dem Leithagebirge sah ich sie auch nicht. G. nudicaulis *L.* Auf Felsen der Kalkalpen in Ungarn (*Reichb.* Germ. 364)?

LVI. ASPERIFOLIAE.

1. HELIOTROPIUM L.

1. H. europaeum *L.* Auf Aeckern, Grasplätzen, an Rainen niedriger Gegenden in den Com. Presburg (*Endl.* 247), Neutra (*Kn.* ZBG. XV. 137), Bars (*Kn.* ÖBZ. XIV. 106, 117), Trencsin (*Kikó* 18), Arva (*Szont.* ZBG. XIII. 1074), Borsod (*Reuss* 294), Heves (*Kit.* Add. 131), Szabolcs und Bihar (*RK.* 39, *Steff.* ÖBZ. XIV. 179); gemein und oft massenhaft im Hügellande am rechten Donau-Ufer bis in die slavonische Milit. Gr. (*Kit.* Bar. et Slav.), auch in der unteren Donau- und Theiss-

Gegend (*Schnell.* PV. III. 1. 14, *Mayr* ZBV. VI. 177), im östl. Com. Arad
(*Kéry* 18) und im Banat (*Heuff.* 124).

2. H. supinum *L.* An sandigen Stellen. Häufig bei Kis-Ujszállás
in Gross-Kumanien (*Janka* ÖBZ. XIII. 115), im Donauthale zwischen
Bazias und Svinica der serbisch-banat. Milit. Gr. (*Heuff.* 124). II. supinum *Horv.* 2? bei Tirnau ist nach *Rochel*'s handschriftlicher Bemerkung
= H. europaeum *L.*

2. CERINTHE L.

1. C. minor *L.* Auf Triften, Aeckern, an Rainen.
2. C. alpina *Kit.* in *Schult.* I. 353 et Add. 335. C. quinquema-
culata *Wahlb.* 50. Unter Krummholz im Alpenthale Drechselhäuschen
der östl. Tatra (*Wahlb.* l. c.).
C. major *L.* Im südl. Ungarn (*Schult.* I. 353). Wahrscheinlich ist
damit die am croat. Litorale vorkommende C. aspera *Roth* gemeint
(Syll. cr. 83).

3. ONOSMA L.

1. O. echioides *Jacq.* Auf Felsen und an steinigen buschigen
Stellen, besonders auf Kalk. Auf dem Thebner Kogel, auf den südlichen
Gehängen der Kleinen Karpaten bei St. Georgen (*Endl.* 242), Cjfer,
Tirnau und Suha (*Krz.* PV. II. 1. 76), auf Hügeln bei Darázs nächst
Neutra (*Kn.* PV. VII. 159), auf dem Szoroskö bei Hárskút im Com.
Torna (*Hazsl.* ÉM. 189), bei Miskolc (*Reuss* 299); ferner von Tihany am
Plattensee über Palota (*Kit.* Bar.) und Gánt (*Hillebr.* ZBV. VII. 40), auf
das Pilis-Vértes Gebirge und den Nagyszál bei Waizen (*Kern.* ZBV.
VII. 261, ÖBW. VII. 400), bei Fünfkirchen (*Nendtv.* 27) und auf dem
Harsányhegy im Com. Baranya (*Kit.* Bar.), im östl. Com. Arad (*Kéry*
20). Auf Hügeln im Banat (*Heuff.* 126 nach *Roch.*), allein dem Stand-
orte nach in *Roch.* Reise p. 2 zu schliessen (Sandhügel der westl. Banat.
Milit. Gr.) ist damit wohl O. arenarium gemeint. Ebenso scheinen die
Standorte bei Csenke im Com. Gran (*Feicht.* Ad. 277), bei Tokai, Debrecin
und an verschiedenen Stellen im Com. Szabolcs (*RK.* 1796 p. 39), dann
bei Duna-Pentele, Aba und Puszta Szabolcs im Com. Stuhlweissenburg
(*Kit.* Bar. 1799 et Slav. 1808), vielleicht auch in Sirmien (*Rumy* 53)
sich richtiger auf O. arenarium, welches *Kitaibel* erst 1812 aufstellte,
zu beziehen.

2. O. arenarium *WK.* Ic. III. t. 279. O. echioides β. arenarium *Sadl.* 89. An sandigen Stellen niedriger und hügliger Gegenden.
Im Föhrenwalde zwischen Sassin und Senic im Marchthale (*Krz.* PV. II.
1. 76), auf dem Leithagebirge, am Neusiedler See (*N.*), bei Ödenburg
(*Szont.* ÖBZ. XIV. 486), in den Com. Raab (*Ebenh.* PV. V. 60, *Wierzb.*
Mos.), Komorn (*Hillebr.* ÖBZ. VIII. 298, 299) und Gran (*Feicht.* Exs.),
am westl. Ufer des Plattensees (*Hillebr.* ZBV. VII. 40), auf den Ebenen
des Pester Com. (*Sadl.* l. c.), am Fuss der Matra (*Reuss* 299) und der
Hegyallja (*Pawl.* PV. I. 28, *Hazsl.* ÉM. 189), ferner in Sirmien (*Rumy*

22 *

53), namentlich bei Semlin (*Panč*. Exs.), in der westl. Banat. Milit. Gr. (*Heuff*. 126) und wahrscheinlich überall auf Sandhügeln des Tieflandes. (Vergl. auch O. echioides).

3. O. stellulatum *WK*. Ic. II. t. 173. O. montanum *Lang* En. 2. An felsigen gebirgigen Stellen. Bei Torua (*Hazsl*. ÉM. 189), auf dem Harsányhegy im Com. Baranya (*Nendtv*. ZBG. XIII. 571), im Donauthale der südlichsten Banat. Milit. Gr. bei Bazias, Svinica und Tissovica (*Roch*. Reise 3, *Heuff*. 127). O. tuberculata *Kit*. in *Roch*. Ban. 26 et Add. 132 auf der Hegyallja und im Banat scheint dasselbe zu sein.

** O. echinatum *Roch*. Reise 66, nicht *Desf*. Im Banat.

4. ECHIUM L.

1. E. vulgare *L*. E. Schifferi *Lang* Syll. II. p. 218 t. 1. E. Wierzbickii *Hab*. in *Reichb*. Germ. 336. Auf Wiesen, Sandplätzen, wüsten Stellen.

2. E. italicum *L*. E. altissimum *Jacq*. Aust. V. app. 35. Auf Weiden, an Rainen, sandigen Stellen niedriger und hügliger Gegenden von den südlichen Rändern der Karpatenkette bis nach Slavonien und in den Banat.

3. E. rubrum *Jacq*. Aust. V. app. 27. E. creticum *Horv*. 24 nach *Jacq*. nicht *L*. Auf Weiden, buschigen Plätzen, an sandigen grasigen Stellen niedriger und hügliger Gegenden auf gleiche Weise wie die vorige Art verbreitet.

E. violaceum. Seltener in Oesterreich unter E. vulgare, häufiger in Ungarn (*Schult*. l. 355)? offenbar irgend eine Form des E. vulgare. Wohin E. violaceum bei Fünfkirchen (*Nendtv*. 21) und im Com. Arad (*Kéry* 18) gehöre, weiss ich nicht, denn E. violaceum *L*. ist eine zweifelhafte Art und E. violaceum *Koch*. (Var. des E. plantagineum *L*.) eine Pflanze des adriatischen Litorale.

5. PULMONARIA L.

1. P. officinalis *L*. In Auen, Vorhölzern, Bergwäldern, bis in die Voralpenregion.

2. P. saccharata *Mill*. In Wäldern bei dem Felix- und Bischofsbade nächst Grosswardein (*Janka* ÖBZ. XIII. 115), dann bei Oravica im Com. Krassó (*Heuff*. 127).

3. P. rubra *Schott* Bot. Zeit. 1851 p. 395. In Berg- und Voralpenwäldern der Biharia (*Kern*. Exs.) und des Banats (*Heuff*. 127).

4. P. angustifolia *L*. P. tuberosa *Schrank*. P. azurea *Bess*. Auf Wiesen, in Vorhölzern, Wäldern niedriger und gebirgiger Gegenden. Durch die ganze nordwestl. Karpatenkette von Presburg bis in das Com. Sáros (*Endl*. 242, *Krz*. PV. II. 1. 77, *Kn*. ZBG. XV. 138, *NS*. 10, *Hazsl*. ÉM. 188), dann auf der Trojaga in der Marmaros (*Alth* Exs.): ferner in den Donau-Auen bei Ung. Altenburg (*Vuczl*) und Nána im Com. Gran (*Feicht*. Ad. 277), in den Wäldern bei Ödenburg (*Szont*. ZBG. XIV. 486), im Eisenburger Com. (*Pol.* 16), im Walde Bakony, auf dem Pilis-Vértes Gebirge und dem Nagyszál bei Waizen (*Kern.* ZBV. VI. 380, VII. 265 und 267, ÖBW. VII. 391), bei Fünfkirchen (*Nendtv.* 29), in Sirmien (*Rumy* 53), bei Grosswardein (*Steff.* ÖBZ. XIV. 179), im östl. Com. Arad (*Kéry* 20), im Banat (*Heuff.* 127).

β. **mollis** (P. mollis *Wolff*). An buschigen waldigen Stellen. Bei Presburg, bei Skalic und am Fuss der Javořina im Com. Neutra (*Hol.* PV. I. 17, III. 1. 63, VII. 88), bei Schemnitz (*Kn.* ÖBZ. XIV. 113), Kaschau (*Pawl.* PV. I. 26), im Langenwalde bei Kesmark (*Aschers.* Brandenb. Ver. VI. 154), im Com. Sáros (*Hazsl.* Sár. 222); ferner auf den Ofner Bergen (*Sadl.* 89), bei Vajta im Com. Stuhlweissenburg, Kér im Com. Tolna (*Hillebr.* ZBV. VII. 40), Futak im Com. Bács (*Schnell.* PV. III. 1. 14), an der Pece bei Grosswardein (*Steff.* ÖBZ. XIV. 179), im Banat (*Heuff.* 127); vorausgesetzt, dass diesen Angaben auch richtige Bestimmungen zu Grunde liegen, was ich theilweise bezweifle.

6. LITHOSPERMUM L.

1. L. arvense *L.* Auf Aeckern, Grasplätzen.

2. L. officinale *L.* In Auen, Vorhölzern, an steinigen buschigen Stellen.

3. L. purpureo-coeruleum *L.* An steinigen buschigen Stellen, an Weingartenrändern hügliger und gebirgiger Gegenden.

L. apulum *Vahl.* Auf einer aufgerissenen Hutweide bei Szöny im Com. Komorn (*Hillebr.* Exs.), dann bei Dura im Com. Hont (*Portschl.* Pest. Mus., doch konnte ich diesen Ort nicht finden, wahrscheinlich Túr). Eine Pflanze der Mittelmeer-Flora (*DC.* Prodr. X. 75), auf den angegebenen Standorten also nur zufällig.

L. petraeum *DC.* Auf Felsen an der Donau im Eisernenthor-Passe unterhalb Alt-Orsova (*Heuf.* 128), also schon in der Wallachei.

L. tenuiflorum *RK.* 39 bei Tokay? Die echte Pflanze dieses Namens (*L.* fil.) bewohnt den Orient (*DC.* Prodr. X. 75).

7. NONEA Med.

1. N. pulla *DC.* Auf grasigen Hügeln, an Rainen.

8. ANCHUSA L.

1. A. officinalis *L.* A. angustifolia et leptophylla der Aut. sind schmalblätterige Formen. Auf sandigen grasigen Plätzen, an wüsten Stellen.

2. A. italica *Retz.* Auf Grasplätzen, Triften, an Wegen am südlichen Rand der Karpatenkette und im Hügellande am rechten Donau-Ufer bis nach Slavonien und in den Banat.

3. A. ochroleuca *MB.* Auf Weiden und sandigen Aeckern bei Nagy-Körös im Pester Com. (*Kan.* ZBG. XII. 209), auf Hügeln in

Sirmien (*Kit.* in *Schult.* I. 365), in der deutsch- und serbisch-banat. Milit. Gr. (*Heuff.* 125).

4. A. Barrelieri *DC.* Myosotis ohtusa *WK.* Ic. I. t. 100. Auf buschigen grasigen Plätzen niedriger und hügliger Gegenden. Am Fuss des Bükhegy selten (*Reuss* 297), auf dem Nagyszál bei Waizen (*Sadl.* 93, 499), im Walde Hodos bei Komárom im Com. Veszprim (*Kit.* Add. 134), bei Mányok und Várallja im Com. Tolna (*Kit.* Slav.), bei Fünf-kirchen (*Nendtv.* 17), im Walde Vizić (*Schnell.* PV. IV. 82), bei Beočin (*Kit.* Add. 134), Karlovic, Maradik (*RK.* 75) und Semlin in Sirmien (*Panč.* Sirm.), bei Palanka im Com. Bács (*WK.* l. c. 104), im Banat (*Heuff.* 125).

5. A. arvensis *MB.* Auf Aeckern, in Weingärten der Com. Pres-burg, Neutra (*Endl.* 243, *Krz.* PV. II. 1. 76), Trencsin (*Roch.* Pest. Mus.), Arva (*Vitk.* ZBG. XIII. 1074), Liptau, Zips (*Wahlb.* 51), Sohl (*Kit.* Arv.), Gömör (*Reuss* 298) und Sáros (*Hazsl.* Sár. 222); ferner auf dem Leitha-gebirge (*Niessl* ÖBW. VI. 394), bei Ödenburg (*Szont.* ZBG. XIV. 486), Koroncó im Com. Raab (*Ebenh.* PV. V. 60), bei Pest, Gödöllő (*Sadl.* 93), in Sirmien (*Rumy* 53), sehr selten im Banat (*Heuff.* 126).

* **A. pubescens** *Kit.* in *Roch.* Ban. 26 et Add. 132. Im Banat.

† **A. subrepanda** *Kit.* Add. 133. Im Com. Somogy.

9. ALKANNA Tausch.

1. A. tinctoria *Tausch.* Lithospermum tinctorium *L.* Auf grasigen sandigen Stellen und im Flugsand in den Com. Gran, Pest, Heves und Szabolcs (*Sadl.* 88, *RK.* 14, 39, 62, *Kit.* Sopr., *Feicht.* Ad. 277), dann bei Vajta im Com. Stuhlweissenburg, Kér im Com. Tolna (*Hillebr.* ZBV. VII. 41), Fünfkirchen (*Maj.* 11), in Sirmien (*Rumy* 52), in der westl. Banat. Milit. Gr. (*Heuff.* 128). Bei Rima Szombat (*Fábry* II. 5)? A. lutea *DC.* Prodr. X. 102. Non ea lutea *DC.* Franç. V. 420, nicht *Reichb.* Auf der Kapitelwiese gegenüber von Presburg (*Bolla* PV. I. 11), aber nur Ein Exemplar (*Kornhuber*). dann auf Aeckern bei Bosac im südl. Com. Trencsin (*Ljol.* ÖBZ. XIV. 347), beide Standorte wohl nur zufällig.

10. MYOSOTIS L.

1. M. palustris *Roth.* M. caespitosa *Schultz.* In Sümpfen, an Bächen, auf Wiesen bis in die Alpenregion (*Wahlb.* 47).

2. M. silvatica *Hoffm.* M. alpestris *Schm.*, M. suaveolens *WK.* in *Willd.* Berol. I. 176 und M. montana *Kit.* Add. 134 sind Alpenformen. In Wäldern, auf Wiesen, buschigen Stellen bis in die Alpenregion.

3. M. intermedia *Link.* M. arvensis der meisten Aut. Auf Brachäckern, Stoppelfeldern.

4. M. hispida *Schlechtd.* M. collina *Reichb.* Auf Wiesen, Gras-steppen, buschigen Hügeln.

5. M. stricta *Link.* Mit der vorigen aber seltener.

6. M. versicolor *Schlechtd.* Auf Wiesen, an sandigen Stellen. Auf dem Pilis-Vértes Gebirge (*Kern.* ZBV. VII. 261) und der Pester Ebene

(*Sadl.* 91), bei Fünfkirchen (*Nendtv.* 27). Grosswardein (*Steff.* ÖBZ. XIV. 179), im Banat (*Heuff.* 128). In der Slovakei (*Reuss* 303)? fehlt auch in *Hazsl.* ÉM. 186.

7. M. sparsiflora *Mik.* In Wäldern und feuchten Gebüschen niedriger und gebirgiger Gegenden. In der Bruckau (*Endl.* 246) und bei Blasenstein im Com. Presburg (*Roch.* MS. II. 44), bei Holič, Pištjan (*Krz.* PV. II. 1. 77), Wag-Neustadtl, auf dem Temetvény-Gebirge (*Kell.* ÖBZ. XIV. 285, XV. 51) und auf dem Zobor im Com. Neutra (*Kn.* ZBG. XV. 139), bei Medzihradne im Com. Arva (*Szont.* ZBG. XIII. 1075), bei Neu-Sohl (*NS.* 14), stellenweise in den Com. Zips, Sáros (*Hazsl.* ZBV. II. 4, Sár. 222) und Marmaros (*Wagn.* Exs.), auf dem Bükhegy und der Matra (*Reuss* 302), bei Grosswardein (*Steff.* ÖBZ. XIV. 179); ferner bei Gois (*N.*) und Kaltenstein im Com. Wieselburg (*Wierzb.* Mos.), bei Ödenburg (*Szont.* ZBG. XIV. 486), im Com. Eisenburg (*Pol.* 14), bei Füred am Plattensee (*Sigm.* 47), auf dem Piliser Berge und bei Waizen (*Sadl.* 92), bei Fünfkirchen (*Nendtv.* 27), Futak im Com. Bács (*Schnell.* PV. III. 1. 14), bei Semlin (*Panč.* Sirm.), im Banat (*Heuff.* 128).

M. nana *Kit.* Add. 134. Auf den Sohler Alpen. Ob damit eine Alpenform der M. silvatica oder M. nana *Vill.* (Eritrichium nanum *Schrad.*) gemeint sei, ist nicht ersichtlich, letzteres jedoch sehr unwahrscheinlich.

** **M. baslantba** *Wierzb.* Flora 1842 I. 264 bei Grebenac der serbisch-banat. Milit. Gr.

11. SYMPHYTUM L.

1. S. officinale *L.* An Ufern, feuchten Stellen.

2. S. uliginosum *Kern.* ÖBZ. XIII. 227. Auf Sumpfwiesen bei Pest.

3. S. tuberosum *L.* In Vorhölzern, Auen, Bergwäldern.

4. S. angustifolium *Kern.* ÖBZ. XIII. 227. In Laubwäldern am Fuss des Berges Slanicka bei Csaba im Pester Com. Mit S. tuberosum nahe verwandt.

S. bulbosum *Schimp.* Im östl. Com. Arad (*Kéry* 21). Schwerlich.

5. S. ottomanum *Friv.* An felsigen Stellen zwischen Svinica und Tissovica an der Donau in der südlichsten Spitze der Banat. Milit. Gr. (*Heuff.* 126).

6. S. cordatum *WK.* in *Willd.* Neuen Schrift. der Berl. naturforsch. Fr. II. 1799 p. 121. In schattigen Berg- und Voralpenwäldern. Auf der Matra (*Sadl.* in *Reichb.* Ic. III. 39), in der Zips (*Kit.* Add. 135), auf dem Čerho und Minčol im Com. Sáros (*Hazsl.* ÉM. 186), auf dem Pikuj (*Hück.* ZBG. XV. 57) und der Bersava im Com. Bereg (*Kit.* Ber.), bei Kabolapolyana in der Marmaros (*Wagn.* Exs.), auf dem Csiblesz der Rodnaer Alpen (*Kotschy*), auf der Biharia bei Rézbánya (*WK.* Ic. I. 6), auf den höheren Bergen des Banats (*Heuff.* 126).

S. orientale *L.* In Ungarn nach *Clusius* (*Reichb.* Germ. 347 mit dem Citate S. tuberosum majus *Clus.* Hist. II. 166). Allein abgesehen von dieser undeutlichen Abbildung, gibt *Clusius* von vorerwähnter Pflanze gar keinen Standort an, denn die Worte „Invenitur in omnibus

Pannoniae et Austriae silvis" beziehen sich blos auf sein S. tuberosum minus (S. tuberosum *L.*), wie sich dies aus der Vergleichung mit *Clus.* Pann. 671 — 2 ergibt.

12. BORRAGO L.

1. B. officinalis *L.* Wird in Gemüsegärten gebaut und kömmt in deren Nähe verwildert vor.

13. OMPHALODES Tourn.

1. O. scorpioides *Lehm.* In Auen, Bergwäldern. Bei Holić (*Krz.* PV. II. 1. 76), Rovně im Com. Trencsin (*Roch.* Pest. Mus.), Peklin im Com. Sáros (*Hazsl.* Exs.), auf dem Bükhegy, der Matra (*Reuss* 296), dem Gerecse im Com. Gran (*Grundl* ÖBZ. XV. 12), dem Pilis- und Johannesberge bei Ofen (*Sadl.* 95), im Walde Bakony (*Kern.* ZBV. VI. 377. 380), bei Fünfkirchen (*Nendtv.* 21).

2. O. verna *Mönch.* Häufig in sandigen Wäldern im südlichsten Pester Com. gegen Baja im Com. Bács (*Sadl.* 94), sonst nur in Gärten kultivirt und verwildert z. B. bei Ödenburg (*Szont.* ZBG. XIV. 486), Eperjes (*Hazsl.* ÉM. 185).

14. MATTIA Schult.

1. M. umbellata *Schult.* I. 363. Cynoglossum umbellatum *WK.* Ic. I. t. 148. Auf Sandhügeln der deutsch- und serbisch-banat. Milit. Gr. (*Heuff.* 125). Bei Fünfkirchen (*Nendtv.* ZBG. XIII. 567)?

15. CYNOGLOSSUM L.

1. C. officinale *L.* Auf Hügeln, Grasplätzen, wüsten Stellen.

2. C. germanicum *Jacq.* C. montanum *Lam.* C. silvaticum *Hänke.* In Bergwäldern. Auf dem Thebner Kogel und dem Gemsenberge bei Presburg (*Endl.* 245), auf den südl. Abhängen der Kleinen Karpaten (*Krz.* PV. II. 1. 75), bei Hubina, Sz. György und auf dem Zobor im Com. Neutra (*Kn.* ZBG. XV. 137), zwischen Hradek und Hibbe im Com. Liptau (*Üchtr.* ÖBW. VII. 376), bei Pokorágy im Com. Gömör (*Fábry* II. 5), in den höheren Buchenwäldern des Banats (*Heuff.* 125).

3. C. pictum *Ait.* C. cheirifolium *Wint.* f. 18, *WK.* Ic. I. p. XXIX, nicht *L.* Auf Hügeln, Weiden, an Wegen. Auf dem Schwabenberg bei Ofen (*Bayer* ÖBZ. XIII. 46), auf der Halbinsel Tihany am Plattensee (*Haberl.* ÖBZ. XI. 16), auf dem Somlyó bei N. Szöllös im Com. Veszprim und dem Harsányhegy im Com. Baranya (*Kit.* Bar.), bei Fünfkirchen (*Maj.* 11). In der südl. Slovakei selten (*Reuss* 296)? Auf dem Neutraer Berge (*Kit.* Add. 335)? wahrscheinlich eine Verwechslung mit C. germanicum, das auf dem Zobor vorkömmt.

16. ASPERUGO L.

1. A. procumbens *L.* An Zäunen, Hecken, wüsten Stellen.

17. ECHINOSPERMUM Sw.

1. E. Lappula *Lehm.* An sandigen oder wüsten Stellen.

2. E. deflexum *Lehm.* An felsigen buschigen Stellen der Berg-
und Voralpenregion. Auf den höheren Kuppen der Kleinen Karpaten
bei Ballenstein, Modern, Bibersburg und Smolenic, bei Wag-Neustadtl
(*Endl.* 245, *Krz.* PV. II. 1. 75), auf dem Temetvény- und Inovec-Gebirge
im nördl. Com. Neutra (*Kell.* ÖBZ. XIV. 285), bei Zaskal und Parnica
im Com. Arva (*Szont.* ZBG. XIII. 1074), bei den Bädern von Lučky im
Com. Liptau (*Wahlb.* 48), auf der Rackova der Central-Karpaten (*Krz.*
ÖBZ. X. 156), dann bei Fünfkirchen (*Nendtv.* 21).

18. ROCHELIA Reichb.

1. R. stellulata *Reichb.* Ic. II. p. 13 f. 236 — 7. R. sacharata
Reichb. Flora 1824 I. 243 (wahrscheinlich ein Schreibfehler). Litho-
spermum dispermum *L.* An dürren Stellen am Fuss des Choč (*Lántzós*
Flora l. c. 244) vermuthlich auf der Südseite im Com. Liptau, weil
Lántzós (nicht *Lansos*) Förster in Lučky war.

LVII. CONVOLVULACEAE.

1. CONVOLVULUS L.

1. C. arvensis *L.* Auf Aeckern, Grasplätzen, an Rainen.

2. C. sepium *L.* In Auen, an Ufergebüschen.

3. C. silvaticus *WK.* Ic. III. t. 261. In Wäldern, an buschigen
Stellen. Bei Verovitic (*RK.* 75), bei den Herculesbädern und auf dem
Donau-Bergzuge der Banat. Milit. Gr. (*Heuff.* 124). Nach Einigen nur
Var. der vorigen Art.

4. C. Cantabrica *L.* Auf Felsen und steinigen buschigen Stellen
hügliger Gegenden, besonders auf Kalk. Auf Trachytfelsen an der Gran
im Com. Bars (*Kit.* 135), vom Plattenseezuge über Palota (*Kit.* Bar.)
auf das Pilis-Vértes Gebirge und die Sandhügel des Pester Com. (*Sadl.*
100, *Kern.* ZBV. VII. 261), auf dem Mecsek und Harsányhegy im Com.
Baranya (*Kit.* Bar.), auf dem Serpentinfelsen des Peterwardeiner Festungs-
berges (*Schnell.* PV. III. 1. 14) und in den Weingärten von Semlin (*RK.*
75), im Donauthal der östl. Banat. Milit. Gr. (*Heuff.* 124).

5. C. althaeoides *L.* var. *η.* pedatus *DC.* Prodr. IX. 409 =
C. tenuissimus *Fl. gr.* II. t. 195. An steinigen Stellen an der Donau
in der Banat. Milit. Gr., sehr häufig bei Svinica (*Heuff.* 124).

2. CUSCUTA L.

1. C. europaea *L.* Schmarotzt auf Gebüschen und höheren krautigen Gewächsen.

2. C. Epithymum *L.* Auf Wiesen, niedrige Gewächse umwindend. Die Var. C. Trifolii *Bab.* auf Kleefeldern.

3. C. Epilinum *Weihe.* C. europaea *Wahlb.* 45. Auf Leinfeldern.

4. C. lupuliformis *Krock.* C. monogyna der meisten Autoren, nicht *Vahl*, übrigens auch der jüngere Name. Auf Gebüschen und höheren krautigen Gewächsen. Bei Stampfen (*Richt.* PV. VII. 102) und Klein-Schützen im Com. Presburg (*Bolla* PV. I. 12), am Ufer der Neutra bei der Stadt gleichen Namens (*Kn.* PV. VII. 158), bei Nagy Röce im Com. Gömör (*Reuss* 293), bei Kaschau und Göne im Com. Abauj (*Hazsl.* ÉM. 184); ferner bei Koroncó im Com. Raab (*Ebenh.* PV. V. 60), an der Donau bei Ofen (*Sadl.* 117), im Banat (*Heuff.* 124).

C. hassiaca auf Luzernerklee-Feldern im Banat (*Heuff.* 124) ist nach *Dorn.* Cusc. 298 nicht die echte Pflanze dieses Namens, sondern eine Form der C. Epithymum. C. hassiaca *Pfeiff.* Bot. Zeit. 1843 p. 705 (der älteste Name ist C. racemosa *Mart.* Reise nach Brasil. I. 286) stammt aus America und kömmt in Europa da, wo sie gefunden wurde, nur zufällig und vorübergehend vor.

LVIII. POLEMONIACEAE.

1. POLEMONIUM L.

1. P. coeruleum *L.* An feuchten Waldstellen der Berg- und Voralpenregion. Bei Uste und Turdošin im Com. Arva (*Vitk.* ZBG. XIII. 1075), auf den Vorlagen der Central-Karpaten vom Grossen Křivan bis auf die östl. Tatra (*Wahlb.* 58, *Krz.* PV. V. 112), südlich bis Hradek (*Kit.* Arv.), im Demanovka- und Boca-Thale (*Hausskn.* ÖBZ. XIV. 217, *Roch.* MS. I. 62), dann auf der Kralova Hola der Liptau-Sohler Alpen, auf dem Kohut und bei Murány im Com. Gömör (*Reuss* 292). P. album im Com. Arad (*Kéry* 19) ist offenbar die weissblühende Spielart und vielleicht nur ein Gartenflüchtling.

LIX. SOLANACEAE.

1. NICOTIANA L.

1. N. rustica *L.* sowie **2. N. Tabacum** *L.* und deren Var. N. latissima *Mill.* (*DC.* Prodr. XIII. 1. 557) werden im Grossen gebaut und kommen auch verwildert vor. Der meiste und beste Tabak wird in Jazygien, dann in den Com. Ödenburg, Bihar, Heves, Baranya, Bács, Békés Csongrád und im Banat gebaut.

2. DATURA L.

1. D. Stramonium L. Auf Weiden, wüsten und bebauten Stellen. Die Var. β. Tatula *Dun.* in *DC.* Prodr. XIII. 1. 540 (D. Tatula *L.*) im südl. Ungarn (*Schult.* I. 382) als bei Fünfkirchen (*Nendtv.* ZBG. XIII. 567) und bei Bazias im Banat (*Roch.* Reise 48) ist wahrscheinlich nur ein zufälliger Gartenflüchtling.

3. HYOSCYAMUS L.

1. H. niger L. II. agrestis et pallidus *Kit.* in *Schult.* I. 383. An wüsten Stellen, auf Aeckern, Weiden.

4. SCOPOLIA Jacq.

1. S. carniolica *Jacq.* Obs. I. 32. In Bergwäldern. Oberhalb Kysela bei Moštěnic nordöstl. von Neu-Sohl (*NS.* 17), auf dem Jánoskút bei Parád im Com. Heves und auf dem Bükhegy im Com. Borsod (*RK.* 15, 125), im Thale Borkutovski bei dem Bade Kabolapolyana in der Marmaros (*Wayn.* ÖBW. I. 404), bei Sz. Tamás südlich von Kaposvár im Com. Somogy (*Kit.* Bar.), im östl. Banat besonders gegen die wallachische Grenze zu (*Heuff.* 129, *Kit.* Add. 135).

5. NICANDRA Adans.

1. N. physaloides *Gärtn.* Stammt aus Peru, kömmt aber auf wüsten Plätzen verwildert vor und ist im Banat beinahe wild geworden (*Heuff.* 129).

6. PHYSALIS L.

1. Ph. Alkekengi L. In Auen, au buschigen steinigen Stellen niedriger und gebirgiger Gegenden, aber nicht im Hochlande, nicht auf der Theissebene.

7. CAPSICUM L.

1. C. annuum L. (Paprika). Wird häufig gebaut, besonders im nordwestl. Gebiete (*Roch.* Misc. 94, *Hazsl.* ÉM. 182) und in der Gegend am Plattensee (*Kit.* Bar).

8. SOLANUM L.

1. S. nigrum L. An wüsten und bebauten Stellen. Var nach der Farbe der Beeren sind:

α. legitimum. Beeren schwarz. (S. nigrum vieler Aut. S. Dillenii *Schult.* I. 393. S. patulum et S. hirsutum vel acutifolium *Kit.* Add. 136. S. Kitaibelii *Szont.* ZBG. XIII. 1075, nicht *Schult.*). Sehr gemein.

23*

β. **miniatum.** Beeren mennigroth. (S. miniatum *Bernh.* S. rubrum *Lumn.* 92, *Kit.* Add. 136). Mit dem vorigen, aber seltener.

γ. **luteo-croceum.** Beeren gelb oder safranfarben. (S. villosum *Lam.* S. flavum *Kit.* in *Schult.* I. 394 et Add. 136. S. Kitaibelii *Schult.* I. 395. S. incanum *Kit.* Add. l. c.). Die seltenste Var. In den Vorstädten von Presburg (*Endl.* 265), bei Wag-Neustadtl im Com. Neutra (*Kell.* ÖBZ. XV. 51), in den Com. Turoć, Borsod (*Kit.* Add. l. c.) und Pest (*Sadl.* 105), bei Strass-Sommerein und an der Leitha im Com. Wieselburg (*Wierzb.* Mos.), im Banat (*Heuff.* 129) namentlich bei Bazias (*Bayer* ÖBZ. X. 7).

δ. **viride.** Beeren grün. (S. humile *Bernh.* S. olivaceum *Kit.* Add. 136). Einzeln unter der Var. *α* wohl überall.

2. **S. Dulcamara** *L.* S. persicum *Janka* ÖBZ. XIII. 256 und XIV. 295 eine Form mit ungeöhrlten Blättern. In Auen, an Ufern, Zäunen.

3. **S. tuberosum** *L.* Im Grossen gebaut.

9. LYCOPERSICUM Tourn.

1. **L. esculentum** *Mill.* Wird in Haus- und Gemüsegärten gebaut und kömmt auf Schutt und wüsten Stellen häufig verwildert vor.

10. ATROPA L.

1. **A. Belladonna** *L.* In Bergwäldern, Holzschlägen.

11. LYCIUM L.

1. **L. barbarum** *L.* An Zäunen, Weingartenrändern, felsigen buschigen Stellen und selbst auf Puszten (*Gris.* It. 325), bereits einheimisch geworden, aber nicht ursprünglich wild (*Ledeb.* Ross. III. 190).

L. europaeum *L.* An Zäunen bei Rima Szombat (*Fábry* II. 5 nebst L. barbarum)? Höchstens kultivirt, obschon auch dies sehr unwahrscheinlich ist.

LX. SCROFULARINAE.

1. VERBASCUM L.

1. **V. Thapsus** *L.* V. Schraderi *Meyer.* Auf Hügeln, Bergabhängen, an Rainen, aber nicht im Tieflande (*Kit.* Add. 137).

2. **V. phlomoides** *L.* V. thapsiforme *Schrad.* Auf Weiden, Sandfeldern, an Ufern, Rainen.

3. **V. bombyciferum** *Boiss.* Diagn. I. 4. 52. Auf Felsen bei Mehadia und an der Donau in der östl. Banat. Milit. Gr. (*Heuff.* 130), doch zweifelt *Heuffel*, ob seine und *Boissier's* Pflanze auch wirklich dieselben seien.

4. V. speciosum *Schrad.* Auf Kalkhügeln, Sandfeldern, an Ufern.
Bei Presburg und auf den dortigen Donau-Inseln (*Endl.* 262), auf dem
Leithagebirge (*N.*), auf dem Pilis-Vértes Gebirge (*Kern.* ZBV. VII.
271), in Sirmien (*Rumy* 54), im Gerölle der Černa und Běla Reka unterhalb
Mehadia (*Heuff.* 130). V. thapsoides *Host* Syn. 115 ist dasselbe, wahr-
scheinlich gehört auch V. thapsoides *RK.* 75 bei Cernek im Com.
Požega hierher.

V. **pyramidatum** *MB.* Im Banat (*Roch.* in *Reichb.* Germ. 380)? Eine
kaukasische Pflanze (*Ledeb.* Ross. III. 199), deren weder in *Roch.* Reise
85—6 noch in *Heuff.* Ban. 130—1 erwähnt wird.

5. V. pulverulentum *Vill.* V. floccosum *WK.* Ic. I. t. 79.
V. Lychnitis b. pulverulentum *Roch.* Ban. 2. Auf sonnigen buschigen
Hügeln. Auf der Murinsel, im Com. Somogy (*WK.* l. c. 82) namentlich
bei Szigetvár (*Nendtv.* ZBG. XIII. 572), bei Palanka im Com. Bács
(*Roch.* l. c.), in Sirmien (*Rumy* 54), im östl. Com. Arad (*Kéry* 21), bei
Alt-Orsova (*Heuff.* 130). V. lanatum *RK.* 7 auf der Murinsel ist allem
Anscheine nach dieselbe Pflanze.

6. V. Lychnitis *L.* An steinigen buschigen Stellen, an Ufern,
Rainen hügliger und gebirgiger Gegenden. V. album *Mill.* mit weissen
Blumen bei Halasen im Com. Wieselburg (*Wierzb.* Mos.). V. repandum
Roch. Reise 86 (nicht *Willd.*, eine mit V. Blattaria verwandte Pflanze)
ist nach *Rochel's* eigenem Citate eine breitblätterige Var. des V. Lych-
nitis. Auch V. sinuato-dentatum *Roch.* Reise 86 ist nach einem im
Herbar der zool. bot. Gesellsch. befindlichen Exemplare aus *Wierzbicki's*
Hand ein gewöhnliches V. Lychnitis mit stärker gezähnten Blättern.

7. V. banaticum *Schrad.* Monogr. II. 28, *Roch.* Ban. p. 55 t. 18
(Staubfadenwolle weiss). V. Lychnitis g. banaticum *Roch.* Reise 86.
Auf Hügeln und Bergabhängen unterhalb Mehadia bei Toplec und Alt-
Orsova im Černa-Thale (*Roch.* l. c.) und Ogradina an der Donau in der
roman. banat. Milit. Gr. (*Gris.* It. 321). V. banaticum *Heuff.* 130 hat
eine purpurne Staubfadenwolle, entweder ein Schreibfehler oder es ist
eine andere Pflanze gemeint, vielleicht die Var. des V. orientale mit
buchtig-fiederspaltigen Blättern (*DC.* Prodr. X. 238).

8. V. macrophyllum *C. Koch* Linn. 1849 p. 728. Auf Kalkbergen
im Banat.

9. V. orientale *MB.* V. austriacum *Schrad.* Auf buschigen
Hügeln, an Weingartenrändern.

10. V. nigrum *L.* In Auen, an Ufern, auf buschigen Hügeln
niedriger und gebirgiger Gegenden.

β. lanatum *Kit.* Add. 138 (V. lanatum *Schrad.* Monogr. II. 1823
p. 28 t. 2.?). Auf den Voralpen des Rozsály im Com. Szatmár und in
Bergwäldern des Banats.

11. V. Wierzbickii *Heuff.* in *Roch.* Reise 86, Ban. 131. Auf
Felsen des Bagyes im Com. Krassó. Nach *Gris.* It. 321 synonym mit
V. lanatum *Schrad.* d. i. der wollig-filzigen Var. des V. nigrum,
allein die frühe Blüthezeit des V. Wierzbickii (April, Mai) stimmt
mit jener des V. nigrum durchaus nicht überein. V. Wierzbickii

Reichb. fil. lc. XXX. p. 20 t. 45 im Banat ist hybriden zweifelhaften Ursprungs, also eine andere Pflanze. V. vernale *Wierzb.* in *Roch.* Reise p. 1 und 86 bei Oravica und Csiklova wird von *Roch.* l. c. zu V. Wierzbickii *Heuff.*, in *Heuff.* Ban. 131 wohl mit Unrecht zu V. nigrum gezogen.

12. V. leiocaulon *Heuff.* ÖBZ. VIII. 28, Ban. 130. V. leiostachyon *Heuff.* in *Maly* 195. In höheren Bergwäldern bei den Herculesbädern, im Almas-Thale und an der Donau der roman. banat. Milit. Gr.

13. V. Blattaria *L.* In Gräben, auf Wiesen, an Wegen.

14. V. phoeniceum *L.* Auf buschigen Hügeln sowie auf Wiesen und Grassteppen der Ebene von der Leitha bis an die Theiss fast überall (*Kit.* Add. 139), bei Veršec im Com. Temes mit weissen Blumen (*Wierzb.* Flora 1845 I. 322).

Verbasca hybrida.

V. phlomoidi-blattariforme *Gris.* It. 322. Auf einer Waldwiese bei den Herculesbädern. Allein V. blattariforme *Gris.* It. 321 bei den Herculesbädern und Alt-Orsova ist nach *Heuff.* 131 selbst ein Bastard ohne Angabe der Abstammung.

V. phlomoidi-Blattaria *Schill.* ÖBZ. XIV. 294. Auf einer Wiese bei Neutra. Da die Blätter mehr oder minder herablaufend angegeben werden, so scheint es **V. thapsiformi-Blattaria** (V. pilosum *Döll* Flora 1849 II. 465) zu sein.

V. specioso-phoeniceum *Neilr.* ZBV. I. 125. Am Fuss des Leithagebirges bei Gois.

V. Lychnitis-phoeniceum (V. Schmidlii) *Kern.* ÖBZ. XIII. 196. Auf dem Köbányahegy bei Grosswardein.

V. orientali-phoeniceum *Reich.* ZBG. XI. 339. V. rubiginosum *WK.* Ic. II. t. 197. Auf Wiesen, buschigen Hügeln. In den Wäldern des oberen Marchthales (*Krz.* PV. II. 1. 79), auf dem Leithagebirge bei Gois (*Reich.* l. c. 337), im Eisenburger Com. (*Pol.* 19), im Walde Hodos bei Komárom im Com. Veszprim, bei Dávod im Com. Somogy (*RK.* 115), auf dem Nagyszál, auf Wiesen bei Waizen, Pest und Akasztó (*Sadl.* 103, *Kit.* Add. 138), im Stadtwalde von Fünfkirchen (*Nendtv.* ZBG. XIII. 572), im Banat (*Heuff.* 131). Möglich, dass hierunter theilweise Bastarde von V. phoeniceum mit V. nigrum gemeint seien.

V. nigro-banaticum *Gris.* It. 321. Auf Hügeln bei Alt-Orsova.

V. slavonicum *Kit.* in *Roch.* Ban. 26 et Add. 137 scheint der Beschreibung nach entweder **V. Thapso-phlomoides** oder die Var. des V. phlomoides mit halbherablaufenden Blättern zu sein. In Slavonien und im Banat.

V. Lychnitis b. hungaricum *Roch.* Ban. p. 56 t. 20 „villo staminum albo vel purpureo" bei den Herculesbädern und bei Supanek in der roman. banat. Milit. Gr. scheint ein Bastard von V. orientale mit V. Lychnitis oder V. pulverulentum zu sein. Nach *Maly* 196 wäre *Rochel's* Pflanze ein Bastard von V. Lychnitis und V. pulverulentum, allein wie entstände da die purpurne Staubfadenwolle?

V. Hornemanni *Wierzb.* in *Reichb.* Ic. XXX. p. 17 t. 35 bei Bazias und den Herculesbädern im Banat scheint mir nach einem im Herbar der zool. bot. Gesellsch. befindlichen unvollständigen Exemplare eine Mittelform, vielleicht Bastard von V. nigrum und V. orientale zu sein. V. mixtum *Bluff.* Bei Fünfkirchen (*Nendtv.* ZBG. XIII. 568). Was damit gemeint sei, weiss ich nicht. V. mixtum *Rom.* ist nach *Gren.* et *Godr.* Franc. II. 557 = V. nigro-pulverulentum.

* V. crystallostemon *Wolny* in *Rumy* 54. V. lanceolatum *Kit.* Add. 138. In Sirmien.

2. SCROFULARIA L.

1. S. nodosa *L.* In Wäldern, Hainen, an feuchten Stellen.

2. S. aquatica *L.* S. Ehrharti *Stev.* In Wassergräben, Sümpfen, an Ufern. Die unbedeutende Var. S. Neesii *Wirtg.* im Banat (*Heuff.* 131).

3. S. Scopolii *Hoppe.* S. glandulosa *WK.* Ic. III. t. 214. S. Scorodonia *Host* Aust. II. 204 und wahrscheinlich auch *WK.* Ic. I. p. XXX, nicht *L.* In Berg- und Voralpenwäldern bis in die Krummholzregion in den Com. Trencsin (*Roch.* Pest. Mus.), Arva, Liptau (*WK.* I. c. 239), Sohl (*Kit.* Arv.), Zips (*Wahlb.* 190), Gömör (*Reuss* 308), Abauj (*Pawl.* PV. I. 26), Sáros (*Hazsl.* Sár. 223), Bereg (*WK.* I. c.) und Marmaros (*Wagn.* in *Reichb.* Ic. XXX. 26), dann an wüsten und bebauten Stellen im südl. Gebiete, als bei Babócsa (*Kit.* Bar.) und Domolos nächst Szigetvár im Com. Somogy, bei Fünfkirchen (*Nendtv.* ÖBW. II. 14, ZBV. XIII. 568), bei Vetovo und Kusonje im Com. Požega (*RK.* 75), bei Semlin (*Panč.* Sirm.), am Fuss der Biharia bei Rézbánya (*Kern.* Exs.), im Banat (*Heuff.* 131).

S. Scorodonia *L.* Bei Steierdorf im Com. Krassó (*Wierzb.* in *Reichb.* Ic. XXX. 25)? Für eine westeuropäische Art (*DC.* Prodr. X. 307) ein abnormer Standort.

4. S. laciniata *WK.* Ic. II. t. 170. Auf Felsen der Alpe Baiku der roman. banat. Milit. Gr. (*Heuff.* 131).

S. canina *L.* An Hecken, Gräben, Mauern in Ungarn (*Kit.* in *Schult.* II. 187), wahrscheinlich ist damit Croatien gemeint, wo diese Art auch vorkömmt (*Syll.* cr. 92).

5. S. vernalis *L.* S. cordata *Pers.* Syn. II. 160. S. latifolia *Host* Austr. II. 206. In Bergwäldern, Vorhölzern. Auf der Vysoka (*Mat:*), bei Modern (*Endl.* 254), Bibersburg, Smolenic und auf dem Wetterling im Com. Presburg, auf der Javořina (*Krz.* PV. II. 1. 79), der Žibrica, dem Zobor und bei Ghymes im Com. Neutra (*Kn.* ZBG. XV. 140), auf der Matra, bei Miskolc und auf dem Schlossberg von Murány im Com. Gömör; ferner in den Com. Komorn (*Reuss* 308) und Gran (*Feichl.* Exs., *Grundl* ÖBZ. XV. 12), auf dem Piliser Berge und bei Visegrád (*Sadl.* 265), im Walde Bakony (*Kern.* ZBV. VI. 380, *Korah.* PV. IV. SB. 87, 88), auf dem Hámar bei Hetény im Com. Baranya (*Nendtv.* ZBG. XIII. 572).

6. S. grandifolia *C. Koch* Linn. 1849 p. 707. Auf Kalkbergen im Banat.

S. peregrina *L.* In Ungarn (*Sadl.* in *Reichb.* Germ. 377), an den Stadtmauern von Modern (*Stur* 129)? Eine südl. Litoralpflanze. In Croatien kömmt sie vor (Syll. cr. 92).

** **S. obtusifolia** *Kit.* in *Steud.* Nomencl. II. 547. In Ungarn.

3. LINARIA Tourn.

1. L. Cymbalaria *Mill.* An alten Mauern in Ungarn (*Kit.* in *Schult.* II. 191). Auf der Wiese l'aprét bei Ödenburg, am Spitelbache (*Szont.* ZBG. XIV. 487) und bei Agendorf im Com. Ödenburg (*Kov.* Exs.), dann bei Fünfkirchen (*Maj.* 13). Wohl nur verwildert.

2. L. Elatine *Mill.* Auf Brachen, unter dem Getreide in niedrigen und gebirgigen Gegenden.

3. L. spuria *Mill.* Mit der vorigen, aber seltener.

4. L. minor *Desf.* An sandigen Stellen, auf sterilen Plätzen.

5. L. alpina *Mill.* An felsigen Stellen der Alpen und Voralpen. Bisher nur auf der l'rašiva der Liptau–Sohler Alpen (*RK.* 62) und auf der Dscameanie der Rodnaer Alpen (*Baumg.* II. 205).

6. L. arvensis *Desf.* Auf Aeckern, an sandigen Stellen. Bei Agendorf im Com. Ödenburg (*Szont.* ZBG. XIV. 487), Wieselburg, Baumern, Karlburg (*Wierzb.* Mos.) und Kittsee im Com. Wieselburg, bei Engerau (*Endl.* 253) und Krupa (Korompa) im Com. Presburg (*Roch.* MS. II. 42), am Fuss der mährischen Karpaten bei Skalic, Lubina und Šipkov im Com. Neutra (*Ilol.* PV. III. 1. 63, VII. 88), auf dem Martinko bei Neutra (*Kn.* ZBG. XV. 140), in den Com. Gömör (*Reuss* 311) und Pest (*Sadl.* 267), bei Semlin (*Panč.* Sirm.).

7. L. genistifolia *Mill.* L. linifolia *Gris.* It. 322, nicht *Koch.* An felsigen buschigen Stellen hügliger und gebirgiger Gegenden, besonders auf Kalk und Trachyt, dann auf Grassteppen des Tieflandes.

8. L. vulgaris *Mill.* L. Biebersteinii *Bess.* An sandigen Stellen, Rainen, Wegen, auf Grasplätzen.

9. L. italica *Trev.* L. linifolia *Koch.* Ban. p. 60 t. 22. L. ciliata *Lang* En. 2 nach *Reichb.* Germ. 375—6. L. angustifolia *Reichb.* l. c. An felsigen gebirgigen Stellen und auf Sandplätzen der Ebene. Bei Tokay (*Hazsl.* ÉM. 179), Miskolc (*Reuss* 311), Gyöngyös im Com. Heves (*Reichb.* Ic. XXX. 32), häufig im Com. Pest (*Sadl.* 268), im Com. Somogy (*Reichb.* Ic. l. c.), bei Fünfkirchen (*Nendtv.* 25), in Sirmien (*Rumy* 53), im südl. Banat (*Heuff.* 132). Von L. vulgaris kaum als Art verschieden.

4. ANTIRRHINUM L.

1. A. majus *L.* Eine häufig kultivirte leicht verwildernde Gartenpflanze, die auf Schutt, Mauern, an Wegen zwar überall vorkömmt, aber nirgend wild geworden ist.

2. A. Orontium *L.* Auf Aeckern, in Weingärten, an sandigen Stellen. Im Hügellande der Com. Presburg, Neutra (*Endl.* 252, *Krz.* PV. II. 1. 79, *Kn.* ZBG. XV. 141), Gran (*Feicht.* Ad. 277), Hont (*Kn.* ÖBZ.

XIV. 107, 108), Trencsin (*Roch*. Pest. Mus., *Szont*. ÖBZ. XIV. 272, 274, *Kn*. ÖBZ. XIV. 342—4), Borsod, Gömör (*Reuss* 310, *Fábry* II. 5) und Sáros (*Hazsl*. ÉM. 179); ferner in den Com. Wieselburg, Ödenburg (*N*.), Eisenburg (*Pol*. 6), Pest (*Sadl*. 266), Baranya und Verovitic (*Kit*. Slav.), bei Semlin (*Panè*. Sirm.), Grosswardein (*Steff*. ÖBZ. XIV. 180), selten im Banat (*Heuff*. 132).

5. DIGITALIS L.

1. D. ambigua *Murr*. D. ochroleuca *Jacq*. D. grandiflora *Lam*. In Wäldern und an buschigen Stellen der Hügel- und Bergregion bis in die Voralpen.

2. D. lutea *L*. In Bergwäldern. Häufig auf den Kleinen Karpaten (*Krz*. PV. II. 1. 79), bei Zaskal im Com. Arva (*Szont*. ZBG. XIII. 1076), auf dem Galac und Stol der Rodnaer Alpen (*Baumg*. II. 212); ferner bei Fünfkirchen (*Nendtv*. ZBG. XIII. 567), in Sirmien (*Rumy* 52), bei dem Bischofsbade nächst Grosswardein (*Steff*. ÖBZ. XIV. 180), im östl. Com. Arad (*Kéry* 18).
D. media *Roth*. (D. ambiguo-lutea *Meyer* Chl. hanov. 325) wird zwar in *Endl*. Poson. 251 aber nur als Synonym von D. ambigua und ohne Standort angeführt, es bleibt also zweifelhaft, ob damit der Bastard oder blos irgend eine Form der D. ambigua gemeint sei.

3. D. ferruginea *L*. D. laevigata *Nendtv*. 21 nach *Kern*. ZBG. XIII. 565, nicht *WK*. An steinigen buschigen Stellen hügliger und gebirgiger Gegenden. Bei Bereménd (*Kit*. Slav.) und Villány im Com. Baranya (*Nendtv*. ZBG. XIII. 570), häufig in den Com. Verovitic und Požega (*PJ*. It. 103, 141, *RK*. 75), in Sirmien (*Rumy* 52, *Schnell*. PV. III. 1. 15), im Cerna- und Donauthale der roman. banat. Milit. Gr. (*Heuff*. 132, *Reichb*. Ic. XXX. 37).

4. D. lanata *Ehrh*. Beitr. VII. 153, *WK*. Ic. I. t. 74. D. nova *Wint*. Hort. pest. 1788. D. Winterli *Roth* Cat. I. 71. In Bergwäldern, auf buschigen Hügeln. Auf dem Leithagebirge (*Niessl* ÖBW. VI. 394), auf den Ofner Bergen bei Békásmegyer und Pomász (*Sadl*. 266), auf der Matra und Hegyallja (*Lang* Phys. 315), bei Sibó im Com. Mittel-Szolnok (*Baumg*. II. 213), bei dem Felixbade nächst Grosswardein (*Steff*. ÖBZ. XIV. 180); ferner bei Árpád nächst Fünfkirchen (*Balek* Exs.), im Wolfsthale bei Vukovár (*Kan*. Slav.) und im Walde Višić im Com. Sirmien (*Schnell*. PV. III. 1. 15), bei Karlovic (*WK*. l. c. 77), im Jagdwalde bei Temesvár (*Kan*.), bei Toplec und im Donauthale der östl. Banat. Milit. Gr. (*Heuff*. 132).
D. laevigata *WK*. Ic. II. t. 158. Im östl. Com. Arad (*Kéry* 18)? Mit Sicherheit nur in Croatien.
D. fuscescens *WK*. t. III. 274. D. laevigato- oder lanato-ambigua? Im Banat (*Roch*. Ban. 26, Reise 49)? Fehlt bei *Heuffel*. Mit Sicherheit in Croatien.

D. purpurea *L*. Angeblich bei Bartfeld im Com. Sáros (*Reuss* 309), in Sirmien (*Rumy* 52), bei den Herculesbädern im Banat (*Kit*. Hydr. II.

N e i l r e i c h, ung. Pfl. Aufzählung. 24

319); ohne Zweifel Gartenflüchtlinge, da diese westeurop. Art (*DC.* Prodr.
X. 451) nicht in Ungarn (*Schult.* II. 188), ja nicht einmal im österr.
Kaiserstaate wirklich wild vorkömmt (*Host* Aust. II. 208).

6. GRATIOLA L.

1. G. officinalis *L.* In Lachen, Sümpfen, an überschwemmten
Stellen niedriger und hügliger Gegenden.

7. LINDERNIA All.

1. L. pyxidaria *All.* Gratiola inundata *Kit.* in *Spr.* Pug. I. 1,
Schult. I. 32. An Ufern und überschwemmten Stellen niedriger Gegenden.
Im Hauság bei Andau und Eszterház (*Wierzb.* Mos.), an der March bei
Magyarfalva (*Matz*), an der Theiss (*Kit.* l. c.) namentlich bei Csap im
Com. Ung, am Bodrog bei Keresztur und Tokay im Com. Zemplin (*Hazsl.*
ÉM. 178), in der Marmaros (*Wagn.* Exs.), bei Semlin (*Panč.* Sirm.), im
Banat (*Heuff.* 135).

8. LIMOSELLA L.

1. L. aquatica *L.* An Ufern, Teichrändern, überschwemmten
Stellen niedriger und gebirgiger Gegenden, dringt bis an den Fuss der
Central-Karpaten (*Hazsl.* ÉM. 179).

9. VERONICA L.

1. V. scutellata *L.* In Gräben, Lachen, überschwemmten Stellen
besonders niedriger Gegenden.

2. V. Anagallis *L.* An Ufern, in Wassergräben, Sümpfen. Die Var.
V. anagalloides *Guss.* auf schlammigem halbausgetrockneten Boden.

3. V. Beccabunga *L.* An Bächen, quelligen Stellen, in Wassergräben.

V. Anagallidi-Beccabunga *Neilr.* ZBV. I. 126. An überschwemmten
Stellen. Bei Szegedin (*Bayer* ÖBZ. XIII. 46). V. tenerrima *Schm.*
oder doch *Kit.* in *Schult.* I. 23 als Var. der V. Anagallis bei Szöllös-
Györök im Com. Somogy (*Kit.* Add. 144) gehört muthmasslich hierher.

4. V. Chamaedrys *L.* V. pilosa *Schm.* An Rainen, buschigen
Stellen, in Wäldern.

5. V. urticifolia *Jacq.* An felsigen buschigen Stellen der Berg-
und Voralpenregion. Auf den galizischen Central-Karpaten, den Pienninen
und in den nördl. Thälern der Cerna Hora (*Herb.* ZBG. X. 617, XI. 68)
vermuthlich auch auf der ungarischen Seite, auf dem Pikuj im Com.
Bereg (*Hück.* ZBG. XV. 55), bei Bocskó in der Marmaros (*Kit.* Add. 144),
bei Rézbánya im Com. Bihar (*RK.* 88); ferner bei Vučin und Orahovica
im Com. Verovitic, auf dem Papuk (*Kit.* Slav.), bei Kutjevo im Com.
Požega (*RK.* 75), im östl. Banat (*Heuff.* 133).

6. **V. montana** *L.* In Berg- und Voralpenwäldern. Auf den Kleinen Karpaten (*Heuff.* Flora 1831 I. 406, *Bolla* PV. I. 11, *Richt.* PV. VII. 102), auf der Javořina im Com. Neutra (*Hol.* PV. I. 72), dem Lopenik im Com. Trencsin (*Kn.* ÖBZ. XIV. 346), dem Klak der Fatra, dem Kleinen Křivan, Štoch (*Wahlb.* 7), Rozsudec, Choč, im Thale Kozinska bei Zazriva im Com. Arva (*Szont.* ZBG. XIII. 176), am Fuss des Grossen Křivan (*Szont.* ÖBZ. XIV. 279), auf der Bersava im Com. Bereg (*Kit.* Add. 144); ferner auf dem Pilis-Gebirge zwischen Ofen und Visegrád (*Sadl.* 7), in der Zselic d. i. im gebirgigen südöstl. Theile des Com. Somogy (*Kit.* Add. 144), im Stadtwalde von Fünfkirchen (*Nendtv.* ZBG. XIII. 573), bei Velika im Com. Požega (*PM.* It. 82) bis auf den Papuk (*RK.* 75), im östl. Com. Arad (*Kéry* 21), im östl. Banat (*Heuff.* 133).

7. **V. officinalis** *L.* In Berg- und Voralpenwäldern.

8. **V. Baumgartenii** *R. Sch.* V. petraea *Baumg.* I. 21, nicht *Stev.* V. pauciflora *Kit.* in *Link* Jahrb. der Gew. Kund. I. 3. 42. In Felsenspalten der Alpen. Auf dem Tomnatik und Hrybra der Černa Hora (*Herb.* ZBG. X. 617), auf dem Csiblesz der Rodnaer Alpen (*Kotschy*), auf den höheren Banat. Alpen, besonders auf dem Sarko (*Koch.* Ban. 59, *Heuff.* 133). Auf dem Rozsudec (*Brancs.* ÖBZ. XII. 324)?

9. **V. aphylla** *L.* V. depauperata *WK.* Ic. III. t. 275. Auf felsigen Triften der Alpen und Voralpen besonders in der Krummholzregion. Auf der Babia Góra (*Koch* Syn. 604), bei Těrhova im Com. Trencsin, bei Zazriva im Com. Arva, auf dem Štoch, Rozsudec, Choč (*Szont.* ZBG. XIII. 1076, ÖBZ. XIV. 277), Kleinen Křivan, Rohač, Grossen Křivan und der östl. Tatra, im Boca-Thale (*Wahlb.* 5, *Roch.* MS. I. 65, 84), auf dem Dunubier und der Kunstava der Liptau-Sohler Alpen (*Kit.* Add. 140), auf dem Csiblesz und Arsul der Rodnaer Alpen (*Baumg.* I. 22), auf den Banat. Alpen (*Heuff.* 133, *Roch.* Ban. 6).

10. **V. latifolia** *L.* An steinigen buschigen Stellen hügliger und gebirgiger Gegenden, besonders in der Nähe der Weingärten. V. crinita *Kit.* in *Schult.* I. 26 et Add. 142 im südl. und östl. Banat (*Heuff.* 133) ist kaum als Var. verschieden (*M. Üchtr.* Flora 1819 II. 515).

11. **V. dentata** *Schm.* V. Teucrium der ält. Aut. V. Schmidtii *R. Sch.* V. austriaca α. dentata *Koch* Syn. 605. V. austriaca vieler neuerer Aut., nicht *Jacq.* (Blätter gezähnt bis fiederspaltig-eingeschnitten). Auf Wiesen, buschigen Hügeln niedriger und gebirgiger Gegenden. Im Gebiete der nordwestl. Karpaten in den Com. Presburg (*Endl.* 259), Neutra (*Kn.* ZBG. XV. 141), Liptau, Zips (*Wahlb.* 7, *Üchtr.* ÖBW. VII. 376, *Hazsl.* ZBV. II. 3), Sáros (*Hazsl.* Sár. 223) und Borsod (*Reuss* 316); ferner auf den Ebenen der Com. Wieselburg, Raab und Komorn (*Wierzb.* Mos., *Host* Aust. I. 12, *Hillebr.* ÖBZ. VIII. 298), auf dem Vaskapu bei Gran (*Feicht.* Exs.), dem Pilis-Vértes Gebirge und dem Nagyszál bei Waizen (*Kern.* ZBV. VII. 262, ÖBW. VII. 392), bei Grosswardein (*RK.* 88, *Steff.* ÖBZ. XIV. 180) und Fünfkirchen (*Nendtv.* ZBG. XIII. 568). Im Banat kömmt sie nicht vor (*Heuff.* 133). V. austriaca bei Tirnau (*Horv.* 9), im Com. Sohl und auf dem Končito im Com. Gömör (*RK.* 62) scheint dem Standorte nach eher hierher als zur folgenden zu gehören.

Geht in V. latifolia, prostrata und austriaca über, daher mehrere Ant. alle 4 in Eine Art vereinigen.

12. V. austriaca *Jacq.* Aust. IV. t. 329, *Benth.* in *DC.* Prodr. X. 470 et adnot. V. multifida *Jacq.* l. c. V. austriaca β. pinnatifida et γ. bipinnatifida *Koch* Syn. 605. V. Jacquini *Baumg.* l. 26. (Blätter einfach- bis doppelt-fiederspaltig). Auf Bergwiesen, an buschigen Stellen. Auf dem Nagyszál bei Waizen (*Kern.* ÖBW. VII. 400), im Walde zwischen Kerepes und Gödöllő im Com. Pest (*RK.* 15), bei Pecc Sz. Márton nächst Grosswardein (*RK.* 88); ferner bei Püspök-Lak im Com. Baranya, zwischen Šarengrad und Illok im Com. Sirmien (*Kit.* Bar. et Slav.), bei Semlin (*Panč.* Sirm.), am häufigsten im Banat (*Heuff.* 133).

13. V. prostrata *L.* Auf Wiesen, Hügeln, sandigen Triften.

14. V. spuria *L.* V. foliosa *WK.* Ic. II. t. 102. In Vorhölzern, an buschigen Stellen hügliger und gebirgiger Gegenden. Bei Modern und St. Georgen im Com. Presburg (*Endl.* 261), auf dem Pilis-Vértes Gebirge (*Kern.* ZBV. VII. 264), dem Nagyszál und auf den Weinbergen zwischen Veresegyháza und Gödöllő im Com. Pest (*Sadl.* 5), auf der Matra und zwischen Verpelét und Vécs im Com. Heves (*RK.* 126), zwischen Nyíregyháza und Rac-Fehértő im Com. Szabolcs (*Kit.* Ber.), bei Sz. Imre im Com. Bihar (*Steff.* ÖBZ. XIV. 187); ferner bei Tapolca am Plattensee, auf der Murinsel (*Kit.* Bar), bei Kér im Com. Tolna (*Hillebr.* ZBV. VII. 40), Babocsa im Com. Somogy (*Kit.* Slav.), in Sirmien (*Rumy* 54), im östl. Com. Arad (*Kery* 21), bei Grebenae in der serbisch-banat. Milit. Gr. (*Heuff.* 134). Auf Aeckern bei Koroncó im Com. Raab (*Ebenh.* PV. V. 61)?

15. V. Bachofenii *Heuff.* Flora 1835 I. 253. An felsigen Stellen der Berg- und Voralpenregion. Auf der Biharia (*Kern.* Exs.), bei Ruskberg (*Gris.* It. 324), auf der Pojana Merului (*Koch.* Reise 13) und bei den Herculesbädern der roman. banat. Milit. Gr. (*Heuff.* l. c.). Von V. spuria als Art kaum verschieden.

16. V. longifolia *L.* V. maritima *L.* V. media *Schrad.* V. elata, elatior, Hostii. geniculata et villosa *Host* Anst. I. 3 — 5. V. glabrae affinis *Kit.* Add. 141 der Beschreibung nach. Auf Wiesenmooren, in feuchten Gebüschen, an überschwemmten Stellen sowohl in den nördl. Karpatenthälern als im Tieflande besonders im Wassergebiete der Theiss.

17. V. spicata *L.* V. hybrida *L.* Auf Triften, Wiesen, buschigen Plätzen hügliger und gebirgiger Gegenden. Var. sind nach meiner Ansicht:

a. **V. orchidea** *Cr.* V. cristata *Bernh.* V. crassifolia *Kit.* in *R. Sch.* Syst. I. 96, nicht *Wierzb.* An gleichen Stellen in den Com. Presburg (*Endl.* 261), Neutra (*Kn.* ZBG. XV. 142), Liptau, Zips (*Wahlb.* 4), Heves (*RK.* 126), Zemplin (*Kit.* Add. 140); ferner in den Com. Eisenburg (*Pol.* 19), Wieselburg (*Wierzb.* Mos.), Gran (*Feicht.* Exs.), Pest (*Sadl.* 5) und Baranya (*Nendtv.* 33), im Banat (*Heuff.* 134).

b. **V. crassifolia** *Wierzb.* Flora 1835 I. 251, *Roch.* Reise 87. Auf Kalkfelsen im südl. Com. Krassó und auf dem Donau-Bergzuge der Banat. Milit. Gr. (*Heuff.* 134).

c. **V. incana** *WK.* Ic. III. t. 244. V. neglecta *Kit.* in *Schult.* I. 18 et Add. 141. V. pallens *Host.* Aust. I. 6. An Sandstellen der Com. Bereg, Szabolcs und Szatmár (*WK.* l. c. 271, *RK.* 40), auf dem Harsányhegy im Com. Baranya (*Kit.* Add. l. c.), an der österr. Grenze (*Host.* l. c.)?

18. V. bellidioides *L.* An felsigen Stellen der Alpen. Auf dem Grossen Křivan (*Hacq.* IV. 167) fehlt jedoch bei *Wahlenberg*, auf dem Pop-Ivan in der Marmaros (*Kit.* Add. 141), auf der Dscameanie und Negujasa der Rodnaer Alpen (*Baumg.* I. 22), auf den Banat. Alpen, besonders auf dem Muraru (*Heuff.* 135).

19. V. saxatilis *Scop.* Carn. I. 11*). An felsigen buschigen Stellen der Alpen und Voralpen in den Com. Trencsin, Turóc, Arva, Liptau und Zips (*Wahlb.* 5, *RK.* 62, *Vitk.* ZBG. XIII. 1076, *Kit.* Add. 141).

V. fruticulosa *L.* Auf den Alpen Ungarns (*WK.* Ic. I. p. XXX nebst V. saxatilis). Kömmt in keiner Specialflora und auch nicht in *Kitaibel's* Reisetagebüchern vor.

20. V. alpina *L.* V. integrifolia *Schrank.* Auf alpinen Triften. Auf dem Choč (*Szont.* ZBG. XIII. 1076), auf den Central-Karpaten vom Rohač bis zum Grünen See der Hohen Tatra, auf dem Dumbier (*Wahlb.* 5, *Kit.* Add. 141), der Dscameanie der Rodnaer Alpen (*Baumg.* I. 21), auf den Banat. Alpen (*Heuff.* 135).

21. V. serpyllifolia *L.* V. microphylla *Kit.* in *Schult.* I. 20. Auf Wiesen, feuchten Stellen niedriger und gebirgiger Gegenden bis in die Alpenregion (*Wahlb.* 6).

22. V. acinifolia *L.* Auf Aeckern, bebauten Plätzen. Im Bakonyer Walde (*Kern.* ZBV. VI. 378), bei Pecs Sz. Márton nächst Grosswardein (*Kit.* Add. 145), in Weingärten bei Boros Jenö (*Heuff.* Bot. Zeit. 1863 p. 45), auf den Ebenen und im Hügellande des Banats (*Heuff.* 135).

23. V. arvensis *L.* V. depressa *Kit.* in *Schult.* I. 32 et Add. 144 der Beschreibung nach. Auf Wiesen, Grasplätzen.

24. V. peregrina *L.* In Ungarn (*Kit.* in *Schult.* I. 32). Americanischen Ursprunges (*DC.* Prodr. X. 483), jedenfalls nur zufällig und ohne bleibenden Standort.

25. V. verna *L.* Auf Hügeln, Grasplätzen, in Vorhölzern, bis in die nördl. Karpatenthäler (*Wahlb.* 8, *Vitk.* ZBG. XIII. 1076).

26. V. triphyllos *L.* V. pusilla *Kit.* Add. 145? Auf wüstem und bebautem Boden.

27. V. praecox *All.* V. acinifolia *Lumn.* 9, *Reuss* 313, nicht *L.* V. viscida *Kit.* Add. 144. Auf Aeckern, Grassteppen, an Rainen niedriger und hügliger Gegenden.

---

*) Ich habe schon wiederholt aufmerksam gemacht, dass Jacquin nirgends eine V. saxatilis aufgestellt hat, sondern dass er diese Pflanze vielmehr V. fruticans nennt (En. vindob. p. 2 et 200), gleichwohl wird bis in die neueste Zeit stets Jacquin als Autor zu V. saxatilis citirt.

28. V. agrestis *L.* V. polita et opaca *Fries.* Auf Aeckern, bebautem Lande, Grasplätzeu.

29. V. Buxbaumii *Ten.* V. filiformis *DC.*, nicht *Sm.* Der älteste Name ist V. persica *Poir.* Enc. VIII. 1808 p. 542, aber unpassend und nicht gebräuchlich. Auf Aeckern, Triften.

30. V. hederifolia *L.* Auf Aeckern, bebautem Lande, in Hainen. ** V. angustifolia *Nendtv.* ZBG. XIII. 568. Bei Fünfkirchen.

10. EUPHRASIA L.

1. E. officinalis *L.* E. stricta *Host.* Auf Wiesen, Hügeln, in Wäldern niedriger und gebirgiger Gegenden bis in die Alpenregion, wo sie in E. minima der Aut. übergeht. E. minima *DC.* Franç. III. 475 (E. officinalis β. minima *Schleich.* Cat. 1800 p. 22) mit fast ganz gelben Blumen ist hiervon verschieden und scheint nur auf dem westl. Alpenzuge vorzukommen.

2. E. salisburgensis *Funk.* E. alpina *DC.* Auf Felsen und Triften der Voralpen. Auf dem Stoch, Rozsudec (*Vitk.* ZBG. XIII. 1077), der östl. Tatra (*Wahlb.* 185), am Fuss des Branisko bei Široka (*Hazsl.* Sár. 223), auf dem Gutin (*Baumg.* II. 195), der Biharia (*Kern.* DL. 296), auf den Banat. Alpen (*Heuff.* 137). Von E. officinalis *L.* als Art kaum verschieden.

3. E. lutea *L.* Auf sonnigen steinigen Hügeln, an Weingarten-rändern, auf sandigen Triften der Ebene.

4. E. Odontites *L.* O. serotina *Lam.* An feuchten Stellen, in Sümpfen.

11. BARTSIA L.

1. B. alpina *L.* Auf felsigen Triften der Alpen, besonders in der Krummholzregion. Auf der Babia Góra, dem Stoch, Rozsudec, Choč, auf allen Central-Karpaten vom Rohač bis auf die Leiten der östl. Tatra, auf dem Dumbier und der Kunstava der Liptau-Sohler Alpen (*Wahlb.* 184, *RK.* 62, *Szont.* ÖBZ. XII. 289, *Vitk.* ZBG. XIII. 1077), auf der Skarisora der südöstl. Marmaros (*RK.* 41), auf dem Csiblesz und Arsul der Rodnaer Alpen (*Baumg.* II. 192), den Banat. Alpen (*Heuff.* 137).

12. PEDICULARIS L.

1. P. rostrata *L.* Auf felsigen Plätzen der Alpen. Bisher nur auf den Grenzkarpaten der Marmaros, als auf der Kuppe Berbenieska der Cerna Hora (*Herb.* Bucov. p. VI) und dem Galac der Rodnaer Alpen (*Baumg.* II. 204). Ob hierunter die echte P. rostrata *L.* oder P. Jac-quini *Koch* gemeint sei, ist nicht zu entnehmen.

2. P. asplenifolia *Flörke.* An felsigen Stellen der Alpen. Auf dem Stol und Galac der Rodnaer Alpen (*Baumg.* II. 202).

P. Incarnata *Jacq.* Auf Alpenwiesen in Ungarn (*WK.* Ic. I. p. XXX, *Schult.* II. 199). Auf dem Grossen Křivan (*Hacq.* IV. 175). Wird von keinem späteren Floristen mehr angeführt.

3 P. silvatica *L.* Auf Waldwiesen, vorzüglich an torfigen Stellen. Bisher nur bei Trstena im Com. Arva (*Vitk.* ZBG. XIII. 1076), bei der Pavlovna Polana am Fuss des Grossen Křivan (*Szont.* ÖBZ. XIV. 279), im Langen- und Grossenwalde bei Kesmark (*Wahlb.* 188). Im Banat (*Roch.* Ban. 26, Reise 69)? fehlt bei *Heuffel.*

4. P. palustris *L.* Auf nassen Wiesen, in Sümpfen niedriger und gebirgiger Gegenden bis in die Voralpenregion.

5. P. comosa *L.* Auf Bergwiesen und alpinen Triften. Auf der Babka im Löwensteingebirge des Com. Trencsin (*Roch.* MS. II. 46), am Alpensee der Rackova (*Wahlb.* 189), dann erst wieder auf dem Csiblesz der Rodnaer Alpen (*Kotschy*), auf der Biharia (*Kern.* DL. 142, 338), auf dem Simion bei Csiklova im Com. Krassó und auf dem Domugled (*Heuff.* 137).

6. P. exaltata *Bess.* Flora 1832 II. Beibl. 19. P. Hacquetii *Graf* Flora 1834 I. 40. P. foliosa der ung. Aut., nicht *L.*, von derselben aber nur wenig verschieden. In Voralpenwäldern bis in die Krummholzregion. Im Thale Kozinska bei Zazriva und bei Dubova im Com. Arva (*Vitk.* ZBG. XIII. 1077), auf der Fatra, den Central-Karpaten (*Wahlb.* 189), den Liptau-Sohler Alpen (*Hazsl.* ÉM. 173, *Roch.* MS. I. 99, 178), der Bersava im Com. Bereg (*RK.* 15), auf den Voralpen der Marmaros (*Wagn.* in *Reichb.* Ic. XXX. 75, *Müll.* ZBG. XIII. 558), auf den Banater Alpen (*Heuff.* 137). Bei Parád am Fuss der Matra (*RK.* 126 mit ?).

7. P. recutita *L.* Auf feuchten Alpentriften. Auf der Dscameanie und Negujasa der Rodnaer Alpen (*Baumg.* II. 203). Auf dem Grossen Křivan (*Hacq.* IV. 175)?

8. P. limnogena *Kern.* ÖBZ. XIII. 362. Eine noch nicht hinlänglich bekannte Art. An sumpfigen Stellen in der Tannen- und Alpenregion der Biharia.

9. P. versicolor *Wahlb.* P. flammea *Towns.* 490 und der ält. Aut. P. hirsuta *Geners.* 47. In und oberhalb der Krummholzregion. Auf dem Choč und allen Central-Karpaten vom Rohač bis auf die Leiten der östl. Tatra (*Wahlb.* 188), dann auf dem Dumbier (*Krz.* ÖBZ. X. 159).

10. P. verticillata *L.* Auf felsigen Alpentriften. Auf dem Rozsudec, Stoch (*Vitk.* ZBG. XIII. 1077), Kleinen Křivan, Choč, allen Central-Karpaten bis auf die östl. Tatra (*Wahlb.* 188), auf dem Dumbier (*Krz.* PV. V. 114), der Prašiva und Kunstava der Liptau Sohler Alpen, der Petrosa in der Marmaros (*RK.* 41, 62), auf den Banater Alpen (*Heuff.* 137). Bei Zcherje im südl. Com. Gömör (*Fábry* II. 5) gewiss nicht.

11. P. Sceptrum Carolinum *L.* Auf Hochmooren am südl. Fuss der Hohen Tatra in der Zips, als bei Mengsdorf (*Heuff.* Linn. 1862 p. 677—8), Gross-Schlagendorf, Roks, im Grossenwalde bei Kesmark (*Wahlb.* 190), im s. g. Blumengarten unterhalb des Polnischen Kammes (*Szont.* ÖBZ. XIV. 282).

13. RHINANTHUS L.

1. Rh. Crista Galli *L.* Aendert ab:

α. **minor** (Rh. minor *Ehrh.*). Auf Wiesen niedriger und gebirgiger Gegenden bis in die Voralpenregion.

β. **major** (Rh. major *Ehrh.*). An gleichen Orten, aber später blühend.

γ. **hirsutus** (Rh. Alectorolophus *Poll.*). Unter dem Getreide.

2. Rh. alpinus *Baumg.* II. 194. Rh. pulcher *Schumm.* Rh. Crista Galli *β.* alpestris *Wahlb.* 184. Auf steinigen Triften der Voralpen bis in die Krnmmholzregion. Von dem vorigen nur wenig verschieden.

14. MELAMPYRUM L.

1. M. cristatum *L.* Auf buschigen Hügeln, in Vorhölzern, auf Grassteppen.

2. M. arvense *L.* Unter dem Getreide, auf Brachen, buschigen Hügeln. M. hybridum *Wolfn.* ÖBW. VII. 232 bei Szemlak im Com. Arad ist eine gelbblühende Var. des M. arvense, kein Bastard (*Jur.* ZBV. VII. 510).

3. M. barbatum *WK.* Ic. I. t. 86. Auf Brachen, Grasplätzen, unter dem Getreide durch das Hügelland und alle Ebenen Ungarns, aber nicht im Hochlande (*Hazsl.* ÉM. 171—2) oder doch sehr selten. z. B. bei Rosenberg im Com. Liptau (*Uchtr.* ÖBW. VII. 376).

4. M. nemorosum *L.* In Vorhölzern, Bergwäldern bis in die Voralpenregion.

β. **angustifolinm** (M. subalpinum *Kern.* ÖBZ. XIII. 363). Auf der Biharia (*Kern.*) und wohl noch an vielen Stellen der Voralpen.

5. M. pratense *L.* In Vorhölzern, Berg- und Voralpenwäldern.

6. M. silvaticum *L.* In Berg- und Voralpenwäldern. Durch die ganze nördl. Karpatenkette vom Com. Presburg bis in die Marmaros (*Krz.* PV. II. 1. 81, *Stur* 127, *Roch.* MS. II. 44, *Hazsl.* ÉM. 172, *Herb.* ZBG. XI. 68), dann auf den höheren Ofner Bergen (*Sadl.* 263), auf dem Papuk in Slavonien (*Kit.* Slav.), im östl. Banat (*Heuff.* 136). Folgende Standorte als bei Koroncó im Com. Raab (*Ebenh.* PV. V. 61), bei Fünfkirchen (*Maj.* 13), zwischen Bököny und Nyíregyháza im Com. Szabolcs, bei Debrecin (*RK.* 41) und Száldobagy bei Grosswardein (*Steff.* ÖBZ. XIV. 180) sind mindestens zweifelhaft.

β. **pictum** *Herb.* Bucov. 275 (M. saxosum *Baumg.* II. 199). Auf Felsen und an moosigen Stellen der Alpen. Auf dem Pikuj im Com. Bereg (*Hück.* ZBG. XV. 55), auf dem Gutin, auf den Rodnaer Alpen vom Csiblesz bis auf den Stol (*Baumg.* l. c., *Rock.* Siebenb. Ver. 1855 p. 19), auf den Banater Alpen (*Heuff.* 136).

15. TOZZIA L.

1. T alpina *L.* Auf feuchten Triften der Alpen und Voralpen. Auf der Babia Góra (*Vitk.* ZBG. XIII. 1076), dem Rozsudec (*Krz.* PV. V. 114),

Stoch und Kleinen Křivan (*Wahlb.* 187), dann auf der Petrosa (*RK.* 41), Dseameanie (*Baumg.* II. 200) und dem Galac der Rodnaer Alpen (*Herb.* Buc. p. V), an den Wasserfällen der Bistra am Fuss des Sarko (*Heuff.* 136).

LXI. A C A N T H A C E A E.

1. ACANTHUS L.

1. **A. longifolius** *Host* Aust. II. 217. A. mollis *Roch.* Ban. 2, 4, nicht *L.* Bei Semlin (*Panč.* Sirm.), dann in der Banat. Milit. Gr. und zwar häufig an Hecken zwischen Toplec und Alt-Orsova, seltener auf dem Donau-Bergzuge und im Walde Vojlovica bei Pančova (*Heuff.* 147). A. mollis und A. spinosus *Kit.* in *Schult.* II. 177—8 im südl. Ungarn, in Sirmien und im Banat gehören wahrscheinlich hierher.

Sesamum orientale *L.* Wird der ölreichen Samen wegen mit gutem Erfolge im Banat gebaut (*Roch.* Ban. 10, 25), doch erwähnt *Heuffel* seiner nicht.

LXII. O R O B A N C H E A E.

1. OROBANCHE L.

1. **O. cruenta** *Bert.* O. gracilis *Sm.* O. Wierzbickii *Schultz* Flora 1845 I. 324. Auf Papilionaceen an grasigen buschigen Stellen. O. platystigma auf Cytisus elongatus im Banat (*Wierzb.* in *Maly* 208) scheint der Mutterpflanze nach O. Wierzbickii zu sein. Auch O. caryophyllacea der meisten Aut. dürfte hierher gehören.

2. **O. pruinosa** *Lap.* O. grandiflora *Bory* nach *DC.* Prodr. XI. 19. Auf Vicia Faba. Bei Fünfkirchen (*Maj.* 12), wenn anders die Bestimmung richtig ist.

3. **O. pallidiflora** *Wimm.* et *Grab.* Im Gebiete der Central-Karpaten (*Hazsl.* ZBV. II. 3), im Wolfswalde bei Grosswardein (*Steff.* ÖBZ. XIV. 180), auf Cirsium arvense im Banat (*Heuff.* 135), auf Galium Mollugo (?) bei Bazias (*Wierzb.* Flora 1845 I. 324).

4. **O. Epithymum** *DC.* Auf Labiaten an grasigen buschigen Stellen.

5. **O. epithymoides** *Heuff.* ÖBZ. VIII. 28. Auf Thymus auf dem Domugled im Banat.

6. **O. Galii** *Duby.* O. vulgaris *DC.* Auf Galien an steinigen buschigen Stellen bis in die Voralpenregion (*Wahlb.* 191).

7. **O. leucantha** *Gris.* O. alba *Wierzb.* Flora 1845 I. 324, nicht *Steph.* Auf Galium Mollugo bei Čudanovec im südl. Com. Krassó (*Heuff.* 135).

8. **O. rubens** *Wallr.* O. elatior der meisten Aut. Auf Medicago, besonders in Luzernerklee-Feldern. O. Buekiana *Koch* auf Echinops banaticus (*Heuff.* 136 mit ?) ist nach *Reichb.* fil. lc. XXX. 99 Var. der O. rubens.

9. O. Echinopis *Pančić* Exs. im Herbar der ZBG. Im Flugsand am Römerwall (Bieloberdo) der serbisch-banat. Milit. Gr.

10. O. Teucrii *Schultz.* Auf dem Pilis-Vértes Gebirge (*Kern.* ZBV. VII. 261) und bei Waizen (*Kern.* Exs.).

11. O. stigmatotes *Wimm.* Auf Centaurea Scabiosa bei Freistadtl im Com. Neutra (*Hol.* PV. IV. 76). Nach *Wimm.* Schles. III. Ausg. 414 die wahre O. major L. (*Fries* mant. III. 57). Was aber die ungar. Autoren unter der öfter angeführten O. major verstanden haben, ist nicht herauszubringen.

12. O. loricata *Reichb.* Bei Ofen (*Lang* in *Reichb.* Germ. 355).

13. O. Picridis *Schultz.* Bei Gáboltó und Peklén im Com. Sáros (*Hazsl.* ÉM. 171), im Kreisnerwalde bei Ödenburg (*Szont.* ZBG. XIV. 488).

14. O flava *Mart.* Auf Petasites am Fuss der Tatra (*Hazsl.* ÉM. 170), namentlich an der Bialka bei Javořina und im Schächtengrund der östl. Tatra (*Hausskn.* ÖBZ. XIV. 214), da nn auf dem Turecko im südl. Com. Trencsin (*Kell.* ÖBZ. XV. 31), im Banat (*Heuff.* 136).

15. O. Salviae *Schultz.* Auf Salvia glutinosa im Banat (*Heuff.* 136).

16. O. minor *Sm.* EB. t. 422 (1797), *Sutt.* Trans. Linn. soc. IV. 179 (1798). Auf Triften der Donau-Inseln und der Berge um Presburg (*Endl.* 249), bei Füufkirchen (*Maj.* 12), auf Trifolium pratense im Banat (*Heuff.* 136).

17. O. psilandra *C. Koch* Linn. 1849 p. 668. Im Banat.

18. O. coerulescens *Steph.* Auf Artemisia campestris im Banat (*Heuff.* 136).

19. O. coerulea *Vill.* Auf Achillea Millefolium. Auf dem Galgenberg bei Theben (*Endl.* 249) und dem Kalvarienberg bei Presburg (*Richt.* PV. VII. 102), bei Skalic (*Hol.* PV. VII. 88) und Čachtice im Com. Neutra (*Roch.* MS. II. 45), Lučky im Com. Liptau (*Hazsl.* ÉM. 170), Grosswardein (*Stef.* ÖBZ. XIV. 180); ferner auf dem Leithagebirge, bei Nikelsdorf (*Wierzb.* Mos.) und Ung. Altenburg (*Vuezl*), in den Com. Eisenburg (*Pol.* 15) und Pest (*Sadl.* 261), bei Fünfkirchen (*Nenltv.* 28), in Sirmien (*Panč.* Sirm.), im Banat (*Heuff.* 136).

20. O. arenaria *Borkh.* O. purpurea *Jacq.* Auf Artemisia campestris an sandigen Stellen. Im Marchthale des Com. Neutra (*Krz.* PV. II. 1. 81), auf dem Presburger Schlossberge (*Bolla* PV. I. 11), auf dem Haglersberge am Neusiedler See (*N.*), im südl. Com. Komorn (*Hillebr.* ÖBZ. VIII. 298), bei Fünfkirchen (*Maj.* 12), Ofen (*Lang* in *Reichb.* Ic. XXX. 87), Debrecin (*Kov.* Exs.), im Banat (*Heuff.* 136). Ob O. purpurea *RK.* 41 und 63 an sandigen Stellen bei Debrecin und auf dem Šturec im Com. Liptau, dann ob O. laevis *RK.* 41 bei Debrecin zu O. coerulea oder arenaria gehören, vermag ich nicht zu entscheiden.

21. O. ramosa *L.* Auf Mais- Hanf- und Tabak-Feldern (*Kit.* Add. 146), auch auf Urtica (*Wierzb.* Mos.).

** O. viridis *Hazsl.* ZBV. II. 3. Im Gebiete der Central-Karpaten. Dass die meisten der hier angeführten Orobanchen keine haltbaren Arten seien, dessen bin ich gewiss, dass sie alle richtig bestimmt seien, bezweifle ich wenigstens.

2. LATHRAEA L.

1. L. Squamaria *L.* In Hainen, Wäldern.

LXIII. UTRICULARIEAE.

1. UTRICULARIA L.

1. U. vulgaris *L.* In stehenden und langsam fliessenden Wassern, besonders niedriger Gegenden.

2. U. intermedia *Hayne.* In Sümpfen der Insel Pötschen (bei Presburg (*Endl.* 218), im Hanság (*Wierzb.* Mos.), in Sümpfen des Hernád in der südl. Zips (*Kalchbr.* in *Hazsl.* EM. 169).

3. U. minor *L.* In Sümpfen, Wassergräben. Bei Ung. Altenburg (*Vuezl*), zwischen Aszód im Com. Pest und Tisza-Földvár im Com. Heves (*Haberle* in *RK.* 41), eine lange Strecke, auch wurde sie in späterer Zeit nicht wieder gefunden (*Sadl.* Pest ed. I. 1. 22 Note).

2. PINGUICULA L.

1. P. vulgaris *L.* In Sümpfen und auf nassen Wiesen niedriger und gebirgiger Gegenden. Bei der Teichmühle nächst Ödenburg (*Szont.* ZBG. XIV. 488), im Hanság (*Wierzb.* Mos.), in den Karpatenthälern der Com. Turóc (*RK.* 63), Arva (*Vitk.* ZBG. XIII. 1077), Liptau, Sohl, Gömör und Zips (*Hazsl.* ÉM. 169), dann auf den Rodnaer Alpen, wenigstens auf der siebenbürg. Seite (*Baumy* I. 31).

2. P. alpina *L.* P. flavescens *Flörke.* An felsigen Stellen der Voralpen bis in die Krummholzregion. Im Thale Sulov im Com. Trencsin, auf der Fatra (*Roch.* MS. I. 9. II. 46), dem Rozsudec (*Stur* ÖBZ. IX. 25), Sokol (*Szont.* ÖBZ. XIV. 278), Choč, Dumbier, allen Vorlagen der Central-Karpaten von der Rackova bis auf die östl. Tatra (*Wahlb.* 9), auf der Dseameanie, dem Stol und Galac der Rodnaer Alpen (*Baumy.* I. 31 — 2).

LXIV. PRIMULACEAE.

1. ANDROSACE L.

1. A. villosa *L.* Bisher nur auf Felsen unter der Lomnitzer Spitze der Hohen Tatra (*Kit.* Add. 336).

2. A. Chamaejasme *Host*, nicht *Wulf.* A. villosa *Geners.* Exs. nach *Kit.* Add. 336, sowie *Wahlb.* 53 der Beschreibung nach, dann *Üchtr.*

25*

ÖBW. VII. 360 und 369 nach seiner eigenen Verbesserung in der ÖBZ.
XIV. 386, nicht *L.* Auf Triften der Alpen besonders in der Krummholz-
region auf Kalk. Auf dem Skopa-Pass (*Üchtr.* l. c. 360), der Leiten und
im. Drechselhäuschen der östl. Tatra (*Wahlb.* l. c.); auch auf dem
Gewont bei Zakopana der galizischen Centralkarpaten hart an der
Grenze gegen das Com. Liptau (*Grzeg.* ÖBW. V. 86) und auf den
Rodnaer Alpen wenigstens auf der siebenbürg. Seite (*Baumy.* I. 133).

3. A. obtusifolia *All.* A. Chamaejasme *Wulf.* In und oberhalb
der Krummholzregion der Central-Karpaten vom Roháč bis auf die
Grünsee-Alpe der Hohen Tatra, dann auf dem Dumbier (*Wahlb.* 52).

4. A. lactea *L.* A. pauciflora *Vill.* Auf Kalkfelsen der Alpen
und Voralpen. Auf dem Šip im Com. Arva (*Szont.* ZBG. XIII. 1078),
Rozsudec (*Stur* ÖBZ. IX. 21), Choč, Czerwoný Wirch der Liptauer
Central-Karpaten, Grossen Křivan, der Nesselblösse und im Drechselhäuschen der östl. Tatra (*Wahlb.* 53, *Grzeg.* ÖBW. III. 258, *Hacq.* IV.
173), auch auf den Pienninen in Galizien hart an der Zipser Grenze
(*Herb.* Add. 19).

5. A. maxima *L.* Auf Aeckern, Grasplätzen, in Weingärten niedriger und hügliger Gegenden (*Kit.* Add. 336).

6. A. elongata *L.* Auf Aeckern, Grasplätzen, an Rainen. Stellen-
weise in den Com. Presburg (*Endl.* 216, *Stur* 130, *Krz.* PV. III. 2. SB. 23,
Richt. PV. VII. 101), Neutra (*Kn.* ZBG. XV. 144), Trenesin (*Kikó* 17),
Bars und Komorn (*Kn.* ÖBZ. XV. 58, *Grundl* ÖBZ. XV. 12), bei Nána
im Com. Gran (*Feicht.* Ad. 278), bei Rima Szombat im Com. Gömör (*Fabry*
II. 5), Eperjes und Tébany im Com. Sáros, bei Kaschau, Miskolc, Erlau
und Gyöngyös im Com. Heves (*Reuss* 350, *Hazsl.* ZBV. II. 2, *Pawl.* PV.
I. 27, *Pav.* ÖBZ. XIII. 197, *Kit.* Add. 336), bei Grosswardein (*Steff.* ÖBZ.
XIV. 180); dann häufig im Com. Wieselburg (*Kn.* ÖBZ. XIV. 221, *Wierzb.*
Mos.), auf der Halbinsel Tihany am Plattensee (*Kit.* Bar.), bei St. Andrä
nächst Ofen (*Sadl.* 96), im Banat (*Heuff.* 147).

7. A. septentrionalis *L.* Auf sandigen Brachen in Ungarn (*Reichb.*
Germ. 400)? Auf der Dscameanie der Rodnaer Alpen (*Baumy.* I. 132),
dann auf dem Kronenberg der Pienninen in Galizien hart an der Zipser
Grenze (*Herb.* Flora 1834 II. 575).

Aretia helvetica *L.* Auf dem Grossen Křivan (*Hacq.* IV. 175), auf
der Tatra in der Zips (*Kit.* in *Schult.* I. 379 et Add. 336). Offenbar irrig,
da A. helvetica eine Pflanze der westl. Alpen ist, die über Tirol nicht
weiter mehr nach Osten vordringt. A. alpina *WK.* lc. I. p. XXX ist
wahrscheinlich dasselbe, welche Pflanze aber damit gemeint sei, ist nicht
herauszubringen.

2. PRIMULA L.

1. P. farinosa *L.* Auf nassen Wiesen der Ebene, als an der Leitha
bei Kaisersteinbruch (*Stur* 130), bei der Teichmühle nächst Ödenburg
(*Szont.* ZBG. XIV. 489), bei Szigliget am Plattensee (*Sigm.* 46); häufiger
in den Karpatenthälern der Com. Trencsin, Turóc (*Kit.* Arv., *Roch.* MS.

II. 47), Arva (*Szont.* ZBG. XIII. 1078), Liptau (*Kit.* Add. 148), Sohl
(*RK.* 63, *NS.* 12) und Zips (*Wahlb.* 54, *Hazsl.* ÉM. 167), am Fuss der
Petrosa in der Marmaros (*Mill.* ZBG. XIII. 558), im östlichen Com. Arad
(*Kéry* 20).

2. P. longiflora *All.* Auf Felsen und Triften der Voralpen. Im
Thale Parnica im Com. Arva, auf dem Rozsudec (*Vitk.* ZBG. XIII. 1078),
auf der östl. Tatra (*Wahlb.* 54, *Hazsl.* ZBV. II. 2), auf der südl. Abdachung des Stol, also hart an der Grenze der Marmaros (*Rek.* Siebenb.
Ver. 1855 p. 19), auf dem Baiku der roman. banat. Milit. Gr. (*Heuff.* 147).

3. P. vulgaris *Huds.* In der Regel stengellos (P. acaulis *Jacq.*),
weit seltener stengeltreibend. Auf Wiesen, in Hainen, Wäldern gebirgiger
Gegenden. Am Fuss der mährischen Grenzkarpaten vom Hauran bis zur
Javořina (*Krz.* PV. II. 1. 87), auf der Fatra (*Wahlb.* 54), bei Schemnitz
(*Kn.* ÖBZ. XIV. 113) und Neu-Sohl (*NS.* 9), in den Karpaten bisher
die östlichsten Standorte (*Hazsl.* ZBV. II. 2); ferner in den Com. Wieselburg (*Wierzb.* Mos.) und Eisenburg (*Pol.* 16), bei Ödenburg (*Szont.* ZBG.
489), bei Füred am Plattensee (*Sigm.* 47), im Walde Bakony, auf dem
Vértes Gebirge bei Csákvár (*Kern.* ZBV. VI. 380, VII. 268), bei Fünfkirchen (*Nendtv.* 29), Semlin (*Panč.* Sirm.), Grosswardein (*Steff.* ÖBZ.
XIV. 180), am Fuss der Biharia (*Kern.* DL. 122. 340), im Banat (*Heuff.*
148). Auf den Alpen der Com. Liptau und Zips (*Kit.* Add. 148) und
selbst am Alpensee der Rackova (*Roch.* MS. I. 180), also in einer Höhe
von 5295′? Der Var. β. caulescens wird nur von *Hazsl.* l. c. erwähnt,
doch kömmt sie einzeln unter der Stammart wahrscheinlich überall vor.

4. P. elatior *Jacq.* P. carpatica *Fuss* Progr. 22. In Wäldern
und auf Wiesen gebirgiger Gegenden bis in die Krummholzregion. Auf
der Ostseite der Kleinen Karpaten von Modern bis Wag-Neustadtl (*Endl.*
217, *Krz.* PV. II. 1. 87), auf dem Temetvény- und Inovec-Gebirge (*Kell.*
ÖBZ. XIV. 285), dem Zobor bei Neutra, bei Schemnitz (*Kn.* PV. VII. 168,
ÖBZ. XIV. 113) und Neu-Sohl (*NS.* 10), überall in den Com. Trencsin
(*Roch.* Pest. Mus.), Arva (*Szont.* ZBG. XIII. 1078), Liptau und Zips
(*Wahlb.* 54, *Hazsl.* ZBV. II. 2), bei Kerekrét im nördl. Com. Sáros (*Hazsl.*
Sár. 223), bei Kaschau (*Pawl.* PV. I. 26), auf dem Rybra der Cerna
Hora (*Herb.* Bucov. p. VI), bei Hegyköz-Újlak nächst Grosswardein
(*Steff.* ÖBZ. XIV. 180), auf der Biharia (*Kern.* in lit.), in den Alpen-
thälern des Banats (*Heuff.* 148).

5. P. officinalis *Jacq.* P. veris vieler Aut. Auf Wiesen, in Wäldern, an buschigen Stellen niedriger und gebirgiger Gegenden.

P. inflata *Lehm.* Prim. p. 26 t. 2 in Ungarn ist zwar nach der Ansicht vieler Autoren nur eine Var. der P. officinalis, weicht jedoch
von dieser durch einen gekerbten Rand der Blumenkrone ab. Den neueren
Botanikern scheint sie unbekannt zu sein (*Reichb.* lc. XXVII. 35).

Auf der Biharia fand *Kerner* (nach einer brieflichen Mittheilung)
eine Primula mit unterseits weissfilzigen Blättern, deren Blumensaum
so gross wie bei P. elatior, aber konkav und goldgelb wie bei P. officinalis ist, also eine Mittelform zwischen diesen beiden oder des weissfilzigen Blattüberzuges wegen zwischen P. Columnae *Ten.* und P.

suaveolens *Bertol.* (Vergl. *Neilr.* Nachtr. 184—5). Ob P. suaveolens
Gris. It. 320 und *Heuff.* Ban. 148 im Banat zur echten P. suaveolens *Bert.*
(d. i. einer Form der P. officinalis mit unterseits weissfilzigen Blättern)
oder zur vorerwähnten Primula *Kerner's* gehöre, liesse sich nach getrockneten Exemplaren, wenn sie mir selbst vorlägen, schwer entscheiden.

6. P. Auricula *L.* Auf Felsen gebirgiger und subalpiner Gegenden
bis in die Krummholzregion. Auf allen Kalkbergen der nordwestl. Karpaten vom Com. Trencsin (*Roch.* Pest. Mus.), bis in das Com. Sáros
(*Hazsl.* Sár. 223, ÉM. 168), dann auf der Negujasa der Rodnaer Alpen
(*Baumg.* I. 135) nnd bei den Herculesbädern (*Heuff.* 148).
P. marginata *Kit.* Add. 148 auf dem Choč? Was damit gemeint sei,
weiss ich nicht; die echte Pflanze *Curtis* gewiss nicht.

7. P. integrifolia *DC.* nicht *Jacq.*, dessen Pflanze zn P. Clusiana
Tausch gehört. Auf der Rackova (*Roch.* MS. I. 109) und der Voralpe
Kopa des Grossen Křivan (*Krz.* Exs., *Wahlb.* 55).

8. P. glutinosa *Wulf.* Mit der vorigen auf der Kopa (*Krz.* Exs.).

9. P. minima *L.* Auf felsigen Triften der Alpen bis auf die
höchsten Gipfel. Auf dem Hermanec, Choč, auf allen Central-Karpaten
vom Rohač bis auf die Leiten der östl. Tatra, bei Hradek in das Wagthal herabsteigend, auf den Liptau-Sohler Alpen (*Wahlb.* 55, *RK.* 63),
auf dem Galac und Stol der Rodnaer Alpen (*Baumg.* I. 136), auf den
Banat. Alpen (*Heuff.* 148).
P. venusta *Host* Aust. I. 248. In Ungarn (*Maly* 214). Auch in
meinen Nachträgen 186—7 wird sie mit Berufung auf *Host* im Com.
Tolna mit ? angegeben. Allein dies beruht meinerseits anf einem Versehen. *Host* sagt nämlich „In montanis Comitatus Tolmiensis" d. i. die
mittelalterliche jetzt freilich längst verschollene Grafschaft Tolmein in
Görz. Unglücklicher Weise las ich aber Comitatus Tolnensis. *Maly*
scheint in denselben Irrthum verfallen zu sein.
P. villosa β. seu pubescens *Jacq.* Auf dem Berge Gerava in der
Zips (*Kit.* Add. 148). Offenbar irrig.

3. CORTUSA L.

1. C. Matthioli *L.* Auf feuchten Felsen und in Nadelwäldern der
Kalkvoralpen der nordwestl. Karpaten vom Com. Trencsin durch die
Com. Arva, Turóc, Liptau, Sohl, Zips und Gömör bis auf das Grenz-
gebirge Branisko (*Wahlb.* 55, *Reuss* 353, *Stur* ÖBZ. IX. 18, *Szont.* ZBG.
XIII. 1078, *Kit.* Add. 148 et Arv., *Hazsl.* ÉM. 166).

4. CYCLAMEN L.

1. C. europaeum *L.* In feuchten Bergwäldern selten. Im Raciborer-
Thale bei dem Schloss Arva (*Hazsl.* ZBV. II. 2), auf dem Šturec bis
Altgebirg in das Com. Sohl herab (*Szontagh*), bei Pokorágy im Com.
Gömör (*Fábry* II. 5), auf der Matra (*Reuss* 354), bei Száldobágy nächst
Grosswardein (*Steff.* ÖBZ. XIV. 180); ferner auf dem Leithagebirge

(*Wierzb.* Mos.), auf dem Steinberg bei Wandorf und bei dem Studentenbrunnen nächst Ödenburg (*Szont.* ZBG. XIV. 489), auf den Ofner Bergen
bei St. Andrä und Sz. Kereszt (*Sadl.* 98), im Birjaner Walde bei Fünfkirchen (*Nendtv.* ZBG. XIII. 570), bei Daruvár und Pakrac im Com.
Požega (*Kit.* Slav.).

5. SOLDANELLA L.

1. **S. alpina** *L.* In höheren Voralpenwäldern bis in die Krummholzregion. Durch die ganze nördl. Karpatenkette vom Com. Trencsin
bis in die Marmaros (*Roch.* Pest Mus., *Szont.* ZBG. XIII. 1078, *Wahlb.*
56, *Reuss* 353, *RK.* 15, 41, 63, *Müll.* ZBG. XIII. 558), dann auf den
Banat. Alpen (*Heuff.* 148). Die Bergform (S. montana *Willd.*) auf den
Kleinen Karpaten, den Beskiden (*Hazsl.* ÉM. 166), auf dem Sturec, der
Velka Križna und bei Altgebirg im Com. Sohl (*NS.* 14).

2. **S. pusilla** *Baumg.* I. 138. In der Krummholzregion an Schnee-
feldern. Auf dem Arsul der Rodnaer Alpen (*Baumg.* l. c.), auf den
Banat. Alpen (*Heuff.* 148). Auf der Fatra und den Central-Karpaten
(*Reuss* 353)?

S. minima *Hopp* e. Auf den Alpen von Ungarn (*Maly* 215)?

6. GLAUX L.

1. **G. maritima** *L.* Auf Wiesen, salzigen Triften, an Abflüssen
kalkiger oder schwefliger Mineralquellen. Bei Baldóc, auf der Živabrada
bei Kirchdrauf (*Hazsl.* ÉM. 166) und bei Igló in der Zips (*Kalchbr.* Exs.),
bei den Mineralbädern von Bori (*Kn.* ÖBZ. XIV. 243), Magyarád und
Mére im Com. Hont (*Kit.* Arv.), bei Csenke und Muzsla im Com. Gran
(*Feicht.* Ad. 278), im Hanság am Königssee (*Wierzb.* Mos.), auf der
Puszta Lang im Com. Stuhlweissenburg (*Hillebr.* ZBV. VII. 41). Bei
Szántó im Com. Hont kömmt sie nicht mehr vor (*Kn.* l. c.).

7. LYSIMACHIA L.

1. **L. thyrsiflora** *L.* In sumpfigen Wäldern, auf Hochmooren.
Bisher nur im Com. Arva bei Zubrohlova, Osada und Ustě am Fuss der
Bory, dann im Thale Koziněc (auch Kozinska, irrig Zolinec) bei Zazriva
(*Vitk.* ZBG. XIII. p. 1077 et XXI). In Sirmien (*Rumy* 53)? In einem
Kastanienhaine bei Ödenburg (*Hitschm.* ÖBZ. VIII. 224), ganz gewiss nicht.

2. **L. vulgaris** *L.* L. thyrsiflora *Geners.* 14, *Nendtv.* 26 nach
Kern. ZBG. XIII. 565, nicht *L.* An Ufern, feuchten buschigen Stellen.

3. **L. punctata** *L.* L. verticillata *MB.* In Wäldern, Sümpfen,
Gräben.

4. **L. Nummularia** *L.* An feuchten Stellen, in Gräben.

5. **L. nemorum** *L.* In feuchten Bergwäldern. Im Walde Paradicsom
bei Raab (*Ebenh.* PV. V. 63), auf der Javořina (*Hol.* PV. III. 1. 64) und
bei Wag-Neustadtl im Com. Neutra (*Krll.* ÖBZ. XV. 51), auf dem Pilsko.

der Magura (*Hazsl.* ZBV. II. 3), Babia Góra und in der Folvarka bei Zazriva im Com. Arva (*Vitk.* ZBG. XIII. 1077), am Fuss des Rohač (*Roch.* MS. II. 19), in der südl. Zips (*Geners.* 15), bei Cigelka und Eperjes im Com. Sáros (*Reuss* 349), auf dem Pikuj im Com. Bereg (*Hück.* ZBG. XV. 57), auf dem Gutin im Distr. Kővár (*Kit.* Add. 149). ** L. sarmentosa *Baumg.* nach *Nendtv.* ZBG. XIII. 567. Bei Fünf-kirchen.

8. TRIENTALIS L.

1. T. europaea L. Auf Hochmooren, in Bergsümpfen. Auf der Babia Góra, auf der Bory und am Fuss derselben bei Ustě und Osada im Com. Arva (*Szont.* ZBG. XIII. 1077), dann auf der Südseite der Hohen Tatra zwischen Schmeks und Schlagendorf, im Grossenwald bei Kesmark (*Wahlb.* 107, *Krz.* PV. V. 113) und bei Roks (*Mauksch*), häufig auf den höhern Bergen der südl. Zips z. B. bei Gölnitz (*Hazsl.* ZBV. II. 3, ÉM. 165), auf dem Pikuj im Com. Bereg (*Hück.* ZBG. XV. 56). Im Banat (*Host* Aust. I. 466)? weder *Rochel* noch *Heuffel* erwähnen derselben.

9. CENTUNCULUS L.

1. C. minimus L. An sandigen Stellen, auf feuchten Triften. An der Neutra zwischen Csekej und Csehi (*Kn.* ZBG. XV. 144), an der Gran bei Gross-Kalna, auf dem Őrhegy bei Sz. Benedek und bei Levene im Com. Bars (*Kn.* ÖBZ. XIV. 105, 241, 243), bei Csenke im Com. Gran (*Feicht.* Ad. 278), dann erst wieder im nördl. Com. Krassó (*Heuff.* 147).

10. ANAGALLIS L.

1. A. arvensis L. A. coerulea *Schreb.* A. Monelli L. oder doch *Horv.* 25. Auf Aeckern, bebautem Lande. A. latifolia *WK.* Ic. I. p. XXIX., *Kit.* in *Schult.* I. 369 (A. carnosa *Kit.* Add. 149?) auf Aeckern in Ungarn, namentlich bei Tolna (*Sadl.* in *Reichb.* Germ. 408) ist wohl nur eine breitblätterige Form der A. arvensis, aber auch A. latifolia L. scheint nichts anderes zu sein (*DC.* Prodr. VIII. 70).

11. HOTTONIA L.

1. H. palustris L. In stehenden und langsam fliessenden Wassern. Im Marchthal zwischen Skalic und Csary (*Krz.* PV. II. 1. 87, *Hol.* PV. VII. 89), auf dem Schur bei St. Georgen und bei Bőös auf der Grossen Schütt (*Endl.* 215), bei Borovce (Bori) nächst Pištjan im Com. Neutra (*Krz.* PV. V. p. LXXXVII), im Sodoma-See bei Rima Szombat im Com. Gömör (*Fábry* II. 5); ferner im Hanság (Herb. der ZBG.), an der Leitha (*Host* Syn. 101), bei Ung. Altenburg (*Vuezl*), überall im Com. Pest (*Sadl.* 98), bei Futak im Com. Bács (*Schnell.* PV. III. 1. 17), im östl. Com. Arad (*Kéry* 19), im Banat (*Heuff.* 148) und wohl noch an vielen Orten.

12. SAMOLUS L.

1. S. Valerandi *L.* An sumpfigen besonders salzigen Stellen des Tieflandes. Am Neusiedler See (*N.*) im Hanság (*Wierzb.* Mos.), bei Totis im Com. Komorn (*Feicht.* Exs.), bei Szigliget am Plattensee (*Sigm.* 47), in den Thalebenen der Wag, Neutra, Donau, Zagyva und Theiss (*Reuss* 354), häufig im Pester Com. (*Sadl.* 106), im Banat (*Heuff.* 148).

LXV. ERICACEAE.

1. CALLUNA Salisb.

1. C. vulgaris *Salisb.* Auf Heiden, Torfmooren, an waldigen Stellen gebirgiger und subalpiner Gegenden. Durch die ganze nordwestl. Karpatenkette von Presburg bis in das Com. Sáros (*Endl.* 277, *Koch.* Misc. 75, *Wahlb.* 110, *Hazsl.* Sár. 223, ÉM. 164), dann auf den Schieferbergen der Com. Ödenburg (*Wierzb.* Mos.) und Eisenburg (*Pol.* 7), auf dem Orljava-Gebirge bei Drenovac im Com. Verovitic (*Kit.* Slav.), auf der Biharia (*Kern.* DL. 139), bei Steierdorf im Com. Krassó (*Heuff.* 120). Fehlt dagegen im Walde Bakony, auf dem Pilis-Vértes Gebirge (*Kern.* ZBV. VI. 382—3, VII. 278) und im Tieflande (*Pok.* Torfm. 61).

2. ERICA L.

1. E. carnea *L.* Auf Felsen und in subalpinen Wäldern. Bisher nur auf den Kalkvorlagen der Liptau-Sohler Alpen im Com. Liptau (*Hazsl.* ZBV. II. 1, ÉM. 164, *Reuss* 283).

2. E. Tetralix *L.* Auf Hochmooren. Bisher nur auf der Bory zwischen Hladovka und dem Schwarzen Dunajec, dann am nördlichen Fuss der Běla Skala im Com. Arva (*Szont.* ZBG. XIII. p. 1078 et XXI).

3. BRUCKENTHALIA Reichb.

1. B. spiculifolia *Reichb.* Germ. 414*). An steinigen Stellen der Voralpen- und Krummholzregion. Auf dem Tommatecu der Biharia (*Kern.* Exs.) und auf dem Ruska-Berg der roman. banat. Milit. Gr. (*Heuff.* 121).

4. ANDROMEDA L.

1. A. polifolia *L.* Auf Hochmooren. Auf der Bory bei Slanica und Ustě im Com. Arva (*Szont.* ZBG. XIII. 1078), am Csorba-See (Štrbsko pleso) der südwestl. Tatra im Com. Liptau (*Reuss* 282), am Fuss des Rozsály und Dumitru im Com. Szatmár (*Kit.* Add. 149), auf der Biharia (*Kern.* DL. 139).

---

*) Nicht spiculiflora, wie man häufig findet, denn Salisbury, welcher diese Art in den Transact. Linn. soc. 1802 p. 324 zuerst aufstellte, nannte sie Erica spiculifolia und auch Reichenbach schreibt diesem gemäss B. spiculifolia.

5. **ARCTOSTAPHYLOS** Adans.

1. A. officinalis *Wimm.* et *Grab.*. Auf Felsen und in Wäldern der höheren Berg- und Voralpenregion. Im Thale Sulov im Com. Trencsin (*Roch.* Misc. 72), auf dem Choč (*Vitk.* ZBG. XIII. 1078), Rohač (*Kit.* Add. 149), Grossen Křivan (*Krz.* PV. V. 113), im Demanovka - Thal (*Hausskn.* ÖBZ. XIV. 117), auf der Ohniště und bei Kralova-Lehota im südl. Com. Liptau (*Roch.* I. c.), bei Lučivna (*Wahlb.* 115), Teplic (*Hazsl.* ÉM. 164) und Schlagendorf in der Zips (*Mauksch*), bei Kaschau (*Pawl.* PV. I. 26), auf den Bereger Alpen (*RK.* 15), auf dem Pietros bei Körösmező in der Marmaros (*Müll.* ZBG. XIII. 558).

A. alpina *Spr.* In der Alpenregion der Karpaten (*Kit.* nach *Reuss* 282)? Nach *Kit.* Add. 150 nur auf der Alpe Badány in Croatien.

6. **VACCINIUM** L.

1. V. Myrtillus *L.* In Berg- und Voralpenwäldern. Durch die ganze Karpatenkette von Presburg bis in den Banat; dann auf dem Rosaliengebirge (*N.*), auf dem Steinberg bei Wandorf im Com. Ödenburg (*Szont.* ZBG. XIV. 489) und auf dem Papuk in Slavonien (*Kit.* Slav.); fehlt jedoch wie alle Vaccinien im Walde Bakony und auf dem Pilis-Vértes Gebirge (*Kern.* ZBV. VI. 381—2, VII. 277).

2. V. Vitis idaea *L.* In Berg- und Voralpenwäldern bis in die Alpenregion. Durch die ganze nördliche Karpatenkette vom Com. Neutra bis in die Marmaros (*Krz.* PV. II. 1. 73, *Roch.* Misc. 91, *Hazsl.* ÉM. 163, *Kit.* Add. 150, *RK.* 41, *Müll.* ZBG. XIII. 558), dann auf den Schieferbergen des Com. Eisenburg (*Pol.* 19), auf der Biharia (*Kern.* DL. 139), auf den Banat. Alpen (*Heuff.* 120).

3. V. uliginosum *L.* Selten auf Hochmooren und an sumpfigen Stellen, als auf der Bory im Com. Arva (*Szont.* ZBG. XIII. 1078), am Csorba-See (Štrbsko pleso) im Com. Liptau (*Reuss* 281), bei Neu-Walddorf in der Zips (*Hazsl.* PV. III. 1. SB. 8), am Fuss des Dumitru im Com. Szatmár; häufig an trockenen Stellen in und über der Krummholzregion, als auf der Babia Góra, den Central-Karpaten (*Wahlb.* 109, *Kit.* Add. 150), den Liptau-Sohler Alpen (*Kit.* Arv.), der Bersava im Com. Bereg, dem Rozsály, Piatra lucsi und Gutin im Com. Szatmár, auf allen Alpen der Marmaros (*Kit.* Add. l. c., *RK.* 41, *Herb.* Bucov. p. V, *Müll.* ZBG. XIII. 558) und des Banats (*Heuff.* 120), im östl. Com. Arad (*Kéry* 21).

4. V. Oxycoccos *L.* Auf Hochmooren. Auf dem Minčol, im Sumpfe Borek bei Zazriva und auf der Bory im Com. Arva (*Szont.* ZBG. XIII. 1078), am Csorba-See (Štrbsko pleso) in der südwestl. Tatra (*Reuss* 281) und auf dem Věnec im Com. Liptau (*Roch.* Misc. 91), bei Neu-Walddorf (*Hazsl.* PV. III. 1. SB. 8), im Grossenwalde bei Kesmark und unter der Lomnitzer Spitze in der Zips (*Wahlb.* 110), am Fuss des Dumitru (*Kit.* Add. 150) und der Piatra lucsi im Com. Szatmár (*RK.* 41), auf der Biharia (*Kern.* DL. 139).

* **V. carpaticum** *Kit.* Add. 150. Auf den hohen Karpaten.

7. AZALEA L.

1. A. procumbens *L.* Auf alpinen Triften. Bisher nur auf der Dseamcanie der Rodnaer Alpen (*Baumy.* I. 144) und auf den höheren Alpen des Banats (*Heuff.* 121). Auf dem Gr. Křivan (*Hacq.* IV. 173, 175)? in neuerer Zeit jedoch nirgends auf den Central-Karpaten beobachtet (*Hazsl.* ZBV. II. 1).

8. RHODODENDRON L.

1. Rh. myrtifolium *Schott* et *Kotschy* Bot. Zeit. 1851 p. 17. Rh. ferrugineum *WK.* Ic. I. p. XXX, *Roch.* Ban. 7, nicht *L.*, von dessen Pflanze es jedoch wenig abweicht. An felsigen Stellen in der Krummholzregion der nordöstlichen und siebenbürgischen Karpaten. Häufig in der Marmaros, als auf der Černa Hora (*Herb.* ZBG. X. 617—8), auf dem Pop-Ivan, der Trojaga, Petrosa und Dseamcanie, bei Dragomirfalva selbst in die Buchenregion herabsteigend (*RK.* 41, *Kit.* Add. 151, *Baumy.* I. 366), dann auf den höheren Alpen des Banats (*Heuff.* 121).

Rh. hirsutum *L.* wurde auf den ungarischen Karpaten bisher nicht beobachtet (*Hazsl.* ZBV. II. 1), erst in neuester Zeit fand *Kuhn* auf dem Gewont bei Zakopana in den galizischen Central-Karpaten eine Var. glabrata dieser Art (ÖBZ. XIV. 301), welche möglicher Weise auch in Ungarn auf den Kalkvorlagen der Liptauer Central-Karpaten vorkommen könnte.

9. LEDUM L.

1. L. palustre *L.* Auf Hochmooren, in Sümpfen. Bei Slanica (*Hazsl.* ÉM. 163) und auf der Bory im Com. Arva (*Szont.* ZBG. XIII. 1078), am Fuss der Central-Karpaten zwischen den Alpenbächen Béla und Rackova im Com. Liptau (*Roch.* Misc. 79) und bei Roks in der Zips (*Krz.* PV. V. 113). Auf dem Sattel bei Javořina in der nördl. Tatra kommt diese Art nicht mehr vor, war vielleicht niemals dort (*Wahlb.* 114, *Hazsl.* ZBV. II. 1).

10. PYROLA L.

1. P. rotundifolia *L.* In Berg- und Voralpenwäldern. Durch die nördl. Karpatenkette von Presburg bis in das Com. Bereg (*Bolla* PV. I. 11. *Krz.* PV. II. 1. 73, *Kell.* ÖBZ. XV. 51, *Wahlb.* 115, *Hazsl.* Sár. 223, ÉM. 162, *Hück.* ZBG. XV. 57), dann auf dem Rosaliengebirge (*Hitschm.* ÖBZ. VIII. 226), auf den Schieferbergen des Com. Eisenburg (*Pol.* 16) und dem Bergzuge zwischen dem Badacson (*Sigm.* 46) und Keszthely im Com. Zala (*Kit.* Bar.), fehlt jedoch wie alle Pyrolen auf dem Pilis-Vértes Gebirge (*Kern.* ZBV. VII. 277) und, wie es scheint, auf den siebenbürgischen Grenzkarpaten.

2. P. chlorantha *Sw.* In Berg- und Voralpenwäldern. Auf dem Rosaliengebirge (*Stur* 131), auf den Kleinen Karpaten bei Apfelsbach nächst Stampfen im Com. Presburg (*Bolla* PV. I. 11), auf der Babia Góra (*Herb.* ZBG. X. 618), in den Com. Zips und Sáros (*Hazsl.* ÉM. 163).

26 *

3. P. media *Sw.* In Voralpenwälderu der Beskiden, wenigstens in Galizien (*Herb.* ZBG. X. 618), im nördl. und mittl. Com. Sáros stellenweise (*Hazsl.* ÉM. 163), in den höheren Bergwäldern des Banats (*Heuff.* 121).

4. P. minor *L.* In Berg- und Voralpenwäldern. Auf den Kleinen Karpaten im Com. Presburg (*Endl.* 277), auf der Javořina im Com. Neutra (*Hol.* PV. I. 71), bei Zazriva und Bobro im Com. Arva (*Vitk* ZBG. XIII. 1079), stellenweise auf den Vorlagen der Central-Karpaten bis in die Krummholzregion (*Wahlb.* 115), im Com. Sáros (*Hazsl.* Sár. 223), bei Kaschau (*Pawl.* PV. I. 26); dann auf dem Rosaliengebirge (*Stur* 131) und im Walde Bakony (*Kern.* ZBV. VI. 380). Im Sauwinkel (*Kit.* Add. 151), womit wahrscheinlich der Sauwinkel bei Ofen gemeint ist, doch erwähnen weder *Sadler* noch *Kerner* hiervon etwas. Unter den „acidulas Szalokenses" (*Kit.* l. c.), d. i. Schlagendorf am südlichen Fuss der Tatra ist vermuthlich der Sauerbrunnen Schmeks gemeint.

5. P. secunda *L.* In Berg- und Voralpenwäldern. Stellenweise in den Com. Presburg (*Endl.* 277), Neutra (*Hol.* PV. I. 71, *Krz.* PV. II. 1. 73), Trencsin (*Roch.* Pest. Mus., *Kn.* ÖBZ. XIV. 345), Arva (*Szont* ZBG. XIII. 1079), Liptau, Zips (*Wahlb.* 115, *Kit.* Add. 151), Sohl (*RK.* 63), Gömör (*Reuss* 284), Sáros (*Hazsl.* Sár. 223), Abauj (*Kit.* Ber.), Bereg (*Höck.* ZBG. XV. 57) und Marmaros (*Müll.* ZBG. XIII. 558); ferner auf dem Rosaliengebirge (*Stur* 131), im Com. Eisenburg (*Pol.* 16), im Walde Bakony (*Kern.* ZBV. VI. 380), im östl. Banat (*Heuff.* 121).

6. P. uniflora *L.* In Berg- und Voralpenwäldern. Durch die ganze nördl. Karpatenkette von Presburg bis in die Marmaros (*Endl.* 277, *Roch.* MS. I. 16, *Hazsl.* ÉM. 162, *Höck.* ZBG. XV. 57, *RK.* 41) und auf den Voralpen des Banats (*Heuff.* 121).

7. P. umbellata *L.* In Wäldern niedriger und gebirgiger Gegenden. In den Föhrenwäldern zwischen der March und den Kleinen Karpaten bei Blasenstein und Búr im Com. Presburg, dann bei Sassin, Jablonic und Senic im Com. Neutra (*Endl.* 276, *Krz.* PV. II. 1. 73), auf dem Kamenicne bei Nemps-Podhragy im Com. Trencsin (*Kn.* ÖBZ. XIV. 345), auf dem Care an der Grenze der Com. Arva und Turóc (*Kit.* Add. 151), bei Wallendorf in der Zips, bei Bartfeld und Eperjes im Com. Sáros (*Hazsl.* ÉM. 162), bei Nagy Röce im Com. Gömör (*Reuss* 284). Bei Kaschau (*Pawl.* PV. I. 28) kömmt sie nicht vor (*Hazsl.* PV. II. 1. SB. 17).

11. MONOTROPA L.

1. M. Hypopitys *L.* In schattigen Wäldern besonders gebirgiger Gegenden.

IV. DIALYPETALAE.

LXVI. UMBELLIFERAE.

1. SANICULA L.

1. S. europaea *L.* In Bergwäldern.

2. HACQUETIA Neck.

1. **H. Epipactis** *DC*. In Berg- und Voralpenwäldern. Im Sassiner Föhrenwalde im Marchthale, am Fuss der mährischen Grenzkarpaten bei Unju, Radosoc und Wag-Neustadtl, auf der Ostseite der Kleinen Karpaten bei Jókö (Gutenstein) und Vittene (*Krz*. PV. II. 1. 55, III. 2. SB. 21), auf dem Temetvény- und Inovec-Gebirge (*Kell*. ÖBZ. XIV. 285) und bei Gajdel im Com. Neutra (*Kn*. ZBG. XV. 145), bei Rovně im Com. Trencsin (*Roch*. Pest. Mus.), in den Thälern der Beskiden wenigstens auf der schles. Seite (*Wimm*. 437), bei Parnica und Unter-Kubin im Com. Arva, auf dem Rozsudec, Choč (*Szont*. ZBG. XIII. 1079), auf dem Klak der Fatra, bei Lubochňa und Rosenberg im Com. Liptau, bei Neu-Sohl, zwischen Tajova und St. Jakob im Sohler Com. (*Wahlb*. 78, *RK*. 63), bei Losonc im Com. Neográd (*Reuss* 173). Fehlt im östl. Karpatenzuge.

3. ASTRANTIA L.

1. **A. major** *L*. In Berg- und Voralpenwäldern bis in die Krummholzregion (*Wahlb*. 78).
2. **A. alpina** *F*. *Schultz*. A. bavarica *F*. *Schultz*. (*Stur* Sitz. Ber. d. Wien. Akad. 1860 p. 473, 492). Im Demanovka-Thale des südl. Com. Liptau (*Hausskn*. ÖBZ. XIV. 217).

4. ERYNGIUM L.

1. **E. campestre** *L*. Auf Weiden, Hügeln, an Wegen, selbst im Gebiete der Central-Karpaten (*Hausskn*. ÖBZ. XIV. 268).
2. **E. planum** *L*. Auf Triften, sandigen Stellen, an Rainen in den Com. Presburg, Neutra (*Endl*. 333, *Kornh*. Umb. 26, *Krz*. PV. II. 1. 55, *Hol*. PV. IV. 74, VII. 87, *Kn*. ZBG. XV. 145), Trencsin (*Kikó* 18), Sáros (*Hazsl*. Sár. 221), Abauj (*Pawl*. PV. I. 27), Szabolcs, Szatmár und Marmaros (*RK*. 42), auch bei Grosswardein (*Steff*. ÖBZ. XIV. 180); ferner in den Com. Wieselburg (*Wierzb*. Mos.), Raab (*Ebenh*. PV. V. 55), Komorn (*Hillebr*. ÖBZ. VIII. 298), Gran (*Feicht*. Ad. 278) und Pest (*Sadl*. 117), in Jazygien (*RK*. 42), Sirmien (*Rumy* 52) und im Banat (*Heuff*. 76). E. amethystinum bei Rima Szombat im Com. Gömör (*Fábry* I. 9) entweder verkannt oder hierher gehörig, auf keinen Fall die Pflanze *Linné*'s.

5. CICUTA L.

1. **C. virosa** *L*. C. angustifolia *Kit*. in *Schult*. I. 515 et Add. 152. In Sümpfen, stehenden Wassern niedriger und gebirgiger Gegenden. Auf den Donau-Inseln bei Presburg (*Endl*. 338), im Schur bei St. Georgen (*Kornh*. PV. III. 2. 34), im oberen Marchthale (*Krz*. PV. II. 1. 55, *Hol*. PV. VII. 87) und bei Wag-Neustadtl im Com. Neutra (*Kell*. ÖBZ. XV. 52), auf der Waginsel bei Trencsin (*Szont*. ÖBZ. XIV. 274), auf der

Bory und am westl. Rand derselben (*Szont.* ZBG. XIII. 1079), bei Palócsa im Com. Sáros (*Hazsl.* ÉM. 161), bei Bodrog-Keresztur im Com. Zemplin, im Ecsédi Láp im Com. Szatmár (*Kit.* Add. 152); ferner bei Ung. Altenburg (*Vuezl*), im Hanság (*Hitschm.* ÖBZ. VIII. 223), zwischen Wandorf und Ödenburg (*Szont.* ZBG. XIV. 489), im Com. Eisenburg (*Wierzb.* Mos.), bei Pápa und am Sió im Com. Veszprim, in den Sümpfen von Keszthely und Kéthely am Plattensee (*Kit.* Bar. et Slav.), bei Fünfkirchen (*Nendtv.* 20), überall auf den Ebenen des Pester Com. (*Sadl.* 125), selten im Banat (*Heuff.* 176).

6. APIUM L.

1. A. graveolens *L.* In Sümpfen, Gräben, an salzigen Stellen. Auf den Donau-Inseln bei Presburg (*Endl.* 338), am Neusiedler See, im Hanság (*Wierzb.* Mos.), am Plattensee (*RK.* 115), im Pester Com. (*Sadl.* 125), bei Fünfkirchen (*Nendtv.* 17), in Sirmien (*Rumy* 52), vielleicht nicht an allen dieser Standorte wirklich wild, sondern nur verwildert.

7. PETROSELINUM Hoffm.

1. P. sativum *Hoffm.* In Haus- und Weingärten kultivirt und leicht verwildernd, aber nirgends wirklich wild.

8. TRINIA Hoffm.

1. T. vulgaris *DC.* T. Jacquiniana *Endl.* 339. Pimpinella glauca *L.* Auf Wiesen, Puszten, Hügeln. Bei Theben und auf der Kapitelwiese gegenüber von Presburg (*Endl.* l. c.), bei Farkashida (*Horv.* 4), im Adamover Walde bei Holič (*Krz.* PV. II. 1. 55), auf der Ebene östl. von Neutra (*Kn.* ZBG. XV. 145), zwischen Szántó und Csank im Com. Hont (*Kn.* ÖBZ. XIV. 243), im Com. Trencsin (*Kikó* 19), bei Miskolc (*Reuss* 175); ferner auf dem Leithagebirge (*N.*), zwischen Zurndorf (*Kn.* ÖBZ. XIV. 221) und Ung. Altenburg (*Vuezl*), bei Arács am Plattensee (*Kit.* Bar.), auf dem Pilis-Vértes Gebirge und den Ebenen des Pester Com. (*Sadl.* 121, *Kern.* ZBV. VII. 260), um Fünfkirchen (*Nendtv.* 33), in Sirmien (*Rumy* 53), in der westl. Banat. Milit. Gr. (*Heuff.* 76).

2. T. Kitaibelii *MB.* Pimpinella glauca *WK.* Ic. I. t. 72, nicht *L.* Auf Wiesen, buschigen Hügeln, in Weingärten. Bei Miskolc, am Fuss der Hegyallja bei Erdő-Horváty im Com. Abauj (*RK.* 15), bei Egyek im Com. Szabolcs, Debrecin, Katonaváros nächst Grosswardein (*RK.* 42, 88); ferner bei Ratót im Com. Veszprim, bei Füred (*WK.* l. c. 74) und Kővágó-Örs im Com. Zala (*Kit.* Bar.), auf den Ofner Bergen bei Sz. Kereszt, St. Andrä und Békás-Megyer (*Sadl.* 121), bei Fünf-kirchen (*Maj.* 9), Čerević im Com. Sirmien (*Schnell.* PV. IV. 81), Semlin (*Panč.* Sirm.) und Kerčedin in der Peterward. Milit. Gr. (*RK.* 75), im östl. Com. Arad (*Kéry* 20), im Banat häufiger als T. vulgaris (*Heuff.* 76).

9. **HELOSCIADIUM** Koch.

1. H. nodiflorum *Koch.* In Wassergräben bei Lugos (*Heuff.* 76). An sumpfigen Stellen in der Slovakei (*Reuss* 175)? Sium nodiflorum *Sadl.* Pest. ed. I. 1. 224 ist in der II. Ausgabe weggelassen.

2. H. repens *Koch.* Auf sumpfigen Weiden, an überschwemmten Stellen. An den Ufern der Donau, Wag und Neutra (*Reuss* 176), bei Szerdahely (*Schill.* ÖBZ. XIV. 386) und Vajas-Vatta auf der Grossen Schütt (*Bolla* PV. I. 12). Sium repens *Sadl.* Pest ed. I. 1. 224 ist in der II. Ausgabe weggelassen.

* **H. oppositifolium** *Reuss* 176. Sium oppositifolium *Kit.* in *Schult.* I. 495 et Add. 153. Bei Stiavnicka nächst Bries im Com. Sohl (*Schwarzm.* in *Kit.* Add. l. c.).

10. **FALCARIA** Host.

1. F. Rivini *Host.* Unter dem Getreide, an Rainen, Wegen.

11. **SISON** L.

1. S. Amomum *L.* An schattigen Stellen bei den Hercules-bädern (*Heuff.* 76).

12. **AMMI** L.

1. A. majus *L.* Auf Aeckern im Com. Komorn (*Reuss* 176). Zufällig?

13. **AEGOPODIUM** L.

1. Ae. Podagraria *L.* In Auen, an Bächen, Zäunen.

14. **CARUM** L.

1. C. Carvi L. Auf Wiesen, au Rainen.

15. **PIMPINELLA** L.

1. P. Saxifraga *L.* P. media *Geners.* 22. P. nigra *Willd.* Auf Wiesen, Hügeln, an buschigen Stellen bis in die Voralpenregion (*Wahlb.* 88).

2. P. magna *L.* P. orientalis *Gouan.* In Berg- und Voralpen-wäldern.

16. **SIUM** L.

1. S. latifolium *L.* In stehenden und langsam fliessenden Wassern.

2. S. angustifolium *L.* S. cicutarium *Kit.* Add. 153? Berula angustifolia *Koch.* In Bächen, Wassergräben, Sümpfen.

3. S. Sisarum *L.* Wird in Sirmien gebaut (*Rumy* 54).

17. BUPLEURUM L.

1. B. tenuissimum *L.* Auf feuchten besonders salzigen Triften niedriger Gegenden. Häufig im Com. Neutra (*Kn.* ZBG. XV. 146), am Neusiedler See (*N.*), auf der Kleinen Schütt (*Wierzb.* Mos.), bei Ung. Altenburg (*Vuczl*), im nördl. Com. Gran (*Feicht.* Ad. 278), überall im Pester Com. (*Sadl.* 120), am Fuss der Matra, an der Zagyva und Theiss (*Reuss* 478), bei Debrecin (*RK.* 42), Fünfkirchen (*Maj.* 10), Futak im Com. Bács (*Schnell.* PV. III. 1. 9), im Banat (*Heuff.* 77).

B. semicompositum *L.* An salzigen Stellen in Ungarn (*Kit.* in *Schult.* I. 492)? Eine Pflanze der Mittelmeer-Flora (*DC.* Prodr. IV. 128), welche nicht einmal in Croatien beobachtet wurde (Syll. cr. 113).

2 B. Gerardi *Jacq.* B. affine *Sadl.* Pest ed. I. 1. 204. B. junceum *Lumn.* 107, nicht *L.* Auf buschigen Hügeln, sandigen Grasplätzen. Stellenweise in den Com. Presburg (*Endl.* 342, *Krz.* PV. II. 1. 56), Neutra, Bars (*Kn.* ZBG. XV. 146, ÖBZ. XIV. 105, 106, 108, 241) und Trencsin (*Kikó* 17, *Kn.* ÖBZ. XIV. 344), bei Miskolc (*Reuss* 179), am Fuss der Hegyallja (*Pavl.* PV. 1. 28), an der Schnellen Körös bei Grosswardein (*Steff.* ÖBZ. XIV. 181); ferner in den Com. Wieselburg (*Wierzb.* Mos.), Veszprim, Zala, Baranya (*Kit.* Bar.), Tolna (*Portschl.* Pest. Mus.) und Pest (*Sadl.* 119, *Kern.* ZBV. VII. 271), in Sirmien (*Schnell.* PV. IV. 81, *Panč.* Sirm.), im Banat (*Heuff.* 77).

3. B. junceum *L.* Auf steinigen buschigen Plätzen hügliger und gebirgiger Gegenden. Bei Modern im Com. Presburg (*Heuff.* Flora 1831 I. 406), im Eisenburger Com. (*Pol.* 8), bei Arács am Plattensee (*RK.* 115), auf dem Pilis-Vértes Gebirge (*Kern.* ZBV. VII. 262), bei Fünfkirchen (*Nendtv.* 19) und Beremend im Com. Baranya (*Kit.* Slav.), in Sirmien (*Schnell.* PV. III. 1. 10, *Panč.* Sirm.), im östl. Banat (*Heuff.* 77). Im nordöstl. Karpatenzuge (*Lang* Phys. 315)?

B. aristatum *Bartl.* Bei Bartfeld im Com. Sáros (*Reuss* 179 mit ?) Eine transalpine Art (*DC.* Prodr. IV. 129), die erst in Croatien vorkömmt (Syll. cr. 113).

B. Odontites *L.* An Hecken, auf Felsen in Ungarn (*Kit.* in *Schult.* I. 492)? In Croatien kömmt sie vor (Syll. cr. 113).

4. B. falcatum *L.* B. junceum *Geners.* 20, nicht *L.* An steinigen buschigen Stellen hügliger und gebirgiger Gegenden.

5. B. ranunculoides *L.* B. caricifolium *Willd.* B. angulosum *Wahlb.* 79. Auf Felsen der Voralpen. Auf der Nesselblösse und im Thale Drechselhäuschen der östl. Tatra (*Wahlb.* l. c.), auch auf der Kalkalpe Ornok bei Kościelisko in Galizien gegen die Grenze des Com. Liptau zu (*Herb.* ZBG. X. 618).

6. B. diversifolium *Roch.* Ban. p. 68. B. heterophyllum *Roch.* l. c. t. 28, nicht *Link.* B. ranunculoides δ. diversifolium *Maly* 224, allein die *Rochel*'sche Pflanze ist mit B. falcatum *L.* und B. exaltatum *Koch* weit näher verwandt als mit B. ranunculoides *L.* (Vergl. *Fenzl.* Diagn. orient. 40—1). An feuchten felsigen Stellen der Banat. Alpen z. B. an den Wasserfällen der Bistra am Sarko (*Heuff.* 77).

Auch B. caricifolium *Baumg.* I. 243 auf der Dseamcanic der Rodnaer
Alpen gehört wenigstens nach getrockneten Exemplaren von diesen
Alpen zu B. diversifolium.

B. gramInifolium *Vahl.* Bei Rima Szombat (*Fábry* I. 9). Offenbar
unrichtig.

7. B. longifolium *L.* In Wäldern und an steinigen buschigen
Stellen der Berg- und Voralpenregion. Auf der Vysoka im Com. Presburg (*Bolla* PV. I. 12), auf dem Révan nördl. von Deutsch-Proben im
Com. Neutra (*Kn.* ZBG. XV. 146), bei Parnica und Zazriva im Com.
Arva, auf dem Rozsudec (*Vitk.* ZBG. XIII. 1079), auf der Fatra, auf
den Vorlagen der Central-Karpaten und der Liptau-Sohler Alpen (*Wahlb.*
78, *Herb.* Add. 23, *Roch.* MS. I. 58, 78), bei Kapsdorf in der südl. Zips,
bei Eperjes und Široka im Com. Sáros (*Reuss* 179), Rima-Szombat im
Com. Gömör (*Fábry* I. 9), Kis-Mező im Com. Borsod (*Kit.* Ber.), auf
dem Saskó bei Parád im Com. Heves (*RK.* 126), auf der Dseamcanic
der Rodnaer Alpen (*Baumg.* I. 242); lerner auf dem Pilis-Vértes Gebirge
südlich bis Csákvár (*Kern.* ZBV. VII. 268, 269, *RK.* 7) und auf dem
Papuk in Slavonien (*PM.* lt. 111).

8. B. rotundifolium *L.* B. perfoliatum *Lam.* Unter dem Getreide, auf Aeckern, buschigen Hügeln.

18. OENANTHE L.

1. Oe. fistulosa *L.* In Sümpfen, Gräben, an überschwemmten
Stellen niedriger Gegenden. Bei Ratzersdorf, Farkashida und auf dem
Schur im Com. Presburg (*Endl.* 343, *Horv.* 4), im Com. Neutra an vielen
Stellen, bei Levenc im Com. Bars (*Kn.* ZBG. XV. 146, ÖBZ. XIV. 242),
an der Rima im Com. Gömör (*Fábry* I. 9); ferner bei Koroncó (*Ebenh.*
PV. V. 55) und Sz. Iván im Com. Raab, bei Babolna im Com. Komorn
(*Kit.* Add. 155), auf den Ebenen der Com. Gran (*Feicht.* Ad. 279) und
Pest (*Sadl.* 124), bei Kékut im Com. Zala, Keresztes im Com. Stuhl-
weissenburg (*Kit.* Bar.), Simontornya im Com. Tolna (*Besz.* Pest. Mus.),
Babocsa im Com. Somogy (*Kit.* Slav.), Fünfkirchen (*Nendtv.* ZBG. XIII.
567), Našice im Com. Verovitic (*PM.* lt. 43), Semlin (*Panč.* Sirm.), im
östl. Com. Arad (*Kéry* 20), im Banat (*Heuff.* 78). Die Var. Oe. Tabernaemontani *Gmel.* bei Fünfkirchen (*Schult.* I. 474).

2. Oe. silaifolia *MB. Reichb.* Ic. XXX. p. 27 t. 52. Auf feuchten
Wiesen, in nassen Gebüschen niedriger Gegenden, sehr zerstreut. Bei
Magyarfalva (*N.*), Malacka (*Kornh.* Umb. 31), Holič (*Krz.* PV. II. 1. 56)
und Skalic im Marchthal (*Hol.* PV. VII. 87), bei Neutra (*Kn.* PV. VII.
147), an der Ondova bei Töke Terebes im Com. Zemplin (*Hazsl.* ÉM.
158), bei Grosswardein (*Janka* ÖBZ. XIII. 255, XIV. 133 aber mit ?),
diesseits der Donau nur bei Wolfs am Neusiedler See (*Szont.* ZBG. XIV.
490), ferner bei Futak im Com. Bács (*Schnell.* PV. III. 1. 10), bei Lugos,
Tikván (nicht Tilvany) und Illadia im Com. Krassó (*Reichb.* Ic. l. c. 27, 28).

3. Oe. banatica *Heuff.* Flora 1854 I. 291, *Reichb.* l. c. p. 28 t. 56.
Oe. silaifolia *Heuff.* Exs. und wahrscheinlich auch *Roch.* Reise 66,

nicht *MB.* Oe. dacica *Kov.* Exs. In den Auen der Schnellen Körös bei Grosswardein (*Janka* ÖBZ. XIII. 115), an feuchten Waldstellen und in sumpfigen Gebüschen des Banats (*Heuff.* 78).

4. Oe. media *Gris.* Rumel I. 352, *Reichb.* Ic. XXX. p. 28 t. 56. Oe. peucedanifolia *Heuff.* Exs. und wahrscheinlich auch *Roch.* Reise 66, nicht *Poll.* Auf feuchten Wiesen und in Wassergräben des Banats gemein (*Heuff.* 78), auch bei dem Felixbade nächst Grosswardein (*Janka* ÖBZ. XIII. 255).

5. Oe. pimpinelloides *L.* *Reichb.* l. c. p. 26 t. 54. Auf nassen Wiesen und in Sümpfen niedriger Gegenden. Im Hanság (*Wierzb.* Mos.), durch das ganze Pester Com. besonders gegen die Theiss zu (*Sadl.* ed. I. 1. 212, ed. II. 124), bei Jász-Berény in Jazygien und Alsó Homorod im Com. Szatmár (*RK.* 42). Bei Tirnau (*Horv.* 31)? Bei Moldova im Com. Krassó (*Roch.* Ban. 3)? fehlt in seiner Reise 66 und bei *Heuffel.*

6. Oe. Phellandrium *Lam.* In Sümpfen, Lachen, Wassergräben niedriger und gebirgiger Gegenden. Oe. peucedanifolia *Poll.*, *Reichb.* l. c. p. 28 t. 53. An sumpfigen Stellen bei Ballenstein im Com. Presburg (*Bolla* PV. I. 12), an den Ufern der Donau und der*Theiss in der Slovakei (*Reuss* 180), bei Szalatna im Com. Hont (*RK.* 63), Brezovica im Com. Zala, Káloz im Com. Stuhlweissenburg, Pece Sz. Márton im Com. Bihar und im Banat (*Kit.* Add. 156), bei Futak im Com. Bács (*Schnell.* PV. III. 1. 10). Alle diese Angaben halte ich jedoch für unrichtig, denn Oe. peucedanifolia *Poll.* ist eine westeurop. oft verkannte Pflanze, deren Vorkommen in Ungarn schon in *Sadl.* Pest. ed. I. 1. 212 bezweifelt, in der II. Ausg. 124 aber durch Weglassen der ganzen Art verneint wird. Allem Anscheine nach verstanden obige Autoren unter ihrer Oe. peucedanifolia verschiedene Oenanthe-Arten.

Oe. crocata an feuchten Stellen im Banat (*Kit.* in *Roch.* Ban. 27 et Add. 155 mit ?) und im östl. Com. Arad (*Kéry* 20) gehört wahrscheinlich zu Oe. banatica oder Oe. media, da die echte Oe. crocata *L.* eine westeurop. Art ist (*DC.* Prodr. IV. 138), welche *Kitaibel* in Ungarn niemals fand (*Schult.* I. 475). Oe. crocata bei Pece Sz. Márton nächst Grosswardein (*RK.* 88) ist nach *Kit.* Add. 156 = Oe. peucedanifolia *Poll.*, womit man freilich nicht mehr weiss.

19. AETHUSA L.

1. Ae. Cynapium *L.* Ae. cynapioides *MB.* Auf wüsten und bebauten Plätzen, in feuchten Gebüschen.

20. FOENICULUM Hoffm.

1. F. officinale *All.* In Haus- und Weingärten kultivirt und leicht verwildernd, im südl. Gebiete beinahe wild geworden (*Schult.* I. 517).

21. SESELI L.

1. S. Hippomarathrum *L.* Auf steinigen Hügeln und Sandflächen der Ebene. Bei Theben und Kaltenbrunn nächst Presburg (*Endl.* 345), bei Radosóc und Unjn am Fuss der mährischen Grenzkarpaten (*Krz.* PV. II. 1. 56) und bei Wag-Neustadtl im Com. Neutra (*Kell.* ÖBZ. XV. 52), auf der Matra und dem Bükhegy (*Reuss* 181); ferner auf dem Leithagebirge (*N.*), den Ebenen der Com. Wieselburg (*Wierzb.* Mos.) und Komorn (*Hillebr.* ÖBZ. VIII. 298), bei Ödenburg (*Szont.* ZBG. XIV. 490), Gran (*Feicht.* Exs.), auf dem Pilis-Vértes Gebirge und der Pester Ebene (*Sadl.* 122, *Kern.* ZBV. VII. 262), auf der Halbinsel Tihany am Plattensee, bei Paks im Com. Tolna, auf dem Harsányhegy (*Kit.* Bar.) und bei Fünfkirchen im Com. Baranya (*Maj.* 10).

2. S. rigidum *WK.* Ic. II. t. 146. Auf Kalkfelsen im südl. Com. Krassó, bei den Herculesbädern und an der Donau der östl. Banat. Milit. Gr. (*WK.* l. c. 157, *Heuff.* 78).

3. S. leucospermum *WK.* Ic. I. t. 89. Auf Felsen und Triften kalkiger und Eruptiv-Gesteine. Auf der Halbinsel Tihany am Plattensee (*Kit.* Add. 158), in den Com. Baranya und Stuhlweissenburg (*WK.* l. c. 92), auf dem Pilis-Vértes Gebirge und dem Nagyszál bei Waizen (*Kern.* ZBV. VII. 260, 262, ÖBW. VII. 400).

4. S. gracile *WK.* Ic. II. t. 117. Auf Kalkfelsen des Domugled und bei der Veteranischen Höhle an der Donau in der roman. banat. Milit. Gr. (*WK.* l. c. 123).

5. S. glaucum *L.* S. tortuosum *Lumn.* 119? S. elatum *Reichb.* Germ. 467 insoweit die österreichische und ungarische Pflanze gemeint ist. Auf Felsen und steinigen buschigen Stellen gebirgiger Gegenden, so wie auf Grassteppen der Ebene.

6. S. varium *Trev.* Auf Wiesen, buschigen Hügeln, in Vorbölzern. Auf dem Leithagebirge und dem Haglersberg am Neusiedler See (*N.*), bei Wolfs im Com. Ödenburg (*Szont.* ZBG. XIV. 490), bei Thomasbrunn (*Kornh.* Umb. 32), auf dem Wetterling und bei Schloss Bibersburg im Com. Presburg, im Adamover und Unjner Walde und bei Wag-Neustadtl im Com. Neutra (*Krz.* PV. II. 1. 56), auf dem Turecko im südl. Com. Trencsin (*Kell.* ÖBZ. XV. 52), dann erst wieder im Banat, aber daselbst sehr gemein (*Heuff.* 79).

7. S. montanum *L.* Auf Kalkfelsen an der Donau in der östl. Banat Milit. Gr. (*Heuff.* 79). Im Com. Arad (*Kéry* 21)? Im Eisenburger Com. (*Pol.* 18) und bei Ürmény im Com. Neutra (*Roch.* MS. II. 51) gewiss nicht.

8. S. annuum *L.* S. coloratum *Ehrh.* Peucedanum flexuosum *Kit.* in *Roch.* Bau. 26 nach *Roch.* Reise 79. Auf Triften, an buschigen Stellen hügliger und gebirgiger Gegenden.

* S. carinatum *Kit.* Add. 157. An Salzlachen bei Sz. Iván im Com. Stuhlweissenburg.

22. LIBANOTIS Cr.

1. L. montana *Cr.* An steinigen buschigen Stellen hügliger und gebirgiger Gegenden, auch auf sandigen Wiesen der Ebene, wie in den Com. Pest (*Sadl.* 128) und Szabolcs (*RK.* 42).

β. **leiocarpa** *Heuff.* Ban. 79 (*L.* athamantoides *Koch*). Auf der Tilfa mare bei Oravica im Com. Krassó.

23. CNIDIUM Cuss.

1. C. venosum *Koch.* An feuchten buschigen Stellen der Ebene. Bisher nur im Marchthale bei Magyarfalva im Com. Presburg (*Matz*) und bei dem Csuniner Meierhofe unterhalb Holič (*Krz.* PV. II. 1. 57).

C. apioides *Spr.* Laserpitium silaifolium *Jacq.* Im südl. Ungarn (*WK.* Ic. I. p. XXIX, *Kit.* in *Schult.* I. 482). Wahrscheinlich ist das croat. Litorale gemeint, wo diese Art auch vorkömmt (Syll. cr. 111).

24. TROCHISCANTHES Koch.

1. T. nodiflorus *Koch.* Auf dem Donau-Bergzuge der östl. Banat. Milit. Gr. (*Janka* Linn. 1859 p. 572). Wurde von einem von *Heuffel* entsendeten Sammler mit anderen Pflanzen gebracht, ohne den näheren Fundort angeben zu können (*Janka* mündl. Mittheil.).

25. ATHAMANTA Koch.

1. A. Matthioli *Wulf.* Auf Kalkfelsen. Auf der Skofajna bei Oravica im Com. Krassó (*Wierzb.* Flora 1842 I. 261), im Donauthale Kazan (*Koch.* Reise 5) und bei den Herculesbädern der roman. banat. Milit. Gr. (*Heuff.* 79).

A. cretensis *L.* Ueberall auf den Karpaten der Slovakei (*Reuss* 182), ohne Zweifel verkannt, da weder *Wahlenberg* noch *Hazslinszky* ihrer erwähnen. In Sirmien (*Rumy* 52)? vielleicht A. Matthioli.

26. LIGUSTICUM L.

1. L. Seguieri *Koch.* Selinum Seguieri *L.* Auf Hügeln bei Strażeman im Com. Pożega (*PM.* It. 112).

27. SILAUS Bess.

1. S. pratensis *Bess.* Auf Wiesen niedriger und gebirgiger Gegenden. Auf den Marchwiesen bei Holič (*Krz.* PV. II. 1. 57), bei Tirnau (*Horv.* 30), auf dem Gemsenberg bei Presburg (*Endl.* 345), auf der Kleinen Schütt und bei Wüst-Sommerein im Com. Wieselburg (*Wierzb.* Mos.), bei Wolfs am Neusiedler See, bei der Teichmühle nächst Ödenburg (*Szont.* ZBG. XIV. 490), überall im Pester Com. (*Sadl.* 123—4), im Černa-Thale bei Mehadia (*Heuff.* 79 nach *Koch.*). Fehlt durch die ganze Karpatenkette.

2. S. virescens *Gris.* Rumel. 1. 362. S. carvifolius *Heuff.* Exs. und vielleicht auch *C. A. Meyer*. Selinum Rocheli *Heuff.* in *Roch.* Reise 78? An buschigen Stellen bei Oravica im Com. Krassó und auf Sandhügeln bei Grebenac der serbisch-banat. Milit. Gr. (*Heuff.* 79). Auf dem Tokayer Berg, wo sie *Hazslinszky* 1846 fand, kömmt sie nicht mehr vor (*Hazsl.* ÉM. 158 Note).

28. MEUM Tourn.

1. M. athamanticum *Jacq.* Auf alpinen Triften, besonders in der Krummholzregion. Auf der Prašiva der Liptau-Sohler Alpen, bei Rosenberg im Com. Liptau? (*RK.* 63), auf dem Grossen Křivan (*Hacq.* IV. 173), auf der Hohen Tatra bei Kesmark (*Mauksch*), der Bersava im Com. Bereg, dem Pop-Ivan in der Marmaros (*RK.* 15, 42).

2. M. Mutellina *Gärtn.* Auf Triften der Alpen in und über der Krummholzregion. Auf der Babia Góra (*RK.* 63), auf dem Štoch (*Vitk.* ZBG. XIII. 1079), dem Kleinen Křivan, allen Central-Karpaten vom Rohač bis auf den Stirnberg der östl. Tatra, auf dem Ďumbier (*Wahlb.* 85), der Černa Hora (*Herb.* ZBG. X. 618), der Petrosa (*RK.* 42), Dscameanie, Negujasa, dem Galac und Stol der Rodnaer Alpen (*Baumg.* I. 245), auf der Biharia (*Kern.* DL. 140, 337), den höheren Banat. Alpen (*Heuff.* 79).

29. PACHYPLEURUM Meyer.

1. P. simplex *Reichb.* Gaya simplex *Gaud.* Auf alpinen Triften. Auf dem Volovec (*Krz.* ÖBZ. X. 157), der Rackova (*Wahlb.* 82), Pisna, dem Grossen Křivan, Mönch, den Alpen am Grossen Fischsee, am Langen See, auf dem Skopa-Pass und Durlsberg der östl. Tatra (*Üchtr.* ÖBW. VII. 352, 360, 370, *Herb.* ZBG. X. 618, *Krz.* PV. V. 112, *Roch.* MS. I. 80), dann auf dem Gutin, dem Csiblesz und Arsul der Rodnaer Alpen (*Baumg.* III. 343).

30. CONIOSELINUM Fisch.

1. C. Fischeri *Wimm.* et *Grab.* Im Alpenthale Drechselhäuschen der östl. Tatra (*Üchtr.* ÖBW. VII. 369).

31. LEVISTICUM Koch.

1. L. officinale *Koch.* Wird in Bauerngärten kultivirt und kömmt in deren Nähe verwildert vor. So im Gebiete der nördl. Karpaten (*Hazsl.* ÉM. 157), im östl. Com. Arad (*Kéry* 19), im Banat (*Heuff.* 79).

32. SELINUM L.

1. S. Carvifolia *L.* In Wäldern und auf feuchten buschigen Wiesen niedriger und gebirgiger Gegenden. Im Marchthale (*Krz.* PV. II.

1. 57), auf den Donau-Inseln bei Presburg und den Kleinen Karpaten (*Endl.* 346, *Stur* 134), bei Rovně im Com. Trencsin (*Roch.* Pest. Mus.), auf der Bory (*Szont.* ZBG. XIII. 1080), in Bergwäldern bei Kesmark (*Wahlb.* 80), bei Alsó Homorod im Com. Szatmár (*RK.* 42); ferner auf dem Pilis-Vértes Gebirge (*Kern.* ZBV. VII. 266) und den Ebenen des Pester Com. (*Sadl.* 134), im Com. Eisenburg (*Kütt.* Pest. Mus.), auf der Murinsel, bei Csurgó im Com. Somogy, auf dem Mecsek (*Kit.* Bar.) und an der Drau im Com. Baranya, überall in den Com. Verovitic und Požega (*RK.* 75, *Kit.* Slav.), bei Semlin (*Panč.* Sirm.), im Banat (*Heuff.* 79).

** S. banatieum *Kit.* in *Roch.* Ban. in indice und S. neglectum *Lang* in *Roch.* Ban. 26 sind beide in *Roch.* Reise weggelassen.

33. ANGELICA L.

1. A. silvestris *L.* In Bergwäldern, Auen, auf Sumpfwiesen der Ebene.

β. **elatior** *Wahlb.* 84. (A. verticillaris *Geners.* 21, A. montana *Schleich.*) In den Thälern der Central-Karpaten zwischen Ufergebüsch, z. B. am Poprad bei Kesmark.

γ. **appendiculata** *Heuff.* Ban. 80. An feuchten Waldstellen.

A. **officinalis** *RK.* 126. Bei Diósgyór, Harsány und Miskolc im Com. Borsod, dann in Eichenwäldern zwischen Verpelét und Vécs im Com. Heves. Ob damit A. officinalis *Bernh.* = Peucedanum Ostruthium, oder A. officinalis *Mönch* = Archangelica officinalis (*DC.* Prodr. IV. 169) gemeint sei, weiss ich nicht, die Standorte passen auf keine dieser zwei Arten. Vielleicht nichts anderes als A. silvestris.

* A. **pachyptera** *Avé Lall.* Bei Eperjes (*Janka* Linn. 1859 p. 570)? Eine zweifelhafte selbst *Ledebour* unbekannte kaukasische Pflanze (*Ledeb.* Ross. II. 295).

34. ARCHANGELICA Hoffm.

1. A. officinalis *Hoffm.* Auf feuchten Wiesen, an Giessbächen gebirgiger und subalpiner Gegenden bis in die Krummholzregion. Bei Rovně (*Roch.* Pest. Mus.) und auf der Waginsel bei Trencsin (*Szont.* ÖBZ. XIV. 274), bei Parnica im Com. Arva (*Vitk.* ZBG. XIII. 1080), auf der Rackova (*Krz.* ÖBZ. X. 157) und dem Czerwoný Wirch der Liptauer Central-Karpaten (*Hacq.* IV. 154), auf dem Grossen Křivan, unter der Lomnitzer- und Rothensee-Spitze der Hohen Tatra (*Wahlb.* 83—4), auf den Banat. Alpen (*Heuff.* 80). Wird auch in Bauerngärten kultivirt und kömmt dann in deren Nähe verwildert vor, nur hierauf können sich die Standorte bei Koroncó im Com. Raab (*Ebenh.* PV. V. 55) und in Sirmien (*Rumy* 52) beziehen. *Wahlenberg* nennt die auf der Tatra angegebene Art Angelica Archangelica α. alpina, dann spricht er aber auch von einer Archangelica spuria vel litoralis, welche die Ufergegenden der Ebene zu bewohnen „scheint" ob im Gebiete der Central-Karpaten oder anderswo, ist mir nicht klar. Diese letztere wurde in *Reuss* Květ. 184 ganz unnötbiger Weise in A. slavica umgetauft und

Janka fand sie an der Schnellen Körös mitten in der Stadt Grosswardein, aber nur in Einem Exemplare (ÖBZ. XIII. 330) und ob *Wahlenberg's* echte Pflanze, scheint mir zweifelhaft.

Opoponax Chironium *Koch.* In Ungarn, Kroatien (*Kit.* in *Schult.* I. 516). Nach *WK.* lc. III. p. 235 nur in Croatien.

35. FERULAGO Koch.

1. F. silvatica *Reichb.* lc. IV. p. 53 fig. 555. Ferula silvatica *Bess.* in *R. Sch.* Syst. VI. 1820 p. 591—2, Volhyn. 44. Ferula Barrelieri *Ten.* Nap. III. 1824 p. VI. et 342 t. 133. Ferula Ferulago b. commutata *Roch.* Ban. p. 63 t. 24. Lophosciadium Barrelieri *Gris.* Rumel. I. 372. Auch Ferula nodiflora *WK.* lc. I. p. XXIX und *Kit.* in *Schult.* I. 499 (nicht *Jacq.*) sowie Ferulago galbanifera *Reuss* 185 (nicht *Koch*) gehören ohne Zweifel hierher. In Wäldern zwischen Nyárszeg und Nagy-Ürögd im Com. Bihar (*Janka* ÖBZ. XIII. 257), dann auf buschigen Bergwiesen im östl. und südl. Banat (*Heuff.* 80). *Reuss* gibt nur die galizischen Karpaten an.

2. F. monticola *Boiss.* et *Heldr.* Diagn. ser. II. n. 2. p. 91. An steinigen Waldrändern am Wege von Mehadia nach Toplec sehr selten (*Janka* ÖBW. VII. 329, *Heuff.* 80).

36. FFRULA Koch.

1. F. Sadleriana *Ledeb.* Ross. II. 300 Note. F. sibirica *Sadl.* Pest. ed. I. 1. 228, ed. II. 133 (sie wächst aber nicht in Sibirien). Ferulago Sadleri *Gris.* It. 318. Peucedanum sibiricum *WK.* lc. I. t. 60, nicht *Willd.* Auf Kalkfelsen des Piliser Berges (*WK.* l. c. 61) und auf Trachytfelsen an der Donau Visegrád gegenüber im Com. Hont (*Reuss* 186), dann auf der Matra und Hegyallja (*Lang* Phys. 315).

2. F. Heuffelii *Gris.* in *Maly* Aust. 229, It. 318, *Heuff.* Ban. 80. Auf Felsen im Thale Kazan an der Donau in der roman. banat. Milit. Gr.

** F. verticillaris *Kit.* Hydr. II. 319. Zwischen Gebüsch hinter dem Susti-Domugled bei den Herculesbädern.

37. PEUCEDANUM Koch.

1. P. Chabraei *Reichb.* Auf Wiesen, in Wäldern. In den March-auen unterhalb Holič (*Krz.* PV. II. 1. 57), bei Sz. Antal im Com. Hont (*RK.* 63), im mittleren und südlichen Gebiete des nördl. Karpatenzuges (*Hazsl.* ÉM. 155), häufig im Com. Borsod (*Reuss* 186), bei Huszt in der Marmaros, auf der Feketehegyallja bei Felső Banya im Com. Szatmár (*RK.* 42), bei Grosswardein (*Steff.* ÖBZ. XIV. 181); ferner im Walde Bakony, überall in den Com. Zala, Somogy, Baranya (*Kit.* Bar.), Verovitic und Požega (*RK.* 75), auf den Ofner Bergen (*Sadl.* 134), bei Semlin (*Panč.* Sirm.), im Banat (*Heuff.* 81).

2. P. Schottii *Bess.* in *DC.* Prodr. IV. 309. An steinigen buschigen Stellen. In Sirmien ohne nähere Angabe (Herbar. *Wolny* nach *Panč.* Sirm.).

3. P. officinale *L.* Auf Wiesen, buschigen Hügeln, in Wäldern, an feuchten salzigen Stellen. Im Adamover Walde bei Holič (*Krz.* PV. II. 1. 57), auf dem Turecko im südl. Com. Trencsin (*Kell.* ÖBZ. XV. 52), im östl. Com. Pest gegen die Theiss und Zagyva zu (*Sadl.* 131, *Reuss* 185), bei Karcag in Gross-Kumanien (*Janka* ÖBZ. XIII. 115), häufig im Com. Heves und im südl. Com. Zemplin, bei Terebest im Com. Szatmár (*RK.* 42, 126, *Kit.* Ber.), bei Grosswardein (*Janka* Linn. 1859 p. 570); ferner zwischen Bruck und Parndorf im Com. Wieselburg (*Host* Syn. 149), bei Wandorf, Ödenburg (*Szont.* ZBG. XIV. 490), Koroncó im Com. Raab (*Ebenh.* PV. V. 55), Fünfkirchen (*Maj.* 10), in Sirmien (*Rumy* 53), auf den Ebenen des Banats (*Heuff.* 81). P. italicum bei Miskolc (*Lang* in *Reichb.* Germ. 460) gehört wahrscheinlich hierher.

4. P. longifolium *WK.* Ic. III. t. 251. Auf Kalkfelsen bei Csiklova im Com. Krassó, im Nera-Thale, auf dem Donau-Bergzuge und bei den Herculesbädern der serbisch- und roman. banat. Milit. Gr. (*WK.* l. c. 279, *Heuff.* 81). Von P. officinale wenig verschieden.

5. P. Rochelianum *Heuff.* ÖBZ. VIII. 27, Ban. 81. P. ruthenicum *Roch.* Ban. p. 62 t. 23, nicht *MB.* Auf Wiesen und in Gebüschen bei Faget im nördl. Com. Krassó und bei Karansebes der roman. banat. Milit. Gr. Von P. Morisonii *Bess.* vielleicht nicht verschieden (*Janka* Linn. 1859 p. 570).

6. P. arenarium *WK.* Ic. I. t. 20. Pastinaca nova *Wint.* f. 12. Auf Sandhügeln, an Rainen, Wegen niedriger Gegenden. Bei Nagy Baráti im Com. Raab (*Widersp.* Exs.), im südl. Com. Komorn (*Hillebr.* ÖBZ. VIII. 298), bei Zebegény an der Donau im Com. Hont (*Kit.* Arv.), bei Duna-Pentele und Rác-Almás im Com. Stuhlweissenburg (*Kit.* Bar.), im Com. Pest besonders im nördl. Theile zwischen Pest, Waizen und Aszód, im Heveser Walde (*WK.* l. c. 19, *Sadl.* 132, *RK.* 15), am Fuss der Matra (*Reuss* 186), bei Fünfkirchen (*Reichb.* Germ. 460), in der deutsch- und serbisch-banat. Milit. Gr. (*Heuff.* 81).

7. P. Cervaria *Lap.* Auf buschigen Hügeln, in Vorhölzern, an Weingartenrändern.

8. P. Oreoselinum *Mönch.* Auf Wiesen, buschigen Hügeln, an sandigen Stellen niedriger Berge und der Ebene, am häufigsten in den Com. am rechten Donau-Ufer.

9. P. alsaticum *L.* An steinigen buschigen Stellen, auf trockenen Triften hügliger und gebirgiger Gegenden, vorzüglich in der Nähe der Weingärten.

10. P. austriacum *Koch.* An steinigen buschigen Stellen auf Kalkbergen. Auf dem Papuk in Slavonien (*PM.* It. 111), auf dem Domugled und an der Donau in der östl. Banat. Milit. Gr. (*Heuff.* 81). Auf den westlichen Karpaten selten (*Reuss* 187)?

11. P. rablense *Koch.* Pteroselinum rablense *Reichb.* Auf Kalkfelsen in der Voralpenregion der Biharia (*Kern.* DL. 296). Wohl nur Var. des P. austriacum.

12. P. palustre *Mönch.* Thysselinum palustre *Hoffm.* Auf nassen Wiesen, in Sümpfen, feuchten Gebüschen niedriger und gebirgiger Gegenden. Auf dem Gemsenberg bei Presburg, auf dem Schur bei St. Georgen (*Endl.* 347), an der Wag, Neutra und Gran (*Lang* Phys. 313—4), bei den Bädern von Lučky im Com. Liptau (*Kit.* Arv.), am Flusse Szekesó bei Eperjes (*Hazsl.* Exs.), im Ecsédi-Láp im Com. Szatmár (*RK.* 42); ferner im Hanság und auf der Kleinen Schütt (*Wierzb.* Mos.), im Com. Eisenburg (*Pol.* 17), bei Kis-Apáti (*RK.* 7) und Keszthely im Com. Zala, bei Csurgó, Segesd und Babocsa im Com. Somogy (*Kit.* Bar. et Slav.), überall im Pester Com. (*Sadl.* 126), im Banat (*Heuff.* 81).

13. P. verticillare *Koch.* Tommasinia verticillaris *Bert.* In felsigen buschigen Schluchten bei dem Pötschinger Sauerbrunnen am Fuss des Rosaliengebirges im Com. Ödenburg (*N.*). Auf Sandtriften bei Koroncó im Com. Raab (*Ebenh.* PV. V. 55)? An Bächen bei Zazriva und Oravka im Com. Arva (*Vitk.* ZBG. XIII. 1080)?

14. P. Ostruthium *Koch.* Imperatoria Ostruthium *L.* In Voralpenthälern des Banats (*Heuff.* 81). Auf den Karpaten der Slovakei (*Reuss* 187)? vielleicht in Bauerngärten. Fehlt bei *Wahlb.* und *Hazsl.* ÉM. Selinum collinum *Kit.* in *Willd.* Herb. (Peucedanum baicalense *Koch?*), das in *DC.* Prodr. IV. p. 179 n. 18 und *Reichb.* Germ. p. 454 n. 2945 in Ungarn angegeben wird, fand *Kitaibel* auf dem Velebit in Croatien (*R. Sch.* Syst. VI. 559—60).

39. ANETHUM L.

1. A. graveolens *L.* In Gärten und auf Aeckern gebaut und häufig verwildert.

40. PASTINACA L.

1. P. sativa *L.* Auf Wiesen, Hügeln.

2. P. opaca *Bernh.* P. sativa b. elatior *Koch.* Ban. p. 64 t. 25. Auf Wiesen, an Rainen, zwischen Gebüsch. Auf dem Čerevičer Gebirge im Com. Sirmien (*Schnell.* PV. III. 1. 10), im Banat (*Heuff.* 82).

41. HERACLEUM L.

1. H. Sphondylium *L.* H. Panaces *PM.* It. 112 allem Anscheine nach. Auf Wiesen, in Hainen, feuchten Gebüschen niedriger und gebirgiger Gegenden.

β. angustifolium (H. elegans, angustifolium et longifolium *Jacq.*, H. flavescens *Bess.*, H. sibiricum der Aut.). Im Com. Trencsin (*Kikó* 18), im Völkgrund und auf der Leiten der Tatra (*Wahlb.* 83), auf

der Matra (*Portschl.* Pest. Mus.) und wohl noch an vielen Stellen der
Voralpen und der Krummholzregion. H. stenophyllum im Demanovka-
Thale des südl. Com. Liptau (*Hausskn.* ÖBZ. XIV. 217) gehört allem
Anscheine hierher.

2. H. alpinum *L.* Auf alpinen Triften. Auf dem Pop-Ivan der
Marmaros (*Czetz* Exs.) und auf der Dseamcanic der Rodnaer Alpen
(*Baumg.* I. 215). II. Panaces *RK.* 42 auf dem Pop-Ivan und der Petrosa der Marmaros ist wohl dieselbe Pflanze. Sie wird auch auf den
galizischen Karpaten (*Bess.* Gal. I. 212) und im östl. Com. Arad (*Kéry*
19) angegeben. Ob übrigens das ungar.-siebenb. H. alpinum mit der
echten dem westlichen Europa angehörigen Pflanze dieses Namens identisch sei, unterliegt noch einigem Bedenken, in der Blattform stimmt es
wenigstens mit der von *Linné* citirten Abbildung in *Bauh.* Prodr. 83
nicht ganz überein.

3. H. palmatum *Baumg.* I. 215. II. asperum *Koch.* Ban. p. 64
t. 26, nicht *MB.* An Giessbächen in den Voralpenwäldern des östl. Banats,
z. B. auf dem Semenik, Mik (*Koch.* l. c., *Heuff.* 82), auch auf den Rodnaer Alpen (*Janka* Linn. 1859 p. 572), aber wahrscheinlich auf siebenbürgischem Gebiete.

II. austriacum *L.*, welches nach *Reuss* 189 auf den Central-Karpaten vorkommen soll, wächst dort nicht. Aus der Vergleichung der
Standorte erhellt, das *Reuss* das Ligusticum austriacum *Wahlb.* 83,
d. i. Pleurospermum austriacum *Hoffm.* irriger Weise für H.
austriacum hielt. Ebenso ergibt sich aus den Standorten, dass H.
austriacum *Mauksch* Manuscr. im Völkgrund und auf der Leiten der
Tatra richtiger H. angustifolium *Jacq.* sei (Vergl. *Wahlb.* 83).

42. TORDYLIUM L.

1. T. maximum *L.* Auf steinigen buschigen Hügeln und niedrigen
Bergen, besonders in der Nähe der Weingärten.

T. officinale *L.* An der Pece bei Grosswardein (*RK.* 89)? Eine
Pflanze des adriatischen Litorale, welche nicht einmal in Croatien beobachtet wurde.

43. SILER Scop.

1. S. trilobum *Cr.* Laserpitium aquilegifolium *Jacq.* An
steinigen buschigen Stellen hügliger und gebirgiger Gegenden. Auf der
Ostseite der Kleinen Karpaten (*Krz.* PV. II. 1. 58), bei Rovně im Com.
Trencsin (*Roch.* Exs.), auf der Szitna bei Schemnitz, bei Hradek, auf
dem Choč (*RK.* 63), bei Neográd, Miskolc und Teplic im Com. Borsod,
Murány im Com. Gömör, Běla und Kapsdorf in der Zips (*Reuss* 189);
ferner auf den Höhen bei Neusiedel am See (*Wierzb.* Mos.), bei Komorn
(*Reuss* l. c.), im Com. Eisenburg (*Kitt.* Pest. Mus.), auf dem Badacson
am Plattensee (*Kit.* Bar.), auf den Ofner Bergen (*Sadl.* 125), bei Fünf-

kirchen (*Maj.* 10) und Hoszú-Hetény im Com. Baranya (*Kit.* Bar.), in Sirmien (*Rumy* 53), im östl. Banat (*Heuff.* 82).

44. LASERPITIUM L.

1. L. latifolium *L.* In Wäldern und an steinigen buschigen Stellen gebirgiger und subalpiner Gegenden, manchmal auch in das Hügelland und selbst in die Ebene herabsteigend, z. B. im Adamover Walde an der March (*Krz.* PV. II. 58).

2. L. alpinum *WK.* Ic. III. t. 253. L. trilobum *RK.* 43, *Roch.* Ban. p. 65 t. 27. In subalpinen Wäldern bis über die Krummholzregion. Auf den Bereger Alpen (*WK.* l. c. 282), auf der Černa Hora (*Herb.* ZBG. X. 618), dem Gutin (*RK.* 43), auf allen Alpen des Banats (*Heuff.* 82).

3. L. marginatum *WK.* Ic. II. t. 192. An buschigen Stellen auf dem Papuk in Slavonien (*RK.* 76).

4. L. Siler *L.* Auf den Voralpen des Com. Arva und den Weinbergen bei Báb (*Kit.* Add. 161), ob Báb im Com. Neutra oder Báb im Com. Heves ist zwar nicht gesagt, allein aus den Standorten der Euphorbia nicaeensis und babensis in *Kit.* Add. 258—9 erhellt, dass Báb im Com. Neutra gemeint sein wird.

5. L. prutenicum *L.* In Bergwäldern und auf Wiesen der Ebene. Bei Presburg (*Endl.* 353), Rovně im Com. Trencsin (*Roch.* Pest. Mus.), Kokava im Com. Liptau, auf dem Rehberg bei Leutschau in der Zips (*Wahlb.* 82), bei Rima Szombat im Com. Gömör (*Fábry* I. 9), auf der Matra, bei Munkács, bei Kabola-Polyana in der Marmaros (*Kit.* Add. 161); ferner auf dem Rosalien- und Leithagebirge (*N.*), bei Agendorf im Com. Ödenburg, am Neusiedler See (*Szont.* ZBG. XIV. 490), bei Koroncó im Com. Raab (*Ebenh.* PV. V. 55), Rátot im Com. Veszprim (*RK.* 7), auf dem Pilis-Vértes Gebirge (*Kern.* ZBV. VII. 264), im Eisenburger Com. (*Kätt.* Pest. Mus.), bei Sümeg und auf der Murinsel im Com. Zala, bei Csurgó und Sz. László im Com. Somogy, M. Ürög und Drava-Szabolcs im Com. Baranya (*Kit.* Bar.), Kutjevo im Com. Požega (*Kit.* Add. l. c.), im Banat (*Heuff.* 83).

6. L. Archangelica *Wulf.* An felsigen waldigen Orten der Berg- und Voralpenregion. Auf dem Černikamen (*Kit.* Arv.) und Klak der Futra bis in das Thal von Lubochňa im Com. Liptau (*Wahlb.* 81), bei Kralovan im Com. Arva, auf dem Kleinen Křivan (*Szont.* ZBG. XIII. p. 1080, 1046) und dem Choč (*Krz.* ÖBZ. X. 157), dann bei Steierdorf im Com. Krassó und bei den Herculesbädern (*Heuff.* 83).

L. gallicum *L.* „Legi in Hungaria sed non memini ubi" (*Kit.* Add. 160). Eine westeurop. Art (*DC.* Prodr. IV. 205).

45. ORLAYA Hoffm.

1. O. grandiflora *Hoffm.* Unter dem Getreide, auf Brachen, steinigen buschigen Hügeln. Auf den Donau-Inseln bei Presburg (*Endl.* 352), bei Pográny und auf der Žibrica nächst Neutra (*Kn.* ZBG. XV. 147),

bei Nána im Com. Gran (*Feicht.* Ad. 279) und Nagy Maros im Com. Hont
(*RK.* 63), am Fuss der Matra (*Reuss* 191), nach *Hazsl.* ÉM. 154 überhaupt im südl. Theile seines Gebietes; viel häufiger im Hügellande am
rechten Donau-Ufer, auf dem Leithagebirge (*Wierzb.* Mos.), bei Wolfs
im Com. Ödenburg (*Szont.* ZBG. XIV. 490), in den Com. Veszprim, Zala,
Somogy, Baranya, Tolna, Stuhlweissenburg (*Kit.* Bar. et Slav.) und Pest
(*Sadl.* 127), bei Futak im Com. Bács (*Schnell.* PV. III. 1. 10), durch
ganz Slavonien und Sirmien (*Kit.* Slav., *Rumy* 52), im Banat (*Heuff.* 83).

46. DAUCUS L.

1. D. Carota *L.* Auf Wiesen, Triften, Aeckern.

47. CAUCALIS Hoffm.

1. C. daucoides *L.* C. leptophylla *Horv.* 30 nach *Rochel.* Auf
Aeckern, unter dem Getreide.

β. **muricata** (C. muricata *Bisch.*) An gleichen Orten bei Bischdorf
auf der Grossen Schütt (*Benzl-Stern.* PV. III. 1. SB. 54), am Fuss des
Leithagebirges im Com. Wieselburg (*N.*), bei Futak im Com. Bács
(*Schnell.* PV. III. 1. 10) und wohl noch an vielen Orten.

2. C. leptophylla *L.* Unter dem Getreide. Bei Fünfkirchen
(*Nendtv.* 19), wenn die Bestimmung richtig ist.

48. TURGENIA Hoffm.

1. T. latifolia *Hoffm.* Unter dem Getreide, auf Aeckern, an Rainen.
Bei Edelsthal (*Bilim.* Exs.), Gols (*Wierzb.* Mos.), Zurndorf (*Kn.* ÖBZ.
XIV. 221) und Ung. Altenburg im Com. Wieselburg (*Vuezl*), bei Arács
am Plattensee (*RK.* 115), auf dem Pilis-Vértes Gebirge (*Kern.* ZBV.
VII. 271) und den Ebenen des Pester Com. (*Sadl.* 127), bei Fünfkirchen
(*Nendtv.* 19) und Semlin (*Panč.* Sirm.). In der südlichen, seltener in der
westlichen Slovakei (*Reuss* 192)? fehlt auch in *Hazsl.* ÉM.

49. TORILIS Adans.

1. T. Anthriscus *Gmel.* An Zäunen, in Holzschlägen, auf buschigen Plätzen.

2. T. helvetica *Gmel.* T. neglecta *R. Sch.* Auf Aeckern, an
Rainen, Weingartenrändern.

3. T. microcarpa *Bess.* Auf Kalkfelsen im Thale Kazan an der
Donau in der roman. banat. Milit. Gr. (*Heuff.* 83).

4. T. nodosa *Gärtn.* An Weingartenrändern auf dem Adlerberg
bei Ofen (*Kit.* in *Sadl.* 128).

50. SCANDIX L.

1. S. Pecten Veneris *L.* Auf Brachen, unter dem Getreide. Bei
Rovně im Com. Trencsin (*Roch.* Pest. Mus.), bei Lubina nächst Wag-

Neustadtl (*Hol.* PV. I. 70), auf dem Hauran und von diesem bis Pobudin
bei Holič (*Krz.* PV. II. 1. 58), dann bei Ung. Altenburg (*Vuezl*) und
Koroncó im Com. Raab (*Ebenh.* PV. V. 55). Scheint nur am westl. Rande
Ungarns vorzukommen.

51. ANTHRISCUS Hoffm.

1. A. silvestris *Hoffm.* Aendert ab nach *MK.* Deutschl. II. 458
und *Aschers.* Brandenb. Ver. VI. 184:

α. leiocarpa (A. silvestris der Aut.) Auf Wiesen, in Hainen,
zwischen Gebüsch hügliger und gebirgiger Gegenden.

β. trichocarpa (Chaerophyllum nemorosum *MB.* A. nemorosa
Spr.) In Wäldern des südöstl. Banats, als auf dem Schlossberge von
Veršec, auf der Tilfa Mare bei Oravica (*Wierzb.* Flora 1842 I. 264, 267),
bei den Herculesbädern (*Heuff.* 83 nach *Kit.*). Chaerophyllum lactes-
cens *Kit.* in *Roch.* Reise 36 oder Ch. nemorosum var. lactescens
Kit. Add. 162 bei Veršec kann hiervon nur wenig verschieden sein.

2. A. alpestris *Wimm.* et *Grab.* Siles. I. 289. Scandix silvatica
Kit. in Herb. *Willd.* 5894. Chaerophyllum aureum *Geners.* 21, nicht
L. Ch. nitidum *Wahlb.* 85, *Achers.* Brandenb. Ver. VI. p. 178 t. 1.
A. silvestris var. alpestris vieler Aut., auch *Koch* Syn. 346. In Berg-
und Voralpenwäldern. Im Leibitzer und im Langenwalde bei Kesmark
(*Wahlb.* l. c.), im Kupferschächtenthale der östl. Tatra (*Üchtr.* ÖBW.
VII. 360) und, wenn die Bestimmung richtig ist, auch bei Zazriva,
Dubova und am Fuss des Minčol im Com. Arva (*Vitk.* ZBG. XIII. 1080).
Ohne Zweifel noch an vielen Stellen der Vorlagen der Central-Karpaten.

A. torquata *Duby* (Chaerophyllum torquatum *DC.*) gehört nach
Gren. et *Godr.* Franc. I. 742 zu A. alpestris *Wimm.* et *Grab.* Ob aber
Ch. torquatum bei Veršec im Com. Temes (*Wierzb.* Flora 1842 I. 264)
und ob A. torquata bei Saska im Com. Krassó (*Heuff.* 83) ebenfalls
dahin zu ziehen seien, ist zweifelhaft (*Aschers.* l. c. 172—3).

3. A. Cerefolium *Hoffm.* Aendert ab:

α. leiocarpa. Wird in Gemüsegärten gebaut und kömmt in deren
Nähe auch verwildert vor, verwandelt sich aber in diesem Zustande
bald in die folgende Var.

β. trichocarpa (Chaerophyllum trichospermum *Schult.* I. 504).
In Hainen, an Zäunen, Weingartenrändern hügliger Gegenden.

4. A. vulgaris *Pers.* An wüsten und bebauten Stellen, in Dörfern.

51. PHYSOCAULOS Tausch.

1. Ph. nodosus *Tausch.* Chaerophyllum nodosum *Lam.*
Anthriscus nodosa *Pers.* An buschigen Stellen. Auf dem Badacson
am Plattensee im Com. Zala (*Kit.* in *Schult.* I. 503 et Add. 162), in
Sirmien (*Panč.* Sirm.), bei den Herculesbädern und auf dem Donau-
Bergzuge der östl. Banat. Milit. Gr. (*Heuff.* 84).

52. **CHAEROPHYLLUM** L.

1. Ch. temulum *L.* In Wäldern, Auen, an Zäunen.

2. Ch. bulbosum *L.* An Hecken, Weingartenrändern, buschigen Stellen.

3. Ch. aureum *L.* Ch. maculatum *Willd.* Berol. suppl. 15 und Ch. monogonum *Kit.* in *R. Sch.* Syst. VI. 522 sind mehr oder minder kahle Var. (*Koch* Syn. 349). An buschigen Stellen auf dem Mecsek (*Kit.* Bar.), am Kisrét und im Stadtwalde bei Fünfkirchen (*Nendtv.* ZBG. XIII. 570), dann in Berg- und Voralpenwäldern des Banats (*Heuff.* 84). Auf den Karpaten der Slovakei (*Reuss* 194)? bei Rovně im Com. Trencsin (*Roch.* Pest. Mus.)? Fehlt in *Hazsl.* ÉM. 151—2.

4. Ch. hirsutum *L.* Ch. pumilum *Wierzb.* in *Roch.* Reise 45 nach *Heuff.* 84. In Berg- und Voralpenwäldern der Com. Trencsin (*Roch.* Pest. Mus.), Sohl, Liptau, Zips, Gömör, Sáros, Bereg, Szatmár und Marmaros (*Kit.* Add. 162 et Ber., *Wahlb.* 86, *Reuss* 195, *RK.* 64), am Fuss der Biharia bei Lunkaszprie (*Kit.* Add. l. c.), im östl. Banat (*Heuff.* l. c.), auf der nördl. (*RK.* 76) und südl. Abdachung des Papuk in Slavonien (*Kit.* Slav.). Eine kahle Var. in den Wäldern des Branisko im Com. Sáros (*Hazsl.* ÉM. 152), Ch. alpinum *Kit.* Add. 163 auf dem Křivau scheint dieselbe Var. zu sein. Bei Presburg (*Reuss* l. c.)?

5. Ch. Villarsii *Koch.* Ch. hirsutum *Host* Aust. 391 nach *Koch* Syn. 349, nicht *L.* Auf den Karpaten von Ungarn ohne nähere Angabe (*Host* l. c.) Ob unter Ch. Cicutaria auf den Zipser Alpen (*Kit.* Add. 162) und auf der Tatra am Grossen Fischsee (*Herb.* Flora 1834 II. 584). Ch. Villarsii oder eine Form des Ch. hirsutum gemeint sei, vermag ich nicht zu entscheiden.

6. Ch. aromaticum *L.* In Auen, Wäldern, an Bächen, Zäunen niedriger und gebirgiger Gegenden bis in die Krummholzregion (*Wahlb.* 87).

Ch. coloratum *L.* Auf dem Gutin und der Piatra lucsi im Com. Szatmár (*RK.* 43)? Eine dalmat. Pflanze (*DC.* Prodr. IV. 225).

** Ch. rotundatum *RK.* 43. Bei Nagy Bánya im Com. Szatmár.

** Ch. truncatum *RK.* 64. Zwischen Hradek und Sz. Iván im Com. Liptau.

53. **MYRRHIS** Scop.

1. M. odorata *Scop.* Scandix odorata *L.* Mit Sicherheit nur im Leibitzer Walde bei Kesmark (*Üchtr.* ÖBW. VII. 369). Auf den mährisch-schlesischen Grenzkarpaten (*Reuss* 195), aber in *Schloss.* Mähr. 174 und *Wimm.* Schles. 458 wird sie wohl in Grasgärten des Riesengebirges und des Gesenkes, aber nicht auf den Karpaten angegeben. Im Com. Arad (*Kéry* 21)?

54. **CONIUM** L.

1. C. maculatum *L.* An wüsten und bebauten Stellen, an Zäunen, Weingartenrändern.

55. PLEUROSPERMUM Hoffm.

1. P. austriacum *Hoffm.* Ligusticum austriacum *L.* In Wäldern und an felsigen buschigen Stellen der höheren Berg- und Voralpenregion, besonders auf Kalk. Durch die nördliche Karpatenkette vom Com. Trencsin (*Roch.* Pest. Mus.) bis in das Com. Bereg (*Hazsl.* ÉM. 151, *Hück.* ZBG. XV. 56), auf der Matra (*RK.* 15), den Arader und Banater Karpaten (*Kéry* 19, *Heuff.* 84). Ligusticum scoticum *Roch.* in *Kit.* Add. 158 auf der Malenica im Com. Trencsin scheint als Art hiervon nicht verschieden zu sein.

56. PHYSOSPERMUM Cuss.

1. Ph. aquilegifolium *Koch.* Ph. commutatum *Roch.* Ban. 2, nicht *Spr.* Ligusticum aquilegifolium *Willd.* In Wäldern und auf Weinbergen bei dem Kloster Gergeteg nächst Karlovic im Com. Sirmien (*Kit.* Add. 158), bei Karlovic wurde sie aber schon zu *Wolny's* Zeiten nicht mehr gefunden (*Roch.* l. c.).

57. SMYRNIUM L.

1. S. perfoliatum *Mill.* S. Dioscoridis *Spr.* In Bergwäldern, auf buschigen Hügeln. Auf dem Thebner Kogel (*Endl.* 335) und dem Gemsenberg bei Presburg (*Schnell.* PV. III. 1. SB. 79), dann bei Sz. Márton nächst Grosswardein (*WK.* Ic. I. 22) und im Réday-Garten dieser Stadt (*Janka* ÖBZ. XIII. 115); häufiger im Hügellande am rechten Donau-Ufer, vom Badacson am Plattensee (*Sigm.* 46) durch den Bakonyer Wald (*Kern.* ZBV. VI. 380, 381) und über Palota (*Horky* PV. IV. SB. 85) auf das Pilis-Vértes Gebirge (*Kern.* ZBV. VII. 268, *Grundl* ÖBZ. XIII. 16, XV. 12), bei Fünfkirchen (*Maj.* 10), in Slavonien (*WK.* l. c.), im südl. und östl. Banat, vorzüglich bei Veršec (*Heuff.* 84).

58. BIFORA Hoffm.

1. B. radians *MB.* Unter dem Getreide, an buschigen Rainen. Bei Cjfer im Com. Presburg (*Kn.* ÖBZ. XV. 58), dann erst wieder bei Futak im Com. Bács (*Schnell.* PV. III. 1. 10), bei Semlin (*Panč.* Sirm.), an der Schnellen Körös bei Grosswardein (*Steff.* ÖBZ. XIV. 181) und wahrscheinlich noch an vielen Orten, wenigstens an der westl. Grenze, da sie im Wiener Becken nicht selten ist. Scheint erst in neuerer Zeit durch fremdes Getreide eingewandert zu sein.

59. CORIANDRUM L.

1. C. sativum *L.* Wird im nördl. und südl. Ungarn hin und wieder gebaut und kömmt in solchen Gegenden und auch sonst an wüsten Stellen verwildert vor.

LXVII. ARALIACEAE.

1. ADOXA L.

1. A. Moschatellina *L.* In Hainen, schattigen Wäldern niedriger und gebirgiger Gegenden bis in die Krummholzregion (*Wahlb.* 113), scheint jedoch in Slavonien zu fehlen.

2. HEDERA L.

1. H. Helix *L.* In Wäldern, auf Felsen der Berg- und Voralpenregion.

LXVIII. CORNEAE.

1. CORNUS L.

1. C. sanguinea *L.* In Vorhölzern, auf Hügeln, an Hecken.
2. C. mas *L.* Wie die vorige.

LXIX. LORANTHACEAE.

1. VISCUM L.

1. V. album *L.* Auf Obst- und Waldbäumen, auch auf Nadelholz schmarotzend.

2. LORANTHUS L.

1. L. europaeus *Jacq.* Häufig auf Eichen schmarotzend, ausnahmsweise auch auf Castanea sativa und Tilia argentea (*Kit.* Add. 164).

LXX. CRASSULACEAE.

1. CRASSULA L.

1. C. rubens *L.* Syst. ed. X. 969. Sedum rubens *L.* Spec. ed. I. 432, *Roch.* Ban. p. 53 t. 15, nicht *Jlänke.* Im Felsenschutt an der Donau, besonders aber im Kies des Baches bei Ogradina in der roman. banat. Milit. Gr. (*Heuff.* 73), dann bei Semlin (*Panč.* Sirm.).

Bulliarda Vaillantii *DC.* soll nach *Reuss* 161 an der Donau in der Slovakei vorkommen? wahrscheinlich aus *Schult.* I. 324 entnommen, der sie aber auf den Donau-Inseln bei Nussdorf nächst Wien angibt, wo sie übrigens auch nicht wächst.

2. SEDUM L.

I. S. roseum *Scop.* Rhodiola rosea *L.* An felsigen Stellen der Alpen in und über der Krummholzregion. Auf der Babia Góra (*Wimm.* 464), den Central-Karpaten vom Rohač bis auf die östl. Tatra (*Wahlb.* 322), auf der Miskova (*Roch.* MS. I. 66), Kunstava und dem Dumbier der Liptau-Sohler Alpen (*RK.* 61), auf der Černa Hora (*Herb.* ZBG. X. 618), der Petrosa (*Alth* Exs.), Dseameanie und dem Stol der Rodnaer Alpen, auf dem Gutin (*Baumg.* l. 348), auf den Banat. Alpen (*Heuff.* 72).

2. S. Telephium *L.* S. maximum *Sut.* S. purpurascens *Koch.* An steinigen buschigen Stellen, an Weingartenrändern, auf Felsen, die gelbblühende Form häufiger als die purpurröthliche.

3. S. Fabaria *Koch.* S. Telephium β. purpureum *Wahlb.* 134. S. purpureum *Tausch.* S. carpaticum *Reuss* 162. S. punctatum *Kit.* Add. 165? An felsigen waldigen Orten gebirgiger und subalpiner Gegenden bis in die Krummholzregion. Auf der Babia Góra (*Koch* Syn. 284), am Fuss des Grossen Křivan, häufig auf der östl. Tatra (*Wahlb.* l. c.), am Grossen Fischsee und an der Bialka (*Herb.* ZBG. X. 619), auf Mauern in Kesmark und auf Felsen bei Schmölnitz in der Zips (*Kit.* Add. 164), am Fuss der Liptau-Sohler Alpen bei Jaraba (*RK.* 61) und auf der Kralova Hola, auf dem Kohut im Com. Gömör (*Reuss* l. c.), auf dem Pikuj im Com. Bereg (*Hück.* ZBG. XV. 56), bei Nagy-Szöllös im Com. Ugocs, im Wasserthale und auf der Trojaga in der Marmaros (*Müll.* ZBG. XIII. 558), auf dem Gutin so wie auf dem Arsul (*Baumg.* III. 347) und der Petrosa der Rodnaer Alpen (*Alth* Exs.), auf der Biharia (*Kern.* ÖBZ. XIII. 90), auf dem Branu im Banat (*Heuff.* 73).

4. S. Cepaea *L.* S. spathulatum *WK.* Ic. II. t. 104. In Wäldern bei Grosswardein (*Janka* ÖBZ. XIII. 115), an felsigen waldigen Orten im Černa- und unteren Donauthale der roman. banat. Milit. Gr. (*Heuff.* 73), dann bei Semlin (*Panč.* Sirm.).

5. S. hispanicum *L.* S. glaucum *WK.* Ic. II. t. 181. An felsigen buschigen Stellen. Zwischen Korlát im Com. Abauj und Tokay (*Haisl.* ÉM. 148), auf dem Bükhegy (*Reuss* 162), der Matra (*WK.* l. c. 198), der Biharia (*Kern.* Exs.), der Mokra bei Boros Jenő im Com. Arad (*Heuff.* Bot. Zeit. 1863 p. 45), auf Kalkbergen und Sandhügeln im Banat (*Heuff.* 73), auf dem Papuk in Slavonien (*RK.* 74), in Sirmien (*Panč.* Sirm.).

6. S. atratum *L.* Auf felsigen Triften der Alpen in und über der Krummholzregion. Auf der Pisna der Liptauer Central-Karpaten (*Grzeg.* ÖBW. III. 258), vom Grossen Křivan über die Hohe Tatra bis auf die Leiten der östl. Tatra (*Wahlb.* 135, *Herb.* Add. 34, *Üchtr.* ÖBW. VII. 370), auf der Berbenieska der Černa Hora (*Herb.* Bucov. p. VI), auf der Petrosa (*RK.* 37) und Dseameanie der Rodnaer Alpen (*Baumg.* I. 417), auf den Arader Alpen (*Kéry* 21), auf dem Sarko des Banats (*Heuff.* 73).

7. S. annuum *L.* An felsigen Stellen der Alpen. Auf den Grenzalpen am Grossen Fischsee in der nördl. Tatra (*Herb.* Flora 1834 II. 584), auf der Dzymbronja der Černa Hora (*Herb.* Bucov. p. V), auf den Arader und Banater Alpen (*Kéry* 21, *Heuff.* 73).

8. S. album *L.* Auf Schutt, Mauern, Felsen niedriger und gebirgiger Gegenden.

S. dasyphyllum *L.* Auf den Central-Karpaten (*Lang* Phys. 314 und nach ihm *Reuss* 162)?

9. S. acre *L.* Auf Mauern, Sandflächen, sterilen Plätzen.

10. S. sexangulare *L.* Wie die vorige Art.

11. S. Hillebrandii *Fenzl* ZBV. VI. 449. Häufig auf sandigen Puszten bei Pest und Kér im Com. Tolna (*Fenzl* l. c.), dann längs der Strasse von Komorn nach Ó-Gyalla (*Kn.* ÖBZ. XIV. 221). Wahrscheinlich noch an vielen ähnlichen Orten.

12. S. repens *Schleich.* S. saxatile *All.* S. rubens *Hänke*, nicht *L.* S. rupestre *Hacq.* IV. 175, nicht *L.* S. annuum *β.* saxatile *Wahlb.* 135. An felsigen Stellen der Alpen. Auf der Babia Góra (*Wimm.* 466), der Pisna der Liptauer Central-Karpaten, dem Grossen Křivan, unter dem Polnischen Kamm, am Grossen Fischsee und an dem über demselben liegenden Schwarzen See, am Weissen See der Hohen Tatra und im Drechselhäuschen der östl. Tatra (*Wahlb.* l. c., *Üchtr.* ÖBW. VII. 352, 353, 354, 369, 370, *Szont.* ÖBZ. XIV. 280), auf dem Dumbier (*Koch.* MS. I. 206, 209), dann auf den Banat. Alpen (*Heuff.* 73). Auf den Rodnaer Alpen bisher nur auf deren südl. Ausläufern in Siebenbürgen (*Baumg.* I. 415). S. saxatile *Kit.* Add. 165—6 auf den Alpen der Com. Sohl, Liptau, Zips und Marmaros scheint eher zu S. atratum als hierher zu gehören.

13. S. reflexum *L.* var. glaucum. S. rupestre *L.* Auf Felsen zwischen Drenkova und Svinica der serbisch-banat. Milit. Gr. (*Heuff.* 73), im östl. Com. Arad (*Kéry* 21).

* **S. matrense** *Kit.* Add. 166. Auf der Matra.

3. SEMPERVIVUM L.

1. S. tectorum *L.* Auf Mauern, Dächern, steinigen Plätzen gepflanzt und verwildert, wirklich wild nicht einmal im Banat (*Heuff.* 73). Gleichwohl scheint es auf Felsen an manchen Orten wild geworden zu sein, wie auf dem Haglersberg am Neusiedler See (*N.*), an vielen Stellen im Com. Arva, auf dem Choč (*Szont.* ZBG. XIII. 1081), auf dem Piliser Berge bei Gran (*Grundl* ÖBZ. XV. 13), auf der Hegyallja bei Tálya (*Hazsl.* ÉM. 147), auf den Bergen bei Bazias in der serbisch-banat. Milit. Gr. (*Kanitz*).

2. S. assimile *Schott* ÖBW. III. 19. Auf Felsen an der Donau und bei den Herculesbädern im Banat (*Heuff.* 73). Von dem vorigen wenig verschieden.

3. S. montanum *L.* An felsigen Stellen der Alpen und Voralpen. Auf den Trachytfelsen bei Nagy Maros im Com. Hont (*RK.* 61), auf der Babia Góra (*Wimm.* 468), auf allen Central-Karpaten vom Rohač bis auf die östl. Tatra, auf dem Dumbier (*Wahlb.* 144), im Malužina-Thale (*Koch.* MS. I. 61) und auf der Kralova Hola der Liptau-Sohler Alpen, auf der Šimonka und bei Bartfeld im Com. Sáros (*Hazsl.* Sár. 220, *Reuss*

164), bei Szadelló im Com. Torna (*Pawl. PV. I. 28*), auf dem Pikuj im Com. Bereg (*Hück. ZBG. XV. 55, 56*), auf dem Pop-Ivan und der Petrosa in der Marmaros (*RK. 37*), auf den Arader und Banater Alpen (*Kéry 20, Heuff. 73*). Eine Var. mit zweigestaltigen Wurzelblättern auf dem Sólyomkő nordöstl. von der Šimonka im Com. Zemplin (*Hazsl. ÉM. 148*). S. **Braunii** *Funk*. Auf Kalkfelsen an der Studena Voda im Com. Arva (*Szont. ÖBZ. XII. 291*). Gewiss nicht (Vergl. hierüber S. globiferum). S. **arachnoldeum** *L.* Auf den Central-Karpaten (*Lang Phys. 314* und nach ihm *Reuss* 164)? Sehr unwahrscheinlich.

4. S. **hirtum** *L.* Auf Felsen der Berg- und Voralpenregion.

5. S. **Heuffelii** *Schott* ÖBW. II. 18. S. pateus *Gris.* It. 315? Auf Kalkfelsen bei den Herculesbädern (*Heuff. 74*). Scheint Var. von S. hirtum zu sein.

6. S. **soboliferum** *Sims.* S. globiferum *Krz.* ÖBZ. X. 149 zufolge eingesehenen Original-Exemplares, nicht *L.* Auf Felsen gebirgiger und subalpiner Gegenden. Auf dem Sárkány-Erdő bei Keszthely am Plattensee (*Haberl.* ÖBZ. XI. 11), am Südabhange der Kleinen Karpaten bei Nádas im Com. Presburg (*Krz.* PV. II. 1. 54), auf dem Baranec bei Březova im Com. Neutra (*Slob.* Lot. 1861 p. 250), zwischen Hradek und Hibbe (*Üchtr.* ÖBW. VII. 376, XIV. 386), auf der Kopa des Grossen Křivan (*Krz.* Exs.), im Alpenthale Drechselhäuschen der östl. Tatra (*Üchtr.* l. c. 369), bei Alt-Ruzsin im Com. Sáros (*Hazsl.* ÉM. 148) und wahrscheinlich noch an mehreren Orten.

S. **arenarium** *Koch.* Im Steinschutt der Weingärten bei Presburg und St. Georgen (*Bolla* PV. 1. 12), was insofern unwahrscheinlich ist, als diese Art sonst nur auf schattigen Felsen der Voralpen gefunden wurde.

S. **globiferum** *Wahlb.* 144 am Fuss des Grossen Křivan (nach *Portenschlag*) und bei Teplic in der Zips (nach *Mauksch*) wäre dem Citate *Jacq.* Aust. app. t. 40 nach zu schliessen S. Wulfeni *Loppe*, könnte aber möglicher Weise auch *Linne's* echte Pflanze sein, obschon diese bisher nur in Russland beobachtet und in neuerer Zeit weder die eine noch die andere auf den Central-Karpaten gefunden wurden (*Hausskn.* ÖBZ. XIV. 216). S. globiferum *Kit.* Add. 167, das *Kitaibel* von *Mauksch* aus der Zips erhielt, ist offenbar dieselbe Pflanze und nach *Kitaibel's* Ansicht = S. hirtum *L. Hazslinszky* hält S. globiferum *Wahlb.* für S. Braunii *Funk* in *Sturm* H. 67, *Koch.* Syn. 290 und gibt dasselbe auf Kalkbergen der nordwestl. Zips an (ÉM. 148), allein S. Braunii wurde bisher nur auf dem Pasterze-Gletscher des krystallinischen Grossglockners gefunden, was mit obigem Standorte durchaus nicht übereinstimmt. S. globiferum *Krz.* ÖBZ. X. 149 auf der Kopa des Křivan ist zufolge eingesehenen Original-Exemplares S. soboliferum *Sims.* Ebenso zweifelhaft ist S. globiferum *Baumg.* II. 22 auf der Dscameanie der Rodnaer Alpen, da *Baumgarten* sich auf *Jacquin* und *Wahlenberg* beruft. Was endlich unter S. globiferum auf dem Temetvény- und Inovec-Gebirge (*Kell.* ÖBZ. XIV. 285) und unter S. globuliferum bei Fünfkirchen (*Nendtv.* 31) gemeint sei, ist nicht herauszubringen.

LXXI. SAXIFRAGACEAE.

1. SAXIFRAGA L.

1. S. Aizoon *Jacq.* S. Cotyledon *Geners.* 30, *WK.* Ic. I. p. XXX.
S. recta *Lap.* Auf Felsen bis in die Alpenregion. Durch die ganze nördl.
Karpatenkette von der Vysoka im Presburger Com. (*Bolla* PV. I. 12)
bis in die Marmaros (*Kit.* Add. 168, *Hazsl.* EM. 147), dann auf der Biharia (*Kern.* DL. 296) und den Banater Karpaten (*Heuff.* 74). Auf dem
Choč kömmt eine der S. elatior *MK.* sich nähernde Form vor (*Hazsl.* l. c.).
2. S. mutata *L.* Auf Felsen der Voralpen. Auf der Kunstava im
Com. Sohl (*RK.* 64). Soll auch im Com. Liptau vorkommen (*Mauksch*).
3. S. luteo-viridis *Schott.* Bot. Zeit. 1851 p. 65. S. luteo-pur-
purea *WK.* in *Schult.* l. 637, nicht *Lap.* S. tecta *Kit.* Add. 169 der
Beschreibung und dem Standorte nach. Auf der Petrosa (*WK.* l. c.),
dem Csiblesz und Arsul der Rodnaer Alpen (*Baumg.* I. 372) und über
Kirlibaba durch die Bucovina fort (*Herb.* Bucov. 314).
4. S. Burseriana *L.* Auf Kalkfelsen der Alpen. Bisher nur auf
der Dscameanie der Rodnaer Alpen (*Baumg.* I. 375). Auf den Karpaten
der Slovakei (*Reuss* 167 nach *Rochel*)?
5. S. caesia *L.* Auf Kalkfelsen in und über der Krummholzregion.
Auf dem Rozsudec (*Stur* ÖBZ. IX. 25), Choč, unter der Lomnitzer Spitze
(*Kit.* Add. 170), auf dem Grossen Křivan (*Hacq.* IV. 175), im oberen
Bialka-Thale, überall auf der östl. Tatra (*Wahlb.* 117, *Üchtr.* ÖBW. VII.
354, 370).
S. squarrosa *Sieb.* Auf Alpen und Voralpen der galiz. Central-Karpaten bei Zakopana (*Herb.* ZBG. X. 619) und wahrscheinlich auch auf
der ungar. Seite. In *Hazsl.* EM. 146 wird nur einer auf dem Choč vorkommenden Form der S. caesia erwähnt, welche sich der S. squarrosa nähert.
6. S. Rocheliana *Sternb.* in *Host* Aust. I. 501 (1827). S. pseudo-
caesia *Roch.* Ban. p. 35 t. 3 (1828). S. rigens *Kit.* Add. 170 allem
Anscheine nach. Auf Kalkfelsen bei den Herculesbädern.
7. S. retusa *Gouan.* S. oppositifolia *Kit.* Add. 171, nicht *L.*
S. Baumgartenii *Schott* ÖBW. VII. 126. Auf Felsen der Alpen. Auf
dem Grossen Křivan (*Hausskn.* ÖBZ. XIV. 211, 216), am Langen See
im Völkgrund und unter der Lomnitzer Spitze der Hohen Tatra (*Wahlb.*
119). Auf den ungar. siebenb. Grenzalpen (*Lang* Phys. 316)? in *Baumg.*
I. 382 wird sie nur auf den südl. Fogaraser Alpen angegeben.
8. S. oppositifolia *L.* Auf Kalkfelsen der Alpen. Auf dem Thörichtergern und der Hinteren Leiten der östl. Tatra (*Wahlb.* 118), am
Grossen Fischsee in die Voralpenregion herabsteigend (*Herb.* ZBG. XI.
39). Auch auf dem Gewont bei Zakopana der galiz. Central-Karpaten
(*Grzeg.* ÖBW. V. 86) hart an der Grenze gegen das Com. Liptau.
9. S. biflora *All.* Auf Felsen der Gropa Bistri unter dem Sarko
im Banat (*Heuff.* 74).

10. S. bryoïdes *L.* S. aspera *Wierzb.* Flora 1845 I. 323 und wahrscheinlich auch *WK.* Ic. I. p. XXX. Auf deu höchsten Alpengipfeln. Auf der Pisna der Liptauer Central-Karpaten (*Üchtr.* ÖBW. VII. 352), dem Grossen Křivan, der Lomnitzer und Eisthaler Spitze bis zum Langen und Grünen See der Hohen Tatra herab (*Wahlb.* 117, *Berdau* ÖBW. V. 316), auf der Čerua Hora (*Herb.* ZBG. X. 619, Bucov. p. VI), auf dem ● Pop-Ivan und der Petrosa in der Marmaros (*RK.* 43), auf der Gropa Bistri unter dem Sarko im Banat (*Heuff.* 74). S. tenella *Wulf.* Auf den Karpaten ohne nähere Angabe (*Waldst.* in *Sternb.* Saxifr. 30). Fehlt auch in der Fl. transsilvanica.

11. S. aizoïdes *L.* Auf felsigen Alpentriften. Auf dem Rozsudec (*Stur* ÖBZ. IX. 25), Štoch, Kleinen Křivan, den Central-Karpaten von der Rackova bis auf die östl. Tatra (*Wahlb.* 118), sehr häufig auf den Liptau-Sohler Alpen, auf der Petrosa (*Kit.* Add. 171), Dseameanie, dem Stol, Arsul und Csiblesz der Rodnaer Alpen (*Baumg.* I. 379), auf den Banat. Alpen (*Heuff.* 74). S. aizoïdi-caesia *Hausskn.* ÖBZ. XIV. 214. S. patens *Gaud.* nach *Hausskn.* Auf Felsen des Alpenthales Drechselhäuschen der östl. Tatra. S. Hirculus *L.* Auf dem Šturec der Liptau-Sohler Alpen (*RK.* 64)? Eine Torfpflanze des Nordens, vielleicht mit üppigen Formen der S. aizoïdes verwechselt.

12. S. stellaris *L.* Auf feuchten Alpentriften. Auf der Babia Góra (*Koll.* ZBG. XII. 1211), dem Grossen Křivan (*Kit.* Arv.), dem Pop-Ivan und der Petrosa in der Marmaros (*RK.* 43), auf den Banater Alpen (*Heuff.* 75). Die Var. S. Clusii *Gouan* auf der Biharia (*Kern.* DL. 141).

13. S. cuneïfolia *L.* An feuchten felsigen Stellen der Voralpen. Am Ursprung der Schwarzen Theiss im Com. Marmaros (*Müll.* ZBG. XIII. 558), auf der Biharia bei Rézbánya (*WK.* Ic. 1. 44, *Kern.* DL. 296), am Fusse des Bagyes bei Lunkany und Gladna im Com. Krassó, bei den Herculesbädern (*Heuff.* 75). Auf den Karpaten des Com. Liptau (*Reichb.* Germ. 560)?

14. S. perdurans *Kit.* in *Wahlb.* 123 et in Add. 175, doch stimmen *Wahlenberg*'s und *Kitaibel*'s Beschreibungen nicht recht überein. S. geranioïdes *Geners.* 31, nicht *L.* S. ajugaefolia. *Wahlb.* l. c., nicht *L.* S. Wahlenbergii *Ball* Bot. Zeit. 1846 p. 401. S. Flittneri *Heuff.* Flora 1854 I. 290 nach *Janka* ÖBW. VI. 242. Auf moosigen Kalkfelsen der Alpen und Voralpen. Auf dem Rozsudec (*Stur* ÖBZ. IX. 20), Choč, am Weissen See der Hohen Tatra, auf dem Durlsberg und der Leiten der östl. Tatra (*Wahlb.* l. c., *Üchtr.* ÖBW. VII. 370). Auf dem ungar. siebenbürg. Grenzgebirge (*Lang* Phys. 316)? S. Grzegorzekii *Janka* l. c. 241 auf dem Gewont bei Zakopana der galiz. Central-Karpaten hart an der Grenze gegen das Com. Liptau gehört ebenfalls hierher.

15. S. pedemontana *All.* S. cymosa *WK.* Ic. I. t. 88. S. Allionii *Baumg.* I. 378. Auf Felsen der Alpen. Auf dem Kóhát bei Marmaros-Sziget (*Wagn.* Exs.), auf der Petrosa (*WK.* l. c. 91), Dseameanie, dem Stol und Galac der Rodnaer Alpen sehr häufig (*Baumg.* l. c.), auf dem Sarko im Banat (*Heuff.* 75).

16. S. muscoides *Wulf.* S. caespitosa *Scop.* und vieler älterer und neuerer Autoren, nicht *L.* S. moschata *Wulf.* S. paradoxa *Kit.* Add. 174? nicht *Sternb.* Auf Felsen und Triften der Alpen. Auf dem Rozsudec, Choč (*Szont.* ZBG. XIII. 1081), auf allen Central-Karpaten vom Rohač bis auf die östl. Tatra (*Wahlb.* 122), auf den Liptau-Sohler Alpen, auf der Petrosa (*Kit.* Add. 173—4) und Dseameanie der Rodnaer Alpen (*Baumg.* I. 381), auf der Trojaga in der Marmaros (*Müll.* ZBG. XIII. 558), auf den Banat. Alpen (*Heuff.* 75).

S. pubescens *Pourr.*, *Schult.* I. 649. S. exarata *Reuss* 170. Auf den Karpaten (*Sternb.* Saxifr. 53, *Schult.* l. c.). Was damit gemeint sei, ist nicht zu enträthseln.

S. trichodes *Scop.* d. i. S. sedoides *L.* Auf dem Grossen Křivan (*Hacq.* IV. 167, 175), was wohl unrichtig ist.

17. S. androsacea *L.* Auf Felsen und Triften der Alpen. Auf dem Choč (*Szont.* ZBG. XIII. 1081), auf den Central-Karpaten vom Rohač bis auf die Leiten der östl. Tatra, auf den Liptau-Sohler Alpen, auf der Petrosa in der Marmaros (*Wahlb.* 116, *Kit.* Add. 169 et Arr.), auf den Banat. Alpen (*Heuff.* 75).

S. planifolia *Lap.* In der Alpenregion der Karpaten ohne nähere Angabe (*Waldst.* in *Sternb.* Saxifr. 28). Nach *Hazsl.* EM. 145 kommen auf den Central-Karpaten Formen der S. androsacea vor, welche sich der S. planifolia zwar nähern, aber nicht die echte Art dieses Namens darstellen. Mit Sicherheit nur auf den südl. Fogaraser Alpen in Siebenbürgen (*Baumg.* I. 375).

18. S. adscendens *L.* S. controversa *Sternb.* S. petraea *Wahlb.* 121 nach *Ball* Bot. Zeit. 1846 p. 401, dann *Reuss* 169 allem Anscheine nach. S. annua b. alpestris *Roch.* MS. An felsigen Stellen der Alpen und Voralpen. Auf dem Strašov im Com. Trencsin (*Roch.* in *Kit.* Add. 172), dem Rozsudec (*Vitk.* ZBG. XIII. 1081), dem Salatin der Fatra (*Wahlb.* l. c.), dem Choč (*Szont.* ÖBZ. XIV. 277), den Liptau-Sohler Alpen, der Rackova, der Hohen Tatra (*Kit.* Add. 172, *Roch.* MS. I. 100, 109, 139, 209), am Grossen Fischsee (*Herb.* ZBG. X. 619), auf dem Schlossberg von Murány im Com. Gömör (*Reuss* l. c.), auf dem Domugled und den Banat. Alpen (*Heuff.* 75).

19. S. petraea *L.* S. rupestris *Willd.* S. Ponae *Sternb.* An steinigen Stellen der Alpen. Auf dem Dumbier (*Krz.* Exs.), auf der Dseameanie der Rodnaer Alpen (*Baumg.* I. 378, *Schur* Sert. 28). Auch nach *WK.* Ic. l. p. XXX und *Schult.* I. 648 kommen S. adscendens und S. petraea beide auf den Alpen Ungarns vor.

20. S. tridactylites *L.* Auf Felsen, Mauern, sandigen Stellen hügliger und gebirgiger Gegenden, dann auf Puszten des Tieflandes.

21. S. granulata *L.* Auf Wiesen, Hügeln. Am Rand des Adamover Waldes bei Holič (*Krzsch.* PV. II. 1. 54), bei Schemnitz (*Kn.* ÖBZ. XIV. 111), Neu-Sohl (*NS.* 15), Rovně im Com. Trencsin (*Roch.* Pest. Mus.), Hradek im Com. Liptau (*Wahlb.* 121), Hundsdorf und Klein-Schlagendorf in der Zips (*Mauksch*), dann erst wieder in Sirmien (*Heuff.* 75).

22. S. bulbifera *L.* S. granulata *Lumn.* 170, nicht *L.* Auf
Hügeln, Wiesen, in Vorhölzern, aber nicht im Hochlande.

23. S. carpatica *Reichb.* Germ. 552. S. rivularis *Towns.* 487 und
der älteren Aut., nicht *L.* S. sibirica *Wahlb.* 121, nicht *L.* Auf Felsen
der Alpen. Auf den Central-Karpaten vom Rohač (*Roch.* MS. I. 252) bis
auf die östl. Tatra (*Wahlb.* l. c.), am Grossen Fischsee in die Voralpenregion herabsteigend (*Herb.* ZBG. XI. 39), dann auf dem Dumbier
(*Wahlb.* l. c.), auf der Černa Hora (*Herb.* ZBG. X. 619), der Petrosa
(*Kit.* Add. 172), Dseameanie und dem Stol der Rodnaer Alpen (*Baumg.*
I. 383).

24. S. cernua *L.* An feuchten felsigen Stellen der Alpen. Auf
dem Czerwoný Wirch der Liptauer Central-Karpaten (*Grzeg.* ÖBW. V.
86) und auf der Dseameanie der Rodnaer Alpen (*Baumg.* I. 383), dann
bei den fünf polnischen Seen der galizischen Tatra ganz nahe an der
Grenze des nordöstl. Com. Liptau (*Herb.* ZBG. X. 619).

25. S. rotundifolia *L.* S. repanda *Willd.* S. Heuffelii *Schott*
Anal. 28 nach *Heuff.* Ban. 75. In subalpinen Wäldern bis in die Alpen-
region. Auf dem Kleinen Křivan, Štoch, Rozsudec, Choč (*Wahlb.* 120,
Stur ÖBZ. IX. 25), den Arader und Banater Alpen (*Kéry* 20, *Heuff.* 75).
In Weingärten bei Báb im Com. Neutra (*Waldst.* in *Kit.* Add. 171)?
Knapp hat sie dort vergebens gesucht (ZBG. XV. 149), offenbar ver-
kannt. Fehlt auf den Central-Karpaten.

26. S. fonticola *Kern.* ÖBZ. XII. 90. S. heucherifolia *Kern.*
ZBG. IX. SB. 109, nicht *Gris.* An Quellen und Alpenbächen der Biharia,
besonders auf der Ostseite der Cucurbeta. Von der vorigen wenig verschieden.

27. S. hieracifolia *WK.* Ic. I. t. 18. S. nivalis *Towns.* p. 488
t. 15, nicht *L.* Hermesia spicata *Hoppe* Taschenb. 1800 p. 209 nach
Hab. rei herb. hist. 24, der sie aber irrig Hermenesia nennt und ebenso
unrichtig *Genersich* als Autor citirt. An Bächen und auf Abstürzen der
Alpen. Auf dem Choč (*Szont.* ZBG. XIII. 1082), Rohač, Rackova und
Pisna der Liptauer Central-Karpaten, auf der Hohen und der östl. Tatra
(*WK.* l. c. 17, *Wahlb.* 119, *Berd.* ÖBW. V. 316, *Üchtr.* ÖBW. VII. 352),
auf dem Dumbier und der Kunstava der Liptau-Sohler Alpen (*Kit.* Add.
169), auf der Dseameanie (*Baumg.* I. 373) und dem Stol der Rodnaer
Alpen (*Herb.* Bucov. p. V).

S. nivalis *L.* Auf den Alpen Ungarns (*WK.* Ic. I. p. XXX)? Wohl
irrig. S. hieracifolia kann nicht gemeint sein, da diese in demselben
Bande der Icones als neue Art aufgestellt wurde.

S. Geum *Baumg.* I. 376. Auf der Dseameanie der Rodnaer Alpen;
was aber damit gemeint sei, bleibt zweifelhaft.

* S. nudifolia *Szont.* ZBG. XIII. 1082. Wird in der Flora von Arva
zwar aufgeführt, scheint aber eine Gartenpflanze zu sein.

* S. lanceolata *Kit.* Add. 172. Wahrscheinlich aus der Zips.

* S. axillaris *Kit.* Add. 173. Auf den Karpaten.

2. CHRYSOSPLENIUM L.

1. Ch. alternifolium L. In schattigen Berg- und Voralpenwäldern.

2. Ch. oppositifolium L. Ch. alpinum *Schur* oder Ch. glaciale *Fuss* die Hochalpenform. In und über der Krummholzregion an kalten Bächen und am schmelzenden Schnee. Auf der Dzymbronja der Černa Hora (*Herb.* ZBG. X. 619), auf der Petrosa (*Kit.* Add. 176) und Dseameanie der Rodnaer Alpen (*Baumg.* I. 338).

LXXII. RIBESIACEAE.

1. RIBES L.

1. R. Grossularia L. R. Uva crispa L. In Bergwäldern und an felsigen buschigen Stellen. Durch die nordwestl. Karpatenkette von Smolenic im Com. Presburg (*Krz.* PV. II. 1. 54) bis in das Com. Sáros (*Roch.* Misc. 84, *Hazsl.* Sár. 220, ÉM. 143), ferner auf der Matra (*Kit.* Hydr. II. 160), auf den Bergen nördlich von Ofen (*Kern.* ZBV. VII. 268), bei Fünfkirchen (*Nendtv.* 30), auf dem Orljava-Gebirge in Slavonien (*Kit.* Slav.), bei den Herculesbädern (*Heuff.* 74). Wird auch überall in Obst- und Weingärten kultivirt und kommt dann in Hecken und an Wegen verwildert vor.

2. R. alpinum L. R. lucidum *Kit.* Add. 177? An felsigen waldigen Orten der Berg- und Voralpenregion. Durch die höhere nordwestliche Karpatenkette von den Beskiden im Com. Trencsin bis in die Zips (*Roch.* Misc. 84, *Wahlb.* 68, *RK.* 64, *Herb.* ZBG. XI. 68), auf dem Kóhát bei Marmaros-Sziget (*Wagn.* Exs.), auf den Rodnaer Alpen wenigstens in Siebenbürgen (*Baumg.* I. 178), auf der Biharia (*Kern.* DL. 127), auf den Banater Alpen (*Heuff.* 74).

3. R. rubrum L. In Bergwäldern, an buschigen Stellen. Durch die ganze nördliche Karpatenkette von Presburg bis in die Marmaros (*Endl.* 355, *Krz.* PV. II. 1. 54, *Kn.* ZBG. XV. 149, *Hazsl.* ÉM. 142, *Kit.* Add. 176) und, wenn auch an vielen Orten nur verwildert, an manchen doch wirklich wild, obschon in *Roch.* Misc. 104 das Gegentheil behauptet wird. In den wärmeren Gegenden wird sie blos als Culturpflanze aufgeführt (*Sadl.* 114, *Schnell.* PV. III. 1. 9, *Heuff.* 74).

4. R. petraeum *Wulf.* An waldigen felsigen Stellen der Voralpen. Auf der Babia Góra (*Kolb.* ZBG. XII. 1192), auf den Vorlagen der Liptau-Sohler Alpen bis an den Fuss der Kralova Hola (*Roch.* Misc. 84, 104, *Kit.* Add. 177), in den südl. Thälern der Hohen Tatra (*Wahlb.* 67, *Mauksch, Szont.* ÖBZ. XIV. 281) und im Bialka-Thale der nördlichen Tatra (*Herb.* ZBG. XI. 51), dann auf der Alpe Branu im Banat (*Heuff.* 74). R. carpaticum *Kit.* oder R. acerrimum *Roch.* in *Schult.* I. 432 und *Kit.* Add. 177, das *Rochel* ursprünglich auf der Ohniště der Liptau-Sohler Alpen fand, ist nach *Roch.* MS. I. 178—9 von R. petraeum nicht im mindesten verschieden.

5. R. nigrum *L.* In feuchten Wäldern. In den Donau-Auen bei
Ung. Altenburg (*Vuezl*), auf dem Turecko im südl. Com. Trencsin (*Kell.*
ÖBZ. XV. 52), an Hecken bei Alsó Kubin im Com. Arva (*Szont.* ZBG.
XIII. 1082), bei Ulmánka im Com. Sohl, bei Rosenberg, Hradek (*Kit.*
Arv.) und Schwarzwag im Com. Liptau, im Grossenwald bei Kesmark
(*Wahlb.* 68), im Com. Sáros (*Hazsl.* Sár. 220), bei Fünfkirchen (*Nendtv.*
30), im östl. Com. Arad (*Kéry* 20). Wird in Gärten nur selten kultivirt.

LXXIII. RANUNCULACEAE.

1. CLEMATIS L.

1. C. integrifolia *L.* Auf nassen Wiesen, in feuchten Gebüschen
besonders niedriger Gegenden. An der Donau, March, Wag und Neutra
in den Com. Presburg und Neutra (*Endl.* 417, *Krz.* PV. II. 1. 25, *Richt.*
PV. VII. 105, *Kn.* ZBG. XV. 149), im nördl. Com. Gran (*Feicht.* Ad. 279),
im südl. Com. Heves (*RK.* 15), bei Zeherje im Com. Gömör (*Fábry* I. 6),
bei Szöllös nächst Grosswardein (*Steff.* ÖBZ. XIV. 181); häufiger diesseits der Donau in den Com. Wieselburg, Ödenburg (*N.*), Eisenburg
(*Pol.* 8), Raab, Komorn (*Ebenh.* PV. V. 47, *Kn.* ÖBZ. XIV. 221), Stuhlweissenburg (*RK.* 116), Tolna (*Kit.* Bar.) und Pest (*Sadl.* 231), bei
Fünfkirchen (*Nendtv.* 20), Futak im Com. Bács (*Schnell.* PV. III. 1. 2),
bei Semlin (*Panč.* Sirm.), im östlichen Com. Arad (*Kéry* 18), im Banat
(*Heuff.* 4).

2. C. recta *L.* An steinigen buschigen Stellen, in Holzschlägen,
auf Waldwiesen gebirgiger und hügliger Gegenden, seltener in der
Ebene, z. B. auf den Donau-Inseln bei Presburg (*Endl.* 417).

3. C. Vitalba *L.* C. banatica *Wierzb.* in *Roch.* Reise 46 nach
Heuff. Ban. 4. An Hecken, Waldrändern, buschigen Stellen niedriger und
gebirgiger Gegenden.

4. C. Flammula *L.* An steinigen buschigen Stellen in Sirmien
(*Rumy* 52), verwildert? In Siebenbürgen ist sie nach *Baumg.* II. 113
gemein, im Banat fehlt sie jedoch.

2. ATRAGENE L.

1. A. alpina *L.* An waldigen felsigen Stellen der Voralpen, besonders auf Kalk. Durch die ganze nördl. Karpatenkette vom Com. Trencsin (*Kikó* 17) bis in die Marmaros (*Hazsl.* ÉM. 142, *NS.* 17, *Müll.* ZBG.
XIII. 559, *Baumg.* II. 112), dann auf der Biharia (*Kern.* DL. 111, 132)
und den Banat. Alpen (*Heuff.* 4).

3. THALICTRUM L.

1. Th. aquilegifolium *L.* Th. atropurpureum *Jacq.* In Wäldern, an steinigen oder sandigen buschigen Stellen niedriger und gebir-

giger Gegenden bis in die Voralpenregion. Durch die ganze nördliche Karpatenkette vom Com. Trencsin (*Roch*. MS. I. 53) bis in das Com. Bereg (*Hazsl*. ÉM. 142, *NS*. 477, *Kit*. Ber.), dann in Wäldern bei Rust (*Wierzb*. Mos.) und Ödenburg (*Hitschm*. ÖBZ. VIII. 224), im Walde Sz. Pál im Com. Raab (*Ebenh*. PV. V. 47), bei Keszthely am Plattensee (*Árv*. Pest. Mus.), bei Gödöllö im Com. Pest (*Sadl*. 232), bei Debrecin (*RK*. 43), bei den Bädern von Fünfkirchen (*Nendtv*. ZBG. XIII. 572), bei Neusatz im Com. Bács, bei Illok (*Kit*. Slav.), Čerevič (*Schnell*. PV. III. 1. 2) und Karlovic in Sirmien (*RK*. 76), auf der Biharia (*Kern*. DL. 132, 342), im östl. Com. Arad (*Kéry* 21), im Banat (*Heuff*. 5).

Th. alpinum *L.* Am Grossen Fischsee der nörd. Tatra (*Grzeg*. ÖBW. III. 259)?

2. Th. foetidum *L.* Auf Kalkfelsen bei Višňovce (*Hol*. PV. III. 1. 59) und Temetvény im nördl. Com. Neutra (*Kn*. ZBG. XV. 150), dann bei den Herculesbädern (*Heuff*. 5 nach *Kit*., auch in *DC*. Syst. I. 176 wird sich auf *Kit*. berufen).

3. Th. minus *L.* Auf Felsen und steinigen buschigen Plätzen hügliger und gebirgiger Gegenden auf Kalk und Trachyt. Auf dem Thebner Kogel (*Endl*. 414), im Hügellande des Com. Neutra an vielen Stellen (*Kn*. ZBG. XV. 150), bei Levenc im Com. Bars, bei Bori im Com. Hont (*Kn*. ÖBZ. XIV. 242, 243), im Alpenthale Drechselhäuschen der östl. Tatra (*Wahlb*. 168), bei Lipóc im Com. Sáros (*Hazsl*. 221), auf der Matra (*Kit*. Ber.); ferner im Eisenburger Com. (*Pol*. 19), auf dem Somlyó im Com. Veszprim (*Kit*. Bar.), dem Pilis-Vértes Gebirge, dem Nagyszál bei Waizen und an sandigen Stellen des Pester Com. (*Sadl*. 232, *Kern*. ZBV. VII. 260, 261 und OBW. VII. 400), bei Fünfkirchen (*Nendtv*. 32), im östl. Banat (*Heuff*. 5). Th. Jacquinianum *Millebr*. ZBV. VII. 40 auf den Kalkfelsen bei Gant des Vértes-Gebirges dürfte richtiger hierher gehören und Th. silvaticum *Koch* Syn. ed. II. 4 im Donauthale der östl. Banat. Milit. Gr. (*Heuff*. 5) scheint mir nur eine Var. des Th. minus *L.* zu sein, für die sie früher *Koch* auch hielt (Syn. ed. I. 4).

Th. majus Jacq. Aust. V. t. 420 ist, insofern man *Jacquin's* echte Pflanze meint, nichts anderes als eine höhere üppigere Form des Th. minus *L.* Dasselbe wird angegeben: An Wegen und sandigen Stellen bei Tokay, Debrecin, Ilk im Com. Szatmár, Csász im Com. Heves, Kárász und Szakoly im Com. Szabolcs (*RK*. 43), ferner auf Wiesen bei Koroncó im Com. Raab (*Ebenh*. PV. 47), auf dem Halláp bei Topolca im Com. Zala, bei Beremend, Gerésd, Fünfkirchen und dem Harsányhegy im Com. Baranya (*Nendtv*. 32, *Kit*. Bar. et Slav.), bei Vukovár im Com. Sirmien (*Kan*. Exs.), bei den Herculesbädern (*Heuff*. 5). Allein alle jene Standorte, welche in der Ebene liegen, scheinen sich richtiger auf Th. collinum *Wallr*. zu beziehen, welches ebenfalls so hoch und noch höher als Th. minus Jacq. vorkömmt.

4. Th. collinum *Wallr*. Th. flexuosum *Bernh*. Th. Jacquinianum *Koch*. Auf Wiesen, an Rainen, buschigen Stellen hügliger und niedriger Gegenden, aber (wenigstens in Nied. Oesterr.) nicht auf Kalk. Auf dem Weingebirge bei Skalic und Pritsd im Com. Neutra (*Krz*. PV.

ll. 1. 26), bei Lipóc im Com. Sáros (*Hazsl.* Sár. 221), bei Szöllös nächst Grosswardein (*Steff.* ÖBZ. XIV. 181), auf Hügeln und Grasplätzen des Pester Com. (*Sadl.* 233), bei Semlin (*Panč.*), auf Wiesen des Banats (*Heuff.* 5). Aber auch Th. minus auf Lehmboden bei Udvornok im Com. Neutra (*Hol.* PV. IV. 69), auf den Donauwiesen und Inseln im Com. Wieselburg (*Endl.* 414, *Richt.* PV. VII. 105), und auf Wiesen bei Kaschau (*Pawl.* PV. I. 27) muss den Standorten nach zu Th. collinum gezogen werden. Ueberhaupt bezweifle ich, dass den bei Th. minus und collinum angeführten Standorten durchaus richtige Bestimmungen zu Grunde liegen, da sich beide Arten sehr ähnlich sehen, von den älteren Botanikern gar nicht unterschieden wurden und wahrscheinlich nur Var. Einer Art sind.

5. Th. medium *Jacq.* Hort. vind. III. t. 96. Auf Bergwiesen, Hügeln. Auf dem Čerevićer Gebirge (*Schnell.* PV. III. 1. 2) und bei Vukovár in Sirmien (*Heuff.* 5). Auf dem Čoba Tabus bei Veršec im Com. Temes (*Wierzb.* Flora 1842 I. 266), allein *Heuffel* erwähnt dieses Standortes nicht. Th. medium *Sadl.* 233 im Pester Com. wird schwerlich die echte Art sein, denn *Sadler* citirt *Koch* Syn. (versteht sich die I. Ausg. p. 5) und *Koch* meinte damit eine Form des Th. angustifolium *Jacq.* (*Koch* Syn. ed. II. 5—6). Was Th. medium *Reuss* 3 an der Theiss und Donau sein soll, weiss ich nicht. Nach *Koch* Syn. 6--7 und *Gr. Godr.* Franc. I. 8 wäre Th. medium *Jacq.* von Th. lucidum *L.* nicht verschieden, vielleicht ein Bastard von Th. collinum und Th. flavum.

6. Th. elatum *Jacq.* Hort. vind. III. t. 95. Auf Bergwiesen, seltener auf Sandhügeln bei Pest, Waizen und Gödöllő (*Sadl.* 233), dann auf Sandhügeln im Com. Szabolcs (*RK.* 15). Bei den Herculesbädern (*Kit.* Hydr. II. 319, *Wierzb.* Flora 1843 I. 324), fehlt jedoch bei *Heuffel* Jacquin gibt im Hort. vindob. III. p. 49 weder bei dieser noch bei der vorigen Art das Vaterland an, sondern sagt blos, dass er den Samen aus dem er diese Arten zog, unter dem irrigen Namen Th. sibiricum erhalten habe.

7. Th. galioides *Nestl.* (die Form mit fast fädlichen Blattabschnitten). Th. Bauhini *Reichb.* Ic. XIII. t. 40 oder Th. laserpitiifolium *Gris.* It. 311 (die Form mit schmallinealen Blattabschnitten). Auf Wiesen, sandigen Stellen niedriger und gebirgiger Gegenden. Bei Csenke im Com. Grau (*Feicht.* Ad. 279), bei Ofen, Pest (*Sadl.* 233), Parád im Com. Heves (*RK.* 127), Ungvár (*Hazsl.* EM. 142), im Banat (*Heuff.* 5).

8. Th. flavum *L.* Aendert ab:
α. **latisectum** (Th. flavum der meisten Aut.).
β. **angustisectum** (Th. angustifolium *Jacq.* Th. peucedanifolium *Gris.* It. 312).
γ. **variisectum** (Th. nigricans *Jacq.*), die Mittelform zwischen beiden.

Alle drei Var. auf Wiesen, an Ufern, sandigen buschigen Plätzen niedriger und gebirgiger Gegenden.

4. ANEMONE L.

1. A. Hepatica *L.* In Bergwäldern und Auen der Thalebenen.

2. A. vernalis *L.* Auf Triften der Liptau-Sohler Alpen, namentlich auf der Kralova Hola (*Reuss* 5), vorausgesetzt, dass die Bestimmung richtig sei, denn weder *Wahlenberg* noch *Hazslinszky* erwähnen dieser Art. Im östl. Com. Arad (*Kéry* 20) schwerlich.

3 A. pratensis *L.* Auf Wiesen, Grassteppen, Hügeln. Bei Szőny im Com. Komorn (Gr. *Zichy*) und bei Debrecin (*Hazsl.* ZBV. I. 207) kömmt eine Spielart mit gelblichweissen Blumen vor, welche *Schur* A. Zichyi nennt (ÖBZ. XIII. 316).

4. A. Pulsatilla *L.* Aendert ab:

α. **angustisecta.** Auf grasigen oder buschigen Plätzen hügliger und gebirgiger Gegenden.

β. **latisecta** (A. Halleri *All.* A. Hackelii *Hazsl.* ZBV. I. 206). Auf Kalkfelsen durch die ganze nördl. Karpatenkette, auf dem Drevenyk bei Wallendorf in der Zips in den verschiedenartigsten Blattformen (*Hazsl.* ÉM. 140).

5. A. patens *L.* Die Abschnitte des dreischnittigen Blattes sind bald alle sitzend, bald ist der mittlere Abschnitt in der Länge bis zu 1" stielförmig zusammengezogen (*Koch* Deutschl. IV. 105, *Ledeb.* Ross. I. 19—20). Zu dieser letzteren Form gehört A. patens var. *β.* *Wahlb.* 165 (A. Wahlenbergii *Szont.* ZBG. XIII. 1082, Pulsatilla slavica *Reuss* 5). Auf Felsen, Triften, buschigen Plätzen gebirgiger und subalpiner Gegenden. Auf dem Štoch, Rozsudec (*Szont.* l. c.), Choč, im Wagthale bei Sz. Iván, Hradek und K. Lehota im Com. Liptau, auf der Babagura bei Lučivna in der Zips, auf der Debreciner Heide eine abnorme Form (*Wahlb.* l. c., *Hazsl.* ZBV. I. 206—7, *RK.* 64, *Reuss* l. c.). Aus allem jedoch, was *Hazsl.* im ZBV. I. 206—7, II. SB. 110 und ÉM. 140 hierüber bemerkt, ist zu entnehmen, dass A. patens in A. Pulsatilla *β.* latisecta übergehe und somit keine echte Art sei.

6. A. narcissiflora *L.* Auf Triften der Alpen und Voralpen. Auf der Babia Góra, dem Hermanec im Com. Turóc (*RK.* 64), dem Šturec (*Kit.* Arv.) und Dumbier der Liptau-Sohler Alpen, auf allen Central-Karpaten vom Roháč bis auf den Stirnberg der östl. Tatra (*Wahlb.* 167, *Szont.* ÖBZ. XII. 290), auf der Bersava im Com. Bereg (*RK.* 15), auf der Černa Hora (*Herb.* ZBG. XI. 69), der Petrosa (*Alth* Exs.) und Dscameanie der Rodnaer Alpen (*Baumg.* II. 109), auf den Banat. Alpen (*Heuff.* 6).

7. A. alpina *L.* Auf felsigen Triften der Alpen und Voralpen. Auf der Babia Góra, auf allen Central-Karpaten vom Roháč bis auf die östl. Tatra, auf dem Dumbier, der Kunstava und Teufelshochzeit der Liptau-Sohler Alpen (*Wahlb.* 166, *RK.* 64), auf dem Kohut im Com. Gömör (*Reuss* 5), auf der Dscameanie und dem Galac der Rodnaer Alpen (*Baumg.* II. 107), auf der Biharia (*Kern.* DL. 138), auf den Banater Alpen (*Heuff.* 6).

8. A. baldensis *L.* Auf hohen Alpenjochen. Häufig auf der Dscameanie, dem Galac und Stol der Rodnaer Alpen (*Baumg.* II. 107).

9. A. silvestris *L.* Auf steinigen buschigen Hügeln, an Weingartenrändern.

10. A. nemorosa *L.* In Vorhölzern, Wäldern niedriger und gebirgiger Gegenden bis in die Voralpenregion (*Wahlb.* 167).

11. A. ranunculoides *L.* Mit der vorigen.

5. ADONIS L.

1. A. aestivalis *L.* A. autumnalis der meisten ält. Aut. Unter dem Getreide, auf Brachen, Kleefeldern.

2. A. flammea *Jacq.* Mit der vorigen, aber seltener.

3. A. autumnalis *L.* In Grasgärten, unter dem Getreide, aber nur zufällig verwildert, z. B. bei Unter-Kubin im Com. Arva (*Szont.* ZBG. XIII. 1083), Presburg (*Endl.* 416), Fünfkirchen (*Nendtv.* 16).

4. A. vernalis *L.* A. apennina *Jacq.* und der ält. Aut. An sonnigen grasigen Stellen hügliger und gebirgiger Gegenden, besonders auf Kalk und Trachyt.

A. pyrenaica, welche nach *DC.* Syst. I. 226 mit Berufung auf *Townson* bei Ödenburg vorkommen soll, wächst dort nicht. Denn in *Towns.* 489 wird nicht A. pyrenaica sondern A. apennina, d. i. nach *DC.* eigener Angabe A. vernalis der älteren Aut. bei Ödenburg angegeben. In *Endl.* Pos. 417 wird überdiess ausdrücklich bemerkt, dass A. apennina *Towns.* nichts anderes als A. vernalis *L.* sei.

6. MYOSURUS L.

1. M. minimus *L.* Auf feuchten Aeckern, in Gruben, an überschwemmten Stellen. Am Neusiedler See, im Hanság (*Wierzb.* Mos.), bei Parndorf im Com. Wieselburg (*N.*), im Marchthale (*Matz*), bei Presburg (*Endl.* 410, *Richt.* PV. VII. 105) und Modern (*Stur* 144), im Com. Neutra an vielen Stellen (*Kn.* ZBG. XV. 150), zwischen Muzsla und Köhid-Gyarmat im Com. Gran (*Feicht.* Ad. 279), bei Sz. Benedek und zwischen Tild und Levenc im Com. Bars (*Kn.* ÖBZ. XIV. 241, 243, XV. 59), bei Rovně im Com. Trencsin (*Roch.* Pest. Mus.), Kesmark (*Wahlb.* 93) Kaschau (*Pawl.* PV. I. 27), auf den Ebenen der Com. Heves (*Kit.* Ber.), Pest (*Sadl.* 144), Csongrád, Csanád (*Sadl.* Magy. V. 7) und Bihar, sowie in Gross-Kumanien, besonders zwischen Báránd und Berettyó-Ujfalú (*Kit.* Add. 180), bei Fünfkirchen (*Maj.* 9), im Banat (*Heuff.* 7).

7. CERATOCEPHALUS Mönch.

1. C. falcatus *Pers.* Auf Grasplätzen, an Rainen, Dämmen durch ganz Ungarn (*Kram.* Ranunc. 16), was sicher unrichtig ist, da in *Hazsl.* EM. weder dieser noch der folgenden Art erwähnt wird. Bei Ung. Altenburg (*Vuez.*), auf dem Festungsberge von Gran (*Feicht.* Exs.), auf dem

Pilis-Vértes Gebirge (*Kern.* ZBV. VII. 271), im südl. Banat (*Heuff.* 7)
C. falcatus *Sadl.* 229 bei Ofen scheint beide Arten zu begreifen.

2. C. orthoceras *DC.* Auf grasigen sandigen Plätzen bei Presburg (*Richt.* PV. VII. 105), Tirnau (*Krz.* PV. II. 1. 27) und Raab
(*Widersp.* Exs.), auf der Puszta Kalász östl. von Neutra (*Kn.* ZBG. XV.
150), häufig auf Aeckern und in Weingärten bei Ofen (*Bayer* ÖBZ. XIII.
47, *Grundl* ÖBZ. XV. 11).

8. RANUNCULUS L.

1. R. aquatilis *L.* und zwar sowohl die Var. homophyllus mit
durchaus untergetauchten Blättern als die Var. heterophyllus mit
theils schwimmenden theils untergetauchten Blättern. Beide Var. in
stehendem und langsam fliessendem Wasser.

2. R. fluitans *Lam.* R. fluviatilis *Wigg.* R. peucedanifolius
All. In schnell fliessenden Wassern. In der March bei Holič (*Krz.* PV.
II. 1. 27) und bei Wag-Neustadtl im Com. Neutra (*Kell.* ÖBZ. XV. 52),
in Wassergräben der Donau-Inseln bei Presburg (*Endl.* 410) und Wieselburg (*Wierzb.* Mos.), im nördl. Com. Gran (*Feicht.* Ad. 279), in der Gran
unterhalb Žarnovic und im Perec bei Levenc im Com. Bars (*Kn.* ÖBZ.
XIV. 115, 242), im Abflusse des Sauerbrunnens Huyidova-Medokis in Alt-
Sohl (*RK.* 64, *Kit.* Arv.), häufig im Pester Com. (*Sadl.* 224), bei Semlin
(*Panč.* Sirm.). In den Com. Liptau und Zips (*Hazsl.* ZBV. I. 207) wird
diese Art nicht vorkommen, da sie in *Hazsl.* ÉM. 135 — 6 weggelassen
ist. Ueberhaupt scheinen viele Botaniker den R. fluitans mit der viel
gemeineren Var. homophylla des R. aquatilis zu verwechseln, daher
einige der hier angeführten Standorte unrichtig sein dürften. Vielleicht
ist die ganze Art nur eine im reissenden Wasser entstandene Var. des
vielgestaltigen R. aquatilis.

3. R. divaricatus *Schrank.* In stehenden und fliessenden Wassern.

4. R. rutaefolius *L.* Am schmelzenden Schnee hoher Alpen. Auf
dem Rohač (*Roch.* MS. I. 252), am Alpensee der Rackova, am Weissen
See der Hohen Tatra (*Wahlb.* 171), bei den fünf polnischen Seen, schon
in Galizien (*Herb.* ZBG. X. 620), auf der Dseameanie der Rodnaer Alpen
(*Baumg.* II. 129).

5. R. glacialis *L.* An felsigen Stellen und Schneefeldern der
Alpen. Auf dem Czerwoný Wirch der Liptauer Central-Karpaten (*Hacq.*
IV. 154), dem Mönch (*Herb.* Add. 37), Grossen Křivan, Polnischen Kamm,
unter der Lomnitzer und Eisthaler Spitze, am Langen und Grünen See
der Hohen Tatra (*Wahlb.* 172, *Grzeg.* ÖBW. V. 86, *Szont.* ÖBZ. XIV.
282, *Mauksch*), am Grossen Fischsee in die Voralpenregion herabsteigend
(*Herb.* ZBG. XI. 39).

6. R. crenatus *WK.* Ic. I. t. 10. Am schmelzenden Schnee der
Hochalpen. Auf der Petrosa und Skarisora bei Unter-Visso in der Mar-
maros (*RK.* 43), auf den Banat. Alpen, z. B. auf dem Godjan (*Houff.* 8,
Roch. Ban. 6).

7. R. alpestris *L.* Auf Kalkfelsen der Alpen und Voralpen. Auf dem Strašov im Com. Trencsin (*Roch.* MS. II. 48), auf dem Rozsudec (*Stur* ÖBZ. IX. 25), Štoch, Choč, den Vorlagen der Central-Karpaten vom Rohač bis auf die östl. Tatra, auf der Miskova, Kunstava und dem Ďumbier der Liptau-Sohler Alpen (*Wahlb.* 172, *Krz.* ÖBZ. X. 159, *RK.* 64, *Szont.* ÖBZ. XIV. 281, *Herb.* Add. 37, *Roch.* MS. I. 65, 81). Auf den Banat. Alpen (*Kram.* Ran. 9)? fehlt bei *Rochel* und *Heuffel.*

8. R. aconitifolius *L.* R. platanifolius *L.* In subalpinen Wäldern bis in die Alpenregion. Auf dem Révan nördl. von Deutsch-Proben im Com. Neutra (*Kn.* ZBG. XV. 151), dem Strašov im Com. Trencsin (*Roch.* MS. II. 48), dem Rozsudec (*Stur* ÖBZ. IX. 25), Choč (*Krz.* ÖBZ. X. 158), der Babia Góra (*Kolb.* ZBG. XII. 1192), der Fatra, den Central-Karpaten, der Zipser Magura, den Liptau-Sohler Alpen, dem Kohut im Com. Gömör (*Wahlb.* 171, *Krz.* ÖBZ. X. 150, 158 und PV. V. 114, *Reuss* 8, *Kub.* 98, *Roch.* MS. I. 60, 99), dem Pikuj im Com. Bereg (*Hück.* ZBG. XV. 56, 57), der Petrosa in der Marmaros (*RK.* 44), den Banat. Alpen (*Heuff.* 8), dem Papuk in Slavonien (*RK.* 76).

9. R. Flammula *L.* R. protensus *Kit.* Add. 180. R. junceus et R. oppositifolius *RK.* 43, 44, 89? Auf nassen Wiesen, in Sümpfen, auf Moorboden.

10. R. Lingua *L.* In Sümpfen, Wassergräben, zwischen Schilf, vorzüglich niedriger Gegenden. In den Com. Presburg, Neutra (*Endl.* 411, *Krz.* PV. II. 1. 27, *Kn.* PV. VII. 119), Arva (*Vitk.* ZBG. XIII. 1083), Sáros, Zemplin (*Hazsl.* ÉM. 136), Szabolcs und Szatmár (*RK.* 44, *Kit.* Ber.); ferner an der Leitha (*N.*), am Neusiedler See, im Hanság (*Wierzb.* Mos.), auf der Donau-Niederung der Com. Raab (*Ebenh.* PV. V. 47), Gran (*Feicht.* Exs.), Stuhlweissenburg (*Kit.* Bar.) und Pest (*Sadl.* 224), bei Kékut im Com. Zala, Kéthely am Plattensee, in den Drausümpfen der Com. Somogy, Baranya und Verovitic (*Kit.* Bar. et Slav.), bei Našice im Com. Požega (*PM.* It. 43), Nuštar im Com. Sirmien (*Kit.* Pest. Mus.), Futak im Com. Bács (*Schnell.* PV. III. 1. 2), bei Semlin (*Panč.* Sirm.), im Banat (*Heuff.* 8).

11. R. nodiflorus *L.* und zwar die östl. Form, welche in *DC.* Syst. II. 251 R. lateriflorus genannt wird. In Sümpfen, Wassergräben, an feuchten salzigen Stellen des Tieflandes. Bei Szigliget am Plattensee (*Sigm.* 47), bei Rátót im Com. Veszprim und in Waldsümpfen bei Pomáz nächst Ofen, häufiger und oft massenhaft in den Com. Pest, Heves, Borsod, Bihar und Békés, besonders an der Theiss (*WK.* Ic. II. 193, *RK.* 15, 89, *Sadl.* 228, *Bayer* ÖBZ. XIII. 47), an der Maros (*Dorn.* Exs.), im Banat (*Heuff.* 10); dann auf einer Sumpfwiese bei Levenc im Com. Bars (*Kn.* ÖBZ. XIV. 243), der einzige bisher bekannte Fundort in Ober-Ungarn.

12. R. polyphyllus *WK.* Ic. I. t. 45. An überschwemmten Stellen und in den Morästen der Com. Pest, Heves, Borsod, Szabolcs, Szatmár, Bihar und Békés, in Kumanien und Jazygien, vorzüglich an der Theiss und am Hortobágy (*WK.* l. c. 45, *RK.* 15, 89, *Sadl.* 225), dann bei Hatzfeld im Com. Torontál (*Bayer* ÖBZ. XIII. 47).

13. R. Ficaria *L.* In Auen, Vorhölzern, Ufergebüschen. Ficaria nudicaulis *Kern.* ÖBZ. XIII. 188 bei Ofen ist F. calthaefolia *Reichb.* Ic. XIII. f. 4571, eine Var. des R. Ficaria, da das Merkmal des blattlosen Stengels sehr unbeständig ist.

14. R. Thora *L.* R. Thora var. carpaticus *Gris.* It. 312—3 im Gegensatze zu dem croatischen R. scutatus *WK.* Ic. II. t. 187, d. i. dem wahren R. Thora der Aut. In und über der Krummholzregion der östl. Tatra als Thörichtergern, Nesselblösse, Durlsberg, Leiten (*Wahlb.* 169), dann auf der Tomanova polska der Liptauer Central-Karpaten, wenigstens auf der galiz. Seite (*Herb.* Add. 36).

15. R. illyricus *L.* Auf sandigen Triften, Aeckern, Grasplätzen, Puszten niedriger und hügliger Gegenden.

16. R. pedatus *WK.* Ic. II. t. 168. Auf Puszten, Sandhügeln, feuchten Triften. In den Thälern des Pilis-Gebirges, auf den Ebenen der Com. Gran, Pest (*WK.* l. c. 112, *Sadl.* 226, *Kern.* ZBV. VII. 265, *Bayer* ÖBZ. XIII. 47, *Feicht.* Ad. 279), Heves (*RK.* 15, *Pavay* ÖBZ. XIII. 197) und in Kumanien (*Bayer* Exs.), bei Szöllös nächst Grosswardein (*Steff.* ÖBZ. XIV. 181) und Moravica im Com. Temes (*Heuff.* 8).

17. R. auricomus *L.* R. binatus *Kit.* in *Reichb.* Germ. 723 (Vergl. *Neilr.* Nachtr. 221). Auf Wiesen und an offenen Waldstellen besonders gebirgiger Gegenden bis in die Voralpenregion. Als Arten sind hiervon nach der Ansicht vieler Autoren nicht verschieden:

a. **R. cassubicus** *L.* R. auricomus *β.* procerior *Wahlb.* 170. In Wäldern und auf Wiesen der Berg- und Voralpenregion. Im Studentenwalde nächst Ödenburg (*Szont.* ZBG. XIV. 492), im Thale von Parnica im Com. Arva (*Vitk.* ZBG. XIII. 1083), im Gebiete der Central-Karpaten (*Wahlb.* l. c.), im Com. Sáros (*Hazsl.* Sár. 221), bei Száldobágy nächst Grosswardein (*Steff.* ÖBZ. XIV. 182), auf der Biharia (*Kern.* ZBG. XII. 1237), auf der Mokra bei Boros Jenö im Com. Arad (*Heuff.* 8), im Banat (*Roch.* Ban. 27). „Wiederholte Versuche haben gezeigt, dass sich R. cassubicus durch die Cultur in R. auricomus verwandle" (*Mauksch*).

b. **R. flabellifolius** *Heuff.* in *Reichb.* Germ. 723. In Wäldern der Kalkgebirge des südl. Com. Krassó (*Heuff.* Ban. 9), auch in der Zips (*Hazsl.* ÉM. 138).

18. R. montanus *Willd.* R. nivalis *Jacq.* nicht *L.* R. polymorphus *Roch.* Ban. 7. An felsigen waldigen Stellen der Voralpen bis in die Alpenregion, auch in die benachbarten Thäler herabsteigend. Auf dem Stoch, Rozsudec, Choč (*Szont.* ZBG. XIII. 1083), Dumbier, allen Central-Karpaten von der Rackova bis auf die Leiten der östl. Tatra (*Wahlb.* 173), auf den Subalpinen der Marmaros (*Kr m.* Ranunc. 11, *RK.* 44, *Wagn.* Exs.), auf der Biharia (*Kern.* DL. 296), auf den Banat. Alpen (*Heuff.* 9). Die auf dem Drevenyk bei Wallendorf in der Zips vorkommende Form soll nach *Hazsl.* ÉM. 139 R. Villarsii *DC.* sein, ebenso wird R. Villarsii in *Heuff.* Ban. 9 bei Csiklova und Oravica im Com. Krassó angegeben, allein jeder Autor versteht unter diesem Namen eine andere Form des R. montanus und *DC.* wusste selbst nicht, was sein

R. Villarsii eigentlich sei, wie dies seine beständigen Widersprüche beweisen (Fl. franç. IV. 896, V. 637, Syst. I. 276, Prodr. I. 36).

19. R. acris *L.* Auf Wiesen niedriger und gebirgiger Gegenden bis in die Alpenregion.

20. R. Thomasii *Ten.* Napol. I. p. LXIX, III. t. 146, IV. p. 78 et 347, V. t. 240. Auf dem Csiblesz der Rodnaer Alpen (*Kotschy*). Mit R. acris *L.* nahe verwandt.

21. R. Steveni *Andrz.* In den Auen der Schnellen Körös bei Grosswardein (*Janka* ÖBZ. XII. 280), auf Berg- und Waldwiesen des Banats (*Heuff.* 9). Von R. acris durch den walzlichen horizontalen Wurzelstock verschieden.

22. R. lanuginosus *L.* In Berg- und Voralpenwäldern.

23. R. carpaticus *Herb.* Select. 15. R. Gouani *Kit.* in *Kram.* Ranunc. 11, nicht *Willd.* In Voralpenwäldern der Marmaros (*Wagn.* ÖBZ. X. 13), namentlich auf dem Galac der Rodnaer Alpen (*Herb.* Bucov. 326—7). R. lanuginosus *Müll.* ZBG. XIII. 559 auf der Okola bei Körösmezö in der Marmaros gehört vielleicht hierher.

24. R. polyanthemos *L.* Auf Wiesen, in Wäldern, an buschigen Stellen, besonders gebirgiger Gegenden. Die Var. *β.* latisectus (R. nemorosus *DC.*) vorzugsweise auf höheren Bergen bis in die Voralpenregion.

25. R. repens *L.* In Gräben, Sümpfen, an Bächen.

26. R. bulbosus *L.* Auf Wiesen, an buschigen Stellen.

27. R. sardous *Cr.* R. Philonotis *Ehrh.* Auf Weiden, feucht . Aeckern, in Gruben.

28. R. sceleratus *L.* In Sümpfen, an überschwemmten Stellen der Ebene.

29. R. pygmaeus *Wahlb.* Auf Felsen unter der Lomnitzer Spitze mit Saxifraga carpatica (*Haussk.* ÖBZ. XIV. 211). Auf dem Kalkhügel Srnansky Haj bei Srnje im südlichsten Com. Trencsin (ÖBZ. XV. 87) kann diese der Hochalpenregion und dem hohen Norden angehörige Art unmöglich vorkommen.

30. R. arvensis *L.* R. segetalis *Kit.* in Flora 1821 I. 40. Auf Brachen, unter dem Getreide, an wüsten Stellen. Die Var. R. tuberculatus *DC.* mit dornenlosen Früchten an gleichen Stellen, aber viel seltener.

** R. medlterraneus *Grisb.* nach *Steff.* ÖBZ. XIV. 182. Auf Wiesen bei Grosswardein. Ich konnte nirgends eine von *Grisebach* so benannte Art finden.

9. CALTHA L.

1. C. palustris *L.* An Bächen, sumpfigen Stellen niedriger und gebirgiger Gegenden bis in die Voralpenregion.

10. TROLLIUS L.

1. T. europaeus *L.* Auf Wiesen besonders gebirgiger und südalpiner Gegenden bis in die Alpenregion. Auf dem Temetvény- und

Inovec-Gebirge (*Kell.* ÖBZ. XIV. 285), auf den höheren Bergzügen der Com. Trencsin (*Roch.* Pest. Mus.), Arva (*Vitk.* ZBG. XIII. 1083), Sohl (*NS.* 14), Liptau, Zips und Marmaros (*Wahlb.* 174, *Kit.* Add. 182), im Thale der Szamos bei Barlafalu im Com. Szatmár (*RK.* 44), auf der Biharia (*Kern.* DL. 142), auf den Banat. Alpen (*Heuff.* 10), dann auf den Ebenen der Com. Szabolcs und Somogy (*Kit.* Add. l. c.).

11. ERANTHIS Salisb.

1. E. hiemalis *Salisb.* In Hainen auf der Ebene von Požega und auf dem Papuk in Slavonien (*Pav.* ÖBW. I. 125) wohl wirklich wild. In den Com. Gömör (*Reuss* 13) und Veszprim (*Horky* in *Kit.* Add 182), sowie auf einer Gartenwiese in Rakovic im Com. Neutra (*Medn.* PV. II. 1. SB. 49) und im Stadtwäldchen von Pest (*Sadl.* 222) jedenfalls nur verwildert oder verkannt.

12. HELLEBORUS L.

1. H. viridis *L.* H. dumetorum (H. laxus et pallidus *Host* Aust. II. 89, 90) und H. odorus *WK.* in *Willd.* Berol. I. 592. H. orientalis et H. novus *Kit.* Bar. Bei Aufzählung dieser Var. des H. viridis herrscht in *Kitaibel*'s handschriftlichen Aufzeichnungen eine solche Verwirrung, dass es unmöglich ist, herauszubringen, auf welche seiner Arten die von ihm angegebenen Standorte sich beziehen, daher diese nur im Allgemeinen aufgeführt werden können. Nach *Roch.* MS. II. 41 kömmt H. viridis in den Karpatenthälern nicht wirklich wild, sondern nur in Bauerngärten als Hausarzneimittel kultivirt vor, doch wird er in Wäldern bei Hermanec im Com. Sohl (*NS.* 9), am Fuss des Pop-Ivan und bei Visso in der Marmaros als wild angegeben (*RK.* 44). Diese Standorte beziehen sich wahrscheinlich auf den echten H. viridis *L.*, die nächstfolgenden auf Varietäten desselben, nämlich auf den kleinblütigen H. dumetorum und den grossblütigen H. odorus. Diese Standorte sind Wälder, Vorhölzer und buschige Hügel diesseits der Donau, als bei Ödenburg (*Szont.* ZBG. XIV. 492), auf dem Pilis-Gebirge (*Sadl.* 222, *Grundl* ÖBZ. XV. 12), in den Com. Eisenburg (*Pol.* 11), Zala, Somogy, Veszprim, Stuhlweissenburg, Tolna, Baranya, Verovitic, Požega und Sirmien (*RK.* 7, 76, *Kit.* Add. 182, Bar. et Slav.), dann im östl. und südl. Banat (*Heuff.* 11). Auch folgende Arten *Kitaibel*'s und *Host*'s scheinen nur Var. des H. viridis zu sein:

a. **H. purpurascens** *WK.* Ic. 11. t. 101. In Bergwäldern. Bei Lonka und Sziget in der Marmaros (*W. gn.* Exs.), auf der Matra (*WK.* l. c. 206), auf den Trachytfelsen bei Nagy Maros im Com. Hont (*RK.* 64), auf dem Nagyszál, dem Pilis-Vértes Gebirge (*Kern.* ÖBW. VII. 399, ZBV. VII. 267, 268, 269), bei Fünfkirchen (*Nendtv.* 24), in Sirmien (*Sadl.* Magy. VI. 1), auf der Biharia (*Kern.* DL. 126), im östl. Com. Arad (*Kéry* 19), in höhern Wäldern des Com. Krassó (*Heu.*[r] 11).

b. **H. atrorubens** *WK.* Ic. III. t. 271, dann c. **H. cupreus** *Host* Aust.
II. 87 und d. **H. graveolens** *Host* l. c. 89, alle 3 in Bergwäldern in
Slavonien (*Host* l. c.).

II. **niger** *L.* Auf Voralpen in Ungarn (*Schult.* II. 101). Im Com.
Trencsin (*Kiкó* 18). „Ad pedem longae silvae (Langewald bei Kesmark)
me collegisse memini" (*Geners.* 42). Auf den Liptau-Sohler Alpen (*Reuss*
13 mit ?). Auf den benachbarten mährisch-schlesischen Karpaten (*Reuss*
l. c.) wächst diese Art nicht (*Wimm.* Schles. 493, *Schloss.* Mähr. 54), bei
Fünfkirchen (*Maj.* 9) und in Sirmien (*Ramy* 53) ebenso wenig. Im östl.
Com. Arad (*Kéry* 18)? fehlt jedoch im Banat und *Baumg.* II. 136 gibt
sie nur auf den siebenb. wallach. Karpaten an.

II. **foetidus** *L.* Im Com. Trencsin (*Kiкó* 18). Gewiss nicht.

13. ISOPYRUM L.

1. I. thalictroides *L.* In Auen, Vorhölzern, Bergwäldern. Durch
die ganze Karpatenkette von Presburg bis in den Banat, im Hügellande
am rechten Donau-Ufer und in Slavonien.

14. NIGELLA L.

1. N. arvensis *L.* Auf Aeckern, unter dem Getreide.

2. N. sativa *L.* Wird gebaut und kömmt unter dem Getreide
und auf Aeckern zufällig verwildert vor. In der Slovakei ohne nähere
Angabe (*Reuss* 15), zwischen Čepin und Tenje im Com. Verovitic
(*PM.* It. 32).

N. **damascena** *L.* Ein Gartenflüchtling.

15. AQUILEGIA L.

1. A. vulgaris *L.* In steinigen Wäldern der Berg- und Voralpen-
region. Durch die ganze nördl. Karpatenkette von Presburg bis in die
Marmaros (*Heuff.* Flora 1831 l. 407, *Krz.* PV. II. 1. 28, *Hol.* PV. I. 71,
Kn. ZBG. XV. 152 und ÖBZ. XIV. 110, *Hazsl.* ÉM. 135, *Müll.* ZBG.
XIII. 559), dann auf dem Bükhegy (*Reuss* 15), auf dem Rosaliengebirge
(*N.*), im Walde Bakony, auf den Bergen nördlich von Ofen (*Kern.* ZBV.
VI. 380, VII. 268, *Sadl.* 221), im östl. Banat (*Heuff.* 11). A. Haen-
keana *Koch* auf der Tartarea der Biharia (*Kern.* Exs.) ist nach meiner
Ansicht eine grossblütige Var. der A. vulgaris.

2. A. glandulosa *Fisch.* A. alpina *Baumg.* II. 104, nicht *L.*
Auf subalpinen Wiesen des Biharia-Kalkgebirges (*Kern.* DL. 142, 322).
Auf den Rodnaer Alpen, wenigstens auf der siebenbürg. Seite (*Janka*
Linn. 1859 p. 555).

16. DELPHINIUM L.

1. D. Consolida *L.* Unter dem Getreide, auf Aeckern.

2. D. orientale *Gay* in *Gr. Godr.* Franc. l. 47. D. Ajacis *Wolfn.*
ÖBW. VII. 227 nach *Janka* ÖBZ. VIII. 261, 330, nicht *L.* Unter dem

Getreide bei Szemlak im Com. Arad (*Wolfn.* l. c.), auf Sandstellen bei
Hatzfeld im Com. Torontál (*Bayer*).

3. D. elatum *L.* D. intermedium *Ait.* D. alpinum *WK.* lc.
III. t. 246. D. speciosum *Janka* Linn. 1859 p. 556, ob *MB.?* D. carpaticum *Kit.* Add. 183? Auf Felsen der Berg- und Voralpenregion,
auch auf Alpen. Auf den höchsten Gipfeln der Kleinen Karpaten
zwischen Bibersburg und Wag-Neustadtl (*Krz.* PV. II. 1. 28), auf dem
Rozsudec (*Brancs.* ÖBZ. XII. 326), den Liptau-Sohler Alpen (*WK* l. c.
274, *Roch.* MS. I. 56, 64), dem Choč, Grossen Křivan und den Rändern
der hohen und der östl. Tatra (*Wahlb.* 162), auf dem Pietros bei Körösmező in der Marmaros (*Müll.* ZBG. XIII. 559), auf der Biharia (*Kern.*
DL. 132, 341), den Banat. Alpen (*Heuff.* 11).

4. D. hybridum *Steph.* in *Willd.* Spec. II. 1229. D. fissum *WK.*
Ic. I. t. 81. An felsigen waldigen Stellen bei den Herculesbädern und an
der Donau in der östl. Banat. Milit. Gr. z. B. bei Bazias und im Kazan-
Thale (*Heuff.* 11, *Roch.* Reise 3), auch in Sirmien (*Kit.* Add. 184).

17. ACONITUM L.

1. A. Anthora *L.* A. Jacquini *Reichb.* An felsigen waldigen
Stellen gebirgiger Gegenden. Stellenweise in den Com. Neutra (*Kn.*
ZBG. XV. 152), Trencsin (*Kikó* 17), Liptau und Zips (*Hazsl.* ZBV. I.
207), auf dem Šturec im Com. Sohl (*Kit.* Arv.), bei Murány im Com.
Gömör, Miskolc und Teplic im Com. Borsod, auf dem Eperjes-Tokayer
Trachytzuge, als auf dem Dargo (*Reuss* 16), bei Szerencs (*Kit.* Ber.)
und Tokay, auf der Matra (*Kit.* Add. 184), auf dem Csiblesz und Arsul
der Rodnaer Alpen (*Baumg.* II. 98), der Biharia (*Kern.* DL. 296), auf
dem Simion bei Csikiova im Com. Krassó (*Heuff.* 12); ferner auf den
Kalk- und Trachytbergen zwischen Gran, Ofen und Visegrád, auf dem
Nagyszál bei Waizen (*Sadl.* ed. I. 2. 52), in den Umgebungen von Fünfkirchen (*Nendtv.* ZBG. XIII. 569), auf dem Mecsek und Harsányhegy
im Com. Baranya (*Kit.* Bar.).

2. A. Lycoctonum *L.* Aendert in der Blütenfarbe ab:

α. ochroleucum. In Berg- und Voralpenwäldern durch die ganze
nördl. Karpatenkette, dann auf den höhern Gebirgszügen im Hügellande
am rechten Donau-Ufer.

β. coeruleum *Wahlb.* 163 (A. moldavicum *Hacq.* I. p. 169 t. 7,
A. septentrionale *Kölle*). An gleichen Orten. Auf der Vysoka im
Com. Presburg (*Heuff.* Flora 1831 I. 407), in den Thälern der Liptau-
Sohler Alpen bei Jaraba (*RK.* 65), Boca und Malužina (*Roch.* MS. I.
58, 64), auf den Vorlagen der Central-Karpaten von Hradek bis Javořina
in der Zips (*Wahlb.* l. c.), im Thale Szadellö im Com. Torna (*Pawl.* PV.
I. 28), auf dem Čerho im Com. Sáros (*Hazsl.* Sár. 221), dem Nagyhegy
bei Munkács, bei Nagy-Bánya im Com. Szatmár (*Kit.* Add. 181), häufig
in der Marmaros (*Wagn.* Exs.), im östl. Banat (*Heuff.* 13).

3. A. Napellus *L.* A. tauricum et neomontanum *Wulf.* In
höhern Berg- und Voralpenwäldern bis in die Krummholzregion. Auf

der Babia Góra (*Ha:sl.* ÉM. 13½), auf dem Rozsudec, Choč (*S:ont.* ZBG. XIII. 108½), auf allen Vorlagen der Central-Karpaten (*Wahlb.* 163), auf den Liptau-Sohler Alpen vom Šturec bis auf die Kralova Hola, auf dem Kohut im Com. Gömör (*RK.* 6½, *Krz.* ÖBZ. X. 158, *Reuss* 17), auf dem Pikuj im Com. Bereg (*Hück.* ZBG. XV. 56), am Fuss des Bükhegy bei Kis-Mezö im Com. Borsod (*Kit.* Ber.) und des Branisko bei Široka im Com. Sáros (*Ha:sl.* Sár. 221), auf der Cerna Hora (*Herb.* ZBG. XI. 69), auf den Rodnaer Alpen vom Csiblesz bis auf den Galac (*Baumg.* II. 99, 101) und am Fuss derselben bei Dragomirfalva in der Marmaros (*RK.* 4½), auf der Biharia (*Kern.* DL. 136), auf den Banat. Karpaten (*Heuff.* 12). Bei Fünfkirchen (*Maj.* 9) gewiss nicht.

4. A. variegatum *L.* A. Cammarum *Jacq.* Mit der vorigen Art, steigt aber minder hoch und verbreitet sich auch auf niedrigere Berge, auf den Bergzügen am rechten Donau-Ufer wurde sie aber ebenfalls nicht beobachtet.

A. firmum *Reichb.* Monogr. p. 86 t. 14 (in der Fl. germ. 742 mit A. acutum *Reichb.* l. c. vereinigt) auf der Petrosa (*Reichb.* l. c.) und im Visso- und Wasserthale der Marmaros (*Müll.* ZBG. XIII. 559) ist nach *Reichenbach*'s Vermuthung ein Bastard von A. Napellus und A. variegatum. Dass solche Bastarde überhaupt vorkommen und dass sich hierauf mehrere Arten der ältern und neuern Aut. beziehen, scheint mir keinem Zweifel zu unterliegen.

A. cernuum. Auf der Babia Góra, dem Krivan, der Kunstava (*RK.* 65), dann im Wasserthale und auf der Trojaga in der Marmaros (*Müll.* ZBG. XIII. 559). Was damit gemeint sei, weiss ich nicht. A. cernuum *Wulf.* in *Kölle* Spic. 17 wird zwar von den neuern Aut. zu A. paniculatum *Lam.* gezogen, allein aus *Wulf.* Fl. nor. 536 und aus dessen Herbar erhellt, dass *Wulfen* unter seinem A. cernuum ein A. Napellus mit nickender Traube verstand. A. paniculatum der neuern Aut. soll nach *S:ont.* ÖBZ. XIV. 280, 281 auf dem Grossen Křivan und im s. g. Blumengarten am Fuss des Polnischen Kammes der Hohen Tatra vorkommen, eine Angabe, deren Richtigkeit ich bezweifeln möchte.

A. Störkianum *Reichb.* Auf der Kralova Hola, dem Kohut, bei Bartfeld und in der Marmaros (*Reuss* 17)? Eine Gartenpflanze zweifelhaften Ursprungs, welche stets steril zu sein scheint (Vergl. *Neilr.* Nachtr. 227). Es ist daher schwer zu sagen, welche Pflanze *Reuss* eigentlich meint.

18. ACTAEA L.

1. A. spicata *L.* In Berg- und Voralpenwäldern sowohl auf den Karpaten als auf den Gebirgszügen der Comitate am rechten Donau-Ufer.

19. CIMICIFUGA L.

1. C. foetida *L.* Actaea racemosa *Geners.* 39. In Berg- und Voralpenwäldern der nordwestl. Karpaten. Bei Zazriva im Com. Arva, auf dem Rozsudec (*Szont.* ZBG. XIII. 1084), Choč (*Krz.* ÖBZ. X. 158), auf den Vorlagen der Central-Karpaten südlich bis in das Thal der Wag und des Poprad, nördlich bis Javořina, im Demanovka-Thale und bei Malužina auf der nördl. und bei Vernárd auf der südl. Seite der Liptau-Sohler Alpen, bei Kapsdorf in der Zips (*Wahlb.* 165, *RK.* 65, *Reuss* 18, *Hausskn.* ÖBZ. XIV. 207, 217), bei Široka und Alt-Ružin im Com. Sáros (*Hazsl.* Sár. 221), bei Szadelló im Com. Torna (*Pawl.* PV. I. 28). Bei Vittenc und Jókő im Com. Neutra, wo sie vorkommen soll, hat sie *Krzisch* vergebens gesucht (PV. II. 1. 28). Vielleicht bezieht sich hierauf die Angabe in *Host* Aust. II. 82 „In silvis montanis Com. Nitriensis.“

20. PAEONIA L.

1. P. peregrina *Mill.* P. banatica *Roch.* Ban. p. 48 t. 11. P. rosea *Host* Aust. II. 64. P. officinalis der Aut., insofern nicht die gefüllte Gartenblume gemeint ist. In Wäldern und an buschigen Stellen des Com. Somogy (*Kit.* in *Host* I. c. 63), häufig zwischen Pécsvár und Hoszúhetény (*Kit.* Add. 184) und bei Sz. László im Com. Baranya (*Kern.* ZBG. XIII. 571), in den Čerevićer Bergwäldern im Com. Sirmien (*Schnell.* PV. IV. 80), auf Sandhügeln und niedrigen Bergen der serbisch-banat. Milit.-Gr. (*Heuff.* 13). Auf dem Lindenberg bei Ofen nur einmal (*Kit.* Add. l. c.), wahrscheinlich ein Gartenflüchtling, fehlt auch bei *Sadler.*

2. P. tenuifolia *L.* Auf Sandhügeln der deutsch- und serbisch-banat. Milit. Gr. häufig (*Heuff.* 13).

LXXIV. BERBERIDEAE.

1. BERBERIS L.

1. B. vulgaris *L.* In Auen, auf buschigen Hügeln.

2. EPIMEDIUM L.

1. E. alpinum *L.* In Wäldern und an buschigen Stellen gebirgiger Gegenden, nur in Slavonien. Bei Drenje, Slatinik und Paučje im südl. Com. Verovitic, am Fuss des Papuk und Liporac im Thale Radovanc bei Velika, im Thale Vučjak bei Požega, an der Lonja bei Pleternica und bei Gradištje im Com. Požega (*RK.* 76, *Kit.* Slav.).

LXXV. PAPAVERACEAE.

1. CHELIDONIUM L.

1. Ch. majus *L.* An wüsten und bebauten Stellen, auf Mauern, Felsen. Die Var. β. laciniatum bei Fünfkirchen (*Schult.* I. 41).

2. PAPAVER L.

1. P. alpinum *L.* Im Felsenschutt der Alpen sehr selten. Auf dem Czerwoný Wirch der Liptauer Central-Karpaten (*Grzeg.* ÖBW. III. 258), dann am Grünen See (*Mauksch*) und am Kleinen Schwarzen See unter der Kesmarker Spitze der Hohen Tatra (*Wahlb.* 160). Im östl. Com. Arad (*Kéry* 20)? In Sirmien (*Rumy* 53) gewiss nicht. Häufig dagegen im Thale des Schwarzen Dunajec der galizischen Central-Karpaten (*Herb.* ZBG. XI. 38—9).

2. P. Argemone *L.* Auf Aeckern, an Weingarteurändern, sehr zerstreut. Bei Hochstrass im Com. Raab (*Wierzb.* Mos.), im Matzengrund bei Presburg (*Endl.* 403), im Com. Neutra an vielen Stellen (*Krz.* PV. II. 1. 29, III. 2. SB. 22, *Kn.* ZBG. XV. 152), bei Kesmark (*Wahlb.* 161) und in der südl. Zips (*Hazsl.* ÉM. 132), bei Rima Szombat im Com. Gömör (*Fábry* I. 7), bei Grosswardein (*Steff.* ÖBZ. XIV. 182), spärlich im Banat (*Heuff.* 14).

3. P. hybridum *L.* Unter dem Getreide, auf Aeckern, in Weingärten, an Rainen. Bei Presburg (*Reuss* 22), bei Raab (*Wierzb.* Mos.), am Fuss des Blocksberges bei Ofen (*Sadl.* 216), bei Cegléd im Com. Pest (*RK.* 90), bei Semlin (*Panč.* Sirm.), Grosswardein (*Steff.* ÖBZ. XIV. 182), im östl. Com. Arad (*Kéry* 20), im Banat (*Heuff.* 14 nach *Rochel*).

4. P. dubium *L.* An Rainen, Weingartenrändern, grasigen buschigen Stellen hügliger Gegenden.

5. P. Rhoeas *L.* Unter dem Getreide, auf Brachen.

6. P. somniferum *L.* Wird auf Aeckern gebaut und verwildert leicht.

3. GLAUCIUM Tourn.

1. G. flavum *Cr.* G. luteum *Scop.* Auf Aeckern, sandigen Plätzen, wüsten Stellen. Bei Presburg (*Endl.* 403), Hatvan, Gyöngyös und auf der Matra im Com. Heves (*Reuss* 22), bei Fünfkirchen (*Nendtv.* 23), im Banat (*Heuff.* 14), an den meisten Orten wohl nur verwildert.

2. G. corniculatum *Curt.* Auf Aeckern, an Rainen, wüsten Stellen niedriger und hügliger Gegenden. In den Com. Presburg (*Endl.* 403, *Stur* 144, *Krz.* PV. II. 1. 29), Neutra (*Kn.* ZBG. XV. 152), Trencsin (*Kikó* 18), Arva (*Szont.* ZBG. XIII. 1086), Borsod (*Reuss* 22) und Heves, bei Bori im Com. Hont, zwischen Tokay und Árokszállás in Jazygien, bei Debrecin (*RK.* 44, *Kn.* ÖBZ. XIV. 243); ferner in den Com. Wieselburg (*Wierzb.* Mos.), Raab (*Ebenh.* PV. V. 48), Komorn (*Kit.* Sopr.), Gran (*Feicht.* Ad. 280), Zala, Somogy, Baranya, Tolna, Stuhlweissenburg (*RK.* 116, *Kit.* Bar. et Slav.) und Pest (*Sadl.* 217), bei Futak im Com. Bács (*Schnell.* PV. III. 1. 3), in Sirmien (*Rumy* 52), bei Gyula im Com. Békés, Varsánd im Com. Arad (*RK.* 90), im Banat (*Heuff.* 14).

4. CORYDALIS Vent.

1. C. cava *Schw. Kört.* C. albiflora *Kit.* in *Schult.* II. 305 et Add. 187. C. angustifolia *Kit.* Add. 188? (Vergl. *DC.* Syst. II. 120—1).

In Vorhölzern, an Hecken, Waldrändern hügliger und gebirgiger Gegenden.

2. C. solida *Sw.* Mit der vorigen.

3. C. pumila *Reichb.* C. solida α. minor *Reuss* 24. In Vorhölzern, auf bnschigen Hügeln. Auf dem Spitlberg bei Bruck an der Leitha, auf dem Haglersberg am Neusiedler See (*Hillebrand*), an Weingartenrändern bei St. Georgen (*Bolla* PV. I. 13) und auf dem Hohenei bei Modern im Com. Presburg (*Stur* 144), auf dem Bükhegy im Com. Borsod (*Reuss* l. c.).

4. C. fabacea *Pers.* In Bergwäldern. Auf dem Spitlberg bei Bruck an der Leitha (*Hillebrand*), an der Weideritz (*Endl.* 399) und auf den Vierriegeln bei Modern im Com. Presburg (*Stur* 143), bei Unjn und auf dem Hauran im Com. Neutra (*Krz.* PV. II. 1. 30), auf Weinbergen bei Grosswardein (*Steff.* ÖBZ. XIV. 182). Im Com. Liptau (*Kit.* Add. 188 mit ?).

5. C. capnoides *Wahlb.* 212, *Koch.* in *Sturm.* II. 62. C. Gebleri *Ledeb.* C. lutea *Reichb.* Germ. 698, insoweit die ungar. Pflanze gemeint ist. Fumaria capnoides *L.* Auf Kalkfelsen. Bei Osadka im Com. Arva (*Szont.* ZBG. XIII. 1086), bei den Bädern von Lučky und im Boca-Thale im Com. Liptau, auf dem Drevenyk, bei Kapsdorf und bei Stracena in der südl. Zips, am Fuss der Kralova Hola, im Thale Szadellö im Com. Torna (*Hazsl.* EM. 131, *Reuss* 24, *Roch.* MS. l. 29, 63), dann bei Kirlibaba in der Bucovina hart an der Grenze der Marmaros (*Herb.* Bucov. 341). Was C. lutea *Maj.* p. 2 bei Fünfkirchen sein soll, weiss ich nicht, in der Aufzählung p. 9 ist sie wieder weggelassen.

6. C. claviculata *Pers.* An waldigen Orten. Unter dem Somlyó bei Grosswardein (*RK.* 90), wenn anders die Bestimmung richtig ist.

5. FUMARIA L.

1. F. officinalis *L.* In Weingärten, auf Aeckern, bebautem Lande.

2. F. prehensilis *Kit.* Catal. hort. pest. 1812 p. 10 et Add. 189, *Aschers.* Brandenb. Ver. V. 222—4, in *DC.* Syst. II. 134 irrig F. prehensibilis genannt. F. calycina *Kit.* It. bereg. 1803. F. rostellata *Knaf* Flora 1846 I. 290 nach *Aschers.* F. micrantha *Heuff.* Ban. 15 allem Anscheine nach, nicht *Lagasca.* F. media *Janka* ÖBZ. XII. 282 nach Orig. Exemplaren und *Aschersohn*'s Bestimmung, der zugespitzten 2 äussern Blumenblätter wegen. Auf bebautem Lande bei Mád im Com. Zemplin, Hatvan im Com. Heves, Bag im Com. Pest (*Kit.* Ber.), auf Kalkbergen bei Pest (*Kit.* Exs. nach *Aschers.* l. c.) soll wohl Ofen heissen, in Weingärten bei Grosswardein und Székelyhid im Com. Bihar (*Janka* l. c.), auf Brachen bei Szemlak im Com. Arad (*Wolfn.* ÖBW. VII. 227), auf Aeckern bei Lugos (*Heuff.* l. c.), bei Krušedol im Com. Sirmien (*RK.* 76) und wahrscheinlich noch an vielen Orten. F. capreolata bei Fünfkirchen (*Nendtv.* 23) gehört vielleicht auch hierher, da sonst kein ungar. Autor dieser Art erwähnt.

3. F. parviflora *Bertol.* Ital. VII. 310, *Aschers.* Brandenb. Ver. V. 221. Aendert ab:

α. **tenuifolia** *Aschers.* l. c. (F. parviflora *Lam.* Enc. II. 567, *Reichb.* Ic. XIII. f. 4451). In Weingärten, auf Aeckern, bebautem Lande. Auf dem Szarkahegy bei Neutra (*Kn.* PV. VII. 121), häufig im nördl. Com. Gran (*Feicht.* Ad. 280), bei Rima Szombat im Com. Gömör (*Fábry* l. 7), auf den Ofner Bergen und der Pester Ebene (*Sadl.* 314), bei Fünfkirchen (*Nendtw.* 23), im Banat (*Heuff.* 15 nach *Rochel*). Dass diesen Angaben durchaus richtige Bestimmungen zu Grunde liegen, möchte ich bezweifeln.

β. **Vaillantii** *Aschers.* l. c. (F. Vaillantii *Lois.* Not. 102, *Reichb.* l. c. f. 4452). Auf wüstem und bebautem Lande. F. Laggeri *Jord.* Pug. 7 (F. tenuiflora *Janka* ÖBZ. XII. 281—4, XIV. 24, nicht *Fries*, F. Wirtgeni *Steff.* ÖBZ. XIV. 182, nicht *Koch*) in Weingärten bei Grosswardein und Székelyhid (*Janka* l. c.) ist nach *Ham.* Fum. 15 und *Aschers* l. c. nur eine Form der F. Vaillantii.

4. F. Kralikii *Jord.* Catal. du jard. de Dijon 1848, *Ham.* Fum. 23. F. deflexa *Heuff.* Flora 1853 II. 619 zum Theil. Auf schattigen Felsen an der Donau in der östl. Banat. Milit. Gr. (*Heuff.* Ban. 14).

5. F. Petteri *Reichb.* Ic. XIII. p. 1 f. 4455 b, *Ham.* Fum. 32. F. deflexa *Heuff.* l. c. zum Theil. An gleichen Orten wie die vorige. F. agraria *Gris.* It. 310 (nicht *Lagasca*) gehört entweder hierher oder zur vorigen Art (*Heuff.* Ban. 14—5).

LXXVI CRUCIFERAE.

I. SILIQUOSAE.

1. TURRITIS L.

1. **T. glabra** *L.* In Holzschlägen, auf buschigen Hügeln. Arabis lucida *L.* fil. Suppl. 298 „in Pannonia" ist nach *DC.* Syst. II. 242 Var. der T. glabra.

2. ARABIS L.

1. **A. brassicaeformis** *Wallr.* Erysimum alpinum *Baumg.* II. 263. An buschigen steinigen Stellen gebirgiger Gegenden. Auf dem Wetterling im Com. Presburg (*Krz.* PV. II. 1. 30), auf Weinbergen bei Kaschau (*Paul.* PV. I. 27), auf dem Stol der Rodnaer Alpen (*Baumg.* l. c.).

2. **A. alpina** *L.* A. leptocarpa *Lang* En. 1 nach einem im k. k. bot. Cabinet befindlichen Orig. Exemplar. Auf Felsen und im Felsenschutt der Voralpen bis in die Krummholzregion. Auf der Vysoka der Kleinen Karpaten (*Bolla* PV. I. 13), auf den Beskiden, wenigstens auf der galiz. Seite (*Herb.* ZBG. XI. 69), im Thalkessel von Sulov (*Szont.* ÖBZ. XIV. 276), auf dem Rozsudec, Choč (*Szont.* ZBG. XIII.

1084), Černikamen (*Roch.* MS. I. 158), auf allen Vorlagen der Central-Karpaten und der Liptau-Sohler Alpen (*Wahlb.* 203, *RK.* 65, *Hazsl.* ÉM. 129), im Thale Szadelló im Com. Torna (*Pawl.* PV. I. 28), auf der Apecka, Skarisora und den Rodnaer Alpen in der Marmaros (*RK.* 44, *Müll.* ZBG. XIII. 559, *Baumg.* II. 268), auf den Banat. Karpaten (*Heuff.* 16).

3. A. auriculata *Lam.* A. recta *Vill.* Turritis patula *Ehrh.* schon von *Winterl* f. 5 ohne Namen abgebildet. Auf Felsen, Hügeln, Sandsteppen. Bei Neutra (*Kn.* ZBG. XV. 153), bei Modern im Com. Presburg (*Stur* 143), auf dem Leithagebirge (*N.*) und den Ebenen der Com. Wieselburg (*Wierzb.* Mos.) und Gran (*Feicht.* Ad. 280), auf dem Pilis-Vértes Gebirge und den Puszten des Pester Com. (*Sadl.* 288, *Kern.* ZBV. VII. 260), auf dem Arsul der Rodnaer Alpen (*Baumg.* II. 269)? bei den Herculesbädern und an der Donau der östl. Banat. Milit. Gr. (*Heuff.* 16).

4. A. hirsuta *Scop.* A. sagittata *DC.* Auf Wiesen, Hügeln, Felsen niedriger und gebirgiger Gegenden.

β. glaberrima *Koch.* Auf dem Baiku der Banat. Alpen (*Heuff.* 16). A. Gerardi *Bess.* In Holzschlägen bei Csiklova im Com. Krassó (*Wierzb.* Flora 1845 I. 322)? fehlt bei *Heuffel.*

5. A. ciliata *R. Br.* Auf Felsen und steinigen Triften der Vor-alpen. Auf den Vorlagen der Tatra in der Zips z. B. im Drechselhäus-chen (*Wahlb.* 206), auf den Banat. Alpen (*Heuff.* 16 nach *Rochel*). A. ciliata *Szont.* ZBG. XIII. 1084. welche als gemeine Arvaer Pflanze angeführt wird, scheint mir richtiger zu A. hirsuta zu gehören, deren *Szontagh* gar nicht erwähnt.

6. A. procurrens *WK.* Ic. II. t. 144. Auf schattigen Kalkfelsen bei Lunkány nächst Faget im nördl. Com. Krassó, häufiger bei den Herculesbädern und der Veterani'schen Höhle der roman. banat. Milit-Gr., auch am rechten Donau-Ufer bei der Trajanstafel in Serbien (*WK.* l. c. 155, *Heuff.* 16). A. praecox *WK.* in *Willd.* Berol. II. 684, *DC.* Syst. II. 229 scheint von A. procurrens nicht verschieden zu sein, allein die jährige Turritis praecox *Kit.* Add. 191 auf Sand-hügeln bei Pest ist eine ganz andere Pflanze, welche der Beschreibung nach zu A. auriculata *Lam.* gehören dürfte.

7. A. Turrita *L.* Auf Felsen und an steinigen waldigen Stellen gebirgiger Gegenden. Auf den Kleinen Karpaten (*Heuff.* Fl. 1831 I. 406, *Bolla* PV. 1. 13, *Krz.* PV. III. 2. SB. 22), bei Vozokán, auf der Žibrica und dem Zobor im Com. Neutra (*Kn.* ZBG. XV. 153), in der südl. Zips, im Com. Sáros (*Hazsl.* ZBV. I. 205, Sár. 221), auf dem Bükhegy und der Matra (*Reuss* 28); ferner auf dem Rosalien- und Leithagebirge, auf dem Haglersberg am Neusiedler See (*N.*). bei Füred am Plattensee (*Sigm.* 47), auf dem Pilis-Vértes Gebirge und dem Nagyszál (*Kern.* ZBV. VII. 269, ÖBW. VII. 392), bei Hoszuhetény und im Thale Kantovár bei Fünfkirchen (*Kit.* Bar.), bei Futak im Com. Bács (*Schnell.* PV. III. 1. 3), bei Semlin (*Panč.* Sirm.), im Banat (*Heuff.* 17).

8. A. bellidifolia *Jacq.* An Bächen und quelligen Stellen der Voralpen. Im Thale Sokol bei Parnica im Com. Arva (*Vitk.* ZBG. XIII. 1084), am Rand der östl. und nördl. Tatra (*Wahlb.* 204), auf den Banat. Alpen (*Heuff.* 17 nach *Rochel*).

9. A. pumila *Jacq.* Auf Felsen der Banat. Alpen (*Heuff.* 17 nach *Rochel*).

10. A. arenosa *Scop.* A. anomala *Roch.* Ban. in indice, Reise 37. An sandigen Stellen, im Gerölle der Flüsse und auf Felsen niedriger, gebirgiger und subalpiner Gegenden. A. petrogena *Kern.* ÖBZ. XIII. 141 auf den Ofner Bergen scheint mir hiervon als Art nicht verschieden zu sein.

11. A. petraea *Lam.* A. hispida *L.* fil. Auf Kalkfelsen. Häufig auf den Kleinen Karpaten (*Endl.* 387, *Krz.* PV. II. 1. 30), in der südl. Zips (*Hazsl.* ZBV. I. 205), auf dem Steinberg bei Almás im Com. Komorn (*Hillebr.* ÖBZ. VIII. 299), bei Fünfkirchen (*Nendtv.* 17), bei Rézbánya im Com. Bihar (*RK.* 90). Eine aus den vielen Formen der A. arenosa künstlich herausgesuchte Art.

12. A. Halleri *L.* A. ovirensis *Wulf.*, nicht *Wahlb.* Cardamine stolonifera *Scop.* An feuchten waldigen Stellen der Voralpen bis in die Krummholzregion. Auf dem Hohenei bei Modern (*Stur* 143), auf den Beskiden, wenigstens auf der galizischen Seite (*Herb.* ZBG. XI. 69), auf den Liptauer Central-Karpaten und den nördl. Vorlagen der Liptau-Sohler Alpen (*Wahlb.* 205, *Roch.* MS. I. 62, 65, 77, 141) auf dem Pikuj (*Häck.* ZBG. XV. 56) und der Bersava im Com. Bereg (*RK.* 16), auf den Voralpen der Com. Bihar, Szatmár (*WK.* lc. II. 126) und des Distr. Kővár (*Baumy.* II. 271), auf den Banat. Alpen (*Heuff.* 16—7).

A. neglecta *Schult.* II. 248 ist nach *Heuff.* Ban. 17 = A. ovirensis *Wahlb.* 204 und von A. ovirensis *Wulf.* sowohl als von A. Halleri auffallend verschieden, allein *Hazslinszky* zieht sie im ZBV. I. 205 als Var. zu A. Halleri und in ÉM. 129 als kahle Var. zu A. arenosa. Sie wächst in der Alpenregion der Central-Karpaten vom Rohač bis zur Hohen Tatra, besonders in der Nähe der dortigen Seen. A. Halleri bei den fünf Seen der Hohen Tatra (*Krz.* PV. V. 114) gehört wahrscheinlich hierher.

13. A. Thaliana *L.* Auf Aeckern, sandigen buschigen Stellen, in Vorhölzern niedriger und gebirgiger Gegenden. Durch die ganze nordwestl. Karpatenkette von Presburg (*Endl.* 388) bis in die Com. Sáros und Borsod (*Krz.* PV. II. 1. 31, *Kn.* ZBG. XV. 153, *RK.* 65, *Reuss* 35, *Hazsl.* ÉM. 124, Sár. 220), auch in den nördl. Com. Komorn (*Kn.* ÖBZ. XIV. 221, XV. 58) und Gran (*Feichl.* Ad. 280), dann bei Grosswardein (*Steff.* ÖBZ. XIV. 182); ferner auf dem Leitha- und Rosaliengebirge (*N.*) bis in das Hügelland von Ödenburg (*Szont.* ZBG. XIV. 493), in den Com. Eisenburg (*Pol.* 7) und Pest (*Sadl.* 296), bei Fünfkirchen (*Nendtv.* 17), Essek (*RK.* 104), Semlin (*Panč.* Sirm.), im Banat (*Heuff.* 19).

3. CARDAMINE L.

1. C. resedifolia *L.* Auf steinigen Triften der Alpen. Am Fuss des Grossen Křivau (*Hacq.* IV. 167), auf der Skarisora der Banat. Alpen (*Heuff.* 17).

C. alpina *Willd.* Auf den höchsten Alpen von Ungarn (*Maly* 267)?

2. C. parviflora *L.* An feuchten oder sumpfigen Stellen. Im Torfstich bei Wieselburg (*Vuezl* Exs.), in der Theissniederung bei Hatrongyos im Com. Heves (*Kit.* Ber.), in Gross-Kumanien und im Com. Bihar, namentlich am Fuss des Muncel bei Rézbánya (*RK.* 90); ferner durch das nördliche Karpatenland bis an die Theiss stellenweise (*Hazsl.* ÉM. p. IV, 128), allein mit Ausnahme der schlesischen Karpaten (*Reuss* 30) und des Pikuj im Com. Bereg (*Hück.* ZBG. XV. 57) finde ich C. parviflora in keiner der einschlägigen Specialfloren aufgezeichnet und selbst das Vorkommen derselben auf den schlesischen Karpaten wird dadurch sehr zweifelhaft, dass *Wimmer* in der Fl. v. Schles. 513 nur Standorte der Oder-Ebene anführt. Was hier das richtige sei, vermag ich nicht zu entscheiden.

3. C. impatiens *L.* In feuchten Wäldern niedriger und gebirgiger Gegenden bis in die Voralpenregion (*Wahlb.* 200).

4. C. hirsuta *L.* Aendert ab:

α. **campestris** (C. hirsuta der meisten Aut.). Auf bebautem Lande, grasigen Plätzen, in Obstgärten. Bei Láz im Com. Trencsin (*Roch.* MS. II. 35), bei Presburg (*Schnell.* Exs.), an der Donau im Com. Wieselburg (*Wierzb.* Mos.), bei Nagy Vásony im Com. Veszprim (*Kit.* Bar.), bei Semlin (*Panč.* Sirm.), im Banat (*Heuff.* 17).

β. **silvatica** (C. silvatica *Link*). In Berg- und Voralpenwäldern. In den Com. Trencsin (*Kikó* 17) und Arva (*Vitk.* ZBG. XIII. 1085), auf den Vorlagen der Central-Karpaten (*Wahlb.* 200) und der Liptau-Sohler Alpen (*Roch.* MS. I. 99), bei Eperjes (*Hazsl.* Sár. 221), im östl. Banat (*Heuff.* 17). C. hirsuta auf dem Temetvény- und Inovec-Gebirge (*Kell.* ÖBZ. XIV. 285), im Walde Bakony und auf dem Muncel bei Rézbánya im Com. Bihar (*RK.* 90, 104) scheinen dem Standorte nach hierher zu gehören.

5. C. pratensis *L.* Auf Wiesen, in Wäldern niedriger und gebirgiger Gegenden bis in die Voralpenregion.

6. C. amara *L.* An Bächen, in Wassergräben, Waldsümpfen gebirgiger und subalpiner Gegenden. Durch die ganze nördl. Karpatenkette von Presburg (*Endl.* 385, *Kornh.* PV. III. 2. 34) bis in die Marmaros (*Kikó* 17, *Kn.* ÖBZ. XIV. 110, *NS.* 13, *Hazsl.* ÉM. 127, *Müll.* ZBG. XIII. 559); ferner bei Ödenburg (*Szont.* ZBG. XIV. 493), im Com. Eisenburg (*Pol.* 7), im Walde Bakony (*Ball.* Exs.), auf dem Pilis-Gebirge (*Sadl.* 294, *Kern.* ZBV. VII. 268), bei dem Bischofsbad nächst Grosswardein (*Steff.* ÖBZ. XIV. 182), am Fuss der Biharia (*RK.* 90), im östl. Banat (*Heuff.* 18). Die behaarte Var. (C. Opicii) am Stösschen der östl. Tatra (*Hausskn.* ÖBZ. XIV. 212).

7. C. trifolia *L.* In schattigen Berg- und Voralpenwäldern. Bisher nur bei Bobro und Zubrica im Com. Arva (*Vitk.* ZBG. XIII. 1085) und am Fuss des Choč bei Lučky (*Wahlb.* 199, *Kit.* Add. 192). Auf den nördl. Abfällen der Liptauer Central-Karpaten bei Kościelisko und Zakopana in Galizien (*Herb.* ZBG. XI. 52).

8. C. graeca *L.* Auf Felsen an der Donau zwischen Svinica und Drenkova in der serbisch-banat. Milit. Gr. (*Heuff.* 18).

4. NASTURTIUM R. Br.

1. N. officinale *R. Br.* An quelligen Stellen, an Bächen`, in Wassergräben, Sümpfen niedriger und gebirgiger Gegenden. Durch alle nördl. Comitate von Presburg bis in das Com. Szatmár (*Endl.* 384, *Krz.* PV. II. 1. 30, *Hazsl.* ÉM. 130, *RK.* 44), gemein im Pester Com. (*Sadl.* 286), bei Futak im Com. Bács (*Schnell.* PV. III. 1. 3), im östl. Com. Arad (*Kéry* 19), im Banat (*Heuff.* 15 nach *Rochel*).

5. DENTARIA L.

1. D. enneaphyllos *L.* In Berg- und Voralpenwäldern, sowohl im Karpatenzuge als auf den Gebirgen am rechten Donau-Ufer, aber nicht im Gebiete der Central-Karpaten (*Wahlb.* 198, *Hazsl.* ÉM. 127).

2. D. glandulosa *WK.* Ic. III. t. 272. In Bergwäldern und subalpinen Thälern der Com. Arva (*Szont.* ZBG. XIII. 1085), Liptau und Zips (*Wahlb.* 198, *Rumy* in Isis 1834 p. 635), bei Láz im Com. Trencsin (*Roch.* MS. II. 38), bei Neu-Sohl (*NS.* 11), Nagy Röce im Com. Gömör, Eperjes und Zeben im Com. Sáros (*Reuss* 32), bei Kaschau (*Pawl.* PV. I. 26), bei Száldobágy nächst Grosswardein (*Steff.* ÖBZ. XIV. 182), auf der Biharia (*Kern.* DL. 126, *RK.* 90), auf den höhern Bergen des Banats (*Heuff.* 18). Bei Presburg (*Reuss* l. c.)?

3. D. bulbifera *L.* In Berg- und Voralpenwäldern sowohl im Gebiete der Karpaten als der Bergzüge am rechten Donau-Ufer.

4. D. trifolia *WK.* Ic. II. t. 139. In Bergwäldern auf dem Papuk und bei Kutjevo im Com. Požega (*Kit.* Slav.).

D. heptaphyllos *Vill.* (D. pinnata *Lam.*) und **D. pentaphyllos** *Scop.* (D. digitata *Lam.*) beide in Voralpenwäldern im südl. Ungarn (*Schult.* I. 258—9)? Nur letztere kömmt in Croatien vor (Syll. cr. 159).

6. HESPERIS L.

1. H. matronalis *L.* H. sibirica *L.* H. inodora *L.* H. odora *RK.* 44. In Wäldern, Holzschlägen, an buschigen Stellen hügliger und gebirgiger Gegenden, in Slavonien häufig mit weissen Blumen (*RK.* 77). Die Var. H. runcinata *WK.* Ic. II. t. 200 bei Torna (*Hazsl.* ÉM. 124), Miskolc (*Reuss* 33), auf dem Schwabenberg bei Ofen (*Sadl.* 290), in den Com. Eisenburg (*Pol.* 12) und Baranya (*WK.* l. c. 221), bei Futak im

Com. Bács (*Schnell.* PV. III. 1. 3), bei dem Bischofsbad nächst Gross-wardein (*Steff.* ÖBZ. XIV. 182), im südl. Banat (*Heuff.* 18).

2. H. tristis *L.* Auf Puszten, an Rainen, buschigen Stellen niedriger und gebirgiger Gegenden. Im südl. Com. Presburg (*Endl.* 388, *Krz.* PV. II. 1. 31, *Richt.* PV. VII. 105), bei Neutra (*Kn.* PV. VII. 122), bei Levenc im Com. Bars (*Kn.* ÖBZ. XIV. 242), im Com. Trencsin (*Kikó* 18), bei Pokorágy im Com. Gömör (*Fábry* I. 7), bei Miskolc, angeblich bei Bartfeld im Com. Sáros (*Reuss* 33); ferner auf dem Leithagebirge, am Neusiedler See (*N.*), überall im Com. Wieselburg (*Endl.* l. c.), vom westl. Ufer des Plattensees (*Sigm.* 48) über Palota (*Kit.* Bar.) auf das Pilis-Vértes Gebirge und die Ebenen des Pester Com. (*Sadl.* 289, *Kern.* ZBV. VII. 261, 271), bei Fünfkirchen (*Nendtv.* ZBG. XIII. 567) und auf dem Harsányhegy im Com. Baranya (*Kit.* Bar.), bei Semlin (*Panč.* Sirm.), im Banat (*Heuff.* 18).

7. MALCOLMIA R. Br.

1. M. africana *R. Br.* Hesperis nova *Wint.* f. 1. II. africana *L.*, *WK.* Ic. III. t. 277. An Rainen, Wegen, sandigen Stellen in den Umgebungen von Ofen und Pest (*Sadl.* 289).

8. SISYMBRIUM L.

1. S. officinale *Scop.* An Wegen, wüsten Stellen.

2. S. austriacum *Jacq.* Erysimum novum *Wint.* f. 49. An steinigen Stellen. Bisher nur auf dem Schlossberg von Ofen (*Sadl.* 297) und bei Tokay (*Hazsl.* ÉM. 123).

3. S. Loeselii *L.* Auf Mauern, an Rainen, wüsten Stellen, Weingartenrändern niedriger und hügliger Gegenden.

4. S. Irio *L.* An Wegen, Häusern, wüsten Stellen. In der Presburger Vorstadt Zuckermandel (*Endl.* 389), bei Koroncó im Com. Raab (*Ebenh.* PV. V. 48), häufig im Pester Com. (*Sadl.* 297), bei Fünfkirchen (*Nendtv.* 31), Eperjes und an der obern Theiss (*Reuss* 34), fehlt jedoch in *Hazsl.* ÉM. 123.

5. S. Columnae *Jacq.* An Wegen, Rainen, wüsten Stellen, auf steinigen Hügeln.

6. S. pannonicum *Jacq.* S. hungaricum *Lumn.* 282. An Rainen, sandigen Stellen, auf Hügeln niedriger und gebirgiger Gegenden.

7. S. Sophia *L.* An Wegen, wüsten Stellen, auf Sandfeldern.

8. S. strictissimum *L.* An Waldrändern, zwischen Gebüsch, in Holzschlägen hügliger und gebirgiger Gegenden.

9. S. junceum *MB.* Brassica polymorpha *WK.* Ic. I. t. 90. Cheiranthus junceus *WK.* Ic. III. t. 234. Auf Wiesen und salzigen Triften niedriger Gegenden. Am Neusiedler See bei Ilmic im Com. Wieselburg (*N.*), am Plattensee zwischen Kaját und Sió-Fok im Com.

Veszprim, bei Slankamen in der Peterward. Milit. Gr. (*WK.* l. c. l. 93), in den Com. Bács, Heves, Szabolcs und Zemplin besonders gegen die Theiss zu (*WK.* l. c. III. 260, *RK.* 16, 45).

9. ALLIARIA Adans.

1. A. officinalis *Andrz.* In Hainen, Wäldern, zwischen Gebüsch.

10. ERYSIMUM L.

1. E. cheiranthoides *L.* An Ufern, in Auen, auf wüsten Plätzen.

2. E. virgatum *Roth.* Auf sonnigen Abhängen bei Kaschau (*Pawl.* PV. I. 26). *E.* longisiliquosum *DC.* Syst. II. 496 im Banat (*Koch.* Reise 52) ist zwar nach *Koch* Syn. 54 = *E.* virgatum, allein *Heuffel* erwähnt desselben nicht.

3. E. strictum *Fl. Wett.* In den Auen der March bei Magyarfalva im Com. Presburg (*N.*), dann auf den Donau-Inseln und in Vorhölzern bei Presburg (*Endl.* 391), allein den Citaten nach scheint *Endlicher* entweder E. odoratum oder dieses und E. strictum zugleich zu meinen, letzteres dürfte indessen auf den Donau-Inseln unbezweifelt vorkommen, dann bei Čachtice im nördl. Com. Neutra (*Kell.* ÖBZ. XV. 52). Ob E. hieracifolium *L.* auf dem Temetvény- und Inovec-Gebirge (*Kell.* ÖBZ. XIV. 286) hierher oder zu E. crepidifolium gehört, weiss ich nicht, auf E. strictum würde der Standort wenig passen (Vergl. auch *Kn.* ZBG. XV. 154 Note).

4. E. odoratum *Ehrh.* E. hieracifolium *Jacq.* E. carniolicum *Dollin.* E. Cheiranthus *Nendtv.* 22, nicht *Pers.* nach *Kern.* ZBG. XIII. 565. Cheiranthus erysimoides *L.*, nicht *Jacq.* An steinigen buschigen Stellen, auf Felsen, in Geröllen besonders hügliger und gebirgiger Gegenden.

5. E. repandum *L.* Auf Aeckern, an Rainen, wüsten Stellen.

6. E. crepidifolium *Reichb.* An felsigen Stellen vorzüglich auf Kalk, dann auf Sandsteppen der Ebene. Bei Vernárd im Com. Gömör, Kapsdorf in der Zips (*Reuss* 36), im Thale der Szopotnyica im südl. Com. Sáros (*Hazsl.* ÉM. 122), auf den Ofner Bergen und der Pester Ebene (*Sadl.* 291, *Bayer* ÖBW. III. 38), bei den Herculesbädern, mitgetheilt von *Heuffel* (*Gris.* It. 308), aber in *Heuff.* Ban. 19 fehlt diese Art oder ist unter E. helveticum mitbegriffen.

E. Witmanni *Zaw.* Galic. 81 et 194 auf Kalkfelsen der Pienninen bei Szczawnice in Galizien und auf dem Rareu und Sochard in der Bucovina ist eine mir durchaus unklare aus *Zawadzki's* Diagnose unmöglich zu erkennende Art, deren auch *Herbich*, welcher die Flora dieser Gegenden doch genau kannte, nirgend erwähnt. Nach *Üchtr.* ÖBW. VII. 376 und XIV. 386 soll die früher als E. crepidifolium bei Hradek im Com. Liptau angegebene Pflanze E. Witmanni sein und nach *Schur* Sert. 7 würde E. odoratum *Baumg.* II. 262 auf dem Galac der Rodnaer Alpen ebenfalls dahin gehören, zwei Ansichten, die sich schwer vereinigen lassen und denen zwei verschiedene Pflanzen zu Grunde liegen dürften.

7. E. canescens *Roth.* Cheiranthus alpinus *Jacq.* Auf Weiden, Puszten, an buschigen Stellen, im Flugsande niedriger und gebirgiger Gegenden.

8. E. Cheiranthus *Pers.* E. lanceolatum *R. Br.* E. helveticum *DC.* E. pumilum *Gaud.* E. suffruticosum *Reuss* 37, nicht *Spr.* Cheiranthus erysimoides *Jacq.*, nicht *L.* Ch. helveticus *Wahlb.* 203, nicht *Jacq.* (Vergl. *Neilr.* Nachtr. 238). Auf Felsen und an waldigen steinigen Stellen der Berg- und Voralpenregion besonders auf Kalk. Auf den Kleinen Karpaten (*Endl.* 392, doch passt die Beschreibung viel eher auf E. odoratum), in den Marchwäldern zwischen Holič und Egbell im Com. Neutra (*Krz.* PV. II. 1. 32) ein abnormer Standort, im Alpenthale Drechselhäuschen der östl. Tatra (*Wahlb.* 203, *Üchtr.* ÖBW. VII. 369), im Hernád-Thale der südl. Zips, bei Malaveska (Kis-Falu) im Com. Sáros (*Hazsl.* ZBV. I. 206, ÉM. 122), bei Kaschau und Szadellő im Com. Torna (*Pawl.* PV. I. 26, 28), im Com. Zemplin (*Reuss* 37), im östl. Banat (*Heuff.* 19) und wohl noch an vielen Stellen der Kalkgebirge. In Sirmien (*Rumy* 52)? E. suffruticosum *Vitk.* ZBG. XIII. 1085 bei Zazriva und auf dem Rozsudec scheint ebenfalls hierher zu gehören.

11. SYRENIA Andrz.

1. S. angustifolia *Reichb.* Cheiranthus canus *PM.* It. 145 t. 15. Erysimum angustifolium *WK.* Ic. I. t. 98. Auf Sandsteppen der Ebene in den Com. Komorn (*Hillebr.* ÖBZ. VIII. 298), Gran (*Feicht.* Exs.), Stuhlweissenburg, Tolna (*Hillebr.* ZBV. VII. 41, *PM.* l. c.), Pest (*Sadl.* 292), Neográd und Heves (*Reuss* 38), in der deutsch- und serbisch-banat. Milit. Gr. (*Heuff.* 20).

2. S. cuspidata *Reichb.* Cheiranthus cuspidatus *WK.* Ic. III. t. 231. Auf steinigen Plätzen bei Semlin (*Panč.* Sirm.), bei den Herculesbädern und auf dem Donau-Bergzuge der östl. Banat. Milit. Grenze (*Heuff.* 20).

12. BARBAREA R. Br.

1. B. vulgaris *R. Br.* B. arcuata *Reichb.* B. stricta *Andrz.* B. praecox *R. Br.* nicht *Koch.* An Ufern, sandigen Stellen, auf Wiesen.

13. CONRINGIA Heist.

1. C. orientalis *Reichb.* Erysimum campestre *Scop.* E. orientale *R. Br.* Auf Brachen, in Weingärten. In den Com. Wieselburg (*N.*), Presburg (*Endl.* 392), Neutra (*Kn.* ZBG. XV. 154) und Trencsin (*Roch.* Pest. Mus.), bei Gergelaka im Com. Sáros (*Hazsl.* Sár. 221), Keresztúr im Com. Borsod (*RK.* 127), bei Grosswardein (*Steff.* ÖBZ. XIV. 182), Ofen (*Lang* Exs. als C. austriaca), Abony im Com. Pest (*Bayer* ÖBZ. XIII. 47), Fünfkirchen (*Maj.* 8), im Banat (*Heuff.* 19 nach *Rochel*).

2. C. austriaca *Reichb.* Auf Aeckern, an steinigen buschigen Stellen, an Weingartenrändern. Bei Theben (*Brancs.* ÖBZ. XII. 150), Presburg (*Endl.* 392), Fünyed am Plattensee im Com. Somogy (*Kit.* Slav.), auf den Ofner Bergen (*Sadl.* 292). Längs der Donau, Wag, Zagyva und Theiss (*Reuss* 36)?

14. BRASSICA L.

1. B. oleracea *L.* Wird in Gemüsegärten und auf Aeckern in vielen Var. gebaut.

2. B. Napus *L.* Wird als Ölpflanze im Grossen gebaut.

3. B. Rapa *L.* Wird als Gemüse und als Ölpflanze in Gärten und auf Aeckern gebaut, kömmt auch überall unter dem Namen B. campestris *L.* (B. Erucastrum *Geners.* 51, nicht *L.)* unter der Saat und auf Brachen verwildert vor.

B. praecox *Horn.* Hort. hafn. II. 1815 p. 621 „Habitat in Hungaria? ab. ill. *Kitaibel* missa." Kann der Diagnose nach B. Napus oder B. Rapa sein. Im Banat (*Roch.* Reise 40 mit ?). B. praecox *Schult.* Observ. 1809 p. 131 ohne Angabe eines Vaterlandes gehört, da *Schultes* sich auf *Willd.* Spec. III. p. 548 n. 8 beruft, zu B. oleracea, scheint also eine andere Pflanze zu sein, wurde auch in *Schult.* Östr. Fl. nicht aufgenommen. B. praecox *DC.* Syst. II. 593 ist eine kultivirte Pflanze.

4. B. elongata *Ehrh.* WK. Ic. I. t. 28. B. nova *Wint.* f. 10. Sinapis laevigata *Pall.* Auf steinigen Triften niedriger Kalkberge und auf sandigen Hügeln der Ebene. Bei Martinsberg im Com. Raab (*Ball.* Exs.), bei Nána im Com. Gran (*Feicht.* Ad. 280), auf dem Pilis-Vértes Gebirge (*Kern.* ZBV. VII. 261, 262), in den Com. Stuhlweissenburg, Tolna, Pest und Heves (*WK.* l. c. 27), bei Fünfkirchen (*Nendtv.* 18), bei Slankamen und Beška in der Peterward. Milit. Gr. (*RK.* 77), auf den Ebenen der westl. und auf dem Donau-Bergzuge der östl. Banat. Milit. Gr. (*Heuff.* 20). Auf den nordöstl. Karpaten (*Lang* Phys. 315)?

15. SINAPIS L.

1. S. arvensis *L.* Auf Aeckern, an Rainen.

2. S. alba *L.* Unter dem Getreide, auf Aeckern, wird aber nicht im Grossen gebaut.

3. S. nigra *L.* Unter dem Getreide, auf Aeckern, häufiger als die vorige, im östl. Sirmien ein lästiges Unkraut (*Kan.* Slav.); wird auch obschon selten im Grossen gebaut.

S. incana *L.* soll nach *Kit.* in *Schult.* II. 266 und nach seinen handschriftlichen Reiseberichten auf Aeckern und unter dem Getreide durch ganz Ungarn und Slavonien als ein gemeines Unkraut vorkommen. Allein da diese Art das westliche und südlichste Europa bewohnt (*DC.* Syst. II. 619), so kann *Linné's* Pflanze damit nicht gemeint sein. Nach *Kitaibel* wächst sie in Gesellschaft von S. nigra und S. arvensis oft in grosser Menge und weil man aus den Samen dieser drei Arten Öl pressst, so werden alle 3 Repce genannt. Sollte vielleicht S. alba gemeint sein, deren *Kitaibel* nur höchst selten erwähnt?

16. ERUCASTRUM Presl.

1. E. Pollichii *Schimp.* et *Spenn.* E. vulgare *Endl.* 396. Sisymbrium hirtum *Host* Aust. II. 261. Auf Dämmen und sandigen Plätzen der Ebene, bisher nur an der österr. Grenze. Bei Ung. Altenburg (*Vuezl*), bei Presburg und auf der Insel Bruckau (*Endl.* l. c.), im Marchthale zwischen Holič und Egbell (*Krz.* PV. II. 1. 32).

Eruca sativa *Lam.* wird nach *Maly* 273 in Ungarn gebaut, allein ich habe sie in keiner Lokalflora als Kulturpflanze angeführt gefunden. Unter E. sativa auf den Donau-Inseln bei Presburg (*Reuss* 40), dann Brassica Eruca auf Sandfeldern im Com. Tolna (*PM.* It. 145) und auf Aeckern im Com. Pest (*Sadl.* Pest. ed. I. 2. 146) sind offenbar andere und zwar wildwachsende nicht auszumittelnde Pflanzen gemeint.

17. DIPLOTAXIS DC.

1. D. muralis *DC.* An wüsten und bebauten Stellen niedriger und hügliger Gegenden, doch fehlt sie im Hochland der nordwestl. Karpaten (*Hazsl.* ÉM. 119).

2. D. tenuifolia *DC.* Sisymbrium monense *WK.* Ic. I. p. XXX. und *Kit.* in *Schult.* II. 269 nach *Sadl.* Pest. ed. I. 2. 148, nicht *L.* Auf Brachen, Dämmen, sandigen Stellen, entweder in Ungarn wirklich selten oder nur übersehen. Im mittleren und südlichen Gebiete der nordwestl. Karpaten (*Hazsl.* ÉM. 119, *Endl.* 393, *Krz.* PV. II. 1. 32, *Kn.* PV. VII. 123, ZBG. XV. 155), dann bei Ung. Altenburg (*Vuezl*), häufig in den Com. Gran (*Feicht.* Ad. 281) und Pest (*Sadl.* 295), bei Fünfkirchen (*Nendtv.* 21). D. variabilis *Roch.* Bau. in indice begreift diese und die vorige Art, doch wird D. tenuifolia von *Heuffel* nicht aufgeführt.

D. viminea *DC.* Bei Fünfkirchen (*Maj.* 8)?

II. SILICULOSAE.

18. VESICARIA Lam.

1. V. utriculata *Lam.* Alyssum utriculatum *L.* Auf Kalkfelsen bei den Herculesbädern (*Heuff.* 20).

19. ALYSSUM L.

1. A. petraeum *Ard.* A. gemonense *L.* A. edentulum *WK.* Ic. I. t. 92. A. medium *Host* Aust. II. 244 nach den von ihm gepflanzten Exemplaren. Auf Kalkfelsen im südl. Com. Krassó, bei den Herculesbädern und im Donauthale der östl. Banat. Milit. Gr. (*Heuff.* 21); dann

auf den Pienninen bei Krościenko in Galizien in der nächsten Nähe der
Zipser Grenze (*Herb.* ZBG. X. 620) und auf der Piatra Zibou an der
Mündung des Zibo in die Goldene Bistrica hart an der Grenze der Buco-
vina gegen die Marmaros (*Herb.* Bucov. 356).

2. A. saxatile *L.* A. gemonense *Roch.* in *Schult.* II. 230 und
Baumy. II. 236 nach *Sadl.* Pest. ed. I. 2. 125 sowie *Hazsl.* ZBV. I. 205
nach Original-Exemplaren, nicht *L.* Auf Felsen und Ruinen gebirgiger
Gegenden, besonders auf Kalk. Bei Theben, Ballenstein, Smolenic und
auf der Vysoka im Com. Presburg (*Bolla* PV. I. 13, *Krz.* PV. II. 1. 32),
bei Becko (*Kell.* ÖBZ. XV. 52), auf den Schlossbergen von Trencsin
(*Szont.* ÖBZ. XIV. 272), Lednic (*Schult.* l. c.) und Strečno im Com. Tren-
csin (*Öchtr.* ÖBW. VII. 377), sowie auf jenem von Arva (*Hazsl.* Exs.),
bei Ober-Kubin (*Szont.* ZBG. XIII. 1085), Neu-Sohl, Sz. Benedek im
Com. Bars (*RK.* 65), K. Lehota im Com. Liptau (*Reuss* 41), auf dem
Drevenyk bei Wallendorf (*Kalchbr.* ZBV. III. SB. 134) und bei Kaps-
dorf in der Zips, bei Lipóc, Eperjes und auf dem Sároser Schlossberg
(*Hazsl.* Sár. 221, *Reuss* l. c.), im Thale Szadellö im Com. Torna (*Pawl.*
PV. I. 28), bei Ránk im Com. Abauj, Erdö-Bénye im Com. Zemplin (*Kit.*
Ber.), auf dem Csiblesz und Arsul der Rodnaer Alpen, wenigstens auf
der siebenbürg. Seite (*Baumy.* II. l. c.); ferner auf dem Badacson am
Plattensee (*Kit.* Bar.), bei Inota im Com. Stuhlweissenburg (*Horky* PV.
IV. SB. 86), auf dem Pilis-Vértes Gebirge (*Kern.* ZBV. VII. 260), besou-
ders auf dem Blocksberg bei Ofen (*Sadl.* 279), auf dem Čerevičer Gebirge
im Com. Sirmien (*Schnell.* PV. III. 1. 4), im östl. Com. Arad (*Kéry* 17)
bei Mehadia und im Donauthale der östl. Ban. Milit. Gr. (*Heuff.* 21).

3. A. tortuosum *WK.* Ic. I. t. 91. A. novum *Wint.* f. 6. Auf
sandigen Hügeln, Grassteppen, im Flugsande. An der Strasse von Nagy-
Macséd nach Szered im östl. Com. Presburg (*Kn.* ÖBZ. XIV. 305), auf
den Ebenen der Com. Komorn (*Hillebr.* ÖBZ. VIII. 298), Gran (*Kit.* Arv.,
Feicht. Ad. 281), Pest (*Sadl.* 279, *Kern.* ZBV. VII. 272), Heves, Szabolcs
und Zemplin (*Kit.* Ber.), in der westl. Banat. Milit. Gr. (*Heuff.* 21).

A. alpestre *L.* Auf dem Kalkgebirge Szoroskó bei Hárskút im Com.
Torna (*Hazsl.* ÉM. 126). Wahrscheinlich ist damit A. tortuosum *WK.*
oder doch eine Form desselben gemeint, da *Koch* und mehrere Aut. das
A. tortuosum nur für eine Var. des A. alpestre halten. Das typische
A. alpestre *L.* ist eine westeuropäische Pflanze (*DC.* Syst. II. 307).

4. A. argenteum *Vitm.* A. murale *WK.* Ic. I. t. 6. Auf Felsen
und an steinigen Stellen im Donauthale der östl. Banat. Milit. Gr., bei
Ohaba und Ponor im nördl. Com. Krassó (*Heuff.* 21), auf dem Vulkan im
Com. Zaránd, wenigstens auf der siebenbürg. Seite (*Baumy.* II. 237).

A. orientale *Ard.* Auf Schieferfelsen an der Donau (*Janka* Linn.
1859 p. 557) und zwar unterhalb des Eisernen Thores, also schon auf
wallachischem Gebiete (*Janka* in lit.), aber doch ganz in der Nähe der
Banat. Milit. Grenze.

5. A. montanum *L.* A. rostratum *Roch.* Reise 2, 35, *Wierzb.*
Flora 1842 I. 279, *Sadl.* in *Reichb.* Germ. 670 nach *Heuff.* Ban. 22, nicht
Stev. Auf Felsen und Ruinen niedriger Berge, sowie auf Sandsteppen

des Tieflandes, von den südlichen Abfällen der Karpaten bis nach Slavonien und bis in den Banat.

6. A. Wulfenianum *Bernh.* A. Rochelii *Andrz.* in *Reichb.* Ic.
XII. p. 8 t. 19 nach *Fenzl* Diagn. orient. 25. A. repens *Baumg.* II. 237
nach *Schur* Sert. 8 und *Heuff.* Ban. 22. Auf Schieferfelsen der Alpe Baiku
der roman. banat. Milit. Gr. (*Heuff.* l. c.).

7. A. Wierzbickii *Heuff.* Flora 1835 I. 242. Auf Felsen des Simion
(*Wierzb.* Exs.), des Mik und der Tilfa mare bei Oravica, dann der Skofajna bei Majdan im südl. Com. Krassó (*Heuff.* Ban. 23).

8. A. calycinum *L.* An wüsten und bebauten Stellen.
A. campestre *L.* an sandigen Stellen in Ungarn, namentlich bei Ko-
roncó im Com. Raab (*Kit.* in *Schult.* II. 230, *Ebenh.* PV. V. 49), dann
A. hirsutum *MB.* auf Feldern in Ungarn (*Kit.* in *Host* Aust. II. 248) und
A. murlcatum *Kit.* Add. 194 ohne Standort scheinen alle drei Einer Art
anzugehören, was aber damit gemeint sei, ist mit Sicherheit nicht heraus-
zubringen. A. hirsutum *Wierzb.* Exs. ist nach *Heuff.* Flora 1835 I. 243
= A. Wierzbickii.

9. A. minimum *Willd.* Auf Grassteppen und sandigen Hügeln
niedriger Gegenden. Bei Tirnau und Szered im Com. Presburg (*Krz.* PV.
II. 1. 33), bei Puszta Kalász im Com. Neutra (*Kn.* ZBG. XV. 155), in
den nördl. Com. Komorn (*Reuss* 41) und Gran (*Feicht.* Ad. 281), bei Dég
im Com. Veszprim (*Kit.* Slav.), Sz. Miklós im Com. Stuhlweissenburg
(*Hillebr.* ZBV. VII. 41), bei Fünfkirchen (*Balek* ÖBW. II. 14) und Semlin
(*Pančić.* Sirm.), häufig im Pester Com. (*Sadl.* 280), zwischen Ujváros und
Téglás im Com. Szabolcs, am Ecsédi-Láp im Com. Szatmár (*RK.* 45), in
der westl. Banat. Milit. Gr. (*Heuff.* 23).

10. A. incanum *L.* Farsetia incana *R. Br.* An Rainen, sandigen Stellen.
A. clypeatum *L.* Farsetia clypeata *R. Br.* Auf sonnigen Hügeln
in Ungarn (*Maly* 275)? Diese Angabe finde ich in keiner Specialflora
bestätigt, fehlt selbst in Croatien.
* A. alsinefollum *Host* Aust. II. 248. An sandigen Stellen in Ungarn.
* A. mlcropetalum *Kit.* Add. 193. An grasigen Stellen. Das kaukasische A. micropetalum *Fisch.* ist wahrscheinlich hievon verschieden.

20. LUNARIA L.

1. L. rediviva *L.* L. annua *Lumn.* 276, nicht *L.* In Berg- und
Voralpenwäldern. Durch die ganze nordwestliche Karpatenkette von
Presburg bis in das Com. Sáros (*Endl.* 383, *Krz.* PV. II. 1. 33, *Kikó* 19,
NS. 14, *Hazsl.* ÉM. 127, Sár. 221), dann auf dem Bükhegy, der Matra
(*Reuss* 43, *RK.* 127), dem Gutin, dem Arsul der Rodnaer Alpen (*Baumg.*
II. 250), dem Pilis-Vértes Gebirge, im Walde Bakony (*Kern.* ZBV. VI.
380, VII. 267), auf dem Papuk in Slavonien (*Kit.* Slav.), auf der Biharia
(*Kern.* Dl. 124), im östl. Banat (*Heuff.* 23).

2. L. annua *L.* L. biennis *Mönch.* An waldigen felsigen Stellen.
Auf dem Schlossberg von Veršec im Com. Temes, bei Baziás und den

Herculesbädern der Banat. Milit. Gr. (*Wierzb.* Flora 1842 l. 262, 265, *Heuff.* 23). Auf dem Rozsudec (*Vitk.* ZBG. XIII. 1085 nebst L. rediviva)? Kömmt als Gartenflüchtling öfter verwildert vor.

21. PELTARIA L.

I. P. alliacea *L.* Auf Kalkfelsen des Domugled (*Heuff.* 23) und bei Čachtice im nördl. Com. Neutra (*Kell.* ÖBZ. XV. 52).

22. DRABA L.

(Stur Monogr. in der ÖBZ. XI. 137 u. s. f.)

1. D. pyrenaica *L.* Auf Kalkfelsen in der Krummholzregion. Bisher nur im Alpenthale Drechselhäuschen der östl. Tatra (*Wahlb.* 193, *Hazsl.* ZBV. I. 206).

2. D. aizoides *L.* D. alpina *WK.* lc. I. p. XXX, nicht *L.* Auf Kalkfelsen gebirgiger Gegenden bis in die Alpenregion. Durch die nordwestl. Karpatenkette von der Vysoka im Com. Presburg bis auf die östl. Tatra (*Stur* l. c. 154).

3. D. lasiocarpa *Roch.* Exs. D. Aizoon *Wahlb.* 193. D. aizoides β. longepedicellata *Reuss* 44. D. aizoides *Roch.* Reise 50 allem Anscheine nach. An felsigen Stellen niedriger Berge, vorzüglich auf Kalk und Trachyt. Auf den Ruinen von Temetvény und Sokoli Skali bei Wag-Neustadtl im Com. Neutra (*Stur* l. c. 184), im Vratna-Thale bei Terhova im Com. Trencsin (*Roch.* MS. I. 245), auf dem Schlossberge von Arva (*Krz.* PV. V. 114), in den Felsenthälern bei Malaveska (Kis-Falu) im Com. Sáros und Szadellő im Com. Torna (*Pawl.* PV. I. 281), auf dem Pilis-Vértes Gebirge und dem Nagyszál (*Kern.* ZBV. VII. 260, ÖBW. VII. 400), bei Gant im Com. Stuhlweissenburg (*Hillebr.* Exs.), auf der Ebene des Bácser Com. (*Janka* Exs.), im südl. Com. Krassó und in der östl. Banat. Milit. Gr. (*Heuff.* 23, *Stur* l. c.). D. aizoides bei Rima-Szombat im Com. Gömör (*Fábry* I. 7) und bei Keszthely am Plattensee (*Kit.* Bar.) gehören wahrscheinlich hierher. Uebrigens halte ich D. lasiocarpa nur für eine Var. der D. aizoides.

4. D. tomentosa *Wahlb.* D. hirta *Towns.* 490. Auf Kalkfelsen der Alpen. Auf dem Thörichtergern, der Hinterleiten (*Wahlb.* 194) und im Drechselhäuschen der östl. Tatra (*Üchtr.* ZBV. VII. 369). Auf dem Schlossberge von Arva (*Vitk.* ZBG. XIII. 1085) sicher nicht. D. stellata *Jacq.* Auf Kalkalpen in Ungarn (*Maly* 277), was gewiss unrichtig ist.

5. D. carinthiaca *Hoppe.* D. Johannis *Host.* D. hirta *Roch.* Ban. 7? D. Hoppeana *Rud.*, eine ziemlich kahle Form. Auf Felsen und unter Krummholz der höhern Banat. Alpen z. B. auf dem Sarko (*Heuff.* 23, *Stur* l. c. 191—3).

6. D. Kotschyi *Stur* ÖBZ. IX. 33. D. androsacea *Baumg.* II. 234, nicht *Willd.* Auf dem Csiblesz der Rodnaer Alpen (*Baumg.* l. c.). Was D. androsacea *Kit.* in *Schult.* II. 225 auf den Alpen Ungarns oder gar bei Rima Szombat (*Fábry* I. 7) sein soll, weiss ich nicht.

7. D. muralis *L.* D. nemoralis *Roch.* Reise 50 allem Anscheine nach. An grasigen sandigen oder steinigen Stellen, auf Mauern, Wiesen. Bei Holič im Marchthale (*Krz.* PV. II. 1. 33), auf den Schlossmauern von Arva und weiter östlich bei Dlha (*Szont.* ZBG. XIII. 1085), bei Rosenberg im Com. Liptau (*RK.* 65), auf der Skalka bei Nagy Röce und bei Rima Szombat im Com. Gömör (*Reuss* 44, *Fábry* I. 7), auf dem Pilis-Vértes Gebirge (*Kern.* ZBV. VII. 260), bei Semlin (*Panč.* Sirm.), bei Mehadia und im Donauthale der Banat. Milit. Gr. (*Heuff.* 24). Es scheint jedoch, dass einige obiger Standorte sich auf D. nemorosa *L.* beziehen, da diese von manchen Autoren nur als Var. der D. muralis *L.* betrachtet wird.

8. D. nemorosa *L.* Spec. ed. I. 643. D. nemoralis *Ehrh.* D. muralis *Geners.* 48. D. muralis *β.* nemorosa *L.* Spec. ed. II. 897. Auf sandigen Wiesen, Hügeln, Mauern. Bei Presburg (*Hol.* PV. I. 15), innerhalb der Stadt Neutra (*Kn.* PV. VII. 123), bei Velkaves (Nagyfalu) im Com. Arva (*Vitk.* ZBG. XIII. 1085), bei Kis-Szecse im Com. Bars (*Kn.* ÖBZ. XV. 58), häufiger in den Com. Liptau, Zips, Gömör und Sáros (*Stur* l. c. 194-5, *Hazsl.* ÉM. 125), bei Kaschau (*Pawl.* PV. I. 27); ferner bei Ung. Altenburg (*Vuezl*), bei Nána im Com. Grau (*Feichl.* Exs.), auf den Ofner Bergen und der Pester Ebene (*Sadl.* 284).

9. D. verna *L.* Erophila spathulata *Lang* Syll. I. 180. Auf Weiden, Wegen, sandigen Plätzen.

* D. Genersichii *Geners.* 48, 75. An schattigen Stellen bei Javořina in der nördl. Zips.

23. KERNERA Med.

1. K. saxatilis *Reichb.* Myagrum saxatile *L.* Auf Kalkfelsen der Voralpen. Bei Rovně, Sulov und auf der Malenica im Com. Trencsin (*Roch.* Pest. Mus.), bei Ober Kubin im Com. Arva, auf dem Rozsudec, Choč (*Szont.* ZBG. XIII. 1085), Klak der Fatra, Grossen Křivan und der östl. Tatra, im Boca-Thale, auf dem Věnec (*Wahlb.* 192, *Roch.* MS. 1. 68, 78, 179) und bei den Wasserfällen von Motičko der Liptau-Sohler Alpen (*Kit.* Arv.), auf den Rodnaer Alpen vom Csiblesz bis zum Stol (*Baumy.* II. 225), im östl. Com. Arad (*Kéry* 19), auf dem Domugled (*Heuff.* 24).

24. COCHLEARIA L.

1. C. officinalis *L.* In Hochthälern der Alpen bis nahe an die höchsten Spitzen. Sehr häufig im Völkgrund zwischen dem Völk- und Langen See bis zum Polnischen Kamm (*Hazsl.* ZBV. J. 206, *Szont.* ÖBZ. XIV. 282), auf den Grenzalpen der nördl. Tatra oberhalb des Grossen Fischsees (*Herb.* ZBG. XI. 52), bei dem Kleinen Schwarzen See der Kesmarker Spitze (*Wahlb.* 197) und auf der Eisthaler Spitze der Hohen Tatra (*Grzey.* ÖBW. V. 86), bei Žjar am Fuss der Zipser Magura (*Hazsl.* l. c.), an quelligen Stellen der Trojaga in der Marmaros (*Müll.* ZBG. XIII. 559), in Geröllen der Banat. Alpen (*Heuff.* 24 nach *Rochel*). Im östl. Com. Arad (*Kéry* 18)?

25. RORIPA Scop.

1. R. rusticana *Gr.* et *Godr.* Cochlearia Armoracia *L.* Wird zum Küchengebrauche kultivirt, kömmt aber überall an Rainen, Ufern, in Gräben und Dörfern beinahe wild vor.

β. **macrocarpa** *Sadl.* 283. (Cochlearia macrocarpa *WK.* lc. II. t. 184). Auf feuchten Wiesen, Aeckern, an überschwemmten Stellen der Com. Borsod, Heves, Pest und Csanád, der Distr. Jazygien und Gross-Kumanien, besonders gegen die Theiss zu (*WK.* l. c. 202, *Sadl.* l. c., *Janka* ÖBZ. XIII. 115, *Kit.* Add. 198), dann bei Szigliget am Plattensee (*Sigm.* 47), bei Fünfkirchen (*Nendtw.* 20), auf der Kriegsinsel bei Semlin (*RK.* 77), in der serbisch-banat. Milit. Gr. (*Heuff.* 24). Wird auch kultivirt und die Wurzel hat einen mildern Geschmack (*Janka* l. c.).

2. R. austriaca *Bess.* Nasturtium austriacum *Cr.* Auf Wiesen, in Gräben, zwischen Ufergebüsch niedriger Gegenden.

3. R. amphibia *Bess.* Sisymbrium amphibium *L.* In stehenden Wassern, an Ufern, in Gräben, besonders niedriger Gegenden.

4. R. palustris *Bess.* Sisymbrium palustre *Leys.* An Ufern, überschwemmten Stellen niedriger und gebirgiger Gegenden.

5. R. silvestris *Bess.* Sisymbrium silvestre *L.* Wie die vorige Art.

R. amphibio-silvestris *Neilr.* An der Neutra bei der Stadt gleichen Namens (*Kn.* ZBG. XV. 155).

6. R. prolifera. Nasturtium proliferum *Heuff.* Flora 1853 II. 624, Bau. 16. In Gräben und an Bächen im Donauthale der östl. Banat. Milit. Gr.

7. R. pyrenaica *Reichb.* Sisymbrium pyrenaicum *L.* Auf Aeckern, Wiesen, in Geröllen des Banats sehr gemein.

Ob Nasturtium anceps bei Miskolc (*Reuss* 26) und in Sümpfen des Banats (*Heuff.* 15) dieselbe Pflanze vorstellen und ob damit ein Bastard oder eine Form der vorausgegangenen Arten gemeint sei, vermag ich nicht zu entscheiden.

26. CAMELINA Cr.

1. C. sativa *Cr.* C. microcarpa *Andrz.* Unter dem Getreide, auf Leinfeldern, an sandigen grasigen Stellen.

2. C. dentata *Pers.* C. macrocarpa *Wierzb.* in *Reichb.* Ic. XII. p. 10 t. 24. Auf Leinfeldern, sandigen Aeckern, unter dem Getreide. Gemein im nördl. Ungarn (*Hazsl.* ÉM. 121), im südlichen bei Fünfkirchen (*Schult.* II. 232), im Banat (*Heuff.* 24).

27. NESLIA Desv.

1. N. paniculata *Desv.* Unter dem Getreide, auf Brachen, an Wegen.

28. EUCLIDIUM R. Br.

1. E. syriacum *R. Br.* An Rainen, auf Weiden, wüsten Plätzen niedriger Gegenden. Stellenweise in den Com. Presburg (*Bolla* PV. I. 13, *Krz.* PV. II. 1. 34), Neutra, Komorn (*Kn.* ZBG. XV. 156 und ÖBZ. XIV. 221, *Kell.* ÖBZ. XIV. 286), Gran (*Feicht.* Ad. 281), Pest (*Sadl.* 278), Heves (*Reuss* 50, *RK.* 45) und Szabolcs (*Kit.* Ber.), bei Grosswardein (*Steff.* ÖBZ. XIV. 183); ferner in den Com. Wieselburg (*Wierzb.* Mos.), Veszprim (*Horky* PV. IV. SB. 86), Stuhlweissenburg und Baranya (*RK.* 116, *Kit.* Bar., *Nendtv.* ZBG. XIII. 567), in Sirmien (*Rumy* 52), auf den Ebenen des Banats (*Heuff.* 26).

29. MYAGRUM L.

1. M. perfoliatum *L.* Unter dem Getreide, auf Aeckern, an Wegen. Im obern Marchthale (*Krz.* PV. II. 1. 34), bei Pográny und Neuhäusel im Com. Neutra, zwischen Ó-Gyalla und Komorn (*Kn.* ZBG. XV. 156, ÖBZ. XIV. 221), um Kaschau (*Pawl.* PV. I. 27) und nach *Hazsl.* ÉM. 120 überhaupt im südl. Theile seines Gebietes; häufiger in den Com. Wieselburg, Raab (*Wierzb.* Mos., *Ebenh.* PV. V. 49) und Pest (*Sadl.* 275), bei Hansabeg im Com. Stuhlweissenburg, bei Füred am Plattensee (*RK.* 116), bei Fünfkirchen (*Nendtv.* 27), im östl. Com. Arad (*Kéry* 19), auf den Ebenen des Banats (*Heuff.* 27).

30. CALEPINA Desv.

1. C. Corvini *Desv.* Bunias nova *Wint.* f. 2. B. cochleari-oides *WK.* Ic. II. t. 107. An wüsten und bebauten Stellen. In den Weingärten von Mád im Com. Zemplin (*RK.* 16), am Fuss des Blocks-berges und auf dem Schlossberg von Ofen (*Sadl.* 275), bei Füred am Plattensee (*Sigm.* 47), bei Fünfkirchen (*Nendtv.* 19), auf den Mauern von Essek (*WK.* l. c. 111), in Sirmien (*Rumy* 52), gemein im Banat (*Heuff.* 27).

31. BUNIAS L.

1. B. Erucago *L.* Auf Getreidefeldern des Banats (*Heuff.* 27) und einzeln wenigstens wahrscheinlich noch an vielen Orten.

2. B. orientalis *L.* Auf Aeckern, sandigen Hügeln, an Rainen, wüsten Stellen bei Ung. Altenburg (*Vuezl*), Füred am Plattensee (*Sigm.* 14), Ofen (*Sadl.* 276), Waizen (*RK.* 65), Aszód im Com. Pest (*Hab.* Pest. Mus.), Debrecin (*RK.* 45), Grosswardein (*Steff.* ÖBZ. XIV. 183), Marmaros-Sziget (*Wagn.* Exs.), im Banat (*Heuff.* 27).

Subularia aquatica *L.* In Sümpfen in Ungarn (*Kit.* in *Schult.* II. 223)?

32. THLASPI L.

1. Th. campestre *L.* Lepidium campestre *R. Br.* An Rainen-Ufern, in Geröllen, an wüsten Stellen.

2. Th. arvense *L.* Auf Aeckern, bebautem Lande.

3. Th. perfoliatum *L.* Auf Wiesen, Aeckern, Sandplätzen.

4. Th. alliaceum *L.* Auf Aeckern des Banats stellenweise häufig (*Heuff.* 25). Im östl. Com. Arad (*Kéry* 21)? bei Rima Szombat (*Fábry* 1. 7) sicher nicht.

5. Th. montanum *L.* Auf Felsen und in steinigen Wäldern der Bergregion besonders auf Kalk und Trachyt. Auf dem Zobor bei Neutra (*Kn.* PV. VII. 124), auf dem Temetvény- und Inovec-Gebirge (*Kell.* ÖBZ. XIV. 285), auf Hügeln bei Neusohl (*NS.* 11), bei dem Bade Ránk im Com. Abauj (*RK.* 16), auf dem Bükhegy, der Matra (*Reuss* 47), dem Pilis-Vértes Gebirge (*Kern.* ZBV. VII. 264), bei Orahovica im Com. Verovitic (*Kit.* Slav.).

6. Th. alpestre *L.* Th. montanum *Kit.* Add. 197 zum Theil. Auf steinigen Triften der Voralpen. Auf der Kopa des Grossen Křivan, auf dem Dumbier (*Krz.* ÖBZ. X. 150, 159), in den nördl. Thälern der Liptau-Sohler Alpen von der Teufelshochzeit bis zur Schwarzen Wag (*Wahlb.* 195) und auf der südl. Seite bis Bries (*Hazsl.* EM. 124), auf dem Gipfel des Domugled (*Heuff.* 25).

7. Th. Kovátsii *Heuff.* Flora 1853 II. 624, Ban. 25. Auf beschatteten Felsen des Bagyes im nördl. Com. Krassó.

8. Th. dacicum *Heuff.* ÖBZ. VIII. 56, Ban. 25. Auf Felsen der Alpe Baiku in der roman. banat. Milit. Gr.

Th. praecox *Wulf.* In den Karpaten (*Roch.* in *Schult.* II. 219—20), schwerlich. Auf der Matra (*Kit.* Add. 197 mit ?), scheint Th. montanum zu sein.

Th. commutatum *Roch.* Reise 83 im Banat ist aus verschiedenen Thlapsi-Arten zusammengesetzt.

* Th. divaricatum *Kit.* Add. 197. Entweder von Dég im Com. Veszprim oder aus dem Com. Somogy.

Th. rotundifolium *Gaud.* Iberis rotundifolia *L.* Bei den Herculesbädern (*Roch.* Reise 12, 59)? fehlt bei *Heuffel.*

Iberis pinnata *L.* Auf Weiden, bei Rovně im Com. Trencsin (*Roch.* in *Schult.* II. 222—3), jedenfalls nur zufällig und vorübergehend.

33. TEESDALIA R. Br.

1. T. nudicaulis *R. Br.* Auf sandigen Plätzen in Ungarn (*Kit.* in *Schult.* II. 222). Bisher nur in sandigen Auen der Donau-Inseln des Com. Wieselburg (*Wierzb.* Mos.), dann bei Wandorf und Ödenburg (*Szont.* ZBG. XIV. 493).

34. LEPIDIUM L.

1. L. Draba *L.* An Wegen, auf grasigen Abhängen, wüsten Plätzen.

2. L. sativum *L.* L. incisum *Wierzb.* Flora 1845 I. 324, nicht *Roth.* Wird in Gemüsegärten gebaut und verwildert leicht, in manchen Gegenden ist es beinahe wild geworden (*Endl.* 380, *Heuff.* Ban. 25).

3. L. perfoliatum *L.* Auf Wiesen, Triften, in Gräben, an salzigen Stellen des Tieflandes und auf den Thalebenen gebirgiger Gegenden, oft massenhaft.

4. L. ruderale *L.* An wüsten Stellen, auf Sandflächen, in Dörfern.

5. L. graminifolium *L.* An feuchten sandigen Stellen des Hügellandes am rechten Donau-Ufer. Bei Koroncó im Com. Raab (*Ebenh.* PV. V. 49), bei Sümeg, Keszthely, Tihany (*RK.* 8) und Szigliget im Com. Zala (*Kit.* Slav.), bei Alt-Banovce (*RK.* 77) und Semlin in der Peterward. Milit. Gr. (*Panč.* Sirm.).

6. L. crassifolium *WK.* Ic. I. t. 4. Auf Sandsteppen und an salzigen harten Stellen des Tieflandes. Am Neusiedlersee, vorzüglich am östl. Ufer (*N.*), auf den Ebenen der Com. Stuhlweissenburg, Pest, Bács und Torontál (*WK.* l. c. 4, *RK.* 8, 45, *Sadl.* 281, *Hillebr.* ZBV. VII. 41, *Heuff.* 26), bei Debrecin (*Lang* Phys. 318).

7. L. latifolium *L.* An schattigen Stellen in Ungarn (*Kit.* in *Host* Aust. II. 232). Auf der Babia Góra und auf dem Volovec im Com. Arva (*Szont.* ZBG. XIII. 1086), kömmt auch auf den galiz. Karpaten vor (*Bess.* Gal. II. 69), fehlt jedoch in *Hazsl.* ÉM. 120—21. Im Hofe des Gemeindehauses zu Gajar im Com. Presburg (*Benzl-Stern.* PV. III. 1. SB. 53), natürlich kultivirt oder verwildert. Im östl. Com. Arad (*Kéry* 19)?

35. HUTCHINSIA *R. Br.*

1. H. petraea *R. Br.* Draba petraea *Baumg.* II. 235. Auf steinigen Triften und im Schutt der Kalk- und Trachytberge. Auf dem Baranec bei Březova (*Slob.* Lot. 1861 p. 250), dann auf dem Temetrény- und Inovec-Gebirge im Com. Neutra (*Kell.* ÖBZ. XIV. 286), auf Weiden bei Füred (*Sigm.* 47), auf dem Pilis-Vértes Gebirge (*Kern.* ZBV. VII. 260), auf dem Gutin (*Baumg.* l. c.), im östl. Banat (*Heuff.* 26 nach *Rochel*).

2. H. alpina *R. Br.* Draba alpina *Baumg.* II. 231, nicht *L.* Auf steinigen Triften und im Felsenschutt der Alpen. Auf dem Rozsudec (*Brancs.* ÖBZ. XII. 325), der Velka Kochula der Liptau-Sohler Alpen (*RK.* 65), auf dem Thörichtergern und dem Durlsberg der östl. Tatra (*Wahlb.* 195), auf dem Csiblesz und Arsul der Rodnaer Alpen (*Baumg.* l. c.), auf den Arader Karpaten (*Kéry* 19), fehlt jedoch im Banat.

36. CAPSELLA Med.

1. C. Bursa pastoris *Mönch.* Auf wüstem und bebautem Boden.

37. AETHIONEMA R. Br.

1. Ae. saxatile *R. Br.* Thlaspi saxatile *L.* Auf Felsen und im Felsenschutt gebirgiger und subalpiner Gegenden. Bei Füred und Arács am Plattensee (*RK.* 116), auf dem Pilis-Vértes Gebirge von Ofen bis Palota im Com. Veszprim und Gant im Com. Stuhlweissenburg (*Kern.*

ZBV. VII. 260, 261, *RK*. 8, *Hillebr*. ZBV. VII. 40), auf dem Csiblesz und Arsul der Rodnaer Alpen (*Baumg*. II. 243). A c. banaticum *Janka* Linn. 1859 p. 558 bei den Herculesbädern scheint hiervon nicht verschieden zu sein (*Heuff*. 26, *Kan*. Bot. Zeit. 1862 p. 190). Bei Rima Szombat (*Fábry* 1. 7)?

38. BISCUTELLA L.

1. B. laevigata *L*. B. ambigua *DC*. Auf Felsen, steinigen Triften, in lichten Wäldern hügliger und gebirgiger Gegenden bis in die Voralpenregion, besonders auf Kalk und Trachyt. Die Var. mit rauhen Früchten (B. saxatilis *Schleich*.) auf dem Gutin, dem Csiblesz und Arsul der Rodnaer Alpen (*Baumg*. II. 248).

39. ISATIS L.

1. I. tinctoria *L*. I. praecox *Kit*. in *Tratt*. Arch. t. 68. I. banatica *Link*. Berol. II. 149 nach *Reichb*. Germ. 637. Unter dem Getreide, an Rainen, auf buschigen Hügeln in den Com. Presburg (*Stur* 141, *Krz*. PV. II. 1. 34), Neutra (*Hol*. PV. IV. 70, *Kn*. PV. VII. 125, ZBG. XV. 156), Trencsin (*Kikó* 18) und von hier durch das ganze nördl. Karpatenland (*Hazsl*. ÉM. 120) und die Com. Borsod, Heves und Szabolcs (*Reuss* 51, *Kit*. Ber.) bis Debrecin (*RK*. 45); ferner in den Com. Wieselburg (*Endl*. 377), Komorn (*Kn*. ÖBZ. XV. 58), Gran (*Feicht*. Ad. 281), Pest (*Sadl*. 277) und Tolna (*Kit*. Bar.), bei Fünfkirchen (*Maj*. 9), in Sirmien (*Rumy* 52), im östl. Com. Arad (*Kéry* 19), im Banat (*Heuff*. 27). Wird auch als Färbepflanze im Grossen gebaut, z. B. bei Skalic im Com. Neutra (*Hol*. PV. VII. 84) und im Banat (*Roch*. Ban. 10).

40. SENEBIERA Poir.

1. S. Coronopus *Poir*. Auf Weiden, in Gruben, an feuchten Stellen niedriger Gegenden. Bei Schweinsbach, Wartberg (*Bolla* PV. I. 13) und Szered im Com. Presburg (*Kn*. PV. VII. 124 Note), zerstreut im Com. Neutra an vielen Stellen (*Kn*. ZBG. XV. 156), bei Srnje und Nemes-Podhragy im südl. Com. Trencsin (*Kn*. ÖBZ. XIV. 342, 343); ferner am Neusiedler See (*N*.), bei Ung. Altenburg (*Vuezl*), Kőhid-Gyarmat im Com. Gran (*Feicht*. Ad. 281), Budaörs, Ofen (*Sadl*. 277), Nagy Péterd im Com. Baranya (*Kit*. Slav.), in Sirmien (*Rumy* 52), auf den Ebenen des Banats (*Heuff*. 26.)

41. RAPISTRUM Börh.

1. R. perenne *All*. An Rainen, Weingartenrändern, auf sonnigen Hügeln.

2. R. rugosum *All*. Auf trockenen Aeckern in Ungarn (*Kit*. in *Schult*. II. 210). Auf Aeckern und an Wegen der Ebene des Banats (*Heuff*. 28 nach *Rochel*).

42. CRAMBE L.

1. C. Tataria *Sebeök* Diss. inaug. de Tatar. 1779 p. 7, *Jacq.* Misc.
II. 1784 p. 274. C. pinnatifida *R. Br.* An Rainen, Wegen, auf Gras-
steppen, sandigen Stellen der Com. Pest (*Sadl.* 276), Heves, Borsod,
Zemplin und Szabolcs (*RK.* 16, 45), dann bei Slankamen der Peterward.
Milit. Gr. (*Panč.* Sirm.) und auf Sandhügelu der deutsch- und serbisch-
banat. Milit. Gr. (*Heuff.* 28). Bei Presburg (*Schult.* II. 209)?

43. RAPHANUS L.

1. R. Raphanistrum *L.* Auf Brachen, unter dem Getreide.
2. R. sativus *L.* Wird gebaut und kömmt auf Aeckern und an
wüsten Stellen mit spindliger Wurzel verwildert vor.

LXXVII. RESEDACEAE.

1. RESEDA L.

1. R. Phyteuma *L.* An Rainen, auf Brachen, sandigen Aeckern.
Im nordöstl. Com. Presburg (*Krz.* PV. II. 1. 35), dann zwischen Frei-
stadtl und Cétény im Com. Neutra an vielen Stellen (*Kn.* ZBG. XV. 157),
bei Levenc im Com. Bars (*Kn.* ÖBZ. XIV. 108), Párkány im Com. Gran
(*Feicht.* Ad. 281), Börszöny im Com. Hont (*RK.* 65), bei Waizen, Pest
und Ofen (*Sadl.* ed. I. 2. 10), bei Város-Löd im Com. Veszprim, Tihany,
Keszthely und Szöllös im Com. Zala, Várallya im Com. Tolna, Pécsvár,
Hoszuhetény (*Kit.* Bar. et Slav.) und Fünfkirchen im Com. Baranya
(*Nendtv.* ZBG. XIII. 568), in Sirmien (*Rumy* 20).
2. R. lutea *L.* An Rainen, sandigen grasigen Stellen, auf
Abhängen.
3. R. luteola *L.* An Wegen, in Geröllen, auf Sandflächen.
4. R. inodora *Reichb.* R. mediterranea der ungar. Aut., nicht
L. An Wegen, Weingarteurändern, grasigen steinigen Stellen. Auf dem
Pilis-Vértes Gebirge besonders auf dem Blocksberg bei Ofen (*Kern.*
ZBV. VII. 262, *Sadl.* 194), an der Donau zwischen Waizen und Nagy
Maros im Com. Hont (*RK.* 65), bei Kalóz im Com. Stuhlweissenburg,
Theresiopol im Com. Bács (*Kit.* Add. 199), Dávod im Com. Somogy (*Kit.*
Bar.), Strażeman im Com. Požega, bei Semlin (*RK.* 77), Hatzfeld im
Com. Torontál (*Bayer* ÖBZ. XIII. 47), im Donauthal der östl. Banat.
Milit. Gr. (*Heuff.* 30).

LXXVIII. NYMPHAEACEAE.

1. NYMPHAEA Sm.

1. N. alba *L.* In stehenden und langsam fliessenden Wassern.
N. biradiata *Somm.* in den Theiss-Sümpfen bei Csap und Salamon im

Com. Ung (*Hazsl.* PV. III. 1. SB. 7) gehört nach *Cusp.* Hort. berol.
1855 app. 27 zur Var. oocarpa der N. alba, auch N. odorata *RK.* 8
bei Kalóz im Com. Stuhlweissenburg kann nur eine Form obiger Art sein
2. N. thermalis *DC.* N. Lotos *WK.* Ic. I. t. 15. Im warmen
Bache Pece bei dem Bischofsbade nächst Grosswardein (*WK.* l. c. 14),
dann im Kaiserbade in Ofen, wohin sie *Kitaibel* verpflanzte (*Sadl.* 219).

2. NUPHAR Sm.

1. N. luteum *Sm.* In stehenden und langsam fliessenden Wassern.
2. N. sericeum *Lang* Syll. I. 180. In der Wag, Neutra, Gran
(*Lang* Phys. 314), in Gräben an der Donau bei Waizen (*Lang* Syll.
l. c.), in den Theiss- und Donausümpfen des Banats (*Heuff.* 13).

LXXIX. CISTINEAE.

1. HELIANTHEMUM Tourn.

1. H. Fumana *Mill.* Auf Kalkfelsen, sonnigen Hügeln, sandigen
Flächen. Auf dem Thebner Kogel (*Bolla* PV. l. 13), bei Čachtice,
Modrovka, Temetvény und Bojnica im nördl. Com. Neutra (*Kn.* ZBG.
XV. 157), bei Csenke im Com. Gran (*Feicht.* Ad. 281); ferner auf dem
Haglersberge am Neusiedler See (*N.*), bei Ödenburg (*Szont.* ZBG. XIV.
494), auf dem Bettelsdorfer Kogel im Com. Ödenburg (*Kit.* Sopr.), bei
Füred (*Sigm.* 47) und Arács am Plattensee, Palota im Com. Veszprim
(*Kit.* Bar.), auf dem Pilis-Vértes Gebirge bis in das Com. Komorn und
Gant im Com. Stuhlweissenburg, dann auf den Puszten des Pester Com.
und bei Kér im Com. Tolna (*Sadl.* 218, *Kern.* ZBV. VII. 260, 261, 262,
Hillebr. ZBV. VII. 40, 41 und ÖBZ. VIII. 299), auf dem Mecsek bei
Fünfkirchen (*Kit.* Bar.), bei Jankovac im Com. Bács (*Schnell.* PV. IV. 81),
in der westl. Banat. Milit. Gr. (*Heuff.* 28).

2. H. oelandicum *Wahlb.* Aendert ab:
α. **canum** (H. canum *Dun.*, H. vineale *Pers.*, H. marifolium
DC.). An steinigen Stellen, grasigen Triften hügliger und gebirgiger
Gegenden. Im Thale Sulov im Com. Trencsin (*Roch.* Pest. Mus.), auf dem
Thebner Kogel (*Endl.* 408), dem Leithagebirge (*N.*), dem Schlossberg
von Sümeg und auf dem Haláp bei Tapolca im Com. Zala, bei Palota
im Com. Veszprim, Csákvár (*Kit.* Slav.) und Gant im Com. Stuhlweissenburg (*Hillebr.* ZBV. VII. 40), auf dem Pilis-Vértes Gebirge (*Kern.* ZBV.
VII. 260, 261, 272), bei Fünfkirchen (*Nendtv.* 24) und auf dem Harsány-
hegy im Com. Baranya (*Kit.* Add. 200), im östl. Banat (*Heuff.* 28).
β. **viride** (Cistus alpestris *Jacq.*, H. Rochelii *Kit.* Add. 200?)
Auf felsigen Triften der Alpen und Voralpen, vorzüglich in der Krummholzregion auf Kalk. Auf dem Štoch, Rozsudec (*Szont.* ZBG. XIII. 1086),
Choč, der östl. Tatra (*Wahlb.* 162), der Ohništč im Com. Liptau (*Roch.*
MS. I. 98), auf der Biharia (*Kern.* DL. 296). Die auf dem Drevenyk bei

Wallendorf in der Zips vorkommende Form (*Hazsl.* ÉM. 116) scheint den Uebergang zur Var. α. zu bilden.

3. H. vulgare *Gärtn.* H. calcareum *Kit.* Add. 201? Cistus serpyllifolius *Cr.* Auf Wiesen, Hügeln, an buschigen Stellen niedriger und gebirgiger Gegenden bis in die Krummholzregion (*Wahlb.* 161).
** II. palleus *Kit.* in *Roch.* Ban. 26, Reise 56 im Banat.
* II. pollenfs *Kit.* Add. 201. Auf Felsen bei den Herculesbädern.

LXXX. DROSERACEAE.

1. DROSERA L.

1. D. rotundifolia *L.* D. longifolia *Geners.* 23, nicht *L.* In Sümpfen, auf Torfmooren. Im Hanság (*Wierzb.* Mos.), bei dem Meierhofe Rákos nächst Búr Sz. Péter im Com. Presburg, bei Borovce (Bori) nächst Pištjan im Com. Neutra (*Krz.* PV. III. 2. SB. 22 und V. p. LXXXVII), im Sumpfe Borek bei Zazriva, bei Bobro und auf der Bory im Com. Arva (*Szont.* ZBG. XIII. 1087), bei Sz. Iván nächst Hradek im Com. Liptau (*Krz.* PV. V. 112), auf den Hochmooren der Zips, als im Kl. Kohlbachthal (*Maukech*), bei Schmeks, Neu-Walddorf (*Hazsl.* ZBV. I. 204, PV. III. 1. SB. 8) und im Grossenwald bei Kesmark (*Wahlb.* 93), bei Bartfeld im Com. Sáros (*Reuss* 58), am Fuss des Dumitru (*Kit.* Add. 201) und auf der Piatra lucsi bei Nagy Bánya im Com. Szatmár (*RK.* 46), auf der Biharia (*Kern.* DL. 139), dann in den Sümpfen bei Szigliget am Plattensee (*Sigm.* 46—7).

2. D. longifolia *L.* Auf Hochmooren. Unter der Spitze des Minčol bei Zaskal und auf der Bory im Com. Arva (*Szont.* ZBG. XIII. 1087). An der Wag, Neutra, Gran (*Lang* Phys. 314) offenbar unrichtig.

D. intermedia *Hayne.* Bei Bartfeld im Com. Sáros (*Reuss* 58 mit ?).

2. ALDROVANDA L.

1. A. vesiculosa *L.* In stehenden und langsam fliessenden Wassern. Im Ecsédi-Láp im Com. Szatmár, häufiger im Abzugskanal des Morastes Berettyó-Sárrét bei Füzes-Gyarmat im Com. Békés (*Pok.* ZBG. X. 290) und bei Körös Tarján (nicht Garján) westl. von Grosswardein (*Janka* ÖBZ. XIV. 320).

3. PARNASSIA L.

1. P. palustris *L.* Auf nassen Wiesen und an sumpfigen Stellen niedriger und gebirgiger Gegenden bis in die Alpenregion (*Wahlb.* 91).

LXXXI. VIOLACEAE.

1. VIOLA L.

1. V. palustris *L.* In Sümpfen, auf Torfmooren. Im Hanság, bei Schwarzwald und auf der Kleinen Schütt im Com. Wieselburg (*Wierzb.*

Mos.), an sumpfigen Stellen in den Föhrenwäldern von Sassin und Bár an der Grenze der Com. Presburg und Neutra (*Krz.* PV. II. 1. 35), bei den Bädern von Bojnica (Bajmóc) im nördl. Com. Neutra (*Kn.* ZBG. XV. 158), bei Bobro, Slanica und auf der Bory im Com. Arva (*Szont.* ZBG. XIII. 1087), am Fuss der südl. Tatra bei Schmecks (*Krz.* PV. V. 116), Schlagendorf (*Wahlb.* 282) und im Grossenwald bei Kesmark (*Mauksch*). In der Fasanerie bei Grosswardein (*Steff.* ÖBZ. XIV. 183)?

2. V. hirta *L.* Auf Wiesen, Triften, zwischen Gebüsch. Kömmt wie V. odorata auch mit weissen Blumen vor (*Heuff.* 28). Die Var. V. collina *Bess.* auf dem Temetvény- und Inovec-Gebirge im nördl. Com. Neutra (*Kell.* ÖBZ. XIV. 286) und wahrscheinlich noch an vielen Orten.

3. V. ambigua *WK.* Ic. II. t. 190. V. campestris *MB.* Auf Wiesen und sandigen Hügeln der Ebene zwischen der Donau und Theiss (*WK.* l. c. 209, *Sadl.* 111), bei Fünfkirchen (*Nendtv.* 34), bei Semlin (*Panč.* Sirm.), im östl. Com. Arad (*Heuff.* Bot. Zeit. 1863 p. 45), im Banat (*Heuff.* 29). Nach meiner Ansicht Var. der V. hirta mit wohlriechenden Blumen.

V. sciaphila *Koch.* Auf Aeckern in der Alten Au bei Presburg (*Richt.* PV. VII. 105)? Eine schattenliebende Pflanze der Berg- und Voralpenregion.

4. V. odorata *L.* V. alba der Aut. V. epipsila *Lang* En. 3 nach einem Orig. Exemplar im k. k. bot. Hofkabinet, nicht *Ledeb.* In Wäldern, Hainen, an Hecken, Zäunen. V. suavis *MB.* bei Semlin (*Panč.* Sirm.) ist nach *Ledeb.* Ross. I. 250 nur Var. der V. odorata.

5. V. arenaria *DC.* V. livida *Kit.* in *R. Sch.* Syst. V. 363. Auf Wiesen, Triften, sandigen Hügeln.

6. V. silvestris *Kit.* in *Schult.* I. 423. V. canina der ält. Aut. In Wäldern niedriger und gebirgiger Gegenden.

7. V. canina *L.* V. montana *L.* Auf Bergwiesen, an Waldrändern. Im Walde Bakony mit weissen Blumen (*RK.* 106).

8. V. persicifolia *Roth.* V. lactea *Sm.* V. stagnina *Kit.* in *Schult.* I. 426. V. Ruppii *Reichb.* V. pratensis *MK.* V. elatior *Fries.* Eine Reihe ineinander übergehender Formen, welche sich einerseits der V. canina *L.* sehr nähern, anderseits in der V. elatior von derselben sehr abweichen. Auf feuchten Wiesen, zwischen Gebüsch, in Auen besonders niedriger Gegenden. Auf der Kapitelwiese und in der Bürgerau bei Presburg (*Endl.* 107), bei Bischdorf auf der Grossen Schütt (*Benzl-Stern.* PV. III. 1. SB. 53), auf der Thalebene der Neutra zwischen Darázs und Komját, dann bei Eözdeg im Com. Neutra (*Kn.* ZBG. XV. 158), im Wagthale des Com. Liptau (*Wahlb.* 283), in den Com. Sáros und Borsod (*Reuss* 55—6), bei Tokay (*Hazsl.* ÉM. 116), bei Sz. Márton nächst Grosswardein (*Steff.* ÖBZ. XIV. 183); ferner im Hanság, bei Zanek (*Wierzb.* Mos.) und Ung. Altenburg im Com. Wieselburg (*Vuezl*), bei Muzsla, Nána und Párkány im Com. Gran (*Feicht.* Ad. 281), im Kreisnerwald bei Ödenburg (*Szont.* ZBG. XIV. 494), bei Adony (*Kit.* Bar.) und Rétszilás im Com. Stuhlweissenburg (*Hillebr.* ZBV. VII. 42), überall im Com. Pest (*Sadl.* 112—3), bei Fünfkirchen (*Nendtv.* 34), Futak im Com. Bács (*Schnell.* PV. III. 1. 4), im Banat (*Heuff.* 29).

9. V. mirabilis *L.* In Vorhölzern, Wäldern, zwischen Gebüsch hügliger und gebirgiger Gegenden.

10. V. biflora *L.* In subalpinen Wäldern und auf Triften der Alpen. Im Föhrenwalde bei Sassin im Com. Neutra, ein abnormer Standort (*Krz.* PV. II. 1. 35, III. 2. SB. 21), bei Rovně und auf dem Strašov im Com. Trencsin (*Roch.* Pest. Mus.), bei Paruica (*Vitk.* ZBG. XIII. 1087) und auf der Babia Góra im Com. Arva (*Hazsl.* ÉM. 114), auf dem Hermanec im Com. Turóc, auf der Ohništĕ (*Roch.* MS. I. 99), im Thale Besua bei Boca (*RK.* 66) und auf dem Dumbier der Liptau-Sohler Alpen (*Krz.* ÖBZ. X. 160), sehr häufig auf den Central-Karpaten (*Wahlb.* 284), auf dem Pikuj (*Hück.* ZBG. XV. 57) und der Bersava im Com. Bereg (*RK.* 16), auf der Dscameanie der Rodnaer Alpen (*Baumg.* I. 184), auf den Banat. Alpen (*Heuff.* 29).

11. V. tricolor *L.* Aendert ab:

α. **micrantha** (V. arvensis *Murr.*, V. parviflora *Kit.* in *R. Sch.* Syst. V. 383, V. Kitaibeliana *R. Sch.* l. c., V. bicolor *Baumg.* I. 185, V. banatica *R. Sch.* l. c. 382 eine Mittelform). Auf Aeckern, in Weingärten, auf buschigen Grasplätzen.

β. **macrantha** (V. saxatilis *Schm.*). Auf Wiesen und an buschigen Stellen gebirgiger Gegenden bis in die Alpenregion. Durch die nordwestl. Karpatenkette vom Com. Neutra (*Kn.* ZBG. XV. 158) bis in das Com. Sáros (*Szont.* ZBG. XIII. 1087, *Wahlb.* 284, *NS.* 12, *Hazsl.* ÉM. 114 et Sár. 220); ferner im Walde Bakony (*Kornh.* PV. IV. SB. 88), auf dem Papuk in Slavonien (*Kit.* Slav.), auf dem Somlyó bei Grosswardein (*RK.* 91), im östl. Banat (*Heuff.* 30). Wird auch überall in Gärten gebaut und kömmt dann auf wüstem und bebautem Lande beinahe wild vor.

12. V. lutea *Huds.* Angl. ed. I. 331, *Sm.* Brit. I. 248. V. grandiflora *Huds.* Angl. ed. II. 2. 380. V. sudetica *Willd.* Berol. suppl. 12. An felsigen buschigen Stellen der Voralpen bis in die untere Alpenregion. Auf dem Hermanec im Com. Turóc, im Thale Besna, auf dem Dumbier (*RK.* 66) und der Kunstava der Liptau-Sohler Alpen (*Kit.* Arv.), auf der Pisna der Liptauer Central-Karpaten, im Kupferschächtenthale der östl. Tatra (*Üchtr.* ÖBW. VII. 351, 360), auf den Grenzkarpaten der Zips gegen die Com. Liptau und Gömör (*Mauksch*), auf dem Pop-Ivan der Marmaros (*RK.* 46). Die kleinblütige Var. auf den mähr. Grenzkarpaten wenigstens auf der westl. Seite (*Reissek* Flora 1841 II. 682). Von V. tricolor kaum verschieden, daher es möglich ist, dass einige der hier angeführten Fundorte sich auf jene beziehen.

13. V. declinata *WK.* Ic. III. t. 223. V. gracilis *Reichb.* Germ. 709. V. heterophylla var. β. *Bertol.* Ital. II. 716. Auf Triften der Alpen und Voralpen in den Com. Bereg, Szatmár und Marmaros (*WK.* l. c. 249), auf der Biharia (*Kern.* Exs.), auf den Banat. Alpen (*Heuff.* 30). Eine ostungar. Pflanze, daher den Standorten auf der Vysoka im Com. Presburg (*Bolla* PV. I. 13) und bei Hradek im Com. Liptau (*Üchtr.*

ÖBW. VII. 376) unrichtige Bestimmungen zu Grunde liegen mögen.
Uebrigens ist V. declinata von V. tricolor nur schwach verschieden.
V. Zoysll *Wulf.* (Var. der V. calcarata *L.*). Auf den Karpaten
von Ungarn (*Roch.* in *Schult.* I. 432), was unrichtig ist (*Hazsl.* ÉM. 114).
14. V. alpina *Jacq.* Auf felsigen Triften in der Krummholzregion.
Auf dem Choč (*Wahlb.* 283), dem Czerwoný Wirch der Liptauer Central-
Karpaten (*Grzeg.* ÖBW. V. 86), dem Csiblesz, Arsul und der Dscameanie
der Rodnaer Alpen (*Baumg.* I. 182).
** **V. uniflora** *Vitk.* ZBG. XIII. 1087 bei Polhora im Com. Arva?
Was damit gemeint sei, weiss ich nicht, denn V. uniflora *L.* ist eine
sibirische Pflanze.

LXXXII. CUCURBITACEAE.

1. BRYONIA L.

1. B. alba *L.* An Hecken, Zäunen, Weingartenrändern hügliger
und gebirgiger Gegenden.
2. B. dioica *Jacq.* An gleichen Orten wie die vorige, aber seltener.
Im nordwestl. Karpatenlande von Presburg bis Kaschau stellenweise
(*Hazsl.* ÉM. 112, *Krz.* PV. II. 1. 53, *Szont.* ÖBZ. XIV. 272, *Kn.* ZBG.
XV. 158, *Pawl.* PV. I. 27), im südl. Gebiete nur in den Grenzcomitaten
Wieselburg, Ödenburg (*N.*), Eisenburg (*Pol.* 7) und in Sirmien (*Heuff.* 71)

2. ECBALLION Rich.

1. E. Elaterium *Rich.* An Wegen, Zäunen, Hecken in Sirmien
(*Kit.* in *Schult.* I. 107), namentlich häufig im Markte Slankamen (*Pan̈č.*
Sirm.), dann bei Fünfkirchen (*Maj.* 8).

3. CUCUMIS L.

1. C. Citrullus *Ser.* Wassermelone. Wird vorzüglich im mittleren
und südlichen Gebiete im Grossen gebaut, das einzige ergiebige Obst des
Tieflandes (*Pok.* Bonpl. 1860 p. 194).
2. C. sativus *L.* und **3. C. Melo** *L.* werden gewöhnlich nur in
Gärten und blos im südlichsten Gebiete auf Aeckern gebaut, z. B. im
Banat (*Heuff.* 71). Nach *Richt.* PV. VII. 102 bilden beide Arten, wenn
sie nebeneinander gebaut werden, Bastarde.

4. CUCURBITA L.

1—6. C. Pepo *L.* **C. maxima** *Duch.* **C. Melopepo** *L.* **C. verrucosa** *L.* **C. aurantia** *Willd.* und **C. Lagenaria** *L.* werden theils in
Gärten, theils auf freiem Felde gebaut und zwar sowohl im südl. und
mittleren als im nördl. Gebiete (*Hazsl.* ÉM. 113).

5. SICYOS L.

1. S. angulatus *L.* Stammt aus Nordamerica, verwildert aber leicht und kömmt an Zäunen und Hecken oft sehr häufig vor. So bei Sziget (*Wagn.* Exs.) und Lonka in der Marmaros (*RK.* 46), im Com. Borsod (*Kit.* in *Schult.* I. 107), bei Lugos ein lästiges Unkraut (*Heuff.* 72).

LXXXIII. PORTULACEAE.

1. PORTULACA L.

1. P. oleracea *L.* Auf wüstem und bebautem Boden, an sandigen Stellen.

2. MONTIA L.

1. M. fontana *L.* In stehenden Wassern bei Csáktornya auf der Murinsel (*RK.* 106), an den Ufern der Berzava bei Denta im Com. Temes (*Roch.* Reise 30), an feuchten Stellen im nördl. Com. Krassó (*Heuff.* 72), auf der Dseameanie der Rodnaer Alpen (*Baumg.* I. 65). Selten in der Slovakei (*Reuss* 159)?

LXXXIV. CARYOPHYLLEAE.

1. HERNIARIA L.

1. H. glabra *L.* Auf Aeckern, Weiden, an Ufern, sandigen Stellen, vorzüglich niedriger Gegenden. Fehlt im Pester Comitate.

2. H. hirsuta *L.* An gleichen Orten wie die vorige, aber viel seltener. Im Adamover und Egbeller Walde im Com. Neutra (*Krz.* PV. II. 1. 53), bei Magyarfalva (*N.*), Kuchel und Hausbrunn im Com. Presburg (*Bolla* PV. I. 12), an der Rabnitz, Raab und bei Sárvár im Com. Eisenburg (*Wierzb.* Mos.), bei Csobáne im Com. Zala (*Portschl.* Pest. Mus.), Palota im Com. Veszprim, P. Szabolcs im Com. Stuhlweissenburg (*Kit.* Bar. et Slav.), bei Fünfkirchen (*Maj.* 7). An der Donau in der Slovakei (*Reuss* 160)?

3. H. incana *Lam.* H. macrocarpa *Sibth.* H. hirsuta *Sadl.* Pest. ed. I. 1. 237, nicht *L.* An trockenen sandigen Stellen bei Bruck an der Leitha (*Richt.* PV. VII. 104), bei Párkány im Com. Gran (*Feicht.* Ad. 281), auf den Kalkbergen bei Ofen, besonders auf dem Blocksberg, seltener auf Grassteppen der Ebene, z. B. auf der Puszta Csörög bei Waizen (*Sadl.* l. c., *Kern.* Exs.), dann bei Fünfkirchen (*Maj.* 7). H. multicaulis *RK.* 116 auf der Halbinsel Tihany, bei Füred und Arács am Plattensee scheint dieselbe Art zu sein.

Corrigiola litoralis *L.* Im Banat (*Wierzb.* Exs. im Herbar der ZBG.), allein da die Etiquette nicht von *Wierzbicki's* Hand geschrieben, kein

Fundort angegeben ist und diese Art bei *Heuffel* fehlt, so halte ich obige Angabe mindestens für zweifelhaft.

Illecebrum verticillatum *L.* In Ungarn (*Schult.* I. 435), allein der dort ebenfalls angeführte Standort Ottakring bei Wien zeigt, dass *Schultes* diese Art wenigstens damals nicht gekannt habe.

2. PARONYCHIA Tourn.

1. P. capitata *Lam.* Illecebrum capitatum *L.* Auf Felsen, sonnigen Hügeln, besonders auf Kalk und Trachyt. Bei Raab (*Wierzb.* Mos.), längs der Westseite des Plattensees von Keszthely bis Füred (*Hillebr.* ZBV. VII. 40, *Haberl.* ÖBZ. XI. 11, *RK.* 8, 116), im Walde Bakony (*Kern.* ZBV. VI. 382), bei Nagy Szöllös und Palota im Com. Veszprim, bei Sz. György (*Kit.* Bar.), Csoka und Gant im Com. Stuhlweissenburg (*Hillebr.* l. c.), auf dem Pilis-Vértes Gebirge, dem Nagyszál und den Puszten des Com. Pest (*Sadl.* 114, *Kern.* ZBV. VII. 260, 261, ÖBW. VII. 400), im Donauthale der östl. Banat. Milit. Gr. (*Heuff.* 72).

P. argentea *Lam.* Illecebrum Paronychia *L.* In Ungarn (*WK.* in *Schult.* I. 436)? In Croatien kömmt sie vor (Syll. cr. 134).

3. POLYCARPON L.

1. P. tetraphyllum *L.* fil. In Wein- und Gemüsegärten bei St. Georgen (*Bolla* PV. I. 12), dann im Sebreker Hohlwege und Föhrenwalde bei Modern im Com. Presburg (*Stur* 139). Auf Sandplätzen im südl. Ungarn (*Schult.* I. 273)? In Croatien kömmt es vor (Syll. cr. 135).

4. SPERGULARIA Pers.

1. S. rubra *Pers.* Auf feuchten Aeckern, an Ufern, sandigen oder salzigen Stellen niedriger und gebirgiger Gegenden bis an den Fuss der Tatra (*Wahlb.* 132).

2. S. marina *Bess.* Lepigonum medium et marginatum *Koch.* An feuchten salzigen Stellen des Tieflandes. Bei Gajar im Marchthale des Com. Presburg (*Benzl-Stern.* PV. III. 1. SB. 54), bei Unter-Jattó im Com. Neutra, an den Mineralquellen von Magyarád und Bori im Com. Hont (*Kn.* ZBG. XV. 159, ÖBZ. XV. 59); ferner am Neusiedler See (*N.*) und im Hanság (*Wierzb.* Mos.), bei Koroncó im Com. Raab (*Ebenh.* PV. V. 50), Muzsla und Kôhid-Gyarmat im Com. Gran (*Feicht.* Ad. 282), Aba, Lang und Velence im Com. Stuhlweissenburg (*RK.* 8), überall auf den Ebenen des Pester Com. (*Sadl.* 184), an Salzlachen bei Bihar (*Kit.* Add. 205), im westl. Banat (*Heuff.* 38) und wohl noch an vielen ähnlichen Orten (*Kit.* in *Schult.* I. 665).

5. SPERGULA L.

1. S. arvensis *L.* Auf Aeckern, unter dem Getreide, an sandigen Stellen.

2. S. pentandra *L.* Auf Aeckern am Leithagebirge und bei Neusiedel am See (*Wierzb.* Mos.), an überschwemmten Stellen bei den Steinbrüchen von Thomasbrunn nächst Presburg (*Endl.* 430), im Com. Arva ohne nähere Angabe (*Vitk.* ZBG. XIII. 1087), auf Leinfeldern bei Nagy Röce (*Reuss* 73) und unter der Saat bei Rima Szombat im Com. Gömör (*Fábry* 1. 7), bei Fünfkirchen (*Maj.* 7). Alle diese Angaben kommen mir verdächtig vor. Zwischen S. pentandra und S. Morisonii der neueren Aut. besteht nach *Döll* Bad. III. 1216 kein specifischer Unterschied.

6. SCLERANTHUS L.

1. S. annuus *L.* S. verticillatus *Tausch.* Auf Aeckern, unter dem Getreide, an sandigen Stellen.

2. S. perennis *L.* Auf Wiesen, an Rainen, sandigen Stellen. Auf dem Kalvarienberg bei Presburg (*Endl.* 358), im Adamover Walde bei Holič (*Krz.* PV. II. 1. 53), bei Láz (*Kit.* Add. 203) und Rovně im Com. Trencsin (*Roch.* Pest. Mus.), in der südl. Zips (*Geners.* 31); ferner bei Zauek und Sz. Miklós im Com. Wieselburg (*Wierzb.* Mos.), bei Agendorf im Com. Ödenburg (*Szont.* ZBG. XIV. 495), in den Com. Eisenburg (*Po!.* 17) und Pest (*Sadl.* 175), bei Fünfkirchen (*Maj.* 7), Futak im Com. Bács (*Schnell.* PV. III. 1. 9), Semlin (*Panč.* Sirm.), Villágos, Ménes und Paulis im Com. Arad (*Kit.* Add. 1. c.), im Banat (*Heuff.* 72).

3. S. neglectus *Roch.* in *Baumg.* III. 345, Ban. p. 35 t. 3. Auf dem Gipfel der Alpe Muraru der roman. banat. Milit. Gr.

S. uncinatus *Schur* wächst wohl auf dem Kuhhorn und dem Koronjis der siebenbürg. Rodnaer Alpen (*Janka* ÖBZ. IX. 222), auf der ungar. Seite wurde er jedoch bisher nicht beobachtet.

7. SAGINA L.

1. S. procumbens *L.* In Gruben, auf feuchten Triften, an sumpfigen Stellen niedriger und gebirgiger Gegenden bis in die Alpenregion (*Wahlb.* 47).

2. S. ciliata *Fries.* S. dichotoma *Heuff.* Flora 1853 II. 626. An feuchten hügligen Stellen bei Basziest im nördl. Com. Krassó (*Heuff.* 38).

3. S. apetala *L.* Auf sandigen Aeckern, im Kies der Bäche. In den Umgebungen von Stara Tura im Com. Neutra (*Hol.* PV. III. 1. 59), Eperjes (*Hazsl.* ÉM. 111), Ofen (*Sadl.* 75) und Lenti im Com. Zala (*Portschl.* Pest. Mus.), wenn anders die Bestimmungen durchaus richtig sind.

4. S. saxatilis *Wimm.* Spergula saginoides *L.* Auf felsigen Triften der Voralpen bis in die Krummholzregion. Auf dem Kleinen Křivan, bei Zazriva am Fuss des Rozsudec, auf der Babia Góra, dem Dumbier, im Csorba-Thal am Fuss des Grossen Křivan, auf der Leiten der östl. Tatra, am Grossen Fischsee, auf der Černa Hora (*Wahlb.* 140, *Herb.* ZBG. X. 621, *Vitk.* ZBG. XIII. 1087, *Hazsl.* ÉM. 111), dann auf dem Sarko im Banat (*Heuff.* 38). Spergula subulata *Sw.* auf den Voralpen der Slovakei (*Reuss* 73), halte ich, wenn sie dort wirklich

vorkömmt, für eine bebaarte Var. der S. saxatilis, was aber unter
Spergula subulata *Kit.* Add. 202 „omnibus partibus glaberrimis"
zwischen Rohrbach und Borbola (Walpersdorf) im Hügellande des Com.
Ödenburg gemeint sei, vermag ich nicht herauszubringen.

5. S. nodosa *Meyer.* An Ufern, sandigen Stellen, auf feuchten
Wiesen besonders gebirgiger Gegenden. Im Marchthale bei Gross-
Schützen im Com. Presburg (*Benzl-Stern.* PV. III. 1. SB. 54), bei Egbell
(*Krz.* PV. II. 1. 38) und Gajdel im Com. Neutra (*Kn.* ZBG. XV. 159),
bei Štvrtek (*Kn.* ÖBZ. XV. 59), dann zwischen Rovně und Bellus im
Com. Trencsin (*Roch.* MS. I. 2), bei Bobro, Ustě, Slanica und auf der
Bory im Com. Arva (*Szont.* ZBG. XIII. 1087), am Fuss des Grossen
Křivan, an den Alpenbächen der Central-Karpaten, auf den Hochmooren
der Zips (*Wahlb.* 140, *Kit.* Add. 202) und an der Grenze derselben gegen
Galizien im Gerölle des Dunajec (*Herb.* Flora 1834 II. 574), bei Lipóc
und Eperjes im Com. Sáros (*Reuss* 73).

8. ALSINE Wahlb.

1. A. Cherleri *Fenzl.* Cherleria sedoides *L.* Auf Felsen und
steinigen Triften der Alpen. Auf der Babia Górn (*RK.* 66), auf den
Central-Karpaten besonders auf der Tatra (*Wahlb.* 133). Wahrscheinlich
auch auf den Rodnaer Alpen (*Baumg.* I. 413).

2. A. laricifolia *Cr.* Inst. II. 407. A. Langii *Reuss* 76. Arenaria
striata *Geners.* 33. A. rostrata *WK.* in *Willd.* Berol. I. 481. A. macrocarpa *Kit.* in *DC.* Prod. I. 404. Auf Kalkfelsen und im Steinschutte
der Voralpen bis in die Krummholzregion der nordwestl. Karpaten in
den Com. Neutra, Trencsin, Turóc, Arva, Liptau, Sohl, Gömör und Zips
(*Hazsl.* ÉM. 110, *Wahlb.* 133, *Kit.* Add. 208, *Rowl.* PV. III. 1. SB. 22,
Szont. ÖBZ. XIV. 272, 276, *Kell.* ÖBZ. XIV. 286), auch auf den Rodnaer
Alpen, wenigstens auf der siebenbürg. Seite (*Baumg.* I. 410).

3. A. verna *Bartl.* Aendert ab:

α. collina (Arenaria tenuifolia *Lumn.* 181, *Nendtv.* 18 nach
Kern. ZBG. XIII. 565, nicht *L.* A. caespitosa *Ehrh.*). Auf sandigen
Hügeln und Grassteppen der Ebene. Bei Thomasbrunn nächst Pres! urg
(*Endl.* 431), im nördl. Com. Gran (*Feicht.* Ad. 282), in den Com. Neutra
(*Roch.* MS. II. 33) und Trencsin (*Kikó* 17), bei Rima Szombát im Com.
Gömör (*Fábry* I. 7), am Fuss des Szoroskő bei Hárskút im Com. Torna
(*Hazsl.* ÉM. 111), auf dem Somlyó bei Grosswardein (*Steff.* ÖBZ. XIV.
183); ferner auf dem Haglersberg am Neusiedler See (*N.*), im südl. Com.
Komorn (*Hillebr.* ÖBZ. VIII. 298), auf dem Schlossberg von Sümeg
(*Kit.* Add. 206) und bei Arács im Com. Zala (*RK.* 116), bei Hansabeg
(*Kit.* Bar.) und Sz. Miklós im Com. Stuhlweissenburg (*Hillebr.* ZBV.
VII. 41), auf dem Pilis-Vértes Gebirge und den Sandhügeln des Pester
Com. (*Sadl.* 183, *Kern.* ZBV. VII. 260, 272), bei Fünfkirchen (*Nendtv.*
l. c.), im Banat (*Heuff.* 38).

β. alpina (Arenaria Gerardi *Willd.* A. recurva *Geners.* 33, nicht
All. A. pauciflora *Kit.* Add. 206?). Auf felsigen Triften der Alpen.

Auf dem Choč (*Szont.* ZBG. XIII. 1088), auf den Central-Karpaten vom
Rohač bis auf die östl. Tatra (*Wahlb.* 132, *Krz.* ÖBZ. X. 158), auf den
Banat. Alpen (*Heuff.* 38). A. recurva auf dem Šturec und bei den
Wasserfällen von Motičko im Com. Sohl (*RK.* 66), dann im Drechsel-
häuschen der östl. Tatra (*Üchtr.* ÖBW. VII. 369) scheinen mir dem
Standorte nach nicht die echte Alsine recurva *Wahlb.* zu sein, da diese
die höchsten Alpengipfel bewohnt (*Koch.* Syn. 127, *Reichb.* Germ. 788),
vermuthlich sind daher Alpen-Formen der A. verna gemeint. Auch
Arenaria striata *Baumg.* I. 411 auf den Rodnaer-Alpen gehört
vielleicht hierher.

4. A. setacea *MK.* Sabulina banatica *Heuff.* in *Reichb.*
Germ. 787. Auf Felsen niedriger Berge und an sandigen Stellen der
Ebene. In den Wäldern des Marchthales im Com. Neutra (*Krz.* PV. II.
1. 38), auf dem Leithagebirge bei Eisenstadt (*Niessl* ÖBW. VI. 403),
auf dem Haglersberg am Neusiedler See (*Stur* 148), im südl. Com.
Komorn (*Hillebr.* ÖBZ. VIII. 299), auf dem Sárkány-Erdő am Plattensee (*Haberl.* ÖBZ. XI. 11), bei Gant. im Com. Stuhlweissenburg, Kér im
Com. Tolna (*Hillebr.* ZBV. VII. 40, 41), auf dem Pilis-Vértes Gebirge,
auf dem Nagyszál und den Ebenen des Pester Com. (*Kern.* ZBV. VII.
260, 262, ÖBW. VII. 400, *Sadl.* 183), bei Fünfkirchen (*Nendtv.* ZBG.
XIII. 566), im östl. Com. Arad (*Kéry* 17), im östl. Banat (*Heuff.* 38).

5. A. falcata *Gris.* Rumel. I. 200. A. rostrata *Ha:sl.* und *Pawl.*
PV I. 29, II. 1. SB. 17, nicht *Koch.* Arenaria frutescens *Kit.* in
Schult. I. 667. An steinigen buschigen Stellen hügliger und gebirgiger
Gegenden. Auf der Szitna bei Schemnitz (*Kit.* Add. 109), bei dem Bade
Szklenó im Com. Bars, am Fuss der Hegyallja bei Tálya im Com. Zemplin,
bei Veršec im Com. Temes, bei dem Grenzposten Triculic unterhalb
Svinica der roman. banat. Milit. Gr. (*Heuff.* ÖBW. VII. 176).

6. A. fasciculata *MK.* A. Jacquini *Koch.* Auf Felsen und
steinigen Triften niedriger Berge und an sandigen Stellen der Ebene.
Auf dem Thebner Kogel (*Heuff.* Flora 1831 I. 407), zerstreut im Com.
Neutra an vielen Stellen bis in das südl. Com. Trencsin (*Kn.* ZBG. XV.
159, ÖBZ. XIV. 344), bei Hradek im Com. Liptau (*Krz.* PV. V. 113);
ferner auf dem Leithagebirge bei Eisenstadt (*Niessl* ÖBW. VI. 402), bei
Martinsberg im Com. Raab, bei Gran (*Feicht.* Exs.), auf dem Schlossberg
von Sümeg, auf der Halbinsel Tihany (*RK.* 8, 116) und bei Kékút im
Com. Zala, bei Palota im Com. Veszprim (*Kit.* Bar.), Gant im Com.
Stuhlweissenburg, Kér im Com. Tolna (*Hillebr.* ZBV. VII. 40, 41), auf
dem Pilis-Vértes Gebirge und der Pester Ebene (*Kern.* ZBV. VII. 40, 41
Sadl. 184), bei Fünfkirchen (*Nendtv.* ZBG. XIII. 566), überall im Banat
(*Heuff.* 38).

7. A. glomerata *Fenzl.* Auf steinigen oder sandigen Stellen niedriger und gebirgiger Gegenden. Auf der Halbinsel Tihany am Plattensee, im südl. Com. Komorn, auf der Ebene von Vajta im Com. Stuhlweissenburg (*Hillebr.* ZBV. VII. 40, 41, ÖBZ. VIII. 299), auf dem Pilis-
Vértes Gebirge und auf der Pester Ebene (*Sadl.* 184. *Kern.* ZBV.
VII. 261).

8. A. tenuifolia *Cr.* Auf Aeckern bei Theben, Kaltenbrunn und Neudorf im Com. Presburg (*Hol.* PV. I. 16, *Brancs.* ÖBZ. XII. 150), an gleichen Orten im Banat (*Heuff.* 38). Die Standorte bei Ofen und Pest (*Kit.* Add. 207) müssen unrichtig sein, da sie *Sadler* in der Fl. pest. ed. I. 1. 313 auf *Kitaibel's* Autorität aufführt, in der II. Ausgabe aber die ganze Pflanze einfach weglässt.

A. segetalis *L.* Unter der Saat bei Rima Szombat (*Fábry* I. 7). Offenbar unrichtig.

9. ARENARIA L.

1. A. serpyllifolia *L.* Auf Grasplätzen, sandigen Stellen.

2. A. ciliata *L.* A. multicaulis *L.* Auf felsigen Triften der Alpen. Auf dem Grossen Křivan (*Roch.* MS. I. 78), auf den Grenzalpen oberhalb des Grossen Fischsees (*Herb.* Add. 32), auf der Leiten und im Drechselhäuschen der östl. Tatra (*Wahlb.* 132), auf den nördl. Abfällen der Central-Karpaten bis an die Ufer des Schwarzen Dunajec herabsteigend (*Herb.* ZBG. XI. 38), dann auf der Dseameanie, dem Galac und Stol der Rodnaer Alpen (*Baumg.* I. 407—8). Auf dem Sarko im Banat (*Wierzb.* Flora 1845 I. 323)? fehlt bei *Heuffel.*

3. A. biflora *L.* Auf hohen Alpengipfeln. Auf der Dseameanie der Rodnaer Alpen (*Baumg.* I. 407).

4. A. graminifolia *Schrad.* A. procera *Spr.* Alsine Preslii *Reuss* 75. Auf grasigen Stellen und in Wäldern gebirgiger Gegenden. Bei Füred am Plattensee (*Sigm.* 47), auf dem Vaskapu im Com. Gran (*Feicht.* Exs.), bei St. Andrä, Sz. László und Gödöllö im Com. Pest (*Sadl.* 183, *Dorn.* Pest. 5), auf der Matra bei Gyöngyös und Erlau, auf dem Bükhegy (*Reuss* l. c., *Kit.* Add. 205), auf der Mokra bei Boros Jenö im Com. Arad, bei den Herculesbädern und im Donauthale der östl. Banat. Milit. Gr. (*Heuff.* 39). Im Eisenburger Com. (*Pol.* 7)?

* A. tenella *Kit.* in *Schult.* I. 662 et Add. 203. Auf den höchsten Spitzen der Zipser Alpen.

** A. semiteres *Kit.* Hydr. II. 320. An steinigen Stellen bei den Herculesbädern.

* A. subulata *Kit.* Add. 207. Auf dem Blocksberg bei Ofen.

10. MOEHRINGIA L.

1. M. muscosa *L.* An felsigen waldigen Orten der Berg- und Voralpenregion. Durch die ganze nördl. Karpatenkette vom Com. Presburg bis in die Marmaros, aber nicht auf den Central-Karpaten (*Bolla* PV. I. 13, *Wahlb.* 111, *Reuss* 76, *Kit.* Add. 209, *Hazsl.* ÉM. 109, *Herb.* ZBG. XI. 69), dann im Walde Bakony (*Kern.* ZBV. VI. 377), auf dem Badacson am Plattensee (*Kit.* Bar.), bei Fünfkirchen (*Maj.* 7), auf dem Papuk in Slavonien (*Kit.* Slav.), auf der Biharia (*Kern.* Dl. 296), im östl. Banat (*Heuff.* 39).

2. **M. pendula** *Fenzl.* Arenaria pendula *WK.* [c. I. t. 87. Auf Kalkfelsen bei den Herculesbädern und im Donauthale der östl. Banat. Milit. Gr. (*Heuff.* 39).

M. polygonoides *MK.* In Ungarn (*Lang* En. 1)? Auf dem Grossen Křivan (*Roch.* MS. I. 78)?

3. **M. trinervia** *Clairv.* In Gebüschen, Wäldern, an Zäunen niedriger und gebirgiger Gegenden bis in die Voralpenregion (*Wahlb.* 131).

11. HOLOSTEUM L.

1. **H. umbellatum** *L.* H. Heuffelii *Wierzb.* Flora 1842 I. 264. Auf Aeckern, an Rainen, sandigen grasigen Stellen.

12. STELLARIA L.

1. **S. media** *Vill.* Auf wüstem und bebautem Boden.

2. **S. Holostea** *L.* In Vorhölzern, zwischen Gebüsch.

3. **S. palustris** *Ehrh.* S. glauca *With.* Auf nassen Wiesen, in Gräben, Sümpfen. Auf den Donau-Inseln bei Presburg (*Endl.* 433), in den Marchsümpfen bei Magyarfalva (*Matz*), auf dem Schur bei St. Georgen (*Kornh.* PV. III. 2. 34), auf der Hutweide Gerencsér nächst Tirnau (*Krz.* PV. III. 2. SB. 23), durch die ganze nördl. Karpatenkette (*Hazsl.* ÉM. 108), doch finde ich sie speciell nur in der südl. Zips (*Geners.* 32) und im Com. Sáros (*Hazsl.* Sár. 220) angegeben; ferner bei Schwarzwald, St. Johann und Leiden im Com. Wieselburg (*Wierzb.* Mos.), überall im Pester Com. (*Sadl.* 186), hinter dem Drachenbrunnen bei Fünfkirchen (*Kern.* ZBG. XIII. 572).

4. **S. graminea** *L.* S. arvensis *Geners.* Auf Wiesen, grasigen buschigen Stellen.

5. **S. Frieseana** *Ser.* Auf der Tatra ohne nähere Angabe (*Gris.* It. 305 nach dem *Mauksch*'schen Herbar). In *Hazsl.* ÉM. 108 wird hierüber keine Aufklärung ertheilt.

6. **S. uliginosa** *Murr.* S. Alsine *Reich.* An sumpfigen waldigen Stellen, auf Torfmooren niedriger und gebirgiger Gegenden bis in die Voralpenregion. Auf dem Gemsenberg bei Presburg (*Hol.* PV. I. 16), in den Marchsümpfen (*Krz.* PV. II. 1. 39) und bei Vozokán im Com. Neutra (*Kn.* ZBG. XV. 160), häufig in der nördl. Arva (*Vitk.* ZBG. XIII. 1088), im Gebiete der Central-Karpaten stellenweise (*Wahlb.* 131), bei Schmölnitz in der südl. Zips (*Kit.* Add. 210), Nagy Röce im Com. Gömör (*Reuss* 79) und wohl noch an vielen Orten der nördl. Karpaten (*Hazsl.* ÉM. 108). In Sirmien (*Rumy* 54)? Im Banat (*Roch.* Reise 82)? fehlt bei *Heuffel.*

7. **S. nemorum** *L.* In feuchten Wäldern besonders gebirgiger und subalpiner Gegenden. Durch die ganze nördl. Karpatenkette von Presburg (*Endl.* 432) bis in das Com. Szatmár (*Roch.* MS. II. 53, *NS.* 14, *Hazsl.* ÉM. 109, *Höck.* ZBG. XV. 57, *RK.* 46), ferner bei Ödenburg

(*Szont.* ZBG. XIV. 495), im Com. Eisenburg (*Pol.* 18), bei dem Bischofsbad nächst Grosswardein (*Steff.* ÖBZ. XIV. 183), auf der Biharia (*Kern.*
Dl. 124, 344), im östl. Banat (*Heuff.* 40).

S. dichotoma. In Wäldern in Ungarn (*Kit.* in *Schult.* I. 671) und
zwar auf den Donau-Inseln bei Presburg (*Lumn.* 179) und im Laugen-
wald bei Kesmark (*Geners.* 33). Was damit gemeint sei, weiss ich nicht.
Die echte S. dichotoma *L.* wächst in Sibirien (*Ledeb.* Ross. I. 380).
S. latifolia *Kit.* Add. 209 ist dieselbe Pflanze.

* **S. Reichenbachii** *Wierzb.* in *Reichb.* Ic. XV. p. 34. An Bergbächen
zwischen Prigor und Neu Borloven der roman. banat. Milit. Gr. Eine
selbst *Heuffel* unbekannte Art (*Heuff.* 40).

* **S. glandulosa** *Kit.* in *Schult.* I. 673—4 et Add. 211. Im Völkthale
der südl. Tatra.

13. CERASTIUM L.

1. C. trigynum *Vill.* Stellaria cerastoides *L.* S. hypericifolia *Geners.* 33, nicht *Wigg.* S. multicaulis *Willd.* Unter Krummholz
und an Schneefeldern der Alpenregion. Auf dem Rohač, der Rackova,
Pisna, dem Mönch, am Grünen und Schwarzen See der Hohen Tatra
(*Wahlb.* 131, *Üchtr.* ÖBW. VII. 351, *Herb.* Select. 13), auf der Dzymbronja
der Čerua Hora (*Herb.* ZBG. X. 621), auf dem Pop-Ivan und der Petrosa
in der Marmaros (*Kit.* Add. 210), auf den Banat. Alpen (*Heuff.* 39).
C. trigynum auf Aeckern an der Theiss im Com. Heves (*RK.* 91)
muss ein Schreibfehler sein.

2. C. anomalum *WK.* Ic. I. t. 22. Stellaria viscida *MB.* Auf
Aeckern, Puszten, an salzigen Stellen der Ebene. Im Sand der Donau-
Inseln bei Presburg (*Endl.* 432), in den Umgebungen von Neutra (*Kn.*
ZBG. XV. 160), bei Levenc im Com. Bars (*Kn.* ÖBZ. XV. 58), Rima
Szombat im Com. Gömör (*Fábry* I. 7), am Hernád in den Com. Abauj
und Zemplin (*Reuss* 78, *Pawl.* PV. I. 27), häufig in den Com. Borsod,
Bihar, Heves, Gross-Kumanien (*WK.* l. c. 21, *RK.* 16, 91) und Pest
(*Sadl.* 186); ferner bei Ung. Altenburg (*Vuezl*), zwischen Sz. Miklós und
Raab (*Kn.* ÖBZ. XIV. 221), im nördl. Com. Gran (*Feicht.* Ad. 282), bei
Rétszilas im Com. Stuhlweissenburg (*Hillebr.* ZBV. VII. 42), bei Fünf-
kirchen (*Nendtv.* 20), bei Semlin (*Panč.* Sirm.), gemein im Banat
(*Heuff.* 39).

3. C. glomeratum *Thuill.* C. rotundifolium *Kit.* in *Wahlb.*
137 et in Add. 212, *RK.* 91. Bei den ältern Aut. bald als C. viscosum
bald als C. vulgatum. Auf Wiesen, Grasplätzen niedriger und gebirgiger Gegenden bis in die untere Alpenregion. In den Com. Presburg
(*Endl.* 434), Arva (*Vitk.* ZBG. XIII. 1088), Liptau und Zips (*Wahlb.* 137,
Kit. Arv.), bei Neutra (*Kn.* ZBG. XV. 160), Neu-Sohl (*NS.* 18), Lipóc
und Eperjes im Com. Sáros (*Hazsl.* Sár. 220, ÉM. 106), bei Miskolc
(*Reuss* 80), auf der Matra (*Kit.* Ber.), bei Apáti (*Steff.* ÖBZ. XIV. 183),
Grosswardein und Sz. Márton im Com. Bihar (*Kit.* Add. l. c.); ferner
auf dem Leithagebirge (*N.*), bei Ung. Altenburg (*Vuezl*), bei Szalabér

im Com. Zala (*Kit.* Add. l. c.), überall im Com. Pest (*Sadl.* 187), bei
Fünfkirchen (*Nendtv.* 20), bei Futak im Com. Bács (*Schnell.* PV. III.
1. 5), bei Semlin (*Panč.* Sirm.), im Banat (*Heuff.* 40). Da diese Art von
den ältern Aut. als gemeine Pflanze aufgeführt wird, was sie nicht ist,
so scheint sie oft mit C. triviale oder C. semidecandrum verwechselt
worden zu sein, daher nicht alle obige Standorte richtig sein dürften.

4. C. brachypetalum *Desp.* C. barbulatum *Wahlb.* 137. Auf
grasigen buschigen Plätzen hügliger und gebirgiger Gegenden. Auf dem
Kalvarienberg bei Presburg (*Hol.* PV. I. 16), auf den Weinbergen bei
Neutra (*Kn.* PV. VII. 134), auf dem Órhegy bei Levenc im Com. Bars
(*Kn.* ÖBZ. XV. 58), stellenweise in den Com. Arva (*Vitk.* ZBG. XIII.
1088), Liptau und Zips (*Wahlb.* l. c., *Hausskn.* ÖBZ. XIV. 208), bei
Neu-Sohl (*NS.* 16), Kaschau, Eperjes (*Hazsl.* ÉM. 106) und Téhany im
Com. Sáros, auf dem Bükhegy und der Matra (*Reuss* 80); ferner auf
dem Leithagebirge (*N.*), bei Gran (*Feicht.* Exs.), auf dem Pilis-Vértes
Gebirge (*Kern.* ZBV. VII. 260), bei Fünfkirchen (*Nendtv.* 20), bei Semlin
(*Panč.* Sirm.), im Banat (*Heuff.* 40).

5. C. semidecandrum *L.* C. pumilum *Curt.* C. glutinosum
Fries. Auf Grasplätzen, Erdabhängen, sandigen Hügeln.

6. C. triviale *Link.* Bei den ältern Aut. bald als C. vulgatum
bald als C. viscosum. Auf Wiesen, Triften, an buschigen Stellen niedriger und gebirgiger Gegenden bis in die Alpenregion. C. longirostre
Wichura im Kupferschächtenthale der Tatra (*Üchtr.* ÖBW. VII. 360)
scheint mir nur eine langfrüchtige Var. des C. triviale zu sein. Auch
C. alsinifolium *Tausch* Syll. ratisb. II. 243 ist nach *Hazsl.* ÉM. 107
nur eine kleinblättrige Var. des C. triviale und wird von ihm bei
Eperjes angegeben.

7. C. silvaticum *WK.* Ic. I. t. 97. In feuchten Bergwäldern. Auf der
Javořina, dem Hauran (*Krz.* PV. II. 1. 39), dem Temetvéuy- und Inovec-
Gebirge (*Kell.* ÖBZ. XIV. 286), bei Neutra und Unter-Köröskény im Com.
Neutra (*Kn.* ZBG. XV. 160), dann nach *Hazsl.* ÉM. 107 überhaupt im
nördl. und mittleren Theile seines Gebietes aber selten; ferner auf dem
Rosaliengebirge (*N.*), im Walde Bakony (*Kornh.* PV. IV. SB. 88), bei
Gálosfa und in der Zselic des Com. Somogy, bei Sz. Márton nächst Gross-
wardein (*Kit.* Add. 211), im Stadtwalde von Fünfkirchen (*Nendtv.* ZBG.
XIII. 570), in Sirmien (*WK.* l. c. 101), im Banat (*Heuff.* 41).

8. C. arvense *L.* C. strictum *Hänke.* C. matrense *Kit.* in *Spr.*
Pug. I. 33 et Add. 216. C. caespitosum *Kit.* in *Reichb.* Germ. 798—9,
et Add. 220, *RK.* 106. Auf Weiden, Grasplätzen, an Rainen niedriger
und gebirgiger Gegenden bis in die Alpenregion (*Wahlb.* 138), fehlt
jedoch auf dem Pilis-Vértes Gebirge (*Kern.* ZBV. VII. 278).

9. C. repens *L.* An steinigen Stellen der Banat. Alpen (*Heuff.*
41). Scheint, wenigstens was die von *Heuffel* citirte Pflanze *Reichb.* Ic.
XVI. f. 4984 et Germ. 799 betrifft, eine graufilzige Var. des C. arvense
zu sein.

10. C. alpinum *L.* Wollig-behaarte Formen, welche in Ungarn
vorherrschen, sind: C. lanatum *Lam.*, C. eriophorum *Kit.* in *Schult.*

I. 694 et Add. 217, C. villosum *Baumg.* I. 424. Auf felsigen Triften der Alpen. Auf der Babia Góra (*RK.* 66), dem Choč (*Szont.* ZBV. XIII. 1089), der Rackova, am Fuss des Polnischen Kammes, auf der östl. Tatra (*Wahlb.* 139, *Szont.* ÖBZ. XIV. 282), auf dem Pop-Ivan der Marmaros (*RK.* 46), auf der Petrosa (*Alth* Exs.), der Dscameanie, dem Galac und Stol der Rodnaer Alpen (*Baumg.* I. 423—4), auf dem Sarko und Muraru der Banat. Alpen (*Roch.* Ban. 33). Nach *Schur* Sert. 14 wäre zwar das auf den Rodnaer Alpen vorkommende C. alpinum *Baumg.* eine Var. glutinoso-lanata des C. latifolium *L.*, allein *Baumgarten* erwähnt mit keinen Worte weder eines klebrigen noch eines wolligen Ueberzuges·

11. C. latifolium *L.* Auf Alpengipfeln, an Schneefeldern. Auf der Babia Góra (*Hazsl.* ÉM. 107), der Tomanova polska der Liptauer Central-Karpaten bis in das Thal des Schwarzen Dunajec herabsteigend (*Herb.* ZBG. XI. 52), auf dem Grossen Křivan, bei den fünf Seen (*Krz-* ÖBZ. X. 149, PV. V. 114) und am Laugen See der Hohen Tatra (*Wahlb.* 139), im Drechselhäuschen der östl. Tatra (*Hausskn.* ÖBZ. XIV. 214), auf der Dscameanie der Rodnaer Alpen (*Baumg.* I. 425).

12. C. grandiflorum *WK.* Ic. II. t. 168 jedoch nur die minder behaarte Var. b. banaticum *Roch.* Ban. p. 33 t. 2 oder C. banaticum *Heuff.* 41. An felsigen Stellen bei den Kolumbačer Höhlen, im Donauthale zwischen Bersaska und Sviuica, im Kazan, im Felsenthale Prolaz bei den Herculesbädern der Banat. Milit. Gr. (*Roch.* Ban. 1. c., Reise 5). Die filzige Stammart fand *Kitaibel* auf den croat. Alpen. C. banaticum *Kit.* in *Roch.* Ban. 26 et Add. 214 mit drei Griffeln ist eine andere unbekannte Pflanze.

* C. microcarpum *Kit.* in *Schult.* I. 696 et Add. 219. Auf dem Choč, in Sirmien.

* C. divaricatum *Kit.* in *Roch.* Ban. 26 et Add. 215. Im Banat.

* * C. umbrosum *RK.* 16. Im Walde bei Heves.

* C. pauciflorum *Kit.* Add. 213. Auf den Alpen der Com. Liptau, Sohl, Zips und Bereg.

* C. pilosissimum et * C. obtusatum *Kit.* Add. 215, 219. *Kitaibel* erhielt beide von *Mauksch,* also höchst wahrscheinlich aus der Zips.

* C. Szalabereuse *Kit.* Add. 220. Bei Szalabér im Com. Zala.

* C. biflorum *Kit.* Add. 221. An Alpenbächen in der Zips.

14. MÖNCHIA Ehrh.

1. M. mantica *Bartl.* Auf Wiesen, grasigen Hügeln. Am Fuss der Matra bei Vécs und Kápolna im Com. Heves (*Kit.* Ber.), im Auwinkel bei Ofen (*Bayer* ÖBZ. XIII. 47), am westl. Ufer des Plattensees (*Sigm.* 47), bei Mesztegnyö im Com. Somogy (*Kit.* Slav.), in den Weingärten von Fünfkirchen (*Nendtv.* ZBG. XIII. 570), bei Essek (*WK.* Ic. 1. 100), in Sirmien (*Kit.* Add. 222), bei den Herculesbädern, um Toplec, Alt-Orsova (*Roch.* Reise 12, *Heuff.* 40).

15. MALACHIUM Fries.

1. **M. aquaticum** *Fries.* In feuchten Auen, an Ufern, sumpfigen Stellen.

16. GYPSOPHILA L.

1. **G. repens** *L.* Auf Kalkfelsen der Voralpen- und Alpenregion. Am Sattel des Dumbier, auf dem Rozsudec, Choč (*Stur* ÖBZ. IX. 18), der Béla Skala, dem Volovec (*Krz.* ÖBZ. X. 158), im Kupferschächten-thale (*Üchtr.* ÖBW. VII. 360) und im Drechselhäuschen der östl. Tatra (*Wahlb.* 124), auf den Piennineu in Galizien hart an der Zipser Grenze (*Herb.* Add. 31), auf den Rodnaer Alpen, wenigstens auf der siebenbürg. Seite (*Baumg.* I. 384).

2. **G. fastigiata** *L.* G. arenaria *WK.* Ic. I. t. 41. In sandigen Föhrenwäldern des Marchthales in den Com. Presburg und Neutra (*Bolla* PV. I. 14, *Krz.* PV. II. 1. 36), häufiger auf Sandhügeln und Grassteppen der Com. Raab (*Wierzb.* Mos., *Schult.* I. 651), Komorn, Gran, Hont, Stuhl-weissenburg, Pest, Szabolcs und in Jazygien (*WK.* l. c. 40, *Sadl.* 178, *Hillebr.* ZBV. VII. 41 und ÖBZ. VIII. 299, *RK.* 16, *Feicht.* Ad. 282), dann im Com. Bács und in der westl. Banat. Milit. Gr. (*Heuff.* 32). Bei Rima Szombat (*Fábry* I. 7)?

3. **G. paniculata** *L.* G. effusa *Tausch.* An sandigen Stellen, Dämmen, Rainen, auf Grassteppen in den Com. Presburg (*Endl.* 434), Neutra (*Kn.* ZBG. XV. 160), Heves, Borsod, Szabolcs, Bihar und in Jazygien (*RK.* 16, 46, 127); ferner in den Com. Raab, Gran (*Kit.* Sopr.), Komorn (*Hillebr.* ÖBZ. VIII. 299), Eisenburg (*Pol.* 11), Veszprim, Zala, Somogy, Stuhlweissenburg (*Kit.* Bar., *Sigm.* 48) und Pest (*Sadl.* 178), bei Fünfkirchen (*Maj.* 7), Jankovac im nördl. Com. Bács (*Schnell.* PV. IV. 81), in der westl. Banat. Milit. Gr. (*Heuff.* 31).

G. acutifolia *Fisch.* An sandigen Stellen in Ungarn und im benach-barten Oesterreich (*Host* Aust. I. 516), in Oesterreich wächst sie indessen nicht. Bei Presburg und längs der Donau mit G. paniculata (*Reuss* 61)? Bei Deliblat in der serbisch-banat. Milit. Gr. (*Roch.* Ban. 2 mit ?) fehlt auch in dessen Reise 56 und in *Heuff.* 31—2.

4. **G. muralis** *L.* Auf feuchten Aeckern, in Gruben, halbtrockenen Lachen niedriger und hügliger Gegenden.

17. DIANTHUS L.

1. **D. saxifragus** *L.* Tunica saxifraga *Scop.* Auf Mauern, Felsen, an sandigen Stellen niedriger und gebirgiger Gegenden, aber nicht in Ober-Ungarn.

2. **D. prolifer** *L.* D. diminutus *Wolfn.* ÖBZ. VIII. 353. An san-digen oder steinigen Stellen, auf Grasplätzen, Aeckern niedriger und hügliger Gegenden.

D. velutinus *Guss.* Im Walde Sz. Pál im Com. Raab (*Ebenh.* PV. V. 50)? Ist eine Litoralpflanze.

3. D. Armeria *L.* D. Pseudarmeria *Roch.* Reise 49 nach *Heuff.*
32, nicht *MB.* D. Armeriastrum *Wolfn.* ÖBZ. VIII. 318 nach Original-
Exemplaren. In Wäldern hügliger und gebirgiger Gegenden.
4. D. barbatus *L.* D. latifolius *Willd.* Häufig auf Waldwiesen
und buschigen Hügeln durch die Com. Zala, Somogy, Baranya, Verovitic
und Požega (*Kit.* Bar. et Slav., *RK.* 77), auch bei Güssing im Com.
Eisenburg (*Clus.* Hist. 287).
β. alpinus (D. compactus *Kit.* in *Schult.* I. 654). An felsigen
Stellen der Alpen, besonders der Krummholzregion, aber nur auf den
östl. Karpaten. Auf dem Pikuj (*Hück.* ZBG. XV. 55) und der Bersava
im Com. Bereg, dem Rozsály und Gutin im Com. Szatmár, dem Pop-Ivan
und der Petrosa in der Marmaros (*Kit.* Add. 222), auf der Biharia (*Kern.*
DL. 141, 338), auf den Banat. Alpen (*Heuff.* 32).
5. D. Carthusianorum *L.* Auf Wiesen und buschigen Stellen
niedriger und gebirgiger Gegenden. Varietäten, oft auch nur unbedeutend
abweichende Formen sind:
a. D. atrorubens *All.* Auf der Kapitelwiese gegenüber von Presburg
(*Bolla* PV. I. 14), auf den Kleinen Karpaten von Bibersburg bis Wag-
Neustadtl (*Krz.* PV. II. 1. 36), auf der Javořina, bei Skalic (*Hol.* PV.
VII. 85), auf dem Temetvény- und Inovec-Gebirge (*Kell.* ÖBZ. XIV. 286),
bei Hubina, Privic und Üzbég im Com. Neutra (*Kn.* ZBG. XV. 160), bei
Nemes-Podhragy (*Kn.* ÖBZ. XIV. 343) und Sillein im Com. Trencsin
(*Rowl.* PV. III. 1. SB. 22); ferner bei Csáktornya auf der Murinsel (*RK.*
8), bei Fünfkirchen (*Nendtv.* ZBG. XIII. 567), in Sirmien (*Rumy* 52),
bei Grosswardein (*Steff.* ÖBZ. XIV. 183), im Banat (*Roch.* Reise 49).
Eine südl. Pflanze (*Reichb.* Germ. 804, *Koch* Syn. 103), daher die ober-
ungarischen Standorte mir verdächtig vorkommen.
b. D. diutinus *Reichb.* lc. VI. p. 24 f. 729, XVI. f. 5017, nicht *Kit.* Bei
Tó Almás im Com. Pest (*Reichb.* l. c.) und bei Perjamos im Com. Torontál (*Wolfn.* ÖBZ. VIII. 351).
c. D. polymorphus *Wierzb.* in *Reichb.* Ic. XVI. p. 44 n. 5017 b., nicht
MB. Auf der Skofajna bei Majdan (*Reichb.* l. c.) und bei Csiklova im
Com. Krassó, bei den Herculesbädern und im Donauthale der Banat.
Milit. Gr. (*Heuff.* 32). D. banaticus *Heuff.* in *Gris.* It. 301 scheint dieselbe Pflanze zu sein.
d. D. dubius *Roch.* Reise 49 im Banat, nicht *Hornem.*, welcher mit
D. plumarius *L.* verwandt ist.
e. D. sabuletorum *Heuff.* ÖBZ. VIII. 26, Ban. 32. Auf sandigen Wiesen
der westl. Banat. Milit. Gr.
6. D. polymorphus *MB.* D. diutinus *Kit.* in *Schult.* I. 655 et
Add. 226. Auf Puszten und sandigen Hügeln. Bei Bogát im Com. Szabolcs,
Sz. Márton Káta (*RK.* 47), Waizen, Gödöllő, Izsaszeg, Csikos (*Sadl.* 176)
und Pótharasztya im Com. Pest, bei Kis-Telek im Com. Csongrád (*Kit.*
Add. l. c.).
7. D. Balbisii *Ser.* D. capitatus *Roch.* Reise 49, nicht *DC.*
D. glaucophyllus *Reichb.* Ic. XVI. f. 5015 c. An felsigen Stellen
bei den Herculesbädern und auf dem Donau-Bergzuge der östlichen

Banat. Milit. Gr. (*Heuff.* 33). Von D. liburnicus *Bartl.* als Art wohl nicht verschieden.

8. D. Seguieri *Vill.* Die Var. mit kleineren dichter gebüschelten Blüten (D. collinus *WK.* Ic. I. t. 38) auf buschigen Hügeln, an Wald- und Weingartenrändern bei Presburg am Fuss der Kleinen Karpaten (*Endl.* 436) und auf der Kapitelwiese (*Bolla* PV. I. 14), auf dem Zobor, bei Geszte, Gross–Lapás und Lapás–Gyarmat im Com. Neutra, bei Levenc im Com. Bars (*Kn.* ZBG. XV. 160, ÖBZ. XIV. 107), bei Rima-Szombat, Rima-Szécs und Putnok im südl. Com. Gömör, auf der Matra, dem Bükhegy, der Hegyallja, bei Kaschau, Tokay (*RK.* 16, 127, *Reuss* 62, *Pawl.* PV. I. 26, 29), bei Majtény, Erdőd und Barlafalú im Com. Szatmár (*RK.* 47); ferner im Eisenburger Com. (*Kit.* Add. 224), auf dem Vaskapu bei Gran (*Feicht.* Exs.), am westlichen Ufer des Plattensees (*Sigm.* 48), auf dem Pilis-Vértes Gebirge (*Kern.* ZBV. VII. 264, 269), bei Csurgó im Com. Somogy (*RK.* 8), auf dem Jakobsberg bei Fünfkirchen (*Kit.* Bar.), bei Veršec und Weisskirchen im südl. Banat (*Heuff.* 33). Die Var. mit grösseren und locker gebüschelten Blüten (D. asper *Lej.*) bei Cjfer im Com. Presburg (*Krz.* PV. III. 2. SB. 22).

9. D. trifasciculatus *Kit.* in *Schult.* I. 654. D. lancifolius *Tausch.* In Wäldern und auf buschigen Hügeln. Am Fuss des Makár bei Fünfkirchen (*Nendtv.* ZBG. XIII. 570), bei Magura, Dognasca und Oravica im Com. Krassó, bei den Herculesbädern und auf dem Donau-Bergzuge der östl. Banat. Milit. Gr. (*Heuff.* 33). Von D. collinus *WK.* wenig verschieden.

10. D. deltoides *L.* Auf Berg- und Waldwiesen hügliger und gebirgiger Gegenden. Die Var. D. glaucus *L.* bei Teplic in der Zips (*Hazsl.* ÉM. 105) und im südl. Ungarn (*Schult.* I. 658).

11. D. nitidus *WK.* Ic. II. t. 191. An feuchten schattigen Stellen der Voralpen bis in die Krummholzregion. Auf den Karpaten von Ober-Kubin im Com. Arva (*Szont.* ZBG. XIII. 1089), im Felsenthale Sulov im Com. Trencsin (*Kit.* Add. 228), auf der Fatra, dem Rozsudec, Choč, allen Kalkvorlagen der Central-Karpaten und der Liptau-Sohler Alpen (*Wahlb.* 126, *Stur* ÖBZ. IX. 19). D. alpinus *RK.* 66 (nicht *L.*) auf dem Hermanec im Com. Turóc und D. glacialis *Szont.* ZBG. XIII. 1089 (nicht *Hänke*) auf dem Rozsudec gehören der Kalkunterlage wegen allem Anscheine nach hieher.

12. D. glacialis *Hänke.* D. alpinus *Wahlb.* 125 und der meisten älteren ung. Aut. (*Hazsl.* ZBV. I. 204), auch Üchtr. ÖBW. VII. 353, XIV. 386, nicht *L.* Auf hohen Alpentriften der Central–Karpaten von der Rackova bis auf die östl. Tatra, besonders in der Nähe der Alpenseen (*Wahlb.* l. c., *Grzey.* ÖBW. III. 258, *Berd.* ÖBW. V. 316, *Üchtr.* ÖBW. VII. 353, 360, 370, *Krz.* PV. V. 113), dann auf dem Csiblesz der Rodnaer Alpen (*Baumg.* I. 393).

D. Caryophyllus *L.* In Weingärten bei Ödenburg (*Szont.* ZBG. XIV. 495), jedenfalls nur verwildert.

13. D. plumarius *L.* Aendert ab:

α. **saxatilis** (D. arenarius *Towns.* 488 t. 16, D. virgineus
Lumn. 176, D. hortensis *Schrad.*, D. hungaricus *Pers.* oder doch
Kit. Add. 227, D. saxatilis *Stur* ÖBZ. IX. 22? *Vitk.* ZBG. XIII. 1089?).
Auf Kalkfelsen der Berg- und Voralpenregion. Auf dem Thebner Kogel
(*Endl.* 436), auf dem Ostriž bei Březova (*Slob.* Lot. 1861 p. 251) und
bei Cachtice im nördl. Com. Neutra (*Kell.* ÖBZ. XV. 52), auf dem
Löwenstein bei Lednic (*Roch.* Pest. Mus.) und auf den Ruinen von
Strečno im Com. Trencsin (*Üchtr.* ÖBW. VII. 377), auf der Babia Góra
(*Kolb.* ZBG. XII. 1192), bei Zazriva und Ober-Kubin im Com. Arva, auf
dem Rozsudec (*Szont.* ZBG. XIII. 1089), Choč, den Vorlagen der Liptauer
Central-Karpaten bis in das Wagthal bei Hradek, auf der östl. Tatra
(*Wahlb.* 126), auf der Ohniště im Com. Liptau (*Roch.* MS. I. 98); ferner
auf dem Pilis-Vértes Gebirge (*Kern.* ZBV. VII. 260) bis Csákvár (nicht
Csurgó, ein Schreibfehler) im Com. Stuhlweissenburg (*RK.* 8), bei Fünfkirchen (*Maj.* 7). D. serotinus auf Felsen bei Gant im Com. Stuhlweissenburg (*Hillebr.* ZBV. VII. 40) und D. arenarius bei der Glashütte
von Erdöd im Com. Szatmár (*RK.* 47) dürften dem Standorte nach
richtiger hierher zu ziehen sein. Was D. hungaricus (insofern
darunter eine den Karpaten eigenthümliche Art verstanden wird) im
Demanovka-Thale des südl. Com. Liptau und im Thale von Košcielisko
der galiz. Central-Karpaten (*Hausskn.* ÖBZ. XIV. 210, 211, 217) sein
soll, weiss ich nicht.

β. **arenarius** (D. serotinus *WK.* Ic. II. t. 172. D. arenarius *RK.*
47, insoweit die Pflanze bei Bag im Com. Pest gemeint ist. D. plumarius
und D. arenarius *Krz.* PV. II. 1. 37). An sandigen Stellen der Ebene
In den sandigen Föhrenwäldern des Marchthales in den Com. Presburg
und Neutra (*Endl.* 437, *Krz.* 1. c.), auch bei Tirnau (*Horv.* 39), an der
Rima im Com. Gömör (*Fábry* I. 7), bei Bogát und Karáz im Com.
Szabolcs, Namény im Com. Bereg, Ilk im Com. Szatmár (*RK.* 47); ferner
längs der Donau in den Com. Raab (*Ebenh.* PV. V. 50), Komorn (*Hillebr.*
ÖBZ. VIII. 299) und Gran (*Kit.* Sopr., *Feicht.* Ad. p. 282 n. 656), auf
den Ebenen des Pester Com. (*Sadl.* 178) und in Jazygien (*Kit.* Add. 228),
bei Kér im Com. Tolna (*Hillebr.* ZBV. VII. 41), Jankovać im Com. Bács
(*Schnell.* PV. IV. 81), im Flugsand der westl. Banat. Milit. Gr. (*Heuff.* 33).
Zwischen beiden Var. besteht kein anderer Unterschied, als dass die
Var. *α* auf Felsen, die Var. *β* im Sand der Ebene wächst, dass letztere
später blüht und meistens einen höhern mehrblütigen Stengel hat.

14. D. superbus *L.* D. Wimmeri *Wch.*, die Voralpenform. Auf
nassen Wiesen der Ebene und an waldigen Stellen der Berg- und Vor-
alpenregion. Auf dem Gemsenberg bei Presburg (*Endl.* 437), auf den
Marchwiesen des Com. Neutra (*Krz.* PV. II. 1. 37), auf der Babka des
Löwensteingebirges im Com. Trencsin (*Roch.* MS. II. 38), bei Bobro und
Turdosin im Com. Arva (*Vitk.* ZBG. XIII. 1089), am Fuss des Grossen
Křivan und in den Wäldern bei Kesmark (*Wahlb.* 125), auf der Leiten
(*Mauksch*) und im Kupferschächtenthale der östl. Tatra (*Üchtr.* ÖBW.
VII. 360), in den Com. Gömör und Sáros, im Ecsédi-Láp im Com.

Szatmár (*Kit.* Add. 227); ferner auf dem Leithagebirge (*Niessl* ÖBW. VI. 402), bei Kroisbach, Wandorf und Kreuz im Com. Ödenburg (*Szont.* ÖBZ. XIV. 495), im Com. Eisenburg (*Pol.* 10), im Hanság, im Walde Bakony, bei Keszthely und Tapolca im Com. Zala (*Kit.* Add. l. c. et Bar.), auf dem Pilis-Vértes Gebirge und den Ebenen des Pester Com. (*Sadl.* 178, *Kern.* ZBV. VII. 265), iu Sirmien (*Kit.* Add. l. c.), im östl. Banat (*Heuff.* 33).

15. D. petraeus *WK.* Ic. III. t. 222. Auf Kalkfelsen der Pétra muncellu in der Biharia (*Kern.* Exs.), bei Csiklova im Com. Krassó, bei den Herculesbädern und auf dem Donau-Bergzuge der östl. Banat. Milit. Gr. (*Heuff.* 33).

18. SAPONARIA L.

1. **S. officinalis** *L.* In Auen, Geröllen, an Rainen.
2. **S. glutinosa** *MB.* An Waldrändern zwischen Plaviševica und Svinica der roman. banat. Milit. Gr. (*Heuff.* 34).
3. **S. Vaccaria** *L.* Unter dem Getreide, auf Brachen.

19. CUCUBALUS L.

1. **C. bacciferus** *L.* In Auen und feuchten Gebüschen besonders niedriger Gegenden.

20. SILENE L.

1. **S. gallica** *L.* S. anglica *L.* S. quinquevulnera *L.* S. conica *Geners.* 32, nicht *L.* Auf Aeckern und sandigen Stellen besonders gebirgiger Gegenden. In den Föhrenwäldern bei Sassin und Búr (*Krz.* PV. II. 1. 37), dann am Fuss der Javořina im Com. Neutra (*Hol.* PV. I. 71), bei Láz (*Roch.* MS. II. 51) und Rovně im Com. Trencsin (*Kit.* Add. 230), in den Thälern der Com. Arva (*Szont.* ZBG. XIII. 1089), Liptau und Zips (*Wahlb.* 129, *Hausskn.* ÖBZ. XIV. 208), bei Rima Szombat (*Fábry* I. 7) und Murany-Lehota im Com. Gömör, Eperjes und Stebnik im Com. Sáros (*Reuss* 67), Tálya im Com. Zemplin (*Hazsl.* Exs.), Gladua im nördl. Com. Krassó (*Heuff.* 35).

S. vespertina *Retz.* In Wäldern bei Unter-Kubin, Medzihradne und Zazriva im Com. Arva (*Szont.* ZBG. XIII. 1089)? Ist eine Litoralpflanze.

2. **S. dichotoma** *Ehrh.* S. nova *Wint.* t. 8. Auf Bergwiesen, Aeckern, an Weingartenrändern. Auf dem Pilis-Vértes Gebirge (*Kern.* ZBV. VII. 261, 271), besonders um Ofen (*Sadl.* 181), bei Várallya im Com. Tolna (*Kit.* Slav.), Hoszúhetény im Com. Baranya (*WK.* Ic. I. 28), in Sirmien (*Heuff.* 35), im östl. Com. Arad (*Kéry* 21), im Banat (*Kit.* Add. 231), fehlt jedoch bei *Heuffel.* Auf Weinbergen der südl. Slovakei, an der mährischen Grenze und bei Presburg (*Reuss* 67)?

3. **S. Gallinyi** *Heuff.* in *Reichb.* Germ. 815, Flora 1833 l. 358. Zwischen Gebüsch im Černa-Thale bei Mehadia, häufiger an Ackerrändern bei Ogradina der roman. banat. Milit. Gr. Nach *Vis.* Dalm. III. 166 von S. trinervia *Seb.* et *Maur.* nicht verschieden.

4. **S. viscosa** *Pers.* Auf Wiesen, Weiden, offenen Waldstellen,
vorzüglich niedriger Gegenden. Im Marchthale (*Mat:*) und bei Tirnau
im Presburger Com. (*Krz.* PV. II. 1. 37), bei Ürméuy im Com. Neutra
(*Roch.* MS. II. 51), auf der Bory im Com. Arva (*Vitk.* ZBG. XIII. 1089),
bei Rima Szombat im Com. Gömör (*Fábry* I. 7), am Sajo im Com. Borsod (*Reuss* 68), bei Poroszló im Com. Heves (*RK.* 47), bei Grosswardein
(*Steff.* ÖBZ. XIV. 183); ferner am Neusiedler See, bei Parndorf (*N.*),
Ung. Altenburg (*Vuezl*), im Walde Bakony (*Kornh.* PV. IV. SB. 87),
bei Dég und Hodos im Com. Veszprim (*RK.* 117), bei Csenke im Com.
Gran (*Feicht.* Exs.), bei Ofen, auf den Ebenen des Pester Com. (*Sadl.*
180, *Kern.* ZBV. VII. 272), bei Vajta im Com. Stuhlweissenburg, Kér
im Com. Tolna (*Hillebr.* ZBV. VII. 40), auf den Ebenen des Banats
(*Heuff.* 35).

5. **S. multiflora** *Pers.* Cucubalus novus *Wint.* f. 47. C. multi-
florus *WK.* Ic. I. t. 56. Auf Wiesen der Ebene. Bei St. Johann an der
March (*Bolla* PV. I. 14) und bei Szerdahely im Com. Presburg (*Schill.*
ÖBZ. XIV. 386), am Neusiedler See (*N.*), bei Raab (*Widersp.* Exs.), in
den Com. Stuhlweissenburg, Pest und Szatmár (*WK.* l. c. 57, *Sadl.* 180),
bei Debrecin (*Janka* ÖBZ. XIV. 320), in der westl. Banat. Milit. Gr.
(*Heuff.* 35).

6. **S. italica** *Pers.* Aendert ab:

α. **laxiflora** (Cucubalus mollissimus *WK.* Ic. III. t. 248.
C. pilosus *WK.* in *Willd.* Berol. I. 471). Im Walde Hodos im südöstl.
Com. Veszprim (*RK.* 117), in den Wäldern Sirmiens und des Banats
(*WK.* l. c. 276, *Heuff.* 36).

β. **subdensiflora** (S. nemoralis *WK.* Ic. III. t. 249). An waldigen
steinigen Orten gebirgiger und subalpiner Gegenden. Durch die nordwestl. Karpatenkette von der Malenica im Com. Trencsin (*Roch.* MS.
II. 51) bis in das Com. Sáros (*Hazsl.* ÉM. 103, Sár. 220, *NS.* 17), dann
in Sirmien (*WK.* l. c. 277) und im Banat (*Heuff.* 36).

7. **S. nutans** *L.* In Wäldern, Holzschlägen, auf Wiesen, vorzüglich
gebirgiger Gegenden bis in die Krummholzregion (*Wahlb.* 128). S. infracta *WK.* Ic. III. t. 243 p. 237 auf den Voralpen der Zips ist eine
kahle Var., S. livida *Willd.* im Banat (*Heuff.* 36) eine Var. mit unterseits bläulichgrünen Blumenblättern. Auf dem Leithagebirge hinter
Kaisersteinbruch fand ich sie mit lichtpurpurnen Blumen.

8. **S. transsilvanica** *Schur* ÖBZ. VIII. 22, X. 181. S. commu-
tata *Schur* Siebenb. Ver. 1858 p. 84, 1859 p. 66, nicht *Guss.* S. dubia
Herb. Bucov. 388 nach *Janka* Linn. 1859 p. 559. An felsigen Stellen der
Voralpen. Bisher nur auf der Kuppe des Piknj an der Grenze des Com.
Bereg gegen Galizien (*Hück.* ZBG. XV. 55), dann hart an den Grenzen
der Marmaros, als auf dem Kuhhorn der Rodnaer Alpen in Siebenbürgen
(*Schur* ÖBZ. X. 182) und bei Kirlibaba in der Bucovina (*Herb.* l. c.).
Der S. nutans sehr ähnlich.

9. **S. longiflora** *Ehrh.* Auf Wiesen, an steinigen buschigen Stellen,
an Weingartenrändern. Bei Mező-Keszi nächst Ürméuy im Com. Neutra

(*Roch.* MS. II. 51), auf der Matra (*Reuss* 69) und bei Kömlö im Com. Heves, bei Gesztely und Legyes-Bénye im Com. Zemplin; ferner bei Dég im Com. Veszprim (*RK.* 16, 117), Füred am Plattensee (*Hillebr.* ZBV. VII. 40), auf dem Pilis-Vértes Gebirge und den Ebenen des Pester Com. (*WK.* Ic. I. 7, *Sadl.* 182, *Kern.* ZBV. VII. 262), auf Wiesen im Banat z. B. bei Pančova (*Kit.* Add. 231).

10. S. viridiflora *L.* In Bergwäldern und an buschigen Stellen. Am Fuss des Piliser Berges im Com. Pest (*Sadl.* 182), überall in den Com. Zala, Somogy, Baranya und Sirmien (*Kit.* Bar. et Add. 231), auf der nördl. Abdachung des Požega-Veroviticer Grenzgebirges von Vučin bis Mušić (*RK.* 77) und auf der südl. Seite bei Bačindol, Požega und Kutjevo (*Kit.* Slav.), im östl. Banat (*Heuff.* 36).

S. chlorantha *Ehrh.* Auf Wiesen und an Hecken in Ungarn (*Host* Aust. I. 527). Eine nördl. Pflanze, deren keine ungar. Specialflora erwähnt, in Galizien indessen und in der Bucovina kömmt sie vor (*Herb.* ZBG. XI. 61).

11. S. Otites *Sm.* Aendert ab:

α. **Panicula grabra** *Ledeb.* Ross. I. 309 (S. Otites der Aut.). Auf Wiesen, Triften, Hügeln, sandigen Plätzen. S. wolgensis *Spr.* im Banat (*Roch.* Reise 81) und S. effusa *Oth* in der Banat. Milit. Gr. (*Heuff.* 35) sind Formen von mehr zusammengesetztem rispigen Blütenstande.

β. **Panicula pubescenti-scabra** *Ledeb.* l. c. 310 (S. parviflora *Pers.*). Auf Hügeln, sandigen Wiesen. Bei Sz. Márton-Káta im Com. Pest, Sz. György in Jazygien, Szakoly im Com. Szabolcs (*RK.* 47), bei Teplic im Com Borsod (*Reuss* 69), in der westl. Banat. Milit. Gr. (*Heuff.* 35).

12. S. inflata *Sm.* Cucubalus maritimus *Kit.* in *Schult.* I. 674 et Add. 232. Auf Wiesen, an Rainen, in Gebüschen.

S. sibirica *Pers.* Bei Dég im Com. Veszprim (*Kit.* Add. 238) und Sz. Mártoni erdő (*RK.* 47)?

13. S. conica *L.* Auf sandigen Triften, unter dem Getreide, an Weingartenrändern. Im Märchthale bei Magyarfalva (*Matz*) und bei Neudorf im Presburger Com. (*Bolla* PV. I. 14), am Neusiedler See (*Stur* 149), im Donauthale der Com. Wieselburg (*Wierzb.* Mos.), Raab (*Ebenh.* PV. V. 50), Komorn (*Hillebr.* ÖBZ. VIII. 299) und Gran (*Kit.* Sopr.), bei Keszthely und Tihany am Plattensee, Davód und Fajsz im Com. Somogy (*Kit.* Bar. et Slav.), Vajta im Com. Stuhlweissenburg (*Hillebr.* ZBV. VII. 41), auf dem Pilis-Vértes Gebirge und den Ebenen des Pester Com. (*Sadl.* 181, *Kern.* ZBV. VII. 261, 272), am Fuss der Matra (*Reuss* 69) und nach *Hazsl.* ÉM. 103 im südl. Theile seines Gebietes, in der westl. Banat. Milit. Gr. (*Heuff.* 35).

14. S. Armeria *L.* An felsigen Stellen hügliger und gebirgiger Gegenden. Auf dem Schwabenberg bei Ofen (*Sadl.* 182), bei Fünfkirchen (*Nendtv.* ZBG. XIII. 568), an der Schnellen Körös bei Grosswardein (*Steff.* ÖBZ. XIV. 184), im östl. Com. Arad (*Kéry* 21), bei den Hercules-bädern, bei Oravica und im Donauthale der östl. Banat. Milit. Gr.

(*Heuff.* 37); in den nördl. Gegenden nur ein verwilderter Garten-flüchtling.

S. compacta *Fisch.*, welche *Rochel* im Banat angibt (Flora 1831 I. 300, Reise 80), kömmt dort nicht vor (*Heuff.* 37).

15. S. flavescens *WK.* lc. II. t. 175. Auf Kalkfelsen. Auf dem Blocksberg bei Ofen (*Bayer* ÖBZ. XIII. 47), bei Saska im südl. Com. Krassó, auf dem Strassuz bei Mehadia, bei den Herculesbädern und im Donauthale der östl. Banat. Milit. Gr. (*Heuff.* 36).

16. S. Saxifraga *L.* und zwar die Var. mit schmäleren Blättern und unterseits gelblichen Blumenblättern = S. petraea *WK.* lc. II. t. 164 nach *Vis.* Dalm. III. 167. Auf Felsen bei den Herculesbädern und oberhalb Ogradina in der roman. banat. Milit. Gr., dann bei der Trajans-tafel schon in Serbien (*Kit.* Add. 235), im östl. Com. Arad (*Kéry* 21).

S. Kitaibelii *Vis.* Dalm. III. 167—8. S. Saxifraga *WK.* lc. II. p. 177 t. 163, nicht *L.* Mit Sicherheit nur auf den Alpen von Croatien und Dalmatien. Die Angabe in *Schult.* I. 684 und nach ihm in *Reichb.* Germ. 817 und *Reuss* 71, dass sie auf Alpen in Ungarn vorkomme, kann sich nur auf Croatien beziehen, da *Schultes* weder von diesem Lande noch von *Kitaibel's* Standorte auf dem Velebit etwas erwähnt. Im Banat (*Roch.* Reise 81 nebst der S. petraea)? fehlt bei *Heuffel.*

17. S. quadrifida *L.* S. rupestris *Geners.* 32. S. pusilla *WK.* lc. III. t. 212 die Hochalpenform. Auf Felsen und an moosigen Stellen der Alpen und Voralpen. Auf der Babia Góra (*Hazsl.* EM. 104), dem Rohač, der Rackova, dem Grossen Křivan, im Völkthale, Drechselhäuschen, am Grossen Fischsee und im Bialka-Thale der Tatra (*Wahlb.* 129, *Kit.* Add. 236, *Grzeg.* ÖBW. III. 259, *Üchtr.* OBW. VII. 352), auf der Cerna Hora (*Herb.* ZBG. XI. 69), auf dem Pietros bei Körösmező, der Trojaga, dem Gutin (*Müll.* ZBG. XIII. 559) und der Petrosa in der Marmaros (*Kit.* Add. l. c.), auf der Biharia (*Kern.* DL. 141), auf den Banat. Alpen (*Heuff.* 35). S. scabra *Kit.* in *Schult.* I. 683 et Add. 234 auf der Babia Góra ist nach *Hazsl.* l. c. nur eine Var. der S. quadrifida.

S. alpestris *Jacq.* Auf Voralpen in Ungarn (*WK.* lc. I. p. XXX, *Reuss* 70), namentlich im östl. Com. Arad (*Kéry* 19). Allem Anscheine nach mit grösseren Formen der S. quadrifida *L.* verwechselt (*Wahlb.* 129, *Hazsl.* EM. 104).

S. rupestris *L.* Auf der Skarisora bei Unter-Visso in der Marmaros (*RK.* 47)?

S. Lerchenfeldiana *Baumg.* Auf den höchsten Alpen von Ungarn (*Heuff.* in *Maly* 308)? Im Banat wenigstens kömmt sie nicht vor (*Heuff.* 35).

18. S. dinarica *Spr.* Saponaria Baumgartenii *Janka* Linn. 1859 p. 559. Auf Felsen der Skarisora und des nordöstl. davon gelegenen Alpenthales Pereu-Gest in der roman. banat. Milit. Gr. (*Heuff.* 34).

19. S. acaulis *L.* Auf Felsen der Alpen. Auf dem Rozsudec (*Stur* ÖBZ. IX. 25), dem Dumbier und allen Central-Karpaten vom Rohač bis auf die Leiten der östl. Tatra (*Wahlb.* 130).

21. MELANDRIUM Röhl.

1. M. Zawadzkii *A. Br.* Flora 1843 I. 387. Si l e n e Z a w a d z k i;
Herb. in *Zaw.* Gal. 191. Auf Felsen des Galac in der Marmaros (*Herb.*
Bucov. p. V), dann hart an der Grenze dieses Com. auf der Piatra Zibou
in der Bucovina (*Herb.* l. c. 390) und auf dem Koronjis in Siebenbürgen
(*Kotschy* Exs.).

2. M. noctiflorum *Fries* Flora 1843 I. 123. Si l e n e n o c t i f l o r a
L. S. p a u c i f l o r a *Kit.* Add. 233? Auf Aeckern, an Waldrändern, in
Holzschlägen niedriger und hügliger Gegenden.

3. M. vespertinum *Fries* l. c. Lychnis vespertina *Sibth.* Auf
Wiesen, an Rainen, wüsten Stellen.

4. M. nemorale *A. Br.* Flora 1843 I. 371. Lychnis nemoralis
Heuff. in *Reichb.* Germ. 824, Flora 1833 I. 356. In höhern Buchenwäldern
der Biharia bei Rézbánya (*Kern.* Exs.) und des Banats (*Heuff.* l. c.).
Nach *Koch.* Reise 63 nur die Waldform des M. vespertinum.

5. M. diurnum *Fries* Flora 1843 I. 123. Lychnis diurna *Sibth.*
L. silvestris *Hoppe.* In Wäldern und auf Wiesen gebirgiger und subalpiner Gegenden, fehlt im Banat.

22. LYCHNIS L.

1. L. Viscaria *L.* In Wäldern und auf Wiesen hügliger und
gebirgiger Gegenden.

2. L. nivalis *Kit.* in *Schult.* I. 698 et Add. 236. Silene Siegeri
Baumg. I. 400. Polyschemone nivalis *Schott* Anal. 56. An Schneefeldern der Alpenregion. Auf der Petrosa (*Kit.* l. c.), der Dseaneanic
und dem Stol der Rodnaer Alpen (*Baumg.* l. c.).

3. L. alpina *L.* Auf felsigen Stellen der Alpen. Auf der Petrosa
und Skarisora bei Unter-Visso in der Marmaros (*RK.* 47). Die L. nivalis
kann hierunter nicht gemeint sein, weil *Kit.* in *Schult.* I. 698 die
L. alpina und die L. nivalis in Ungarn angibt.

4. L. Flos cuculi *L.* Auf Wiesen besonders gebirgiger Gegenden.

5. L. Coronaria *Lam.* In Wäldern, an Weingartenrändern,
buschigen Stellen hügliger und gebirgiger Gegenden. In Weingärten bei
Presburg (*Bolla* PV. I. 14), in Wäldern bei Bösing mit weissen Blumen
(*Pidoll* PV. III. 1. SB. 79), bei Oszlan im Com. Bars (*Arr.* Pest. Mus.),
bei Neu-Sohl, bei den Wasserfällen von Motičko im Com. Sohl (*RK.* 66),
auf der Matra (*Portschl.* Pest. Mus.), bei Debrecin (*RK.* 47) und Grosswardein (*Janka* Linn. 1859 p. 560); ferner bei Füred (*Sigm.* 47) und
Badacson-Tomaj im Com. Zala (*Kit.* Bar.), Vajta im Com. Stuhlweissenburg, Kér im Com. Tolna (*Hillebr.* ZBV. VII. 40), auf dem Pilis-Vértes
Gebirge, dem Nagyszál und auf Hügeln bei Gödöllő (*Kern.* ZBV. VII.
267, ÖBW. VII. 392, *Sadl.* 191), bei Fazekas-Boda, auf dem Mecsek und
im Thal Kantovár bei Fünfkirchen (*Kit.* Bar.), bei Našice (*Kit.* Slav.),
Djakovár und auf dem Papuk im Com. Verovitic (*RK.* 77), bei Čerević
im Com. Sirmien, bei Futak im Com. Bács (*Schnell.* PV. III. 1. 5), bei
Semlin (*Panč.* Sirm.), im östl. Banat (*Heuff.* 37).

23. AGROSTEMMA L.

1. A. Githago *L.* Unter dem Getreide, auf Aeckern, kömmt auch mit weissen Blumen vor.

LXXXV. PHYTOLACCACEAE.

1. PHYTOLACCA L.

1. Ph. decandra *L.* Stammt aus America, aber in Haus- und Weingärten häufig gebaut, kömmt sie an Zäunen, Mauern und wüsten Stellen verwildert, in Sirmien und im Banat beinahe wild vor (*Kit.* in *Schult.* I. 700, *RK.* 77, *Roch.* Reise 3).

LXXXVI. MALVACEAE.

1. KITAIBELIA Willd.

1. K. vitifolia *Willd.* Neue Schrift. der Berlin. naturforsch. Fr. II. 107. In Vorhölzern, Pflaumengärten, an waldigen Orten. Im Thale zwischen Borovik und Paučje südlich von Podgorác im Com. Verovitic, im Vučedol (Wolfsthal) bei Vukovár und von hier längs der Donau bei Illok, Čerević, den Klöstern Rakovac und Beočin im Com. Sirmien, zwischen Peterwardein und Karlovic (*WK.* Ic. I. 30, *RK.* 77, *Kit.* Add. 239 et Slav., *Heuff.* 42), wo sie *Wolny* und *Rochel* vergebens suchten (*Roch.* Ban. 2), von *Pančić* wieder aufgefunden. Bei Martiusberg im Com. Raab (*Ball.* Exs.), ob hier auch wild?

2. LAVATERA L.

1. L. thuringiaca *L.* vitifolia *Wierzb.* Flora 1845 I. 323. In Vorhölzern, auf buschigen Hügeln.

3. ALTHAEA L.

1. A. officinalis *L.* Auf feuchten Wiesen, in Gräben, an Zäunen durch alle Ebenen Ungarns (*Sadl.* Magy. IV. 3), besonders an überschwemmten Stellen der Donau und der Theiss (*Kit.* Add. 242), auch in Slavonien (*PM.* It. 65).

2. A. cannabina *L.* An Hecken, Weingartenrändern. Bei Koroncó im Com. Raab (*Ebenh.* PV. V. 51)? auf dem Pilis-Vértes Gebirge (*Kern.* ZBV. VII. 271, 272), bei Várallja im Com. Tolna, Pécsvár und Fünfkirchen im Com. Baranya (*Kit.* Slav. et Bar.), Čerević im Com. Sirmien (*Schnell.* PV. III. 1. 5), bei Semlin (*Panč.* Sirm.), im Donauthale der Banat. Milit. Gr. (*Heuff.* 43), an der Schnellen Körös bei Grosswardein (*Steff.* ÖBZ. XIV. 184).

3. A. hirsuta *L.* Auf Aeckern, in Weingärten, an Rainen. In den Com. Pest (*Sadl.* 307) und Békés, bei Arács im Com. Zala (*RK.* 92, 117), Arpád im Com. Baranya (*Kern.* ZBG. XIII. 569), Futak im Com. Bács, Čerević (*Schnell.* PV. IV. 81) und Krušedol im Com. Sirmien (*Kit.* Slav.), bei Semlin (*Panč.* Sirm.), bei Pančova in der deutsch-banat. Milit. Gr. (*Heuff.* 43), im östl. Com. Arad (*Kéry* 17). Selten in der Slovakei (*Reuss* 85)? bei Rima Szombat (*Fábry* l. 7)?

4. A. pallida *WK.* in *Willd.* Spec. III. 773. A. rosea *Horv.* 7? Alcea biennis *Wint.* f. 23. Alcea pallida *WK.* Ic. I. t. 47. Auf sandigen Triften, an Rainen, Wegen niedriger und hügliger Gegenden von den südl. Abfällen der Karpaten bis Slavonien und in den Banat.

4. MALVA L.

1. M. silvestris *L.* An wüsten und bebauten Stellen.

2. M. rotundifolia *L.* Mit der Vorigen.

3. M. borealis *Wallm.* M. pusilla *Sm.* M. vulgaris *Fries.* M. crenata *Kit.* in *Sadl.* Pest. ed. I. 2. 161 et in Add. 243. An gleichen Orten wie die vorigen besonders auf salzigen Triften (*Sadl.* 305—6).

4. M. crispa *L.* In Hausgärten gepflanzt und an wüsten und bebauten Stellen verwildert. Soll aus Syrien stammen (*DC.* Prodr. I. 433).

M. mauritiana *L.* Eine manchmal verwildernde Gartenpflanze, vielleicht nur die kahle Var. der M. silvestris. Im Banat (*Roch.* Reise 63).

5. M. Alcea *L.* Auf Triften, an Rainen, buschigen Stellen. Bei Kesmark (*Geners.* 53), bei Gross- und Klein-Schützen (*Benzl-Stern.* PV. III. 1. SB. 54) und bei Magyarfalva im Marchthale (*Matz*), im Com. Eisenburg (*Pol.* 13), auf der Puszta Bogdány im Com. Veszprim (*Kit.* Bar.), bei Lendva (*Portschl.* Pest. Mus.) und auf der Murinsel im Com. Zala, häufig in den Com. Somogy (*Kit.* Bar.) und Verovitic (*RK.* 78, *Kit.* Slav.), auf dem Somlyó bei Grosswardein (*Steff.* ÖBZ. XIV. 184), im östl. Com. Arad (*Kéry* 6).

6. M. moschata *L.* Im Adamover Walde bei Holič im Com. Neutra besonders in Holzschlägen (*Krz.* PV. II. 1. 40). Auf bebautem Lande im Com. Arva (*Szont.* ZBG. XIII. 1090)? Im Banat (*Host* Aust. II. 297)? fehlt bei *Rochel* und *Heuffel.* Nach *Kit.* Add. 243 kömmt sie in Slavonien und in den angrenzenden Comitaten Ungarns vor, allein da *Kitaibel* in seinem Iter baranyense et slavonicum immer nur der M. Alcea erwähnt, so scheint er diese zwei Arten nicht richtig unterschieden zu haben und seine Standorte bedürfen daher einer Revision.

5. HIBISCUS L.

1. H. Trionum *L.* H. ternatus *Kit.* in *Roch.* Ban. 26 et Add. 244, ob *Cavan.*? Auf bebautem Lande, an Rainen, in Weingärten niedriger und hügliger Gegenden von den südl. Rändern der Karpaten bis in die slav. und banat. Milit. Gr.

ª H. fulvus *Kit.* in *Roch.* Ban. 26 et in Add. 243. Im Banat.
Heuffel erwähnt seiner nicht.

6. ABUTILON Tourn.

1. A. Avicennae *Gärtn.* Auf Triften, an Wegen, wüsten Stellen,
in Dörfern. Am Sajo und Hernád ohne nähere Angabe (*Reuss* 86), bei
Kostolne im Com. Neutra (*Roch.* MS. II. 51), bei Nána und Párkány im
Com. Gran (*Feicht.* Ad. 282), auf dem Pilis-Vértes Gebirge (*Kern.* ZBV.
VII. 272) und der Pester Ebene, besonders gegen die Theiss zu (*Sadl.* 305),
bei Fünfkirchen (*Nendtv.* 31) und Dráva-Szabolcs im Com. Baranya (*Kit.*
Bar.), bei Požega (*Pav.* Exs) und Pleternica im Com. Požega (*Kit.* Slav.),
bei Futak im Com. Bács (*Schnell.* PV. III. 1. 5), bei Semlin (*Panč.* Sirm.),
bei Szegedin (*Mayr* ZBV. Vl. 177), bei Bors im Com. Bihar (*Janka* ÖBZ.
XIV. 184), im Banat (*Heuff.* 43). Häufig in der Nähe der Bahnhöfe (*Kanitz*).

LXXXVII. TILIACEAE.

1. TILIA L.

1. T. grandifolia *Ehrh.* T. corallina et vitifolia *Wierzb.* Flora
1845 I. 321, 324. In Mischwäldern, seltener in geschlossenen Beständen
niedriger und gebirgiger Gegenden, auch überall gepflanzt. T. flava
Wolny in *Roch.* Ban. 2 bei Vukovár im Com. Sirmien und den Herculesbädern im Banat ist eine Form der T. grandifolia (*Bayer* ZBG. XII. 33).
2. T. parvifolia *Ehrh.* T. cordata *Mill.* Wie die vorige, steigt
aber höher bis an die Grenze der Voralpenregion.
T. grandifolio-parvifolia *Bayer* ZBG. XII. 26—9. T. pallida *Wierzb.*
in *Reichb.* Ic. XVI. p. 58 f. 5138 β. In Bergwäldern des Banats.
3. T. argentea *Desf.* T. alba *WK.* Ic. I. t. 3 nicht *Ait.* T. pannonica *Jacq.* fil. Catal. Hort. vindob. Auf Hügeln und niedrigen Bergen
im östl. und südl. Gebiete. In Ober-Ungarn nur in den Com. Bereg,
Szatmár und Bihar, häufiger in den Com. Zala, Stuhlweissenburg, Tolna,
Somogy und Baranya, gemein in den drei slavon. Comitaten und in der
slavon. Milit. Gr, daselbst geschlossene Bestände bildend. (*WK.* l. c. 3,
RK. 16, 48, 78, 92, *Kit.* Bar. et Slav., *Sigm.* 48), sehr häufig im Banat
(*Heuff.* 44). Auf dem Halečko bei Trstena der nördl. Arva (*Vitk.* ZBG.
XIII. 1090)?

LXXXVIII. HYPERICINEAE.

1. HYPERICUM L.

1. H. humifusum *L.* Auf Wiesen bei Galing auf der Kleinen
Schütt und an der Leitha bei Wieselburg (*Wierzb.* Mos.), an der March
bei Skalic im Com. Neutra (*Hol.* PV. VII. 86), auf feuchten Aeckern bei

Bobro, Turdošin und Oravka im Com. Arva (*Vitk.* ZBG. XIII. 1090), im Walde bei Nagy Mihály im Com. Zemplin (*Kit.* Add. 246), dann auf der Murinsel bei Csáktornya und Selenica (*Kit.* Bar.), in Eichenwäldern bei Bokseg nächst Boros-Jenö im Com. Arad (*Heuff.* 44).

2. H. perforatum *L.* H. veronense *Schrank.* Auf Wiesen und an steinigen buschigen Stellen niedriger und gebirgiger Gegenden.

3. H. quadrangulum *L* H. dubium *Leers.* Auf Wiesen und in Wäldern gebirgiger und subalpiner Gegenden. Durch die ganze nördl. Karpatenkette vom Inovec-Gebirge im nördl. Com. Neutra bis in die Marmaros (*Kell.* ÖBZ. XIV. 286, *Wahlb.* 232, *Hazsl.* ÉM. 100, *RK.* 66, *Kit.* Add. 245, *Baumg.* II. 388), dann auf der Biharia (*Baumg.* l. c.) und den Banat. Alpen (*Heuff.* 44). Bei Csáktornya auf der Murinsel (*Kit.* Add. l. c.)? H. ambiguum *Kit.* Add. 245 auf dem Harsányhegy im Com. Baranya scheint als Art hiervon nicht verschieden zu sein.

4. H. tetrapterum *Fries.* H. quadrangulare der ält. Aut. An Bächen, in Gräben, Sümpfen.

5. H. Richeri *Vill.* Aendert ab:
α. **montanum** (H. Richeri *Roch.* Ban. p. 49 t. 12. H. Rochelii *Gris.* It. 299. H. fimbriatum *Lam.*). An steinigen buschigen Stellen gebirgiger Gegenden. Auf dem Vulkan an der Grenze des Com. Zaránd gegen Siebenbürgen (*Baumg.* II. 390), bei den Herculesbädern und im Donauthale der östl. Banat. Milit. Gr., in Sirmien (*Heuff.* 45).

β. **alpinum** (H. alpinum *WK.* Ic. III. t. 265. H. alpigenum *Kit.* Add. 246). In der Krummholzregion der Alpen. Auf der Bersava im Com. Bereg (*Kit.* Ber.), auf dem Tomnatik und Dzymbronja der Černa Hora (*Herb.* Bucov. p. VI, ZBG. X. 622), auf dem Csiblesz (*Kotschy*) und der Petrosa der Rodnaer Alpen (*WK.* l. c. 295), auf der Biharia, in deren unteren Regionen in die Var. α übergehend (*Kern.* ZBG. IX. SB. 109).

6. H. barbatum *Jacq.* Auf Wiesen am Fuss des Bakonyer Waldes bei Nagy Vásony im Com. Veszprim (*RK.* 8), bei Keszthely am Plattensee (*Árv.* Pest. Mus.), bei Kák nächst Böhönye im Com. Somogy (*Kit.* Add. 246), bei Semlin (*Panč.* Sirm.). „In cottu Castriferrei ad Grusium" (*Kit.* l. c.), p. 60 heisst es bei Polygonum pusillum „In monte Grusiensi." Was unter Grusium gemeint ist, konnte ich nicht eruiren. Kömmt auch in Serbien vor (*Panč.* ZBV. VI. 505).

7. H. pulchrum *L.* An waldigen gebirgigen Orten. Auf der Babia Góra, bei Bartfeld im Com. Sáros und auf der Nordseite des Papuk bei Drenovac im Com. Verovitic (*RK.* 66, 78, 117). Im Banat (*Kit.* in *Roch.* Ban. 28 et Add. 247), fehlt jedoch bei *Heuffel.*

8. H. elegans *Steph.* Auf Hügeln und sandigen grasigen Stellen. Bei Wag-Neustadtl und auf dem Temetvény- und Inovec-Gebirge im nördl. Com. Neutra (*Kell.* ÖBZ. XIV. 286, XV. 53), dann bei Dég im Com. Veszprim (*Kit.* Add. 247).

9. H. montanum *L.* In Berg- und Voralpenwäldern.

10. H. hirsutum *L.* In Wäldern, an buschigen Stellen hügliger und gebirgiger Gegenden.

* H. repandum *Kit.* in *Roch.* Ban. 26 et Add. 246. Im Banat.

LXXXIX. ELATINEAE.

1. ELATINE L.

1. E. Hydropiper *L.* In Sümpfen, an überschwemmten Stellen. Bei Holič und Brocka im Marchthal im Com. Neutra (*Krz.* PV. II. 1. 39), überall in den Com. Pest (*Sadl.* 170) und Békés, an der Weissen Körös bei Varsánd und Boros Jenő im Com. Arad (*RK.* 92, *Kit.* Add. 248), bei Feričance, Našice und Djakovár im Com. Verovitic (*RK.* 77), im Banat (*Heuff.* 41).

2. E. triandra *Schk.* An überschwemmten Stellen bei Tokay (*Hazsl.* Exs.), an der Weissen Körös bei Boros Jenő im Com. Arad (*Kit.* Add. 248). Bei Temesvár (*Wierzb.* Flora 1845 I. 323)? fehlt bei *Heuffel.*

3. E. hexandra *DC.* An überschwemmten Stellen bei Skalic, Neutra und Ghymes im Com. Neutra (*Kn.* ZBG. XV. 163), dann bei Lugos (*Heuff.* 44) und nach *Hazsl.* ÉM. 100 im südl. Theile seines Gebietes ohne nähere Angabe.

4. E. Alsinastrum *L.* In Lachen, Sümpfen. Zwischen Walpersdorf und Rohrbach im Com. Ödenburg (*Kit.* Add. 248), im Hanság, an der Rabnitz (*Wierzb.* Mos.), bei Magyarfalva im Marchthale (*Matz*) und bei Ratzersdorf im Com. Presburg (*Endl.* 429), an der Wag, Neutra und oberen Theiss (*Reuss* 82), bei Hatrongyos und Poroszló im Com. Heves (*Kit.* Ber.), auf den Ebenen des Com. Pest (*Sadl.* 171), an der Weissen Körös bei Gyula im Com. Békés und Varsánd im Com. Arad (*RK.* 92), im Banat (*Heuff.* 41).

XC. TAMARISCINEAE.

1. MYRICARIA Desv.

1. M. germanica *Desv.* An sandigen Ufern besonders der Alpenbäche. Auf der Insel Pötschen bei Presburg (*Endl.* 360), jedoch, wie es scheint, die Donau nicht viel weiter abwärts, da sie in der Pester Flora fehlt, im Flussgebiet der Wag in den Com. Neutra (*Kell.* ÖBZ. XV. 53), Trencsin (*Roch.* Pest. Mus.), Arva (*Szont.* ZBG. XIII. 1091), Turóc und Liptau (*Wahlb.* 91, *Roch.* Misc. 89, *Üchtr.* ÖBW. VII. 376), am Poprad und an seinen Nebenbächen in der Zips (*Mauksch*), bei Polhora nächst Bries im Com. Sohl (*RK.* 66), bei Bartfeld im Com. Sáros (*Hazsl.* Sár. 220), am Hernád bei Kaschau (*Pawl.* PV. I. 27), bei Rahó (*RK.* 48) und an der Theiss im Com. Marmaros (*Müll.* ZBG. XIII. 559); im südl Gebiete nur bei Fünfkirchen (*Nendtv.* 32), an der Drau (*Kit.* Add. 248) und an den Bergbächen des Banats (*Heuff.* 71).

XCI. ACERINEAE.

1. ACER L.

1. A. Pseudoplatanus *L.* In Auen und Bergwäldern bis in die Voralpenregion, oft ausgedehnte Bestände bildend, so dass viele Berge der Karpaten von ihm den Namen Javořina führen (*Wahlb.* 327).

2. A. platanoldes *L.* In Auen und Bergwäldern, aber weder so häufig als A. Pseudoplatanus noch so hoch steigend.

3. A. campestre *L.* A. austriacum *Tratt.* In Auen und Bergwäldern, an Wegen und Weingartenrändern, auch als Gesträuch in Hecken. A. tomentosum *Kit.* Add. 248 scheint eine Var. mit unterseits flaumig-filzigen Blättern zu sein.

4. A. monspessulanum *L.* In Wäldern und an buschigen Stellen des Donau- Bergzuges in der Banat. Milit. Gr. (*Heuff.* 45).

5. A. tatarlcum *L.* Auf Felsen, Hügeln, in Mischwäldern niedriger Berge und in Auen der Ebene. Beginnt bei Neutra (*Kn.* PV. VII. 136) und zieht von hier längs des Randes der Karpatenausläufer und des Tieflandes durch die Com. Bars (*Kit.* Arv.), Gran (*Feicht.* Ad. 282), Hont, Neográd, Pest, Heves, Borsod, Gömör, Abauj, Zemplin, Bereg, Ugocs, Szabolcs, Szatmár, Bihar und Arad in den Banat (*RK.* 17, 48, 93, 128, *Reuss* 89, *Pawl.* PV. I. 29, *Fábry* I. 8, *Kern.* ÖBW. VII. 399 und DL. 122, *Kéry* 17, *Heuff.* 45); ferner im Hügellande am rechten Donau-Ufer auf dem Pilis-Vértes Gebirge (*Kern.* ZBV. VII. 269, *Sadl.* 473), in den Com. Eisenburg (*Pol.* 6), Zala, Veszprim, Stuhlweissenburg, Tolna, Somogy und Baranya (*Kit.* Bar.), bei Futak im Com. Bács (*Schnell.* PV. III. 1. 6), in Slavonien der gemeinste Baum (*PM.* It. 32, *Kit.* Slav.).

6. A. obtusatum *WK.* in *Willd.* Spec. IV. 984. In Bergwäldern. Auf dem Szokola bei Erdö-Bénye im südl. Com. Zemplin (*Kit.* Ber.) und bei Fünfkirchen (*Nendtv.* ZBG. XIII. 566). Häufiger in Croatien (Syll. cr. 179, *RK.* 107). Wohl nur Var. des A. opulifolium *Vill.* mit unterseits filzigen Blättern.

XCII. HIPPOCASTANEAE.

1. AESCULUS L.

1. Ae. Hippocastanum *L.* Ueberall kultivirt und verwildert.

XCIII. POLYGALEAE.

1. POLYGALA L.

1. P. major *Jacq.* An steinigen buschigen Stellen hügliger und gebirgiger Gegenden.

2. P. vulgaris *L.* P. comosa *Schk.* P. oxyptera *Reichb.* Auf Wiesen niedriger und gebirgiger Gegenden.

3. P. amara *L.* Aendert ab:

α. grandiflora (P. amara *Jacq.*). Auf Felsen und steinigen Hügeln gebirgiger und subalpiner Gegenden bis in die Krummholzregion, vorzüglich auf Kalk. Auf dem Gemsenberg bei Presburg (*Endl.* 406), vom Inovec-Gebirge im nördl. Com. Neutra (*Kell.* ÖBZ. XIV. 286) durch die

Com. Trencsin (*Roch.* Pest. Mus.), Turóc, Hont (*Kit.* Arv.), Sohl (*Kit.* Add. 249), Arva (*Szont.* ZBG. XIII. 1091), Liptau, Zips, Gömör (*Wahlb.* 213, *RK.* 67, *Reuss* 60, *Fábry* I. 7), Sáros (*Hazsl.* Sár. 221) und Szatmár (*RK.* 48) bis in die Marmaros (*Mall.* ZBG. XIII. 559). Fehlt im Banat (*Heuff.* 31). In *Kit.* Add. 249 wird einer Var. mit flaumigem Stengel und gewimperten Blättern zwischen Hradek und Sz. Iván im Com. Liptau und auf dem Rozsály im Com. Szatmár erwähnt.

β. **parviflora** (P. austriaca *Cr.* P. uliginosa *Reichb.*). Auf feuchten Wiesen, in Sümpfen niedriger und gebirgiger Gegenden. Auf der Insel Habern bei Presburg (*Endl.* 406), bei Szerdahely auf der Grossen Schütt (*Schill.* ÖBZ. XIV. 386), auf dem Hauran im Com. Neutra (*Krz.* PV. II. 1. 36), bei Roks (*Krz.* PV. V. 115) und Teplic in der Zips (*Wahlb.* 213); ferner bei der Teichmühle nächst Ödenburg (*Szont.* ZBG. XIV. 497), bei Csenke im Com. Gran (*Feicht.* Ad. 282), häufig im Pester Com. (*Sadl.* 315), auf den Donau-Inseln der Banat. Milit. Gr. (*Heuff.* 31) und wohl noch an vielen Orten.

4. P. alpestris *Reichb.* Ic. I. p. 25 f. 45, XXVIII. p. 89 t. 146. P. amara *Roch.* Reise 71, nicht *L.* An felsigen Stellen des Domugled und der Alpe Baiku der roman. banat. Milit. Gr. (*Heuff.* 31). Nach *Koch* Syn. 100 nur Var. der P. amara.

5. P. hospita *Heuff.* in *Maly* 316, Flora 1853 II. 620, Ban. 31. P. supina *Roch.* Reise 4, nicht *Schreb.*, dem Standorte Svinica nach. Auf sonnigen Bergen an der Donau in der Banat. Milit. Gr. besonders bei Svinica.

6. P. Chamaebuxus *L.* An waldigen felsigen Stellen, sehr selten. Auf dem Steinberge bei dem Markte gleichen Namens im südl. Com. Ödenburg (*Szont.* ZBG. XIV. 497), bei Szülnök im Com. Eisenburg (*Clus.* Pann. 49), im Banat (*Heuff.* 31 nach *Roch.*) und im benachbarten Com. Hunyad in Siebenbürgen (*Baumg.* II. 318). Bei Presburg (*Clus.* l. c.) kömmt sie nach *Endl.* 406 nicht vor.

XCIV. STAPHYLEACEAE.

1. STAPHYLEA L.

1. S. pinnata *L.* Auf buschigen Hügeln, in Bergwäldern.

XCV. CELASTRINEAE.

1. EVONYMUS L.

1. E. europaeus *L.* An Hecken, in Auen, Wäldern.

2. E. verrucosus *Scop.* An felsigen buschigen Stellen hügliger und gebirgiger Gegenden, besonders auf Kalk.

3. E. latifolius *Scop.* In Wäldern, an buschigen Stellen. Bei Puszta-Kalász zwischen Neutra und Verebély (*Kn.* ZBG. XV. 164), bei

Rima Szombát im Com. Gömör (*Fábry* I. 8), zwei abnorme Standorte,
dann bei der Glashütte Jankovac nächst Drenovac im Com. Verovitic
(*RK.* 78), im östl. Com. Arad (*Kéry* 18), im Banat (*Heuff.* 48).

XCVI. AMPELIDEAE.

1. VITIS L.

1. V. vinifera *L.* Im Grossen kultivirt auf tertiären Hügeln, auf
Kalk und Trachyt, eine Hauptquelle des Bodenreichthums von Ungarn.
Die edelsten Sorten wachsen bei St. Georgen im Com. Presburg, auf der
Matra, Hegyallja, am Neusiedler und Plattensee, auf dem Somlyó im
Com. Veszprim, bei Ofen, Szekszárd im Com. Tolna, Ménes im Com.
Arad, in Sirmien und im südl. Banat. Die Weinrebe kömmt aber auch
in Auen, sandigen Wäldern und auf buschigen Hügeln häufig verwildert
vor und ist in den unteren Donaugegenden bereits wild geworden. In
diesem Zustande sieht sie weit mehr der americanischen V. Labrusca
L. als der V. vinifera ähnlich (*Koch* Wandr. im Orient I. 75—6), so
dass sie in *Koch.* Reise 3 auch wirklich obschon irrig für jene gehalten
wurde. In den Com. Trencsin, Arva, Turóc, Liptau, Sohl, Zips, Sáros und
Marmaros wird kein oder doch nur sehr wenig Wein kultivirt.

2. AMPELOPSIS Mich.

1. A. quinquefolia *Mich.* Stammt aus Nordamerica, aber als
Spalierstrauch überall gezogen, kömmt sie an Mauern und Zäunen öfter
verwildert vor.

XCVII. ILICINEAE.

1. ILEX L.

1. I. Aquifolium *L.* An felsigen buschigen Stellen auf dem Papuk
und dessen nördlichen Abfällen bei der Glashütte Jankovac nächst
Drenovac, bei Orahovica und Feričance im Com. Verovitic (*PM.* It. 48,
RK. 78. *Kit.* Slav.). Im östl. Com. Arad (*Kéry* 19)? denn auf der
Biharia fehlt sie (*Kern.* DL. 126) und auch *Heuffel* erwähnt ihrer nicht.

XCVIII. RHAMNEAE.

1. PALIURUS Tourn.

1. P. aculeatus *Lam.* P. australis *Gärtn.* In Hecken, an Wein-
gartenrändern bei Budaörs nächst Ofen, nicht selten und wild geworden
(*Sadl.* 141), wahrscheinlich ein Ueberbleibsel aus der Türkenzeit. Bei
Csurgó im Com. Stuhlweissenburg (*Fabricy* in *Kit.* Add. 250)?

2. RHAMNUS L.

1. Rh. cathartica *L.* In Hecken, Vorhölzern, auf Hügeln.
Rh. infectoria *L.* Im südl. Ungarn (*Schult.* I. 417), in Sirmien (*Rumy* 53), im Banat (*Roch.* Reise 74 mit ?). Mit Sicherheit nur am croat. Litorale (Syll. cr. 115).
2. Rh. saxatilis *Jacq.* An steinigen buschigen Stellen der Kalkgebirge. Auf dem Ödenburger Zuge am Neusiedler See (*Szont.* ZBG. XIV. 497), auf dem Leithagebirge (*N.*), dem Thebner Kogel (*L'ol.* PV. I. 16), dem Wetterling, bei Smolenic und Bibersburg der Kleinen Karpaten (*Krz.* PV. II. 1. 43), bei Wag-Neustadtl, auf dem Temetvény- und Inovec-Gebirge (*Kell.* ÖBZ. XIV. 286, XV. 53) und bei Ghymes im Com. Neutra (*Kn.* ZBG. XV. 164), dann erst wieder auf den Rodnaer Alpen wenigstens auf der siebenbürg. Seite (*Baumy.* I. 173), bei Réz-Bánya im Com. Bihar (*RK.* 93), im östl. Com. Arad (*Kéry* 20). Rh. tinctoria *WK.* III. p. 284 t. 255 auf Weinbergen in Sirmien und im Banat unterscheidet sich nur durch die aufrechten bis 5' hohen Aeste. Solche Formen kommen einzeln unter der Stammart auf dem Leithagebirge bei Bruck (*N.*) und auf dem Thebner Kogel vor (*Richt.* PV. VII. 104).
Rh. alpina *L.* Im südlichsten Ungarn (*Schult.* I. 418). Wahrscheinlich ist damit Croatien gemeint, wo diese Art auch vorkömmt (Syll. cr. 115).
3. Rh. rupestris *Scop.* An Bächen bei Kapnik-Bánya im Distr. Kóvár (*Baumy.* I. 174—5).
4. Rh. Frangula *L.* An Bächen, Waldrändern, auf buschigen Hügeln.

XCIX. EMPETREAE.

1. EMPETRUM L.

1. E. nigrum *L.* An felsigen buschigen Stellen und auf Hochmooren der Alpen- und Voralpenregion. Auf dem Pilsko (*Hazsl.* ÉM. 95) und der Babia Góra (*RK.* 67), dem Rozsudec (*Stur* ÖBZ. IX. 25), der Kunstava (*RK.* 67), dem Dumbier, allen Central-Karpaten vom Choč bis auf die östl. Tatra (*Wahlb.* 321), auf kaltgelegenen Lehnen der Matra (*Kit.* Hydr. II. 160—1), auf dem Pikuj im Com. Bereg (*Hück.* ZBG. XV. 55), auf der Černa Hora (*Herb.* ZBG. XI. 69), auf dem Gutin und Csiblesz der Rodnaer Alpen (*Baumy.* I. 66), auf der Biharia (*Kern.* DL. 139), auf den Banat. Alpen (*Heuff.* 155).

C. EUPHORBIACEAE.

1. EUPHORBIA L.

1. E. Chamaesyce *L.* In den Geröllen der Donau zwischen Bazias und Svinica der serbisch-banat. Milit. Gr. (*Heuff.* 156). Auf

Stoppelfeldern bei Koroncó im Com. Raab (*Ebenh.* PV. V. 64)? wohl nur zufällig.

2. E. helioscopia *L.* An wüsten und bebauten Stellen.

3. E. platyphylla *L.* E. stricta *L.* Auf Aeckern, an Rainen, in Auen.

4. E. dulcis *Jacq.* E. tuberosa seu nodosa *Kit.* Bar. In Bergwäldern. Durch die nördl. Karpatenkette vom Com. Trencsin (*Kikó* 18) bis in das Com. Ung (*Hazsl.* ÉM. 97), aber nicht im Gebiete der Central-Karpaten; ferner auf dem Rosalien- und Leithagebirge (*N.*) bis Ödenburg herab (*Szont.* ZBG. XIV. 497), in den Com. Eisenburg (*Pol.* 10), Zala (*RK.* 107), Veszprim und Somogy, besonders im Bakonyer Walde, auf dem Mecsek bei Fünfkirchen (*Kit.* Bar.), bei Daruvár im Com. Požega (*Kit.* Add. 252), bei Semlin (*Panč.* Sirm.), Grosswardein (*Steff.* ÖBZ. XIV. 175). E. dulcis *Horv.* 43 bei Tirnau ist nach *Rochel* nicht die echte Pflanze dieses Namens. E. lucida *RK.* 9 ist nicht E. dulcis, wie es dort heisst, sondern nach *Kit.* Manuscr. die wahre E. lucida, womit auch die Standorte übereinstimmen.

5. E. angulata *Jacq.* An waldigen gebirgigen Stellen. Durch die ganze nördl. Karpatenkette (*Czompo* 13, *Hazsl.* ÉM. 97), allein ich finde sie nur angegeben im Wagthale des Com. Liptau, im Popradthale (*Hausskn.* ÖBZ. XIV. 208), auf der Magura (*Wahlb.* 142) und dem Drevenyk in der Zips (*Hazsl.* ZBV. II. SB. 110) und bei Eperjes (*Hazsl.* Sár. 219); dann auf dem Leithagebirge bei Bruck (*N.*).

** E. nemoralis *Kit.* in *Roch.* Ban. 26 et Add. 253. In Wäldern der Com. Veszprim, Zala und Somogy, dann im Banat. Steht der E. angulata am nächsten.

6. E. carniolica *Jacq.* E. ambigua *WK.* Ic. II. t. 135 nach *Boiss.* in *DC.* Prodr. XV. 2. 128—9. In Wäldern niedriger Berge. Auf dem süd-östlichen Abhang der Hegyallja bei Erdő-Bénye, Erdő-Horváty und Sátorallya-Ujhely (*RK.* 17), auf der Okola in der Marmaros (*Müll.* ZBG. XIII. 559), bei Rézbánya im Com. Bihar, auf dem Papuk in Slavonien (*RK.* 78, 93), häufig im Banat (*Heuff.* 156).

7. E. verrucosa *Jacq.* En. vindob. 82, ist älter als *Lam.* Auf Wiesen niedriger und gebirgiger Gegenden, selten oder übersehen. Be Ödenburg (*Szont.* ZBG. XIV. 497), auf den Donau-Inseln der Com. Wieselburg (*Wierzb.* Mos.) und Presburg (*Endl.* 197), im Marchthale bei Holič, bei Farkashida nächst Tirnau, bei Pištjan und Wag-Neustadtl im Com. Neutra (*Krz.* PV. II. 1. 91) und wahrscheinlich noch an vielen Orten, wenigstens an der westl. Grenze. Im Banat (*Roch.* Reise 52), fehlt jedoch bei *Heuffel.*

8. E. epithymoides *Jacq.* An steinigen buschigen Stellen, in Vorhölzern, an Waldrändern hügliger und gebirgiger Gegenden, seltener auf Sandflächen der Ebene, aber nicht im karpatischen Hochlande. E. elliptica *Kit.* Add. 252 scheint eine wenig abweichende Var. zu sein.

9. E. lingulata *Heuff.* Flora 1835 I. 249, Ban. 156. E. mehadensis *Kit.* in *Roch.* Ban. 26 et Add. 251 der Beschreibung und dem

Standorte nach. An schattigen steinigen Stellen bei den Herculesbädern. Nach *Gris.* It. 297 von E. epithymoides kaum verschieden.

10. E. palustris *L.* Auf nassen Wiesen, an Ufern, in Sümpfen besonders niedriger Gegenden.

11. E. pilosa *L.* E. villosa *WK.* Ic. I. t. 93. E. procera *MB.* E. hirsuta *RK.* 107 nach *Boiss.* in *DC.* Prodr. XV. 2. 116. Auf nassen Wiesen und in Sümpfen des Tieflandes (*WK.* l. c. 97). E. hiberna *L.* Um Tirnau (*Horv.* 45), in Sirmien (*Rumy* 52). Entschieden unrichtig.

12. E. Gerardiana *Jacq.* E. Cajogala *Ehrh.* E. homophylla *Lang* Syll. I. 185 nach *Sadl.* Pest ed. l. 2. 349. Auf Weiden, sandigen Triften, an Ufern und Wegen der Ebene.

13. E. amygdaloides *L.* E. silvatica *Jacq.* In Wäldern und Holzschlägen gebirgiger Gegenden bis in die Voralpenregion (*Wahlb.* 143)

14. E. Cyparissias *L.* Auf Wiesen, Triften, an Wegen.

15. E. Esula *L.* Auf Aeckern, an Rainen, Wegen.

16. E. virgata *WK.* Ic. II. t. 162. E. obscura et opaca *Lang* in *Reichb.* Germ. 762. Auf Wiesen, Aeckern, an Rainen, Wegen.

17. E. lucida *WK.* Ic. I. t. 54. In Sümpfen, Gräben, auf feuchten Triften des Tieflandes. Im Marchthal bei Adamov (*Krz.* PV. II. 1. 92) und Magyarfalva (*N.*), in den Donau-Auen bei Ragendorf im Com. Wieselburg (*Heuff.* Flora 1831 I. 406), zwischen Ödenburg und dem Neusiedler See (*Szont.* ZBG. XIV. 498), bei Koroncó im Com. Raab (*Ebenh.* PV. V. 64), bei Csenke im Com. Gran (*Feicht.* Ad. 283), bei Szigliget am Plattensee (*Sigm.* 47), in den Com. Veszprim (*Kit.* Bar.), Stuhlweissenburg, Tolna, Pest, besonders auf der Insel Csepel, Heves, Borsod, Zemplin, Szabolcs, Bihar und Békés (*WK.* l. c. 55, *RK.* 17, 49, 93, 117, *Sadl.* 432), ferner in den Drau- und Donau-Sümpfen der Com. Somogy, Baranya, Verovitic und Sirmien, in der Broder und Peterwardeiner Milit. Gr. (*RK.* 78, *Kit.* Bar., *Rumy* 52), im Banat (*Heuff.* 157).

18. E. salicifolia *Host* Syn. 267. E. amygdaloides *Lumn.* 198, nicht *L.* E. pallida *Willd.* Spec. II. 923. An Rainen, Wegen, trockenen Grasplätzen. Stellenweise in den Com. Presburg (*Endl.* 196), Neutra (*Kn.* ZBG. XV. 165), Hont (*Kn.* ÖBZ. XIV. 243), Gömör (*Fábry* II. 6), Heves, Borsod, Zemplin (*RK.* 17, *Reuss* 377) und Bihar (*Steff.* ÖBZ. XIV. 175); ferner am Fuss des Leithagebirges (*N.*), in den Com. Komorn, Gran (*RK.* 107), Pest (*Sadl.* 432, *RK.* 17, 67), Eisenburg (*Pol.* 10), Veszprim (*RK.* 9), Stuhlweissenburg (*WK.* Ic. I. 55) und Tolna (*Hillebr.* ZBV. VII. 41), bei Fünfkirchen (*Nendtv.* ZBG. XIII. 567), bei Futak im Com. Bács (*Schnell.* PV. III. 1. 19), in Sirmien (*WK.* l. c.), im Banat (*Heuff* 157). Die Var. β. angustata *Roch.* Ban. p. 43 t. 7 bei Pančova (*Roch.* l. c.) und bei Lugos (*Gris.* It. 297) ist entweder E. Esula-salicifolia oder eine diese beiden Arten vermittelnde Uebergangsform.

19. E. nicaeensis *All.* E. oleaefolia *Gouan.* E. pannonica *Host* Aust. II. 566. E. pulverulenta *Kit.* in *Schult.* II. 24 oder E.

babensis *Kit.* Add. 258 eine Missbildung. Auf Weiden, Hügeln, an Rainen, Wegen niedriger Gegenden sehr gemein (*Schult.* II. 20, *Czompo* 14), oft ein lästiges Unkraut.

20. E. saxatilis *Jacq.* Auf Felsen bei Neusohl (*Árv.* Pest. Mus.), im östl. Com. Arad (*Kéry* 18). Kömmt mir etwas zweifelhaft vor.

21. E. myrsinites *L.* Auf Felsen an der Donau zwischen Drenkova und Svinica in der serbisch-banat. Milit. Gr. (*Heuff.* 157). Bei Tirnau (*Horv.* 45), entschieden unrichtig.

22. E. segetalis *L.* E. simplex *C. Koch.* Linn. 1848 p. 730 nach *Boiss.* in *DC.* Prodr. XIV. 2. 145. Unter dem Getreide, auf Aeckern. Bei Presburg, besonders auf den Donau-Inseln (*Endl.* 195), bei Tirnau (*Horv.* 43), Rovně im Com. Trencsin (*Roch.* Pest. Mus.); ferner bei Wolfs im Com. Ödenburg (*Szont.* ZBG. XIV. 498), im Com. Wieselburg, bei Keszthely am Plattensee (*Czompo* 13), bei Szigetvár im Com. Somogy (*Kit.* Bar.), im Com. Pest (*Kit.* in *Sadl.* 435), bei Grosswardein (*Steff.* ÖBZ. XIV. 175), im östl. Com. Arad (*Kéry* 18), im Banat (*Heuff.* 157). Eine südeuropäische Pflanze, welche an den meisten der hier angeführten Orte nur zufällig vorzukommen scheint.

23. E. Peplus *L.* An Häusern, bebauten Stellen.

24. E. falcata *L.* Auf Brachen, Stoppelfeldern.

25. E. exigua *L.* Mit der vorigen.

26. E. Lathyris *L.* Ausländischen Ursprunges, aber an Rainen, Gräben, auf bebautem Lande verwildert (*Kit.* in *Schult.* II. 11). So bei Koroncó im Com. Raab (*Ebenh.* PV. V. 64), bei Komorn (*Kn.* ÖBZ. XIV. 221), bei Fünfkirchen (*Nendtv.* 22), in Slavonien (*Kit.* Add. 251), Sirmien (*Rumy* 52), im östl. Com. Arad (*Kéry* 18), im Banat (*Heuff.* 157).

E. neapolitana *Ten.* d. i. E. terracina *L.* In Sirmien (*Rumy* 52). Offenbar unrichtig.

E. serrata *L.*, E. Parallas *L.* und E. Characlas *L.* bei Tirnau (*Horv.* 43, 44, 46) durchgehends unrichtig.

* E. arvensis *Kit.* in *Schult.* II. 16. E. rugosa *Kit.* in *Roch.* Ban. 26. E. nervosa *Kit.* Add. 255. Auf Aeckern bei Szegedin und im Banat.

* E. sirmiensis *Kit.* in *Czompo* 14 et Add. 259. Auf trockenen Hügeln bei Karlovic.

* E. obovata *Kit.* Add. 253. In Bergwäldern auf dem Papuk und bei Duravár im Com. Požega.

* E. patens *Kit.* Add. 254. Bei Rovně im Com. Trencsin.

2. MERCURIALIS L.

1. M. perennis *L.* An Bergbächen, in Hainen, Wäldern.

2. M. ovata *Sternb.* et *Hoppe.* An felsigen buschigen Stellen, besonders auf Kalk. Auf dem Ödenburger Kalkzuge am Neusiedler See (*Szont.* ZBG. XIV. 498), auf der Halbinsel Tihany (*Sigm.* 46), bei Keszthely und Füred am Plattensee, bei Ofen, Fünfkirchen (*Czompo* 10), im Banat (*Heuff.* 157), doch soll sie nach *Kern.* ZBV. VII. 278 auf dem ganzen Pilis-Vértes Gebirge fehlen.

3. M. annua *L.* Auf wüsten und bebauten Plätzen gemein (*Czompo* 11), aber nicht überall, selten z. B. im Banat (*Heuff.* 157),²um Kaschau ganz fehlend (*Pawl.* PV. I. 27), auch *Rumy* erwähnt ihrer nicht in Sirmien.

3. BUXUS L.

1. B. sempervirens *L.* In Gärten und Parkanlagen der alten Schule, auf Friedhöfen, selten verwildert.

CI. JUGLANDEAE.

1. JUGLANS L.

1. J. regia *L.* Asiatischen Ursprunges, aber überall kultivirt und verwildert, in Slavonien (*Kit.* Slav.) und in der südl. Banat. Milit. Gr. wild geworden und kleine Wälder bildend (*Heuff.* 158), steigt am Fuss der Biharia bis 2000' (*Kern.* DL. 145). Den alten Magyaren ein heiliger Baum (*Kan.* Gesch. d. ung. Bot. 3).

CII. ANACARDIACEAE.

1. RHUS L.

1. Rh. Cotinus *L.* An steinigen buschigen Stellen niedriger Berge. Auf der Matra (*Reuss* 100), auf dem Pilis-Vértes Gebirge (*Kern.* ZBV. VII. 263, 269, 272), häufig in den Com. Stuhlweissenburg, Veszprim, Zala, Somogy und Baranya (*RK.* 117, *Kit.* Bar. et Add. 262), in Sirmien (*Rumy* 53), im östl. Com. Arad (*Kéry* 20), in der Banat. Milit. Gr. (*Heuff.* 48). In nördl. Gegenden nur verwildert.

CIII. DIOSMEAE.

1. DICTAMNUS L.

1. D. albus *L.* Auf steinigen buschigen Stellen hügliger und gebirgiger Gegenden, vorzüglich in der Nähe der Weingärten. Am südl. Rand der Karpatenkette von Presburg bis Tokay, überall im Hügellande am rechten Donau-Ufer, auch im Com. Arad (*Kéry* 18) und im Donau-thal der östl. Banat. Milit. Gr. (*Heuff.* 47). Nach *Kit.* Add. 262 kömmt auf den Grauer Bergen bei Marót eine Var. mit einfachen Blättern vor?

CIV. RUTACEAE.

1. PEGANUM L.

1. P. Harmala *L.* Auf dem Blocksberg bei Ofen unter dem Schutz eines verwilderten Feigenbaumes, der einzige Standort in Ungarn (*Dorn.* Pest. 5). Wohl ein Ueberbleibsel aus der Türkenzeit.

2. RUTA L.

1. R. graveolens *L.* Wird in Haus- und Weingärten kultivirt und kömmt in deren Nähe besonders im südl. Gebiete auch verwildert vor (*Schult.* I. 629).

2. R. patavina *L.* Auf Kalkfelsen bei Svinica der serbisch-banat. Milit. Gr. (*Heuff.* 47).

CV. ZYGOPHYLLEAE.

1. TRIBULUS L.

1. T. terrestris *L.* Auf Puszten, Sandsteppen, an Wegen, im Flugsande. Auf der Grossen Schütt (*Endl.* 421), in den Com. Raab (*Ball.* Exs., *Ebenh.* PV. V. 51), Gran (*Feicht.* Ad. 283), Komorn, Stuhlweissenburg (*Hillebr.* ZBV. VII. 41, ÖBZ. VIII. 299) und Pest (*Sadl.* 174), auf der Halbinsel Tihany am Plattensee (*Haberl.* ÖBZ. XI. 17), in Sirmien (*Rumy* 54), auf der Debreciner Heide (*RK.* 49), in der westlichen Banat. Milit. Gr. (*Heuff.* 47).

CVI. GERANIACEAE.

1. ERODIUM L'Hérit.

1. E. cicutarium *L'Hérit.* E. pimpinellifolium *Willd.* Geranium chaerophyllum *Cav.* An wüsten und bebauten Stellen.

2. E. ciconium *Willd.* An Hecken, Wegen, wüsten steinigen Stellen hügliger Gegenden. Bei Füred am Plattensee (*Hillebr.* ZBV. VII. 40), auf den Ofner Bergen, besonders auf dem Blocksberg (*Kern.* ZBV. VII. 272, *Sadl.* 300), bei Pest (*Bayer* Exs.), Semlin (*Panč.* Sirm.), im Donauthal der Banat. Milit. Gr. (*Heuff.* 46 nach *Rochel*). E. glutinosum *RK.* 118 bei Füred ist wohl dieselbe Pflanze.

3. E. moschatum *L'Hérit.* Auf Aeckern, an Rainen. In Slavonien, angeblich auch im Com. Arad (*Kit.* Add. 262).

2. GERANIUM L.

1. G. macrorrhizon *L.* An felsigen Stellen auf der Dscameanie der Rodnaer Alpen (*Baumg.* II. 290), auf schattigen Kalkfelsen bei Csiklova (*Kit.* Add. 263) und Steierdorf im Com. Krassó, bei den Herculesbädern und auf dem Donau-Bergzuge der Banat. Milit. Gr. (*Heuff.* 45).

2. G. phaeum *L.* In schattigen Wäldern gebirgiger Gegenden bis in die Voralpenregion.

3. G. silvaticum *L.* G. argenteum *Geners.* 52, nicht *L.* In Berg- und Voralpenwäldern der nördl. Karpatenkette von der Javořina im Com. Neutra (*Lol.* PV. III. 1. 60) bis in die Marmaros (*Wahlb.* 208,

Hazsl. ÉM. 92, *Kit.* Add. 263), dann auf den Karpaten des Com. Arad (*Kéry* 19) und des Banats (*Heuff.* 46).

4. G. pratense *L.* G. batrachioides *Lang* En. 2 nach einem im k. k. bot. Cabinet befindlichen Original-Exemplar, nicht *Cavan.* Auf Wiesen und in feuchten Gebüschen besonders gebirgiger Gegenden. In den Thälern der nordwestlichen Karpaten von Presburg bis in das Com. Sáros (*Endl.* 424, *Krz.* PV. II. 1. 42, *Kn.* ZBG. XV. 165, *Kikó* 18, *Hazsl.* Sár. 219, ÉM. 92), auch bei Erlau (*Lang* Exs.) und Debrecin (*RK.* 49); selten im mittleren und südlichen Gebiete, bei Ödenburg, Kroisbach (*Szont.* ZBG. XIV. 498) und Mattersdorf im Com. Ödenburg, bei Acsa im Com. Pest (*Kit.* Add. 265), im östl. Com. Arad (*Kéry* 19), an Alpenbächen des Banats (*Heuff.* 46).

5. G. palustre *L.* Auf Wiesen und in feuchten Gebüschen besonders gebirgiger Gegenden. In den Thälern der nordwestlichen Karpaten vom Schur bei St. Georgen (*Kornh.* PV. III. 2. 34) bis in die Com. Sáros, Abauj und Borsod (*Kn.* ZBG. XV. 165, *Hazsl.* ÉM. 92, *Reuss* 94, *Kit.* Add. 264), am rechten Donau-Ufer bisher blos bei der Teichmühle nächst Ödenburg (*Szont.* ZBG. XIV. 498), im Com. Eisenburg (*Poll.* 11) und zwischen Lókut und Zirc im Com. Veszprim (*RK.* 9), dann im östl. Com. Arad (*Kéry* 19) und im Banat (*Heuff.* 46).

6. G. sanguineum *L.* An steinigen buschigen Stellen hügliger Gegenden, besonders in der Nähe der Weingärten. G. argenteum *L.* Im östl. Com. Arad (*Kéry* 18)?

7. G. sibiricum *L.* Im Steinschutt des Eisenstädter Parkes im Com. Ödenburg (*Pawl.* Exs.). Schwerlich wirklich wild. (Vergl. *Neilr.* Nachtr. 281).

8. G. pyrenaicum *L.* G. umbrosum *WK.* Ic. II. t. 124. Auf Bergwiesen des Hauran im Com. Neutra (*Krz.* PV. II. 1. 42) und auf dem Weingebirge bei der Stadt Neutra (*Kn.* PV. VII. 137), dann bei dem Bischofsbad nächst Grosswardein (*Steff.* ÖBZ. XIV. 184), bei den Herculesbädern (*Heuff.* 46) und ohne Zweifel noch an vielen Orten, wenigstens im westlichen Ungarn, da diese Art im Wiener Becken so häufig vorkömmt.

9. G. pusillum *L.* G. rotundifolium *Geners.* 52, nicht *L.* G. multiflorum *Lang* En. 2 nach einem im k. k. bot. Cabinet befindlichen Original-Exemplar. Auf wüsten und bebauten Stellen.

10. G. bohemicum *L.* In Nadelwäldern auf dem Domugled bei den Herculesbädern (*Heuff.* 46), bei Wallendorf in der Zips (*Kalchbr.* in *Hazsl.* ÉM. p. V. et 93).

11. G. dissectum *L.* Unter dem Getreide, auf Brachen, bebauten Plätzen gebirgiger Gegenden in den Com. Presburg (*Endl.* 425), Neutra (*Kn.* ZBG. XV. 166), Trencsin (*Roch.* Pest. Mus.), Arva (*Vitk.* ZBG. XIII. 1092), Liptau (*Reuss* 93), Zips (*Wahlb.* 209), Sáros, Abauj, Zemplin und Bihar stellenweise (*Kit.* Add. 266); ferner auf dem Pilis-Vértes Gebirge und der Pester Ebene (*Kern.* ZBV. VII. 271, *Sadl.* 302), bei Fünfkirchen (*Nendtv.* 23), Futak im Com. Bács (*Schnell.* PV. III. 1. 6), gemein in den drei slavonischen Com. (*Kit.* Slav.), im Banat (*Heuff.* 46).

12. G. columbinum L. Auf bebautem Lande, an buschigen Stellen·

13. G. rotundifolium L. Auf Aeckern, Weiden', aber auch auf Felsen und steinigen buschigen Hügeln. Bei Theben (*Endl.* 425), Neustadtl an der Wag im Com. Neutra (*Roch.* MS. I. 241), Rovně im Com. Trencsin (*Roch.* Pest. Mus.), Teplic im Com. Borsod (*Reuss* 91), Eperjes (*Hazsl.* ÉM. 93), Grosswardein (*Steff.* ÖBZ. XIV. 184); ferner auf dem Haglersberg am Neusiedler See (*N.*), bei Ödenburg (*Szont.* ZBG. XIV. 498), auf dem Sümeger Schlossberg im Com. Zala (*Kit.* Bar.), dem Pilis-Vértes Gebirge (*Kern.* ZBV. VII. 171, 172) und der Pester Ebene (*Sadl.* 303), bei Fünfkirchen (*Nendtv.* 23), bei Semlin (*Panč.* Sirm.), im Banat (*Heuff.* 46).

14. G. molle L. Auf Aeckern, an Rainen, buschigen Stellen. Bei Presburg (*Endl.* 425), Neustadtl an der Wag (*Roch.* MS. I. 241), im Com. Trencsin (*Kikó* 19), in der südl. Zips (*Geners.* 52), bei Eperjes (*Hazsl.* ÉM. 93); ferner bei Ödenburg (*Szont.* ZBG. XIV. 498), in den Com. Eisenburg (*Pol.* 11), Gran (*Feicht.* Ad. 283) und Pest (*Sadl.* 303), bei Fünfkirchen (*Nendtv.* ZBG. XIII. 567), in Sirmien (*Rumy* 53), im Banat (*Heuff.* 46) und, wenn auch nicht gemein, doch sicher noch an vielen Orten.

15. G. lucidum L. An felsigen waldigen Orten gebirgiger Gegenden. Auf der Vysoka (*Bolla* PV. I. 13), bei Losonc und Smolenic im Com. Presburg, im Sassiner Föhrenwalde, bei Botfalu (*Krz.* PV. II. 1. 42, III. 2. SB. 21) und auf dem Zobor im Com. Neutra (*Kn.* PV. VII. 136), auf der Matra (*Reuss* 92), in der Fasanerie bei Grosswardein (*Steff.* ÖBZ. XIV. 184); ferner auf dem Plattenseezuge (*Sigm.* 48), dem Pilis-Vértes Gebirge und dem Nagyszál bei Waizen (*Kern.* ZBV. VII. 268, 269, ÖBW. VII. 399), auf dem Papuk in Slavonien (*RK.* 78), im östl. Banat (*Heuff.* 46).

16. G. divaricatum *Ehrh.* G. novum *Wint.* f. 11. An Hecken, Weingartenrändern, zwischen Gebüsch. Auf den Weinbergen bei Berencs und Neutra, bei Levenc im Com. Bars (*Kn.* ZBG. XV. 166, ÖBZ. XIV. 242), bei Rima Szombat (*Fábry* I. 8) und Nagy Röce im Com. Gömör, bei Miskolc (*Reuss* 92) und im Walde bei Heves (*RK.* 17); ferner auf dem Plattenseezuge (*Sigm.* 48) und dem Somlyó im Com. Veszprim, bei Lovas-Berény im Com. Stuhlweissenburg, auf den Weinbergen von Ofen und Kecskemét, auf der Pester Ebene (*Kit.* Add. 265—6, *WK.* Ic. II. 131, *Sadl.* 304), bei Hoszubetény, Rácváros und Szabolcs im Com. Baranya (*Kit.* Add. 1. c., *Nendtv.* ZBG. XIII. 570), auf dem Čerevičer Weingebirge (*Schnell.* PV. III. 1. 6), in der roman. banat. Milit. Gr., daselbst bis in die Voralpen steigend (*Heuff.* 46).

17. G. robertianum L. G. purpureum *Vill.* Auf Mauern, Felsen, schattigen Plätzen.

** **G. barbatum** *Kit.* Hydr. II. 319. In Wäldern und Gebüschen bei den Herculesbädern.

* **G. punctatum** *Kit.* Add. 265. Zwischen Gebüsch in Sirmien.

CVII. LINEAE.

1. LINUM L.

1. L. gallicum L. L. aureum *WK.* Ic. II. t. 177. Auf sandigen Aeckern, grasigen Stellen. Bei Lendva im Com. Zala (*Portenschl.* Pest. Mus.), bei Csurgó, Zsitva, Szigetvár (*WK.* l. c. 194) und Dráva-Tamási im Com. Somogy, bei Boda im Com. Baranya (*Kit.* Bar.), bei Eminovce, Cernik und der Ruine Banikovce nächst Bačindol im südl. Com. Požega (*RK.* 79). L. corymbulosum *Reichb.* In Ungarn (*Maly* 327). Wahrscheinlich ist damit das ehemalige ungar. nun croat. Litorale gemeint, wo diese Pflanze auch vorkömmt (Syll. cr. 189).

2. L. flavum L. Auf steinigen Grasplätzen, an Weingartenrändern, an buschigen Stellen hügliger und gebirgiger Gegenden.

3. L. hirsutum L. Auf Wiesen, Grassteppen und an buschigen Stellen niedriger und hügliger Gegenden vom südl. Rand der Karpaten bis nach Slavonien und in den Banat.

4. L. viscosum L. Auf Wiesen der Murinsel im Com. Zala (*RK.* 9). Von L. hirsutum als Art kaum verschieden.

5. L. hologynum *Reichb.* Germ. 833. Auf Wiesen des Domugled bei den Herculesbädern (*Heuff.* 42).

6. L. nervosum *WK.* Ic. II. t. 105. Auf Wiesen im Walde Vojlović bei Pančova in der serbisch-banat. Milit. Gr. sehr häufig (*Heuff.* 42), zwischen Orczydorf und Arad im Com. Temes (*Kit.* Add. 271), auf der Mokra bei Boros-Jenő im Com. Arad (*Heuff.* in *Reichb.* Germ. 833).

7. L. tenuifolium L. Auf Weiden, an steinigen buschigen Stellen hügliger und niedriger Gegenden.

8. L. usitassimum L. L. perenne *Lumn.* 129, nicht L. Wird im Grossen gebaut.

L. angustifolium *Huds.* An der Wag bei Pištjan und Brunóc im Com. Neutra (*Krz.* PV. II. 1. 39)? von *Knapp* dort vergebens gesucht (ZBG. XV. 166). Eine Litoral-Pflanze.

9. L. perenne L. Auf sandigen Wiesen niedriger und hügliger Gegenden. Bei Presburg, St. Georgen, Cjfer, Tirnau bis an die Grenze des Com. Neutra (*Bolla* PV. I. 14, *Krz.* PV. II. 1. 39), auf dem Temetvény-Gebirge (*Kell.* ÖBZ. XIV. 286), zwischen Komorn und Neuhäusel (*Kn.* ÖBZ. XIV. 221), bei Párkány im Com. Gran (*Feicht.* Ad. 283), bei Kaschau (*Pawl.* PV. I. 26); ferner am Neusiedler See (*Roch.* in *Schult.* I. 525), im Donauthale von Kittsee bis Wieselburg (*Wierzb.* Mos.), Koroncó im Com. Raab (*Ebenh.* PV. V. 50), Csákvár, Csór, Seregélyes (*Kit.* Bar. et Slav.) und an der Benta im Com. Stuhlweissenburg (*RK.* 118), häufig im Pester Com. (*Sadl.* 142), bei Fünfkirchen (*Nendtv.* 25), Pecsvár und Abaliget im Com. Baranya (*Kit.* Bar.), in Sirmien (*Rumy* 53), im östl. Com. Arad (*Kéry* 19), in der westlichen Banat. Milit. Gr. (*Heuff.* 42). Wurde in früheren Zeiten öfter mit dem viel gemeineren l. austriacum verwechselt, so dass mancher der hier angeführten

Standorte sich richtiger auf letzteres beziehen dürfte, namentlich am Neusiedler See habe ich nur L. austriacum gefunden.

10. L. austriacum *L.* L. marginatum *Reichb.* Germ. 832. L. barbulatum *Lang* En. 2 nach *Reichb.* l. c. Auf Wiesen und an buschigen Stellen niedriger und gebirgiger Gegenden, aber nicht im ungar. Hochlande.

L. alpinum im Com. Trencsin (*Kikó* 18), auf dem Stoch (*Vitk.* ZBG. XIII. 1092), Dumbier, der Rackova, östl. Tatra (*Wahlb.* 91), Bersava im Com. Bereg (*Kit.* Add. 269) und im östl. Com. Arad (*Kéry* 19) ist nach meiner Ansicht keine Art, sondern die Autoren scheinen darunter Alpenvarietäten bald von L. perenne, bald von L. austriacum zu verstehen. Auf welche dieser Var. sich aber die oben angeführten Standorte beziehen, vermag ich nicht zu entscheiden. Vielleicht gehört L. alpinum der Granitalpen zu L. perenne, jenes der Kalkalpen zu L. austriacum, vielleicht fallen diese zwei ohnehin zweifelhaften Arten in L. alpinum als ihre Urform zusammen.

11. L. catharticum *L.* Auf Wiesen niedriger und gebirgiger Gegenden bis in die Krummholzregion (*Wahlb.* 92).

* **L. extraaxillare** *Kit.* in *Roch.* Ban. 26 et Add. 269. Auf den Alpen der Zips, auf dem Pop-Ivan in der Marmaros, im Banat.

* **L. uniflorum** *Kit.* Add. 270. Im Thale Blessovic an der Blatnic im Com. Turóc.

CVIII. OXALIDEAE.

1. OXALIS L.

1. O. Acetosella *L.* In schattigen Wäldern vorzüglich gebirgiger und subalpiner Gegenden.

2. O. stricta *L.* O. corniculata *Lumn.* 184, nicht *L.* Nordamericanischen Ursprunges, aber als Unkraut in Ziergärten, auf Aeckern und wüsten Stellen beinahe wild geworden.

3. O. corniculata *L.* Gleichen Ursprunges wie die vorige, aber sehr selten. Bei Fünfkirchen (*Nendtv.* 28), an der Rima im Com. Gömör (*Fábry* I. 8), wenn anders die Bestimmung richtig ist, da beide Aut. keine O. stricta aufführen.

CIX. BALSAMINEAE.

1. IMPATIENS L.

1. I. Nolitangere *L.* In schattigen Bergwäldern.

CX. PHILADELPHEAE.

1. PHILADELPHUS L.

1. Ph. coronarius *L.* Wird in Gärten und freien Aulagen kultivirt und kömmt manchmal an Zäunen und iu Hecken verwildert vor, z. B. in der Marmaros (*Wagn.* Exs.).

CXI. OENOTHEREAE.

1. ISNARDIA L.

1. I. palustris *L.* In Sümpfen und langsam fliessenden Wassern. Im Hanság (*Wierzb.* Mos.), bei Ungvár (*Hazsl.* EM. 91), Lugos (*Heuff.* 69).

2. OENOTHERA L.

1. Oe. biennis *L.* An Ufern, in Geröllen, Auen niedriger Gegenden. Die Var. β. parviflora *Koch* Syn. 444 (Oe. parviflora *Schnell.* PV. I. 13, nicht *L.*, zufolge schriftlicher Mittheilung des Entdeckers) bei Presburg.

3. EPILOBIUM L.

1. E. angustifolium *L.* E. latifolium *WK.* Ic. I. p. XXIX nach *Schult.* I. 593 Note. In Berg- und Voralpenwäldern, Holzschlägen, Schluchten, an Giessbächen. Kömmt auch mit weissen Blumen vor (*Kit.* Add. 272).

2. E. Dodonaei *Vill.* E. angustissimum *WK.* Ic. I. t. 76. An Ufern, in Geröllen, im Steinschutte niedriger und gebirgiger Gegenden. An der Wag und ihren Nebenflüssen in den Com. Neutra (*Kn.* ZBG. XV. 167), Trencsin, Turóc, Arva und Liptau, an den Alpenbächen der Zips (*Wahlb.* 108, *Kit.* Add. 273, *Üchtr.* ÖBW. VII. 376, *Vitk.* ZBG. XIII. 1092, *Hol.* ÖBZ. XV. 10), bei Polhora nächst Bries im Com. Sohl (*RK.* 67) und bei Nagy Mihály im Com. Zemplin (*Hazsl.* ÉM. 89); ferner in den Steinbrüchen bei Sarndorf und auf der Kleinen Schütt im Com. Wieselburg (*Wierzb.* Mos.), zwischen Rust und Margarethen im Com. Ödenburg (*Niessl* ÖBW. VI. 402), in Sirmien (*Rumy* 52), an der Temes und bei Mehadia (*WK.* l. c. 79, *Heuff.* 69). Kömmt ebenfalls mit weissen Blumen vor (*Kit.* Add. 273).

3. E. hirsutum *L.* E. amplexicaule *Lam.* Zwischen Ufergebüschen, in Waldsümpfen.

4. E. parviflorum *Schreb.* E. mollissimum seu molle *Horn.* 7, 37 nach *Kit.* Add. 273. An Bächen, in Gräben, Sümpfen.

5. E. montanum *L.* In Berg- und Voralpenwäldern. Die Var. E. collinum *Gmel.* vorherrschend iu den Central-Karpaten (*Hausskn.* ÖBZ. XIV. 215).

6. E. tetragonum *L.* In Gräben und Sümpfen der Ebene, an Giessbächen und in Holzschlägen gebirgiger Gegenden.

7. E. roseum *Schreb.* An Bächen, in Wassergräben, Sümpfen. Stellenweise in den Com. Presburg (*Krz.* PV. II. 1. 52, *Kornh.* PV. III. 2. 34), Neutra (*Kn.* ZBG. XV. 167), Trencsin (*Szont.* ÖBZ. XIV. 275), Liptau, Zips (*Hausskn.* ÖBZ. XIV. 215), Sáros (*Hazsl.* Sár. 220) und Marmaros (*Müll.* ZBG. XIII. 559); ferner bei Bruck an der Leitha und an der Rabnitz (*Wierzb.* Mos.). E. roseum *Kit.* Add. 274 ist eine ganz andere Pflanze. (Vergl. E. alsinefolium und E. alpinum.)

E. palustri-roseum *Hausskn.* ÖBZ. XIV. 215. In Gräben bei Javořina in der nördl. Zips.

E. roseo-parviflorum *Lasch* Linn. 1831 p. 493. Mit der vorigen (*Hausskn.* l. c.).

8. E. trigonum *Schrank.* E. alpestre *Reichb.* In Holzschlägen und an feuchten Stellen der Voralpen. Auf den Vorlagen der Central-Karpaten, dem Čerho und Šimonka im Com. Sáros (*Hazsl.* ÉM. 91), an den Alpenbächen des Banats (*Heuff.* 69). E. montanum β. trifoliatum auf den Voralpen der Arva und Liptau (*Kit.* Add. 274) und E. triphyllum auf der Babia Góra (*Vitk.* ZBG. XIII. 1093) scheinen nach allem eher hierher als zur dreiblättrigen Var. des E. montanum zu gehören. Ob unter E. alpestre *Kikó* 18 im Com. Trencsin E. trigonum oder E. alsinefolium gemeint sei, ist nicht zu entnehmen.

9. E. palustre *L.* In Sümpfen, Gräben, auf Torfmooren niedriger und gebirgiger Gegenden bis in die Voralpenregion. Durch die ganze nördl. Karpatenkette von Presburg bis in die Marmaros (*Roch.* MS. II. 38, *Kn.* ZBG. XV. 167, ÖBZ. XIV. 108—15, 344, *Szont.* ZBG. XIII. 1093, *Wahlb.* 109, *Kit.* Arv., *Hazsl.* Sár. 220, *Müll.* ZBG. XIII. 559); ferner auf dem Schur bei St. Georgen (*Kornh.* PV. III. 2. 34), auf den Ebenen der Com. Wieselburg (*Wierzb.* Mos.), Raab (*Ebenh.* PV. V. 54), Gran (*Feicht.* Ad. 283) und Pest (*Sadl.* 165), auf dem Fekete Tó am Fuss der Matra und dem Ecsédi Láp im Com. Szatmár (*Kit.* Add. 276), an der Schnellen Körös bei Grosswardein (*Steff.* ÖBZ. XIV. 184), im Banat (*Heuff.* 69), bei Semlin (*Pand.* Sirm.).

10. E. virgatum *Fries*, nicht *Koch* (Vergl. *Neilr.* Nachtr. 284). Bei Csorba in der östl. Liptau (*Üchtr.* ÖBW. VII. 376). Bei Cjfer im Com. Presburg (*Krz.* PV. III. 2. SB. 23), schwerlich.

11. E. alsinefolium *Vill.* E. origanifolium *Lam.* E. alpestre *Schm.* E. alpinum var. β. *Wahlb.* Carp. 109, dem Citate der Fl. lappon. p. 95—6 nach. E. alpinum *Herb.* ZBG. XI. 69 nach Original-Exemplaren. An feuchten felsigen Stellen der Alpen- und Voralpenregion. Auf der Babia Góra (*Wimm.* 609), auf den Vorlagen der Central-Karpaten von der Rackova bis auf die östl. Tatra (*Wahlb.* l. c., *Hazsl.* ÉM. 91, *Hausskn.* ÖBZ. XIV. 215, *Üchtr.* ÖBW. VII. 369), auf der Prašiva der Liptau-Sohler Alpen (*Roch.* MS. II. 18), auf der Černa Hora (*Herb.* l. c.), auf den Banat. Alpen (*Heuff.* 69). E. roseum *Kit.* Add. 274 mit Ausschluss der Var. β auf den Alpen der Com. Sohl, Liptau und Zips gehört allem Anscheine nach hierher.

12. E. alpinum *L.* E. pumilum *Lang* En. 1 nach einem im k. k. bot. Cabinet befindlichen Original-Exemplar. An felsigen Stellen und Schneefeldern der Alpen. Auf der Babia Góra (*Szont.* ZBG. XIII. 1093, die anderen niedrigeren Gegenden entnommenen Standorte halte ich für zweifelhaft), auf dem Ďumbier, der Rackova (*Krz.* Exs.), dem Grossen Křivan (*Roch.* MS. I. 79), am Grossen Fischsee, im Grossen Kohlbachthale der Hohen Tatra (*Hausskn.* ÖBZ. XIV. 215), auf der Petrosa (*RK.* 50), Dseameanie und dem Galac der Rodnaer Alpen (*Baumg.* I. 328), auf den Banat. Alpen (*Heuff.* 69). E. roseum β. minus *Kit.* Add. 274 auf dem Ďumbier, Grossen Křivan, Pop-Ivan und der Petrosa gehört wahrscheinlich hierher, E. alpinum auf dem Pikuj im Com. Bereg (*Hück.* ZBG. XV. 56) muthmasslich zu E. alsinefolium.

* E. silvestre *Kit.* Add. 275. Bei der Glashütte Jankovac nächst Dreuovac im Com. Verovitic.

4. CIRCAEA L.

1. C. lutetiana *L.* In Auen, schattigen Bergwäldern.

2. C. alpina *L.* In höheren Bergwäldern bis in die Voralpenregion. Auf der Javořina im Com. Neutra (*Hol.* PV. III. 1. 61), auf dem Oszláner Gebirge im nordwestl. Com. Bars (*Arv.* Pest. Mus.), bei Hodrič nächst Schemnitz (*Kn.* ÖBZ. XIV. 115), auf den Karpaten der Com. Arva, Liptau, Zips und Marmaros (*Kit.* Add. 272), auf dem Cerho im Com. Sáros (*Hazsl.* Sár. 220), auf dem Pikuj im Com. Bereg (*Hück.* ZBG. XV. 57), auf der Biharia (*Kern.* DL. 132, 333), im östl. Banat (*Heuff.* 69). Bei Fünfkirchen (*Maj.* 7)?

C. alpino-lutetiana *Reichb.* C. intermedia *Ehrh.* In höheren Bergwäldern. Auf der Javořina im Com. Neutra (*Hol.* PV. III. 1. 61), auf dem Lopenik im Com. Trencsin (*Kn.* ÖBZ. XIV. 345), bei Zazriva im Com Arva (*Szont.* ZBG. XIII. 1093), bei den Bädern von Lučky und in der südöstl. Liptau (*Wahlb.* 4), im östl. Banat (*Heuff.* 69). Bei Neutra auf der Insel (*Kn.* PV. VII. 144)? bei Hosszúvic nächst Marcali im Com. Somogy (*Kit.* Add. 272)?

CXII. HALORAGEAE.

1. HIPPURIS L.

1. H. vulgaris *L.* In stehenden und langsam fliessenden Wassern.

2. MYRIOPHYLLUM L.

1. M. verticillatum *L.* In stehenden und langsam fliessenden Wassern.

2. M. spicatum *L.* Mit der vorigen Art.

3. TRAPA L.

1 T. natans *L.* In stehenden und langsam fliessenden Wassern. In Sümpfen bei Klein-Schützen im Marchthal (*Bolla* PV. 1. 12), an der Donau, Wag, Neutra (*Reuss* 152), Zagyva und besonders im Ueberschwemmungsgebiete der Theiss (*Sadl.* 73), in den Drau-Sümpfen der Com. Somogy, Baranya und Verovitie (*Kit. Slav.*), in Sirmien (*Rumy* 54), im östl. Com. Arad (*Kéry* 21), auf den Ebenen des Banats (*Heuff.* 70).

CXIII. LYTHRARIEAE.

1. PEPLIS L.

1. P. Portula *L.* Auf feuchten Triften, an Ufern, überschwemmten Stellen niedriger und gebirgiger Gegenden bis an den Fuss der Voralpen.

2. LYTHRUM L.

1. L. Salicaria *L.* In Sümpfen, an Gräben, zwischen feuchtem Ufergebüsch.

2. L. virgatum *L.* L. lineare *Horv.* 41, nicht *L.* L. acuminatum *Willd.* In Gräben, zwischen Ufergebüsch, an feuchten Stellen der Com. Presburg (*Endl.* 362, *Stur* 141, *Krz.* PV. III. 2. SB. 23), Neutra (*Kn.* ZBG. XV. 168), Gran (*Feicht.* Ad. 283), Hont, Liptau (*Kn.* ÖBZ. XIV. 111, *RK.* 67), Borsod (*Reuss* 156) und Szatmár (*RK.* 50), bei Rima Szombat (*Fábry* I. 8), Kaschau (*Pawl* PV. I. 27), Debrecin (*RK.* 50) und Grosswardein (*Steff.* ÖBZ. XIV. 184); ferner in den Com. Eisenburg (*Pol.* 13), Wieselburg (*Wierzb.* Mos.), Raab (*Ebenh.* PV. V. 54), Komorn (*Hillebr.* ÖBZ. VIII. 299), Zala (*Kit.* Bar.) und Pest, besonders an der Theiss (*Sadl.* 192), bei Szolnok (*Portschl.* Pest. Mus.), Fünfkirchen (*Nendtv.* 26), Futak im Com. Bács (*Schnell.* PV. III. 1. 9), in Sirmien (*Rumy* 53), im östl. Com. Arad (*Kéry* 19), im Banat (*Heuff.* 70).

3. L. Hyssopifolia *L.* Auf feuchten Aeckern, an überschwemmten Stellen sowohl in den Thälern der Karpaten als im Hügel- und Tieflande.

CXIV. POMACEAE.

1. PYRUS L.

1. P. communis *L.* In Auen, Wäldern, an Bächen bis in die Voralpenregion, bildet in den nordwestlichen Karpaten ausgedehnte beinahe geschlossene Bestände (*Koch.* Misc. 81).

P. ulvalis *Jacq.* Kultivirt im nördl. Com. Krassó (*Heuff.* 68).

P. silvestris *RK.* 50 bei Ráhó im Com. Marmaros. Was damit gemeint sei, weiss ich nicht. P. silvestris *Mönch* Method. 679 ist nach *Mönch*'s eigener Angabe eine blosse Namensänderung der P. communis

L., P. silvestris *Mugnol* Bot. mousp. 215 aber ist nach *Gren.* et *Godr.*
Franc. I. 570 = P. amygdaliformis *Vill.*, ein Baum der Oliven-Region.
P. Pollverla *L.* Auf dem Mecsek bei Fünfkirchen (*RK.* 9, in *Kit.*
Manuscripte mit ?). Ein nur in Gärten gezogener Baum, vielleicht hybriden
Ursprunges (**P. Aria-communis**), doch wird auch öfter die Var. des P.
communis *L.* mit unterseits filzigen Blättern fälschlich dafür gehalten
(*DC.* Prodr. II. 634, *MK.* Deutschl. III. 422, *Gren.* et *Godr.* Franc. I. 571).
    2. P. Malus *L.* In Auen und Vorhölzern niedriger und gebirgiger
Gegenden.

P. prunifolla *Willd.* Im Banat (*Roch.* Reise 73). Eine zweifelhafte
nicht hinlänglich bekannte Art (*Ledeb.* Ross. IV. 97).

* **P. angulata** *Kit.* in *Roch.* Ban. 26 et Add. 279. Am Waldwege
zwischen Oravica und Dognačka im Com. Krassó.

* **P. csiklovensls** *Kit.* in *Roch.* Ban. 26 et Add. 279. Bei Csiklova im
Com. Krassó.

* **P. sirmiensis** *Kit.* Add. 277. Bei Velika Remeta im Com. Sirmien.

* **P. baranyensis** *Kit.* Add. 278. Im Com. Baranya.

* **P. elliata** *Kit.* Add. 278. In Bauerngärten der Zips. Scheint kultivirt zu sein.

* **P. slavonlca** *Kit.* Add. 279. Bei Našice im Com. Verovitic.

2. CYDONIA Tourn.

1. C. vulgaris *Pers.* Fremden Ursprungs, aber an Bächen, Weingartenrändern und auf buschigen Hügeln beinahe wild.

3. SORBUS L.

1. S. aucuparia *L.* S. lanuginosa *Kit.* in *Schult.* II. 50 et Add.
280. In Bergwäldern bis in die Krummholzregion.

2. S. domestica *L.* In Obst- und Weingärten gepflanzt und in
deren Nähe auch verwildert, in den Wäldern von Sirmien und auf dem
Donau-Bergzuge in der Banat. Milit. Gr. vielleicht wirklich wild (*Heuff.* 68).

* **S. sirmiensis** *Kit.* Add. 281. Bei Illok im Com. Sirmien.

3. S. Aria *Cr.* Auf steinigen buschigen Hügeln, in Berg- und Voralpenwäldern.

S. Aria-aucuparia *Irm.* S. hybrida *Koch* (Vergl. *Neilr.* Nachtr. 288).
Auf dem Domugled (*Heuff.* 68), im östl. Com. Arad (*Kéry* 20).

S. scandica *Fries.* Auf der Simonka des Sáros-Zempliner Trachytzuges (*Hazsl.* ÉM. 87)? Eine nordische Art, vielleicht richtiger **S. Aria-
torminalis** *Reiss.* (Vergl. *Neilr.* Nachtr. 288).

4. S. torminalis *Cr.* In Bergwäldern wild, in Obst- und Weingärten kultivirt.

5. S. Chamaemespilus *Cr.* An felsigen buschigen Stellen der
Voralpen bis in die Krummholzregion. Auf dem Choč (*Wahlb.* 148), dem
Salatin (*Hazsl.* ÉM. 87) und Hermanec der Fatra, der Prašiva (*RK.* 68)
und dem Věnec der Liptau-Sohler Alpen (*Roch.* Misc. 72), am Grünen
See der Hohen Tatra (*Towns.* 489).

40 *

4. MESPILUS L.

1. M. germanica L. In Obst- und Weingärten kultivirt, an Bächen und Waldrändern verwildert.

5. ARONIA Pers.

1. A. rotundifolia *Pers.* Auf Kalkfelsen gebirgiger und subalpiner Gegenden. Auf der Malenica im Com. Trencsin (*Roch.* Misc. 72), im Thale Blatnic im Com. Turóc (*Kit.* Arv.), bei St. Jakob nächst Neu-Sohl (*NS.* 14), bei Parnica im Com. Arva (*Hazsl.* ZBV. I. 203), am Fuss der Fatra bei Lubochňa (*Wahlb.* 147), auf dem Grossen Křivan (*Szont.* ÖBZ. XIV. 280), in den Thälern der Wag im Com. Liptau und des Poprad in der Zips (*Hausskn.* ÖBZ. XIV. 208), im Com. Sáros nur kultivirt (*Hazsl.* Sár. 219); ferner bei Palota im Com. Veszprim und bei Inota im Com. Stuhlweissenburg (*Kit.* Add. 277), auf der Biharia (*Kern.* DL. 296).

6. COTONEASTER Lindl.

1. C. vulgaris *Lindl.* An felsigen buschigen Stellen hügliger und gebirgiger Gegenden bis in die Voralpenregion. Durch die ganze nordwestliche Karpatenkette von Presburg bis in das Com. Sáros (*Endl.* 478, *Kn.* ZBG. XV. 168, *Hazsl.* ÉM. 88, Sár. 219), auch auf dem Világos der Matra (*Kit.* Add. 284), ferner auf dem Leithagebirge (*Wierzb.* Mos.), auf dem Tattika bei Sümeg und bei Badacson-Tomaj des Plattenseezuges und von hier über Palota und Inota auf das Vértes-Gebirge bei Csákvár (*Kit.* Bar., *RK.* 9) östlich bis Hansabeg an der Donau im Com. Stuhlweissenburg (*Kit.* Add. l. c.), bei Fünfkirchen (*Maj.* 6), im östlichen Banat (*Heuff.* 68).

2. C. tomentosa *Lindl.* Mespilus coccinea *WK.* Ic. III. t. 256. An felsigen buschigen Stellen gebirgiger und subalpiner Gegenden, besonders auf Kalk, sehr zerstreut. Auf der Javorina im Com. Neutra (*Krz.* PV. II. 1. 51), im Thale Žislavna im Com. Turóc, auf der Fatra (*Kit.* Add. 281), bei Zazriva im Com. Arva (*Vitk.* ZBG. XIII. 1093), in den südl. Com. Liptau und Zips (*Wahlb.* 148), bei Lipóc im Com. Sáros (*Hazsl.* Sár. 219); ferner auf den Kalkzügen der Com. Veszprim und Stuhlweissenburg (*WK.* l. c. 285), bei Fünfkirchen (*Nendtv.* 27), auf der Biharia (*Kern.* DL. 296), auf dem Domugled (*Heuff.* 68).

7. CRATAEGUS L.

1. C. Oxyacantha L. Eine Var. mit mehr zertheilten Blättern ist C. monogyna *Jacq.* Von dieser letzteren nicht verschieden sind: C. apiifolia *Med.* Gesch. d. Bot. 83, C. laciniata *Stev.* in Bess. Volhyn. 58, C. kyrtostyla *Fingerh.* Linn. 1829 p. 372 t. 3 f. 1, C. semitrigyna *Wierzb.* in *Roch.* Reise 47. In Hecken, an Wegen, buschigen Stellen. C. ovalis *Kit.* Add. 282 auf der Smrkovica bei Hradek im Com.

Liptau. dann bei Bartfeld im Com. Sáros ist wohl ebenfalls eine Form des C. Oxyacantha.

2. C. pentagyna *WK.* in *Willd.* Spec. II. 1006 (Früchte roth). An buschigen gebirgigen Stellen des südl. Banats bei den Herculesbädern, bei Saska, Oravica, im Donauthale (*Heuff.* 67), dann in Sirmien (*Willd.* l. c.). Bei Ofen kömmt sie nicht mehr vor (*Sadl.* Pest. ed. I. 2. 21). *Heuffel* erwähnt einer Var. mit schwarzen Früchten bei Saska und Moldava und vermuthet, dass sie C. melanocarpa *MB.* Taur. I. 386 sei, allein diese hat nach *MB.* saftige wohlschmeckende Früchte. Uebrigens scheint die ganze Art von C. monogyna wenig verschieden zu sein.

3. C. nigra *WK.* Ic. I. t. 61. In Auen, Vorhölzern. Auf der Insel Csepel (Ráckeve) im Com. Pest (*Sadl.* 201), auf den Donau-Inseln bei Földvár im Com. Tolna (*Roch.* Ban. 1), dann auf jenen zwischen den Com. Bács und Sirmien und der Banat. Milit. Gr., ferner in Wäldern bei Verovitic, Vukovár und Illok in Sirmien und Veršec im Com. Temes (*WK.* l. c. 63, *RK.* 79, *Kit.* Slav., *Heuff.* 68). Auf den Save-Inseln in Serbien (*Panč.* ZBV. VI. 486) und wahrscheinlich auch in der Peterwardeiner Milit. Gr. Auf den Waginseln (*Schult.* II. 59)? In Wäldern bei Trencsin (*Roch.* MS. II. 37)?

CXV. ROSACEAE.

1. ROSA L.

1. R. pimpinellifolia *DC.* R. spinosissima *L.* R. adenophora et R. Maukschii *Kit.* in *Schult.* II. 69 et Add. 283—4 nach *Hazsl.* ÉM. 79. R. altaica *Kit.* in *Roch.* Ban. 26 et Add. 282. Auf buschigen Hügeln, an Weingartenrändern.

2. R. alpina *L.* R. pyrenaica *Gouan.* An Waldrändern, felsigen buschigen Stellen der Berg- und Voralpenregion. Durch die ganze nördl. Karpatenkette vom Com. Trencsin (*Roch.* MS. II. 49) bis in die Marmaros (*Hazsl.* ÉM. 80, *Kit.* Ber., *RK.* 50, 68, *Müll.* ZBG. XIII. 559); ferner auf der Matra (*Kit.* Add. 286), der Biharia (*Kern.* DL. 127), im östl. Banat (*Heuff.* 66), auf dem Papuk in Slavonien (*RK.* 79). R. reversa *WK.* Ic. III. p. 294 t. 264 auf der Matra scheint ein Bastard R. pimpinellifolio-alpina zu sein.

3. R. cinnamomea *L.* An Bächen bei Kesmark und Lipóc im Com. Sáros, aber fast immer mit gefüllten oder halbgefüllten Blüten (*Hazsl.* Sár. 219, ZBV. I. 203, ÉM. 80). Wird in Zier- und Bauerngärten gepflanzt und verwildert leicht, scheint aber nirgends wirklich wild vorzukommen. R. turbinata *Ait.* An Hecken mit einfachen, halb- und ganzgefüllten Blumen verwildert in der Slovakei (*Reuss* 143).

4. R. rubrifolia *Vill.* Auf den nördlichen Karpaten ohne nähere Angabe (*Kit.* in *Schult.* II. 72. *Hazsl.* ÉM. 80), fehlt jedoch in allen

Specialfloren und wird in *Kit.* Add. 285 nur bei Gospič in Croatien angegeben.

5. R. canina *L.* R. collina *Jacq.* R. dumetorum *Thuill.* R. andegavensis *Desv.* nach *Gren.* et *Godr.* Franc. I. 558, ob auch *Roch.* Reise 74? R. caesia *Woods.* R. frondosa *Stev.* R. solstitialis *Bess.* R. fissispina *Wierzb.* in *Roch.* Reise 75. An Hecken, Waldrändern, buschigen Stellen.

6. R. rubiginosa *L.* Auf Hügeln, buschigen Plätzen. R. rubiginoso-canina *Meyer.* R. sepium *Thuill.* Auf dem Haglersberg am Neusiedler See (*N.*), im Gebiete der Flora von Pest (*Sadl.* 204), bei Csiklova im Com. Krassó (*Wierzb.* Flora 1842 l. 278). R. agrestis *Savi* zwischen Waldgebüsch in Ungarn (*Lang* in *Reichb.* Germ. 618) ist vielleicht hierher zu ziehen. (Vergl. *Neilr.* Nachtr. 291).

7. R. tomentosa *Sm.* In Bergwäldern und auf buschigen Hügeln. Auf dem nördl. Karpatenzuge ohne nähere Angabe (*Reuss* 142, *Hazsl.* ÉM. 80), dann auf dem Rosaliengebirge (*N.*), auf den Ofner Bergen (*Sadl.* 205). im Banat (*Heuff.* 67).

R. villosa auf Hügeln bei Hradek im Com. Liptau (*Wahlb.* 151), am Fuss des Choč gegen Lestin im Com. Arva, zwischen Gnezda und Lublau in der Zips (*Kit.* Add. 284), auf der Szitna bei Schemnitz, zwischen Nagy-Bánya und Kapnik im Com. Szatmár, bei Sz. Márton nächst Grosswardein (*RK.* 50, 68, 94), in Sirmien (*Rumy* 53) und im Banat (*Roch.* Reise 75) ist zweifelhaft. denn die älteren Autoren überhaupt verstanden hierunter bald die R. tomentosa *Sm.*, bald die R. pomifera *Herm.*, bald vermischten sie beide. Die neueren ungar. Autoren erwähnen jedoch nur der R. tomentosa, die R. pomifera kömmt bei ihnen nirgends vor.

8. R. arvensis *Huds.* R. repens *Wib.* R. sempervirens *Kit.* Hydr. II. 160, nicht *L.* In Bergwäldern, Holzschlägen. Selten im nördl. Hügellande, bei St. Georgen im Com. Presburg (*Bolla* PV. I. 12), bei Neutra (*Kn.* ZBG. XV. 169), auf der Matra (*Kit.* Add. 288), bei Kápolna im Com. Borsod (*RK.* 118), im Hochlande fehlend; häufiger im Gebiete am rechten Donau-Ufer, auf dem Rosalien- und Leithagebirge (*N.*), im Walde Bakony (*Kern.* ZBV. VI. 380), in den Com. Tolna, Baranya, Verovitic, Požega und Sirmien (*RK.* 9, 79, *Kit.* Add. l. c.), im östl. Com. Arad (*Kéry* 20), im östl. Banat (*Heuff.* 67). Fehlt auf dem Pilis-Vértes Gebirge (*Kern.* ZBV VII. 278).

Die auf *Rochel*'s Autorität gestützte Angabe, dass R. canino-arvensis im Thale Leszka des Com. Neutra vorkomme (*Kn.* ZBG. XV. 169), scheint irrig zu sein, da *Rochel* nirgends etwas von hybriden Bildungen erwähnt.

9. R. gallica *L.* R. pumila *Jacq.* R. cordifolia *Host.* An Waldrändern, Rainen, buschigen Stellen hügliger und gebirgiger Gegenden. R. resinosa *Sternb.* Im Banat (*Roch.* Reise 75 mit ?).

* R. incana *Kit.* in *Schult.* II. 70 et Add. 287. Bei Schemnitz, Hradek, Kaschau.

** R. macrocarpa *Roch.* in *Schult.* II. 70 Note. In den Karpaten.

** R. tortuosa *Wierzb.* in *Roch.* Reise 75. Im Banat.

* **R. recurva** vel balsamea *Kit.* in *RK.* 129 et Add. 286. Bei den Wasser-
fällen von Motičko im Com. Sohl, bei Hradek, auf der Matra.
* **R. intermedia** *Kit.* Add. 287. Bei Sz. Antal im Com. Hont.
* **R. carpatica** *Kit.* Add. 288. Auf den Voralpen der Zips.

2. RUBUS L.

1. R. saxatilis *L.* An felsigen waldigen Stellen der Berg- und
Voralpenregion. Auf dem Löwensteingebirge und dem Strašov im Com.
Trencsin (*Roch.* MS. II. 49), auf dem Stoch, Rozsudec, Choč (*Szont.* ZBG.
XIII. 1094), dem Klak der Fatra, den Kalkvorlagen der Central-Karpaten
(*Wahlb.* 153, *RK.* 68, *Roch.* MS. I. 81, *Mauksch*), im Demanovka-Thale
(*Krz.* PV. V. 114), auf der Ohniště (*Roch.* MS. I. 99) und bei den
Wasserfällen von Motičko der Liptau-Sohler Alpen (*Kit.* Arv.), auf der
Szitna bei Schemnitz (*RK.* 68), bei Eperjes und Lipóc im Com. Sáros
(*Reuss* 136), bei Kaschau (*Pavl.* PV. I. 26). Eine mehr stachlige Var.
bei den Herculesbädern (*Kit.* Add. 291)? Bei *Heuffel* fehlt die ganze Art.

2. R. idaeus *L.* In Berg- und Voralpenwäldern.

3. R. caesius *L.* An feuchten Waldstellen niedriger und gebirgiger Gegenden.

β. **agrestis** (R. agrestis *WK.* Ic. III. t. 268). Auf Aeckern, in
Weingärten.

4. R. fruticosus *L.* Aendert vielfach ab:

α. **concolor** (R. corylifolius *Hayne* Arzn. Gew. III. t. 11).

β. **discolor** (R. discolor *Fl. dan.* t. 2414).

γ. **tomentosus** (R. tomentosus *Borkh.*, R. albicans *Kit.* in *Schult.*
II. 80 et Add. 290, R. cinereus *Reichb.* Germ. 607, R. caudicans
RK. 17, R. canus *Kit.* in *Roch.* Ban. 26 nach *Kit.* Add. 288—9).

δ. **glandulosus** (R. glandulosus *Bell.*, R. hirtus *WK.* Ic. I. t. 141).

In Wäldern, Holzschlägen, an Wegen, Hecken niedriger und gebirgiger Gegenden, die Var. δ bis in die Voralpenregion.

R. saurtus *Schreb.* Ic. pl. min. cogn. p. 15 t. 8. Bei Orsova im Banat
(*C. Koch* Wandr. im Orient I. 86)? Wohl irgend eine Form des R.
fruticosus.

R. nemorosus *Hayne* kömmt nach *Roch.* Misc. 85 bei Neutra vor.
Ob aber *Rochel* hierunter einen Bastard von R. fruticosus und R.
caesius verstanden habe, wie *Knapp* meint (ZBG. XV. 169), halte ich
mit Berücksichtigung des Zeitalters, in welchem *Rochel* schrieb, für sehr
zweifelhaft.

3. FRAGARIA L.

1. F. vesca *L.* F. sterilis *Geners.* 37, nicht *L.* In Wäldern, Holzschlägen, auf Wiesen niedriger und gebirgiger Gegenden bis in die
untere Alpenregion.

2. F. elatior *Ehrh.* F. reversa *Kit.* Add. 291? Mit der vorigen,
im Pester Com. sogar häufiger als diese (*Sadl.* 208), wird auch kultivirt.

3. F. collina *Ehrh.* Auf trockenen Wiesen, buschigen Hügeln.

4. COMARUM L.

1. **C. palustre** *L.* In Sümpfen, auf Torfmooren. Im Hanság (*Wierzb.* *Mos.*), am Fuss des Rozsudec (*Hazsl.* ZBV. I. 203) und auf der Bory bei Osada im Com. Arva (*Roch.* MS. II. 18), bei Mengsdorf (*Heuff.* Linn. 1863 p. 677—8) und bei Neu-Walddorf am Fuss der Tatra in der Zips (*Hazsl.* PV. III. 1. SB. 8).

5. POTENTILLA L.

1. **P. Fragariastrum** *Ehrh.* An Waldrändern, auf buschigen Hügeln. Auf der Matra (*Schult.* II. 83), auf dem Nagyszál bei Waizen (*Kern.* ÖBW. VII. 399), auf dem Pilis-Gebirge bei Visegrád, St. Andrä und Sz. Kereszt (*Sadl.* 212), bei Fünfkirchen (*Nendtv.* 29), bei Kutjevo im Com. Požega (*RK.* 79), im östl. Com. Arad (*Kéry* 18). Vielleicht gehören einige Standorte zu P. micrantha.

2. **P. micrantha** *Ram.* P. Fragaria *Roch.* Reise I, 71, *Wierzb.* Flora 1842 I. 258, 261, nicht *Poir.* Fragaria praecox *Kit.* in *Schult.* II. 82 et Add. 291 nach *Grész* 17—8. Im Stadtwalde bei Fünfkirchen (*Bal.* ÖBW. II. 14), in Sirmien (*Kit.* Add. I. c.), in Eichenwäldern des Banats (*Heuff.* 66). Geht in P. Fragariastrum allmälich über (*Graf* Steiermärk. Ver. II. 163 Note), jedenfalls eine Art von zweifelhaftem Werthe.

3. **P. alba** *L.* Auf Bergwiesen, in Vorhölzern (*Grész* 19), nach *Roch.* Reise 71 auch im Banat, doch fehlt sie bei *Heuffel.*

4. **P. caulescens** *L.* Auf Felsen. Auf den Bergen zwischen Ungarn und Steiermark (*Grész* 18), also im Com. Eisenburg oder Zala, dann im östl. Com. Arad (*Kéry* 20). Am Alpensee der Rackova (*Portschl.* in *Roch.* MS. I. 108, 109, II. 19 im Jahre 1804), doch hat sie *Wahlenberg* nicht aufgenommen.

5. **P. Anserina** *L.* Auf Weiden, Sandplätzen, in Gräben.

6. **P. reptans** *L.* In Gräben, an feuchten Stellen.

7. **P. Tormentilla** *Scop.* In Wäldern, auf feuchten Triften, Torfmooren niedriger und gebirgiger Gegenden bis in die Alpenregion (*Grész* 21).

P. procumbens *Sibth.* In Ungarn (*Maly* 340)? Fehlt bei *Grész* und auch in *Sadl.* Anmerkungen zur Fl. pest. ed. I. 2. 35.

8. **P. heptaphylla** *Mill.* P. chrysantha *Trev.* Auf schattigen Kalkfelsen. Auf der Biharia (*Kern.* Exs.), auf der Mokra bei Boros Jenő im Com. Arad (*Heuff.* Bot. Zeit. 1863 p. 45), bei Oravica im Com. Krassó, bei Ruskberg, den Herculesbädern und auf dem Donau-Bergzuge der Banat. Milit. Gr. (*Heuff.* 65, *Andrä* Bot. Zeit. 1853 p. 457).

β. **micropetala** *Heuff.* Ban. 65 (P. micropetala *Heuff.* in *Reichb.* Germ. 593, nicht *Don*, P. Heuffeliana *Stud.* Nomencl. II. 387). In Wäldern bei Bogsán im Com. Krassó.

P. hirta *L.* Im Banat (*Roch.* Reise 71). Im Banat und am ungar. (jetzt croat.) Litorale, im übrigen Ungarn höchst selten (*Grész* 22—3). Bei Alt-Orsova in der roman. banat. Milit. Gr. (*Andrä* Bot. Zeit. 1853 p. 456 nebst P. heptaphylla). Am Litorale kömmt sie vor (*Koch* Syn.

237), allen übrigen Angaben scheinen jedoch nur Formen der P. heptaphylla zu Grunde zu liegen, fehlt auch bei *Heuffel*.

9. P. aurea *L.* Auf felsigen Triften der Alpen und Voralpen. Auf der Babia Góra, dem Minčol, Rozsudec (*Vitk*. ZBG. XIII. 1094), Choč, der Fatra, den Central-Karpaten und Liptau-Sohler Alpen (*Wahlb*. 137, *RK*. 68, *Kub*. 98), bei Murány im Com. Gömör (*Reuss* 139), Lipóc im Com. Sáros (*Hazsl*. Sár. 219), auf dem Pikuj (*Hück*. ZBG. XV. 56) und der Bersava im Com. Bereg (*RK*. 17), Apecka (*Müll*. ZBG. XIII. 560), Černa Hora (*Herb*. ZBG. XI. 70) und Petrosa in der Marmaros (*RK*. 51), auf der Biharia (*Kern*. DL. 140, 329, *RK*. 94). Auf dem Bacsik bei Sz. Antal im Com. Hont (*Kell*. ÖBZ. XV. 158) schwerlich.

β. **trisecta** (P. grandiflora *Baumg*. II. 68 und aller ält. ung. Aut., nicht *L*. P. aurea *Roch*. Reise 71. P. chrysocraspeda *Lehm*.). Auf Triften der Alpen und Voralpen des südöstl. Karpatenzuges. Auf den Rodnaer Alpen mit der Stammart und allen Uebergängen (*Janka* Linn. 1859 p. 566), überall auf den Banat. Karpaten (*Heuff*. 65).

10. P. verna *L*. Aendert ab:

α. **cinerea** (P. cinerea *Chaix*, P. subacaulis *Wulf*., P. stellulata *Roch*. Ban. in indice, Reise 72). Auf Hügeln, Felsen, sandigen Triften niedriger und gebirgiger Gegenden sehr gemein (*Grész* 27).

β. **viridis** (P. verna derjenigen Aut., welche die Var. *α* als Art betrachten). An Rainen, Waldrändern; entweder sehr selten oder von den Autoren mit der jedenfalls häufigeren Var. *α* in Eine Art unter dem Namen P. verna zusammengefasst. Mit P. cinerea zugleich finde ich P. verna nur angeführt: In den Com. Presburg, Neutra (*Krz*. PV. II. 1. 50) und Sáros (*Hazsl*. Sár. 219), auf den nördl. Karpaten überhaupt ohne nähere Angabe (*Reuss* 140, *Hazl*. ÉM. 83), auf dem Pilis-Vértes Gebirge (*Kern*. ZBV. VII. 260—1) und auf dem Domugled im Banat (*Heuff*. 66 mit ?)

γ. **alpina** (P. maculata *Pourr*. P. salisburgensis *Hänke*. P. alpestris *Hall*. fil. P. verna *Wahlb*. 155—6, *Grész* 27). Auf alpinen Triften. Auf dem Révan nördl. von Deutsch-Proben im Com. Neutra (*Kn*. ZBG. XV. 170), auf der Babia Góra (*Wimm*. 640), dem Rozsudec (*Stur* ÖBZ. IX. 22), der Rackova, dem Drechselhäuschen der östl. Tatra (*Wahlb*. 136), auf den Rodnaer Alpen (*Janka* Linn. 1859 p. 567), auf dem Baiku der roman. banat. Milit. Gr. (*Heuff*. 65).

δ. **opaca** (P. opaca *L*. P. tormentilloides *Lang* En. 3, nicht *Meyer*, nach einem im k. k. botan. Cabinete befindlichen Original-Exemplare). In Vorhölzern, an steinigen buschigen Stellen (*Grész* 28).

11. P. collina *Wib*. An sandigen grasigen Stellen im Egbeller und Adamover Walde im Com. Neutra (*Krz*. PV. II. 1. 49), dann bei Halužic im südl. Com. Trencsin (*Hol*. ÖBZ. XV. 57). Scheint ein Bastard P. verno-argentea zu sein.

12. P. argentea *L*. P. impolita *Wahlb*. 155. An Wegen, auf Triften, Hügeln.

13. P. patula *WK.* lc. II. t. 199. An sonnigen Stellen der Matra (*WK.* l. c. 219). Bei Rima-Szombat im Com. Gömör (*Fábry* l. 9)? in der Mur- und Drau-Gegend (*Lang* Phys. 316)?

14. P. inclinata *Vill.* P. adscendens *WK.* in *Willd.* Berol. I. 554. P. intermedia *Wahlb.* 154, nicht *L.* An Waldrändern, auf buschigen Hügeln, trockenen Grasplätzen (*Grész* 23—4).

* **P. Sadleri** *Reichb.* Germ. 594 auf trockenen Wiesen zwischen Füred und Tót Vásony (*Grész* 24) ist nach *Lehm.* Rev. Potent. 207 ein nicht auszumittelnder Bastard, jedenfalls mit P. inclinata verwandt.

15. P. recta *L.* P. obscura et pilosa *Willd.* Auf steinigen buschigen Hügeln. P. laciniosa *WK.* in *Nestl.* Monogr. 45 et Add. 293 bei Cegléd im Com. Pest ist nach *Sadl.* 210 nur eine Var. mit fiederspaltig eingeschnittenen Blattabschnitten.

16. P. norvegica *L.* Auf sterilen Aeckern bei Bobro und Oravka im Com. Arva (*Szont.* ZBG. XIII. 1094). Bewohnt sonst feuchte Orte.

17. P. supina *L.* An Ufern, überschwemmten Stellen, auf feuchten Triften besonders niedriger Gegenden.

18. P. rupestris *L.* Auf Bergwiesen, an steinigen waldigen Orten. Auf den Abfällen der Karpaten in den Com. Presburg, Neutra und Trencsin (*Endl.* 472, *Krz.* PV. II. 1. 49, *Grész* 20), auf der Szitna bei Schemnitz (*RK.* 68), bei Mičina und St. Jakob im Com. Sohl (*NS.* 15), bei Sovár im Com. Sáros, bei Teplic und Kis Györ im Com. Borsod (*Reuss* 137), Rima Szombat im Com. Gömör (*Fábry* I. 9), auf der Matra (*Grész* l. c.); ferner bei Ödenburg (*Szont.* ZBG. XIV. 500), in den Com. Wieselburg, Eisenburg und Zala bis auf die Murinsel (*Grész* l. c., *Pol.* 15, *RK.* 108), auf den Trachytbergen bei Dömös im Com. Gran und bei Visegrád (*Sadl.* 209), im Stadtwalde bei Fünfkirchen (*Nendtv.* ZBG. XIII. 572), im östl. Com. Arad (*Kéry* 20), auf dem Strassuz bei Mehadia (*Heuff.* 65).

P. fragarioides *L.* Bei Tirnau (*Horv.* 6). Eine Pflanze des asiatischen Russlands.

* **P. Zichyi** *Szont.* ZBG. XIII. 1095. Auf dem Čremos bei Zazriva im Com. Arva.

* **P. scepusiensis** *Kit.* Add. 293. Auf den Zipser Bergen.

6. AGRIMONIA L.

1. A. Eupatoria *L.* Auf Hügeln, an Wegen.

7. AREMONIA Neck.

1. A. agrimonioides *Neck.* In Bergwäldern des südl. Gebietes. Bei Fünfkirchen (*Maj.* 6), auf dem Papuk im Com. Požega, in Sirmien (*RK.* 79), im östl. Banat (*Heuff.* 66). Am Fuss des Okruhlica und des Rozsudec im Com. Arva (*Vitk.* ZBG. XIII. 1095), schwerlich.

8. ALCHEMILLA L.

1. A. vulgaris *L.* A. montana *Willd.* Auf Bergwiesen bis in die Krummholzregion. Durch die ganze nördl. Karpatenkette von Presburg bis in die Marmaros (*Endl.* 475, *Kn.* ÖBZ. XIV. 111, 114, 345 und ZBG. XV. 169, *NS.* 14, *Hazsl.* ÉM. 83, *Häck.* ZBG. XV. 56, *Müll.* ZBG. XIII. 559), dann auf den Banat. Alpen (*Heuff.* 67); im Hügellande dagegen fast durchgehends fehlend, nur auf dem Geissberg bei Bruck an der Leitha und bei Weiden am Neusiedler See (*Wierzb.* Mos.). Bei Fünfkirchen (*Maj.* 5)?

A. fissa *Schumm.* Auf hohen Alpen der Slovakei (*Reuss* 145). Sicher unrichtig (*Hazsl.* ÉM. 83, *Hausskn.* ÖBZ. XIV. 212).

2. A. pubescens *MB.* An felsigen Stellen der Alpen. Auf der Pisua der Liptauer Central-Karpaten (*Üchtr.* ÖBW. VII. 352).

3. A. alpina *L.* Auf alpinen Triften. Bisher nur auf der Dseameanie der Rodnaer Alpen (*Baumg.* I. 96).

4. A. arvensis *Scop.* Auf Aeckern, unter dem Getreide, besonders gebirgiger Gegenden. Bei Presburg und im Marchthale bei Hausbrunn (*Bolla* PV. I. 12), im Com. Neutra an mehreren Stellen (*Kn.* ZBG. XV. 169), bei Nemes-Podhragy (*Kn.* ÖBZ. XIV. 343) und Rovně im Com. Trencsin (*Roch* Pest. Mus.), Vichodna im Com. Liptau (*Krz.* ÖBZ. X. 148), bei Kesmark (*Wahlb.* 45), im Com. Sáros (*Hazsl.* Sár. 219), bei Busztyahaza im Com. Marmaros (*Wagn.* Exs.); ferner bei Zauek und St. Peter im Com. Wieselburg (*Wierzb.* Mos.), Város-Lód (*Kit.* Bar.) und Sz. László im Com. Veszprim (*RK.* 9), Vajta im Com. Stuhlweissenburg (*Hillebr.* ZBV. VII. 42), Fünfkirchen (*Nendtv.* ZBG. XIII. 566), Semlin (*Panč.* Sirm.), im Banat (*Heuff.* 67).

9. SANGUISORBA L.

1. S. officinalis *L.* Auf Wiesen, an sumpfigen Stellen niedriger und gebirgiger Gegenden.

10. POTERIUM L.

1. P. Sanguisorba *L.* Auf Hügeln, an wüsten und bebauten Stellen.

2. P. polygamum *WK.* Ic. II. t. 198. Auf Hügeln, an Rainen, grasigen Stellen. Auf dem Leithagebirge, auf den Donau-Inseln des Com. Wieselburg (*Wierzb.* Mos.), an der Eisenbahn von Cjfer nach Tirnau (*Krz.* PV. II. 1. 51), bei Nagy Cetény im Com. Neutra (*Kn.* PV. VII. 143), bei Palást und Szalatna im Com. Hont (*Kit.* Arv.), bei Erlau (*Reuss* 146), in den Com. Bihar, Baranya und im Banat (*WK.* l. c. 218, *Heuff.* 67). Nach meiner Ansicht von der vorigen als Art nicht verschieden.

11. WALDSTEINIA Willd.

1. W. geoides *Willd.* In schattigen Bergwäldern. In Hlboká pod křižem bei Neu-Sohl (*NS.* 12), auf dem Magoshegy nächst Sátorallya-

Ujhely, dann bei Tolcsva und Ond im südl. Com. Zemplin (*RK.* 17, *Hazsl.* ÉM. 84), auf dem Bükhegy, bei Kis-Gyór und Teplic im Com. Borsod (*Reuss* 135), auf der Matra (*RK.* 17), auf dem Nagyszál bei Waizen (*Kern.* ÖBW. VII. 392, 399), auf dem Piliser Berge, bei Sz. Kereszt, St. Andrä, Pomáz, Kovácsi und Hidegkut um Ofen, auf dem Mecsek bei Fünfkirchen (*WK.* Ic. I. 80, *Sadl.* 203).

12. GEUM L.

1. G. urbanum *L.* An wüsten und bebauten Stellen, in Hainen, Vorhölzern.

2. G. rivale *L.* An Bächen und feuchten waldigen Stellen der Berg- und Voralpenregion in den Com. Trencsin (*Roch.* Pest. Mus.), Turóc (*Kit.* Arv.), Arva (*Szont.* ZBG. XIII. 1094), Liptau, Sohl, Zips (*Wahlb.* 158, *RK.* 68. *NS.* 16, *Zips.* 199, *Roch.* MS. I. 10, 60, 79), Gömör (*Fábry* I. 9), Abauj (*Pawl.* PV. I. 27) und Sáros (*Hazsl.* Sár. 219), auf dem Pikuj im Com. Bereg (*Hück.* ZBG. XV. 57), der Okola im Com. Marmaros (*Müll.* ZBG. XIII. 559), an den Alpenbächen des Banats (*Heuff.* 63). Bei Fünfkirchen (*Maj.* 5) sicher nicht.

3. G. montanum *L.* Auf Triften der Alpen und Voralpen. Auf der Babia Góra (*Wimm.* 644), dem Rozsudec (*Stur* ÖBZ. IX. 25), Choč (*Szont.* ÖBZ. XIV. 277), den Central-Karpaten vom Rohač bis auf den Stirnberg der östl. Tatra, auf dem Dumbier, der Teufelshochzeit (*Wahlb.* 159), Kunstava (*Kit.* Arv.) und Kralova Hola der Liptau-Sohler Alpen (*Kub.* 98), auf allen Alpen der Marmaros (*RK.* 51) und des Banats (*Heuff.* 63).

G. montano-rivale *Kittel.* G. inclinatum *Schleich.* An feuchten Stellen der Alpen. Auf der Pisna der Liptauer Central-Karpaten und dem Skopa-Passe der östl. Tatra (*Üchtr.* ÖBW. VII. 351, 370).

4. G. reptans *L.* An Schneefeldern und felsigen Stellen der Alpen, nur auf den Central-Karpaten. Auf der Rackova (*Wahlb.* 159), Pisna (*Üchtr.* ÖBW. VII. 352), dem Czerwoný Wirch, Grossen Křivan (*Hacq.* IV. 154, 167), Mönch (*Herb.* Add. 35), unter der Eisthaler- und Kesmarker Spitze (*Berd.* ÖBW. V. 316, *Wahlb.* l. c.), am Grünen See (*Towns.* 489), am Grossen Fischsee in die Voralpenregion herabsteigend (*Herb.* ZBG. XI. 39).

13. DRYAS L.

1. D. octopetala *L.* Auf Felsen und im Felsenschutte der Kalkalpen. Auf dem Rozsudec, Choč, Rohač (*Szont.* ZBG. XIII. 1094), auf den Grenzalpen am Grossen Fischsee (*Herb.* Add. 34), sehr häufig auf der östl. Tatra (*Wahlb.* 159), dann auf der Skarisora der roman. banat. Milit. Gr. (*Heuff.* 63).

14. SPIRAEA L.

1. S. salicifolia *L.* An feuchten Waldstellen bei Csary, Egbell und Sassin im Com. Neutra (*Krz.* PV. II. I. 48), im östl. Com. Arad

(*Kéry* 20), wild im Banat (*Sadl.* Magy. III. 8), fehlt jedoch bei *Heuffel*. Häufig in Anlagen kultivirt und verwildert, vielleicht an keinem der obigen Standorte wirklich wild.

2. S. chamaedryfolia *L.*, nicht *Jacq.*, nicht *Schm.* S. media *Schm.* Baumz. t. 54. S. oblongifolia *WK.* Ic. II. t. 235. S. ulmifolia β. chamaedryfolia *Reuss* 133. In Mischwäldern und an buschigen Stellen gebirgiger Gegenden. Auf der Szitna bei Schemnitz, im oberen Wagthale, auf den nördl. Abfällen der Liptau-Sohler Alpen von der Smrkovica bis zur Kralova Hola, auf dem Drevenyk und im Hernádthale der südl. Zips, auf dem Grenzberge Kacza der Pienninen in der nördl. Zips, auf den Eperjes-Tokayer- und Vihorlát-Trachytzügen in den Com. Sáros, Abauj, Zemplin und Ung, auf der Matra (*Wahlb.* 149, *Hazsl.* ZBV. I. 202, ÉM. 85, *Herb.* ZBG. X. 622, *RK.* 17, 68), auf dem Feketehegy im Com. Szatmár, am Fuss der Petrosa (*RK.* 51) und des Pietros bei Kőrösmező, dann im Wasserthale der Marmaros (*Müll.* ZBG. XIII. 560); ferner auf dem Nagyszál bei Waizen und auf den Trachytbergen längs der Donau aufwärts bis zur Eipelmündung (*Kern.* ÖBW. VII. 400—1), auf dem Pilis-Vértes Gebirge (*Kern.* ZBV. VII. 269), dem Harsányhegy (*Kit* Bar.) und, dem Mecsek im Com. Baranya, auf dem Papuk in Slavonien (*Kit.* Add. 296). Die auf den nördl. Karpaten wachsende Form gilt für die wahre S. chamaedryfolia (S. media *Schm.*), die an der Donau und noch südlicher vorkommende Form für S. oblongifolia, allein ich vermag zwischen beiden keine festen Unterscheidungsmerkmale zu finden.

3. S. ulmifolia *Scop.* S. chamaedryfolia *Jacq.* Hort. vind. II. t. 140, *Schm.* Baumz. t. 53, nicht *L.* In Mischwäldern, an felsigen buschigen Stellen. Bei Léva im Com. Bars (*RK.* 68), bei Schemnitz (*Kit* Add. 297), Murány im Com. Gömör, Kapsdorf in der Zips, Sovár im Com. Sáros, auf dem Bükbegy (*Reuss* 133, *Hazsl.* Sár. 219, fehlt jedoch in dessen ÉM. 85), auf der Matra (*Sadl.* Exs.), auf dem Feketehegy im Com. Szatmár, bei Kapnik im Distr. Kővár (*RK.* 61), Borsa (*Kit.* Add. 296) und Suliguli in der Marmaros (*Müll.* ZBG. XIII. 560), auf den Rodnaer Karpaten, wenigstens auf der siebenbürg. Seite gemein (*Baumg.* II. 45), auf der Biharia bei Rézbánya (*Kern.* Exs.) und Feketetó (*Janka* Exs.), im Com. Krassó, bei den Herculesbädern (*Heuff.* 63).

4. S. crenata *L.* S. hypericifolia *Schm.* Baumz. t. 56, nicht *L* Auf der Puszta Vacs bei Örkény im Pester Com. mit vollkommen dreinervigen Blättern; im Walde bei Heves weite Strecken überziehend, aber die Blätter undeutlich dreinervig; auf der Matra, vielleicht eine andere Art (*Kit.* Add. 297, *RK.* 17, *Kitaibel* scheint aber mit der ganzen Pflanze nicht im Reinen zu sein); auf der Trojaga und Petrosa in der Marmaros (*Müll.* ZBG. XIII. 560); im östl. Com. Arad (*Kéry* 20), allein auf der Biharia (ZBG. IX. SB. 109) wächst sie nicht (*Kerner* in lit.). Ebenso fehlt sie bei *Heuffel*, obschon sie nach *Kit.* und *Sadl.* in *Host* Aust. II. 15 im Banat vorkommen soll.

S. obovata *WK.* in *Willd.* Berol. I. 541. In Ungarn. Wo? In *Hazsl.* ÉM. 86 wird einer bei Malaveska im Com. Sáros vorkommenden Form der S. chamaedryfolia *L.* erwähnt, welche sich der S. obovata nähert. Nach *DC.* Prodr. II. 543 wäre sie muthmasslich von S. crenata *L.* nicht verschieden.

5. S. Aruncus *L.* In Berg- und Voralpenwäldern. Durch die ganze nördl. Karpatenkette von Presburg bis in die Marmaros (*Endl.* 469, *Roch.* MS. II. 52, *Hazsl.* ÉM. 85, *Müll.* ZBG. XIII. 560), dann auf der Matra (*Kit.* Add. 297), auf dem Rosaliengebirge (*N.*) und dem Brennberge im Com. Ödenburg (*Szont.* ZBG. XIV. 500), in den gebirgigen Theilen der Com. Eisenburg (*Pol.* 18) und Somogy, auf der Murinsel (*Kit.* Bar.), im Stadtwalde bei Fünfkirchen (*Nendtv.* ZBG. XIII. 572), auf dem Papuk in Slavonien (*Kit.* Slav.).

6. S. Ulmaria *L.* S. denudata *Hayne.* In feuchtem Gebüsch, in Gräben, Sümpfen niedriger und gebirgiger Gegenden bis in die Voralpenregion (*Wahlb.* 150).

7. S. Filipendula *L.* Auf Wiesen niedriger und gebirgiger Gegenden.

CXVI. AMYGDALEAE.

1. AMYGDALUS L.

1. A. communis *L.* In Obst- und Weingärten kultivirt, als Strauch auch verwildert.

2. A. nana *L.* A. Pallasiana *Schlechtd.* Auf buschigen Hügeln, an Rainen, Weingartenrändern. Zwischen Parndorf, Zurndorf und dem Neusiedler See (*N.*), vom Walde Bakony (*Horky* PV. IV. SB. 86) durch das südöstl. Com. Veszprim und das angrenzende Com. Stuhlweissenburg (*Kit.* Bar. et Add. 297) auf das Pilis-Vértes Gebirge und den Nagyszál bei Waizen (*Sadl.* 197, *Kern.* ZBV. VII. 260), bei Helemba im Com. Hont (*Grundl* Exs.), auf der Matra von Gyöngyös bis Erlau (*Sadl.* Magy. I. 5), auf dem Bükhegy (*Reuss* 130), auf den südl. Abfällen der Hegyallja bis Tokay (*RK.* 17), bei Grosswardein (*Steff.* ÖBZ. XIV. 185), bei Kaschau dagegen und im Com. Sáros nur mehr kultivirt (*Pawl.* PV. I. 27, *Hazsl.* Sár. 218); ferner auf dem Harsánybegy und bei Fünfkirchen (*Kit.* Bar.), bei Szarvas im Com. Békés, Mezőhegyes im Com. Csanád, zwischen Ostern und Hatzfeld im Com. Torontál (*Kit.* Add. 297), in der westl. Banat. Milit. Gr. (*Heuff.* 62). Auf dem Zobor bei Neutra (*Kn.* ZBG. XV. 170) und bei Neu-Sohl (*NS.* 13) wahrscheinlich nur verwildert.

2. PERSICA Tourn.

1. P. vulgaris *Mill.* In Obst- und Weingärten kultivirt, im Banat beinahe wild (*Heuff.* 62).

3. PRUNUS L.

1. P. armeniaca *L.* In Obst- und Weingärten.

2. P. spinosa *L.* P. cuneifolia vel flava *Kit.* Add. 299? An Rainen, in Auen, Vorhölzern.

3. P. insititia *L.* P. suaveolens *Kit.* Add. 298. In Obst- und Weingärten kultivirt, in deren Nähe häufig verwildert, auf Felsen an der Donau im Banat bereits wild geworden (*Heuff.* 62).

4. P. domestica *L.* In Obst- und Weingärten, besonders im Banat und in Slavonien im Grossen kultivirt und geschlossene Bestände bildend, daselbst auch verwildert.

5. P. avium *L.* In Vorhölzern, Bergwäldern, auch überall kultivirt.

6. P. Cerasus *L.* In Obst- und Weingärten kultivirt, in der Nähe der letzteren als Strauch häufig verwildert.

7. P. Chamaecerasus *Jacq.* P. pumila *Lumn.* 201. Auf buschigen Hügeln, an Weingartenrändern.

8. P. Padus *L.* An Ufern, in Auen, Wäldern niedriger und gebirgiger Gegenden bis in die Voralpenregion (*Roch.* Misc. 81).

9. P. Mahaleb *L.* Auf Felsen, buschigen Stellen hügliger und gebirgiger Gegenden, besonders auf Kalk und Trachyt. Auf den südl. Abfällen der Kleinen Karpaten im Com. Presburg (*Endl.* 467, *Krz.* PV. II. 1. 48), bei Udvornok (*Hol.* PV. IV. 73) und auf dem Weingebirge bei Neutra (*Kn.* PV. VII. 142), bei Parnica im Com. Arva (*Hazsl.* EM. 79), auf dem Baranovo bei St. Jakob im Com. Sohl (*NS.* 13), dann erst wieder in der Marmaros (*Rox.* PV. V. 17); ferner auf dem Haglersberg am Neusiedler See (*Hitschm.* ÖBZ. VIII. 227), in den Auen bei Ung. Altenburg (*Vuezl*), im Walde Pagony im Com. Raab (*Ebenh.* PV. V. 53), vom Plattenseezuge (*Kit.* Bar.) durch den Bakonyer Wald (*Horky* PV. IV. SB. 86) über das Pilis-Vértes Gebirge (*Kern.* ZBV. VII. 263, 269, 171), die Trachytfelsen bei Nagy Maros im Com. Hont und den Nagyszál bei Waizen (*RK.* 68) bis auf die Matra (*Kit.* Hydr. II. 160), auch im Com. Eisenburg (*Pol.* 16), bei Fünfkirchen (*Nendtv.* 29), in Sirmien (*Rumy* 53), im östlichen Banat (*Heuff.* 62).

CXVII. PAPILIONACEAE.

1. ONONIS L.

1. O. spinosa *L.* O. campestris *Koch* et *Ziz.* Auf Wiesen, Weiden, an Rainen niedriger und gebirgiger Gegenden.

2. O. repens *L.* Auf Wiesen, Weiden, an Rainen. Häufig im Pester Com., besonders gegen die Theiss zu (*Sadl.* 319), bei Grosswardein (*Steff.* ÖBZ. XIV. 185), bei Semlin (*Panč.* Sirm.) und wahrscheinlich noch an manchen Orten, aber zwischen O. spinosa und O. hircina in der Mitte stehend, ist sie leicht mit der einen oder der anderen Art zu verwechseln. Das Vorkommen derselben bei Presburg (*Reuss* 105) gründet sich ohne Zweifel auf O. arvensis *Lumn.* 305, womit aber O. hircina gemeint ist (*Endl.* 461).

3. O. hircina *Jacq.* Auf Wiesen, Weiden, an Rainen von den nördl. Karpatenthälern bis an die südlichste Grenze (*Kit.* Add. 300).

4. O. Columnae *All.* Auf Felsen und sonnigen Hügeln sehr selten. Bei Füred (*Sigm.* 47) und auf der Halbinsel Tihany am Plattensee (*RK.* 118), auf dem Adlerberg und bei Budaörs nächst Ofen (*Sadl.* 319), auf dem Donau-Bergzuge im Banat (*Heuff.* 51). Die Angabe in *Schult.* II. 316, dass sie durch ganz Ungarn vorkomme, ist daher unrichtig.

5. O. Natrix *Lam.* In Schottergruben und auf Grasplätzen im Stadtwäldchen bei Pest in Menge (*Bayer* ÖBZ. XIII. 47).

O. rotundifolia *L.* Im östl. Com. Arad (*Kéry* 20)?

O. hirta *RK.* 51. Bei Szakoly im Com. Szabolcs. Ob damit eine eigene Art oder die aussereuropäische O. hirta *Desf.* oder O. hispida *Desf.* gemeint sei, ist nicht zu entnehmen.

2. SAROTHAMNUS Wimm.

1. S. vulgaris *Wimm.* Spartium scoparium *L.* Genista hirsuta *Mönch.* An sandigen waldigen Stellen niedriger und gebirgiger Gegenden, oft als Jagdgebüsch kultivirt. Am Fuss des Kalvarienberges bei Presburg (*Endl.* 462), im Marchthal bei Magyarfalva (*Matz*) und in den Föhrenwäldern zwischen Sassin und Jablonic (*Krz.* PV. II. 1. 43), bei Bziuce (*Kn.* ZBG. XV. 171) und Wag-Neustadtl im Com. Neutra (*Kell.* ÖBZ. XV. 53), auf dem Nagyszál bei Waizen (*Kern.* ÖBW. VII. 392), bei der Glashütte von Erdöd im Com. Szatmár (*RK.* 51), bei Kraszna und Szilagy-Somlyó im Com. Kraszna (*Baumg.* II. 319), bei Šoboršin im Com. Arad (*Heuff.* 48), bei Fünfkirchen (*Nendtv.* ZBG. XV. 568).

3. GENISTA L.

1. G. germanica *L.* Auf Wiesen, in Vorhölzern, an Waldrändern hügliger und gebirgiger Gegenden.

G. silvestris *Scop.* Bei Erdöd im Com. Szatmár und auf den Bergen von Máda (*Kit.* Add. 303), wahrscheinlich Mád am Fuss der Hegyallja, denn bei Máda im Com. Szabolcs gibt es keine Berge. Eine transalpine Pflanze.

2. G. sagittalis *L.* An buschigen Stellen hügliger und gebirgiger Gegenden. Auf der Kleinen Schütt, zwischen Schwarzwald und Kis-Bodák im Com. Wieselburg, bei Raab (*Wierzb.* Mos.), Ödenburg, Güssing im Com. Eisenburg (*Clus.* Pan. 51), Város-Lőd im Com. Veszprim, Csáktornya auf der Murinsel (*Kit.* Bar.); ferner bei dem Felixbad nächst Grosswardein (*Steff.* ÖBZ. XIV. 185), auf der Biharia (*Kern.* DL. 122, 331), im Banat, daselbst auch auf Voralpen (*Heuff.* 51).

3. G. pilosa *L.* An felsigen waldigen Stellen hügliger und gebirgiger Gegenden.

4. G. triangularis *Willd.* (1800). G. scariosa *Viv.* (1802). G. triquetra *WK.* Ic. II. t. 153, nicht *Ait.* G. triangularis b. ciliata *Roch.* Ban. p. 52 t. 15. An felsigen Stellen der Biharia (*Kern.* ÖBZ. XIII. 91) und auf dem Domugled (*Heuff.* 49).

5. G. tinctoria *L.* G. pubescens *Lang* Syll. I. 181. Auf Wiesen, in Wäldern, an buschigen Stellen niedriger und gebirgiger Gegenden. *β.* **elatior** (G. virgata *Willd.* G. elatior *Koch.* G. sibirica *Wierzb.* Flora 1845 I. 321). Auf Kalkfelsen im südöstl. Banat (*Heuff.* 49) und bei Futak im Com. Bács (*Schnell.* PV. III. l. 6). **6. G. ovata** *WK.* Ic. l. t. 84, die Form mit traubigem Blütenstande. G. lasiocarpa *Spach* und G. nervata *Vukot.* ÖBW. IV. 297, die Form mit rispigem Blütenstande. Zu welcher Form G. nervata *Kit.* in *DC.* Prodr. II. 151 n. 60 oder G. nervosa *Kit.* Add. 301 gehören, ist nicht ersichtlich. Auf buschigen Hügeln, in Wäldern niedriger Berge. Auf dem Thebner Kogel (*Endl.* 462), auf der Matra und von hier durch alle östl. Com. bis Siebenbürgen (*Lang* Phys. 315, *Reuss* 101)? auf dem Pilis-Vértes Gebirge (*Kern.* ZBV. VII. 264), auf dem Makár und im Stadtwalde bei Fünfkirchen (*Nendtv.* ZBG. XIII. 570), im Com. Somogy, in Slavonien, in Sirmien, im östl. und südl. Banat (*Kit.* Add. l. c., *Heuff.* 49, *Panč.* Sirm.). G. hirsuta „leguminibus hirsutissimis a G. tinctoria diversa" auf der Murinsel, bei Sz. Miklós im Com. Somogy, auf dem Jakobsberg bei Fünfkirchen, bei M. Ürög und Hoszuhetény im Com. Baranya (*Kit.* Bar.) kann nur hierher und nicht zu G. hirsuta *Mönch* d. i. Sarothamnus vulgaris gezogen werden. Dagegen hat G. nervata *Reichb.* Germ. 520 bei Zeben, Szantó und Erlau kahle Hülsen, ist also eine andere wahrscheinlich zu G. tinctoria gehörige Pflanze.

G. Mayeri *Janka* ÖBZ. VIII. 41, XIII. 115, 256 bei Grosswardein und Sz. Jobb im Com. Bihar, dann G. hungarica *Kern.* ÖBZ. XIII. 140 auf dem Piliser Berge halte ich der in der Jugend schwach behaarten im Alter aber kahlen Hülsen wegen für Uebergangsformen der G. ovata zur G. tinctoria, denn zwischen beiden besteht kein anderer Unterschied, als dass die erste stets behaarte, die zweite stets kahle Hülsen hat.

7. G. procumbens *WK.* Ic. II. t. 180. In Wäldern und an buschigen Stellen hügliger und gebirgiger Gegenden. Auf dem Rosaliengebirge (*Hitschm.* ÖBZ. VIII. 226), bei Halbthurm im Com. Wieselburg (*Wierzb.* Mos.), auf dem Pilis-Vértes Gebirge (*Kern.* ZBV. VII. 264), auf der Matra und den Weinbergen von Gyöngyös (*WK.* l. c. 197), bei Miskolc, Kis Győr und Teplic im Com. Borsod (*Reuss* 101), bei Semlin (*Panč.* Sirm.), bei Veršec im Com. Temes (*Heuff.* 48).

G. sericea *Wulf.* In Ungarn (*Sadl.* in *Reichb.* 520). Ist wohl Croatien gemeint, wo sie auch richtig vorkömmt (Syll. cr. 125).

* G. coriacea *Kit.* Add. 301. In Wäldern bei Ofen.

* G. elliptica *Kit.* Add. 302. Auf den Méneser Bergen im Com. Arad.

4. CYTISUS L.

1. C. Laburnum *L.* In Bergwäldern. Bei Bösing und Blumenau im Com. Presburg (*Endl.* 463), auf dem Leithagebirge im Heil. Kreuzer Walde (*N.*), in den Auen bei Ung. Altenburg (*Vuezl*), auf der Ferdinandshöhe bei Ödenburg (*Szont.* ZBG. XIV. 501), dem Mecsek, bei der Ruine Kantovár (*Kit.* Add. 303) und auf dem Zengőhegy bei Pecsvár im

Com. Baranya (*Kit.* Bar.), im östl. Com. Arad (*Kéry* 17). Wird auch
überall in Gärten und freien Anlagen gepflanzt und verwildert leicht,
so dass es meistens schwer zu entscheiden ist, ob er wild oder nur verwildert sei. In Nord-Ungarn kömmt er blos in Gärten und verwildert
vor (*Roch.* Misc. 75, *Hazsl.* ÉM. 77), doch wird er in den Vorhölzern des
Baranovo bei Neu-Sohl angegeben (*NS.* 13).

C. **alpinus** *Mill.* C. **angustifolius** *Mönch.* Auf Alpen und Voralpen
in Ungarn (*Schult.* II. 378). Nach *WK.* Ic. III. p. 289 und *Kit.* Add. 304
nur in Croatien.

2. C. nigricans *L.* An buschigen Stellen hügliger und gebirgiger
Gegenden.

3. C. hirsutus *L.* Der älteste Name, obschon *Linné* nur die Form
mit seitenständigen Blüten kannte. C. **prostratus** *Scop.* C. **bisflorens**
Host. Blüht im Frühjahre mit seitenständigen, im Sommer mit endständigen Blumen das zweitemal, doch kömmt häufig die eine oder die
andere Form nicht zur Entwicklung. Zu den Formen mit seitenständigen
Blüten gehören: C. **hirsutus** fast aller Aut., C. **falcatus** *WK.* Ic. III. t.
238, C. **serotinus** *Kit.* in *DC.* Prodr. II. 156 et Add. 305; zu jenen
mit endständigen Blüten: C. **capitatus** *Jacq.* und C. **supinus** *Koch.*
C. **ciliatus** *Wahlb.* 219 und C. **scepusiensis** *Kit.* Add. 305 sind Var.
mit gewimperten sonst kahlen Hülsen. In Vorhölzern, Wäldern, an
buschigen Stellen hügliger und gebirgiger Gegenden, die vorerwähnte
Var. an felsigen Stellen der Com. Liptau und Zips.

4. C. austriacus *L.* Aendert ab:

α. **albus.** Blumen weiss (C. **albus** *Hacq.* I. 49, C. **leucanthus** *WK.*
Ic. II. t. 132).

β. **pallidus** *Schrad.* in *DC.* Prodr. II. 155. Blumen bleichgelb. (C.
pallidus *Kit.* Manuscr. in itin. bereg. 1803. C. **leucanthus** b. **obscurus** *Roch.* Ban. p. 50 t. 13. C. **banaticus** *Gris.* It. 292 nach *Heuff.*
49—50 und C. **Heuffelii** *Wierzb.* Flora 1845 I. 321 nach *Kern.* ZBG.
XIII. 334 Note; nach *Gris.* l. c. sollen jedoch beide gelbe Blumen „flores
lutei" haben?)

Beide Var. (denn die Aut. trennen bei Aufführung der Standorte
nicht immer die Var. α und β) auf Hügeln und buschigen Stellen aber
nur im östlichen Gebiete. Auf der Matra, in den Com. Borsod, Gömör,
Torna, Abauj, Sáros, Zemplin, Szatmár, Bihar und Arad, überall im
Banat (*Reuss* 103, *Hazsl.* Sár. 218, *Kit.* Add. 306 et Ber., *Janka* ÖBZ.
VIII. 310, *Heuff.* Ban. 50 und Bot. Zeit. 1863 p. 45).

γ. **luteus.** Blumen sattgelb (C. **austriacus** fast aller Aut., C. **ar-
genteus** *Dietl* ÖBW. III. 411 zufolge eingesehenen Original-Exemplars,
nicht *L.*, dann *Kéry* 18?). Auf sandigen Hügeln, an Waldrändern, buschigen Stellen und selbst auf Grassteppen des Tieflandes, im östlichen
Gebiete seltener als im westlichen.

C. **Rochelii** *Wierzb.* in *Roch.* Reise 48 wird von *Roch.* l. c. und in
Heuff. Ban. 50 als Synonym zu C. **capitatus**, in *Gris.* It. 293 zu C.
leucanthus b. **obscurus** *Roch.* (d. i. zur blassgelben Var. des C.
austriacus) gezogen. Wer hier recht hat, weiss ich nicht, Mittelformen

zwischen C. capitatus und C. austriacus kommen aber selbst bei
Wien vor, vielleicht Bastarde.

5. C. leiocarpos *Kern.* ÖBZ. XIII. 90. An steinigen Stellen in
der Buchenregion der Biharia bei Rézbánya und Pétrosz. Verhält sich
zu C. supinus wie Genista tinctoria zu G. ovata, also eine Art
von zweifelhaftem Werthe.

6. C. supinus *Cr.* C. ratisbonensis *Schaeff.* C. biflorus et
elongatus *WK.* Ic. II. t. 166 et t. 183. C. cinereus *Host* Aust. II.
343). Auf buschigen Hügeln, sonnigen Berglehnen, auch auf Grassteppen
und im Flugsand des Tieflandes (*Sadl.* Magy. 1. 7).

7. C. radiatus *Koch.* Auf Felsen am Giessbache Prolaz und auf
dem Suski-Domugled bei den Herculesbädern (*Heuff.* 51).

** C. ochroleucus *Lang* Phys. 316. In der Mur- und Draugegend.

** C. patens et intermedius *Kit.* Hydr. II. 319. In Wäldern und Gebüschen bei den Herculesbädern.

5. ANTHYLLIS L.

1. A. Vulneraria *L.* Auf Wiesen, Triften, an Rainen niedriger
und gebirgiger Gegenden bis in die Krummholzregion (*Wahlb.* 215), wo
sie als die Var. alpestris *Kit.* in *Schult.* II. 317 erscheint.

A. montana *L.* Selten auf den Karpaten der Slovakei (*Reuss* 105),
auf dem Choč (*Szont.* ZBG. XIII. 1096). Eine Pflanze südlicher Gegenden
(*Reichb.* Germ. 516), beide Angaben kommen mir daher zweifelhaft vor.
Fehlt auch in *Hazsl.* ÉM. 77.

6. MEDICAGO L.

1. M. sativa *L.* M. angulata *Lang* En. 2 nach einem im k. k.
bot. Cabinete befindlichen Original-Exemplare. Auf Wiesen, an Rainen
und auf Aeckern gebaut.

2. M. falcata *L.* M. intermedia *Schult.* M. recta *Kit.* Add.
309. Auf Wiesen, an Rainen, Wegen.

M. media *Pers.* Von den Autoren bald als Var. der M. sativa oder
M. falcata, bald als Bastard (M. falcato-sativa *Reichb.*), bald als
Uebergangsform der M. sativa zur M. falcata betrachtet. Letztere
Ansicht ist vielleicht das richtigste, da gegen die hybride Natur das oft
massenhafte Vorkommen dieser Pflanze spricht.

3. M. prostrata *Jacq.* M. declinata *Kit.* in *DC.* Prodr. II. 173
et Add. 309. Auf Kalkfelsen, Bergtriften, an sandigen Stellen der Ebene.
Am Fuss der Matra bei Gyöngyös (*Kit.* l. c.), bei Sátorallya-Ujhely im
Com. Zemplin und bei Vinna im Com. Ung (*Hazsl.* ÉM. 77); ferner auf
den Donau-Inseln des Com. Wieselburg (*Wierzb.* Mos.), bei Koroncó im
Com. Raab (*Ebenh.* PV. V. 52), bei Arács am Plattensee (*RK.* 118), Sz.
György im Com. Stuhlweissenburg (*Kit.* Bar.), auf dem Pilis-Vértes
Gebirge und der Pester Ebene (*Sadl.* 349, *Kern.* ZBV. VII. 262), bei

Fünfkirchen (*Neudtv.* 26), in Sirmien (*Rumy* 53), auf dem Donau-Berg-zuge der Banat. Milit. Gr. (*Heuff.* 51).

4. M. lupulina *L.* Auf wüsten und bebauten Plätzen.

5. M. scutellata *All.* In Grasgärten der Marmaros selten (*Wayn.* Exs.) Ob wirklich wild?

6. M. orbicularis *All.* Auf sonnigen Bergen und salzigen oder sandigen Stellen der Ebene. Bei Martinsberg im Com. Raab (*Bull.* Exs.), auf dem Adlerberg bei Ofen (*Sadl.* 349), bei Slankamen, Banovce (*RK.* 79) und Semlin in der Peterward. Milit. Gr. (*Panč.* Sirm.), im östl. Com. Arad (*Kéry* 19), auf dem Donau-Bergzuge und den Ebenen des Banats (*Heuff.* 51).

7. M. Gerardi *WK.* in *Willd.* Spec. III. 1415. An salzigen Stellen bei Slankamen, Banovce und Semlin der Peterward. Milit. Gr. (*RK.* 79), dann an gleichen Orten auf der Ebene und auf kräuterreichen Bergen des Banats (*Heuff.* 51).

M. muricata *All.* Auf trockenen sandigen Feldern in Ungarn (*WK.* lc. I. p. XXX, *Schult.* 374). Vielleicht ist Croatien gemeint, wo diese Art auch vorkömmt (Syll. cr. 119).

8. M. arabica *All.* M. maculata *Willd.* Auf Grasplätzen, bebautem Lande. Bei Fünfkirchen (*Neudtv.* 26), zwischen den Klöstern Krušedol und Remete im Com. Sirmien, bei Karlovic (*Kit.* Add. 311) und Semlin in der Peterward. Milit. Gr. (*Panč.* Sirm.), im östl. Com. Arad (*Kéry* 19).

9. M. minima *Desr.* Auf Wiesen, Triften, an sandigen oder sal-zigen Stellen niedriger und hügliger Gegenden.

β. **elongata** *Koch.* Ban. p. 51 t. 15. An sandigen Stellen bei Nagy Körös im Com. Pest (*Kan.* ZBG. XII. 205) und der westl. Banat. Milit. Gr. (*Heuff.* 51).

γ. **viscida** *Koch* Syn. 180. Bei Semlin (*Panč.* Sirm.).

10. M. denticulata *Willd.* M. polycarpa γ. denticulata *Gr.* et *Godr.* Fr. I 390. Unter dem Getreide bei Semlin (*Panč.* Sirm.).

* M. banovcensis *Kit.* Add. 311. Auf Weinbergen bei Banovce in der Peterward. Milit. Gr. mit M. orbicularis.

7. TRIGONELLA *L.*

1. T. monspeliaca *L.* An trockenen sandigen Stellen, auf Aeckern, Hügeln. Auf dem Thebner Kogel, durch das ganze Com. Wieselburg (*Heuff.* Flora 1831 I. 407), im südl. Com. Komorn (*Hillebr.* ÖBZ. VIII. 299), bei Füred (*Sigm.* 47), auf dem Blocksberg bei Ofen und auf den Sandhügeln des Pester Com. (*Sadl.* 345), auf den Weinbergen von Surdok, Banovce und Semlin der Peterward. Milit. Gr. (*RK.* 79), bei Pančova (*Kit.* Add. 311), Grebenac und Veršec im Banat (*Heuff.* 52). Nach *Schult.* II. 376 durch das ganze südl. Ungarn.

T. polycerata *L.* Auf Bergen in Ungarn (*Kit.* in *Host* Aust. II. 382)?

T. Foenum graecum *L.* Unter dem Getreide bei Bartfeld (*Reuss* 106), jedenfalls nur zufällig und vorübergehend.

8. **MELILOTUS** Tourn.

1. M. dentata *Pers.* Trifolium dentatum *WK.* Ic. I. t. 42.
Auf feuchten Wiesen, in Gräben, an Wegen niedriger Gegenden. Bei
Skalic (*Ilol.* PV. VII. 86) und Ürmény im Com. Neutra (*Arv.* Pest. Mus.),
bei Szantó im Com. Hont (*Kit.* Arv.), Egyek im Com. Szabolcs (*RK.* 52);
ferner an der Leitha, am Neusiedler See (*N.*), bei Csenke, Muzsla (*Feicht.*
Ad. 285) und Csév im Com. Gran (*Feicht.* Exs.), an den Ufern des Platten-
sees in den Com. Veszprim, Zala und Somogy (*WK.* Ic. I. c. 41), bei
Ofen (*Kit.* Add. 312), auf den Ebenen des Pester Com. bis an die Theiss
und Zagyva (*Sadl.* 343, *Reuss* 107), bei Fünfkirchen (*Nendtv.* 26), im
Banat (*Heuff.* 52).

2. M. macrorrhiza *Pers.* Trifolium macrorrhizum *WK.* Ic.
I. t. 26. Schon in *Wint.* f. 15 ohne Namen abgebildet. An feuchten etwas
salzigen Stellen des Tieflandes ohne nähere Angabe (*WK.* l. c. 25),
also gemein, allein speciell aufgeführt finde ich sie nur bei Emőke und
Eözdeg im Com. Neutra (*Kn.* ZBG. XV. 172), bei Trencsin und Ödenburg (*Szont.* ÖBZ. XIV. 276, ZBG. XIV. 501), am Neusiedler See (*N.*),
bei Szigliget am Plattensee (*Sigm.* 47), auf den Ebenen des Pester Com.
(*Sadl.* 342), bei Semlin (*Panč.* Sirm.) und im Banat (*Heuff.* 52). Trifolium palustre *WK.* Ic. III. p. 296 t. 266 bei Kesinc im Com. Temes
ist eine Var. mit kaum gezähnten Blättern.

3. M. officinalis *Desr.* Auf Wiesen, an Wegen, sandigen Stellen.

4. M. alba *Desr.* M. altissima *Schult.* II. 346. In Auen, an
feuchten und trockenen sandigen Stellen, auf Aeckern.

M. parviflora *Desf.* Nach *Schult.* II. 347 Note vermuthet *Rochel*, dass
er diese Litoralpflanze an der Wag gefunden habe und auf diese zweifelhafte Angabe hin nahm sie *Reuss* 107 ohneweiters mit dem Beisatze
„selten" auf. Nach *Koch.* MS. II. 44 soll sie bei Streženic nächst Puchov
im Com. Trencsin vorkommen.

5. M. coerulea *Desr.* Auf Wiesen, an Wegen, Weingartenrändern
der Ofner Berge (*Sadl.* 342, *Kern.* ZBV. VII. 271, 272) und bei Fünfkirchen (*Nendtv.* 26), wahrscheinlich verwildert.

β. **laxiflora** *Koch.* Bau. p. 51 t. 14 (M. procumbens *Bess.*) Auf
Wiesen, salzigen Triften, an Rainen der Ebene. Am Neusiedler See, im
Hanság (*Wierzb.* Mos.), im Pester Com. (*Sadl.* 342), bei Fünfkirchen
(*Nendtv.* 26), im westl. Banat (*Heuff.* 52). M. coerulea bei Miskolc und
Komorn (*Reuss* 107), dann auf Wiesen bei Dég im Com. Veszprim, an
salzigen Stellen bei Hansabeg, Seregély (*RK.* 118) und Aba im Com. Stuhlweissenburg, sowie in Sirmien (*Kit.* Slav.) dürften den Standorten nach
hieher zu ziehen sein, auch wird M. procumbens in *Panč.* Sirm. ausdrücklich bei Semlin angegeben.

9. **TRIFOLIUM** L.

1. T. pallidum *WK.* Ic. I. t. 36. Auf Wiesen, Aeckern, besonders
niedriger Gegenden. Auf der Puszta Rétszilás im Com. Stuhlweissenburg

(*Hillebr.* ZBV. VII. 42), bei Vučin und der Glashütte Jankovac nächst Drenovac im Com. Verovitic, zwischen den Klöstern Vrdnik (*RK.* 79), Remete und Krušedol im Com. Sirmien (*Kit.* Add. 311 n. 1290), bei Semlin (*Panč.* Sirm.), bei Nagy Kőrös im Com. Pest (*Kan.* ZBG. XII. 206), zwischen Grosswardein und Sz. Jobb im Com. Bihar (*WK.* Ic. l. c. 35), bei Sikula im Com. Arad (*Heuff.* Bot. Zeit. 1863 p. 45), sehr gemein im Banat (*Heuff.* 52). *Janka* tadelt, dass T. procerum *Roch.* Ban. p. 50 t. 14 bei Moldova in der serbisch-banat. Milit. Gr. in *Heuff.* Ban. 52 als Synonym zu T. pallidum gezogen werde (ÖBZ. XIII. 115), allein *Rochel* erklärt selbst sein T. procerum für synonym mit T. pallidum (*Roch.* Reise 84).

2. T. pratense *L.* Auf Wiesen, an Rainen, Wegen niedriger und gebirgiger Gegenden bis in die Alpenregion (*Wahlb.* 226). Wird auch im Grossen gebaut.

3. T. expansum *WK.* Ic. III. t. 237. Auf Wiesen, Grasplätzen. An gebirgigen Stellen bei St. Andrä nächst Ofen und bei Waizen (*Sadl.* 336), am Fuss der Matra (*RK.* 18), bei Telki Bánya im Com. Abauj (*Kit.* Ber.); häufiger auf den Ebenen der Com. Neográd (*Lang* Exs.), Pest (*Sadl.* l. c.), Heves, Bihar und Békés, dann in Jazygien (*WK.* l. c. 264), im östl. Com. Arad (*Kéry* 21), im westl. Banat (*Heuff.* 53). T. expansum bei Fünfkirchen (*Nendtv.* 33) ist T. medium (*Kern.* ZBG. XIII. 565).

4. T. medium *L.* T. flexuosum *Jacq.* In Vorhölzern, auf Triften, buschigen Plätzen hügliger und gebirgiger Gegenden.

5. T. alpestre *L.* Auf buschigen Hügeln, Waldwiesen, in Vorhölzern.

6. T. sarosiense *Hazsl.* ÉM. 76. Bei Eperjes. Dem T. medium höchst ähnlich, aber der Kelch zwanzignervig.

7. T. rubens *L.* Auf Bergwiesen, buschigen Hügeln, in Vorhölzern.

8. T. ochroleucum *L.* Wie die vorige Art.

9. T. pannonicum *Jacq.* T. armenium *Baumg.* II. 374, nicht *Willd.* Auf Wiesen, in Vorhölzern besonders gebirgiger Gegenden. Durch die ganze nördliche Karpatenkette von Presburg bis in die Marmaros (*Endl.* 455, *RK.* 18, 68, 130, *Reuss* 108, *Hazsl.* ÉM. 75, *Wagn.* Exs., *Müll.* ZBG. XIII. 560, *Baumg.* l. c.), dann auf den sandigen Ebenen der Com. Szatmár und Szabolcs (*RK.* 52) und bei Sz. Márton nächst Grosswardein (*Steff.* ÖBZ. XIV. 185); ferner auf dem Plattenseezuge (*Sigm.* 48), in Wäldern bei St. Andrä und Waizen im Com. Pest (*Sadl.* 337), bei Čepin (*PM.* It. 140) und der Glashütte Jankovac nächst Drenovac im Com. Verovitic (*RK.* 79), auf der Biharia (*Kern.* Exs.), im östl. Com. Arad (*Kéry* 21), gemein im Banat (*Heuff.* 53). Von T. ochroleucum als Art kaum verschieden.

T. squarrosum *L.* Bei Farkashida im Com. Presburg (*Horv.* 4)?

10. T. reclinatum *WK.* Ic. III. t. 269. T. echinatum *Wierzb.* Flora 1845 I. 325 (nicht *MB.*) nach *Gris.* It. 293. Auf etwas salzigen Wiesen des südl. Banats, z. B. bei Pančova, Versec, Oravica, am Morast Alibunar (*Heuff.* 53, *Gris.* It. l. c.), dann bei Semlin (*Panč.* Exs.).

11. T. diffusum *Ehrh.* T. purpurascens *Roth.* T. albidum *RK.*
108. Schon in *Wint.* f. 7 aber ohne Namen abgebildet. Auf Grassteppen und sandigen Hügeln des Tieflandes zwischen der Donau und Theiss, am Hortobágy und bei Egyek im Com. Szaboles, bei Mezöhegyes im Com. Csanád und bei Bozitova nächst Hatzfeld im Com. Torontál (*Sadl.* 336, *RK.* 52, *Kit.* Add. 313), aber auch an Waldrändern und in Weingärten gebirgiger Gegenden, wie auf dem Makár bei Fünfkirchen (*Nendtv.* ZBG. XIII. 572), bei Versec im Com. Temes und an der Donau in der Banat. Milit. Gr. (*Heuff.* 53).

12. T. incarnatum *L.* Auf Wiesen, Hügeln bei den Hercules-bädern, Toplec, im Donauthal bis Alt-Orsova (*Heuff.* 53). Wird manchmal auch auf Aeckern gebaut und kömmt dann in solchen Gegenden verwildert vor.

13. T. angustifolium *L.* Auf Wiesen, Weiden. Auf der Matra (*Kit.* Pest. Mus.), im Com. Kraszna, bei Karika im Com. Mittel-Szolnok, bei Ober- und Unter-Lunkoj im Com. Zaránd (*Baumg.* II. 375), im östl. Com. Arad (*Kéry* 21).

14. T. arvense *L.* Auf Aeckern, Weiden, Grasplätzen.

15. T. striatum *L.* Auf Triften, trockenen Wiesen. Bei Frauenkirchen im Com. Wieselburg (*Heuff.* Flora 1831 I. 407), Tarján im Com. Raab, Szomod im Com. Komorn (*Kit.* Add. 316), bei St. Andrä nächst Ofen und im Pester Com. gegen die Theiss zu (*Sadl.* 338), auf der Matra (*Sadl.* Magy. III. 8), in den Com. Bihar, Békés und Csongrád (*WK.* Ic. I. 24), bei Fünfkirchen (*Nendtv.* ZBG. XIII. 568), Cepin im Com. Verovitic (*PM.* It. 140), bei Semlin (*Panč.* Sirm.), im Banat (*Heuff.* 53). T. conicum *Kit.* in *Hornem.* Hafn. II. 717 oder T. Kitaibelianum *Ser.* in *DC.* Prodr. II. 194 im Com. Heves (*RK.* 18) und bei Alt-Orsova (*Roch.* Reise 11) gehört allem Anscheine nach hierher.

16. T. scabrum *L.* Auf Feldern in Ungarn (*Host* Aust. II. 374), namentlich bei Semlin (*Panč.* Sirm.).

17. T. subterraneum *L.* An grasigen Stellen im Banat (*Heuff.* 54 nach *Kit.*), der nähere Standort jedoch unbekannt.

18. T. fragiferum *L.* Auf feuchten Triften, an sumpfigen Stellen.

19. T. resupinatum *L.* Auf Wiesen in Sirmien (*Heuff.* 54), namentlich bei Semlin (*Panč.* Sirm.).

20. T. vesiculosum *Savi.* T. recurvum *WK.* Ic. II. t. 165. Auf Wiesen, Aeckern, an salzigen Stellen der Ebene. Im Pester Com. gegen die Theiss zu (*Sadl.* 340), am Fuss der Matra bei Gyöngyös (*WK.* l. c. 180), bei Jákohalom in Jazygien, Tisza-Földvár (*RK.* 52) und Szolnok im Com. Heves (*Heuff.* in *Reichb.* Germ. 491), im Com. Békés (*Kit.* Add. 316), im westl. Banat (*Heuff.* 54).

21. T. alpinum *L.* Auf hohen Alpentriften des Stol und Galac der Rodnaer Alpen (*Baumg.* II. 371).

22. T. montanum *L.* Auf Wiesen niedriger und gebirgiger Gegenden.

23. T. parviflorum *Ehrh.* Schon in *Wint.* f. 20 ohne Namen abgebildet. An sterilen sandigen oder salzigen Stellen des Tieflandes. Bei

Frauenkirchen im Com. Wieselburg (*Heuff*. Flora 1831 I. 407), auf den
Ebenen des Pester Com., dann in Jazygien und Kumanien, besonders
gegen die Zagyva und Theiss zu (*Sadl.* 339), am Fuss der Matra bei
Gyöngyös, am Hortobágy (*Kit.* Add. 313), im Com. Békés (*RK.* 94), bei
Margita im Com. Torontál (*Heuff.* 54).

24. T. strictum *WK.* Ic. I. t. 37 (ob auch *L.*?) T. laevigatum
Poir. Auf salzigen Wiesen gegen die Theiss zu in den Com. Pest (*Sadl.*
335), Bihar, Békés und Csongrád (*WK.* l. c. 36, *RK.* 94), bei Vámos-
Györk (*Kit.* Add. 313) und Tisza-Beő im Com. Heves (*Sadl.* Exs.), im
Banat sowohl in der Ebene als auf Bergwiesen (*Heuff.* 54).

25. T. suffocatum *L.* An sandigen Stellen der Banat. Milit. Gr.
(*Heuff.* 54 nach *Kit.*), näherer Standort unbekannt.

26. T. repens *L.* Auf Weiden, Wiesen niedriger und gebirgiger
Gegenden bis in die Alpenregion.

27. T. pallescens *Schreb.* T. caespitosum *Roch.* Reise 84, nicht
Reyn. Auf Alpentriften des Banats (*Heuff.* 54).

28. T. hybridum *L.* T. elegans *Savi.* Auf feuchten Wiesen
niedriger und gebirgiger Gegenden.

29. T. angulatum *WK.* Ic. I. t. 27. Auf feuchten sandigen oder
salzigen Stellen des Tieflandes. Im Hanság bei St. Johann und Andau
(*Wierzb.* Mos.), auf den Ebenen des Pester Com., besonders gegen die
Theiss zu (*Sadl.* 335), in den Com. Békés, Bihar, Szabolcs und Szatmár
(*WK.* l. c. 26, *RK.* 52, 94), in Klein-Kumanien, bei Halász im Com.
Heves (*Kit.* Add. 313), in den Niederungen des Banats, am häufigsten
bei Margita im Com. Torontál (*Heuff.* 54).

30. T. spadiceum *L.* Auf Torfmooren und Sumpfwiesen gebirgiger Gegenden. Auf den mährischen Grenzkarpaten (*Reiss.* Flora 1841
II. 677, *Schloss.* 131), in den Thälern der Com. Arva (*Vitk.* ZBG. XIII.
1096), Liptau und Zips (*Wahlb.* 229).

31. T. badium *Schreb.* Auf alpinen Triften. Am Fuss des Grossen
Křivan (*Roch.* in *Schult.* II. 363—4), auf der östl. Tatra (*Wahlb.* 229),
auf den Banat. Alpen (*Heuff.* 55). Bei Eperjes (*Reuss* 111)? bei Cigelka
im nördl. Com. Sáros (*Hazsl.* Sár. 218), allein in *Hazsl.* ÉM. 74 wird
nur die Tatra angegeben. Auf den galizischen Central-Karpaten (*Zaw.*
Galic. 89) bis in das Thal des Schwarzen Dunajec herabsteigend (*Üchtr.*
ÖBW. VII. 344).

32. T. agrarium *L.* Auf Wiesen, offenen Waldstellen, buschigen
Plätzen niedriger und gebirgiger Gegenden.

33. T. procumbens *L.* T. campestre *Schreb.* Auf Aeckern,
Wiesen, Stoppelfeldern.

34. T. patens *Schreb.* Auf salzigen Wiesen bei Nagy-Kágya
nächst Székelyhid im Com. Bihar (*Janka* ÖBZ. XIII. 116, *Steff.* ÖBZ.
XIV. 187).

35. T. minus *Sm.* T. filiforme der meisten Aut., nicht *L.* Auf
Wiesen, Weiden, Hügeln niedriger und gebirgiger Gegenden.

10. DORYCNIUM Tourn.

1. D. suffruticosum *Vill.* D. monspeliense *Willd.* (Fahne der Blumenkrone geigenförmig, kurzbespitzt). Auf Triften, Felsen, steinigen Plätzen hügliger und gebirgiger Gegenden, seltener in der Ebene.

2. D. diffusum *Janka* OBZ. XIII. 314—16. (Fahne der Blumenkrone geigenförmig, abgestutzt-ausgerandet). Auf Wiesen bei Kügy zwischen Grosswardein und Diószeg.

3. D. herbaceum *Vill.* (Fahne der Blumenkrone länglich-spatlig, stumpf). An Waldrändern, buschigen Stellen hügliger und gebirgiger Gegenden, wahrscheinlich durch das ganze Gebiet, allein da die meisten älteren Autoren unter D. herbaceum vielmehr D. suffruticosum zu verstehen scheinen oder unter ersterem Namen beide Arten zusammenfassen, so sind nur die Standorte jener Autoren sicher, welche beide Arten zugleich anführen. Diese sind: Das Com. Neutra (*Kn.* ZBG. XV. 172), das mittlere und südliche Gebiet des nördl. Karpatenzuges (*Hazsl.* ÉM. 74), Gyöngyös im Com. Heves (*Reuss* 113), der Piliser Berg (*Sadl.* 343), der östl. Banat (*Heuff.* 55).

Ich habe diese drei Arten nach den in *Jord.* Observ. fragm. III. p. 64—5 t. 4 und von *Janka* l. c. angegebenen Merkmalen aufgeführt, obschon sich die augegebenen Unterschiede in der freien Natur sehr undeutlich ausnehmen und ganz gewiss in einander übergehen, daher ich sie nur für Varietäten Einer Art (D. Pentaphyllum *Scop.*) halte.

Bonjeania hirsuta *Reichb.* An steinigen Plätzen in Croatien und Ungarn (*Maly* 355). Bei Fiume kömmt sie allerdings vor (*Koch.* Syn. 196), bezüglich Ungarns ist diese Angabe jedoch ohne Zweifel unrichtig.

11. LOTUS L.

1. L. corniculatus *L.* L. villosus *Thuill.* Auf Wiesen, Triften, buschigen Plätzen niedriger und gebirgiger Gegenden bis in die Krummholzregion (*Wahlb.* 230). L. tenuis *WK.* in *Willd.* Berol. II. 797 et Add. 318 oder L. tenuifolius *Reichb.* Germ. 506 ist eine Var. mit schmalen Blättchen, welche vorzugsweise auf Wiesenmooren und Salzboden vorkömmt. L. uliginosus *Schk.* auf nassen Wiesen bei Koroncó im Com. Raab (*Ebenh.* PV. V. 52) und L. major *Reuss* 114 ohne Fundort halte ich von L. corniculatus als Art für nicht verschieden, wenn anders *Schkuhr*'s echte Pflanze dort wirklich wächst.

2. L. angustissimus *L.* L. gracilis *WK.* Ic. III t. 229. Auf Wiesen und salzigen Triften der Com. Békés (*RK.* 94), Arad und Temes (*WK.* l. c. 255, *Heuff.* 55).

12. TETRAGONOLOBUS Scop.

1. T. siliquosus *Roth.* Auf Wiesen, feuchten Triften hügliger und gebirgiger Gegenden.

13. GLYCYRRHIZA L.

1. G. glabra *L.* In Hainen bei Fünfkirchen (*Nendtv.* 23), an der Poststrasse von Čerević (*Schnell.* PV. IV. 81), dann bei Kamenic, Peterwardein und Slankamen in Sirmien (*RK.* 79, *Kit.* Add. 320). Wird auch gebaut und kömmt manchmal verwildert vor, z. B. auf dem Zobor bei Neutra (*Nagy* in *Wacht.* Zeitschr. V. 346), doch wird ihrer von *Knapp* nicht erwähnt.

2. G. glandulifera *WK.* Ic. I. t. 21. An grasigen buschigen Stellen. Häufig auf der Margarethen-Insel bei Ofen (*Sadl.* 344), dann auf den Inseln und an den Ufern der Donau zwischen den Com. Bács, Baranya und Sirmien (*Heuff.* 55, *Koch* Wandr. im Orient. I. 44, *Panč.* Sirm.).

3. G. echinata *L.* Auf feuchten Wiesen, in Sümpfen, an überschwemmten Stellen des Tieflandes. An den Ufern und auf den Inseln der Donau und der Theiss in den Com. Pest, Heves, Csanád, Csongrád, Sirmien und des Banats, oft massenhaft (*Sadl.* 344, *RK.* 52, *Koch.* Reise 20, *Mayr* ZBV. VI. 176, *Kit.* Add. 320, *Heuff.* Ban. 56), ferner bei Debrecin (*RK.* 1. c.), Fünfkirchen (*Nendtv.* ZBG. XIII. 570), Čepin (*PM.* It. 30) und Kologyvár nächst Essek im Com. Verovitic (*Kit.* Slav.).

14. GALEGA L.

1. G. officinalis *L.* Auf Wiesen, zwischen Ufergebüsch, in Sümpfen besonders niedriger Gegenden, massenhaft z. B. im Ueberschwemmungsgebiete der Drau (*Koch.* Reise 20, *RK.* 79), fehlt jedoch im ungarischen Hochlande.

15. ROBINIA L.

1. R. Pseudacacia *L.* Ueberall gepflanzt und verwildert, im Tieflande nebst der Pappel der häufigste Kulturbaum.

16. COLUTEA L.

1. C. arborescens *L.* C. hirsuta *Roth.* Auf steinigen buschigen Plätzen, an Wald- und Weingartenrändern hügliger Gegenden, aber wahrscheinlich nur verwildert (*Sadl.* Magy. II. 4).

C. cruenta *Ait.* In Weingärten bei Kis Györ im Com. Borsod (*Reuss* 115), natürlich nur ein zufälliger Gartenflüchtling.

17. PHACA L.

1. Ph. frigida *L.* Unter Krummholz auf der Leiten der östl. Tatra spärlich (*Wahlb.* 222). Auf den ungar. siebenbürg. Grenzkarpaten (*Lang* Phys. 316)? in *Baumg.* II. 354 kömmt hiervon nichts vor. Ph. frigida *Üchtr.* ÖBW. VII. 369 im Drechselhäuschen ist nach *Üchtritz's* eigener Berichtigung Astragalus australis *Lam.* (ÖBZ. XIV. 386).

2. Ph. alpina *Wulf.* An steinigen Stellen der Alpen. Am Rothen See der Hohen Tatra (*Stelzn.* in *Hazsl.* ÉM. p. V et 73) und auf der Dseameauie der Rodnaer Alpen (*Baumg.* II. 354). Auch auf der Voralpe Skala St. Kunygundy der Pieuninen in Galizien hart an der Zipser Grenze (*Herb.* ZBG. XI. 53).

18. OXYTROPIS DC.

1. O. Halleri *Bunge.* Astragalus vesicarius Towns. 491, nicht *L.* Phaca uralensis *Wahlb.* 223. Auf Kalkfelsen am Grünen See (*Towns.* l. c.) und auf der Leiten der östl. Tatra (*Wahlb.* l. c.). Auf den ungar. siebenbürg. Grenzalpen (*Lang* Phys. 316)? wovon in *Baumg.* II. 357 nichts vorkömmt. Auf dem Gewont bei Zakopana der galiz. Central-karpaten hart an der Grenze gegen das Com. Liptau (*Grzeg.* ÖBW. V. 86).

2. O. campestris *DC.* Auf Kalkfelsen in und über der Krumm-holzregion der östl. Tatra, als auf dem Murañ (*Grzeg.* ÖBW. V. 86), der Leiten, im Drechselhäuschen (*Wahlb.* 223), aber nur die Var. β. sordida (*Hazsl.* ZBV. I. 201), dann auf den Banat. Alpen (*Koch.* Ban. 7 und nach ihm *Heuff.* 56). Auf dem Gewont bei Zakopana der galizischen Central-Karpaten hart an der Grenze gegen das Com. Liptau (*Grzeg.* ÖBW. V. 86).

3. O. pilosa *DC.* Auf Wiesen, sandigen Hügeln, grasigen Stellen niedriger und gebirgiger Gegenden. Am östl. Ufer des Neusiedler Sees (*N.*), im südl. Com. Komorn (*Hillebr.* ÖBZ. VIII. 299), bei Csenke im Com. Gran (*Feicht.* Ad. 285), auf dem Blocksberg bei Ofen, hinter dem Stadtwäldchen von Pest, sehr häufig auf der Insel Csepel (*Sadl.* 330), bei Téglás im Com. Szabolcs (*Kit.* Ber.), in Sirmien (*Kit.* Add. 321), im Banat (*Heuff.* 56).

4. O. carpatica *Üchtr.* ÖBZ. XIV. 216, 218. Phaca montana *Wahlb.* 222, nicht *Cr.* Auf felsigen Triften der Alpen. Auf dem Stirnberg, der Leiten und im Drechselhäuschen der östl. Tatra (*Wahlb.* l. c.), dann auf der Dseameauie der Rodnaer Alpen (*Baumg.* II. 356). Auf dem Inovec-Gebirge im nördl. Com. Neutra (*Kell.* ÖBZ. XIV. 286), wohl unrichtig. Von O. montana *DC.*, sowie sie auf den nied. österr. Alpen vorkömmt, wenig verschieden, insbesondere was die Gestalt und Länge der Kelch-zähne betrifft.

19. ASTRAGALUS L.

1. A. australis *Lam.* Fl. franç. ed. I. 2. 637. Phaca australis *L.* *) Au felsigen Stellen der Alpen. Bisher blos auf der Leiten (*Mauksch*) und im Drechselhäuschen der östl. Tatra (*Wahlb.* 222), dann auf der Alpe Baiku der roman. banat. Milit. Gr. (*Heuff.* 56). Auch auf den Pien-

---

*) Alle Autoren stimmen darin überein, dass Phaca australis L. und Ph. astraga-lina DC. der halbzweifächerigen Hülse wegen zur Gattung Astragalus gehören und doch lassen sie sie fortwährend bei der Gattung Phaca stehen.

ninen bei Krościenko im Sandecer Kreise in Galizien hart an der Zipser Grenze (*Herb.* ZBG. XI. 38).

2. A. alpinus *L.* Phaca astragalina *DC.* An felsigen Stellen der Kalkalpen. Auf dem Stoch (*Vitk.* ZBG. XIII. 1097), am Grünen See (*Towns.* 490), auf dem Thörichtergern, im Kupferschächtenthal (*Üchtr.* ÖBW. VII. 360, 370) und auf der Leiten der Tatra (*Wahlb.* 224).

3. A. oroboides *Hornem.* Bisher nur unter Krummholz auf dem Thörichtergern (*Krz.* PV. V. 115) und auf der Hinteren Leiten der östl. Tatra und auch hier sehr selten (*Wahlb.* 224).

4. A. hypoglottis *L.* Auf Wiesen, Triften, an Rainen gebirgiger Gegenden. Im Wagthale des Com. Liptau stellenweise (*Hausskn.* ÖBZ. XIV. 208), bei Gross-Schlagendorf (*Mauksch*), auf dem Galgenberg (*Wahlb.* 225) und den Rohrwiesen bei Kesmark (*Hazsl.* ZBV. I. 201—2), dann auf dem Drevenyk bei Wallendorf in der Zips (*Kalchbr.* ZBV. III. SB. 134).

5. A. Onobrychis *L.* Auf sandigen Grasplätzen, an Rainen, Wegen niedriger und hügliger Gegenden.

A. arenarius *L.*, welchen *Lang* und *Rochel* bei Tót-Almás im Pester Com. gefunden haben sollen (*Sadl.* ed. I. 2. 197) ist in *Sadl.* II. Ausgabe einfach weggelassen, wächst also dort nicht. A. arenarius *Host* Aust. II. 360 „in arenosis Hungariae" ist dieselbe Pflanze, wie dies die Berufung auf *Lang* und *Rochel* zeigt.

6. A. Rochelianus *Heuff.* Exs. 1835, Flora 1853 II. 622, Ban. 56. A. arenarius b. multijugus *Roch.* Ban. p. 52 t. 15. A. chlorocarpus *Gris.* Auf Felsen an der Donau zwischen Bersaska und Svinica in der serbisch-banat. Milit. Gr.

7. A. austriacus *Jacq.* A. dichopterus *Pall.* Auf niedrigen Kalkbergen und sandigen Triften der Ebene. Am Fuss des Thebner Kogels (*Endl.* 458) und bei Farkashida im Com. Presburg (*Horv.* 4), im Com. Trencsin (*Kikó* 17), bei Hradek im Com. Liptau (*Kit.* Arv.), bei Tokay (*RK.* 53); häufiger in den Com. Wieselburg, Raab, Veszprim (*Kit.* Add. 321, *Kn.* ÖBZ. XV. 58), Zala, Stuhlweissenburg (*Kit.* Bar. et Slav.), Gran (*Feicht.* Exs.) und Pest und zwar sowohl auf dem Pilis-Vértes Gebirge als auf den Ebenen jenseits der Donau (*Sadl.* 332, *Kern.* ZBV. VII. 261), dann bei Fünfkirchen (*Nendtv.* 18), Straženian im Com. Požega, bei Semlin (*RK.* 79), im östl. Com. Arad (*Kéry* 17), im Banat (*Heuff.* 56).

8. A. sulcatus *L.* Auf Wiesen, an buschigen Stellen. Im Park zu Bruck an der Leitha (*Hitschm.* ÖBZ. VIII. 228), auf dem Spitlberg bei Bruck, am Neusiedler See, besonders auf der östl. Seite (*N.*).

9. A. virgatus *Pall.* A. novus *Wint.* f. 13. Auf sandigen Hügeln des Pester Com. nördl. bis Waizen, östl. bis Sz. Márton Káta, südl. bis Izsák und Kecskemét, am häufigsten auf der Insel Csepel (*Sadl.* 331, *RK.* 53, 68, *Kit.* Add. 320), dann auf Wiesen bei Heves (*RK.* 18), bei Nyíregyháza im Com. Szabolcs (*Kit.* Add. l. c.), auf sandigen Triften der deutsch- und serbisch-banat. Milit. Gr. (*Heuff.* 56).

10. A. vesicarius *L.* A. albidus *WK.* I. t. 40. An buschigen Stellen hügliger und gebirgiger Gegenden, vorzüglich auf Kalk. Auf der Hügelreihe zwischen Neusiedl am See und Weiden (*Bilimek*), auf dem Höhenzuge am Plattensee von Szigliget (*Kit.* Slav.) über Palota und Inota (*WK.* l. c. 39) auf das Pilis-Vértes Gebirge und den Nagyszál bei Waizen (*Kern.* ZBV. VII. 261, ÖBW. VII. 400).

11. A. contortuplicatus *L.* Auf trockenen Feldern, an Rainen, Wegen. Bei Komorn, Hatvan im Com. Heves (*Reuss* 118), im Pester Com. gegen die Theiss zu (*Sadl.* 333), bei Szegedin (*Bayer* Exs.), Pancova in der deutsch- und bei Uj-Palanka in der serbisch-banat. Milit. Gr. (*Kit.* Add. 321, *Heuff.* 57).

12. A. Cicer *L.* A. canescens *Kit.* Add. 321? Auf Wiesen, Triften, Hügeln.

13. A. glycyphyllos *L.* In Bergwäldern, Holzschlägen.

14. A. asper *Jacq.* A. alopecuroides *Lumn.* 318, nicht *L.* Auf Wiesen, an Rainen, Weingartenrändern niedriger und hügliger Gegenden. Im Com. Trencsin (*Kikó* 17), bei Holič im Marchthale (*Krz.* PV. II. 1. 46), auf den Donau-Inseln bei Presburg (*Endl.* 459), am Neusiedler See (*N.*), bei Ung. Altenburg (*Vuezl*), im südl. Com. Komorn (*Hillebr.* ÖBZ. VIII. 299), bei Dég im Com. Veszprim (*RK.* 119), auf dem Pilis-Vértes Gebirge (*Kern.* ZBV. VII. 265, 271) und den Ebenen der Com. Stuhlweissenburg (*Kit.* Bar.), Pest (*Sadl.* 331), Heves (*RK.* 18) und Szabolcs (*Kit.* Ber.), bei Grosswardein (*Steff.* ÖBZ. XIV. 185), bei Semlin (*Panč.* Sirm.), in der westl. Banat. Milit. Gr. (*Heuff.* 57).

15. A. exscapus *L.* Auf trockenen Wiesen und Grassteppen der Ebene. Auf der Parndorfer Heide (*Fenzl*), bei Gols am Neusiedler See (*Heuff.* Flora 1831 I. 407), Böny im Com. Raab (*Kit.* Sopr.), im südl. Com. Komorn (*Hillebr.* ÖBZ. VIII. 299), im Com. Eisenburg (*Wierzb.* Mos.), zwischen Adony und Duna-Pentele im Com. Stuhlweissenburg (*Kit.* Bar.), bei Fünfkirchen (*Maj.* 5), häufig auf den Puszten des Com. Pest (*Sadl.* 334), bei Hatvan (*Reuss* 119), im Heveser Walde (*Kit.* Add. 322), in der westl. Banat. Milit. Gr. (*Heuff.* 58).

16. A. galegiformis *L.* Auf Wiesen des Berges Vulkan an der Grenze des Com. Zaránd gegen Siebenbürgen (*Baumg.* II. 362), dann bei Semlin (Herb. *Wolny* nach *Panč.* Sirm.). Kömmt auch in Serbien vor (*Panč.* ZBV. VI. 482).

17. A. dasyanthus *Pall.* A. criocephalus *WK.* Ic. I. t. 46. A. pannonicus *Schult.* II. 335. Auf Hügeln, sandigen Stellen. Bei Ürméuy im Com. Neutra (*Roch.* MS. II. 34, auch *Reichb.* Germ. 513), auf dem Tokayer Berg, zwischen Nyíregyháza und Rác-Fehértó im Com. Szabolcs (*RK.* 18); ferner bei Adony, Rác-Almás und Duna-Pentele im Com. Stuhlweissenburg (*Kit.* Bar.), bei Kis-Hegyes im Com. Bács (*WK.* l. c. 46), in der deutsch- und serbisch-banat. Milit. Gr. (*Heuff.* 58).

18. A. monspessulanus *L.* A. praecox *Baumg.* II. 362 nach Exemplaren von *Schur* und *Fuss.* Auf den Alpen der roman. banat. Milit Gr. (*Roch.* Ban. 7 und nach ihm *Heuff.* 58, auch *Kit.* Add. 322).

Scorpiurus subvillosa *L.* In Ungarn (*Reichb*. Germ. 541 nach *Sadler*). Aus *Sadl.* Pest. ed. I. 2. 215 Note entnommen, allein diese Art kömmt nicht einmal in Croatien vor, obschon sie sonst die Ufer des adriatischen Meeres bewohnt.

20. CICER L.

1. C. arietinum *L.* Wird auf Aeckern hin und wieder gebaut, z. B. in den Thälern der nordwestl. Karpaten (*Roch*. Misc. 95), namentlich bei Neutra (*Kn*. PV. VII. 140), kömmt auch unter dem Getreide und auf Brachen verwildert vor.

21. PISUM L.

1. P. sativum *L.* Wird in Gärten und auf Aeckern gebaut und kömmt auch verwildert vor. P. arvense *L.* ist wohl nur eine Spielart, wird seltener gebaut, findet sich dagegen unter dem Getreide und auf Brachen beinahe wild vor, so in den Com. Ödenburg, Liptau, Zips und Sáros (*Kit.* Add. 323).

2. P. elatius *MB.* An felsigen buschigen Stellen im Donauthale Kazan der roman. banat. Milit. Gr. (*Heuff.* 60).

22. ERVUM L.

1. E. Lens *L.* Auf Aeckern gebaut und manchmal verwildert.

23. VICIA L.

1. V. hirsuta *Koch.* Ervum hirsutum *L.* Auf Aeckern, an buschigen Stellen.

2. V. tetrasperma *Koch.* Ervum tetraspermum *L.* Wie die vorige.

3. V. gracilis *Lois.* Ervum gracile *DC.* An bebauten Stellen bei dem Felixbade nächst Grosswardein (*Steff.* ÖBZ. XIV. 186).

4. V. monantha *Koch.* Ervum monanthos *L.* Wird auf Aeckern gebaut und kömmt unter dem Getreide und auf Brachen verwildert vor.

5. V. Ervilia *Willd.* Ervum Ervilia *L.* Wird als Schaffutter im Com. Raab gebaut (*Ebenh.* PV. V. 52), kömmt auch verwildert vor, z. B. unter der Saat bei Muzsla im Com. Gran (*Feicht.* Ad. 284), dann bei Neutra und Lapás-Gyarmat (*Kn.* ZBG. XV. 173).

6. V. pisiformis *L.* Ervum pisiforme *Peterm.* In Wäldern, Vorhölzern, an buschigen Stellen hügliger und gebirgiger Gegenden von den südl. Abfällen der Karpaten bis nach Slavonien und in den Banat.

7. V. silvatica *L.* Ervum silvaticum *Peterm.* In Berg- und Voralpenwäldern, seltener in hügligen Gegenden. Durch die ganze nordwestl. Karpatenkette vom Thebner Kogel bis in die Com. Sáros und Abauj (*Endl.* 448, *Kn.* ÖBZ. XIV. 111, *Hazsl.* Sár. 218, ÉM. 71, *Kit.* Add. 323), auch auf der Matra (*Reuss* 122) und bei Debrecin (*RK.* 53); ferner im Walde Bakony (*Kern.* ZBV. VI. 378), auf dem Pilis-Gebirge (*Sadl.* 321, *Kern.* ZBV. VII. 268), auf dem Badacson am Plattensee, auf der Mur-insel, bei Sz. László im Com. Somogy, M. Ürög im Com. Baranya (*Kit.* Bar.), bei Verovitie, auf dem Papuk, bei Daruvár und Lučinci im Com. Požega (*Kit.* Slav.), Futak im Com. Bács, Čerević im Com. Sirmien (*Schnell.* PV. III. 1. 7), im östl. Banat (*Heuff.* 59).

8. V. cassubica *L.* Ervum cassubicum *Peterm.* In Wäldern, auf Wiesen, an buschigen Stellen hügliger und gebirgiger Gegenden. Bei Neutra, Pográny und Gross-Lapás im Com. Neutra, bei Levenc im Com. Bars (*Kn.* ZBG. XV. 173, ÖBZ. XIV. 242), bei Miskolc (*Reuss* 122), auf der Hegyallja (*Kit.* Ber.), auf der Matra und bei Hatrongyos im Com. Heves (*Kit.* Add. 324); ferner auf der Kleinen Schütt, bei Parndorf und Galling im Com. Wieselburg (*Wierzb.* Mos.), bei Walpersdorf im Com. Ödenburg (*Kit.* Sopr.), im Com. Eisenburg (*Kitt.* Pest. Mus.), bei Cserszek im Com. Zala (*Kit.* Add. 1. c.), in den Wäldern des Com. Pest (*Sadl.* 321), bei Fünfkirchen (*Nendtv.* 34), Grosswardein (*Steff.* ÖBZ. XIV. 186), auf den Méneser Bergen (*Kit.* Add. 1. c.) und im östl. Com. Arad (*Kéry* 21), im Banat (*Heuff.* 59).

9. V. dumetorum *L.* In Wäldern, Vorhölzern, an buschigen Stellen niedriger und gebirgiger Gegenden.

10. V. Cracca *L.* V. tenuifolia *Roth.* Auf Wiesen, buschigen Hügeln, an Hecken.

11. V. villosa *Roth.* V. polyphylla *WK.* Ic. III. t. 254. Unter dem Getreide, auf Aeckern, sandigen Hügeln. Was V. polyphylla mit dem Citate *Desf.* auf Voralpenwiesen des Gutin (*Baumg.* II. 342) sein soll, weiss ich nicht.

β. glabrescens (V. dasycarpa *Ten.*). Auf Puszten bei Pest (*Gris.* It. 294), bei Semlin häufiger als die behaarte Form (*Panč.* Sirm.).

12. V. onobrychioides *L.* In Weigärten bei Fünfkirchen (*Schult.* II. 328). Bei Wolfs am Neusiedler See (*Szont.* ZBG. XIV. 502 nach *Deccard*)?

V. biennis *L.* Bei Debrecin (*RK.* 53), allein da sie früher auch im Pester Com. aufgeführt (*Sadl.* ed. I. 2. 189—90), in der II. Ausgabe aber einfach weggelassen wurde, überhaupt in Europa gar nicht vor-kömmt (*DC.* Prodr. II. 359—60, *Ledeb.* Ross. I. 677); so halte ich obige Angabe für irrig.

13. V. Faba *L.* Wird auf Aeckern gebaut.

14. V. serratifolia *Jacq.* An Gräben, Rainen, feuchten salzigen Stellen, seltener an waldigen Orten. Auf dem Leithagebirge, am Neu-siedler See (*N.*), im Hanság (*Wierzb.* Mos.), bei Ödenburg (*Hillebr.* Exs.), in den Com. Eisenburg (*Pol.* 20) und Pest, besonders gegen die Theiss zu (*Sadl.* 325), bei Fünfkirchen (*Nendtv.* 34), bei Futak (*Schnell.* PV. IV. 81) und Neusatz im Com. Bács, bei Essek, gemein im Com. Sirmien und in der Peterward. Milit. Gr., bei Božitava nächst Hatzfeld im Com. Torontál (*RK.* 80, *Kit.* Add. 327 et Slav.), bei Krassova im Com. Krassó, im Donauthal der Banat. Milit. Gr. (*Heuff.* 59), dann bei Sz. Imre (*Steff.*

ÖBZ. XIV. 187) und Sz. Márton im Com. Bihar (*Kit.* Add. l. c.). Nach der Ansicht mehrerer Autoren nur Var. der V. narbonensis *L*.

15. V. sepium *L.* In Wäldern und an buschigen Stellen niedriger und gebirgiger Gegenden.

16. V. truncatula *Fisch.* In Bergwäldern bei Veršec im Com. Temes und auf dem Domugled (*Heuff.* 59).

17. V. pannonica *Cr.* V. hybrida *Lumn.* 313, nicht *L.* Unter dem Getreide, an Rainen, buschigen Stellen. Durch das ganze Hügelland der nordwestl. Karpaten von Presburg bis in das südl. Com. Zemplin, dann im Hügellande und auf den Ebenen am rechten Donau-Ufer bis nach Slavonien, sowie auf der Pester Ebene und im Tieflande der Theiss bis in den Banat.

β. **purpurascens** *Koch* (V. striata *MB.* V. purpurascens *DC.*). Unter dem Getreide im Com. Pest (*Sadl.* 325), bei Gyöngyös im Com. Heves (*Árv.* in *Kit.* Ber.), Katonaváros nächst Grosswardein (*RK.* 95).

V. hybrida *L.* Auf dem Zobor bei Neutra (*Koch.* nach *M.* Üchtr. in der Flora 1821 I. 41), allem Anscheine nach eine unrichtige Angabe.

18. V. lutea *L.* V. hirta *Balb.* Auf Aeckern, Wiesen. Bei Fünfkirchen (*Nendtv.* 34), Essek (*Kit.* Slav.), in Sirmien (*Kit.* Pest. Mus.), namentlich bei Semlin (*Panč.* Sirm.), im östl. Com. Arad (*Kéry* 21), bei Kakova im Com. Krassó (*Heuff.* 59). Bei Tirnau (*Horv.* 6) gewiss nicht.

19. V. grandiflora *Scop.* V. sordida *WK.* Ic. II. t. 134. Auf Wiesen, Aeckern, an waldigen Orten niedriger und gebirgiger Gegenden. Bei Muzsla und Nána im Com. Gran (*Feicht.* Ad. 284), auf dem Plattenseezuge (*Sigm.* 48) und dem Pilis-Vértes Gebirge (*Kern.* ZBV. VII. 262, *Sadl.* 324), auch bei Pest (*Bayer* Exs.), stellenweise in den Com. Somogy, Baranya, Verovitic, Sirmien (*Kit.* Add. 326) und der Peterwardeiner Milit. Gr. (*Koch.* Ban. 2, *RK.* 80), bei Futak im Com. Bács (*Schnell.* PV. III. 1. 7), ferner zwischen Vallay und Nagy Károly im Com. Szatmár (*RK.* 53), im Com. Bihar (*Kit.* Add. l. c.), bei Szarvas im Com. Békés (*Dorner*), im Banat (*Heuff.* 60). Nach *Hazsl.* ÉM. 72 auch im südl. Theile seines Gebietes.

20. V. hungarica *Heuff.* ÖBZ. VIII. 26, Ban. 59. Im Steinschutt der Veršecer Weinberge im Com. Temes und bei Pest, wo sie den neueren Botanikern unbekannt zu sein scheint.

21. V. sativa *L.* Auf Aeckern gebaut und überall verwildert, vielleicht aus V. angustifolia *Roth* entstanden, wenigstens geht sie mittelst der V. segetalis in dieselbe über.

22. V. angustifolia *Roth.* V. segetalis *Thuill.* V. cordata *Wulf.* (Vergl. *Neilr.* Nachtr. 317). Auf Aeckern, an buschigen Stellen, in Auen niedriger und hügliger Gegenden.

23. V. lathyroides *L.* Auf Wiesen, buschigen Hügeln, in Vorhölzern. Bei Presburg (*Endl.* 447) und Tirnau (*Horv.* 6), im Adamover Walde bei Holič (*Krz.* PV. II. 1. 46), zwischen Neutra, Ghymes und Lapás-Gyarmat im Com. Neutra (*Kn.* ZBG. XV. 174), bei Levenc, Schemnitz (*Kn.* ÖBZ. XIV. 11, XV. 59), Neu-Sohl (*NS.* 13), Zazriva im Com. Arva (*Vitk.* ZBG. XIII. 1097), Heves (*Kit.* Add. 326) und

Grosswardein (*RK.* 95); ferner auf dem Leithagebirge (*N.*), an der Leitha und auf den Donau-Inseln des Com. Wieselburg (*Wierzb.* Mos.), bei Nána im Com. Gran (*Feicht.* Ad. 284), auf dem Pilis-Vértes Gebirge und der Pester Ebene (*Sadl.* 323, *Kern.* ZBV. VII. 262), bei Fünfkirchen (*Nendtv.* 34), Semlin (*Panč.* Sirm.), im Banat (*Heuff.* 60).

* V alternifolia *Kit.* in *Roch.* Ban. 26 et Add. 327. Auf Aeckern im Banat.

* V. scepusiensis *Kit.* Add. 325. In Gemüsegärten der Zips.

24. LATHYRUS L.

1. L. Aphaca *L.* Auf Aeckern, an buschigen Stellen. Bei Levene im Com. Bars (*Kn.* ÖBZ. XV. 58), Ödenburg (*Bilim.* Exs.), Fünfkirchen (*Nendtv.* ZBG. XIII. 567), bei Pleternica und an der Lonja im Com. Požega, bei Beočin (*RK.* 80) und Kamenic im Com. Sirmien (*Kit.* Add. 327), bei Semlin (*Panč.* Sirm.), bei Sz. Márton nächst Grosswardein (*Steff.* ÖBZ. XIV. 186), auf den Ebenen des Banats (*Heuff.* 60).

2. L. Nissolia *L.* L. gramineus *Kern.* ÖBZ. XIII. 188, eine kahlhülsige Var., welche mit der behaarthülsigen gleich häufig vorzukommen scheint (*Üchtr.* ÖBZ. XIV. 195). Auf Bergwiesen, Aeckern, an offenen Waldstellen. Auf dem Gemsenberg bei Presburg (*Schnell.* PV III. 1. SB. 79) und bei Modern (*Heuff.* Flora 1831 I. 407), bei Zeherje im Com. Gömör (*Fábry* l. 8), Teplic im Com. Borsod (*Reuss* 126), Gyöngyös im Com. Heves (*Kit.* Add. 327), Erdöszada im Com. Szatmár (*Árv.* in *Kit.* Ber.), Grosswardein (*Kern.* l. c.), Sz. János (*Janka* ÖBZ. XIV. 295) und Hollód im Com. Bihar (*Kit.* Add. l. c.); ferner auf den Kalk- und Trachytbergen zwischen Ofen, Hidegkút, Gran und Visegrád und jenseits der Donau bei Nagy Maros im Com. Hont (*Sadl.* 326, *Bayer* ÖBZ. XIII. 47, *Kern.* Exs.), bei Lendva im Com. Zala (*Portschl.* Pest. Mus.), Fünfkirchen (*Nendtv.* 25), in Sirmien (*Rumy* 53), häufig im Banat (*Heuff.* 60).

3. L. sphaericus *Retz.* An felsigen Stellen auf dem Makár bei Fünfkirchen und auf dem Steinberg bei Villány im Com. Baranya (*Nendtv.* 36), dann auf dem Kalkzuge an der Donau in der Banat. Milit. Gr. (*Heuff.* 60).

4. L. sativus *L.* Auf Aeckern gebaut und leicht verwildernd.

5. L. setifolius *L.* Auf steinigen Bergen an der Donau in der östl. Banat. Milit. Gr., z. B. bei Svinica (*Heuff.* 60).

L. angulatus *L.* In Sirmien (*Rumy* 53)? Eine Litoralpflanze.

6. L. hirsutus *L.* Auf Wiesen, Aeckern, an buschigen Stellen. Bei St. Georgen im Com. Presburg (*Bolla* PV. I. 12) und wahrscheinlich auch in den Marchauen, da er dort in Nied. Österr. vorkömmt, bei Kis-Emöke im Com. Neutra (*Kn.* ZBG. XV. 174), bei Levene im Com. Bars (*Kn.* ÖBZ. XV. 58), bei Prencsfalu im Com. Hont (*Kit.* Arv.), auf der Matra (*Kit.* Hydr. II. 161), bei Teplic und Harsány im Com. Borsod (*Reuss* 126, *RK.* 119), Gross-Schlagendorf in der Zips (*Mauksch*), Alsó Homorod und auf dem Feketehegy im Com. Szatmár (*RK.* 53); ferner im Heil. Kreuzer Walde auf dem Leithagebirge (*Petter*), im Com. Eisenburg (*Pol.* 12), bei Keszthely im Com. Zala (*Kit.* Bar.), auf dem Pilis-Vértes Gebirge und den Donau-Inseln des Com. Pest (*Sadl.* 327, *Kern.* ZBV. VII. 264), bei Fünfkirchen (*Nendtv.* 25), im Com. Bács, in Slavonien, Sirmien, bei Kovátsháza im Com. Csanád (nicht Arad), Pece Sz. Márton im Com. Bihar (*Kit.* Add. 327, *Rumy* 53), im östl. Com. Arad (*Kéry* 19), häufig im Banat (*Heuff.* 60).

7. L. tuberosus *L.* Auf Aeckern, in Weingärten, unter dem Getreide.

8. L. pratensis *L.* L. sepium *Lumn.* 309 und wohl auch *Hitschm.* ÖBZ. VIII. 225. Auf Wiesen, an Hecken, zwischen Gebüsch. L. Hallersteinii *Baumg.* II. 333 oder L. pratensis b. grandistipulus *Roch.* Ban. p. 54 t. 16 in niedrigen Bergwäldern des Banats (*Heuff.* 61) ist auch nach *Gris.* It. 294 nur Var. des L. pratensis.

9. L. silvestris *L.* In Wäldern niedriger und gebirgiger Gegenden. β. latifolius (L. platyphyllos der Aut., aber nicht *Retz*, der im Prodr. fl. Scand. ed. II. p. 170 nur einen L. silvestris β. platyphyllos mit dem Citate Fl. dan. t. 785 aufstellt). In den Wäldern der Tatra (*Gris.* It. 294). L. latifolius *Wahlb.* 216 in Wäldern auf dem Goldberg bei Kesmark scheint dem Standorte nach eher hierher als zum folgenden zu gehören.

10. L. latifolius *L.* L. grandiflorus *Lang* Syll. I. 182, nicht *Sibth.* L. megalanthos *Steud.* Nomencl. II. 14. Auf Bergwiesen und buschigen Hügeln, an Weingartenrändern. L. platyphyllos zwischen Gebüsch bei Gross-Schützen (*Benzl-Stern* PV. III. 1. SB. 54), auf Wiesen der Kleinen Karpaten (*Krz.* PV. II. 1. 47) und in Weingärten bei Neutra und Levene (*Kn.* PV. VII. 141, ÖBZ. XIV. 107) möchte ich der Standorte wegen lieber hierher als zur breitblättrigen Var. des L. silvestris ziehen, welche vorzugsweise nördliche Gegenden zu bewohnen scheint. Dasselbe vermuthe ich von L. platyphyllos *Hazsl.* ÉM. 70 (nicht *L.*, der nirgend eine solche Art aufgestellt hat) und zwar umsomehr als *Hazsl.* den L. latifolius gar nicht anführt, ungeachtet er doch nach *Pawl.* PV. I. 27 auf den Weinbergen bei Kaschau vorkömmt.

L. heterophyllus *L.* Auf der Insel Bruckau bei Presburg (*Lumn.* 309—10), im Com. Trencsin (*Kikó* 18), bei Komorn (*Reuss* 127), bei Alt-Orsova (*Roch.* Reise II, 61), durchaus unzuverlässliche Angaben.

11. L. palustris *L.* Auf sumpfigen Wiesen, Torfmooren, an Wassergräben. Bei Magyarfalva (*Mat:*) und im Adamover Walde im Marchthale, bei Ratzersdorf, St. Georgen, Apaj und Farkashida im Com. Presburg (*Endl.* 450, *Krz.* PV. II. 1. 47), bei Wag-Neustadtl im Com. Neutra (*Kell.* ÖBZ. XV. 53), im mittleren und südlichen Gebiete des nördlichen Karpatenzuges (*Hazsl.* ÉM. 70), im Ecsédi-Láp im Com. Szatmár (*RK.* 53); ferner bei Neusiedel am See (*Reichardt*), im Hanság, bei St. Johann, Wieselburg (*Wierzb.* Mos.) und Ung. Altenburg (*Vuezl*), bei Kékut im Com. Zala (*Kit.* Bar.), Káloz im Com. Stuhlweissenburg (*RK.* 10), Futak im Com. Bács (*Schnell.* PV. III. 1. 7), in Sirmien (*Rumy* 53), auf den Ebenen des Pester Com. (*Sadl.* 329 und des Banats (*Heuff.* 61).

25. OROBUS L.

1. O. vernus *L.* In Vorhölzern, Bergwäldern bis in die Voralpenregion (*Wahlb.* 215).

β. **angustifolius** *Endl.* 451 mit schmallanzettlichen Blättchen (O. tuberosus *Lumn.* 307, nicht *L.*). Häufig auf dem Gemsenberg und im Matzengrunde bei Presburg. O. praecox *Kit.* Add. 328 in Wäldern zwischen St. Andrä und Sz. László bei Ofen scheint eine Uebergangsform zu sein. γ. **latifolius** *Roch.* Ban. p. 54 t. 16 mit breiteiförmigen Blättchen (O. variegatus *Heuff.* 61, nicht *Ten.* nach *Gris.* It. 394. O. rigidus *Lang* En. 2 nach *Roch.* l. c. und *Reichb.* Germ. p. 536 n. 3463). In Wäldern auf Kalkbergen. Bei Szigliget (*Sigm.* 46) und Füred am Plattensee (*Lang* Exs.), Fünfkirchen (*Balek* Exs.), im östl. und südl. Banat (*Heuff.* l. c.).

2. O. alpestris *WK.* Ic. II. t. 126 (in Croatien). Auf Bergen in Slavonien (*Host* Aust. II. 323). Dem O. vernus β. angustifolius sehr ähnlich. Nach *Reichb.* Germ. 537 Var. von O. pallescens *MB.*, was des Lichts spatligen Griffels wegen nicht sein kann.

O. **silvaticus** *L.* Bei Rima Szombat (*Fábry* I. 8) und im östl. Com. Arad (*Kéry* 20). Was damit gemeint sein soll, weiss ich nicht. O. silvaticus *Baumg.* II. 329 ist nach *Gris.* It. 294 = O. vernus *L.*

O. **tuberosus** *L.* In Ungarn (*Maly* 366). Wahrscheinlich aus *Sadl.* Pest. ed. I. 2. p. 183 Note entnommen. In *Kit.* Add. 329 ist er nur in Croatien angegeben.

3. O. pannonicus *Jacq.* O. albus *L.* fil. Auf nassen Wiesen niedriger und gebirgiger Gegenden, aber auch auf trockenen buschigen Hügeln, wo er die Var. O. versicolor *Gmel.* oder O. lacteus *MB.* bildet.

4. O. canescens *L.* fil. und zwar die weisslich blühende Var., d. i. O. pallescens *MB.* In Wäldern und auf Wiesen gebirgiger Gegenden. Bei Füred (*Sigm.* 47) und Tapolca am Plattensee (*Kit.* Bar.), im Kammerwald, im Wolfsthal und auf dem Schwabenberg bei Ofen (*Sadl.* 329), auf dem Domugled (*Heuff.* 61). Auf dem nordöstl. Karpatenzuge (*Lang* Phys. 15)? Nach *Schur* Siebenb. Ver. 1859 p. 98 Var. des O. pannonicus *Jacq.*, was des spatligen Griffels wegen (*Koch* Syn. 225—6) irrig ist.

5. O. luteus *L.* O. laevigatus *WK.* Ic. III. t. 243 (in Croatien). In Wäldern des Simion bei Csiklova im Com. Krassó (*Heuff.* 61), dann nach *Hazsl.* ÉM. 70 überhaupt im südl. Theile seines Gebietes ohne nähere Angabe. O. subalpinus *Herb.* Stirp. rar. 49 et Bucov. 459 auf dem Pikuj im Com. Bereg (*Hück.* ZBG. XV. 55) ist nach Original-Exemplaren hiervon nicht verschieden.

6. O. ochroleucus *WK.* Ic. II. t. 118. In den Wäldern des Pilis-Gebirges (*Sadl.* 330). Im nordöstl. Karpatenzuge (*Lang* Phys. 315)?

7. O. niger *L.* O. tristis *Lang* En. 2. In Vorhölzern, Bergwäldern. Bei Sz. Jobb im Com. Bihar mit weissen Blumen (*Kit.* Add. 329).

* **O. paradensis** *RK.* 130. Im Walde bei Parád im Com. Heves.

* **O. ellipticus** *Kit.* Add. 329. Im Eisenburger Com.

44*

26. CORONILLA L.

1. C. Emerus *L.* An buschigen Stellen hügliger und gebirgiger Gegenden. Bei Keszthely (*Kit.* Bar.), auf dem Badacson, bei Füred und Arács am Plattensee (*RK.* 10, 119), im Donauthale der Banat. Milit. Gr. (*Heuff.* 58). Sonderbar, dass diese auf den Vorhügeln des Kahlengebirges im Wiener Becken gemeine Pflanze im westl. Ungarn nicht vorkommen sollte.

2. C. coronata *L.* C. montana *Scop.* An waldigen felsigen Stellen hügliger und gebirgiger Gegenden bis in die Voralpenregion, besonders auf Kalk. Auf dem Révan nördlich von Deutsch-Proben im Com. Neutra (*Kn.* ZBG. XV. 173), auf der Fatra (*Roch.* MS. I. 36), bei Parnica (*Vitk.* ZBG. XIII. 1097) und auf dem Šip im Com. Arva (*Hazsl.* ZBV. I. 201), auf dem Choč, am Fuss des Grossen Křivan, bei Motičko im Com. Sohl (*RK.* 68), auf dem Vörös-Márom bei Peröcsény im Com. Hont (*Kell.* ÖBZ. XV. 161), bei Kapsdorf in der südl. Zips (*Reuss* 119), anf dem Magoshegy bei S. Ujhely im Com. Zemplin (*Kit.* Ber.); ferner auf dem Leithagebirge (*Wierzb.* Mos.), im Eisenburger Com. (*Pol.* 9), im Walde Bakony (*Horky* PV. IV. SB. 86), bei Keszthely im Com. Zala, Palota im Com. Veszprim (*Kit.* Bar.), auf dem Pilis-Vértes Gebirge (*Kern.* ZBV. VII. 269), bei M. Örög und auf dem Mecsek im Com. Baranya (*Kit.* Bar.).

3. C. vaginalis *Lam.* C. minima der ält. Aut., nicht *L.* An felsigen Stellen der Berg- und Voralpenregion auf Kalk. Auf dem Temetvény-Gebirge im Com. Neutra (*Krz.* Exs.), dem Štoch (*Vitk.* ZBG. XIII. 1097), Rozsudec (*Stur* ÖBZ. IX. 25), Choč (*Wahlb.* 220), Sokol (*Szont.* ÖBZ. XIV. 278), der Smrkovica und bei Hradek im Com. Liptau (*RK.* 68), dann auf dem Vulkan, wenigstens auf der siebenbürgischen Seite (*Baumg.* II. 366).

4. C. varia *L.* C. pendula *Kit.* Add. 331? Auf Wiesen, an Rainen, Wegen.

C. glauca *L.* In Ungarn (*Kit.* in *Schult.* II. 369). Gewiss nicht.

C. scorpioides *Koch.* In Ungarn (*Reichb.* Germ. 541), womit wahrscheinlich das ehemals ungar. Litorale gemeint ist, wo diese Art auch vorkommt (Syll. cr. 131).

27. ORNITHOPUS L.

1. O. perpusillus *L.* An sandigen Stellen. Im Banat (*Kit.* Add. 331), fehlt jedoch bei *Heuffel.*

28. HIPPOCREPIS L.

1. H. comosa *L.* Auf Wiesen und an felsigen buschigen Stellen der Berg- und Voralpenregion, auch auf Grassteppen des Tieflandes. Auf allen Kalkbergen der nordwestl. Karpaten vom Com. Trencsin (*Roch.* Pest. Mus.) bis in die Com. Sáros und Abauj (*Hazsl.* ZBV. I. 201, ÉM.

69), auch auf dem Arsul der Rodnaer Alpen (*Baumg.* II. 368); ferner auf der Halbinsel Tihany und bei Füred am Plattensee (*Kit.* Bar.), auf demPilis-Vértes Gebirge und den Ebenen des Pester Com. (*Sadl.* 347, *Kern.* ZBV. VII. 261, 264), auf dem Donau-Kalkzuge der östl. Banat. Milit. Gr. (*Heuff.* 58).

* **H. flexuosa** *Zahlbr.* in *Host* Aust. II. 348. Auf der Halbinsel Tihany am Plattensee.

29. HEDYSARUM L.

1. H. obscurum *L.* H. alpinum *Jacq.* Auf felsigen Triften der Kalkalpen. Auf dem Kalkfelsen Fleischbank am Grünen See (*Towns.* 490), dann auf der östl. Tatra vom Thörichtergern bis auf die Leiten (*Wahlb.* 221), auf der Dscameanie der Rodnaer Alpen (*Baumg.* II. 363), auf den Arader und Banater Alpen (*Kéry* 19, *Heuff.* 58).

30. ONOBRYCHIS Tourn.

1 O. sativa *Lam.* Auf Wiesen und im Grossen gebaut. Hedysarum arenarium *Kit.* in *Willd.* Berol. suppl. 31, *Schult.* II. 368 et Add. 332 auf sandigen Stellen von Pest bis in das Com. Bereg (*RK.* 18), dann in der westl. Banat. Milit. Gr. (*Heuff.* 58) ist eine nur unbedeutend abweichende Form (*Sadl.* Pest. ed. I. 2. 214) und geht sowie H. album *WK.* Ic. II. t. 111 p. 116 auf Kalkfelsen bei Csiklova und Svinica im Banat durch die Kultur in O. sativa über (*Roch.* Reise 66). Auch O. montana *DC.* bei Kesmark und Gansdorf in der Zips (*Kit.* Add. 334) ist nach *Koch* Syn. 211 und *Gr.* et *Godr.* Franc. I. 505 nur Var. der O. sativa.

O. pallens „*Schl.*" in *Lang* En. 2 in Ungarn. Offenbar ist damit Hedysarum pallidum *Schleicher* gemeint, eine von O. supina *DC.* nicht verschiedene Pflanze, welche aber das südwestl. Europa bewohnt (*DC.* Prodr. II. 344) und daher wohl nicht in Ungarn vorkommen kann.

O. petraea *Desv.* Hedysarum petraeum *MB.* Auf den Karpaten (*Kit.* in *Host* Aust. II. 351), schwerlich.

* O. carpatica *DC.* Prodr. II. 346. Hedysarum carpaticum *WK.* in *Willd.* Berol. II. 779. Auf den Karpaten.

31. PHASEOLUS L.

1. Ph. vulgaris *L.* und **2. Ph. coccineus** *L.* werden beide in Haus- und Weingärten, dann auf Aeckern gebaut.

NACHTRÄGE.

\

Seite 1. Equisetum pratense. Im Langenwalde bei Kesmark (*Aschers.* Brandenb. Ver. VI. 155—6).

S. 5. Asplenium zoliense ist nach *Sadl.* Fil. 29 eine üppig entwickelte Var. des A. Ruta muraria.

S. 6. Cystopteris montana. Bei Javořina in der nördl. Tatra mit C. sudetica (*Aschers.* Brandenb. Ver. VI. 164).

S. 20. Poa pilosa. An der Neutra bei Kajsza im Com. Neutra (*Kn.* ZBG. XV. 104).

S. 20. Poa alpina β. collina. Auf dem Baranec bei Březova (*Slob.* Lot. 1861 p. 250), bei Visnovce und auf dem Kalvarienberg bei Neutra im Com. Neutra (*Kn.* ZBG. XV. 104).

S. 23. Festuca myuros. Bei Ghymes in westl. Com. Neutra (*Kn.* ZBG. XV. 105).

S. 35. Carex pilulifera. Auf dem Baranec bei Březova im Com. Neutra (*Slob.* Lot. 1861 p. 250).

S. 36. Carex umbrosa. Im Thale Laskomer bei Neu-Sohl (*Márk.* ÖBZ. XV. 189).

S. 39. Carex hordeistichos. Die Angabe *Schiller's*, dass diese Art bei Köröskény vorkomme, beruht auf einer Verwechslung mit C. silvatica, dagegen wächst sie bei Üzbég und Ghimes im Com. Neutra (*Kn.* ZBG. XV. 108) und im Thale Laskomer bei Neu-Sohl (*Márk.* ÖBZ. XV. 189).

S. 40. Carex nutans. Bei Darázs und Neutra (*Kn.* ZBG. XV. 107).

S. 46. Luzula flavescens *Gaud.* wurde zwar in neuester Zeit wiederholt auf den Vorlagen der ungar. Central-Karpaten gefunden, doch ist der nähere Standort den Entdeckern nicht erinnerlich (*Üchtr.* ÖBZ. XV. 121).

S. 49. Gagea minima. In Wäldern oberhalb der Weinberge von Zsére bis auf den Gipfel der Žibrica im Com. Neutra (*Kn.* ZBG. XV. 111).

S. 52. Ornithogalum pyrenaicum. Bei Pištjan im Com. Neutra (*Kn.* ZBG. XV. 111).

S. 53. Allium ochroleucum. Bei Wag-Neustadtl im Com. Neutra (*Kell.* ÖBZ. XV. 49).

S. 56. Streptopus amplexifolius. Auf dem Pikuj im Com. Bereg (*Hück.* ZBG. XV. 57).

S. 59. Iris graminea. Auf dem Žalostina bei Vrbovce im Com. Neutra (*Slob.* Lot. 1861 p. 251).

S. 84. Camphorosma ovata. Bei Tardosked und Unter-Jattó im südl. Com. Neutra (*Kn.* ZBG. XV. 118).

S. 94. Plantago sibirica. Auf der Salzsteppe zwischen Mező-Péterd und Berettyó-Sz. Márton im Com. Bihar (*Janka* ÖBZ. XV. 198).

S. 99. Scabiosa lucida. Auf dem Révan nördl. von Deutsch-Proben im Com. Neutra (*Kn.* ZBG. XV. 122).

S. 101. Aster salignus. Bei Bodnice im nördl. und bei Puszta-Báb nächst Neuhäusel im südl. Com. Neutra (*Kn.* ZBG. XV. 122).

S. 103. Inula germanico-ensifolia. Auf dem Weingebirge bei Neutra (*Kn.* ZBG. XV. 123).

S. 109. Matricaria Chamomilla. Die Var. M. Bayeri sehr häufig auf Salzsteppen bei Püspök-Ladány im Com. Szabolcs (*Janka* ÖBZ. XV. 198).

S. 112. Artemisia maritima. Bei Unter-Jattó im südl. Com. Neutra (*Kn.* ZBG. XV. 125).

S. 115. Doronicum Pardalianches. Auf dem Révan nördlich von Deutsch-Proben im Com. Neutra (*Kn.* ZBG. XV. 125), doch soll diese Art nach *Herbich* in den nordwestl. Karpaten, wenigstens in Galizien nicht vorkommen (ZBG. XI. 64, XV. 51).

S. 127. Cirsium acaule. Auf der Szitna bei Schemnitz (*Kell.* ÖBZ. XV. 159).

S. 127. Cirsium bulbosum. Auf Wiesen bei Neu-Sohl (*Márk.* ÖBZ. XV. 189)? Wohl mit C. canum verwechselt.

S. 136. Taraxacum officinale ε. leptocephalum. An salzigen Stellen bei Unter-Jattó im südl. Com. Neutra (*Kn.* ZBG. XV. 128).

S. 205. Hacquetia Epipactis. Auf den Kalkbergen bei Nemes-Podhragy im Com. Trencsin (*Hol.* ÖBZ. XV. 196).

S. 249. Fumaria parviflora. Die Form F. Laggeri im Dorfe Földes zwischen Berettyó-Ujfalu und Püspök-Ladány im Com. Szabolcs (*Janka* ÖBZ. XV. 199).

S. 264. Calepina Corvini. Auf Brachen bei Grosswardein bis über Uj-Palota hinaus (*Janka* ÖBZ. XV. 198).

S. 329. Genista procumbens. Auf der Turička bei Neu-Sohl (*Márk.* ÖBZ. XV. 189).

I. Register der Pflanzennamen.

Die Arten sind mit *liegenden*, die Synonyme und zweifelhaften Pflanzen mit stehenden Buchstaben gedruckt.

Die Seitenzahlen beziehen sich sämmtlich auf den II. Theil.

Neilreich, ung. Pfl. Aufzählung.

45

354

47*

49*

II. Register

der in der Pflanzenaufzählung vorkommenden Berge, Flüsse und Seen.

Die Seitenzahlen beziehen sich sämmtlich auf den I. Theil.

Druckfehler und Berichtigungen.

Seite 7 bei O p h i o g l o s s u m statt Sw. lies L.

" 13 bei S e t a r i a statt L. lies PB.

" 43 steht irrig 34.

" 54 u. 9 statt A. a m o p h i l u m lies A. a m m o p h i l u m.

" 92 bei D. L a u r e o l a statt im Kloster Kalugjeri lies im Kloster der Kalugjeri.

" 126 Zeile 7 v. u. statt CH. C h a i l l e t i lies C. C h a i l l e t i.

" 126 Zeile 4 v. u. statt C. p o l y a n t h e m o s lies C a r d u u s p o l y a n-
t h e m o s.

" 177 bei R o c h e l i a statt R. s a c h a r a t a lies R. s a c c h a r a t a.

" 194 u. 11 statt O. s t i g m a t o t e s lies O. s t i g m a t o d e s.

" 215 n. 36 statt F f r u l a lies F e r u l a.

" 302 letzte Zeile statt E. m e h a d e u s i s lies E. m e h a d i e n s i s.

" 304 Zeile 10 v. u. statt Duravár lies Daruvár.

" 313 Zeile 9 v. u. statt Hosszúvíc lies Hosszúvíz.

Auch ist überall statt Bükhegy richtiger Bükkhegy zu setzen.

Zusatz.

Als der Druck dieses Werkes beinahe vollendet war, theilte mir *Janka* nachstehende Standorte seltner Arten, welche er so eben aufgefunden hatte, mit:

A c h i l l e a c r i t h m i f o l i a (109). Auf dem Világos der Matra. Wurde schon früher von *Lang* auf der Matra gefunden (*Reichb.* Ic. XXVI. 69).

C i r s i u m c i l i a t u m (126). Bei Parád im Com. Heves.

S e m p e r v i v u m s o b o l i f e r u m (227). Häufig auf der Matra.

T h a l i c t r u m s i m p l e x L. Auf Wiesen bei Parád, neu für die Flora von Ungarn.

E r u c a s t r u m P o l l i c h i i (258). Bei Istenmezeje im Com. Heves.

A l y s s u m s a x a t i l e (259). Auf dem Schlossberge von Ajnácskö im Com. Gömör.

A l s i n e f a l c a t a (278). Auf dem Világos der Matra.

S i l e n e v i r i d i f l o r a (290). In Wäldern bei Ajnácskö.

Naturgeschichte des Pflanzenreiches

von

Wilhelm Kukula

o. Lehrer der Naturgeschichte und Physik ou der k. k. Realschule zu Steyr.

Mit 83 in den Text gedruckten Holzschnitten.

gr. 8. 1864. Preis: 1 fl. — 20 Ngr.

Anleitung

zur Bestimmung der Gattungen der in Deutschland wildwachsenden und allgemein kultivirten

phanerogamischen Pflanzen,

nach einer sehr leichten und sichern Methode.

Zum Gebrauche für die Besitzer von Koch's Synopsis und Taschenbuch
und von Kittel's Taschenbuch der deutschen Flora

von

Dr. J. C. Maly

Professor an der Universität zu Graz.

Zweite vermehrte Auflage.

8. 1858. Preis: 1 fl. — 20 Ngr.

Von demselben Verfasser:

Flora von Deutschland.

Nach der analytischen Methode.

8. 1860. Preis: 4 fl. — 2 Thlr. 20 Ngr.

Von demselben Verfasser:

Systematische Beschreibung

der in

Oesterreich wildwachsenden und kultivirten Medicinal - Pflanzen.

Für Aerzte und Apotheker.

8. 1863. Preis: 1 fl. 20 kr. — 24 Ngr.

Von demselben Verfasser:

Oekonomisch-technische Pflanzenkunde.

Systematische Beschreibung

der in der

**Garten- und Landwirthschaft, in Künsten und Gewerben und im Forstwesen
gebräuchlichen kultivirten und wildwachsenden Pflanzen**

mit Angabe der Benützung.

8. 1864. Preis: 1 fl. 50 kr. — 1 Thlr.

Enumeratio

plantarum Transsilvaniae.

edidit

Dr. Ferd. Schur.

gr. 8. circa 15 Bogen. (Unter der Presse.)

Druck von Carl Ueberreuter in Wien.

AUFZÄHLUNG

DER IN

UNGARN UND SLAVONIEN

BISHER BEOBACHTETEN

GEFÄSSPFLANZEN

VON

Dr AUGUST NEILREICH

Ritter des Ordens der Eisernen Krone III. Classe, k. k. Oberlandesgerichtsrath, corresp. Mitglied der kais. Akademie der Wissenschaften, der k. Leop. Karol. Akademie der Naturforscher und der ungar. Akademie der Wissenschaften, Ehrenmitglied des naturforsch. Vereines in Brünn, des naturwissenschaftl. Vereines für Steiermark, des allg. österr. Apotheker-Vereines und des botan. Vereines für Brandenburg zu Berlin, corresp. Mitglied der k. ungar. Naturforscher-Gesellschaft in Pest, der k. botan. Gesellschaft zu Regensburg und der Société imp. des sciences naturelles de Cherbourg, Mitglied der k. k. zool.-botan. Gesellschaft, der österr. Gesellschaft für Meteorologie und der k. k. mähr. schles. naturwissensch. Gesellschaft zu Brünn, dann Correspondent der k. k. geolog. Reichsanstalt.

NACHTRÄGE UND VERBESSERUNGEN.

WIEN, 1870.

WILHELM BRAUMÜLLER

K. K. HOF- UND UNIVERSITÄTSBUCHHÄNDLER.

Botanische Werke

aus dem Verlage

von Wilhelm Braumüller, k. k. Hof- und Universitätsbuchhändler in Wien.

Von demselben Verfasser:

Aufzählung der in Ungarn und Slavonien bisher beobachteten Gefässpflanzen nebst einer pflanzengeografischen Uebersicht. gr. 8. 1866.

5 fl. 50 kr. — 3 Thlr. 20 Ngr.

Bayer, Joh. N., Mitglied der k. k. zool.-botan. Gesellschaft in Wien. **Botanisches Excursionsbuch für das Erzherzogthum Oesterreich ob und unter der Enns.** Eine Darstellung der in diesem Erzherzogthume wildwachsenden Gefässpflanzen nach ihren auffallendsten Merkmalen. 8. 1869.

2 fl. 50 kr. — 1 Thlr. 20 Ngr.

— — **Praterflora.** Beschreibung der im k. k. Prater und in der Brigittenau ausserhalb der Gärten wildwachsenden und angebauten Pflanzen. 8. 1869

1 fl. — 20 Ngr.

Ettingshausen, Dr. Const. Ritter von, Professor der Naturgeschichte an der k. k. med.-chirurg. Josefs-Akademie. **Physiographie der Medicinal-Pflanzen** nebst einem Clavis zur Bestimmung der Pflanzen mit besonderer Berücksichtigung der Nervation der Blätter. Mit 294 Abbildungen im Naturselbstdruck. gr. 8. 1862.

6 fl. — 4 Thlr.

— — **Fotografisches Album der Flora Oesterreichs.** Zugleich ein Handbuch zum Selbstunterrichte in der Pflanzenkunde. Mit 173 Tafeln, enthaltend eine Sammlung gedruckter Fotografien von charakteristischen Pflanzen der einheimischen Flora. gr. 8. 1864. 5 fl. — 3 Thlr. 10 Ngr.

Karsten, Dr. H., Professor der Botanik an der k. k. Universität in Wien. **Chemismus der Pflanzenzelle.** Eine morphologisch-chemische Untersuchung der Hefe mit Berücksichtigung der Natur, des Ursprunges und der Verbreitung der Contagien. Mit 9 Holzschnitten. gr. 8. 1869.

1 fl. — 20 Ngr.

Kolaczek, Erwin, ehem. Professor an der k. k. höheren landwirthschaftlichen Lehranstalt in Ungar.-Altenburg. **Lehrbuch der Botanik,** ein Führer in's Pflanzenreich, vorzugsweise für Landwirthe und Forstmänner, sowie für Freunde der Naturkunde. Mit 363 Abbildungen. gr. 8. 1856.

4 fl. 80 kr. — 3 Thlr. 6 Ngr.

Kukula, Wilhelm, Professor an der k. k. Ober-Realschule in Linz, prov. Bezirks-Schulinspector. **Naturgeschichte des Pflanzenreiches.** Zweite verbesserte Auflage. Mit 105 Holzschnitten. gr. 8. 1870.

1 fl. — 20 Ngr.

AUFZÄHLUNG

DER IN

UNGARN UND SLAVONIEN

BISHER BEOBACHTETEN

GEFÄSSPFLANZEN

VON

Dr. AUGUST NEILREICH

Ritter des Ordens der Eisernen Krone III. Classe, k. k. Oberlandesgerichtsrathe, corresp. Mitgliede der
kais. Akademie der Wissenschaften, der k. Leop. Karol. Akademie der Naturforscher und der ungar.
Akademie der Wissenschaften, Ehrenmitgliede des naturforsch. Vereines in Brünn, des naturwissenschaftl.
Vereines für Steiermark, des allg. österr. Apotheker-Vereines und des botan. Vereines für Brandenburg zu
Berlin, corresp. Mitgliede der k. ungar. Naturforscher-Gesellschaft in Pest, der k. botan. Gesellschaft zu
Regensburg und der Société imp. des sciences naturelles de Cherbourg, Mitgliede der k. k. zool.-botan.
Gesellschaft, der österr. Gesellschaft für Meteorologie und der k. k. mähr. schles. naturwissensch. Gesell-
schaft zu Brünn, dann Correspondenten der k. k. geolog. Reichsanstalt.

NACHTRÄGE UND VERBESSERUNGEN.

WIEN, 1870.

WILHELM BRAUMÜLLER

K. K. HOF- UND UNIVERSITÄTSBUCHHÄNDLER.

Vorrede.

Als ich die *Aufzählung der in Ungarn und Slavonien bisher beobachteten Gefässpflanzen* schrieb, betrachtete ich es als meine Hauptaufgabe festzustellen, welche Arten und wo sie in Ungarn vorkommen, damit man wenigstens eine Uebersicht über die Vertheilung der Gewächse in diesem an Vegetationsformen überaus reichen Lande erlange. Die Quellen, die mir zu Gebote standen, waren vorzugsweise die Angaben älterer und neuerer Botaniker, so wie sie sich in ihren Schriften vorfanden. Die Glaubwürdigkeit dieser Angaben hat sich als eine sehr verschiedene ergeben, manchmal als eine höchst geringe; allein so lange sie den pflanzengeografischen Gesetzen nicht widersprachen, musste ich sie als richtig annehmen und nur da, wo dies nicht der Fall war, habe ich meine Zweifel ausgedrückt oder meinen Widerspruch erhoben. Auf dieses Negativum musste ich mich beschränken, da mir selten Original-Exemplare zu Gebote standen und ich noch weniger in der Lage war, an Ort und Stelle Nachforschungen zu pflegen. Es blieb mir daher nichts übrig, als der Zeit und denjenigen, welchen es ihre Verhältnisse gestatteten, zu überlassen, die von mir wachgerufenen Zweifel zu lösen, das Irrige zu verbessern, das Fehlende zu ergänzen und so auf der geschaffenen Basis weiter fortzubauen.

Meine Erwartungen wurden nicht getäuscht. Dr. Paul Ascherson, dem als Custos des k. Herbariums zu Berlin die meisten Kitaibel'schen Original-Typen zur Verfügung stehen und der die Tatra wiederholt bereiste, Victor von Janka, der die Comitate Heves, Bihar und Baranya, Jazygien und die Südspitze des Banates mit Glück und Geschick durchforschte, Dr. Anton Kerner, der das Pester Comitat, die Theissgegend und die Biharia

a *

genau kennen lernte, endlich Baron Rudolf Uechtritz, der die
Central-Karpaten ebenfalls besucht hatte, durchaus Botaniker
von reichem Wissen und vielseitiger Erfahrung, haben eine Menge
lehrreicher Bemerkungen in verschiedenen Zeitschriften niedergelegt
und dadurch manches Dunkle in der Flora Ungarns aufgeklärt.
Ueberdies haben Janka und Kerner eine Masse neuer Standorte
und mehrere für Ungarn neue Arten aufgefunden, auch erhielt ich
von Janka in brieflicher Mittheilung zahlreiche äusserst werthvolle Notizen und getrocknete mitunter selbst lebende Exemplare
kritischer Arten. Kanitz und Knapp, welche beide Slavonien
zu verschiedenen Zeiten durchwanderten, haben eine Flora dieses
Landes geschrieben und darin so manches vorgebracht, was in
Kitaibel's handschriftlichem Nachlasse über seine slavonische
Reise nicht enthalten ist. Auch ich war dadurch, dass mir Seine
Excellenz der Erzbischof von Kalocsa Dr. Ludwig Haynald die
Benützung des Heuffel'schen Herbars gestattete, in die Lage
versetzt, mehrere zweifelhafte Angaben zu prüfen und die Diagnosen
jener in Ungarn vorkommenden Arten zu bearbeiten, welche in
Koch's Synopsis fehlen.

Ebenso haben andere Botaniker in der Auffindung neuer
Standorte thätig mitgewirkt und zu den Floren einzelner Orte und
Comitate schätzenswerthe Beiträge geliefert. So Ebenhöch über
Koroncó, Engler, Kuhn, Reimann, Ilse und Pantocsek über
die Centralkarpaten, Fábry, Geyer und Szontagh über das
Com. Gömör, Feichtinger über das Com. Gran, Hazs-
linszky über das südl. Com. Zemplin und die Petrosa, Holuby
über das südl. Com. Trencsin, Kalchbrenner über die Zips,
Keller über Wag-Neustadtl, Márkus über Neu-Sohl, Pančić,
Reuss, Sonklar und Winkler über die Banater Militärgrenze,
Rehmann über die galizisch-ungarischen Grenzkarpaten, Schiller
über Neutra und Teplic, Slezák über Pančova. Vrabély über das
Com. Heves, Wiesbauer über Presburg. Muss auch der Werth
dieser Aufzählungen nach einem sehr verschiedenen Massstabe
gemessen werden und sind mehrere Angaben sogar offenbar unrichtig, so lassen selbst die schwächern Arbeiten wenigstens das
Bestreben erkennen, nach Kräften zur Vervollständigung des Ganzen
mitzuwirken.

Ich komme jetzt auf eine schon oft dagewesene und stets
auf dieselbe Weise beantwortete Frage, über die ich gleichwohl
nicht hinausgehen kann; ob es nämlich nicht passender gewesen
wäre, mit der Herausgabe dieser Nachträge noch einige Zeit zu

warten, da seit dem Erscheinen des Hauptwerkes erst 4 Jahre
verflossen sind. Allerdings wäre es passender. wenn nicht mein
beständig sich verschlimmernder körperlicher Zustand mich rastlos
vorwärts triebe und jeden Aufschub verbieten würde. Ich bedaure
dabei insbesondere, dass ich den Schluss von Kerner's Vege-
tations-Verhältnissen des mittleren und östlichen Ungarns nicht
abwarten kann, da nach dem bisherigen Vorgange diese Aufsätze
erst in 3—4 Jahren beendigt sein dürften.

Jene Bemerkungen, sowie jene für die Flora Ungarns neue
Arten, welche schon in meinen Diagnosen enthalten sind, wurden
in diesen Nachträgen nicht aufgenommen, solche neue Arten aber,
welche hier das erstemal erscheinen, sind, wenn sie sich als echte
Arten erweisen und ihr Vorkommen in Ungarn keinem Zweifel
unterliegt, mit *fetten Lettern* gesetzt.

Da der Druck dieser Nachträge im December 1869 begonnen
hat, so konnten spätere Angaben nicht mehr berücksichtigt werden.

Wien, den 28. December 1869.

Dr. August Neilreich.

Verzeichniss

der

benützten Schriften, insofern sie Fundorte ungarischer und slavonischer Pflanzen enthalten und Erklärung der Abkürzungen.

Adl. Verz. — Adler Verzeichniss der in der Marmaros vorkommenden Gewächse. Manuscript, von Kanitz mir mitgetheilt. Enthält in der Regel keine Fundorte. Offenbar unrichtige Angaben und unbekannte Pflanzennamen habe ich mit Stillschweigen übergangen.

Aschers. Bot. Zeit. — Ascherson Recension meiner *Aufzählung der in Ungarn und Slavonien bisher beobachteten Gefässpflanzen und meiner Diagnosen der in Koch's Synopsis nicht enthaltenen ungar. und slavon. Gefässpflanzen* in Mohl und Schlechtendal's botanischer Zeitung 1865 p. 364 und 1868 p. 281.

Aschers. Brandb. Ver. — Ascherson in den Verhandlungen des botan. Vereins für Brandenburg und zwar: Ueber *Chaerophyllum nitidum* VI. 151, VIII. 181. — Eine Karpatenreise gemeinschaftlich mit Engler, Kuhn und Reimann, VII. 106—70. — Ueber *Ornithogalum Boucheanum*, VIII. p. XI.—V.

Aschers. Néh. növ. — Ascherson Néhány magyar növényről (Ueber ungar. Pflanzen) in den Arbeiten der 1865 zu Presburg versammelten Naturforscher p. 272—78. Im Auszug in der ÖBZ. XV. 324.

Aschers. ÖBZ. — Ascherson in der österr.-botan. Zeitschrift und zwar: Correspondenz-Artikel, XV. 323, XVII. 26. — Ueber die geografische Verbreitung von *Carex Buekii* XVI. 105.

Aschers. ZBG. — Ascherson Bemerkungen über einige Pflanzen des Kitaibel'schen Herbariums in den Verhandlungen der k. k. zool.-botan. Gesellschaft XVII. 565—90.

Aschers. und Engl. ÖBZ. — Ascherson und Engler Beiträge zur Flora der Centralkarpaten in der österr. bot. Zeitschrift XV. 273.

Both. ČK. — Bothár Csernikamen viránya (Flora des Černikamen) in den Arbeiten der 1865 zu Presburg versammelten Naturforscher p. 278.

Diagn. — Neilreich Diagnosen der in Ungarn und Slavonien beobachteten Gefässpflanzen, welche in Koch's Synopsis nicht enthalten sind. Wien 1867. 8.

Ebenh. PV. — Ebenhöch Nachtrag zur Flora von Koroncó in den Verhandlungen des Vereins für Naturkunde zu Presburg VIII. 42—7.

Engl. Brandb. Ver. — S. Aschers. Brandb. Ver.

Entz BP. — Entz Buda-Pest virányának két uj növénye (Zwei neue Pflanzen der Flora von Ofen-Pest) in den Arbeiten der 1867 zu Rima Szombat versammelten Naturforscher p. 330.

Fábry Göm. — Fábry, Geyer és Marczell Gömör megye viránya (Flora des Com. Gömör) in Gömör és Kishont törvényesen egyes ült vármegyének leirása. Pest 1867 8. p. LXXIX—XC. Wird mit arabischen Ziffern 79—90 citirt.

Feicht. Eszt. — Feichtinger Közlemények Esztergom megye helyrajzából (Mittheilungen über die Topografie des Com. Gran) in den Arbeiten der 1864 zu Maros Vásárhely versammelten Naturforscher p. 273—85.

Geyer Göm. — S. Fábry Göm.

Grundl ÖBZ. — Grundl, Zur Flora von Ungarn in der österr. botan. Zeitschrift XVIII. 120.

Hazsl. Ak. Közl. — Hazslinszky in Mathematikai és természettudományi közlemények vonatkozólag a hazai viszonyokra IV. kötet, Pest 1866 8. und zwar: A Tokaj-Hegyallja viránya (Flora von Tokaj-Hegyallja) p. 105—43, dann A Borsa Pietrosz havasi viránya (Alpine Flora der Petrosa bei Borsa) p. 144—64.

Hol. ÖBZ. — Holuby in der österr. botan. Zeitschrift und zwar: Das Ivanóc-Gebirge, XV. 257. — Aus dem Neutraer Comitate, XV. 352, XVII. 277. — Bemerkungen zur Flora des Neutraer Comitates, XVI. 372. — Correspondenz-Artikel XV. 195, 196, 267, 296, 399, XVI. 189, 256, 296, 329, XVII. 25, 57, 194, 230, XVIII. 363, 394, XIX. 253, 283.

Hol. PV. — Holuby in den Verhandlungen des Vereins für Naturkunde zu Presburg und zwar: Nemes Podhragyer Filices, VIII. 1—3, Nachtrag IX. Sitz.-Ber. 29—30. — Fanerogame Flora von Nemes Podhragy, IX. 35—100.

Hol. ZBG. — Holuby Zusätze zur Flora von Nemes Podhragy in den Verhandlungen der zool.-botan. Gesellschaft XIX. December-Sitzung.

Janka ÖBZ. — Janka in der österr.-botan. Zeitschrift und zwar: Ueber Festuca dimorpha, XVI. 101. — Neue Standorte ungarischer Pflanzen, XVI. 169, XVII. 65. — Neue Synonyme, XVI. 245. — Ueber Sesleria Heufleriana, XVII. 33. — Zwei ungarische neue Pflanzenarten, XVII. 101. — Ueber Trifolium procerum, XVIII. 68. — Ueber Lilium pyrenaicum XVIII. 273. — Ueber Astragalus Rochelianus und galegiformis, XIX. 113—20. — Correspondenz-Artikel, XV. 197, 225, XVI. 121, 223, XVII. 56, 127, 161, 231, 232, 261, 294—6, 330, 404, XVIII. 26, 135, 168, 265, 297, XIX. 22, 55, 129, 187, 251.

J. Kell. ÖBZ. — Josef Keller. Aus dem Honter Comitate in der österr.-botan. Zeitschrift XV. 157, XVI. 78.

Ilse — Ilse Karpatenreise in den Verhandlungen des botan. Vereins
für Brandenburg IX. 1—37.

Kalchbr. Szep. I. — Kalchbrenner Jelentés Szepes megyében 1863
évben tett természettudományi utazásrol (Bericht über eine naturhistorische Reise in der Zips) in Mathematikai és természettudományi
közlemények vonatkozólag a hazai viszonyokra III. kötet, Pest 1865
p. 99—125.

Kalchbr. Szep. II. — Kalchbrenner Néhány a szepességi virányra
vonatkozó észrevétel (Bemerkungen über die Zipser Flora) in den
Arbeiten der 1867 zu Rima Szombat versammelten Naturforscher
p. 331—5.

Kell. Ak. Közl. — Emil Keller Vág--Újhely viránya (Flora von
Wag-Neustadtl) in Mathematikai és természettudományi közlemények
vonatkozólag a hazai viszonyokra IV. kötet, Pest 1866 p. 191--225.

Kell. ÖBZ. — Emil Keller in der österr. botan. Zeitschrift und zwar:
Beiträge zur Flora des Neutraer Comitates, XV. 48—53. — Correspondenz-Artikel XVI. 61.

Kern. ÖBZ. — Anton Kerner in der österr. botan. Zeitschrift und
zwar: Bemerkungen über einige Pflanzen der ungarischen Flora,
XVI. 204. — Descriptiones plantarum novarum, XVII. 35. — Quercus
filipendula, pendulina, fructipendula, XVIII. 9. — Die Vegetations-
verhältnisse des mittleren und östlichen Ungarns, XVII. 133, 175,
215, 250, 360, 383, XVIII. 17, 33, 84, 125, 146, 181, 227, 243, 278,
305, 343, 384, XIX. 5, 33, 85, 124, 137, 165, 199, 232, 268, 300,
363, 367.

Kit. Catal. — Catalogus vegetabilium herbarii defuncti professoris
Kitaibel anno 1818 per professorem Haberle confectus. Manuscript,
von Kanitz mir mitgetheilt. Enthält das Verzeichniss der in
64 Fascikeln aufbewahrten Pflanzen des Kitaibel'schen Herbariums
in der Zahl von 13000 Exemplaren, wovon 7906 aus Ungarn, 2290 aus
anderen Ländern stammen und 2804 kultivirten Ursprungs sind. Bei
den ungarischen Pflanzen sind die Standorte bald angegeben, bald
fehlen sie, enthält im Ganzen sehr wenig neues. Die den Citaten
beigesetzten Zahlen bedeuten die Nummer des Fascikels.

Kit. It. croat. — Kitaibel Diarium itineris croatici 1802 in 15 Heften
in 8., Manuscript, Pest Mus. 176 Quart latin. Enthält die Standorte
der auf der Hin- und Rückreise zwischen Ofen und Varasdin gefundenen Pflanzen. Die den Citaten beigesetzten Zahlen bedeuten die
Nummer des Heftes.

Kit. Pl. croat. — Kitaibel Plantae rariores in itinere croatico 1802
collectae in II Heften in 4., Manuscript, Pest. Mus. 176 Quart. latin.
Enthält nur wenige ungarische Standorte.

KK. — Die bisher bekannten Pflanzen Slavoniens von Schulzer von
Müggenburg, Kanitz und Knapp. Wien, 1866 8. Separatabdruck
aus den Verhandlungen der k. k. zool.-botan. Gesellschaft 1866. Die
Gefässpflanzen, um die es sich hier ausschliesslich handelt, sind von
Kanitz und Knapp allein bearbeitet.

SV. — Schlosser de Klekovsky et Farkaš-Vukotinović Flora croatica. Zagrabiae 1861. 8. Enthält Standorte in Slavonien und auf der Murinsel.

Syll. croat. — Schlosser et Farkaš-Vukotinović Syllabus florae croaticae. Zagrabiae 1857. 12. Enthält Standorte von der damals zu Croatien, jetzt zu Ungarn gehörigen Murinsel.

Szont. Göm. — Szontagh Adatok Gömör megye éjszaknyugati részének természeti viszonyaihoz különös tekintetel virányára (Beiträge zur Flora des nordwestlichen Theiles des Com. Gömör) in den Arbeiten der 1865 zu Presburg versammelten Naturforscher p. 279—96. Im Auszuge in der österr. botan. Zeitschrift XVI. 145—9.

Uechtr. ÖBZ. — Uechtritz in der österr.-botan. Zeitschrift und zwar: Bemerkungen über einige Pflanzen der ungarischen Flora, XVI. 209, 243, 281, 315. — Mittheilungen über eine Varietät des Cerastium triviale XVIII. 73.

Vrab. Hev. — Vrabélyi Adatok Hevesmegye virány-isméjéhez (Beiträge zur Heveser Flora) in Heves és Külső Szolnok törvenyesen egyesült vármegyéknek leirása, Egerben 1868 8. p. 142—64.

Vrab. ÖBZ. — Vrabélyi Correspondenz-Artikel in der österr. botan. Zeitschrift XVI. 360.

Winkl. ÖBZ. — Winkler Reise nach dem südöstlichen Ungarn in der österr. botan. Zeitschrift XVI. 13, 44.

Wierzb. — Wierzbicki, Ueber die Flora der Rinja und Drau in André Hesperus, Prag 1820 4., Beilage Nr. 27 zum XXVII. Band p. 203.

Wiesb. ZBG. — Wiesbauer Beiträge zur Flora von Presburg in den Verhandlungen der k. k. zool.-botan. Gesellschaft XV. 1001, XVII. 967.

———❧———

EQUISETACEAE.

Equisetum Telmateja (1)*). Am Fuss der Mährischen Karpaten im Com. Neutra, bei Bošac und Ivanovce im südl. Com. Trencsin (Hol. ÖBZ. XVI. 222, 372), auf dem Bikol im westlichen, dann auf dem Cserepes und Palotahegy im östl. Com. Gran (Feicht. Eszt. 275, 279, 281), bei Vučin im Com. Verovitic (F.K. 69), nach SV. 1324 gemein in Slavonien.

E. limosum (1). Bei Lubina im Com.. Neutra, an der Wag bei Trencsin (Hol. ÖBZ. XVI. 372, XVII 230), bei Gaj, Poljana und Lipik im westl. Com. Požega (SV. 1325).

E. pratense (1, 350). Auf der nördl. Abdachung der Kralova Hola (Kalchbr. Szep. l. 106).

E. arvensi-limosum oder *E. littorale* (2). Am Sumpfe Rákos bei Búr Sz. Péter im nördl. Com. Presburg (Krz. ZBG. XVI. 466), an der Donau zwischen Presburg und Theben (Wiesb. ZBG. XV. 1002). In Milde Filic. 230 wird die hybride Natur dieser Pflanze ihres grossen Verbreitungsbezirkes wegen bezweifelt, obschon sie anderseits immer mit verkümmerten Sporen vorkömmt. „Nunc mihi *E. littorale* planta est quae a natura quasi ad extinguendum destinata esse videtur (Milde l. c.)

E. hiemale (2). Am rechten Ufer des Poprad bei Zegiestów in Galizien hart an der Zipser Grenze (Rehm. ZBG. XVIII. 482), auf dem Dobogokô und Prépost im östl. Com. Gran (Feicht. Eszt. 282), bei Koroncó im Com. Raab (Ebenh. PV. VIII. 47). Uechtritz vermuthet, dass *E. hiemale* Wahlb. = *E. variegatum* sei (ÖBZ. XVI. 209). *E. hiemale* kömmt jedoch auch in der galizischen Tatra vor (Rehm. ZBG. XII. 841).

E. elongatum (2). Bei Blumenau nächst Presburg, bei Croat. Jahrndorf im Com. Wieselburg (Wiesb. ZBG. XV. 1002), auf dem Palotahegy und den Ebenen des Com. Gran (Feicht. Eszt. 281, 284). Der älteste obschon unpassende Name ist *E. ramosissimum* Desf. Fl. atlant. II. 1800 p. 398.

E. variegatum (2) In den Donau-Auen bei Wolfsthal (Wiesb. ZBG. XV. 1002), in sandigen Gräben bei Koroncó im Com. Raab (Ebenh. PV. VIII. 47), im Javořinka-Thal bei Podspady in der nordwest. Zips (Ilse 17), am Dunajec in den Pieninen hart an der Zipser Grenze (Rehm. ZBG. XII. 841).

---

*) Bedeutet die Seitenzahl der Aufzählung der in Ungarn und Slavonien beobachteten Gefässpflanzen.

POLYPODIACEAE.

Grammitis Ceterach (2). Auf dem Bükkhegy im Com. Borsod
(Vrab. ÖBZ. XVI. 360), im Donauthale Kazau unterhalb Plaviševica
(Sonkl. briefl. Mittheil.), bei Mehadia (Reuss Verz.)

Polypodium Phegopteris (3) Auf dem Papuk (SV. 1308.)

P. robertianum (3). Bei Nemes Podhragy, Bošac und Ivanovce im
südl. Com. Trencsin (Hol. PV. IX. SB. 29), auf dem Temetvény-Gebirge (Kell. Ak. Közl. IV. 215), auf den Beskiden und Pieninen
(Rehm. ZBG. XII. 842).

Adiantum Capillus Veneris (Koch Syn. 985). Auf Kalkfelsen bei Daruvar im Com. Požega (SV. 1319).

Blechnum Spicant (3) In den Wäldern der Central-Karpaten,
wenigstens auf der galizischen Seite (Rehm. ZBG. XVIII. 482), auf
dem Papuk in Slavonien (Pav. in SV. 1318).

Struthiopteris germanica (3). Bei dem Sauerbrunnen Suliguli
in der südöstlichen Marmaros gegen die Grenze der Bucovina zu, nicht
an den Quellen der Theiss, wie in Kalchbr. Szep. II. 335 angegeben
ist (Rehm. briefl. Mittheil.), dann auf der Crúciula vécie bei Mehadia
(Janka briefl. Mittheil.)

Asplenium viride (4). Im Com. Požega bei Daruvar, Kamensko
und Požega (SV. 1315).

A. germanicum (4). Auf Gneissfelsen des Haglersberges am Neusiedler See (Juratzka).

A Adiantum nigrum (4). Auf der Coronini-Höhe und dem Domugled bei Mehadia (Reuss Verz.)

A. lanceolatum (4). das Sprengel in Ungarn angibt, ist *A. Forsteri* Sadl., d. i. eine Form des *A. Adiantum nigrum* (Heufl. ZBV. VI.
327, XVI. 26).

A. zoliense (5, 350) ist nach Kitaibel's Original-Exemplar eine
üppig entwickelte schmalzipflige Form des *A. Ruta muraria* (Heufl.
ZBV. VI. 338).

Seite 5 nach *A. fissum*:

9. *A. lepidum* Presl. Wurzelstock sehr kurz, faserig. Blätter
langgestielt; *Blattstiel* rinnig, matt, *tief an der Basis etwas braun gefärbt*; *Blattspreite* im Umrisse dreieckig-eiförmig, 2—3fach-fiederschnittig,
*dünn, durchsichtig, sammt dem Blattstiele beiderseits mit sehr kurzen kaum
merklichen drüsentragenden Haaren bekleidet*. Segmente der ersten Ordnung abwechselnd, an der Spitze des Blattes zusammenfliessend, die
untern eiförmig, stumpf, fiederschnittig oder fiedertheilig. Segmente der
zweiten Ordnung und die obern der ersten Ordnung breit-keilig, vorn
abgerundet, 3lappig, Lappen an der Spitze gekerbt oder eingeschnitten-
gekerbt. *Schleier* lineal, *mit walzlichen Drüsen bedeckt und am Rande
von langen Fransen gewimpert. Sporen oval, dicht weichstachlig.*

A· lepidum Presl Verhandl. des vaterl. Mus 1836 p. 7 (63), Milde ZBG. XVII. 817
Fliic. 79.

Eine feine schwache Pflanze. Blattspreite nur ½—1´´, Stiel 1 bis 2⅓´´ lang. Das ähnliche *A. Ruta muraria* unterscheidet sich durch die kahle etwas lederige Blattspreite, den kahlen Schleier und die kugligen viel grösseren mit unregelmässigen Warzen besetzten Sporen. *A. fissum.* für dessen Varietät man *A. lepidum* früher hielt, weicht durch eine viel feinere Theilung der kahlen Blattspreite, den an der Basis glänzend-kastanienbraunen Blattstiel und den kahlen schwachgekerbten Schleier bedeutend ab. (Nach Milde's Beschreibung, denn ich sah nur im botan. Hofkabinete neapolitanische kümmerliche Exemplare aus Gasparini's Hand).

Auf Kalkfelsen im Banat, näherer Fundort unbekannt (Rochel in Presl's Herbar) ♃.

Scolopendrium officinarum Sw. (3). Der älteste Name ist *S. vulgare* Symons Syn. brit. 1798 p. 193.

Aspidium intermedium Sadl. (5) ist nach Milde Filic. 105 keine Mittelform zwischen *A. aculeatum* und *A. Lonchitis* sondern *A. aculeatum α. vulgare* in jugendlicher Entwicklung und daher auch meistens steril.

Unter *A. angulare* Kit. (5) liegen im Herb. Willd. Exemplare, welche theils zu *A. aculeatum β. Swartzianum* et *γ. Braunii* Koch Syn. 976—7 theils zu Uebergangsformen zwischen beiden gehören (Milde Filic. 109). Auf welche dieser Varietäten sich aber Sadler's Standorte beziehen, ist mir nicht bekannt. Nach Rehm. ZBG. XII 812—3, XVIII. 482 kommen beide Varietäten *β.* und *γ.* in den Wäldern der Beskiden, der Central-Karpaten und der Pieninen in Galizien vor.

A. Oreopteris (5). Nicht blos auf der schlesischen, sondern auch auf der galizischen Seite der Beskiden (Rehm. ZBG. XVIII. 482) und daher wahrscheinlich auch im nördl. Com. Trencsin und im Com. Arva. dann bei der Glashütte Jankovac nächst Drenovac im Com. Verovitic (Pav. in SV. 1313). Der älteste Name ist übrigens *A. montanum* Aschers. Fl. v. Brandb. 922, abgeleitet von *Polypodium montanum* Vogler Dissert de P. montano 1781.

A. rigidum Sw. (Koch Syn. 979). In Wäldern auf dem Papuk iu Slavonien (Pav. in SV. 1312).

A. Filix mas β. Veselskyi (5) fällt nach Aschers. Bot. Zeit. 1865 p. 365, insoweit sich dies aus der Beschreibung beurtheilen lässt, mit der Form *A. Mildeanum* Göpp. zusammen. Diese Form bildet in Milde Filic. 120 die Var. 4. *dcorso-lobatum.*

A. alpestre (6). Auf der Babia Góra, am Grossen Fischsee (Rehm. ZBG. XII. 842), auf der Pisna der Liptauer Central-Karpaten (Reim. Brandb. Ver. VII. 141), auf der Höhe des Drechselhäuschens der östl. Tatra (Ilse 28), auf dem Hermanec der Fatra (Márk. ÖBZ. XVII. 239).

A. Thelypteris (6). Bei Várkony auf der Grossen Schütt (Res. ÖBZ. XVII. 53), auf den Ebenen des Com. Gran (Feicht. Eszt. 284).

Cystopteris alpina (6). In der Krummholzregion des Czerwony Wierch und von hier in die Voralpenwälder herabsteigend, aber bisher

nur auf der galizischen Seite (Rehm. ZBG. XII. 843 und brieß. Mittheil.)
Der vielen Uebergänge wegen hält nun auch Milde die *C. alpina* für
eine Varietät der *C. fragilis* (Filic. 150, 153), eine Ansicht, die ich von
jeher vertheidigt habe.

C. sudetica (6, Diagn. 141). Bei Wallendorf in der Zips (Kalchbr.
Szep. II. 335), in den Wäldern der Černa Hora (Rehm. ZBG.
XVIII. 482).

C. montana (6, 350, Diagn. 141). Auf dem Žjar der Zipser Magura. Bei Murány im Com. Gömör soll eine Bastart- oder Uebergangsform der *C. montana* zur *C. sudetica* vorkommen (Rehm. in Kalchbr.
Szep. II. 335).

OPHIOGLOSSEAE.

Ophioglossum vulgatum (7). Bei Nemes Podhragy, Bošac und
Haluzice im südl. Com. Treucsin, am letzteren Orte äusserst üppige bis
1' hohe Exemplare mit 2—4 Fruchtähren (Hol. ÖBZ. XV. 268 et Exsicc.),
auf dem Hamvaskö bei Marot und auf den Abfällen des Piliser Berges
im östl. Com. Gran (Feicht. Eszt. 278, 282).

Botrychium Lunaria (7). Auf dem Baranec bei Březova und
auf dem Révan bei Deutsch-Proben im Com. Neutra (Ku. ZBG. XV. 101),
bei Bošac (Hol. PV. VIII. 2) und Bad Teplic im Com. Treucsin (M.
Vechtr. ÖBZ. XVII. 42), bei Rosenau (Geyer Göm. I. 88).

B. matricariaefolium (7). Auf den Pieninen gegen Kroscienko zu
in Galizien ganz nahe an der Zipser Grenze (Rehm. ZBG. XII. 845).

B. rutaefolium (7). Im Bialka-Thale am Wege zum Grossen Fischsee (Rehm. ZBG. XII. 846), auf Sumpfwiesen bei Roks nächst Kesmark
(Engl. Brandb. Ver. VII. 153). Der älteste Name ist nach Milde Filic.
199 *B. ternatum* Sw. in Schrad. Journ. 1800 p. 111, abgeleitet von
Osmunda ternata Thunb. Fl. jap. 1784 p. 329 t. 32.

SALVINIACEAE.

Salvinia natans (7). In Sümpfen bei Karlovic (KK. 70), dann
bei Kutina und Gaj im westl. Com. Požega (SV. 1322), im Sumpfe
Mortesiume bei Sakula der deutsch-banat. Milit.-Grenze (Kanitz).

MARSILEACEAE.

Marsilea quadrifolia (8). Bei Poljana, Gaj und Lipik im westl.
Com. Požega, in den Sümpfen Palača bei Essek und Jasova bei Djakovar im östl. Com. Verovitic (SV. 1322). Würde wohl richtiger *Marsilia*
heissen.

LYCOPODIACEAE.

Lycopodium annotinum (8). Bei dem Bade Korytnica im südwestl. Com. Liptau (Márk. ÖBZ. XVI. 112), bei Parád im Com. Heves
(Vrab. ÖBZ. XVI. 363).

L. alpinum (8). Auf der Dzymbronja der Černa Hora in der
Krummholzregion (Rehm. ZBG. XVIII. 483).

Selaginella spinulosa (9). Auf dem Naklate der Veterne Hole im Com. Trencsin (Pant. OBZ. XVIII. 251).

S. helvetica (9). Auf der Grossen Schütt (Res. ÖBZ. XVII. 52).

GRAMINEAE.

Oryza clandestina (9). Bei Kis-Dárda im südl. Com. Baranya (Kn. ÖBZ. XVI. 118).

Crypsis schoenoides (10). Bei Csekej, Tormos, Unter-Jattó und Puszta Báb im südl. Com. Neutra (Kn. ZBG. XV. 102).

C. alopecuroides (10). Stellenweise im östl. Com. Neutra (Kn. ZBG. XV. 102).

Alopecurus agrostis (10). An bebauten Stellen durch ganz Slavonien (SV. 1218.)

A. utriculatus Pers. (Koch Syn. 896). Auf Wiesen bei Kula nächst Kutjevo im Com. Požega (Janka ÖBZ. XVII. 295).

Phleum Michelii (11). Auf der Majerova Skala bei Altgebirg im Com. Sohl (Márk. ÖBZ. XVI. 111).

Ph. asperum (11). Im Gemeindeobstgarten von Nagy Nyárad im südl. Com. Baranya (Janka Exsicc.)

Holcus mollis (12). Bei Rosenau (Geyer Göm. 88), Daruvar, Pakrac, Kamensko und Stražeman im Com. Požega (SV. 1271).

Hierochloa borealis (12). Auf der Grossen Schütt (Res. ÖBZ. XVII. 52), bei Dorog und auf den Donau-Inseln des Com. Gran (Feicht. Eszt. 276, 283).

H. australis (12). Im Com. Somogy (Kit. Pl. er. I.)

Milium paradoxum (12). Auf dem Temetvény-Gebirge bis Lehota herab (Kell. Ak. Közl. IV. 217), gemein im Berg- und Hügellande des Com. Gran (Feicht. Eszt. 275—80), in Sirmien (Rumy 53).

M. multiflorum (13). Bei Mohadia (Winkl. ÖBZ. XVI. 18), auf dem Domugled (Reuss Verz.)

Panicum sanguinale β. *ciliare* (13). Bei Bohuslavice im südl. Com. Trencsin (Hol. PV. IX. 36), auf dem Szamárhegy bei Gran (Feicht. Eszt. 281), auf der Puszta Ó-Huta nächst Parád (Vrab. Hev. 162), bei Gradac im Com. Verovitic (KK. 72).

P. capillare (13). Verwildert auf der Murinsel (SV. 1210).

Tragus racemosus (13, Diagn. 133). Bei Felsö - Récsény, Mocsonok und Eözdög im südl. Com. Neutra (Kn. ZBG. XV. 102), bei Ó-Gyala im nördl. Com. Komorn (Schill. ÖBZ. XV. 383), häufig im Com. Stuhlweissenburg, bei P. Kovacsi nächst Faisz im Com. Somogy (Janka ÖBZ. XVII. 65), auf dem Harsányhegy bei Siklos im Com. Baranya (Janka briefl. Mittheil.), bei Essek (KK. 72).

Lasiogrostis Calamagrostis (14). Auf der Coronini-Höhe bei Mehadia (Reuss Verz.). Auf dem Ostřiž bei Březova im Com. Neutra (Slob. Lotos 1861 p. 251), was sicher unrichtig ist.

Agrostis alpina (14). Auf dem Grossen Křivan (Kalchbr. Szep. I. 121), auf der Alpe Granat bei Zakopana schon in Galizien (Rehm. ZBG. XVII. 483).

A. rupestris (14). In der Alpenregion der Černa Hora. Die Var. *flavescens* auf dem Waľowiec (Voľovec?) der Tatra (Rehm. ZBG. XVIII. 483).

Calamagrostis lanceolata (15). Häufig in einem Sumpfe bei Bošac im südl. Com. Trencsin (Hol., ZBG. XIX. Dec. Sitz.)

C. littorea (15). An der Wag bei Beckov im südl. Com. Trencsin (Hol. ÖBZ. XV. 267), bei Maiersdorf im Com. Sohl (Márk. ÖBZ. XV. 309).

C. Halleriana (15.) Auf dem Hermanec im Com. Turóc (Márk. ÖBZ. XV. 384), in der Krummholzregion der Central-Karpaten und der Černa Hora (Rehm. ZBG. XVIII. 483), auf Waldwiesen höherer Berge bei Daruvar und Pakrac im Com. Požega (SV. 1231).

C. stricta Spr. (Koch Syn. 906). Auf nassen Wiesen bei Koroncó im Com. Raab (Ebenh. PV. VIII. 47). Wäre für die Flora Ungarns neu, doch möchte ich die Richtigkeit der Bestimmung sehr bezweifeln.

Corynephorus canescens (16). *Avena canescens* Web. in Wigg Prim. Holsat 9. Bei Wag-Neustadtl (Kell. Ak. Közl. 199), Daruvar, Straženan, Požega und Pleternica im Com. Požega (SV. 1271).

Avena caryophyllea (17). Bei Srnje im südl. Com. Trencsin (Hol. Exsicc.), bei Vozokán und Appony im östl. Com. Neutra (Kn. ZBG. XV. 103), an sandigen Stellen durch ganz Slavonien (SV. 1269).

A. capillaris (17). Auf trockenen Hügeln bei Daruvar, Pakrac und Požega im Com. Požega (SV. 1269), auf der Coronini-Höhe bei Mehadia (Reuss Verz.)

A. tenuis (17). Bei Nemes Podbragy im südl. Com. Trencsin (Hol. Exsicc.), bei Bzince (Hol. ÖBZ. XV. 352), Čachtice und Wag-Neustadtl im nördl. Com. Neutra (Kell. Ak. Közl. IV. 212), bei Birján und Hidas im nördl. Com. Baranya, bei Paučje nächst Djakovar im Com. Verovitie (Janka brieff. Mittheil.), bei Daruvar, Pakrac, Kamensko und Požega im Com. Požega (SV. 1273).

A. alpestris (17). Auf der Javořina im Com. Neutra (Kn. ZBG. XV. 104), auf dem Kamienice der Černa Hora (Rehm. ZBG. XVIII. 483).

A. carpatica (17, Diagn. 137). Auf Felsen der Černa Hora (Rehm ZBG. XVIII. 483).

A. planiculmis (18). Auf der Velka Križna der südl. Fatra (Both. ČK. 278).

A. pubescens var. *glabrescens* (18). Blätter und Blattscheiden kahl oder die Blätter mehr oder minder gewimpert. Bei Bohuslavice im südl. Com. Trencsin (Hol. ÖBZ. XVII. 25).

A. versicolor (18). Auf allen höhern Kuppen der Černa Hora (Rehm. ZBG. XVIII. 483), auf der Petrosa der Rodnaer Alpen (Hazsl. Ak. Közl. IV. 156).

A. paradensis (18) ist nach Janka ÖBZ. XVI. 169 *Danthonia provincialis*.

Danthonia provincialis (19). Sehr häufig bei Parád im Com. Heves (Janka ÖBZ. XVI. 169), auf dem Schwabenberg bei Ofen (Kern. ÖBZ. XVI. 205).

D. decumbens (19). Auf den siebenb.-ungar. Grenz-Karpaten im Com. Bihar (Janka ÖBZ. XVII. 65).

Sesleria filifolia (19, Diagn. 135). Auf Felsen an der Donau zwischen Bersaska und Svinica in der serb. banat. Milit.-Grenze (Janka briefl. Mittheil.)

S. rigida (19, Diagn. 135). Nicht blos auf dem Domugled sondern überhaupt auf den Felsen oberhalb der Herculesbäder am rechten Ufer der Černa, dann auf dem Gipfel der Crúciula vécie nordöstl. von Mehadia und im Donauthale oberhalb Svinica vermischt mit der vorigen (Janka briefl. Mittheil.)

S. caerulea (19, Diagn. 135). Auf dem Temetvény-Gebirge im Com. Neutra (Hol. ÖBZ. XVII. 278).

S. disticha (19). Auf der Kralova Hola (Kalchbr. Szep. I. 108).

Poa concinna Gaud. (Koch Syn. 927). Auf dem Domugled bei Mehadia (Winkl. ÖBZ. XVI. 18). Wäre für die Flora Ungarns neu, da aber Winkler selbst sagt, dass seine Pflanze mit jener aus Wallis nicht übereinstimme, so halte ich deren Vorkommen in Ungarn einstweilen noch für zweifelhaft.

P. alpina β. collina (20, 350). Auf Kalkfelsen bei Theben-Neudorf, dann zwischen Blasenstein und St. Nikolaus im Com. Presburg (Wiesb. ZBG. XVII. 967), auf den Ruinen von Temetvény im nördl. Com. Neutra (Hol. ÖBZ. XVII. 278) und auf jenen von Murány im Com. Gömör (Szont. ÖBZ. XVI. 149).

P. sterilis (21, Diagn. 137). An sonnigen Stellen auf dem Sárhegy der Matra (Janka Exsicc.) mit Original-Exemplaren von MB. im Herbarium Willd. u. 1976 genau übereinstimmend. *P. scabra* Lit. ist dagegen nach dem im Herbarium Willd. n. 1955 aufbewahrten höchst mangelhaften Exemplare eine andere mit Sicherheit nicht auszumittelnde Pflanze (Vergl. auch Aschers. ZBG. XVII. 568).

P. fertilis (21). In Kalchbr. Szep. II. 331 wird einer auf den Kalkbergen von Wallendorf in der Zips vorkommenden Var. *capillifolia* mit 12—15″ langen schlaffen Blättern erwähnt, aber die weit und breit umher kriechenden Ausläufer und selbst der Standort passen auf *P. fertilis* nicht.

P. sudetica (21). Auf der Prašiva der Liptau-Sohler Alpen (Márk. ÖBZ. XVI. 114), in der Krummholzregion der Černa Hora sehr häufig (Rehm. ZBG. XVIII. 484).

Briza maxima bei Fünfkirchen (22) ist zufolge Neudtvich's Herbarium eine hohe *B. media* (Janka briefl. Mittheil.)

Melica nutans (22) var. *viridiflora* Ledeb. Ross. IV. 400. Bälge (Hüllspelzen) auf dem Rücken grün (bei der Stammart trübpurpurn), am Rande und an der Basis hellbraun. In der Prolaz-Schlucht des Domugled bei Mehadia (Janka briefl. Mittheil.)

M. altissima (22, Diagn. 137). Bei Szécsény im Com. Neograd (Haynald Exsicc.), bei Dósa in Jazygien, bei Pécsvár und Nagy Nyárad im Com. Baranya (Janka ÖBZ. XVI. 169; XVII. 65 et Exsicc.) bei Vukovár, Karlovic (KK. 75).

Molinia serotina (22). Am Fuss des Thebaer Kogels bei Neudorf (Wiesb. ZBG. XV. 1002), gemein im Berg- und Hügellande des Com. Gran (Feieht. Esz'. 274—82).

Festuca myuros (23, 350). Auf dem Klepač bei dem Bade Teplic im Com. Trencsin (Schill. ÖBZ. XVII. 42).

F. *ovina* δ. *glauca* (24). Auf dem Schlossberg von Trencsin und weiter südlich bei Beckov, Nemes Podhragy, Bošac und auf dem Turecko (Hol. ÖBZ. XVII. 230, PV. IX. 39).

ε. *amethystina* (24). Auf den Ruinen von Beckov (Hol. ÖBZ. XV. 267).

F. *heterophylla* (25). Auf dem Turecko und bei Nemes Podhragy im südl. Com. Trencsin (Hol. PV. IX. 39), auf dem Vaskapu und Palotahegy bei Gran (weicht. F-zt. 281), auf der Matra bei Gyöngyös (Vrab. Hev. 163), bei Požega und Kamensko im Com. Požega (SV. 1250).

F. *varia* (25). Auf der Pisna der Liptauer Central-Karpaten (Reim. Brandb. Ver. VII. 143), auch die Var. *flavescens* daselbst (Hausskn. ÖBZ. XVI. 210).

Die als F. *pilosa* vorgetragene F. *poaeformis* Kit., nicht Host, (25) ist nach einem schlechten Exemplare Kitaibel's im Herb. Willd. nicht Haller's F. *pilosa*, welche wahrscheinlich in Ungarn gar nicht vorkömmt, sondern muthmasslich F. *carpatica* (Aschers. briefl. Mittheil.) F. *spectabilis* Jan (Koch Syn. 941). Auf dem Kalkfels Majerova Skala bei Altgebirg im Com. Sobl (Márk. ÖBZ. XVI. 110). Wäre für die Fiora Ungarns neu, allein das Vorkommen dieser die Südseite der Alpen bewohnenden Pflanze auf den nördlichen Karpaten kömmt mir sehr unwahrscheinlich vor.

F. *silvatica* (25). Auf der Veronkarét bei Gyöngyös (Vrab. Hev. 163), im Vojlovicer Walde bei Pančova (Slez. 29).

F. *drymeia* (25) Im Radovacer Thale bei Požega, bei Stražilovo nächst Karlovic (KK. 76).

F. *loliacea* (26). Auf den Bewässerungswiesen um Holič und Kopcsán im Com. Neutra (Krz. ZBG. XVI. 466), zwischen der Glasfabrik und dem Sauerbrunnen zu Parád (Vrab. Hev. 163), wenn anders die Bestimmung richtig ist.

S. 26 nach *B. asper*:

Bromus serotinus Beneken Bot. Zeit. 1845 p. 724, den Holuby nach Uechtritz's Bestimmung bei Nemes Podhragy im südl. Com. Trencsin fand (ÖBZ. XVII. 25), sieht nach Exemplaren, welche ich von Uechtritz aus den Umgebungen von Lieberose in Brandenburg erhielt, dem *B. asper* Murr. in der Tracht vollkommen ähnlich, unterscheidet sich aber von diesem nach Beneken durch spätere Blütezeit, schwächere Behaarung der Blätter, sämmtlich rauhhaarige Blattscheiden, die grössere Rispe, deren untere Aeste nur paarweise gestellt sind, kahle Bälge (Hüllspelzen) und die nach der Spitze zu kahlen untern Blütenspelzen. Bei *B. asper* dagegen sollen die obern Blattscheiden kahl, die untern Rispenäste zu 3—6 gestellt, die obern Bälge längs der Seitennerven gewimpert und die untern Blütenspelzen bis zur Spitze stark behaart sein. Abgesehen davon, dass diese Merkmale theils relativ, theils geringfügig sind, sind sie auch dem *B. serotinus* keineswegs eigenthümlich, denn *B. asper* kömmt bald mit rauhhaarigen bald mit kahlen oberen Blattscheiden, mit kleiner, grosser und sehr grosser Rispe und mit schwächer und stärker behaarten Hüll- und Blütenspelzen*) und zwar oft in derselben Rispe vor. Was aber die zu 3—6 gestellten untern Rispenäste des *B. asper* betrifft, so fand ich sie übereinstimmend mit den Angaben der Autoren und allen vorhandenen Abbildungen in der Regel gepaart wie bei *B. serotinus*, höchstens zu dreien. Dieser ist also eine aus gewissen dem *B. asper* willkürlich entnommenen Merkmalen künstlich zusammengesetzte und daher unhaltbare Art, nicht einmal eine Varietät wie Steud. Gram. I. 320 und Garcke Fl. v. ND. IX. Aufl. 462 annehmen.

B. squarrosus (26). Häufig auf dem Harsányhegy bei Siklos im Com. Baranya (Janka brieil. Mittheil.), auf dem Titler Plateau im Čajkisten Districte (Reuss Verz.)

B. longipilus (27). Scheint eine Form des *B. sterilis* L. zu sein (Steud. Gram. I. 318).

B. macrostachys (Diagn. 139) ist zu streichen, denn die Pflanze, welche Winkler dafür hielt, ist *B. squarrosus* (Aschers. Bot. Zeit. 1868 p. 286).

Lolium perenne var. *ramosum* (27). Bei Nemes Podhragy im südl. Com. Trencsin, bei Alt-Tura im nordwestl. Com. Neutra (Hol. PV. IX. 41, ÖBZ, XV. 352), häufig bei Wag-Neustadtl (Kell. Ak. Közl. IV. 204).

L. italicum (27). Auf Wiesen bei Neutra (Krz. Exsicc.), in Weingärten bei Nemes Podhragy (Hol. Exsicc.), an Wegen bei Bohuslavice und Beckov im südl. Com. Trencsin (Hol. ZBG. XIX. Dec. Sitz.)

L. temulentum var. *leptochaeton* (27). Grannen sehr kurz oder fast fehlend. Unter der Saat in den Kopanitzen bei Nemes Podhragy im südl. Com. Trencsin häufig (Hol. ÖBZ. XV. 297).

Triticum villosum (27). Auf der Coronini-Höhe bei Mehadia und auf dem Allion bei Orsova (Reuss Verz.)

T. junceum L., Host. Gram. III. t. 33, nicht II. t. 22 (28) auf dem Galgenberg bei Kesmark ist *T. glaucum* Desf. (Var. des *T. repens* L.), wie denn überhaupt alle ungarischen Standorte dieser Art unrichtig sein dürften (Aschers. ÖBZ. XV. 283).

T. acutum (28). Auf dem Sárhegy bei Gyöngyös (Vrab. Hev. 163). Eine Littoralpflanze, obige Angabe daher ohne Zweifel irrig.

T. rigidum Schrad. (28) ist nach Aschers. ÖBZ. XV. 283—4 eine Species mixta, welche das den adriatischen Seestrand bewohnende ausläuferlose *T. elongatum* Host Gram. II. t. 23 (*T. rigidum* Koch Syn. 952) und die in Böhmen und Oesterreich ungegebene ausläufertreibende Pflanze, die aber nichts anders als *T. glaucum* Desf. (Koch

---

*) Murray, der den B. asper in dem Prodr. stirp. gotting. 42 zuerst aufstellte, schreibt ihm kahle, im Syst. veget. ed. XIV. 119 zottige Aehrchen zu.

l. c.) ist, begreift. Die bei *T. rigidum* angeführten uugarischen Standorte scheinen sich daher alle auf *T. glaucum* zu beziehen. Nach meiner
Ansicht ist jedoch *T. glaucum* Desf. (*T. junceum* und *T. glaucum* Host
Gram. II. t. 22, IV. t. 10, *T. intermedium* Host Gram. III. p. 23) nur
eine Varietät des *T. repens* L., da die abgestutzten und stumpfen Hüll-
und Blütenspelzen in spitze und zugespitzte überall übergehen. *T. junceum* L. (s. oben) und *T. rigidum* Koch sind daher aus der Flora
Ungarns allem Anscheine nach zu streichen.

T. panormitanum Bert. Fl. ital. IV. 780 (*Triticum petraeum* Vis.
et Panč. Pl. serb. I. p. 24 t. 5) fand Janka auf dem Strbec in Serbien
dem Donauthale Kazan der roman. banat. Milit.-Grenze gegenüber, es
ist daher sehr wahrscheinlich, dass diese Art auch am linken Ufer der
Donau vorkomme. Sie sieht dem *T. caninum* L. sehr ähnlich und
unterscheidet sich nur durch eine steife armblütige Aehre, grössere
Aehrchen, 7—9nervige Hüllspelzen und zuletzt eingerollte Blätter.

T. cristatum (28, Diagn. 140) bei Kiralyi im SW. von Neutra
(Kn. ZBG. XV. 105), auf dem Titler Plateau im Čajkisten Distr.
(Reuss Verz.)

Secale fragile (28, Diagn. 140). Bei Sió-Fok am Plattensee
(Janka ÖBZ. XVII. 65).

Elymus arenarius (29). Wurde von Janka auf der Sandsteppe
Jagod bei Grebenac in neuester Zeit wieder aufgefunden (Janka Exsicc.)
Seite 29 nach *H. Zeocriton*:

Hordeum strictum Desf. (Koch Syn. 955). An sandigen
Stellen bei Grebenac in der serb. banat. Milit. Grenze (Janka ÖBZ.
XVII. 295, 404).

H. maritimum (29). Bei Tokuy (Hazsl. Ak. Közl. IV. 112), bei
Dályok im südöstl. Com. Baranya (Janka briefl. Mittheil.)

H. secalinum (29). Bei Kutjevo und Pleternica im östl. Com. Požega
(SV. 1291).

Aegilops caudata (29, Diagn. 140). Auf dem Vaskapu und Kisléra
im östl. Com. Gran (Feicht. Eszt. 280, 281), auf dem Titler Plateau
im Čajkisten Distr. (Reuss Verz.)

Lepturus pannonicus (29, Diagn. 141). Bei Bazias in der serb.
banat. Milit.-Grenze (Winkl. ÖBZ. XVI. 15).

Andropogon strictus (30). Bei der Glashütte Zvečevo nächst
Vučin im Com. Verovitic (KK. 78).

A. Gryllus (30). Auf der Nordseite der Matra zwischen Recsk
und Pétervásár im Com. Heves (Janka ÖBZ. XVI. 169), im südl. Com.
Zemplin (Hazsl. Ak. Közl. IV. 130), auf dem Titler Plateau im Čajkisten Distr. (Reuss Verz.)

Sorghum halepense (30). Auf dem Alliou bei Orsova (Reuss Verz.)

CYPERACEAE.

Carex dioica (31) am Bache Visolaj und im Ecsédi-Láp ist
nach Kit. Herb. n. 9029—31 *C. Davalliana* (Aschers. ZBG. XVII.

569). Nach diesem scheinen mir auch die übrigen Fundorte der *C. dioica* mit einziger Ausnahme jenes bei Kościelisko unrichtig zu sein.

C. muricata γ. subramosa (32). Im Com. Somogy (Kit. Herb. nach Aschers. ZBG. XVII. 570), bei Erdő Bénye im Com. Zemplin (Kit. Catal. 36). Rochel's Standort bei Kovně bezieht sich dagegen auf die gemeine Var. α. *contigua* (Uechtr. ÖBZ. XVI. 210).

C. teretiuscula (33). bei Stvrtek im südl. Com. Trencsin (Hol. ZBG. XV. 267).

C. paradoxa (33). Bei St. Georgenfeld nächst Gran (Feicht. Eszt. 283).

C. Schreberi var. *curvata* (33). Eigentlich eine Mittelform zwischen *C. Schreberi* und *C. brizoides* mit den Merkmalen der erstern und der Tracht der letztern. Auf trockenen Wiesen bei Ofen (Kit. Herb. nach Aschers. ZBG. XVII. 570). *C. Schreberi* sollte übrigens den Namen *C. praecox* Schreb. Spicil. 1771 p. 63 führen, da Jacquin's gleichnamige aber verschiedene Art erst 1775 aufgestellt wurde.

C. brizoides (33). Bei Szalabér im Com. Zala (Kit. Catal. 36), bei Požega, Stražeman und Velika im Com. Požega (SV. 1179), bei Čerević in Sirmien (KK. 78).

C. Boenninghausiana Weihe (Koch Syn. 868). In Sümpfen bei Bošac (Hol. ÖBZ. XVII. 25 et Exsicc.) Nach Garcke Fl. v. ND. IX. Aufl. 422 ein Bastart: *C. remoto-paniculata*.

C. stellulata (33). Bei Lipik, Pakrac und Daruvar im westl. Com. Požega (SV. 1181).

C. remota (33). Die in Kit. Herb. befindliche von verschiedenen Standorten herrührende Var. *axillaris* ist nicht *C. axillaris* Good., sondern eine gewöhnliche *C. remota* (Aschers. ZBG. XVII. 570.)

C. canescens (34). Auf der Petrosa der Rodnaer Alpen (Hazsl. Ak. Közl. IV. 161), bei Kutina und Lipik im westl. Com. Požega (SV. 1180).

C. elongata (34). Bei Poljana, Lipik und Pakrac im westl. Com. Požega (SV. 1180).

C. turfosa Fries (Neilr. ZBG. XIX. 250). Auf einer sumpfigen Bergwiese bei Bošac im südl. Com. Trencsin (Hol. ZBG. XIX. Dec. Sitz.)

C. hyperborea Drej. im Weisswasserthale am Fuss der Tatra nächst Roks (Engl. Brandb. Ver. VII. 157) ist von *C. dacica* Heuff. (34) nicht verschieden und wie diese nur eine Form der *C. vulgaris* Fries (Aschers. ÖBZ. XV. 283, Diagn. 130).

C. caespitosa L., *C. Drejeri* Lang (Koch Syn. 872). Auf der Tatra, näherer Fundort nicht bekannt (Kalchbr. im Herbar der ZBG. nach Aschers. ÖBZ. XVI. 106). Ueber die Richtigkeit dieser Angabe habe ich nicht den mindesten Zweifel, aber darin zweifle ich noch immer, dass diese nordische Pflanze durch das mittlere und südliche Gebiet der nordwestlichen Karpaten, d. i. bis an die Theissniederung verbreitet sei, wie es im Hazsl. ÉM. 312 und Ak. Közl. IV. 130 heisst. Die Tatra gehört zu Hazslinszky's nördlichem Gebiete, wo er sie eben nicht angibt. — Ob unter *C. caespitosa* bei Jólész nächst Rosenau

2 *

(Geyer Göm. 87) die echte Art oder *C. vulgaris* Fries gemeint sei, weiss ich nicht, da kein Autor angegeben ist.

C. atrata (35). Häufig in der Krummholzregion der Černa Hora (Rehm. ZBG. XVIII. 484).

C. supina (35). Bei Wag-Neustadtl (Kell. Ak. Közl. IV. 199), auf dem Nagy-Strázsahegy bei Gran und bei Dorog (Feicht. Eszt. 276).

C. pilulifera (35, 350). Im südl. Com. Zemplin (Hazsl. Ak. Közl. IV. 130). Der Standort am nördl. Fuss der Pisna (Uechtr. ÖBZ. XVI. 210) liegt schon in Galizien.

C. umbrosa (36). In feuchten Wäldern bei Daruvar im westl. Com. Požega (SV. 1189).

C. humilis (36). Im Walde Sz. Pál bei Koroncó im Com. Raab (Ebenh. PV. VIII. 47), bei Višnove (Visnyó) nächst Wag-Neustadtl (Hol. ÖBZ. XVI. 373), bei Dorog und auf dem Nagy-Strázsahegy bei Gran (Feicht. Eszt. 276—7), zwischen Kerepes und Gödöllő im Com Pest (Aschers. Bot. Zeit. 1865 p. 366), auf dem Sárhegy bei Gyöngyös (Janka ÖBZ. XVI. 172).

C. Halleriana (36). Auf dem Nagy-Strázsahegy bei Gran (Feicht. Eszt. 277).

C. nitida (37). Im Walde Sz. Pál bei Koroncó im Com. Raab (Ebenh. PV. VIII. 47).

C. alba (37). Bei dem Rothen Kloster am Dunajec in der Zips (Aschers. Brandb. Ver. VII. 129), bei Motičina Gorňa nächst Našice im Com. Verovitic (KK. 79).

C. obtusa Kit. Add. 15 auf den Voralpen der Zips ist nach Kit. Herbarium *C. glauca* (Aschers. ZBG. XVII. 571).

C. pendula (37). Am Fuss der Javořina, bei Ober- und Unter-Köröskény, Lapás-Gyarmat (Kn. ZBG. XV. 107) und Mijava im Com. Neutra, bei Ivanovce und auf dem Lopenik im südl. Com. Trencsin (Hol. ÖBZ. XV. 258, 353, PV. IX. 43), bei Parád im Com. Heves (Vrab. Hev. 161), auf dem Bikol im westl. Com. Gran, auf dem Piliser Berge (Feicht. Eszt. 275, 278), bei Vučin im Com. Verovitic, bei Gergetek in Sirmien (KK. 79).

C. villosa (Kit. Add. 20) auf der Matra ist nach Kit. Herbarium *C. pallescens* (Aschers. ZBG. XVII. 573).

C. capillaris (38). Im Kupferschächtenthale und auf der Nesselblösse der östl. Tatra (Ilse 26, 30).

C. frigida (38). Am Sajo zwischen Sajo-Gömör und Tornalja (Fábry Göm. 89). Offenbar irrig.

C. firma (38). Auf dem Černikamen der Fatra (Both. ČK. 279).

C. pubescens vel *carpatica* Kit. Add. 19 gehört nach Kit. Herb. nicht zu *C. sempervirens* (38), sondern zu *C. pallescens* (Aschers. ZBG. XVII. 572).

C. ferruginea (38). Auf den Bereger Alpen, auf dem Pop Jvan der Marmaros (Kit. Catal. 36), in der Krummholzregion der Černa Hora (Rehm. ZBG. XVIII. 485). Nach Aschers. ZBG. XVII. 572 dürfte diese Art auf den nordwestl. Karpaten nicht vorkommen und die entgegengesetzten Angaben auf einer Verwechslung mit *C. semper-vireus* beruhen.

C. tenuis (39). Auf Kalkbergen bei Wallendorf in der Zips (Kalchbr. Szep. II. 331). *C. gracilis* RK. 96 an den Wasserfällen von Moticko ist hiervon nicht verschieden (Kit. Add. 20, Aschers. ZBG XVII. 573).

C. hordeistichos (39, 350) Bei Nemes Podhragy und Bošac im südl. Com. Trencsin, bei Vrbovce (Hol. PV. IX. 44, ÖBZ. XV. 353) und im Adamover Walde bei Egbell im Com. Neutra (Krz. ZBG. XVI. 466), bei Dorog und Nagysáp im Com. Gran (Feicht. Eszt. 283), bei Daruvar und Pakrac im westl. Com. Požega (SV. 1195).

. *C. fulva* (39). Bei Dorog im Com. Gran (Feicht. Eszt. 283), zwischen Zvečevo im Com. Verovitic und Kamensko im Com. Požega (KK. 79), bei Lipik und Pakrac im letzteren Com. (SV. 1198).

C. foliosa und *C. exaltata* Kit. Add. 15, 18 sind nach Kit. Herb. von *C. distans* nicht verschieden (Aschers. ZBG. XVII. 571, 572).

C. Pseudocyperus (40). Im Sumpfe Palača bei Essek (KK. 79).

C. ampullacea (40). Bei Bošac und Štvrtek im südl. Com. Trencsin, an der Wag bei Wag-Neustadtl (Hol. Exsicc. et ÖBZ. XVI. 373).

C. nutans (40, 350). Auf der Puszta Tas bei Gyöngyös, sehr häufig in Jazygien z. B. bei Alsó Sz. György, gemein auf den Ebenen des Com. Baranya (Janka ÖBZ. XVI. 169, XVII. 232).

C. hirta var. *hirtaeformis* (41). Bei Bošac und Nemes Podhragy im südl. Com. Trencsin, bei Wag-Neustadtl und Stara Tura im Com. Neutra (Hol. Exsicc. et ÖBZ. XVI. 373, XVII. 280).

Schoenus *ferrugineus* (41). Am Neusiedler See (Rauscher).

Cladium *Mariscus* (41). Das Vorkommen dieser Art an der Wag und Neutra ist sehr unwahrscheinlich (Ku. ZBG. XV. 108, Krz. ZBG. XVI. 466).

Scirpus *ovatus* (42). Bei Zvečevo nächst Vučin im Com. Verovitic am Bache (KK. 80), nach SV. 1175 in ganz Slavonien gemein? Der Standort auf dem Temetvény-Gebirge ist nach Krz. ZBG. XVI. 466 unrichtig.

S. caespitosus (42). Auf der Zivabrada bei Kirchdrauf in der Zips (Kalchbr. Szep. I. 100).

S. pauciflorus (42). Bei Poljana, Gaj, Lipik und Pakrac im westl. Com. Požega (SV. 1176).

Seite 42 nach *S. supinus:*

S. mucronatus L. (Koch Syn. 855). Im Com. Somogy ohne nähere Angabe (Rochel im Herb. Uechtritz ÖBZ. XVI. 210).

S. triqueter (42). Bei Neu-Sohl (Márk, ÖBZ. XV. 307), auf den Donauinseln des Com. Gran (Feicht. Eszt. 283).

S. pungens (43). Bei Sió-Fok am Plattensee im Com. Veszprim (Janka Exsicc.)

S. radicans (43). Bei Lipik im westl. Com. Požega (SV. 1171).

S. Michelianus (43). Im Ueberschwemmungsgebiete der Drau bei Essek (KK. 80), bei Dubova im Thale Kazan in der roman. banat. Milit.-Grenze (Janka Exsicc.)

S. compressus (43). Bei Lubina, Üzbég und Bojnica im Com. Neutra (Kn. ZBG. XV. 108), bei Székelyhid im Com. Bihar (Janka ÖBZ. XVI. 169).

S. rufus Schrad. (Koch Syn. 858). In den Pieninen am linken Ufer des Dunajec also in Galizien (Rehm. briefl. Mittheil.), aber hart an der Zipser Grenze, könnte also auch in Ungarn vorkommen.

Holoschoenus flavescens L. Auf den Ebenen des Com. Grau (Feicht. Eszt. 283). Wohl ein Schreibfehler, denn ich finde diesen Namen weder bei Linné, noch sonst wo. Vielleicht *Cyperus flavescens* L.

Eriophorum vaginatum (43). Im sumpfigen Walde zwischen Podspady und der Javořinka in der nordwestl. Zips (Ilse 18).

E. Scheuchzeri (43). Auf der Petrosa der Rodnaer Alpen (Hazsl. Ak. Közl. IV. 161).

E. gracile (44). In Sümpfen bei Štvrtek im südl. Com. Trencsin (Hol. Exsicc.)

Cyperus pannonicus (44, Diagn. 128). Im südl. Com. Zemplin (Hazsl. Ak. Közl. IV. 130), bei Sió-Fok am Plattensee (Janka ÖBZ. XVII. 65), in den Sümpfen der Drau und Rinja im Com. Somogy (Wierzb. in André Hesp. 203).

C. glomeratus (44). An sandigen Stellen in den Drau-Auen bei Kácsfalu im südöstl. Com. Baranya, bei Essek (SV. 1167), dann bei Vukovar und Illok im Com. Sirmien (Janka briefl. Mittheil.)

C. Monti (44). In den Sümpfen der Drau und Rinja im Com. Somogy (Wierzb. in André Hesp. 203), an der Drau bei Kis Dárda im Com. Baranya (Kn. ÖBZ. XVI. 118), bei Sotin und Ilok in Sirmien (Janka briefl. Mittheil.)

C. glaber L. (Diagn. 128). *C. pululus* Kit. (44). An der Drau bei Essek (KK. 80).

ALISMACEAE.

Alisma Plantago γ. graminifolium (45). Bei Kolou im östl. Com. Neutra (Kn. ZBG. XV. 109).

JUNCACEAE.

Luzula flavescens Gaud. (Koch Syn. 845). Im Bialka- und Javořinka-Thale der nördlichen und auf der Nesselblösse der östlichen Tatra (Ilse 4, 12, 14, 30), auch auf der Babia Góra und in den Thälern der galizischen Central-Karpaten (Rehm. ZBG. XVIII. 485).

L. Forsteri (45). Auf dem Rosaliengebirge (Sonkl. ÖBZ. XVI. 34), auf dem Mecsek bei Fünfkirchen (Janka ÖBZ. XVII. 232).

L. silvatica (46). Auf der Petrosa der Rodnaer Alpen (Hazsl. Ak. Közl. IV. 161).

L. spadicea (46). Vom Stirnberg der östl. Tatra bis in das Weisswasserthal (Engl. Brandb. Ver. VII. 155, 157), dann auf dem Kalkfels

Majerova Skala bei Altgebirg im Com. Sohl (Márk. ÖBZ. XVI. 111).
Dieser letzte Standort bezieht sich wahrscheinlich auf die Varietät
β. *glabrata.*

L. sudetica DC. (46) ist nach der Ansicht der meisten Autoren
nur eine Var. *alpina nigricans* der *L. campestris* (Kuth. En. III. 309).
Nach Uechtr. ÖBZ. XVI. 211 soll sie aber von dieser durch das sehr
kurze Samenanhängsel verschieden und in Ungarn bisher nur am Weissen
See der hohen Tatra beobachtet worden sein. Nach der Abbildung in
Sturm II. 77 u. 8 ist jedoch das Samenanhängsel nicht anders beschaffen
als bei den übrigen Formen der *L. campestris.*

L. spicata (46). Auf der Čerma Hora (Rehm. ZBG. XVIII. 485),
auf der Petrosa der Rodnaer Alpen (Hazsl. Ak. Közl. IV. 161).

Juncus filiformis (46). Am Grossen Fischsee der nördl. Tatra
(Ilse 15).

J. triglumis (47). Auf dem polnischen Kamm der Hohen Tatra
(Scid. Exsicc. nach Rehm. ZBG. XVIII. 485).

J. stygius (47). In den Umgebungen von Garan (Fábry Göm. 85).
Ob Garan ein Ort, ein Berg oder die Gran (Garam) sei, weiss ich
nicht, ich finde kein Garan, zweifle auch sehr, dass *J. stygius* überhaupt
in Ungarn vorkomme.

J. alpinus Vill. (Koch Syn. 842). An Rainen zwischen Kesmark
und Roks (Ilse 29) und wohl noch an mehreren Orten, bisher nur
übersehen.

J. atratus (47). Auf Wiesen bei St. Georgen und in der Karlburger Au bei Presburg (Wiesb. ZBG. XVII. 967).

J. sphaerocarpus (48). An nassen Stellen bei Bošac und Stvrtek
im südl. Com. Trencsin (Hol. ZBG. XIX. Dec. Sitz.), im Com. Neutra
an mehreren Stellen von Egbell im Marchthale bis an die östl. Grenze
(Krz. ZBG. XVI. 467, Ku. ZBG. XV. 110 als *J. Tenageia*), bei Ó-Gyala
im nördl. Com. Komorn (Schill. ÖBZ. XV. 383 ebenfalls als *J. Tenageia*).

Nartheciun ossifragum (48), das Herbich bei Kościelisko angibt,
ist nach seinem Herbar *Tofieldia calyculata* (Rehm. ZBG. XVIII. 486).
Ueberhaupt bezweifelt Uechtritz aus pflanzengeografischen Gründen
das Vorkommen dieser Art in den Karpaten (ÖBZ. XVI. 211).

MELANTHACEAE.

Tofieldia calyculata (48). Auf den Vorlagen der Kralova Hola
im Com. Gömör (Szont. Göm. 284).

Veratrum nigrum (48). In Bergwäldern der Marmaros (Adl.
Verz.), bei Daruvar im Com. Požega (SV. 1107).

Seite 48 nach *B. vernum:*

Bulbocodium trigynum Stev. Zwiebel häutig, 1—2 Blüten
treibend. Blätter meist 3, mit den Blüten hervorbrechend, lineal oder
lineal-lanzettlich, rinnig, bläulich, zuletzt zurückgebogen. Platte der
Perigonblätter lineal oder verkehrt-lanzettlich, spitz oder stumpf, die
der innern an der Basis schwach herzförmig oder klein-pfeilförmig, der

äussern in den Nagel verschmälert. Die 3 *Griffel frei*, nur unten schwach zusammenhängend. Kapseln 3kantig-ellipsoidisch, sehr kurzgestielt.

Bulbocodium trigynum Stev. in Web. und Mohr Beitr, I. 49. -- Merendera caucasica MB. Fl. taur. cauc. I. 293, Pl. ross. rar. I. t. 50, Bot. Mag. t. 3690. — Colchicum caucasicum Spr. Syst. II. 143.

Die ganze Pflanze nur 2—5" hoch. Platte der Perigonblätter lila oder rosenfarben, Nägel weiss, von den grundständigen Scheiden grösstentheils verdeckt. Das sehr ähnliche *B. vernum* L. unterscheidet sich nur durch die bis an die Narben zusammengewachsenen Griffel.

Ich habe diese Art in gegenwärtiges Verzeichniss aufgenommen und nach kaukasischen Exemplaren beschrieben, obschon mir deren Vorkommen in Ungarn noch immer zweifelhaft erscheint. In Roch. Reise 12, 16 wird sie bei den Herculesbädern angegeben, wo sie in neuerer Zeit Niemand gesehen hat. Da sie jedoch Pančić unlängst bei Gradistje am rechten Ufer der Donau unterhalb Bazias in Serbien fand (Janka brieſl. Mittheil.), so könnte sie bei den Herculesbädern immerhin vorkommen. — April, Mai ♃.

Colchicum *autumnale* (49). Die Frühlingsform bei Nemes Podhragy und Bošac im südl. Com. Trencsin (Hol. PV. IX. 47).

Im Herbar des botan. Hofkabinets befinden sich von 2 Kotschy bei Mehadia gesammelte und von ihm fraglich als *Colchicum autumnale* bezeichnete Blütenexemplare, die ich, insoweit sich dies in Ermanglung von Blättern und Früchten sagen lässt, für *C. neapolitanum* Tenore (*C. Haynaldi* Heuff.) halte. Da sich aber dieses von *C. autumnale* L. nach Parlat. Fl. ital. III. 182—4 nur durch kleinere Dimensionen aller Theile, schmälere mehr spitze Perigonzipfel, minder zurückgekrümmte Griffel, lineal-lanzettliche schmälere Blätter und mehr zugespitzte Kapseln also durchaus nur durch relative Merkmale unterscheidet, auch Tenore dasselbe früher blos für eine Varietät des *C. autumnale* hielt, so scheint mir die ganze Art wenig beachtenswerth und im Grunde nur ein verkleinertes *C. autumnale* zu sein. (Vergl. auch Diagn. 126).

LILIACEAE.

Erythronium *Dens canis* (49). Am Sajo bei Berzéte (Fábry Göm. 88), an der Crúciula vécie bei Mehadia mit nur weissen Blüten (Janka brieſl. Mittheil.)

Tulipa Billietiana Jord. *Schalen der* eiförmigen *Zwiebel inwendig seidig behaart.* Stengel auch vor dem Aufblühen aufrecht, kahl wie die ganze Pflanze, 3blättrig, über die Spitze des obersten Blattes hinausragend. Blätter länglich-lanzettlich, wellig, spitz, seegrün, am knorpligen Rande glatt. Aeussere *Perigonblätter* länglich, zugespitzt, innere länglich-verkehrt-eiförmig, kurzbespitzt, nur etwas kürzer als die äussern, *alle an der Basis ohne dunklen Flecken. Staubfäden kahl,* ungefähr so lang als ihre Anthere. Fruchtknoten lineal-länglich, zuletzt etwas länger als die Staubgefässe. Narbe kammförmig, breiter als der Querdurchmesser des Fruchtknotens. (Nach den von Janka mir mitgetheilten Original-Exemplaren vom Kazan).

T. Billietiana (nach dem Erzbischofe von Chambéry so benannt) Jordan Descript.
de quelques Tulip. nouvell. p. 3 (Extrait des Annal. de la soc. Linn. de Lyon 1858). — T. Gesneriana Rochel Reise 85, nicht L..

Stengel 1' hoch und höher. Die untern 2 Blätter 9—12" lang,
1—2" breit. Perigonblätter so wie die Staubfäden und Antheren goldgelb, 2—2½" lang, 8—12''' breit. Narbe gross, 4—5''' breit, grünlich-
gelb. Die savoysche Pflanze weicht von jener des Banats durch eiförmig-
elliptische Perigonblätter und schwachbehaarte beinahe kahle Zwiebelschalen etwas ab, auch wächst sie nicht auf Felsen, sondern auf Aeckern
gebirgiger Gegenden, allein ich finde diese Merkmale zu unbedeutend,
um die Banater Tulpe von T. Billietiana als Art zu trennen. Die
wenigen Tulpen, welche inwendig seidig-behaarte Zwiebelschalen
haben, stimmen in allen wesentlichen Merkmalen sowohl unter sich als
mit T. Billietiana überein, sie unterscheiden sich aber von dieser sehr
leicht durch die Farbe des Perigons, insoweit dieses bei den Tulpen
sehr veränderliche Merkmal einen Unterschied begründen kann. Denn
T. Fransoniana Parlat. Fl. ital II. 392 hat dunkelrosafarbene, T. platystigma Jord. Not. sur plus. pl. nouv. Haguenau 1855 p. 23 (T. Didieri
Gren et Godr. Fl. Fr. III. 177, nicht Jordan) bleichpurpurne und
T. Didieri Jord. Observ. l. 1846 p. 34 t. 5 Fig. A. dunkelpurpurne in
das bleichgelbe (nicht goldgelbe) übergehende Perigonblätter deren
jedes an seiner Basis mit einem rautenförmigen blaugrauen Flecken
bezeichnet ist. T. Gesneriana L., welcher bald inwendig behaarte
(Röm. et Schult. Syst. VII. 376) bald kahle Zwiebelschalen (Parl.
l. c. 394, 396) zugeschrieben werden (bei den mir vorliegenden Exemplaren aus Bunge's Hand sind sie gegen die Spitze zu schwachbehaart)
weicht durch stumpfe verschiedenartig gefärbte Perigonblätter, T. silvestris L. durch lineal-lanzettliche 2—3mal schmälere Stengelblätter und
an der Basis gebärtete Staubfäden ab.

Auf fast unzugänglichen Kalkfelsen im Thale Kazan zwischen
Plaviševica und Dubova im Banat, von Janka wieder aufgefunden. —
Mai. ♃

Gagea bohemica (49). Der nähere Standort bei Neutra ist am
Fuss des Zobor (Kn. ZBG. XV. 111), auf dem Sárhegy und Világos der
Matra (Janka ÖBZ. XVI. 172), im Kammerwalde bei Ofen (Entz
BP. 330).

G. pusilla (50). Bei Koroncó im Com. Raab (Ebenh. PV. VIII.
46), Skalic (Kn. ZBG. XV. 111), Rima-Szombat (Fábry Göm. 83), im
südl. Com. Zemplin (Hazsl. Ak. Közl IV. 129).

Lloydia serotina (50). Am Hinzka-See der Hohen Tatra (Kalchbr.
Szep. I. 50).

Fritillaria Meleagris (50). Auf der Mohács-Insel im Com. Baranya
(Janka ÖBZ. XVII. 161).

Lilium albanicum (51, Diagn. 123). In der ÖBZ. XVIII. 273
spricht Janka die Ansicht aus, dass siebenbürgische L. pyrenaicum
Baumg. Transs. I. 301 sei nicht L. albanicum Griseb. Rumel. II. 385,
wofür man es bisher hielt, sondern stimme vielmehr mit L. pyrenaicum

Neilreich, Nachtr. z. ung. Pflanzen-Aufz.   3

Gouan, so wie es in Gren et Godr. Fl. de Fr. III. 181 beschrieben
wird, überein. Denn Grisebach schreibe seinem *L. albanicum* einen
unter der Mitte blattlosen Stengel und mit Ausnahme des wimperigrauhen Randes beiderseits kahle 5—7nervige Blätter zu, deren Längsnerven durch Seitenadern verbunden sind; bei der siebenbürgischen
Pflanze sei aber der Stengel von der Basis bis zur Spitze beblättert
und die Blätter unterseits auf den Längsnerven flaumigrauh. Allein dies
alles ist nur bezüglich der behaarten Blattnerven richtig. Denn mir
liegt ein von Janka selbst bei Verespatak gesammeltes Fruchtexemplar
vor, dessen Stengel unten in einer Länge von beinahe 6" blattlos ist,
sowie derselbe auch oberwärts der allmälich verkleinerten Blätter wegen
ziemlich nackt erscheint, auch sind die Längsnerven der untern breitern
Blätter durch deutliche Seitennerven verbunden. Genau so verhält es
sich mit der von meinem Freunde Köchel bei Verespatak gefundenen
blühenden Pflanze und den im Herbarium Haynald befindlichen Fruchtexemplare von der Alpe Brnu im Banat. Aber auch das serbische
L. albanicum, das Janka l. c. für das echte hält, ist nach einem im
Herbar des botan. Hofkabinets liegenden Blütenexemplar aus Pančić's
Hand von der siebenb.-banat. Pflanze nicht im mindesten verschieden,
insbesonders sind die Blätter unterseits auf den Längsnerven wie bei
jener flaumigrauh. *L. pyrenaicum* Gouan Illustr. 25 hat dagegen nach
den von Köchel in den Pyrenäen gesammelten Exemplaren des mit
zahlreichen langen schmalen weitabstehenden Blättern dichtbesetzten
Stengels wegen eine andere Tracht und die Blätter sind mit Ausnahme
des wimperigrauhen Randes beiderseits kahl, die Längsnerven ohne
deutliche Seitenadern. *L. Szovitsianum* Fisch. et Lall., endlich das
nach Janka der Pflanze Baumgarten's sehr ähnlich sein soll, hat
nach Kunth En. IV. 674 die untern Blätter eiförmig und stumpf und
weit grössere 2½" lange Perigonblätter. Aus allem diesem folgt, dass
die siebenb.-banatische Pflanze mit einziger Ausnahme der flaumig-
rauhen Blattnerven allen von Grisebach angegebenen Merkmalen
entspricht und dass daher diejenigen nicht geirrt haben, die sie für sein
L. albanicum hielten.

Muscari *tenuiflorum* (Diagn. 125). Im Hügellande auf steinigen
buschigen Plätzen ohne Zweifel an vielen Stellen, bisher aber mit
M. comosum verwechselt. Bei Neudorf, Theben (Wiesb. ZBG. XVII.
968), Presburg (Schnell. Exsicc.), auf dem Leithagebirge, Haglersberg
am Neusiedler See (Breidler), bei Nagy Nyárad im Com. Baranya
(Janka ÖBZ. XVII. 232), Grosswardein (Uechtr. Brandb. Ver. VI.
134—5). Ungeachtet der unzweifelhaft bestehenden vielen und auffal-
lenden Unterschiede geht es gleichwohl in *M. comosum* über.

M. botryoides (51). Im südl. Com. Zemplin (Hazsl. Ak. Közl. IV.
129), auf dem Disznókő bei Parád (Vrab. Hev. 161), bei Nagy Nyárad
im Com. Baranya (Janka ÖBZ. XVII. 232).

Ornithogalum *stachyoides* (51) auf dem Domugled bei Mehadia
(Winkl. ÖBZ. XVI. 18) und auf der Matra (Vrab. Hev. 160) gehört
wahrscheinlich zu *O. narbonense* L.

O. pyrenaicum (52, 350). Bei Szerdahely nördlich von Pistjan (Kell. Ak. Közl. IV. 208), Nemes Podhragy im südl. Com. Trencsin (Hol. PV. IX. 47), Rima-Szombat (Fábry Göm. 83), auf Aeckern im Com. Gran (Feicht. Eszt. 284), bei Nagy Nyárad im Com. Baranya (Janka ÖBZ. XVII. 232).

O. sulphureum (52). Gemein in Gehölzen bei Nagy Nyárad im Com. Baranya (Janka ÖBZ. XVII. 232).

O. refractum (52). Auf dem Örbegy bei Pajna im südl. Com. Gran (Feicht. Eszt. 275).

O. nutans (52). Bei Aba Lehota westlich von Neutra (Kn. ZBG. XV. 111), auf dem Sárhegy bei Gyöngyös (Vrab. Hev. 160), im südl. Com. Zemplin (Hazsl. Ak. Közl. IV. 129), bei Körtvélyes auf der Grossen Schütt (Res. ÖBZ. XVII. 52), zwischen Ofen und Budaörs (Kit. It. croat. I.), bei Vukovar und Sotin im Com. Sirmien (Streim bei SV. 1123).

O. Boucheanum Aschers. ÖBZ. XVI. 191 und Brandb. Ver. VIII. p. XI, abgeleitet von *Myogalum Boucheanum* Kunth Enum. IV 1843 p. 348. *O. chloranthum* Saut. in Koch Tascheub. 1844 p. 508, Syn. 822, Weiss Bonpl. 1856 p. 178. auch ÖBW. VI. 343, Kern. ÖBZ XVI. 205. *O. nutans* Sturm II. 95 mit Ausnahme des Fruchtknotens, nicht L., nach Weiss. *Albucea chlorantha* Reichb. Icon. XX. f. 1032. Nicht blos bei Presburg und Szemlak (52) sondern auch häufig auf Wiesen und Aeckern im Com. Pest. als bei Pilis-Csaba, Ofen, Pest. auf der Dampfschiffwerft-Insel, Margarethen-Insel und Csepel (Kern. l. c.), auf einem Acker bei Winden am Neusiedler See (N.). Diese Art unterscheidet sich nach Weiss und Ascherson von dem in der Tracht höchst ähnlichen *O. nutans* L. dadurch, dass die Blätter schon zur Zeit der Blüte schlaff am Boden liegen und gegen die Spitze zu verwelkt sind, dass die auf der Innenseite der blumenblattartigen zweispaltigen Staubfäden befindliche hervorragende Längsleiste unterhalb der die Anthere tragenden Mittelspitze des Staubfadens in einen starken spitzen Zahn endet, und dass der Fruchtknoten kegelförmig und nicht genabelt ist, sondern in den ebenso langen Griffel übergeht. Bei *O. nutans* L. sind die Blätter zur Zeit der Blüte aufrecht und nur manchmal an der Spitze verwelkt, die vorerwähnte Längsleiste verlauft zahnlos in die Mittelspitze des Staubfadens, der Fruchtknoten ist eiförmig, nabelartig vertieft. kürzer als der Griffel. Alle übrigen von den verschiedenen Autoren angegebenen Unterschiede sind nicht beständig, oder nehmen sich in Wirklichkeit so unscheinbar aus, dass man über ihr Vorhandensein gewöhnlich im Zweifel bleibt. Mehrere Botaniker (Britt. Flora 1849 II. 418 und 1850 I. 370, Duftschm. ÖBW. III. 222, Ortm. ZBV. IV. 13, Hausm. Fl. v. Tirol 878 und 1492 und Bayer Exc. Buch 97) halten indessen *O. Boucheanum* nur für eine Varietät des *O. nutans*, da sich deutliche Uebergänge vorfinden sollen.

Allium nigrum β. atropurpureum (53). Bei Tótfalu nächst Siklos im Com. Baranya (Janka Exsicc.)

A. moschatum (53). An sandigen Stellen auf der Insel Csepel (Dorner briefl. Mittheil.), auf felsigen Abhängen längs der Strasse von Bazias nach Svinica im Donauthale der serb.-banat. Milit.-Grenze (Janka briefl. Mittheil.)

A. ochroleucum (53). Der Standort bei Wag-Neustadtl (350) ist nach Hol. ÖBZ. XV. 399, XVI. 373 und Krz. ZBG. XVI. 467 unrichtig.

A. ammophilum (54, Diagn. 124). Auf den Sandsteppen des Römerwalles bei Alibunar und Karlsdorf der serb. banat. Milit.-Grenze (Panč. ÖBZ. XVIII. 79, 82).

A. vineale (54). Bei Wag-Neustadtl und Čachtice im Com. Neutra, bei Kočovce im südl. Com. Trencsin (Kell. Ak. Közl. IV. 211), bei Parád (Vrab. Hev. 160), im südl. Com. Zemplin (Hazsl. Ak. Közl. IV. 129), bei Daruvar, Požega und Kutjevo im Com. Požega (SV. 1131).

A. Schoenoprasum β. alpinum (55). Auf dem Čeruikamen der Fatra (Both. ČK. 279), im Alpenkessel zwischen dem Nový und Hauran der östl. Tatra (Ilse 22).

A. paniculatum Koch Syn. 832 (nicht anderer Autoren). Auf kalkigen Hügeln bei Puszta Kutyavár nächst Erd im Com. Stuhlweissenburg, eine kleinere Form an grasigen Stellen der Insel Csepel (Tauscher Exsicc.)

A. pallens L. Auf dem Kis-Galya bei Sólymos im Com. Heves (Vrab. Hev. 160). Offenbar irrig.

Anthericum Liliago (55). Im Vojlovicer Walde bei Pančova (Slez. 26).

SMILACEAE.

Streptopus amplexifolius (56, 350). Im Schwarzwasserthale der Tatra bei Roks (Engl. Brandb. Ver. VII. 153).

Convallaria latifolia (56). Auf der Javořina im Com. Neutra (Kn. ZBG. XV. 112), bei Daruvar, Pakrac und Kamensko (SV. 1147), auf dem Papuk, bei Essek, Vukovar, zwischen Illok und Slankamen in Sirmien (KK. 84).

Majanthemum bifolium (57). Im hügligen und gebirgigen Theile Slavonien's (KK. 84).

Ruscus Hypoglossum (57). Bei Klokočovac im Com. Verovitic (KK. 84), bei Daruvar und Pakrac im westl. Com. Požega (SV. 1144).

R. aculeatus (57). Bei Nagy Nyárad im südöstl. Com. Baranya (Janka ÖBZ. XVII. 127), bei Duzluk, Klokočovac und Čepin im Com. Verovitic, dann bei Vinkovce der Broder Milit. Gr. (KK. 84).

IRIDEAE.

Iris squalens (58). Auf Wiesen und Hügeln bei Karlovic (Wolny in KK. 85).

I. bohemica (58). Stellenweise in der südl. Zips (Kalchbr. Szep. 1.58).

I. pumila (58). Auf dem Sárhegy bei Gyöngyös (Janka ÖBZ. XVI. 124, 169), in der Marmaros (Adl. Verz.), bei Bela im nördl. Com. Gran (Feicht. Eszt. 283), an Weingartenrändern in Slavonien (KK. 85).

I. arenaria (59, Diagn. 122). Im südl. Com. Zemplin (Hazsl. Ak. Közl. IV. 129).

I. sibirica (59). Bei Tormos nächst Neutra (Kn. ZBG. XV. 113), auf den Donau-Inseln des Com. Gran (Feicht. Eszt. 283), bei Peterwardein (KK. 85).

I. spuria (59). Auf der Puszta Tas bei Gyöngyös und in Jazygien gemein (Janka ÖBZ. XVI. 169, XVII. 65), auf den Donau-Inseln des Com. Gran (Feicht. Eszt. 283), zwischen Nagy Nyárad und Puszta Sátorystie im südöstl. Com. Baranya (Janka briefl. Mittheil.)

I. graminea (59, 350). Bei Bošac und Nemes Podhragy im südl. Com. Trencsin (Hol. ÖBZ. XV. 268), auf dem Somhegy bei Parád (Vrab. Hev. 160), bei Koronco im Com. Raab (Ebenh. PV. VIII. 46), zwischen Szölgyén und Ölved, dann auf den Donau-Inseln des Com. Gran (Feicht. Eszt. 283), bei Nagy Nyárad im südöstl. Com. Baranya (Janka briefl. Mittheil.)

I. foetidissima (60). In Kit. Catal. 2 findet sich folgende Stelle: „Ex ins. comarom" d. i. Komorn.

Gladiolus imbricatus (60). Auf dem Nagy Galya bei Sólimos im Com. Heves (Vrab. Hev. 160). *G. communis* Wimm., den Holuby früher auf der Javořina angab, ist nicht *G. palustris* sondern *G. imbricatus* (Hol. ZBG. XIX. Dec. Sitz.)

Crocus vernus (60) auf dem Bernsteiner Gebirge ist ohne Zweifel die kleinblütige weissblühende Varietät d. i. *C. albiflorus* oder *C. praecox* Kit., weil auf dem angrenzenden Schieferzuge in Nieder-Oesterreich ebenfalls nur diese Varietät vorkömmt. Ebenso kann unter dem von Kitaibel in den Com. Turóc und Sohl beobachteten *C. vernus* nur die grossblütige hellviolett blühende Varietät gemeint sein, weil Kitaibel die kleinblütige Varietät nur in Croatien angibt (Schult. Östr. Fl. I. 101, Kit. Add. 44). Auf welche dieser 2 Varietäten sich aber die übrigen Standorte beziehen, lässt sich nicht sagen (Vergl. Neilr. ZBG. XIX. 255).

C. banaticus (60, Diagn. 119). In der Krummholzregion des Alpenthales Szpyci der Černa Hora (Rehm. ZBG. XVIII. 486). *C. vittatus* Schloss. ZBV. III. SB. 132 auf Wiesen und in Eichenwäldern niedriger Gegenden durch ganz Slavonien (SV. 1075) ist nach Original-Exemplaren hievon nicht verschieden.

AMARYLLIDEAE.

Leucojum vernum (61). Auf Sumpfwiesen in der Marmaros (Adl. Verz.)

L. aestivum (61). Auf dem Schur bei St. Georgen (Dichtl ZBG. XV. 1003), im südl. Com. Zemplin (Hazsl. Ak. Közl. IV. 128), auf der Insel bei Mohács (Janka ÖBZ. XVII. 161), bei Essek, Karlovic, Semlin (KK. 85), bei Garčin in der Broder Milit.-Grenze (Sendtn. Ausland 1848 p. 442).

Sternbergia colchiciflora (62, Diagn. 122). An sandigen Stellen bei Pest (Roch. Exsicc.). auf den Puszten des Békeser Comitats (Pawl.

Exsicc.), in der Prolaz-Schlucht bei den Herkulesbädern (Janka briefl.
Mittheil.), auf Hügeln bei Beška in Sirmien (KK. 85).

Narcissus poëticus (62). Auf der Kabolapolyana in der Marmaros (Adl. Verz.), scheint *N. radiiflorus* zu sein.

N. Pseudonarcissus (62). Im Weidritzthale und auf Weinbergen bei Presburg (Wiesb. ZBG. XV. 1003).

ORCHIDEAE.

Malaxis paludosa (62). Auf Torfmooren in der Marmaros (Wagn. Exsicc.)

M. monophyllos (62). Auf der galizischen Seite der Liptauer Central-Karpaten und der Pieninen (Rehm. ZBG. XVIII. 486).

Corallorrhiza innata (63). Im Javořinka- und Bialka-Thale der nördlichen und auf der Nesselblösse der östlichen Tatra (Ilse 14, 19, 24, 30), auf dem Nordabhange der höhern Matra (Janka ÖBZ. XVI. 170).

Orchis fusca (63). In Holzschlägen bei Nagy Nyárad im südl. Com. Baranya (Janka briefl. Mittheil.), im Vojlovicer Walde bei Pančova (Slez. 25). Die Var. *O. moravica* Jacq. auf dem Turecko und in Holzschlägen bei Ivanovce im südl. Com. Trencsin (Hol. PV. IX. 49).

O. variegata (63). Auf dem Zobor bei Neutra (Kn. ZBG. XV. 113), auf dem Turecko, dann bei Štvrtek und Halužice im südl. Com. Trencsin, hier auch mit weisser Blüte (Hol. PV. IX. 49, ZGB. XIX. Dec. Sitz.) bei Stražilovo und Karlovic in Sirmien (KK. 86).

O. pallens (64). Auf buschigen Hügeln bei Nemes Podhragy im südl. Com. Trencsin (Hol. PV. IX. 49).

O. mascula (64). Auf dem Fehérkő und Vaskapu bei Gran (Feicht. Eszt. 280, 281), bei Stražilovo nächst Karlovic (KK. 86).

O. laxiflora (64). Im südl. Com. Zemplin (Hazsl. Ak. Közl. IV. 128) Auf dem Vaskapu bei Gran (Feicht. Eszt. 281)?

O. sambucina (65). Bei Požega, Pleternica und Bekteš im östl. Com. Požega (SV. 1084).

O. latifolia β. *incarnata* (65). Auf nassen Wiesen bei Stampfen und St. Georgen im Com. Presburg (Wiesb. ZBG. XV. 1003), in allen Sümpfen um Wag-Neustadtl (Kell. Ak. Közl. IV. 224), bei Štvrtek und Bošac im südl. Com. Trencsin (Hol. PV. IX. 50).

Anacamptis pyramidalis (65). Bei Bošac im südl. Com. Trencsin (Hol. ÖBZ. XVI. 296), im Göllnitzthale bei Stracena in der Zips (Szont. ÖBZ. XVI. 146), in der Marmaros (Adl. Verz.), bei Hoszuhetény und Pécsvár im nordöstl. Com. Baranya (Janka briefl. Mittheil.) Der Standort auf den Wiesen am Rákos (RK. 56) wurde von Kerner wieder aufgefunden (ÖBZ. XIX. 365).

Gymnadenia odoratissima (66). Auf dem Volovec (Pozsállo) der Gömör-Zipser Grenze (Geyer Göm. 87).

Nigritella angustifolia (66). Da der Temetvén kaum 2000′ hoch ist, so kann diese Art unmöglich dort vorkommen (Krz. ZBG. XVI. 467). Aber auch der Standort auf dem Šturec, auf Árvay's Autorität beruhend, kommt mir verdächtig vor, da er vereinzelt dasteht und in neuerer Zeit Niemand diese Pflanze in Ungarn gefunden hat.

Himantoglossum hircinum (66). Auf dem Turecko im südl. Com. Trencsin (Kell. ÖBZ. XV. 49, XVI. 61), auf dem Vaskapu bei Gran (Feicht. Eszt. 281), bei Hoszuhéteny und Pécsvár im nordöstl. Com. Baranya (Janka briefl. Mittheil.), bei Požega und Kutjevo im östl. Com. Požega (SV. 1087).

Aceras anthropophora (66). Im Vojlovicer Walde bei Pančova (Slez. 26). Wohl unrichtig wie der Standort im Com. Neutra.

Platanthera chlorantha Cust. (66). Im Wald bei der Glasfabrik von Parád (Vrab. Hev. 160).

Chamaeorchis alpina (67). Im Alpenkessel zwischen dem Nový und Hauran, im Drechselhäuschen (Ilse 22, 31) und auf dem Stirnberg der östl. Tatra (Engl. Brandb. Ver. VII. 155).

Ophrys myodes (67). Bei Neu-Sohl (Márk. ÖBZ. XV. 305).

O. aranifera (67). Auf dem Thebner Kogel (Krapf ZBG. XV. 1003), bei Požega (SV. 1091).

O. arachnites (67). Bei Halužice im südl. Com. Trencsin (Hol. OBZ. XV. 268).

Listera cordata (68). Im Javořinka- und Bialka-Thale der nördl. Tatra (Ilse 12, 14, 19), im Weisswasserthale bei Roks (Engl. Brandb. Ver. VII. 157).

Epipactis microphylla (68). In Buchenwäldern bei Nemes Podhragy im südl. Com. Trencsin zerstreut (Hol ZBG. XIX. Dec. Sitz.), auf dem Bikol im westl. Com. Gran, auf dem Piliser Berge (Feicht. Eszt. 275, 279), im Černa-Thale bei Mehadia (Reuss Verz.)

E. palustris (68). Bei Bojnica und Gajdel im nordöstl. Com. Neutra (Kn. ZBG. XV. 114), auf dem Inovec im südl. Com. Trencsin (Kell. Ak. Közl. IV. 224).

Limodorum abortivum (69). Bei Leskov und Jokö (Gutenstein) im nordwestl. Com. Neutra (Krz. ZBG. XVI. 468), auf dem Örhegy bei Bajna im südl. Com. Gran (Feicht. Eszt. 275).

NAJADEAE.

Potamogeton natans β. *fluitans* (70) dann die Var. *P. oblongus* Viv. in Wassern bei Wag-Neustadtl (Kell. Ak. Közl. IV. 195).

P. rufescens (70). Auf Inseln bei Wag-Neustadtl (Kell. Ak. Közl. IV. 195)?

P. coloratus (70). In den Donausümpfen bei Dályok im südöstl. Com. Baranya (Janka briefl. Mittheil.)

P. gramineus (70). Auf den Donau-Inseln des Com. Gran (Feicht. Eszt. 283), in den Donau-Sümpfen bei Dályok im südöstl. Com. Baranya (Janka briefl. Mittheil.), bei Rudolfsgnade Titel gegenüber in der deutsch-banat. Milit.-Greuze (Reuss Verz).

P. lucens (70). Bei Skalic im Marchthale, bei Gross-Céteny und Gross-Kér im südl. Com. Neutra (Kn. ZBG. XV. 115), bei Wag-Neustadtl (Kell. Ak. Közl. IV. 195), bei Bohuslavice im südl. Com. Trencsin

(Hol. PV. IX. 51), im südl. Com. Zemplin (Hazsl. Ak. Közl. IV. 128), in den Sümpfen der Donau bei Dályok und der Drau bei Kácsfalu im Com. Baranya (Janka briefl. Mittheil.)

P. praelongus Wulf. Bei Wag-Neustadtl (Kell. ÖBZ. XV. 49)?

P. perfoliatus (71). Bei Luka nächst Pištjan, dann bei Cschi, Gross-Céteny, Gross-Kér und Komjat südl. von Neutra (Kn. ZBG. XV. 115), bei Stvrtek im südl. Com. Trencsin (Hol. ÖBZ. XV. 268).

P. acutifolius (71). In Sümpfen bei Raab (Kn. ÖBZ. XVI. 60), in den Donausümpfen bei Dályok im Com. Baranya (Janka brieid. Mittheil.)

AROIDEAE.

Calla palustris (72). In Gebüschen bei Poljana und Gaj im östl. Com. Požega (SV. 1154)?

Acorus Calamus (72). Bei Ujlačka nächst Freistadtl und bei Ůzbég nächst Neutra (Kn. ZBG. XV. 115), bei Levárt nächst Pelsöc (Fábry Göm. 89), auf den Ebenen des südl. Com. Zemplin (Hazsl. Ak. Közl. IV. 128) und des Com. Gran (Feicht. Eszt. 283), an der Drau bei Sotiu und Illok in Sirmien (Janka brieid. Mittheil.), bei Feri-čance im Com. Verovitie, im Bosut der Broder Milit.-Grenze (KK. 88).

TYPHACEAE.

Typha minima (73). Auf der Grossen Schütt (Res. ÖBZ. XVII. 52), an der Drau bei Dubrava und Legrád im Com. Zala (SV. 1155).

Sparganium natans (73). Im Alpensee der Dzymbronja auf der Čerma Hora (Rehm. ZBG. XVIII. 187).

CONIFERAE.

Juniperus communis β. alpina (73). Auf der Prašiva der Liptau-Sohler Alpen (Márk. ÖBZ. XVI. 116).

Pinus Laricio (74). Cultivirt auf den Coburg'schen Gütern im Com. Gömör (Fábry Göm. 82).

P. Mughus var. *uliginosa* Koch (74). Im sumpfigen Walde zwischen Podspady und der Javořinka in der nordwestl. Zips (Ilse 18). Der älteste aber unpassende Name für *P. Mughus* wäre *P. montana* Duroi Observ. 1771 p. 42.

CERATOPHYLLEAE.

Ceratophyllum submersum (75). Bei Sárisáp im südl. Com. Gran (Feicht. Eszt. 284), zwischen Tapio Szelle und Nagy Káta, im Teiche bei Tapio Bicske im Com. Pest (Kern. ÖBZ. XIX. 303).

CALLITRICHINEAE.

Callitriche verna var. *hamulata* (75). Bei Maiersdorf im Com. Sohl (Márk. ÖBZ. XV. 306), im Teiche des Meierhofes Jankovac bei Peterwardein (KK. 89). Im Tieflande fehlt die ganze Art (Kern. ÖBZ. 'X. 303).

C. stagnalis (75). Bei Parád im Com. Heves (Vrab. Hev. 150) gemein in Slavonien (SV. 1007).

C. autumnalis (75). Das Vorkommen derselben in Ungarn wird von Ascherson in der Bot. Zeit. 1865 p. 366 bezweifelt, worin er wohl recht haben wird.

BETULACEAE.

Betula pubescens (76). In den Sümpfen der Drau und der Rinja im Com. Somogy (Wierzb. in André Hesp. 203).

B. nana (76). Auf dem Pop Ivan in der südöstlichen Marmaros (Adl. Verz.).

Alnus viridis (76). Auf dem Nagy Galya bei Sólymós im Com. Heves (Vrab. Hev. 159).

CUPULIFERAE.

Seite 77:

Quercus filipendula bei Kučanci zwischen Našice und Djakovar im Com. Verovitic (Janka Exsicc.) hält Kerner in ÖBZ. XVIII. 9 für *Q. pendulina* Kit. in Schult. Östr. Fl. I. 620 und Add. 49, welche bei Kóka, Szecsö und Sz. Márton-Káta im nördl. Com. Pest vorkömmt. Allein Janka's Eiche ist ganz kahl und *Q. pendulina* hat nach der Beschreibung unterseits weichhaarige Blätter und eben solche Blatt- und Blütenstiele. *Q. fructipendula* bei Puszta Sz. Márton RK. 85 und *Q. pedunculata* δ. *australis* Heuff. Ban. 159 im Com. Krassó gehören höchst wahrscheinlich hierher. Nach meiner Ansicht sind alle diese *Eichen* nur Varietäten der *Q. pedunculata* Ehrh. mit verlängerten überhängenden Blütenstielen und kleinern Früchten (Vergl. auch Neilr. Croat. 54, 255).

ULMACEAE.

Ulmus effusa Willd. Prodr. Berol. 1787 p. 94 (78). Der älteste Name ist nach Parlat. Fl. ital IV. 353 *U. pedunculata* Fougeroux in Mém. de l'Acad. des scienc. de Paris 1784 p. 211.

URTICACEAE.

Urtica major (79, Diagn. 113). Statt der Var. δ. *Kioviensis* Wedd. ist zu setzen δ. *radicans* (der kriechenden Stengelbasis wegen) und das Citat *U. Kioviensis* Rogow. ist zu streichen, denn diese ist nach den von Rogowitsch gesammelten und von Trautvetter an Kanitz gesendeten Exemplaren eine von *U. radicans* Bolla verschiedene mit *U. angustifolia* Fisch. zunächst verwandte Pflanze, nur dass letztere nicht einhäusig wie *U. Kioviensis* sondern zweihäusig ist.

Parietaria diffusa (79). Der älteste obschon unpassende Name ist *P. ramiflora* Mönch Method. 327 (Vergl. MK. Deutschl. Fl. 1. 822—3). Nach Parlat. Fl. ital. IV. 335 und Wedd. in DC. Prodr. XVI. 1. p. 235[42] ist jedoch *P. diffusa* nur eine Varietät der *P. officinalis* L.

mit niedergestrecktem mehr ästigem Stengel. *P. judaica* L. ist hiervon verschieden (Wedd. l. c.)

SALICINEAE.

Salix fragilis (80). Die Form mit 2—5männigen Kätzchen (*S. Pokornyi* A. Kern ZBG. X. 181) bei Neutra (Schill. Nyitr. 304) und wohl noch an vielen Orten.

S. nigricans (80). Am Rákosbache bei Pest (Kern ÖBZ. XIX. 364).

S. hastata (80). Im Alpenkessel zwischen dem Nový und Hauran (Ilse 22) und im Drechselhäuschen der östl. Tatra (Engl. Brandb. Ver. VII. 154).

S. myrsinites (81). Am Fuss des Nový und im Kupferschächtenthale der östl. Tatra (Ilse 21, 26), in der Marmaros (Adl. Verz.) Ferner erwähnt Ilse l. c. 31—2 einer eigenthümlichen an *S. retusa* L. erinnernden Form der *S. myrsinites* im Drechselhäuschen. wahrscheinlich *S. retuso-myrsinites* oder *S. retusoides* J. Kern. ZBG. XVI. 39.

S. retusa (81). Auf der Petrosa der Rodnaer Alpen (Hazsl. Ak. Közl. IV. 81).

S. reticulata (81). Auf dem Czerwony Wierch und am Schwarzen See oberhalb des Grossen Fischsee's (Ilse 9, 16).

S. alba-Caprea Holuby ZBG. XIX. Dec. Sitz. Nur ein männlicher Strauch auf einer Felswand bei Halužice im südl. Com. Trencsin. In Wimm. Salic. europ. kömmt dieser Strauch nicht vor, wie denn überhaupt hybride Verbindungen der *S. alba* mit Arten aus der Gruppe der *S. Caprea* der ganz verschiedenen Blütezeit wegen nicht recht erklärlich sind.

S. amygdalino-fragilis (82). Sowohl die der *S. fragilis* näher stehende Form (*S. subtriandra* A. Kern. ZBG. X. 189) als die zu *S. amygdalina* sich hinneigende Form (*S. Kovatsii* A. Kern. l. c. 190) bei Neutra (Schill. Nyitr. 304).

S. purpureo-viminalis (82). Zwischen Jablonic und Leskove im Com. Neutra (Krz. ZBG. XVI. 466), bei Kesmark (Aschers. ÖBZ. XV. 282).

Populus albo-tremula (82). Auf dem Temetvény-Gebirge im Com. Neutra (Kell. ÖBZ. XIV. 284), auf dem Turecko und bei Halužice im südl. Com. Trencsin (Hol. PV. IX. 55).

SALSOLACEAE.

Atriplex nitens (83). Bei Ó-Gyala im nördl. Com. Komorn (Schill. ÖBZ. XV. 383), bei Szécsény im Com. Neograd (Erzbischof Haynald), im südl. Com. Zemplin (Hazsl. Ak. Közl. IV. 126), bei Orahovica und Essek im Com. Verovitic, bei Čerević und Karlovic in Sirmien (KK. 93).

A. littoralis (83). Bei Konyár im nördl. Com. Bihar (Janka brief. Mittheil.)

Camphorosma *ovata* (84, 350, Diagn. 110). An der Drau bei Dubrava auf der Murinsel und auf sandigen Hügeln zwischen Čagjavica und Moslavina im westl. Com. Verovitie (Sv. 974).

C. sabulosa Kit. in Herb. Willd. eine nicht näher bekannte Art an salzigen Stellen in Ungarn (DC. Prodr. XIII. 2. 126) ist nach dem im Herb. Willd. befindlichen Original-Exemplar mit *C. ovata* WK. identisch, übrigens nicht von Kitaibel sondern von Willdenow so benannt (Aschers. briefl. Mittheil.)

Blitum *virgatum* (84). Auf dem Schur bei St. Georgen im Com. Presburg wirklich wild (Janka ÖBZ. XVI. 170).

Beta *trigyna* (84, Diagn. 110). Bei Vukovar und India im Com. Sirmien, bei dem Meierhofe Jankovac nächst Peterwardein (KK. 93).

Kochia *prostrata* (84). Bei Rékás an der Zagyva im Com. Pest, zwischen Nagy Füged und Méra im Com. Heves (Janka ÖBZ. XVI. 170), bei Slankamen in der Peterward. Milit.-Grenze (KK. 93), gemein auf dem Titler Plateau im Čajkisten-Distr. (Reuss Verz.)

K. *sedoides* (85). Auf der Kisleva im östl. Com. Gran (Feicht. Eszt. 280), gemein am Friedhofe von Rékás an der Zagyva im Com. Pest, im untern Com. Heves gegen die Theiss zu (Janka ÖBZ XVI. 170).

Chenopodium *Botrys* (85). Bei Dobschau und Csetnek im Com. Gömör (Szont. ÖBZ. XVI. 147, 148), bei Nedelišée auf der Murinsel (Kit. lt. croat. 15).

Suaeda *maritima* (86, Diagn. 107). *Salsola sativae affinis* RK. 5. Mit Sicherheit nur am Neusiedler See, dann bei Sz.. Iván und Sár-Keresztur im Com. Stuhlweissenburg (Aschers. ZBG. XVII. 580, 581 Note). Ob die übrigen Standorte sich auf diese oder die folgende Art beziehen, lässt sich ohne Ansicht von Original-Exemplaren nicht entscheiden. Die Standorte auf den Inseln Pötschen und Schütt gehören nicht hieher, sondern zu *Corispermum nitidum* (Wiesb. ZBG. XV. 1003, XVII. 968).

S. *salsa* Pall. Wurzel spindlig. Stengel aufrecht oder aufsteigend, seltener liegend, meist ausgebreitet-ästig, kahl wie die ganze Pflanze. Blätter halbwalzlich, blaugrau bereift, oberseits schwach rinnig, an den Aesten kleiner. Blüten geknäult, meistens zu 3 in den Blattwinkeln sitzend, end- und seitenständige beblätterte Aehren bildend. Narben 2. *Samen* wagrecht, *glatt* oder nur am Rande schwach punktirt, glänzend.

Chenopodium salsum L. Spec. ed I. 221, Ch. maritimum RK. 5, nicht L. Suaeda salsa Pall. Illustr. p. 46 t. 39, Fenzl in Ledeb. Ross. III. 785, Aschers. ZBG. XVII. 580, S. maritima Janka ÖBZ. XVI. 170, nicht Dumort. Schoberia salsa C. A. Meyer in Ledeb. Fl. alt. I. 401, N. ab E. Gen. VII, t. 11. f. 1—12.

Eine Art von zweifelhaftem Werthe und von einigen Autoren auch nur als Varietät der *Suaeda maritima* Dumort. betrachtet. *S. salsa* ist jedoch in allen Theilen stärker, derber, im Trocknen schwärzlich, der Stengel höher, 1—2' hoch, an der Basis etwas holzig, die Blätter länger, dicker, saftiger, die Samen röthlichschwarz. *S. maritima* ist von einem

4 *

gelblichen oder rötblichen Grün, die Samen sind schwarz, netzförmig-
gefurcht und dadurch wie feinpunktirt, übrigens ebenfalls glänzend.
Gleichwohl kommen häufig Uebergänge vor und selbst im Samen.
An salzigen Stellen. Am Neusiedler See, bei Sz. Iván und Sár-
Keresztes im Com. Stuhlweissenburg, an allen 3 Orten vermischt mit
S. maritima, dann bei Konyár nächst Derecse im nördl. Com. Bihar
(Aschers. l. c.), an der Theiss (Lang in Reichb. German. 582) und
wohl noch an vielen Orten und wahrscheinlich häufiger als *S. maritima*
– August, September ☉.

Salsola *Soda* (86). Bei Pančova in der deutsch-banat. Milit.-
Grenze (Slez. 22).

Corispermum *hyssopifolium* (86, Diagn. 108). Im Flugsand bei
Fényszaru an der Zagyva in Jazygien (Janka ÖBZ. XVI. 170).

C. nitidum (86, Diagn. 108). Im Sand der Donau auf der Insel
Pötschen und auf der Grossen Schütt Karlburg gegenüber (Wiesb.
ZBG. XVII. 968), im Flugsand bei Fényszaru an der Zagyva in Jazy-
gien (Janka ÖBZ. XVI. 170), bei Dubrava auf der Murinsel, bei
Legrád an der Drau (SV. 967).

C. Marschallii (87, Diagn. 108). An sandigen Stellen im Pester
Stadtwäldchen (Heuff. Exsicc.)

C. canescens (87, Diagn. 108). An sandigen Stellen durch das
ganze Com. Gran (Feicht. Eszt. 284), bei Dubrava auf der Murinsel
zwischen Čagjavica und Moslavina an der Drau im westl. Com. Verovitic (SV. 967).

AMARANTACEAE.

Polycnemum *verrucosum* (87). *P. arvense* β. *brevifolium* (Diagn. 109).
Bei Nemes Podhragy im südl. Com. Trencsin (Hol. PV. IX. 57), durch
das ganze Com. Gran (Feicht. Eszt. 284).

P. Heuffelii (87). *P. arvense* γ. *filifolium* (Diagn. 109). Bei Ober-
Récsény nordwestl. von Neutra (Kn. ZBG. XV. 119), bei Dorog
(Grundl. Exsicc.) und auf dem Klastromhegy im südöstl. Com. Gran
(Feicht. Eszt. 278), zwischen Čepin und Selce im Com. Verovitic
(KK. 94), bei Alt-Orsova (Winkl. ÖBZ. XVI. 16).

Amarantus *Blitum* (87). Auf Weinbergen bei Presburg (Dichtl
ZBG. XVII. 968).

A. prostratus Balb. (87) ist nach Moq. Tand. in DC. Prodr.
XIII. 2. 275 allerdings *A. deflexus* L., allein die ungarischen Autoren
scheinen damit, obschon sie Balbis citiren, nicht die echte Pflanze
dieses Namens (eine *Albersia*, welche das südl. Europa bewohnt) sondern *A. prostratus* Bast. Fl. Maine et Loire 344 zu meinen, eine Pflanze,
welche von *A. Blitum* höchstens als Var. *prostrata* verschieden ist
(Moq. Tand. l. c. p. 263 n. 18 var. α., Fenzl in Ledeb. Ross. III. 858).
Diese Varietät an ausgetrockneten Lachen des Schur bei St. Georgen
(Forstn. ZBG. XVII. 968), bei Našice, Bizovac, Essek und Antonovac
im Com. Verovitic (KK. 94).

POLYGONEAE.

Polygonum minus (88). Im südl. Com. Zemplin (Hazsl. Ak. Közl. IV. 126).

Rumex maritimus (89). Bei Wag-Neustadtl im nördl. (Kell. Ak. Közl. IV. 195) und bei Szelöc und Puszta Báb im südl. Com. Neutra (Kn. ZBG. XV. 119), bei Orahovica, Essek und Držanica (Dorf südöstl. von Essek) im Com. Verovitic (KK. 95).

R. palustris (90). Bei Üzbég nächst Neutra (Kn. ZBG. XV. 119), im Com. Verovitic an denselben Orten mit dem vorigen (KK. 95).

R. pulcher (90). Bei Vukovar in Sirmien (KK. 95).

R. Hydrolapathum (90). In der Karlburger Au, bei Weinern, im Schur und bei Puszta Födémes im Com. Presburg (Wiesb. ZBG. XVII. 968), bei Üzbég (Kn. ZBG. XV. 119) und Unter-Jattó im Com. Neutra, bei Ó-Gyala im Kom. Komorn (Schill. ÖBZ. XV. 380, 383), an der Drau bis Kis-Dárda im Com. Baranya (Kn. ÖBZ. XVI. 118), bei Klokočovac im Com. Verovitic (KK. 95).

R. aquaticus (91). In der Marmaros ohne nähere Angabe (Adl. Verz.)

R. scutatus (91). Auf den Karpaten der Marmaros (Adl. Verz.)

SANTALACEAE.

Thesium Linophyllum β. *montanum* (91). Auf dem Nagy-Galya bei Sólymós im Com. Heves (Vrab. Hev. 158). Auf dem Galgenberg bei Kesmark wächst es nicht (Uechtr. ÖBZ. XVI. 211).

Th. ramosum (91). Bei Bruck auf der westl. Seite der Grossen Schütt (Wiesb. ZBG. XV. 1003), bei Koroncó im Com. Raab (Ebenh. PV. VIII. 46) auf dem Gerecse und Bikol im westl. Com. Gran (Feicht. Eszt. 274, 275).

Th. humile (92). Bei Wag-Neustadtl im nördl. (Kell. Ak. Közl. IV. 208) und bei Üzbég, Lapás-Gyarmat und Surány im südöstl. Com. Neutra (Kn. ZBG. XV. 120), bei Neudorf an der March im Com. Presburg, bei Wolfsthal, Edelsthal, Baumern und Kittsee im Com. Wieselburg (Wiesb. ZBG. XV. 1003), auf im Acckern im Com. Gran (Feicht. Eszt. 284), bei Rima-Szombat (Fábry Göm. I. 83).

DAPHNOIDEAE.

Daphne Laureola (92). In Wäldern bei Budaörs nächst Ofen (Kit. Pl. croat. 1).

ELAEAGNEAE.

Hippophaë rhamnoides (93). Zwischen Presburg und Pischdorf (Wiesb. ZBG. XV. 1003), dann auf den Inseln um die Grosse Schütt (Res. ÖBZ. XVII. 52), an der Drau bei Dubrava und Légrád im Com. Zala (SV. 983).

PLANTAGINEAE.

Plantago major (93) β. *asiatica* Dene in DC. Prodr. XIII. 1. 694. Schaft verlängert, sammt der Aehre dünn, zart; Blätter in einen laugen feinen Blattstiel zusammengezogen. Au schlammigen Stellen bei Ujfalu auf der Insel Csepel (Tauscher Exsicc.)

γ. *cruenta* Hol. PV. IX. 59. Blütenstiele und Blattadern blutroth. Bei Nemes Podhragy im südl. Com. Trencsin selten, bei Lubina im nördl. Com. Neutra sehr häufig.

P. *Psyllium* bei Serke im Com. Gömör (Fábry Göm. 89) wird wohl P. *arenaria* WK. sein.

PLUMBAGINEAE.

Statice elongata (95). Gemein durch das ganze Marchthal der Com. Neutra (Krz. ZBG. XVI. 468) und Presburg (Janka briefl. Mittheil.)

VALERIANEAE.

Valerianella echinata (95). Auf Aeckern bei dem Pulverthurme zwischen Kamenic und Karlovic (Wolny nach KK. 97). Die Angabe Rumy's, dass sie in Sirmien vorkomme, beruht ohne Zweifel auf derselben Quelle. Eine Pflanze der Mittelmeer-Flora, die in Sirmien schwerlich wachsen wird.

V. *Auricula* (95). Bei Nemes Podhragy im südl. Com. Trencsin. (Hol. PV. IX. 59), bei Nagy-Nyárad und auf dem Harsányhegy im Com. Baranya (Janka briefl. Mittheil.).

V. *coronata* (95). Auf dem Kisleva und Lászkereszthegy im östl. Com. Grau (Feicht. Eszt. 280, 282), sehr häufig auf dem Harsányhegy im Com. Baranya (Janka Exsicc.).

V. *lasiocephala* (95) ist nach Krok Monogr. Valer. p. 98 nichts anders als V. *coronata* im jugendlichen Zustande.

Valeriana simplicifolia (96, Diagn. 62). Auf nassen Bergwiesen bei Bošac im südl. Com. Trencsin (Hol. Exsicc.)

V. *montana* (96). Auf dem Choč (Pant. ÖBZ. XIX. 335), dem Domugled bei Mehadia (Winkl. ÖBZ. XVI. 18).

V. *elongata* (96). Auf dem Hermanec im Com. Turóc (Márk. ÖBZ. XV. 384)?

DIPSACEAE.

Dipsacus fullonum (96). Verwildert bei Vukovar in Sirmien, zwischen Velika und Mitrovic im Com. Požega, bei Vinkovce der Broder Milit.-Grenze (KK. 97).

D. *pilosus* (96). Bei Tarján am Fuss der Matra im Com. Heves (Janka ÖBZ. XVI. 170), im südl. Com. Zemplin (Hazsl. Ak. Közl IV. 125), bei Nedelić und Čukovec auf der Murinsel (SV. 722).

Cephalaria transsilvanica (97). Bei Ó-Gyala im nördl. Com. Komorn (Schill. ÖBZ. XV. 382), auf der Kikerica bei Rima-Szombat (Fábry Göm. 83), bei Karlovic (KK. 97), Slankamen (Reuss Verz.)

C. *centauroides α. pubescens* (97, Diagn. 63), die seit Kitaibel Niemand beobachtet zu haben scheint, wurde von Janka auf lehmigen

Abhängen unterhalb Bazias in der serb. banat. Milit.-Grenze wieder aufgefunden.

Knautia *longifolia* (97). Auf der Majerova Skala bei Altgebirg im Com. Sohl (Márk. ÖBZ. XVI. 110), wenn anders die Bestimmung richtig ist.

K. arvensis var. *carpatica* (98). Bei Neu-Sohl (Márk ÖBZ. XV. 307).

Scabiosa *australis* (98). Zwischen Marcal und Faisz im nördl. Com. Somogy, bei Vukovar in Sirmien (Janka ÖBZ. XVII. 66, 331), in der Marmaros (Adl. Verz.)

S. lucida (99, 350). Auf der Javořina nördl. von Nagy-Röcc im Com. Gömör (Fábry Göm. 85), auf der Rybra (Repra) der Černa Hora (Rehm. ZBG. XVIII. 488).

S. ucranica (99). Auf Weinbergen bei Vukovar und Čerević im Com. Sirmien (KK. 98), bei Grebenac und Bazias der serb. banat. Mil.-Grenze (Janka briefl. Mittheil.).

COMPOSITAE.

I. CORYMBIFERAE.

Homogyne *discolor* (100). Auf der Tatra kömmt sie nicht vor (Kalchbr. Szep. I. 112).

Petasites *niveus* (100). Die Angabe, dass diese Art im Schächtengrund der Tatra vorkomme, beruht auf einer Verwechslung mit *P. officinalis*. Der Standort Rovně erscheint hiernach ebenfalls sehr zweifelhaft (Aschers. Bot. Zeit. 1865 p. 366).

Aster *alpinus* (100). Auf dem Vulkan an der Grenze des Zaránder Comitates gegen Siebenbürgen (Janka briefl. Mittheil.)

A. acris (101, Diagn. 65). Bei Dósa in Jazygien (Janka ÖBZ. XVI. 170).

A. canus (101). Zwischen Nagy Nyárad und Puszta Sátoristye im Com. Baranya (Janka Exsicc.), bei Čerević im Com. Sirmien (KK. 98).

A. salicifolius Scholler (101, 354), von dem *A. salignus* Willd. abgeleitet ist, ist nach Aschers. Bot. Zeit. 1865 p. 366 eine gute Art, welche an der Elbe wild wächst und von der es sehr fraglich ist, ob sie amerikanischen Ursprunges sei. Dagegen habe ich nichts zu erinnern. Meine Vermuthung aber, dass den unter dem Namen *A. salignus* angeführten ungarischen (und auch vielen deutschen) Arten verschiedene amerikanische *Astern* zu Grunde liegen dürften, halte ich aufrecht, wenigstens gehörte keine der aus verschiedenen Ländern abstammenden und mit *A. salignus* benannten *Astern*, welche ich gesehen habe, zu derselben Art, sondern wiesen alle auf verschiedene mir theilweise unbekannte offenbar verwilderte amerikanische *Astern* hin. *A. salignus* wird ferner angegeben an der Leitha bei Gatendorf, an den Donau-Armen zwischen Presburg, Pischdorf und Karlburg (Wiesb. ZBG. XV. 1004), bei Gyöngyös im Com. Heves (Kit. Catal. 30).

A. Novi Belgii L. (Koch Syn. 386). Verwildert auf der Insel Altau bei Presburg (Wiesb. ZBG. XV. 1004).

Erigeron alpinus (102). Uechtritz zweifelt, dass die kahle Varietät auf den Karpaten so häufig als die behaarte Varietät vorkomme und dass sie der echte *E. glabratus* Hoppe sei (ÖBZ. XVI. 212). Dies mag richtig sein, denn Hazslinszky erwähnt im ZBV. II. 6 des *E. glabratus* nicht, sondern spricht nur von einer „glattblättrigen" Form. Nach seinem späteren Werke ÉM. 248 dagegen soll diese auf der Hohen Tatra vorkommende stets einköpfige Form mit fast kahlen Blättern *E. uniflorus* L. sein, was freilich mit der früheren Angabe wenig übereinstimmt.

E. uniflorus (102). Am Weissen See der Hohen Tatra und im Drechselhäuschen der östlichen Tatra (Engl. Brandb. Ver. VII. 154, 157).

E. atticus (102). Im Kupferschächtenthale der östlichen Tatra (Ilse 25).

Stenactis bellidiflora (102). Auf dem Palotahegy bei Gran und auf den Donau-Inseln dieses Comitates (Feicht. Eszt. 281, 283), im südl. Com. Baranya gegen die Drau zu sehr häufig (Janka briefl. Mittheil.), gemein in den Com. Verovitic und Požega, dann bei Čerević im Com. Sirmien, bei Vinkovce und Županje der Broder Milit.-Grenze (KK. 98).

Bellis perennis (102). Scheint auf der Matra und im Tieflande zu fehlen (Janka ÖBZ. XVI. 170), doch kömmt sie an den Rändern desselben vor, wie bei dem Felixbade nächst Grosswardein (Steff. ÖBZ. XIV. 176) und im Banat (Heuff. Ban. 93).

Solidago canadensis L. Spec. 878, Schk. Handb. III. t. 246. *Wurzelstock walzlich, ästig, weit umher kriechend. Stengel* aufrecht, 3—6' hoch, *grün, dicht-kurzhaarig.* Blätter lanzettlich, gesägt, 3nervig. *Köpfchen* klein, nur 2—3''' lang, gelb, zahllos *in einseitswendigen zurückgekrümmten Trauben.* Die sehr ähnliche *S. gigantea* Ait. Hort. Kew. III. 211 hat einen kahlen weisslichen Stengel, *S. Virgaurea* weicht durch den aus geraden aufrecht abstehenden Trauben gebildeten Blütenstand, eiförmige untere Blätter und den schiefen knotigen reichfaserigen Wurzelstock sehr ab. — Stammt aus Nordamerika und wird in Gärten häufig cultivirt, verwildert aber leicht und bildet oft förmliche Gebüsche. Massenhaft auf der Grossen Schütt bei Presburg, hier sich stets vermehrend (Wiesb. ZBG. XV. 1004, Res. ÖBZ. XVII. 52), auch an Zäunen bei Nemes Podhragy im südl. Com. Trencsin (Hol. PV. IX. 61) und an der Gran bei Nána (Feicht. Ad. 273).

Inula Helenium (103). Bei Pelsöc, Tornalja und Sajo-Gömör im Com. Gömör (Fábry Göm. 88, 89). Verwildert?

I. germanica (103). Im Walde Pagony bei Koroncó (Ebenh. PV. VIII. 45), zwischen Nagy-Nyárad und Lancsuk im Com. Baranya (Janka briefl. Mittheil.)

I. germanico-ensifolia (103, 351). Auf dem Sárhegy bei Gyöngyös (Janka ÖBZ. XVI. 170), bei Slankamen in Sirmien (Reuss Verz.).

I. squarrosa (104). Auf dem Sárhegy bei Gyöngyös (Vrab. Hev. 151) und auf dem Nyerges bei Rosenau (Geyer Göm. 87), wenn anders die Bestimmung richtig ist. Der Standort auf dem Zobor bei Neutra (Ku. PV. VII. 151) scheint sich auf *I. germanico-ensifolia* zu beziehen (Uechtr. ÖBZ. XVI. 104), da Knapp in ZBG. XV. 123 diesen Bastart bei Neutra augibt, *I. squarrosa* aber mit Stillschweigen übergeht. Dieselbe Verwechslung scheint auch mit der Pflanze auf dem Sárhegy stattgefunden zu haben.

I. bifrons (104) In Gebüschen bei Karlovic (Wolny in KK. 99). Ob auch richtig bestimmt?

I. Oculus Christi (104). Bei Egbell, Unin und Veska im westl. (Krz. ZBG. XVI. 468), bei Alt-Lehota (Kell. Ak. Közl. IV. 223), Borovec, Üzbég und Csehi im östl. Com. Neutra (Ku. ZBG. XV. 123), bei Trencsin (Hol. ÖBZ. XVII. 278), auf dem Schlossberge von Murány (Szont. ÖBZ. XVI. 148).

Rudbeckia *laciniata* (105, Diagn. 66). Bei Betlér nächst Rosenau (Geyer Göm. 27), bei Vučin im Com. Verovitic (KK. 99).

Anthemis *ruthenica* (106). Auf Aeckern bei Presburg und Ivanka (Wiesb. ZBG. XV. 1004). gemein im Com. Heves (Janka ÖBZ. XVII. 66), bei Essek und Tenye im Com. Verovitic, bei Bobota und Vukovar im Com. Sirmien (KK. 100), bei Grebenac und Kusič in der serbischbanat. Milit.-Grenze (Reuss Verz.). Janka bemerkt l. c., dass er russische Exemplare der *A. ruthenica* besitze, welche MB. selbst als solche bestimmt hatte.

A. tenuifolia (107, Diagn. 69). Auf dem Kalkfels Kamienicc der Čerma Hora in Menge (Rehm. ZBG. XVIII. 489), auf der Petrosa der Rodnaer Alpen (Hazsl. Ak. Közl. IV. 156).

Achillea *Ptarmica* (107). Bei Nyirjes nächst Rosenau (Geyer Göm. 87).

A. lingulata (107, Diagn. 67). Auf Felsen der Čerma Hora zwischen der Rybra (Repra) und Hoverla (Rehm. ZBG. XVIII. 489).

A. Mill. folium var. *setacea* (108). In den Umgebungen von Neutra (Ku. ZBG. XV. 123), auf dem Sárhegy bei Gyöngyös (Vrab. Hev. 152), in den 3 slavonischen Comitaten bis in die Militär-Grenze stellenweise (KK. 100).

A. tanacetifolia (108). Bei der Ruine Temetvény im nördl. Com. Neutra (Ku. ZBG. XV. 124), bei Budony im nördl. Com. Heves (Vrab. Hev. 152).

A. crithmifolia (109, Diagn. 67). Auf dem Keserüsbükkhegy bei Dömös im Com. Gran (Feicht. Eszt. 282), auf allen Vorbergen der Matra gemein (Janka ÖBZ. XVI. 170).

A. pectinata (109, Diagn. 68). Auf der Puszta Sashalom bei Hatvan (Janka ÖBZ. XVI. 170), bei Drenkova an der Donau in der serbisch-banat. Milit.-Grenze (Sonkl. briefl. Mittheil.).

Chamaemelum *uniglandulosum* (109, Diagn. 71). Unter der Saat und an Ackerrändern im Com. Somogy, z. B. bei Babocsa, dann in Slavonien (Kit. Addit. 81), z. B. im Sumpfe Palača bei Essek (Kan.

Exsicc.) und Semlin, im Banat bei Mehadia (C. Koch Linn. 1851 p. 333) und Alt-Orsova (Winkl. ÖBZ. XVI. 17). Vielleicht durch ganz Süd-Ungarn verbreitet (Vergl. auch Aschers. in KK. 101—4).

Tanacetum Waldsteinii (110, Diagn. 70) hat nach WK. Pl. rar. III. p. 263 und DC. Prodr. VI. 46 Achenen ohne Pappus, nach den wir von Janka mitgetheilten siebenb. Exemplaren kommt es aber auch mit Achenen vor, die mit einem kurzen häutigen Krönchen versehen sind.

T. alpinum (110). Auf dem Pop Ivan der südöstl. Marmaros (Adl. Verz.)

T. Parthenium (110). Bei Alt-Lehota, Sz. György und Gymes im Com. Neutra (Kn. ZBG. XV. 124).

T. serotinum (110, Diagn. 70). Auf den Niederungen der südl. Com. Zemplin (Hazsl. Ak. Közl. IV. 110) und Bereg (Kit. Catal. 31), im Sumpfe Palača bei Essek, auf der Donau-Insel bei Karlovic (KK. 105), bei Illok in Sirmien (Janka ÖBZ. XVII. 331).

T. macrophyllum (111). Bei Duboka im Com. Požega (KK. 105).

Artemisia camphorata (110), welche nach M. Uechtritz im Com. Neutra gar nicht selten sein soll, fehlt in seinem Herbar (R. Uechtr. ÖBZ. XVI. 212).

A. incanescens Jord. nach Gren. et Godr. Fl. Fr. II. 127, die Janka nebst der *A. camphorata* auf dem Harsányhegy fand, aber nur für eine Varietät dieser letztern hält (Janka Exsicc.), unterscheidet sich von der typischen *A. camphorata* blos durch den dicht aufgetragenen weissgrauen Ueberzug = *A. camphorata β. Biasolettiana* Koch Syn. 402.

A. spicata (111). Auf der Mengsdorfer Spitze (Mieguszowa) der Hohen Tatra (Rehm. ZBG. XVIII. 490).

A. austriaca (111). Häufig auf dem Thebner Schlossberge (Wiesb. ZBG. XV. 1004), auf dem Turecko, bei Wag-Neustadtl und Čachtice im nördl. Com. Neutra (Kell. Ak. Közl. IV. 210), auf dem Szamárhegy bei Gran (Feicht. Eszt. 281), bei Pančova (Slez. 16). Auf dem Turecko kömmt sie jedoch nicht vor, diese Angabe beruht auf einer Verwechslung mit *A. campestris β. sericea* Fries oder *A. ledaicensis* Roch. (Hol. ZBG. XIX. Dec. Sitz.), dann werden aber auch die andern Standorte Keller's unrichtig sein.

A. annua (112, Diagn. 66). Bei Karlovic, bei Vinkovce der Broder Milit.-Grenze, auf den Wällen von Alt-Gradiska (KK. 105), bei Pančova (Slez. 16), gemein in und um Grebenac und Karlsdorf, dann im Thale Kazan der Banat. Milit.-Grenze (Janka briefl. Mittheil.)

A. maritima (112, 351). An trocknen Stellen zwischen Weinern und St. Georgen im Com. Presburg (Wiesb. ZBG. XVII. 968), bei dem Kloster Gergetek im Com. Sirmien (Wolny in KK. 105). *A. nutans*, welche Kitaibel von Wolny ohne Angabe eines Fundortes erhielt (Kit. Addit. 82), ist wahrscheinlich dieselbe Pflanze.

Gnaphalium luteo-album (113). Auf Aeckern zwischen Baumern und Gattendorf im Com. Wieselburg (Wiesb. ZBG. XV. 1004), bei

Malacka und Kiripőlc im Com. Presburg (Janka ÖBZ. XVII. 66), bei
Wag-Neustadtl (Kell. Ak. Közl. IV. 220) und Radosna im Com. Neutra
(Kn. ZBG. XV. 125), im südl. Com. Zemplin (Haszl. Ak. Közl. IV. 113),
bei Pušina im Com. Verovitic und Duboka im Com. Požega (KK. 106).
   G. Leontopodium (113). Auf dem Černikameu der Fatra (Both.
ČK. 279), auf dem Stirnberg der östl. Tatra (Engl. Brandb. Ver. VII.
155), auf der Černa Hora (Rehm. ZBG. XVIII. 490).
   G. carpaticum (113). Im Alpenkessel zwischen dem Nový und
Hauran, im Drechselhäuschen (Ilse 22, 31) und auf dem Stirnberg der
östl. Tatra (Engl. Brandb. Ver. VII. 155).
   G. arenarium (113). Bei Kordik nordwestl. von Neu-Sohl (Márk.
ÖBZ. XV. 384), im südl. Com. Zemplin (Hazsl. Ak. Közl. IV. 113), in
der Marmaros (Adl. Verz.)
   Filago montana (114). Bei Srnje und Bohuslavice im südl. Com.
Trencsin (Hol. PV. IX. 63), überall im gebirgigeu Theile des Com.
Gran (Feicht. Eszt. 275, 278, 282), bei Rézbánya im Com. Bihar
(Kern. ÖBZ. XVI. 205), gemein in Slavonien (KK. 106).
   Carpesium cernuum (114). Auf dem Piliser Berge (Feicht.
Eszt. 278).
   C. abrotanoides (114). In den Sümpfen der Drau und der Rinja
im Com. Somogy (Wierzb. in André Hesp. 203), an der Drau auf der
Murinsel (SV. 845). M. Uechtritz gibt diese Art im Com. Neutra an,
allein sie fehlt in seinem Herbar (R. Uechtr. ÖBZ. XVI. 212).
   Arnica montana (114). Auf dem Kohut (Fábry Göm. 85). Auf
der Javořina kömmt sie nach Hol. ÖBZ. XVI. 374 nicht vor.
   Aronicum Clusii (115). Auf der Petrosa der Rodnaer Alpen
(Haszl. Ak. Közl. IV. 156).
   Doronicum austriacum (115). Auf dem Volovec (Pozsálló) an der
Gömör-Zipser Grenze (Geyer 87), häufig auf der Černa Hora (Rehm.
ZBG. XVIII. 490), auf der Petrosa der Rodnaer Alpen (Hazsl. Ak.
Közl. IV. 156).
   D. cordifolium (115). Auf dem Kalkfels Kamieniec der Černa Hora
(Rehm. ZBG. XVIII. 490).
   D. hungaricum (116). Bei Gyöngyös (Vrab. Hev. 132), bei Szé-
kelyhid im Com. Bihar (Janka ÖBZ. XVII. 66).
   Senecio crispus β. rivularis (116). Auf den Ausläufern der Kra-
lova Hola in der Zips (Kalchbr. Szep. I. 105), bei Vučin, Macute,
Jankovac, Zvečevo und auf dem Točak daselbst im Com. Verovitic, dann
bei Duboka im Com. Požega (KK. 106).
   S. alpestris (116). Auf dem Schlossberg von Murány im Com. Gö-
mör (Szont. ÖBZ. XVI. 148).
   S. campestris α. aureus (117). Im Walde Pagony bei Koroncó im
Com. Raab (Ebenh. PV. VIII. 45), auf dem Sokoli Skali bei Wag-
Neustadtl (Kell. Ak. Közl. IV. 220), auf dem Baronovo bei Neu-Sohl
(Márk. ÖBZ. XV. 306), auf dem Nagyhegy bei Pelsőc (Fábry Göm.
88) und bei Dobschau im Com. Gömör, bei Stracena in der Zips (Szont.

5 *

Göm. 287), auf der Veronkarét bei Gyöngyös (Vrab. Hev. 152), in der Marmaros (Adl. Verz.)

β. *croceus* (117). Auf dem Stirnberg (Engl. Brandb. Ver. VII. 156), im Kupferschächtenthale und auf dem Skopa-Passe der östl. Tatra und zwar die strahllose Form (Ilse 26, 27), bei Rosenau (Geyer Göm. 87), auf dem Csiblesz der Rodnaer Alpen (Adl. Verz. 87).

S. vernalis (117). An Weingartenrändern bei Essek (KK. 106), bei Dobschau im Com. Gömör (Szont. ÖBZ. XVI. 147).

S. nebrodensis (117). Bei dem Pötschinger Sauerbrunnen im Com. Oedenburg (Sonkl. ÖBZ. XVI. 37), im Donauthale unterhalb Plaviševica der roman. banat. Milit. Grenze (Sonkl. briefl. Mittheil.).

S. abrotanifolius (117). Die einköpfige Varietät auf der Kralova Hola (Kalchbr. Szep. I. 108).

S. alpinus (118). Auf dem Hermanec im Com. Turóc (Márk. ÖBZ. XV. 384), auf der Javoŕina nördlich von Nagy Röce (Fábry Göm. 85).

S. sarracenicus (119). In Sirmien (Rumy 54). Der Standort auf der Rams bei Dobschau (Geyer Göm. 87) bezieht sich wahrscheinlich auf *S. Fuchsii* Gmel. Dahin gehört auch *S. sarracenicus* auf der Javoŕina (Hol. ZBG. XIX. Dec. Sitz.).

S. Doria (119). Auf dem Cserepes bei Gran (Feicht. Eszt. 279), zwischen Sz. Ivány und Alap im südl. Com. Stuhlweissenburg, bei Nagy Nyárad im Com. Baranya (Janka briefl. Mittheil.)

S. paludosus (119). Auf der Grossen Schütt (Res. ÖBZ. XVII. 53), im südl. Com. Zemplin (Hazsl. Ak. Közl. IV. 119), in der Marmaros (Kit. Catal. 30), am Draueck der Draumündung gegenüber im Com. Bács (KK. 107).

S. Doronicum (120). Uechtritz bezweifelt aus gewichtigen Gründen das Vorkommen dieser Art auf den Central-Karpathen (ÖBZ. XVI. 212).

S. difformis Roch. Auf der Petrosa der Rodnaer Alpen (Hazsl. Ak. Közl. IV. 156)? Ich finde keine solche von Rochel aufgestellte Art.

II. CYNAROCEPHALAE.

Echinops commutatus (120). Auf Hügeln in der Nähe des Csató-Gartens bei Gyöngyös im Com. Heves (Janka ÖBZ. XVI. 170).

E. Ritro (120). Bei Nagy Tapolcsán im Com. Neutra (Schill ÖBZ. XVI. 295), im Berg- und Hügellande des Com. Gran (Feicht. Eszt. 276, 280. 282).

Xeranthemum cylindraceum (121). Bei Villány nächst Siklos im Com. Baranya (Janka briefl. Mittheil.)

Saussurea alpina (121). Im Alpenkessel zwischen dem Nový und Hauran, im Drechselhäuschen (Ilse 22, 31) und auf dem Stirnberg der östl. Tatra (Uechtr. ÖBZ. XVI. 213).

S. discolor auf dem Stirnberg (121) könnte nach Uechtr. ÖBZ. XVI. 213 möglicher Weise *S. macrophylla* Saut. Flora 1840 II. 413. Reichb. Icon. XXV. t. 86 sein, welche auch auf dem Gewont bei Zakopane in Galizien vorkömmt (ÖBZ. XV. 361). Allein diese, wohl nur eine

Varietät der *S. alpina* DC., hat unterseits blos spinnwebige Blätter, während in Hazsl. ÉM. 232—3 der *Saussurea* vom Stirnberg unterseits weissfilzige Blätter zugeschrieben werden. *S. discolor* soll ferner auf dem Černikamen vorkommen (Both. ČK. 279), was ich bezweifle. *Carlina grandiflora β. caulescens* (121). Auf dem Klepač bei Teplic im Com. Trencsin (Schill. ÖBZ. XVII. 44), auf Hügeln am Sajo bei Rosenau (Geyer Göm. 87).

C. longifolia (122) oder doch die Var. *longifolia* der *C. vulgaris* an Ackerrändern bei Drenovac, Krivaj und Balince im Com. Verovitic (KK. 108), auch auf Felsen bei Zegiestów am rechten Ufer des Poprad in Galizien hart an der Zipser Grenze (Rehm. ZBG. XVIII. 491).

Crupina vulgaris (122). Bei Nagy Bercel im Com. Neograd, bei Püspöki nächst Grosswardein, zwischen Hoszuhetény und Pecsvár im Com. Baranya, bei Paulis an der Maros im Com. Arad (Janka ÖBZ. XVI. 223 und brieft. Mittheil.)

Centaurea amara Hol. PV. III. 1. 62 (122) sowie *C. Jacea β. amara* Reuss Kvĕt. Slov. 253 ist die wollig-flockige Form der *C. Jacea* (Hol. PV. IX. 64). Was unter *C. amara* auf Voralpenwiesen der Černa Hora (Rehm. ZBG. XVIII. 491) gemeint sei, ist mir nicht bekannt.

C. nigrescens Willd. (Koch Syn. 469). Zwischen Siruk und Puszta Kökút im Com. Heves (Vrab. Hev. 153). Eine südliche Pflanze, daher ich die Richtigkeit dieser Angabe bezweifle.

C. nigra (122). Auf dem Inovec und Temetvény (Kell. Ak. Közl. IV. 220), auf subalpinen Wiesen der Černa Hora (Rehm. ZBG. XVIII. 491), im hügligen und gebirgigen Theile der Com. Verovitic und Požega (KK. 108), bei Pančova (Slez. 17). Nach Uechtr. ÖBZ. XVI. 213 ist jedoch das Vorkommen dieser dem westl. Europa angehörigen Art in Ungarn zweifelhaft und beruht wahrscheinlich auf Verwechslungen mit *C. phrygia*.

C. phrygia (122). Bei Rétfalu nächst Essek und bei Čerević in Sirmien (KK. 108), auf dem Allion bei Orsova (Reuss Verz.)

C. Scabiosa β. coriacea (123). Bei Hradek im Com. Liptau (Paut. ÖBZ. XIX. 335). *δ. fuliginosa* (123). Der Prislop, auf dem diese Pflanze vorkömmt, ist ein Kalkfels auf der Ostseite des Thales von Kościelisko in Galizien und nicht der Prislop der Zipser Magura (Uechtr. ÖBZ. XVI. 213, Ilse 6).

C. atropurpurea (124, Diagn. 74). Auf den Sandsteppen des Römerwalles bei Alibunar der serb. banat. Milit.-Grenze (Panč. ÖBZ. XVIII. 82).

C. arenaria (124, Diagn. 75). Auf sandigen Hügeln bei Vereshegyháza im Com. Pest (Heuff. Exsicc.) Die Achenen sind übrigens bei völliger Reife trübolivengrün mit gelben Rippen. Meiner Angabe in den Diagn. l. c. dass sie bleich grünlichbraun seien, lagen unreife Achenen zu Grunde. Jene der *C. paniculata* sind ebenso gefärbt, nur dunkler.

C. ciliata, welche Pančić auf der Sandsteppe Fontina Fetje bei Karlsdorf in der serb. banat. Milit.-Grenze angibt (ÖBZ. XVIII. 80), ist

nicht *C. ciliata* Friv. (*C. ovina* Pall. in Willd. Spec. III. 2292 nach
Steud. Nom. I. 319), sondern die Form der *C. arenaria* MB. mit deutlich gefransten Anhängseln der Hüllschuppen, da Pančić nur die Form
mit ganzrandigen oder schwachgewimperten Anhängseln für *C. arenaria*
anerkennen will. Diese Ansicht ist schon der vielen Uebergänge wegen
unhaltbar, sie ist aber auch factisch unrichtig, weil die Original-Exemplare im Pester Museum zeigen, dass *C. ciliata* Friv. eine ganz andere
nicht einmal in die Gruppe der *C. arenaria* gehörige Art sei (Janka
briefl. Mittheil.)

Cnicus benedictus L. Bei Pelsöc im Com. Gömör, wohl nur zufällig (Fábry Göm. 88—9).

Carthamus lanatus (124). Bei Beška in der Peterward. Milit.-
Grenze (KK. 108), auf dem Titler Plateau im Čajkisten Distr. (Reuss
Verzeichn.)

Carduus acanthoides var. *hamulosus* (125). Auf dem Pilis-Gebirge
im Com. Gran (Feicht. Eszt. 277, 282), bei Fényszaru in Jazygien
(Janka ÖBZ. XVI. 223), bei Vukovar (KK. 109).

C. acanthoidi-nutans Koch Syn. 462. An der Strasse von Štvrtek
nach Ivanovce im südl. Com. Trencsin (Hol. ZBG. XIX. Dec. Sitz.)

C. crispus (125), der nach Wahlb. Carp. 250 auf den Thalebenen
und in Berg- und Voralpenwäldern der Centralkarpaten sehr häufig
vorkommen soll, wurde nach Kalchbr. Szep. II. 333 in neuerer Zeit
von Niemanden in der Zips gefunden, daher die Vermuthung aufgestellt
wird, Wahlenberg habe den *C. collinus* WK. mit *C. crispus* verwechselt, allein *C. collinus* ist keine Voralpenpflanze.

C. Personata (125). Bei Neu-Sohl (Márk. ÖBZ. XV. 308), bei
Nyerges bei Rosenau (Geyer Göm. 87).

Silybum marianum Gärtn. Verwildert an wüsten Stellen bei
Presburg (Wiesb. ZBG. XV. 1004).

Cirsium eriophorum (126). Auf der Niederung des südl. Com.
Neutra zwischen Ürmény und Unter-Jattó (Schill. ÖBZ. XV. 380), bei
Szécsény im Com. Neograd (Erzbisch. Haynald), am Fusse des Papuk
bei Zvečevo, Kamengrad und Straženau (KK. 109).

C. Boujarti (126, Diagn. 73). Bei Parád (Janka briefl. Mittheil.),
bei Vörösmart nächst Gyöngyös (Vrab. Her. 152), in den Körös-Auen
zwischen Tarján und Sz. János unterhalb Grosswardein (Janka ÖBZ.
XVI. 171).

C. brachycephalum (126, Diagn. 73). Auf allen Ebenen des Com.
Gran (Feicht. Eszt. 284).

C. pauciflorum (127, Diagn. 74). Auf subalpinen Wiesen der Čorna
Hora überall häufig (Rehm. ZBG. XVIII. 491), also wahrscheinlich auch
auf der ungarischen Seite.

C. heterophyllum (127). Auf dem Baronovo bei Neu-Sohl (Márk.
ÖBZ. XV. 306).

C. Erisithales (127). Auf dem Révan im nördl. Com. Neutra (Pant.
ÖBZ. XVIII. 250), auf der Čorna Hora (Rehm. ZBG. XVIII. 491), bei
Verovitic (KK. 110).

C. palustri-rivulare Näg. (Koch Syn. 998). Auf Wiesen bei dem Forsthause Podspady der nördl. Tatra (Ilse 17), auf Bergwiesen bei Bošac im südlichen Com. Trencsin (Hol. ZBG. XIX. Dec. Sitz.)

C. palustri-oleraceum Näg. (Koch Syn. 999). Auf einer Wiese an der Strasse von Senic nach Sassin im Com. Neutra (Krz. ZBG. XVI. 466).

C. cano-oleraceum (127). Bei Halužice und Nemes Podhragy im südl. Com. Trencsin (Hol. PV. IX. 65).

C. arvensi-palustre. Bei Teplic nächst Trencsin (Schill. ÖBZ. XVII. 44), wenn anders die Bestimmung richtig ist, denn Nägeli verstand unter diesem Namen in Koch Syn. 1000 entweder *C. brachycephalum* Jur. oder *C. palustre putatum.*

C. heterophyllo-acaule Näg. (Koch Syn. 1004). Auf der Wiese Füzék bei Koroncó im Com. Raab (Ebenh. PV. VIII. 45). Nicht leicht möglich, da keine der Stammarten bei Koroncó angegeben ist.

Serratula *heterophylla* (128). Auf dem Zobor bei Neutra (Schill. Nyitr. 299), bei Komját im südl. Com. Neutra (Kn. ZBG. XV. 127).

Jurinea *mollis* (128). Auf dem Temetvény-Gebirge im nördl. Com. Neutra (Kell. Ak. Közl. IV. 214), bei Klein Modrovka nächst Pištjau und bei Neutra (Kn. ZBG. XV. 127), bei Koroncó im Com. Raab (Ebenh. PV. VIII. 45).

J. macrocalathia (128, Diagn. 71) eine stärkere Form der *J. mollis.* welche C. Koch im Banat ohne Bezeichnung des Standortes angibt, fand Janka auf dem Domugled (Briefl. Mittheil.)

III. CICHORIEAE.

Aposeris *foetida* (129). Auf der Cerna Hora (Rehm. ZBG. XVIII. 492), bei Daruvar und Pakrac im westl. Com. Požega (SV. 849).

Hypochoeris *glabra* (129). In der Marmaros ohne nähere Angabe (Adl. Verz.)

H. uniflora (129). Auf der Prašiva der Liptau-Sohler Alpen (Márk. ÖBZ. XVI. 116), auf dem Schlossberge von Murány im Com. Gömör Fábry Göm. 84).

Leontodon *Taraxaci* (130). Im Alpenkessel zwischen dem Nový und Haurau, dann auf dem Nasiroko der östl. Tatra (Ilse 27).

Tragopogon *floccosus* (131). Bei Fényszaru in Jazygien (Janka ÖBZ. XVI. 170).

Scorzonera *hispanica* (132). Auf allen Ebenen des Com. Gran (Feicht. Eszt. 284), auf dem Sokoli Skali und dem Temetvény im nördl. Com. Neutra (Kell. Ak. Közl. IV. 220, ÖBZ. XVI. 61), auf Bergwiesen bei Bošac im südl. Com. Trencsin (Hol. ZBG. XIX. Dec. Sitz.), auf dem Baranovo bei Neu-Sohl (Márk. ÖBZ. XV. 306), auf dem Sárhegy bei Gyöngyös (Vrab. Hev. 153).

S. parviflora (132). Bei Koroncó im Com. Raab (Ebenh. PV. VIII. 45), bei Tardosket im südl. Com. Neutra (Kn. ZBG. XV. 128), auf der Živabrada bei Kirchdrauf in der Zips (Kalchbr. Szep. I. 100).

S. purpurea (132). Bei Gymes im östl. Com. Neutra (Kn. ZBG. XV. 128), auf dem Nagyhegy bei Pelsőc (Fábry Göm. 88).

Podospermum laciniatum (133). Bei Bošac und Nemes Podhragy im südl. Com. Trencsin (Hol. PV. IX. 66), bei Parád im Com. Heves (Vrab. Hev. 153), bei Osgyán nächst Rima Szombat (Fábry Göm. 84), bei Kutina, Lipik und Pakrac im westl. Com. Požega (SV. 860).

Helminthia echioides (133). In Gebüschen bei Verovitic, Jankovac und Drenovac im Com. Verovitic (KK. 111).

Sonchus palustris (133). Auf den Niederungen der Com. Zemplin (Hazsl. Ak. Közl. IV. 125) und Baranya (Janka ÖBZ. XVII. 261), dann bei Karlovic (KK. 111). Bei Bošac im Com. Trencsin (Hol. PV. IX. 67) wächst er nicht. Ueberhaupt vermuthet Uechtritz ÖBZ. XVI. 133), dass mehrere in Ungarn angegebene Standorte sich richtiger auf die hohe Sumpfform des *S. arvensis* L. zurückführen lassen.

S. rigidus Neudtv. (133) ist nach dem mir von Janka mitgetheilten Original-Exemplar ein gewöhnlicher *S. asper* Vill.

Lactuca perennis (134). Bei Rima Szombat (Fábry Göm. 83).

L. quercina α. integrifolia (134). Auf dem Plesivec südwestl. von Wag-Neustadtl (Kell. Ak. Közl. IV. 214), bei Üzbég nächst Neutra (Kn. ZBG. XV. 129), auf dem Vaskapu bei Gran (Feicht. Eszt. 280), gemein bei Nagy Nyárad im südöstl. Com. Baranya (Janka briefl. Mittheil.), im Sumpfe Palača bei Essek (KK. 111).

β. *pinnatifida*. Auf dem Temetrény, bei Üzbég (Kn. ZBG. XV. 129) und Wag-Neustadtl im Com. Neutra (Kell. Ak. Közl. IV. 220), im Sumpfe Palača bei Essek (KK. 112).

L. saligna (135). Szontagh gibt diese Art auf der Bory im Com. Arva an (ZBG. XIII. 1068) und beruft sich diesfalls auf die Reliq. Kit. 60 (ZBG. XIII. 98). Allein dies ist irrig. Kitaibel fand *L. saligna* bei den Dörfern Szalatnya, Bori (nicht Bory) und N. Kereskény im Com. Hont.

L. viminea (135). Auf dem Turecko, bei Štvrtek und Halužice im südl. Com. Trencsin (Hol. PV. IX. 66), im Com. Neutra an vielen Stellen (Kn. ZBG. XV. 129), auf dem Vörös-Márom bei Peröcsény im südl. Com. Hont (J. Kell. ÖBZ. XVI. 80).

Crepis pulchra (137). Auf dem Vörös Márom bei Peröcsény im südl. Com. Hont (J. Kell. ÖBZ. XVI. 81), auf dem Pilis-Gebirge im Com. Gran (Feicht. Eszt. 274, 278, 282), bei Pancova (Slez. 17).

C. rigida (137, Diagn. 77). Auf Hügeln um Stražilovo bei Karlovic (KK. 112).

C. aurea (137). Auf der Kralova Hola (Szont. Göm. 288)?

C. succisaefolia (138). Im Kupferschächtenthale und auf dem Thörichtergern der östl. Tatra (Uechtr. ÖBZ. XVI. 214), im Schwarzwasserthale bei Roks (Engl. Brandb. Ver. VII. 153) und bei Baldoć nächst Kirchdrauf in der Zips (Kalchbr. Szep. I. 101).

C. grandiflora (138). Auf der Velka Križna der südl. Fatra (Both. ČK. 278), auf der Cerna Hora (Rehm. ZBG. XVIII. 492).

C. Jacquini (138). Auf dem Černikamen der Fatra (Both. ČK. 279), auf dem Grossen Křivan (Pant. ÖBZ. XIX. 336).

Hieracium praealto - Pilosella (139). Zwischen Wag-Neustadtl und Vrbovce im nordwestl. Com. Neutra stellenweise, zwischen Nemes Podhragy und Stvrtek im südl. Com. Trencsin (Hol. Exsicc., ÖBZ. XVI. 375), bei Teplic nächst Trencsin (Uechtr. ÖBZ. XVI. 214), bei Parád im Com. Heves (Vrab. Hev. 154).

H. furcatum. Auf dem Naklate der Veterne Hole im Com. Trencsin (Pant. ÖBZ. XVIII. 251), auf der Majerova Skala bei Altgebirg im Com. Sohl (Márk. ÖBZ. XVI. 110). Ob hierunter Hoppe's echte Pflanze d. i. *H. Auricula-Pilosella* Fries (Koch Syn. 510, Neilr. Nachtr. 136) oder irgend ein anderer Bastart gemeint sei, vermag ich nicht zu entscheiden.

H. Auricula-praealtum Döll Rhein. Fl. 521. Am Fusse der Centralkarpaten und in den Pieninen, wenigstens in Galizien (Rehm. ZBG. XVIII. 493).

H. echioides (139). Auf der Majerova Skala bei Altgebirg im Com. Sohl (Márk. ÖBZ. XVI. 111), auf dem Vörös Márom bei Peröcsény im südl. Com. Hont (J. Kell. ÖBZ. XVI. 81), an sandigen Stellen durch das ganze Com. Grau (Feicht. Eszt. 284).

H. cymosum (139). Bei Neu-Sohl und auf der Majerova Skala bei Altgebirg im Com. Sohl (Márk. ÖBZ. XV. 189, XVI. 111), bei Javořina in der nordwestl. Zips (Ilse 43), in den Pieninen (Rehm. ZBG. XVIII. 492), bei Nagy Röce im Com. Gömör (Reuss Květ. Slov. 270), auf der Veronkarét bei Gyöngyös (Vrab. Hev. 154).

H. aurantiacum (140). Auf dem Holzkogel des Rosaliengebirges (Kirchst. ÖBZ. XVI. 37).

H. stoloniflorum (140). Bei Mijava (Hol. ÖBZ. XV. 353) und bei Wag-Neustadtl im nordwestl. Com. Neutra (Kell. Ak. Közl. IV. 219), auf der Koppa bei Neu-Sohl (Márk. ÖBZ. XV. 307), im Javořinka-Thale der nördlichen und im Kupferschächtenthale der östlichen Tatra (Ilse 12, 24, 25), bei Rosenau (Geyer Göm. 87). Ob damit Bastarte des *H. Pilosella* mit *H. cymosum* oder mit *H. aurantiacum* oder Kitaibel's echte Pflanze gemeint sei, weiss ich nicht, vermuthe aber, dass hier allerlei vermengt sei. *H. stoloniflorum* hält Uechtritz für eine gute Art (ÖBZ. XVI. 243), mir bleibt sie zweifelhaft. (Vergl. Neilr. Croat. 98).

H. saxatile (140). Bei Kralovan im Com. Arva (Pant. ÖBZ. XIX. 336), auf der Velka Křižna der südl. Fatra (Both. ČK. 278), bei Jólész nächst Rosenau (Geyer Göm. 87).

H. Tatrae (141). Auf dem Kronenberg der Pieninen in Galizien hart an der Zipser Grenze (Aschers. Brandb. Ver. VII. 133), doch hält auch Ascherson dasselbe nur für eine Form des *H. saxatile* Jacq. Der Prislop, auf dem *H. Tatrae* ebenfalls vorkömmt, ist nicht der Prislop der Zipser Magura, sondern ein Kalkfels bei Kościelisko in Galizien (Uechtr. ÖBZ. XVI. 213).

H. bupleuroides (141) auf dem Tarkö bei Szilvas im westl. Com. Borsod (Vrab. Exsicc. im Herb. Janka) stimmt zwar mit Gmelin's Beschreibung und Abbildung in der Fl. badens. III. p. 317 t. 2 genau uberem, allein ich kann darin nur die Varietät des *H. saxitile* Jacq. mit reichblättrigem Stengel und schmälern Blättern erkennen.

H. villosum (141). Auf dem Černikamen der Fatra (Both. ČK. 279), auf den Pieninen, wenigstens in Galizien (Rehm. ZBG. XVIII. 492), bei Rosenau (Geyer Göm. 87).

H. glanduliferum (141). Am Fuss des Czerwony Wierch im Thale Swistówka, schon in Galizien (Rehm. ZBG. XVIII. 492).

Seite 141 nach *H. glanduliferum*:

H. marmoreum Panč. et Vis. Pl. serb. II. p. 6 t. 11. Wurzelstock walzlich, schief, holzig, knorrig, mehrköpfig, neben dem blühenden Stengel unfruchtbare Blätterbüschel treibend. *Stengel einfach und einköpfig oder in 2—5 einköpfige Aeste getheilt, von der Basis bis zur Theilung der Blütenäste beblättert und sammt den Blättern von langen federigen Haaren mehr oder minder seidig-zottig.* Blätter spitz, ganzrandig oder geschweift-gezähnt, die der unfruchtbaren Blätterbüschel und die untersten stengelständigen länglich-verkehrteiförmig, in einen undeutlichen Blattstiel verschmälert, *obere Stengelblätter oval, eiförmig oder lanzettlich, manchmal herzförmig, sitzend. Hüllen mit sternförmigen und einfachen Haaren besetzt, drüsentragende Haare fehlend. Zungenblüten auf dem Rücken behaart.* (Nach Exemplaren aus Pančić's und Janka's Hand).

Stengel 4—10" hoch. Blätter dicklich, bläulich- oder graugrün. Blüten gelb. Das höchst ähnliche *H. villosum* WK. (Neilr. Croat. 100) unterscheidet sich durch den oberwärts ziemlich kahlen fast blattlosen Stengel, die der Hülle beigemischten schwärzlichen drüsentragenden Haare und kahle Zungenblüten. Wenn man aber erwägt, dass der Stengel bei so vielen *Hieracium*-Arten bald blattlos, bald bis zur Hälfte, bald bis zur Spitze beblättert vorkommt und dass der Ueberzug bald dichter, bald dünner aufgetragen ist oder theilweise fehlt, so wird der Werth dieser Unterscheidungsmerkmale sehr abgeschwächt. Auch *H. pannosum* und *H. taygeteum* Boiss. Diagn. I. n. 4 p. 32 et I. n. 7. p. 15. (Reichb. Icon. XXIX. t. 194 et t. 196) sind von *H. marmoreum* wenig verschieden.

Janka fand *H. marmoreum* auf Felsen des Treskovac (Troskovec) im NW. von Svinica auf der südlichsten Spitze der serb.-banat. Milit.-Grenze. — Juli, August. ♃.

H. pleiophyllum (142, Diagn. 78). Am Fuss der Petrosa bei Borsa (Wagn. Exsicc.), in Voralpenwäldern der Cerna Hora, überhaupt in der Marmaros sehr häufig (Rehm. ZBG. XVIII. 492).

H. alpinum (142). Im Bialka-Thale, am Grossen Fischsee und am Schwarzen See der nördl. Tatra, dann im Drechselhäuschen (Ilse 14, 15, 16, 31) und auf dem Stirnberg der östl. Tatra (Engl. Brandb. Ver. VII. 155), häufig auf subalpinen Wiesen der Cerna Hora (Rehm. ZBG. XVIII. 493).

H. carpaticum (142). Auf dem Kronenberg der Pieninen in Galizien hart an der Zipser Grenze (Aschers. Brandb. Ver. VII. 133), auf der Kabolapolyana bei dem Sauerbrunnen (Adl. Verz.) Nach

Uechtr. ÖBZ. XVI. 282 sind aber *II. carpaticum* Wimm. und *II. car-paticum* Bess. 2 verschiedene Pflanzen, von denen das erste auf das Riesengebirge beschränkt ist, das zweite aber seit Besser von Niemanden auf den Karpaten mit Sicherheit gefunden wurde. Nach Ilse 13 soll das *II. carpaticum* der Centralkarpaten eine Form des *II. vulgatum* Fries sein, was mit Fries Epicr. 106 übereinstimmt, vielleicht ein Bastart des *II. vulgatum* mit *H. prenanthoides* Vill.

II. virosum (143). Bei Vukovar, Karlovic, Semlin (KK. 113).

II. montanum. „Ubique in locis saxosis duris arenosis" Kit. nach Szout. Göm. 288. Ich vermag weder diese Stelle Kitaibel's zu finden, noch weiss ich, was damit gemeint sei. Das alpine in Ungarn bisher nicht beobachtete *II. montanum* Jacq. (*Crepis alpina* Tausch) kann nach obigen Worten Kitaibel's nicht verstanden sein.

II. largum Fries Epicr. 127—8 nach einem einzigen von Heuffel mitgetheilten Exemplare als neue Art aufgestellt und beschrieben. scheint eine überaus üppige Form des *II. sabaudum* zu sein. Wo es aber Heuffel fand, wird nicht gesagt.

CAMPANULACEAE.

Jasione Jankae Neilr. *Wurzel spindlig-ästig, ausdauernd, mehrköpfig, Wurzelköpfe verkürzt, einen gedrungenen Rasen blühender Stengel und unfruchtbarer Blätterbüschel treibend. Stengel bogig aufsteigend, einfach und ästig. Blätter stumpf, nicht wellig; die der unfruchtbaren Blätterbüschel lineal-keilig, geschweift-gezähnt, in den langen Blattstiel schmal herablaufend, gegen die Basis borstlich-gewimpert, sonst kahl wie die ganze Pflanze; Stengelblätter lineal oder lineal-länglich, sitzend, viel kleiner. meist ganzrandig. Blüten an der Spitze der Stengel in ein halbkugliges bald mehr lockeres bald mehr gedrungenes Köpfchen gehäuft. Die das Köpfchen umhüllenden Deckblätter lanzettlich oder lineal-lanzettlich, am verdickten Rande buchtig- oder entfernt-gezähnt, mitunter fast ganzrandig.*

Stengel zahlreich, 8—14" hoch. Blätter der Wurzelköpfe mit dem Blattstiele $2\frac{1}{2}$—$3\frac{1}{2}$" lang, höchstens $1\frac{1}{2}$''' breit, in der Form jenen gewisser *Erysimum*-Arten sehr ähnlich. Stengelblätter meist 6''' lang, 1''' breit. Köpfchen klein, die der Seitenäste theilweise sehr klein und armblütig, Blüten violettblau. Ascherson, der jedoch nur sehr unvollständige Exemplare sah (ÖBZ. XVIII. 169), hielt die Banater Pflanze für *J. Heldreichii* Boiss. et Orph. Diagn. vol. III. n. 6 p. 120, allein diese weicht nach Boissier's Beschreibung und nach makedonischen Exemplaren aus Orphanides Hand durch die schwache 1—2jährige Wurzel und daher den Mangel unfruchtbarer Blätterbüschel, den rauhhaarigen Ueberzug und die fiederspaltigen oder doch kämmig gezähnten Deckblätter, deren Zipfel und Zähne in eine feine grannenartige Spitze auslaufen, weit mehr ab als die 2 folgenden Arten. *J. montana* L. ist nur 2jährig, die Blätter sind wellig, die grundständigen selten länger als $1\frac{1}{2}$", die Deckblätter eiförmig. Bei *J. perennis* Lam., welcher *J. Jankae* am nächsten steht, bildet die Wurzel mehrere (6—8 ja

bis 30) unterirdische schlanke 2–6″ lange Ausläufer, von denen die
meisten unfruchtbare Blätterbüschel und nur einige einen blühenden
Stengel treiben und die zusammen einen weitläufigen Rasen, oft 1′ im
Durchmesser darstellen (MK. Deutschl. Fl. II. 449). Nebstbei sind die
Blätter der unfruchtbaren Büschel bei *J. perennis* 2–3mal kürzer und
die Köpfchen 2mal grösser als bei *J. Jankae*, die Deckblätter eiförmig.
Auf Felsen des Treskovac nordwestl. von Svinica in der serb.
banat. Milit.-Grenze von Janka entdeckt. — Juli, August. ♃.

Nur ungern habe ich mich entschlossen, eine neue Art in einer
Gattung aufzustellen, welche noch wenig kritisch behandelt ist und von
der mir nur ein dürftiges Material getrockneter Pflanzen und zwar
ziemlich viele aber meist ungenügende oder schlechte Abbildungen
vorlagen. Auch ist es leicht möglich, dass bei *J. Jankae* auf lockerem
sandigem Boden die Wurzelköpfe sich zu dünnen Ausläufern verlängern,
bei *J. perennis* dagegen auf felsigem Boden die Ausläufer zu dicken
Wurzelköpfen sich verkürzen. Allein, wenn man *Campanula crassipes*
Heuff. von *C. rotundifolia* L., bei welchen der gleiche Fall eintritt, als
Art abtrennt, so muss man folgerichtig auch *J. Jankae* als Art umsomehr anerkennen, als die Tracht derselben der zahlreichen vielblütigen
Stengel und der auffallend langen Wurzelblätter wegen eine sehr
eigenthümliche ist. So möge denn der um die pannonische Flora hoch-
verdiente Botaniker diese Widmung freundlich aufnehmen.

Phyteuma *inaequatum* (144) hält auch Aschers. ÖBZ. XV. 280
für eine unbedeutende Abweichung von *Ph. orbiculare.*

Ebenso ist *Ph. inaequatum* Herb. ZBG. XI. 50 auf den Pieninen
in Galizien hart an der Zipser Grenze nach Rehm. ZBG. XVIII. 493
von *Ph. orbiculare* nicht verschieden.

Ph. spicatum β. nigrum (144). Auf Felsen der Černa Hora (Rehm.
ZBG. XVIII. 493).

Ph. Michelii Bert. (Koch Syn. 535). Auf subalpinen Wiesen
der Grenzalpe Bystrzec der Černa Hora (Rehm. ZBG. XVIII. 493).

Ph. canescens (144). Bei Čerević im Com. Sirmien (KK. 113).

Campanula *crassipes* Heuff. (145, Diagn. 80). Janka hält sie
für eine gute von *C. rotundifolia* L. verschiedene Art. Nachstehende
Beschreibung ist nach den von ihm gesammelten Exemplaren, denen
leider die grundständigen Blätter fehlen, entworfen:

*Wurzelstock senkrecht, dick, holzig, knorrig, mehrköpfig, Wurzelköpfe
kurz, gedrungen, dichtrasig,* zahlreiche blühende Stengel und unfruchtbare Blätterbüschel treibend. Stengel aufsteigend oder aufrecht, reich-
blättrig, kahl wie die ganze Pflanze, oben hin und hergebogen. Die
zur Zeit der Blüte meist fehlenden Blätter der unfruchtbaren Wurzelköpfe (nach Heuffel) ei-, herz- oder nierenförmig, langgestielt, Stengelblätter verlängert-lineal, ganzrandig, spitz, sitzend, gedrungen, die
meisten sichelförmig. Blüten in einer einfachen oder zusammengesetzten
oft rispenförmigen Traube. Kelchzipfel pfriemlich. Blumenkronen aufrecht, trichterig-glockig.

C. crassipes Heuff. ÖBZ. VIII. 27, Banat. 118. — C. macrorrhiza Panč. ÖBW. VI.
562, aber schwerlich Gay in Alph. D C. Campan. 301—2. — C. Sabatia (nicht Sabatii) De
Notar. in Mem. Accad. di Torino ser. II. tom. IX. 302, für die Janka die C. crassipes in der
Linn. 1859 p. 589 hielt, scheint der nach Art gewisser Mesembryanthemum-Arten blasig-
drüsigen Kelchröhro wegen ebenfalls verschieden zu sein, so viele Aehnlichkeiten auch sonst
bestehen.

Wurzelstock hellbraun, oben bis 2″ im Durchmesser. Stengel
10—15″ hoch, bei 20 in einem Rasen. Stengelblätter 3″ lang, nur 1—
1½‴ breit. Blumenkronen hell-violettblau, klein, 5—7‴ lang. Mit Ausnahme des Wurzelstockes höheren Formen der *C. rotundifolia* L., sowie
sie in Felsenspalten vorkömmt, vollkommen ähnlich, nur dass diese aus
einer spindligen Wurzel fädliche Ausläufer treibt, welche zwar einen
dichten Rasen, aber nicht den derben holzigen Wurzelstock der *C. crassipes* bilden. Heuffel erwähnt noch des manchmal herausragenden
Griffels und der verdickten Blütenstiele, aber ersteres Merkmal kömmt
bei *C. rotundifolia* auch vor, und die Blütenstiele sind so unbedeutend
verdickt, dass man es kaum bemerkt.

Auf Kalkfelsen an der Donau in der östl. Banat. Milit.-Grenze.
Janka's Exemplare wurden zwischen Drenkova und Svinica gesammelt
— August, September. ♃.

C. caespitosa (145). Auf den Abfällen des Rosaliengebirges gegen
Neudörfel und Sauerbrunn (Sonkl. ÖBZ. XVI. 38).

C. rhomboidalis (145). Auf dem Sturec und der Majerova Skala
bei Altgebirg im Com. Sohl (Márk. ÖBZ. XVI. 110, 111). Auf dem
Czywezyn der Černa Hora, schon in Galizien (Rehm. ZBG. XVIII. 493).

C. latifolia (145). Am Fuss des Révan im nördl. Com. Neutra
(Pant. ÖBZ. XVIII. 250), auf dem Hermanec im Com. Turóc, auf der
Majerova Skala bei Altgebirg im Com. Sohl (Márk. ÖBZ. XV. 384, XVI.
111), im Langenuwald bei Kesmark (Ilse 34).

C. Welandii (146, Diagn. 80). Auf den Bergen um Čerević
(KK. 113).

C. Rapunculus (146). Bei Stracena in der Zips (Szont. Göm. 288),
im Walde Sz. Pál bei Koroncó im Com. Raab (Ebenh. PV. VIII. 45),
bei Vukovar, bei Bukovec nächst Karlovic (KK. 113), in Vojlovicer
Walde bei Pančova (Slez. 18). Auf dem Grossen Křivan (Pant. ÖBZ.
XIX. 336), was sehr unwahrscheinlich ist.

C. carpatica (146, Diagn. 81). Auch im nördl. Com. Gömör bei
Dobschau (Geyer Göm. 87) und auf dem Schlossberg von Murány
(Szont. ÖBZ XVI. 149), auf Kalkfelsen des Kamieniec der Černa Hora
(Rehm. ZBG. XVIII. 494) und bei Trebusa an der Theiss in der östl.
Marmaros (Hazsl. Ak. Közl. IV. 162).

C. Cervicaria (146). Im gebirgigen Theile des Com. Verovitic häufig,
bei Brogjauca auch auf der Ebene (KK. 114).

C. multiflora (147, Diagn. 81). Der älteste Name ist *C. macrostachya* WK. Auf dem Szamárhegy bei Gran (Feicht. Eszt. 281). Nach
Krz. ZBG. XVI. 469) kömmt sie auch auf dem Zobor bei Neutra
bestimmt vor, wo sie schon M. Uechtritz gefunden hat (R. Uechtr.

ÖBZ. XVI. 282). Ebenso gibt es einen Berg Tabor bei Neutra, er liegt westlich vom Zobor (Schill. ÖBZ. XVI. 295).

C. lingulata (147, Diagn. 82). Bei Illok in Sirmien (Janka ÖBZ. XVII. 331), bei Weisskirchen in der serb.-banat. Mil.-Gr. (Reuss Verz.). *Specularia Speculum* (148). Auf Aeckern im Com. Gran (Feicht. Eszt. 284) und bei Monostor im südöstl. Com. Baranya (Janka briefl. Mittheil.), bei Rétfalu nächst Essek (KK. 114).

S. hybrida Alph. DC. (Koch Syn. 544). Auf Aeckern im Comit. Gran (Feicht Eszt. 284).

Adenophora lilifolia (148). Bei Rima Brezó und auf der Rams bei Dobschau im nördl. Com. Gömör (Fábry et Geyer Göm. I. 84, 87).

RUBIACEAE.

Galium pedemontanum (149). Auf dem Vörös-Márom bei Peröcsény im Com. Hont. (J. Kell. ÖBZ. XVI. 81), bei Weinern im Comitate Pressburg, bei Edelsthal im Com. Wieselburg (Wiesb. ZBG. XV. 1005), bei Koroncó im Com. Raab (Ebenh. PV. VIII. 44), anf dem Gerecse im südlichen und zwischen Sölgyén und Ölved im nördl. Comit. Gran (Feicht. Eszt. 274, 283), bei Baj im Com. Komorn, stellenweise im Com. Somogy (Kit. Pl. croat. I.)

G. tricorne (149). Längs der ganzen Karpatenkette von Presburg bis in das Com. Trencsin (Hol. ÖBZ. XVI. 256, Uechtr. ÖBZ. XVI. 283), bei Neu-Sohl (Márk. ÖBZ. XV. 307), zwischen Damonya im Com. Oedenburg und Sárvár im Com. Eisenburg (Janka ÖBZ. XVII. 66), bei Koroncó im Com. Raab (Ebenh. PV. VIII. 44).

G. parisiense (150). Am Fuss des Papuk bei dem Kloster Duzluk, bei Drenovac, Vučin und Zrečevo im Com. Verovitic, bei Kamengrad im Com. Požega (KK. 114).

G. rotundifolium (150). In Bergwäldern zwischen Vučin und Zvečevo im Com. Verovitic (KK. 114).

G. rubioides (150). Auf den Donau-Inseln des Com. Gran (Feicht. Eszt. 283). Auf der Insel Pötschen bei Presburg wurde es 1855 von Lorinser wieder gefunden (Uechtr. ÖBZ. XVI. 283).

G. erectum (150). Auf dem Gemsenberg bei Presburg (Wiesb. ZBG. XV. 1005), bei Srnje und Nemes Podhragy im Com. Trencsin (Hol. PV. IX. 70).

G. effusum (Boiss. Diagn. I. u. 3 (1843) p. 35, von dem Boissier sagt, dass es, wenn er sich nicht irre, auf den Banater Bergen wachse und sich von dem ganz ähnlichen *G. aristatum* L. durch die nicht bespitzten Zipfel der Blumenkrone unterscheide, scheint mir mit *G. aristatum* Heuff. Ban. 88 („corollae laciniis obtusiusculis") identisch zu sein. Heuffel citirt hierzu Reichb. Icon. XXVII. t. 139 f. II. und gibt es in Eichenwäldern des südl. Banats, z. B. bei Varadia im südl. Com. Temes an.

G. vero-Mollugo (151). Bei Nemes Podhragy im südl. Com. Trencsin (Hol. PV. IX. 70). *G. ochroleucum* bei Sirok im nördl. Com. Heves

(Vrab. Her. 151) scheint ungeachtet des Citates Kitaibel hierher zu gehören.

G. montanum Huds. d. i. *G. saxatile* L. bei Klenóc im nordwestl. Com. Gömör (Fábry Göm. 84), wohl irrig.

Rubia tinctorum (151). Bei St. Georgenfeld nächst Grau (Feicht. Eszt. 285), wohl nur verwildert.

Asperula taurina (152). Auf dem Zengőhegy bei Pécsvár im nördl. Com. Baranya (Janka brieß. Mittheil.), bei Jankovac, Duzluk, Zoljan und Rétfalu im Com. Verovitic, bei Kamengrad im Com. Požega, bei Vukovar, Čerević, Karlovic und Semlin in Sirmien (KK. 115).

A. tinctoria (152). Auf dem Thebner Kogel (Wiesb. ZBG. XV. 1005), auf der Běla Skala im östl. Com. Gran (Feicht. Eszt. 283).

A. longiflora WK. (Koch. Syn. 359). Im Donauthale zwischen Plaviševica und Orsova (Reuss Verz.). Nach Reichb. fil. Icon. XXVII. 91 und Vis. Dalm. III. 11 nur Varietät der *A. cynanchica* L.

A. Aparine MB. Taur. cauc. I. 1808 p. 102, Schott in Bess. Prim. Galic. I. 1809 p. 114. Bei Sz. Pál nächst Koronćo im Com. Raab (Ebenh. PV. VIII. 44), bei Gajdel (Pant. ÖBZ. XVIII. 250) und Alt-Lehota im nördl. Com. Neutra, auf dem Inovec (Kell. Ak. Közl. IV. 224), bei Bošac und Nemes Podhragy im südl. Com. Trencsin (Hol. PV. IX. 71), bei Neu-Sohl (Máik. ÖBZ. XV. 308), bei Rosenau (Geyer Göm. 87), bei Kusič der serb.-banat. Milit.-Grenze (Reuss Verz.).

A. galioides (152). Im Walde Pagony bei Koronćó im Com. Raab (Ebenh. PV. VIII. 44), bei Nagy Nyárad im Com. Baranya (Janka brieß. Mittheil.). Sollte eigentlich *A. glauca* Bess. Volhyn. 7, abgeleitet von *Galium glaucum* L., heissen.

A. tenuissima (153) ist *A. capitata* (Janka brieß. Mittheil.).

Sherardia arvensis (153) mit weissen Blüten bei Bošac im südl. Comitate Trencsin (Hol. ÖBZ. XVII. 110).

LONICEREAE.

Linnaea borealis Gron. (Koch Syn. 358). Auf Moospolstern am Fuss des Młynarz der nördl. Tatra nordöstl. von den Froschseen in der Zips (Rehm. ZBG. XVIII. 494).

Lonicera Caprifolium (153). In der Broder Milit.-Grenze von Županje bis Nuštar (KK. 115).

L. alpigena (154). Bei Kraszna-Horka-Várallya nächst Rosenau (Geyer Göm. 88).

Sambucus racemosa (154). Am nördl. Fuss des Papuk bei der Glashütte Jankovac und dem Kloster Duzlik (KK. 115).

JASMINEAE.

Jasminum fruticans L. (Neilr. Croat. 110). Verwildert an Weingartenrändern bei Ofen (Gerenday Exsicc.).

OLEACEAE.

Fraxinus Ornus (154). Bei Tolna im Com. Komorn (Kit. It. croat. 1).

APOCYNEAE.

Vinca herbacea (155). Auf dem Sárhegy bei Gyöngyös (Janka ÖBZ. XVI. 170), bei Baj im Com. Komorn (Kit. It. croat. I).

ASCLEPIADEAE.

Vincetoxicum officinale β. laxum (155). Auf dem Turecko, bei Sruje und Stvrtek im südl. Com. Trencsin (Hol. PV. IX. 72), auf der Puszta Vezekény bei Pétervásár im nördl. Com. Heves (Vrab. Hev. 155), auf den waldigen Vorhügeln des Orljava Gebirges bei Kamengrad, Vučin, Drenovac, Duzluk und Našice (KK. 116).

Asclepias Cornuti (156, Diagn. 84). Verwildert auf Weinbergen bei Presburg (Wiesb. ZBG. XV. 1005).

GENTIANACEAE.

Gentiana lutea (156). Auf der Petrosa der Rodnaer Alpen (Hazsl. Ak. Közl. IV. 162). In der Umgebung des Kohut (Fabry Göm. 85), schwerlich.

G. Pneumonanthe (156). Auf der Grossen Schütt (Res. ÖBZ. XVII. 53), auf den Donau-Inseln und dem Pilis-Gebirge des Com. Gran (Feicht. Eszt. 279, 280, 283), im südl. Com. Zemplin (Hazsl. Ak. Közl. IV. 111), bei Rétfalu, Br. znica, Verovitic und Zvečevo im Com. Verovitie, dann bei Požega (KK. 116).

G. acaulis (157). Bei Teplic nächst Trencsin (Lang PV. II. 2. p. 2), auf dem Černikamen der Fatra (Both. ČK. 279), auf der Petrosa der Rodnaer Alpen (Hazsl. Ak. Közl. IV. 162). Krzisch hält seine Angabe, sie auf der Javořina gefunden zu haben, aufrecht (ZBG. XVI. 469).

G. excisa Presl (Koch Syn. 562). Im Alpenthale Szpyci der Černa Hora auf Sandsteinfelsen (Rehm. ZBG. XVIII. 494).

G. verna (157). Am Weissen See der Hohen Tatra (Engl. Brandh. Ver. VII. 157), bei Kobalapolyana in der Marmaros (Adl. Verz.).

G. pumila (157). Bei Kraszna-Horka-Várallya nächst Rosenau (Geyer Göm. 88). Offenbar unrichtig.

G. prostrata (157). Rehmann bezweifelt deren Vorkommen auf der Černa Hora (ZBG. XVIII. 494).

G. pyrenaica (157, Diagn. 85). Im Alpenthale Szpyci der Černa Hora. Auf dem Pop-Ivan (Kalchbr. Szep. II. 335) kömmt sie nicht vor (Rehm. briefl. Mittheil.).

G. Amarella (158). Das Vorkommen derselben in Ungarn wird von Aschers. Bot. Zeit. 1865 p. 367 und von Uechtr. ÖBZ. XVI. 283—5 bezweifelt und die damit gemeinte Pflanze auf verschiedene Formen der *G. germanica* Willd. zurückgeführt. Allein aus allem, was Uechtritz hierüber weitläufig vorbringt, scheint wohl unzweifelhaft hervorzugehen, dass zwischen diesen 2 Arten entschiedene Uebergangsformen vorkommen, die von den Autoren bald zur einen, bald zur anderen Art gezogen werden, so dass wohl jene recht haben mögen, die *G. germanica* von *G. Amarella* nicht specifisch trennen.

G. germanica (158) scheint auf Wiesen gebirgiger Gegenden durch ganz Ungarn verbreitet zu sein und steigt bis in die Alpenregion, allein sie kömmt wie in anderen Ländern in sehr verschiedenen Formen vor, welche aber in Ungarn bisher noch nicht festgestellt wurden. Die auffallendste Varietät nämlich *G. obtusifolia* Willd. wurde mit Sicherheit auf der Javořina bei Wag-Neustadtl (Hol. ÖBZ. XVI. 375), bei Bošac im südl. Com. Trencsin, auf allen Central-Karpaten, wo sie vorherrschend ist und öfter mit weissgelben Blüten vorkömmt, auf den Pieninen (Aschers. Bot. Zeit. 1865 p. 367, Uechtr. ÖBZ. XVI. 283), dann am südl. Fuss der Liptau-Sohler Alpen (Márk. ÖBZ. XVI. 110, 116) beobachtet.

G. tenella (158). Im Alpenkessel zwischen dem Nový und Haurau, dann im Drechselhäuschen der östl. Tatra (Ilse 22, 32).

Swertia *perennis* (159). Auf der Pisna der Liptauer Centralkarpaten, bei den 5 Seen der Hohen Tatra (Engl. Brandb. Ver. VII. 142, 158), bei dem Forsthause Podspady, im Bialka-Thale und am Grossen Fischsee der nördlichen, dann im Kupferschächtenthale der östl. Tatra (Ilse 14, 15, 19, 26), auf dem Občina der südöstl. Marmaros (Adl. Verz.). Dagegen sollen die Standorte Baumgarten's auf der Dseameanie, dem Galac und Stol der Rodnaer Alpen nach Schur En. pl Trauss. 456 sich richtiger auf *S. alpestris* Baumg. in Fuss Progr. 1854 p. 7 beziehen, welche nach Janka ÖBZ. XIX. 75 mit *S. obtusa* Ledeb. Ross. III. 75, Reichb. Icon. V. f. 605 identisch wäre.

Erythraea *linarifolia* (159). Auf den Donau-Inseln des Comit. Gran (Feicht. Eszt. 283), bei Fényszaru in Jazygien (Janka ÖBZ. XVI. 170).

E. pulchella var. *emarginata* (159, Diagn. 85). Häufig bei dem Badhause von Neusiedel am See (Janka ÖBZ. XVII. 66).

Chlora *perfoliata* (159). Auf den Donau-Inseln des Com. Gran (Feicht. Eszt. 283), zwischen India und Neu - Pazua in Sirmien (KK. 116).

Ch. serotina (159). An der Strasse von Kittsee nach Karlburg im Com. Wieselburg (Wiesb. ZBG. XV. 1005).

Menyanthes *trifoliata* (160). Auf den Ebenen des Com. Gran (Feicht. Eszt. 284), in der Marmaros (Adl. Verz.)

Limnanthemum *nymphoides* (160). Im südl. Com. Zemplin (Hazsl. Ak. Közl. IV. 123), in den Sümpfen der Rinja und der Drau (Wierzb. in André Hesp. 203).

LABIATAE.

Mentha *silvestris* β. *undulata* Koch (160). Bei Weinern im Com. Presburg (Wiesb. ZBG. XV. 1005), bei Lubina im nördl. Com. Neutra (Kell. Ak. Közl. IV. 222), bei Halužice im südl. Com. Trencsin (Hol. PV. IX. 72) und wohl noch an vielen Orten.

M. aquatico-silvestris Meyer (161). An der Wag bei Štvrtek im südl. Com. Trencsin (Hol. ZBG. XIX. Dec. Sitz.)

Lycopus *exaltatus* (161). Im südl. Com. Zemplin (Hazl. Ak.
Közl. IV. 123), bei Štvrtek im südl. Com. Trencsin (Hol. ZBG. XIX.
Dec. Sitz.)

Salvia *Aethiopis* (161). An der Eisenbahn von Wr. Neustadt
nach Oedenburg (Sonkl. ÖBZ. XVI. 38), bei Lancsuk nächst Mohács
mit bleichvioletten Blumen in Menge, bei Svinica der serb. banat.
Milit.-Grenze (Janka briefl. Mittheil.)

Calamintha *officinalis* (163). Bei Jókö (Gutenstein) im nordwestl.
Com. Neutra (Kit. Catal. 18), in Wäldern der Com. Verovitie und Požega
(KK. 118). Die im Banat vorkommende Form ist *C. silvatica* Bromf.
(Diagn. 100).

C. alpina (164). Auf den Karpaten der Marmaros (Adl. Verz.)

Scutellaria *altissima* (164, Diagn. 103). Auf dem Klastrombegy
des Pilisgebirges im Com. Gran (Feicht. Eszt. 278), bei Karlovic
(KK. 120), im Vajlovicer Walde bei Pančova (Slez. 21), bei Deutsch-
Bolly und Nagy Nyárad im südöstl. Com. Baranya. *S. latifolia* Kit.
auf dem Zengöhegy (165) ist hiervon nicht verschieden (Janka briefl.
Mittheil.).

Dracocephalum *austriacum* (165). In den Umgebungen des
Kohut (Fabry Göm. 85)?

Lamium *Orvala* (166). In der Marmaros (Adl. Verz.)

L. inflatum (166, Diagn. 101). Auf dem Domugled bei Mehadia
(Reuss Verz.)

Galeopsis *ochroleuca* (166). Auf Aeckern bei Vrbovce im nordwestl. Com. Neutra (Kell. Ak. Közl. IV. 207)?

G. versicolor Curt. (167). Der älteste Name ist *G. speciosa* Mill.
Gard. Dict. 1768 n. 3.

Stachys *lanata* (167, Diagn. 101). Auf Weinbergen im Schüllergrund bei Presburg (Wiesb. ZBG. XVII. 968).

S. alpina (167). Bei dem Kloster Duzluk und bei der Glashütte Jankovac im Com. Verovitie, bei Duboka im Com. Požega
(KK. 119).

S. palustri-silvatica (167). In den Donau-Auen bei Presburg, auf
dem Schur bei St. Georgen (Wiesb. ZBG. XV. 1005).

S. arvensis (167). In der Marmaros (Adl. Verz.), wenn anders die
Bestimmung richtig ist.

S. recta var. *ramosissima* (167). Auf dem Domugled (Reuss
Verz.) und auf dem Donau-Kalkzuge im Banat (Heuff. 144).

Unter **Marrubium** *remotum* (168, Diagn. 102) scheint Kitaibel,
so viel sich aus seiner Beschreibung in Schult. Oestr. Fl. II. 161 und
RK. 114 entnehmen lässt, eher die breitblättrigen Formen des *M. peregrinum* (Reichb. Icon III. f. 473) als das hybride *M. peregrino-vulgare*
verstanden zu haben. Denn Kitaibel beschreibt die Blätter seines
M. remotum länglich und weisslichgrün, jenen des *M. peregrinum* ähnlicher als denen des *M. vulgare*, was alles auf den Bastart nicht passt.
Auch ist es unwahrscheinlich, dass Kitaibel den seltenen Bastart bemerkt und die häufig vorkommende breitblättrige Form des *M. pere-*

grinum sollte übersehen haben. Die Kelchzähne des *M. remotum* werden zwar von Kitaibel zu 5—8 angegeben, während dem *M. peregrinum* (Reichb. l. c. f. 461) von fast allen Autoren 5zähnige Kelche zugeschrieben werden. Allein diese letztere Angabe ist unrichtig. Denn sowohl bei der schmal- als breitblättrigen Form des *M. peregrinum* mischen sich zwischen den 5 längern manchmal 1—3 viel kürzere Zähne ein (Vergl. Neilr. Nachtr. zur Fl. v. NÖ. 65). Möglich auch, dass Kitaibel unter *M. remotum* das breitblättrige *M. peregrinum* und den Bastart zugleich begriffen habe. Auf welche dieser 2 Pflanzen sich aber die in Enum. hungar. 168 angeführten und die neuerlich hinzugekommenen Standorte bei Teplicska nächst Karpfen im Com. Hont (J. Kell. ÖBZ. XV. 157), bei Čepin und Essek im Com. Verovitie, bei Babota, Vukovar und Karlovic in Sirmien (KK. 120) beziehen, lässt sich unter diesen Umständen nicht sagen, nur so viel ist gewiss, dass die Pflanze bei Grosswardein zur breitblättrigen Form des *M. peregrinum* gehöre, dass Reuss dieselbe auf dem Titler Plateau des Čaikisten-Distr. beobachtet habe und dass der Bastart bei Nagy Nyárad im südöstl. Com. Baranya vorkomme (Janka Exsicc.)

***Teucrium** Botrys* (169). Im Thale Laskomer bei Neu-Sohl (Márk. ÖBZ. XV. 384), bei Murány im Com. Gömör (Szont. ÖBZ. XVI. 148), bei Pančova (Slez. 22).

***Ajuga** pyramidalis* (169). In der Marmaros (Adl. Verz.) Zwischen Szölgyén und Ölved auf der Ebene des nördl. Com. Gran (Feicht. Eszt. 283), was sicher unrichtig ist.

VERBENACEAE.

***Verbena** supina* (170). Bei Gradac und Čepin im Com. Verovitie, bei Stražeman im Com. Požega, zwischen India und Neu-Pazua in Sirmien (KK. 121).

ASPERIFOLIAE.

***Heliotropium** europaeum* (170). Bei Ó-Gyala im nördl. Com. Komorn (Schill. ÖBZ. XV. 382), bei Serke im südl. Com. Gömör (Fábry Göm. 89), im südl. Com. Zemplin (Hazsl. Ak. Közl. IV. 123), auf dem Titler Plateau im Čajkisten Distr. Reuss Verz.)

H. supinum (171, Diagn. 86). Bei Plaviševica der roman. banat. Milit.-Grenze (Janka Exsicc.)

***Onosma** echioides* (171). Auf den Vorhügeln des Temetvény bei Luka im Com. Neutra (Krz. ZBG. XVI. 470), bei Nagy Bercel im Com. Neograd (Janka ÖBZ. XVI. 223), bei Rosenau (Geyer Göm. 87). Kömmt nach Rochel Exsicc. auch im Banat vor, doch ist der Standort nicht bekannt (Uechtr. ÖBZ. XVI. 285).

O. arenarium (171). Bei Illok in Sirmien (Janka briefl. Mittheil.).

O. stellulatum Nendtv. auf dem Harsányhegy ist nach dem mir von Janka mitgetheilten Original-Exemplar *O. arenarium* WK.

***Echium** italicum* (172). Auf dem Titler Plateau im Čajkisten Distr. (Reuss Verz).

Pulmonaria saccharata (172). Uechtritz ÖBZ. XVI. 285 be-
zweifelt deren Vorkommen bei Grosswardein, wenigstens gehört ein von
Steffek in der Fasanerie bei Grosswardein gefundenes Exemplar zu
P. officinalis L.

P. rubra (172, Diagn. 89). Nach meiner Ansicht Varietät der
P. mollis Wolff. Auf dem Kalkfels Kamieniec der Čerua Hora (Rehm.
in Kalchbr. Szep. II. 335). Allein Rehmann erwähnt hievon in ZBG.
XVIII. 495 nichts, führt dagegen eine neue Art *P. sordida* auf Saud-
steinfelsen im Alpenthale Szpyci der Černa Hora auf. Ob damit eine
und dieselbe oder 2 verschiedene Pflanzen gemeint seien, weiss ich nicht,
denn ich kenne *P. sordida* nur aus der Beschreibung.

P. angustifolia (172). Auf der Petrosa der Rodnaer Alpen (Adl.
Verz.), bei Csabdy im Com. Stuhlweissenburg und Tárjáu im Com.
Komorn (Kit. It. croat. 1), bei Tenye im Com. Verovitic und Bankovci
im Com. Požega (KK. 121 Note, 122).

P. angustifolia β. mollis (173) halte ich nun für eine gute Art =
P. mollis Wolff (ZBG. XIX. 271). Auf dem Nedzo im nördl. Com. Neutra,
auf dem Inovec (Kell. Ak. Közl. IV. 215) und bei Nemes Podhragy im
südl. Com. Trencsin (Hol. ÖBZ. XV. 257), auf dem Sárhegy und der
Veronkarét bei Gyöngyös (Janka ÖBZ. XVI. 170, Vrab. Hev. 155),
bei dem Pötschinger Sauerbrunnen im Com. Oedenburg (Sonkl. ÖBZ.
XIX. 121), im Walde Sz. Pál bei Koroncó im Com. Raab (Ebenh. PV.
VIII. 45), bei Fünfkirchen und Nagy Nyárad im Com. Baranya (Janka
briefl. Mittheil.), bei Čerević im Com. Sirmien (KK. 122).

Nonea pulla (173). Mit schmutzig gelblichweissen Blüten bei
Bohuslavice und Štvrtek im südl. Com. Trencsin (Hol. ÖBZ. XVII. 110,
ZBG. XIX. Dec. Sitz.)

Anchusa ochroleuca (173, Diagn. 87). Bei Vukovar im Com. Sirmien (KK. 121).

A. Barrelieri (174, Diagn. 87). Zwischen Pécsvár und Hoszuhetény
im nördl. Com. Baranya (Janka briefl. Mittheil.)

A. arvensis (174). Auf dem Rosaliengebirge (Sonkl. ÖBZ. XVI.
39), bei Čukovec und Nedelić auf der Murinsel (SV. 521).

Alkanna tinctoria (174, Diagn. 89). Auf den Festungswerken
von Essek (KK. 121).

Myosotis versicolor (174). Bei Wag-Neustadtl, Hradek und
Brunovce im nördl. Com. Neutra, dann bei Neudorf an der Wag und
Kočovce im südl. Com. Trencsin (Kell. Ak. Közl. IV. 207).

M. variabilis Aug. (Koch Syn. 581, Reichb. Icon. XXVIII. t. 121).
Auf dem Inovec (Kell. Ak. Közl. IV. 216). Verwechslung mit *M. ver-
sicolor?* oder ist *M. variabilis* vielleicht selbst nur die androdyname
Form der *M. versicolor?*

M. sparsiflora (175). Auf dem Lászkereszthegy im östl. Com. Gran
(Feicht. Eszt. 282), bei Lubina im nördl. Com. Neutra (Hol. Exsicc.),
bei Nagy Röce (Reuss. Kvĕt. Slov. 302) und Rima-Szombat im Com.
Gömör (Fábry Göm. 83), im südl. Com. Zemplin (Haszl. Ak. Közl.
IV. 123).

Symphytum bohemicum Schm. bei Parád (Vrab. Hev. 155) ist eine unbedeutende Form des *S. officinale* L. (Koch Syn. 575).

S. cordatum (175, Diagn. 88). In den Wäldern der Pieninen und der Černa Hora, wenigstens in Galizien (Rehm. ZBG. XVIII. 495).

Omphalodes scorpioides (176). Häufig auf dem Dirndlberge bei Presburg (Resch ZBG. XVII. 968), überall auf dem Pilisgebirge im Com. Gran (Feicht. Eszt. 274—82).

O. verna (176). Im Mühlthale bei Presburg (Dichtl ZBG. XV. 1005).

Cynoglossum germanicum (176). Bei Ivanovce im südl. Com. Trencsin (Hol. ÖBZ. XV. 258), auf dem Vörös Márom bei Peröcsény im Com. Hont (J. Kell. ÖBZ. XVI. 80), im südl. Com. Zemplin (Hazsl. Ak. Közl. IV. 123).

CONVOLVULACEAE.

Cuscuta lupuliformis (178). Auf der Donau-Insel Érsekváros im Com. Gran (Feicht. Eszt. 283), bei Tisza-Halász im Com. Heves (Aschers. ÖBZ. XV. 325), im südl. Com. Zemplin (Hazsl. Ak. Közl. IV. 123).

POLEMONIACEAE.

Polemonium caeruleum (178). Bei Dobschau im Com. Gömör (Geyer Göm. 87).

SOLANACEAE.

Scopolia carniolica (179). Auf dem Kékeshegy bei Parád (Vrab. Hev. 155).

Solanum nigrum γ. *luteo-croceum* (180). Auf dem Plesivec bei Čachtice und bei Tót-Sók westlich von Radošna im nördl. Com. Neutra. dann auf dem Turecko (Kell. Ak. Közl. IV. 202) und bei Nemes Podhragy im südl. Com. Trencsin (Hol. PV. IX. 76).

SCROFULARINAE.

Verbascum bombyciferum Heuff. Banat 129, nicht Boiss. (180), das ich in den Diagn. 90 für eine Varietät des *V. phlomoides* L. erklärte und eventuell *V. Heuffelii* nannte, ist nach Janka's brieflicher Mittheilung *V. pannosum* Vis. in Vis. et Panč. Pl. serb. II. 1866 p. 13 t. 14, womit ich vollkommen einverstanden bin, wenn auch die 2 untern kahlen Staubfäden nicht 3mal sondern höchstens 2mal so lang als ihre Anthere sind, was übrigens auch eine Ungenauigkeit in der Zeichnung sein kann, denn im Texte wird dies Längenverhältniss nicht besprochen. Ist aber die Zeichnung richtig, so nähert sich die serbische Pflanze noch mehr dem *V. phlomoides* als die banatische und unterscheidet sich nur durch den weissgrauen (nicht gelbgrünen) Ueberzug.

V. speciosum (181). Von Sekulince im Com. Verovitic über das Orljava-Gebirge bis Sumetlica im Com. Požega (KK. 214), dann bei Alt-Orsova (Winkl. ÖBZ. XVI. 16, 17).

V. thapsiformi-nigrum Schiede (Koch Syn. 591). Bei Stvrtek und Nemes Podhragy im südl. Com. Trencsin (H o l. ZBG. XIX. Dec. Sitz.)

V. orientali-phoeniceum (182). Auf dem Spitlberg bei Bruck a. d. Leitha (Reichardt).

V. mixtum Nendtv. (183) ist nach dem von Janka mir mitgetheilten Original-Exemplare ein *V. nigrum* L. mit unterseits schwachfilzigen Blättern.

Scrofularia Scopolii (183). Bei Székelyhid und Grosswardein im Com. Bihar (Janka ÖBZ. XVI. 170).

S. trivialis vel *ruderalis* auch *S. obliqua* an Häusern und Hecken von Verovitic bis Podgorać und auf dem Papuk (Kit. It. Slav.) scheint zu *S. Scopolii* zu gehören, auch *S. Scorodonia* bei Essek dürfte nicht verschieden sein (KK. 125—6).

S. laciniata (183). Auf dem Vulkan an der Grenze des Com. Zaránd gegen Siebenbürgen (Janka briefl. Mittheil.)

S. vernalis (183). Bei Alt-Lehota am Fuss des Temetvény (Kell. Ak. Közl. IV. 216), bei dem Kloster von Orahovica im Com. Verovitic (KK. 127).

Linaria arvensis (184). Bei Gradac, dann zwischen Kutjevo und Vettovo im Com. Požega, bei Vukovar im Com. Sirmien (KK. 127).

L. genistifolia (184). Auf dem Titler Plateau im Čajkisten Distr. (Reuss Verz.)

Antirrhinum Orontium (184). Bei Maiersdorf nächst Neu-Sohl (Márk. ÖBZ. XV. 309), bei Parád (Vrab. Hev. 156), im südl. Com. Zemplin (Hazsl. Ak. Közl. IV. 122), bei Puszta Kovácsi nächst Faisz im Com. Somogy (Janka ÖBZ. XVII. 66).

Digitalis lutea (185). Ueberall bei Wag-Neustadtl (Kell. Ak. Közl. IV. 185).

D. ferruginea (185). In Gehölzen zwischen Nagy Nyárad und Maiss (Janka briefl. Mittheil.)

D. lanata (185, Diagn. 93). Zwischen Monostor und Kácsfalu im südöstl. Com. Baranya (Janka briefl. Mittheil.), bei Zoljan, Našice, Brezike, Rétfalu und Tenje im Com. Verovitic, dann bei Semlin (KK. 127).

Lindernia pyxidaria (186). An der March bei Skalic (Hol. ÖBZ. XVI. 375), bei Schemnitz (Kit. Catal. 19), auf der Donau-Insel bei Helemba im Com. Gran (Feicht. Eszt. 283), in den Sümpfen der Rinja und Drau im Com. Somogy (Wierzb. in André Hesp. 203), im östl. Com. Verovitic (KK. 127).

Veronica Anagallidi-Beccabunga·(186). Auf der Insel bei Neutra (Schill. ÖBZ. XVI. 360).

V. urticifolia (186). Ueberall um Wag-Neustadtl (Kell. Ak. Közl. IV. 221).

V. montana (187). Ueberall um Wag-Neustadtl (Kell. Ak. Közl. IV. 221), auf der Babia Góra (Rehm. ZBG. XVIII. 495).

V. Baumgartenii (187). Auf der Petrosa der Rodnaer Alp**e**n (Hazsl. Ak. Közl. IV. 160).

V. aphylla (187). Auf dem Czerwony Wierch (Ilse 10) und auf der Pisna der Liptauer Centralkarpaten, am Grossen Fischsee, am Weissen See der Hohen Tatra (Aschers. und Engl. Brandb. Ver. VII. 142, 149, 157).

V. dentata (187). Auf dem Kis-Galya der Matra bei Sólymós im Com. Heves (Vrab. Hev. 156).

V. austriaca (188). Bei Pecsvár im Com. Baranya, bei Paulis an der Maros im Com. Arad (Janka Exsicc.)

V. spuria (188). Im südl. Com. Zemplin (Hazsl. Ak. Közl. IV. 122), in der Marmaros (Adl. Verz.), bei Duzluk im Com. Verovitic (KK. 128).

V. spicata a. *orchidea* (188). Bei Nemes Podhragy im südl. Com. Zemplin (Hol. PV. IX. 78), auf der Kopa bei Neu-Sohl (Márk. ÖBZ. XV. 307), bei Čepin im Com. Verovitic, bei Vukovar, Karlovic und Semlin in Sirmien (KK. 128).

b. *incana*. Auf Hügeln bei Vukovar und Karlovic in Sirmien (KK. 128).

V. bellidioides (189). Auf der Petrosa der Rodnaer Alpen (Hazsl. Ak. Közl. IV. 160).

V. saxatilis (189). In der Marmaros (Adl. Verz.)

V. alpina (189). Auf der Petrosa der Rodnaer Alpen (Adl. Verz.)

V. neglecta Schm. (nicht Kit.) bei Parád und *V. tenella* All. bei Gyöngyös (Vrab. Hev. 156) sind Formen der *V. serpyllifolia* L. (Koch Syn. 608).

V. acinifolia (189). Auf der bischöflichen Hutweide zwischen Grosswardein und Püspöki (Janka briefl. Mittheil.)

V. angustifolia (Nendtv. (190) ist nach dem mir von Janka mitgetheilten Original-Exemplar *V. longifolia* L.

Euphrasia salisburgensis (190). Auf dem Černikamen der Fatra (Both. ČK. 279), auf dem Grossen Křivan (Pant. ÖBZ. XIX. 336), im Bialka-Thale der nördl. Tatra (Ilse 14), bei Jaworki und Zegiestów in Galizien hart an der Zipser Grenze (Rehm. ZBG. XVIII. 496), auf der Petrosa der Rodnaer Alpen (Hazsl. Ak. Közl. IV. 160).

Pedicularis silvatica (191). Bei Rosenau (Geyer Göm. 86).

P. limnogena Kern. ÖBZ. XIII. 362, Janka ÖBZ. XVIII. 265. Wurzelstock schief, knotig, dickfaserig. *Stengel* aufrecht oder aufsteigend, einfach, *armblättrig*, kahl oder oberwärts an den Kanten fläumlich, länger als die grundständigen Blätter. *Grundständige Blätter* gestielt, kahl, im Umrisse länglich, *fiedertheilig oder am untern Theil der Blattspreite fiederschnittig; Zipfel länglich, stumpf,* einfach- bis eingeschnittengesägt oder fast fiederspaltig mit kleingesägten Läppchen. Stengelblätter gleichgestaltet, aber kleiner, minder getheilt, oft nur fiederspaltig, in Deckblätter übergehend. Blüten in einer endständigen gedrungenen anfangs länglichen bei der Fruchtreife walzlichen sehr verlängerten an der Basis beblätterten Aehre. Kelche eiförmig-glockig, 5spaltig, mit lanzettlicheu spitzen ganzrandigen mehr oder weniger gewimperten Zipfeln. Blumenkronen kahl, Oberlippe gerade vorgestreckt, flachgedrückt, ungeschnäbelt. *Kapseln kegelförmig-walzlich,* kurzstachelspitzig, *in der Form eines S schwachgekrümmt, noch einmal so lang als der Kelch.* (Nach den mir von Jauka mitgetheilten zahlreichen Exemplaren, wovon jedoch nur eines in Blüte stand.) Stengel 8—15″, nach Kerner auch niedriger nur 4″ hoch. Blumenkronen klein, 5—6‴ lang, schnell verwelkend, hinfällig, wie es scheint trübpurpurn. Fruchtähre 2—5″, Kapseln 6—8‴ lang. Die in der Tracht und in den schnell verwelkenden Blüten höchst ähnliche *P. recutita* L. ist höher, stärker, der Stengel reicher beblättert, die grundständigen Blätter länger, breiter, minder getheilt, die Zipfel lanzettlich, spitz, die Kapseln ganz anders gestaltet, eiförmig, nur etwas länger als der Kelch.

An sumpfigen oder quelligen Stellen in der Alpen- und Voralpenregion der Biharia, als auf dem Bohodiej und an der Fontana rece nördlich von Petrosz, dann an den Quellen des Szamos in Valea Gropeli, Valea Ishucu und bei der Höhle Oncesa, alle Standorte im Com. Bihar (Kern. l. c.) — Juni, Juli. ♃.

P. verticillata (191) mit weissen Blüten am Weissen See der Hohen Tatra (Engl. Brandb. Ver. VII. 157).

Melampyrum silvaticum β. pictum (192). Auf dem Pop Ivan der Černa Hora massenhaft (Rehm. ZBG. XVIII. 496).

ACANTHACEAE.

Acanthus longifolius (193). Im Borover Walde an der Grenze der Com. Verovitic und Sirmien (Buday in KK. 129), auf dem Allion bei Orsova (Reuss Verz.).

OROBANCHEAE.

Orobanche procera Koch Syn. 613. Auf dem Domugled auf *Cytisus* (Winkl. ÖBZ. XVI. 18 mit?).

O. pallidiflora (193). Bei Semlin (KK. 129).

O. Echinopis Panč. Exsicc. et ÖBZ. XVIII. 80. (194, Diagn. 97). *Kelchblätter* mehrnervig, *ungleich-2spaltig, der längere Zipfel länger als die Blumenkronröhre.* Blumenkrone röhrig-glockig, auf dem Rücken fast gerade, an der Basis und Spitze gekrümmt; Lippen ungleich-gezähnelt, die oberen ungetheilt und ausgerandet oder 2spaltig, die unteren 3lappig mit rundlichen Lappen. *Staubgefässe unter der Mitte der Blumenkronröhre eingefügt, auf der innern Seite bis zur Mitte dichtweichwarzig, oben sowie der Griffel mit drüsentragenden Haaren bestreut, Antheren kahl, Narbe wachsgelb.*

Die ganze Pflanze röthlichbraun. Stengel 7″—2′ hoch, Aehre 4—9″ lang, meist gedrungen, Blumenkronen ungefähr 10‴ lang. Der *O. rubens* Wallr. und besonders der Var. *O. Buekiana* Koch Syn. 619 (Reichb. Icon. XXX. p. 99 t. 171 et 186) am nächsten verwandt, da diese nur durch kürzere Kelchblätter, oben kahle Staubfäden und an der Spitze

behaarte Antheien abweichen. O. *Ritro* Gren. et Godr. Fl. Fran:. II.
635, welche in der Nähe der O. *Echinopis* ebenfalls vorkömmt (Panč.
l. c. 81), scheint mir nur durch die strohgelbe Farbe verschieden zu sein.
Sehr häufig im Flugsande des Römerwalles in Vakarec und Fontina Fetje bei Alibunar der serb.-banat. Milit.-Grenze auf *Echinops Ritro*
mit ? — Juli. 24.

O. *flava* (194). Auf dem Nedzo-Gebirge im nordwestl. Com. Neutra
(Kell. Ak. Közl. IV. 221).

O. *Teucrii* (194). Bei Bošac im südl. Com. Trencsin auf *Teucrium Chamaedrys* (Hol. PV. IX. 79).

O. *psilandra* (194, Diagn. 96) ist nach Graf Solms = O. *Fpithymum* DC. (Aschers. Bot. Zeit. 1868 p. 285).

O. *caerulescens* (194). Auf *Artemisia campestris* bei Neudorf nächst
Presburg (Wiesb. ZBG. XVII. 968).

O. *caerulea* (194). Bei Nemes Podhragy im südl. Com. Trencsin
(Hol. ÖBZ. XVI 257), im südl. Com. Zemplin (Hazsl. Ak. Közl. IV. 122).
O. *caesia* Reichb. Icon. VII. f. 396, XXX. t. 148 wächst nach
Lang in Reichb. fll. Icon. XXX. p. 88 bei Magyaros am Neusiedler
See. Nachdem aber ein solcher oder ein ähnlicher Ort weder am Neusiedler See noch in den Comitaten Wieselburg und Oedenburg überhaupt
zu finden ist, so habe ich diese Art nicht weiter in Betracht gezogen.

O. *arenaria* (194). Im südl. Com. Zemplin (Hazsl. Ak. Közl.
IV. 122).

UTRICULARIEAE.

Pinguicula vulgaris (195). Am Neusiedler See (Kotschy Exsicc.).

PRIMULACEAE.

Androsace Chamaejasme (195). Auf dem Czerwony Wierch, im
Alpenkessel zwischen dem Nový und Hauran (Ilse 9, 21).

A. *obtusifolia* (196). Im Drechselhäuschen der östl. Tatra (Paut.
ÖBZ. XIX. 336).

A. *lactea* (196). Auf dem Naklate der Veterne Hole im südöstl.
Com. Trencsin (Pant. ÖBZ. XVIII. 251).

A. *elongata* (196). Auf den Ebenen und im Hügellande des Com.
Gran (Feicht. Eszt. 281—4), bei Serke im südl. Com. Gömör (Fábry
Göm. 89), im südl. Com. Zemplin (Hazsl. Ak. Közl. IV. 122).

A. *septentrionalis* (196). Ascherson hält das Vorkommen dieser
Art in Ungarn für zweifelhaft und Herbich's Standort auf den Pieninen
in der Flora 1834 II. 575 für einen Schreibfehler anstatt *A. lactea* (Bot.
Zeit 1865 p. 367), was insofern seine Bestätigung findet, als Herbich in den zwar früher erschienenen Add. 19 wohl *A. lactea*, aber
nicht *A. septentrionalis* auf den Pieninen angibt, auch fand Ascherson
daselbst nur *A. lactea*.

Primula vulgaris (197). Bei Nagy Nyárad im Com. Baranya
(Janka ÖBZ. XVII. 161), in der Marmaros (Adl. Verz.).

P. elatior (197). Auf dem Lopenik der mährischen Grenzkarpaten (Hol. ÖBZ. XV. 197), auf der Veronkarét bei Gyöngyös (Vrab. Hev. 158), bei Rima Szombat (Fábry Göm. 86).

P. officinalis (197) ist richtiger nach Scop. Fl. carn. I. 1772 p. 132 zu benennen, Jacquin's gleicher Name in Miscell. I. 1778 p. 159 ist jünger.

P. suaveolens (197—8). Auf dem Strasuz und der Crúciula vècie bei Mehadia mit beckenförmigem Saum der Blumenkrone (Janka briefl. Mittheil.)

P. minima (198). Auf der Petrosa der Rodnaer Alpen (Hazsl. Ak. Közl. IV. 163).

Cortusa Matthioli (198). In der Marmaros (Adl. Verz.)

Soldanella alpina (199). Die Bergform *S. montana* Willd. auf den Ausläufern der Kralova Hola und bei Wallendorf in der Zips (Kalchbr. Szep. I. 106, II. 331), auf dem Schlossberg von Murány, auf dem Kohut und bei Rosenau im Com. Gömör (Fábry und Geyer Göm. 84—6).

Glaux maritima (199). Bei Sár-Keresztur im Com. Stuhlweissenburg (Janka ÖBZ. XVII. 66).

Lysimachia nemorum (199). Auf dem Lopenik der mährischen Grenzkarpaten im Com. Trecsin (Hol. ZBG. XIX. Dec. Sitz.).

Trientalis europaea (200). Bei den 5 Seen der Hohen Tatra (Schum. Brandb. Ver. VII. 158), bei Rosenau (Geyer Göm. 86).

Centunculus minimus (200). An lehmigen Stellen bei Rézbánya im Com. Bihar (Kern. ÖBZ. XVI. 205).

Hottonia palustris (200). Bei Štvrtek im südl. Com. Trencsin (Hol. Exsicc.), bei Serke im südl. Com. Gömör (Fábry Göm. 89), bei Klokočovac im Com. Verovitic (KK. 130).

Samolus Valerandi (201). Bei Dorog im südl. Com. Grau (Feicht. Eszt. 284).

ERICACEAE.

Vaccinium Oxycoccos (202). In der Marmaros ohne nähere Angabe (Adl. Verz.).

Azalea procumbens (203). Auf der Berbeniewska und dem Pop Ivan der Cerna Hora massenhaft (Rehm. ZBG. XVIII. 497).

Ledum palustre (203). In der Marmaros ohne nähere Angabe (Adl. Verz.)

Pirola rotundifolia (203). In der Marmaros (Adl. Verz.)

P. media (204). Auf dem Nedzo und Inovec nächst Wag-Neustadtl (Kell. Ak. Közl. IV. 215), wenn anders die Bestimmung richtig ist.

P. minor (204). Bei Nemes Podhragy im südl. Com. Trencsin (Hol. PV. IX. 79), auf dem Kohut (Fábry Göm. 85), auf der Matra bei Parád (Vrab. Hev. 154).

P. secunda (204). Auf der Matra bei Parád (Vrab. Hev. 154).

Der Name *Pyrola* stammt von Hieronymus von Brunschwyg her und wurde von ihm von der Aehnlichkeit der Blätter mit jenen des Birnbaumes, *Pyrus*, abgeleitet (Brunfels Herbarum vivae eicones, Argentorati 1536 II. p. 276, III. 88). Diese Ableitung ist von allen Autoren, von den ältesten bis in die neueste Zeit als richtig anerkannt worden.

Dann muss man aber *Pirola* und nicht *Pyrola* schreiben, denn der wilde Birnbaum hiess bei den Griechen ἀχράς, der kultivirte ἄπιος und bei den römischen Schriftstellern insbesondere in Plinius Hist. nat. ed. Sillig vol. VIII. p. 181 findet man immer *Pirus*. Die übliche Ableitung von πῦρ, Feuer, πυρός, Weizen oder πυραμίς, Pyramide, entbehrt allen haltbaren Grundes. Es kann daher nur ein Versehen sein, wenn Wimmer, dieser ausgezeichnete Filolog, in der Flora von Schles. III. Ausg. p. 646 *Pirus* und p. 430 dann doch *Pyrola* schreibt.

UMBELLIFERAE.

Hacquetia Epipactis (205, 351, Diagn. 53). Bei Trencsin und bei Ivanovce im südl. Com. Trencsin (Hol. ÖBZ. XV. 259, XVII. 231), in Slavonien ohne nähere Angabe (Wolny in KK. 131).

Astrantia alpina Haussk. (205) ist nach Uechtr. ÖBZ. XVI. 285 = A. major L.

A. minor L. Auf der Kopa bei Neu-Sohl (Márk ÖBZ. XV. 307). Gewiss nicht.

Eryngium planum (205). Auf dem Sárhegy (Vrab. Hev. 150) und Puszta Tas bei Gyöngyös (Janka ÖBZ. XVI. 171), bei Rosenau (Geyer Göm. 86), im südl. Com. Zemplin (Hazsl. Ak. Közl. IV. 121).

Cicuta virosa (205). Bei Teplic im Com. Trencsin (Schill. ÖBZ. XVII. 46), bei Berak im Com. Sirmien (KK. 131), im Com. Torontal (Kit. Catal. 11). Die Var. C. angustifolia Kit. (Koch Syn. 310) zwischen Sz. György und Patosfa im Com. Somogy (Kit. Addit. 152).

Trinia vulgaris (206). Im Walde Pagony bei Koroncó im Com. Raab (Ebenh. PV. VIII. 44), bei Wag-Neustadtl (Kell. Ak. Közl. IV. 219), auf dem Sárhegy bei Gyöngyös (Vrab. Hev. 150).

T. Kitaibelii (206). Auf dem Fejérkö bei Parád (Vrab. Hev. 150), zwischen Gyöngyös und Puszta Bene (Janka ÖBZ. XVI. 171), bei Kálóz im Com. Stuhlweissenburg (Kit. Catal. 11), bei Vukovar (KK. 131).

Bupleurum tenuissimum (208). Bei Nemes Podhragy im südl. Com. Trencsin (Hol. PV. IX. 80), auch im südl. Com. Gran (Feicht. Eszt. 276, 284), bei Jászberény in Jazygien, am Hartobagy (Kit. Catal. 10).

B. semicompositum (208). In Sirmien (Kit. Catal. 10)?

B. Gerardi (208). Auf dem Pilis-Gebirge im Com. Gran (Feicht. Eszt. 275).

B. junceum (208). Auf den Kleinen Karpaten zwischen Losonc und Smolenic im Com. Presburg (Wiesb. ZBG. XVII. 969), im Comitate Trencsin, bei Temesvár (Kit. Catal. 10).

B. ranunculoides (208). Im Alpenkessel zwischen dem Nový und Haurau der östl. Tatra (Ilse 22).

B. longifolium (209). Auf den Kleinen Karpaten zwischen Nadásd im Com. Presburg und Vittenc im Com. Neutra (Krz. ZBG. XVI. 471), bei Hradek im Com. Liptau (Paut. ÖBZ. XIX. 336), auf dem Schloss-

8 *

berg von Murány (Fábry Göm. 84), auf dem Bükkhegy, auf dem Ke-
késhegy bei Parád (Vrab. ÖBZ. XVI. 360, Hev. 150).

Oenanthe fistulosa (209). Bei Jankovac und Koška im Com. Verovitic (KK. 132), bei Gaj, Lipik und Pakrac im westl. Com. Požega
(SV. 453).

Oe. silaifolia (209). Bei Bohuslavice im südl. Com. Trencsin (Hol.
PV. IX. 81), auf der Insel Pötschen, bei Engerau und Weinern im Com.
Presburg (Wiesb. ZBG. XV. 1006), auf Wiesen an der Grenze von Jazygien und der Com. Pest und Heves (Janka ÖBZ. XVI. 170), bei Čerević im
Com. Sirmien (KK. 132). Wahrscheinlich beziehen sich alle oder doch
die meisten ungarischen Standorte der *Oe. silaifolia* auf die höchst ähnliche *Oe. media* Griseb.

Oe. media (210, Diagn. 54). Bei Nagy-Nyárad im südöstl. Com.
Baranya (Janka ÖBZ. XVII. 232).

Oe. pimpinelloides im Com. Pest (Sadler), sowie bei Moldova
(Rochel) gehören allem Anscheine nach zu *Oe. media* Griseb., weil
nur diese an obigen Standorten häufig vorkommt (Janka briefl. Mittheil.)
Aber auch die übrigen ungarischen Standorte (210) dürften sich auf *Oe.
media* beziehen und *Oe. pimpinelloides* L. wäre sonach aus der Flora von
Ungarn zu streichen.

Oe. crocata Kit. und, was dasselbe ist, *Oe. peucedanifolia* Kit. bei
Pece Sz. Márton (210) ist *Oe. banatica* Heuff. (Janka briefl. Mittheil.)
Oe. Phellandrium Lam. Fl. franç. III. 432 sollte eigentlich *Oe.
aquatica* Lam. Encycl. IV. 530, abgeleitet von *Phellandrium aquaticum* L.,
heissen.

Seseli Hippomarathrum (211). Auf dem Nedzo, Temetvény, Turecko (Kell. Ak. Közl. IV. 214), auf dem Marienberge bei Neutra
(Schill. Nyitr. 300).

S. gracile (211). Im Donauthale zwischen Plaviševica und Orsova
(Reuss Verz.)

S. varium (211). Zwischen Presburg und Weinern (Wiesb. ZBG.
XV. 1006).

Ligusticum Seguieri (212). Bei Kaptol im Com. Požega (SV. 466).

Silaus pratensis (212). Bei Skalic, Vrbovce (Hol. ÖBZ. XVI. 376),
Pištjan, Pobedin und Wag-Neustadtl im Com. Neutra (Kell. Ak. Közl.
IV. 197), bei Bošac im südl. Com. Trencsin (Hol. PV. IX. 81), bei Bro-
gyanca im Com. Verovitic (KK. 132). Häufig auf Wiesen im nordöstl.
Com. Gömör (Szont. Göm. 291), allein in Hazsl. ÉM. 158 fehlt die
ganze Art, auch gibt sie sonst Niemand im ungarischen Hochlande an.

Meum Mutellina (213). Auch auf niedrigen Kuppen der Beskiden
(Rehm. ZBG. XVIII. 213), auf der Prašiva der Liptau-Sohler Alpen
(Márk. ÖBZ. XVI. 114), auf dem Choč (Pant. ÖBZ. XIX. 336).

Pachypleurum simplex (213). Auf dem Nasiroko (Ilse 27) und
Stirnberg der östl. Tatra (Engl. Brandb. Ver. VII. 155).

Selinum Carvifolia (213). Bei Darázs nächst Neutra (Schill.
Nyitr. 305), bei Skalic, Vrbovce (Hol. ÖBZ. XVI. 376) und Wag-Neustadtl im nördl. Com. Neutra, auf dem Turecko, bei Kalnic (Kell. Ak.

Közl. IV. 219) und Nemes Podhragy im südl. Com. Trencsin (Hol. PV. IX. 81), dann in der Marmaros (Adl. Verz.)

Angelica silvestris β. elatior (214). Ueberall auf der Matra (Janka ÖBZ. XVI. 170).

Archangelica officinalis (214). Auf dem Machnač bei Teplic im Com. Trencsin (Schill. ÖBZ. XVII. 46), bei Kordik nordwestl. von Neu-Sohl (Márk ÖBZ. XV. 384), am Grossen Fischsee der nördl. Tatra (Ilse 15), im Göllnitzthale bei Stracena in der Zips, auf dem Schlossberg von Murány im Com. Gömör (Szont. Göm. 291).

Ferulago silvatica (215). Bei Paulis an der Maros im Com. Arad (Janka briefl. Mittheil.)

F. monticola (215). Auf der Coronini-Höhe bei Mehadia (Reuss Verz.)

Peucedanum Chabraei (215). Auf dem Pilis-Gebirge im Com. Gran (Feicht. Eszt. 278, 279, 281).

P. officinale (216). Bei Rosenau (Geyer Göm. 86).

P. arenarium (216, Diagn. 58). Bei Neudorf an der March im Com. Presburg (Wiesb. ZBG. XV. 1006), im Berg- und Hügellande des südl. Com. Gran (Feicht. Eszt. 275—81).

P. Oreoselinum β. latifolium Vis. Dalm. III. 52 (*Oreoselinum latifolium* Syll. croat. 192, nicht MB., das sehr abweicht. Vergl. Neilr. Croat. 154). Blattabschnitte breiteiförmig, eingeschnitten-gelappt, an der Basis fast abgestutzt. Auf dem Domugled bei Mehadia (Winkl. ÖBZ. XVI. 18).

P. palustre (217). Auf der Grossen Schütt (Res. ÖBZ. XVII. 53), im Sumpfe Rákos bei Búr Sz. Péter im Com. Presburg (Krz. ZBG. XVI. 471), im südl. Com. Zemplin (Hazsl. Ak. Közl. IV. 121), auf den Ebenen des Com. Gran (Feicht. Eszt. 284), im Sumpfe Palača bei Essek (KK. 133).

Selinum collinum (217) Willd. Herb. n. 5714 auf trocknen Wiesen und sonnigen Bergen im Banat (Kit.) ist *Silaus virescens* Griseb. *S. banaticum* Kit. in Roch. Ban. in indice (214) ist vielleicht dasselbe (Aschers. ZBG. XVII. 586).

Heracleum Sphondylium β. angustifolium (217). Bei Gajdel im nördl. Com. Neutra (Pant. ÖBZ. XVIII. 230).

H. sibiricum (217). Bei Neusiedel am See, im Com. Baranya, in den Festungsgräben von Essek, gemein auf der Matra und bei Gyöngyös. „Durch sämmtlich gleichgestaltete strahlenlose grünliche Blüten sehr ausgezeichnet und jedenfalls eine sehr gute Art" (Janka ÖBZ. XVI. 171, XVII. 261 und briefl. Mittheil.) Wenn es sich aber nur durch dieses Merkmal unterscheidet, so kann ich darin keine von *H. Sphondylium* verschiedene Art erkennen, da diese um Wien höchst gemeine Pflanze mit weissen, grünlichen und rosenrothen Blüten und alle 3 bald mit strahlenden bald mit nicht strahlenden Dolden vorkommen.

H. alpinum (218). Auf subalpinen Wiesen der Cerna Hora (Sandstein) von der Hoverla bis auf den Pop Ivan (Rehm. ZBG. XVIII. 497).

Der krystallinische Pop Ivan in der Marmaros, auf dem Czetz diese Art fand, ist hiervon verschieden.

Siler trilobum (218). Auf dem Pilisgebirge im Com. Gran (Feicht. Eszt. 275, 277, 281), auf dem Nedzo, Temetvény und Sokoli Skali im nördl. Com. Neutra (Kell. Ak. Közl. IV. 219), bei Nemes Podhragy und Bošac im südl. Com. Trencsin (Hol. PV. IX. 81), bei Munkács im Com. Bereg (Kit. Catal. 10).

Laserpitium alpinum (219). Auf der Biharia, bisher jedoch nur auf der siebenb. Seite (Janka ÖBZ. XVII. 67).

L. prutenicum (219). Am Rákos-Bache bei Pest (Aschers. Bot. Zeit. 1865 p. 367), bei Fünfkirchen (Kit. Catal. 10).

Orlaya grandiflora (219). Gemein auf Aeckern im Com. Gran (Feicht. Eszt. 284), auf dem Titler Plateau im Čajkisten Distr. (Reuss Verz.)

Caucalis daucoides β. muricata (220). Auf Aeckern bei Neutra (Schill. Nyitr. 303), Theben, Karlsdorf und Presburg (Dichtl ZBG. XV. 1006), auf dem Titler Plateau im Čajkisten Distr. (Reuss Verz.)

C. leptophylla (220). Auf Aeckern bei Kamenic im Com. Sirmien (KK. 133).

Turgenia latifolia (220). Auf Aeckern bei Schenkwitz im Com. Presburg (Wiesb. ZBG. XV. 1006), auf der Parndorfer Heide im Com. Wieselburg (A. Reuss), zwischen Čerević und Kamenic im Com. Sirmien (KK. 133), bei Weisskirchen in der deutsch-banat. Milit.-Grenze (Soukl. briefl. Mittheil.)

Torilis microcarpa (220). Auf Felsen unterhalb des Kukujevo nördlich von Svinica der serb.-banat. Milit.-Grenze (Janka briefl. Mittheil.), auf dem Allion bei Orsova (Reuss Verz.)

Scandix Pecten Veneris (220). Bei Nemes Podhragy und Beckov im südl. Com. Trencsin, zwischen Alt-Tura und Mijava im nördl. Com. Neutra (Hol. ÖBZ. XV. 267, 352 et Exsicc.)

Anthriscus alpestris (221, Diagn. 59, Aschers. Brandb. Ver. VIII. 181). Im Alpenkessel zwischen dem Nový und Hauran der östl. Tatra (Ilse 22), auf der Černa Hora (Rehm. ZBG. XVIII. 498), auf den Bereger Alpen, auf der Südseite der Rodnaer Alpen, also in Siebenbürgen, im Bakonyer Walde (Aschers. ÖBZ. XV. 279, 323).

A. neglecta R. Bei Nagy Röce (Szont. Göm. 291). Eine solche Art vermag ich nicht zu finden, wahrscheinlich *Torilis neglecta* Röm. et Schult., welche in Reuss Květ. Slov. 192 bei Nagy Röce angegeben wird.

Physocaulos nodosus (221). Auf der Coronini-Höhe bei Mehadia (Reuss Verz.)

Chaerophyllum alpinum Kit. auf dem Křivan (222) gehört nach den Exemplaren seines Herbars zu *Ch. hirsutum* L. (Aschers. ZBG. XVII. 587) und zwar sowohl der Beschreibung nach als nach Pant. ÖBZ. XIX. 336 zu der Form mit kahlem Stengel und nur unterseits schwach behaarten Blättern.

Pleurospermum *austriacum* (223). Auf Voralpenwiesen der Černa Hora selten (Rehm. ZBG. XVIII. 498).

Smyrnium perfoliatum (223). Bei Baj und Tata im Com. Komorn (Kit. It. croat. 1), auf der Margarethen-Insel bei Pest (Entz BP. 350), in den Auen der Schnellen Körös zwischen Tarján und Sz. János bei Grosswardein (Janka ÖBZ. XVI. 171) bei Lušac südwestl. von Vukovar (KK. 134).

Bifora radians (223). Im Getreide bei Breitenbrunn am Neusiedler See (Berroyer), bei Harkau nächst Oedenburg massenhaft (Soukl. brietl. Mittheil.), auf dem Vačovcaer Acker bei Požega (Pav. in KK. 134).

CRASSULACEAE.

Crassula rubens (224). Bei Kusič nächst Weisskirchen in der serb. banat. Milit.-Gr. (Reuss Verz.)

Sedum Fabaria (225). Im Thale Laskomer bei Neu-Sohl (Márk. ÖBZ. XV. 309), bei Pongyelak im westl. Com. Gömör (Fábry Göm. 84), am Poprad bei Zegiestów in Galizien hart an der Zipser Grenze, auf der Černa Hora (Rehm. ZBG. XVIII. 498).

S. hispanicum (225). Bei Stražeman, Velika und Duboka im Com. Požega (KK. 135).

S. annuum 225). Auf Felsen zwischen Czywczyn und Peczelui der Černa Hora (Rehm. ZBG. XVIII. 498), auf der Petrosa der Rodnaer Alpen (Hazsl. Ak. Közl. IV. 163), bei Feketetó an der Strasse von Grosswardein nach Klausenburg im Com. Bihar (Janka ÖBZ. XVII. 67).

S. Hillebrandii (226, Diagn. 50). Bei Pecsvár im Com. Baranya (Janka ÖBZ. XVIII. 135).

S. repens (226). Auf dem Czerwony Wierch, im obern Bialka-Thale (Ilse 10, 14), im Blumengarten (Paut. ÖBZ. XLX. 337) und bei den 5 Seen der Hohen Tatra (Schum. Brandb. Ver. VII. 158), am südl. Fuss der Hohen Tatra bei Stola in der Zips (Kalchbr. Szep. l. 114), auf der Černa Hora (Rehm. ZBG. XVIII. 498).

Sempervivum assimile (226, Diagn. 50). Auf Felsen bei Diós-Jenő im Com. Neograd (Dorn. Exsicc.), bei Aggtelek im Com. Gömör (Erzbisch. Haynald Exsicc.)

S. montanum (226). Auf dem Rozsály im Com. Szatmár (Kit. Catal. 14).

S. Zelebori Schott ÖBZ. VII. 245, das Janka auf dem Gipfel des Treskovac bei Svinica in der serb. banat. Milit.-Grenze fand und mir lebend mittheilte, vermag ich des flaumigen Ueberzuges des Stengels und der Blätter, der sternförmig ausgebreiteten bleichgelben Blumenkrone mit purpurnen Staubfäden und der sehr kurzen unterweibigen Schuppen wegen von *S. globiferum* L. im Sinne Sims in Bot. Mag. 1820 t. 2115 und Koch's in der Flora 1835 I. p. 209 t. 1 und Syn. 289 nicht zu unterscheiden, insbesondere sieht Janka's Pflanze der Abbildung im Bot. Magazine ganz ähnlich und auch Schott's Beschreibung stimmt mit derselben in allem überein. Schott gibt, wie gewöhnlich, nicht an, wie sich seine Art von den verwandten unterscheide, wahrscheinlich wäre er dabei selbst in Verlegenheit gekommen. *S. Heuffelii* (227, Diagn. 50). Auf Felsen im Kazan-Thale der roman. banat. Milit.-Grenze (Janka briefl. Mittheil.) *S. soboliferum* (227). Im Thale Laskomer bei Neu-Sohl (Márk. ÖBZ. XV. 309), an der Strasse von Potornya nach Hradek im Com. Liptau (Pant. ÖBZ. XIX. 337), auf dem Kronenberg der galizischen Pieninen har an der Zipser Grenze (Aschers. Brandb. Ver. VII. 131), im Kupferschächtenthale, auf der Nesselblösse (Ilse 26, 30) und im Schwarzwasserthale der östl. Tatra (Engl. Brandb. Ver. VII. 153), häufig auf der Matra (Janka briefl. Mittheil.), auf den Bergen bei Dorog im Com. Gran (Feicht. Eszt. 285), auf dem Mecsek bei Fünf-kirchen (Janka ÖBZ. XVII. 404). Auch *S. hirtum* auf Kalkfelsen bei Ofen (Sadl. Pest. 195) ist nach Dorner's brieflicher Mittheilung *S. soboliferum.*

SAXIFRAGACEAE.

Seite 228 nach *S. Aizoon':*

Saxifraga Hostii Tausch. *S. elatior* MK. (Koch Syn. 294). An felsigen Stellen auf dem nördl. Abfall des Vulkan im Com. Zaránd auf cocenem Sandstein (Janka Exsicc.). Die ungarische Pflanze hat des tief hinabreichenden gedrungenen Blütenstandes wegen die Tracht einer kleinen *S. Cotyledon* L., allein die lineal-zungenförmigen Rosettenblätter, die erst an der Spitze mit Blüten besetzten Traubenäste und die verkehrt-eirunden Blumenblätter weisen auf *S. Hostii* hin. *S. Cotyledon* hat länglich-verkehrteiförmige Rosettenblätter, schon von der Mitte an mit Blüten besetzte Traubenäste und schmale länglich-lanzettliche Blumenblätter. Nach Janka kommen auf dem Vulkan zahlreiche Ueber-gänge der *S. Hostii* in *S. Aizoon* Jacq. vor, so dass jene die Mittelform der *S. Cotyledon* und *S. Aizoon* wäre. Koch zweifelt, ob *S. Hostii* (der ältere Name) hierher gehöre, weil Tausch die Rosettenblätter gesägt angibt, da sie doch gekerbt und die Kerben abgestutzt sind. Allein die Rosettenblätter dieser Art kommen auch kleingesägt und zwar scharf-und spitzgesägt vor, weil aber die Spitzen der Zähne gegen den Rand stark eingebogen sind, so erscheinen solche Zähne auf den ersten Blick ebenfalls als abgestutzte Kerben.

S. caesia (228). Am Weissen See der Hohen Tatra (Engl. Brandb. Ver. VII. 228).

S. retusa (228). Am Hinzka-See (Kalchbr. Szep. I. 115) und auf dem Polnischen Kamm der Hohen Tatra (Rehm. ZBG. XVIII. 498). Auf der Piatra Stolubi am Koronjis der Rodnaer Alpen, schon in Siebenbürgen (Janka ÖBZ. XVII. 67).

S. oppositifolia (228). Auf der Pisna der Liptauer Central-Kar-paten (Reim. Brandb. Ver. VII. 142).

S. bryoides (229). Auf dem Polnischen Kamm und im Kleinen Kohlbachthale der Hohen Tatra (Pant. ÖBZ. XIX. 337). Steigt bis an den Grossen Fischsee der nördl. Tatra herab (Ilse 15).

S. stellaris (229). Auf der Dzymbronja der Černa Hora (Rehm. ZBG. XVIII. 498).

S. perdurans (229, Diagn. 51). Auf der Pisna der Liptauer Centralkarpaten bis in das Thal von Kościelisko in Galizien herab (Reim. Braudb. Ver. VII. 229), auf der Eisthaler Spitze (Ball Bot. Zeit. 1846 p. 402), im Alpenkessel zwischen dem Nový und Hauran der östl. Tatra (Ilse 22).

S. muscoides (230). Die Var. *moschata* auf dem Kamm, die Var. *atropurpurea* auf den Voralpen der Petrosa der Rodnaer Alpen (Hazsl. Ak. Közl. IV. 157).

S. exarata Vill. (Koch Syn. 300). Auf dem Choč (Hazsl. Exsicc. im Herb. Janka als *S. muscoides*). Janka gibt noch einen zweiten Standort auf der Tatra an, welcher von Grzegorcek herstammt (ÖBZ. XVII. 67), allein das mir von ihm mitgetheilte auf dem Gewont in Galizien gesammelte Exemplar halte ich für *S. muscoides* Wulf. Bekanntlich sind diese 2 Arten von einander wenig verschieden.

S. adscendens (230). Auf der Ohniště (Uechtr. ÖBZ. XVI. 285) und Kralova Hola der Liptau-Sohler Alpen (Szont. Göm. 291), auf der Babahora bei Teplic in der Zips (Kalchbr. Szep. I. 111), im Drechselhäuschen der östl. (Pant. ÖBZ. XIX. 337) und im Javořinka-Thale der nördl. Tatra (Ilse 17), auf der Petrosa der Rodnaer Alpen (Hazsl. Ak. Közl. IV. 157).

S. granulata (230). Bei Bošac und Nemes Podhragy im südl. Com. Trencsin (Hol. ÖBZ. XV. 268), in der Marmaros (Adl. Verz.)

S. cernua (231). Rehmann bezweifelt das Vorkommen derselben bei den 5 polnischen Seen in Galizien (ZBG. XVIII. 498).

S. rotundifolia (231). Auf dem Naklate der Veterne Hole im Com. Trencsin (Krz. ZBG. XVI. 471), im Drechselhäuschen der östl. Tatra (Uechtr. ÖBZ. XVI. 285).

S. hieracifolia (231). Auf der Petrosa der Rodnaer Alpen (Hazsl. Ak. Közl. IV. 157).

S. umbrosa L. (Koch Syn. 299, 445). Auf dem Schlossberg von Murány (Fábry Göm. 84). Verkannt oder ein verwilderter Gartenflüchtling.

Chrysosplenium *oppositifolium* (232). An allen Alpenbächen der Černa Hora (Rehm. ZBG. XVIII. 498).

RIBESIACEAE.

Ribes *Grossularia* (232). Häufig auf dem Pilis-Gebirge im Com. Gran (Feicht. Eszt. 275—82), in der Marmaros (Adl. Verz.)

R. rubrum (232). Auf dem Papuk (KK. 135).

R. petraeum (232). Im Göllnitz-Thale bei Stracena in der Zips (Szont. ÖBZ. XVI. 146), auf der Černa Hora (Rehm. ZBG. XVIII. 498).

R. nigrum (233). Auf den Wag-Inseln im südl. Com. Trencsin (Hol. ÖBZ. XV. 399, Kell. ÖBZ. XVI. 62), bei Hradek und Luka im Com. Neutra (Kell. Ak. Közl. IV. 197).

RANUNCULACEAE.

Clematis integrifolia (233). Im südl. Com. Zemplin (Hazsl. Ak. Közl. IV. 119), am nördl. Fuss der Matra bei Sirok (Vrab. Hev. 143) und am südlichen bei Gyöngyös, in Jazygien, Kumanien und im Flussgebiete der 3 Körös-Flüsse, auf den Donau-Inseln bei Pest (Kern. ÖBZ. XVII. 175) und des Com. Gran (Feicht. Eszt. 283).

C. Viticella L. (Koch Syn. 2). Bei Rimaszécs im südl. Com. Gömör (Fábry Göm. 89). Verkannt oder ein Gartenflüchtling.

Atragene alpina (233). Auf dem Rézgebirge bei Feketetó im Com. Bihar (Janka briefl. Mittheil.)

Thalictrum aquilegifolium (234). In der Marmaros (Adl. Verz.), in den Eichenwäldern zwischen Monor und Pilis im Com. Pest (Kern. ÖBZ. XVII. 176), in Holzschlägen bei Nagy Nyárad und auf Bergwiesen bei Baán im südöstl. Com. Baranya (Janka briefl. Mittheil.), bei Vukovar (KK. 136).

Th. foetidum (234) auf Felsen der Ruine Beckov im südl. Com. Trencsin (Hol. ÖBZ. XV. 267) ist nach einem mir von Holuby mitgetheilten Exemplare *Th. minus* γ. *glandulosum* Koch Syn. 4. Nach diesem scheinen mir auch die Standorte im Com. Neutra sich auf vorerwähnte Varietät zu beziehen.

Th. minus (234). Bei Bošac und Nemes Podhragy im südl. Com. Trencsin (Hol. ÖBZ. XV. 268), auf dem Czerwony Wierch der Liptauer Centralkarpaten (Rehm. ZBG. XVIII. 499), bei Verovitic (KK. 136).

Th. collinum (234). Auf dem Rosaliengebirge bis zum Pötschinger Sauerbrunnen herab (Sonkl. ÖBZ. XVI. 41, XIX. 122), an Waldrändern bei Nagy Nyárad im Com. Baranya (Janka briefl. Mittheil.) *Th. minus* auf den Ebenen des Com. Gran (Feicht. Eszt. 284) dürfte richtiger hierher gehören. *Th. Jacquinianum* (*Th. minus* Jacq.) auf Kalkfelsen der Biharia (Kern. ÖBZ. XVII. 176) ist mir der Unterlage wegen zweifelhaft.

Th. medium (235. Diagn. 1). Auf Hügeln bei Karlovic (KK. 136). *Th. medium* Sadl. im Pester Com. ist nach einem Original-Exemplar im Herb. Haynald = *Th. collinum* Wallr.

Th. elatum (235). Auf dem Kétáguhegy bei Gran (Feicht. Eszt. 277), auf den Ofner Bergen (Sadl. nach Kern. ÖBZ. XVII. 176).

Th. galioides (235) ist zu streichen und dafür zu setzen: *Th. simplex* Wahlb. Fl. suec. I. 359, Meyer Fl. hanov. 4. (Vergl. auch Koch Taschenb. 4, Aschers. Bot. Zeit. 1865 p. 368 und Neilr. Diagn. 2). Aendert ab:

α. *latisectum* (*Th. simplex* L., Koch Syn. 6, Reichb. Icon. XIII. t. 32). Auf Wiesen bei Parád im Com. Heves (Janka Exsicc.)

β. *intermedium* (*Th. laserpitiifolium* Griseb. It. 311, nicht Reichb. *Th. Bauhini* Reichb. Icon. XIII. t. 40). Blattabschnitte etwas breiter als bei der folgenden Varietät. Auf dem Sárbegy bei Gyöngyös (Vrab. Hev. 143), auf sandigen Grasplätzen bei Pilis-Csaba und Ofen am rechten Donau-Ufer, dann bei Puszta Csörög, auf dem Rákos, bei Puszta Peszér und an der Eisenbahn bei Monor und Pilis am linken Donau-

Ufer des Com. Pest, ferner bei Puszta Ecseg und Gyula im Com. beides
und von da bis Belényes am Fuss der Biharia (Kern. ÖBZ. XVII. 177),
auf Bergwiesen im Banat (Heutf. Ban. 5).
γ. *angustisectum* (*Th. galioides* Nestl., Koch Syn. 6, Reichb.
Icon XIII. t. 37). Auf Wiesen bei Csenke und der Donau-Inseln bei
Gran (Feicht. Eszt. 283), auf Hügeln zwischen Pest und Palota (Kern.
ÖBZ. XVII. 177), bei Parád im Com. Heves (RK. 127), bei Ungvár
(Hazsl. ÉM. 142), bei Szerdahely auf der Murinsel (SV. 151), im Banat
(Heutf. Ban. 5).
Th. flavum L. (235) halte ich nun für eine gute Art, während
Th. nigricans Jacq. (die Form mit breiten Blattabschnitten), *Th. an-*
gustifolium Jacq. und *Th. peucedanifolium* Griseb. (die Form mit
schmalen Blattabschnitten), dann die zwischen beiden in der Mitte
stehende Form eine zweite Art: *Th. angustifolium* Wimm. et Grab.
bilden, wie ich dies in der ZBG. XIX. 278--80 näher auseinander-
gesetzt habe.

Anemone vernalis (236). Auf dem Kohut im Com. Gömör
(Szont. 291)?

A. Pulsatilla β. latisecta (236). Auf der Matra bei Gyöngyös
(Janka ÖBZ. XVI. 124). Nach Kern. ÖBZ. XVII. 178 wäre die
A. Pulsatilla Sadl. und der meisten österreichischen Botaniker *Pulsa-*
tilla Hackelii Pohl. Allein da diese Pflanze nach Pohl Teut. II. 213,
Garcke Fl. v. ND. IX. Aufl. p. 5 und nach der Ansicht der neuern
böhmischen Botaniker ein Bastart von *A. patens* L. und *A. pratensis* L.
ist und da im Com. Pest nirgend *A. patens* angegeben wird, so ist mir
diese von Kerner nicht näher begründete Ansicht nicht erklärlich.
Auch in Vrab. Hev. 144 wird einer *A. Hackelii* bei Solymos und auf
der Nagy Galya im nordwestl. Com. Heves erwähnt, womit wahrscheinlich die von ihm in der ÖBZ. XVI. 360 angeführte *A. Wahlenbergii*
Szont. oder *A. patens* var. *β.* Wahlb. gemeint ist, die sich aber richtiger als *A. Pulsatilla β. latisecta* herausstellen dürfte.

A. narcissiflora (236). Auf dem Cernikamen der Fatra (Both.
ČK. 278), auf der Majerova Skala bei Altgebirg im Com. Sohl (Márk·
ÖBZ. XVI. 111), auf der Biharia (Kern. ÖBZ. XVII. 179).

A. alpina (236). Auf der Kralova Hola (Szont. Göm. 291), auf
der Petrosa der Rodnaer Alpen (Hazsl. Ak. Közl. IV. 159).

Myosurus minimus (237). Bei Srnje im südl. Com. Trencsin (Hol.
PV. IX. 84), im südl. Com. Zemplin (Hazsl. Ak. Közl. IV. 119), im
Bergland bei Ofen, bei Gyula im Com. Békés (Kern. ÖBZ. XVII. 180),
bei Vukovar im Com. Sirmien (KK. 136).

Ceratocephalus falcatus (237). Auf Grasplätzen im Csáto-Garten
bei Gyöngyös (Janka ÖBZ. XVI. 172).

C. orthoceras (238). Auf der Kisleva und Lasztkereszthegy im
östl. Com Gran (Feicht. Eszt. 280, 282), in dem auf dem rechten
Donau-Ufer liegenden Theile des Com. Pest (Kern. ÖBZ. XVII. 180),
in Weingärten bei Gyöngyös (Janka ÖBZ. XVI. 172).

9 *

Ranunculus aquatilis (238). Die Form *R. Petiveri* Koch Syn. 13 bei Lučivna in der Zips (Kalchbr. Szep. I. 110).

R. fluitans (238). In einem reissenden Bache zwischen Bankovci und Radovanci im Com. Požega (KK. 136). Bei Serke im südl. Com. Gömör (Fábry Göm. 89)? Im Com. Pest kommt er nicht vor, Sadler hat ihn mit *R. aquatilis* verwechselt, Kerner meint sogar, dass er in ganz Ungarn fehle (ÖBZ. XVII. 181).

R. rutaefolius (238). Unter der Mengsdorfer Spitze (Mieguszowa) und am Hinzka-See der Hohen Tatra (Rehm. ZBG. XVIII. 499, Kalchbr. Szep. I. 115).

R. alpestris (239). Auf dem Černikamen der Fatra (Both. ČK. 279).

R. aconitifolius (239). Bei dem Bade Teplic im Com. Trencsin (Lang PV. II. 2. p. 2), bei Klenoc im nordwestl. Com. Gömör (Fábry Göm. 84), auf dem Bohodei der Biharia (Kern. ÖBZ. XVII. 215).

R. ophioglossifolius Vill. (Koch Syn. 16). *R. oppositifolius* RK. 89 nach Kitaibel's Original - Exemplaren im Pester Museum n. 4833, von Janka mir mitgetheilt. Die Früchtchen knotigrauh. In Sümpfen der Com. Szatmár und Bihar mit *R. polyphyllus*.

R. Lingua (239). Bei Stvrtek im südl. Com. Trencsin (Hol. ÖBZ. XV. 627), bei Kis Kereki im nördl. Com. Bihar (Janka ÖBZ. XVI. 171), bei Berak im Com. Sirmien, am Bosut, dann bei Vinkovce, Cerna und Županje in der Broder Milit.-Grenze (KK. 137).

R. nodiflorus (239, Diagn. 2). Am Wege von Presburg nach Weinern (Wiesb. ZBG. XVII. 969), bei Hont im Com. Hont, bei Püspök-Ladány im Com. Szabolcs (Janka ÖBZ. XV. 198, XVI. 223), im südl. Com. Zemplin (Hazsl. Ak. Közl. IV. 119), bei der Ruine Visegrád, bei Rét-Szilas im Com. Stuhlweissenburg (Kern. ÖBZ. XVII. 218).

R. Thora (240). Im Kupferschächtenthale und im Skopa-Passe der östl. Tatra (Ilse 26, 27), im Alpenthale Szpyci der Cerna Hora (Rehm. ZBG. XVIII. 499).

R. pedatus (240, Diagn. 3). Im südl. Com. Zemplin (Hazsl. Ak. Közl. IV. 119), auf dem südl. Abhange der Matra (Janka ÖBZ. XVI. 171), im Tieflande zwischen Pest, Debrecin und Grosswardein, in den Com. Békés und Arad (Janka ÖBZ. XVII. 67).

R. cassubicus (240). Auf dem Inovec im Com. Trencsin (Hol. ÖBZ. XVIII. 363).

R. montanus (240). Auf dem Naklate der Veterne Hole im Com. Trencsin (Pant. ÖBZ. XVIII. 251), auf der Prašiva der Liptau-Sohler Alpen (Márk. ÖBZ. XVI. 114).

R. Villarsii Kern. DL. 296 auf der Biharia ist nach Kern. ÖBZ. XVII. 216 *R. oreophilus* MB. Taur. Cauc. III. 383, nicht *R. Villarsii* DC. Allein nach Ledeb. Ross. I. 39 ist *R. oreophilus* MB. ein Synonym von *R. Villarsii* DC. Ich komme daher auf meine frühere Ansicht zurück, dass fast jeder Autor unter *R. Villarsii* eine andere Pflanze versteht.

R. Thomasii Ten. Fl. Napol. I. p. LXIX., III. t. 146, IV. p. 78 et 347, V. t. 240, den Thomas im Walde Sila in Calabrien fand, und den Kotschy auf dem Csiblesz, Kerner auf Alpenwiesen der Biharia angibt (ÖBZ. XVII. 216), vermag ich nach der lichtvollen Beschreibung in Bert. Fl. ital. V. 536—7 von der Form des *R. polyanthemos* L. mit feingetheilten Blättern nicht zu unterscheiden. Denn er besitzt alle Merkmale desselben, als den abgebissenen reichfaserigen Wurzelstock, die handförmig getheilten grundständigen Blätter mit schmalen wiederholt gespaltenen Zipfeln, die gefurchten Blütenstiele, den borstlichen Fruchtboden und die kahlen berandeten Früchtchen mit dem sehr kurzen hakigen Schnabel, so dass Bertoloni, welcher seine Exemplare von Thomas erhielt, keinen andern Unterschied anzugeben weiss, als dass *R. Thomasii* niedriger, die Kelche grösser und die Schnäbel entschieden hakig (?) seien. Der eigentliche *R. polyanthemos* L. fehlt dagegen in der Flora italica. Tenore hat diese Art sehr verworren beschrieben und sehr mittelmässig abgebildet, sie früher auch irriger Weise mit *R. millefoliatus* Vahl verglichen, was er später selbst berichtigte. Der sehr ähnliche *R. acris* L. unterscheidet sich durch stielrunde Blütenstiele und kahlen Fruchtboden.

R. Steveni (241, Diagn. 5). An quelligen Stellen bei Nemes Podhragy im südl. Com. Trencsin (Hol. Exsicc.), zwischen Belényes und Grosswardein (Kern. ÖBZ. XVII. 216).

R. carpaticus (241, Diagn. 5). Auf dem Csiblesz der Rodnaer Alpen (Kotschy Exsicc.)

R. pygmaeus (241) bei Srnje ist eine Zwergform des *R. sardous* (Hol. PV. IX. 84).

Caltha laeta Schott Anal. 32 an quelligen Stellen der Biharia (Kern. ÖBZ. XVII. 219) ist nach Original-Exemplaren von *C. palustris* L. nicht verschieden (Neilr. Sitz. Ber. der Akad. der Wissensch. I.VIII. 1868 p. 567).

Trollius europaeus (241). Bei Dobschau (Geyer Göm. 86). Auf dem Temetvény kömmt er nicht vor (Krz. ZBG. XVI. 471).

Helleborus viridis (242, Diagn. 5—6). Bei Pongyelok, Kraszna-Horka-Varallya und Pelsöc im Com. Gömör (Fábry Göm. 84, 88).

H. dumetorum (242). Auf dem Vértes-Gebirge und dem Meleghegy im Com. Stuhlweissenburg (Kern. ÖBZ. XVII. 220).

H. purpurascens (242). Bei Parasznya im Sajo-Thale, bei Hámor am Fuss des Bükkhegy und bei Kis-Györ im Com. Borsod (Reuss Květ. Slov. 13), auf der Crúciula vecie bei Mehadia (Janka briefl. Mittheil.)

Aquilegia vulgaris (243). Auf dem Piliser Berge (Feicht. Eszt. 179), häufig mit weissen Blüten auf Bergwiesen bei Nemes Podhragy (Hol. ÖBZ. XVII, 111).

A. glandulosa (243) ist zu streichen, denn die in Kern. DL. 142 und 322 auf der Biharia als *A. transsilvanica* Schur angeführte Pflanze ist nach Kern. ÖBZ. XVII. 221 *A. Hänkeana* Koch, die ich als Art von *A. vulgaris* L. für nicht verschieden halte.

Delphinium orientale (243, Diagn. 6). Bei Fünfkirchen (Uechtr. ÖBZ. XVI. 287), unter dem Getreide bei Vukovar und India im Com. Sirmien (KK. 138), zwischen Neudorf und Alibunar in der serb. banat. Milit.-Grenze (Panč. ÖBZ. XVIII. 78).

D. elatum (244). Auf der Velka Križna der südl. Fatra (Both. ČK. 278), auf dem Ostry Vrch bei Neu-Sohl (Márk. ÖBZ. XVII. 11), auf der Javořina nördl. von Nagy Röce und bei Rosenau im Com. Gömör (Fábry und Geyer Göm. 85, 86), auf der Petrosa der Rodnaer Alpen (Hazsl. Ak. Közl. IV. 159).

Aconitum Anthora (244). Auf Felsen der Cerna Hora (Rehm. ZBG. XVIII. 499).

A. Lycoctonum β. caeruleum (244). Auf der Babahora bei Lučivna in der Zips (Kalchbr. Szep. I. 110), im Langenwalde bei Kesmark (Ilse 34), bei Klenoc im nordwestl. Com. Gömör (Fábry Göm. 84).

A. paniculatum Lam. (245). Am Rande der Nadelwälder auf den östlichen Abfällen der Biharia bei Negra und Vidra aber schon in Siebenbürgen (Kern. ÖBZ. XVII. 222).

Cimicifuga foetida (245). Im Schwarzwasserthale bei Roks (Ilse 28), dann bei Puszta Pole und Stracena im Göllnitzthale in der Zips (Szont. Göm. 281, 292), bei Rosenau (Geyer Göm. 86). Ueber das muthmassliche Vorkommen dieser Art im Com. Neutra (vergl. Krz. ZBG. XVI. 471).

Paeonia tenuifolia (246, Diagn. 7) *β. latisecta* (*P. hybrida* Pall Ross. II. p. 94 t. 86). Blattzipfel 2—3''' selbst 4''' breit. Auf der Sandsteppe Fontina Fetje bei Karlsdorf in der serb. banat. Milit.-Grenze, doch blüht diese Varietät bedeutend später als die Stammart (Janka Exsicc. und briefl. Mittheil.)

BERBERIDEAE.

Epimedium alpinum (246). In hügligen und gebirgigen Gegenden durch ganz Slavonien (KK. 139). Auf der Margarethen-Insel bei Ofen verwildert und daselbst sehr häufig (Kern. ÖBZ. XVII. 224).

PAPAVERACEAE.

Papaver Argemone (247). An Ackerrändern bei Nemes Podhragy, Bošác und Halužice im südl. Com. Trencsin (Hol. PV. IX. 85), auf Aeckern bei Szolnok (Kern. ÖBZ. XVII. 224).

P. hybridum (247). Auf Aeckern bei Pančova (Slez. 5).

Glaucium corniculatum (247). Bei Puszta Kis-Kába in Gross-Kumanien, bei Szegedin (Kern. ÖBZ. XVII. 225), auf dem Titler Plateau im Čajkisten Distr. (Reuss Verz.) Unter *G. fulvum* auf der Murinsel scheinen SV. 199—200 *G. corniculatum* mit orangegelben Blüten zu verstehen, weil sie ihrem *G. corniculatum* nur scharlachrothe Blüten zuschreiben.

Corydalis angustifolia Kit. (247—8) gehört nach Kern. ÖBZ. XVII. 225 nicht zu *C. cava* sondern zu *C. solida*. Die echte *C. angustifolia* DC. (*Fumaria angustifolia* MB.), obschon der *C. solida* nahe ver-

wandt (Boiss. Fl. orient. I. 130), scheint gleichwohl von *C. angustifolia*
Kit. verschieden zu sein, weil sie sonst Kerner schwerlich als Synonym der *C. solida* aufgeführt hätte.

C. fabacea (248) sollte der Priorität nach *C. intermedia* Merat
Fl. Par. ed. I. 272, abgeleitet von *Fumaria bulbosa β. intermedia* L.
Spec. ed. I. 699 heissen.

C. capnoides (248). Auf dem Nagyhegy bei Pelsöc (Fábry
Göm. 88).

C. claviculata (248). Kerner bezweifelt das Vorkommen dieser
westeuropäischen Art in Ungarn (ÖBZ. XVII. 226), worin er wohl recht
haben wird.

Fumaria *rostellata* Knaf (248, Diagn. 8). Auf Aeckern bei
Pest, auf dem Weingebirge zwischen dem Adlersberge und Wolfsthal
bei Ofen (Kern. ÖBZ. XVII. 226), auf Feldern bei Nagy Nyárad im
Com. Baranya (Janka ÖBZ. XVII. 232).

F. parviflora α. tenuifolia (249, 331, Diagn. 9)*). Auf der Kisléva
im östl. Com. Grau (Feicht. Eszt. 280), auf Aeckern bei Pancova
(Slez. 5).

CRUCIFERAE.

Arabis brassicaeformis (249). Auf dem Inovec (Kell. Ak. Közl.
IV. 215), wenn die Bestimmung richtig ist.

A. alpina (249). Auf der Biharia (Kern. ÖBZ. XVII. 256).

A. auriculata (250). Bei Halužice und Štvrtek im südl. Com.
Trencsin (Hol. PV. IX. 86), auf dem Sárhegy der Matra (Janka ÖBZ.
XVII. 67), bei dem Felixbade von Grosswardein und bei Petrani nächst
Belényes im Com. Bihar, auf den Trachytbergen des südl. Com. Hont
(Kern. ÖBZ. XVII. 256), bei Tárján im Com. Komorn (Kit. It. croat. 1),
auf dem Harsányhegy bei Siklos im Com. Baranya (Janka briefl.
Mittheil.), bei Karlovic (KK. 142).

A. hirsuta β. glaberrima (250). Im Drechselhäuschen der östl. Tatra.
A. ciliata Wahlb. im Drechselhäuschen ist vielleicht dieselbe Pflanze
(Aschers. Bot. Zeit. 1865 p. 368).

A. Gerardi (250). Bei Bazias in der serb. banat. Milit.-Grenze
(Winkl. ÖBZ. XVI. 15).

A. Turrita (250). Auf den Trachytbergen des südl. Com. Hont,
auf dem Gerecsehegy im Com. Gran, auf der Biharia (Kern. ÖBZ.
XVII. 257), bei dem Duzluker Kloster, bei der Glashütte Jankovac
und auf dem Papuk im Com. Verovitic, bei Stražilovo nächst Karlovic
(KK. 142).

A. bellidifolia (251). Auf dem Czerwony Wierch (Rehm. ZBG.
XVIII. 500), auf der Javořina nördl. von Nagy Röce (Fábry Göm. 85).

A. arenosa (251). Die Form *A. petrogena* (Kern. (Diagn. 10) auf
dem Zobor bei Neutra (Schill. Nyitr. 300), auf der Szitna bei Schemnitz (Márk. ÖBZ. XVI. 79), auf der Matra (Janka ÖBZ. XVI. 124),

*) In den Diagnosen steht in Folge eines Schreibfehlers tenuiflora.

dem Nagyszál, Gerecsehegy im Com. Gran, dem Vértes-Gebirge, bei
Komorn (Kern. ÖBZ. XVII. 257).

A. petraea (251). Auf dem Szomlio bei Grosswardein (Janka
XVI. 171), doch vermuthet Kern. ÖBZ. XVII. 257, dass sich dieser,
vielleicht die meisten Standorte der *A. petraea* auf Formen der
A. arenosa mit ausdauernden Stämmchen beziehen.

A. Halleri (251). Im Blumengarten der Hohen und im Drechselhäuschen der östlichen Tatra (Pant. ÖBZ. XIX. 337), bei Nagy Röce
(Fabry Göm. 85).

A. Thaliana (251). Bei Parád (Vrab. Hev. 145) und Gyöngyös
im Com. Heves, bei Székelyhid im Com. Bihar (Janka ÖBZ. XVII. 67),
auf dem Nagyszál bei Waizen, dem Meleghegy bei Stuhlweissenburg,
am Fuss der Biharia (Kern. ÖBZ. XVII. 258), bei Darda im Com.
Baranya (Kn. ÖBZ. XVI. 118).

Cardamine parviflora (252). An schlammigen Stellen des Tieflandes bei Szolnok und im Sumpfgebiete des Berettyó in Gross-Kumanien, dann in den Com. Szabolcs und Békés (Kern. ÖBZ. XVII. 258).
Die Standorte bei Rézbánya und in den nördl. Karpaten scheinen
unrichtig zu sein.

C. hirsuta β. silvatica (252). In der Marmaros (Adl. Verz.), auf
der Biharia, im Bakonyer Walde (Kern. ÖBZ. XVII. 259), bei Verovitic,
auf dem Papuk, bei Semlin? (KK. 142).

C. amara (252). Bei Pančova (Slez. 6).

Nasturtium officinale (253). Bei Čerević und Semlin in Sirmien
(KK. 142). Gemein ist es im Com. Pest auf keinen Fall (Kern. ÖBZ.
XVII. 257).

Dentaria glandulosa (253). In der Marmaros (Adl. Verz.)

Hesperis matronalis β. runcinata (253). Auf dem Örhegy und
Manyihegy im südl. Com. Gran (Feicht. Eszt. 275, 276), zwischen
Budaörs und dem Kammerwalde bei Ofen (Kern. ÖBZ. XVII. 252), auf
dem Papuk, bei Vukovar, Čerević und Karlovic in Sirmien (KK. 143).

H. tristis (254). Im Marchthale bei Egbell, Adamov und Kojatin
(Krz. ZBG. XVI. 472), auf dem Sárhegy bei Gyöngyös (Janka ÖBZ.
XVII. 67), im südl. Com. Zemplin (Hazsl. Ak. Közl. IV. 119), bei Cece
an der Sárviz im Com. Stuhlweissenburg, bei Duna Földvár im Com.
Tolna (Kern. ÖBZ. XVII. 252).

Malcolmia africana (254). Auf dem Örhegy bei Bajna im südl.
Com. Gran (Feicht. Eszt. 275), auf der Donau-Insel gegenüber von
Ercsi im Com. Stuhlweissenburg (Tausch. ZBG. XVI. SB. 87).

Sisymbrium austriacum (254). Gemein um Wag-Neustadtl (Kell.
Ak. Közl. IV. 200)? im Walde Sz. Pál bei Koroncó im Com. Raab
(Ebenh. PV. VIII. 43), auf der Murinsel bei Serdahely (Syll. croat.
162), Sredičko, St. Mihail und Strigovo (SV. 230). Bei Ofen nicht mehr
(Kern. ÖBZ. XVII. 254). Alle diese Standorte kommen mir ver-
dächtig vor.

S. Irio (254). An sandigen Stellen auf der Murinsel (Syll.
croat. 162).

S. pannonicum (254). Der älteste Name ist *S. Sinapistrum* Cr. Stirp. I. 1769 p. 52.

S. junceum (254, Diagn. 11). Bei dem Ludoviceum in Pest an Mauern (Kern. ÖBZ. XVII. 255), zufällig? im Com. Békés (Kit. Catal. 22).

Erysimum *strictum* (255). Auf der Donau-Insel Kövesd des Com. Gran (Feicht. Eszt. 283). Kömmt weder bei Čachtice noch auf dem Temetvény vor (Krz. ZBG. XVI. 472), hiernach halte ich auch den Standort bei Wag-Neustadtl (Kell. Ak. Közl. IV. 200) für zweifelhaft. *E. odoratum* (255). Der älteste Name ist *E. pannonicum* Cr. Stirp. I. 1769 p. 28.

E. crepidifolium (255). Auf dem Nedzo und bei Čachtice im nördl. Com. Neutra (Kell. Ak. Közl. IV. 214), auf dem Nagyszál bei Waizen (Kern. ÖBZ. XVII. 253), bei Rosenau (Geyer Göm. 86).

E. Cheiranthus (256). Bei Rosenau (Geyer Göm. 86).

Syrenia *angustifolia* (256) sollte nach der in neuester Zeit immer mehr zur Geltung gebrachten Uebung *S. cana* heissen, abgeleitet von *Cheiranthus canus* PM. 1783.

S. cuspidata (256, Diagn. 12). Bei Illok im Com. Sirmien (KK. 144).

Conringia *orientalis* (256). Auf Aeckern im Com. Gran (Feicht. Eszt. 284), an der Eisenbahn zwischen Zebegény und Nagy Maros im Com. Hont, bei Neu-Pest und Keresztúr im Com. Pest (Kern. ÖBZ. XVII. 254), auf der Murinsel bei Strigovo, Nedelic und Čukovec (SV. 226), bei Pančova (Slez. 6).

C. austriaca (257). Auf der Bela Skala im östl. Com. Gran (Feicht. Eszt. 284), bei dem Pulverthurm von Peterwardein (KK. 144).

Brassica *elongata* (257, Diagn. 13). Bei Dubočac der Gradiskaner Milit.-Grenze (Hacq. in Born Abhandl. II. 244), auf dem Titler Plateau im Čajkisten Distr. (Reuss Verz.)

Erucastrum *Pollichii* (258). Auf der Grossen Schütt (Res. ÖBZ. XVII. 52), bei Istenmezeje und Puszta Vezekény nächst Péter-vásár im Com. Heves (Janka brieß. Mittheil., Vrab. Hev. 145).

E. obtusangulum Reichb. (Koch Syn. 61). Auf Aeckern bei Ofen selten (Kern. ÖBZ. XVII. 360).

Diplotaxis *tenuifolia* (258). Im Wagthale des südlichsten Com. Trencsin (Hol. PV. IX. 87), bei Ercsi im Com. Stuhlweissenburg, bei Szolnok (Kern. ÖBZ. XVII. 251), bei Mohács im Com. Baranya (Kn. ÖBZ. XVI. 117), bei Strazeman im Com. Požega, bei Semlin (KK. 145). Fehlt sowie *D. muralis* im Tieflande jenseits der Theiss oder ist doch sehr selten (Kern. l. c. 251—2).

Seite 258:

Vesicaria *microcarpa* Vis. *Wurzel* spindlig, mehrstenglig, *keine Stämmchen treibend. Stengel krautig,* aufrecht, *sowie die Blätter von dichten Sternhärchen graufilzig.* Blätter ganzrandig, die grundständigen länglich-verkehrteiförmig, die stengelständigen viel kleiner, länglich bis lineal-lanzettlich. Blüten in Trauben, Traube am Ende des Stengels in eine Doldentraube zusammengestellt. Staubfäden zahnlos. *Schötchen* *kuglig-aufgeblasen, sehr klein, kaum 1''' im Durchmesser, kahl. Fächer 2samig.*

Vesicaria microcarpa Vis. Flora 1829 I. Erg. Bl. 18, Fl. dalm. II. t. 32. — Alyssum microcarpum Vis. Fl. dalm. III. p. 115, weil Visiani später die Gattung Vesicaria mit Alyssum vereinigt.

Stengel 1—1½' hoch, Blüten gelb. In der Tracht dem *Alyssum petraeum* Ard. am ähnlichsten, allein bei diesem sind die Schötchen etwas grösser, nur in der Mitte convex und am Rande zusammengedrückt. *Vesicaria sinuata* Poir. hat beinahe halbstrauchige Stengel und viel grössere Schötchen von 3''' im Durchmesser mit 4—6samigen Fächern; *V. utriculata* Lam. ist kahl.

Janka fand diese Art auf dem Kalkfelsen Kukujovka unterhalb des Kukujevo nördlich von Svinica der serb. banat. Milit.-Grenze, aber nur in Früchten und in halbverwelktem Zustande und hat mir davon eine Stengelspitze lebend gesendet. Die Beschreibung ist daher grösstentheils Visiani entnommen. — Juni, Juli. ⊙.

Alyssum *saxatile* (259). Bei Čachtice und auf dem Temetvény im Com. Neutra (Kell. Ak. Közl. IV. 214), auf der Ruine Beckov im südl. Com. Trencsin (Hol. Exsicc.), auf dem Schlossberg von Ajnacskó im Com. Gömör (Janka briefl. Mittheil.)

A. *arenarium* Gmel. im Flugsande bei Soroksár im Com. Pest (Kern. ÖBZ. VII. 361) ist nach Koch Syn. 64 nur eine Varietät des *A. montanum* L.

A. *campestre* γ. *hirsutum* Koch Syn. 65 (*A. hirsutum* MB.) „Am Theissufer Szombor" nach Rittmeister Winkler im Herbar Rauscher. Ob damit Zombor im Com. Zemplin oder Zombor im Com. Torontal gemeint sei, weiss ich nicht, unmittelbar an der Theiss liegt keines von beiden. Vergl. auch Fl. von Ung. 260.

A. *minimum* (260). Auf der Insel bei Neutra (Schill. ÖBZ. XVI. 295), im südl. Com. Zemplin (Hazsl. Ak. Közl. IV. 119), auf den Hügeln und Ebenen des südl. Com. Gran (Feicht. Eszt. 276—84), am Fuss des Harsányhegy im Com. Baranya (Janka briefl. Mittheil.), auf dem Titler Plateau im Čajkisten Distr. (Reuss Verz.)

Pellaria *alliacea* (261). Im Černa-Thale bei Mehadia (Reuss Verz.) Kömmt bei Čachtice bestimmt nicht vor (Krz. ZBG. XVI. 472).

Draba *pyrenaica* (261, Diagn. 14). Auf dem Stirnberg der östl. Tatra (Engl. Brandb. Ver. VII. 155).

D. *lasiocarpa* (261, Diagn. 14). Bei Rosenau (Geyer Göm. 86). *D.* *aizoides* bei Berzéte nächst Rosenau (Fábry Göm. 88) ist wohl dasselbe.

D. *muralis* (262). Auf den Trachytbergen bei Helemba und Zebegény im südl. Com. Hont. Auf dem Pilis-Vértes-Gebirge kommt sie nicht vor (Kern. ÖBZ. XVII. 362).

D. *nemorosa* (262). Auf dem Világos der Matra und auf der Puszta Sashalom bei Hatvan im Com. Heves (Janka ÖBZ. XVI. 172), auf der Ebene und im Hügellande des Com. Gran (Feicht. Eszt. 276, 277, 284), im Schlossgarten von Simontornya im Com. Tolna (Woyna

ZBG. XVI. SB. 87). Bei dem Bad Harkány im Com. Baranya die Varietät mit kahlen Schötchen (Janka ÖBZ. XVII. 232). *Kernera saxatilis* (262). Auf dem Inovec (Kell. Ak. Közl. IV. 214).

Cochlearia officinalis (262). Im Blumengarten der Hohen Tatra (Pant. ÖBZ. XIX. 337).

Roripa rusticana β. *macrocarpa* (263, Diag. 13). Dem Standorte nach gehört *Cochlearia Armoracia* bei Poroszlo im Com. Heves, bei Bátor im Com. Szabolcs (RK. 45) und bei Nagy-Láng im Comitate Stuhlweissenburg (Hillebr. ZBV. VII. 41) zu obiger Varietät (Kern. ÖBZ. XVII. 363).

R. austriaco-silvestris Neilr. NÖ. 745. In Strassengräben zwischen Blumenau und Blumenthal, dann an der Donau bei Karlsdorf im Com Presburg (Wiesb. ZBG. XV. 1006). *Nasturtium terrestre* Tausch auf sumpfigen Wiesen südlich vom Blocksberg bei Ofen (Kern. ÖBZ. XVII 383) ist vielleicht derselbe Bastart.

R. amphibio-silvestris Neilr. NÖ. 746 (263). An Rainen zwischen Roks und Kesmark (Ilse 29), bei Wartberg nordöstlich von Presburg (Wiesb. ZBG. XVII. 696).

R. pyrenaica (263). Auf Wiesen und an Saumwegen der Biharia (Kern. ÖBZ. XVII. 363).

Camelina dentata (263). Bei Ofen, bei Petrani nächst Belényes im Com. Bihar (Kern. ÖBZ. XVII. 384), bei Bizovac im Com. Verovitic (KK. 263).

Myagrum perfoliatum (264). Auf Aeckern im Com. Gran (Feicht Eszt. 284), bei Szolnok und Török Sz. Miklos im Com. Heves, bei Kis Ujszállás in Gross-Kumanien, im Becken von Belényes im Com. Bihar besonders bei Petrani (Kern. ÖBZ. XVII. 384) bei Vukovar und Semlin (KK. 145).

Calepina Corvini (264, 351, Diagn. 18). Auf Aeckern bei dem Bahnhofe von Szolnok (Kern. ÖBZ. XVII. 385).

Bunias Erucago 264). Auf bebautem Lande zwischen Pest und Soroksár (Kern. ÖBZ. XVII. 385).

B. orientalis (264). Auf Aeckern im südl. Com. Zemplin (Hazsl. Ak. Közl. IV. 119) und im Com. Gran (Feicht. Eszt. 284), sehr häufig im Com. Pest am rechten Donau-Ufer längs der Strasse von Csaba nach Ofen, dann in den Umgebungen von Ofen und zwischen Budaörs und Promontor, am linken Ufer bei Waizen, Aszod und Monor, ferner bei Poroszlo im Com. Heves, im östl. Com. Bihar bei Szckelyhid, dann von Grosswardein bis Belényes und längs der Schwarzen Körös einwärts in die Obstgärten der Dörfer bis Pietrosz (Kern. ÖBZ. XVII. 385).

Thlaspi montanum (265). Auf dem Nedzo-Gebirge im nördlichen Com. Neutra (Kell. Ak. Közl. IV. 214). Nach den in neuester Zeit gemachten Beobachtungen scheinen mir dieser und überhaupt alle ungarischen Standorte des *Th. montanum* theils unrichtig, theils zweifelhaft zu sein und auf Verwechslungen mit *Th. Jankae* Kern. und *Th. alpestre* L. zu beruhen.

Th. Jankae (Diagn. 16). Sichere Standorte sind bis jetzt uur auf dem Zobor bei Neutra, auf dem Disznokó bei Parád, auf den Höhen von Gyöngyös, auf der Puszta Sashalom bei Hatvan in die Ebene des Com, Heves herabsteigend (Kern. ÖBZ. XVII. 36, 386).

Th. alpestre (265). Bei Lučivna und auf den nördl. Ausläufern der Kralova Hola in der Zips (Kalchbr. Szep. I. 105).

Teesdalia nudicaulis (265). Bei Serke im südl. Com. Gömör (Fábry Göm. 89).

Lepidium graminifolium (266). Sehr häufig auf der Margaretheninsel bei Ofen (Aschers. Bot. Zeit. 1865 p. 368).

L. crassifolium (266). Auf der Theiss-Niederung zwischen Török Sz. Miklos und Kis Ujszállás in Gross-Kumanien (Kern. ÖBZ. XVII. 387).

Hutchinsia alpina (266). Im Alpenkessel zwischen dem Nový und Hauran der östl. Tatra (Ilse 21, 22).

Isatis tinctoria (267). Im südl. Com. Zemplin (Hazsl. Ak. Közl. IV. 119), bei Stuhlweisseuburg, bei Kis-Ujszállás in Gross-Kumanien (Kern. ÖBZ. XVII. 385).

Senebiera Coronopus (267). Auf der Parndorfer Heide im Com. Wieselburg (Berroyer), auf hart getretenem Boden von Nagy-Nyárad über Maiss und Monostor bis an die Drau im Com. Baranya stellenweise (Janka briefl. Mittheil.), bei Čepin, Bizovac und Essek im Com. Verovitic (KK. 146).

Crambe Tataria (268). Bei Kamenic im Com. Sirmien (KK. 146), bei Fegyvernek im südl. Com. Bihar (Kern. ÖBZ. XVII. 389).

RESEDACEAE.

Reseda Phyteuma (268). Auf dem Pilis-Gebirge im Com. Gran (Feicht. Eszt. 275, 276, 280), bei Mohács im Com. Barauya (Kn. ÖBZ. XVI. 117).

R. inodora (268). Bei Mitrovic in der Peterwardeiner (KK. 147) und bei Karlsdorf in der serb. banat. Milit.-Grenze (Pauč. ÖBZ, XVIII. 79).

NYMPHAEACEAE.

Nymphaea thermalis (269), Ueber den nähern Standort und die Verbreitung dieser Art vergl, Kern, ÖBZ. XVII. 222.

CISTINEAE.

Helianthemum Fumana (269). Im Walde Pagony bei Koroncó im Com. Raab (Ebenh. PV. VIII. 43).

H. rupifragum Kern. ÖBZ. XVIII. 18 ist das in Kern. DL. 296 auf der Biharia bei Vidra (schon in Siebenbürgen) angegebene *H. alpestre* (*H. oelandicum β. viride*), dessen schmalblättrige Form es zu sein scheint.

H. vulgare (270). Das von Kern. ÖBZ. XVIII. 18 angeführte *H. obscurum* Pers. ist *H. vulgare β. hirsutum* Koch Syn. 87, welches in Ungarn gemein zu sein scheint. Die Var. α. *tomentosum* Koch l. c. auf

Sandhügeln der Puszta Sálosár und auf dem Erdöhegy bei Tatár Sz.
György im Com. Pest (Kern. l. c. 19).

DROSERACEAE.

Drosera rotundifolia (270). Bei dem Forsthause Podspady am
Fuss der nördl. Tatra in der Zips (Ilse 17), bei Roks nächst Kesmark
(Engl. Brandb. Ver. VII. 153).

VIOLACEAE.

Viola palustris (270). Bei Roks nächst Kesmark (Engl. Brandb.
Ver. VII. 153).

V. hirta var. *collina* (271). Bei Hradek und im Demanovka-Thale
im Com. Liptau (Uechtr. ÖBZ. XVI. 288), auf dem Adlerberg bei Ofen
(Kern. ÖBZ. XVIII. 19).

V. ambigua (271). Auf dem Szamárhegy bei Gran (Feicht.
Eszt. 281).

V. cinerascens Kern. ÖBZ. XVIII. 20 auf der Slanicka bei Pilis-
Csaba im Com. Pest scheint mir eine Uebergangsform der *V. arenaria*
DC. in *V. silvestris* Kit. zu sein.

Kerner führt in der ÖBZ. XVIII folgende von mir unter *V.*
persicifolia (271) zusammengefasste Arten an, welche ich jedoch nur für
Varietäten halte:

a. *V. stricta* Horn. (Koch Syn. 93). Auf Bergwiesen auf der
Matra bei Parád, auf dem Dobogokó und Schwabenberg bei Ofen, am
Fuss des Kôbányberges bei Grosswardein, auf der Biharia (Kern.
l. c. 21).

b. *V. pumila* Chaix in Vill. Dauph. II. 666 (*V. stagnina* Kit
und *V. pratensis* MK., Koch Syn. 92, 93). Auf feuchten Wiesen, an
überschwemmten Stellen. An der Eisenbahn zwischen Gran-Nána und
Nagy Maros, in der Sarviz bei Stuhlweissenburg, auf der Insel Csepel,
bei Palota und Rákos nächst Pest, im Inundationsgebiete des Berettyo,
auf der Puszta Esceg bei Ujszállás und längs der Schnellen und Schwarzen
Körös bis Grosswardein und Belényes (Kern. l. c. 34), ferner bei Nemes
Podhragy im südl. Com. Trencsin (Hol. PV. IX. 89), bei Blumenthal
nächst Presburg (Wiesb. ZBG. XV. 1006), auf den Donau-Inseln bei
Gran (Feicht. Eszt. 283).

c. *V. elatior* Fries (Koch Syn. 93). Auf Sumpfwiesen am Rákos
bei Pest (Kern. l. c. 34), ferner bei Bohuslavice im südl. Com. Trencsin
(Hol. PV. IX. 89), bei Rima Szombat (Fábry Göm. 82), Miskolc (Reuss
Květ. Slov. 56), Wolfsthal und Croat. Jahrndorf im Com. Wieselburg
(Wiesb. ZBG. XV. 1006), Koroncó im Com. Raab (Ebenth. PV. VIII.
43), auf den Donau-Inseln des Com. Gran (Feicht. Eszt. 283), bei
Rétfalú, Tenje und Čepin nächst Essek (KK. 147, SV. 288).

Die von mir bei *V. persicifolia* angeführten Standorte vertheilen
sich, insoweit sich dies nach den Synonymen beurtheilen lässt, auf folgende Weise. Es gehören nämlich:

a. Zu *V. stricta*: *V. Ruppii* bei Rétszilas und im Banat.

b. Zu *V. pumila*: *V. lactea* im Wagthale, im Hanság, bei Zanek, Muszla, Nána, Párkány, im Com. Pest, bei Futak und im Banat; *V. stagnina* bei Darázs, Sz. Márton und im Banat; *V. pratensis* bei Komjat, Eözdeg. in den Com. Borsod und Sáros, bei Tokay und Ungarisch-Altenburg.

c. Zu *V. elatior*: *V. persicifolia* bei Presburg und im Kreisnerwalde; *V. elatior* bei Bischdorf, Ung.-Altenburg und im Banat.

V. silvestri-stricta (*V. mixta*) Kern. ÖBZ. XVIII. 21. Auf dem Schwabenberg bei Ofen.

V. biflora (272). Auf der Černa Hora (Rehm. ZBG. XVIII. 501), Biharia (Kern. ÖBZ. XVIII. 34).

V. tricolor β. macrantha (272). Auf dem Johannesberg bei Ofen, dem Nagyszál bei Waizen, auf der Veronkarét bei Gyöngyös, häufig auf den Vorlagen der Biharia (Kern. ÖBZ. XVIII. 35).

V. lutea (272). Auf dem Černikamen der Fatra (Both. ČK. 278), auf der Prašiva (Márk. ÖBZ. XVI. 116) und der Kralova Hola der Liptau-Sohler Alpen (Kalchbr. Szep. I. 105).

V. declinata (272) bei Hradek ist *V. tricolor* (Uechtr. ÖBZ. XVI. 315).

CUCURBITACEAE.

Cucumis Melo (273) wird im Com. Heves häufig auf Aeckern gebaut und sind die Melonen von Heves und Csány, sowie jene von Nagy-Szalonta im südl. Com. Bihar besonders gesucht (Aschers. Bot. Zeit. 1865 p. 368, Kern. ÖBZ. XIX. 305).

CARYOPHYLLEAE.

Herniaria glabra (274). Auf dem Sandberg bei Pilis-Csaba im Com. Pest. Fehlt im Tieflande (Kern. ÖBZ. XIX. 367).

H. hirsuta (274). Bei Neudorf, dann zwischen Blumenau und Mariathal nächst Presburg (Wiesb. ZBG. XV. 1007), bei Párkány (Feicht. Eszt. 284).

H. incana (274). Auf dem Pilis-Gebirge in den Com. Gran (Feicht. Eszt. 276, 277, 282) und Pest, auf dem Vértes-Gebirge bei Csákvár, dann auf der Pester Ebene bei Puszta Csörög nächst Waizen, bei Rákos-Palota, auf dem Herminenfeld und Rákos bei Pest, bei Soroksár, Monor und Pilis (Kern. ÖBZ. XIX. 367).

Paronychia capitata der ungarischen Flora (275) ist nach Griseb. It. 306 und Kern. ÖBZ. XIX. 367 nicht *P. capitata* Lam., sondern *Illecebrum Kapela* Hacq. Pl. carn. p. 13 t. 2 f. 1. Allein Wulfen ein Zeitgenosse Hacquet's und mit ihm befreundet, hielt das *J. Kapela* für *J. Paronychia* L., d. i. *P. argentea* Lam. (Fl. nor. 299). Nach Kern. l. c. 368 sind die Kelchzipfel der echten *P. capitata* Lam. durch eine lange Borste abgeschlossen, nach Gren. et Godr. Fl. de Fr. I. 610 fehlt diese Borste. In Griseb. Rumel. I. 215 wird dagegen die ungarische Pflanze zu einer eigenen Art erhoben und *P. hungarica* genannt,

J. Kapela aber als Varietät der *P. serpyllifolia* DC. betrachtet. Diese Widersprüche vermag ich nicht aufzuklären.

Spergularia marina (275). Im südl. Com. Zemplin (Hazsl. Ak. Közl. IV. 118).

Spergula pentandra (276). Bei Legrád an der Drau im Comitate Zala (SV. 346)?

Scleranthus *perennis* (276). Im Sand der Schnellen Körös bei Grosswardein (Janka ÖBZ. XVI. 171).

S. neglectus (276, Diagn. 49). Im Thale der Weissen Körös bei Jósász im Com. Arad hart an der siebenbürgischen Grenze (Kern ÖBZ. XIX. 369).

S. uncinatus Schur. Wurzel spindlig, vielstenglig, rasig. Stengel liegend oder aufsteigend, ästig, reichblütig, sammt den Blättern fein-behaart, klebrig. Blätter halbstielrund, pfriemlich. Blüten in end- und seitenständigen Knäulen. *Kelchzipfel lanzettlich-lineal, verschmälert-spitz,* au der Basis mit einem schmalen häutigen Rand oder unberandet, *mit der Spitze hakenförmig einwärts gekrümmt,* bei der Fruchtreife abstehend (Nach siebenbürg. Original-Exemplaren).

S. uncinatus Schur Siebenbürg. Ver. 1850 p. 107, En. Transsilv. 224, Janka ÖBZ. IX. 221, Linn. 1859 p. 568.

Die Wurzel ist nach Schur 1—2jährig, nach Janka ausdauernd, aber schon im ersten Jahre blütetragende Stengel treibend. Stengel 1—5″ lang. Durch die hakenförmigen Kelchzipfel von allen verwandten Arten leicht zu unterscheiden. — An steinigen Stellen auf der Kuppe des Toumatecu bei Rézbánya der Biharia (Kern. ÖBZ. XIX. 369). Juli, August.

Sagina *apetala* (276). Auf Brachen bei Srnje und Nemes Pod-hragy im südl. Com. Trencsin (Hol. PV. IX. 89, ZBG. XIX. Dec. Sitz.) an sandigen Stellen bei Tokay (Kern. ÖBZ. XVIII. 181).

S. saxatilis (276). Auf der Pisna der Liptauer Centralkarpaten (Reim. Brandb. Ver. VII. 142).

S. nodosa (277). In den Thälern der Vysoka im Com. Presburg (Wiesb. ZBG. XVII. 969), an der Strasse von Kralovan nach Parnica im südl. Com. Arva (Pant. ÖBZ. XIX. 337).

Alsine *verna* α. *collina* (277). Bei Koroncó im Com. Raab (Ebenh. PV. VIII. 43), auf dem Saskó der Matra (Janka Exsicc.), auch in höhern Regionen, wie auf dem Durlsberg der östl. Tatra (Aschers. Bot. Zeit. 1865 p. 368) und auf der Černa Hora (Rehm. ZBG. XVIII. 502). *A. recurva* im Drechselhäuschen gehört zur Var. *β. alpina* (Uechtr. ÖBZ. XVI. 315).

A. ramosissima Kern. ÖBZ. XVIII. 183 auf der Biharia scheint eine üppige Form der *A. verna* mit feinen Blättern und Blütenstielen zu sein, denn *A. ramosissima* Willd. En. berol. suppl. 24 ist nach MK. Deutschl. Fl. III. 285 von *A. verna* α. *collina* gar nicht verschieden.

A. setacea (278). Bei Blasenstein und St. Nikolaus im Com. Presburg (Wiesb. Exsicc.), an sandigen Stellen im südl. Com. Gran (Feicht. Eszt. 284), auf dem Inovec (Kell. Ak. Közl. IV. 214), auf

Sandhügeln bei Fényszaru in Jazygien, auf dem Saskó der Matra (Janka Exsicc., ÖBZ. XVII. 67), auf Kalkfelsen der Pieninen (Rehm. ZBG. XVIII. 502).

A. *falcata* (278, Diagn. 27). Auf dem Világos der Matra (Janka Exsicc.)

A. *fasciculata* (278). Bei Trencsin und bei dem Badeort Teplic (Schill. ÖBZ. XVII. 39), auf dem Spitlberg bei Bruck a. d. Leitha (Breidler), auf dem Mecsek und Harsányhegy im Com. Baranya (Janka briefl. Mittheil.)

A. *glomerata* (278, Diagn. 27). Auf Kalkfelsen zwischen Dreukova und Svinica der serb. banat. Milit.-Grenze (Janka briefl. Mittheil.)

A. *tenuifolia* (279). Bei den Batzenhäuseln, Karlsdorf, Blumenau und St. Georgen im Com. Presburg, dann zwischen Edelsthal und Wolfsthal im Com. Wieselburg (Wiesb. Exsicc. und ZBG. XVII. 969).

Arenaria ciliata (279). Auf der Pisna (Reim. Brand. Ver. VII. 142), auf dem Czerwony Wierch, überall auf der östl. Tatra (Ilse 9, 21, 26, 27, 30).

A. *graminifolia* (279, Diagn. 28). Auf dem Pilis-Gebirge im Com. Gran (Feicht. Eszt. 281—3), im südl. Com. Zemplin (Hazsl. Ak. Közl. IV. 118), bei Arad (Wolfn. Exsicc.)

Moehringia pendula (280, Diagn. 28). Auf der Nordseite des Vulkan im Com. Zaránd (Janka briefl. Mittheil.), dann auf Trachytfelsen bei Nagyág nordöstl. von Déva schon in Siebenbürgen, doch nahe an der Grenze gegen das Com. Zaránd (Fuss nach Kern. ÖBZ. XVIII. 183).

Stellaria media β. *major* Koch. Syn. 130 (*S. neglecta* Weihc). Massenhaft auf der Margaretheninsel bei Ofen, auf der Matra, in Buchenwäldern der Biharia (Kern. ÖBZ. XVIII. 184).

S. *palustris* (280). Kerner fand sie im Com. Pest nur am Rákos und auch da selten (ÖBZ. XVIII. 185), bei Rosenau (Geyer Göm. 86), bei Kravica nächst Essek (KK. 148).

S. *Frieseana* (280). Dicht an der Strasse von Javorina nach dem Forsthause Podspady der nordwestl. Zips (Ilse 18), auf dem Gewont schon in Galizien (Herbar Janka).

S. *uliginosa* (280). Bei Bodony nächst Parád (Vrab. Hev. 146), bei Rosenau (Geyer Göm. 86).

Cerastium trigynum (281). An nassen Stellen der Černa Hora häufig (Rehm. ZBG. XVIII. 502).

C. *anomalum* (281). Auf allen Ebenen des Com. Gran (Feicht. Eszt. 284), bei Gyula im Com. Békés (Kern. ÖBZ. XVIII. 186).

C. *glomeratum* (281). Bei Wag-Neustadtl (Kell. Ak. Közl. IV, 205), im Sand der Wag und in Wäldern bei Ivanovce im südl. Com. Trencsin (Hol. PV. IX. 90, ZBG. XIX. Dec. Sitz.), im Kleinen Kohlbachthale in einer Höhe von 6000' (Uechtr. ÖBZ. XVI. 316), bei Našice im Com. Verovitic, bei Duboka im Com. Požega, bei Karlovic (KK. 149).

C. brachypetalum (282). Bei Hradek Hol. ÖBZ. XVII. 278 und Wag-Neustadtl im Com. Neutra (Kell. Ak. Közl. IV. 205), im südl. Com. Trencsin an vielen Stellen (Uechtr. ÖBZ. XVI. 316, Schill. ÖBZ. XVII, 47, Hol. PV. IX, 90 und ÖBZ. XVII. 230), bei Pest (Kern. ÖBZ. XVIII. 186), bei Duzluk im Com. Verovitic (KK. 149).

C. triviale (282). Die Var. *C. longirostre* (Diagn. 29). Am Grossen Fischsee (Uechtr. ÖBZ. XVI. 316) und bei dem Forsthause Podspady der nördlichen, dann auf der Nesselblösse der östlichen Tatra (Ilse 17, 30).

C. silvaticum (282). Auf der Matra, Biharia (Kern. ÖBZ. XVIII. 187), bei Huszt in der Marmaros (Uechtr. ÖBZ. XVIII. 75), bei Našice und dem Duzluker Kloster im Com. Verovitic (KK. 149).

C. umbrosum Kit. Addit. 211 auf dem Mrzin in Croatien und nach RK. 16 im Walde bei Heves ist nach Kit. Pl. croat. II. eine kleinere Form des *C. silvaticum.* Ob *C. triviale* β. *nemorosum* Uechtr. ÖBZ. XVIII. 73 hieher gehöre, wie Kern. ÖBZ. XVIII. 187 vermuthet, vermag ich nicht zu entscheiden.

C. alpinum (282). Auf dem Czerwony Wierch (Ilse 9), am Weissen See der Hohen Tatra (Engl. Brandb. Ver. VII. 157), auf der Cerna Hora (Rehm. ZBG. XVIII. 502).

C. latifolium (283). Im Kleinen Kohlbachthale und auf dem Polnischen Kamm der Hohen Tatra (Pant. ÖBZ. XIX. 337).

Moenchia mantica (283). Auf Wiesen bei dem Badeorte Harkány und an der Eisenbahn bei Villány im südl. Com. Baranya (Janka briefl. Mittheil.)

Gypsophila repens (284). Im Kleinen Kohlbachthale der Hohen (Pant. ÖBZ. XIX. 337) und auf der Nesselblösse der östlichen Tatra (Ilse 30).

G. paniculata (284) Im südl. Com. Zemplin (Hazsl. Ak. Közl. IV. 118).

Dianthus Pseudo-Armeria an buschigen Stellen bei Pétervásár im nördl. Com. Heves (Janka ÖBZ. XVII. 67) ist nach Janka's briefl. Mittheilung *D. Armeria-deltoides* Hellw. nach Uechtr. ÖBZ. XIII. 318. Die schlesische Pflanze gleicht in der Form, Grösse und Farbe der Blumenblätter dem *D. deltoides,* im steifern Wuchse, im Blütenstande, in der Form und in dem rauhen Ueberzuge dem *D. Armeria.* Das mir von Janka mitgetheilte Bruchstück hatte jedoch mit *D. Armeria* die grösste Aehnlichkeit.

D. barbatus β. *alpinus* (285). Auf Wiesen des Pop Ivan der Cerna Hora (Rehm. ZBG. XVIII. 502).

D. Carthusianorum (285). Die typische Form (Diagn. 20) scheint in Mittel-Ungarn selten zu sein, denn Kerner fand sie nur auf der Biharia (ÖBZ. XVIII. 88), häufiger ist sie in andern Gegenden als auf der Cerna Hora (Rehm. ZBG. XVIII. 502), in Slavonien (KK. 149), im Banat (Heuff. Ban. 32), am Neusiedler See (N).

D. atrorubens (285). Häufig bei Presburg (Wiesb. Exsicc.), auf der Matra, dem Nagyszál, den Trachytbergen bei Nagy Maros, auf dem Pilis-Gebirge, auf der Heide von Tetény südl. von Ofen, bei

Holod im südl. Com. Bihar (Kern. ÖBZ. XVIII. 89), bei Mehadia
(Reuss Verz.)

D. banaticus auf Sandhügeln bei Puszta Sz. Mihály, Alberti,
Monor, Pilis und am Kákos im Com. Pest (Kern. ÖBZ. XVIII. 89) wäre
nach Kerner's Citate „*D. diutinus* Reichb. Icon. XVI. f. 5017 (nicht
Kit.)" von *D. atrorubens* All. nicht verschieden. Im direkten Widerspruche mit dieser Angabe citirt Heuffel Ban. 32 zu *D. banaticus* den
D. vaginatus Reichb. l. c. f. 5018, eine Form des *D. Carthusianorum*
mit zurückgebogenen Deckblättern, meint also eine ganz andere Pflanze.
Aus Griseb. It. 301, wo diese Art mit Berufung auf Heuffel aufgestellt wurde, wird man nicht klug.

D. polymorphus (285, Diagn. 21). An sandigen Stellen bei Monor,
Pilis, Puszta Sallosár bei Tatár Sz. György und Puszta Peszér bei Alsó
Dabas im Com. Pest (Kern. ÖBZ. XVIII. 89). Von Reichenbach's
Abbildung in der Icon. XVI. f. 5017 b. kann nur der seitwärts gezeich-
nete Kelch hieher gezogen werden.

D. Seguieri (286). Auf dem Thebner Kogel (ÖBZ. XV. 326), bei
Schmöllnitz in der Zips (Fuchs Exsicc.), auf dem Köbanyahegy bei
Grosswardein (Kern. ÖBZ. XVIII. 88) auf dem Kamieniec der Černa
Hora (Rehm. in Kalchbr. Szep. II. 335, doch fehlt dieser Standort bei
Rehm. ZBG. XVIII. 503).

D. trifasciculatus Nendtv. bei Fünfkirchen (286) ist *D. barbatus*
L. (Janka briefl. Mittheil.)

D. plumarius α. saxatilis (287). Au den Abfällen des Temetvény
bei Luka (Kell. Ak. Közl. IV. 209), auf dem Hermanec im Com. Turóc
(Márk. ÖBZ. XV. 384), auf der Babahora bei Lučivna in der Zips
(Kalchbr. Szep. I. 110), auf der Patrinia der Rodnaer Alpen (Adl.
Verz.) Die meisten oder vielleicht alle diese Standorte beziehen sich auf
die Voralpenform *D. hungaricus* (Diagn. 23), die in den nördlichen
Karpaten allein oder doch vorherrschend vorkömmt.

D. plumarius β. arenarius (287). Zwischen Marcal und Faisz im
Com. Somogy (Janka ÖBZ. XVII. 67).

Nach Kern. ÖBZ. XVIII. 125—6 bewohnt *D. arenarius* L
(*D. serotinus* WK.) das mittelungarische Bergland und die sandigen
Niederungen, *D. hungaricus* Pers. (eigentlich *D. arenarius* var. hun-
garicus Pers. Syn. I. 495) die nördlichen, *D. petraeus* WK. die östlichen
Karpaten und *D. plumarius* L. die östlichen Ausläufer der Kalkalpen.
Allein da die Unterschiede dieser 4 Nelken nur in grösseren oder
kleineren mehr oder minder tief zerschlitzten Blumenblättern und in
dem hierdurch bedingten breitern oder schmälern Mittelfelde, dann in
der kürzern oder längern Kelchröhre und in kürzern oder längern
Kelchschuppen, also in durchaus relativen schwer zu erkennenden
Merkmalen bestehen, so kann ich diese 4 Nelken nur als Formen Einer
Art betrachten.

D. superbus (287). Bei Schmöllnitz in der Zips (Fuchs Exsicc.), im
Thalkessel Bratkóia der Biharia (Kern. ÖBZ. XVIII. 89), bei Alibunar

der serb.-banat. Milit.-Greuze (Slcz. 7), die Voralpenform im Drechselhäuschen (Ascher s. ÖBZ. XV. 278).

Saponaria glutinosa (288). Zwischen Plaviševica und Orsova
(Reuss Verz.)

Silene gallica (288). Bei Bošac und Nemes Podhragy im südl.
Com. Trencsin (Hol. ÖBZ. XV. 296, XVII. 111), bei Kordik nordwestl.
von Neu-Sohl (Márk. ÖBZ. XV. 384), bei Rosenau (Geyer Göm. 86),
auf Aeckern der Muriusel (Syll. croat. 186), in Wäldern bei Zvečevo,
Vučin und dem Duzluker Kloster im Com. Verovitic (Kit. in KK. 149).
S. dichotoma (288). Bei Levenc im Com. Bars (Kn. ÖBZ. XVI. 60),
nicht auf dem Vértes-Gebirge sondern nur auf dem Grossen und Kleinen
Schwabenberge bei Ofen (Kern. ÖBZ. XVIII. 127).
S. Gallinyi (288) ist auch nach Rohrb. Monogr. 107 von *S. trinervia* Seb. et Mauri nicht verschieden und hat daher diesen Namen
zu führen.
S. viscosa (289). Im Walde Pagony bei Koroncó im Com. Raab
(Ebenh. PV. VIII. 43), auf dem Kétáguhegy bei Gran und an
saudigen Stellen im südl. Theile dieses Comitates (Feicht. Eszt. 277,
284), bei Neu-Sohl (Márk ÖBZ. XV. 307), bei Gyöngyös, überall in
Jazygien (Janka ÖBZ. XVI. 171), bei Pelsőc (Fábry Göm. 88), im
südl. Com. Zemplin (Hazsl. Ak. Közl. IV. 118).
S. multiflora (289, Diagu. 24). Auf Wiesen an der Grenze der
Com. Pest, Heves und des Distr. Jazygien (Janka ÖBZ. XVI. 171).
S. italica α. laxiflora (289). Bei Fünfkirchen (Janka ÖBZ.
XVII. 232).
β. subdensiflora. Bei Wag-Neustadtl (Kell. Ak. Közl. IV. 289), bei
Teplic im Com. Trencsin (M. Uechtr. ÖBZ. XVII. 38), auf dem
Kamieniec der Černa Hora (Rehm. in Kalchbr. Szep. II. 335), fehlt
jedoch bei Rehm. ZBG. XVIII. 503).
S. nutans (289). Die kahle Var. *S. infracta* WK. bei Teplic im
Com. Trencsin (M. Uechtr. ÖBZ. XVII. 38), auf der Bababora bei
Lučivna in der Zips (Kalchbr. Szep. II. 333—4). Soll nach Kern.
ÖBZ. XVIII. 147 ein Bastart von *S. nutans* und *Lychnis Flos cuculi*
sein. Allein, wenn auf *S. infracta* eine hybride Einwirkung von *L. Flos
cuculi* stattgefunden hätte, so müsste an derselben von dem aufrechten
rispigen Blütenstande, den kurzen breiten Kelchen, den rosenrothen
handförmig-4spaltigen Blumenblättern und den 5 Griffeln der *L. Flos
cuculi* doch irgend etwas su sehen sein, wie aber die Beschreibung und
Abbildung in WK. Werke zeigt, stimmt *S. infracta* mit Ausnahme des
mangelnden Ueberzuges in allem und jedem mit *S. nutans* überein, wie
dies WK. eigentlich selbst zugeben. Wie sollte auch aus der Verbindung
zweier behaarter Pflanzen eine kahle entstehen? Vergl. auch Koch
Syn. 111 und Rohrb. Monogr. 217.
S. transsilvanica (289). *S. saxatilis* Schur En. transs. 101, nicht
Sims. Auf der Černa Hora (Reb m. ZBG. XVIII. 503), auf der Biharia
(Kern. ÖBZ. XVIII. 147). Ist eine nur unbedeutende Varietät der

S. nutans (Diagn. 25, Rohrb. Monogr. 217) *S. saxatilis* Sims eine westasiatische Pflanze ist hiervon specifisch verschieden (Rohrb. l. c. 212). *S. longiflora* (289, Diagn. 24). Bei Kis Ujfalu im Com. Neograd (Janka ÖBZ. XVI. 171). *S. viridiflora* (290, Diagn. 25). Auf dem Keserűsbükkhegy bei Dömös im Com. Gran (Feicht. Eszt. 282), auf der Matra bei Parád (Vrab. Hev. 146), auf dem Ajnácskö im Com. Gömör (Janka briefl. Mittheil.) *S. Otites* var. *β.* (290). Nicht blos bei Sz. Márton Káta sondern durch das ganze nördl. Com. Pest bis Jazygien verbreitet (Kern. ÖBZ. XVIII. 149). *S. inflata* Sm. (290). Sollte der Priorität nach *S. vulgaris* Garcke Fl. v. ND. IX. Aufl. 64, abgeleitet von *Behen vulgaris* Mönch Method. 1794 p. 709, heissen. *S. conica* (290). Auf der Waginsel bei Pištjan im Com. Neutra (Krz. ZBG. XVI. 466), im südl. Com. Zemplin (Hazsl. Ak. Közl. IV. 118). *S. Armeria* (290). Bei Feketetó im Com. Bihar (Janka ÖBZ. XVI. 171). Auf dem Schwabenberg bei Ofen kömmt sie nicht mehr vor (Kern. ÖBZ. XVIII. 146). *S. compacta* (291) wird auch in Rohrb. Monogr. 150 im Banat ohne nähere Bezeichnung angegeben. doch bezweifelt Janka in brieflicher Mittheilung die Richtigkeit dieser Angabe, Heuffel (Ban. 37) hat sie geradezu verneint. Sie sieht der *S. Armeria* L. höchst ähnlich und unterscheidet sich vorzüglich durch die zweijährige Wurzel und die dichtgedrängte doldenförmige Trugdolde (Reichb. Icon. XVI. t. 284 f. 5093). *S. cretica* L. Spec. 601. *S. annulata* Thore (Koch Syn. 439, Rohrb. Monogr. 167—8). Auf Leinfeldern bei Nemes Podhragy im südl. Com. Trencsin (Hol. PV. IX. 91), auf einer Wiese unterhalb Plaviševica in der roman. banat. Milit.-Grenze (Sonkl. Exsicc.), wohl nur zufällig. *S. quadrifida* (291). Im Schwarzwasserthale bei Roks in der Zips (Eugl. Brandb. Ver. VII. 153), auf der Javorina nördlich von Nagy Röce (Fábry Göm. 85). *S. pusilla* WK. ist keine Hochalpenform der *S. quadrifida*, da sie auch auf Voralpen vorkommt, sondern deren Var. *eviscosa* (Neilr. Croat. 208). Sie scheint jedoch auf die Karstländer beschränkt zu sein und auf den Karpaten zu fehlen. *S. rupestris* (291), deren Vorkommen auf der Skarisora ich bezweifelte, wurde in neuerer Zeit auf der Trojaga von Wagner gefunden (Kern. ÖBZ. XVIII. 147), wird also auch auf der Skarisora wachsen.

S. Lerchenfeldiana Baumg. Wurzel spindlig-ästig, mehrköpfig, polsterförmig-rasig. Stengel bogig-aufsteigend, kahl wie die ganze Pflanze. Blätter bläulichgrün, ganzrandig, spitz, die grundständigen verkehrt-lanzettlich, rosettig, die stengelständigen lanzettlich, länglich oder eiförmig. Blüten kurzgestielt, in mehr oder minder zusammengesetzten Trugdolden. *Kelche keulenförmig, oberwärts aufgeblasen*, häutig, fast durchsichtig, 10nervig, *Nerven nach oben adernetzig*, Zähne eiförmig, stumpf. Blumenblätter lineal-keilig, bekränzt, oben ausgerandet. *Kapseln kuglig-eiförmig, so lang als der Fruchtträger oder etwas kürzer.* (Nach siebenbürg. Exemplaren).

S. Lerchenfeldiana Baumg. Transs. I. 398, Schott Anal. 58, Rohrb. Monogr. 148. Reichb. Icon. XVI. f. 5091.

Stengel 3—6″ lang, oft eingeknickt-gebrochen. Kelche bleichgrün, 4—6‴ lang, Blumen rosenfarben, seltener weiss. Die ähnliche *S. rupestris* L. unterscheidet sich durch langgestielte Blüten, kreiselförmige kürzere ungefähr 2‴ lange nicht adernetzige Kelche und eiförmig-ellipsoidische Kapseln, welche 5mal länger als der Fruchtträger sind.

Auf der Alpe Gugu der roman.-banat. Milit.-Grenze (Panč. ZBV. VI. 499). Auf diesen von mir früher übersehenen Standort wurde ich erst durch Janka aufmerksam gemacht. — Juli, August ♃.

S. acaulis (291). Am Weissen See der Hohen Tatra mit weissen Blüten (Engl. Brandb. Ver. VII. 157).

Lychnis nivalis (292, Diagn. 26). Nach Exemplaren im Herbar Janka, welche Czetz auf den Rodnaer Alpen gesammelt, hat die Blumenkrone ein deutliches Krönchen, auch in Rohrb. Monogr. 143 wird ihr ein solches zugeschrieben. Die Pflanze scheint also mit und ohne Krönchen vorzukommen, wie dies bei mehreren *Silenen* der Fall ist (Rohrb. ÖBZ. XIX. 262).

L. Coronaria (292). Bei Bodony nächst Parád (Vrab. Hev. 146), auf dem Nagyhegy bei Pelsöc (Geyer Göm. 88), im südl. Com. Zemplin (Hazsl. Ak. Közl. IV. 118), in den Monor-Piliser Eichenwäldern, am Fuss der Biharia (Kern. ÖBZ. XVIII. 151), bei Nagy Nyárad im Com. Baranya (Janka ÖBZ. XVII. 57), auf dem Krndia-Gebirge, bei Brogjanca und Réttalu im Com. Verovitic, bei Nuštar und Sotin im Com. Sirmien (KK. 150), im Vojlovicer Walde bei Pančova (Slez. 8), bei Kusić in der serb. banat. Milit.-Gr. (Reuss Verz.)

MALVACEAE.

Althaea cannabina (293). Zwischen Marcal und Faisz im Com. Somogy, zwischen Nagy Nyárad und Lancsuk im Com. Baranya (Janka ÖBZ. XVII. 67 und briefl. Mittheil.)

A. hirsuta (294). Auf der Béla Skala im östl. Com. Gran (Feicht. Eszt. 278), bei Szegedin (Kit. Catal. 23), bei dem Bischofsbade von Grosswardein (Kern. ÖBZ. XVIII. 247), bei Hoszuhetény und Pecsvár im Com. Baranya (Janka briefl. Mittheil.)

Malva Alcea (294). Bei Pelsöc (Fábry Göm. 89), Nagy Nyárad im Com. Baranya (Janka ÖBZ. XVII. 404).

Abutilon Avicennae (295). Bei Udvornok im Com. Neutra (Hol. ÖBZ. XVI. 377), bei Sajo-Gömör (Fábry Göm. 89), im südl. Com. Zemplin (Hazsl. Ak. Közl. IV. 118), bei Szolnok und Szegedin weite Strecken bedeckend (Kern. ÖBZ. XVIII. 248,) bei Cerovac und Vidovce im Com. Požega, bei Našice und Bizovac im Com. Verovitic, bei Babata, Čerević, India (KK. 151) und Sotin im Com. Sirmien (Janka briefl.

Mittheil.), bei Rudolfsgnade an der Theiss in der deutsch-banat. Milit.-Grenze (Reuss. Verz.)

TILIACEAE.

Tilia argentea (295, Diagn. 31). In der Marmaros (Adl. Verz.) auf der Biharia, der Drocsahegyes und dem Plessgebirge in den Com. Bihar und Arad (Kern. ÖBZ. XVIII. 246). Der älteste Name ist nach K. Koch Dendr. 477 *T. tomentosa* Mönch Verz. ausl. Bäume 1785 p. 136, aber aus Mönch's Beschreibung allein liesse sich dies nicht erkennen.

HYPERICINEAE.

Hypericum humifusum (295). Häufig auf Brachen und feuchten Waldstellen der Comitate Požega und Verovitic (KK. 152), im tertiären Hügellande am Fuss der Biharia von Petrósz über Réz-Bánya bis Kristyór (Criscioru) im südl. Com. Bihar, dann auf den Vorlagen des Plessgebirges von Szuszány bis Szlatnia und Restyirata (Rescirata) im Com. Arad (Kern. ÖBZ. XVIII. 230). Bei Skalic wächst es nicht (Hol. ÖBZ. XVI. 377).

H. Richeri β. alpinum (296, Diagn. 31). Auf allen subalpinen Wiesen der Černa Hora von der Hoverla bis auf den Pop Ivan (Rehm. ZBG. XVIII. 503).

Nach Kern. ÖBZ. XVIII. 244 zerfällt *H. Richeri* in folgende 3 Arten:

1. *H. Rochelii* Griseb. Rand der Kelchzipfel in drüsentragende Fransen aufgelöst, obere Fransen so lang oder fast so lang als der Querdurchmesser der Kelchzipfel. Trugdolde locker. Blätter eilänglich (*H. Richeri α. montanum*).

2. *H. Richeri* Vill. Rand der Kelchzipfel in drüsentragende Fransen aufgelöst, Fransen höchstens halb so lang als der Querdurchmesser der Kelchzipfel. Trugdolde zusammengezogen. Blätter elliptisch (*H. Richeri β. alpinum*).

3. *H. umbellatum* Kern. ÖBZ. XIII. 141. Rand der Kelchzipfel nur gezähnt, Zähne gegen die Spitze drüsig-verdickt. Trugdolde doldenförmig. Blätter oval oder eiförmig. Im Thale der Kleinen Arányos bei Vidra in Siebenbürgen, aber nahe an der ungarischen Grenze.

Diese von Kerner angegebenen Unterschiede stimmen mit den von ihm mir mitgetheilten Exemplaren genau überein, ob sie aber beständig seien und sich stets in der angegebenen Weise vereinigt finden, möchte ich bezweifeln. So schreibt Kerner dem *H. Richeri* Vill. kurze Fransen der Kelchzipfel zu, während sie nach DC. Fl. franç. IV. 863—4 und nach Gren. et Godr. Fl. Fr. I. 319 lang beschrieben werden. Villars sagt nur, dass die Kelchzipfel gewimpert seien (Dauph. III. 501—2).

H. barbatum (296). Bei Kabolapolyana in der Marmaros (Adl. Verz.)? Wahrscheinlich *H. Richeri β. alpinum*.

II. pulchrum (296). Uechtritz ÖBZ. XVI. 317 bezweifelt dessen Vorkommen in den nördl. Karpaten.

II. elegans (296). Auf den Sandsteppen des Römerwalles bei Alibunar der serb. banat. Milit.-Grenze (Panč. ÖBZ. XVIII. 82). *H. elegans* Kell. im Com. Neutra ist nach Hol. ÖBZ. XVI. 377 = *H. quadrangulum* L.

Androsaemum officinale All. (Neilr. Croat. 212). Bei Pelsóc (Therese Nagy in Fábry Göm. 88), was ich sehr bezweifle.

ELATINEAE.

Elatine Hydropiper (297). Bei Szolnok, Tisza-Várkony und Tisza-Földvár im südl. Com. Heves (Kern. ÖBZ. XVIII. 228), bei Klokočovac und Zoljan im Com. Verovitic (KK. 152).

E. triandra (297). Im Schlamm der Wag bei Bohuslavice im Com. Trencsin (Hol. PV. IX. 91).

E. hexandra (297). Im südl. Com. Zemplin (Hazsl. Ak. Közl. IV. 118).

E. Alsinastrum (297). Im südl. Com. Zemplin (Hazsl. Ak. Közl. IV. 118), überall in Kumanien (Janka ÖBZ. XVII. 67), bei Pomáz nördlich von Ofen, bei Szolnok und Roff im südl. Com. Heves, bei Grosswardein (Kern. ÖBZ. XVIII. 228), in den Sümpfen der Rinja und Drau im Com. Somogy (Wierzb. in André Hesp. 203).

ACERINEAE.

Acer tomentosum (298). Bei Ofen. Verhält sich zu *A. campestre* L. wie *A. obtusatum* WK. zu *A. italum* Lauth (Kern. ÖBZ. XVIII. 283), ist also eine Varietät des *A. campestre* L. mit unterseits flaumigfilzigen Blättern.

A. obtusatum (298). Auf dem Domugled bei den Herculesbädern (K. Koch Wander. in den Orient I. 85 als *stumpfblättriger Ahorn*). Nach Koch Syn. 149 und K. Koch Dendr. 536 Varietät des *A. italum* Lauth Diss. inaug. de Acere 1781 p. 32 (*A. opulifolium* Vill. 1786) mit unterseits bis in den Herbst flaumig-filzigen Blättern.

POLYGALEAE.

Polygala neglecta Kern. ÖBZ. XVIII. 37. Auf dem Sárhegy der Matra und dem Nagy Egedhegy bei Erlau. Verhält sich der an der Spitze der Traube abgerundeten nicht schopfigen Traube wegen zu *P. major* Jacq. wie *P. vulgaris* L. zu *P. comosa* Schk. In der Fl. v. NÖ. 833 kömmt diese Pflanze als *P. major α. achaetes* vor.

P. amara α. grandiflora (298). Auf dem Nedzo-Gebirge im nördl. Com. Neutra (Kell. Ak. Közl. IV. 214), am Fuss der Slanica im Pilis-Gebirge, auf der Pietra muncelului in der Biharia (Kern. ÖBZ. XVIII. 39).

β. parviflora (299). Bei Stara Tura im nördl. Com. Neutra, bei Štvrtek im südl. Com. Trencsin (Hol. ÖBZ. XVII. 281 et Exsicc.). im

Thale Sulov im mittleren Com. Trencsin (Uechtr. ÖBZ. XVI. 318), gemein in Slavonien auf feuchten Wiesen (KK. 152).

CELASTRINEAE.

Evonymus latifolius (299). Auf dem Papuk (KK. 153), auf der südlichen Biharia (Kern. ÖBZ. XVIII. 309).

RHAMNEAE.

Rhamnus saxatilis (301). Auf den Abfällen der Biharia gegen die Schwarze Körös und der Drocsahegyes gegen die Weisse Körös (Kern. ÖBZ. XVIII. 309).

R. tinctoria (301). Auf dem Mecsek bei Fünfkirchen (Janka briefl. Mittheil.) Nach K. Koch Dendr. 605 nicht einmal Varietät, sondern Synonym der *Rh.* saxatilis.

EMPETREAE.

Empetrum nigrum (301). Auf dem Černikamen der Fatra (Both. ČK. 279), auf der Prašiva der Liptau-Sohler Alpen (Márk. ÖBZ. XVI. 114, 116).

EUPHORBIACEAE.

Euphorbia Chamaesyce (301). Im Donauthale bei Plaviševica der roman.-banat. Milit.-Grenze (Janka briefl. Mittheil.)

E. *Peplis* L. (Koch Syn 723). Bei Šamać an der Save in der Broder Milit.-Grenze (Sendtn. Ausland 1848 p. 443).

E. dulcis (302). Bei der Glashütte Jankovac nächst Drenovac im Com. Verovitic (KK. 153).

E. fragifera auf dem Baranovo bei Neusohl (Márk. ÖBZ. XV. 306) wird wohl *E.* epithymoides Jacq. sein.

E. lucida (303). Auf der Grossen Schütt (Res. ÖBZ. XVII. 53), im südl. Com. Gran (Feicht. Eszt. 284), bei Rima-Szombat (Fábry Göm. 83).

E. salicifolia (303). An lichten Waldstellen zwischen Edelsthal und Wolfsthal im Com. Wieselburg (Wiesb. ZBG. XV. 1007).

E. Lathyris (304). Im Schüllergrund zwischen Weingärten bei Presburg (Wiesb. ZBG. XV. 1007), bei Pelsöc (Fábry Göm. 88).

ANACARDIACEAE.

Rhus Cotinus (305). Auf dem Nagy Egedhegy bei Erlau (Kern. ÖBZ. XVIII. 310).

DIOSMEAE.

Dictamnus albus (305). Am Fuss der Biharia bei Hollód nächst Belényes (Kern. ÖBZ. XVIII. 307).

RUTACEAE.

Ruta patavina (306). Janka vermuthet in brieflicher Mittheilung, dass die von Heuffel bei Svinica an der Donau angegebene *R.* pata-

vina richtiger *Ruta* (*Haplophyllum*) *Biebersteinii* Spach Ann. scienc. nat. 1849 XI. 178 sein dürfte, weil am rechten Donau-Ufer in Serbien Svinica gegenüber diese Art und nicht *R. patavina* vorkömmt. Original-Exemplare von Heuffel finden sich nicht vor. Bei *R. patavina* sind die Blätter 3schnittig, bei *R. Biebersteinii* ungetheilt, länglich-lanzettlich oder lanzettlich.

ZYGOPHYLLEAE.

Tribulus *terrestris* (306). Massenhaft im südl. Com. Heves (Janka ÖBZ. XVI. 171), auf dem Titler Plateau im Čajkisten Distr. (Reuss Verz.)

GERANIACEAE.

Erodium *ciconium* (306). Auf dem Lászkereszthegy im östl. Com. Gran (Feicht. Eszt. 282), zwischen Gyöngyös und Tarján im Com. Heves (Janka ÖBZ. XVI. 172).

E. moschatum (306). Als Unkraut in den Gemüsegärten der Biharia (Kern. ÖBZ. XVIII. 281).

Geranium *silvaticum* (306). Im Walde Paradicsom bei Koroncó im Com. Raab (Ebenh. PV. VIII. 43). Kaum möglich.

G. pratense (307). Bei Nána im nördl. Com. Gran (Feicht. Eszt. 283), auf Wiesen bei Pančova (Slez. 9), in der Vulkangruppe im Com. Zaránd (Kern. ÖBZ. XVIII. 279), in der Marmaros (Adl. Verz.) Kerner meint, dass Kitaibel's Standort bei Acsa wohl Ocsa heissen soll (warum, wird nicht gesagt), Acsa liegt östlich von Waizen, Ocsa südöstlich von Soroksár, bezweifelt übrigens das Vorkommen dieser Art sowohl bei Acsa als Debrecin.

G. palustre (307). Bei dem Pötschinger Sauerbrunnen im Com. Oedenburg (Sonkl. ÖBZ. XVI. 43), auf der südl. Biharia bei Vaskoh (Kern. ÖBZ. XVIII. 279).

G. pyrenaicum (307). Bei Karlsdorf, im Weidritzthal und bei St. Georgen im Com. Presburg (Wiesb. ZBG. XV. 1007, XVII. 970).

G. dissectum (307). Bei Neu-Sohl (Márk. ÖBZ. XV. 308).

G. columbinum (308). Im mittleren und östlichen Ungarn sehr selten. Am Fuss des Piliser Berges, bei Maria-Einsiedl nächst Ofen, bei Petrani und Rézbánya im Com. Bihar. Fehlt im Tieflande (Kern. ÖBZ. XVIII. 280).

G. rotundifolium (308). Auf den Trachytfelsen bei Nagy Maros im Com. Hont, bei Grosswardein, auf dem Bontoskö bei Petrani im südl. Com. Bihar, bei der Ruine Dézna im Com. Arad, in der Valea Liésa bei Halmaza (Halmágy) im Com. Zaránd (Kern. ÖBZ. XVIII. 281), bei Rosenau (Geyer Göm. 86).

G. molle (308). Bei Nemes Podhragy im südl. Com. Trencsin (Hol. ÖBZ. XIX. 253), bei Neu-Sohl (Márk. ÖBZ. XV. 188), bei Rima Szombad (Fábry Göm. 82), auf dem Sárhegy bei Gyöngyös (Vrab. Hev. 147).

G. lucidum (308). Bei Teplic nächst Trencsin (Lang PV. II. 2. p. 2), Baj im Com. Komorn (Kit. It. croat. 1), Nagy Nyárad im Com.

Baranya (Janka ÖBZ. XVII. 232), auf der südl. Biharia (Kern. ÖBZ. XVIII. 281).

G. *divaricatum* (308). Zwischen Weingärten im Matzen- und Schüllergrund, im Mühlthal und bei Neudorf nächst Presburg (Wiesb. ZBG. XVII. 970), auf dem Sárhegy der Matra und dem Hajduhegy bei Erlau (Kern. ÖBZ. XVIII. 281), bei Murány im Com. Gömör (Fábry Göm. 85).

LINEAE.

Linum gallicum (309). Häufig auf Brachen und sonnigen Triften der Com. Verovitic und Požega (KK. 155).

L. pannonicum Kern. ÖBZ. XVIII. 228 ist *L. hirsutum* var. β. Kit. Addit. 268 mit kahlen schmälern Blättern. Auf sandigen grasigen Plätzen bei Puszta Peszér nächst Alsó Dabas und Puszta Sállosár nächst Tatár Sz. György im Com. Pest (Kern. l. c.), dann bei Jákáb-Szállás in Klein-Kumanien (Kit. l. c.)

L. hologynum (309, Diagn. 29) wurde schon 1865 von Winkler und 1867 von Janka im Banat wieder aufgefunden und scheint in Serbien häufiger vorzukommen (Aschers. Bot. Zeit. 1868, p. 283). Nachstehend folgt die Beschreibung nach Jauka's Original-Exemplaren:

Wurzel spindlig-ästig, mehrstenglig. Stengel aufrecht und aufsteigend, armblütig, kahl wie die ganze Pflanze. Blätter gedrungen, lineal, zugespitzt, einnervig, ganzrandig, am Rande glatt. Blütenstiele auch bei der Fruchtreife aufrecht. *Kelchblätter fein zugespitzt*, durchscheinend-randhäutig, an der Basis einnervig, die äusseren lanzettlich, ungewimpert, die innern eiförmig, undeutlich gewimpert. *Die 5 Griffel bis an die Spitze zusammengewachsen*, nur die Narben frei. Kapseln ungefähr so lang als der Kelch, Klappen zugespitzt.

L. hologynum Reichb. Fl. germ. 833, Icon. XVI. f. 5164, Heuff. Ban. 42.

Stengel 6—8″ hoch. Blätter klein, 3—4‴ lang, höchstens ½‴ breit, nach Reichenbach's Abbildung sind sie aber auch bis 10‴ lang und bis 1‴ breit. Blüten wässerig-azurblau, von der Gestalt und Farbe jener des *L. usitatissimum* L. Durch den einfachen Griffel von allen europäischen Arten dieser Gattung verschieden, überdiess weichen *L. usitatissimum* L. durch die jährige Wurzel, *L. perenne* L. durch die stumpfen innern Kelchblätter und *L. tenuifolium* L. durch gewimperte Stengelblätter und drüsig-gewimperte Kelchblätter ab. Dagegen ist *L. angustifolium* Huds. (Reichb. l. c. t. 329) dem *L. hologynum* so ähnlich, dass sich beide nur durch die Griffel unterscheiden lassen.

Auf buschigen Bergwiesen sehr selten. Auf dem Kukujevo nördlich von Svinica der serb. banat. Milit.-Grenze (Janka) und auf dem Domugled bei den Herculesbädern (Heuff. l. c.). — Juli, August. ⚇.

L. perenne (309). Auf dem Bábal bei Epöl im südl. Com. Gran (Feicht. Eszt. 275), bei Soroksár im Com. Pest mit weissen Blüten (Kern. ÖBZ. XVIII. 229).

L. alpinum Wahlb. Carpat. 91 und überhaupt der Karpatenflora hat nach Uechtr. ÖBZ. XVI. 318 auch bei der Fruchtreife steifaufrechte

Blütenstiele und 'ist daher die Alpenform des *L. perenne* L., aber nicht des *L. austriacum* L. und daher auch nicht *L. alpinum* Jacq., das in Ungarn gar nicht vorzukommen scheint. *L. extraaxillare* Kit. in Roch. Ban. 26 und Addit. 269 ist nach Alef. Bot. Zeit. 1867 p. 254 mit *L. alpinum* Wahlb. identisch, allein die Kelchblätter sollen bei *L. alpinum* nach Wahlenberg eiförmig und ziemlich stumpf, bei *L. extraaxillare* nach Kitaibel eilanzettlich und zugespitzt sein, was sich nicht gut vereinigen lässt.

Diese Alpenform des *L. perenne*, von Uechtritz handschriftlich var. *β. carpaticum* genannt, kömmt auf Alpen und höheren Voralpen durch die ganze nördliche Karpatenkette vom Com. Trencsin bis in die Marmaros, dann im Banat vor (Fl. v. Ung. 310, Márk. ÖBZ. XVI. 111, Both. ČK. 278, Rehm. ZBG. XVIII. 503, Adl. Verz.)

OENOTHEREAE.

***Epilobium** Dodonaei* (311). In der Karlburger Au, auf de Grossen Schütt und im Kaltenbrunner Steinbruch bei Presburg (Wiesb ZBG. XV. 1007), bei Csetnek im Com. Gömör (Szont. ÖBZ. XVI. 148), in der Marmaros (Adl. Verz.), bei der Glashütte Jankovac nächst Dreno vac im Com. Verovitic (KK. 156).

E. roseum (312). Bei Ó-Gyala im nördl. Com. Komorn (Schill. ÖBZ. XV. 381), auf dem Keserüsbükkhegy bei Dömös im südl. Com. Gran (Feicht. Eszt. 282), bei Koroncó im Com. Raab (Ebenh. PV. VIII. 312), bei Gorna Motičina und Orahovica im Com. Verovitic (KK. 157).

E. trigonum (312). In der Krummholzregion der Černa Hora zwischen der Hoverla und Rybra (Rehm. ZBG. XVIII. 503).

E. palustre (312). Bei Essek (KK. 157), auf der Biharia. Fehlt im Tieflande (Kern. ÖBZ. XIX. 300).

E. alsinefolium (312). In der Krummholzregion der Cerna Hora (Rehm. ZBG. XVIII. 503).

E. alpinum (313). Auf dem Černikamen der Fatra (Both. ČK. 278), der Pisna der Liptauer Centralkarpaten (Reim. Brandb. Ver. VII. 142), der Černa Hora (Rehm. ZBG. XVIII. 504). Die neueren Autoren trennen das nordische *E. alpinum* L. Fl. suec. 124 von jenem der deutschen und französischen Autoren und nennen letzteres *E. anagallidifolium* Lam. (Gren. et Godr. Fl. de Fr. I. 578, Griseb. Bot. Zeit. 1852 p. 850, 853), allein, wenn man das, was Lindblom hierüber sagt (Flora 1841 II. 597—8), in Betrachtung zieht, so wird man über die angeführten Unterschiede wenig erbaut.

E. nutans Tausch Flora 1828, II. 461 auf dem Rézbányer Zuge der Biharia ist nach Kern. ÖBZ. XIX. 301 eine ausgezeichnete durch die Sudeten und Karpaten weit verbreitete Pflanze, welche mit *E. alpinum* (*E. anagallidifolium*) keine-Aehnlichkeit hat. Allein da Tausch selbst sagt, dass sein *E. nutans* dem *E. alpinum* am nächsten stehe auch keinen andern Unterschied anzugeben weiss, als dass er dem *E. nutans* elliptische Blätter und grauflaumige Fruchtknoten, dem *E. alpi-*

12*

num dagegen ovale Blätter und kahle Fruchtknoten zuschreibt, da endlich *E. nutans* nach Exemplaren, welche Tausch und Andere auf dem
Erz- und Riesengebirge gesammelt haben, mit Ausnahme der mehr oder
minder flaumigen Kapseln von *E. alpinum* der österr. Alpen nicht im
mindesten verschieden ist, so scheint es, dass Kerner unter *E. nutans*
eine andere Form aus der Gruppe des *E. alpinum* meint. *E. nutans*
Schmidt Fl. boëm. IV. 82 und Wimm. Schles. Gesellsch. 1848 p. 125,
die Kerner zu seinem *E. nutans* zieht, sind wieder andere Pflanzen,
denn ersteres hat nach Schmidt einen stielrunden Stengel, eiförmige
Blätter und kahle Kapseln, letzteres ist nach Wimm. Fl. von Schles.
III. Ausg. 609 eine schmalblättrige Varietät des *E. palustre* L.

Circaea alpina (313). Auf den Kleinen Karpaten zwischen Bösing
und Kuchel (Wiesb. ZBG. XVII. 970).

C. intermedia (313). In Wäldern der Čerua Hora (Rehm. ZBG.
XVIII. 504), auf der Biharia (Kern. ÖBZ. XIX. 392). Nach Kerner
kein Bastart, was richtig sein mag, allein der Umstand, dass es gesellig
vorkömmt und reichliche Früchte bringt, beweist noch nicht gegen deren
hybride Natur, da das gesellige Vorkommen bei dieser Pflanze durch
kriechende Ausläufer veranlasst wird, fruchtbare Bastarte aber gar
nichts seltenes sind. Uebrigens ist *C. intermedia* nicht immer fruchtbar,
bei Hallstadt in Ober-Oesterreich fand ich sie ebenfalls gesellig, aber
durchaus steril.

LYTHRARIEAE.

Lythrum virgatum (314). Bei Teplic nächst Trencsin (Schill.
ÖBZ. XVII. 47), im südl. Com. Zemplin (Hazsl. Ak. Közl. IV. 116), bei
Parád, Erlau, Szoluok, in dem Vorlande der Biharia (Kern. ÖBZ.
XIX. 304), bei Nagy Nyárad im Com. Baranya (Janka brieü. Mittheil.),
bei Breznica und Essek im Com. Verovitic (KK. 157).

POMACEAE.

*Pirus nivalis**)* (314). Vereinzelt im Niederwalde vor dem Leopoldifeld bei Ofen (Kern. ÖBZ. XIX. 272). Nach Koch Syn. 260 und
444 eine durch die Kultur entstandene Varietät der *P. amygdaliformis*
Vill., nach Kern. l. c. von *P. salviaefolius* DC. Prodr. II. 634 nicht verschieden, womit auch K. Koch Dendr. 216 übereinstimmt.

Sorbus lanuginosa Kit. in Schult. Östr. Fl. II. 50 und Add.
280 (315) ist nach Reichb. German. 627 und Kern. ÖBZ. XIX. 274
muthmasslich ein Bastart von *S. aucuparia* L. und *S. domestica* L.,
auch Schultes nennt sie l. c. ein Mittelding zwischen beiden. Allein
da sich diese 2 Arten mit Ausnahme der ganz anders beschaffenen
Früchte nur durch filzige und klebrig-kahle Blattknospen unterscheiden
von Blattknospen aber weder Kitaibel noch Schultes etwas erwähnen, die Früchte der *S. lanuginosa* dagegen mit jenen der *S. aucuparia*
ganz übereinstimmen, nur kleiner sind, so scheint mir die Ansicht in

---

*) Ueber die Rechtschreibung dieses Wortes s. Pirola p. 58.

Koch Syn. 262 und K. Koch Dendr. 189, nach welcher sie eine stärker und länger andauernd behaarte Form der *S. aucuparia* ist, die richtige zu sein.

S. domestica (315). Nach Kern. ÖBZ. XIX. 273 scheint sie auf dem Spitzkopf bei Gross-Maros im Com. Hont und auf dem Pilis-Vértes-Gebirge wirklich wild zu sein.

S. (Pirus) intermedia Schult. Östr. Fl. II. 64 auf der Biharia unterscheidet sich nach Kern. ÖBZ. XIX. 273 von der Form der *S. Aria* mit eingeschnitten-gesägten Blättern durch den lockern mehr flockigen daher graulichen Filz der unteren Blattseite. Dann ist sie aber nicht *P. intermedia* Schult., die unterseits „schneeweiss filzige Blätter" hat. Sie ist nach Kern. l. c. kein Bastart aus *S. Aria* und *S. torminalis*, weil sie in grosser Menge und vorzüglich in subalpinen Gegenden vorkömmt, wo *S. torminalis* gänzlich fehlt. Nach diesem möchte ich sie für eine Varietät der *S. Aria* halten, da so viele Pflanzen mit weiss- und dichtfilzigem und mit grau- und lockerfilzigem Blattüberzuge abändern.

Cotoneaster vulgaris (316). Gemein auf dem Pilis-Gebirge im Com. Gran (Feicht. Eszt. 275—82), auf dem Blocksberg bei Ofen (Kern. ÖBZ. XIX. 270). Der älteste Name ist übrigens *C. integerrima* Medic. Gesch. der Bot. 1793 p. 85.

C. orientalis Kern. ÖBZ. XIX. 270. *Blätter* elliptisch oder eiförmig elliptisch, ganzrandig, an der Basis und an der Spitze abgerundet oder oben ausgerandet, *oberseits dichtstriegelhaarig*, unterseits weisslichfilzig. Blütenstiele granhaarig. *Kelchröhren kahl, Kelchzipfel am vordern Rande grauhaarig, sonst kahl. Früchte kahl.*

Ein reichästiger Strauch, Blumenblätter rosenfarben. Früchte schwarzblau. *C. vulgaris* unterscheidet sich blos durch oberseits kahle Blätter, *C. tomentosa* durch filzige Kelchröhren und Kelchzipfel und behaarte Früchte, auch sind die Früchte bei beiden Arten in Ungarn roth, in Schweden und Russland kommen sie jedoch bei *C. vulgaris* auch weiss, gelb und schwarz mit blaugrauem Reife vor (Wahlb. Fl. gothob. 53, Wahlenb. Fl. suec. I. 310—11, Ledeb. Fl. alt. II. 219 et Fl. ross. II. 92—3, K. Koch Dendr. 165—6). Ob übrigens diese schwarzfrüchtige Varietät der *C. vulgaris* (Pall. Fl. ross. I. t. 14 die Figur rechts) mit *C. orientalis* identisch sei, lässt sich nicht entscheiden, weil weder die schwedischen noch die russischen Autoren sich über die Beschaffenheit der obern Blattseite äussern. — Auf felsigen Bergabhängen der Biharia und des Vulkan, dann bei Csiklova im Com. Krassó. *C. tomentosa* auf der Biharia Kern. DL. 296 ist *C. orientalis.* — April, Mai. ♄.

Crataegus pentagyna und *C. melanocarpa* (317, Diagn. 47) trenne ich nun nach dem Vorgange Pančić's (ZBV. VI. 485 — 6) und K. Koch's (Dendrol. 154—6), welche sie in der freien Natur zu beobachten Gelegenheit hatten, um so mehr in 2 Arten, als *C. melanocarpa* durch ganz Südrussland bis Vorderasien verbreitet ist, *C. pentagyna* dagegen bisher nur im südlichen Ungarn und Serbien gefunden wurde.

C. melanocarpa MB. Dornig. Blätter im Umrisse verkehrt-dreieckig und 3lappig oder eirautenförmig bis eilänglich und fiederspaltig-

5—7lappig, an der Basis keilig oder abgestutzt, sammt den jährigen Zweigen, den Blatt- und Blütenstielen und Kelchen zerstreut-behaart bis kahl oder die Blätter unterseits sowie die Kelche wollig; Blattlappen spitz oder stumpf, eingeschnitten-gesägt. *Kelchzipfel verkürzt-dreieckig*, spitz oder kurz zugespitzt, mit der Spitze zurückgebogen. *Antheren länglich. Griffel fünf. Steinfrüchte* ellipsoidisch oder kuglig. *schwarz und blaugrau bereift, fünfsteinig.* (Nach russischen Exemplaren).

C. melanocarpa MB. Fl. taur. cauc. I. 386, Heuff. Ban. 67. — C. platyphyllos et C. Oxyacantha Oliveriana Bot. Reg. t. 1874 et t. 1933, sehr gut aber nur Fruchtexemplare.

Strauchig, Blumenblätter weiss. Nach Janka ÖBZ. XIX. 75 wären die Kelchzipfel rundlich und stumpf und soll sich eben durch dieses Merkmal *C. melanocarpa* ganz besonders von *C. nigra* WK. unterscheiden. Allein diese Angabe widerspricht nicht nur den Worten MB. und aller übrigen Autoren, sondern auch den mir vorliegenden zahlreichen Exemplaren, welche alle spitze oder kurzzugespitzte Kelchzipfel zeigen und nur der zurückgebogenen Spitze wegen sich abgerundet ausnehmen. *C. nigra* WK. unterscheidet sich durch den wollig-zottigen Ueberzug, dreieckig-lanzettliche und daher längere Kelchzipfel, rundliche Antheren und unbereifte glänzende Früchte. — An buschigen Stellen gebirgiger Gegenden, nicht gemein. Bei Saska und Moldava im südl. Com. Krassó, auf dem Donau-Bergzuge des Banats (Heuff. l. c.) Mai, Juni ♄.

C. pentagyna WK. in Willd. Spec. II. 1006, Heuff. Ban. 67. Dornig. Blätter im Umrisse verkehrt-dreieckig oder eirautenförmig, fiederspaltig- 3—5lappig, an der Basis keilig, sammt den jährigen Zweigen und Blattstielen zerstreut-behaart oder unterseits wollig; Blattlappen spitz oder stumpf, eingeschnitten gesägt. Blütenstiele und Kelche wollig-zottig. Kelchzipfel verkürzt-dreieckig, spitz oder kurzzugespitzt, mit der Spitze zurückgebogen. Antheren länglich. *Griffel fünf. Steinfrüchte* ellipsoidisch oder kuglig, *schmutzigroth, fünfsteinig.* (Nach den von Wierzbicki bei Oravica und von Kotschy im Banat gesammelten Exemplaren).

Strauchig, Blumenblätter weiss, Früchte zwar roth aber mit einem Stich in's Schwarze (Pančić), zuletzt sehr dunkel, fast schwarz (K. Koch). Willdenow schreibt dieser Art rundliche stumpfe Kelchzipfel zu, allein nach den mir vorliegenden Exemplaren sind sie spitz oder kurzgespitzt. Host (Fl. austr. II. 10) gibt ferner die Griffel zu 2 - 5 an, in Kitaibel's Herbarium sind jedoch die Früchte sämmtlich 5steinig (Sadl. Fl. pest. ed. I. 2. p. 21 Note). Eine Art zweifelhaften Ursprunges. Sowohl Pančić als K. Koch vermuthen einen Bastart der *C. melanocarpa* oder *C. nigra* mit einer rothfrüchtigen *Crataegus*, allein dem steht entgegen, dass *C. pentagyna* häufig und in Ungarn sogar häufiger als *C. melanocarpa* vorzukommen scheint und Gegenden bewohnt, wo *C. nigra* fehlt. Vielleicht eine rothfrüchtige Varietät der *C. melanocarpa*, wie schon Heuffel meinte, nur umgekehrt. *C. Oxyacantha* L. und *C. monogyna* Jacq. sind in allen Theilen grösstentheils kahl und haben 1—3 Griffel und 1—3steinige Früchte. — An buschigen Stellen hügliger und gebirgiger Gegenden in Sirmien (Willd. l. c.), bei Mehadia, bei

Saska und Moravica im südl. Com. Krassó, auf dem ganzen Donau-Bergzuge des südl. Banates (Heuff. l. c.) Mai, Juni ♄.

ROSACEAE.

Rosa lutea Mill. (Koch Syn. 246). Auf dem Piliser Berge (Feicht. Eszt. 278), wohl nur zufällig verwildert.

R. turbinata (317). Nach K. Koch Dendr. 257 eine durch die Kultur entstandene Rose.

R. rubiginoso-canina (318). Bei Nemes Podhragy im südl. Com. Trencsin (Hol. PV. IX. 96), bei Bodony nächst Parád (Vrab. Hev. 149). *R. Kluckii* Bess. bei Gyöngyös (Vrab. l. c.) ist nach Reichb. Fl. germ. 618 und Koch Syn. 252 dieselbe Pflanze. Ob aber unter *R. sepium* und *R. Kluckii* im Donauthale oberhalb Gran und auf dem Pilis-Gebirge (Kern. ÖBZ. XIX. 234, 235) obiger Bastart oder eine andere Rosen-Form gemeint sei, vermag ich nicht zu entscheiden.

R. tomentosa (318). Auf dem Pilis-Gebirge im Com. Gran (Feicht. Eszt. 275, 276, 282), bei Rosenau (Geyer Göm. 86).

R. arvensis (318). Bei Nemes-Podhragy im südl. Com. Trencsin sehr selten (Hol. PV. IX. 96), bei Nadalbesti und Monesa am Fusse des Plessgebirges im Com. Arad und bei dem Bischofbad von Grosswardein (Kern. ÖBZ. XIX. 232). In K. Koch Dendr. 264 wird für *R. repens* die Priorität beansprucht und sich diesfalls auf „Scop. Fl. carn. 610 (1760)" bezogen. Allein dies ist unrichtig. Denn in Scop. Fl. carn. ed. I. 1760 kömmt p. 586—7 nirgend eine *R. repens* vor, kann auch keine vorkommen, weil Scopoli sich damals der Trivialnamen noch nicht bediente. Erst in der II. Ausgabe 1772 I. p. 355 n. 610 erscheint *R. repens*, dieser Name ist jedoch jünger als die schon 1762 von Hudson aufgestellte *R. arvensis*. Passender wäre Scopoli's Benennung allerdings.

Die von Kerner in der ÖBZ. XIX. 232—6 weiter angeführten *Rosen* sowie die p. 200—3 aufgezählten *Rubus* übergehe ich, denn sie sind keine Arten in dem hier gemeinten Sinne, sondern von alten Arten abgetrennte schwer zu erkennende Formen, vielleicht auch Bastarte.

Rubus saxatilis (319). Auf der Majerova-Skala bei Altgebirg im Com. Sohl (Márk ÖBZ. XVI. 111).

Fragaria elatior und *F. collina* Ehrh. Beitr. VII. 1792 p. 23 und 26 (319) werden nach dem Rechte der Priorität in Garcke Fl. v. ND. IX. Aufl. 128 als *F. moschata* und *F. viridis* Duchesne 1766 aufgeführt. Allein nach dem von Garcke selbst befolgten Grundsatze müsste *F. elatior* vielmehr *F. sativa* oder, wenn man diesen Namen für eine wildwachsende Pflanze unpassend finden sollte, *F. pratensis* heissen, weil sie schon in Linn. Spec. plant. ed. I. 1753 p. 495 als Var. β. sativa und ed. II. 1762 p. 709 als Var. β. pratensis der *F. vesca* vorkömmt. *F. magna* Thuill. Fl. Par. 1799 p. 254, wie die neuern französischen Autoren die *F. elatior* nennen, ist jünger als Ehrhart's Name. *F. viridis* dagegen ist, wie aus Duchesne in Lam. Encycl. II. 1786 p. 536*) erhellt, eine in England durch die Kultur entstandene Gartenpflanze mit graugrünen an der Sonnenseite kaum gerötheten Scheinfrüchten, eine von den 6 Spielarten, in die Duchesne's *Breslinge* (*F. Breslingea* Ser. in DC. Prodr. II. 570) zerfällt. Wollte man der Priorität wegen aus diesen 6 Spielarten einen Namen anstatt *F. collina* wählen, so müsste man *F. nigra* Duch. l. c. 535 nehmen, denn diese ist die *Knackelbeere* oder *Bresling* der Deutschen, d. i. *F. collina* Ehrh.

Nach Kern. ÖBZ. XIX. 200 fehlen alle 3 Erdbeerarten im ungarischen Tieflande.

Potentilla *Fragariastrum* (320). Bei dem Bade Teplic nächst Trencsin (Uechtr. ÖBZ. XVI. 318), bei Bačindol, Straželman und Duboka im Com. Požega, bei Našice im Com. Verovitie, in Sirmien (KK. 159). Die slavonischen Standorte dürften sich auf *P. micrantha* beziehen.

P. micrantha (320). Bei Gran (Uechtr. ÖBZ. XVI. 318), auf dem Világos der Matra (Janka ÖBZ. XVI. 172) und bei Parád im Comitate Heves, bei Helemba im Com. Hont, bei Veröce an der Eisenbahn im Com. Neograd, bei Dezna im Com. Arad, bei Halmaza (Halmágy) im Com. Zaránd. Auch *P. Fragariastrum* auf dem Pilis-Gebirge und auf dem Nagyszál gehört hierher, wie denn überhaupt dieselbe in ganz Ungarn nicht vorzukommen und von *P. micrantha* vertreten zu sein scheint (Kern. ÖBZ. XIX 171). Im nordwestl. Ungarn dürfte sie gleichwohl zu Hause sein. Uebrigens schwerlich eine echte Art, wie schon die beständigen Verwechslungen zeigen.

P. hirta (320). Bei Tamásfalu nächst Rima Szombat (Fábry Göm. 83). Sicher unrichtig.

P. aurea (321). Am Fuss der Szitna bei Schemnitz (J. Kell. ÖBZ. XV. 158)?

β. *trisecta* (*P. chrysocraspeda* Lehm.). Sehr häufig auf der Biharia (Kern. ÖBZ. XIX. 170). Kerner betrachtet sie als Art, weil 3schnittige Blätter die Regel, öschnittige die Ausnahme bilden, und weil deren Früchte von erhabenen parallelen Linien zierlich gerieft, bei *P. aurea* aber nur verwischt gestreift sind.

P. verna β. *viridis* (321). Bei Parád, Grosswardein, Réz-Bánya, im Ganzen selten (Kern. ÖBZ. XIX. 169).

P. glandulifera Kraš. ÖBZ. XIX. 169. *P. glandulosa* Kraš. ÖBZ. XVII. 303, nicht Lindl. Bei Parád und Puszta Bene nächst Gyöngyös im Com. Heves (Kern. ÖBZ. XIX. 169). Unterscheidet sich von *P. verna* β. *viridis* (*P. verna* der Autoren) blos durch drüsentragende Haare, die den obern Theil des Stengels, die Blütenstiele und Kelche vermischt mit drüsenlosen Haaren bekleiden. Allein wo ich nur immer *P. verna* in den Umgebungen Wiens fand, auf den Wiesen im Belvedere und im

---

*) Duchesne's älteres Werk Histoire naturelle des Fraisiers Paris 1766 konnte ich nicht einsehen. So viel sich aber aus den von Ehrhart angeführten Synonymen entnehmen lasst, scheint es keine lateinischen sondern nur die französischen Gartennamen zu enthalten. Dies mag auch die Ursache sein, dass es von keinem französischen Autor, auch nicht von Duchesne in der Encyclopédie citirt wird.

Prater, in den Auen der Wien, auf den Sandsteinbergen von Hütteldorf,
Neuwaldegg und Pötzleinsdorf, überall beobachtete ich, ohne sonst
irgend welchen Unterschied zu bemerken, drüsenlose und drüsige Exemplare durcheinander gemischt, manchmal sogar aus demselben Wurzel-
stocke, und zwar sind die drüsentragenden Haare bald sehr häufig,
bald sehr spärlich vorhanden, so dass alle Anhaltspunkte zur Unter-
scheidung zweier Arten fehlen. Auch bei *P. cinerea* kommen solche
drüsentragende Haare vor, aber sehr selten und stets spärlich. Auffallend ist es jedoch, dass dies nicht schon längst bemerkt wurde.
P. collina (321). Bei Melšice im südl. Com. Trencsin, bei Mijava im
nördl. Com. Neutra (Hol. ÖBZ. XV. 353, ZBG. XIX. Dec. Sitz.) im
Thale Dolina bei Wag-Neustadtl (Kell. Ak. Közl. IV. 210), zwischen
Neudörfel und Pötsching im Com. Oedenburg (Sonkl. ÖBZ. XIX. 122),
bei der Ruine Visegrád (Kern. ÖBZ. XIX. 167).
P. patula (322). Bei Csécse im südl. Com. Neograd (Janka ÖBZ.
XVI. 223), im Thale Asztaloskútvölgy bei Erlau (Kern. ÖBZ. XIX. 169),
im Com. Bereg (Kit. Catal. 15).
P. pilosa Willd. (Koch Syn. 237, Sturm II. 91) nach Sadl. Fl.
pest. ed. II. 210 und Lehm. Rev. Pot. 83 eine Varietät der *P. recta* L.
ist nach Kern. ÖBZ. XIX. 167 ein Bastart der *P. inclinata* Vill. und
der *P. obscura* Willd. (einer Varietät der *P. recta* mit dunkler gelben
und gewöhnlich kleinern Blumenblättern), wie dies schon Koch angedeutet hat. An grasigen Stellen selten und einzeln, auf den Trachytbergen bei Nagy-Maros im Com. Hont, auf der Matra bei Parád, auf
dem Köhat des Bükkhegy im Com. Borsod (Kern. l. c.). *P. pilosa*,
welche nach Hol. ZBG. XIX. Dec. Sitz. sehr häufig auf Weinbergen
und an Ackerrändern im südl. Com. Trencsin vorkommen soll, muss eine
andere Pflanze sein.
P. rupestris (322). Im südl. Com. Zemplin (Hazsl. Ak. Közl.
IV. 116).
Seite 322 nach *A. Eupatoria*:
Agrimonia odorata Mill. (Koch Syn. 245, 444). Auf der
Nordseite des Piliser Berges (Feicht. Eszt. 278), bei Sirok im nördl.
Com. Heves (Vrab. Hev. 149).
Alchemilla *vulgaris* (323). Bei Grosswardein (Steff. ÖBZ. XIV.
184), auf der Biharia (Kern. ÖBZ. XIX. 269).
A. pubescens (323). Am Grossen Fischsee der nördlichen Tatra
(Ilse 15).
A. arvensis (323). Bei Parád im Com. Heves (Janka ÖBZ. XVII.
67), im südl. Com. Zemplin (Hazsl. Ak. Közl. IV. 116), bei Kolest
(Colesci) nächst Rézbánya (Kern. ÖBZ. XIX. 269).
Poterium *polygamum* (323). Bei Erlau und auf dem Fejerkö bei
Parád (Kern. ÖBZ. XIX. 268).
Waldsteinia *geoides* (323, Diagn. 45). Bei Alsó-Pokoragy nächst
Rima Szombat und bei Rosenau (Fábry und Geyer Göm. 83, 88), auf
dem Nagy-Egyed bei Erlau, bei Helemba im Donauthale des Com. Hont,
im Pilis-Gebirge bei Sz. László, Maria Einsiedel und Budakész, bei He-

gyköz Ujlák nächst Grosswardein, bei Kolest (Colesci) nächst Rézbánya
(Kern. ÖBZ. XIX. 204).

Geum rivale (324). Auf dem Občina der südöstl. Marmaros (Adl.
Verz.), auf der Biharia (Kern. ÖBZ. XIX. 205).

G. aleppicum (Diagn. 44). Auf der Biharia nur bei Rézbánya
(Kern. ÖBZ. XIX. 205).

G. montanum (324). Auf der Prašiva der Liptau-Sohler Alpen
(Márk ÖBZ. XVI. 116), bei Rosenau (Geyer Göm. 86).

G. reptans (324). Auf dem Polnischen Kamm und im Kleinen
Kohlbachthale der Hohen Tatra (Pant. ÖBZ. XIX. 338).

Dryas octopetala (324). Auf dem Czerwony Wierch der Liptauer
Central-Karpaten (Ilse 9), auf der Babahora bei Lučivna in der westl.
Zips (Kalchbr. Szep. I. 111).

Spiraea salicifolia (324). In der Marmaros (Adl. Verz.)

S. chamaedryfolia (325, Diagn. 44) ist, soweit Linné's echte Art
gemeint wird, nach Regel Gartenflora VII. 1858 p. 48 eine sibirische
Pflanze und von *S. chamaedryfolia* der deutschen und ungarischen
Autoren durch kantige (nicht stielrunde) hin und hergebogene Aeste
verschieden. Durch ersteres Merkmal nähert sie sich aber der *S. ulmifolia* Scop. dergestalt, dass Regel diese nur als grossblättrige Form
der *S. chamaedryfolia* betrachtet. Bekanntlich haben schon Jacquin
und Schmidt die *S. ulmifolia* Scop. als *S. chamaedryfolia* L. abgebildet und K. Koch Dendr. 316—7, der die *S. ulmifolia* zwar als Art
aufrecht hält, gibt doch zu, dass er keinen durchgreifenden Unterschied
anzugeben wisse.

Die in Ungarn und Krain vorkommende *S. chamaedryfolia* Kit.
in RK. 17, 51, 68 und Addit. 296, dann Koch Syn. 231 muss daher
einen andern Namen bekommen. Nach Kern. ÖBZ. XIX. 141 ist sie
S. picoviensis Bess. Volhyn. 46, welche sich von der höchst ähnlichen
S. oblongifolia WK. (Koch Syn. 1022) nur durch geringere oder fast
fehlende Behaarung unterscheidet. In K. Koch Dendr. 318 dagegen
werden *S. chamaedryfolia* Koch und *S. oblongifolia* WK. unter dem
ältesten Namen *S. media* Schm. Baumz. I. 1792 t. 54 in Eine Art vereinigt. Statt *S. chamaedryfolia* in der Fl. v. Ungarn p. 325 ist daher
S. media Schm. zu setzen, der Name *S. ulmifolia* aber beizubehalten,
schon desshalb, weil unter *S. chamaedryfolia* 3 verschiedene Pflanzen
verstanden werden.

S. media Schm. kömmt ferner vor auf dem Radzim bei Dobschau
(Geyer Göm. 86), auf den Abstürzen der Biharia gegen die Weisse
Körös bei Halmnza (Halmágy) im Com. Zaránd (Kern. ÖBZ. XIX. 141),
dann auf dem Domugled bei den Herculesbädern (Winkl. ÖBZ. XVI.
18), doch erwähnt Heuff. Ban. 63 daselbst nur der *S. ulmifolia* Scop.

S. ulmifolia (325). Bei Nagy Röce (Fábry Göm. 85) auf dem
Gutin in der Marmaros (Kit. Catal. 49).

S. crenata (325, Diagn. 44) im Heveser Walde ist zwar die echte
Art dieses Namens, allein in Folge der Umwandlung eines Theiles des
Waldes in Melonenfelder ist diese Art daselbst höchst selten geworden

(Jankn ÖBZ. XVI. 171), ferner auf dem Sárhegy bei Gyöngyös (Vrab. Hev. 149), auf dem Erdöhegy bei Tatár Sz. György im Com. Pest (Keru. ÖBZ. XIX. 141).

S. obovata (325, Diagn. 44) hat nach den von Ascherson mir mitgetheilten Original-Exemplaren Kitaibel's in Willd. Herbar verkehrt-eirunde 3nervige sehr stumpfe vorn grobgekerbte Blätter und zahlreiche kleine seitenständige sitzende von kleinen Blättern gestützte Doldentrauben. Sie stimmt somit mit der Diagnose in Koch Syn. 1022 und der Abbildung in Guimp. Holzart. t. 11 genau überein, nur sind bei einem der mir vorliegenden 4 Exemplare die Blütenstiele nicht 2mal sondern vielmal länger als der Kelch. Die von Koch in der Synopsis angegebenen Merkmale, durch welche sie sich von S. hypericifolia L. specifisch unterscheiden soll, sind nach meiner Ansicht ohne Belang, daher K. Koch wohl recht hat, wenn er S. obovata in Reg. Gartenflora III. 409—10 und in der Dendr. 323—4 als die pannonische Varietät der S. hypericifolia L. mit tiefer gekerbten Blättern und rothen Fruchtknoten erklärt (Vergl. auch Ledeb. Ross. II. 13). Statt S. obovata ist also S. hypericifolia β. pannonica K. Koch zu setzen. Wo sie aber Kitaibel in Ungarn fand, ist auch aus Willdenow's Etiquette nicht ersichtlich. Kerner ÖBZ. XIX. 142 vermuthet, dass S. crenata β. glaucescens Kit. Addit. 297 mit S. obovata identisch und dass der Standort dieser letztern daher auf der Matra zu suchen sei. Obschon diese Vermuthung so manches für sich hat, so muss doch anderseits erwogen werden, dass S. crenata gestielte, S. obovata aber sitzende Doldentrauben hat und dass Kitaibel diesen schon von Willdenow hervorgehobenen Unterschied denn doch gekannt haben sollte.

S. Aruncus (326) bei Verovitic, Vučin und Jankovac im Com. Verovitic, bei Požega, Kutjevo und Duboka im Com. Požega (KK. 159).

AMYGDALEAE.

Amygdalus nana (326). Oberhalb der Weinberge westlich von Presburg (Dichtl ZBG. XV. 1008), auf dem Vinisni Vrch bei Alberti, zwischen Monor, Pilis und Tó Almás im östl. Com. Pest, bei Fegyvernek im südl. Com. Heves (Kern. ÖBZ. XIX. 137).

Prunus Padus (327). Nicht gemein. Im Karpatenlande nur in den Thälern der Com. Zips, Sáros und Abauj, dann bei Huszt in der Marmaros; im Tieflande blos bei Hadbáz im Hajduken-Distrikt; auf den Donau-Inseln nur bei Presburg; im Com. Pest und in andern Gegenden wohl gepflanzt, aber nicht wild (Kit. Addit. 297, Kern. ÖBZ. XIX. 139); im Banat (Roch. Ban. 62), fehlt jedoch bei Henffel. P. Mahaleb (327). Bei Rosenau (Geyer Göm. 86).

PAPILIONACEAE.

Ononis Columnae (328). Auf dem Kopaszhegy und Spiessberg bei Ofen. Auf dem Adlerberg scheint sie ausgerottet zu sein (Kern. ÖBZ. XVIII. 352).

Sarothamnus vulgaris (328, Diagn. 33). In der Marmaros
(Adl. Verz.)

Genista triangularis (328). Kerner ÖBZ. XVIII. 344 hält die
von ihm früher unter diesem Namen auf der Biharia angegebene Pflanze
von *G. triangularis* der Mittelmeerflora für verschieden und nennt sie
G. bihariensis.

G. tinctoria β. *elatior* (329). Bei Neu-Palanka in der serb. banat.
Milit.-Grenze (Sonkl. briefl. Mittheil.)

G. pubescens Lang (329) wird in K. Koch Dendr. 40 zu *G. ovata*
WK. gezogen. Allein da Laug im Syll. I. 181 *G. pubescens* ausdrücklich
durch kahle Hülsen von *G. ovata* unterscheidet, so ist diese Ansicht
unrichtig.

G. procumbens (329, 351). Auf dem Jedovec bei Teplic nächst
Trencsin (M. Uechtr. ÖBZ. XVII. 39), auf der Mokra bei Boros Jenó
im Com. Arad (Kern. ÖBZ. XVIII. 347). In Reichb. Icon XXXII. p. 8
und in K. Koch Dendr. 44 werden übrigens, wie schon in Koch Syn.
166 angedeutet ist, *G. diffusa* Willd., *G. humifusa* Wulf., *G. Halleri*
Reyn. und *G. procumbens* WK. in Eine Art vereinigt, die K. Koch
G. decumbens nennt.

G. elliptica Kit. (329) ist nach den von Ascherson mir mitge-
theilten Original-Exemplaren im Herbarium Willdenow eine abnorme
Form der *G. procumbens* WK., deren Aeste nicht bis an die Spitze (wie
dies sonst der Fall ist), sondern nur in der Mitte mit einigen wenigen
Blüten besetzt sind, vielleicht verspätete Exemplare. *Cytisus myrtifolius*
Presl Bot. Bemerk. 1844 p. 137 auf Hügeln bei Menes ist nach Janka
ÖBZ. XVI. 245 hiervon nicht verschieden, was der kurzen Diagnose
nach zu schliessen richtig sein mag, da auch Presl diese seine Art mit
G. diffusa, G. Halleri und *G. procumbens* zusammenstellt.

G. coriacea Kit. (329) soll nach Janka ÖBZ. XIX. 55 mit *G.
hungarica* Kern. identisch sein.

Cytisus hirsutus (330). Sowohl in Reichb. Icon. XXXII. p. 13
als in K. Koch Dendr. 24 wird der Artenbegriff des an Formen überaus
reichen *C. hirsutus* genau in dem Umfange aufgefasst, in dem ich ihn
von jeher aufgefasst habe. Die Var. *ciliatus* auch auf dem Schlossberg
von Murány (Marcz. Göm. 84).

C. Rochelii (330), den Kerner lebend sah, gehört, wie schon
Grisebach bemerkte, zu *C. austriacus* β. *pallidus.* Auch bei Ofen, dann
zwischen Monor und Pilis im Com. Pest (ÖBZ. XVIII. 348).

C. glaber L. fil. Suppl. 328 auf der Slanicka bei Pilis Csaba nordwestlich von Ofen (Kern. ÖBZ. XVIII. 347) ist eine Varietät des
C. supinus Cr. (331) mit unterseits fast kahlen Blättern.

Anthyllis polyphylla Kit. in DC. Prodr. II. 170, von allen
Autoren zur bleichgelb blühenden Varietät der *A. Vulneraria* L. gezogen, ist nach Kern. ÖBZ. XVIII. 384 eine eigene sehr beständige
Art, welche sich von *A. Vulneraria* durch den aufrechten bis 1½′ hohen
meist ästigen reichlicher und gleichmässig der ganzen Länge nach
beblätterten unten zottigen Stengel und unterseits rauhhaarige Blätter

unterscheidet, deren Blüten aber nach Original-Exemplaren Kitaibel's keineswegs immer bleichgelb, sondern auch goldgelb und trübroth wie bei *A. Vulneraria* vorkommen. Diese Merkmale scheinen mir nicht geeignet, eine Art zu begründen, da sie mit Ausnahme der stärkern Behaarung nur eine grössere Üeppigkeit bedeuten, der unterwärts zottige Stengel aber bei niedrigen und armblättrigen Exemplaren der *A. Vulneraria* sehr häufig vorkommt. Ich halte daher die Gruppirung der *A. Vulneraria* in 3 Varietäten nach der Farbe für besser als die Trennung derselben in 2 Arten nach rein relativen Merkmalen. Richtig ist es aber, dass *A. polyphylla* Kit. nicht als Synonym zur bleichblühenden Varietät der *A. Vulneraria* gezogen werden kann.

Medicayo prostrata (331). Bei Neu-Sohl (Márk. ÖBZ. XV. 305), Erdő-Bénye und Tolcsva im Com. Zemplin (Hazsl. Ak. Közl. IV. 114).

M. corymbifera Schmidt (nicht Smith) in Linn. IV. 1829 p. 74 t. 1 auf dem Sandhügel Istendombja bei Koroncó im Com. Raab (Ebenh. PV. VIII. 44) ist eine Missbildung der *M. lupulina* L. (Koch Deutschl. Fl. V. 324).

M. orbicularis (332). Auf der Südseite des Blocksberges bei Ofen sehr spärlich (Kern. ÖBZ. XVIII. 385).

M. brachyacantha Kern. ÖBZ. XVIII. 386. Auf Sandhügeln bei Pest, Palota und Soroksár, dann auf der Insel Csepel. Unterscheidet sich von *M. minima* Desr. nur durch kleinere mit angedrückten sehr kurzen Dornen besetzte Hülsen.

M. denticulata (332). Auf behautem Lande bei Kostolna und Wag-Neustadtl (Kell. Ak. Közl. IV. 205)?

Trigonella monspeliaca (332). Auf dem Örhegy bei Bajna und bei Márot im südl. Com. Gran (Feicht. Eszt. 273, 284), bei der Ruine Visegrád (Kern. ÖBZ. XVIII. 387), bei Karlovic (KK. 161).

Melilotus dentata (333). Auf den Ebenen des Com. Gran (Feicht. Eszt. 284). an der Sárviz im Com. Stuhlweissenburg (Kern. ÖBZ. XVIII. 388).

M. macrorrhiza α. *genuina* Koch Syn. 183. An der Eisenbahn zwischen Wartberg und Diószeg im Com. Presburg (Wiesb. ZBG. XVII. 970), bei Szlabos im Com. Gömör (Szont. ÖBZ. XVI. 148), bei Lazúr und Venter an der Strasse von Grosswardein nach Belényes (Kern. ÖBZ. XVIII. 388), bei Zoljan und Držanica nächst Essek im Com. Verovitic (KK. 161).

M. macrorrhiza β. *palustris* Koch l. c. Zwischen Schilf auf der Insel Csepel (Kern. ÖBZ. XVIII. 389), in Sümpfen bei Gutenbrunn, Kesine und Buzád im nördl. Com. Temes (Kit. Addit. 312). Nach Kern. l. c. unterscheidet sich diese Pflanze von *M. macrorrhiza* α. *genuina* nicht blos durch die beinahe ganzrandigen Blättchen sondern noch durch andere sehr ausgezeichnete Merkmale. Die Blüten und Hülsen sind nämlich kleiner, letztere im Kelche kürzer gestielt und mit einer gerade vorgestreckten (nicht schief aufsitzenden) Stachelspitze gekrönt, die 2 obern Kelchzähne sind fast 2mal so lang als die 3 untern, während sie bei *M. macrorrhiza* alle 5 gleichlang sind. Diese letztere Angabe

widerspricht aber der Beschreibung und Abbildung in WK. Pl. rar. I.
p. 25 t. 26 und III. p. 295 t. 266, denn bei beiden heisst es, dass die
Kelchzähne ziemlich gleichlang (subaequales) seien. Ueberhaupt fand ich
die Gestalt und Länge der Kelchzähne bei *M. macrorrhiza* sowie bei
M. officinalis wenig beständig. Ebenso kommen gerade und schiefe
Stachelspitzen am Scheitel der Hülsen bei *M. macrorrhiza* mitunter auf
demselben Exemplare vor. Ich muss daher Koch's Ansicht aufrecht
halten. Die von WK. angeführten Unterschiede zwischen *M. officinalis*,
M. macrorrhiza und *M. palustris* sind ohne alle Bedeutung.

M. caerulea (333, Diagu. 34) wird nur selten in Haus- und Wein-
gärten bei Ofen gebaut und kömmt daher noch seltener in deren Nähe
verwildert vor. Die Var. *β. laxiflora* dagegen wächst an Dämmen, in
Gräben und auf salzigen Triften sowohl bei Ofen als auf der Ebene des
Com. Pest, dann bei Hatvan (Kern. ÖBZ. XVIII. 387—8) und im südl.
Com. Zemplin (Hazsl. Ak. Közl. IV. 166).

Trifolium pallidum (333). Bei Nagy Nyárad im südl. Com. Baranya
(Janka ÖBZ. XVII. 232).

T. sarosiense (334, Diagn. 35). Zwischen Eichengebüsch auf Hügeln
bei Hollod nordwestlich von Belényes im südl. Com. Bihar (Kern. ÖBZ.
XIX. 6).

T. pannonicum (334). Auf dem Feherkő bei Gran (Feicht. Eszt.
280), auf der Matra, im Kammerwalde bei Ofen (Kern. ÖBZ. XIX. 7),
bei Strazeman im Com. Pozega, bei Zvecevo im Com. Verovitic (KK. 162).

Seite 334 nach *T. reclinatum*:

T. procerum Roch. Ban. p. 50 t. 14. *Aehren* kuglig-eiförmig, einzeln *auf nackten Aehrenstielen*. Kelche eckig-gefurcht (wieviel nervig?),
Röhre abstehend-behaart, Zähne pfriemlich, fast stechend, gewimpert,
*immer aufrecht, die 4 obern kürzer als die halbe Blumenkrone, der unterste
etwas länger aber nicht breiter*. Nebenblätter pfriemlich oder lineal und
zugespitzt. *Blättchen* änglich oder länglich-lanzettlich, der untersten
Blätter verkehrt-herzförmig, vorn etwas gezähnelt, sonst ganzrandig,
beiderseits abstehend behaart. Stengel aus aufsteigender Basis aufrecht,
schwach behaart, sehr ästig. *Wurzel jährig*. (Nach Rochel's Beschreibung und Abbildung, denn getrocknete Exemplare habe ich nicht
gesehen).

Stengel 2—3' hoch, Blüten röthlichweiss. Das höchst ähnliche
T. reclinatum WK. unterscheidet sich nur durch die aus liegender Basis
aufsteigenden Stengel, die abstehenden Zähne des Fruchtkelches, den
längeren die Spitze der Blumenkrone fast erreichenden untern Kelch-
zahn, welcher breiter als die 4 obern ist, und die angedrückt-behaarten
Blätter; wenig sagende Merkmale, so dass *T. procerum* um so mehr nur
eine Varietät des *T. reclinatum* zu sein scheint, als die Kelchzähne im
Texte zwar wiederholt „semper erecti" angegeben werden, nach der
Abbildung aber zurückgebogen sind.

An sumpfigen Grasplätzen an der Donau unterhalb Moldova in
der serb. banat Milit. Grenze — Mai, Juni. ☉

In Roch. Reise 84 wird *T. procerum* als Synonym zu *T. pallidum*
WK. gezogen, worin ihm Heuff. Ban. 52 gefolgt ist. Wie Janka ÖBZ.
XVIII. 69 nachgewiesen hat, ist dies freilich entschieden unrichtig,
aber unerklärlich bleibt es jedenfalls, dass Rochel seine eigene Art so
sehr verkannte, entweder ein nicht recht begreiflicher Schreibfehler oder
er hielt 2 verschiedene Pflanzen zu verschiedenen Zeiten für *T. procerum.*

T. diffusum (335, Diagn. 36). Bei Veresegyháza, hinter dem Stadtwäldchen bei Pest und bei Nagy Körös im Com. Pest (Kern. ÖBZ.
XIX. 6)

T. hirtum All. Aehren kuglig, einzeln, *von den 1—2 obersten*
Stengelblättern und deren Nebenblättern umhüllt. Kelchröhre 20nervig, dicht-
zottig, Kelchzähne fädlich, von langen Haaren gewimpert, *aufrecht, bei*
der Fruchtreife abstehend oder zurückgebogen, ziemlich gleichlang, 2—
3mal länger als die Kelchröhre, beinahe so lang als die Blumenkrone
oder kürzer. Nebenblätter länglich, langzugespitzt, die der obersten
Blätter eiförmig, kürzer zugespitzt, alle häutig, zottig, erhaben-nervig.
Blättchen verkehrt-eiförmig, undeutlich gezähnelt oder ganzrandig, *sowie*
der Stengel abstehend-zottig. Wurzel jährig. (Nach Janka's Original-
Exemplaren, verglichen mit französischen und griechischen.)

T. hirtum All. Auct. 20, Ledeb. Ross. 1. 544, Gren et Godr. Fl. Fr. I. 405—6, Bertol.
Fl. ital. VIII. 138. — T. hispidum Desf. Fl. atl. II. p. 200 t. 209 f. 1.

Stengel 4"—1' hoch, einfach oder ästig. Aehren gross, bis über 1"
lang, Blüten purpurn. Das ähnliche *T. diffusum* Ehrh. unterscheidet
sich durch die 10nervige Kelchröhre und eilängliche oder längliche also
nach oben nicht verbreiterte Blättchen. Nach Ledeb. l. c. wäre der
Kelch des *T. hirtum* 10nervig, was unrichtig ist.

An grasigen Stellen auf der Spitze des Treskovac nördlich von
Svinica der serb. banat. Milit.-Grenze von Janka entdeckt. — Juni,
Juli. ⊙.

T. incarnatum (335). Die Form mit weissen Blüten (*T. Molinieri*
Balb.) bei Alt-Orsova (Winkl. ÖBZ. XVI. 16).

T. gracile Thuill. Aehren einzeln auf nackten Aehrenstielen
anfangs oval, später länglich-walzlich. *Kelchzähne* pfriemlich-borstlich,
ziemlich gleichlang, abstehend, nervenlos, länger als die Blumenkrone,
sowie die 10nervige Kelchröhre kahl, seltener mit einzelnen Haaren bestreut. Nebenblätter ganzrandig, langzugespitzt, der untern Blätter
lanzettlich, der obern eiförmig. Blättchen lineal-keilig, ganzrandig
oder vorn etwas gezähnelt. *Stengel* liegend, aufsteigend oder aufrecht,
von der Basis an ausgebreitet-ästig *sowie die Blätter kahl.* Wurzel jährig
(nach Janka's Original-Exemplaren verglichen mit französischen).

T. gracile Thuill. Fl. de Par. ed. II. 383. — Lagopus angustifolia minor
Barrel. Icon. f. 901 sehr gut.

Ein kleines niedliches Pflänzchen. Stengel 1—6", Aehren nur 2—
5''' lang, Aehrenstiele fast haardünn, Kelchzähne violett, Blüten weiss.
Nach DC. Prodr. II. 191, Gren. et Godr. Fl. Fr. I. 410 und Coss. et
Germ. Fl. de Par. ed II. 168 nur eine kahle Varietät des *T. arvense* L.,
allein dieses weicht durch seine derbe Tracht, höhere Stengel, dickere

längere bis 1½" lange walzliche Aehren, vorzüglich aber durch die
dichtzottigen Kelchröhren und Kelchzähne und durch den haarigen
Ueberzug der Stengel und Aehrenstiele wenigstens dem äussern Ansehen
nach sehr ab.

Auf sonnigen Hügeln bei Svinica der serb. banat. Milit.-Grenze
vermischt mit *T. arvense*, von Janka entdeckt. — Juli, August. ⊙.

T. striatum (335). Bei Levenc im Com. Bars (Kn. ÖBZ. XVI. 60),
bei Tisza Roff, Tisza Beó und Szolnok im Com. Heves (Kern. ÖBZ.
XIX. 8), zwischen Parndorf und Neusiedel am See (Berroyer), im
Walde Sz. Pál bei Koroncó im Com. Raab (Ebenh. PV. VIII. 44), bei
Vučin im Com. Verovitic (KK. 162). Auf feuchtem Boden kömmt eine
üppige Form vor, deren Stengel vom Grunde aus ästig ist, wobei die
untern Aeste die längsten, die obersten die kürzesten sind. Das ist *T.
conicum* Kit. (Kern. l. c.).

T. resupinatum (335). Auf dem Allion bei Orsova (Reuss Verz.)

T. suaveolens der Autoren, das Janka zwischen Bersaska und
Moldova der serb. banat. Milit.-Grenze fand (ÖBZ. XVII. 295), ist nach
Gren. et Godr. Fl. Fr. I. 414 und Bertol. Fl. ital. VIII. 185 von *T.
resupinatum* L. nicht verschieden. *T. suaveolens* Willd. Hort. berol. t.
108 soll dagegen nach Willd. l. c. durch hellrosenrothe äusserst wohl-
riechende Blüten hiervon verschieden sein, auch nur in Persien vorkommen, wo dasselbe als Zierpflanze kultivirt wird.

T. parviflorum (335). Bei Szolnok und Török Sz. Miklos im Com.
Heves (Kern. ÖBZ. XIX. 10).

T. strictum (336). Bei Tisza-Füred, Tisza-Roff und Szolnok im Com.
Heves (Kern. ÖBZ. XIX. 11).

T. pallescens (336). Auf der Biharia bei Rézbánya an einer einzigen Stelle (Kern. ÖBZ. XIX. 10).

T. angulatum (336, Diagn. 37). Bei Tisza-Roff, Tisza-Beó und Szolnok im Com. Heves (Kern. ÖBZ. XIX. 10).

T. spadiceum (336). Auf der Černa Hora (Rehm. ZBG.
XVIII. 505).

T. patens (336). Bei Alt-Orsova (Winkl. ÖBZ. XVI. 16).

Dorycnium *diffusum* (337, Diagn. 37). Bei Parád (Vrab. Hev.
148). Kerner ÖBZ. XIX. 13 hält dasselbe für identisch mit *D. herbaceum*, für mich sind beide sammt dem *D. suffruticosum* specifisch nicht
verschieden.

D. herbaceum (337). Auf dem Pilis-Gebirge im Com. Gran (Feicht.
Eszt. 276, 281, 282) und bei Ofen, auf der Matra, am Rákosbache bei
Pest, in den östl. Com. Bihar und Arad (Kern. ÖBZ. XIX. 12).

Lotus *corniculatus* (337). Die Var. *L. uliginosus* Schk. auf dem
Vörös Márom bei Perőcsény im südl. Com. Hont (J. Kell. ÖBZ. XVI.
82), wenn anders die Bestimmung richtig ist, dann bei Rudolfsgnade
an der Theiss in der deutsch-banat. Milit.-Grenze (Reuss Vrz.)

Glycyrrhiza *glabra* (338). In Hainen bei Vukovar (KK. 163.)
Auf dem Nagylegy bei Pelsóc (Fábry Göm. 88) wohl nur verwildert.

G. echinata (338, Diagn. 37). Bei Novigrád an der Save in der Broder Milit.-Grenze und bei Semlin (Hacq. in Born Abhandl. II. 246, 250).

Colutea arborescens (338). Nach Kern. ÖBZ. XIX. 39 wohl an vielen Orten nur verwildert, aber auf sonnigen felsigen buschigen Gehängen sicher vollkommen wild.

Phaca frigida (338). Im Alpenkessel zwischen dem Nový und Hauran der östl. Tatra (Ilse 22).

Oxytropis Halleri (339). Häufig im obern Alpenkessel zwischen dem Nový und Hauran der östl. Tatra (Ilse briefl. Mittheil.)

O. campestris β. sordida (339). Im Kupferschächtenthale und auf der Nesselblösse der östl. Tatra (Ilse 25, 30).

O. pilosa (339). Auf dem Fehérkő bei Gran (Feicht. Eszt. 280), bei Pilis, zwischen Alberti und Cegléd im Com. Pest massenhaft (Kern. ÖBZ. XIX. 39).

O. montana β. carpatica (339, Diagn. 38). Im Alpenkessel zwischen dem Nový und Hauran, dann auf der Nesselblösse der östl. Tatra (Ilse 22, 30).

Astragalus alpinus (340). Auf dem Stirnberg der östl. Tatra (Engl. Brandb. Ver. VII. 156).

A. oroboides (340, Diagn. 39). Im Alpenkessel zwischen dem Nový und Hauran der östl. Tatra besonders im obern Theile desselben (Ilse briefl. Mittheil.)

A. hypoglottis (340). Bei Kravjan im obersten Hernád-Thale in der Zips (Kalchbr. Szep. 104). Bei Welka in Mähren nördlich von Mijava nur eine halbe Stunde von der Grenze des Com. Neutra (Janka ÖBZ. XIX. 188).

A. Onobrychis (340). Fehlt im Tiefland östlich von der Theiss. Die Var. *δ. angustifolius* DC. Astrag. p. 100, 101 (*A. linearifolius* Pers. Syn. 336, *A. Onobrychis β. linearifolius* Ledeb. Ross. I. 608) ist von der typischen Form durch schmälere lineale grauseidige Blättchen, kleinere Aehren und kleinere Blumenkronen verschieden. *A. chlorocarpus* Griseb. Rumel. I. 50, vom Autor selbst zu *A. Rochelianus* gezogen (It. hung. 293), gehört der 12—20blütigen Aehre wegen richtiger hierher. Auf Sandhügeln bei Puszta Sállosár und auf dem Erdőhegy bei Tatár Sz. György im Com. Pest. Unter *A. arenarius* Lang bei Tó Almás ist wahrscheinlich die eben erwähnte Varietät gemeint (Kern. ÖBZ. XIX. 35, 363).

A. Rochelianus Heuff. oder *A. arenarius b. multijugus* Roch. Ban. t. 15 (340, Diagn. 40) hat eine nur 3—6blütige kopfförmige Aehre, welche sich nach dem Verblühen nicht verlängert und eben durch dieses Merkmal sich von dem reichblütigen *A. Onobrychis* L. unterscheidet. Allein in der ÖBZ. XIX. 115 bemerkt Janka, dass er von Heuffel selbst ein als *A. Rochelianus* bezeichnetes Exemplar mit 30blütiger Achre erhalten habe, welches von dem Original-Standorte Rochel's bei Bersaska herrührte. Dieses Exemplar theilte mir Janka nebst andern von ihm und Heuffel gesammelten Exemplaren mit. Dasselbe ist aber nicht

Rochel's Pflanze, sondern ein gewöhnlicher *A. Onobrychis* mit schmälern ⅓—½''' breiten schwachbehaarten trübgrünen nicht grauseidigen Blättchen, daher nicht einmal die Varietät, die Kerner *A. linearifolius* nennt. Gleichwohl scheint mir Janka recht zu haben, wenn er *A. Rochelianus* für eine Varietät des *A. Onobrychis* hält. Denn wenn auch derselbe in seiner typischen Gestalt durch den feinern Bau, den glänzend-grauseidigen Ueberzug, die kleinen 3—5''' langen und kaum ¼'' breiten Blättchen und die armblütige Aehre sehr auffällt und sich dadurch dem *A. arenarius* L. (Sturm H. 19) ebenfalls nähert, so kommen doch anderseits so viele und deutliche Uebergänge vor, dass *A. Rochelianus* nur als das Endglied einer langen Formenreihe erscheint. Rochel selbst hielt ihn später (Reise 4) nur für eine „Abweichung" von *A. Onobrychis*.

A. Onobrychis würde demnach in folgende 3 in Ungarn vorkommende Varietäten zerfallen:

α. *genuinus*. Aehre 10—30blütig und darüber. Blättchen lineal oder lineal-länglich, 1—2''' breit, trübgrün oder grauseidig. *A. Onobrychis* der Autoren.

β. *linearifolius*. Aehre 10—20blütig. Blättchen schmallineal, ½''. breit, grauseidig. *A. linearifolius* Pers. *A. chlorocarpus* Griseb.

γ. *pauciflorus*. Aehre 3—6blütig. Blättchen lineal, sehr schmal, ¼''' breit, grauseidig. *A. Rochelianus* Heuff.

A. austriacus (340). Im Com. Somogy (Kit. Catal. 25), bei Harsány im Com Baranya (Janka briefl. Mittheil.), bei Velika, Kaptol und Kutjevo im östl. Com. Požega (SV. 76), auf dem Titler Plateau im Čajkisten Distr. (Reuss Verz.).

A. virgatus (340, Diagn. 40). Bei Fényszaru in Jazygien (Janka ÖBZ. XVI. 171), am Fuss der Matra (Kern. ÖBZ. XIX. 36).

A. contortuplicatus (341, Diagn. 40). An den Dämmen und Ufern der Theiss von Tisza-Füred über Szolnok bis Szegedin (Kern. ÖBZ. XIX. 37).

A. asper (341). Im südl. Com. Zemplin (Hazsl. Ak. Közl. IV. 116).

A. galeiformis (341, Diagn. 41). Auf Wiesen bei Pest (Stapf nach Kern. ÖBZ. XIX. 38, 364), in neuerer Zeit nicht wieder gefunden. Der Standort Semlin ist unrichtig nach Pančič's eigener Verbesserung (Janka ÖBZ. XIX. 117—9). Auf dem Vulkan hat Janka diese Art bisher vergebens gesucht (ÖBZ. XVIII. 265, XIX. 251).

Cicer arietinum (342). Auf Aeckern gebaut bei Nemes Podhragy im südl. Com. Trencsin (Hol. PV. IX. 100), Wag-Neustadtl (Kell. Ak. Közl. IV. 206) und im nördl. Com. Gran (Kern. ÖBZ. XIX. 127).

Vicia Ervilia (342). Unter Hülsenfrüchten und auf Brachen bei Nemes Podhragy im südl. Com. Trencsin (Hol. PV, IX. 100), zwischen Szölgyén und Ölved im nördl. Com. Gran (Feicht. Eszt. 283).

V. cassubica (343). Auf dem Gemsenberg und im Mühlthale bei Presburg (Wiesb. ZBG. XV. 1008), gemein bei Wag-Neustadtl (Kell. Ak. Közl. IV. 218), bei Rima Szombat (Fábry Göm. 83), auf dem Somberek und Keserűsbükkhegy im südl. Com. Gran (Feicht. Eszt

275, 282) auf den Vorlagen der Biharia, auf dem Plessgebirge bis in das Thal der Weissen Körös (Kern. ÖBZ. XIX. 88).

V. serratifolia (343). In Holzschlägen zwischen Nagy Nyárad und Maiss im Com. Baranya (Janka briefl. Mittheil.)

V. pannonica β. purpurascens (344). Bei Kostivjarska nächst Neu-Sohl (Márk. ÖBZ. XV. 306), bei Szolnok (Kern. ÖBZ. XIX. 87), bei dem Kloster Beočin im Com. Sirmien, bei Karlovic, Kerčedin und Banovce der Peterward. Milit.-Grenze (KK. 164).

V. hybrida (344) fehlt in M. Uechtritz's Herbar (Uechtr. ÖBZ. XVI. 318).

V. lutea (344). Zwischen Bankovce und Radovanci (KK. 164).

V. grandiflora (344) *β. Kitaibeliana* Koch Syn. 217. Auf den Ebenen und den Donau-Inseln des Com. Gran (Feicht. Eszt. 283, 284) an der Eisenbahn bei Helemba, Szob und Zebegény im Com. Hont, im Vorlande der Biharia von Grosswardein bis Vaskóh (Kern. ÖBZ. XIX. 86).

γ. Biebersteiniana Koch l. c. Im Sand der Schwarzen Körös bei Petrani im Com. Bihar (Kern. l. c.).

V. hungarica (344, Diagn. 42). Auf grasigen Plätzen am Eisenbahndamme bei dem Pester Stadtwäldchen nicht häufig (Kern. ÖBZ. XIX. 86).

V. lathyroides (344). Auf den Ebenen des Com. Gran (Feicht. Eszt. 284, 285), im südl. Com. Heves (Janka ÖBZ. XVII. 67) und Zemplin (Hazsl. Ak. Közl. IV. 116), bei Serke im südl. Com. Gömör (Fábry Göm. 89), auf der Matra, Biharia (Kern. ÖBZ. XIX. 85), bei Koroncó im Com. Raab (Ebenh. PV. VIII. 44), bei Karlovic (KK. 164).

Lathyrus Aphaca (345). Auf Aeckern bei Požega (KK. 164), im Vorland der Biharia von Grosswardein bis Petrany (Kern. ÖBZ. XIX. 89)

L. Nissolia (345, Diagn. 42). Bei Helemba an der Eisenbahn im Com. Hont, bei Csákvár im Com. Stuhlweissenburg, bei Sz. Imre nächst Grosswardein, auf den Vorlagen der Biharia (Kern. ÖBZ. XIX. 90)· im südl. Com. Zemplin (Hazsl. Ak. Közl. IV. 116).

L. sphaericus (345). Auf Aeckern bei dem Leopoldifeld nächst Ofen (Kern. ÖBZ. XIX. 90).

L. hirsutus (345). In Holzschlägen bei Magyarfalva an der March (Matz), in der Papharaszt bei Rima Szombat (Fábry Göm 83), bei Nagy Körös im Com. Pest (Kan. ZBG. XII. 206), bei Szegedin, bei Petrany im südl. Com. Bihar, bei Dezna im Com. Arad (Kern. ZBG. XIX. 90).

L. silvestris β. latifolius (346). Im Skendra bei Vukovar im Com. Sirmien (KK. 165). Ob *L. platyphyllos* bei Parád (Vrab. Hev. 148) und bei Rima Szombat (Fábry Göm. 83) hieher oder zu *L. latifolius* L. gehöre, vermag ich nicht zu entscheiden.

L. palustris (346). Auf der Grossen Schütt (Res. ÖBZ. XVII. 53), bei Koroncó im Com. Raab (Ebenh. PV. VIII. 44), auf der Insel Táthi oberhalb Gran, auf der Schiffswerft-Insel bei Alt-Ofen, auf der Insel Csepel, in den Sümpfen der Sárviz im Com. Stuhlweissenburg, an der

Schwarzen Körös bei Savoieni (Zavojén) nächst Belényes (Kern. ÖBZ.
XIX. 124).

Orobus vernus L. (347, Diagn. 43). Aendert ab:
α. *latifolius* Roch. Ban. p. 54 t. 16. Blättchen breiteiförmig, 2 bis
2½" lang, 1—1½" breit. Zeichnet sich ferner nach Kern. ÖBZ. XIX.
125 durch langgestielte reichblütige Trauben mit dichtgedrängten kleinen
vor dem Aufblühen schopfigen Blüten aus. O. *rigidus* Lang En. 2. O.
variegatus Heuff. Ban. 64, nicht Tenore, dessen Pflanze drüsig-sammt-
ige Traubenstiele und Hülsen hat, während sie bei vorliegender Varietät kahl oder höchstens die Hülsen in der Jugend etwas drüsig sind.
Im südl. und östl. Banat und von hier über die Fünfkirchner und Bakonyer Berge bis auf den Karst in Croatien und Krain (Kern. l. c.).
Das einzige Exemplar des O. *variegatus* Ten., das Janka auf
dem Mecsek bei Fünfkirchen fand (ÖBZ. XVII. 232), erscheint mir unter diesen Umständen zweifelhaft oder O. *vernus* α. *latifolius* und O. *variegatus* Ten. gehen in einander über, wahrscheinlich das richtige.
β. *vulgaris*. Blättchen eilanzettlich, seltener lanzettlich oder fast
eiförmig, 2—3" lang, 6—15''' breit. Kömmt arm- und reichblütig vor.
O. *vernus* der Autoren. In Berg- und Voralpenwäldern.
γ. *angustifolius* Endl. Fl. poson. 451. Blättchen lanzettlich oder
lineal-lanzettlich 1½—2½" lang, 3—6''' breit. O. *tuberosus* Lumn. Fl.
poson. 307, nicht L. O. *alpestris* WK. Pl. rar. II. t. 126. O. *praecox* Kit.
Addit. 328. Auf dem Gemsenberg und im Matzengrund bei Presburg
(Lumn. l. c.), in den Wäldern zwischen St. Andrä und Sz. László bei Ofen
(Kit. l. c.), auf Bergen in Slavonien (Host Fl. austr. II. 323), auf der
Biharia (Kern. ÖBZ. XIX. 125).
δ. *angustissimus*. Blättchen verlängert-lineal, 3—4" lang, ½—2"
breit. O. *gracilis* Gaud. Fl. helvet. IV. 500, Comolli Fl. comense V.
318. O. *flaccidus* Kit. in Reichb. Fl. germ. 526 und Icon. X. f. 1290,
dessen Blättchen nach der Abbildung zwar nur 2—2½" lang aber auch
nur 1—2''' breit sind, gehört richtiger hieher als zur Var. γ. An bewaldeten felsigen Stellen der Biharia (Kern. ZBG. XIX. 126).

O. *luteus* (347). In der Marmaros (Adl. Verz.).
O. *ochroleucus* (347, Diagn. 43). Auf den Trachytbergen bei Nagy-
Maros im Com. Hont (Kern. ÖBZ. XIX. 127).

Hippocrepis comosa (348). Auf dem Temetvény im Com. Neutra
(Hol. ÖBZ. XVII. 279), auf dem Akasztóhegy bei Rima Szombat (Fábry
Göm. 83).

Hedysarum obscurum (349). Im Alpenkessel zwischen dem Nový
und Hauran, dann auf der Nesselblösse der östl. Tatra (Ilse 22, 30).

Onobrychis alba (349, Diagn. 41). Im Donauthale unterhalb
Plaviševica der roman. banat. Milit.-Grenze (Sonkl. brießl. Mittheil.).

Inhalt der Gattungen.